Alexander Kupfer

Die künstlichen Paradiese

*Rausch und Realität
seit der Romantik*

Ein Handbuch

Verlag J. B. Metzler
Stuttgart · Weimar

Gedruckt mit Unterstützung des Förderungs- und Beihilfefonds Wissenschaft
der VG Wort

Die Deutsche Bibliothek – CIP-Einheitsaufnahme

Kupfer, Alexander:
Die künstlichen Paradiese : Rausch und Realität seit der Romantik ;
ein Handbuch / Alexander Kupfer.
– Stuttgart ; Weimar : Metzler, 1996
  ISBN 3-476-01449-5

D 61

ISBN 3-476-01449-5

Dieses Werk einschließlich aller seiner Teile ist urheberrechtlich geschützt. Jede Verwertung außerhalb der engen Grenzen des Urheberrechtsgesetzes ist ohne Zustimmung des Verlages unzulässig und strafbar. Das gilt insbesondere für Vervielfältigungen, Übersetzungen, Mikroverfilmungen und die Einspeicherung und Verarbeitung in elektronischen Systemen.

© 1996 J.B. Metzlersche Verlagsbuchhandlung
und Carl Ernst Poeschel Verlag GmbH in Stuttgart

Einbandgestaltung: Willy Löffelhardt

Satz: Christoph Wedi, Bonn

Druck und Bindung: Franz Spiegel Buch GmbH, Ulm

Printed in Germany

Vorwort

Die künstlichen Paradiese – zugegeben: der Titel ist nicht neu und insofern auch nicht sehr originell, denn er wurde bereits vor über einem Jahrhundert für Baudelaires großen Drogenessay *Les Paradis artificiels* (1860) benutzt. In der Ökonomie seiner Worte deutet er aber doch sehr treffend auf den Kern der Rauschthematik: Es geht um die Kunst, das Künstliche, und um die Sehnsucht nach idealen Welten, Paradiesen eben. Gesucht werden also mögliche Alternativen zur gewohnten Realität, und die Erfahrung des Drogenrausches wird als ein Schlüssel zu ihrer Eröffnung erprobt. Gleichzeitig umreißt der Titel aber auch den Gegensatz zwischen der Kunst als einer Domäne des aktiven Schaffens und dem Paradies als einem Schlaraffenland für Nichtstuer, die den Verantwortungen ihres täglichen Daseins entfliehen wollen – wie könnten sich diese Ansprüche jemals treffen? Eine faule Kunst oder ein künstlerischer Müßiggang sind bis heute undenkbar, auch angesichts der nur scheinbar ungestalteten *ready-mades* eines Marcel Duchamp oder der meist nur vermeintlich expressiven Pflege von Pferdeschwänzen à la Lagerfeld (denn es ist, allen anderslautenden Vermutungen zum Trotz, noch keine Kunst, einen Pferdeschwanz bloß zu tragen; als eine Botschaft an die Welt müßte man ihn schon mit einer gewissen Mühe sozusagen geistig aufbereitet haben). Ekstase und Leid des Kunstschaffens stehen den Wonnen und Schrecken des Drogenrausches sehr nahe, und es ist daher kein Zufall, daß gerade die Künstler so oft nach Rauschmitteln griffen, um sie als neue Mittel zum alten Zweck zu gebrauchen. Für sie war die Kunst gewissermaßen die Einstiegsdroge zum Experiment mit den künstlichen Paradiesen, das sich als eine gefährliche Gratwanderung zwischen konstruktiver Mühe und wohliger Apathie erwies, an deren Ende man zu einer neuen Sprache finden oder auch für immer verstummen mag.

Ausgehend vom Besonderen der Drogenerfahrung schildert dieses Buch die Beziehungen von Kunst und Vision, von Rausch und Realität. Als ein *Handbuch* beansprucht es den Status eines Grundlagenwerks, das umfassend über die vielfältigen Aspekte der Thematik informiert. Der Begriff legt Handlichkeit nahe, und Handlichkeit scheint zu bedeuten, daß man einen Gegenstand in vielen Lebenslagen griffbereit mit sich führen kann – was zweifellos in der mobilen Gesellschaft unserer Zeit ein wichtiger Vorzug ist. Dennoch sind Handbücher in der Regel recht umfangreich und passen so gut wie nie in eine Hosentasche. Bedenkt man aber, daß sie jeweils ein ganzes Sachgebiet im Überblick darstellen und so an die Stelle einiger gut gefüllter Regalwände treten, so sind sie tatsächlich – relativ gesehen – überaus handliche

Werkzeuge. Auch dieses Buch ist als ein solches Werkzeug konzipiert, das neben der linearen Lektüre ein gezieltes Nachschlagen ermöglicht und durch zahlreiche Begriffserklärungen und die Erläuterung thematischer Hintergründe nicht nur Fachleuten, sondern einem breiteren Leserkreis nützlich zu sein versucht und sich auch etwa Studierenden als allgemeine Einführung in das Gebiet der Kultur- und Geisteswissenschaften anbietet. So wird der Leser hier nicht nur ein Handbuch des Rausches finden, sondern ebenso ein Handbuch der Romantik und damit in gewissem Umfang der modernen Geistesgeschichte überhaupt, und schließlich können etwa die Kapitel über Baudelaire oder Poe trotz ihrer relativen Kürze als selbständige Einführungen in das Werk dieser Autoren benutzt werden.

Dieses Buch ist die überarbeitete Fassung einer Dissertation, die 1994 an der Universität Düsseldorf eingereicht wurde. Die Darstellung zur Kulturgeschichte des Rausches wurde kürzlich in erheblicher Erweiterung bei Metzler unter dem Titel *Göttliche Gifte. Kleine Kulturgeschichte des Rausches seit dem Garten Eden* separat veröffentlicht. Da ein kulturhistorischer Überblick aber auch in dem jetzt vorliegenden Werk nicht fehlen sollte, wurden gelegentliche Wiederholungen in Kauf genommen. Zur ausführlicheren Information über die Kulturgeschichte der Drogen mag die erste Publikation gleichwohl eine sinnvolle Ergänzung dieses Buches darstellen.

Nun ist das Buch also fertig. Man kann es lesen, man kann damit umgehen. Es war ein langer Weg, der zu diesem Ergebnis führte und trotz mancher Quälerei bis zuletzt faszinierend blieb. Nicht alle standen diesem Projekt freundlich gegenüber, und manchmal schien es sogar fraglich, ob es ohne die materielle Unterstützung und das Vertrauen durch Institutionen der sogenannten „Begabtenförderung" jemals zu Ende gebracht werden könnte. Daß es dennoch gelang, ist gewiß auch das Verdienst jener Freunde und Kollegen, die mich durch ihre Aufmerksamkeit und ihr Interesse in meiner Arbeit bestärkten. Hier bedanke ich mich daher an erster Stelle für die beharrliche Unterstützung durch meinen Doktorvater, Herrn Prof. Dr. Herwig Friedl. Ohne seine Bereitwilligkeit, sich auf das unbescheidene Projekt überhaupt einzulassen und seine beachtliche Geduld bei der Lektüre immer neuer Textfragmente wäre dieses Buch wohl nicht zustande gekommen. Weiterhin gilt mein Dank dem Zweitgutachter, Prof. Dr. Uwe Baumann, sowie Andreas Agosz, Christoph von Antropoff, Uwe Berghausen, Antonio Costa, Margarete Dresen, Prof. Dr. Horst-Jürgen Gerigk, Dr. Ferdinand Holzinger, Dr. Gerhard Welzel und, für wichtigen Beistand im Kampf mit der Technik, Christoph Wedi. Ganz herzlich bedanke ich mich aber vor allem bei meiner Frau, die diese Arbeit in allen Phasen mitgetragen hat und es gewiß nicht bedauert, daß sie nun endlich abgeschlossen ist. Schließlich danke ich auch unserem Sohn Johannes, weil er uns mit seiner Geburt im vergangenen Jahr eine wirklich beglückende Perspektive für „die Zeit danach" eröffnet hat.

Bonn, im Juli 1996.

Inhalt

Einleitung 1
Der Visionär und die Gesellschaft · Die Sehnsucht nach dem Anderen · Der *poète maudit* · Wirklichkeit als Möglichkeit · Zur Frage nach der Theorie · „Wovon man nicht sprechen kann, darüber muß man schweigen".

Erster Teil

Kulturgeschichte der Drogen im Überblick

Einleitung 11

Von den Anfängen bis zum 18. Jahrhundert

I. Rauschmittel im Altertum 12
Das Paradies und die erste Droge · Rauschmittel in der Bibel · Alkohol, Mohn und Hanf in den frühen Kulturen Europas · Rauschmittel in der griechischen und römischen Antike.

II. Rauschmittel im Orient 16
Das islamische Weinverbot · Gebrauch von Haschisch und Opium · Haschisch und die *Märchen aus 1001* Nacht · Der Alte vom Berge und die Assassinen.

III. Rauschmittel vom Mittelalter bis zur Neuzeit 19
Opium und Theriakrezepturen · Halluzinogene und Giftmischerei · Paracelsus und Laudanum · Der Gebrauch von Laudanum bis ins 18. Jahrhundert.

IV. Alkohol im 16. bis 18. Jahrhundert 21
Säuferei in Deutschland · Prohibitionsgesetze · Die Kirche und der Alkohol · Neue Theorien über Sucht und Alkoholismus.

Das Zeitalter des Rausches: Drogen im 19. Jahrhundert

Einleitung 25

I. Der englische Opiumesser 27
De Quincey: *Confessions of an English Opium-Eater*, Das Konzept seiner Rauschprosa, Die Entstehung seiner Sucht · Coleridge: „Kubla Khan", Seine Opiumsucht · Andere Autoren.

II. Die amerikanische Literatur und der Rausch 32
De Quincey-Rezeption in den USA · Ralph Waldo Emerson · Edgar Allan Poe · Fitz Hugh Ludlow: *The Hasheesh Eater*, Sein Engagement als Drogenberater · William James.

III. Rauschmittel in den französischen Künstlerkreisen 38
Opium und Haschisch bei den Romantikern · Der „Club des Hachichins" · Der Arzt Moreau de Tours · Gautier · Flaubert, Balzac · Baudelaire · Rimbaud · Huysmans und die Décadence.

IV. Dichter und Drogen in Deutschland 47
Goethe und Schiller · Novalis · E.T.A. Hoffmann · Die mögliche Opiatbeeinflussung der späten Gedichte Heinrich Heines · Friedrich Nietzsche und die Gründerzeit.

Die Zeit der Haschischjünger: Drogen im 20. Jahrhundert

Einleitung 54

I. Im Rausch der Moderne 56
Bretons *Manifeste du surréalisme* · Expressionismus · Georg Trakl · Gottfried Benn · *Écriture automatique* · Antonin Artaud · Walter Benjamin · Hans Fallada · Klaus Mann · Jean Cocteau · Henri Michaux · Ernst Jünger.

II. Die psychedelische Ära 71
Aldous Huxley · Die amerikanische *Beat Generation*: Burroughs, Kerouac, Ginsberg · Timothy Leary · Spiritualismus und Zen · Ken Kesey und die Merry Pranksters · Die Hippie-Bewegung · Drogen in der Rock- und Popmusik.

Rausch und Realität in der Romantik: Zur Anatomie einer geistesgeschichtlichen Wende

Einleitung 87
Eine Epoche des Umbruchs · Begriffsklärung „Romantik" und „Schwarze Romantik".

I. Der Irrationalismus des 18. Jahrhunderts 90
Existentielle Unsicherheit als Folge der beginnenden Industrialisierung · Die Visionen des Emanuel Swedenborg · Okkultisten und Abenteurer: Cagliostro, der Graf von Saint-Germain, Casanova · Schillers „Geisterseher" · Der Marquis de Saint-Martin · Lavater · Mesmerismus und Somnambulismus · Spiritismus in den USA und Europa.

II. Kant und die kopernikanische Wende in der Metaphysik 100

Kants vorkritische Teilnahme an den aufklärerischen Debatten zur Metaphysik · Phänomenon und Noumenon · Die kopernikanische Wende in der *Kritik der reinen Vernunft*.

III. Die Nachtseite der Naturwissenschaft 107

Auseinandersetzung der Romantiker mit Kant · Gotthilf Heinrich Schubert · Schuberts *Nachtseite der Naturwissenschaft* und *Symbolik des Traumes*.

IV. Die Erforschung des Unbewußten 111

Zum Begriff des Unbewußten · Der Psychologiebegriff bei Moritz: *Anton Reiser* und *Magazin zur Erfahrungsseelenkunde* · Bewußtsein und Unbewußtes in Schellings *System des transcendentalen Idealismus* · Schopenhauers *Die Welt als Wille und Vorstellung* · Entwicklung der Psychologie in der ersten Jahrhunderthälfte · Carl Gustav Carus: *Psyche* · Die Wissenschaftstheorie nach 1850 (Darwinismus, Positivismus, Scientismus).

V. Der Traum in der Romantik 130

Der Stoff, aus dem die Träume sind · Romantische Äußerungen über den Traum · Poes „Dream-Land" und „A Dream Within a Dream" · Novalis · Die Ursprache des Goldenen Zeitalters und die Traumbildersprache (Schubert) · Traumschilderungen in der romantischen Literatur · Jean Paul · E.T.A. Hoffmann · Hypnagogische Visionen: Hoffmann, Poe, Moreau · Das Bild des Sonnenuntergangs bei Baudelaire und seine Reflexion bei Lowry.

VI. Varianten der „Aliénation Mentale" 142

1. Die Bewertung des Wahnsinns 142

Umgang mit Geisteskranken im Zeitalter der Vernunft · Pinel und die *aliénation mentale* · Der Haschischrausch als eine Form der *aliénation mentale* bei Moreau · Die Idee der experimentellen Psychose · Der Wahnsinn als eine andere Realität · Das romantische Leiden an der Normalität · Wahnsinn als „höheres Sehen": Hoffmann, Poe.

2. Somnambulismus und Rausch 149

Schopenhauer über das „Geistersehn" · Schopenhauers Ideenlehre · Seine hohe Einschätzung des Somnambulismus · Schubert und Carus über den Somnambulismus · Die Bedeutung des Rausches bei Novalis.

VII. Von der verlorenen Unschuld zu neuer Vollkommenheit 157

Verlorene Unschuld des Goldenen Zeitalters · Kleists „Marionettentheater" · Der Vervollkommnungsgedanke bei Novalis · Coleridge · Das kindliche Bewußtsein im Urteil von Novalis, Baudelaire, De Quincey · Vervollkommnung durch Wiedergeburt.

VIII. Die Hieroglyphensprache der Natur 162

Der Stein von Rosette · Der Begriff „Hieroglyphe" · Die Hieroglyphen in der Romantik: Novalis, Tieck, Schubert, Saint-Martin, Hoffmann · Baudelaires *correspondances* · Die Hieroglyphe der Wildnis bei Thoreau · Hieroglyphen in Poes *Arthur Gordon Pym*.

IX. Naturbild und Landschaft von der Aufklärung bis zur Décadence 177

Begriffsklärung „Natur" und „Landschaft" · Die literarische Landschaft bei Petrarca · Der französische Garten des Barock · Das Naturbild der Aufklärung: Buffon, Burke, Rousseau

· Moritz und Sulzer über die Landschaftsmalerei · Die pittoreske Landschaft · Die literarischen Landschaften Edgar Allan Poes · Hoffmann · Caspar David Friedrich · Carus · Vischer · Naturhaß und Hinwendung zur künstlichen Idealwelt · Das Naturbild de Sades · De Sade und die Romantik · Baudelaire · Die Décadence und die Freude an der geschändeten Natur.

X. Die Ästhetik des Schreckens 192

1. Vom Schönen und Erhabenen 192
Englische Ästhetik des 18. Jahrhunderts, Addison · Burkes *Enquiry* · Schwächen der *Enquiry*, ihre Rezeption in Deutschland · Das Schöne und das Erhabene bei Kant.

2. Die Ästhetik des Schrecklichen in der Schauerliteratur 197
Die englische Grabes- und Nachtpoesie · Walpoles *Castle of Otranto* · Varianten der englischen *Gothic novel* · Die Schauerliteratur in Frankreich und Deutschland · Die Psychologisierung des Genres bei Hoffmann · Die Schauerliteratur in den USA.

XI. Weltschmerz und „Delectatio Morosa" 203
Sehnsucht und Weltschmerz · Ennui und Spleen · Das Leiden an der schwarzen Galle: die Melancholie · Acedia · Die Schwermut bei Pascal · Die „englische Krankheit" · Meinungen über den Spleen in Deutschland: Novalis, Kant, das Werther-Fieber · Der Spleen bei Baudelaire · Süße Schwermut und die Lust am Leiden · Baudelaires trübe Schönheit · *Beauty* und *sadness* bei Poe · Der deutsche Weltschmerz: Hölderlin, Lenau · Der Weltschmerz der englischen und französischen Romantiker · Ennui bei Schopenhauer · Schlußwort.

Zweiter Teil

Rauschmittel im Urteil der modernen Drogenforschung

Einleitung 221

I. Beschreibung der wichtigsten Drogen 223
Opium · Haschisch · Kokain · Meskalin · LSD · Psilocybin, Yage, Ololiuqui · Nachtschattengewächse · Amphetamine · „Designerdrogen" · Narkose- und Lösungsmittel · Alkohol.

II. Zur Wirkung von Rauschmitteln 233
Wirkungsgruppen · Wissenschaftliche Selbstversuche · Stellungnahme C.G. Jungs · Bewußtseinserweiterung, -veränderung oder -intensivierung? · Wahrnehmung einer „neuen Realität".

III. Zur Frage der Sucht 235
Typologien · Die Entdeckung der Endorphine · Körpereigene Drogen · Definition der Sucht.

IV. Der Rauschverlauf 242
Die „klassische" Schilderung des Haschischrausches bei Baudelaire · Einflüsse auf den Rauschverlauf: *set* und *setting*.

Inhalt

V. Charakteristische Phänomene der Rauschwahrnehmung 245

1. Lebhafte Heiterkeit, 2. Gefühl eines geschärften Wahrnehmungsvermögens, 3. Synästhetische Erfahrungen, 4. Intensiviertes Farbempfinden, 5. Veränderung des Raum- und Zeitempfindens, 6. Halluzinationen, Illusionen, Transformationen, 7. Empfindungen der Ich-Entgrenzung, 8. Größenwahn, 9. Lähmung der Willenskraft, 10. Gefühl des Eingesperrtseins und der Isolation und zugehörige Visionstypen · Einzelne Drogen im Vergleich.

Rausch und Kreativität:
Vom künstlerischen Nutzen der Droge

Einleitung 265

Kant über Sinn und Unsinn des Rausches · Eine Philosophie des Rausches in Nietzsches *Geburt der Tragödie* · Die Frage nach Rausch und Kreativität unter Berücksichtigung der verschiedenen Bewußtseinsarten.

I. Beispiele künstlerischer Drogennutzung 270

Autoren im heutigen Orient · Burroughs über den kreativen Nutzen des Marihuana · Opium: De Quincey, Crabbe, Collins, Thompson · Kokain: Stevenson, Strauß · Benns Gedicht „Kokain", seine Poetologie des Rausches · Huxley über Meskalin und Kreativität.

II. Chancen und Probleme der kreativen Drogennutzung 279

Die Droge ist nur ein Spiegel der Person: Baudelaire, Ludlow, De Quincey, Michaux · Manipulation des Bewußtseins auch nach dem akuten Rausch: Taylor, Burroughs, Michaux · Zur Beeinträchtigung des kreativen Schaffens im Rausch: Handlungsunfähigkeit, Behinderung der freien Assoziation, Stilistische Beeinflussungen, Verlust der Willenskraft · Das Versagen der Sprache · Größenwahn und unrealisierbare Werkentwürfe bei Lowry, O'Neill, Kerouac, Michaux, De Quincey, Coleridge.

III. Katerstimmung und letzte Bilanzen 305

Der kostbare Besitz der Willenskraft: Baudelaire, Gautier, Cocteau · Kunst und Leiden: Pascal, De Quincey, Jackson · Die Wandlung der Rauschbewertung bei Michaux.

IV. Die Muse aus der Flasche 317

Klinische Bewertung der Bewußtseinsleistungen im Alkoholrausch · Unsicherheiten und Wirklichkeitsmanipulationen des Alkoholikers · Das Schuldgefühl des Alkoholikers bei Jackson, Fallada und Lowry · Kontroverse über den kreativen Nutzen des Alkoholrausches · Goethe über Alkohol und Kreativität · E.T.A. Hoffmann · John Berryman · Raymond Carver · Stellungnahmen gegen den Mythos vom Wein des Dichters · Georges Simenon.

V. Der Drogenrausch als Urlaubsparadies 334

Eskapismus im Rausch: Baudelaire · Fitzgerald · Hesse · Cocteau · Huxley · Lowry · Hemingway · Schlußwort.

Spurensuche: Zur Ermittlung von Drogeneinflüssen in literarischen Texten

Einleitung 341

I. Opium in den Werken Edgar Allan Poes 341

Meinungen über Poes Opiumerfahrung · Überblick über Opium-Erwähnung in Poes Werken · Poes erste Bekanntschaft mit der Droge · Die wichtigsten Phänomene des Opiumrausches · Poes *ratiocination*, die ungewöhnliche Wahrnehmungsschärfe seiner Protagonisten · „Ligeia": Die Hypersensibilität des opiumberauschten Erzählers, seine gleichzeitige Apathie · „Berenice" · „Loss of Breath" · „A Tale of the Ragged Mountains": Magnetismus und Morphin, Der leuchtende Dunst der Opiumlandschaft, Die exotische Szenerie · „The Fall of the House of Usher" · „The City in the Sea" · „The Island of the Fay".

II. Merkmale des Halluzinogenrausches in Lowrys „Under the Volcano" . . 364

Lowrys Auseinandersetzung mit Cocteau und De Quincey · *Under the Volcano* läßt keinen Opiateinfluß erkennen · Hinweise auf Marihuana in den früheren Romanfassungen · Mescal und Meskalin · Phänomene der meskalintypischen Wahrnehmung in *Under the Volcano*.

Kritik der Rauschkritik

Zum empirischen Realitätsverständnis 373

Die Realität des Empirikers ist nicht die des mystischen Visionärs · William James über „mystisches Bewußtsein" · Jack Londons materialistische Haltung · Der Dichter schafft neue Realitäten: Baudelaire, Benn, Huxley · Notwendigkeit des Dialogs zwischen Empiriker und mystischem Visionär · Kritik eines Experiments · Die diskriminierende Funktion des Krankheitsbegriffs · Der empirische Wahrheitsbegriff als nötige Lebenslüge · Eine Zeugenaussage über Lowry · Der Rauschvisionär begeht einen „Raub an der Gesellschaft".

Dritter Teil

Das dritte Auge des Dichters: Rausch und Erkenntnis in der Literatur

Einleitung 387

I. Mystische Erkenntnis und die Logik des Herzens 388

Definition von „Erkenntnis" und „Mystik" · Zwei Arten mystischer Erfahrung: die plötzliche Erleuchtung und der lange Weg · Das dritte Auge, „Körper" und „Leib" bei Hildegard von Bingen · Die Mitteilungspflicht: der Mystiker als *doctor ecstaticus* · Gefühlserkenntnis in der Frauenmystik · Jakob Böhme · Der Jansenismus und Pascals *logique du cœur* · Der

Mystiker im Urteil Kants · Schellings „intellektuelle Anschauung" · Schopenhauer · Mystik und Rauscherkenntnis im Urteil von Carus · Introvertierte und extravertierte Mystik.

II. Der Künstler als Seher 407
Die romantische Idee vom Sehertum des Dichters · William Blake · Die Darstellung des inneren Sehens am Beispiel von Caspar David Friedrichs „Kreidefelsen auf Rügen".

III. Vom Abgrund der Erkenntnis 411
Die Gefahr des Absturzes · Das Bild des Abgrunds in der Bibel · Die Faszination des Abgrunds · Ein Sturz in den Abgrund in Hoffmanns *Elixiere des Teufels* · Die „Angst des Abgrunds" bei Kierkegaard · Der Abgrund bei Poe · Das Motiv des Abgrunds in der Rauschliteratur · Das Abgrundmotiv bei Malcolm Lowry.

IV. Mystiker und „Exotiker" 420
Ein fatales Urteil bei Praz · Der Mystiker braucht die Kunst · Der Rauschkünstler als moderne Variante des Mystikers · Definition „Rauschkünstler", Gegenbeispiel: Théophile Gautier · Äußerungen über mystische Rauscherkenntnis · Die Bedeutung der Mühsal und des Leidens · Die moderne Mystik bei den Romantikern und bei Baudelaire · Der Mystizismus De Quinceys · Rauscherkenntnis bei Ludlow · Cocteau · Benjamins „profane Erleuchtung" · Huxley über Mystik und Rauscherkenntnis · Michaux.

V. Zur Transzendenz von Raum und Zeit 439
Raum und Zeit als Grundlagen unseres Urteilens · Bergsons *temps* und *durée* · Zur romantischen Transzendenz von Raum und Zeit · Die Transzendenz von Raum und Zeit im Rausch: De Quincey, Ludlow, Baudelaire, Gautier, Benjamin.

VI. Das Geheimnis der Kerze 446

1. Das Herrliche Licht 446
Instress und *inscape* bei Hopkins · Der Begriff der *epiphany* bei James Joyce · Huxleys Lichterfahrung im Meskalinrausch · Das Bild der Weißheit: Der weiße Wal in Melvilles *Moby-Dick*, Londons *White Logic*, zur Symbolik der Weißheit in der Rauschliteratur.

2. Eine einfache Antwort 456
Die Hecke im Garten · Huxley benennt das Unaussprechliche · Zwei Überprüfungsversuche von Huxleys mystischer Rauscherkenntnis.

3. Rauscherkenntnis und das Problem der Mitteilung 461
Hitchcocks Traum · Die Nachtfalter und das Geheimnis der Kerze · Das Problem der Mitteilung: Poe, Lowry, Jünger, De Quincey, Ludlow, London · Bergson und die Bedeutung der Intuition · Zur künstlerischen Andeutung des Unaussprechlichen.

4. Das Bild des Kristalls 466
Warum sind Edelsteine edel? · Huxley über die Bedeutung von Kristallen, Glas und Edelsteinen · Das Licht des Kristalls · Die paradiesische Kristallwelt bei Swedenborg · Das Bild des Kristalls in der Romantik · Hoffmanns „Bergwerke zu Falun" · „Ins Kristall bald dein Fall": Hoffmanns Märchen *Der goldene Topf* · Die Gefangenschaft im Kristall: Trakl, Borges, Hesse, Benn, Jünger, Michaux · Coleridges Xanadu · Die Kristallwelt des Haschischrausches bei Ludlow · Poes „The City in the Sea" · Novalis · Baudelaires künstliche Paradiese.

Porträt des Künstlers als Spalanzanische Fledermaus:
Rausch und Vision bei E. T. A. Hoffmann

I. Der Dichter und das Fernglas 479
Voyeurismus in Hitchcocks Film *Rear Window* · „Der Sandmann": Inhaltlicher Überblick · Alchemistische Bemühungen um die Erzeugung eines neuen Menschen · Augenmetaphorik bei Hoffmann · Nathanaels sündhafter Erkenntnisdrang · *Tyranny of the human face* · Coppola als diabolischer *pusher* · Das Taschenperspektiv als Werkzeug eines neuen Sehens · Nathanael als Künstlerfigur · Nathanaels solipsistische Verblendung · Rückschluß auf Hoffmanns Konzept der künstlerischen Erkenntnis.

II. „Callots Manier" und „Serapiontisches Prinzip" 486
Erläuterung von „Callots Manier" · Definition des Grotesken · Erläuterung des „Serapiontischen Prinzips" · Die Quintessenz in Hoffmanns Deutung des Künstlertums.

III. Blicke in die Tiefe: Wahnsinn, Somnambulismus, Rausch 489

   1. Faszination und Schrecken des Wahnsinns 489
   Die Realität des Traumes als flüchtige Analogie zur verlorenen All-Einheit · Das tiefere Weltverständnis der Wahnsinnigen · Hoffmanns Studium des Wahnsinns, Bekanntschaft mit Nervenärzten · Seine Angst, selbst wahnsinnig zu werden.

   2. „Die höchste Potenz des Traumes": Der Somnambulismus 491
   Der Magnetismus im Urteil der Serapionsbrüder · Die heilende Wirkung der magnetischen Trance · Der Magnetismus fördert die serapiontische Schau und ist insofern ein Werkzeug der Poesie · Die Abhängigkeit vom Magnetiseur · Grauen vor dem Kontrollverlust in der somnambulen Trance, Begründung.

   3. Der Dichter und die Elixiere 494
   Hoffmanns Ansichten über den Magnetismus sind weitgehend auf den Rausch übertragbar · Seine Neigung zum Trinken, Anzeichen eines Schuldgefühls · Mystischer Punsch · *Der goldene Topf*: Die Punschgesellschaft, Die Zauberwirkung des Getränks, Ein „artiger Meierhof" in Atlantis · *Die Elixiere des Teufels* · Der kreative Nutzen des Alkohols im Urteil der Serapionsbrüder · Hoffmanns künstlerische Selbstdisziplin · Der innere Sinn des Dichters · Die Spalanzanische Fledermaus · „Selbstbildnis mit physiognomischen Erklärungen".

Unterwegs ins Nichts:
Die Systematik des Rausches bei Edgar Allan Poe

I. „Poe Poe Poe Poe Poe Poe Poe…" 503
Baudelaire und die enthusiastische Poe-Rezeption in Frankreich · Verhaltene Rezeption und Ablehnung Poes in den USA des 19. Jahrhunderts, Versuch einer Begründung · Poe ist auch heute kein Nationaldichter · Seine Rehabilitation im 20. Jahrhundert · Die Poe-Forschung · Eine unangenehme Facette des Dichters · Griswold und die Kunde von Poes Trunksucht.

Inhalt XV

II. „The Fiend Intemperance": Poe und Alkohol 508

Ein „Southern gentleman" · Zeugenaussagen über Poes geringe Alkoholtoleranz · Poes beginnende Trunksucht, seine Situation um 1835 · Der *Southern Literary Messenger*: Zu viele Drinks und zwei Kündigungen · Enthaltsamkeit in New York · *Burton's Gentleman's Magazine* · Dritte Kündigung und eine neue Phase des Trinkens · Die Rhetorik des Alkoholikers: Ein Rechtfertigungsbrief · *Graham's Magazine* · Virginias Krankheit, falsche Freunde und die vierte Kündigung · Ein Leben im Rhythmus der Dipsomanie, Virginias Tod · Delirium in Philadelphia · Ärztliche Ermahnung und Heiratspläne in Richmond · Poe verschwindet vorübergehend, sein Tod in Baltimore · Poes psychische Disposition zum Trinken.

III. Poes Opiumerfahrung 517

Poes „insanity" · Der Laudanum-Brief · Opium in „The Oval Portrait" · Vier Zeugenaussagen über Poes Opiumkonsum · Mrs Shews „Beruhigungsmischung" · Die Aussagen der behandelnden Ärzte.

IV. Der Dichter und das Universum: Poes Weltbild 521

Das Schöne als Domäne der Poesie 522

Zur Definition der Poesie bei Wordsworth · Poes „Letter to B -" · Poes *l'art pour l'art* · Das dichterische Kalkül: „The Philosophy of Composition" · Coleridges *Fancy* und *Imagination*.

Poes „Ratiocination" 526

Dupin und der Pariser Polizeipräfekt · Blinzelnde Betrachtung eines leuchtenden Sterns · Der *ratiocinator* beim Kartenspiel · „Truth and Beauty are one" · Coleridges *Imagination* und Poes *ratiocination* · Poes Dichtungstheorie in „The Domain of Arnheim".

Poes Kosmologie 529

1. „Al Aaraaf" 529

Eine Jugendsünde · Ein Paradies auf Zeit · Notwendigkeit des strebenden Bemühens · Die theoretische Essenz von „Al Aaraaf".

2. „The Conversation of Eiros and Charmion" 531

Vernunft und Wissenschaft im Anblick des Außerordentlichen · Nach der Apokalypse: Der vom Körper befreite *pure Mind*.

3. „The Colloquy of Monos and Una" 532

Unterhaltung zweier Seelen von Verstorbenen · Der Reduktionsprozeß nach dem Tod · Ironie und Ernst bei Poe.

4. „The Power of Words" 534

Das Glück ist ein unentwegtes Erkenntnisstreben · Die Entwicklung des Universums nach dem Prinzip von Ursache und Wirkung · Die unbegrenzten Möglichkeiten der *rückläufigen Analyse* · Jede Bewegung ist kreativ · Die plakative Pointe.

5. „Mesmeric Revelation" 536

Gott als *unparticled matter* · Metaphysik, als Physik verkleidet · *mind* und *thought* · Der rudimentäre und der vollständige Körper · Auch als Geist bleibt der Mensch eine von Gott getrennte Kreatur · Zur Notwendigkeit der irdischen Existenz.

6. „Eureka" 539
Ist *Eureka* ein Gedicht oder ein Traktat? · Vom Physikalischen zum *Spirit Divine* · *Unity* · Von der Einheit zur Vielheit · *Anziehung* und *Abstoßung* · Unterscheidung der Kosmologie in *Eureka* von romantischen Modellen · Die Nebulartheorie von Laplace · Poes Vision der Apokalypse als kosmische Implosion · Eine tröstende Schlußbemerkung · *Eureka* ist ein Gedicht nach den Regeln der *ratiocination* · Der Kosmos als Kunstwerk · Wahrheit und Poesie.

V. Rausch und Erkenntnis 545
Eureka als Kulminationspunkt in Poes Schaffen · Poes „Imp of the Perverse" · Rauscherkenntnis und *ratiocination* · Poes Traumtraining · Der Visionär und der Logiker · Rauscherkenntnis in „A Tale of the Ragged Mountains", „The Fall of the House of Usher", „Berenice", „Ligeia" und „The Colloquy of Monos and Una" · Arthur Gordon Pym als verschlüsselte Darstellung eines Opiumrausches · „MS. Found in a Bottle" · Die „hypnotische" Wirkung der Metrik · „The Bells".

Moderne Blasphemien eines Moralisten: Charles Baudelaire und die künstlichen Paradiese

I. Die Blumen des Bösen 563
Der Prozeß um die *Fleurs du Mal* · Die Finsternis bei Licht besehen · Entstehung und Struktur der *Fleurs du Mal* · Die Schönheit des Bösen: Der Titel der *Fleurs du Mal* als dichtungstheoretisches Manifest · Die Kunst als Teufelswerk · Die Bedeutung der Sünde bei Baudelaire · „You can't win" · Die Poesie ist eine Blume des Bösen.

II. Das Verwischen der Grenze: Zur Strategie des Paradoxen 570
Zur Methode des dualistischen Denkens · Die Technik des *chiaroscuro* · Die rhetorische Strategie der Titel *Les Fleurs du Mal* und *Les Paradis artificiels*: Die Auflösung der dualistischen Grenzlinie, die Entdeckung der Langsamkeit · Der Plural der Paradiese · Blasphemischer Entwurf einer künstlichen Gegenwelt.

III. Vom „Heiligen Gemüse" zur „Reine des Facultés" 573
Baudelaires Weltbild bietet kein geschlossenes System · Baudelaire als Verächter „heiliger Gemüse", sein Brief an Fernand Desnoyers · *Salon de 1845*: Baudelaires frühe Forderung einer künstlerischen Naivität · *Salon de 1846*: Die Moral der Kunst, das Schöne und die moderne Subjektivität · Baudelaires *correspondances* · *Salon de 1859*: ‚le surnaturel' · Der Rausch als Erfahrung des Übernatürlichen · Baudelaires *imagination* · Inspiration allein macht noch keinen Dichter.

IV. Die Künstlichen Paradiese 579
Die Publikationsgeschichte der *Paradis artificiels* · „Du Vin et du Hachish": Positive Bewertung des Weines und verhaltene Haschisch-Kritik · „Le Poëme du Haschisch": Die Gnade der plötzlichen Erleuchtung, *l'Idéal artificiel*, Zwei Arten des Traumes, Der Haschischrausch wirft das Individuum auf seine animalische Natur zurück, Drogen sind ein Werkzeug des Satans, Ist Baudelaire wirklich ein reuiger Sünder?, Das Haschisch und die Moral, Nur die Mühsal adelt den Künstler, Kritische Erörterung von Baudelaires Fazit.

Inhalt   XVII

V. „Le Goût de l'Infini" 587
Die Moral war nicht das erste Erkenntnisziel Baudelaires · Baudelaires *goût de l'infini* · Im Haschischrausch offenbart sich die Tiefe der Seele · Der Tod als Pforte zum *infini* und der Rausch als Miniaturmodell des Todes · Der Rausch als *méthode de travail* zur künstlichen Einrichtung des „infini dans le fini" · Das Scheitern dieses Projekts · Der Dichter als Alchemist und die Utopie des neuen Menschen · Die *Paradis artificiels* als Prosagedicht.

„Something New about Hell Fire": Rausch und Erkenntnis im Werk Malcolm Lowrys

Einleitung 593

I. Biographie eines Trinkers 594
Lowrys Kindheit und Jugend · Die Romantik der See · Fatale Bekanntschaft mit Conrad Aiken · London, Cambridge, Granada: Vom Bohemien zum *borracho inglés* · Die unglückliche Ehe mit Jan Gabrial · Bellevue Hospital, New York · Von Los Angeles nach Cuernavaca · Beginn der Arbeit an *Under the Volcano* · Bruch mit Jan · Alptraum in Oaxaca · Entmündigt · Bekanntschaft mit Margerie Bonner · Das kanadische Paradies: Endlich wieder nüchtern · Der Brand der Hütte · Rückfall in die Trunksucht · *Under the Volcano* findet zwei Verleger · 1. Europareise mit Margerie: Von einem Krankenhaus zum nächsten · Zurück in Kanada: *October Ferry to Gabriola* · 2. Europareise: Noch mehr Krankenhäuser · Umzug nach England, letzte Versuche einer Alkoholentwöhnung · Schwanengesang: Ein Trinker bleibt ein Trinker · Lowrys Tod · Einfluß der Alkoholerfahrung auf sein Werk · Trunksüchtige Vorbilder.

II. Die Realität des Alkohols 600
Lebenslügen des Alkoholikers, Beispiele aus *Under the Volcano*: „the Great Brotherhood of Alcohol", Alkohol als Medizin, Die Rhetorik des Trinkers, Der „kleine" Drink, Die Verzögerung des Trinkens · Unfähigkeit der Unterscheidung von innerer und äußerer Realität · Stimmen: Geoffreys *familiars* · Stagnation, die Gedanken drehen sich im Kreis · Geoffreys Gefangenschaft im Raum · Die verräumlichte Zeit · Kreismetaphorik · Solipsismus: Der spiralische Abstieg ins Ich.

III. Das Schuldmotiv in „Under the Volcano" 606
Geoffrey und der Fall der *s.s. Samaritan* · Der Konsul zieht den Haß der Welt auf sich: Die Wachsamkeit des Militärs, Quincey, Die Elemente, Pflanzen und Tiere · Das Motiv des bösen Auges · Der Haß der Sonne · Geoffreys Schuld: Deterministische Bequemlichkeit · Das Schlüsselwort „abandoned" · Der Mythos vom Fischerkönig · Geoffreys Mangel an Liebe · Das Motiv der *Conquista* · Der Konsul als Schwarzmagier und Antichrist · Unverzeihliche Schuld als beste Begründung des Trinkens.

IV. Alkohol und Erkenntnis 615
Sigbjørn Wilderness und die Sehnsucht der Grenzüberschreitung · *Dark as the Grave* · Die Erkenntnis der Finsternis · Die fatale Schönheit der Verdammnis · Lowrys mystische Erkenntnis, Versuch einer Erklärung · Die unerträgliche Realität · Die *clairvoyance* der Trunkenheit · Rimbaud · Lowry und De Quincey · „Something new about hell fire".

Ansichten eines modernen Heiligen: Aldous Huxley und die Droge

I. Pragmatische Mystik und die Suche nach der idealen Droge 625
Huxleys Biographie und die wichtigsten Werke im Überblick · Sein vermeintlicher geistiger Ruin · *Island*, ein „Ideenroman" · Erste Auseinandersetzung mit Drogen in den 30er Jahren · Der Mensch braucht eine Fluchtmöglichkeit · Der Traum von der idealen Droge · Gegen die westliche Transzendenzfeindlichkeit · „The Education of an Amphibian" · Durchbruch zu den *not-selves* · „Downward Transcendence".

II. Die Pforten der Wahrnehmung 631
Meskalin! · *The Doors of Perception* · Kritik der Öffentlichkeit an Huxleys Meskalin-Begeisterung, ein Brief Thomas Manns · Experimente in bester Absicht: LSD, Psilocybin und andere Drogen · *Heaven and Hell* · Forderung eines ganzheitlichen Bildungssystems · Die Droge als Provisorium · „Drugs That Shape Men's Minds" · *gratuitous graces*.

III. „Island" 640
Die palanesische Idealgesellschaft in *Island* · Ausbildung des *mind-body* · Erziehung auf palanesisch · Mystische Rauscherfahrungen in *Island* · Moksha und Soma · Psychotische Erlebnisse im Moksha-Rausch · Die dualistische Grundlage der westlichen Kultur und der Versuch ihrer Überwindung durch Transzendenz.

Schlußwort 649

Anhang

Anmerkungen 653
Verzeichnis der Abkürzungen 742
Verzeichnis der benutzten Literatur 743
Register 765

Einleitung

In *The Devil's Dictionary*, einem sarkastischen Wörterbuch, das der amerikanische Schriftsteller Ambrose Bierce in einer Zeitungskolumne zwischen 1875 und 1906 veröffentlichte, findet sich unter dem Stichwort *Opiat* die folgende Definition: „Eine aufgesperrte Tür im Kerker der Identität. Sie führt in den Gefängnishof."[1] Der Gehalt dieser Worte ist gewiß nicht tiefgründig, sondern entspricht eher dem feuilletonistischen Standard des „Geistreichen"; dennoch umreißt er recht treffend das problematische Verhältnis zwischen der gesellschaftlichen Realität unserer modernen westlichen Kultur und der „anderen" Realität des Drogenrausches. So verweist die Definition darauf, daß es ein menschliches Bedürfnis gibt, die eigene Individualität als eine Beschränkung des Geistes zu überwinden, und daß der Versuch dieser Überwindung von der Gesellschaft bestraft wird. Gemeint ist damit natürlich zunächst die Kriminalisierung des Drogenkonsumenten, dessen freier Gebrauch von Opiaten als Verstoß gegen bestimmte Betäubungsmittelgesetze geahndet wird. Darüber hinaus wird aber auch impliziert, daß der gesetzliche Zwang Ausdruck und Folge einer grundlegenden Furcht vor dem Anderen ist, durch die sich die Gesellschaft veranlaßt sieht, all jene, die aus ihrem Gefüge auszubrechen versuchen, mit einem Bannspruch zu belegen. Denn wer sich auf die Suche nach einer anderen Realität begibt, konstatiert die Unzulänglichkeit der bestehenden und zieht damit die Gültigkeit der gesellschaftlichen Existenzgrundlagen in Zweifel. Es ist ein blanker Selbsterhaltungstrieb, der die Gesellschaft gegen den durch solche Zweifel drohenden kollektiven Sinnverlust vorgehen läßt, indem sie sozusagen ihre Republikflüchtlinge mit einer Ächtung belegt, so wie sie auch ihre Kranken und selbst die Toten in besondere Reservate einweist und dadurch gewissermaßen exkommuniziert. Dies zeigt, daß etwa der Gedanke an den Tod für diese Gesellschaft unerträglich ist; sie hat nicht gelernt, mit ihm zu leben, und will es auch nicht lernen, und sie empfindet die alten Menschen, deren körperlicher Verfall den Tod vorausahnen läßt, als obszön. Ebenso wenig kann sie den sogenannten Wahnsinn als radikale Abweichung von den etablierten Erfahrungsnormen tolerieren und im Sinn einer ergänzenden Perspektive in ihr Dasein integrieren. Auch der Rassismus und die Varianten politisch-ideologischer, religiöser und sexueller Intoleranz dokumentieren, daß unsere Gesellschaft sich bestenfalls ansatzweise als eine offene behaupten kann, während sie ohne Scheuklappen wahrscheinlich nicht lebensfähig wäre. Das Modell der Realität, das unsere westlichmoderne Gesellschaft bestimmt, ist im wesentlichen materialistisch und vor allem dualistisch organisiert und propagiert einen Idealtypus, der jung und gesund, von weißer Hautfarbe und heterosexuell ist und sich in seinen Entscheidungen vom *common sense* und einer christlich geprägten Moral leiten läßt – die Fragwürdigkeit dieses Ariertums liegt auf der Hand.

In diesem Sinn schreibt Aldous Huxley in dem Essay „Mescaline and the ‚Other World'" (1955): „Das geistige Klima unserer Zeit ist Visionären nicht förderlich. Jene, die solche spontanen Erfahrungen machen und so unklug sind, davon zu berichten, werden mißtrauisch beobachtet und müssen sich sagen lassen, daß sie einen Psychiater konsultieren sollten. Früher dagegen wurden Erfahrungen dieser Art für wertvoll gehalten und man achtete jene, die sie hatten. Dies ist ein Grund (aber vielleicht nicht der einzige), wieso es in früheren Jahrhunderten mehr Visionäre gab als heute." [M 88][2] Und Ernst Jünger spricht vom „Raub an der Gesellschaft", der dem berauschten Visionär zur Last gelegt werde:

> Die Phantastica finden also im Abendland eine esoterische Aufnahme. Es rankt sich eine eigene Literatur um sie, die sich von der frühen Romantik bis zum Fin de siècle verfolgen läßt. Ein Hauch des Dunklen, Heimlich-Unheimlichen umwittert den Kundigen. Es ist eigentlich kein Laster, dem er frönt, auch kein Verbrechen, zu dem er sich hinreißen läßt. Eher ist es ein Raub an der Gesellschaft, der verübt und verübelt wird – ein Raub, dessen extremste Form der Selbstmord ist. Man ist der Gesellschaft müde – so stößt man mit leichtem Boot aus dem Gewimmel der Häfen ab.[3]

Obwohl unsere Gesellschaft also allen Varianten der Transzendenzerfahrung mit großem Mißtrauen begegnet, besteht doch zugleich immer noch ein latentes Bedürfnis nach dem Anderen, insofern es Auswege aus Krisen und Problemsituationen verheißt, die in der gewöhnlichen Alltagswirklichkeit gar nicht oder nur sehr mühsam zu bewältigen sind. Tatsächlich scheint, wie Marcel Schneider meint, dieses Bedürfnis proportional zur Entwicklung des technischen Fortschritts zu wachsen: „Da sich der Gang der Geschichte beschleunigt hat und die ganze Welt umfaßt, werden die Konsequenzen der Revolution und des Fortschritts in der Technik überall mit größerer Härte spürbar. Die Rückkehr zum Fantastischen ist nötiger als jemals zuvor."[4] Auch Huxley betont immer wieder, daß die Menschheit auf ihrem Weg zu einer harmonischen Koexistenz eine ideale Droge brauche oder wenigstens gut gebrauchen könne. Dem entspricht auch der Ruf nach einer Wissenschaft von den Rauschmitteln, den der Philosoph Ludwig Klages äußert: „Die seelenkundliche Erforschung der Ekstase bedarf der Ergänzung durch eine Wissenschaft von den Berauschungsmitteln. Opium, Haschisch, Koka, Alkohol, ätherische Öle, Weihrauch, Lorbeer, die Solaneengifte, selbst Nikotin, Koffein, Tein haben wechselweis dem Entselbstungsdrange der Visionäre gedient, und wir dürften erhebliche Aufschlüsse über das Wesen des Rausches von einer Wissenschaft der ‚Signaturen' erwarten, wie sie im Freskostil die Mystik der Renaissance entwarf."[5] Zu Beginn der zwanziger Jahre, als Klages die Forderung erhob, hatte jene Wissenschaft aber bereits eine gewisse Tradition, die einen Höhepunkt in den fünfziger Jahren erreichte, dann aber, unter dem Eindruck der „Drogenwelle", vorübergehend eingefroren wurde. Seit einigen Jahren zeichnet sich indessen die Tendenz ab, die Vorschriften der Betäubungsmittelgesetze zum Nutzen der Drogen- und Suchtforschung wieder zu lockern (vgl. Seite 679).

Als das Bundesverfassungsgericht sich im März 1994 mit der Frage befaßte, ob das Verbot sogenannter „weicher" Drogen (gemeint sind Marihuana und Haschisch) aufzuheben sei, wurde die bestehende gesetzliche Regelung unter dem Hinweis darauf bestätigt[6], daß es kein einklagbares Grundrecht auf den Rausch gebe.[7] Obwohl die Entscheidung nach verfassungsrechtlichen Kriterien wohl kaum anders ausfallen konnte, verweist sie doch wieder auf das grundsätzliche gesellschaftliche Mißtrauen gegenüber nichtorganisierten spirituellen Praktiken. Es ist aber gerade dieses Klima der Ablehnung oder Skepsis, das unter den jeweils diskriminierten Individuen auch ein Gruppenbewußtsein schafft und die Entstehung einer „Szene" wesentlich begünstigt. So spricht Schweppenhäuser im Blick auf Walter Benjamins Haschischerfahrung von der „Indignation der Nüchternen, welche die große Vereinigung aller profan Erleuchteten stiftet, der Lesenden, der Denkenden, der Wartenden, der Flaneurs und der Opiumesser, der Träumer, der Berauschten, der poètes maudits".[8]

Der letztgenannte Begriff des *poète maudit* wird in den folgenden Kapiteln immer wieder auftauchen, denn obwohl nicht jeder *poète maudit* mit Drogen experimentierte und nicht jeder Rauschkünstler als *poète maudit* zu bezeichnen ist, verbinden sich doch die Erfahrung des kreativen Ringens um die künstlerische Gestaltung von Visionen und die erlittene soziale Ächtung in Leben und Werk der Rauschautoren zu einem untrennbaren Ganzen. Sofern das Leiden als Motor der künstlerischen Bemühung verstanden wird – und dieser Gedanke findet sich bei allen der hier zu besprechenden Hauptautoren –, wird die Ächtung als Quelle von Kummer und Zorn zur Voraussetzung der erfolgreichen Dichtung. Wohl leidet der *poète maudit* unter der Feindschaft des Bürgertums und wünschte sich Geborgenheit und Anerkennung; als Dichter und um Dichter zu bleiben, muß er aber unentwegt nach der Fortsetzung seiner Daseinsqualen trachten. Schon allein, um sich die Feindschaft seiner Umwelt zu erhalten, gehört es also zu den ersten Pflichten dieses Dichters, den Bourgeois unentwegt zu provozieren. Der Begriff des *poète maudit* wurde von dem französischen Dichter Paul Verlaine (1844–1896) in Umlauf gebracht; er benutzte ihn als Titel einer Essaysammlung (*Les Poètes maudits*, 1884) und rechnete neben sich selbst u.a. Mallarmé, Rimbaud und sicher auch Baudelaire zu den Vertretern dieser leidenden Kaste.[9] Eine konkrete Definition dieses Dichtertyps blieb er uns allerdings schuldig, so daß es der Kritik überlassen ist, die charakteristischen Merkmale zu ermitteln. Eine brauchbare Deutung des Begriffs bietet M.H. Abrams in seinem einflußreichen Werk über die Theorie der Romantik, *The Mirror and the Lamp*. Dort ist die Rede vom „Stereotyp des *poète maudit*, der mit der zwiespältigen Gabe einer Sensibilität ausgestattet ist, die ihn unter den anderen Mitgliedern der Gesellschaft gleichzeitig auszeichnet und verdammt, so daß er durch seine schicksalhafte Veranlagung ein Außenseiter ist."[10] In Erweiterung dieser Definition läßt sich hier festhalten, daß der Begriff des *poète maudit* jenen Dichtertypus benennt, der sich durch eine visionäre Neigung auszeichnet, die auch seine Gewichtung ästhetischer Fragen prägt und ihn im Verein mit seiner bewußt ertragenen Leidenspflicht in Kontrast zur materialistischen Bequemlichkeit seiner Umgebung setzt. Nur in diesem Sinn, wenn der Begriff zur Kennzeichnung einer von historischen Epochen und Periodisierungen weitgehend unabhängigen spezifischen Geisteshaltung dient, wird er ein nützlicher Terminus der Literatur- und Kulturwissenschaft. Durch diese Verwendung des Begriffs wird es möglich, der geistigen Verwandtschaft eines Schriftstellers wie Malcolm Lowry mit Poe, Baudelaire oder De Quincey einen Namen zu geben, obwohl er erst geboren wurde, als die *Décadence* bereits in ihren letzten Zügen lag. Daß sich diese Autoren dennoch in vielen Aspekten fundamental unterscheiden, ist selbstverständlich und zeigt nur, daß Etikettierungen dieser Art, so hilfreich sie sein mögen, die Untersuchung des einzelnen niemals erübrigen können.

Die eingangs zitierte Definition des Opiats in Bierces teuflischem Wörterbuch erlaubt noch eine weitere, bisher unerwähnte, Deutungsmöglichkeit. Sie kann nämlich auch als die Warnung verstanden werden, daß der aus einem Streben nach dem Absoluten begonnene Drogengebrauch zuletzt zur Gefangenschaft des Individuums in der Sucht führen mag. Dies ist in der Tat eines der Hauptprobleme, mit denen sich der Rauschkünstler auseinandersetzen muß. Während er sich einerseits nach der Befreiung aus der qualvollen Enge seines Bewußtseins sehnt, um das Spirituelle ganz zu begreifen, ist er andererseits, damit ein solches Begreifen stattfinden kann, auf den Erhalt seines Intellekts angewiesen, ohne dessen fixierende Funktion die ergreifendste Vision nicht in eine Erkenntnis und als solche in eine künstlerische Gestalt umgesetzt werden kann. Dies ist die immer wieder mit Nachdruck vertretene Überzeugung der hier besprochenen Autoren; *sie* ist es vor allem, die den Gedanken einer fruchtbaren Beziehung von Rausch und Kreativität begründet. Der Rauschkünstler ist demnach gehalten, sich auf einer Gratwanderung zwischen dem Abgrund des völligen Selbstverlustes im Rausch und dem Flachland der empirischen Wahrnehmung zu bewegen, „um aus beiden Welten das Beste zu machen"[11], wie es bei Huxley heißt. Die Grenzgänge zwischen der empirischen Wirklichkeit und den von ihr abweichenden visionären Realitäten, sowie der ewige Kampf gegen die Bequemlichkeit des Rausches, den nicht alle Autoren erfolgreich bestanden, erweisen sich als die Quelle des Leidens, das dem *poète maudit* unverzichtbar ist: Angesichts der im Rausch erblickten spirituellen Paradiese wird ihm die Unvollkommenheit und Tristesse seines Daseins nach der Rückkehr in die materielle Realität nur umso schmerzlicher bewußt. Doch die erlittene Qual mag sich lohnen, sofern er sie sich zu erhalten vermag und nicht in der Sucht alle vorigen Vorsätze und Interessen aufgibt: Dann mag ihm eine Synthese der im Rausch erfahrenen beglückenden Schönheit des Spirituellen und des auf die präzise Wahrheitsermittlung bedachten Intellekts gelingen, die besonders von Hoffmann, Poe und Baudelaire als Hauptziel der Poesie erkannt wird. Das eigentliche Interesse, das sich in den Experimenten mit den künstlichen Para-

Einleitung 5

diesen des Drogenrausches manifestiert, ist also die Frage nach den Bedingungen und Möglichkeiten von Realität, und dies ist folglich auch das eigentliche Thema dieser Untersuchung über Drogen und Rausch. Die Realität nicht als etwas klar und unwiderruflich Definiertes, sondern als *Möglichkeit* zu entdecken, als eine von vielen Möglichkeiten, die unter bestimmten Voraussetzungen jeweils nicht minder zur Wirklichkeit taugen als die eine herkömmliche Variante – das ist das große Anliegen der Rauschautoren. Dies ist aber überhaupt das zentrale Anliegen einer modernen Weltaneignung, die in der Romantik wurzelt und uns bis heute beschäftigt.[12] Was in den folgenden Kapiteln verhandelt wird, ist also keineswegs von peripherem Interesse, sondern steht im Mittelpunkt unseres kulturellen Strebens. Die Probleme, die von den hier besprochenen Autoren verfolgt werden, sind unsere Probleme, die Hoffnungen unsere Hoffnungen, und die Ängste unsere Ängste. Dies ist nicht ein Buch über irgendwelche toten Poeten, und es handelt nicht von Ansichten, die seit der Erfindung des Microchips als überholt gelten müssen, ebenso wenig ist es nur als ein Handbuch über die kuriose Wirkung einiger chemischer Substanzen zu lesen. Sein eigentliches Thema sind wir selbst.

Die vorliegende Untersuchung, die das Experiment mit den künstlichen Paradiesen des Drogenrausches verfolgt, das in der Romantik begann und bis heute immer noch fortgeführt wird, ist in drei Hauptteile gegliedert, in denen die Thematik aus verschiedenen, einander ergänzenden Perspektiven behandelt wird: Der erste Teil zeigt aus der kulturhistorischen Perspektive die allgemeinen Entwicklungslinien und traditionellen Zusammenhänge des gesellschaftlichen und künstlerischen Umgangs mit Rauschmitteln auf, wobei zunächst die Kulturgeschichte der Rauschmittel von den frühen Zivilisationen bis in die neunziger Jahre des 20. Jahrhunderts und hierauf eine gründliche Anatomie der Romantik als einer Epoche des Umbruchs und Aufbruchs in die Moderne entworfen wird. Der zweite Hauptteil beleuchtet das Thema aus einer wesentlich empirischen Perspektive, wobei die naturwissenschaftlich-medizinischen Erkenntnisse über Drogen und ihre Wirkung in Bezug zu spezifisch künstlerischen Fragestellungen gesetzt werden. Der dritte Hauptteil widmet sich dem Thema aus einer im weitesten Sinn mystisch-philosophischen Perspektive, d. h. im Vordergrund steht der künstlerische Erkenntnisanspruch und die Frage nach den Bedingungen und Merkmalen von Rauscherkenntnis. Im Anschluß an ein Kapitel, das die Problematik im vergleichenden Überblick darstellt, folgen fünf weitere Kapitel, in denen jeweils ein Autor ausführlich besprochen wird, wobei die Erkenntnisthematik ein besonderes Gewicht erhält. Die hier behandelten Autoren sind E. T. A. Hoffmann, Edgar Allan Poe, Charles Baudelaire, Malcolm Lowry und Aldous Huxley.

Die thematische Spannweite ist wie der Umfang dieser Untersuchung nicht gerade bescheiden, und doch versteht es sich, daß viele Namen und Werke unerwähnt bleiben, obwohl sie mit gutem Recht im Zusammenhang der Rauschproblematik genannt werden könnten oder sollten. So ist die Dichtung von John Keats (1795–1821) in ihrer visionären Bildlichkeit durch seinen Opiumkonsum beeinflußt, dennoch wird sein Werk hier nicht besprochen. Auch das frühe, einem romantischen Mystizismus zuneigende Dichtungswerk von William Butler Yeats (1865–1939) könnte teilweise rauschinspiriert sein. Nicht erwähnt sind ferner der dem Kreis um Huysmans angehörende Adolphe Retté (1863–1930) oder die Surrealisten René Daumal (1908–1944) und Roger Gilbert-Lecomte (1907–1941); auch die Gedichtsammlung *La pipa de kif* (1919) des spanischen *enfant terrible* Ramón María del Valle-Inclán (1866–1936) bleibt unberücksichtigt. Andere Autoren und Werke, die besprochen werden, mögen nicht die Aufmerksamkeit erhalten, die wünschenswert wäre. Hätte Coleridge nicht ein eigenes Kapitel verdient? Tatsächlich verbindet sich der Name des Dichters wohl in erster Linie deshalb unweigerlich mit der Rauschthematik, weil er in der Zeit vor der ersten Veröffentlichung von De Quinceys *Confessions of an English Opium-Eater* der einzige berühmte Autor war, dessen Opiumsucht der Öffentlichkeit bekannt wurde. In seinen Werken spiegelt sich diese Gewohnheit jedoch kaum, und auch er selbst äußert sich, von einigen Ausnahmen abgesehen, durchweg negativ über den Einfluß des Opiums auf sein poetisches Schaffen.[13] Damit sei nicht gesagt, daß es sich nicht lohnte, die möglichen Zusammenhänge von Coleridges Opiumerfahrung und seinem Werk zu untersuchen, doch andere Autoren, die sich ausführlich über die Droge geäußert haben, sind hier gewiß interessanter und bieten eine verläßlichere Grundlage zur Erhellung des Problems. Schwerwiegender erscheint daher der Verzicht auf eine konzentrierte Besprechung Thomas De Quinceys, der nicht nur ein aufschlußreiches Bild von den Freuden und Leiden des Opiums zeichnet, sondern die persönliche Rauscherfahrung auch und vor allem in den Zusammenhang einer eigenwilligen erzählerischen Methode stellt, die in gewisser Weise vorausgreift auf das Bemühen der Surrealisten um eine *écriture automatique* oder jene Experimente mit *speedwriting, cut-ups* oder *fold-ins*, wie sie von den Vertretern der *Beat Generation*, besonders von Jack Kerouac und William Burroughs unternommen wurden. So meinte er, der ein starkes visuelles Vorstellungsvermögen besaß, daß die Droge die Neigung zu Träumen verstärke und verdrängte Bewußtseinsinhalte wieder hervorhole – die so provozierte Bilderflut von Traum und Rausch inspirierte ihn zu einem absichtlich digressiven Prosastil, da die Erkenntnis eines Gegenstandes vor allem durch die Betrachtung der ihn umrankenden Nebensächlichkeiten vertieft werde, so daß gerade die freie Assoziation zu den gründlichsten Wirklichkeitsbefunden führe. Wenn De Quincey hier auch kein eigenes Kapitel erhält, so können derartige Theorien und seine Äußerungen über die Drogenwirkung doch nicht übergangen werden, so daß wir ihnen im Lauf dieser Untersuchung immer wieder begegnen. Allerdings kann es hier nicht darum gehen, wie auch die unterschiedliche Länge der Autorenkapitel zeigt, alle für wichtig erachteten Autoren ohne Rücksicht auf Überschneidungen und Wiederholungen in derselben Ausführlichkeit zu erörtern; für den Leser wäre ein solches Verfahren gewiß ebenso ermüdend wie für den Verfasser.

Nach dieser einführenden Beschreibung der Vorgehensweise und des untersuchten Terrains mag sich manche Stirn sorgenvoll in Falten legen, da eine Frage, die von vielen für wichtig gehalten wird, hier immer noch offen ist: Wo bleibt die Theorie? Nun ist natürlich das ganze Buch, etwa im Unterschied zur praktischen Rauscherfahrung, nichts anderes als Theorie. Doch dies ist nicht gemeint, jedenfalls nicht dann, wenn die Frage von Akademikern unserer Gegenwart gestellt wird. Dann ist nämlich vielmehr jener Pool von philosophisch-kritischen Systemen gemeint, die anerkannte Denker der Wissenschaft gebrauchsfertig zur Verfügung stellten: anthropologische, historistische, soziologische oder ökologische Modelle, ästhetische oder ethnologische Theorien, Leitfäden zur *political correctness* und akademischen Kanondiskussion und eine gewisse Anzahl weiterer postmoderner und post-postmoderner Ansätze eines neuen oder neuen alten Denkens, und es wird vielfach der Eindruck erweckt, als könne ein wissenschaftliches Werk ohne diese Fischbeinkorsetts keine rechte Gestalt annehmen. Es wird also verlangt, daß man in einem vorsortierten und durchaus breit gefächerten Angebot auswähle, um sein wissenschaftliches Denken in eine feste Bahn zu leiten. Dagegen ist prinzipiell nichts einzuwenden, denn es versteht sich, daß nicht nur wissenschaftliche Arbeiten, wenn sie beachtet und verstanden werden sollen, von einer erkennbaren Weltanschauung, also einem System, getragen sein müssen, und es spricht nichts dagegen, daß man sich eines bereits gegebenen Systems dankbar bediene, wenn es der eigenen Absicht zuträglich erscheint. So hätte die vorliegende Untersuchung zweifellos wichtige Impulse aus der anthropologischen Theorie empfangen und Mircea Eliade, Hans Peter Dürr, Claude Lévi-Strauss, Jacques Lacan oder Michel Foucault hätten ihr manchen Dienst erweisen können. Indessen war auch ohne ihre freundliche Mithilfe eine erfolgreiche Durchführung des Projekts möglich. Es geht hier nicht darum – was unsinnig wäre –, vor einer Inanspruchnahme fremder Denksysteme zu warnen, und es ist schon gar nicht meine Absicht, die Vielfalt theoretischer Schulen pauschal zu diskreditieren. Was hier allein mit aller Entschiedenheit betont werden soll, ist die Überzeugung, daß ein seriöser Wissenschaftler auf derartige Schützenhilfe, so fruchtbar sie im Einzelfall sein mag, keinesfalls zwingend angewiesen ist, und was hier allein polemisch befehdet wird, ist die große Anzahl jener Trittbrettfahrer, die nach verbindlichen Perspektiven rufen, um ihren Mangel an eigener Initiative und eigenen Ideen zu bemänteln. Wenn Wissenschaftler die Aneignung fremder Theorien zur selbstgenügsamen *l'art pour l'art* stilisieren, so daß das individuelle Fragen zusehends in den Hintergrund gedrängt wird, dann entledigen sie sich ihrer wissenschaftlichen Verantwortung. Skandalös ist es aber, wenn das immer aufwendigere begriffliche Instrumentarium als ein Mittel zum Ausschluß der nichtakademischen Öffentlichkeit gebraucht wird und die Theorie zum exklusiven Sport für Eingeweihte verkommt, die wohl nichts mehr verachten als den Pöbel, der ihrer Rede nicht mehr folgen kann. Am Ende einer solchen Entwicklung wäre der Elfenbeinturm der in unserer Gesellschaft ohnehin kaum mehr als geduldeten Geisteswissenschaft noch fester gemauert als er es jemals war. Auch heute sollte der erste Antrieb aller Wissenschaft in einem neugierigen Staunen bestehen; auch heute ist ein Forscher, der weder fragt noch fragen will, ein Widerspruch in sich selbst, und auch heute besteht, vielleicht mehr denn je, die Notwendigkeit, daß die Wissenschaft sich einer breiten Basis verständlich zu machen sucht, um so der Gesellschaft, die sie erhält, etwas Lebenswichtiges zurückzugeben. Theorien sind hier sicher hilfreich, Theoriezwang aber würde alles, was die Wissenschaft bewegen kann, zur hohlen Form erstarren lassen.

Die vorliegende Untersuchung ist mit großer Sorgfalt, jedoch ohne ein solches von außen übernommenes theoretisches Modell erstellt worden, was weder für noch gegen sie sprechen kann. Dabei war es ein besonderes Anliegen, alle zu erörternden Zusammenhänge so darzustellen, daß sie nicht nur einem engen Kreis von Experten, sondern auch und vor allem einem allgemeinen interessierten Leserkreis zugänglich sind. Nun hat der Horror vor dem „Populärwissenschaftlichen" in Deutschland eine lange Tradition; schon Kant erklärt in seiner *Anthropologie*:

> Die Kunst aber oder vielmehr die Gewandtheit im gesellschaftlichen *Tone* zu sprechen und sich überhaupt modisch zu zeigen, welche, vornehmlich wenn es Wissenschaft betrifft, fälschlich *Popularität* genannt wird, da sie vielmehr geputzte Seichtigkeit heißen sollte, deckt manche Armseligkeit des eingeschränkten Kopfs.[14]

Eine populäre Wissenschaft muß aber nicht notwendig „populärwissenschaftlich" in jenem verächtlichen Sinne sein, der die faßliche Form mit einer unzulässigen Simplifizierung des Inhalts identifiziert; so ist es vor allem in der angloamerikanischen Wissenschaft seit langem bekannt, daß man auch auf höchstem Niveau unterhalten kann. Wenn demgemäß auch hier das „Populäre" gesucht wird, so kann dies nicht bedeuten, daß Schwieriges nun ohne alle Mühe einsichtig wird, aber wenigstens soll das Verständnis von Problemen nicht zusätzlich durch eine unnötig umständliche Darstellungsweise erschwert werden. Schließlich sollten die Möglichkeiten der sprachlichen Subtilität nicht überschätzt werden; die Grenzen der Sprache bleiben bestehen. Dies kommt auch in Wittgensteins berühmtem 7. Satz aus dem *Tractatus logico-philosophicus* zum Ausdruck: „Wovon man nicht sprechen kann, darüber muß man schweigen."[15] Diese Einsicht zu akzeptieren, fällt uns gewiß nicht leicht; sie stört uns in unserem Selbstverständnis, nach dem das Subjekt das Maß aller Dinge sei. „Aber scheint es nicht so, als wolle der moderne Mensch alles sagen", schreibt daher Marlies Thiel, „als ertrüge oder empfände er den souveränen Augenblick, die Ewigkeit der Ohnmacht nicht, in der seine Worte nichts gelten? Hermetisch eingenistet in jene murmelnden Kammern seines Hirns, zeigt er sich ausnahmslos von Sprache beeindruckt."[16] Kleber verweist auf einen Ausspruch Heraklits, demzufolge die Weisheit das Gegenteil der Vielwisserei (*polymathia*) sei und fügt hinzu: „Umgekehrt ist die eigentliche Quelle der Vielwisserei die Unweisheit."[17] Die Sprache, die wir so beharrlich suchen, ist das Medium der Vielwisserei und damit der Unweisheit, die folglich eine Domäne der Wissenschaften ist. Von aller Weisheit unendlich weit entfernt, ist diese Studie dennoch auch ein Versuch, zwischen den Zeilen über Einiges, wovon man nicht sprechen kann, nach besten Kräften zu schweigen.

Erster Teil

Kulturgeschichte der Drogen im Überblick

Drogen und Drogenkriminalität haben in den heutigen Medien einen hohen Nachrichtenwert. Da es kaum einen Tag ohne eine Meldung aus diesem Themenbereich gibt, mag der Eindruck entstehen, daß der Umgang mit Rauschmitteln und seine problematischen Folgen im wesentlichen eine moderne Angelegenheit seien. Tatsächlich erliegen wir mit dieser Ansicht aber dem vielzitierten Phänomen der selektiven Wahrnehmung und einer Medienpolitik, die nach den Gesetzen der Produktwerbung eben dieses Phänomen gezielt unterstützt. Nicht der Umgang mit Drogen, sondern allenfalls die Berichterstattung darüber hat in unserer Zeit gegenüber anderen Kulturepochen ein größeres Gewicht erhalten. Doch auch diese Feststellung ist gleich zu berichtigen, da schon ein flüchtiger Blick über die Kulturgeschichte der Menschheit zeigt, daß Rauschmittel zu allen Zeiten im Blickpunkt der Öffentlichkeit standen. Demgegenüber stellt jedoch das individualistische Interesse am Rausch, die Suche nach Einblicken in das eigene Unbewußte und in den Zusammenhang einer Welt, die nicht mehr als eine von höherer Stelle verhängte Ordnung, sondern als Produkt der autonomen Betrachterperspektive erlebt wird, allerdings eine moderne Entwicklung dar, die mit der subjektivistischen Wende der Romantik ihren Anfang nahm.

Die Konzentration auf das Rauscherlebnis als Indikator einer vermeintlich besseren Daseinsebene ist nicht neu; schließlich wird die Droge seit jeher in vielen Kulturen als Medium der religiösen Erfahrung benutzt; neu ist aber ihre Verwendung zur Sichtbarmachung entlegener Bewußtseinsstrukturen, die das Erlebnis des Rausches zu einer Begegnung mit den Geheimnissen unseres eigenen Ich werden läßt. Im Unterschied zur traditionellen Religiosität der Gemeinschaft ist das erleuchtete Empfinden des Berauschten in der modernen westlichen Kultur ein intimes Erlebnis, das psychologische Selbstergründung und religiöse Erfahrung im Sinn einer modernen Mystik verbindet. Ebenfalls neu ist die Bedeutung des Rausches als Fluchtort vor der Bedrängnis eines schwierigen Alltags. Während der Drogenrausch in der Vergangenheit unserer Zivilisation ebenso wie in anderen Kulturen stets eine wichtige soziale Funktion einnimmt, indem er das spirituelle Band hervorhebt, das den Zusammenhalt der Gemeinschaft bewirkt, ist das Hervortreten des einsamen oder gar geächteten Drogenkonsumenten im wesentlichen eine moderne Erscheinung.[1] Das Verlangen nach der individuellen Absonderung im Rausch entspringt dem neu aufgekommenen Urlaubsbedürfnis, das den einzelnen veranlaßt, sich in periodischen Abständen aus seinem angestammten gemeinschaftlichen Lebensraum zu entfernen.

Hinter dieser Überlegung steht der Gedanke, daß die Gemeinschaft nicht nur nützlich und lebenswichtig ist, sondern auch einen schädlichen Einfluß auf das einzelne Individuum nimmt, von dem es sich gelegentlich „reinigen" und erholen muß. Alltagswelt und Urlaubswelt, das Öffentliche und das Private, sind die Domänen, zwischen denen der moderne Mensch als Gesellschaftsmitglied einerseits und als Individuum andererseits hin- und herpendelt. Während etwa der Alkohol in unserer Kultur vielfach auch heute noch soziale, also öffentliche Funktionen erfüllt, dienen andere Drogen oft als Werkzeuge einer Verinnerlichung und Rückbesinnung auf die sinnlichen und spirituellen Bedürfnisse der Person, die im Alltag unterdrückt werden.

Die nachfolgenden Ausführungen über die Kulturgeschichte der Drogen[2] sollen nicht nur in aller Kürze belegen, daß Rauschmitteln stets eine große gesellschaftliche Bedeutung zukam, sondern auch das Terrain markieren, auf dem sich die bemerkenswerte Wende der Romantik und der modernen Rauschbewertung vollzog, die auch das spezifisch künstlerische Interesse am Rausch begründet. Henry James benutzte einmal zur Veranschaulichung seiner erzählerischen *point of view*-Methode das Bild eines Hauses, in dem der Autor unter einer Vielzahl möglicher Fenster unterschiedlicher Form und Größe auswählen könne, um das draußen stattfindende Geschehen aus dem Wechselspiel einzelner und notwendig subjektiver Perspektiven in kontrastiver und ergänzender Anordnung zu konstituieren.[3] Hinter diesem Verfahren steht die Überzeugung, daß die reale Welt ebenso wie die fiktionale nicht objektiv rekonstruierbar sei, sondern stets aus einem Blickwinkel heraus fragmentarisch erfahren werde. In Aneignung dieses Bildes kann auch die Drogen- und Rauschthematik als ein solches Fenster gelten, das die nur scheinbar bekannten kulturellen Zusammenhänge aus einer eigenen und möglicherweise überraschenden Perspektive zeigt. Immerhin scheint das in der ganzen Menschheitsgeschichte nachweisbare Interesse an Drogen auf eine latente Unzufriedenheit mit den Bedingungen unserer Realität zu verweisen, die sich bis heute erhalten hat. In diesem Sinn ist eine Kulturgeschichte der Drogen wie ein Krankenblatt unserer Gattung zu lesen, das Auskunft gibt über ihr Leiden an der Existenz und ihre unerfüllte Sehnsucht nach einer besseren Welt, in der wir von unseren eigenen Ängsten und Schwächen erlöst werden.

Von den Anfängen bis zum 18. Jahrhundert

I. Rauschmittel im Altertum

Die Geschichte der Rauschmittel ist so alt wie die Geschichte der Menschheit, ja sie ist sogar noch älter, wenn man berücksichtigt, daß die verbotene Frucht im Garten Eden gewissermaßen den Prototyp der bewußtseinsverändernden Rauschmittel darstellt, indem sie als pharmazeutisches Unikum ein Bewußtsein überhaupt erst erzeugte.[4] Bevor Adam und Eva aus dem Paradies vertrieben wurden, war der

Mensch kein bewußtes Wesen, dessen Gedanken und Taten eine im eigentlichen Sinn geschichtliche Folge von Ereignissen hervorbringen können. Der Mythos vom Paradies beinhaltet ja vielmehr die Vorstellung von einer zeitlosen Existenz. Zwar heißt es im Schöpfungsbericht, daß Tag und Nacht vor dem Menschen geschaffen wurden, doch die Zeit als Matrix der Geschichte, d.h. als Produkt einer menschlichen Vorstellung, wurde nur durch den Sündenfall möglich. Erst mit dem Essen vom Baum der Erkenntnis begann für den Menschen die Uhr der Geschichte zu ticken. Schon der Anfang unserer Geschichte geht demnach auf den Genuß einer Droge zurück, und bereits hier ist er, wie in der heutigen westlichen Kultur, mit dem Stigma des Illegalen versehen; der Dealer ist der Teufel in Schlangengestalt und wird ebenso wie die Verführten von der Obrigkeit durch eine gesellschaftliche Ächtung bestraft. Die Schlange muß es fortan ertragen, als abscheuliche Kreatur gemieden zu werden, und die Menschen werden sozusagen zu lebenslänglicher Zwangsarbeit nach Sibirien verbannt, wo ihnen das unrechtmäßig verschaffte Bewußtsein eine stete Quelle von Mühe und Leid sein wird. Damit wird die Frage aufgeworfen, die später im Zusammenhang mit den künstlichen Paradiesen des Rausches immer wieder gestellt wird, nämlich die Frage nach dem Preis, den wir für die möglichen Einsichten in die Zusammenhänge der Welt und unseres Wesens bezahlen müssen. Hat es sich gelohnt, die paradiesische Unschuld aufzugeben, um das göttliche Privileg der Erkenntnis zu genießen oder hat der Mensch für etwas, was ein bloßes Gaukelspiel seiner Vorstellung sein mag, eine viel zu große Schuldenlast auf sich genommen?

Wenngleich nach dem Wortlaut der Bibel eine Droge als wahres Teufelselixier den menschlichen Sündenfall und damit das aktuelle Verhältnis von Mensch und Gott begründet hat, so wird im weiteren Verlauf der Heiligen Schrift von Rauschmitteln doch erstaunlich wenig Aufhebens gemacht. Vereinzelt ist die Rede von Mandragora oder der Tollkirsche; Myrrhe, ein tropisches Harz, das zum Einbalsamieren verwendet wurde, aber auch eine schmerzstillende Wirkung hat, die der von Opiaten sehr ähnlich ist, war bekanntlich eine der Gaben der Heiligen Drei Könige in Bethlehem, und in manchen Interpretationsansätzen wurden auch mögliche Hinweise auf Haschisch und Opium herausgestellt.[5] Dagegen wird der Wein in der Bibel immer wieder genannt. Während das maßvolle Weintrinken aus gesundheitlichen Gründen empfohlen wird, da das Trinkwasser in Palästina knapp und oft von schlechter Qualität war, gilt der übermäßige Weingenuß durchweg als schändlich.[6] Andererseits ist in der Bibel auch von einer positiven Trunkenheit die Rede, wenn z.B. Jesaja fordert: „Werdet trunken, doch nicht vom Wein, taumelt, doch nicht von starkem Getränke" (29:9). In solchem Sinn ist die Trunkenheit eine Metapher der religiösen Verzückung, der Ergriffenheit von Gott; das Göttliche erscheint sozusagen als ein spiritueller Wein.[7] Im Neuen Testament wird der Wein schließlich als Symbol für das Blut Christi zum Sakrament, durch das der Gläubige beim Abendmahl seinen Bund mit Gott bekräftigt und erneuert.

Die Herstellung der ältesten alkoholischen Getränke basiert wohl auf der zufällig gemachten Entdeckung, daß Früchte im Gärungsprozeß eine berauschende Wirkung erzeugen. In Gräbern aus neolithischer Zeit (ca. 6000–2000 v. Chr.) wurden Bier- und Weinkrüge gefunden. Auch andere Drogen waren möglicherweise bereits in jener Zeit bekannt, wie die Funde von Mohnkapseln in den Pfahlbaukulturen der Jungsteinzeit und ähnliche Hinweise auf die frühe Nutzung des Hanfes nahelegen; Haschisch wurde vermutlich schon von den Sumerern und Assyrern als Heilmittel benutzt.[8] Für das alte Ägypten ist die Herstellung von Bier schon im vierten vorchristlichen Jahrtausend bezeugt; Wein wurde in den königlichen Gütern seit etwa 3000 v. Chr. angebaut und genoß im ganzen Mittelmeerraum ein hohes Ansehen. Auf zahlreichen Wandmalereien sind Trinkgelage abgebildet: Bei religiösen Zeremonien und weltlichen Festen war Trunkenheit durchaus nicht verwerflich; die Gäste wurden sogar ermutigt, sich bis zur Bewußtlosigkeit zu berauschen. Nur im Alltag galt die Trunkenheit als schändlich; daher standen z.B. die Bierhäuser in schlechtem Ruf. – Seit der XVIII. Dynastie (1554–1305 v. Chr.) wurde auch der zur Herstellung von Arzneien benötigte Schlafmohn aus Palästina und Zypern importiert. Die Extrakte des Mohns blieben über viele Jahrhunderte hinweg eine teure Importware; ein eigener Mohnanbau erfolgte erst in der griechisch-römischen Periode. Eine besondere Rolle spielte auch die symbolisch bedeutsame Lotuspflanze (*Nymphea caerulea*), die wahrscheinlich ein gebräuchliches Rauschmittel war.[9]

Im alten Griechenland hatten Mohn und Opium durch ihre Verbindung mit dem Mythos der Erdmutter Demeter eine hervorragende Bedeutung. Der Sage nach soll Demeter aus Kummer über den Raub ihrer Tochter Persephone den Olymp verlassen haben, um mit einer Fackel die Welt zu durchwandern, bis sie in der Stadt Mekone[10] eintraf. Dort fand sie den Mohn, den sie den Menschen schenkte, nachdem der Genuß seiner grünen Samenkapseln ihren Schmerz gelindert hatte. Aus diesem Grund wurde die Mohnpflanze ein häufiges Attribut der Göttin, das auch in dem ihr zu Ehren veranstalteten Eleusinischen Mysterienkult eine Rolle spielt. Auch andere griechische Gottheiten wie Dionysos, Artemis, Aphrodite oder Thanatos wurden in der ganzen Magna Graecia mit dem Schlafmohn in Verbindung gebracht. Im letzten vorchristlichen Jahrtausend häufen sich die Zeugnisse eines weitverbreiteten medizinischen Opiumgebrauchs, und bereits im 5. Jahrhundert warnte der Arzt Diagoras aus Melos wegen der erheblichen Suchtgefahr vor einer allzu unbedenklichen Anwendung der Droge. In den berühmten Tempeln von Epidauros, Kos, Knidos und Pergamon, die Asklepios, dem griechischen Gott der Heilkunde geweiht waren, wurden Operationen unter Opiumnarkose durchgeführt. Der in Homers *Odyssee* genannte Zaubertrank *Nepenthes* („kein Schmerz") scheint eine auf Alkohol basierende Opiumtinktur in der Art des Laudanum zu sein. Auch der Gebrauch von Haschisch wird gelegentlich erwähnt. So berichtet Herodot (ca. 490–420 v. Chr.) über die Sitte bei den am Schwarzen Meer lebenden Skythen, daß sich die Angehörigen eines Verstorbenen nach der Bestattungszeremonie einem gemeinschaftlichen Reinigungsritual unterzogen, bei dem Hanfsamen auf die glühenden Steine eines Inhalationsapparates geworfen wurden und durch die entstehenden Dämpfe einen Gruppenrausch erzeugen sollten, was durch jüngere Ausgrabungen zweifelsfrei bestätigt wurde.[11]

Das wichtigste Rauschmittel der Griechen war jedoch der Alkohol. In Homers *Ilias* und *Odyssee*, den frühesten erhaltenen Werken der griechischen Literatur, wird der mit Wasser verdünnte Wein als Opfertrank, als Grundnahrungsmittel, aber auch als Genußmittel und Medium der Geselligkeit beschrieben.[12] Anders als Homer bezeichnete Hesiod die Trauben, aus denen der Wein entsteht, als „Gaben des vielerfreuenden Dionysos"[13] und markiert damit den Auftakt des Dionysoskultes. Der Alkoholrausch, der als ein Privileg der adligen Kreise galt und Frauen und Kindern verwehrt wurde, wurde in der Literatur vielfach verherrlicht (z. B. durch Pindar, Anakreon und Alkaios, der den berühmten Satz prägte, daß im Wein die Wahrheit liege). Es gab jedoch auch kritische Stimmen, die den unmäßigen Weingenuß verurteilten (z. B. Heraklit von Ephesos) und harte Strafen für im Rausch begangene Delikte forderten. Die neuen Gattungen der Tragödie und Komödie, die in der zweiten Hälfte des 6. Jahrhunderts aus den Chorgesängen der archaischen Zeit entstanden waren und im ersten Jahrhundert der klassischen Periode (500–336 v. Chr.) ihre Blütezeit erreichten, thematisierten häufig den Dionysoskult: Sophokles schrieb ein Satyrspiel über die Jugend des Gottes, Euripides verfaßte 408 seine Tragödie *Die Bakchen*, in welcher der thebanische König Pentheus Dionysos vergeblich zu bändigen versucht, der Komödiendichter Kratinos verfaßte als Antwort auf eine Schmähung durch seinen jüngeren Rivalen Aristophanes ein selbstironisches Stück mit dem Titel *Pytine* („Die Flasche"), in dem er sich selbst als trunkenen Greis darstellt, der die Ansicht äußert, daß ein Wassertrinker kaum etwas Vernünftiges zuwege bringen könne. Bemerkenswert ist, daß der Dichter in dieser Komödie bereits die Erscheinungsformen der Alkoholkrankheit schildert. Seit der ersten Hälfte des 4. Jahrhunderts wurden Wein und Rausch auch in der dialogischen Symposion-Literatur behandelt (z. B. in Platos *Symposion* und *Der Staat*, sowie in den Symposien von Xenophon und Aristoteles). Im unvollendeten Alterswerk *Die Gesetze* vertritt Plato den Standpunkt, daß ein Mann bis zum achtzehnten Lebensjahr überhaupt nicht und bis zum dreißigsten so mäßig trinken solle, daß niemals ein Rausch und auch keine Trinkgewohnheit entstehe. Erst ab dem 40. Lebensjahr sei es gutzuheißen, wenn ein Mann ohne solche Zurückhaltung an den Mahlzeiten teilhabe.

Es ist eine große Untertreibung, wenn man feststellt, daß auch die Römer einen guten Tropfen zu schätzen wußten. Tatsächlich nahmen die bacchischen Orgien in der Zeit vom 5. bis zum 2. Jahrhundert nicht nur in Rom, sondern im ganzen Land derart überhand, daß der Senat sich 186 v. Chr. gezwungen sah, mit drastischen gesetzlichen Maßnahmen gegen die Teilnehmer an den mysterienartigen Bacchanalien vorzugehen. In politischen Machtkämpfen wurde der Makel der Trunksucht ein beliebter Vorwurf, der den Gegner im Kampf um die öffentliche Gunst in ein schlechtes Licht setzen sollte: Caius Iulius Caesar bezichtigte seinen Erzfeind Marcus Porcius

Cato der „ebrietas", Cicero prangerte die „furiosa vinolentia" des Marcus Antonius an, der sich einmal sogar während einer Rede vor dem römischen Volk habe übergeben müssen.[14] In seinen *Epistulae morales* fordert Seneca in aller Schärfe dazu auf, die Trunkenheit als abscheuliches Laster bloßzustellen, während Horaz besonders dem Dichter die alkoholische Mäßigung anempfiehlt. Diese anklagenden Äußerungen bedeuten aber keineswegs, daß die Römer in relativ kurzer Zeit ein Volk von Abstinenzlern geworden wären; tatsächlich wurden nach wie vor zahlreiche Trinklieder und Lobpreisungen des Weines verfaßt. – Eine andere Droge, die in der römischen Gesellschaft recht häufig benutzt wurde, war das Opium. So zeigen die überlieferten Zeugnisse römischer Ärzte, daß die Zubereitung und Anwendung von Opiumpräparaten in der Medizin eine mindestens so geläufige Praxis war wie zuvor bei den Griechen. Viele Würdenträger nahmen überdies regelmäßige Dosierungen von Opium oder von Giften wie Schierling, Arsen oder Eisenhut in der Hoffnung ein, sich dadurch gegen Giftanschläge zu immunisieren, da diese radikale Methode zur Beseitigung politischer Gegner sehr beliebt war.[15] Allein aus diesem Grund ist anzunehmen, daß ein großer Teil der gehobenen Gesellschaft der Kaiserzeit süchtig gewesen ist. Die Mediziner jener Zeit erfanden eine große Zahl opiumhaltiger Elixiere (*Theriaks*[16]), die als Gegengift vor Meuchelmorden schützen sollten; Kaiser Nero etwa soll ein solches Gebräu täglich in einer Dosierung eingenommen haben, die jede nicht-habituierte Person unweigerlich getötet hätte. Wahrscheinlich waren die meisten römischen Kaiser an Opiumpräparate gewöhnt oder gar von ihnen abhängig. So ist Titus in seinem zweiten Regierungsjahr möglicherweise an einer Überdosis gestorben, während Hadrian dem Kummer über den Tod eines geliebten Knaben im Opiumrausch zu entfliehen suchte. Auch Marc Aurel war drogensüchtig, wie sein Leibarzt, der berühmte Galen aus Pergamon, bestätigt. Galen hatte die Eigenschaften des Opiums gründlich studiert und viele Theriak-Rezepte verfaßt, erkannte aber auch die erhebliche Suchtgefahr und beschrieb die Symptome der Abhängigkeit, die er auch an seinem Kaiser bemerkte, ohne ihn indessen von seiner Gewohnheit abbringen zu können.[17] Unter den Dichtern und Denkern, die vermutlich opiumsüchtig waren, sind z.B. der Satiriker Juvenal und der in Rom lebende griechische Philosoph Plotinos zu nennen.[18]

II. Rauschmittel im Orient

Die Verbreitung des Koran und des islamischen Weinverbotes[19] im Lauf des 7. bis 10. Jahrhunderts bewirkte in vielen Ländern des Orients, daß der Alkohol gegenüber anderen Drogen wie Opium, Haschisch, Stechapfel, Bilsenkraut und Qat an Bedeutung verlor. Das heißt jedoch nicht, wie Abendländer oft anzunehmen scheinen, daß dem gläubigen Muslim ein hemmungsloser Genuß nichtalkoholischer Rauschmittel freigestellt wäre. Tatsächlich wird der Konsum von Haschisch oder Opium keineswegs empfohlen oder gutgeheißen, sondern allenfalls (und auch nur bei maßvoller Anwendung) toleriert.[20] Andererseits hat das Alkoholverbot auch keine generelle Abstinenz bewirken können; vor allem die persische Mißachtung des Weinverbotes war geradezu sprichwörtlich bekannt.[21] Obwohl Opium und Haschisch auch schon im Orient der vorislamischen Zeit verbreitet gewesen sein müssen, stammen die frühesten erhaltenen Texte, die sich auf diese Drogen beziehen, aus dem 8. Jahrhundert, als arabische Ärzte und Wissenschaftler sich das Wissen der Antike über die heilkundliche Verwendung von Rauschmitteln aneigneten. Zu Beginn des 10. Jahrhunderts verfaßte der Arzt Ali ben Wahshiyah ein Buch über Gifte, das eine genaue Anleitung zum Umgang mit Opium und zur Vermeidung von Überdosierungen enthält. Der berühmte Arzt und Mathematiker Abu Sina (980–1036), der im Abendland Avicenna genannt wurde, begann seine Karriere mit der durch einen Mohntrank bewirkten spektakulären Heilung eines Fürsten. In den folgenden Jahrhunderten verbreitete sich auch die nicht-medizinische Anwendung des Opiums immer mehr, so daß ein europäischer Reisender im 17. Jahrhundert von den in Persien überall anzutreffenden „Theriaki" berichten konnte: Opiumabhängigen, die an ihrer Sucht zugrunde gingen. Ähnliches berichtet ein italienischer Arzt aus Ägypten.[22] Mit dem Aufkommen des Tabakrauchens gegen Ende des 16. Jahrhunderts entstanden im Orient die charakteristischen Rauchergesellschaften, die in ihren Wasserpfeifen bald auch Opium und Haschisch rauchten.

Während Wein und Opium recht teure Rauschmittel waren, galt das Haschisch als „Kraut der Armen".[23] Es ist aber gerade diese Droge, die in der Vorstellung des Abendlandes als Hauptauslöser der märchenhaften orientalischen Prachtentfaltung angesehen wurde. Ein Grund für die Entstehung dieses Gemeinplatzes ist in der europäischen Rezeption der *Märchen aus 1001 Nacht (Alf layla wa-layla)* zu sehen. Diese schon im 9. Jahrhundert bekannte Geschichtensammlung wurde zu Beginn des 18. Jahrhunderts erstmals in eine europäische Sprache übertragen[24] und erwies sich (anders als im arabischen Sprachraum, wo sie keine besondere Wertschätzung fand) als eine Art Bestseller, der die abendländische Sicht des Orients entscheidend prägte. Wie überhaupt in der volkstümlichen Tradition der orientalischen Geschichtenerzähler, so kommt der Haschischraucher auch in den berühmten Geschichten der Scheherazade recht häufig vor[25], so daß sich die Exotik des Orients für den westlichen Leser unweigerlich mit der Besonderheit dieser Droge verband. Der amerikanische Schriftsteller und Journalist Bayard Taylor schrieb daher z. B. aufgrund seiner eigenen Haschischerfahrung: „Dennoch erkenne ich jetzt an den Eigenschaften dieses Paradieses, an den prächtigen Phantasien aus ‚Tausendundeiner Nacht', an der Glut und dem Reichtum aller orientalischen Dichtung mehr oder weniger die Wirkung des Haschisch wieder"[26], und auch Fitz Hugh Ludlow äußert sich entsprechend in seiner autobiographischen Schrift *The Hasheesh Eater*.[27]

Ein weiterer Stoff, der die westliche Phantasie vom Orient als einem Reich des Drogenrausches beflügelte, ist die auf historischen Tatsachen basierende Legende des Alten vom Berge und die damit verknüpfte Geschichte der Assassinen.[28] In dem Bericht über seine spektakuläre Reise nach China (1271–1295) hatte der venezianische Kaufmann Marco Polo die auf politische Morde gegründete Schreckensherrschaft dieser fanatischen Gruppe geschildert und damit den Grundstein für einen schaurig-schönen Mythos gelegt. Ihr Name geht zurück auf das arabische Wort *haschîschîn*, was soviel wie „Haschisch-Leute" bedeutet[29] und im Zusammenhang mit der überlieferten Legende zu der irrigen Annahme führte, daß der Genuß von Haschisch einen starken Drang zur Gewalttätigkeit verursache. Die Assassinen waren eine schiitische Sekte, die vom 11. bis 13. Jahrhundert in Syrien und Persien bestand. Ihr Gründer war Hasan Sabbâh, der nach der Entscheidung des 1094 entbrannten Nachfolgestreites um den Thron des Fatimidenherrschers al-Mostanser zu den Verlierern gehörte und von Ägypten nach Persien emigrieren mußte, wo er einige Jahre zuvor die auf einem Berg gelegene Festung Alamut erobert hatte. Da die Gruppe seiner Anhänger zu klein war, um gegen den neuen Kalifen ins Feld zu ziehen, verlegte er sich auf die Taktik gezielter Attentate und gründete, wie Gelpke schreibt, einen „Staat im Staate", der durch die Aufstellung einer rigoros disziplinierten Partisaneneinheit gesichert wurde. Auch die Kreuzfahrer waren ein häufiges Ziel der Mordanschläge, und es ist erstaunlich, daß die Assassinen in diesem Zweifrontenkrieg über einhundertfünfzig Jahre unbesiegt blieben, bis Alamut 1256 von den Mongolen gestürmt und der Orden zerschlagen wurde. Nachdem während der Amtszeit Hasans III. (gest. 1221) die alten Prinzipien der Herren von Alamut vorübergehend aufgegeben worden waren, verbreiteten die Assassinen unter ihrem letzten Führer, Ala-ed-Dîn Mohammed III., der wie seine Vorgänger den Herrschertitel „Alter vom Berg" führte, abermals Angst und Schrecken. So verband sich sein Name mit der Legende, die Marco Polo erzählt wurde, als er sich wenige Jahrzehnte nach dem Ende der Assassinen in Persien aufhielt. Polos Version wird von Gelpke so zusammengefaßt:

> Ein mächtiger Mann, genannt der ‚Alte vom Berg', besaß den größten und herrlichsten Garten, den man sich vorstellen kann. Darin befanden sich wundervoll eingerichtete Paläste, künstliche Bäche, die außer Wasser auch Wein, Milch und Honig führten, sowie Mädchen von berückender Schönheit, die musizierten, sangen und tanzten. Niemand hatte Zutritt zu diesem Garten außer jenen, die der ‚Alte' selbst dorthin bringen ließ. Hörte er nämlich von einem Jüngling im Alter von zwölf bis zwanzig Jahren, den er für sich gewinnen wollte, so verabreichte er diesem einen einschläfernden Trank und ließ ihn sodann in den Garten schaffen. Kam dort der Jüngling wieder zu sich, war er umringt von bezaubernden Schönen, die ihm in allem zu Willen waren und ihn auf jede Weise verwöhnten. Er glaubte sich deshalb ins *Paradies* versetzt; denn seine Umgebung war wie das Spiegelbild jenes himmlischen Gartens, der im Koran den Gläubigen verheißen wird. Dies aber entsprach genau der Absicht des ‚Alten', der sich selbst als Propheten ausgab. Seine Anhänger wurden *Hasisins* genannt; und wenn er einen von den Jünglingen benötigte, ließ er ihn wiederum durch jenen Trank betäuben und daraufhin zu sich in seinen Palast tragen. Erwachte dort der ‚Hasisin', so gab ihm der ‚Alte' den Auftrag,

sich aufzumachen und irgendeine bestimmte Person zu töten. Kehre er lebendig zurück, so werde er ihn darauf durch seine Engel ins Paradies tragen lassen; komme er jedoch ums Leben, so werde ihm dasselbe Schicksal noch schneller zuteil werden. Getrieben von ihrer Sehnsucht, in das vermeintliche Paradies zurückkehren zu dürfen, befolgten die ‚Hasisins' blind und tollkühn die Befehle des ‚Alten', und dieser übte dadurch eine Schreckensherrschaft aus...[30]

Es liegt nahe, im „betäubenden Trank" der Assassinen den Hinweis auf Haschisch zu sehen, zumal es nicht sehr plausibel erscheint, daß in der kargen Umgebung von Alamut tatsächlich derart prächtige Paradiesgärten angelegt wurden. Umso wahrscheinlicher ist es aber, daß der Haschischrausch, nachdem alle Voraussetzungen für einen euphorischen Verlauf geschaffen waren, dem nicht sehr üppigen Ambiente Visionen unvorstellbarer Schönheit entlockte: So zeigen viele Rauschbeschreibungen, daß beispielsweise ein kühler Trunk schon genügen mag, um die Vorstellung von Bächen aus Milch und Honig zu erzeugen; Fitz Hugh Ludlow war als unbemittelter Apothekersgehilfe durch eine ausreichende Dosierung der Droge ohne weiteres in der Lage, am Hudson River die ganze Pracht des Orients erstehen zu lassen. Obwohl es also sehr wahrscheinlich ist, daß das Paradies der Assassinen im Haschischrausch lag, gibt es, wie Gelpke feststellt, keine einwandfreien Beweise für diese These.[31] Allerdings räumt er selbst ein, daß die Verwendung von Haschisch als „sakrale Droge" in diversen mystischen Orden des Orients üblich war, zumal Eros und Rausch „die Grundpfeiler der mystischen Seinshaltung des Morgenlandes" sind, derzufolge die äußere Realität ein bloßer Schein und die innere Welt die „einzig wirkliche" sei.[32]

III. Rauschmittel vom Mittelalter bis zur Neuzeit

In den Texten des frühen europäischen Mittelalters werden Rauschmittel merkwürdigerweise kaum genannt, und selbst die von griechischen und römischen Ärzten beschriebenen medizinischen Anwendungen vieler Drogen scheinen in jener Zeit weitgehend in Vergessenheit geraten zu sein.[33] Erst seit dem 11. Jahrhundert gelangte das medizinische Wissen der Griechen und Römer durch die arabischen Übersetzungen, welche die heimkehrenden Kreuzritter aus dem Orient mitbrachten, wieder ins Abendland. In Europa entstanden viele Übersetzerschulen, wo die arabischen Texte ins Lateinische übertragen wurden. Alte Theriak-Rezepturen wurden auf diese Weise wieder modern, und die Opiumpräparate übernahmen in der abendländischen Heilkunde erneut eine entscheidende Rolle. Der stark von Avicenna beeinflußte Albertus Magnus (um 1200–1280) befaßt sich in seinen *Parva naturalia* mit den „Schlafbringern" Opium und Mandragora, und der erste spezialisierte Chirurg, ein Engländer namens John Arderne, verfaßte ein Traktat mit Anweisungen zur Wiederbelebung von Patienten bei einer Überdosierung des Narkotikums. Theriaks wurden gegen jede erdenkliche Krankheit eingesetzt, gegen die weit verbreitete Syphilis ebenso wie gegen die Pest. Das zu ihrer Herstellung benötigte Opium wurde hauptsächlich aus Ägypten importiert, wobei Venedig eine zentrale Bedeutung als Hauptumschlagshafen erhielt. Mit der wachsenden Nachfrage nach der Droge stiegen die Preise, so daß das Opium oft durch Fremdbeimischungen „gestreckt" wurde. Da die venezianischen Händler die Droge in aller Regel noch unverdorben in Empfang nahmen, galten die Theriaks der Serenissima bald als die vorzüglichsten. In Deutschland erwarb sich Nürnberg einen ähnlichen Ruf und blieb bis ins 18. Jahrhundert einer der europäischen Marktführer in der Theriakherstellung. Um die gute Qualität der Zutaten zu demonstrieren, wurden die Theriaks oft im Rahmen eines Volksfestes auf dem Marktplatz zusammengemischt.

Ebenso häufig wie die Opiumpräparate wurden in der Medizin auch die Essenzen von Tollkirsche, Stechapfel, Bilsenkraut oder Mandragora eingesetzt. Ein ganz anderer Drogengebrauch wurde in vielen Badestuben gepflegt, die größtenteils Freudenhäuser waren: Dort schätzte man die enthemmende Wirkung der Dämpfe des auf den Ofen gestreuten Bilsensamens. Als eine Alternative zu langwierigen Auseinandersetzungen mit politischen Gegnern erlebten die schon von den Römern so reichlich benutzten Pflanzengifte eine Renaissance. Der venezianische Rat der Zehn stand beispielsweise mit einem Franziskanermönch in Verhandlungen, der sich für die Gewährung einer jährlichen Pension erbot, diverse Potentaten wie Kaiser Maximilian I., den Papst, den türkischen Sultan oder den König von Spanien zu vergiften. „Als Katharina de Medici [1533] als Gattin Heinrichs II. nach Paris kam", berichtet Seefelder, „nahmen die Todesfälle durch Gift so auffällig zu, daß in der oberen Gesellschaft eine allgemeine Furcht zu essen und zu trinken ausbrach und man nach Antidoten ... Ausschau hielt."[34] In England bezeichnete man diese Art der Politik als das „italienische Verbrechen", doch standen die Adligen bis hinauf zu Majestäten wie Elisabeth I. den Künsten der Medici oder der Borgia durchaus nicht nach. Der berüchtigte Schwarzmagier Heinrich Cornelius Agrippa von Nettesheim (1486–1535), das mögliche Vorbild der literarischen Faust-Figur, empfiehlt in seiner Schrift *De occulta philosophia* (1510) die Dämpfe von Opium, Mandragora und Bilsenkraut zur Kontaktaufnahme mit der Geisterwelt. Dagegen schreibt ein Zürcher Apotheker um 1479 über das Opium: „Es fürdrot den Schlaf und stillet die schmertzen im Haupt, ... es ist narcoticum und zerstört den sinn und die verstandnuß ... aber ich hab ein schröcken davor ..."[35].

Ein wichtiger Meilenstein in der Kulturgeschichte des Opiums war die Erfindung des *Laudanums* („das Lobenswerte") durch den Arzt und Naturforscher Theophrastus Bombastus von Hohenheim (1493–1541), der sich selbst Paracelsus nannte. Seine Begeisterung über die vorwiegend aus einer alkoholischen Lösung bestehende Opiumtinktur, die er auch „Stein der Unsterblichkeit" nannte, war nur allzu begründet, denn die Wunderdroge revolutionierte die Pharmakologie und blieb während der nächsten vierhundert Jahre das wohl meistbenutzte Heilmittel in der westlichen Welt. Die bislang so häufig benutzten Präparate aus den Wirkstoffen der Nachtschattengewächse gerieten angesichts der universalen Verwendbarkeit des Opiums in der Form von Laudanum bald aus der Mode und verschwanden im Lauf des 17. Jahrhunderts endgültig aus den Medizinschränken. Dabei war das Laudanum keineswegs, wie Paracelsus glaubte, ein Heilmittel im eigentlichen Sinn (es unterdrückte allenfalls die äußeren Symptome einer Krankheit) und wird sich schon gar nicht lebensverlängernd ausgewirkt haben. Was die Droge so unschätzbar machte, war vielmehr ihre analgetische Wirkung, die von Zahnschmerzen bis zu schwersten Krankheiten zuverlässig Erleichterung schaffte. Das Laudanum hatte also vor allem den Stellenwert des heutigen Aspirin, und der als „englischer Hippokrates" gerühmte Arzt Thomas Sydenham (1614–1689) meinte sogar: „An dieser Stelle kann ich nicht anders als den Großen Gott preisen, welcher der Menschheit als ein Mittel gegen ihre Gebrechen das jede andere Arznei übertreffende Opium gegeben hat. ... Ohne es wäre die Medizin ein Krüppel, und jeder, der sich recht auf seinen Gebrauch versteht, wird mit seiner Hilfe mehr bewirken, als er von jeder anderen Arznei erhoffen könnte."[36] Obwohl das wissenschaftliche Interesse am Opium seit dem 17. Jahrhundert deutlich zunahm, sollte es noch lange dauern, bis man in ersten theoretischen Ansätzen die Suchtgefahr als einen bedenklichen Nachteil des Opiumkonsums erkannte. So hatte der englische Arzt John Jones schon 1700 in seiner Schrift *The Mysteries of Opium Reveal'd* auf die Toleranzbildung hingewiesen, ohne indessen eine Vorstellung vom Mechanismus der Suchtkrankheit zu haben. Erst 1793, in Samuel Crumpes *Inquiry into the Nature and Properties of Opium*, wurde zum ersten Mal die Einsicht formuliert, daß der Opiumkonsum eine Abhängigkeit erzeugen kann, die den Süchtigen auch gegen seinen Willen zur weiteren Einnahme der Droge zwingt.

IV. Alkohol im 16. bis 18. Jahrhundert

Mit dem Übergang vom Mittelalter zur Neuzeit entstand in allen Gesellschaftskreisen der abendländischen Kultur eine bis dahin beispiellose Sauflust, die das 16. Jahrhundert als „Jahrhundert der Trinkerei und Völlerei" in die Geschichte eingehen ließ.[37] Besonders verheerend sollen die Zustände in Deutschland gewesen sein, wo die Sitte des „Zusaufens" eine Fülle von Traktaten für und gegen das Trinken entstehen ließ und wo 1517 der erste Mäßigkeitsverein gegründet wurde. Einer der Gründe für diese plötzliche Zunahme des Alkoholkonsums ist in der verbreiteten Anwendung der Destillation zu sehen. Das Verfahren selbst war zwar nicht neu (man nimmt heute an, daß es im Orient des 10. Jahrhunderts entwickelt und im Lauf des 13. Jahrhunderts auch im Abendland bekannt wurde), doch wurden Destillate, besonders Branntwein, bis zum Ende des 15. Jahrhunderts nur in geringen Mengen und fast ausschließlich zu medizinischen Zwecken in den Klosterapotheken hergestellt. „Was bei einer Betrachtung des Alkohols im Mittelalter zuerst ins Auge fällt", schreibt Legnaro daher, „das ist seine breitgefächerte medizinische Verwendung."[38] Schon Avicenna hatte den täglichen Gebrauch von Alkohol sowie ein bis zwei Räusche pro Monat empfohlen, und die berühmtesten Ärzte des Mittelalters pflichteten seiner Ansicht bei und sahen im Alkohol ein unschätzbares Lebenselixier (vor allem der Branntwein wurde oft als *aqua vitae* bezeichnet). Im 16. Jahrhundert wandten sich die Ärzte jedoch zunehmend gegen die bis dahin gültige Akzeptanz des medizinischen Nutzens alkoholischer Getränke, während der Branntwein gleichzeitig als Genußmittel auf den Markt kam und überaus populär wurde. Branntwein war nämlich wesentlich billiger als Bier oder Wein, da er mit denkbar geringem Aufwand nahezu überall hergestellt werden konnte. Man war nicht länger abhängig von der Nähe zu Weinbaugebieten oder Bierbrauereien, und die Händler sparten einen guten Teil der sonst üblichen Transportkosten. Außerdem ermöglichte das Destillationsverfahren eine Steigerung des Alkoholgehalts von 14 auf über 50%, so daß ein Vollrausch schon mit weitaus geringeren Mengen als bisher erreicht werden konnte.

Die fatalen Folgen des überhand nehmenden Alkoholkonsums führten daher schon früh zu Versuchen einer gesetzlichen Einschränkung des volkstümlichen Lasters. Im Rahmen der mit dem Aufstieg des Bürgertums und der Städte verbundenen Luxusverbote war das Trinken von Alkohol schon seit der Mitte des 13. Jahrhunderts mehr oder weniger strengen Beschränkungen unterworfen, die in England und Frankreich bis ins 17. Jahrhundert, in Deutschland sogar bis in die zweite Hälfte des 18. Jahrhunderts Bestand hatten. Dabei folgte das Verbot des Alkoholmißbrauchs vorwiegend wirtschaftlichen Interessen, denn es wurde argumentiert, daß ein Trinker, der nicht mehr in der Lage sei, sich selbst und seine Familie zu ernähren, den Gemeinden die Bürde des Unterhalts übertrage. Allerdings beziehen sich diese und auch spätere Gesetze gegen die Trunkenheit in aller Regel nur auf die Angehörigen der niederen Stände: „Fürst und adelige Hofgesellschaft waren, wie bei Luxusverboten durchweg, von den Maßhaltevorschriften ausgenommen, selten ausdrücklich, meist aber de facto. Aus allen Quellen über die Bankette bei den Reichstagen und bei Fürstenhochzeiten, aus Tagebüchern und Reisebeschreibungen tritt hervor, welche riesigen Mengen an Wein und Bier bei solchen Gelegenheiten verbraucht wurden."[39] Das Aufkommen des Branntweins führte dementsprechend schon gegen Ende des 15. Jahrhunderts zum Erlaß von Anti-Branntwein-Gesetzen, die sich jedoch kaum behaupten konnten. Im calvinistischen Genf wurden durch eine Verordnung 1546 alle Branntweinschenken geschlossen, während in den übrigen Herbergen nur jene Gäste bewirtet werden durften, die vor und nach dem Trinken noch in der Lage waren, ein Tischgebet zu sprechen; außerdem wurde eine strenge Polizeistunde eingeführt. Es zeigte sich jedoch allzu bald, daß der orthodoxe Protestantismus gegen den weitaus verlockenderen Geist des Weines keine Chance hatte – bereits drei Monate nach ihrem Inkrafttreten wurde die Verordnung wieder aufgehoben. Auch Martin Luther, der über die „betrunkenen Schweine"[40] schimpfte, stellte 1541 nicht ohne eine gewisse Resignation fest: „Es ist leider ... ganz Deutschland mit Saufen geplagt. Wir predigen ... und schreien daruber, es hilft aber leider nicht viel. Es ist ein alt böses

Herkommen in deutschen Landen, wie der Römer Cornelius (Tacitus) schreibt, hat zugenommen und nimmt noch zu. Da sollten Kaiser, Könige, Fürsten, Adel zutun, dass ihm gesteuert würde."[41] Dabei waren die Protestanten, wenn man von einigen radikalen Gruppierungen wie den Anabaptisten absieht, gar nicht grundsätzlich gegen den Alkohol, sondern verurteilten nur das maßlose Trinken. So schreibt der aus einer der einflußreichsten Familien Neuenglands stammende Puritaner Increase Mather 1674: „Der Alkohol ist für sich selbst ein gutes Erzeugnis Gottes und sollte dankbar angenommen werden, doch sein Mißbrauch kommt vom Satan; der Wein ist von Gott, aber der Säufer ist des Teufels."[42] Die zwiespältige Haltung der Amerikaner zum Alkohol, die den USA einerseits den Ruf eintrug, eine „alcoholic Republic" zu sein, und andererseits eine einflußreiche Temperenzbewegung entstehen ließ,[43] ist untrennbar mit der protestantischen Ethik der frühen Kolonisten verbunden. Schon die Pilgerväter hatten kurz nach ihrer Ankunft in Neuengland die Voraussetzungen für die rasche Entstehung eines florierenden Brauereigewerbes und gleichzeitig ein moralisches Klima geschaffen, das für Trinker alles andere als animierend war. Dennoch nahmen sie trotz aller puritanischen Strenge durchaus keinen Anstoß daran, wenn ein ansonsten achtbarer Bürger sich gelegentlich einen Rausch antrank. Nur die Gewohnheit des Rausches wurde als verwerflich betrachtet und als sicheres Zeichen gedeutet, daß die betreffende Person nicht zu dem kleinen Kreis jener Auserwählten gehören konnte, die mit Gottes Erlösung rechnen durften. Als von Gott verlassene Subjekte, aber auch als Individuen, die der Gemeinschaft zur Last fielen, wurden Gewohnheitstrinker durch ein enges Netz moralisch-rechtlicher Vorschriften verurteilt und bestraft; so wurden sie z. B. in Massachusetts an den Pranger gestellt und mit einem großen „D" für „Drunkard" (Trinker) markiert. Andere mögliche Bestrafungsmittel waren Geldbußen, Prügelstrafen oder auch die Exkommunikation.[44] – Auch die katholische Kirche versuchte unentwegt, dem verbreiteten Alkoholmißbrauch zu begegnen[45], da der Klerus von der allgemeinen Trunklust kaum weniger betroffen war als die weltlichen Stände. So war in der englischen Kirche des Mittelalters durch die Verbindung der katholischen Liturgie mit Elementen aus vorchristlichen Ritualen die Sitte entstanden, sich im Gotteshaus zum *church ale* zu treffen und fünfmal jährlich sogenannte *glutton masses* („Schlemmermessen") zu veranstalten: „Des Morgens versammelt sich die Gemeinde in der Kirche, bringt Essen und Trinken mit, hört die Messe an und feiert im Anschluß ein Fest, das offensichtlich in der völligen Betrunkenheit aller Beteiligten (auch der Priester) endet. Zwischen den Angehörigen verschiedener Gemeinden gibt es dabei regelrechte Wettbewerbe, wer zu Ehren der Heiligen Jungfrau am meisten Fleisch vertilgen und am meisten Alkohol trinken kann."[46] Solches Treiben erregte das Mißfallen der höheren Geistlichkeit, während der niedere Klerus keine Bedenken zeigte, selbst die Sakramente mitunter in betrunkenem Zustand zu vollziehen.[47]

In Analogie zu den zahlreichen Anti-Branntwein-Gesetzen, die auf dem Kontinent erlassen und wieder abgeschafft, dann erneuert, verschärft und wiederum kaum befolgt wurden, erließ auch das britische Parlament 1606 ein Gesetz, das die Trunkenheit als ein Verbrechen ahndete – was indessen weder die Trinker noch die Hersteller alkoholischer Getränke daran hinderte, genauso fortzufahren wie zuvor. Als ein erhebliches Problem erwies sich der englische Branntweinkonsum, der in den ersten Jahrzehnten des 18. Jahrhunderts um mehr als das Zehnfache anstieg und sich bis zur Mitte des Jahrhunderts noch einmal verdoppelte, so daß Historiker hier von der englischen „Ginkrise" sprechen. In großen Mengen wurde der Branntwein vor allem in den städtischen Armenvierteln getrunken, was einer weiteren Verelendung Vorschub leistete. Schivelbusch erkennt in diesem Phänomen eine Entfernung von der traditionellen Rolle des Alkohols: „Das Trinken und der Rausch verlieren völlig ihren sozial verbindenden Charakter. ... Der Branntwein muß herhalten, diese unerträgliche Lebenssituation wenigstens zeitweise zu vergessen. Nicht soziale Berauschung, sondern alkoholische Betäubung liefert er. Damit beginnt das einsame Trinken, eine auf das industrialisierte Europa und Amerika beschränkte Form des Trinkens. In allen anderen Zeiten und Kulturen ist das Trinken kollektiv."[48] Im Unterschied zum Bier, das ein wohlangesehenes Nationalgetränk war, wurde der Branntwein von vielen Kritikern, unter denen der Schriftsteller Henry Fielding und der Maler und Graphiker William Hogarth die bekanntesten sind, als ein reines Gift geschildert, dessen Vertrieb nach mehreren halbherzigen Versuchen erst 1751 durch die Verabschiedung eines Gesetzes wirkungsvoll auf ein Minimum reduziert wurde.

Ein Vergleich der zeitgenössischen Beurteilungen des Trinkers vom ausgehenden Mittelalter bis zum 18. Jahrhundert zeigt, daß die Bewertungsprinzipien eine bedeutsame, wenn auch nur sehr allmählich vollzogene Verschiebung erfuhren. So vertritt Legnaro die interessante These, daß die Fülle der gegen die Trunksucht gerichteten Gesetze im 16. Jahrhundert nicht nur als Reaktion auf einen herrschenden Notstand, sondern auch als Indikator einer neuen Bewertung des Rausches zu sehen seien: „Der Rausch ist nicht (mehr) die Gewinnung einer dionysischen, sondern die mißlungene Beherrschung einer als rational konzipierten Welt. Dementsprechend wird gerade im 16. Jahrhundert verstärkt der Versuch unternommen, mäßiges, das heißt also beherrschtes, Trinken zu fördern: eine Rationalisierung des Trinkverhaltens durchzusetzen, die den Exzeß meidet und den Rausch zu kontrollieren sucht."[49] Der Trinker wird damit zu einem Delinquenten, da er als jemand, der sich nicht zu beherrschen weiß und gewissermaßen durch die mangelnde rationale Kontrolle seines Wesens die Anarchie des Rausches zuläßt, eine Gefahr für das in Analogie zum rationalen Universum begründete Gemeinwesen darstellt. Das aufklärerische Bild vom Menschen als einem gänzlich rationalen Wesen führt zu dem logischen Schluß, daß der Trinker, der trotz aller bekannten Nachteile und Gefahren des fortgesetzten Alkoholkonsums nicht von der Flasche läßt, seinen Ruin mit Absicht bezweckt und sich dadurch eines moralischen Versagens schuldig macht. Diese Ansicht hielt sich bis weit ins 18. Jahrhundert, obwohl Trinker immer wieder versicherten, daß sie dem Alkohol nur zu gern abschwören wollten, wenn sie nur könnten. Einer der ersten Ärzte, die solche Äußerungen ernst nahmen, war der Amerikaner Benjamin Rush, der die unwiderstehliche Neigung zum Trinken in seiner Schrift *Inquiry into the Effects of Ardent Spirits upon the Human Body and Mind* (1786) als eine Krankheit erkennt.[50] Seiner Ansicht nach liege das Übel im Alkohol selbst und nicht in einer Charakterschwäche des Trinkers begründet; der Alkohol verursache eine „Krankheit des Willens", und der an dieser Krankheit Leidende verdiene das Mitleid und die Fürsorge seiner Umwelt, keinesfalls aber die gesellschaftliche Ächtung.[51] In den folgenden Jahrzehnten schlossen sich immer mehr Ärzte den von Rush vorgetragenen Überzeugungen an, so daß Spode hier von „der kopernikanischen Wende im Verständnis der Begierden"[52] spricht; auch die seit den zwanziger und dreißiger Jahren des 19. Jahrhunderts weitverbreitete Temperenzbewegung wurde von der Einsicht getragen, daß ein Trinker ein kranker Mensch und daher kurierbar sei, wenngleich der Mechanismus der Sucht noch lange unverstanden blieb und die Auffassung, daß der Alkoholkranke sich nur zu seiner Genesung entscheiden müsse, als ein Gemeinplatz in der vielgelesenen Mäßigkeitsliteratur fortbestand. Interessant ist in diesem Zusammenhang, daß der Alkoholismus in der Bundesrepublik erst seit einem Grundsatzurteil des Bundessozialgerichts vom 18. Juni 1968 auch juristisch als eine Krankheit gilt.

Das Zeitalter des Rausches: Drogen im 19. Jahrhundert

Obwohl Rauschmittel zu jeder Zeit eine Rolle spielten, haben sich vor allem die Epochen der Romantik und der Décadence als Zeiten einer Renaissance des Dionysischen in unser heutiges Bewußtsein eingeprägt. Logan hat daher sicher recht, wenn er das europäische 19. Jahrhundert als „das Zeitalter des Rausches" bezeichnet.[53] Die bedeutendsten Drogen waren die Opiate, deren bedenkenloser Gebrauch in den verschiedensten Bereichen des gesellschaftlichen Lebens erhebliche Probleme schuf. So führte die Schmerzbehandlung durch Opiate an den Fronten des Krimkrieges, des Amerikanischen Bürgerkrieges und des Deutsch-Französischen Krieges dazu, daß viele Soldaten drogensüchtig nach Hause zurückkehrten.[54] Für die Arbeiter in den jungen Industrienationen war das Opium so wichtig wie das tägliche Brot. Als billiges Universalheilmittel ersparte es die Kosten für ärztliche Konsultationen und wies häufig den einzigen Ausweg aus den unvorstellbaren Härten des sozialen Elends. Eine andere große Gruppe der Suchtgefährdeten waren die Kinder, die durch die Verabreichung opiathaltiger Patentmedizinen „ruhiggestellt" werden sollten– eine Absicht, die oft allzu erfolgreich war, denn unter den Drogentoten des 19. Jahrhunderts steht die Zahl der an Überdosierungen gestorbenen Kinder an erster Stelle.[55]

Das Opium, das zu 80–90% aus der Türkei importiert wurde[56], kam in vielen Variationen auf den englischen Markt: Es gab Opiumkonfekt, opiathaltige Lakritzstangen, Tinkturen aus Seife und Opium, opiathaltigen Wein, Opiumsalben, -zäpfchen und -klistiere, Opiumpflaster und eine Fülle opiumhaltiger Hustensäfte. Am beliebtesten waren jedoch Laudanum (fünfundzwanzig Tropfen waren für einen Penny zu haben) und Rohopium, das in sogenannten *penny sticks* verkauft wurde.[57] „Die Gewohnheit des Verkaufs und Gebrauchs von Opiaten in der ersten Hälfte des 19. Jahrhunderts", schreibt Berridge angesichts dieser Situation, „zeigt deutlich, daß es in der Gesellschaft im allgemeinen keine sonderlichen Bedenken über ihre Anwendung gab. Die in den ersten Dekaden des Jahrhunderts von Bauern und Geschäftsleuten unternommenen Versuche, britisches Opium anzubauen, unterstreichen die positive Haltung, die viele an den Tag legten."[58] Dennoch entstand nach 1830 eine wachsende Sorge über die mögliche Gefährdung der Volksgesundheit durch einen übertriebenen Opiumkonsum.[59] Als das britische Parlament 1868 ein Gesetz zur Kontrolle des Drogenverkaufs (*Pharmacy Act*) erließ, war der unmittelbare Anlaß für diesen Schritt dennoch weniger die Sorge um die Volksgesundheit, sondern vielmehr das durch eine starke Lobby geforderte Verkaufsmonopol für Apotheker. Unter den Substanzen, die nach diesem Gesetz fortan nur noch von Apothekern verkauft werden durften, war auch Opium genannt; allerdings war die ganze Bandbreite opiathaltiger Patentmedizinen von dieser Regelung ausgenommen. Daß die Apotheker das Gesetz nur aus wirtschaftlichem Interesse unterstützten, zeigt ihr erfolgreiches Bemühen, den ersten Gesetzentwurf so zu verändern, daß die Opiate nicht, wie zunächst geplant, nur noch in geringen Mengen verkauft werden dürften (dagegen hatten viele Apotheker aus den nördlichen Ballungsräumen unter dem Hinweis auf ihren sonst erheblichen Einnahmerückgang protestiert), sondern nur der Apothekenpflicht unterliegen sollten. Nach 1870, als neben der Abhängigkeit von Opium und Laudanum auch die Morphinsucht aufkam, sprachen sich immer mehr Ärzte gegen die weitere Verwendung von Opiaten aus. Allerdings dauerte es noch fünfzig Jahre, bis ein Gesetz erlassen wurde, das den freien Verkauf der Opiate unterband (*Dangerous Drugs Act*, 1920). Ebenfalls 1920 trat in Deutschland das sogenannte „Opiumgesetz" in Kraft, das 1925 erweitert wurde und fortan auch den Gebrauch von Cannabis unter Strafe stellte.[60]

In den USA erhielt die Frage nach einer gesetzlichen Regelung des Drogenkonsums ihre Brisanz vor allem im Zusammenhang mit der explosionsartigen Bevölkerungsentwicklung. Die großen Einwanderungswellen, die in immer dichterer Staffelung zum Jahrhundertende hin erfolgten, brachten erhebliche soziale Probleme mit sich und erzeugten bei der alteingesessenen Bevölkerung vielfach eine fremdenfeindliche Haltung, die durch die Furcht vor unliebsamer Konkurrenz und die Sorge um Arbeitsplätze verstärkt wurde. Ein von fast allen Bevölkerungsgruppen gedroschener Sündenbock waren die chinesischen Einwanderer, die sich seit der Jahrhundertmitte vor allem im Westen der USA niederließen und oft zu Niedrigstlöhnen in Minen, Fabriken und beim Eisenbahnbau beschäftigt waren. Im Zuge einer verschärften antichinesischen Stimmung, die zu diskriminierenden Gesetzen wie der *Chinese Exclusion Act* von 1882 führte, wurden die „Opiumhöhlen" (*opium dens*) in den asiatischen Vierteln der Großstädte immer wieder als Indiz für die „Gelbe Gefahr" genannt, vor der es die Bevölkerung zu schützen gelte. So wurden Maß-

nahmen gegen den freien Handel mit Opium wiederum nicht so sehr im Interesse
der Volksgesundheit, sondern als Repressalien gegen die opiumrauchende chinesische Bevölkerung erwogen. 1883 und 1890 erhöhte der Kongreß die Steuer für
das zum Rauchen bestimmte Opium, während andere opiathaltige Präparate hiervon unberührt blieben. Dabei hatte der Gebrauch von Opiaten nach 1880 drastisch
zugenommen; um 1905 gab es auf dem amerikanischen Markt bereits über 50.000
verschiedene opiathaltige Patentarzneien.[61] Aus diesem Grund drängten Berater der
amerikanischen Regierung zusehends auf Gesetzentwürfe, die möglichst durch entsprechende internationale Regelungen unterstützt werden sollten, allerdings zeigte
vor allem Großbritannien, das einen wesentlichen Anteil am internationalen Opiumhandel hatte, zunächst wenig Neigung, den amerikanischen Anregungen zu folgen.
1906 verabschiedete der amerikanische Kongreß die *Pure Food and Drink Act*, die
u.a. festlegte, daß jede opiathaltige Patentmedizin fortan auf dem Etikett die Bestandteile verzeichnen sollte, woraufhin der amerikanische Opiatkonsum deutlich
zurückging.[62] Als die Liberalen in Großbritannien 1906 die Regierung übernahmen,
näherte sich die britische Opiumpolitik den amerikanischen Überlegungen an, was
1912 zur internationalen Opiumkonferenz von Den Haag führte. Durch die Anerkennung der dort verabschiedeten Gesetzentwürfe waren die USA gezwungen, eine
verfassungsrechtliche Grundlage für das Verbot von Drogen zu schaffen. Da eine direkte Kontrolle des Drogenhandels als verfassungswidrig anzusehen war, entschloß
sich die Regierung, auf dem Umweg über steuerliche Regelungen einen restriktiven
Einfluß auf den öffentlichen Umgang mit Rauschmitteln zu nehmen. So wurde 1914
das Harrison-Gesetz verabschiedet, das alle registrierten Händler zur Entrichtung
einer Nominalsteuer verpflichtete, während alle Nichtregistrierten künftig nur noch
ärztlich verordnete Drogen besitzen und anwenden durften. Auf dieser Grundlage
wurde z.B. der freie Konsum von Cannabis durch das Marihuana-Steuergesetz von
1937, verboten. Obwohl diese und ähnliche Gesetze einerseits bewirkten, daß die
Zahl der Gelegenheitskonsumenten von Drogen deutlich zurückging, stürzten sie die
große Anzahl der Süchtigen in ein kriminelles Ambiente. So waren 1920 allein in
New York City 300.000 Morphinsüchtige registriert – die Stadt erhielt also, fast über
Nacht, einen Zuwachs von 300.000 Kriminellen![63]

I. Der englische Opiumesser

Während also einerseits die Ansichten der Ärzteschaft im 19. Jahrhundert eine weite
Beachtung fanden, zumal die umstrittenen Gesetzesvorlagen zur Regelung des Drogenkonsums eine unablässige Folge von Gutachten und Gegengutachten erforderten,
nahm die Gesellschaft andererseits mit Staunen auch die demonstrative Suche der
Dichter nach den künstlichen Paradiesen des Rausches zur Kenntnis. Der Auftakt
zu dieser im wesentlichen romantischen Tradition erfolgte 1821 mit einer anonymen

Veröffentlichung in der September- und der Oktober-Nummer des *London Magazine*. Schon der Titel der Schrift, *The Confessions of an English Opium-Eater*, hatte etwas Reißerisches und mußte den Zeitgenossen ins Auge springen. In der englischen Memoirenliteratur war das Wort „Confessions" bis dahin nur selten benutzt worden, so daß der noch unverbrauchte Begriff die Konnotation intimster Enthüllungen erweckte.[64] Die Selbstbezeichnung des Verfassers als „Opium-Eater", obwohl er doch ein gewöhnlicher Laudanumtrinker war, bewirkte zudem Assoziationen exotischer Art, indem sie etwa an die Lotophagen des alten Ägypten erinnerte. Daß die verheißene Exotik aber nicht auf Berichten aus irgendwelchen fernen Reichen beruhte, sondern, wie das Adjektiv „English" andeutet, im ganz normalen Alltag zu finden war, konnte die Aura des Sensationellen nur noch verstärken. Schließlich gab auch die Anonymität des Verfassers Anlaß für aufregende Spekulationen. Manche vermuteten in Coleridge den Verfasser, denn über seine Abhängigkeit vom Laudanum hatte man schon gelegentlich reden hören. So wurden die ominösen Opiumbekenntnisse schon allein durch diese Äußerlichkeiten ein großer Erfolg. Der zweite Teil der *Confessions* war kaum erschienen, als auch schon der dringende Ruf nach einer dritten Folge laut wurde. Im Herbst 1822 erschienen die *Confessions* daraufhin in Buchform mit einem Anhang, in dem der Verfasser erläutert, was die Erstellung eines dritten Teils bislang verhindert habe. Mit der Enthüllung seiner Identität wurde der bis dahin unbekannte Thomas DE QUINCEY (1785–1859) über Nacht eine gefeierte Persönlichkeit.

Tatsächlich war De Quincey aber nur in zweiter Linie ein passionierter Opiumesser; seine größere Leidenschaft, die sich mit einer virtuosen Formulierungsgabe verband, galt dem biographischen und autobiographischen Essay. Bis heute wird oft verkannt, daß er nicht etwa die Literatur als Vehikel zur Vermittlung seiner Opiumerfahrung benutzte, sondern daß ihm diese letztere vor allem bedeutsam wurde, sofern er sie in den Dienst seiner freien literarischen Assoziationen stellen konnte. Erst aus der Summe solcher unwillkürlicher Gedankenexkursionen, wie sie durch die Opiumwirkung begünstigt werden, konnte seiner Ansicht nach ein rechtes Verständnis jenes Besonderen erwachsen, das die vielfältige biographische Erfahrung eines Menschen zutiefst begründet (vgl. Seite 303). So wird auch in den *Confessions* deutlich, daß De Quinceys Interesse sich keineswegs auf die spezifischen Fragen der Opiomanie beschränkt: In der ersten Hälfte der Schrift wird die Opiumthematik sogar kaum berührt; statt dessen schildert De Quincey zunächst recht ausführlich die Erlebnisse seiner Jugend, die ihn nach einem Vagabundenleben in der romantischen walisischen Wildnis nach London führen, wo er in ärgster Armut lebt und in einem minderjährigen Straßenmädchen die Liebe seines Lebens findet. Erst in der zweiten Hälfte des Buches, nachdem die zur ersten Opiumerfahrung hinführenden biographischen Entwicklungen ausführlich dargestellt sind, folgen zwei Kapitel über die „Pleasures of Opium" und die „Pains of Opium"; das Fragment einer Opiumträumerei, „The Daughter of Lebanon", schließt das Werk ab.[65] Daß De Quincey weder ausschließlich noch überhaupt in erster Linie über die Wirkungen des Opiums aufklären wollte, sondern daß er vielmehr ein autobiographisches Interesse verfolgte, bei dem ihm die Droge als ein Mittel zur Sichtbarmachung der verzweigten Strukturen seiner Persönlichkeit bedeutsam wurde, mochten die zeitgenössischen Leser wohl erst nach dem Erscheinen seiner späteren Schrift *Suspiria de Profundis* (1845) begreifen, wo De Quincey in aller Deutlichkeit seine psychologischen Überzeugungen darlegt und rückblickend die erzählerische Methode der *Confessions* erklärt. Bedeutsam ist in diesem Zusammenhang auch seine „Palimpsest-Theorie", die besagt, daß keine Erfahrung des Bewußtseins jemals endgültig verloren gehe, sondern im Gedächtnis allenfalls unter Schichten neuerer Erfahrungsdaten begraben werde und jederzeit wieder abrufbar sei, sofern, z.B. durch Drogeneinfluß, ein hierfür erforderlicher bestimmter Reiz ausgeübt werde (vgl. Seite 160).

Nach eigener Aussage nahm De Quincey erstmals 1804, als Student im Alter von neunzehn Jahren, Laudanum, das ihm zur Linderung akuter Zahnschmerzen empfohlen worden war. Seither, so schreibt er in den *Confessions*, habe ihm der Händler, der ihm diese erste Dosis des Opiats verkaufte, unauslöschlich vor Augen gestanden „als beglückende Vision eines unsterblichen Apothekers, der in einer Sondermission auf die Erde zu mir herabgesandt worden war" [CEO 261]. „Hier gab es ein Allheilmittel ... für alles menschliche Weh; hier war das Geheimnis des Glücks auf einmal entdeckt, über das die Philosophen so viele Jahrhunderte diskutiert hatten; das Glück konnte jetzt für einen Penny gekauft und in der Westentasche mitgenommen werden, tragbare Ekstasen konnte man auf Halbliterflaschen abgezogen bekommen, und Seelenfrieden ließ sich mit der Post versenden." [CEO 262; 183] Trotz dieses ersten Eindrucks, so behauptet De Quincey, habe er nach dem Abklingen der Zahnschmerzen aber auf eine weitere Einnahme der Droge verzichtet und sie in späteren Zeiten zunächst „selten öfter als einmal in drei Wochen" [CEO 269; 190] eingenommen, denn „mich warnte ... ein vernünftiger Instinkt davor, mit einem Mittel zu spielen, das eine so ungeheure Tröstung und Hilfe sein kann, und für ein momentanes Unwohlsein zu verschwenden, was sich einmal in Zeiten alles vernichtender Stürme als mächtiges Elixier der Rettung erweisen konnte" [CEO 112; 13]. Es sollte noch einige Jahre dauern, bis diese Stürme des tiefsten Leidens über De Quincey hereinbrachen, doch sie kamen, und mit ihnen kam der willkommene Anlaß, sich ganz dem Laudanum hinzugeben, das ihn angesichts einer feindlichen Umwelt in freundlicher Gelassenheit wiegte. Ab 1813 begann er die Droge in immer höherer Dosierung zu nehmen und gewöhnte sich so an ein tägliches Quantum, das für nichthabituierte Personen tödlich gewesen wäre. In der ersten Zeit seiner lebenslangen Abhängigkeit vom Opium fand er keinen Grund zur Klage, im Gegenteil: er befand sich in der sogenannten *Honeymoon*-Phase, in der ihn die Droge nur mit Lieblichkeit umgarnte. Nach einigen Jahren bemerkte er dann aber die Entstehung einer bildlichen Vorstellungskraft, ähnlich der Fähigkeit von Kindern, „die Dunkelheit mit allen möglichen Phantomen zu füllen" [CEO 312; 236]. Die Wirklichkeit seiner Träume und die seines Wachens schienen sich zusehends zu vermischen: „… so wurden alle visuell vorstellbaren Dinge, an die ich in der Dunkelheit nur dachte, sofort zu Phantomen für mein Auge; und in einem offensichtlich nicht weniger zwangsläufigen Prozeß wurden sie, wenn sie einmal in undeutlichen und visionären Farben aufgespürt waren, wie etwas mit sympathetischer Tinte Geschriebenes durch die wilde chemische Kraft meiner Träume in einem unerträglichen Glanz, der mein Herz zerfraß, ans Tageslicht gebracht." [CEO 313; 237] Es kann daher nicht überraschen, daß De Quincey sich schließlich vor dem Einschlafen und den folgenden Visionen zu fürchten begann.[66] Die beunruhigende Intensität der Visionen und ihre Unentrinnbarkeit selbst im Traum (die übrigens auch Baudelaire später als eine Folge seines Opiatkonsums erfuhr, so daß er sich vor dem Schlafen zu fürchten begann) markierten das Ende der unbeschwerten Flitterwochen mit dem Laudanum und den Beginn der düsteren Seite des Rauscherlebens, der sich De Quincey nun nicht mehr entziehen konnte. Viermal, so berichtet er in den *Confessions*, habe er über längere Zeiträume bewußt kein Laudanum mehr zu sich genommen. Dabei habe er bemerkt, daß diese Phasen des Entzugs sein Bedürfnis nach der Droge deutlich verringert hätten und daß er nach jedem Rückfall mit wesentlich geringeren Dosierungen zufrieden gewesen sei als zuvor. „In ungefähr vier Jahren", heißt es etwa, „ging meine tägliche Ration ohne besondere Anstrengung *spontan* von einer unterschiedlichen Menge von acht-, zehn- oder zwölftausend Tropfen Laudanum auf etwa dreihundert zurück." [CEO 298; 219] In einer Anmerkung räumt er aber ein, daß er nach einiger Zeit trotzdem immer wieder in seine alte Gewohnheit zurückfiel, und es gibt keinen Grund zu der Annahme, daß er das Opium jemals endgültig aufzugeben vermochte.

Vierzehn Jahre vor dem ersten Erscheinen der *Confessions* gelang es dem jungen De Quincey als einem der glühendsten Verehrer der *Lake Poets*, in einem kleinen Ort in der Nähe von London mit seinem großem Vorbild Samuel Taylor COLERIDGE (1772–1834) zusammenzutreffen. Im Lauf der Unterhaltung, so berichtet De Quincey später, habe er beiläufig erwähnt, daß er kürzlich einige Tropfen Laudanum gegen Zahnschmerzen eingenommen habe. Coleridge, dessen Opiumgenuß damals bereits bekannt war, habe De Quincey hierauf eindringlich beschworen, sich vor dieser gefährlichen Droge, die den Horizont seines eigenen Lebens so sehr verfinstert habe, nur ja in acht zu nehmen, und De Quincey notierte später: „… Die eigenartige Betonung des Grauenhaften, mit der er mich davor warnte, eine Gewohnheit der gleichen Art anzunehmen, schien mir anzudeuten, daß er keine Hoffnung hatte, sich jemals von diesen Fesseln zu befreien. Und ich glaube, es ist ihm tatsächlich niemals gelungen." [RLP 24][67] Im Unterschied zum späteren Opiumesser bezieht sich Coleridge in seinem Werk nur selten auf die um 1791 angenommene Gewohnheit des Laudanumtrinkens.[68] Die bedeutendste Ausnahme ist sein um 1797 entstandenes Gedicht „Kubla Khan", in dem von einer „milk of paradise" die Rede ist, die man als Laudanum identifizieren könnte. Dieses Gedicht, das erstmals 1816 mit „Christabel" und „The Pains of Sleep" in einem schmalen Bändchen erschien, im Untertitel als

A Vision in a Dream bezeichnet und von einer Mitteilung über seine rauschhafte Entstehung („Of the Fragment of Kubla Khan") begleitet wurde, wurde von Coleridge selbst wohl nur mit gemischten Gefühlen betrachtet. Als ein unter dem unmittelbaren Eindruck eines Opiumrausches[69] verfaßtes Werk ist es in jenem Zustand der Entrückung entstanden, den Wordsworth als die Quelle aller Poesie identifizierte. Coleridge war dagegen überzeugt, daß eine solche rein intuitive Gefühlswallung, die er *Fancy* nennt, niemals ausreichen könne, um auch nur den ersten Schaffensimpuls des Künstlers zu erwecken, und definierte daher die künstlerische Inspiration (*Imagination*) als ein – eigentlich paradoxes – inniges Zusammenspiel von ordnendem Intellekt und ungebändigter Intuition (vgl. Seite 522 f.). So mußte ihm „Kubla Khan" wohl schon deshalb mißliebig sein, weil es seiner eigenen Dichtungstheorie widerspricht. Außerdem war Coleridge anscheinend überzeugt, durch den Einfluß des Laudanums keine nennenswerte kreative Bereicherung erfahren zu haben; so dokumentiert die Mehrzahl seiner Äußerungen über die eigene Drogenerfahrung den unentwegten Kampf gegen die Sucht, die ihn, wie er selbst spürte, seiner dichterischen Freiheit beraubte und innerlich aushöhlte.[70] Seine bekannte „Ode to Dejection" („Ode an die Niedergeschlagenheit") spiegelt den düsteren Seelenzustand, der ihm aus dem Schuldbewußtsein des Süchtigen und auch aus der Tatsache erwuchs, daß er hilflos zusehen mußte, wie er selbst gegen seinen Willen den allmählichen Ruin seines poetischen Vermögens betrieb. Daher meint Hayter:

> Das Opium, das die Träume eingegeben oder begünstigt hatte, hatte aber auch das Vermögen zunichte gemacht, von ihnen dichterisch zu profitieren. Seine Alpträume mochten ihm die Illusion erlauben, eine starke Empfindungsgabe zu besitzen, doch die abstrakte und beziehungslose Angst und Leidenschaft, die er in seinen Träumen erfuhr, waren nicht wirklich genug, um daraus Gedichte hervorzubringen. Der Dichter konnte sie nur benutzen, wie ein Schauspieler Gefühle benutzt, zur Äußerung eines tragischen Tonfalls. In den unechten Gefühlen, die eine „ewig tätige Einbildungskraft" erzeugt, ohne zur Realität der Erfahrung eine Brücke zu schlagen, liegt „die Gefahr der Theatralik", wie Coleridge sehr viel später schreiben sollte. Es war zwecklos, sich einem Effekt des Opiums zuzuwenden, um die Dichtung vor der Lähmung des Gefühls zu bewahren, die doch ein anderer seiner Effekte war.[71]

Aus diesem Grund wurde der Opiatgenuß für Coleridge – anders als für De Quincey, der sich auch durch die Kenntnis der „Pains of Opium" nicht dazu bewegen ließ, die Droge grundsätzlich zu verdammen – sehr bald zum Inbegriff des Verwerflichen, er spricht vom „schmutzigen Laudanumgeschäft" und bezeichnet die Droge als ein „das freie Handlungsvermögen zerstörendes Gift".[72]

De Quincey wurde berühmt als der erste Schriftsteller, der seine Erfahrungen mit einer Droge zu einem darstellungswürdigen Gegenstand erhob. Davon abgesehen, waren er und Coleridge aber keineswegs die einzigen bekannten Literaten im England des 19. Jahrhunderts, die über Erfahrungen mit Laudanum verfügten: „Alle romantischen Dichter, außer Wordsworth, haben nachweislich damit experimentiert", schreibt Hayter und nennt beispielhaft Lord Byron, Thomas Moore, Charles

Lamb, Robert Southey und Shelley. Auch in den Schriften von Sir Walter Scott und von John Keats fänden sich „erkennbare Spuren" ihres Opiumkonsums. Alfred Lord Tennyson (1809–1892) beschreibt in seinem Gedicht „The Lotos-Eaters" eine Atmosphäre, die der in Coleridges „Kubla Khan" recht ähnlich ist und durchaus auf eigenen Erlebnissen des Opiumrausches basieren könnte, Charles Dickens (1812–1870) nahm Laudanum in seinen letzten Lebensjahren regelmäßig zur Linderung seiner Neuralgie, was sich möglicherweise in dem Romanfragment *The Mystery of Edwin Drood* (1870) äußert[73], und Elizabeth Barrett-Browning (1806–1861) war beinahe ihr ganzes Leben lang opiumsüchtig. Auch George Crabbe (1754–1832), Wilkie Collins (1824–1889) und Francis Thompson (1859–1907) waren opiumsüchtig und schrieben unter dem unmittelbaren Einfluß der Droge (vgl. Seite 271 ff.).

II. Die amerikanische Literatur und der Rausch

In den USA, die nach ihrer politischen Unabhängigkeitserklärung auch eine kulturelle Souveränität anstrebten, konnte die Schaffung der dazu nötigen intellektuellen Infrastruktur naturgemäß nicht über Nacht erfolgen, so daß die Organe des britischen Gesellschaftslebens trotz der relativ raschen Entwicklung einer eigenständigen amerikanischen Literatur in den neuenglischen Geisteszentren noch während der ganzen ersten Hälfte des 19. Jahrhunderts bedeutsam blieben. Die großen britischen Journale wie *Blackwood's* oder das *London Magazine* wurden von den amerikanischen Literaten weiterhin mit großem Interesse studiert, und was in England erfolgreich war, fand in der Regel auch jenseits des Atlantik sein Publikum. So gelangte auch die Nachricht über den sensationellen Erfolg von De Quinceys *Confessions* in kürzester Zeit nach Neuengland, und schon 1823 erschien in Philadelphia die erste amerikanische Ausgabe. Offenbar waren die *Confessions* in Amerika kaum weniger erfolgreich als in England, da sie bis in die sechziger Jahre von mehreren Verlagen immer wieder neu aufgelegt wurden.[74] Der prominenteste amerikanische Bewunderer, der De Quincey persönlich kennenlernte, war Ralph Waldo EMERSON (1803–1882), der Wortführer der transzendentalistischen Bewegung in Neuengland, der sich 1848 als Gast der Geister-Expertin Catherine Crowe in Edinburgh aufhielt und von De Quinceys unauffälliger Erscheinung angenehm überrascht war. Als De Quincey sich überreden ließ, einem Vortrag Emersons beizuwohnen, fühlte dieser sich sehr geehrt und notierte aufgeregt in seinem Tagebuch: „‚– zu meinem Vortrag! De Q bei meinem Vortrag!'"[75] Allerdings soll der Opiumesser während des Vortrags eingeschlafen sein.

Selbstverständlich, so sollte man denken, konnte Emersons Interesse an De Quincey nur dem brillanten Stilisten und keinesfalls dem Opiumesser gelten, denn wie könnte es angehen, daß sich der Autor der berühmten Essays „Nature" (1836) und „Self-Reliance" (1841) ernsthaft auf den Gedanken von den künstlichen Paradiesen des Drogenrausches einließe! Da aber das Hinsehen ein wesentliches Grundprinzip der transzendentalistischen Anschauung ist, wäre es noch viel inkonsequenter gewesen, wenn sich Emerson dieser Idee von vornherein verschlossen hätte. Tatsächlich gibt er daher unumwunden zu, daß die Vorstellung, im Rausch einen Einblick in die Geheimnisse des Universums zu erhalten, durchaus verlockend sei und beendet den Essay „Circles" (1841) mit der Feststellung, daß sich die größte Sehnsucht des Menschen darauf richte, durch eine im dionysischen Sinn erfolgende Auflösung der Person und des Bewußtseins die Möglichkeit zu neuen Einsichten zu erhalten. Für Emerson ist der Rausch ein zentrales Medium der Erkenntnis und wesentliche Voraussetzung der Kunst (ein Gedanke, der in Nietzsches Ausführungen über den dionysischen Rauschkünstler wieder auftaucht).[76] Allerdings waren Emersons bevorzugte Drogen auch zu seiner Zeit in keiner Apotheke erhältlich, denn was er zur Berauschung des Geistes empfiehlt, ist nichts anderes als „das schlichte Angesicht und die hinreichenden Dinge der Natur, die Sonne und der Mond, die Tiere, das Wasser und die Steine ..." [SE 276] Opium, Kaffee oder Tabak seien dagegen nur ein unvollkommener Ersatz für diesen echten Nektar. Emerson spricht also in einem metaphorischen Sinn vom Rausch, während er die gröberen Formen der Trunkenheit, die durch Alkohol und andere Drogen erzeugt werden, als bloße Nachäffung der echten und wahrhaft inspirierten Ekstase bezeichnet. Daher weist er in dem Essay „The Poet" (1844) darauf hin, daß die Künstler, die sich solchen zweifelhaften Führern anvertrauten, ihre Einsichten stets teuer bezahlt hätten:

> ... da es ein unzulässiger Weg zur Erreichung von Freiheit war, da es eine Selbstbefreiung war, die nicht in den Himmel, sondern zur Freiheit niederer Schauplätze führte, wurden sie für den gewonnenen Vorteil durch Verwirrung und Verfall bestraft. Aber nie kann die Natur durch einen Trick überlistet werden. Der Geist der Welt, die große ruhige Präsenz des Schöpfers offenbart sich nicht der Hexerei mit Opium oder Wein. Die erhabene Vision wird der reinen und einfachen Seele in einem sauberen und keuschen Körper zuteil. Das ist keine Inspiration, was wir den Rauschmitteln verdanken, sondern eine falsche Erregung und Gefühlswallung. [SE 275][77]

Ähnlich wie Increase Mather unterscheidet Emerson in „The Poet" die als „Teufelswein" bezeichneten Rauschmittel und die als „Gotteswein" erkannte Poesie, die aus den einfachen Elementen der natürlichen Umgebung erwächst.

> Daher sollte die Lebensweise des Dichters einem so bescheidenen Maßstab folgen, daß ihn die gewöhnlichen Einflüsse erfreuen. Seine Fröhlichkeit sollte eine Gabe des Sonnenlichts sein, die Luft sollte ihm zum Atmen genügen, und er sollte von Wasser beschwipst sein ... Wenn Du Deinen Geist mit Boston und New York erfüllst, mit Mode und Begierde, und Deine stumpfen Sinne mit Wein und französischem Kaffee anregen willst, so wirst Du in der Einöde der Tannenwälder kein Strahlen der Weisheit finden. [SE 276]

Mit diesen Worten ist die Grundposition Emersons im Blick auf den Rausch umrissen, womit auch hinreichend deutlich wird, daß er kaum ernsthaft in den Verdacht geraten kann, ein „De Quincey of Concord" gewesen zu sein. Dennoch war seine Haltung in dieser Frage nicht immer so eindeutig, wie vor allem seine wechselhaften Äußerungen über die zeitgenössische Temperenzbewegung zeigen. Emerson war gewiß ein Gegner der Trunkenheit und unterstützte daher auch den Kampf gegen den Alkohol. Andererseits schien ihm aber der spröde Geist der Temperenzler auch eine gesellschaftliche Veródung zu bewirken und stellte in seinen Augen daher eine Zumutung dar.[78] Mit den dumpfen Prinzipienreitern dieses Schlages wollte er nichts zu tun haben, so daß er, um sich von ihnen abzusetzen, mit großem Vergnügen doch dem Wein zusprach. So umfaßt das Spektrum seiner Bekenntnisse für und gegen den Alkohol, wie Warner feststellt, „diverse Haltungen als Bacchusdiener, als Weinkenner, als beschwingter Schluckspecht, als ernsthafter Temperenzler und als ekstatischer, wassertrinkender Verkünder der spirituellen Berauschung."[79]

So wie Emerson war auch Edgar Allan POE (1809–1849) als eifriger Leser der britischen Journale mit den *Confessions* vertraut, über die er in einem Brief vom 30. April 1835 schreibt, sie würden „allgemein Coleridge zugeschrieben – jedoch zu Unrecht."[80] Poe, der ein großer Verehrer von Coleridge war, schienen die *Confessions* anscheinend viel zu weit unter dessen Niveau zu liegen, und als er in dem Aufsatz „How to Write a Blackwood Article" den britischen Zeitungsstil parodierte, nutzte er die Gelegenheit für einen spöttischen Verriß der *Confessions*, indem er Mr. Blackwood das folgende Geständnis in den Mund legt:

> „Dann hatten wir da die ‚Bekenntnisse eines Opium-Essers' – fein, sehr fein! – ein köstlicher Einfall – tiefe Philosophie – scharfe Beobachtung – eine Fülle furiosesten Feuers – und nett gewürzt mit allerlei rechtschaffenen Unverständlichkeiten. Das war ein hübscher Bissen Flunkerei, und er rutschte den Leuten auf das vergnüglichste durch die Kehle. Sie wollten doch gleich um jeden Preis den Coleridge für den Verfasser halten – doch ist dem nicht so. Er wurde – unter Zuhilfenahme eines Humpens Wacholderschnaps und Wasser (,heiß, und ohne Zucker')[81] – von meinem Lieblings-Pavian Genever geschaffen." (Dies hätte ich kaum glauben mögen, wäre ein Anderer es denn Mr. Blackwood gewesen, der es mir versicherte.) [CTP 340; I 286/287]

Vielleicht war es nur der große Erfolg der *Confessions*, der Poe wie einen Geist, der stets verneint, dazu veranlaßte, sich über sie lustig zu machen. Tatsächlich ist nicht nachvollziehbar, wieso ein Autor wie Poe, der selbst ein stilistischer Virtuose war und sich an sprachlichen Raffinessen ergötzte, De Quinceys Werk die gebührende Anerkennung verweigerte. Ebenso unbegreiflich ist es, daß die Thematik des Opiumrausches und die damit verbundenen Schilderungen einer fremdartigen Bewußtseinsrealität, die doch auffällige Gemeinsamkeiten mit den phantastischen Welten von Poes Protagonisten aufweisen, in den Augen des zynischen Kritikers keine Gnade fanden und nur abfällige Kommentare hervorbrachten. Schließlich erscheint es aus der heutigen Perspektive auch nicht übertrieben, De Quincey, Poe und E. T. A. Hoffmann als die drei großen romantischen Neuerer anzusehen, die die alten Bärte der Schauerliteratur abschnitten, indem sie die allzu bewährten Requisiten in eine neue, nämlich psychologische, Umgebung stellten.[82] Und natürlich spielt die Erfahrung von Rausch und Sucht in Poes eigenem Leben kaum eine geringere Rolle als in dem des englischen Opiumessers, denn er war nicht nur ein Alkoholiker, sondern verfügte, wie an anderer Stelle zu zeigen sein wird, zweifellos auch über eine gründliche Opiumerfahrung, die in vielen seiner Werke zutage tritt (vgl. Seite 341 ff. und 503 ff.).

Der erste amerikanische Schriftsteller, der mit einer ausführlicheren Beschreibung eines eigenen Drogenrausches ein breites Publikum erreichte, war der Poet und Journalist Bayard TAYLOR (1825–1878). 1855 erschien sein Reisebericht über *The Lands of the Saracen or Pictures of Palesstine, Asia Minor, Sicily and Spain*, in dem ein Kapitel seine eigene Erfahrung eines Haschischrausches in Damaskus schildert. Einen großen Eindruck machte Taylors Beschreibung auf einen neunzehnjährigen Apothekergehilfen in Poughkeepsie bei New York: Fitz Hugh LUDLOW (1836–1870), der während seiner späteren und allzu kurzen journalistischen Karriere einige Bekanntheit erlangte[83], war durch die Arbeit in der Apotheke schon früh an den Umgang mit allen damals handelsüblichen Drogen gewöhnt. Die abenteuerliche Welt des Rausches, über die er in den *Märchen aus 1001 Nacht* und vor allem in De Quinceys *Confessions* gelesen hatte, besaß für ihn eine magische Anziehungskraft. Laudanum, die Muse De Quinceys und nun auch, nachdem er Taylors Bericht verschlungen hatte, *Cannabis indica*, das Kraut der Derwische, und mit ihnen alle Schätze und Geheimnisse des Orients lagerten, in unscheinbare Flaschen abgefüllt, in den Regalen der kleinen Dorfapotheke, wo er nur zugreifen mußte, um im nächsten Moment selbst zu erleben, was in den wunderbaren Büchern beschrieben war. Die Versuchung war zu groß, und Ludlow begann heimliche Experimente mit den Wunderessenzen. Als ihm 1856 der anonyme Bericht eines amerikanischen Haschischessers in die Hände gelangte, faßte er den Entschluß, seine Erfahrungen ebenfalls aufzuschreiben. Noch im selben Jahr veröffentlichte *Putnam's Magazine* den Artikel „The Apocalypse of Hasheesh", der die Grundlage seines Hauptwerks bildete, das 1857 unter dem Titel *The Hasheesh Eater: Being Passages From the Life of a Pythagorean* erschien. Mit vier Auflagen in vier Jahren war das Werk zunächst recht erfolgreich, bevor es fast völlig in Vergessenheit geriet. Durch den *Hasheesh Eater* erhielt Ludlow Zugang zu literarischen Kreisen, freundete sich mit Schriftstellern wie Bret Harte, Artemus Ward und Charles Warren Stoddard an, war flüchtig mit dem jungen Mark Twain bekannt und unternahm 1863 mit dem Maler Albert Bierstadt eine Reise durch Amerikas Westen. Obwohl er seinen Lebensunterhalt fortan als Kunst- und Literaturkritiker bestritt, gab er die Pharmazie jedoch keineswegs auf. Schon im *Hasheesh Eater*, also nach einer nur zweijährigen Gewöhnung an die Droge, hatte er beschrieben, daß seine Rauscherfahrungen immer seltener durch angenehme Empfindungen und schließlich vorwiegend durch Schreckensvisionen und depressive Angstzustände geprägt gewesen seien. Die untrüglichen Anzeichen einer psychischen Abhängigkeit vom Haschisch veranlaßten ihn daher, mit Hilfe von Opium einen allmählichen Entzug zu versuchen, der aber wohl erfolglos blieb. Ludlow starb kurz nach seinem vierunddreißigsten Geburtstag an Tuberkulose, doch im Urteil der Zeitgenossen wurde auch die Drogensucht für sein frühes Ende verantwortlich gemacht.

Angesichts der Tatsache, daß ein gar nicht so kleiner Teil der amerikanischen Bevölkerung durch die Einnahme opiathaltiger Medikamente süchtig oder suchtgefährdet war, während die Ignoranz der Suchtkrankheit noch vielfach fortbestand und viele Ärzte immer noch nicht so recht wußten, wie man mit Süchtigen umgehen solle, gründete Ludlow in New York die wohl erste Drogenberatungsstelle, wo er, wenn auch ohne ärztliche Approbation, auf der Grundlage seiner eigenen Drogen- und Entzugserfahrung Sprechstunden abhielt und mit vielen Opiumsüchtigen korrespondierte. 1868 begann Ludlow auch mit dem kommerziellen Vertrieb eines Anti-Opium-Präparates, das er gemeinsam mit einem Pharmakologen entwickelt hatte; Unstimmigkeiten und ein finanzielles Debakel beendeten diese Unternehmung aber schon nach kurzer Zeit. In dem längeren Aufsatz „What Shall They Do to be Saved?", der ein Jahr zuvor in *Harpers New Monthly Magazine* erschienen war, berichtet Ludlow über seine Erfahrungen mit opiumsüchtigen Patienten und stellt ein exzellentes Verständnis der Sucht und ihrer therapeutischen Behandlungsmöglichkeiten sowie der chemisch-pharmazeutischen Hintergründe der Opiatwirkung unter Beweis. Fern von seinem jugendlichen Enthusiasmus warnt er nun sehr eindringlich vor den Gefahren des Opiums und rät von jedem freiwilligen Probieren der Droge ab: „Opium bewirkt die Lähmung und Zerstörung der edelsten Lebensformen. Der Mensch, der sich ihm freiwillig unterwirft, würde, indem er sich die Kehle durchschnitte, nur einen schnelleren und weniger unehrenhaften Selbstmord begehen."[84]

Jede Darstellung der Auseinandersetzung amerikanischer Intellektueller mit Drogen und Rausch wäre unvollständig ohne den Hinweis auf einen der bedeutendsten Vertreter des *Golden Age* der amerikanischen Philosophie und einen wichtigen Förderer der Experimentalpsychologie: die Rede ist von William JAMES (1842–1910), Autor der *Principles of Psychology* und Begründer der Theorie vom Bewußtseinsstrom. Im Zuge seiner Interessensverlagerung von der Psychologie zur Philosophie entwickelte James eine rein empirisch begründete Theorie der Wahrheit, den sogenannten Pragmatismus, der keine abstrakten, *a priori* gegebenen Voraussetzungen, auch nicht die Vorstellung eines Gottes oder einer Seele, gelten läßt. Dennoch wird sein philosophisches Credo aber zuweilen von durchaus konträren gedanklichen Elementen durchbrochen, die seinen Kollegen und Bewunderern eher peinlich waren und häufig mit Stillschweigen übergangen wurden. Dazu zählte die Hochachtung, die James für ein sonderbares Traktat bekundete, das 1874 in Amsterdam erschienen war. Sein Autor, Benjamin Paul Blood, befaßt sich in dieser Schrift mit „anaesthetic revelations", mit Erkenntniserlebnissen, die ihm durch die Wirkung des Lachgases zuteil wurden. Etwa zur gleichen Zeit, als Sigmund Freud die psychotherapeutische Nutzbarkeit des Kokains erprobte, sah sich James durch die Lektüre jener Schrift veranlaßt, die Ausführungen des Autors in Selbstversuchen zu überprüfen.[85] Das Resultat dieser Experimente war eine Bekräftigung der These Bloods, daß der durch Lachgas bewirkte Rausch eine Ahnung universaler Zusammenhänge ermögliche, die das rationale Wachbewußtsein nicht erfassen könne. 1882 veröffentlichte James seinen Essay „On Some Hegelisms", in dem er Hegels Philosophie als eine Irrlehre verurteilt, um sodann in einer sonderbaren Schlußanmerkung das Gegenteil zu behaupten:

> Seit der obige Artikel geschrieben wurde, haben mich einige Beobachtungen über die Auswirkungen des Lachgas-Rausches, die ich auf Veranlassung durch die Lektüre des Traktats *The Anæsthetic Revelation and the Gist of Philosophy* von Benjamin Paul Blood machte, die Stärke und Schwäche von Hegels Philosophie besser als je zuvor verstehen lassen. Ich empfehle eindringlich, daß andere das Experiment wiederholen, das mit reinem Gas kurz und recht harmlos ist. … Dies … war nun also bei mir der Effekt des Gases, und das erste Resultat war, daß in mir mit einer unbeschreiblichen Macht die Überzeugung erschallte, daß der Hegelismus letztendlich doch recht habe und daß die bis dahin tiefsten Überzeugungen meines Intellekts falsch seien. [OSH 217/218]

Da empfiehlt ein hochangesehener Wissenschaftler seinen Lesern zur Klärung philosophischer Fragen allen Ernstes die benebelnde Wirkung eines Narkosemittels! Es läßt sich denken, daß diese Aussage mit einiger Betroffenheit zur Kenntnis genommen wurde, zumal die Notizen, die James im Lachgas-Rausch anfertigte, überaus befremdlich sind: „What's mistake but a kind of take?" [„Was ist Mißgriff anderes als eine Art von Griff?"], heißt es etwa, und: „What's nausea but a kind of -ausea?" [„Was ist Schwindel anderes als eine Art von -windel?"] Oder: „Emphasis, EMphasis; there must be some emphasis in order for there to be a phasis." [„Betonung, BEtonung; es braucht einige Betonung, damit es eine Tonung gibt."] Schließlich eindringliche Ausrufe wie: „By God, how that hurts! By God, how it doesn't hurt! Reconciliation of two extremes. / By George, nothing but *oth*ing!", [„Oh Gott, wie das schmerzt! Oh Gott, wie das nicht schmerzt! Versöhnung zweier Extreme. / Potz Blitz! garnichts als *ar*nichts!"] oder: „Medical school; divinity school, school! SCHOOL! Oh my God, oh God, oh God!" [„Medizinische Fakultät, Theologische Fakultät, Fakultät! FAKULTÄT! Oh mein Gott, oh Gott, oh Gott!"] [OSH 219/220] Den folgenden Satz bezeichnet James als den kohärentesten, den er im Rausch geschrieben habe: „There are no differences but differences of degree between different degrees of difference and no difference. This phrase", fügt er nicht ohne Ironie hinzu, „has the true Hegelian ring, being in fact a regular *sich als sich auf sich selbst beziehende Negativität*. And true Hegelians will *überhaupt* be able to read between the lines…" [„Es gibt keine anderen Unterschiede als graduelle Unterschiede zwischen unterschiedlichen Graden des Unterschieds und keines Unterschieds. Dieser Satz hat einen wahrhaftig hegelianischen Klang und ist in der Tat eine regelrechte *sich als sich auf sich selbst beziehende Negativität*. Und wahre Hegelianer werden *überhaupt* in der Lage sein, zwischen den Zeilen zu lesen …"] [OSH 220] Vielleicht sahen die Zeitgenossen in diesen Bemerkungen eine Äußerung des Humors, für den James bekannt war. Tatsächlich verstand James aber seine Rauscherfahrung als eine authentische Offenbarung:

> Für mich, wie für jede andere Person, von der ich gehört habe, besteht das Grundlegende der Erfahrung in dem unerhört aufregenden Gefühl einer eindringlichen metaphysischen

Erleuchtung. Die Wahrheit öffnet sich dem Blick in immer neuen Tiefen, deren Offenkundigkeit einen beinahe erblinden läßt. Der Geist erkennt alle logischen Beziehungen des Seins in einer offenkundigen Subtilität und Unmittelbarkeit, für die es im normalen Bewußtsein nichts Vergleichbares gibt; erst wenn sich die Nüchternheit wieder einstellt, verblaßt der Eindruck der Erkenntnis, und man bleibt zurück mit einem leeren Starren auf einige unzusammenhängende Wörter und Sätze, so wie jemand einen kadaverhaften Schneegipfel anstarrt, den der Glanz des Sonnenuntergangs gerade verlassen hat, oder die schwarze Asche, die von einem gelöschten Brand übrig ist. [OSH 218]

So beschreibt er, was auch aus vielen anderen Schilderungen der Rauschekstase bekannt ist[86], nämlich einen Zusammenfall von Gegensätzen zu einem Ganzen, das gleichzeitig „Gott und Teufel, gut und böse, Leben und Tod, schwarz und weiß, ... Spaß und Ernst" [OSH 218/219] ist, aber sprachlich nicht adäquat beschrieben werden kann, so daß es der nach dualistischen Kategorien urteilenden Ratio paradox erscheinen muß. Die im Rausch rasch hingekritzelte Notiz über den Inhalt einer bedeutenden Einsicht verliert unter dem Blick des rationalen Bewußtseins alles Bemerkenswerte und scheint oft nur noch banal oder gar blödsinnig zu sein. Über die Gültigkeit oder Ungültigkeit von Rauschvisionen ist damit jedoch nichts gesagt. Es mag sein, daß sie tatsächlich banal oder blödsinnig sind. Vielleicht entspringt dieser Eindruck aber auch nur der Unvollkommenheit unserer Sprache, die das Erlebte nicht zu halten vermag. In seiner Studie über *The Varieties of Religious Experience* (1902) kommt James auf diese Frage zurück:

Lachgas und Äther (besonders Lachgas, wenn es ausreichend mit Luft verdünnt ist) wirken auf das mystische Bewußtsein außergewöhnlich anregend. Immer neue Tiefen der Wahrheit scheinen sich dem Inhalierer zu enthüllen. Diese Wahrheit schwindet jedoch, oder flieht, im Moment des Erwachens; und wenn irgendwelche Worte übrig bleiben, in denen sie Ausdruck fand, so erweisen sie sich als purer Unsinn. Dennoch bleibt der Eindruck einer tiefgründigen Bedeutung bestehen, und ich kenne einige, die überzeugt sind, daß im Lachgasrausch eine echte metaphysische Offenbarung erfolgt.[87]

Die Erfahrung, daß bedeutsame Einsichten im Rausch in der rationalen Beurteilung oft sinnlos erscheinen, führte James zu der Schlußfolgerung, daß unser gewohntes Wachbewußtsein nur eine von mehreren Bewußtseinsarten sei, „während ringsherum und nur durch hauchdünne Wände abgetrennt völlig andere mögliche Bewußtseinsformen bestehen. Wir mögen durchs Leben gehen, ohne ihre Existenz zu erahnen, doch sobald der erforderliche Reiz erfolgt, sind sie auf einen Streich in all ihrer Fülle vorhanden, klar erkennbare Geistesarten, die wahrscheinlich in irgendeinem Gebiet eine zweckmäßige Funktion erfüllen." [V 388]

III. Rauschmittel in den französischen Künstlerkreisen

Im Frankreich des beginnenden 19. Jahrhunderts unterschied sich der Umgang mit Rauschmitteln zunächst kaum von den Gepflogenheiten in anderen westlichen Ländern. Von der Marquise de Sévigné, deren Briefe zu den bedeutendsten Zeitdokumenten des 17. Jahrhunderts gehören, bis zu Jean-Jacques Rousseau, der in seinen *Confessions* berichtet, wie ein enttäuschter Liebhaber einen Selbstmordversuch mit Opium unternahm, wurde die Droge immer wieder genannt; sogar der Dichter Pierre de Ronsard (1524–1585) soll sie bereits gelegentlich genommen haben, und Voltaire (1694–1778) starb vermutlich an einer Überdosis.[88] In der Epoche der Julimonarchie (1830–1848) entstand dann jedoch, ausgehend von den durch De Quinceys *Confessions* beeinflußten Literaten, „eine wahre Mode des Opiumgebrauchs".[89] 1827 hatte die Zeitschrift *La Pandore* einige anonym übersetzte Auszüge aus den *Confessions* abgedruckt[90], und im folgenden Jahr erschien die erste selbständige Übersetzung des gerade erst achtzehnjährigen Alfred de MUSSET (1810–1857), der später als populärer Salonliterat eine bevorzugte Zielscheibe für den Spott Baudelaires wurde. In seinem jugendlichen Überschwang scheute Musset sich nicht, die *Confessions* in eine kolportagehafte Romanze *à la mode* umzuarbeiten, die nach heutigen Maßstäben schwerlich als „Übersetzung" gelten kann. Obwohl dieses Machwerk schon bald in Vergessenheit geriet, fand es zunächst einige Aufmerksamkeit, was u. a. durch die Tatsache belegt wird, daß mehrere medizinische Dissertationen über das Opium verfaßt wurden, deren Autoren sich auf De Quincey beziehen.[91] Ihren größten Nachhall fand die Schrift in den romantischen Zirkeln wie der *Bibliothèque de l'Arsenal* um Charles Nodier und dem *Cénacle* um Victor Hugo, so daß das Opium in kürzester Zeit (im wörtlichen und im übertragenen Sinn) in aller Munde war: 1829 starb der mit Victor Hugo befreundete Schriftsteller und Journalist Alphonse Rabbe an einer Überdosis, 1830 veröffentlichte Honoré de Balzac unter dem Pseudonym „Le Comte Alex de B..." seinen Essay „L'Opium".[92] In der ursprünglich Gérard de Nerval zugeschriebenen Erzählung „La nuit du 31 décembre"[93] wird die Wirkung von Opium zur Erklärung einer Folge seltsamer Ereignisse herangezogen. Eugène Sue veröffentlichte 1831 seinen fantastischen Roman *Atar-Gull*, in dem der Opiumrausch als bessere Alternative zur herkömmlichen Realität vorgestellt wird.[94] Théophile Gautier schrieb 1838 die Erzählung „La pipe d'opium" sowie 1843 das Libretto für das Ballett *La Péri*, in dem die Droge ebenfalls eine wichtige Rolle spielt. Auch die bildenden Künste und die Musik blieben von der allgemeinen Opiumfaszination nicht verschont; exemplarisch hierfür sind Honoré Daumiers Lithographie „O plaisir de l'opium" (1844) und die 1830 komponierte *Sinfonie fantastique* (op. 14) von Hector Berlioz, die das Erlebnis eines Opiumrausches darstellt.[95]

Viel bedeutsamer als Opium war unter den französischen Autoren des 19. Jahrhunderts aber das Haschisch, das während des Ägyptenfeldzuges 1798 von den Soldaten der *Grande Armée* so häufig eingenommen wurde, daß Napoleon gezwungen war, seinen Genuß zu verbieten. „Einige der Soldaten", schreibt Mickel, „brachten die Sitte dennoch mit nach Frankreich, ebenso wie viele andere Franzosen, die sich im Auftrag der Regierung im Nahen Osten aufgehalten oder ihn bereist hatten. Im späteren Verlauf des Jahrhunderts wurde oft behauptet, das französische Suchtproblem stehe weitgehend im Zusammenhang mit der Rückkehr süchtiger Regierungsbeamter aus den Kolonien."[96] Der zweite und hier bedeutsamere Grund für die Verbreitung des Haschischs unter den französischen Intellektuellen ist darin zu sehen, daß die literarische Avantgarde der 1830er und 1840er Jahre im wesentlichen in zwei Zirkeln verkehrte, deren Mitglieder einen regen Austausch pflegten. Als De Quinceys Schilderung von Piranesis *Carceri* durch Mussets *L'Anglais mangeur d'opium* bekannt wurde, brach daher in kürzester Zeit bei fast allen Angehörigen der Pariser Kulturszene eine wahre Piranesi-Manie aus. Mit dem Haschisch verhielt es sich ähnlich.

Um 1840 hatten einige dieser Intellektuellen auf der Suche nach einem Zufluchtsort vor der lärmenden Omnipräsenz der Pariser Feuilletonisten und Salonkünstler die Ile Saint-Louis als eine Oase der Abgeschiedenheit für sich entdeckt. Am Quai d'Anjou Nr. 17, unweit der am anderen Seine-Ufer befindlichen Bibliothèque de l'Arsenal, steht ein prächtiger Barockpalast, das ehemalige Hôtel Pimodan, das heute nach seinem Erbauer Hôtel de Lauzun genannt wird. Im Mai 1843 zog in eine aus drei Räumen bestehende Wohnung im dritten Stock des Gebäudes ein neuer Mieter ein: der zweiundzwanzigjährige Dandy Charles Baudelaire (1821–1867). Sein Wohnungsnachbar, mit dem ihn bald eine enge Freundschaft verband, war der Schriftsteller Théophile GAUTIER (1811–1872), der durch seinen ersten Roman, *Mademoiselle de Maupin* (1835), und mehr noch durch dessen Vorwort, in dem er das Programm der *l'art pour l'art* verkündet, schlagartig berühmt geworden war. Ein weiterer Hausbewohner war der Maler Fernand Boissard, der in den goldgetäfelten Salons der zweiten Etage einmal wöchentlich einen Kreis von Dichtern und Künstlern empfing, dem u.a. Balzac, Flaubert, Daumier, Nerval und der Arzt Jacques-Joseph MOREAU DE TOURS (1804–1884) angehörten. Moreau hatte sich seit dem Beginn seiner medizinischen Laufbahn für die Ursachen und Varianten der sogenannten *aliénation mentale*[97] interessiert. 1841 hatte er eine Studie über die halluzinogene Wirkung des Stechapfels veröffentlicht und befaßte sich seitdem mit dem Haschisch, das ein häufiger Bestandteil der handelsüblichen Opiumpräparate war. Von einer Algerienreise brachte er die noch unbekannte Haschischkonfitüre Dawamesc mit, die er mehrfach selbst probierte, da man die Droge seiner Ansicht nach nur dann adäquat beurteilen könne, wenn man ihre Wirkung persönlich erfahren habe.[98] Dennoch wollte er die Phänomene des Haschischrausches auch an anderen Personen beobachten.

Moreau berichtete auch den Künstlern im Hôtel Pimodan von seinen Versuchen, was vor allem bei Gautier eine große Neugier erzeugte, so daß dieser auch selbst von der wunderbaren Droge zu probieren wollte. Natürlich ließ Moreau sich nicht lange bitten, zumal davon auszugehen war, daß ein Schriftsteller durch sein besonderes Gespür für die Feinheiten der Sprache in der Lage sein mußte, die ungewöhnlichen Erfahrungen des Rausches besonders akkurat zu beschreiben. Moreaus Erwartungen wurden nicht enttäuscht: Gautier war von seiner ersten Haschischerfahrung so beeindruckt, daß er unverzüglich einen Essay mit dem Titel „Le Hachich" verfaßte, der am 10. Juli 1843 in der Zeitung *La Presse* veröffentlicht wurde und den Moreau später fast vollständig zitierte. „Schon lange", schreibt Gautier zu Beginn des Artikels, „hörte ich, ohne es recht zu glauben, von der wunderbaren Wirkung des Haschisch reden. Ich kannte bereits die Halluzinationen, die Opium erzeugt, wenn man es raucht, aber das Haschisch war mir nur dem Namen nach bekannt. Einige orientalische Freunde hatten mehrfach versprochen, mich davon kosten zu lassen, doch kam das Vorhaben – sei es wegen der Schwierigkeit, diese köstliche Paste zu besorgen, oder sei es aus anderen Gründen – bisher nicht zur Ausführung. Gestern aber war es endlich soweit …"[99] Verläßt man sich auf das Wort Gautiers, so war Moreau also am 9. Juli 1843 mit einer ersten Kostprobe der Droge im Hôtel Pimodan erschienen, und es ist anzunehmen, daß der Schriftsteller sie im Kreis der dort versammelten Künstler einnahm. Moreau erkannte die günstige Gelegenheit und erbot sich, allen Anwesenden, die Gautiers Beispiel folgen mochten, Haschisch zu verschaffen. Viele der Künstler und Schriftsteller nahmen das Angebot an, unter ihnen Boissard, Nerval, Daumier und Baudelaire, der die Droge bereits 1841 oder 1842 kennengelernt hatte.[100] So war Moreau durch die Resultate seiner Untersuchungen mit Patienten im Hospital von Bicêtre und durch die dokumentierten Rauscherlebnisse im Hôtel Pimodan bald in die Lage versetzt, einen Bericht zu verfassen, der 1845 unter dem Titel *Du Hachisch et de l'aliénation mentale* erschien und in den Fachkreisen eine große Aufmerksamkeit fand, zumal die Frage nach den Zusammenhängen von Traum, Rausch und Wahnsinn in der französischen Psychiatrie jener Zeit sehr lebhaft diskutiert wurde.[101]

Unter den Mitgliedern des *Club des Hachichins*, wie Gautier den Kreis in seiner gleichnamigen Erzählung von 1846 nannte, war wohl keiner, der seine Haschischerlebnisse nicht in irgendeiner Form in sein künstlerisches Schaffen einfließen ließ: So ließ sich Daumier 1845 zu der Radierung „Les Fumeurs de Haschisch" inspirieren; Nerval veröffentlichte 1847 seine „Histoire du Calife Hakem", eine Doppelgänger-Geschichte, in der das Haschisch eine wichtige Rolle spielt[102], und Alexandre Dumas nahm in seinen Roman *Le comte de Monte-Cristo* (1844/45) das Kapitel „Simbad le Marin" auf, in dem ein Abenteuer beschrieben wird, das unter dem Hinweis auf die Legende des Alten vom Berge mit dem Haschischrausch eines Protagonisten endet.[103] Auch Gautiers Haschischerfahrungen fanden einen deutlichen Niederschlag in seinen Werken, obwohl seine widersprüchlichen Angaben keine klare Vorstellung vom Ausmaß seines Umgangs mit Rauschmitteln vermitteln. Wie viele seiner Dichterkollegen war auch Gautier daran gewöhnt, unmäßig zu trinken, was ihn aber nicht davon abhielt, den künstlerischen Nutzen von Rauschvisionen grundsätzlich abzustreiten. So schrieb er 1836, als er wohl noch keine Erfahrung mit Opium oder Haschisch hatte, in einer Besprechung der „Contes d'Hoffmann":

> Ich leugne nicht, daß Hoffmann viel geraucht hat, noch daß er sich manchmal mit Bier oder Rheinwein berauschte und daß er häufige Fieberanfälle hatte, aber so etwas kann vielen geschehen und hat im Hinblick auf sein Talent kein großes Gewicht; es wäre gut, die Öffentlichkeit vom Glauben an die angeblich inspirationsfördernden Reizmittel abzu-

bringen. Weder Wein noch Tabak können Genie verleihen ... Ich glaube nicht, daß jemals jemand etwas Gutes geschrieben hat, während er seiner Sinne oder seiner Vernunft beraubt war, und ich denke, daß die feurigsten und wildesten Reden bei einer Wasserkaraffe verfaßt wurden.[104]

Inwiefern sich diese Ansicht mit der Erfahrung des Drogenrausches änderte, ist schwer zu sagen. Immerhin erschienen ihm seine Rauscherlebnisse bedeutsam genug, um, mit spürbarem Enthusiasmus, wiederholt ausführlich dargestellt zu werden. Dennoch ist davon auszugehen, daß seine persönliche Drogenerfahrung, wie Mickel meint, „niemals über das Stadium der bloßen Neugier hinausging".[105] Bei einer näheren Betrachtung von Texten wie „Le Hachich" und „Le Club des Hachichins" ist nämlich auffallend, wie perfekt die Rauschbeschreibungen sind; die Vollständigkeit der bekannten Phänomene von den ersten Anzeichen der beginnenden Wirkung bis zur höchsten Ekstase ist verblüffend. Wenn man bedenkt, daß die meisten Haschischkonsumenten während der ersten Male keine oder nur eine geringe Wirkung spüren, dann ist es doch sehr eigenartig, daß Gautier in „Le Hachich", wo er seinen angeblich ersten Versuch mit Haschisch beschreibt, eine Fülle von Empfindungen nennt, die gewöhnlich den „Fortgeschrittenen" vorbehalten sind. Im Rauscherlebnis, das in „Le Club des Hachichins" geschildert wird, wird auf wenigen Seiten mit einer nahezu enzyklopädischen Gründlichkeit alles entfaltet, was ein Haschischesser erleben mag: die anfängliche Albernheit, die Besonderheiten der Farbwahrnehmung, die Ausdehnung von Raum und Zeit, Synästhesien, Halluzinationen, das höchste Glück und bedrohliche Schreckensvisionen – hier scheint nichts zu fehlen. Gewiß, auch bei Baudelaire sind all diese Phänomene genannt, doch als er sie beschrieb, blickte er auf eine mehr als zehnjährige Drogenerfahrung zurück. Es mag sein, daß Gautier eine besondere visionäre Begabung hatte, doch es drängt sich der Verdacht auf, daß er seine Rauschbeschreibungen gründlich „inszenierte". Schließlich war und blieb das Exotische seine eigentliche Domäne, und in seinen phantastischen Erzählungen wurden Drogen oft nur erwähnt, um ein bestimmtes Lokalkolorit zu erzeugen.[106]

Nicht alle Mitglieder des *Club des Hachichins* waren der Einladung Moreaus gefolgt. Einer der Skeptiker, der sich den Genuß der Haschischpaste trotz großer Neugier versagte und bei den Treffen ein passiver Beobachter blieb, war Gustave FLAUBERT (1821–1880). „Ich habe stets ein großes Verlangen nach diesen Drogen gehabt", schreibt er in einem Brief an Baudelaire. „Ich besitze sogar sehr vorzügliches Haschisch ... Aber zu meiner Schande muß ich gestehen, daß *ich mich davor fürchte*."[107] Trotz dieser Angst vor der Droge war er überzeugt, daß sie ein Schlüssel zum Paradies sein müsse und kritisierte sogar Baudelaire, weil dieser sich seiner Ansicht nach zu kritisch über Haschisch und Opium geäußert habe.[108] Baudelaire wußte aber nur zu gut, wovon er sprach und kannte die Gefahren und Täuschungen der Drogenparadiese aufgrund eigener bitterer Erfahrungen, und wahrscheinlich basiert der naive Enthusiasmus Flauberts[109] gerade auf seiner Unkenntnis der Drogen, die ihm die enttäuschende Einsicht ihrer gravierenden Nachteile ersparte. – Auch

Honoré de BALZAC (1799–1850) verfolgte die Experimente des *Club des Hachichins* mit großem Interesse, ohne selbst einen Versuch zu riskieren, da er unter keinen Umständen seine freie Willenskraft im Rausch aufs Spiel setzen mochte.[110] Dennoch erlag er wenigstens einmal der großen Versuchung, in der Runde der Haschischesser von der geheimnisvollen Droge zu probieren, wie er in einem Brief vom 23. Dezember 1845 zugibt. Es zeigte sich jedoch, daß seine besorgte Ausgangshaltung einer vollen Entfaltung des Rausches im Wege stand, so daß er erst auf dem Heimweg vom Hôtel Pimodan eine Veränderung seiner Wahrnehmung feststellte: „Immerhin hörte ich himmlische Stimmen und sah göttliche Bilder; dann stieg ich zwanzig Jahre lang die Treppe des Hôtel de Lauzun herab. Ich sah den vergoldeten Stuck und die Gemälde im Salon in einem märchenhaften Glanz."[111]

Die Zusammenkünfte des *Club des Hachichins* endeten vermutlich im Dezember 1845[112]; BAUDELAIRE war im Zuge einer seelischen Krise, in der er gedroht hatte, seinem Leben ein Ende zu machen, schon Ende Juni ausgezogen, um vorübergehend bei seinen Eltern zu wohnen. Dennoch waren ihm die Haschisch-Séancen im Hôtel Pimodan nur eine Vorschule für sein großes Experiment mit den „künstlichen Paradiesen" des Rausches gewesen; nach 1845 beschäftigten ihn die Drogen mehr denn je. In seinen Werken sind Wein, Haschisch und Opium häufig genannt, und Gedichte wie „Rêve parisien" und „La Chambre double" zeigen deutlich, daß er nicht bloß einer Mode folgte, sondern hoffte, daß ihm die Rauschmittel auf seiner weltanschaulichen Odyssee zwischen zwei unvereinbaren Realitäten und auch in künstlerischer Hinsicht nützlich sein könnten. Die Beharrlichkeit seiner über gut zwei Jahrzehnte betriebenen Ergründung des Rausches, die 1860 in der Veröffentlichung von *Les Paradis artificiels* gipfelte, hatte mehrere Ursachen. Der erste Grund, der ihn mit allen anderen Dichtern des *Club des Hachichins* verband, war die Lust des Dandys, als Bürgerschreck aufzutreten (so spricht Baudelaire in seinen *Journaux intimes* von dem berauschenden „aristokratischen Vergnügen, zu mißfallen" [JI 1259]). Für Baudelaire war der Dandysmus aber mehr als ein Spaß – er war so etwas wie eine heilige Pflicht: „Ich hatte wahrhaftig nicht ganz unrecht, den Dandysmus als eine Art Religion zu betrachten. Die strengste Klosterregel, der jeden Widerstand ausschließende Befehl des „Alten vom Berge", der seinen berauschten Jüngern den Selbstmord befahl, waren nicht unerbittlicher und wurden nicht genauer befolgt als diese Doktrin der Eleganz und Originalität …" [V 243].[113] Dazu kam sein frühes Engagement für die Sache des Proletariats, das allerdings nicht lange anhielt. Es war im Zuge der Februarrevolution von 1848 entstanden, bei der Baudelaire verwirrt zwischen den Barrikaden herumlief und lauthals forderte, man solle seinen Schwiegervater, den General Aupick, erschießen.[114] In der Jugendzeit Baudelaires war es für viele Intellektuelle eine Ehrensache, als ein Freund der Arbeiter aufzutreten und die Sympathie mit der unterdrückten Klasse durch die Übernahme bestimmter Gesten (sofern sie den Müßiggang nicht allzusehr beeinträchtigten) zu bekunden – dazu gehörte wiederum der Gebrauch von Drogen, die in den Elendsquartieren allzu oft den einzigen

Ausweg aus dem Alltag versprachen.[115] Da Baudelaire die Drogen auch als Fluchthelfer aus der Welt des *Ennui*, des Lebensüberdrusses, schätzte, kommt hier zudem ein eskapistisches Motiv ins Spiel, das in seinem Werk recht ausgeprägt ist.

Ein weiterer Grund für Baudelaires Drogeninteresse ergab sich aus seiner Abkehr vom romantischen Naturverständnis. Seit der Veröffentlichung des Gedichts „La maison du berger" (1844) von Alfred de Vigny, in dem sich der Dichter enttäuscht von der als gleichgültig erkannten „kalten Natur" abwendet, war die Avantgarde auf die Barrikaden gestiegen und verweigerte der Natur die so lange vergeblich bekundete Liebe. Das Künstliche erhielt damit einen programmatischen Charakter als bewußter Gegenentwurf zur Natur. Baudelaire hatte sich für den Titel *Les Paradis artificiels* in einer Zeit entschieden, als er seine Hoffnung auf die Befreiung des Bewußtseins durch den Drogenrausch längst aufgegeben hatte, so daß er wohl darauf hinweisen wollte, wie trügerisch die Magie der Drogen sei. Gleichzeitig wird hier aber auch der Gedanke von einer künstlichen Idealwelt angesprochen (das „idéal artificiel" ist im Denken Baudelaires ein zentraler Begriff), die sich im Rausch konstituieren und damit die Unabhängigkeit des Geistes von der Welt der natürlichen Erscheinungen ermöglichen soll. Doch es erwies sich, daß die Rauscherfahrungen ihren Preis haben und letztlich zu Lasten der Kunst und der Mitteilung des Erlebten gehen, so daß Baudelaire endlich resigniert bemerkte:

> Sänger der wilden Lüste des Weines und des Opiums, dürste ich nur noch nach einem auf Erden unbekannten Trank, den auch die Apothekerkünste des Himmels mir nicht zu bieten vermöchten, – nach einem Trank, der weder Leben noch Tod, weder die Erregung noch das Nichts enthielte. Nichts wissen, nichts lehren, nichts wollen, nichts fühlen, schlafen und nochmals schlafen, das ist heute mein einziger Wunsch. Ein niederträchtiger und abstoßender, aber aufrichtiger Wunsch.[116]

Zwei Jahre nach Baudelaires Tod trat ein fünfzehnjähriger Schuljunge in die Fußstapfen des Dichters, die ihm durchaus nicht zu groß waren. Die Rede ist von Arthur RIMBAUD (1854–1891). Zu den berühmtesten seiner Schriften gehören zwei Briefe, in denen er seine Vorstellung von einer modernen Literatur in wenigen markanten Sätzen umreißt: „Ich will Dichter werden", erklärt er in dem an Georges Izambard gerichteten Brief vom 13. Mai 1871, und fügt hinzu: „und ich arbeite daran, mich *sehend* zu machen: Sie werden es durchaus nicht begreifen, und ich wüßte es Ihnen kaum zu erklären. Es geht darum, durch die Entregelung *aller Sinne* beim Unbekannten anzukommen. Die Leiden sind ungeheuerlich, aber man muß stark sein, als Dichter geboren sein …"[117] Diese Aussage könnte ebensogut von Baudelaire stammen, und das ist kein Wunder, spiegelt sich in ihr doch deutlich Rimbauds Lektüre von Gedichten wie „Le Voyage", in denen sich Baudelaires Sehnsucht äußert, „au fond de l'Inconnu", vorwärts zum Unbekannten, vorzustoßen, um die alte, hinfällige Realität durch etwas aufregend Neues zu ersetzen.

Am Anfang der geforderten Klarsichtigkeit steht für Rimbaud die „Entregelung" oder Entgrenzung aller Sinne – der Abriß der alten Weltstrukturen kann nicht anders erfolgen als durch die Auflösung des herkömmlichen Wahrnehmungsapparates. Mit dieser Überlegung gab Rimbaud eine Parole aus, der sich vor allem die Symbolisten verpflichtet fühlten, in deren Schriften die Beschreibung synästhetischer Phänomene sehr beliebt wurde. Es liegt auf der Hand, daß der Haschischrausch, der durch seine, von Baudelaire mehrfach bezeugten, Synästhesien eine ebensolche Entregelung der Sinne anzeigt, für Rimbaud von großem Interesse gewesen sein muß, und es kann daher nicht überraschen, wenn er in dem Prosagedicht „Matinée d'ivresse" („Trunkener Morgen") wie der Verkünder einer neuen Republik ausruft: „Voici le temps des ASSASSINS". [„Und jetzt kommt die Zeit der Haschischjünger!"][118] Die Zeit der Sehenden ist die Zeit der Haschischesser. Rimbauds poetische Ausdrucksweise stellt einen ersten Schritt auf dem Weg zur Schaffung der geforderten neuen Formen dar, indem sie nicht nur syntaktische Konventionen bricht, sondern ihre Bedeutsamkeit häufig auch außerhalb einer nachvollziehbaren logischen Stringenz entfaltet.

In seinen Dichtungen und Briefen werden Opium, Haschisch und Alkohol oft erwähnt, und es scheint, daß er wenigstens in seinen Dichterjahren ein leidenschaftlicher Absinth-Trinker war. Auch in seinen späteren Lebensjahren, als er die Dichtung längst aufgegeben hatte, soll er noch häufig Opium und Haschisch genommen haben.[119] Das früheste Zeugnis, das seine persönliche Erfahrung mit Haschisch belegt, stammt von seinem Schulfreund Delahaye, der ihn an einem Novembertag 1871 in Begleitung Verlaines im Hôtel des Étrangers aufsuchte:

> Rimbaud schlief auf einer Bank. Bei unserer Ankunft erwachte er, rieb sich die Augen und sagte uns, indem er eine Grimasse schnitt, daß er Haschisch genommen habe. – Und wie war's? ... fragte Verlaine. – Ja, wie war's? Gar nichts ... weiße Monde, schwarze Monde, die aufeinander folgten ... Die gerühmte Droge hatte ihm den Magen verdorben, ein Schwindelgefühl und völlige Entkräftung bewirkt ...[120]

Das Haschisch hatte bei Rimbaud demnach keinen nennenswerten visionären Effekt. Dennoch ist ein großer Teil seiner Gedichte und besonders das etwa zur selben Zeit entstandene „Bateau ivre" von einer Bildlichkeit geprägt, die auffällige Übereinstimmungen mit den Wahrnehmungen im Haschischrausch aufweist. Das trunkene Schiff ist eine Metapher für das berauschte Bewußtsein, wobei sich die berauschenden Substanzen, auf denen es treibt, im Lauf des Gedichts ändern.[121] Zu Beginn der Reise ist das lyrische Ich von Wein betrunken, dessen Magie jedoch bald nicht mehr als ausreichend empfunden wird. So erfolgt in der fünften Strophe ein deutlicher Wechsel: Grünes Wasser durchdringt das Ich und spült die Flecken blauen Weines und Reste von Erbrochenem von den Planken – zweifellos ist es nun der grüne Absinth, auf dessen Wogen das Schiff weiter treibt und dessen Wirkung gleich viel intensiver ist. In der achtzehnten Strophe findet ein neuer Wechsel statt, und es wird deutlich, daß der Dichter sich nun dem Haschisch, der „exquisiten Konfitüre guter Dichter", anvertraut: Die eben noch durch ein alles durchdringendes Grün geprägten Visionen werden nun, da der Sprecher raucht, durch die Farben Blau und Rot dominiert. Anscheinend ist aber auch das Haschisch nicht die *ultima ratio* des Dichters, da er sich in den letzten Strophen gegen den Gebrauch von Drogen zu wenden scheint. „Filleur éternel des immobilités bleues, / Je regrette l'Europe aux anciens parapets." [„Ich, ewiger Segler blauer Unbeweglichkeiten, / Ich sehn mich nach Europas alter, enger Wehr."] Mit anderen Worten: Der Dichter bekommt Angst vor seiner eigenen Courage und wünscht sich in die sichere Enge der alten Strukturen zurück. Seine Verzweiflung gipfelt in dem unmißverständlichen Echo des letzten Fazits von Baudelaire, der sich am Ende seiner Rauscherfahrungen nur noch einen „unbekannten Trank" wünschte, um für immer zu schlafen: „Si je désire une eau d'Europe, c'est la flache / Noire et froide où vers le crépuscule embaumé / Un enfant… lâche / Un bateau frêle comme un papillon de mai." [„Wenn in Europa ich ein Wasser noch begehre, / Ist es das kalte, schwarze Loch, in das hinein / Ein Kind, in der Dämmerung, gebückt, voll Leid und Schwere, / Ein Schifflein setzt, zart, wie ein Schmetterling im Mai'n!"] Die Sehnsucht gilt einem frühkindlichen Bewußtseinszustand bzw. einer Entwicklungsstufe, die vor der Konstitution des Bewußtseins liegt. Die abschließende Bekundung des Dichters, daß er das Treiben im Rausch nicht länger ertragen könne, scheint eine Absage an die künstlichen Paradiese zu beinhalten. Tatsächlich endet das Gedicht aber in der unvermeidlichen Krise, die der Poet auf dem Weg seiner radikalen Erneuerung durchstehen muß: Es schmerzt, das Gewohnte zu zerstören, doch die ersehnte neue Welt kann nur auf den Ruinen der alten entstehen.[122]

Nachdem sich Rimbaud aus dem Umkreis der literarischen Avantgarde zurückgezogen hatte, blieb das Interesse an Drogen weiter bestehen und dehnte sich im Zuge der Verbreitung des Morphins sogar auf weite Kreise der Bevölkerung aus.[123] Nur wenige Schriftsteller dieser Zeit, so scheint es, besaßen überhaupt keine Drogenerfahrung, viele waren süchtig[124]: Jules Boissière, Stéphane Moreau und Marcel Schwob waren opiumabhängig; Stanislas de Guaita, Edouard Dubus oder Laurent Tailhade waren Morphinisten; der Theosoph und Fourier-Schüler Jules Giraud nahm ebenso wie Alfred Jarry regelmäßig Haschisch; dem Äther ergeben waren u.a. Jean Lorrain und Guy de Maupassant, der außerdem Morphin, Haschisch und Kokain einnahm und ein Absinthtrinker war. Ein Anlaß oder Begleitumstand dieser neuen Mode ist in der Untergangsstimmung zu sehen, die sich seit den achtziger Jahren verbreitete und neben der Bezeichnung *fin de siècle* als Inbegriff einer unwiderruflich angebrochenen Endzeit auch das Schlagwort der *Décadence* aufkommen ließ.[125] Die Droge als Muse des genialen Künstlers wurde in dieser Zeit ein so banaler Gemeinplatz, daß ein Dandy vom Schlage Baudelaires schon allein aus seinem Bedürfnis, sich von der Menge abzuheben, einen Ekel vor dieser vulgären Gewohnheit gehabt haben müßte. Am 12. März 1890 erschien in der Zeitschrift *Le Gaulois* der Artikel „Les Morphinomanes", in dem der Verfasser ein spöttisches Bild von jenem Typ des literarisch ambitionierten Drogenfreundes zeichnet:

> Fünfundzwanzig Jahre. Dichter. Hat die *Künstlichen Paradiese* von Baudelaire und die *Bekenntnisse eines Opiumessers* von Quincey gelesen. Hält es seither im Interesse seines künftigen Ruhmes für unverzichtbar, sich mit Alkohol zu durchtränken, mit Opium, mit

Haschisch und anderen Rauschmitteln. Nach exquisiten – oh ja, höchst exquisiten! – Erfahrungen hat er sich aufs Morphin verlegt. Jedes Mal, wenn er die Nadel einsticht, glaubt er, einen Geniestreich zu vollbringen und für das künftige Werk zu arbeiten. Hält eine Plakette bereit, die dem Göttlichen und Raffinierten Morphin gewidmet ist, mit erschreckenden Zeichnungen als Luxusdruck und einem Nichts an Überlegung.[126]

Im Zentrum dieser epigonenhaften Abteilung des Literaturbetriebs stand, als einer ihrer wenigen herausragenden Köpfe, Joris-Karl HUYSMANS (1848–1907), dessen Roman *A rebours* (1884) die „Bibel der Décadence" wurde. In diesem Werk, das einen Gegenentwurf zu den naturalistischen Romanen Zolas darstellt, wird der Versuch des Protagonisten Des Esseintes geschildert, der Häßlichkeit der Welt zu enfliehen, indem er ein Haus kauft, dessen Garten und Innenausstattung er nach den Grundsätzen einer vollkommenen Künstlichkeit gestaltet. Was die vulgäre Natur nicht zu bieten hat, will er durch sorgfältig abgestimmte Kompositionen von Farben, Düften und Einrichtungsgegenständen schaffen. So ist er ein Connaisseur der ausgefallensten Parfüms, deren Düfte in der Natur nicht vorkommen; er züchtet Blumen, die künstlichen täuschend ähnlich sehen; er kauft eine Schildkröte und überzieht ihren als zu gemein empfundenen Panzer mit Gold und Juwelen, woran das Tier zugrunde geht; er ernährt sich anstatt auf dem üblichen Weg durch Klistiere, und ein Luxusdruck des Gedichtes „Any where out of the world" erhält im Haus des Baudelaire-Bewunderers einen symbolischen Ehrenplatz. Das auf die Spitze getriebene Künstlertum Des Esseintes' stellt somit den Versuch dar, die in der Vergangenheit häufig aufgesuchten künstlichen Paradiese des Opium- und Haschischrausches durch ein dauerhaftes Universum der Künstlichkeit zu ersetzen, in dem ihm jeder Gegenstand seiner Wahrnehmung zum Rauschmittel wird.

IV. Dichter und Drogen in Deutschland

Nachdem die verbreiteten Trinkexzesse des 16. und 17. Jahrhunderts einem maßvolleren Umgang mit dem Alkohol gewichen waren, erwiesen sich das Zeitalter der Vernunft und sogar das in England und Frankreich so rauschaffirmative 19. Jahrhundert in Deutschland als eine Zeit relativer Nüchternheit.[127] Dennoch war das Laudanum natürlich auch in Deutschland ein vielbenutztes Universalheilmittel und wurde auch als ein Mittel zum Selbstmord benutzt.[128] Im Januar 1994 erregte die Entdeckung eines bis dahin unbekannten Goethe-Manuskriptes einiges Aufsehen, in dem der Dichterfürst von einem Haschischexperiment berichtet, das er gemeinsam mit Schiller und drei seiner Studenten durchgeführt habe. Über die Datierung jener vier Blätter im Quartformat, deren Echtheit noch nicht erwiesen ist, ist bislang nichts bekannt geworden, doch es ist anzunehmen, daß der Versuch, wenn er tatsächlich je stattfand, während eines Goethe-Besuchs bei Schiller in Jena im Spätsommer oder Herbst 1797 durchgeführt wurde. „Beim Mittagsmahle", so beginnt der Text, „erörterte ich mit Schillern die wunderliche Sitte, welche unter seinen Studiosi Einzug erhalten, nämlich mittels einer Pfeife ein süssliches orientalisches Harz abzubrennen, über dessen erheiternde Kraft viel Lob zu hören sei."[129] Tags darauf, so berichtet er weiter, habe er sich mit Schiller und drei Studenten getroffen, um eine Kostprobe jener „Abart von Hanf" zu rauchen, um zu sehen, ob ihre Wirkung womöglich einen näheren Aufschluß über das pflanzliche Prinzip im menschlichen Wesen bieten könne. Goethe beschreibt zunächst den charakteristischen Duft des Haschischrauches und vernimmt sodann in seinem Kopf „ein eigentümliches Gefühl, begleitet von einem tiefen Summen". Bei den Studiosi scheint sich bald darauf eine Steigerung der poetischen Ausdruckslust bemerkbar zu machen, die sie zu vermeintlich tiefgründigen Versen und alle Anwesenden, „ich unwillig mit einbegriffen", zu albernem Kichern inspiriert. Über das pflanzliche Wesen seiner Person erfährt Goethe an jenem Tag nichts, und er erlebt auch nicht die geringste Andeutung einer mystischen Verzückung. Da die Droge ohnehin bloß akzentuiert, was in der Psyche des Berauschten vorgegeben ist, wird Goethe nur umso deutlicher auf sein Mißtrauen gegenüber dem Drogenrausch aufmerksam: „Mein Zustand war der seltsamste: allerlei trübe Gedanken schwirrten um mich herum wie kalte Goldfische in einem Glase, allein ich erhaschte keinen und blieb gelangweilt, was sich mit immer stärkerem Unwillen mischte ..." Es folgt eine praktische Erprobung der möglichen Auswirkung der Droge auf das poetische Vermögen: Die Anwesenden ergreifen Papier und Feder und komponieren aufs Geratewohl – Goethe „ein, zwei magere Sonette, die wenig Wert hatten, Schiller eine Ballade, beginnend mit den Zeilen *Ein frommer Knecht war Fridolin / Ergeben der Gebieterin*, welche noch weniger Wert hatte."[130] Die Erfahrung endet mit Goethes und Schillers Gang zum nahen Wirtshaus, wo man feststellt, daß die Wirkung des Haschisch keinen kreativen Nutzen habe:

> Ueber unser Abenteuer waren wir uns schnell einig; es schien uns, nach einem Bonmot Schillers, dass die Wirkung weder besonders übel, dafür aber noch salzloser als die vereinigten Gedichte Klopstocks & Müllers gewesen sei, ferner bemerkte ich, dass jene Studiosi des Hanf mir vorkämen wie jene lieben Kleinbürger, die ebenfalls auf die Philister schimpfen, dabei aber Gemüt und Gemütlichkeit hochleben lassen... Aber da sah ich mitten im Explizieren nach Schillern hin und fand ihn schlummernd sitzen, den Kopf auf den geleerten Wursteller gebettet.

Ganz anderer Ansicht waren demgegenüber die Vertreter der deutschen Frühromantik, besonders der Dichter Friedrich von Hardenberg (1772–1801), der sich NOVALIS nannte und mit dem Bild der blauen Blume das zentrale Symbol der romantischen Sehnsucht schuf. Zwischen 1797 und 1800 suchte er aus Kummer über den Tod seiner Geliebten oft Trost im Opiumrausch: „Gehts ohne Hoffnung oder sonst zu übel", schreibt er 1798, „so bleibt mir Bitter-Mandel-Wasser und Opium" [N, III, 437]. Auch Einträge wie der vom 6. September 1800, in dem Novalis die Wirkung eines Mittels schildert, das er gegen Magenschmerzen einnahm, könnten auf Opium verweisen: „Die Welt wird dann in einem Augenblick anders. Selbst das Traurigste erscheint mild [...] Alle Hoffnungen erwachen; der Nebel verschwindet..." [N, IV, 56] In seinen *Hymnen an die Nacht* (1800), die wahrscheinlich durch Opiumträume inspiriert wurden, preist Novalis die tröstende Wirkung des Mohnsaftes: „Aus dem Bündel Mohn / In süßer Trunkenheit / Entfaltest du die schweren Flügel des Gemüts / Und schenkst uns Freuden / Dunkel und unaussprechlich / Heimlich, wie du selbst bist, / Freuden, die uns / Einen Himmel ahnden lassen."[131] (Vgl. auch Seite 152 ff.) – Auch Friedrich Schlegel (1772–1829), Autor des von den Zeitgenossen als skandalös empfundenen Romans *Lucinde* (1799), war vom kreativen Nutzen des Opiums überzeugt, wie seine Bemerkung zeigt, er hätte mehr von der Droge nehmen sollen, um die darstellerischen Ziele seines Dramas *Alarcos* (1802) in der beabsichtigten Weise zu erreichen.[132] Noch 1844 dichtete der Arzt Ernst von Feuchtersleben (1806–1849) in seinem *Album vom Rauchen und Trinken* zu Illustrationen von Moritz von Schwindt (1804–1871) romantische Verse über das Haschisch, dessen hieroglypische Rauchgebilde nur vom Künstler zu enträtseln seien.[133]

In der deutschen Literatur des 19. Jahrhunderts kommt E. T. A. HOFFMANN (1776–1822) eine ähnliche Rolle zu, wie sie Poe in der amerikanischen Literatur innehatte, nämlich die eines verkannten Genies, dessen bizarre Schöpfungen die eigenen Landsleute oft unangenehm berührte, während sie mit Befremden zur Kenntnis nahmen, wie enthusiastisch sie im Ausland gefeiert wurden.[134] Noch fünf Jahre nach Hoffmanns Tod schrieb Goethe: „Denn welcher treue, für Nationalbildung besorgte Teilnehmer hat nicht mit Trauer gesehen, daß die krankhaften Werke jenes leidenden Mannes lange Jahre in Deutschland wirksam gewesen und solche Verirrungen als bedeutend fördernde Neuigkeiten gesunden Gemütern eingeimpft worden."[135] Heinrich Heine, der vor dem deutschen Nationalismus nach Frankreich floh und selbst ein Außenseiter der deutschen Literatur war, fand jedoch freundlichere Worte über den Kollegen, dessen poetisches Verdienst er in der Schrift *Die romantische Schule* (1835) über das von Novalis stellte. Er sah in Hoffmann durchaus anerkennend einen Gespensterseher, dem sich im Alltag ein dunkler Abgrund zu öffnen schien; seine Werke seien „nichts anders als ein entsetzlicher Angstschrei in zwanzig Bänden."[136] – Wie viele Zeitgenossen bemängelte Sir Walter Scott die fieberhaft verzerrte Darstellung der Wirklichkeit in Hoffmanns Werk, die ihn vermuten ließ, er habe wohl unter Opiumeinfluß gearbeitet:

> Es ist unmöglich, Erzählungen dieser Art zu rezensieren. Sie sind nicht die Visionen eines poetischen Geistes, sie haben sogar kaum die scheinbare Authentizität, welche die Halluzinationen des Wahnsinns dem Patienten vorspiegeln; es sind die fieberhaften Träume eines irrsinnigen Patienten, denen wir, wenn sie vielleicht auch manchmal durch ihre Merkwürdigkeit beeindrucken oder durch ihre Verschrobenheit überraschen, niemals mehr als eine flüchtige Aufmerksamkeit widmen mögen. Tatsächlich ähneln Hoffmanns Eingebungen so oft den Vorstellungen, die der maßlose Gebrauch von Opium bewirkt, daß wir in diesem Fall eher ärztlichen Beistand als den des Kritikers für angebracht halten ...[137]

Das Groteske, das als ein Zerrspiegel der alltäglichen Realität aus der Gegenüberstellung der geordneten bürgerlichen Lebenswelt und des Phantastischen entsteht und von Scott für das krankhafte Produkt einer opiumberauschten Vorstellung gehalten wird, hat bei Hoffmann jedoch Methode (er spricht, mit Bezug auf seine Textsammlung *Die Serapionsbrüder*, vom „Serapiontischen Prinzip" und, in Anlehnung an den französischen Kupferstecher Jacques Callot, von „Callots Manier"; vgl. hierzu Seite 486 ff.). Sein Ausgangspunkt ist die seit dem Ende des Goldenen Zeitalters bestehende Duplizität der Welt, eine schmerzliche und unüberwindbare Zerrissenheit, die mit der Entstehung des ausgrenzenden Bewußtseins besiegelt wurde. In seinen Schriften erzeugt er groteske Effekte, indem er alltägliche Situationen, die jeder Phantastik entbehren, unvermittelt in übersinnlich-phantastische Erlebnismomente umschlagen läßt und diese Bewegung hierauf abermals umkehrt. Beides zugleich, eine Durchdringung von Realität und Phantastik, ist bei ihm nicht möglich; die aus einer materiellen und einer spirituellen Komponente zusammengesetzte Welt kann von unserem Bewußtsein nicht in ihrer Ganzheit, sondern nur in Teilaspekten erfahren werden. Durch das ständige Hinüberwechseln zwischen dem rationalen und dem mystischen Erfahrungsbereich ergeben sich Konfrontationen, die grotesk wirken und ein Zerrbild des verlorenen idealen Zustands entstehen lassen. In dem Märchen *Der goldene Topf* (1814) erhält z.B. ein gewöhnlicher Holunderbusch eine symbolische Bedeutung, die auf die übersinnlichen Sphären verweist – die Kombination ist grotesk und weist gerade durch die Betonung der dem Menschen zur Verfügung stehenden und völlig unzureichenden Beschreibungsmittel auf die Unvollkommenheit unseres Bewußtseins. Hoffmann litt unter dieser ihm auferlegten Beschränkung und beneidete seherisch begabte Menschen, zu denen er vor allem die Wahnsinnigen zählte, bei denen die Gesetze des Bewußtseins ganz oder teilweise aufgehoben seien. Unter diesem Gesichtspunkt ist es nicht abwegig, wenn man vermutet, daß er sein Bewußtsein auch durch Rauschmittel vorübergehend zu überwinden hoffte. Hoffmann war ein legendärer Weintrinker, und der Name seines Berliner Stammlokals Lutter & Wegner war sogar den französischen Verehrern geläufig. Ob er ein Alkoholiker war, ist indessen ebenso umstritten wie die These, daß seine künstlerische Vision auch durch Opiumerfahrungen unterstützt wurde. Immerhin schreibt Martens aber über Hoffmanns häufige Trinkgelage:

> Nicht nur, daß sich Hoffmann in jüngeren Jahren gelegentlich verzweifelten Ausschweifungen hingab, die den Keim zu seinem frühen Ende legten, auch dem Weine sprach er späterhin immer eifriger zu, steigerte damit seine psychischen Rauschzustände, überreizte die Genialität seiner künstlerischen Einfälle in's Physische und gelangte endlich dahin, daß er die Phantome seiner Einbildungskraft leibhaftig vor sich zu sehen glaubte. Kobolde, Schreckgespenster, Doppelgänger-Visionen verfolgten ihn im Traume und im Wachen; die unheimlichen Gestalten seiner Novellen traten leibhaftig aus dem Manuskript hervor, bedrängten den geängsteten Dichter, kehrten auch wohl, um neue Züge bereichert, in den Gang der kunstreich geformten Handlung zurück.[138]

Auch Heinrich HEINE (1797–1856) hat vielleicht in seinen letzten Lebensjahren unter dem Einfluß von Drogen geschrieben, als er wegen einer fortschreitenden Lähmung (myatropische Lateralsklerose) seine „Matratzengruft" nicht mehr verlassen konnte und sich daran gewöhnt hatte, zur Linderung seiner Schmerzen Opiate einzunehmen. Diese Tatsache hat den französischen Germanisten Charles Andler zu der Überlegung veranlaßt, daß Heines Gedichtsammlung *Romanzero* (1851) sowie einige weitere der späten Gedichte, die in der Tat durch eine bis dahin ungewohnte exotische Farbigkeit auffallen, Zeugnisse der Rauschwahrnehmung sein könnten:

> Er ertrug sein Leiden nur, indem er enorme Mengen von Opium, von Morphin einnahm. Trotzdem verbrachte er qualvolle Nächte ohne Schlaf, in denen er sich Gedichte ausdachte. Morgens schrieb er dann an einem Pult, das man seinem Bett angepaßt hatte, die Verse, die ihm eingefallen waren. Bevor man den *Romanzero* öffnet, muß man sich klar machen, daß dies Gedichte sind, die im schrecklichen Halbschlaf entstanden, der die Opiumberauschten heimsucht. Von daher stammt die brutale und schonungslose Präzision der Visionen, die den Band füllen, oder die nebelhafte Unklarheit, in der sie gleich darauf wieder verlorengehen.[139]

Dabei erliegt Andler nicht dem häufigen Irrtum, daß eine Droge aus sich heraus etwas völlig Neues im Bewußtsein des Berauschten entstehen lasse, sondern weist darauf hin, daß „einige Züge seines morbiden Temperaments dadurch mit einer neuen Kraft wieder hervorschienen."[140] Es liegt nahe, daß Heine in seiner Gewohnheit des täglichen Opiumkonsums nicht nur die schmerzstillende Eigenschaft der Opiate kennenlernte, sondern in seinen durchwachten Nächten auch von Rauschvisionen heimgesucht wurde, die bei der morgendlichen Niederschrift neu inspirierter Gedichte einigen Einfluß gehabt haben mögen. So könnte man in dem Gedicht „Morphine", das den Tod und den Schlaf als Zwillingsbrüder vorstellt, einen konkreten Hinweis auf eine Drogeninspiration erkennen; das Gedicht „Der weiße Elefant" enthält eine ähnliche Bildlichkeit wie der rauschinspirierte „Rêve parisien" Baudelaires, und das Gedicht „Katzen-Jammer" schildert eine Situation, die an das elende Erwachen des Opiumberauschten in „La Chambre double" erinnert.[141]

Wenn man von den hier genannten und einigen weiteren Ausnahmen absieht, so zeigten die deutschen Dichter und Denker des 19. Jahrhunderts kein sonderliches Interesse an den künstlichen Paradiesen des Drogenrausches. De Quinceys sonst so einflußreiche *Confessions* wurden erst in den achtziger Jahren ins Deutsche übertragen, und auch Poes Werke, die immerhin schon seit den fünfziger Jahren in einzelnen Übersetzungen vorlagen, fanden erst zu Beginn des 20. Jahrhunderts eine größere Beachtung, die anläßlich seines 100. Geburtstages einen Höhepunkt erreichte.[142] Einen besonderen Abscheu empfanden deutsche Kritiker vor jener vermeintlich sittenlosen Literatur, der von vornherein der unverzeihliche Makel anhaftete, jenseits des Rheines entstanden zu sein. So wie es Gautier 1836 in seiner Würdigung Hoffmanns für nötig gehalten hatte, darauf hinzuweisen, daß dieser die Aufmerksamkeit französischer Leser verdiene, obwohl er ein Deutscher sei, so schreibt J.W. Appell in seiner

1859 veröffentlichten Schrift über die deutsche Unterhaltungsliteratur: „Wir Deutschen dürfen uns rühmen, daß wir niemals so frevelhafte, stark unzüchtige Bücher ans Tageslicht gefördert haben, als die Nachbarn überm Rhein, welche in dieser Art ohne Zweifel die umfangreichste und die scheußlichste Literatur besitzen"[143], und beklagt sich über die schädlichen „Sodomsäpfel, welche die opiumberauschte Muse der neueren französischen Romantik uns darbot"[144].

Wenn diese spröde Epoche der deutschen Kulturgeschichte in ihrem Ekel vor Sodomsäpfeln auch nichts von den Lustgärten des Opiums oder des Haschisch hören mochte, so blieb ihr die Thematisierung des Rausches doch nicht völlig erspart. So entwarf der Dichter und Philosoph Friedrich NIETZSCHE (1844–1900) in seiner frühesten veröffentlichten Schrift *Die Geburt der Tragödie aus dem Geiste der Musik* (1872) eine kleine Philosophie des Rausches (vgl. Seite 265 ff.) und ergänzte – notgedrungen – seine theoretische Auseinandersetzung mit dem Dionysischen durch eine umfassende praktische Drogenerfahrung. Während sein geistiger Zusammenbruch im Jahr 1889 und die hierauf bis zu seinem Tod andauernde geistige Umnachtung heute als die Folge einer Syphilisinfektion gedeutet werden und schwerlich, wie gelegentlich vermutet wurde, durch seine Anwendung von Drogen begründet sind, so ist doch kaum von der Hand zu weisen, daß er durch seine Krankheit an den Umgang mit Rauschmitteln gewöhnt war. Nach Aussage seiner Schwester war er über längere Zeit von dem Schlafmittel Chloralhydrat abhängig, aber auch Opium und Haschisch nahm Nietzsche über längere Zeiten in großen Mengen zu sich.[145]

*****

Auf den vorigen Seiten hat sich deutlich gezeigt, daß im 19. Jahrhundert eine bemerkenswerte Zuspitzung des künstlerischen Interesses an Drogen und Rausch erfolgte. Die Sehnsucht nach den künstlichen Paradiesen entstand im unmittelbaren Zusammenhang mit dem subjektiven Weltverständnis der Romantik, das die Suche nach dem Sinn des Daseins zu einer Angelegenheit des Gefühls machte und damit dem rationalen Standpunkt der Aufklärung entgegentrat. Die Welt wurde in ihrer Ganzheit ebenso wie im kleinsten Detail als Hieroglyphe gelesen, deren Entschlüsselung nur jenseits aller Vernunft möglich sei. Schon in der zweiten Hälfte des 18. Jahrhunderts hatten die unter der rationalen Kälte fröstelnden Gemüter begonnen, ihre Phantasie an den Bereichen des „Irrationalen" zu erhitzen. Bald lockte das Mysteriöse den Zeitgeist nicht mehr als eine bloße Denksportaufgabe, die der Verstand mit souveräner Eleganz zu lösen hatte (wie dies noch im *explained supernatural* des englischen Schauerromans der Fall war), sondern als ernstzunehmende Manifestation des Anderen. Da es also darum ging, die Diktatur der Vernunft zu überwinden, da man gewissermaßen die breite Hauptstraße verlassen hatte, um sein Glück auf unerforschten Nebenpfaden zu versuchen, mußten die Drogen beinahe zwingend als Mittel erscheinen, die eben solche Expeditionen ermöglichen: „Au fond de l'Inconnu pour trouver du nouveau!" ruft der Dichter in Baudelaires Gedicht „Le Voyage"

(1859). Den Stürmern und Drängern, den Empfindsamen und schließlich den romantischen Suchern nach der blauen Blume wurde die geordnete bürgerliche Welt zu eng.[146] Hier beginnt die Vorstellung vom „Grau des Alltags", das den *Ennui*, einen lähmenden Lebensüberdruß, erzeugt.

Dazu kam die Faszination des Orients, der schon seit dem Entstehen der großen Handelsgesellschaften im 17. Jahrhundert als Inbegriff des fernen Anderen galt; wer es sich leisten konnte, sammelte exotische Objekte, wobei die Aufmerksamkeit nicht dem Gegenstand selbst, sondern der ihm anhaftenden Exotik galt – je bizarrer er war und je mehr er einen europäischen Betrachter in Erstaunen versetzte, umso höher stieg er in der Wertschätzung der Zeitgenossen. Dasselbe galt auch im Blick auf die orientalische Literatur, vor allem die *Märchen aus 1001 Nacht*.[147] Opium und Haschisch waren Requisiten, die nicht nur aus der Zauberwelt jener Erzählungen stammten, sondern den Benutzer auch selbst dorthin versetzen konnten.[148] Während man in der Romantik also den Zopf der Väter, sofern er ihre aufklärerischen Prinzipien betraf, rigoros abschnitt, fand man ihn im Zusammenhang mit dem Exotismus doch recht apart. Von den Chinoiserien, die in den Salons des 18. Jahrhunderts ein Gemeinplatz waren, führte ein direkter Weg zu den oft in orientalischem Ambiente spielenden Abenteuerromanen des 19. Jahrhunderts und den Bildern der orientalistischen Malerschule.[149] Wichtig ist hier auch das Schlagwort „fantastique", das für den französischen Romantiker einen Signalwert besaß und das ganze Programm antibourgeoiser und antirationalistischer Weltentwürfe bezeichnete. Die *conte fantastique* war in der Folge der beispiellosen französischen Verehrung E. T. A. Hoffmanns ein verbreitetes Genre geworden. Auch andere deutsche Autoren wie Ludwig Tieck oder Jean Paul wurden eifrig gelesen und konnten sich des Beifalls der französischen Romantiker sicher sein, doch Hoffmann galt als der unerreichte König der phantastischen Literatur. Das entscheidende Merkmal der *conte fantastique*, als deren zweiter Großmeister bald auch Edgar Allan Poe gefeiert wurde, war die Subversion des bürgerlichen Alltags, der sich in der Literatur als eine Landschaft voller tückischer Abgründe erweist; hinter den Fassaden bürgerlicher Ordnung erstreckt sich die mysteriöse Welt des Unbewußten. Es ist dieselbe Welt, deren Geheimnissen der romantische Dichter im Drogenrausch nachspürt.

Das künstlerische Interesse an Drogen ist also symptomatisch für das nicht nur in Frankreich, sondern in der ganzen westlichen Welt des 19. Jahrhunderts spürbare Bedürfnis nach einer Überwindung des (bürgerlichen) Bewußtseins und nach dem Ausbruch aus jener geistigen Erstarrung, die im Alltag der modernen Industriegesellschaft zutage tritt. Mit Rimbauds Forderung nach einer *tabula rasa* war die Parole zum Aufbruch in die Moderne ausgegeben. Würde sie, wie er meinte, eine Zeit der Haschischjünger sein? Die folgende Darstellung zur Weiterentwicklung des Drogeninteresses im 20. Jahrhundert wird zeigen, daß die Bemühungen zur Schaffung eines neuen Bewußtseins unvermindert eng mit dem Wirklichkeitserleben des Drogenrausches verbunden sind; gleichzeitig wird sie aber auch erweisen, wie die Kampagne schon während der ersten Jahrzehnte empfindliche Rückschläge hinnehmen muß: So markieren etwa die erbärmlichen Gestalten der ersten literarischen *Junkies* und schließlich das große Problem der jugendlichen Drogenabhängigkeit eine düstere Sackgasse, aus der Aldous Huxley als einziger unter den Drogenschriftstellern mit einiger Zuversicht einen möglichen Ausweg weist. Der Weg der Modernen ist, allen Unkenrufen zum Trotz, noch nicht bis zum Ende beschritten, und die wahre Postmoderne als Zeitalter eines radikal neuen Bewußtseins ist noch nicht einmal in Sicht.[150]

Die Zeit der Haschischjünger: Drogen im 20. Jahrhundert

Das große öffentliche Interesse an Drogen, das dem 19. Jahrhundert den Ruf eintrug, das „Zeitalter des Rausches" zu sein, blieb auch im 20. Jahrhundert bestehen, zumal das moderne Bedürfnis nach Fluchthelfern aus der bedrückenden Realität des *Ennui* an den Fronten zweier Weltkriege ebenso verstärkt wurde wie an der permanenten Heimatfront in einer bürokratisch organisierten Massenkultur, in der sich das moderne Individuum unentwegt gegen die Bedrohung durch Anonymität und Selbstentfremdung zur Wehr setzen muß. Auch im 20. Jahrhundert blieb der Alkohol die meistbenutzte Droge des westlichen Kulturkreises. Obwohl die Mäßigkeitsbewegung in den USA weltweit die wohl einflußreichste Organisation ihrer Art war, galt die Trunksucht seit der Jahrhundertwende zunehmend als ein typisch amerikanisches Phänomen. Tatsächlich war der Alkoholkonsum zu einem ernsten nationalen Problem geworden – wäre es nicht so dringlich gewesen, dann hätte sich der amerikanische Kongreß 1919 wohl kaum zu dem unpopulären Schritt entschlossen, durch einen Verfassungszusatz ein bundesweites Alkoholverbot zu verhängen, das immerhin bis 1933 gültig blieb. In der Bevölkerung fand die Prohibition allerdings kaum Unterstützung, und es galt sogar als Zeichen guter Lebensart, wenn man über Kontakte zu einem *bootlegger* (Alkoholschmuggler) verfügte und in den *speakeasy* genannten Flüsterkneipen verkehrte, die allenthalben wie Pilze aus dem Boden schossen. Die vor allem im amerikanischen Süden verbreitete Ansicht, daß der reichliche Genuß von Alkohol zu den unverzichtbaren Kardinaltugenden eines Gentleman gehöre, wurde 1931 von Upton Sinclair (1878–1968) schonungslos bloßgestellt. In dem Roman *The Wet Parade* demontiert er den Mythos des *social drinking* und schildert den durch Alkoholismus bewirkten Ruin der männlichen Mitglieder der Familie Chilcote, deren traditionsreicher Wohlstand auf dem Besitz mehrerer Zuckerrohrplantagen in Louisiana gründet. Sinclairs Roman war nicht der erste, der die fatalen Folgen der Trunksucht beschrieb; schon 1913 hatte Jack London seinen Roman *John Barleycorn or Alcoholic Memoirs* veröffentlicht, auf den sich Sinclair auch bezieht. Dennoch waren Sinclair und seine Gesinnungsgenossen kaum mehr als Rufer in der Wüste, da der Alkohol besonders bei den Schriftstellern als wichtige Requisite oder sogar als unverzichtbare Inspirationsquelle galt. Fast die ganze Prominenz der modernen amerikanischen Literatur huldigte der Flasche und war teilweise sogar alkoholabhängig: Ernest Hemingway, Scott Fitzgerald, William Faulkner, Eugene O'Neill, John Steinbeck, Dashiell Hammett, Sinclair Lewis, Theodore Dreiser, H. L. Mencken, Tennessee Williams, John Cheever, Truman Capote, Robert Lowell, Raymond Carver und John Berryman tranken ebenso reichlich wie die Autorinnen Dorothy Parker, Djuna Barnes, Jean Stafford oder Carson McCullers – die Liste der Namen ließe sich mühelos verlängern. Auch in Europa gab es etliche alkoholabhängige Schriftsteller; zu ihnen gehören u.a. Hans Fallada, Joseph Roth, Irmgard Keun, Ernst Herhaus, Georges Simenon, Brendan Behan, Dylan Thomas und Malcolm Lowry.[151]

Während die Prohibition in den USA eine erhebliche Stärkung der gesellschaftlichen Bedeutung des Alkohols bewirkte und damit genau das Gegenteil von dem erreichte, was sie eigentlich bezwecken sollte, standen die Metropolen Europas im Bann einer anderen Modedroge, nämlich des Kokains, das während der „Goldenen Zwanziger Jahre" den Höhepunkt seiner Beliebtheit erreichte.[152] Die Literatur dieser Zeit ist reich an Beispielen, die den verbreiteten Kokaingenuß dokumentieren.[153] Schon vorher haben Georg Trakl und der junge Gottfried Benn über ihre Erfahrungen mit Kokain gedichtet, 1918 erscheint der Novellenband *Kokain* des Dresdner Expressionisten Walter Rheiner, der an einer Überdosis der Droge starb (Conrad Felixmüller stellte den Tod des Dichters 1924 in einem Gemälde dar, das ihn zeigt, wie er, die Kokainspritze in der Linken, über einem nächtlichen Häusermeer zum Fenster hinausschwebt). 1919 wird in der Zeitschrift *Jugend* ein Gedicht mit dem Titel „Wir schnupfen und wir spritzen" abgedruckt[154], im selben Jahr schreibt der Surrealist Robert Desnos seine „Ode à Coco"; auch der junge Johannes R. Becher greift in seiner expressionistischen Frühzeit sehr oft zu Kokain und Opiaten, so daß mehrere Entzugstherapien nötig werden.[155] 1922 veröffentlicht der unter dem Pseudonym Pitigrilli bekannt gewordene italienische Schriftsteller Dino Segre (1893–1975) seinen Roman *Cocaina: romanzo*, der den Einfluß der Droge im mondänen Pariser Gesellschaftsleben schildert. 1923 erscheinen der Novellenband *Kokain* von Otto Rung und Cocteaus Roman *Le Grand Écart*, in dem ein Selbstmordversuch mit Kokain beschrieben wird; *Cocaïne* ist der Titel zweier weiterer französischer Romane, die 1924 von Pierre Sorel bzw. 1929 von Pierre Henrio verfaßt werden, und Hermann Hesse schildert in dem Roman *Der Steppenwolf* (1927) die kokainberauschte Wahrnehmung seines Helden Harry Haller. In der kulturellen Szene Berlins schart die als *femme fatale* verehrte Tänzerin Anita Berber einen Kreis von Künstlern und Intellektuellen um sich (zu denen auch Klaus Mann gehört), in dem sie den Gebrauch von Kokain propagiert; 1923 steht sie im Mittelpunkt des zur Musik von Camille Saint-Saëns aufgeführten Tanzstücks *Cocain*. 1929 erscheint Theodor Pliviers Erzählung „Koka", 1937 wird Max Brods Roman *Annerl* veröffentlicht, der im Untertitel als „Roman des Kokain" ausgewiesen ist, und erst kürzlich wurde der unter dem Pseudonym M. Agejew[156] veröffentlichte *Roman mit Kokain* (1934) wiederentdeckt, der zwar im Rußland der Belle Époque spielt, aber gewiß nicht zufällig erschien, als die Leser an der Thematik kaum interessierter sein konnten.

I. Im Rausch der Moderne

In ihrem Bemühen um die moderne Zerschlagung der alten Realitätskonzepte wies die Avantgarde des 20. Jahrhunderts dem Drogenrausch eine wichtige Bedeutung zu, da er exemplarisch anzeigte, was eine durch andere Mittel bewirkte Revolution des Geistes erzeugen könnte. So schreibt André BRETON (1896–1966) in seinem ersten *Manifeste du surréalisme* (1924), daß der Surrealismus wie ein Rauschmittel sei:

> Der Surrealismus verbietet denen, die sich ihm ergeben haben, sich nach Belieben von ihm abzuwenden. Alles deutet darauf hin, daß er in einer ähnlichen Weise wie die Rauschmittel auf das Bewußtsein einwirkt; wie jene erzeugt er eine Abhängigkeit und kann schreckliche Entzugserscheinungen hervorrufen. Er ist, wenn man will, ein weiteres künstliches Paradies, und seinen Wonnen gebührt dieselbe Baudelairesche Kritik wie den anderen Paradiesen. Wenn die nähere Untersuchung auch zeigt, daß er mysteriöse Wirkungen und einzigartige Freuden erzeugen mag, so präsentiert sich der Surrealismus doch von einigen Seiten als ein *neues Laster* ...; wie das Haschisch bietet er allen Anspruchsvollen Befriedigung ... Mit surrealistischen Bildern verhält es sich wie mit den Opiumbildern, die der Mensch nicht mehr selbst heraufbeschwört, sondern die spontan und unerbittlich auf ihn zukommen. Er kann sie nicht abweisen, weil der Wille keine Macht mehr hat und die [sinnlich-rationalen] Instanzen nicht mehr beherrscht.[157]

In diesem Sinn läßt sich Rimbauds Wort von der Zeit der Haschischjünger auf die Moderne anwenden: Dem modernen Geist, der einen gewaltsamen Umsturz der alten Realität betreiben will, um so eine *tabula rasa* als Baugrund für etwas Neues zu schaffen, mag es einerlei sein, ob er die überkommenen Strukturen des Denkens und der Wahrnehmung mit Hilfe einer Droge oder durch andere Mittel zerschlägt; die Hauptsache bleibt für ihn stets, daß er sich einen Weg durch das Dickicht der erlernten Verhaltensweisen und Konventionen schlägt, der ihn direkt zu den vorbewußten Wesensgründen zurückführt; der Surrealismus ist also eine moderne Schule der Mystik. In seinem radikalen Bemühen mag dieser moderne Künstler das Haschisch (oder jede andere Droge) benutzen, doch er muß es nicht, zumal unter seinem Zugriff prinzipiell alles tauglich ist, um wie eine Droge benutzt zu werden, nämlich zur Demontage der gewohnten Sicht der Dinge.

Inspiriert durch Künstler wie Cézanne, Matisse und van Gogh, Dichter wie Baudelaire, Rimbaud und Walt Whitman und durch die Philosophie Friedrich Nietzsches hatten viele Künstler und Schriftsteller begonnen, nach adäquaten Ausdrucksmöglichkeiten eines neuen Welterlebens zu suchen, das von dem Bedürfnis geleitet war, der zunehmend anonymen Massengesellschaft mit ihren seelenlosen Produktionsmechanismen entgegenzutreten. In dem etwas verkrampften Bemühen um eine Analogie zu früheren Schulen ergab sich die Übereinkunft, diese etwa ab 1910 in der Öffentlichkeit auftretenden kontinentaleuropäischen modernen Künstler pauschal unter dem nicht sehr aussagefähigen Begriff EXPRESSIONISMUS zu versammeln.[158] Während in der bildenden Kunst die Befreiung der Formen vom Anspruch der bloßen „Wirklichkeitsnachbildung" (Mimesis) und die Konzentration auf das Material (die Farbe, den Werkstoff) den gemeinsamen Nenner jener diversen Absichten und Programme darstellt, war der wichtigste Angriffspunkt in den ersten Schulen der literarischen Moderne die Hinterfragung und schließlich die Auflösung und Neudefinierung der Sprache, die in ihrer traditionellen Gestalt als ein unvollkommenes Instrument und als mindestens ebenso lächerlich empfunden wurde wie jene Wirklichkeit, zu deren Abbildung man sie bisher herangezogen hatte. Die hierarchischen Strukturen der Syntax und überhaupt alle Regeln der Grammatik wurden durchbrochen und bewußt ignoriert, die daraus entstehenden Verfremdungseffekte und Ambiguitäten wurden zur Methode, und selbst die einzelnen Zeichen wurden als graphische Einheiten in ungewohnten Konstellationen zusammengestellt und besonders hervorgehoben. So wie das oft als ein Musterbeispiel der expressionistischen Darstellung gerühmte Bühnenbild in Robert Wienes Film *Das Kabinett des Dr. Caligari* (1919) eine Welt vorführt, in der alle Regeln der Perspektive und Proportion mißachtet werden, so wird auch in der Literatur dieser Art eine bewußte Desorientierung des Lesers angestrebt. Es liegt daher auf der Hand, daß die recht ähnliche Sprengung der Wahrnehmungsmuster im Drogenrausch für viele Autoren von Interesse sein mußte.

Bei Georg TRAKL (1887–1914), der die Wirkung von Chloroform, Äther, Veronal, Morphin, Opium, Kokain und womöglich auch von Meskalin aus eigener Erfahrung kannte[159] und in späteren Jahren offenbar ein maßloser Trinker war[160], stand das Interesse an Drogen und Rausch am Anfang seiner intellektuellen Entfaltung und begleitete den künstlerischen Reifeprozeß bis zu seinem frühen Tod durch die absichtliche Einnahme einer Überdosis Kokain. Schon in seinem frühesten erhaltenen Brief erwähnt Trakl, daß er zum wiederholten Mal der Versuchung erlegen sei, einer Phase nervlicher Anspannung im Chloroform-Rausch zu entfliehen.[161] Im selben Jahr, 1905, begann er in Salzburg eine Apothekerlehre, die ihm die Gelegenheit gab, wie Ludlow die ganze Vielfalt der handelsüblichen Rauschmittel zu erproben. 1908 entdeckte er die Dichtungen Rimbauds, die ihm bis zu seinem Tod ein Vorbild blieben und zu der Erkenntnis beitrugen, daß es das Ziel seiner Lyrik sein müsse, „ein infernalisches Chaos von Rhythmen und Bildern"[162] darstellerisch zu bewältigen. Auch Baudelaires *Fleurs du Mal* prägten den jungen Dichter; so greift er in seiner Lyrik immer wieder das Bild der bösen Blumen auf. In der letzten Strophe des Gedichts „Ermatten" bezieht er sich eindeutig auf Baudelaires „Rêve parisien", wo das schreckliche Erwachen des Berauschten geschildert wird, der aus den visionären Paradiesen in die brutale Realität des *Ennui* zurückgestoßen wird: „Vom Rausch der Wohlgerüche und der Weine / Blieb dir ein überwach Gefühl der Scham – / Das Gestern in verzerrtem Widerscheine – / Und dich zermalmt des Alltags grauer Gram." [DB 242]

Ein hervorstechendes Merkmal seiner reifen Lyrik ist die Betonung farblicher Reize. Wenn es zutrifft, daß Trakl auch mit dem Meskalin vertraut war, so kann dies kaum überraschen, da diese Droge für ihre intensiven Farbvisionen bekannt ist und, wie Huxley versichert, eine anhaltende Veränderung der Wahrnehmung bewirkt. „Meine Seele gebar blut-purpurne Himmel / Durchglüht von gigantischen, prasselnden Sonnen, / Und seltsam belebte, schimmernde Gärten, / Die dampften von schwülen, tödlichen Wonnen" [DB 215], heißt es etwa in dem Gedicht „Drei Träume". Die bedeutendste Farbe der meisten Rauschkünstler und auch Georg Trakls ist jedoch das Blau, das für das Wesen des Unendlichen zu stehen scheint und nicht selten sogar damit identifiziert wird. Trakls Familie und seine Freunde wunderten sich über die Neigung des Dichters, „alles blau zu sehen"[163], und in den frühen Dichtungen ist das Blau bereits allgegenwärtig.[164] An der auffälligen Akzentuierung von Farben, die sich in der Lyrik Trakls bis zuletzt erhalten hat, läßt sich zeigen, wie sich die Wahrnehmung des Drogenrausches und die Bestrebungen der expressionistischen Weltdeutung auf einer gemeinsamen Linie treffen können: Die Befreiung von den Formen und Begriffen, durch die das rohe Ensemble der von uns wahrgenommenen Welt in ein rationales Koordinatensystem einzementiert wurde, ist dem drogenberauschten Visionär ein ebensolches Anliegen wie dem expressionistischen Künstler. Die Farbe ist ein solcher von aller Gegenständlichkeit befreiter Stoff, der die hinter den Dingen liegende Welt gewissermaßen „pur" erleben läßt. Die nach 1910 entstandenen Gedichte, in denen sich häufige Bezüge auf den Wein und die „Trunkenheit des Mohnes" finden, enthalten eine Fülle von Beispielen: Da ist die „braune Stille" [DB 11], „Vorm Fenster tönendes Grün und Rot" [DB 33] oder „Männliches rot über schweigende Wasser geneigt" [DB 138]; „Röte träufelt durch das Dunkel" [DB 13], „Aus Schwarzem bläst der Föhn" [DB 66], „deine Stirne tost durchs sanfte Grün" [DB 45], und das Blau erscheint in Bildern wie „Mägde gehn / Durch feuchte Bläue" [DB 61] und „Ein blauer Augenblick ist nur mehr Seele" [DB 79].[165]

Auch Gottfried BENN (1886–1956) strebte in seiner Dichtung nach einer, wie er es nannte, „Zusammenhangsdurchstoßung" und „Wirklichkeitszertrümmerung"; die hierarchischen Ordnungssysteme der Sprache sollten aufgelöst werden, um die dahinter verborgenen Urqualitäten sichtbar zu machen: Von aller kausalen Bestimmung befreit, präsentiert sich etwa „ein lautes Glatt, ein kleines Etwas", und das „zersprengte Ich" wird beschworen: „gebäre / blutbäuchig das Entformte her" (vgl. Seite 273). In den zahlreichen Gedichten, Prosastücken und essayistischen Schriften Benns verbindet sich seine ärztliche Erfahrung oft mit einer provokativ-drastischen Schilderung menschlichen Verfalls. So wurde sein erster Gedichtband, *Morgue* (1912), vielfach als schamlos und ekelhaft abgelehnt. Dennoch war Benn nicht das *enfant terrible*, für das ihn manche seiner Zeitgenossen halten mochten, sondern befindet sich auch in den unappetitlichsten Bestandsaufnahmen einer chaotischen Welt stets auf einer wehmütig-verwirrten Suche nach sinnstiftenden Zusammenhängen, nach der primitiven Essenz des Lebens, die der modernen Zivilisation abhanden kam (vgl.

Seite 273 ff.). Der 1916 veröffentlichte Prosaband *Gehirne* thematisiert am Beispiel der autobiographischen Figur des Dr. Rönne die Verstrickung des Individuums in einen unbeherrschbaren Alltag und die Sehnsucht nach befreienden mystischen Ebenen des Seins, die bei dem Dichter schon früh ein starkes, aber überwiegend theoretisches Interesse an den Erfahrungen des Drogenrausches erzeugte. Seine erste (und wahrscheinlich einzige) persönliche Bekanntschaft mit der später so eindringlich beschworenen Wunderwirkung der Alkaloide erfolgte im Frühjahr 1916 in Brüssel. Benn hat diese wenigen Monate, die bei ihm einen starken Eindruck hinterließen und gleichwohl in seinem Leben nur eine Episode darstellten, rückblickend wie ein unwiederbringliches Rauscherlebnis beschrieben[166]; in dieser Zeit erprobte er mit Kokain den „Ich-Zerfall, den süßen, tiefersehnten". Fünfunddreißig Jahre später, am 19. November 1951, schreibt Benn in einem Brief an Ernst Jünger: „Darf ich bei der Gelegenheit erwähnen, daß ich Drogen weder selbst nehme noch genommen habe (außer einer kurzen Episode mit Kokain im I. Weltkrieg)."[167] Obwohl er regelmäßig Schlafmittel einnahm und sich außerdem selbst Rezepte für Amphetamine ausstellte, war er nie süchtig[168]; auch sein Alkoholgenuß war kaum der Rede wert.[169]

Während seine eigene Drogenerfahrung also recht spärlich gewesen sein mag, besaß er aber umfassende theoretische Kenntnisse über Rauschmittel wie die Opiate, das Haschisch, das Meskalin oder die halluzinogenen Wirkstoffe der Nachtschattengewächse[170], die ihn in die Lage versetzten, sich als Rauschexperte zu äußern. Nach der Rönne-Prosa und den Gedichten „Kokain" und „O, Nacht –:" aus dem 1917 veröffentlichten Lyrikband *Fleisch* thematisierte Benn den Rausch in dem fünfteiligen Gedichtzyklus *Betäubung* (1925), in dem von „Aconite" (Eisenhut), „Hyoscyd" (Bilsenkraut), von „Schlafdorn und Mohnkelch" die Rede ist; „die Welten", so heißt es, „beben / trunken zerebral."[171] Die im Hinblick auf Benns Bewertung des Drogenrausches sicher meistzitierte Schrift ist aber der 1943 verfaßte Essay „Provoziertes Leben", in dem die Notwendigkeit der Droge folgendermaßen begründet wird:

> „Potente Gehirne ... stärken sich nicht durch Milch, sondern durch Alkaloide. Ein so kleines Organ von dieser Verletzlichkeit, das es fertigbrachte, die Pyramiden und die Gammastrahlen, die Löwen und die Eisberge nicht nur anzugehen, sondern sie zu erzeugen und zu denken, kann man nicht wie ein Vergißmeinnicht mit Grundwasser begießen, Abgestandenes findet es schon genug. *Existenz heißt Nervenexistenz*, das heißt Reizbarkeit, Zucht, enormes Tatsachenwissen, Kunst. Leiden heißt am Bewußtsein leiden, nicht an Todesfällen. Arbeiten heißt Steigerung zu geistigen Formen. Mit einem Wort: *Leben heißt provoziertes Leben.*"[172]

Der Erste Weltkrieg, dessen Vernichtungsmaschinerie in den bis dahin beispiellosen Materialschlachten das Leben von Millionen von Menschen gefordert hatte, konnte die unter den modernen Künstlern und Schriftstellern verbreitete These vom geistigen Ruin des Abendlandes und die seit Rimbaud immer wieder hörbare Forderung nach einer grundsätzlichen Erneuerung nur bestätigen. 1916 hatte sich die Gruppe der Dadaisten gebildet, die eine kompromißlose Verhöhnung und Bloßstellung all jener bürgerlich-nationalen Werte betrieb, die für den kulturellen Bankrott verantwortlich waren. In den folgenden Jahren entstand eine lose Vereinigung von Intellektuellen, die sich nach einem 1917 von Guillaume Apollinaire geprägten Begriff SURREALISTEN nannten. Obwohl die Gruppe, die in den zwanziger Jahren ihre fruchtbarste Phase erlebte, kaum Neigungen zeigte, sich einem einheitlichen Programm zu verpflichten, waren sich ihre Mitglieder unter dem Eindruck von Freuds Erkenntnissen über die Psyche doch in dem grundsätzlichen Anliegen einig, daß in dem Rückgang auf das vorrationale Bewußtsein des Kleinkindes die lange gesuchte Chance für einen völligen Neubeginn lag. Das Bewußtsein sollte vom Ballast erlernter Verhaltens- und Empfindungsweisen befreit werden, und dazu schien es vor allem nötig, die Sprache als das Herrschaftsinstrument der etablierten Sinnzusammenhänge zu brechen und durch eine akausale, ganz dem Zufall überlassene Verwendung gewissermaßen neu zu erschaffen. In der Literatur wurde daraufhin die *écriture automatique*, das automatische Schreiben[173] propagiert, dessen erstes Beispiel die von Breton und Philippe Soupault verfaßten Traumprotokolle *Les champs magnétiques* (1920) sind. Die Texte dieser Art, deren Willkür oft durch beliebig erstellte Collagen verstärkt wurde, sollten ganz impulsiv zu Papier gebracht und keinesfalls im Nachhinein korrigiert und damit verfälscht werden. Breton zufolge bestand das Ziel der Surrealisten darin, die bislang dualistische Trennung von Traum und Realität zu überwinden und beide Erfahrungswelten zu einer neuen, unteilbaren, also absoluten Wirklichkeit, eben der Surrealität, zusammenzufügen, was durch die Aktivierung eines jedem Menschen verfügbaren natürlichen Rauschpotentials ermöglicht werde.[174] Wenn die Erfahrungen des Drogenrausches den surrealistischen Interessen also sehr entgegenkamen, so wurden Rauschmittel doch als ein Instrument gesehen, dessen man aufgrund des ohnehin vorhandenen natürlichen Rauschpotentials nicht bedürfe. Unter dieser Voraussetzung wandte sich Breton ganz entschieden gegen die Benutzung von Drogen.[175]

Im Unterschied hierzu sah Antonin ARTAUD (1896–1948), der zunächst dem engeren Kreis der Surrealisten angehörte, im Rausch eine wirksame Methode zur Erzeugung jener schon von Rimbaud angestrebten Klarsichtigkeit, die dem Individuum ein Verständnis des Urzustandes seiner Person und seiner Gattung ermögliche. „Um den Schmerz zu überwinden, der aus der Getrenntheit von der Welt und von seiner ursprünglichen Göttlichkeit herrührte", schreibt Lyons, „suchte Artaud Zuflucht in häufiger Berauschung, besonders derjenigen, die Peyote und Opium bewirken."[176] Im September 1915 hatte Artaud, der seit seiner Kindheit an den Folgen einer Gehirnhautentzündung litt, mit der ärztlich verordneten Einnahme von Opium begonnen, was eine lebenslange Sucht zur Folge hatte.[177] Nach einer sogenannten „Injektionskur" im Januar 1926 folgte ein vergeblicher Kampf mit heftigen Entzugserscheinungen: „Ich bin tot, tot, ich kann nicht mehr. Und unmöglich, diesmal auf das L[audanum] zu verzichten"[178], schreibt er an die Schauspielerin Génica Athanasiou. Eine zweite Entziehungskur folgte schon im nächsten Jahr, doch in einem Brief vom 15. Oktober 1929 bittet er einen Freund wieder dringend um Laudanum. Zwei Jahre später stellt er resigniert fest: „Die Freude am Opium, die Gewohnheit und die Abhängigkeit beanspruchen mich physisch und geistig mehr als sie jemals den treuesten meiner Freunde beanspruchten. Ja, es geht um das Leben meines Geistes, meiner Zukunft als Mensch: ich weiß das. Aber ich kann selbst nur wenig ausrichten. Ein Wunder müßte geschehen, ein göttlicher Gesandter müßte erscheinen, um mich da herauszuziehen."[179] Als er nach zwei weiteren erfolglosen Entziehungskuren 1932 und 1937 zusehends unter schizophrenen Zwangsvorstellungen zu leiden begann, sich kaum noch selbst versorgen konnte und trotz einiger Unterstützungsaktionen aus dem Umfeld der Surrealisten völlig mittellos war, sorgten Freunde, allerdings gegen den Willen Artauds, 1943 für seine Einweisung in die psychiatrische Anstalt von Rodez. Die drei Jahre dauernde Internierung muß für Artaud schon allein wegen der anhaltenden Entzugsqualen eine wahre Hölle gewesen sein; immer wieder bat er um Heroin, jedoch meistens vergeblich. Wenige Wochen nach seiner Entlassung gelang es ihm, über Freunde und Bekannte wieder regelmäßig die benötigten Drogen zu erhalten. Im Mai 1947 notierte er zwar die entschlossene Parole: „SCHLUSS MIT DEM HEROIN / ich will nicht mehr im Rausch leben"[180], doch seine Verzweiflung, als der Dichter Jacques Prevel, durch den er sein Heroin erhielt, nicht mehr für Nachschub sorgen konnte, verrät, daß er den Vorsatz nicht zu realisieren vermochte.

Seit seiner Jugend war Artaud bereits mit der einschlägigen „Fachliteratur" vertraut: Baudelaire und Rimbaud beeinflußten ihn ebenso wie Poe, Hoffmann und die *Märchen aus 1001 Nacht*. Darüberhinaus interessierte er sich für alles Okkulte, er studierte das Ägyptische Totenbuch, die Kabbala und befaßte sich mit dem Tarot. Die Anregungen, die er aus solcher Lektüre empfing, bestärkten ihn in seiner Suche nach Impulsen, die in der Lage wären, die erstarrten Strukturen des Daseins zu durchdringen und in dem umschlossenen Kern gewissermaßen eine neue Glut, einen neuen Lebenssinn zu entfachen. Sein Anliegen war es nicht, der Kunst und Gesellschaft wie einem Verunglückten Erste Hilfe zu leisten; vielmehr war er entschlossen, dem ohnmächtigen Leib den Gnadenstoß zu geben (etwa durch sein „Theater der Grausamkeit"), um damit Raum für ein bislang kaum bekanntes und stets unterdrücktes geistig-seelisches Potential zu schaffen. Der grundlegende Gedanke ist also, wie bei Rimbaud, daß ein echter Neubeginn nur auf einer *tabula rasa* stattfinden kann. In diesem Zusammenhang ist seine Erklärung, daß er das Opium benötige, um das verlorene Leben in seinen Körper zurückzuholen, durchaus nachvollziehbar. „Das Opium", meinte er, „ist jene energetische / ESSENZ, ohne die / der Mensch nichts / tun kann … / Und ich muß / genug nehmen dürfen, / damit das Leben in / mir sein Niveau / wiederfindet."[181]

Am 25. Januar 1925 erschien in der Zeitschrift *La révolution surréaliste* der Essay „Sûreté générale. La liquidation de l'opium", in dem Artaud gegen das Betäubungsmittelgesetz von 1916 polemisiert. Dort erläutert er, daß er als ein geborener Außenseiter zwangsläufig einen asozialen Standpunkt beziehe und sich mit seinen Einwänden gegen Drogengesetze keinesfalls zum Anwalt des ganzen Volkes machen wolle. Die Annahme, daß der Drogenkonsum der Gesellschaft gefährlich werden könne, hält er für unsinnig, da das Verlangen nach Rauschmitteln nur das Symptom einer Grundbefindlichkeit mancher Menschen sei, gegen die weder gesetzliche noch irgendwelche andere Regelungen etwas ausrichten könnten: „Manche Seelen sind unheilbar erkrankt und für den Rest der Gesellschaft verloren. Verbietet ihr ihnen ein Mittel des Wahns, so werden sie sich zehntausend andere erfinden." [AO, I, 319][182] Für Artaud stellt die gesellschaftliche Einschränkung des Drogenkonsums den sinnlosen Versuch dar, unabänderliche Naturgegebenheiten durch eine moralische Usurpation zu unterdrücken. Ähnlich wie der Marquis de Sade verweist er auf den asozialen Charakter der Natur, der durch keine menschlichen Entwürfe und Moralvorstellungen zu korrigieren sei. Jenen Verlorenen, die durch einen „angeborenen DETERMINISMUS" zum Leiden verdammt sind, ist nicht zu helfen, sie sind unter keinen Umständen sozialisierbar. Ihre einzige Aussicht besteht darin, durch die Anwendung irgendwelcher Mittel, z. B. durch Drogen, der Hölle, in der sie sich befinden, immer wieder neu zu entfliehen. Der Gesellschaft seien diese Leidenden unheimlich, weil sie in ihrer Qual erschreckende Einsichten erhielten, welche die öffentliche Ordnung gefährden. Artaud versteht den Drogenkonsumenten dieses Typs also als Inkarnation des von Rimbaud geforderten Sehertums. Dennoch hielt er die Droge keineswegs für ein ideales Werkzeug der Bewußtwerdung:

> Ich berausche mich in dem Maße mit Opium, in dem ich Ich bin, ohne vom Ich zu genesen. Mit der Drogenberauschung Schluß zu machen, hieße für mich, zu sterben. Ich möchte sagen, daß nur der Tod von der infernalischen Schmerzbetäubung der Drogen entwöhnen kann, von denen ich mich nur mit Maßen, nicht zu lang und nicht zu oft entfernen darf, um das zu sein, was ich bin.
>
> Mit Opium, diesem abscheulichsten Mittel des Betruges, der furchtbarsten Erfindung des Néant, die in die menschlichen Sinne Eingang gefunden hat, vermag ich nichts. Aber ich vermag auch nichts, ohne mir in bestimmten Momenten diese Kultur des Néant vor Augen zu führen.
>
> Es ist nicht das Opium, das mich zur Arbeit anstiftet, sondern seine Abwesenheit, und um die Abwesenheit zu spüren, muß es von Zeit zu Zeit vorhanden sein. [AO, VIII, 25/26]

Die durch das Opium bewirkte „Klarsichtigkeit" wird von Artaud als grobe Täuschung erkannt, doch er räumt ein, daß sie einige Gemeinsamkeiten mit dem ersehnten Urzustand aufweise, die allein ausreichten, um ein Gefühl für den Gegenstand der spirituellen Suche zu erzeugen. Nur im nichtberauschten Zustand sei es ihm möglich zu arbeiten, da er dann in der Erinnerung an den vergangenen Rausch eine klarere Vorstellung von dem erhalte, was dem nüchtern-rationalen Leben fehle: „Der Zustand, jener Zustand außerhalb des Lebens, dem das Opium nicht gerecht wird, aber mit dem es doch einige bemerkenswerte Gemeinsamkeiten hat, kann durch keine Worte bezeichnet werden, sondern nur durch eine wilde Hieroglyphe, die das unmögliche Zusammentreffen von Geist und Materie darstellt." [AO, VIII, 26]

1929, als sich der Surrealismus bereits in einer Krise befand, veröffentlichte der deutsche Kulturkritiker Walter BENJAMIN (1892–1940) seinen Essay „Der Sürrealismus", den er im Untertitel als „Die letzte Momentaufnahme der europäischen Intelligenz" bezeichnet. Benjamin, der an der Bewegung stets regen Anteil genommen hatte, unternimmt es hier, den Surrealismus vom Vorwurf einer bloßen Apologie des Rausches freizusprechen.[183] Nicht im Rausch allein, sondern in seiner Verbindung mit einer umstürzlerischen Methode sieht er den Kern des surrealistischen Versuchs der Weltaneignung: „Die Kräfte des Rausches für die Revolution zu gewinnen, darum kreist der Sürrealismus in allen Büchern und Unternehmen. Das darf er seine eigenste Aufgabe nennen." [SÜ 307] Für Benjamin, der sich als jüdischer Marxist ebenso am historischen Materialismus wie an mystisch-kabbalistischen Vorstellungen orientierte, erhielt sein Begriff der „profanen Erleuchtung" eine zentrale Bedeutung. Der profan Erleuchtete verhält sich zu seiner Umgebung nicht wie ein Mensch nüchternen Wachbewußtseins nach den Regeln einer Subjekt-Objekt-Beziehung, er steht aber auch nicht wie der romantische Träumer über den Dingen. Vielmehr erkennt er die gegenseitige Durchdringung von Materie und Geist und sucht beidem Rechnung zu tragen, indem er seine mystischen Erkenntnisse im Hinblick auf ihre Relevanz für den ganz gewöhnlichen Alltag auswertet und überprüft, seine Erleuchtung also „profaniert": „Die wahre schöpferische Überwindung religiöser Erleuchtung aber liegt nun wahrhaftig nicht bei den Rauschgiften. Sie liegt in einer *profanen Erleuchtung*, einer materialistischen, anthropologischen Inspiration, zu der Haschisch, Opium und was immer sonst die Vorschule abgeben können." [SÜ 297]

Benjamin sympathisierte nicht nur theoretisch mit den Surrealisten und ihrem Interesse an der Droge, sondern war auch selbst mit der Wirkung des Haschisch, des Meskalin, diverser Opiate[184] und womöglich auch mit dem Kokain vertraut. Das früheste erhaltene Dokument, das seinen Drogengebrauch belegt, ist ein auf den 18. Dezember 1927 datiertes Protokoll eines Selbstversuches mit Haschisch. Dieses Experiment stand am Anfang einer Reihe von Versuchen[185], die er bis 1934 im Beisein von Freunden wie Ernst Bloch und den Ärzten Ernst Joël und Fritz Fränkel[186] durchführte. In Übereinstimmung mit seiner Überzeugung, daß die Erfahrungen des Rausches nur im Zusammenhang mit ihrer methodischen Ergründung zu revolutionären Einsichten und der profanen Erleuchtung führen könnten, legte Benjamin großen Wert darauf, daß seine Rauscherfahrungen genau protokolliert wurden. Nach der Aussage seines Freundes Gershom Scholem beabsichtigte er, ein Buch über Haschisch zu schreiben[187]; seine Auseinandersetzung mit dem Thema kam jedoch über einige kurze Essays nicht hinaus, von denen nur zwei noch zu seinen Lebzeiten erschienen: „Myslowitz – Braunschweig – Marseille" (1930) und „Haschisch in Marseille" (1932). Nach einem mißglückten Fluchtversuch aus dem von den Deutschen besetzten Frankreich nahm Benjamin sich angesichts seiner drohenden Auslieferung an die Gestapo wahrscheinlich mit einer Überdosis Morphin das Leben.

Während Benjamin zu keiner Zeit die Kontrolle über seinen Umgang mit Drogen verlor, mußten andere deutsche Schriftsteller, die ebenfalls während der rauschaffirmativen zwanziger Jahre die Erfahrung der künstlichen Paradiese suchten, ihre Neugier teuer bezahlen. So wurde die Sucht für Hans Fallada und Klaus Mann zu einem Verhängnis, das ihr Leben und ihre künstlerische Begabung im vergeblichen Kampf gegen die Abhängigkeit und in der täglichen Panik, sich den benötigten Stoff nicht verschaffen zu können, gründlich ruinierte. Von der Romantik des Rausches konnte bei ihnen allzu bald keine Rede mehr sein; mystische Erleuchtungen, die Wunder des Orients oder wenigstens die Genugtuung, mit trotzigem Stolz ein skandalös antibourgeoises Dasein zu führen, wichen dem erbärmlichen Alltag des Junkies, in dem jedes geistige Ideal nur noch ein blanker Hohn sein kann. – Hans FALLADA (eig. Rudolf Ditzen, 1893–1947), dessen überwiegend unglückliche Jugend eine starke neurotische Belastung erzeugt hatte, geriet vermutlich 1916, im unmittelbaren Anschluß an eine zweijährige Internierung in einer psychiatrischen Anstalt, erstmals an das Morphin, das er zunächst gegen ein schmerzhaftes Magenleiden eingenommen haben mag; jedenfalls war schon im folgenden Jahr eine erste Entziehungskur nötig. Darüber hinaus führte sein Versuch, „vom größten Übel durch das größere" loszukommen[188], kurz darauf zu einer erstaunlich rasch entstehenden Trunksucht. 1919 und 1920 unternahm Fallada mehrere weitere Entziehungskuren, die jedoch erfolglos blieben. „Fallada", schreibt Manthey, „pflegte … auf nüchternen Magen vier große Gläser Kognak zu trinken, und ohne eine starke Morphium- oder Kokain-Injektion begab er sich nie an die Arbeit. Dazu rauchte er eine Unmenge Zigaretten, die er sich … selbst drehte. Trotz dieser Sparmaßnahme überstieg sein Bedarf an Betäubungsgiften natürlich … die Möglichkeiten seines Einkommens."[189] Um seine Sucht zu finanzieren, erlag er in den zwanziger Jahren zweimal der Versuchung, größere Geldbeträge zu unterschlagen, was 1923 eine dreimonatige und 1926 eine zweieinhalbjährige Freiheitsstrafe zur Folge hatte. Als er im Februar 1928 aus dem Gefängnis entlassen wurde, schien er von seiner Sucht geheilt zu sein und rührte Alkohol oder Morphin während der folgenden Jahre wohl nicht mehr an. Seine neue Droge wurde das Schreiben, dem er sich mit großer Besessenheit widmete, um nur ja nicht abermals der Verlockung zu erliegen, seinem qualvollen Bewußtsein durch künstliche Mittel zu entfliehen. 1933 begann er unter dem Eindruck familiärer Krisen jedoch wieder zu trinken, und die fatale Bekanntschaft mit einer Morphinistin, seiner späteren zweiten Frau, im Sommer 1944 führte zum endgültigen Zusammenbruch aller guten Vorsätze. Nachdem er in betrunkenem Zustand mit einer Pistole auf seine geschiedene Frau geschossen hatte, mußte er sich wegen versuchten Mordes vor Gericht verantworten. Die Anklage wurde zwar unter dem Hinweis auf seine verminderte Zurechnungsfähigkeit fallengelassen, aber Fallada wurde daraufhin zur Alkoholentwöhnung für dreieinhalb Monate in eine psychiatrische Anstalt eingewiesen. Dort schrieb er in zwei Wochen den Roman *Der Trinker*, in dem er das unmittelbar zuvor Geschehene literarisch zu bewältigen versuchte. Schon bald nach der Entziehungskur brach der Alkoholismus aber wieder durch, dazu kam die durch seine 1945 geschlossene zweite Ehe nunmehr ausweglose Abhängigkeit vom Morphin (und damit abermals der tägliche Kampf zur Überlistung der Apotheker mit gefälschten Rezepten[190]), die Fallada in seiner erst 1955 veröffentlichten Erzählung „Der tödliche Rausch. Bericht über das Glück, ein Morphinist zu sein" beschreibt. Fallada starb als ein Junkie, dem seine Frau bis zuletzt immer wieder das so dringend benötigte „Benzin" ins Krankenzimmer geschmuggelt hatte, am 5. Februar 1947 an den Folgen seiner völligen körperlichen Zerrüttung.

Auch Klaus MANN (1906–1949) war in seinem Umgang mit Rauschmitteln[191] weniger ein romantischer Erkenntnissucher oder moderner Welterneuerer, sondern in erster Linie ein Junkie, dem es nicht gelang, seine Sucht zu besiegen. Natürlich hatte er gute Gründe für seinen Drogenkonsum (so wie alle Süchtigen gute Gründe haben und über ein ganzes Arsenal von Rechtfertigungen verfügen, um gegen jeden kritischen Einwand gerüstet zu sein). Eines seiner Motive war die Baudelaire'sche Flucht vor dem *Ennui* einer unkorrigierbar abscheulichen Welt. Im direkten Zusammenhang damit ist auch seine ausgeprägte Todessehnsucht[192] zu sehen; so verschafften ihm die Drogen den „kleinen" Tod, wie Fallada es nannte, bis er sich im Mai 1949 durch eine Überdosierung von Schlaftabletten den großen gab. Ein anderes Motiv lag, wenigstens in den ersten Jahren seines Drogenkonsums, auch in der „Lust an der grenzüberschreitenden Erfahrung"[193], der man sich in den intellektuellen Zirkeln der zwanziger und dreißiger Jahre wohl kaum entziehen konnte. Viele seiner Freunde experimentierten ebenfalls mit Drogen herum, allenthalben wurden „Thun-Feste" gegeben, und Gestalten wie der Journalist Rudolf Kieve, der nach der Veröffentlichung einer „Selbstschilderung des Haschischrausches" in der Berliner Kulturszene als „Haschisch-Kieve" ein gewisses Ansehen genoß, bestätigten ihn in seiner Neigung. Zudem studierte Mann mit großem Interesse die „klassische" Rauschliteratur: In Paris regte ihn die Lektüre von Arvède Barines *Névrosés* (1898), einer vergleichenden Untersuchung der Drogenerfahrung bei Hoffmann, De Quincey, Poe und Nerval, Anfang Mai 1933 dazu an, sich ausführlicher mit dem englischen Opiumesser zu befassen. Er las die *Confessions* in Baudelaires Übersetzung, exzerpierte eine De Quincey-Biographie und begann noch im selben Monat mit der Arbeit an einem Aufsatz über den Schriftsteller.[194] Daneben studierte er Baudelaires Aufsätze über Poe und setzte sich auch mit Benn auseinander, über den er am 29. Juni 1933 notierte: „Benn – oder die Entwürdigung des Geistes. Sowas schreibt man nicht, wenn man gesund. Drogen. Delirium."[195]

Den besten Aufschluß über die Drogenerfahrung Klaus Manns bieten seine Tagebücher. In den Einträgen bis 1934 ist er beharrlich bemüht, seine Opiatgewöhnung herunterzuspielen und sich vorzutäuschen, daß er in keiner Gefahr sei, süchtig zu werden (dabei war er es längst). So erwähnt er am 18. Februar 1932 ein Gespräch unter Gleichgesinnten, bei dem man übereinkam, daß „das Opiat ... an sich nichts ‚Unnatürliches' ist".[196] Ein Jahr später notiert er aus Anlaß eines wieder einmal aufgebrauchten Vorrats von Eukodal-Ampullen: „Werde aber *aus Trotz* kein Süchtiger!"[197] Solche markigen Sätze sind wenig geeignet, den Anschein einer souveränen Kontrolle zu erwecken, denn aus dem Rechtfertigungsbedürfnis spricht die unterschwellige Sorge, daß gerade das Gegenteil zutreffen könnte. „Rausch ... immer als Steigerung des Lebens, dankbar akzeptiert", schreibt Mann am 4. April 1933, „nie als ‚Verführung'. Noch im Fall der Drogen so, die höchstens physisch für mich gefährlich, nicht psychisch."[198] Im Dezember 1934 sucht er seine zunehmende Angst vor der Sucht durch die Feststellung zu beschwichtigen, daß ihm eine sechstägige Abstinenz keine Schwierigkeiten bereitet habe, und noch am 25. November 1935 verneint er seine bange Frage, ob er inzwischen etwa süchtig sei, mit einer Zuversicht, der er selbst nicht mehr so recht traut: „Wieder schauerlich depressiv – oder süchtig? (Aber ich glaube nicht, dass es das, oder vor allem das ist.)"[199] Immerhin hatte er schon ein Jahr zuvor notiert, daß ihm das Setzen der Spritze „mit schon viel zu routinierter Hand"[200] gelinge, und die Überlegung, sein Heroin der Schwester „zum Verstecken" zu geben[201], zeigt, daß er seiner Selbstkontrolle nicht mehr sicher ist. „Genommen, genommen, genommen ..."[202], klagt er im Oktober 1935. „Das Bedürfnis nach Thun heute plötzlich sehr stark – psychische Unterhaltung mit E[rika] darüber – die mich dazu bringt, von einer Besorgung abzusehen ..."[203], heißt es zwei Wochen später, und kurz darauf: „Schwach gewesen und mir etwas verschafft. Genommen. Mit nicht-gutem Gewissen. Aber ich hatte, so wahr mir Gott helfe, das Gefühl, den Abend nicht ohne das überstehen zu können."[204] Ende 1935 kann er seine Selbsttäuschung nicht länger aufrecht erhalten; er ist süchtig, und er weiß es: „Ich bin wieder ziemlich abhängig ...", stellt er im März 1936 fest.[205] Die nun offen eingestandene Sucht ist ihm unerträglich, doch trotz aller Leiden und allen Ekels kann er sie nicht überwinden. „Ziemlich stark genommen. –: wahrscheinlich (hoffentlich) zum letzten Mal – für eine längere Weile."[206] – „Mir das Zeug weggesperrt. (Selbst-pädagogisch.) Heftige Abstinenz, nach 15 Stunden. Gegen 4 Uhr genommen. Erlösung."[207] Derartige Bemerkungen zeigen deutlich die Ohnmacht des Süchtigen, der zwischen der Durchsetzung seines Willens und der wohligen Selbstaufgabe im Rausch unablässig hin und her schwankt. Trotzdem ließ er sich nur zögernd überreden, im Mai 1937 eine Entziehungskur zu machen, die er nur halbherzig über sich ergehen ließ.[208] So geriet er kurz nach seiner Entlassung wieder in den alten Teufelskreis der Sucht. Ein zweiter Entzug folgte bereits im nächsten Jahr und blieb so erfolglos wie der erste. Im Mai 1949, fünf Tage nach der Beendigung seiner letzten Entzugsbehandlung in einer Klinik in Nizza, machte Klaus Mann seinem Leben ein Ende.

Ein ungnädiges Idol Klaus Manns war während seines Exils in Paris der ebenfalls drogensüchtige Schriftsteller, Maler, Komponist und Filmregisseur Jean COCTEAU (1889–1963), der als ein Freund und Bewunderer von Zeitgenossen wie Apollinaire, Chirico, Picasso und Strawinsky den Zirkeln der Dadaisten und Surrealisten nahestand. Sein Interesse am Drogenrausch kündigte sich schon in frühen Versuchen an, seine Träume künstlich zu beeinflussen: „Seit 1913 lebte und starb ich in einem Chaos von Mysterien. ... Zu jener Zeit übte ich mich im Träumen. Ich hatte gelesen, daß Zucker Träume verursacht, also aß ich ihn päckchenweise. Zweimal täglich legte ich mich ganz angekleidet aufs Bett. Ich verstopfte meine Ohren mit Wachs, damit die Träume tiefer wurzelten als nur in der Geräuschkulisse von draußen."[209] 1924 begegnete Cocteau während eines Kuraufenthaltes in Monte Carlo Louis Laloy, dem Autor einer Schrift mit dem Titel *La Livre de la Fumée*, die er später als „als das einzige gute moderne Werk über das Opium" [O 135] bezeichnete. Laloy empfahl dem Künstler die Droge zur Linderung seiner nervlichen Anspannung. Schon nach kurzer Zeit war Cocteau süchtig, so daß er sich 1925 von Freunden zu einer ersten Entziehungskur überreden ließ. Da er aber nicht wirklich bereit war, die Droge aufzugeben und seine Entwöhnung nicht als befreiend, sondern als einen bitteren Verlust empfand, konnte die Heilung nur von kurzer Dauer sein. Weitere Behandlungen seiner Opiumsucht erfolgten 1928/29, 1933 und 1940.

Wenn die Entziehungskuren also keine dauerhafte Entwöhnung bewirken konnten, so scheinen sie in künstlerischer Hinsicht durchaus fruchtbar gewesen zu sein, da der periodische Wechsel von opiumberauschten und drogenfreien Zeiten einen kreativen Rhythmus erzeugte, der von der Anschauung visionärer Inhalte zu ihrer gestaltenden Verarbeitung führte. In der Entziehungskur wurde die unter dem Einfluß der Droge verlorene Dominanz des rationalen Wachbewußtseins wiederhergestellt und damit die Möglichkeit geschaffen, einen Teil der bis dahin unvermittelbaren Rauscherkenntnisse sprachlich zu fixieren. So sah sich Cocteau, der die Distanz zum Gegenstand für eine wesentliche Voraussetzung des Kunstschaffens hielt, erst nach der ersten Entziehungskur in die Lage versetzt, seine Rauschempfindungen in dem Gedichtband *Opéra* künstlerisch zu verarbeiten.[210] Während seiner zweiten Entziehungskur führte er ein Tagebuch, das 1930 unter dem Titel *Opium. Journal d'une désintoxication* veröffentlicht wurde und neben der 1926 geschriebenen „Lettre à Jacques Maritain" seine wichtigste Schrift zur Drogenthematik ist. Als Dokument eines Entzugs ist dieser Text vorwiegend durch eine depressive Stimmung geprägt, zumal Cocteau den Verzicht auf die Droge nach eigenem Bekunden nicht als eine bewundernswerte Leistung, sondern als einen zwar nötigen, aber enttäuschenden Verlust empfand.[211]

Wie Cocteau stand der in Belgien geborene und aufgewachsene Schriftsteller Henri MICHAUX (1899–1984) an der Peripherie der surrealistischen Bewegung. Angeregt durch die Lektüre von Lautréamonts *Chants de Maldoror* hatte er seit Beginn der zwanziger Jahre eigene dichterische Versuche unternommen und in den folgenden Jahrzehnten zunächst diverse phantastische Erzählungen und Reiseberichte, das Romanfragment *Un certain Plume* (1929) sowie, seit den vierziger Jahren, zahlreiche Gedichtbände veröffentlicht, in denen er sich bitter und zuweilen auch ironisch mit seiner Situation als Individuum auseinandersetzt, das sich gegen eine Gesellschaft behaupten muß, die seine Vernichtung bezweckt. Nachdem er zu Beginn der fünfziger Jahre zusehends von der Literatur abgekommen war und sich der von Breton propagierten *écriture automatique* vorwiegend in kommentierten Zeichnungen widmete, weckte die Lektüre Artauds und der Meskalin-Schriften Aldous Huxleys sein Interesse an Rauschmitteln, das eine neue Schaffensperiode begründete. Obwohl er schon in seiner ersten Veröffentlichung, *Les Rêves et la jambe* (1923), Haschisch und Opium erwähnt, und obwohl viele der folgenden Schriften eine gewisse halluzinatorische Qualität aufweisen, verfügte Michaux nach eigener Aussage vor seinem fünfzigsten Geburtstag, abgesehen von einigen Versuchen mit Äther und Laudanum, über keine nennenswerte Drogenerfahrung.[212] 1956 begann er eine Folge von Experimenten mit Haschisch, LSD und Meskalin, die er, ohne süchtig zu werden, nach sechs Jahren beendete. Während er die Wirkung dieser Drogen erprobte (Michaux war überzeugt, daß der Rausch wie die Beherrschung einer Sprache erst „erlernt" werden müsse), beschrieb er seine Erkenntnisse in einer eindrucksvollen Werkfolge. Der zuerst erschienene Band *Misérable Miracle. La mescaline* (1956) schildert, wie Kuhn schreibt, „die Lernerfahrung des Adepten, der sich erfolgreich bemüht, eine intellektuelle Distanz zum Gegenstand seines Studiums zu wahren."[213] Ähnlich ist auch *L'Infini turbulent* (1957) angelegt. Michaux versucht hier, wie in den meisten anderen seiner Rauschtexte, die durch das Meskalin beeinflußten Gedankenströme sprachlich und visuell zu veranschaulichen; so ahmen syntaktische und typographische Variationen die vorbeischießenden Rauschimpressionen nach und werden durch im Rausch entstandene exemplarische Schriftmuster und Zeichnungen ergänzt. Es folgten die Schriften *Paix dans les brisements* (1959), *Connaissance par les gouffres* (1961) und *Les Grandes Épreuves de l'esprit* (1966); außerdem entstand neben zahlreichen Zeichnungen der Film *Images du monde visionnaire*, mit dem Michaux jedoch nicht zufrieden war, obwohl er den Film grundsätzlich als das ideale Medium zur Vermittlung des Rauscherlebens ansah.[214] Die Summe dieser Äußerungen über das Rauscherleben, meint Kuhn, „ist das Ergebnis von Michaux' Kampf gegen die größte Gefahr, die dem Künstler aus drogeninduzierten Visionen erwächst: die Gefahr, in eine autistische Isolation gedrängt zu werden."[215] Um nicht angesichts der überwältigenden Eindrücke des Rausches zu verstummen, zwang sich Michaux zur gestaltenden Reflexion des Erlebten. Schließlich war er im Unterschied zu den Romantikern und vielen anderen drogenberauschten Künstlern nicht darauf aus, im Rausch ideelle Erkenntnisse zu gewinnen, sondern wollte vielmehr durch die Erfahrung des Rausches ein besseres Verständnis der gewöhnlichen Bewußtseinsprozesse erhalten: „Ich will das ‚Normale', das Verkannte, das Unvermutete, das Unglaubliche, das unerhört Normale aufdecken. Das Anormale läßt es mich erkennen." [GE 9]

Ähnlich wie Michaux hat der 1895 geborene Schriftsteller Ernst JÜNGER die Phänomene des Drogenrausches stets aus der Distanz des kühlen Beobachters beurteilt und war kaum jemals suchtgefährdet. Angeregt durch die Lektüre von Maupassant, unternahm er 1918 einen ersten Versuch mit Äther; weitere Experimente, darunter auch ein unangenehmes Erlebnis mit Chloroform, folgten in großen zeitlichen Abständen: „Die Experimente mit narkotischen Substanzen mußten schon deshalb rar sein, weil im gedrängten Tageslauf kaum Platz für sie war." [A 186] In der Reichswehr, der Jünger bis 1923 angehörte, unternahm er den ersten und einzigen Versuch mit Kokain. Ein Freund hatte ihm die Droge empfohlen, da sie die intellektuellen Fähigkeiten erheblich steigere: „Ich solle es versuchen; die Feder würde über das Papier fliegen. Das ließ ich mir nicht zweimal sagen; sein Freund ... gab mir ein blaues Schächtelchen vom Umfang eines Fünfmarkstücks und ein Glaslöffelchen dazu. Eines Abends schloß ich mich damit ein." [A 201] Obwohl sich tatsächlich bald das Gefühl einer außerordentlichen Geistesschärfe einstellte, flog die Feder keineswegs über das Papier: „Ich fühlte, wie meine darstellende Kraft wuchs und wie sie im gleichen Maß zur Darstellung unwichtig wurde, indem sie sich steigerte ... Ein Bassin muß einen Abfluß haben, der seiner Fassungskraft entspricht. Ist der Inhalt sehr groß, wird er eher die Wände sprengen als durch eine Röhre abfließen ... Unfähig zur Aktion – doch nicht aus Mangel, sondern aus Überfluß." [A 202] Jünger erfuhr das charakteristische Kältegefühl des Kokainrausches, das nicht nur körperlich, sondern auch in den Gedanken spürbar wird und eine vorwiegend bilderlose Erfahrung begleitet, die er als unbeseelt empfand, so daß er „diese abstrakte Selbstbespiegelung des Geistes" [A 214] später nicht mehr wiederholen mochte.

Um 1923 hatte Jünger sich auch mit dem Opium „befreundet", das ihm „über einen trüben Winter hinweg" [A 226] half, ohne allerdings einen bleibenden Eindruck zu hinterlassen: „An Bilder, ... wie de Quincey sie beschreibt, fehlt mir die Erinnerung. Wahrscheinlich kamen sie in Fülle, doch sie blieben hinter dem Vorhang, oder ich vergaß die Einzelheiten, sei es sogleich oder nach geraumer Zeit." [A 230] Bedeutsamer war für ihn die etwa zur selben Zeit in einem Hotelzimmer in Halle erfolgte erste Erfahrung mit dem Haschisch. Jünger hatte zunächst noch in den *Märchen aus 1001 Nacht* gelesen, deren „Ursprache" sich ihm unter der Einwirkung der Droge zu offenbaren schien: „Das war kein Lesen mehr", erinnert er sich. „Das Märchen offenbarte eine Tiefe, die ich nicht geahnt hatte." [A 259] Doch die positive Stimmung schlug bald in das Gegenteil um; Bedenken über den weiteren Verlauf des Rausches und die Einsicht, daß er eine viel zu hohe Dosis eingenommen hatte, steigerten sich zu panischer Todesangst und führten dazu, daß er das ganze Hotel in Aufruhr versetzte, bis ein Arzt die Ursache seiner sonderbaren Verfassung erriet und dem „Horrortrip" durch die Verabreichung starken Kaffees ein Ende machte. Diese Erfahrung bewirkte, daß Jünger fast dreißig Jahre lang keine Droge mehr anrührte. Erst 1950 unternahm er mit dem Arzt Walter Frederking, der sich mit Autogenem Training und der „Narko-Analyse" befaßte, einen Versuch mit Meskalin. Auf drei weitere Meskalinexperimente folgten zwei LSD-Versuche, die er mit Albert Hofmann, dem Erfinder der Droge, unternahm und auf die er sich in der Erzählung „Besuch auf Godenholm" (1952) und in dem Essay *Annäherungen* bezieht. Im Frühjahr 1962 erweiterte Jünger den Katalog der ihm bekannten Rauschmittel noch einmal, als er mit dem Orientalisten Rudolf Gelpke, mit Hofmann und einem vierten „Adepten" an einem „Pilz-Symposium" teilnahm.

In seinen Schriften bezieht sich Jünger immer wieder auf die Dichter der „Schwarzen Romantik", von denen er sich stark beeinflußt fühlte[216], obwohl er mit ihnen außer seiner Drogenerfahrung wenig gemeinsam hat. Seine Experimente mit Rauschmitteln erfolgten zwar im Rahmen einer spirituellen Suche, die von der weisen Einsicht getragen war, daß die Mysterien nur annäherungsweise zu begreifen sind, doch haftete ihnen stets die Aura des Akzidentiellen an: Die Erforschung visionärer Realitäten entsprang bei Jünger keinem elementaren weltanschaulichen Bedürfnis, sondern hatte eher den Charakter einer Freizeitbeschäftigung. Die Zeit, die er den Drogen widmete, war immer übrige Zeit, die zur Verfügung stand, wenn alle „hauptberuflichen" Besorgungen erledigt waren. So hatte er dem Projekt eines Essays über seine Erfahrungen mit Drogen und Rausch von vornherein nur eine gewisse Zeitspanne zugestehen wollen, als handele es sich bei dem Thema um eine Abweichung von seinen eigentlichen Interessen, dessen Erörterung ihn nicht allzu lange aufhalten dürfe.[217] Aus dem geplanten Essay wurde dann aber doch ein umfangreiches Werk, das 1970 unter dem Titel *Annäherungen* erschien. Mit anderen Büchern zum Thema wie Baudelaires *Paradis artificiels* oder De Quinceys *Confessions* ist es aber kaum vergleichbar und wirkt erstaunlich uninspiriert. Der Eindruck beruht zu einem guten Teil auf der zuweilen unerträglichen Anhäufung von Gemeinplätzen und einem aphoristisch-anekdotischen Stil, der fast jeden Anflug von Leidenschaft im Keim erstickt. Diese nüchterne Haltung wurde von manchen Kritikern gelobt, doch es handelt sich nicht um jenes disziplinierte Kalkül, das die leidenschaftliche Dichtung eines Poe, Baudelaire oder Hoffmann begründet, sondern es ist eine Sachlichkeit um der Sachlichkeit willen, so daß dem Autor in der kalkulierten Folge seiner Bonmots die Poesie verloren geht, die allein imstande wäre, die sprachlich nicht vermittelbaren Eigenheiten der visionären Realitäten symbolisch, eben in einer wirklichen Annäherung, anklingen zu lassen. Jünger zeigt sich hier als ein Gefangener seiner eigenen Sprache und ist sich auch durchaus bewußt, daß die eigentlichen Wunder, von denen zu berichten wäre, sich seinen Darstellungsmöglichkeiten entziehen. Im Unterschied zu den anderen hier besprochenen Autoren unternimmt er aber nicht den Versuch, seine Sprache den Besonderheiten des Rauscherlebens anzupassen, sondern klammert eben diese Inhalte mit einem bedauernden Achselzucken von vornherein aus. Statt dessen schmeichelt der Fünfundsiebzigjährige seiner Eitelkeit, indem er sozusagen aus dem Lehnstuhl heraus vorgibt, die Welt zu erklären und – wider besseres Wissen – von den Mysterien plaudert, als hätte er sie ebenso säuberlich wie die Insekten, die er mit großer Hingabe sammelte, aufgespießt und in gut beleuchteten Vitrinen in seinem Wohnzimmer ausgestellt. So ist der über vierhundert Seiten gestreckte Inhalt des Essays wohl eher das Zeugnis einer Verlegenheit und bietet im Hinblick auf die Rauschproblematik kaum mehr als ein geschwätziges Schweigen.

Eine eindrucksvollere Umsetzung der Rauscherfahrung zeigt Jüngers 1949 veröffentlichter utopischer Roman *Heliopolis*, in dem der Droge als Medium der Erkenntnis einige Bedeutung beigemessen wird. So erläutert ein gewisser Dr. Fancy, daß die Welt wie eine „Chambre double" sei und zwei Schichten habe, „die im Verhältnis von Innen- und Außenseite stehen und von denen die eine höhere, die andere mindere Wirklichkeit besitzt. Doch wird die mindere Wirklichkeit bis in die feinsten Züge von der höheren bestimmt." [H 126] Die uneingeweihten Gäste hielten alles, was in dieser Kammer geschehe, für zufällig, weil sie nicht bemerkten, daß diese von einer zweiten Schicht, „unsichtbar wie eine Aura", umgeben sei, die man sich wie eine von „Bild- und Ziffernschriften" durchwobene Tapete vorstellen müsse. Für den Eingeweihten, der diese unauffälligen Hieroglyphen zu lesen wisse, enthielten sie den Schlüssel für ein tieferes Verständnis aller Vorgänge in der Kammer. Durch die wissende Deutung der geheimen Zeichen erhält der Adept also Zugang zur „höheren" Wirklichkeit: „In dieser Welt verbirgt sich das Geheimnis; es gibt keine andere." [H 127] Antonio Peri, die zentrale Gestalt des Romans, ist, wie schon sein Name zum Ausdruck bringt, ein solcher Wissender oder „Hinübergegangener", der die Schrift in der Tapete zu entziffern vermag und mit Hilfe von Rauschmitteln in die entlegensten Bereiche der Erkenntnis vorgedrungen ist.

II. Die psychedelische Ära

„Ich selbst glaube, daß diese Erfahrungen uns wirklich etwas über das Wesen des Universums lehren und daß sie schon für sich selbst wertvoll sind, aber vor allem dann, wenn sie in unser Weltbild einbezogen werden und wir danach handeln." [M 166] Es ist der englische Schriftsteller Aldous HUXLEY (1894–1963), der sich 1957 mit diesen Worten zur „psychedelischen"[218] Erfahrung bekannte. Wie Benjamin und Jünger hatte er über den Kontakt mit befreundeten Ärzten Zugang zur Droge erhalten und führte seine Versuche fast immer in der Situation des protokollierten Experiments durch. Seit 1954, als Huxley den Essay *The Doors of Perception* veröffentlichte, hatte er sich in vielen Schriften, Vorträgen und Interviews immer wieder über die spirituellen Einblicke geäußert, die ihm durch das Meskalin zuteil geworden waren. Die Öffentlichkeit nahm ihm seine Begeisterung jedoch übel und kritisierte ihn als einen unverantwortlichen Rauschpropagandisten. Dabei war es nie seine Absicht gewesen, für einen hemmungslosen Drogengenuß zu plädieren; sein zentrales Anliegen galt vielmehr der Aufklärung über das ungenutzte spirituelle Potential jedes Menschen, das zwar unter dem Einfluß von Rauschmitteln aktiviert werden kann, das aber im Zuge eines effektiveren und ganzheitlichen Bildungssystems viel zuverlässiger und dauerhafter zu mobilisieren sei. Die Droge stellte für ihn keinen Selbstzweck dar, sondern war ein Mittel zum spontanen Nachweis latent vorhandener Energien: Da der Mensch in den westlichen Industrienationen keine Vorstellung von den Kräften hat, die ungenutzt in seinem psychisch-physischen Apparat verborgen liegen, hielt er es für nötig, ihm eine Handhabe zu nennen, durch die er seine Entfremdung von diesem Potential vorübergehend überwinden und die tatsächliche Existenz jener Energie verifizieren könnte. Aus solcher Erkenntnis mußte dann, so glaubte Huxley, das Verlangen folgen, die Dominanz des rationalen Wachbewußtseins und damit auch die Enge unserer dualistischen Wahrnehmung zugunsten eines ausgeglichenen Bewußtseins aufzuheben, in dem Vernunft und Vision gleichermaßen zur Geltung kommen (vgl. Seite 625 ff.).

Obwohl Huxley erstmals eine breite Öffentlichkeit für die Drogenthematik sensibilisierte, gingen die wichtigsten Impulse für den Beginn der „psychedelischen Ära" eher von den Vertretern der amerikanischen *Beat Generation*[219] aus, jenen um 1920 geborenen Intellektuellen, die seit den vierziger Jahren nach Auswegen aus der als ungenügend empfundenen Wirklichkeit der konsumorientierten Wohlstandsgesellschaft suchten. In ihren Schriften und, wichtiger noch, in ihrem scheinbar unkomplizierten Lebensstil brachten sie das Daseinsgefühl und die Sehnsüchte eines großen Teils der damals jungen Generation zum Ausdruck und kultivierten damit den ersten Keim der späteren jugendlichen Massenbewegungen. Der älteste Schriftsteller der Beat Generation ist der 1914 geborene William Seward BURROUGHS. Es gibt wohl kaum eine Droge, die er nicht selbst probiert hat; von den dutzenden Opiatvarianten über Kokain, Haschisch, Marihuana, Meskalin und LSD bis hin zur Vielzahl gebräuchlicher Aufputschmittel und zu südamerikanischen Pflanzendrogen wie Yage, Ololiuqui und den Psilocybe-Pilzen ist ihm jede psychoaktive Substanz, die in den letzten vier Jahrzehnten zu haben war, aus eigener Erfahrung vertraut. 1944 kam er zum ersten Mal mit Morphin in Berührung, als er im Auftrag eines Freundes, der mehrere Ampullen gestohlen hatte, nach Abnehmern für die heiße Ware suchte. Die günstige Gelegenheit und seine Neugier auf die Wirkung der Droge führten zu einem ersten Versuch, der bei ihm Todesangst und heftige Übelkeit erzeugte.[220] Dennoch nahm Burroughs die Droge in der folgenden Zeit immer wieder.[221] So lernte er Amphetamine wie Benzedrin und die aus Barbituraten[222] wie Nembutal bestehenden *goof balls* als Ersatz für den bald aufgebrauchten Morphinvorrat kennen und probierte zum ersten Mal Marihuana. Er erschwindelte sich Rezepte für Morphin, begann Heroin zu nehmen und stellte fest, daß die monatlichen Bezüge, die er von seinen Eltern erhielt und von denen sich zuvor sehr gut leben ließ, schneller denn je aufgebraucht wurden. Auf die rasch entstandene Gewohnheit folgte die Sucht; nach einer zunächst eher mäßigen Morphinabhängigkeit, die sich durch milde Entzugssymptome bemerkbar machte, mußte Burroughs schließlich feststellen, daß er heroinsüchtig geworden war. Dennoch scheint ihn diese Erkenntnis nicht sonderlich beunruhigt zu haben, und er akzeptierte sie mit einer befremdlichen Gelassenheit als einen Preis für die Zerstreuung seiner chronischen Langeweile und Gleichgültigkeit.

Im Frühjahr 1944 lernte Burroughs Jack KEROUAC (1922–1969) und dessen jüngeren Freund Allen GINSBERG (*1926) kennen; aus ihrer gemeinsamen Begeisterung für Rimbaud und den französischen Symbolismus entstand bald eine enge Freundschaft. Da Burroughs gerade begonnen hatte, die New Yorker Drogenszene zu erkunden und im kriminellen Milieu sein persönliches Arkadien entdeckte, wurden auch Ginsberg und Kerouac, die bis dahin noch keine eigenen Rauscherfahrungen gemacht hatten, mit jenen einschlägigen Kreisen bekannt, wo Burroughs mit dem zentralen Thema seiner späteren Schriften konfrontiert wurde: *Junk*. Der Begriff steht für den Schmutz und das Elend der städtischen Slums und erhielt für Burroughs einen programmatischen Charakter: Ähnlich wie Upton Sinclair und andere *muckraking novelists* der Jahrhundertwende wollte er das entwürdigende Dasein in Schmutz und Abfall als direktes Resultat eines unmenschlichen Wertesystems schildern; es galt, der ahnungslosen amerikanischen Öffentlichkeit die Augen zu öffnen und ihr die häßliche Seite von „God's own country" ohne Kompromisse, schöne Worte und gnädige Abblenden vorzuführen. (Dennoch war Burroughs eigentlich kein Ritter für die unterdrückten Klassen; sein soziales Engagement verbindet sich auf eigentümliche Art stets mit der für ihn so typischen gleichgültig und gelangweilt wirkenden Haltung eines Individualisten, der sich vor allem für sich selbst interessiert.) *Junk* ist im Szenejargon aber auch eine Sammelbezeichnung für Drogen und signalisiert bei Burroughs daher die Verknüpfung seiner literarischen Arbeit mit der Erfahrung von Rausch und Sucht.

Dabei hatte Burroughs zunächst durchaus keine literarischen Ambitionen. Erst durch die Bekanntschaft mit Kerouac und Ginsberg wurde allmählich sein schriftstellerisches Interesse geweckt. Burroughs hatte sich zum Zeitvertreib einige Notizen über seine Erfahrungen im Milieu gemacht und wurde von Ginsberg, der überzeugt war, in dem älteren Freund ein großes Talent entdeckt zu haben, enthusiastisch aufgefordert, wie er und Kerouac eine schriftstellerische Laufbahn anzustreben. Aus der ungeordneten Prosa wurden daher bald Kapitel und aus den Kapiteln ein Roman, der 1953 mit dem Titel *Junkie. Confessions of an Unredeemed Drug Addict* unter dem Pseudonym William Lee veröffentlicht wurde, nachdem Burroughs dem besorgten Verleger einige Zugeständnisse hatte machen müssen.[223] Trotz oder vielleicht gerade wegen der Brisanz seines Themas wurde der Roman ein Bestseller und gilt bis heute als eines der wichtigsten Werke der modernen Drogenliteratur. Dabei macht sich Burroughs trotz der genauen Schilderung des Drogenelends keineswegs zum Anwalt der Abstinenz, sondern beschließt das Werk mit dem Ausblick auf eine neue Wunderdroge:

> Ich lese etwas von einer Droge, die sich *yage* nennt und von Indianern im Quellgebiet des Amazonas angewandt wird. […] Ich habe beschlossen, nach Kolumbien zu gehen und mir Yage zu besorgen. … Ich bin bereit, weiterzuziehen in Richtung Süden und nach dem reinen Kick zu suchen, der das Gesichtsfeld erweitert, statt es wie Junk einzuengen.
>
> Der Kick läßt einen alles aus einem anderen Blickwinkel sehen. Kick bedeutet, daß man für eine Weile die Fesseln des alternden, vorsichtigen, lästigen, ängstlichen Körpers abstreifen kann. Vielleicht finde ich in Yage, was ich in Junk und Gras und Coke vergeblich gesucht habe. Vielleicht ist Yage der endgültige Fix. [J 251/252; 205/206]

Burroughs wartete die Veröffentlichung von *Junkie* nicht ab. Am 15. Januar 1953 war er bereits in Panama und schrieb den ersten seiner *Yage Letters*[224] an Allen Ginsberg. Drei Monate später meldete er nach mehreren erfolglosen Dschungelodysseen: „Ich habe eine Kiste voll Yage. Ich habe es probiert und weiß mehr oder weniger, wie es zubereitet wird."[225] In einem späteren Brief, den Burroughs am 10. Juli in Lima schrieb, schildert er eine Rauscherfahrung, die sich freilich kaum von dem schäbigen und von einer unappetitlichen Körperlichkeit erfüllten Universum seiner Romane unterscheidet. Daß auch das Yage unter Burroughs' Feder unversehens zu *Junk* wird, ist wohl auf seine sonderbare Scheu zurückzuführen, seine spirituellen Erfahrungen, in denen das Körperliche ja gerade transzendiert wird, direkt zu beschreiben. Stets scheint er sich hinter der Fassade einer besonders drastischen und provokativ materiellen Bildlichkeit verbergen zu wollen, so daß die mystische Qualität seiner Rauscherlebnisse nur selten deutlich zutage tritt.

Sieben Jahre später war es Ginsberg, der sich in Peru aufhielt und Burroughs brieflich über seine Erfahrungen mit Yage berichtete:

> … nach einer Stunde begann ich etwas zu sehen oder zu fühlen, was ich für das Große Wesen hielt, oder so eine Ahnung davon – sah es im Geiste auf mich zukommen wie eine große nasse Vagina – ließ das eine Weile auf mich wirken – das einzige Bild, mit dem ich es veranschaulichen kann, ist das eines großen schwarzen göttlichen Nasenlochs, durch das ich in ein Mysterium blickte – und um das schwarze Loch herum die ganze Schöpfung, vor allem vielfarbige Schlangen – alles sehr real. [Y 49; 267–269]

Ein zweiter Versuch wurde für ihn zu einem so erschütternden Erlebnis, daß er beschloß, kein drittes Experiment zu riskieren: „Ich habe kaum noch den Mut, nochmal hinzugehen – aus Angst, wirklich wahnsinnig zu werden und in einem für immer veränderten Universum aufzuwachen …" [Y 56; 275] Im Beschreibungsversuch dieses schrecklichen Erlebnisses zeigt sich das verzweifelte (und stets erfolglose) Ringen um den treffenden Ausdruck, das in allen mystischen Texten spürbar ist:

> … und dann brach um mich herum der ganze gottverdammte Kosmos los – ich glaube, es war stärker und schlimmer als ich es je erlebt habe – … Ich fühlte mich wie im Angesicht des Todes, mit einem Totenschädel unter meinem Bart, während ich mich auf einer Strohmatte neben dem Eingang hin und her wälzte und schließlich in einer Stellung verharrte, als sei es die letzte Regung meines Körpers vor dem Einsetzen der Leichenstarre – dann wurde mir schlecht, ich stürzte hinaus, und schon kam es mir hoch – ein Gefühl, als ringelten sich Schlangen um meinen Körper, als sei ich ein Schlangen-Seraph, vielfarbige Schlangen wie eine Aureole um meinen Körper – ich kam mir vor wie eine Schlange, die das Universum auskotzt – … Es schien, als zuckten überall in der Hütte gespenstische Erscheinungen auf, an denen sich eine Transfiguration vollzog, sobald sie in Berührung kamen mit jenem rätselhaften DING, das unser Schicksal war und uns früher oder später auslöschen würde … – fühlte mich restlos verloren, eine verirrte Seele – kurz vor der Berührung mit irgendeinem Ding, dessen Gegenwart ich ahnte – schließlich hatte ich das Gefühl, ich könnte mich auch jetzt gleich der Letzten Frage stellen und mich dafür entscheiden, zu sterben und dann alles zu verstehen … [Y 51–54; 270–272]

Schon bald nach der Veröffentlichung seines ersten Romans ließ sich Burroughs durch die Literatur der Surrealisten zu eigenen Experimenten inspirieren, bei denen die rationale Kontrolle des kreativen Vorgangs auf ein Minimum reduziert werden sollte. Einmal niedergeschriebene Texte, die unter dem unmittelbaren Eindruck eines kreativen Erlebnismomentes entstanden waren, sollten, um einer „Verfälschung" der Inhalte vorzubeugen, im Anschluß nicht mehr redigiert werden. Um die unreflektierte Spontaneität noch zu erhöhen, zerschnitt er seine Texte nach ihrer Fertigstellung und brachte die einzelnen Fragmente in eine willkürliche neue Reihenfolge. Sein zweiter Roman, *Naked Lunch* (1959), wurde bereits durch solche *cut-ups* und *fold-ins* in seine endgültige Form gebracht, die den Roman als einen dem Rauscherleben nicht unähnlichen Wirbel unzusammenhängender Szenen und Impressionen präsentiert.[226] Ginsberg und Kerouac waren von diesen Experimenten sehr beeindruckt. So übte sich Kerouac in der Technik des *speed-writing*, wobei es darauf ankam, so schnell wie möglich und ohne Pause auf ein Tonband zu sprechen, damit keine Gelegenheit bestand, den Gedankenstrom logisch zu ordnen und zu kommentieren. Danach wurde die Aufzeichnung direkt vom Band transkribiert.[227]

Schon der Roman *Junkie*, den Kerouac vor seiner Veröffentlichung in Manuskriptform gelesen hatte, war für ihn wegen des direkten Erzählstils, den Burroughs als „Factualist" bezeichnete, eine Offenbarung gewesen, so daß er den Stil in seinem Roman *On the Road* imitierte. Auch in seinem unbekümmerten Umgang mit Drogen war Burroughs für Kerouac ein prägendes Vorbild geworden. Als er ihm 1945 erstmals Morphin anbot, hatte Kerouac zwar abgelehnt, „aber es faszinierte ihn, Burroughs zuzusehen, wie er es nahm."[228] Wenn Kerouac zunächst also eine begründete Furcht vor der Droge hatte, so nahm er dafür in um so größeren Mengen Benzedrin[229], unter dessen Einwirkung er in kurzer Zeit drei Romanprojekte entwarf, von denen jedoch keines zur Ausführung gelangte. Dennoch blieb er fortan überzeugt, nur unter dem Einfluß von Drogen schreiben zu können. Seinen ersten Roman, *The Town and the City* (1950), schrieb er weitgehend in der durch Benzedrin bewirkten euphorischen Stimmung sowie unter dem Einfluß von Marihuana, das er bald so oft rauchte, daß Ginsberg und der seit 1947 mit ihm befreundete draufgängerische Lebenskünstler Neal Cassady, ja sogar Burroughs sich mißbilligend äußerten und ihn zur Mäßigung aufforderten. Seinen zweiten Roman, *Doctor Sax* (1959), schrieb er im Juli 1952 fast vollständig auf der Toilette von Burroughs' Apartment in Mexico City, wobei er neben gelegentlichen Morphin-Injektionen einen Joint nach dem andern rauchte, so daß Burroughs ihn in der berechtigten Sorge vor einer plötzlichen Hausdurchsuchung durch mexikanische Drogenfahnder mehrfach verärgert zurechtwies.[230] Kerouac beharrte jedoch darauf, daß er ohne das Marihuana nicht arbeiten könne, da ihm die Droge die Empfindungen und Erlebnisse jener Zeit in Erinnerung bringe, die er in dem Roman beschreiben wollte. Im Lauf der sechziger Jahre hat die reichliche Drogeninspiration seiner Werke dann aber wohl doch ihren späten Tribut gefordert, denn er schrieb deutlich weniger als zuvor, wurde depressiv und suchte Zuflucht, nach allem, was sein Organismus bis dahin hatte verkraften müssen, ausgerechnet im Alkohol. Ob dieser fatale Schritt seine unmittelbar folgende geistige Erstarrung bewirkte oder sie nur symptomatisch anzeigte, ist heute kaum zu entscheiden; jedenfalls markiert sein beginnender Alkoholismus auch den Ruin seines künstlerischen Talents. Ginsberg und Burroughs mühten sich vergeblich, den von der Welt zurückgezogenen Schriftsteller aus seiner Isolation zu holen und zum aktiven Engagement in der sich rasch verändernden Gegenkultur zu bewegen; Kerouac blieb, wie Morgan schreibt, „in der Zeit erstarrt, eine Ikone der Fünfziger"[231], und starb am 21. Oktober 1969 nach einer vergeblichen Notoperation an einer Leberzirrhose.

Im Unterschied zu Kerouac, dessen spirituelle Suche in eine autistische Spirale mündete, blieb die intellektuelle Auswertung des mystischen Rauscherlebens für Allen Ginsberg ein zentrales Anliegen. Wie Huxley, so hatte sich auch Ginsberg bald von den traditionelleren Rauschmitteln wie den Opiaten abgewandt, um sich ganz auf die seiner Ansicht nach erkenntnisfördernden halluzinogenen Drogen zu konzentrieren. So traf er, als er bereits einige Erfahrungen mit Meskalin gesammelt hatte, im Juli 1958 in Paris mit Henri Michaux zusammen, dessen Werke er ebenso wie die Artauds und Jean Genets durch die Vermittlung seines Freundes Carl Solomon kennengelernt und studiert hatte: „Allen, Gregory [Corso], Bill [Burroughs] und Michaux gerieten in eine lange Unterhaltung über Meskalin. Anscheinend verfügten sie über ähnliche Erfahrungen, und sie waren sich in allem einig. Sie wurden auf Anhieb Freunde ..."[232] Zu dieser Zeit hatte Ginsberg schon vom LSD reden hören und war begierig, die Wirkung der Droge persönlich zu erleben. Als er 1959 zur Teilnahme an einem LSD-Experiment eingeladen wurde, sagte er daher sofort zu.

> Es war unglaublich. Ich lehnte mich zurück, lauschte der Musik und verfiel in eine Art Trancezustand (ähnlich wie der Rauschzustand, den das Lachgas bewirkt) und in eine Phantasie, die der von Coleridges Kubla Khan sehr ähnlich war. Ich erblickte in einer Vision jenen Teil meines Bewußtseins, der dauerhaft und transzendent und mit dem Ursprung des Universums identisch erschien – eine Art von Identität mit allen Dingen –, aber in Gestalt eines klaren und kohärenten Zeichens. Auch sehr schöne Bilder, von Göttern wie bei den Hindus, die auf sich selbst tanzten. Diese Droge scheint automatisch eine mystische Erfahrung hervorzubringen. Die Wissenschaft wird zusehends „in".[233]

Nach der Rückkehr von seiner Yage-Expedition hörte Ginsberg, daß ein Psychologie-Dozent der Harvard-Universität, ein gewisser Timothy LEARY (1920–1996), bei einem indianischen Medizinmann in Mexiko Psilocybe-Pilze probiert und unter dem Eindruck der mystischen Visionen beschlossen hatte, sein Leben fortan der Erforschung halluzinogener Drogen zu widmen. Als bekannt wurde, daß Leary und sein Kollege Richard Alpert in ihren Seminaren Selbstversuche mit diesen Rauschmitteln unternahmen (LSD- und Psilocybinproben wurden ihnen bis in die Mitte der sechziger Jahre in großen Mengen kostenlos von der Firma Sandoz geliefert[234]), gab es einen großen Skandal, so daß die Universität 1963 beschloß, ihre Anstellungsverträge nicht mehr zu verlängern. Leary gründete daraufhin die *International Foundation for Internal Freedom* (IFIF), die ihren Sitz zunächst in Mexiko und schließlich in New York hatte.[235] Offenbar in der Absicht, ein wirksames Exempel zu statuieren, wurde Leary einige Jahre später wegen des Besitzes von Marihuana zu einer drakonischen Haftstrafe verurteilt. Durch seine Flucht aus einem kalifornischen Gefängnis, die folgende Odyssee durch Europa und den Nahen Osten und seine abermalige Verhaftung wurde Leary für viele zu einem Märtyrer der psychedelischen Bewegung. Natürlich trat Ginsberg, der oft und gern ein Mann der ersten Stunde war, unverzüglich mit diesem Gesinnungsgenossen in Kontakt. Bereits 1961 gelang es ihm, auch Kerouac zur Teilnahme an einer von Leary veranstalteten Drogen-Séance zu überreden, wo man sowohl LSD als auch Psilocybin einnahm. Die Erfahrungen nahmen für Kerouac jedoch einen traumatischen Ausgang[236], so daß er mit diesen Substanzen nie wieder in Berührung kam.

Ginsberg hielt dagegen unbeirrbar an seiner Überzeugung fest, daß gerade die Halluzinogene als ein Instrument zur Öffnung des inneren Auges für den Dichter und Künstler eine wertvolle Inspirationshilfe darstellten, wenngleich er selbst einräumte, daß die gesuchten spirituellen Einsichten durchaus auch auf anderem Wege erhältlich seien. Wie Huxley begnügte er sich keineswegs mit der drogenstimulierten Transzendenzerfahrung, sondern wandte sich mit großem Interesse auch den Bereichen der östlichen Mystik und Philosophie, vor allem dem Zen-Buddhismus zu, den die amerikanischen Intellektuellen der fünfziger Jahre als eine Alternative zum dekadenten Lebensstil der westlichen Konsumgesellschaft für sich entdeckt hatten. Im Frühjahr 1953 war Allen durch sein Interesse für die chinesische Malerei auf D.T. Suzukis *Essays on Zen Buddhism* gestoßen, die ihn sehr beeindruckten, so daß er bald auch Kerouac mit seinem Enthusiasmus für die östliche Religion und Philosophie ansteckte. Für Kerouac kamen die buddhistischen Lehren damals, als *On the Road* von den Verlagen immer wieder abgelehnt wurde, wie gerufen, da er sich mit ihrer Hilfe über seine Enttäuschung hinwegtrösten konnte, und so stürzte er sich mit einer selbst Ginsberg überraschenden Leidenschaft in das Studium buddhistischer Texte. Ein erstes Resultat seiner Lektüre war der unter Einwirkung von Marihuana entstandene Essay „Some of the Dharma", den er als eine Zusammenstellung von Lektürehinweisen für Ginsberg begonnen hatte. Nachdem Ginsberg und Kerouac im Herbst 1955 den Dichter Gary Snyder (*1930) kennengelernt hatten, der sich nach einem Studium der Orientalistik durch die Übersetzung buddhistischer Texte auf einen langjährigen Aufenthalt in Japan vorbereitete, trafen sich die Freunde immer häufiger zu leidenschaftlichen Diskussionen; Kerouac beschrieb diese Szene später in seinem Roman *The Dharma Bums* (1958). Während Kerouacs Begeisterung für den Buddhismus sich jedoch nach einigen Jahren erschöpfte und zu Beginn der sechziger Jahre völlig verloren ging, behielten die östlichen Lehren für den weniger fieberhaft, aber dafür umso beständiger interessierten Ginsberg ihre Gültigkeit und wurden zu einem prägenden Einfluß in seiner Lyrik. Wie Snyder, so drängte es auch ihn, mit Gurus, Mönchen und anderen Eingeweihten zusammenzutreffen, um sein Verständnis der östlichen Philosophie und Lebensweisheit zu vertiefen. Bevor er in dem tibetischen Mönch Trungpa einen geistigen Mentor fand, dem er während der siebziger und achtziger Jahre kaum von der Seite wich, befragte er alle buddhistischen Autoritäten, die er kennenlernte, nach ihrer Ansicht über den Wert drogeninspirierter Visionen. Als er sich 1962 in Indien aufhielt, wurde er von dem aus Tibet geflohenen Dalai Lama empfangen, der ihm, über Drogen befragt, zur Antwort gab, daß sie wohl ein nützliches Hilfsmittel, auf Dauer jedoch kein Ersatz für die harte Selbstdisziplinierung und den mühsamen Fortgang von einer meditativen Ebene zur nächsten darstellen könnten, die allein zur dauerhaften Erleuchtung des Geistes führten.[237] 1963 nahm Ginsberg sich daraufhin zwar vor, seinen Drogenkonsum aufzugeben und sich nur noch auf meditative Einsichten zu stützen, verzichtete aber nie völlig auf die psychedelische Rauscherfahrung und trat weiterhin in Kampagnen zur Legalisierung von Marihuana auf.

Im Frühjahr 1964 betrat eine höchst sonderbare Truppe die Bühne der amerikanischen Öffentlichkeit. Es war das Jahr, in dem Burroughs' fünfter Roman, *Nova Express*, erschien; Ginsberg war einige Monate zuvor von seiner letzten Asienreise zurückgekehrt; Kerouac ergab sich in der Überzeugung, sein literarisches Talent erschöpft zu haben, dem Alkohol als einzigem Trost in einer traurigen Welt, und die Beatles eroberten auf ihrer ersten Amerika-Tournee einen ganzen Kontinent voller kreischender Teenager. Zur selben Zeit hatte sich eine Gruppe jugendlicher Aussteiger nach der Auflösung der Perry Lane-Kommune, einer Studentenszene in der östlich von San Francisco gelegenen Stadt Palo Alto, um den Schriftsteller Ken KESEY (*1935) geschart, der durch den großen Erfolg seines zwei Jahre zuvor erschienenen Romans *One Flew Over the Cuckoo's Nest* in der Lage war, in dem kalifornischen Ort La Honda ein großes Grundstück zu mieten und dort eine neue Kommune zu gründen, die gelegentlich auch von Ginsberg besucht wurde. Was Kesey und die Mitglieder der Gruppe, die sich MERRY PRANKSTERS nannte, vor allem verband, war die Lust am LSD-Rausch, der an die Stelle einer definierten Ideologie trat und den *acid heads*[238] eine durch keine weltanschaulichen Richtlinien behinderte freie Entfaltung gewähren sollte.[239] Außer Huxleys psychedelischen Schriften und den Werken der *beat poets* trafen in der Gruppe auch einige recht heterogene weitere Einflüsse aufeinander: Nietzsches „Übermensch" wurde in einer erfrischend unbekümmerten Art als Vorläufer von Marvel-Comic-Helden wie *The Incredible Hulk, The Human Torch* oder *The Fantastic Four* gedeutet; Hermann Hesses Erzählung „Die Morgenlandfahrt" (1932) erschien ihnen wie die Schilderung eines *Acid*-Trips" [vgl. EK 131; 164], und sogar die Schriften des drogensüchtigen Magiers Aleister Crowley fanden eine sporadische Aufmerksamkeit.[240] Im Frühjahr 1964 also bestieg Kesey mit seiner tollkühnen Schar einen alten Schulbus, der mit Leuchtfarbe in ein grelles Monstrum verwandelt war. Ein offener Ausguck auf dem Dach bot einer ganzen Band mit Schlagzeug und E-Gitarren Platz, und eine komplizierte Anlage ermöglichte es, über Lautsprecher Musik und Stimmen nach draußen sowie über Mikrophone auch Außengeräusche nach innen zu übertragen. Für die Inspiration zur kreativen Nutzung dieser Möglichkeiten stand im Bordkühlschrank ein Kanister mit Orangensaft bereit, in dem LSD-Tabletten aufgelöst waren. So ausgerüstet und mit dem verwegenen Neal Cassady am Steuer, machten sich diese merkwürdigen Nachfolger der Pilgerväter auf die Suche nach Amerika.

Keseys erste Bekanntschaft mit dem LSD war Ende 1959 im Rahmen eines medizinischen Experiments an der Stanford University in Palo Alto erfolgt, zu dem er sich als Versuchsperson gemeldet hatte. Wie Huxley war er von den Rauschvisionen überwältigt und hielt sie für echte Offenbarungen, da sie einen sonst unzugänglichen Teil der Psyche erschlössen: „... mit diesen Medikamenten änderst du dein Bewußtsein dermaßen, daß du aus total neuen Augenhöhlen zu schauen meinst. Jeder von uns hält einen Großteil seines Geistes unter Verschluß. Wir sind aus unsrer eigenen Welt ausgeschlossen. Und diese Drogen scheinen der Schlüssel zu sein, mit dem man sich diese verschlossenen Türen öffnen kann."[241] Da es bis 1966 kein Gesetz gab, das die Einnahme von LSD untersagte, war es leicht zu beschaffen[242], so daß Kesey und die Pranksters es demonstrativ und mit großem Vergnügen unter den Augen der Polizei einnahmen, die nur bei Verstößen gegen das Marihuanaverbot einschreiten durfte.

Wenn die Philosophie der Pranksters darin bestand, gerade keine zu haben, so waren sie doch keine bloßen Junkies. Ein wichtiger Anlaß der Bustour war nämlich die Absicht, alle Ereignisse der Reise schriftlich, auf Tonband und vor allem in einem Film zu dokumentieren, der Amerika aus der psychedelischen Perspektive zeigen sollte. So griffen die Pranksters unter der Einwirkung des LSD sehr oft zur Kamera und hatten zuletzt soviel Material, daß der nach Burroughs' Montageverfahren zusammengeschnittene Film eine Länge von vierzig Stunden erhielt. Auch die sogenannten *Acid Tests* der Pranksters waren wenigstens von dem Vorsatz getragen, LSD-Parties als künstlerische Happenings zu gestalten, die als Vorläufer der *lightshows* und ähnlicher Aktionen psychedelischer Künstler wie Jackie Cassen oder Jud Yalkut angesehen werden können.[243] Obwohl diese Veranstaltungen meist schlecht organisiert waren, kamen oft Tausende von *acid heads*, Künstlern, Journalisten und Neugierigen, die soviel von dem in Orangensaft aufgelösten Stoff nehmen konnten, wie sie vertrugen, um die Rauschimpressionen in monologischen Wortflüssen (*rapping*) zum Ausdruck zu bringen oder mit Hilfe der überall herumliegenden Geräte und Gegenstände in kreative Handlungen umzusetzen: „... nimm dir einfach was, was funktioniert und sich bewegt, jeden Draht unter Strom, jede Röhre, jeden Strahl, jedes Volt, jedes Dezibel, jede Strahlung, jeden Scheinwerfer und jede Verbrennung im Motor des sternenbannerknatternden Neon-DayGlo-Amerikas und zieh es dir auf zu einem mystischen Extrem, das dich an den westlichen RAND der Erfahrung bringt –" [EK 320; 404] Die Aktionen dieser Art, die später von kommerziellen Veranstaltern mit großem Gewinn fortgeführt wurden, sind mit denen in Andy Warhols New Yorker *Factory*[244] vergleichbar, wenngleich die meisten Mitglieder jener Szene in erster Linie durch den um den Popkünstler betriebenen Starkult angezogen wurden und die dort zur Schau gestellte Spontaneität häufig nur ein Vorwand war, um selbst eine Glamour-Karriere in Angriff zu nehmen.

Die von den Pranksters demonstrierte Lebensweise, die nur auf das „Hier und Jetzt" angelegt war, fand bei vielen Jugendlichen großen Anklang und führte, vor allem in San Franciscos Altbauviertel Haight-Ashbury und im New Yorker Greenwich Village, zur Entstehung der HIPPIE-Bewegung, die in *Be-ins*, *Love-ins* und ähnlichen Aktionen ihre einzige Maxime zum Ausdruck brachte: *All You Need Is Love*. Wie in dem 1967 von John Lennon und Paul McCartney geschriebenen Lied, das zu den berühmtesten der Beatles zählt, sollte die Liebe alle Probleme überwinden. So begegneten die Hippies, die Kerouacs schwarze Lederjacke durch indische Batik-Tücher und psychedelisch-bunte Kleidung ersetzt hatten, dem stirnrunzelnden Establishment und den Vertretern der staatlichen Gewalt mit *Flower Power*: Blumen in den Gerichtssälen, wo eine nicht abreißende Kette von Drogendelikten verhandelt wurde; Blumen bei Anti-Kriegs-Demonstrationen („Make Love, Not War"); Blumen für all die freundlichen Spießer, die ihnen Geld und Verpflegung gaben. Außer dem Primat der Liebe vertraten die sorglosen Blumenkinder, die fast ausschließlich der weißen Mittelklasse entstammten, keine weiteren großen Anliegen; die akute Rassenproblematik und die Aktionen der Bürgerrechtsbewegung berührten sie kaum[245], zumal sich die politisch interessierten Hippies als *Yippies* in der *Youth International Party* austoben konnten, die 1968 u. a. von Abbie Hoffmann, Arlo Guthrie, Timothy Leary und von dem stets präsenten Allen Ginsberg[246] in der erklärten Absicht gegründet worden war, die Politik an jenen Ort zurückzubringen, wo sie naturgemäß hingehöre, nämlich auf die Straße: Straßentheater, Festivals und Demonstrationen sollten sich zu einer umfassenden und unablässigen Manifestation des gemeinschaftlichen Lebens verbinden.

Während sich die Autoren der Beat Generation von den Aktionen der Pranksters kaum beeindrucken ließen, war die neue Gegenkultur der San Francisco Bay Area von entscheidender Bedeutung für die Rock- und Popmusik[247], die ein ungleich größeres Publikum erreichte als jede literarisch-künstlerische Szene und in eine historisch einmalige Massenbewegung mündete. Die Folkgruppe The Charlatans war die erste Band, die unter dem Einfluß psychedelischer Drogen spielte und sich in den Texten ihrer Stücke nicht nur zu dieser Erfahrung bekannte, sondern sie auch musikalisch umzusetzen versuchte. Eine andere Gruppe, The Grateful Dead, wurde durch ihre Auftritte bei den *Acid Tests* der Pranksters bekannt (aus diesem Zusammenhang ergibt sich auch die Stilbezeichnung *Acid Rock*). Auch sie war auf der Bühne in aller Regel nur körperlich anwesend und erzeugte, während das Bewußtsein durch ferne Galaxien rauschte, ein für damalige Begriffe recht ungewöhnliches musikalisches Getöse, das in herbem Kontrast zum *all-American sound* der ewig surfenden Beach Boys stand. In den folgenden Jahren wurde eine Vielzahl weiterer *Acid Rock*-Bands gegründet; 1967 wurde ihre Zahl allein in der San Francisco Bay Area auf

500 bis 1500 geschätzt. Neben dem eigentlichen psychedelischen Sound, der auf die Bedürfnisse eines drogenberauschten Publikums abgestimmt war und zuweilen auch selbst einen Zustand der Trance erzeugen konnte und sollte, gab es bald immer mehr Sänger und Gruppen, die zwar keinen *Acid Rock* spielten, aber dennoch in ihren Liedern häufig die eigene Drogenerfahrung thematisierten; Beispiele hierfür sind Donovans „Mellow Yellow", das Album *Fifth Dimension* von den Byrds oder Bob Dylans „Rainy Day Woman", das von amerikanischen Radiosendern wegen der allzu offensichtlichen Drogenthematik nicht gespielt werden durfte. Am 1. Juni 1967, dem Beginn des sogenannten „Summer of Love", stellten die Beatles ihr mit Spannung erwartetes Album *Sergeant Pepper's Lonely Hearts Club Band* vor, das häufig als ihr bedeutendstes Werk und sogar als der Höhepunkt in der Geschichte der Rock- und Popmusik überhaupt angesehen wird. Nachdem bereits die meisten Songs des Albums *Revolver* (1966) auf Rauscherfahrungen basierten, wird die psychedelische Erfahrung in *Sergeant Pepper* ein zentraler Bereich in einer mit avantgardistischen Mitteln neu erschlossenen musikalischen Wunderwelt: „Die erste Beatles-LP, die ein einziges Thema gestaltete, *Sergeant Pepper*, blendete, während der imaginäre Sgt. Pepper eine Varietéaufführung moderierte, jeden Song in den nächsten ein und kombinierte Elemente aus Jazz, klassischer Musik, Rock, Blues und *Avantgarde*- oder experimenteller Musik. *Sgt. Pepper* erhielt hervorragende Kritiken. Das Magazin *Time* schrieb, die LP verwandele die Rock-Musik in eine ‚Kunstform', und die Zeitung *Village Voice* nannte sie ‚die ehrgeizigste und erfolgreichste Schallplatte, die jemals erschien'."[248] In fast allen Liedern dieses Albums glaubte man Anspielungen auf Drogen zu entdecken, zumal Paul McCartney sich erst wenige Wochen zuvor öffentlich zum LSD bekannt hatte. So wurde das Lied „With a Little Help From My Friends" als eine Anspielung auf Amphetamine gedeutet; „Lucy in the Sky With Diamonds" galt, obwohl John Lennon dies immer wieder bestritt, als eine verschlüsselte Bezeichnung für LSD und „Fixing a Hole" wurde als Umschreibung einer Heroininjektion verstanden.

Der erstaunliche kommerzielle Erfolg ging bei manchen Popgruppen schon bald zu Lasten ihrer Spontaneität und zog auch eine große Schar von Epigonen an, die das Bewährte ohne großes Einfühlungsvermögen kopierten und zu harmlosen Klischees verarbeiteten. Haight-Ashbury wurde eine gutbesuchte Touristenattraktion, die Hippiebewegung versank buchstäblich in den Schlammwüsten der legendären Massenveranstaltungen von Altamont und Woodstock (1969), und schon im November 1967 hatte die Zeitschrift *Village Voice* eine Todesanzeige veröffentlicht, die mit Bedauern kundgab, daß der Hippie unter dem Ansturm der Massenmedien allzu früh verstorben sei. Da die Drogenerfahrung aber nicht erst durch die Hippies, sondern schon seit der Jahrhundertwende in Blues und Jazz ein geläufiges Thema geworden war[249], blieb sie es auch nach dem Untergang der Hippie-Bewegung. Die Beatles beschrieben bis 1970, als die Gruppe sich trennte, ihre psychedelischen Abenteuer in Liedern wie „Strawberry Fields", „Across the Universe" oder „Tomorrow Never Knows";

die Doors[250] hatten mit ihrer Aufforderung „Break On Through (to the Other Side)" einen großen Erfolg, und der zu Beginn der siebziger Jahre in den USA und in Europa bekannt gewordene jamaikanische Reggae zählt den Kampf für die Legalisierung von *Ganja* (Marihuana) zu seinen Hauptanliegen. In Anknüpfung an die Variante des psychedelischen Rock, die eine dem Drogenrausch verwandte Trance erzeugen wollte, experimentierten einige Gruppen mit der inzwischen wesentlich differenzierteren Tontechnik, wobei die herkömmlichen Instrumente oft ganz durch elektronisches Gerät (vor allem Synthesizer) ersetzt wurden, mit dem sich in endlos variierbaren Klangfolgen eine Art sphärischer Musik erzeugen ließ, in der Melodie und Gesang nur noch eine untergeordnete Rolle spielen. Es ist daher kein Zufall, daß viele dieser Gruppen sich von den gleichfalls mit elektronischem Gerät experimentierenden zeitgenössischen Vertretern der sogenannten „ernsten" Musik inspirieren ließen. So war z.B. Tangerine Dream, eine der wenigen deutschen Gruppen, die internationale Anerkennung fanden, in ihrem Bemühen um eine Musik, „die den Menschen zurückholt in den Zustand der Unschuld und den Zusammenklang der kosmischen Harmonie"[251], von Komponisten wie Karlheinz Stockhausen, György Ligeti, Yannis Xenakis und John Cage beeinflußt. Auch andere Virtuosen des Elektronik-Rock wie Klaus Schulze, Jean-Michel Jarre und der durch sein Album *Tubular Bells* über Nacht berühmt gewordene Mike Oldfield sahen in ihrer Musik ein Transportmittel zu den unerforschten Tiefen der Seele. Als ein Medium, das durch die Erzeugung bestimmter Reizfolgen eine Transzendenz des rationalen Wachbewußtseins einleiten sollte, übernahm die elektronische Musik also in gewisser Weise die Rolle, die zuvor dem Drogenrausch zugekommen war. Ein weiterer Schritt auf diesem Weg war die Überlegung, daß ein Konzert nicht nur akustisch, sondern auch visuell beeindrucken sein sollte. So wurde die psychedelische Musik, ähnlich wie bei den *Acid Tests* der Pranksters, durch Bühnenshows unterstützt, in denen vor allem spezielle Lichteffekte, aber auch die verfremdende Wirkung von Trockeneisnebeln oder die eigenwillige Kostümierung der Musiker zur Überwindung des Situationsbewußtseins beitragen sollten. In der Londoner Underground-Szene traten schon 1966 die nach einem Roman von Burroughs benannte Gruppe The Soft Machine und die Pink Floyd mit psychedelischen Lightshows auf, nachdem zwei Mitglieder von Timothy Learys Millbrook Institute, die sich gerade in England aufhielten, auf die Idee gekommen waren, über den Köpfen der Musiker Dias an die Wand zu projizieren, die ineinanderfließende Farbenspiele zeigten. Die Idee setzte sich durch, so daß Konzerte und Veranstaltungen wie das vierzehnstündige Technicolour Dream Free Speech Festival (1967) von technisch immer aufwendigeren Lightshows begleitet wurden. Dabei ließen sich einzelne Musiker weiterhin durch Drogen inspirieren. Syd Barrett etwa, der Pink Floyd gegründet hatte, bezog die Anregungen für seine Kompositionen oft aus Erfahrungen des LSD-Rausches, und in der Tat hat die Musik der Gruppe meist einen unüberhörbar psychedelischen Charakter, so daß die Zeitschrift *Melody*

Maker schrieb: „Wie bei den meisten Pink Floyd-Alben, ist für das Hörvergnügen der Gebrauch bewußtseinsverändernder Substanzen sehr zu empfehlen."[252]

1966, als die Hippiebewegung noch in frischer Blüte stand, gründeten zwei Stipendiaten des Eastman Musik-Konservatoriums, Lou Reed und John Cale, in New York die Gruppe The Velvet Underground, die als ein Vorläufer der PUNK-Szene gilt. Musik und Habitus der Gruppe waren darauf angelegt, dem als zu seicht empfundenen Fahrwasser der Blumenkinder die Abgründe einer pessimistischen, sadomasochistisch orientierten Ästhetik entgegenzusetzen. Ihre erste LP (deren Cover von Andy Warhol entworfen wurde) erschien 1967 und schockierte die Zeitgenossen mit unverhohlenen Titeln wie „I'm Waiting for the Man" und „Heroin". In der New Yorker Underground-Szene geriet das zuvor so populäre Schlagwort *Love* völlig aus der Mode, und die Unverbesserlichen, die ihr Heil immer noch in einer spirituellen Bewußtwerdung und dem Erlebnis kosmischer Harmonie suchten, galten als ausgesprochen *un-cool*. Das Haar wurde wieder kurz, die Bärte verschwanden ebenso wie die psychedelischen Farben, in Szene-Boutiquen wie Manic Panic konnte man sich nun ganz in Schwarz einkleiden, und statt „bewußtseinserweiternder" Drogen wie LSD oder Meskalin wurde Junk (besonders Heroin und Speed) bevorzugt. 1976 erschien das Magazin *Punk*, das der neuen Gegenkultur ihren endgültigen Namen gab[253], deren „Mentalität nach dem Motto ‚Was soll's, wir sind eh verdammt'"[254] Morgan als „sehr Burroughs-artig" bezeichnet.

Das erweiterte künstlerische Interesse von Gruppen wie Pink Floyd, Frank Zappas Band The Mothers of Invention und später von Yes, Queen, dem Electric Light Orchestra und schließlich auch den Talking Heads führte zu der allgemeinen Genrebezeichnung ART ROCK, die sich auf jede Verbindung diverser künstlerischer Ausdrucksmittel bezieht, also musikalische Kompositionen, *light-shows*, aber auch choreographische Gestaltungsformen, wie sie etwa von der Performance-Künstlerin Laurie Anderson präsentiert werden, die einige Schallplatten aufnahm, an denen, in bescheidenem Umfang, auch William Burroughs beteiligt war. Einer der wichtigsten Vertreter dieses Genres ist der nicht nur wegen seiner eindrucksvollen Vornamen als „Wunderkind" des Rock bezeichnete Brian Peter George St. John le Baptiste de la Salle Eno, der wie viele Vertreter des Art Rock wenigstens zu Beginn seiner musikalischen Laufbahn psychedelische Erfahrungen suchte[255], bis 1973 der Gruppe Roxy Music angehörte und im Anschluß daran eine Solokarriere begann, in deren Verlauf er allmählich vom populären Rock Abstand nahm und in das Lager der „ernsten" Experimentalmusik überwechselte. Bis heute steht Eno in engem Kontakt mit der künstlerischen Avantgarde und kreierte einen musikalischen Stil, den er *Ambient music* nennt und der *Soundscapes* („Landschaften zum Zuhören"[256]) schaffen soll. Charakteristisch für diese meditative und minimalistische Kunstform, die Eno nicht nur in seiner Musik, sondern auch in Video-Aufnahmen erprobt, sind der Verzicht auf Melodie und Gesang und der Bruch mit der hierarchisch angeordneten, traditionellen Instrumentierung (bei der z.B. die Rhythmusinstrumente gegenüber der leitenden

Melodie eine untergeordnete, bloß unterstützende Rolle erhalten). Die sehr langsamen Tonfolgen wirken einschläfernd oder entspannend und entsprechen in ihrer Beharrlichkeit der in den Videos praktizierten starren Konzentration auf ein einziges Detail: „Ich bin auf die Idee der zwei unterschiedlichen Arten von Bewegung gekommen", erläuterte Eno 1982 in einem Interview. „Wenn sich etwas sehr schnell bewegt, zu schnell, dann sehen wir es statisch, wie die Bewegung von Atomen in einem Stück Holz. Wir sehen das Holz als festen und unbeweglichen Gegenstand, aber drinnen bewegen sich unzählige Atome – außerhalb unseres Wahrnehmungsvermögens! / Diese beiden extremen Bewegungsstärken haben mich interessiert – übertragen auf die Musik."[257]

Gegen Ende der achtziger Jahre wurde Enos *Ambient music* neben anderen musikalischen Genres von der HOUSE-Bewegung aufgegriffen, deren Name auf die Chicagoer Discothek „The Warehouse" zurückgeht. Von dort hatte sich eine eigenständige *Dancefloor*-Musik entwickelt, deren eigentlicher Urheber nicht mehr die Musiker selbst waren, sondern der Disc-Jockey, der mit Hilfe elektronischer Mischpulte (*Samplers*) aus dem vorliegenden Tonmaterial kleinste Passagen herausschneiden und mit Elementen von anderen Bändern und Schallplatten zu eigenwilligen Collagen kombinieren konnte. Neben dieser ursprünglichen *House Music* entstanden bald diverse Untergruppen wie *Techno House* (wo Gesang und Melodie völlig eliminiert wurden) oder das zunächst in Manchester aufgekommene *Acid House*, das mit der psychedelischen Musik, dem Acid Rock, aber nichts gemein hat. Ein wesentliches Merkmal aller Variationen der House Music ist das Ziel, einen Zustand der Trance zu erzeugen; zu diesem Zweck wurde das Innere vieler Discotheken umgebaut, so daß es fast völlig verdunkelt werden kann und nur durch Flackerlicht von Stroboskopen, durch Trockeneisnebel und andere bekannte Elemente der *light-shows* erhellt wird. Es versteht sich, daß dieses Anliegen bald eine Rückbesinnung auf die Pioniere der elektronischen Musik bewirkte („Die Pink Floyd sind wieder in", verkündete der *Melody Maker* 1993. „Es ist okay, wenn man sie mag"[258]), deren Werke in Zusammenschnitten mit Titeln in der Art Brian Enos als *Ambient House* populär wurden.[259] Nachdem zunächst die Disc-Jockeys als Hauptakteure des House aufgetreten waren, versuchten bald auch viele Musiker, durch mehr oder weniger einfallsreiche, mit Sampler und Synthesizer erzeugte akustische Tricks in die Charts zu gelangen. Zu den bekanntesten Vertretern des Ambient House gehören Bands wie The Orb, Happy Mondays, KLF, 808 State, Innocence, The Beloved oder The Justified Ancients of Mu Mu. Ambient House, schreibt der *Melody Maker*, „hat keinen Vordergrund und keinen Hintergrund: es nimmt deiner Wahrnehmung einfach die Schärfe, vereinnahmt dich so sehr, daß du dein ganzes Selbstbewußtsein verlierst, und ebenso das Gefühl, von dem, was du hörst, verschieden zu sein."[260]

House ist jedoch mehr als eine Musikrichtung, es ist ein Lebensstil, der sich einem nachtschwärmerischen Dasein in Discotheken und Night Clubs, auf Konzerten und *acid parties* verschreibt, den sogenannen *raves*, die seit 1988 in den USA und in Großbritannien einen wachsenden Zulauf finden und gerade deshalb das Mißtrauen von Eltern und Ordnungshütern erregen. Ihre Sorge, daß bei Veranstaltungen dieser Art gefährliche Drogen im Spiel seien, ist nicht immer unbegründet, wenngleich manche Veranstalter aus der Szene sich gegen den Konsum von Rauschmitteln aussprechen. Zu den typischen Modedrogen gehören die unter dem Sammelbegriff *Ecstasy* bekannten Amphetaminderivate, die in immer neuen, von den Betäubungsmittelgesetzen meist noch unberücksichtigten Varianten angeboten werden, aber auch traditionellere Rauschmittel wie LSD oder Marihuana werden in der Szene immer noch relativ häufig benutzt[261], wobei die Motivation zur Drogeneinnahme sich seit den siebziger Jahren, verändert hat, wie Hill schreibt: „Es ist wohl offensichtlich, daß Acid in den 90er Jahren nicht mehr so sehr ein Motor radikaler Umtriebe, sondern zusehends eine Erholungsdroge geworden ist. Es ist jetzt auch wesentlich milder und hat im Durchschnitt nur noch ein Fünftel der Durchschlagskraft, die in den 60ern üblich war. Kaum jemand wirft heute noch eine Tablette ein, um Gott zu sehen; man will nur einfach am Samstag abend gut drauf sein – eine billige Flucht aus der Realität der Rezessionszeit."[262]

*****

Der vorangegangene Überblick über die Kulturgeschichte der Rauschmittel dürfte deutlich gezeigt haben, daß Drogen zu allen Zeiten im Mittelpunkt des öffentlichen Interesses standen und daher in einer wechselseitigen Beziehung zu den jeweiligen geistesgeschichtlichen Entwicklungen zu sehen sind. Dabei ist bemerkenswert, daß bestimmte mit der Rauscherfahrung verknüpfte Vorstellungen und Motive, wie z.B. die Legende des Alten vom Berge, sowohl die Erwartungshaltung als auch die Interpretation der erfahrenen Realität des Rausches entscheidend prägen. So betritt der Drogenkonsument in seiner eigenen Rauscherfahrung kaum jemals eine *terra nova*, von der er zuvor keine Vorstellung haben konnte, sondern ist in seinem eigenen Erleben bereits durch eine gewisse Kenntnis der dokumentierten Erfahrungen seiner Vorgänger wie durch ein komplexes Zusammenspiel von Mythen, Werturteilen und kollektiven Sehnsüchten konditioniert. Der aus diesen Elementen bestehende kulturgeschichtliche Kontext ist also der Nährboden für die individuellen weltanschaulichen Konzepte und Bedürfnisse der zu besprechenden Schriftsteller und liefert auch den Maßstab zur Beurteilung eines bedeutenden Wandels im Umgang mit Drogen, der sich in der westlichen Welt etwa zu Beginn des 19. Jahrhunderts vollzog. Bis zum Ende des 18. Jahrhunderts läßt sich das gesellschaftliche Interesse an Drogen in drei Kategorien fassen, nämlich 1. die religiöse Motivation, 2. die heilkundliche Motivation und 3. die „kulinarische" Motivation, bei der die Droge als Genußmittel und Konsumgut Anwendung findet. Im Zuge der Romantik ergab sich dann eine vierte Motivationskategorie, die man die „mystische" nennen könnte. Charakteristisch für diese letzte Kategorie ist vor allem die Privatisierung der Religiosität im Zusammenhang mit einer auf die Ergründung der eigenen Psyche gerichteten Verinnerlichung, wobei die Droge zum Instrument eines mystisch-psychischen Erkenntnisstrebens wird. Es versteht sich, daß der Drogenrausch unter dieser Voraussetzung in der Kunst und Literatur eine besondere Relevanz erhielt.

Im 19. Jahrhundert wurde die Droge also ein wichtiges Mittel der künstlerischen Weltaneignung. Dabei war der Einstieg in die metaphysische Erlebniswelt des Rausches hauptsächlich durch die Suche nach alternativen Formen des Daseins motiviert, die einen Ausweg aus dem chaotischen Alltagsleben der zunehmend technokratisch organisierten Gesellschaft weisen und die Gefahr eines allgemeinen seelischen Bankrotts noch abwenden könnten. Die im Rausch erfahrenen Realitäten erhielten ihre Bedeutung als ein Gegenentwurf zu den rußgeschwärzten Industrielandschaften der neuen Metropolen, sofern diese als sichtbares Zeichen der überall herrschenden materialistischen Arroganz verstanden wurden, unter deren diktatorischer Eigengesetzlichkeit das Individuum zusehends von seinen spirituellen Ressourcen entfremdet wurde. Während die Schriftsteller des 19. Jahrhunderts den Drogenrausch in diesem Sinn als eine *ultima ratio* erprobten, wurde die Erfahrung des Rausches im 20. Jahrhundert zunehmend nur noch als ein Vergleichsmittel gesucht, das die langfristig auf anderem Wege zu erreichenden Veränderungen des kollektiven Bewußtseins und der ganzen *conditio humana* in einer andeutenden Vorausschau skizzieren sollte. So erklären sich die von André Breton bis zu Brian Eno unternommenen Versuche, die Droge durch andere Medien der Transzendenz zu ersetzen. In diesem Zusammenhang erweist sich der durch die Romantik markierte geistige Aufbruch als entscheidende Voraussetzung der Moderne und ist bis heute unvermindert aktuell: Ohne eine Kenntnis ihrer romantischen Fundamente sind die gegenwärtige Situation des Individuums und die heutige Drogenproblematik gar nicht zu begreifen. Wer sich in diesem Sinn mit der Romantik und ihren Ausläufern befaßt, befaßt sich daher unvermeidlich auch mit unserer Gegenwart.

Rausch und Realität in der Romantik:
Zur Anatomie einer geistesgeschichtlichen Wende

Was bringt uns die Droge, was bringt sie dem Künstler? Erhöht sie sein kreatives Vermögen, verschafft sie ihm und uns im Rausch wirklich Einblicke in das Wesen der Welt, die tiefer greifen als es dem rationalen Wachbewußtsein jemals möglich wäre? Diese und ähnliche Fragen werden seit der Romantik immer wieder gestellt und auch immer wieder neu beantwortet. Viele dieser Antworten kann man getrost ignorieren, weil sie nicht wirklich Antworten sind, sondern bloße Behauptung; andere, die uns als Souvenir einer beschwerlichen Reise, als Trophäe einer gefährlichen Jagd oder als letztes Lebenszeichen eines Verschollenen erreichen, geben uns aber zu denken. Angesichts der Diversität von positiven und negativen Antworten über die Relevanz und den Nutzen der „anderen" Wahrnehmung des Drogenrausches kann man entweder glauben, was man will, oder man bemüht sich um eine fundierte Erkenntnis von Zusammenhängen. Die erstgenannte Möglichkeit erfordert ein Minimum an Überlegung und bietet ein Maximum an Bequemlichkeit; sie ist daher, verständlicherweise, sehr beliebt und verbreitet. Bei der zweiten Möglichkeit verhält es sich genau umgekehrt, und sie wird dementsprechend selten gewählt. Die vorliegende Untersuchung beschreibt den unpopulären Weg und versucht, die Problematik von Rausch und Realität aus drei einander ergänzenden Perspektiven zu beleuchten, die man als historisch, empirisch und mystisch identifizieren kann. So wie sich nicht jeder Vogel bereitwillig auf jeder ausgelegten Leimrute niederläßt, so zeigt sich, daß die gesuchten Antworten sich nur dann einfinden mögen, wenn man zuvor die jeweils passenden Fragen gefunden hat. Eine Frage *finden*, das bedeutet aber, daß man die Bedingungen ihrer Entstehung durchschaut. Erst wenn wir wissen, *warum* eine Frage gestellt wird, können wir ihren Gehalt ermessen; in dem Moment ist möglicherweise aber auch schon die Antwort zum Greifen nahe. Aus diesem Grund ist es erforderlich, zunächst die Ursachen und Motive jenes weltanschaulichen Wandels zu ermitteln, der das moderne Interesse an Drogen und Rausch begründete. So wird zunächst der sogenannte „Irrationalismus" zu erwähnen sein, der das vernünftige Weltbild während der zweiten Hälfte des 18. Jahrhunderts in Unordnung brachte und sonderbare Akkorde anschlug, die sich für die kommende Romantik als prägend erwiesen und etwa in den Betrachtungen der „Nachtseite der Naturwissenschaft" ein deutliches Echo erzeugten. Eine weitere und überaus wichtige Entwicklung betrifft die neue Deutung des Unbewußten und die damit verbundene Entstehung der modernen Psychologie. Um die Originalität der zu besprechenden Schriftsteller und die auf bestimmte Bewußtseinskonzepte gegründete kognitive Relevanz ihrer Drogenexperimente ermessen zu können, ist eine Kenntnis der zeitgenössischen Vorstellungen von Bewußtsein und Unbewußtem unerläßlich. In diesem Zusammenhang ist auch die Infragestellung rationalistischer Wirklichkeitskonzepte und die Umkehrung der Definition von Traum und Realität als ein zentraler Aspekt der romantischen Weltsicht zu erörtern, wobei auch Rausch und Wahnsinn als dem Traum verwandte visionäre Zustände zu berücksichtigen sind. – Mit der Entdeckung des Unbewußten und seinen Manifestationen in Traum, Rausch und Wahnsinn erfolgte also eine weltanschauliche Wende, die das nach 1800 aufkommende Interesse an Drogen als Erkenntnisvermittlern nicht als überraschend, sondern ganz im Gegenteil als recht konsequent erscheinen läßt. Wie umfassend dieser Wandel war, und daß die Thematisierung der Drogenerfahrung untrennbar mit all jenen größeren Zusammenhängen verbunden ist, läßt sich indessen erst ermessen, wenn man erkennt, daß sich auch das Naturverständnis einschließlich seiner ästhetischen Grundlagen seit der Mitte des 18. Jahrhunderts entscheidend veränderte und durch die Theorie vom „Erhabenen" einen enormen Einfluß auf die Kunst und Literatur ausübte, ja sogar einem neuen Genre, nämlich der Schauerliteratur, den Weg bahnte.

Bevor die allgemeine Bestandsaufnahme charakteristischer Elemente des Romantischen in Angriff zu nehmen ist, sollte jedoch geklärt werden, welcher historische Zeitabschnitt eigentlich gemeint ist, wenn von der Romantik die Rede ist. Die Frage ist nicht so einfach zu klären, wie es vielleicht scheinen mag, zumal die Bewegung in den Nationen Europas und in den USA keineswegs synchron verlief. Vorläufer des romantischen Weltempfindens waren in Deutschland der um 1770 aufgekommene Geniekult des Sturm und Drang und sogar noch früher die nach Lessing als *Empfindsamkeit* bezeichnete literarische Periode, die um 1740 begann und wesentliche Anregungen aus England erhielt, wo der Begriff *sentimental* ein wichtiges Schlagwort war.[1] Ein weiterer Einfluß kam von der englischen Grabes- und Nachtpoesie, die vor allem den durch James Macpherson berühmt gewordenen Barden Ossian für die deutschen Schwärmer zu einem gefeierten Vorbild werden ließ. Auf diese Tradition beruft sich etwa Ludwig Tieck, wenn er 1798 im ersten romantischen Künstlerroman, *Franz Sternbalds Wanderungen*, gegen die Klassik polemisiert, indem er die Ansicht vertritt, daß die Ruinen der Griechen und Römer dem Künstler seines Schlages nichts zu sagen hätten, da die wahre Domäne des neuen deutschen Künstlers vielmehr das Nordische sei. In der Germanistik wird die deutsche Romantik im allgemeinen in drei Phasen unterteilt, nämlich die *Frühromantik* (hier sind die kurz vor und kurz nach der Jahrhundertwende entstandenen Werke Wackenroders, Tiecks, der Brüder Schlegel oder des Novalis gemeint), die *Hochromantik*, der etwa die reiferen Werke Tiecks sowie die Schriften von Arnim, Brentano, Eichendorff, Hoffmann, Jean Paul und vielen anderen zugerechnet werden, und schließlich die *Spätromantik* der

Restaurationszeit nach dem Wiener Kongreß von 1815 (hier handelt es sich meist um das Alterswerk einzelner Hochromantiker). Das Ende der deutschen Romantik wird oft um das Jahr 1830 angesetzt. So zweifelhaft eine solche Systematik ist, so schafft sie doch ein, wenn auch schwankendes, Gerüst zum Vergleich mit anderen Nationalliteraturen. So gilt in Frankreich etwa die Zeit zwischen 1820 und 1840 mit Autoren wie Lamartine, Hugo, Stendhal, Musset und dem schon etwas früher tätigen Chateaubriand als Epoche der Romantik, während englische Kritiker den Begriff eher vermeiden. Will man ihn dennoch auf die englische Literatur anwenden, so mag man zu dem Ergebnis kommen, daß es eine über fünfzig Jahre währende vorromantische Phase gegeben habe, auf die um 1800 die erste Romantikergeneration der *Lake Poets* (Wordsworth, Coleridge u. a.) und, nach 1815, die zweite Generation mit Dichtern wie Byron und Shelley folgte. Schon die europäische Romantik war in sich also keineswegs homogen; auch erfolgten wechselseitige Beeinflussungen über die Landesgrenzen hinweg eher sporadisch. Byron wurde in Deutschland mit großem Interesse gelesen; Coleridge, von deutschen Romantikern fast unbeachtet, studierte mit großem Eifer die Grundlagen der deutschen romantischen Philosophie; Hoffmann und Fouqué wurden in Frankreich mit Begeisterung aufgenommen, jedoch erst, als die französische Romantik eigentlich schon abgeklungen war. In den USA gab es eine der europäischen Romantik sehr ähnliche Bewegung. Weil diese aber eine durchaus eigenständige Prägung hat, wird es mit einigem Recht als unpassend empfunden, den europäischen Epochenbegriff auf sie anzuwenden. Dennoch enthält das einerseits durch die Transzendentalisten, andererseits durch Autoren wie Poe, Hawthorne oder Melville erzeugte geistige Klima zahlreiche Elemente, die entweder von Autoren der europäischen Romantik entlehnt waren oder aber in unabhängiger Analogie zu diesen entstanden, so daß man sich wohl darauf verständigen mag, daß es eine amerikanische Romantik gab, die freilich kein bloßer Ableger der europäischen Bewegung war. Es ist schwierig und stellt in sich schon eine Verfälschung der amerikanischen Literaturgeschichte dar, sie nach dem Muster der auf Europa bezogenen Periodisierungsversuche zu bewerten, doch wird man in etwa feststellen, daß jene Strömungen, die wesentliche Gemeinsamkeiten mit zentralen Ansichten der europäischen Romantik aufweisen, ihre Blütezeit zwischen 1830 und 1860 hatten. Noch komplizierter wird die historische wie inhaltliche Bestimmung der Romantik dadurch, daß während der zweiten Hälfte des 19. Jahrhunderts vor allem in England und Frankreich eine literarische Tendenz erkennbar wird, die man heute gern als zweite oder „Schwarze" Romantik bezeichnet. Gemeint sind jene Autoren, von Gautier, Baudelaire, Verlaine und Rimbaud bis hin zu den Vertretern der literarischen *Décadence*, wie Huysmans, Swinburne, Pater oder Oscar Wilde, die einerseits an den Subjektivismus der Romantik anknüpfen, während sie andererseits (etwa in der Ablehnung christlicher Motive oder in ihrem ausgeprägten Naturhaß) zentrale Merkmale des romantischen Weltbildes verwerfen. Wenn nachstehend immer wieder von „der" Romantik die Rede ist, so ist der Begriff hier nicht im engeren Sinn einer literarischen Periodisierung zu verstehen, sondern dient, in Ermangelung eines treffenderen Wortes, als Sammelbezeichnung für eine recht heterogene Gefühlsgemeinschaft von Künstlern des ganzen 19. Jahrhunderts, die auch noch in unserer Zeit einzelne Nachfolger fand.[2]

I. Der Irrationalismus des 18. Jahrhunderts

Während der ersten Jahrzehnte des 19. Jahrhunderts vollzog sich in den Kreisen der jüngeren Literaten Europas und Amerikas ein eigenartiger Traditionswandel, der im größeren Zusammenhang der romantischen Bewegung häufig übersehen wurde. Für den Leser dieser Arbeit kann es nach den vorhergegangenen Ausführungen nicht mehr überraschend sein, daß hiermit die plötzliche Popularität des künstlerischen Drogengebrauchs gemeint ist. Und doch sollte man an dieser Stelle innehalten, um nach den tieferen Ursachen dieser Entwicklung zu fragen. Jahrhunderte- und sogar jahrtausendelang hatte man Drogen zu verschiedenen Zwecken benutzt, ohne davon viel Aufhebens zu machen. Auch Schriftsteller hatten sich zuweilen an den regelmäßigen Genuß von Drogen gewöhnt und zogen sich dadurch doch allenfalls die Geringschätzung ihrer Mitmenschen zu, während niemand ernsthaft auf den Gedanken kam, daß jene Gewohnheit und die kreative Arbeit ein besonderes Verhältnis wechselseitiger Einflußnahme erzeugen könnten. Offenbar hatte sich im Vorfeld der romantischen Bewegung etwas Sonderbares ereignet, wodurch das Auftreten und der Erfolg eines De Quincey oder der französischen *Hachichins* erst ermöglicht wurde.

Natürlich ist eine ganze kulturgeschichtliche Tradition als komplexe Verflechtung diverser imaginationsprägender Elemente schwerlich jemals auf ein einziges historisches Ereignis zurückzuführen. Dennoch muß man, um eine der früheren Wurzeln der Romantik und damit auch der neuen Bewertung des Drogenrausches bloßzulegen, wenigstens bis in den Winter 1744/45 zurückgehen, als der schwedische Naturforscher und Theosoph Emanuel SWEDENBORG (1688–1772) unter dem Eindruck fortgesetzter mystischer Visionserlebnisse beschloß, seine Stellung als Bergbauassessor aufzugeben und sich fortan nur noch der Erforschung des geistigen Universums zu widmen. Was hat dieser unbestreitbar sehr einflußreiche Mensch, der in der Öffentlichkeit seiner Zeit auf ähnliche Weise umstritten war, wie es heute etwa Erich von Däniken ist, mit der erst fünfzig Jahre später beginnenden Romantik zu tun? Die Antwort auf diese Frage erschließt sich aus einer Betrachtung der sozialen Situation, in der sich die nach 1730 geborene intellektuelle Generation befand. Noch hundert Jahre zuvor, so schreibt Jacques Bousquet in seiner Studie über den Traum in der Romantik, sei der Lebensweg für einen durchschnittlichen Intellektuellen von Anfang an relativ klar definiert gewesen: „… er brauchte nur dem Weg zu folgen, der im Lauf der Jahrhunderte gebahnt worden war. Seine Chancen waren zweifellos begrenzt, aber seine Risiken ebenfalls."[3] Um die Mitte des 18. Jahrhunderts war die

Situation infolge der beginnenden industriellen Revolution dagegen eine ganz andere; die alte Wirtschaftsordnung war bereits weitgehend überholt, eine neue aber noch nicht vollständig etabliert. Die alten gesellschaftlichen Spielregeln der feudalistischen Zeit besaßen keine Gültigkeit mehr, aber es gab auch noch keine verläßlichen neuen Richtlinien zur Erleichterung der Lebensplanung. So erwies sich die zweite Jahrhunderthälfte als eine Zeit der Instabilität, in der sich jeder seinen eigenen Weg suchen mußte: „Jeder mußte wieder bei Null beginnen und die Gestaltung seiner Karriere, seiner politischen Einstellung und seines Gefühlslebens selbst in die Hand nehmen."[4] Bousquet sieht in dieser Instabilität mehr als einen Begleitumstand, wie er im Gefolge jeder historischen Umwälzung zu beobachten ist; vielmehr deutet er sie als die essentielle Voraussetzung des im Aufbau befindlichen kapitalistischen Systems: „Die Stabilität der kapitalistischen Wirtschaft basiert auf der ständigen und allgemeinen Unruhe. Das Gesetz von Angebot und Nachfrage erforderte eine Loslösung von den festen Regeln der Zünfte."[5] Der Verzicht auf solche feststehenden, entwicklungshemmenden Regeln brachte aber für Arbeiter und Angestellte auch die Sorge um den Arbeitsplatz, welche aus unternehmerischer Sicht ein Bemühen um Qualität zur Folge hatte und natürlich auch ein konstant niedriges Lohnniveau ermöglichte. Für die Unternehmer wiederum führte der Konkurrenzdruck zu einer Konsolidierung der stets labilen Preise, während die Furcht vor Verlusten durch mangelnde Rationalisierungsmaßnahmen eine fortwährende Ankurbelung der Wirtschaftsmaschinerie bewirkte. Auf diese Weise habe sich die wirtschaftliche Instabilität auf alle Lebensbereiche übertragen. Auch die Literatur und die Künste reagierten bald auf die jeden einzelnen bedrängende Unsicherheit und die ständig spürbare existentielle Bedrohung, die, wie man hinzufügen kann, im streng rationalistischen Blick der Aufklärer nur umso schärfere Konturen gewann: „Seit 1750 findet das Unbehagen in der Literatur und in der Kunst seinen Niederschlag, sei es direkt (die Tränenseligkeit, der Kult der Melancholie, die zeitgenössische Vorliebe für Ruinen), oder indirekt in den mannigfaltigen Varianten der Suche nach Fluchtmöglichkeiten: die Flucht in die Natur, die Flucht in die Vergangenheit (die Vorliebe für das Mittelalter), die Flucht in die Ferne (die Mode des Exotismus). Besonders charakteristisch ist die Flucht ins Übernatürliche, die in jener Zeit in zahlreichen Varianten offenbar wird: in der Vorliebe für das Phantastische, den Magnetismus, den Hypnotismus, den Spiritismus, die Rosenkreuzer, den Hermetismus, die Freimaurerei und die verschiedenen gnostizistischen Schulen."[6]

Als Swedenborg also mit seinen Visionen an die Öffentlichkeit trat, fand er gerade unter den jungen Intellektuellen, die im Unterschied zu ihren Eltern nicht mehr den Rückhalt eines geregelten sozialen Umfeldes und auch nicht mehr den eines bewährten Weltbildes genossen, ein dankbares Publikum. Das Verlockende an den Botschaften Swedenborgs, der seine hellseherische Gabe mehrfach öffentlich demonstrierte[7], bestand vor allem in der Enthüllung, daß das Universum auf einer festgefügten und verläßlichen göttlichen Ordnung beruhe; in der Realität des irdischen Alltags mochte alles auch noch so unbeständig und chaotisch erscheinen – im tiefsten Grunde sei doch alles sorgsam geregelt und nichts dem Zufall überlassen. Es läßt sich denken, mit welchem Stoßseufzer der Erleichterung derartige Visionen begrüßt wurden. Wie der Dichter in Dantes *Divina Commedia* war Swedenborg überzeugt, von Gott dazu auserwählt zu sein, unter der kundigen Führung von Engeln Himmel und Hölle mit eigenen Augen zu erleben, um den Menschen ausführlich davon zu berichten und dadurch der wachsenden Verderbnis in der Menschheitsgeschichte entgegenzuwirken, bis er 1770 als ein geistiger Stellvertreter des Messias die Zeit der „Neuen Kirche" einleiten werde. 1758 erschien sein Hauptwerk *Himmel und Hölle, nach Gehörtem und Gesehenem*, in dem er als eine Art metaphysischer Baedeker die erstaunlichen Sehenswürdigkeiten, Sitten und strukturellen Prinzipien der besuchten Reiche beschreibt und einige traditionsreiche Vorstellungen wie die Theorie der Entsprechung von Mikro- und Makrokosmos oder den kabbalistischen Mythos vom Großhimmelsmenschen Adam Kadmon bestätigt.[8] Eine ebenfalls nicht neue, aber für die neuen Generationen trotzdem sehr wichtige Überlegung war die Definition des Goldenen Zeitalters, das in einem allmählichen Prozeß der Entfremdung des Menschen von seinem göttlichen Ursprung verloren gegangen sei:

> Aus dem Himmel bin ich über folgendes unterrichtet worden: Die Angehörigen der Ältesten Kirche auf unserer Erde, welche himmlische Menschen waren, dachten aus den Entsprechungen selbst, und die natürlichen Dinge, die sie vor Augen hatten, dienten ihnen als Mittel, in dieser Weise zu denken. Durch diese ihre Art wurden sie den Engeln zugesellt und konnten auch mit ihnen sprechen. Auf diese Weise waren Himmel und Erde miteinander verbunden. Darum wurde jene Zeit auch als das Goldene Weltalter bezeichnet, von dem es bei den alten Schriftstellern heißt, damals hätten die Himmlischen mit den Menschen zusammengewohnt und mit ihnen verkehrt wie Freunde mit Freunden. Hernach aber seien Zeiten gekommen, in denen man nicht mehr aus den Entsprechungen selbst, sondern nur aus der Kenntnis der Entsprechungen heraus dachte. Doch auch damals noch habe eine Verbindung des Himmels mit den Menschen bestanden, wenngleich nicht mehr eine so innige. Ihre Zeit wird das Silberne Weltalter genannt. Dann aber seien Menschen gekommen, die zwar die Entsprechungen noch kannten, aber nicht mehr aus deren Kenntnis heraus dachten, und zwar darum nicht, weil sie sich nicht mehr wie die früheren im geistigen, sondern nurmehr im natürlichen Guten befanden. Ihre Zeit wurde das Kupferne Weltalter genannt. Danach dann sei der Mensch allmählich immer äußerlicher und schließlich ganz materiell geworden, und dann habe sich die Kenntnis der Entsprechungen und mit ihr auch die Kenntnis des Himmels ... gänzlich verloren.[9]

Wichtig war diese Überlegung deshalb, weil sie das Manko des neuzeitlichen Menschen und damit den Angelpunkt benannte, an dem eine Wende zum Besseren einsetzen müsse. Durch seine Bewußtwerdung oder, um swedenborgianisch zu sprechen, seine Materialisierung habe der Mensch den Kontakt zur Geisterwelt und damit auch den Zugang zu der hinter allen Erscheinungen liegenden Wahrheit verloren. In ihrer Gründung auf sinnlich-rationale Urteilskriterien ist die einem falschen Fortschrittsideal folgende historische Entwicklung der Wissenschaften demzufolge als ein Irrweg anzusehen, der von der ursprünglichen Erkenntnisfähigkeit des Menschen tatsächlich immer weiter wegführe. Unter diesem Aspekt mußte die aufklärerische Deutung der Welt für Swedenborg den Höhepunkt der Verirrung markieren, an dem eine umgehende Kurskorrektur geboten war. Man denke nur etwa an die berühmte *Encyclopédie* (1751–1780), in der Autoren wie Diderot, d'Alembert und Rousseau zum großen Verdruß der Kirche die absolute Vorherrschaft der Vernunft und eine endgültige Aufgabe aller „abergläubischen" Vorstellungen forderten und zudem die Überzeugung vertraten, daß alle Kunst und Philosophie allein in sinnlicher Erfahrung gründeten und daher im gleichen Maße wie Technik, Handwerk und Naturwissenschaften im Rahmen einer rationalen Systematik unterzubringen seien. „Das Denken des Menschen", schreibt Swedenborg, „ist in der Tat ein inneres Sehen."[10] Durch diese Überlegung wird der rationalistischen Definition der erkennenden und benennenden Weltaneignung ein visionäres Moment entgegengesetzt, denn es ist gerade dieses von der Vernunft unabhängige „innere Sehen", durch das allein sich dem Individuum die tieferen, spirituellen Zusammenhänge des Daseins erschließen können (dies wird später auch die grundlegende Überzeugung der Romantik sein).

Wer wollte aber entscheiden, was ein solches erkennendes „Sehen", was wahr und falsch, was bloße Phantasterei und was eine „gültige" Erfahrung sei? Erkennt man tatsächlich jenes, an das man nur glauben kann oder ist der Glaube nur ein Beleg des Nicht-Wissens, der aufgrund seiner mangelnden Objektivierbarkeit keine kognitive Relevanz beanspruchen kann? Kann überhaupt für den Menschen eine Realität bestehen, die sich sprachlich nicht oder nicht zutreffend beschreiben läßt und also nicht nachweisbar ist? Es versteht sich, daß Swedenborg neben einer großen Anhängerschaft und namhaften Fürsprechern aus den Kreisen des schwärmerischen Pietismus wie Johann Albrecht Bengel oder Friedrich Christoph Oetinger auch zahlreiche Verächter fand, die seine Visionen und sein Bemühen um die Errettung der Menschheit mit bissigem Spott bedachten. Ein entschiedener Gegner swedenborgianischer Geisterseherei war Immanuel KANT (1724–1804), der sich schon in seiner vorkritischen Zeit genötigt fühlte, dem „Herrn Schwedenberg" mit allen verfügbaren Mitteln der systematischen Analyse zu Leibe zu rücken. Schon im Vorwort seiner „Träume eines Geistersehers, erläutert durch Träume der Metaphysik" (1766) bedauert er, seine Energien auf ein so fruchtloses Thema verschwendet zu haben und rechtfertigt die Niederschrift des Aufsatzes durch „das ungestüme Anhalten bekannter und unbekannter Freunde. Überdem", so fährt er zynisch fort, „war ein großes Werk gekauft, und, welches noch schlimmer ist, gelesen worden, und diese Mühe sollte nicht verloren sein. Daraus entstand nun die gegenwärtige Abhandlung, welche, wie man sich schmeichelt, den Leser nach der Beschaffenheit der Sache völlig befriedigen soll, indem er das Vornehmste nicht verstehen, das andere nicht glauben, das übrige aber belachen wird."[11] Die Vorwürfe, die Kant als Rationalist gegenüber Swedenborg erhebt, liegen auf der Hand: Es sei müßig, über Dinge urteilen zu wollen, von denen der Mensch keine Erfahrung haben könne (wobei er natürlich ganz im Sinn der Aufklärung vom Begriff der „vernünftigen" Erfahrung ausgeht, wonach allein die Vernunft imstande sei, auf dem Wege nachprüfbarer begrifflicher Operationen Erkenntnisse zu erhalten[12]). Die Metaphysik müsse deshalb notwendig „eine Wissenschaft von den Grenzen der menschlichen Vernunft" und kein Tummelplatz für Abenteurer sein, die es mit aller Macht ins Jenseits zieht.[13]

> Daher verdenke ich es dem Leser keinesweges, wenn er, anstatt die Geisterseher vor Halbbürger der andern Welt anzusehen, sie kurz und gut als Kandidaten des Hospitals abfertigt, und sich dadurch alles weiteren Nachforschens überhebt. Wenn nun aber alles auf solchen Fuß genommen wird, so muß auch die Art, dergleichen Adepten des Geisterreichs zu behandeln, von derjenigen nach den obigen Begriffen sehr verschieden sein, und da man es sonst nötig fand, bisweilen einige derselben zu *brennen*, so wird es itzt gnug sein, sie nur zu *purgieren*. Auch wäre es bei dieser Lage der Sachen eben nicht nötig gewesen, so weit auszuholen und in dem fieberhaften Gehirne betrogener Schwärmer durch Hülfe der Metaphysik Geheimnisse aufzusuchen. Der scharfsichtige *Hudibras* hätte uns allein das Rätsel auflösen können, denn nach seiner Meinung: *wenn ein hypochondrischer Wind in den Eingeweiden tobet, so kommt es darauf an, welche Richtung er nimmt, geht er abwärts, so wird daraus ein F–, steigt er aber aufwärts, so ist es eine Erscheinung oder eine heilige Eingebung.*[14]

Die Kontroverse läßt sich jedoch auch anders beschreiben: Kant verübelt Swedenborg, von Dingen zu sprechen, die den Rationalisten zwingen, das zu tun, was er am wenigsten versteht, nämlich zu schweigen. Da Kant selbst in seiner *Kritik der reinen Vernunft* (1781) die folgenreiche Überlegung anstellt, daß der Mensch keine Möglichkeit habe, die Welt in ihrer „objektiven", apriorischen Gestalt zu erkennen, sondern stets in seinen Vorstellungen von den Dingen befangen bleibe, die wahr sein mögen oder auch nicht, ergibt sich hieraus auch die theoretische Möglichkeit, daß alles vernünftige Raisonnieren über die Welt im unergründlichen Gefüge des Universums nur ein Sandkastenspiel sein mag, ein lärmender Zeitvertreib, der ebenfalls nicht mehr ist als ein „F–" in der Schöpfungsgeschichte.

So wuchsen die nach 1730 geborenen Generationen zwischen den gegensätzlichen Polen der rationalistischen Aufklärung und des auf übersinnliche Phänomene konzentrierten Irrationalismus auf und suchten sich nicht selten diverse Elemente zur Konstitution einer eigenen Weltanschauung aus beiden Lagern heraus oder pendelten unentschlossen zwischen den konträren Ansichten hin und her. Ein Beispiel hierfür ist Friedrich SCHILLER (1759–1805), dessen durch die Empfindsamkeit geschulte jugendliche Leidenschaft für alles Mysteriöse sehr empfänglich war. Swedenborg und Pietismus waren in ihrer Betonung des Gefühls viel zu aufregend, um ganz der kühlen Logik des Verstandes geopfert zu werden. Schließlich war Schiller in den achtziger Jahren immer noch in einem Alter, in dem sich die elektrisierende Aufbruchsstimmung der Adoleszenz gern mit einer lebhaften Abenteuerlust verbindet, und so kann es eigentlich nicht erstaunen, daß der Autor der *Räuber*, des *Fiesco* und des *Don Carlos* mit großem Vergnügen die spannende Schilderung merkwürdiger Verbrechen in den Bänden des *Pitaval*[15] studierte. Dazu kam, daß im Gefolge der swedenborgianischen Geisterseherei etliche weitere Visionäre[16] von sich reden machten, die oft noch viel abenteuerlicher waren als der Prophet aus Stockholm, da sie ihr esoterisches Wissen in der prächtigen Umgebung der Fürstenhöfe entfalteten und zu dunklen Machenschaften gebrauchten, in denen auch Degenfechtereien, vermummte Gestalten, Giftmischerei und schöne Frauen ihren Platz fanden. So reiste der geheimnisumwitterte Graf Cagliostro (1743–1795) von einem europäischen Fürstenhof zum nächsten und faszinierte sein Publikum durch seine vermeintlichen magischen Kenntnisse. Es hieß, er sei im Besitz des legendären Steins der Weisen, des *lapis philosophorum*, den die Alchemisten als „Elixier" bezeichnen, könne unedle Metalle in Gold verwandeln und besitze das Geheimnis des ewigen Lebens (wer konnte schon ahnen, daß er bereits im Alter von 52 Jahren sterben würde?) Er vollbrachte einige Wunderheilungen, stand unter dem persönlichen Schutz des Großmeisters von Malta, gründete eine Freimaurerloge nach ägyptischem Ritus, war 1785/86 in die politisch hochbrisante Halsbandaffaire verwickelt und wurde als Ketzer erst zum Tode verurteilt und dann zu lebenslanger Haft begnadigt. Ferner gab es den nicht minder berüchtigten Grafen von Saint-Germain (gest. 1784 oder 1795), der von sich behauptete, mehrere tausend Jahre alt zu sein und so gut wie keine Nahrung zu sich nehmen zu müssen. Gelegentlich soll sein Körper in eine sonderbare Starre verfallen sein, während derer sich seine Seele angeblich in entfernte Gegenden der Welt und sogar hinaus in das Dunkel des unbekannten Universums begebe, um dort Nachrichten über die Zukunft zu empfangen (so sagte er den Tod Ludwigs XV. richtig voraus). 1762 war er anscheinend am Thronsturz des russischen Zaren beteiligt und betrieb auch sonst zahlreiche unklare Geschäfte. Auch der berühmte Casanova (1725–1798), der nur in einem Gebiet kein Dilettant gewesen sein dürfte, hatte sich einige okkultistische Grundkenntnisse angeeignet und ging als charmanter Scharlatan mit dem kleidsamen Titel eines „Chevalier de Seingalt" auf Tournee.

Angeregt durch die faszinierende Kunde von solchen Gestalten und durch die allenthalben entstehenden Freimaurerlogen und Geheimbünde wie die Rosenkreuzer und die Illuminaten, hatte Schiller 1786 einen Roman mit dem Titel *Der Geisterseher* begonnen, in dem die auf Cagliostro Bezug nehmende unheimliche Gestalt des „Maltesers" wie ein Cicerone durch die geheimbündlerischen Intrigen Venedigs erscheint.[17] Die erste Lieferung des Romans war sehr erfolgreich und die Leserschaft zeigte sich begierig, den Ausgang der begonnenen Fabel zu erfahren. Doch Schiller, der sich zusehends mit historischen und philosophischen Studien befaßte, verlor bald den Geschmack an seinem Roman, da er ihn „selbst als ‚Schmiererei' empfand und weil ihn der ‚sündliche Zeitaufwand' reute."[18] 1789 nahm er das Fragment nach mehreren Unterbrechungen noch einmal mit neuer Begeisterung auf, da er begonnen hatte, ein philosophisches Gespräch zu schreiben, in dem er jenen Fragen nachging, die er nach 1791 in seiner Auseinandersetzung mit Kant ausführlich verfolgen sollte. Der Roman selbst geriet durch dieses Bemühen allerdings in eine Sackgasse und wurde daher nicht vollendet. So war Schiller von der anfänglichen Begeisterung für das Übersinnliche zur systematischen Ergründung philosophischer

Probleme übergewechselt und hatte das Schwärmerische als eine peinliche Jugendsünde aufgegeben. Dennoch wurde seine Vorstellung von den Gegenständen, deren Betrachtung zur Förderung einer höheren Bildung der Seele geeignet seien, keineswegs von allen Zeitgenossen geteilt. Wenn die Germanistik bis in die sechziger Jahre des 20. Jahrhunderts durch die Epochenbezeichnung „Deutsche Klassik" auch häufig den Eindruck erwecken wollte, als seien die letzten zwei Jahrzehnte des 18. Jahrhunderts ganz von griechischer Vollkommenheit durchdrungen gewesen, so bildeten die Okkultisten, Geisterseher, Geheimbündler und Wunderheiler in jener Zeit doch eine gewichtige Fraktion, die – allen wortreichen Diskursen über das Schöne, das Edle, das Gute und das Wahre zum Trotz – sogar einen immer stärkeren Zulauf erhielt, der sich rückblickend als der Sog der beginnenden Frühromantik erweist. Mindestens zwei Namen und zwei aufsehenerregende Entdeckungen sind an dieser Stelle zu nennen, nämlich: Saint-Martin, Lavater, Mesmerismus und Somnambulismus.

Wenn man den Marquis de SAINT-MARTIN (1743–1803) nicht als einen Swedenborgianer bezeichnen kann, so nur deshalb, weil der von Swedenborg und Jakob Böhme stark beeinflußte Theosoph, der eingehend die Freimaurerei und Kabbalistik studierte, als Gründer seiner eigenen Loge ein Martinist war. In seinen einflußreichen Schriften, wie jener, die 1782 in der deutschen Übersetzung unter dem Titel *Irrthümer und Wahrheiten, oder Rückweis für den Menschen auf das allgemeine Principium aller Erkenntniß* erschien, argumentiert er ebenso wie sein schwedisches Vorbild, indem er die Materialisierung des Menschen als einen Abfall von seiner göttlichen Natur interpretiert und auf die Notwendigkeit einer Wiederherstellung der verlorenen universalen Einheit verweist, die allein durch eine Besinnung auf die in den dunklen Regionen der Seele erhaltenen Reste seiner ehemaligen geistigen Existenz ins Werk zu setzen sei. Auch Saint-Martin wendet sich mit dieser Ansicht also gegen die rationalistische Weltdeutung der zeitgenössischen Philosophie und fordert gerade, was diese verachtet. In seiner Studie über die romantische Seele paraphrasiert Béguin den zentralen Gedanken Saint-Martins:

> … die Verderbnis des menschlichen Geistes hat auch den Abfall der Natur bewirkt. Nach Saint-Martin hat sich der Mensch nicht demjenigen Licht zugewandt, zu dessen höchster Verkörperung er ausersehen war, sondern einem andern. Die Materie aber ist aus dem Sündenfall hervorgegangen; denn Gott erschuf sie, um den Sturz in den Abgrund aufzuhalten und dem Menschen eine Welt zu geben, in der er sich wieder auffangen könnte. Noch heute liegen zuinnerst im Menschen die Trümmer seiner ursprünglichen Auserwähltheit und dumpfe Erinnerungen an das einstige Paradies verborgen. Gelingt es ihm, die Zeichen, die aus dem Innern gegeben werden, zu hören und in sich selbst hinabzusteigen, um sich aufs neue der in seiner Seele schlummernden Keime zu bemächtigen, so wird er dadurch erreichen, daß er in den göttlichen Schoß zurückkehrt und daß überdies die gesamte Schöpfung ihre ursprüngliche Einheit zurückgewinnt … Nur deshalb dürstet den ‚Homme de désir' nach Harmonie und Einheit, weil er in sich selbst Reste davon gefunden hat; denn nach etwas völlig Unbekanntem erwüchse ja kein Verlangen.[19]

I. Der Irrationalismus des 18. Jahrhunderts 97

Wie Saint-Martin war auch der schweizerische Theologe und Schriftsteller Johann Kaspar LAVATER (1741–1801) nachhaltig von Swedenborg beeinflußt und behauptete, übersinnliche Offenbarungen zu erhalten und mit Gott in einen sinnlich spürbaren Kontakt treten zu können. Ausgehend von Swedenborgs Überzeugung, daß die individuelle Gestalt des menschlichen und tierischen Körpers Zeichen enthalte, deren kundige Deutung Aufschluß über die Beschaffenheit und Relation von Mikro- und Makrokosmos gebe (vgl. Seite 671), veröffentlichte Lavater zwischen 1775 und 1778 seine vierbändigen *Physiognomischen Fragmente zur Beförderung der Menschenkenntnis und Menschenliebe*, an denen auch Goethe beteiligt war und für die der bekannte Graphiker Daniel Chodowiecki zahlreiche exemplarische Illustrationen angefertigt hatte. Die Physiognomik, d. h. der charakteristische Körperbau eines Individuums, seine Schädelform, sein Mienenspiel und selbst die allgemeinen Merkmale der Rasse, werden hier als vorsprachliche Botschaften verstanden, was Hegel zu dem schroffen Wort veranlaßte, Lavater und seine Anhänger machten aus dem Geist einen Knochen.[20] Für Lavater waren diese Studien indessen eine Vorbereitung auf seine Erprobung der seltsamen Phänomene des Mesmerismus und Somnambulismus, durch die er seine Kontaktaufnahme mit der übersinnlichen Welt zu dirigieren hoffte.

Am 28. Juli 1774 machte ein in Wien praktizierender deutscher Arzt eine sonderbare Entdeckung, die nicht nur einen wichtigen Anstoß für den Beginn der modernen Psychologie lieferte, sondern den Fortgang der abendländischen Kulturgeschichte überhaupt nachhaltig beeinflussen sollte. Franz Anton MESMER (1734–1815) war auf die Idee gekommen, den periodisch auftretenden Leiden einer Patientin durch die gezielte Erzeugung magnetischer Felder einen anderen Verlauf zu geben und notierte überrascht, daß alle Krankheitssymptome unter Einwirkung eines von jener Frau beschriebenen geheimnisvollen Fluidums für mehrere Stunden gleichsam aufgehoben waren. Nach mehreren erneuten Anwendungen dieser Methode war die Patientin anscheinend wieder völlig gesund; weitere erfolgreiche Behandlungen folgten, so daß Mesmer schon bald im Ruf eines Wunderheilers stand und den hierauf einsetzenden Andrang von Patienten kaum noch bewältigen konnte. Die Ansicht, daß alle Dinge einschließlich des Menschen durch eine eigenartige Energie miteinander verbunden seien, war nicht neu; schon im alten Griechenland und auch von Paracelsus war sie vertreten worden. Mesmer vermutete nun, daß nicht eigentlich die Magneten für die heilende Wirkung verantwortlich sein könnten, sondern daß diese lediglich sein eigenes und vermutlich besonders ausgeprägtes Fluidum verstärkt hätten, das sich dann auf den kranken Körper der Patientin übertragen und damit ein gestörtes Gleichgewicht harmonisiert habe. Es lag nahe, zur Bestätigung dieser These Behandlungsversuche ohne Magneten und Elektroden zu unternehmen, und tatsächlich schien das bloße Handauflegen denselben heilenden Effekt zu haben. Da diese Energie, durch die seiner Ansicht nach eine ständige Verbindung und Kommunikationsbereitschaft zwischen Mikro- und Makrokosmos gegeben sei, in jedem Körper vorhanden sein müsse, bezeichnete er den Vorgang ihrer stimulierenden Übertragung als animalischen (im Unterschied zum mineralischen) Magnetismus. Die Lehre, die Mesmer aus seinen Beobachtungen entwickelte, wird von Ellenberger so zusammengefaßt:

> Mesmers System, wie er es 1779 in 27 Punkten darlegte, läßt sich in vier Grundprinzipien zusammenfassen: (1) Ein subtiles physikalisches Fluidum erfüllt das Universum und stellt eine Verbindung zwischen dem Menschen, der Erde und den Himmelskörpern her, ebenso zwischen den einzelnen Menschen. – (2) Krankheiten entstehen aus der ungleichen Verteilung dieses Fluidums im menschlichen Körper; die Genesung wird erreicht, sobald das Gleichgewicht wiederhergestellt ist. – (3) Mit Hilfe bestimmter Techniken läßt sich dieses Fluidum kanalisieren, aufbewahren und anderen Personen übermitteln. – (4) Auf diese Weise lassen sich bei Patienten ‚Krisen' hervorrufen und Krankheiten heilen.[21]

Trotz des „übersinnlichen" Charakters seiner Theorie, der ihm den Spott vieler Rationalisten seiner Zeit eintrug, verstand Mesmer sich selbst bis zuletzt als ein Kind der Aufklärung, lehnte jede Art der Mystik grundsätzlich ab und bemühte sich daher auch um eine physikalische Begründung seiner Beobachtungen und Theorien, die Ellenberger jedoch als den „schwachen Punkt"[22] seines Systems bezeichnet.

1780 sorgte ein Schüler Mesmers, der Marquis de PUYSÉGUR, für abermaliges Aufsehen, als er bekanntgab, daß er in Anwendung des magnetischen Heilverfahrens bei einem Patienten eine höchst ungewöhnliche „Krise" bewirkt habe. Anstatt der bisher beobachteten Krämpfe, welche sonst die heilsame Krise anzeigten, sei der Patient in einen seltsamen Schlafzustand verfallen, „in dem er wacher und bewußter zu sein schien als in seinem normalen Wachzustand. Er sprach laut, beantwortete Fragen, und legte einen aufgeweckteren Verstand an den Tag als normalerweise … Puységur, der neugierig geworden war, rief diese Art von Krise … noch einmal hervor und probierte sie auch mit Erfolg an mehreren anderen Personen aus. Sobald sie in diesem Zustand waren, konnten sie ihre eigene Krankheit diagnostizieren, den Verlauf ihrer Entwicklung voraussehen … und die geeignete Behandlung vorschreiben."[23] Diese Bewußtseinsveränderung, die wir heute als hypnotisch bezeichnen würden, wurde unter dem Begriff *Somnambulismus* bekannt. „Das Wesen des Somnambulismus", erklärt Lersch, „liegt in der Fähigkeit, im Schlafzustand, bei vollkommener Ausschaltung der natürlichen Sinne, dennoch gleichsam durch einen inneren Zusammenhang mit der Umwelt in Verbindung zu stehen, um sie zu wissen mit einer Intensität der inneren Wahrnehmung, hinter der die sinnliche des Erwachens weit zurücksteht. Man erzeugte den somnambulen Zustand durch Erregung des animalischen Magnetismus, in dem man die Hände über das Gesicht des zu Magnetisierenden bis zu dessen Magengegend strich oder ihn mit metallenen Leitungen in Berührung brachte."[24] Ähnlich wie Mesmer wurde auch Puységur bald von zahllosen Patienten bestürmt, und innerhalb kürzester Zeit verfiel halb Europa in einen somnambulen Taumel, wobei weniger der engere medizinische Nutzen als vielmehr die vermeintliche Kontaktaufnahme mit der übersinnlichen Welt eine zunehmende Faszination bewirkte. Viele Magnetiseure, die sich einen Namen machen wollten, strebten daher vor allem spektakuläre Effekte an. So erregte z.B. der Fall einer jungen Frau Aufmerksamkeit, die behauptete, im somnambulen Zustand „die

Geheimnisse der menschlichen Seele, der sieben Stufen des magnetischen Schlafs, der Natur und selbst die Geheimnisse Gottes und der Dreieinigkeit"[25] ergründet zu haben. Die berühmte württembergische „Seherin" Friedericke Hauff sprach sogar fließend eine unbekannte Sprache, die sie als die seit Jakobs Zeiten vergessene Ursprache der Menschheit auswies und den Anwesenden auch übersetzen konnte, zeigte im somnambulen Zustand außerdem hellseherische Fähigkeiten und führte auch ihrerseits einige mirakulöse Heilungen durch, so daß sie häufig von so bekannten Persönlichkeiten wie Baader, Schelling, Görres, Schleiermacher oder Kerner besucht und befragt wurde.[26] 1812 beauftragte die preußische Regierung eine Kommission mit der näheren Untersuchung des Magnetismus, und wenige Jahre später richteten die Universitäten in Bonn und Berlin die ersten Lehrstühle für Mesmerismus ein. Mindestens ebenso erfolgreich wie in Deutschland war der animalische Magnetismus in Frankreich, wo sich verschiedene Schulen entwickelten und viele Magnetiseure zu Ruhm und Wohlstand gelangten. Während sich der Magnetismus in Großbritannien zunächst nicht so recht durchsetzen konnte (1851 mußte sich die Stadt Edinburgh jedoch mit einer „Mesmeric Mania" auseinandersetzen[27]), war er schon früh über das noch französische New Orleans nach Amerika gelangt und wurde allmählich in den ganzen Vereinigten Staaten bekannt und praktiziert. So schrieb Charles Brockden Brown (1771–1810), der als der erste professionelle Schriftsteller der USA gilt, eine Erzählung mit dem Titel „Somnambulism", und Dichter wie William Cullen Bryant, William Gilmore Simms oder James Kirk Paulding plädierten in den ersten Jahrzehnten des 19. Jahrhunderts immer wieder gegen die Arroganz der Vernunft und für eine Toleranz des Übersinnlichen[28], während Edgar Allan Poe, der sich 1839 gegen den materialistischen Zeitgeist („that evil genius of mere matter-of-fact"[29]) aussprach, den Magnetismus in Erzählungen wie „Mesmeric Revelation" (1844) oder „The Case of M. Valdemar" (1845) behandelte. In den vierziger Jahren mündete das amerikanische Interesse am animalischen Magnetismus in eine allgemeine Begeisterung für spiritistische Sitzungen, bei denen man Kontakt zur Geisterwelt suchte und auch zu erhalten glaubte, was kurioserweise den Niedergang der amerikanischen Schauerliteratur bewirkte.[30] Von den USA gelangte der Spiritismus bald nach Europa, so daß sich der Kreis der Überlieferung hier wieder schloß, während neue Schulen wie die von Nancy oder der Salpêtrière[31] bis zum Ende des Jahrhunderts den Magnetismus weiterhin propagierten.

Sensationell waren die Entdeckungen Mesmers und Puységurs für ihre Zeitgenossen vor allem deshalb, weil der theosophisch-okkultistische Erfahrungsbereich hiermit eine naturwissenschaftliche Untermauerung zu erhalten schien[32], deren Mangel stets der vornehmliche Grund für seine schroffe Ablehnung durch die Rationalisten gewesen war. Natürlich ließen Kant oder Schiller und viele andere sich durch diese Phänomene von ihrer Schmähung der Geisterseher nicht abbringen; die Gefolgsleute Mesmers erschienen ihnen nur wie eine neue Variante ein und desselben Typs.[33] Doch standen sie mit dieser Ansicht zusehends auf verlorenem Posten, während das

Zeitalter der Aufklärung wie jede geistesgeschichtliche Ära ein stilles, aber unwiderrufliches Ende fand.[34] 1830 eiferte sich Gotthilf Heinrich Schubert rückblickend gegen die aufklärerische Tradition: „Im Ablauf des vorigen Jahrhunderts hatte ein frecher Geist der Empörung ... der Seele alles genommen, was ihr teuer und wert, ja das eigentlich Ihrige ist: den Glauben an Gott und an seine der Menschen sich erbarmenden Vorsorge, ja an das selbständige Dasein des Geistes im Menschen. Da wurde der Seele im Schlafe das wiedergegeben, was man ihr im Wachen genommen."[35] So begann mit dem Somnambulismus der Einstieg in die romantische Naturphilosophie, deren Vertreter sich oft zugleich als Ärzte und Denker, als Wissenschaftler und Poeten über ein Universum äußerten, in dem alles mit allem korrespondiert.

Es ist sicher nicht verkehrt, wenn man die Romantik als eine Revolution des Gefühls gegen die Vorherrschaft der kalten Vernunft und somit als eine Gegenbewegung zur Aufklärung identifiziert. Dennoch ist diese griffige Formel ein wenig zu einfach, um den durchaus komplexeren Interessensverlagerungen gerecht zu werden. So war ja beispielsweise der Irrationalismus des 18. Jahrhunderts als ein Keim des romantischen Welterlebens oft eng mit den Prinzipien des aufklärerischen Denkens verknüpft; Swedenborg war nach seinem eigenen Selbstverständnis nicht bloß ein Prophet des Übersinnlichen, sondern als solcher auch ein vernünftiger Wissenschaftler. Ähnlich verhielt es sich bei Mesmer und vielen seiner Gefolgsleute, die überhaupt keinen Wert darauf legten, als Gefühlsmenschen oder gar als Schwärmer zu gelten. Aus diesem Grund kann es nicht eigentlich überraschen, wenn die Romantiker sich trotz ihrer prinzipiellen Gegnerschaft zur Aufklärung ausgiebig mit den Welterklärungsmodellen der rationalistischen Tradition befaßten, zumal eine solche Auseinandersetzung schon im Interesse der eigenen Positionsbestimmung als unerläßlich gelten mochte. Wenn von der Philosophie der deutschen Romantik die Rede ist, dann denkt man im allgemeinen an Schelling, Hegel, Fichte oder auch Schopenhauer, also an die Vertreter des sogenannten Deutschen Idealismus, dessen systematische Weltdeutung bei allen unterschiedlichen Akzentsetzungen seine wichtigsten Impulse aus der Kantischen Philosophie erhielt. Diese wurde überhaupt von vielen Romantikern mit großem Eifer rezipiert, und das ist gar nicht erstaunlich, denn jener wunderliche Professor aus Königsberg hatte mit seinen kritischen Schriften in der Tat ein gewaltiges Gebäude errichtet, das von den Zeitgenossen und der Nachwelt schwerlich ignoriert werden konnte. Es ist daher unerläßlich, nachfolgend wenigstens einige der wichtigsten Kantischen Grundsätze im Überblick zu umreißen.

II. Kant und die kopernikanische Wende in der Metaphysik

Obwohl Kant selbst der wichtigste Vertreter der Spätaufklärung war, ist sein Werk doch größtenteils als eine (konstruktive) Kritik aufklärerischer Tendenzen zu verstehen. Nicht als Gegner, sondern als wohlmeinender Reformator der Aufklärung wollte er die Vernunft und ihren Aufgabenbereich von ungehörigen Zuordnungen befreien, d. h. klar definieren und sie damit umso entschiedener ins Zentrum der menschlichen Lebenswelt stellen.[36] Nachdem er sich zunächst noch im Rückgriff auf die Vertreter der reinen Vernunft, also Philosophen wie Descartes, Leibniz, Wolff, Locke oder Hume, in die metaphysischen Debatten der Aufklärer eingeschaltet hatte, gelangte er schon im vorkritischen Werk der frühen sechziger Jahre zu der Einsicht ihrer Fruchtlosigkeit. So warf er den zeitgenössischen Philosophen vor, daß ihre Spekulationen über das Metaphysische zu keiner eigentlichen Vernunfterkenntnis führen könnten, da in der Logik stets nur das erkannt werden könne, was in den Begriffen, mit denen sie operiert, bereits vorhanden ist. Die überall gängigen metaphysischen Postulate seien daher, eben weil sie über den durch die Begriffe definierten Erkenntnisbereich hinausgreifen, zu Unrecht als Erkenntnis im Sinne der Vernunft etikettiert. Kant begegnete damit der verbreiteten Ansicht, daß aus den Gesetzen der Vernunft heraus, gemäß der berühmten cartesianischen Formel *Cogito ergo sum* („Ich denke, also bin ich"), eine spekulative Erkenntnis der Welt und des Universums einschließlich der ganzen metaphysischen Sphäre zu gewinnen sei. Denn wie sollte jemals der Nachweis erbracht werden, daß die so postulierte Erkenntnis mit der tatsächlichen Wirklichkeit der Dinge an sich im Einklang sei?

Uwe Schultz weist darauf hin, daß die pietistischen Gegner der allzu sehr auf ihre Vernunft vertrauenden Rationalisten unter dem Eindruck des verheerenden und vor allem „sinnlosen" Erdbebens von Lissabon 1755 erstmals eine größere Bestätigung erfuhren, und daß die Fortschrittsgläubigkeit der Aufklärer seitdem zusehends in Zweifel gezogen wurde. Durch seine nicht religiös, sondern rein philosophisch begründete Kritik der Aufklärung reihte sich Kant unversehens in die Front der Pietisten und anderer Rationalismusgegner ein. Den letzten Anstoß zur Bestätigung seiner Haltung erhielt er durch die Lektüre Rousseaus, dessen *Emile* ihn immerhin so sehr faszinierte, daß er seinen sonst auf die Minute pünktlich befolgten Tagesplan zum ersten und einzigen Mal in seinem Leben nicht einhielt, um das Werk in einem Zug durchzulesen. „Kant hat sich nicht gescheut, zuzugestehen", schreibt Schultz, „daß er durch Rousseau von der Arroganz der Vernunft, die fast alle zeitgenössischen Philosophen befallen hatte, befreit worden war: ‚Ich bin selbst aus Neigung ein Forscher. Ich fühle den ganzen Durst nach Erkenntnis und die begierige Unruhe, darin weiterzukommen, oder auch die Zufriedenheit bei jedem Fortschritte. Es gab eine Zeit, da ich glaubte, dies alles könnte die Ehre der Menschheit ausmachen, und ich verachtete den Pöbel, der von nichts weiß. Rousseau hat mich zurecht gebracht. Dieser verblendete Vorzug verschwindet.'"[37] In der Schrift *Über die Form und die Prinzipien der Sinnen- und Geisteswelt*, die Kant im August 1770 zum Antritt seiner Königsberger Professur für Logik und Metaphysik einreichte, faßt er seine kritischen Einwände gegen die zeitgenössische Metaphysik zusammen. Dabei besteht sein Hauptvorwurf darin, daß die sinnliche Nichtdarstellbarkeit mancher Verstandesprodukte den Anlaß zu einer Verwischung der Grenzen von sinnlicher und vernünftiger Erkenntnis gegeben habe. Tatsächlich seien aber diese Bereiche streng voneinander zu trennen, was schon die Griechen eingesehen hätten, da sie das *Phänomenon* genannte Sinnending von dem *Noumenon* genannten Verstandeswesen unterschieden. Phänomena seien demnach alle sinnlich, also im Kontext von Raum und Zeit erfahrenen Dinge, Noumena dagegen die Inhalte des reinen Denkens, die in keiner Beziehung zu irgendwelchen sinnlichen Gegebenheiten stünden und von diesen völlig unabhängig seien. Während der sinnliche Erkenntnisvorgang mit der Anschauung der Dinge beginne, aus der bestimmte Empfindungen hervorgingen, die dann durch die in den Dienst der Sinne gestellte Vernunft nach logischen Gesichtspunkten sortiert und damit erst in eine Erkenntnis überführt würden, gehe der Gebrauch des Verstandes zu seinen eigenen Zwecken (Kant spricht hier vom *realen* Verstandesgebrauch) von Vorstellungen aus, die er nicht von außen empfange, sondern sich selbst gegeben habe. Diese beiden Erkenntnisbereiche seien je für sich absolut gleichrangig und verliefen ohne irgendwelche gegenseitigen Beeinflussungen nebeneinander. Wer also auf der bloßen Grundlage verstandesmäßiger Operationen eine sinnliche Erkenntnis zu erhalten behaupte, einem Vorgang des reinen Denkens also empirische Qualitäten zuschreibe, der begehe einen „metaphysischen Erschleichungsfehler".[38]

Hatte Kant die aufklärerische Metaphysik in seinen bis 1770 entstandenen Schriften nach besten Kräften zerschlagen, so ging er in den großen kritischen Werken daran, auf den Trümmern ein neues, solide fundiertes Gebäude zu errichten. Dieser Aufbau war mühsam und langwierig; über zehn Jahre wartete die Öffentlichkeit vergeblich auf neue Beiträge des gerade erst zu allgemeinem Ansehen gelangten Denkers. Zur Ostermesse 1781 erschien schließlich die erste Frucht seiner häuslichen Bemühungen, ein über achthundert Seiten umfassendes Werk mit dem programmatischen Titel *Critik der reinen Vernunft*.[39] Inhaltlich auf höchstem Niveau, sprachlich-syntaktisch über weite Strecken eine wahre Zumutung, fand das Buch ein durchaus voraussehbares Echo, nämlich gar keins. Kant war sich selbst darüber im Klaren, daß die schwere Zugänglichkeit seiner Schrift einer allgemeinen Diskussion im Wege stand, so daß er 1783 eine wesentlich gekürzte und vor allem verständlicher formulierte Version unter dem Titel *Prolegomena zu einer jeden künftigen Metaphysik, die als Wissenschaft wird auftreten können* vorstellte. Die zusätzliche Mühe wurde belohnt, denn unmittelbar darauf begann eine aufgeregte und emphatische Auseinandersetzung; Wolff, Leibniz, Descartes und Ihresgleichen waren Geschichte geworden. Dabei geht es Kant in dieser Schrift nicht bloß um die Kritik einer bestimmten philosophischen Schule, sondern vielmehr um die kritische Prüfung der Vernunft selbst, und zwar im Hinblick auf die Frage, welche Art von Erkenntnis sie vermitteln kann und welche nicht.[40] Wie seine Vorgänger versteht Kant Erkenntnis als das Resultat von Urteilen, die entweder *analytisch* oder *synthetisch* sind. Karl Jaspers erläutert sehr anschaulich, was damit gemeint ist:

> Analytische Urteile machen nur deutlich, was wir mit einem Begriff als solchem eigentlich schon wissen. Zum Beispiel beim Urteil: ‚Alle Körper sind ausgedehnt' liegt im

Begriff des Körpers schon die Ausdehnung enthalten, wie Gestalt, Undurchdringlichkeit. Das Urteil ist ein analytisches. Denn es erläutert und zergliedert, aber es erweitert nicht unsere Erkenntnis. Dagegen heißen synthetische Urteile solche, in denen das Prädikat etwas neues hinzubringt, was aus dem Begriff als solchem allein nicht ‚herausgeklaubt' werden kann. Zum Beispiel: ‚Einige Körper sind schwer' ist nach Kant ein synthetisches Urteil durch Erfahrung, da der Begriff des Körpers als solcher die Schwere nicht enthält.[41]

Vor Kant hatten sich in der Philosophie zwei Gruppen gegenüber gestanden: die *Dogmatiker* und die *Skeptiker*. Der Dogmatiker erhebt sich über den Bereich der Erfahrung und gründet das, was er als apriorische Erkenntnis ausweist, auf analytische Urteile, d.h. er geht von vorgegebenen Begriffen aus, die er systematisch zergliedert. Der Skeptiker weist diese Methode zurück, indem er darauf besteht, daß es für den Menschen keine Erkenntnis a priori geben könne, sondern daß nur das nach Begriffen der Vernunft erkennbar sei, was zuvor sinnlich erfahren wurde; Erkenntnis sei also nur a posteriori, nämlich auf Erfahrung basierend, möglich. Diese Methode, bei der die sinnliche Erfahrung mit dem begrifflichen Instrumentarium der Vernunft verknüpft wird, ist eine synthetische. Kant versuchte nun das scheinbar Unmögliche, beide Positionen unter bestimmten Bedingungen miteinander zu verbinden, indem er zu „synthetischen Urteilen a priori" gelangen wollte. „In dieser Formel", schreibt Schultz, „... ist... enthalten, welche Fehler seiner Vorgänger er vermeiden und welche richtigen Ergebnisse er übernehmen möchte. A priori sollen seine Urteile sein, um als wirkliche Erkenntnis Allgemeingültigkeit und Notwendigkeit beanspruchen zu können; synthetisch aber, um über das analytische Glasperlenspiel mit reinen Begriffen hinauszugelangen."[42] Kant wollte also im Streit zwischen Dogmatikern und Skeptikern der Richter sein, wie Jaspers formuliert, wobei für ihn feststand, daß es keine Kompromißlösung geben konnte, sondern „vielmehr nur die Einsicht, daß die Voraussetzung beider Parteien falsch ist."[43] Wie ist der Streit also beizulegen, welches wäre dann der allein gangbare Mittelweg? Die Lösung des Problems bestand in einer Verlagerung der Perspektive:

> Bisher nahm man an, alle unsere Erkenntniss müsse sich nach den Gegenständen richten; aber alle Versuche, über sie *a priori* etwas durch Begriffe auszumachen, wodurch unsere Erkenntniss erweitert würde, gingen unter dieser Voraussetzung zu nichte. Man versuche es daher einmal, ob wir nicht in den Aufgaben der Metaphysik damit besser fortkommen, dass wir annehmen, die Gegenstände müssen sich nach unserer Erkenntniss richten, welches so schon besser mit der verlangten Möglichkeit einer Erkenntniss derselben *a priori* zusammenstimmt, die über Gegenstände, ehe sie uns gegeben werden, etwas festsetzen soll. Es ist hiermit ebenso als mit dem ersten Gedanken des COPERNICUS bewandt, der, nachdem es mit der Erklärung der Himmelsbewegungen nicht gut fortwollte, wenn er annahm, das ganze Sternheer drehe sich um den Zuschauer, versuchte, ob es nicht besser gelingen möchte, wenn er den Zuschauer sich drehen und dagegen die Sterne in Ruhe ließ. In der Metaphysik kann man nun, was die *Anschauung* der Gegenstände betrifft, *es auf ähnliche Weise versuchen.*[44]

Mit dieser kopernikanischen Wende, einer Verlagerung des Erkenntnisziels von den Gegenständen selbst auf die Bedingungen ihrer Erkenntnis, eröffnete Kant in der Tat die Möglichkeit synthetischer Urteile a priori, also einer objektiven Erkenntnis als Resultat einer Verbindung abstrakter Begriffe mit sinnlichen Erfahrungswerten.

Über die Beschaffenheit der Dinge selbst (oder, wie es bei Kant heißt, des „Dinges an sich") können wir schwerlich eine positive Kenntnis haben, da wir stets in den Vorstellungen, die uns unsere Vernunft und unsere Sinne erlauben, befangen bleiben. Wir können ja nicht, meint Kant, sozusagen aus uns heraustreten und unparteiisch nachprüfen, ob die Welt wirklich so beschaffen ist, wie sie uns erscheint. Dagegen haben wir von den Bedingungen und Operationen unserer Vernunft sehr wohl eine zuverlässige Kenntnis; die Vernunftbegriffe, mit deren Hilfe wir zu Urteilen gelangen, sind uns a priori gegeben. Nimmt man also an, daß ein Gegenstand nicht auf unsere sinnliche und intellektuelle Wahrnehmung einwirkt, sondern sich umgekehrt als Objekt der Wahrnehmung nach der Eigenart unseres Anschauungsvermögens und nach den Begriffen unserer Vernunft richtet, so kann er sehr wohl a priori erkannt werden, denn wenn das, was den Gegenstand hervorbringt, a priori bekannt ist, so muß dies logischerweise auch für all seine Produkte gelten. Der so erkannte Gegenstand ist sozusagen ein aus uns selbst heraus erzeugtes Spiegelbild der in uns wirksamen Vorstellungskräfte, dessen Zustandekommen wir relativ einfach erklären mögen. Im Interesse der gesuchten Erkenntnis ist dann aber nicht mehr die Erscheinung eines Gegenstandes zu ergründen, sondern dasjenige, wodurch diese Erscheinung zustandekommt, also die Gesetze unserer Sinnlichkeit und unserer Vernunft, oder wie es bei Kant heißt, die Anschauung und das Denken. Wir müssen uns also darüber im Klaren werden, 1. wie es vor sich geht, daß wir einen Gegenstand anschauend realisieren, und 2. wie diese bloße Anschauung, die von Individuum zu Individuum variieren mag, durch die Verbindung mit einem Begriff Allgemeingültigkeit, also eine apriorische Verbindlichkeit erhält. Eine solche Verbindlichkeit kann ebenso wie die Allgemeingültigkeit von Begriffen nur behauptet werden, wenn es ein grundlegendes Vermögen gibt, das alle Menschen, alle Subjekte gemeinsam haben. Dieses Vermögen erkennt Kant im *Bewußtsein*. Doch Vorsicht, denn was ist mit dem Begriff gemeint? Es ist durchaus nicht das psychologisch-individuelle Bewußtsein mit seinen von Subjekt zu Subjekt variierenden Inhalten, von denen hier die Rede ist. Das Subjekt im Sinne Kants ist, wie Jaspers schreibt, „das ‚ich denke' als ‚Bewußtsein überhaupt'. Die Denkformen dieses Subjekts bringen die Gültigkeit des Gedachten hervor, nicht die Zufälligkeit des Meinens."[45] Bewußtsein ist bei Kant also jene Grundlage, die es überhaupt erst ermöglicht, daß sich die Menschen trotz ihrer psychologisch-subjektiven Unterschiede doch gegenseitig verstehen können; es ist gewissermaßen das allgemein gegebene Betriebssystem, das die heterogensten Inhalte unseres Denkens verwaltet.

Kants kopernikanische Wende besteht also in einer neuen Ausrichtung des philosophischen Fragens: Über den eigentlichen Gegenstand der Philosophie, nämlich

II. Kant und die kopernikanische Wende in der Metaphysik   105

das Sein, die objektive Beschaffenheit der Welt, kann sich der Mensch keine unmittelbare Gewißheit verschaffen. Dies kann er nur in Bezug auf sich selbst, auf das ihm Vertraute und Bekannte, nämlich das Bewußtsein. Ausgangspunkt und einziger Spielraum unserer Welterkenntnis ist also das Subjekt. In einem Bild läßt sich dies vielleicht etwas faßlicher beschreiben: Man stelle sich das wahrnehmende Subjekt wie einen Spiegel vor, der ein bestimmtes Bild von der Welt zeigt. Dieser Spiegel weist jedoch einige Mängel auf; seine Fläche hat vielleicht diverse Unebenheiten, hier und da gibt es Sprünge im Glas, Flecken, Kratzer, Schlieren und kleine Einschlüsse, die insgesamt bewirken, daß das durch ihn wiedergegebene Bild nicht über alle Zweifel erhaben ist. Anstatt uns nun in fruchtlose Spekulationen zu versteigen, ob und inwiefern dieses Spiegelbild mit der gespiegelten Realität übereinstimmt, beschränken wir unser Fragen auf das, was wir zuverlässig erkennen können, in diesem Beispiel also den Spiegel selbst. Dies ist die Essenz der kopernikanischen Wende bei Kant, „dass wir nämlich von den Dingen nur das *a priori* erkennen, was wir selbst in sie legen."[46] Hieraus folgt, daß der Bereich, in dem allein eine wissenschaftstaugliche Erkenntnis möglich wird, eine stark eingegrenzte Provinz in einem ungleich größeren Land des Dunkels ist:

> Aber es ergibt sich aus dieser Deduction unseres Vermögens, *a priori* zu erkennen … ein befremdliches und… dem Anscheine nach sehr nachtheiliges Resultat, nämlich dass wir mit ihm nie über die Grenze möglicher Erfahrung hinauskommen können, welches doch gerade die wesentlichste Angelegenheit dieser Wissenschaft [= der Metaphysik] ist. Aber hierin liegt eben das Experiment einer Gegenprobe der Wahrheit des Resultats jener ersten Würdigung unserer Vernunfterkenntniss *a priori*, dass sie nämlich nur auf Erscheinungen gehe, die Sache an sich selbst dagegen zwar als für sich wirklich, aber von uns unerkannt liegen lasse.[47]

Diese Art des Fragens, nicht nach den Dingen selbst, sondern nach den Bedingungen ihrer Wahrnehmung, bezeichnet Kant mit dem später häufig mißverstandenen Begriff „transzendental". Gemeint ist nicht eine in den metaphysischen Raum hineinführende Durchdringung der Erscheinungen, sondern eben eine Rückbesinnung auf die Ursachen, durch die das wahrnehmende Subjekt einem Ding seine Qualität als Erscheinung zukommen läßt. „Transzendental", meint Schultz, „ist somit jede Erkenntnis, die auf Art und Umfang ihrer eigenen Wirkungsweise gerichtet ist und damit nichts anderes als Kritik der Vernunft an sich selbst bedeutet."[48]

Kants Schlußfolgerung, daß Metaphysisches nicht a priori erkannt werden kann, ist aber nicht als rigorose Ablehnung jeglicher Metaphysik mißzuverstehen. Ein Gegenstand muß ja nicht belanglos sein, nur weil er nicht objektiv nachweisbar ist. Daher schreibt Kant etwa:

> Einen Gegenstand *erkennen*, dazu wird erfordert, dass ich seine Möglichkeit… beweisen könne. Aber *denken* kann ich, was ich will, wenn ich mir nur nicht selbst widerspreche, d.i. wenn mein Begriff nur ein möglicher Gedanke ist, ob ich zwar dafür nicht stehen kann, ob im Inbegriffe aller Möglichkeiten diesem auch ein Object correspondire oder nicht. Um einem solchen Begriffe aber objective Giltigkeit… beizulegen, dazu wird etwas

mehr erfordert. Dieses Mehrere aber braucht eben nicht in theoretischen Erkenntnisquellen gesucht zu werden, es kann auch im praktischen liegen.[49]

Kant unterscheidet also theoretische und praktische Erkenntnis. Der theoretischen Erkenntnis ist und bleibt die Metaphysik a priori schlechterdings unerreichbar. In der praktischen Erkenntnis vermag sie dagegen sehr wohl ihren Ort zu finden. Was ist aber praktische Erkenntnis? Kant benutzt den Begriff zur Bezeichnung eines Vorgangs, der moralische Einsichten vermittelt: „Ich begnüge mich hier, die theoretische Erkenntniss durch eine solche zu erklären, wodurch ich erkenne, *was da ist*, die praktische aber, dadurch ich mir vorstelle, *was da sein soll*. Diesemnach ist der theoretische Gebrauch der Vernunft derjenige, durch den ich *a priori* (als nothwendig) erkenne, dass etwas sei; der praktische aber, durch den *a priori* erkannt wird, was geschehen solle."[50] Die Metaphysik, auch wenn ihre Inhalte von der theoretischen Vernunft nicht a priori erkannt werden können und alle diesbezüglichen Spekulationen daher überflüssig und sinnlos sind, erweist sich für Kant doch als ein nötiges Regulativ, das den auf seinem Erkenntnisweg fortschreitenden vernünftigen Menschen vor dem moralischen Verfall bewahrt:

> Eben deswegen ist Metaphysik auch die Vollendung aller *Cultur* der menschlichen Vernunft, die unentbehrlich ist, wenn man gleich ihren Einfluss als Wissenschaft auf gewisse bestimmte Zwecke beiseite setzt. Denn sie betrachtet die Vernunft nach ihren Elementen und obersten Maximen, die selbst der *Möglichkeit* einiger Wissenschaften und dem Gebrauche aller zum Grunde liegen müssen. Dass sie als bloße Speculation mehr dazu dient, Irrthümer abzuhalten als die Erkenntniss zu erweitern, thut ihrem Werthe keinen Abbruch, sondern giebt ihr vielmehr Würde und Ansehen durch das Censoramt, welches die allgemeine Ordnung und Eintracht, ja den Wohlstand des wissenschaftlichen gemeinen Wesens sichert und dessen muthige und fruchtbare Bearbeitungen abhält, sich nicht von dem Hauptzwecke, der allgemeinen Glückseligkeit zu entfernen.[51]

Als eine auf apriorische Erkenntnis bedachte philosophische Disziplin wird die Metaphysik von Kant tatsächlich ad acta gelegt, da sie sich in diesem Anspruch unterstehe, etwas Menschenunmögliches zu leisten. Als die Domäne der sittlichen Existenz des Menschen bleibt sie aber weiterhin bedeutsam. Wenn man die Gegenstände der Metaphysik auch nicht erkennen kann, so kann und soll man sie doch denken. Daß man von ihnen also bloß eine „moralische Gewißheit"[52] haben, daß man an sie bloß glauben kann, ging den späteren Erkenntnissuchern der Romantik freilich nicht weit genug. Sie wollten die Geheimnisse des universalen Zusammenhanges eben nicht nur erahnen, sondern in Erkenntnisakten, die über das Vermögen der Vernunft noch hinausgehen, begreifen und sich aneignen; sie wollten um sie fühlend wissen oder, wie es bei Schelling heißt, sie in einer intellektuellen Anschauung begreifen – mit einem Wort: sie wollten die Welt in einer Weise durchdringen, die Kant unwillig als fruchtlose Schwärmerei verwirft. Für die Romantiker galt es daher, Kant zu überwinden, sei es, indem man seine Philosophie den eigenen Ansichten unterwarf und dienstbar machte, sei es, daß man sie widerlegte oder, wo dies nicht gelingen wollte, sie wenigstens nach besten Kräften diskreditierte.[53]

III. Die Nachtseite der Naturwissenschaft

Viele Romantiker nahmen also mit großer Bestürzung Kants unwiderlegbar scheinende Argumentation zur Kenntnis, daß der Mensch zu keiner Einsicht der Dinge an sich in der Lage und mithin außerstande sei, über seinen Daseinszweck im Universum jemals Klarheit zu erhalten. Zeitgenossen wie Johann Georg Hamann, Friedrich Heinrich Jacobi oder Johann Gottfried Herder wurden daher zu entschiedenen Gegnern der Kantischen Philosophie, während andere Sympathisanten der beginnenden Romantik von einem unerträglichen Gefühl der Klaustrophobie bedrängt wurden und sich um die herrlichen Weiten des Unendlichen betrogen fühlten. Wie klein war doch das Universum auf einmal geworden, in dem die unsterbliche Seele nun wie in einem Schuhkarton eingesperrt schien! Mußte dies nicht zwangsläufig das Ende aller höheren Aspirationen bedeuten, und war nicht auch die Kunst in ihrem Anspruch, den Menschen auf seinem Weg der Vervollkommnung immer weiter zu führen, in eine Sackgasse geraten?[54] Es schien, als habe Kant mit seinen monumentalen Schriften vor der Nachwelt gewissermaßen eine Tür zugeschlagen, und nun probierte die vor dem Hindernis stehende Gesellschaft, wie diese zu öffnen sei, um als funktionaler Bestandteil in ein neu zu errichtendes Gebäude integriert zu werden. Auch die romantischen Dichter sahen sich häufig zu einem gründlichen Studium der Systematik des Königsberger Philosophen genötigt; Novalis und Hölderlin bemühten sich redlich um ein Verständnis der schwierigen Schriften, und Kleist geriet 1801 durch die Lektüre der *Kritik der reinen Vernunft* in eine schwere weltanschauliche Krise, da ihm die dort erläuterte Uneinsehbarkeit der Dinge an sich die Zuversicht nahm, sich durch eine kontinuierliche Bildung der Seele in diesem und in späteren Leben allmählich zu vervollkommnen und auf solche Weise „von hinten"[55] in das verlorene Paradies zurückzugelangen. Auch Thomas De Quincey, der sich in seiner frühen Zeit zum Philosophen berufen fühlte und sich deshalb die Lektüre der Kantischen Schriften in der deutschen Originalfassung zumutete, erreichte wie Kleist einen Punkt, an dem er zu erkennen glaubte, daß die kopernikanische Wende in eine Sackgasse führe:

> Die Grundzüge dieser Philosophie, meinte De Quincey, hätten sich als „Sackgassen" erwiesen, „Passagen, die nirgendwohin führten; … und jeder Weg durch Barrieren versperrt, die kein Mensch zu überwinden vermag". Die Überlegung, daß Raum und Zeit, Kausalität, auch die Logik selbst als bloße Vorstellungen des menschlichen Bewußtseins keine Grundlage in der äußeren Realität haben könnten, erfüllte ihn mit Grausen: „Wenn jemand auch nur ein wenig über diesen oder andere Aspekte der Transzendentalphilosophie nachdenkt, so wird es ihm erscheinen, als ob der solide Boden unter seinen Füßen plötzlich zu beben beginnt."[56]

Während die kopernikanische Wende in der Metaphysik manchen Romantikern zu einem schmerzlichen Stein des Anstoßes wurde, gab es auch Gestalten, die sich kraft einer empfundenen inneren Erleuchtung nicht an der Kantischen Tür zu stoßen brauchten, sondern gewissermaßen wie Geister durch sie hindurchstiegen, ohne sie überhaupt zur Kenntnis zu nehmen. Ein solcher Geist ist der Schelling-Schüler Gotthilf Heinrich SCHUBERT (1780–1860).[57] In der Philosophiegeschichte wird er nicht ganz zu Unrecht geschmäht[58], da er oft wie ein biederer Hausvater argumentiert, dessen Gewißheit über seine Kenntnis der Welt zu einem guten Teil auf einer gesunden Ignoranz des Komplexen beruht. Dennoch hat er das romantische Weltbild in Deutschland als einer der populärsten philosophischen Autoren entscheidend mitbeeinflußt (E. T. A. Hoffmann etwa erwartete seine Veröffentlichungen stets mit großer Ungeduld[59]), so daß man seine Schriften auch im Ausland zur Kenntnis nahm.[60]

Als praktischer Arzt hatte Schubert sich zunächst aus Interesse an den heilkundlichen Aspekten des Magnetismus und Somnambulismus in der Anwendung dieser Verfahren unterweisen lassen und war durch die Offenbarungserlebnisse seiner in Trance versetzten Patienten zu einer spekulativen Ergründung jener Kräfte und Energien veranlaßt worden, die das ganze irdische Dasein des Menschen zu bestimmen schienen. Um sich ganz seinen naturwissenschaftlichen Studien widmen zu können, gab er seine Praxis auf und nutzte die günstige Gelegenheit, sich in Dresden an einer öffentlichen Veranstaltungsreihe zu beteiligen, wo er Vorträge über den Magnetismus halten sollte. So konnte er sich mit der ganzen Leidenschaft des Amateurs in das Studium der geheimnisvollen Natur vertiefen und veröffentlichte 1808 als erstes Resultat dieser Bemühungen die *Ansichten von der Nachtseite der Naturwissenschaft*. Der Titel dieser erfolgreichen Schrift hat einen programmatischen Charakter.[61] Bemerkenswert ist zunächst, daß mit der Verbindung der Begriffe „Naturwissenschaft" und „Nacht" ein Zusammenhang hergestellt wird, der noch wenige Jahrzehnte zuvor undenkbar gewesen wäre. Für den Aufklärer war die auf Exaktheit bedachte Wissenschaft von der Natur doch gerade paradigmatisch für die Erhellung der Dinge durch das Licht der Vernunft. Daß bestimmte Sachverhalte nicht beleuchtet waren und das Weltbild daher noch dunkle Stellen aufwies, so wie weiße Flecken auf den Atlanten die *noch* unerforschten Gebiete markieren, war zwar nicht zu bestreiten, doch konnte es sich in den Augen eines Aufklärers nur um eine Frage der Zeit handeln, bis diese dunklen Stellen unter dem Fortschritt der Wissenschaften beseitigt würden. Daß aber die Lichtquelle *selbst*, nämlich die vernünftige Wissenschaft, einen Schatten werfe, dessen Dunkel sie *per definitionem* niemals ausleuchten könne (so wie man sich vergeblich drehen und wenden wird, um den eigenen Hinterkopf frontal zu erblicken), mußte ihm unerhört erscheinen.[62] Schubert bezieht sich ganz im Sinn der Romantik auf jene Erfahrungsbereiche, die sich der rationalen Definition entziehen und die der Aufklärer daher nicht ernstgenommen und in den Bereich des „Aberglaubens" verwiesen hatte. Träume, Visionen, Hellseherei und dergleichen Phänomene, die zuvor unterschiedslos als Formen der *aberratio* verworfen wurden, wird nun eine wichtige Bedeutung zuerkannt, da sie die überall in der Natur vorhandenen, jedoch verschlüsselten Botschaften über den kosmischen Gesamtzusammenhang zu dechiffrieren versprechen.[63] So schreibt Lechner:

III. Die Nachtseite der Naturwissenschaft

Für den romantischen Naturphilosophen vom Schlage Schuberts ... war diese ‚neue' Wissenschaft eine wahre Fundgrube, aus deren Tiefen er Bausteine zutage förderte, das schwankende Gerüst seines Systems zu stützen und zu halten; denn sollte der Aufstieg von der organischen Natur in das vernünftige Dasein lückenlos geschehen, so mußte die Forschung gerade da einsetzen, wo die ‚Vernünftigkeit des All' sich bislang dem menschlichen Geist verhüllt hatte. Darum bildeten psychologische Untersuchungen im späteren romantischen Zeitalter einen wesentlichen Bestandteil der Naturphilosophie; einen geeigneten Namen entlieh man aus der Astronomie. Wie nämlich ‚die uns abgewandte Hälfte der Planeten in einem eigentümlichen phosphoreszierenden Licht nur da sichtbar wird, wo das mehr oder minder hell scheinende Gestirn des Tages seines Lichtes sich begibt', so enthüllen sich auch jene geheimnisvollen Erscheinungen des Somnambulismus und jene rätselhaften Verschlingungen der bewußten und unbewußten Tätigkeiten der menschlichen Psyche erst dann, *wenn die äußeren Sinne vollständig ihre Tätigkeit eingestellt haben*; und wie nun die Astronomen jene abgewandte Hälfte die Nachtseite des Planeten nennen, so gab es für die Romantiker in jenen dunklen Regionen des geistigen Daseins eine ‚Nachtseite' der menschlichen Psyche.[64]

„Das älteste Verhältnis des Menschen zu der Natur, die lebendige Harmonie des einzelnen mit dem Ganzen, der Zusammenhang eines jetzigen Daseyns mit einem zukünftigen höheren, und wie sich der Keim des neuen zukünftigen Lebens in der Mitte des jetzigen allmählich entfalte"[65], so umschreibt Schubert die zentralen Fragen seiner Schrift. Wie Swedenborg und seine Anhänger ging auch er von der für das ganze Denken der Romantik so bedeutsamen Annahme eines Goldenen Zeitalters aus, in dem Alles mit Allem harmonisch vereint war. In einem allmählichen Prozeß immer neuer Differenzierungen sei dann die Natur entstanden, so wie wir sie heute kennen: Zunächst habe sich die Erde in Gebirge und riesige Pflanzenwälder geteilt, worauf die Trennung von Luft und Wasser erfolgt sei[66] und eine unaufhörliche Kette dualistischer Spaltungen begonnen habe, die der naturgesetzlichen Notwendigkeit zugrunde liege, daß alle Materie sich in zwei gegensätzliche Pole scheiden müsse, um nicht einander, sondern jeweils dem Höheren, also der geistigen Mitte des Universums, liebend entgegenzustreben. Nach der vollzogenen Trennung erwache aber in allen Dingen und Wesen eine Sehnsucht nach der Wiedererlangung der ursprünglichen Einheit, deren Triebkraft wiederum die Liebe sei. So suchten Mensch und Tier in der Vereinigung mit dem jeweils anderen Geschlecht die ursprüngliche kosmische Einheit zurückzuerlangen, und selbst noch die niedrigsten Elemente (wie z.B. das Metall, das schmelze, um sich mit der Luft zu vereinen) seien vom selben Drang beseelt. Aber auch in sich selbst sei der Mensch ein gespaltenes Wesen, in dem eine innere und eine äußere Gestalt und demnach auch ein innerer und äußerer Sinn nebeneinander bestünden. Während der äußere Sinn den wachen Geist gewöhnlich nahezu völlig ausfülle, sei die Vorherrschaft des inneren Sinnes vor allem auf die Zeiten des Träumens und vergleichbare Situationen beschränkt, in denen die äußeren Sinne ruhten. Mystische Erlebnismomente vermittelten nun eine Ahnung von der ursprünglichen Einheit beider Sinne, die es auf Dauer, und zwar durch die Rückkehr zur Teilnahme am göttlichen Wesen, wiederzuerlangen gelte. So sehr sich die Welt aber äußerlich in eine Fülle isolierter Elemente aufgelöst habe, so sei doch immer noch alles durch eine in bestimmten Ausnahmesituationen spürbare Aura miteinander verbunden, die Schubert in Anlehnung an Mesmers Theorie von einem alles durchwirkenden Fluidum als „Sympathie" bezeichnet.

Für den Menschen, dessen unschuldiger Urinstinkt mit der Entstehung eines reflektierenden Bewußtseins vernichtet wurde, sei die Wiedererlangung des paradiesischen Zustands der allumfassenden Einheit aber nur noch auf dem Wege einer fortschreitenden Bewußtseinsvervollkommnung zu erreichen, auf deren höchster Stufe er gleichsam einen rein geistigen Status erhalte.[67] Während die Liebe und die Poesie Schubert zufolge zwar eine vorübergehende Anschauung des Urzustandes ermöglichen, sei doch nur die Naturwissenschaft in der Lage, durch ihre Ergründung des göttlichen Zusammenhanges der Natur die Bildung des einzelnen zu befördern und ihn dadurch dem Ziel einer dauerhaften Wiedererlangung der verlorenen Harmonie näherzubringen.[68] Daß Schuberts Vorstellungen mit unserem heutigen Verständnis der Naturwissenschaften wenig gemein haben, liegt auf der Hand, zumal das Wissen von der Natur für den Romantiker eine mystisch-religiöse Suche mit einbezieht, die der ganzen Forschung überhaupt erst ihren tieferen Sinn verleihe. Nach Schuberts Verständnis füllen die Naturwissenschaften eine Lücke aus, die dadurch entstanden ist, daß der Mensch seine einstige Fähigkeit zur unmittelbaren Anschauung der göttlichen Seele der Natur verlor. Während im Goldenen Zeitalter jede Kreatur mit allem eins war und daher auch alle Zusammenhänge erblickte (ohne sie indessen im heutigen Sinn zu verstehen, denn sie war ja noch „unschuldig", also ohne Bewußtsein), müssen die Menschen der späteren Zeitalter sich den Wissenschaften anvertrauen, welche die Geheimnisse der Natur in mühsamer Kleinarbeit nunmehr in die Sprache des Bewußtseins übertragen und damit die Basis für eine kollektive Wiederbeschaffung des Verlorenen einrichten sollen. Dabei ist entscheidend, daß die verlorene Fähigkeit des Menschen, mit dem Wesen der Natur zu kommunizieren, sich für Schubert als eine Korruption des menschlichen Liebens erweist. In diesem Sinn schreibt er in der 1814 erschienenen *Symbolik des Traumes*:

> So ist auch dem Menschen die Sinnenwelt und sein armes Selbst Gegenstand der Liebe und des Sehnens geworden, während der ursprüngliche Gegenstand seiner Liebe, die Region des Geistigen und Göttlichen, ihn kalt läßet. In traurigem Wahnsinn bezieht er nun jene Worte der ursprünglichen Sprache, die von der ewigen Liebe und ihrem unsterblichen Vorwurfe handelten, auf das enge Bedürfniß, seine eigene unnatürliche Liebe, und jenes Wort, welches den Geist des göttlichen Erkennens bedeutete, womit Gott die Welt und den Menschen erkannte und aus sich erzeugte, hat für ihn, nach einem oben gewählten Beyspiel[69], die Bedeutung niederer sinnlicher Lust gewonnen … Hier ist der Quell aller jener Mißverständnisse und Verwechselungen … Nur wer die höhere Region des Geistigen kennt, und jenes Wort, das seitdem an der Stelle der Natur geoffenbaret worden, und das mit dieser von gleichem Inhalt, der wird den Schlüssel zu jenem Labyrinth mannichfaltiger, für uns bedeutungslos gewordener Gestaltenhieroglyphen finden. [ST 86–88]

Seit dieser Entfremdung des Menschen von der „Sprache der Natur und des Gefühles", so fährt Schubert fort, „hat sein Geist durch Sprache und Wissenschaft einen von der Region des Gefühls ... immer mehr abführenden Weg gehen müssen." [ST 92] Dabei findet er die nüchterne Prosa der Naturwissenschaften aber durchaus geeignet, die Geheimnisse der Natur durch die empirische Ergründung[70] ihrer Phänomene mittelbar neu zu erschließen und verweist auf den Somnambulismus, der infolge genauer Beobachtungen und Experimente relativ zuverlässig zu erzeugen sei:

> Schon im Zustand des Somnambulismus tritt ... jenes liebende Vermögen wieder mit der höheren Region in Berührung, empfängt aus ihr ein Licht, worinnen ihm die ganze in seinem Umfange liegende ... Welt, über die Schranken der Zeit und des Raumes hinüber klar wird, obgleich sich dasselbe seiner noch nicht in jenem höheren Centrum sondern bloß in dem Magnetiseur bewußt ist. Es empfängt deshalb schon in einem gewissen Grade der Somnambulismus, der Traum, ja selbst der Wahnsinn, jenes prophetische Erkennen, und es wird uns schon hierdurch jenes Vermögen unserer Natur, als die Gabe eines neuen, höheren Gesichtes, dessen Blick weit über die Schranken unserer Natur hinüberreicht, wichtig. [ST 201]

IV. Die Erforschung des Unbewußten

„Zu dem Zeitpunkt, als die Romantiker dem Unbewußten so hohe Bedeutung beimessen, ist es dem Begriffe nach schon längst bekannt. Bei Leibniz wie bei Herder spielt es eine große Rolle, ohne aber je zu höchster Wichtigkeit aufzurücken. Das Unbewußte der Romantiker ist weder eine Summe alter, vergessener oder verdrängter Bewußtseinsinhalte (Freud), noch ein larvenartiges Bewußtsein (Leibniz), noch auch ein dunkles Gebiet voller Gefahren (Herder). Es ist nicht weniger als die Wurzel des menschlichen Seins, sein Ansatzpunkt im großen Gang der Natur. Durch das Unbewußte allein bleiben wir im Einklang mit dem kosmischen Rhythmus, bleiben wir unserem göttlichen Ursprung verbunden."[71] Mit diesen Worten umreißt Béguin die grundsätzliche Bedeutung des Unbewußten in der Romantik. Wenn der Begriff also schon lange vorher geläufig war, so begann doch erst mit der Wende vom 18. zum 19. Jahrhundert jene philosophische Entwicklung, aus der eine neue Wissenschaft erwuchs, die Psychologie, deren erste theoretische Ansätze oft und mit gutem Grund als die „Entdeckung des Unbewußten"[72] apostrophiert werden. Bevor jedoch nachfolgend einige Grundzüge der Psychologiegeschichte von 1800 bis etwa 1860 vorgestellt werden, erscheint es angebracht, darauf hinzuweisen, daß die Begriffe „Bewußtsein" und „Unbewußtes" nicht ganz unproblematisch sind. So muß die Formulierung von der „Entdeckung des Unbewußten" stets in der stillschweigenden Anerkennung gründen, daß hiermit eigentlich ein erkenntnistheoretisches Paradoxon aufgestellt wird, da das Unbewußte streng genommen eine Größe ist, von der wir eben nichts wissen, denn sonst wäre es ja nicht unbewußt. Wenn also das Unbewußte *entdeckt* wird, dann wird es damit zu einem Inhalt des

Bewußtseins und ist nicht länger das, wovon man ursprünglich Kenntnis erhalten wollte. Das Unbewußte ist also, ähnlich wie das Kantische „Ding an sich", in jedem Fall etwas, wovon wir *per definitionem* keine Kenntnis haben können. In diesem Sinn hat auch Freud darauf hingewiesen, daß unsere bewußten Wahrnehmungen des Unbewußten und diese unbewußten Vorgänge selbst durchaus zweierlei sind und nicht miteinander verwechselt werden sollten.[73] Wenn man einmal außer acht läßt, daß alle Inhalte des Unbewußten, die sich das Bewußtsein in der Anschauung zu eigen macht, uns nur als Vorstellungen bekannt werden, so daß wir keineswegs mit Sicherheit beurteilen können, ob diese Vorstellungen mit den tatsächlichen Inhalten des Unbewußten übereinstimmen oder vielleicht nur besonders konditionierte Verfremdungen dieser Inhalte sind, dann könnte man auf den Gedanken kommen, daß mit jeder Bewußtmachung eines Teils des Unbewußten ein Transport erfolge, in dessen Verlauf sozusagen die eine Lagerhalle zusehends geleert und die andere proportional dazu immer mehr gefüllt werde, d.h. daß also das Bewußtsein, wenn es alle unbewußten Inhalte absorbieren könnte, das Unbewußte schließlich auslöschen müßte. In einer solchen maximalen Ausdehnung wäre das Bewußtsein praktisch mit der geistigen Omnipräsenz Gottes identisch. Tatsächlich war eine solche umfassende Bewußtseinsvervollkommnung das Ziel allen romantischen Strebens, das unter der Voraussetzung einer kontinuierlichen Wiedergeburt in immer höhere Existenzformen allmählich erreicht werden sollte. Demgegenüber besteht jedoch für den Menschen, dessen Sprache und Denken auf dualistischen Konzeptionen gründet, das Problem, daß der Begriff des Bewußtseins seinen Sinn nur unter der Voraussetzung erhält, daß es auch etwas gebe, welches *nicht* bewußt sei. So argumentiert Schelling gegenüber der Fichteschen Philosophie der Freiheit, in der das bewußte Ich als unumschränkter Schöpfer alles Seienden gefeiert wird, daß etwas nur dann bewußt werden könne, wenn es zuvor unbewußt gewesen sei. Wenn nämlich das Bewußtsein ein Zustand sei, in dem das Ich zu sich komme, so folge daraus zwangsläufig, daß es zuvor „außer sich" gewesen sein müsse. Die Feststellung „Ich bin", mit der sich ein Bewußtsein konstituiert, ist also nicht primär, sondern folgt auf einen gewissermaßen chaotischen Urzustand, in dem „Ich" nicht war.[74] In seinem Lehrbuch *Psychologie* (1864) weist Immanuel Hermann Fichte, der Sohn des Philosophen, darauf hin, daß ein Bewußtsein ohne das gleichzeitige Vorhandensein eines Unbewußten undenkbar sei, da es nichts anderes sei als ein Beleuchten von Unbewußtem.[75] Auch Schopenhauer hatte schon festgestellt, daß ein Bewußtsein nie als „reine Intelligenz" bestehen könne:

> Nicht nur das Bewußtseyn von anderen Dingen, d.i. die Wahrnehmung der Außenwelt, sondern auch das *Selbstbewußtseyn* enthält … ein Erkennendes und ein Erkanntes: sonst wäre es kein *Bewußtseyn*. Denn *Bewußtseyn* besteht im Erkennen: aber dazu gehört ein Erkennendes und ein Erkanntes; daher auch das Selbstbewußtseyn nicht Statt haben könnte, wenn nicht auch in ihm dem Erkennenden gegenüber ein davon Verschiedenes Erkanntes wäre. Wie nämlich kein Objekt ohne Subjekt seyn kann, so auch kein Subjekt ohne Objekt, d.h. kein Erkennendes ohne ein von ihm Verschiedenes, welches erkannt wird. Daher ist ein Bewußtseyn, welches durch und durch reine Intelligenz wäre,

unmöglich. Die Intelligenz gleicht der Sonne, welche den Raum nicht erleuchtet, wenn nicht ein Gegenstand da ist, von dem ihre Strahlen zurückgeworfen werden. [WW, II 225]

Mit anderen Worten: Der Begriff des Bewußtseins ist notwendig an den Begriff eines gleichzeitig vorhandenen Unbewußten gebunden, so daß ein reines und universales Bewußtsein, wie es die Romantiker anstrebten, dem Begriff nach als ein Widerspruch in sich selbst aufgefaßt werden muß. Das Problem ist indessen nur ein terminologisches, denn die vorangegangenen Überlegungen erweisen ja nicht, daß eine rein geistige Präsenz unmöglich sei, sondern zeigen nur, daß man eine solche nicht mit dem Begriff des „Bewußtseins" bezeichnen kann. Das höchste Ziel des romantischen Strebens ist daher nicht bloß eine durch stetige Bildung erworbene größtmögliche Bewußtseinserweiterung, sondern vielmehr eine völlige Entgrenzung des Bewußtseins, durch die es letztlich ebenso überwunden wird wie unser ganzes dualistisches, dimensional verankertes Weltbild überhaupt, was der Wiedererlangung des ursprünglichen All-Einen gleichkommt.

Einer der frühesten psychologisch interessierten Schriftsteller ist der durch Aufklärung, Irrationalismus und pietistisches Gedankengut beeinflußte Karl Philipp MORITZ (1756–1793), dessen Werk eine klare Sympathie mit dem in den 1770er Jahren aufgekommenen schwärmerischen Geniekult des deutschen Sturm und Drang zum Ausdruck bringt, aber auch bereits wesentliche Elemente der Romantik vorwegnimmt. *Anton Reiser*, sein Hauptwerk, das 1785/86 und 1790 in vier Bänden erschien und im Untertitel als *Ein psychologischer Roman* bezeichnet wird, ist eine auf genauer Selbstanalyse gründende Autobiographie und war ursprünglich wohl eher als eine Form der Selbsttherapie denn als literarisches Kunstwerk begonnen worden. Schließlich nutzte der Autor es auch als einen Beitrag für das von ihm herausgegebene *Magazin zur Erfahrungsseelenkunde*, in dem bereits zwei Jahre vor der Veröffentlichung der ersten Bände einige Auszüge abgedruckt wurden. Wenn die Gründlichkeit der Selbstbeobachtung in mancher Hinsicht an Rousseaus erst wenige Jahre zuvor erschienene *Confessions* erinnert, in denen dieser eine schonungslose Offenlegung der eigenen Seelengeschichte anstrebte, so unterscheidet sich der *Anton Reiser* von jenem Werk doch durch die distanzierte Perspektive, welche die Schilderung der empfindlichen Rückschläge und Enttäuschungen des Protagonisten vor allem als pädagogisches und seelenkundliches Anschauungsmaterial versteht. Die Bezeichnung des Buches als „psychologischer Roman" verursachte unter den Lesern einige Verwirrung, so daß sich Moritz genötigt sah, den Begriff in seinen Vorreden zu den einzelnen Bänden zu erläutern. So lautet die Vorrede des zweiten Bandes:

> Um fernern schiefen Urteilen, wie schon einige über dieses Buch gefällt sind, vorzubeugen, sehe ich mich genötigt, zu erklären, daß dasjenige, was ich aus Ursachen, die ich für leicht zu erraten hielt, einen psychologischen Roman genannt habe, im eigentlichsten Verstande Biographie und zwar eine so wahre und getreue Darstellung eines Menschenlebens bis auf seine kleinsten Nüancen ist, als es vielleicht nur irgendeine geben kann.
>
> Wem nun an einer solchen getreuen Darstellung etwas gelegen ist, der wird sich an das anfänglich Unbedeutende und unwichtig Scheinende nicht stoßen, sondern in Erwägung

> ziehen, daß dies künstlich verflochtne Gewebe eines Menschenlebens aus einer unendlichen Menge von Kleinigkeiten besteht, die alle in dieser Verflechtung äußerst wichtig werden, so unbedeutend sie an sich scheinen. –
> Wer auf sein vergangnes Leben aufmerksam wird, der glaubt zuerst oft nichts als Zwecklosigkeit, abgerißne Fäden, Verwirrung, Nacht und Dunkelheit zu sehen; je mehr sich aber sein Blick darauf heftet, desto mehr verschwindet die Dunkelheit, die Zwecklosigkeit verliert sich allmählich, die abgerißnen Fäden knüpfen sich wieder an, das Untereinandergeworfene und Verwirrte ordnet sich – und das Mißtönende löset sich unvermerkt in Harmonie und Wohlklang auf. –[76]

Was Moritz hier formuliert, ist letztlich nichts anderes als die erste Voraussetzung der Psychoanalyse, nämlich die Überzeugung, daß kein Ereignis in der Entwicklung eines Menschen eigentlich unbedeutsam sei, sondern jedes, einschließlich der Fülle vermeintlicher Trivialitäten, dazu beitrage, die Psyche der Person zu prägen. Es ist diese Einsicht, die ihn veranlaßte, in den Erfahrungen des Anton Reiser das Exemplarische einer Fallstudie zu suchen, die „einige vielleicht nicht unnütze und nicht unbedeutende Winke für Lehrer und Erzieher sowohl als für junge Leute"[77] enthalten sollte. Ebenso bemerkenswert ist die Auffassung, daß Reisers Selbsttäuschungen (etwa über seine Berufung zum Künstler), denen er im Roman immer wieder erliegt, ursächlich auf frühe Kindheitserlebnisse zurückgeführt werden.

Dennoch war Moritz kein früher Vorläufer der Freudschen Psychoanalyse. So geht er in den Artikeln des *Magazins zur Erfahrungsseelenkunde*, ähnlich wie Mesmer, davon aus, daß die seelische Gesundheit des Menschen auf einem empfindlichen Gleichgewicht beruhe, zu dessen Erhaltung die ständig auf das Bewußtsein eindrängenden Impressionen teilweise verdrängt, also in das Dunkel des Unbewußten abgeleitet werden müßten: „Es scheint, als wenn die Ideen, welche wir im Traume erhalten, ordentlicherweise wieder verdunkelt werden müssen. Mir ist wenigstens die Erinnerung von Träumen höchst unangenehm, weil sie den ganzen Tag über einige Unordnung in meinen übrigen Ideen erweckt."[78] Deshalb sei es die Aufgabe des Seelenarztes, bei psychisch Kranken die Herrschaft des rationalen Bewußtseins wiederherzustellen und das bewußt gewordene Verdrängte abermals zu verdrängen. Im Unterschied zum Psychoanalytiker sieht Moritz in den verdrängten Inhalten also nicht ungelöste Probleme, die, um gelöst zu werden, erst einmal ins Bewußtsein zurückgeholt werden müssen, sondern versteht sie als schlechthin schädliche Elemente, denen nur durch Verdrängung beizukommen ist; sie sollen also gewissermaßen in Dunkelhaft verbannt werden. „Die Entschiedenheit", schreibt Béguin, „mit der er diese Überzeugung äußert, entspringt der aus seinen Romanen bekannten Befürchtung, das Traumleben, gäbe man sich ihm ganz und gar hin, hätte den Wahnsinn und den völligen Verlust der Individualität zur Folge. Zur Zeit seiner rationalistischen Anwandlungen schreckt er davor zurück, aus der Begrenztheit des Ichs, die er sein Leben lang als unerträgliches Gefängnis empfunden hat, auszubrechen und den Sprung in die Nacht zu wagen." Dennoch hielt diese Furcht den durchaus widersprüchlichen Denker keineswegs davon ab, seinen Zeitgenossen das aufmerk-

IV. Die Erforschung des Unbewußten

same Studium der Träume nahezulegen, um dadurch eine bessere „Kenntnis dessen, was in uns denkt" zu erhalten und „um durch den Unterschied zwischen Traum und Wahrheit die Wahrheit selbst auf bessere Stützen zu stellen."[79]

Mit seinen in groben Zügen dargelegten psychologischen Ideen lieferte Moritz aber noch kein geschlossenes System zur Erklärung der Beziehungen von Bewußtem und Unbewußtem. Dieser Aufgabe widmete sich dagegen der einstige Tübinger Stiftsgenosse Hölderlins und Hegels, Friedrich Wilhelm Joseph SCHELLING (1775–1854), der als Begründer der romantischen Naturphilosophie angesehen werden kann und die Ansicht vertrat, daß die Natur in ihrem Streben zur Überwindung des Anorganischen als einer niederen Lebensform mit dem werdenden Ich gleichzusetzen sei (hier taucht also der schon angesprochene Vervollkommnungsgedanke wieder auf). Natur und Geist, so Schelling, ergeben zusammen eine untrennbare Größe, die dem Absoluten entspringe, so daß die Naturwissenschaft nicht allein mit physikalischen Begriffen operieren könne, um eine Erkenntnis der Natur zu erlangen, sondern dazu auch die geistigen Grundsätze ihrer Bildung und ihres Wesens berücksichtigen müsse und mithin ergänzend einer Philosophie von der Natur bedürfe. Das grundlegende Wirkungsprinzip der Natur sei die *Weltseele*[80], die in jedem auch noch so unscheinbaren Bestandteil der Natur gegenwärtig sei. Aus dieser Gemeinsamkeit aller natürlichen Elemente erwachse die Möglichkeit, die für einen Bereich ermittelten Gesetzmäßigkeiten durch Analogieschlüsse auf andere Bereiche zu übertragen.

Schelling hatte sich, wie bereits angedeutet wurde, mit Kant und dann vor allem mit der Philosophie Johann Gottlieb Fichtes kritisch auseinandergesetzt, aus der er die Definition des Bewußtseins als ein Zu-sich-Kommen (das „Ich bin") übernahm, woraufhin er aber zu dem Schluß gelangte, daß dieser Vorgang nur auf einen vorherigen Zustand des „Außersichseyns" folgen könne, daß also das Bewußtsein nur im Zusammenhang mit einem Unbewußten denkbar sei, aus dem es sich konstituiere. Dieses „Jenseits des Bewußtseins", so formulert er in seiner *Geschichte der neueren Philosophie* (1833/34), wird als eine Art archetypische Matrix gedeutet, oder, wie Jung schreiben würde, ein kollektives Unbewußtes, an dem alle Menschen in gleicher Weise teilhätten, bevor sie sich im Prozeß der Bewußtwerdung zu einzelnen Individuen entwickelten. Die Aufgabe der als „Urwissenschaft" bezeichneten Naturphilosophie sei es nun, „daß jenes Ich des Bewußtseyns den ganzen Weg von dem Anfang seines Außersichseyns bis zu dem höchsten Bewußtseyn – *selbst* mit Bewußtseyn zurücklege. Die Philosophie ist insofern für das Ich nichts anderes als eine Anamnese, Erinnerung dessen, was es in seinem allgemeinen (seinem vorindividuellen) Seyn gethan und gelitten hat ..."[81]

Die Interessen der aus den Forschungen zum Magnetismus und Somnambulismus entstehenden Psychologie werden in den naturphilosophischen Betrachtungen Schellings allerdings kaum berücksichtigt. Es ist nicht das Unbewußte, dem seine Hauptaufmerksamkeit gilt, sondern die Frage nach der von Fichte postulierten Freiheit des Subjekts, die er durch die Einwirkung des Unbewußten gefährdet sieht.

So definiert er in seiner 1800 veröffentlichten Schrift *System des transcendentalen Idealismus* das Bewußtsein als einen Bereich, der ganz dem freien Willen des Ich unterworfen sei, also die Freiheit des Subjekts zum Ausdruck bringe, während das „Bewußtlose" (das Unbewußte) gewissermaßen von außen regiert werde und sich in Gestalt von Zwängen, also als „Nothwendigkeit" äußere. Damit gelangt Schelling zu dem Problem, wie es denn sein könne, daß uns aus einer willentlichen, in unserem Bewußtsein beschlossenen und also völlig freien Handlung dennoch Resultate entstehen können, die wir niemals beabsichtigen, die mithin ungewollt, nämlich ohne das Zutun des Bewußtseins hervorgebracht sind. Wird die Freiheit des Subjekts nicht völlig aufgehoben, wenn dessen Handlungen ständig durch ein Unkalkulierbares beeinflußt oder behindert werden können? Wenn dies so wäre, so bedeutete dies gleichsam das Ende aller Zuversicht und einen Absturz des Individuums in die Finsternis einer Welt, die von blindem Schicksal geleitet wird oder nur ein sinnloses Chaos ist. Um diesem fatalen Schluß auszuweichen, stützte sich Schelling auf die These, daß sowohl die Freiheit (das Bewußtsein) als auch die Notwendigkeit (das Unbewußte) in einem gemeinsamen absoluten Urgrund wurzelten, der gemäß göttlicher Vorsehung eine die ganze Menschheitsgeschichte durchwirkende Sinngebung sei. Wie ist dies im einzelnen zu verstehen?

Wenn das Subjekt sich tatsächlich durch seinen freien Willen selbst bestimmt, so ergibt sich hieraus zunächst das Problem, daß verschiedene Subjekte auch Verschiedenes wollen und daß aus dieser Verschiedenheit des Gewollten, etwa wenn zwei Subjekte etwas Gegenteiliges beabsichtigen, zwangsläufig Konflikte entstehen müssen. Entscheidend sei daher, so Schelling, daß die Handlungen des einzelnen Individuums nicht das individuelle Fortkommen, sondern das seiner ganzen Gattung bezweckten. „Der Erfolg meiner Handlungen ist also nicht von mir, sondern vom Willen aller übrigen abhängig, und ich vermag nichts zu jenem Zweck, wenn nicht alle denselben Zweck wollen. Aber dieß eben ist zweifelhaft und ungewiß, ja unmöglich, da bei weitem die meisten sich jenen Zweck nicht einmal denken."[82] Wie soll man also Gewißheit erhalten, daß das Handeln aller Menschen letztlich der Erreichung eines gemeinsamen Ziels dient? Man könnte etwa eine „moralische Weltordnung"[83] postulieren, auf die alles menschliche Handeln gerichtet sei, doch da man als Individuum stets in seinem eigenen Bewußtsein befangen bleibt, wird man niemals objektiv ermitteln können, ob alle anderen Individuen tatsächlich aus demselben Motiv heraus handeln, d.h. man ist außerstande, diese postulierte Ordnung als etwas a priori Gegebenes zu beweisen. Geht man aber davon aus, daß ein solches „schlechthin Objektives" gegeben sei, das alle menschlichen Handlungen unweigerlich in einem gemeinsamen Endzweck vereine, so ist es, „weil das einzig Objektive im Wollen das Bewußtlose ist", damit um die Freiheit des Handelns geschehen, d.h. der Mensch agiert nur noch fremdbestimmt, aus Notwendigkeit. Schelling löst das Problem folgendermaßen: Da sich die menschliche Gattung aus Individuen zusammensetzt, die als freie Subjekte auch individuell verschieden handeln, erscheint das

IV. Die Erforschung des Unbewußten

gesamte Handeln der Gattung, also die Geschichte, aus unserer Perspektive wie eine Fülle disparater und widersprüchlicher Elemente, die schwerlich eine harmonische Einheit bilden kann. Sollten die vielen disparaten Handlungen der Geschichte indessen nur unvereinbar *scheinen*, während sie tatsächlich sehr wohl auf ein gemeinsames Ganzes hinauslaufen, so muß der Punkt einer solchen Konvergenz außerhalb unserer Erfahrung, nämlich im Absoluten liegen. Von dieser Überlegung gelangt Schelling zu der Ansicht, daß die Geschichte ihren Zusammenhang durch die göttliche Vorsehung erhält, durch die unser freies Handeln sich zu einem fortwährenden Offenbarungsprozeß gestaltet, der erst dann vollständig zu überblicken sein wird, wenn sich die ganze Geschichte vollendet hat:

> Es folgt nun aus dem Bisherigen von selbst, welche Ansicht der Geschichte die einzig wahre ist. Die Geschichte als Ganzes ist eine fortgehende, allmählich sich enthüllende Offenbarung des Absoluten. Also man kann in der Geschichte nie die einzelne Stelle bezeichnen, wo die Spur der Vorsehung oder Gott selbst gleichsam sichtbar ist. … Der Mensch führt durch seine Geschichte einen fortwährenden Beweis von dem Daseyn Gottes, einen Beweis, der aber nur durch die ganze Geschichte vollendet seyn kann. … Ist nun die Erscheinung der Freiheit nothwendig unendlich, so ist auch die vollständige Entwicklung der Synthesis eine unendliche, und die Geschichte selbst eine nie ganz geschehene Offenbarung jenes Absoluten, das zum Behuf des Bewußtseyns … in das Bewußte und Bewußtlose, Freie und Anschauende sich trennt, selbst aber in dem unzugänglichen Lichte, in welchem es wohnt, die ewige Identität und der ewige Grund der Harmonie zwischen beiden ist.[84]

Wie können sich aber zwei ewig unvereinbare Gegensätze wie die Freiheit des Bewußtseins und die Notwendigkeit des Unbewußten zu einem harmonischen Ganzen verbinden? Als Vernunftwesen sind wir außerstande, uns eine solche Vereinigung des Widersprüchlichen vorzustellen; ihre Möglichkeit wird uns erst dann einsichtig, wenn wir alles erkannt, ein absolutes Bewußtsein und damit das Ende der Geschichte erreicht haben. Dies gilt zumindest für unser vernunftgeleitetes Bewußtsein und mithin für die Wissenschaft, die eine Vision des Ganzen nur erhalten mag, wenn sie das letzte Steinchen in das Mosaik ihrer langen Erkenntnisarbeit eingesetzt hat. Dennoch können wir auch heute schon eine Vorstellung von jener wundersamen Verbindung erhalten, und zwar durch die Kunst, in deren Produkten Subjekt und Objekt, Freiheit und Notwendigkeit, Bewußtsein und Unbewußtes miteinander verschmelzen. Was der Wissenschaftler unter größten Mühen nicht erreichen kann, nämlich das mit Bewußtsein erzeugte „Stückwerk der Freiheit"[85] durch Hinzufügung eines objektiven Gehaltes zu einem fertigen Gesamtbild zu ergänzen, schafft das in der Kunst sich äußernde Genie gewissermaßen im Schlaf. Denn im Unterschied zu bloßem Talent oder bloßer Geschicklichkeit ist das Genie eine Qualität, die einen Teil ihrer Kraft aus dem Unbewußten zieht, so daß der Künstler, ohne recht zu wissen, was eigentlich geschieht, in seiner kreativen Produktion auch eine Wahrheit abbildet, die ihm selbst durchaus unverständlich bleibt:

> Daß alle ästhetische Produktion auf einem Gegensatz von Thätigkeiten beruhe, läßt sich schon aus der Aussage aller Künstler, daß sie zur Hervorbringung ihrer Werke unwillkürlich getrieben werden, ... mit Recht schließen, denn wenn jeder Trieb von einem Widerspruch ausgeht, so, daß, den Widerspruch gesetzt, die freie Thätigkeit unwillkürlich wird, so muß auch der künstlerische Trieb aus einem solchen Gefühl eines inneren Widerspruchs hervorgehen. Dieser Widerspruch aber, da er den ganzen Menschen mit allen seinen Kräften in Bewegung setzt, ist ohne Zweifel ein Widerspruch, der *das Letzte in ihm*, die Wurzel seines ganzen Daseyns, angreift ... Es kann also nur der Widerspruch zwischen dem Bewußten und dem Bewußtlosen im freien Handeln seyn, welcher den künstlerischen Trieb in Bewegung setzt, sowie es hinwiederum nur der Kunst gegeben seyn kann, unser unendliches Streben zu befriedigen und auch den letzten und äußersten Widerspruch in uns aufzulösen.
>
> So wie die ästhetische Produktion ausgeht vom Gefühl eines scheinbar unauflöslichen Widerspruchs, ebenso endet sie nach dem Bekenntniß aller Künstler, und aller, die ihre Begeisterung theilen, im Gefühl einer unendlichen Harmonie ... Ebenso wie der verhängnißvolle Mensch nicht vollführt, was er will, oder beabsichtigt, sondern was er durch ein unbegreifliches Schicksal, unter dessen Einwirkung er steht, vollführen muß, so scheint der Künstler, so absichtsvoll er ist, doch in Ansehung dessen, was das eigentlich Objektive in seiner Hervorbringung ist, unter der Einwirkung einer Macht zu stehen, die ihn von allen andern Menschen absondert, und ihn Dinge auszusprechen oder darzustellen zwingt, die er selbst nicht vollständig durchsieht und deren Sinn unendlich ist. Da nun jenes absolute Zusammentreffen der beiden sich fliehenden Thätigkeiten schlechthin nicht weiter erklärbar, sondern bloß eine Erscheinung ist, die, obschon unbegreiflich, doch nicht geleugnet werden kann, so ist die Kunst die einzige und ewige Offenbarung, die es gibt, und das Wunder, das, wenn es auch nur Einmal existirt hätte, uns von der absoluten Realität jenes Höchsten überzeugen müßte.[86]

Nach Schelling ist das Kunstwerk ein Spiegel dessen, was die Seele erblickte, bevor die Trennung in Körper und Geist erfolgte, d.h. bevor sich das Ich des Bewußtseins konstituierte: „Das Kunstwerk nur reflektirt mir, was sonst durch nichts reflektirt wird, jenes absolut Identische, was selbst im Ich schon sich getrennt hat; was also der Philosoph schon im ersten Akt des Bewußtseyns sich trennen läßt, wird, sonst für jede Anschauung unzugänglich, durch das Wunder der Kunst aus ihren Produkten zurückgestrahlt."[87] „Die Kunst", so folgert Schelling, „ist eben deßwegen dem Philosophen das Höchste, weil sie ihm das Allerheiligste gleichsam öffnet, wo in ewiger und ursprünglicher Vereinigung gleichsam in Einer Flamme brennt, was in der Natur und Geschichte gesondert ist, und was im Leben und Handeln ebenso wie im Denken, ewig sich fliehen muß."[88] Das im Unbewußten verborgene Geheimnis des göttlichen Universums ist also nirgends so unvermittelt abgebildet wie in der Kunst; die Kunst ist mithin – hiervon wird später noch die Rede sein – eine Hieroglyphe, die für nichts anderes steht als für sich selbst und damit doch alles umschließt.

Eine wichtige Erweiterung der Konzeption des Unbewußten präsentierte Arthur SCHOPENHAUER (1788–1860), der dem romantischen Denken eine verhaltene Sympathie entgegenbrachte und nach einem gründlichen Studium der Lehren von Plato und Kant auch einiges aus der Schellingschen Naturphilosophie übernahm.[89] Sein

Hauptwerk, *Die Welt als Wille und Vorstellung*, war bereits 1819 veröffentlicht worden, fand aber erst dreißig Jahre später einige Beachtung, so daß Schopenhauer zur bitteren Überzeugung gelangte, das Opfer einer „Verschwörung des Schweigens"[90] zu sein. Eine weitere Enttäuschung war der eklatante Mißerfolg seiner Lehrtätigkeit in Berlin, wo er im gesamten Zeitraum von 1820 bis 1832 nur neun Höreranmeldungen verbuchen konnte. Seine Reaktion auf derartige Niederlagen war einerseits eine grimmige Geringschätzung der Menschen und andererseits die Tendenz zu maßloser Selbstüberhebung. So stilisierte er sich selbst als einen Messias der Philosophie, bezeichnete seine Schüler als „Apostel" und „Evangelisten" und glaubte, wie Ueberweg schreibt, „er würde Gegenstand eines künftigen Kultus sein."[91] Vor diesem biographischem Hintergrund mag es nicht überraschen, daß die Lehre Schopenhauers auf einen trüben Kulturpessimismus hinausläuft und diese Welt als die schlechteste aller möglichen Welten versteht. Dennoch wäre es allzu billig, wollte man diese Ansicht als einen Akt der Rache an der enttäuschenden Welt deuten, zumal Schopenhauers Hauptwerk, das die wesentlichen Grundaussagen und den Tenor seines Systems bereits deutlich formuliert, zu einer Zeit erschien, als die meisten persönlichen Niederlagen des Philosophen noch nicht erfolgt waren. Außerdem ist die pessimistische Grundhaltung bei Schopenhauer keinesfalls nur ein Resultat dumpfen Weltschmerzes, sondern sie ist systematisch begründet. Der bemerkenswerteste Grundsatz dieses Systems besagt, daß alle menschlichen Handlungen durch eine sexuell motivierte Triebkraft bestimmt seien. Diesen Urtrieb nennt Schopenhauer den „Willen", wobei er den Begriff über seine herkömmliche Bedeutung hinaus erweitert, indem er ihn im Sinn einer elementaren Kraft definiert, die nicht nur in der menschlichen Natur, sondern auch in der tierischen, pflanzlichen und sogar in der anorganischen Welt wirksam sei. So wie ein Trieb nach seinem unmittelbaren Wortsinn eine Regung ist, die sich dadurch auszeichnet, daß sie auf etwas hindrängt und sich nur durch dieses Drängen konstituiert, so ist der Wille als ein ständiges Begehren Ausdruck eines empfundenen Mangels, der behoben werden soll. Der Wille ist also die Ausdrucksform eines Leidens an einem ungenügenden Zustand. Nur in der Kunst, so Schopenhauer, könne der Wille in der Überwältigung durch ästhetische Erlebnisse befriedigt werden, und auch hier nur vorübergehend. Da der Wille aber niemals dauerhaft zu befriedigen sei, sieht Schopenhauer seine Vernichtung als die einzige Möglichkeit einer endgültigen Erlösung des Menschen vom Leiden. Dieses Ziel sei nur durch Askese zu erreichen, d.h. durch die Unterdrückung der Sinnlichkeit und die völlige Aufgabe eines zielgerichteten Handelns und Denkens. Wird der Wille auf diese Weise überwunden, so betritt der Mensch gewissermaßen ein geistiges Vakuum. Hinter diesem Gedanken Schopenhauers, der von buddhistischen Lehren beeinflußt war, steht natürlich das Konzept des *Nirvana*.[92]

Es wurde bereits darauf hingewiesen, daß Kant der nachfolgenden Philosophie mit seiner Erkenntnislehre ein unüberwindbar scheinendes Hindernis in den Weg gelegt hatte. Mit seinem Grundsatz, daß der Mensch keine Kenntnis von den Dingen an sich erhalten könne, war, wie Hogrebe schreibt, „die gesamte abendländische Metaphysik erledigt."[93] Schopenhauer gelang es als erstem, dieses Dilemma zu überwinden und den Weg in die Metaphysik feierlich neu zu eröffnen. So argumentiert er im ersten Buch seines Hauptwerks, daß, wie auch Kant meinte, der Mensch gewiß in einer Welt der Vorstellung lebe, in welcher der individuelle Leib für das wahrnehmende Subjekt zunächst nur ein Objekt unter anderen Objekten, nur eine von vielen Vorstellungen ist. Gleichzeitig sei dieser Leib aber auch eine grundlegende Bedingung dafür, daß überhaupt ein Erkennen von Vorstellungen erfolgen könne. Damit hebt sich also der individuelle Leib als eine primäre Instanz von der Gesamtheit der anderen Vorstellungen ab, woraus Schopenhauer folgert, daß der Leib, der zwar einerseits als bloßes Objekt wahrgenommen werde, andererseits aber auch eine direkte Objektivation des Willens, also des Dings an sich sei. Wir wissen also, wie Hogrebe paraphrasiert, „daß wir ... Individuen sind, die nicht nur wissen können, sondern z. B. auch wissen *wollen* können. D. h. wir wissen von mindestens einem Ding in dieser Welt, daß es nicht nur Vorstellung ist, sondern auch Wille, und das sind wir je selbst. Es mögen uns die Dinge dieser Welt also insgesamt nur so zugänglich sein, wie es unser Erkenntnis-Apparat gestattet, von uns selbst wissen wir aber mehr, nämlich daß wir diesen Erkenntnis-Apparat einsetzen können, *wenn wir nur wollen.*"[94] Wenn man aber ein Ding, nämlich den eigenen Leib, über die bloße Erscheinung hinaus zu erkennen vermag, so müsse dasselbe auch für alle anderen Dinge gelten; daher ermittelt Schopenhauer den Entstehungsgrund all dieser anderen Erscheinungen, indem er durch einen Analogieschluß eine allgemeine Regel aufstellt:

> Wir werden demzufolge die nunmehr zur Deutlichkeit erhobene doppelte, auf zwei völlig heterogene Weisen gegebene Erkenntniß, welche wir vom Wesen und Wirken unsers eigenen Leibes haben, weiterhin als einen Schlüssel zum Wesen jeder Erscheinung in der Natur gebrauchen und alle Objekte, die nicht unser eigener Leib, daher nicht auf doppelte Weise, sondern allein als Vorstellungen unserm Bewußtseyn gegeben sind, eben nach Analogie jenes Leibes beurtheilen, und daher annehmen, daß, wie sie einerseits ... Vorstellung und darin mit ihm gleichartig sind, auch andererseits, wenn man ihr Daseyn als Vorstellung des Subjekts beiseitesetzt, das dann noch übrig Bleibende, seinem innern Wesen nach, dasselbe seyn muß, als was wir an uns *Wille* nennen. [WW, I, 125]

Die vorigen Abschnitte zeigten, wie Schopenhauer mit dem Begriff des Willens die an sich gegebene Grundsubstanz der Welt definiert, die unserem Erkenntnisvermögen einerseits in der Gestalt von Erscheinungen, andererseits aber auch in ihrer apriorischen Qualität unmittelbar oder deduktiv einsichtig wird. Dieses ganze philosophische Gebäude basiert auf seiner 1813 als Dissertation eingereichten Abhandlung *Über die vierfache Wurzel des Satzes vom zureichenden Grunde*, nach der ein Urteil, das eine Erkenntnis ausdrücken soll, einen zureichenden Grund haben muß, durch den sein Anspruch auf Wahrheit abgesichert wird. Es ist erstaunlich, mit welcher Konsequenz und Zielstrebigkeit sich das philosophische Werk Schopenhauers von dieser Voraussetzung her entfaltete und vervollständigte. Da es hier jedoch nicht darum gehen kann, die Lehre Schopenhauers in der Fülle ihrer Bedeutungen

IV. Die Erforschung des Unbewußten

zu beschreiben, mögen die wenigen aufgezeigten Grundlinien vorerst genügen. Im Folgenden wird es nun darum gehen, die psychologische Quintessenz seiner Weltdeutung, d.h. seine Auffassung von Bewußtsein und Unbewußtem, zu ermitteln.

Im zweiten Band seines Hauptwerks definiert Schopenhauer das Bewußtsein in Analogie zur Erdkugel, die eine bekannte Oberfläche und einen um ein Vielfaches größeren unbekannten Kern habe: „Das Bewußtseyn ist die bloße Oberfläche unsers Geistes, von welchem, wie vom Erdkörper, wir nicht das Innere, sondern nur die Schaale kennen." [WW, II, 149] Dieses Bild ist auch nach dem damaligen Kenntnisstand allzu einfach gefaßt, doch dient es Schopenhauer hier nur zur Veranschaulichung der ungleichen Größenverhältnisse von Bewußtsein und Unbewußtem. Im nächsten Kapitel benutzt er ein anderes Bild, das seine Idee von der Interaktion der beiden Bereiche klarer faßt: „Dabei gleicht unser denkendes Bewußtseyn einer *Laterna magica*, in deren Fokus nur Ein Bild zur Zeit erscheinen kann und jedes, auch wenn es das Edelste darstellt, doch bald verschwinden muß, um dem Heterogensten, ja Gemeinsten Platz zu machen." [WW, II, 152] Aus der Fülle des Unbewußten kann also immer nur ein Aspekt vorübergehend beleuchtet werden, während alles Andere sich gleichzeitig außerhalb des begrenzten Lichtkreises der bewußten Wahrnehmung befindet. Die Folge dieses geringen Fassungsvermögens ist nun, da die Gegenstände unseres Denkens immer nur in einem zeitlichen Nacheinander und niemals simultan aufgenommen werden, daß auch die Inhalte des Unbewußten niemals in größeren Zusammenhängen, sondern immer nur fragmentarisch erkannt werden können:

> In Folge des dargestellten unvermeidlich Zerstreuten und Fragmentarischen alles unsers Denkens, und des dadurch herbeigeführten Gemisches der heterogensten Vorstellungen, welches auch dem edelsten menschlichen Geiste anhängt, haben wir eigentlich nur *eine halbe Besinnung* und tappen mit dieser im Labyrinth unsers Lebenswandels und im Dunkel unserer Forschungen umher: helle Augenblicke erleuchten dabei wie Blitze unsern Weg. Aber was läßt sich überhaupt von Köpfen erwarten, unter denen selbst der weiseste allnächtlich der Tummelplatz der abenteuerlichsten und unsinnigsten Träume ist und von diesen kommend seine Meditationen wieder aufnehmen soll? Offenbar ist ein so großen Beschränkungen unterliegendes Bewußtseyn zur Ergründung des Räthsels der Welt wenig geeignet, und ein solches Bestreben müßte Wesen höherer Art, deren Intellekt nicht die Zeit zur Form, und deren Denken daher wahre Ganzheit und Einheit hätte, seltsam und erbärmlich erscheinen. [WW, II, 152]

Trotz der chaotischen Vielfalt unterschiedlichster Impressionen und Ideen sei jedes Individuum ja aber doch in der Lage, bestimmte Gedankenstränge mit einer beinahe schlafwandlerischen Sicherheit immer wieder aufzunehmen und weiterzuverfolgen, so daß er sich fragt, welcher Instanz diese Fähigkeit wohl zu verdanken sei: „Offenbar muß doch ein einfacher Faden daseyn, auf dem sich Alles aneinanderreiht: was ist aber dieser?" Gewiß nicht das Gedächtnis, da es erstens ein viel zu geringes Fassungsvermögen habe und sich zweitens durch allzu viele Umstände ablenken und stören lasse. Überhaupt könne das, „was dem Bewußtseyn Einheit und Zusammenhang giebt", nicht von diesem selbst ausgehen, sondern müsse auf etwas anderem als einer bloßen Vorstellung, nämlich auf einem *Prius* des Bewußtseins beruhen:

> Dieses [Prius des Bewußtseyns], sage ich, ist der *Wille*: er allein ist unwandelbar und schlechthin identisch, und hat, zu seinen Zwecken, das Bewußtseyn hervorgebracht. Daher ist auch er es, welcher ihm Einheit giebt und alle Vorstellungen und Gedanken desselben zusammenhält, gleichsam als durchgehender Grundbaß sie begleitend ... Er ist also der wahre, letzte Einheitspunkt des Bewußtseyns und das Band aller Funktionen und Akte desselben: er gehört aber nicht selbst zum Intellekt, sondern ist nur dessen Wurzel, Ursprung und Beherrscher. [WW, II, 153]

Die unmittelbare, primäre Erscheinung des Willens ist der Organismus mit all seinen vorgegebenen Instinkten zur Selbsterhaltung. Auch der Intellekt ist eine Erscheinung des apriorischen Willens, und zwar eine sekundäre, da seine Inhalte von dem organisch Notwendigen abweichen und darüber hinausführen. Als Urgrund der animalischen Natur ist der Wille im Menschen wie auch bei jedem Tier also die erste treibende Kraft, zu der im Lauf der Naturgeschichte als ein Zweites der Intellekt mit seiner Fähigkeit zur anschauenden Vorstellung hinzukam. Mit dem Schritt von der bloß anschauenden zur abstrakten Vorstellungskraft sei die Vernunft entstanden, woraus ein „Übergewicht" des Intellekts gegenüber dem primären Bewußtseinsbereich erwachsen sei, durch das sich der Mensch wesentlich vom Tier unterscheide: „Während nämlich beim Thiere das unmittelbare Innewerden seines befriedigten oder unbefriedigten Begehrens bei Weitem das Hauptsächliche seines Bewußtseyns ausmacht ...; so tritt beim Menschen das Gegenteil ein. So heftig ... seine Begehrungen ... auch sind; so bleibt dennoch sein Bewußtseyn fortwährend und vorwaltend mit Vorstellungen und Gedanken beschäftigt und erfüllt." [WW, II, 229] Hierin vermutet Schopenhauer den Anlaß „zu jenem Grundirrthum aller Philosophen", das Denken als primären Akt der menschlichen Seele zu deuten, aus dem erst in zweiter Instanz ein Wollen entstehe. Wenn das zu Erkenntnissen führende Denken stets vorausgehe, wenn also „das Wollen bloß aus dem Erkennen hervorgienge", dann, meint Schopenhauer, könnte es nicht sein, daß die Tiere trotz ihres sehr geringen Erkenntnisvermögens doch oft einen „unbezwinglich heftigen Willen" an den Tag legten. Für Schopenhauer ist damit erwiesen, daß die menschliche Fähigkeit des Denkens und Erkennens nur aus dem primären Wirken des Willens heraus entsteht. – Die Grundüberzeugung vom Primat des Willens führte Schopenhauer später (in dem 1851 unter dem Titel *Parerga und Paralipomena* veröffentlichten zweibändigen Sammelband kürzerer Schriften) zu der interessanten Annahme, daß die tiefste Erkenntnis kein Produkt rationaler Operationen sei, sondern sich vielmehr im Unbewußten formiere, um dann plötzlich und unverfälscht vor das bewußt wahrnehmende Auge des Intellekts zu treten, „wobei die Operation, durch die [das Resultat] zustande gekommen, mir so verdeckt bleibt, wie die einer Rechenmaschine: es ist eben eine unbewußte Rumination gewesen. Ja, unsre besten, sinnreichsten und tiefsten Gedanken treten plötzlich ins Bewußtseyn, wie eine Inspiration. Offenbar aber sind sie Resultate langer, unbewußter Meditation."[95] Mit dem später zu erörternden Anspruch der Rauscherkenntnis scheint diese Ansicht gut zusammenzupassen.

Die erste, ja einzige Bestrebung des alle menschliche Handlungen motivierenden Willens sieht Schopenhauer in der Erfüllung des Geschlechtsaktes, womit er einen zentralen Aspekt der Freudschen Traumdeutung und Psychoanalyse vorwegnimmt.[96] Anders als bei Freud, in dessen Untersuchung der menschlichen Triebstrukturen das Zeugungsinteresse nur eine untergeordnete Rolle spielt, ist aber der alles bestimmende Urtrieb bei Schopenhauer in seinem letzten Zweck allein auf die Fortpflanzung und Erhaltung der Gattung ausgerichtet. Da dieses Ziel gegenüber allen anderen Anliegen und Interessen des Individuums absolute Priorität habe und unter keinen Umständen in Frage gestellt werden dürfe, werde das von wechselnden Präferenzen geleitete Bewußtsein an der Steuerung dieses Triebes nicht beteiligt. Vielmehr versuche der zur Zeugung führende Geschlechtstrieb, das Bewußtsein durch die Vorspiegelung scheinbar egoistischer Bedürfnisse zu überlisten: „Der Egoismus ist eine so tief wurzelnde Eigenschaft aller Individualität überhaupt, daß, um die Thätigkeit eines individuellen Wesens zu erregen, egoistische Zwecke die einzigen sind, auf welche man mit Sicherheit rechnen kann ... Daher kann ... die Natur ihren Zweck nur dadurch erreichen, daß sie dem Individuo einen gewissen *Wahn* einpflanzt, vermöge dessen ihm als ein Gut für sich selbst erscheint, was in Wahrheit bloß eines für die Gattung ist, so daß dasselbe dieser dient, während es sich selber zu dienen wähnt; bei welchem Hergang eine bloße, gleich darauf verschwindende Chimäre ihm vorschwebt und als Motiv die Stelle einer Wirklichkeit vertritt." [WW, II, 616] So seien das gerade von den Romantikern so kultivierte Gefühl und die Empfindung der Liebe ein an sich bedeutungsloser Köder, während nur der Zeugungsakt der „den Theilnehmern unbewußte Zweck des ganzen Liebesromans" sei; ob der Endzweck der geschlechtlichen Vereinigung nun aus Liebe oder als Resultat einer Zwangsheirat, einer Nacht im Bordell oder eines Aktes der Notzucht zuwege kommt, sei unerheblich: „die Art und Weise, wie er erreicht wird, ist Nebensache." [WW, II, 613] Demnach ist auch der kreative Schaffensdrang, aus dem etwa die Liebesdichtung entsteht, zuletzt nur ein Placebo, und alle kulturellen Handlungen sind nur die Umwege eines blind operierenden Willens zum Dasein. „Unbewußtheit" wird also, wie Lütkehaus schreibt, „zur Bedingung der Möglichkeit und Wirklichkeit der Kontinuation des Schöpfungsaktes."[97] Damit werden sämtliche Kultur- und Bildungsideale hinfällig. Diese Konsequenz der in ihrer Zeit unerhört radikalen These läßt verständlich werden, wieso die romantischen Zeitgenossen Schopenhauers keine Neigung zeigten, sich seine Ansichten zu eigen zu machen.

Etwa zur selben Zeit, als Schopenhauers *Welt als Wille und Vorstellung* zum ersten Mal erschien, entstand eine neue psychologische Richtung, die allein auf die exakten Messungen der Naturwissenschaften vertrauen wollte. Da sie sich folglich gezwungen sah, das empirisch kaum auszulotende Unbewußte aus ihren Untersuchungen weitgehend auszuklammern, wurde diese Richtung als *Bewußtseins-Psychologie* oder auch als *Psychologie ohne Seele* bezeichnet. Ihr erster Hauptvertreter war der Philosoph und Pädagoge Johann Friedrich Herbart (1776–1841), der 1816 ein *Lehrbuch zur Psychologie* und 1824 eine weitere Schrift veröffentlichte, die wenigstens in den Fachkreisen große Beachtung fand: *Psychologie als Wissenschaft neu gegründet auf Erfahrung, Metaphysik und Mathematik*. Aus diesem Ansatz ging bald die von dem Leipziger Physikprofessor Gustav Theodor Fechner (1801–1887) begründete *Psychophysik* hervor.[98] Obwohl Fechner noch weitgehend nach dem Modell von Herbarts formelhafter Seelenmathematik verfährt, räumt er gleichzeitig aber auch wieder metaphysischen Fragestellungen eine zentrale Bedeutung ein. In seinem Bemühen, ein Gesetz zu ermitteln, das die Zusammenhänge der physikalischen und der geistigen Welt erklären würde, begab er sich in das später von Wilhelm Wundt und William James so emphatisch geförderte Feld der Experimentalpsychologie. Während der ersten Hälfte des 19. Jahrhunderts waren, oft im Gefolge der idealistischen Schule, vor allem in Deutschland immer mehr Ärzte und Naturphilosophen mit Bewußtseins- und Traumtheorien an die Öffentlichkeit getreten, woraus sich leicht ablesen läßt, in welchem Maße die psychologische Erkundung der Seele zu einem Hauptanliegen der romantischen Epoche geworden war. Neben dem von Jakob Böhme beeinflußten Theosophen Franz Xaver von Baader (1765–1841), der sich mit Phänomenen wie dem Somnambulismus befaßte und u.a. Schelling stark beeindruckte, widmete sich etwa der Arzt D. G. Kieser (1779–1856) als ein Schüler Mesmers den Geheimnissen der Psyche und gab die Zeitschrift *Kiesers Archiv für thierischen Magnetismus* heraus, an der neben anderen Carl August Eschenmayer (1786–1852) mitarbeitete, der Schriften wie *Mysticismus* (1822), *Supranaturalismus* (1824) und ein System der Psychologie (1817) verfaßte. Johann Christian Reil (1759–1813) untersuchte vor allem das zentrale Nervensystem und wurde von zeitgenössischen Philosophen wie Schopenhauer zitiert. Der Physiker Johann Wilhelm Ritter (1776–1810) begründete einerseits die Elektrochemie und experimentierte andererseits unter dem Einfluß Baaders mit Wünschelruten; Ignaz Paul Vital Troxler (1780–1866) schrieb eine *Naturlehre des menschlichen Erkennens* (1828), Johann Christian August Heinroth (1773–1843) ein *Lehrbuch über die Störungen des Seelenlebens* (1818), wobei sicher eine wechselseitige Einflußnahme zwischen ihm und Schubert erfolgte, dessen Buch über *Die Krankheiten und Störungen der menschlichen Seele* nach diversen früheren Schriften ähnlichen Inhalts siebenundzwanzig Jahre später erschien. Auf der Quintessenz all dieser Theorien und Systemversuche, angereichert durch Elemente aus den Lehren Schleiermachers, Schlegels, Schellings und dessen Schülers Karl Wilhelm Ferdinand Solger basieren die Schriften des Arztes Carl Gustav Carus (1789–1869), der sich außerdem durch das Werk von Novalis inspirieren ließ und in engem Kontakt mit Goethe, Alexander von Humboldt, Ludwig Tieck und Caspar David Friedrich stand. Nachdem Carus zunächst vorwiegend künstlerisch tätig gewesen war, veröffentlichte er 1831 seine *Vorlesungen über Psychologie*, die einen Horizont zwischen den Polen des immer noch als vorindividuell verstandenen Unbewußten und des ebenso unbekannten göttlichen Allerhöchsten beschreiben. 1846 erschien sein vielbeachtetes Hauptwerk *Psyche*, das sich nicht so sehr der klinischen Praxis, sondern auf einer vor allem an Plato orientierten erkenntnistheoretischen Grundlage immer noch vorwiegend der philosophischen Beschreibung des Seelenapparates widmet. Die Schrift beginnt mit der Feststellung, daß der Mensch keine Selbsterkenntnis erlangen könne, wenn nicht die Möglichkeit bestünde, die Inhalte des *Unbewußtseins* wenigstens teilweise bewußt zu machen:

> *Der Schlüssel zur Erkenntniß vom Wesen des bewußten Seelenlebens liegt in der Region des Unbewußtseins.* Alle Schwierigkeit, ja alle scheinbare Unmöglichkeit eines wahren Verständnisses vom Geheimniß der Seele wird von hier aus deutlich. Wäre es eine absolute Unmöglichkeit, im Bewußten das Unbewußte zu finden, so müßte der Mensch verzweifeln, zum Erkennen seiner Seele, d.h. zur eigentlichen Selbsterkenntniß, zu gelangen. Ist diese Unmöglichkeit nur eine scheinbare, so ist es die erste Aufgabe der Wissenschaft von der Seele, darzulegen, auf welche Weise der Geist des Menschen in diese Tiefen hinabzusteigen vermöge.[99]

Innerhalb der Entwicklungsgeschichte der Seele entspricht das Unbewußte bei Carus dem ursprünglichen Chaos, aus dem Geist und Materie hervorgingen, ja aus der menschlichen Perspektive gesehen entspricht es ihm nicht nur, sondern es *ist* dieser Urzustand selbst. Das Leben der Seele entfaltete sich also nicht aus einer äußeren Umgebung heraus, die der Mensch als ein von sich selbst Verschiedenes wahrzunehmen glaubt, sondern allein aus der in die Schöpfung geworfenen göttlichen Substanz des Unbewußten. „Alles Seelenleben", so heißt es, „die gesammte Welt unseres innersten geistigen Daseins, die wir sehr wohl in unserem Bewußtsein von allem Aeußerlichen unterscheiden, sie ruht auf dem Bewußtlosen und bildet sich nur aus diesem hervor." [P 2] Die Beweisführung zur Unterstützung dieser These wirkt indessen etwas kurios: „Wir brauchen nur einen Blick zu werfen auf die Heranbildung unseres ganzen selbstbewußten geistigen Lebens, so müssen wir gewahr werden, daß es durch und durch auf Vorstellungen, auf Gedanken basirt ist, die längst nicht mehr für uns da, die längst im Unbewußten untergegangen sind." In ihrem Ursprung gründe die Beschaffenheit jeder individuellen, selbstbewußten Menschenseele auf Vorstellungen, die in der frühesten Kindheit den Beginn der geistigen Entwicklung einleiteten, bis sie, da sie nicht mehr benötigt würden, ins Dunkel des Unbewußten zurückgetaucht seien und nun „ganz verloren sind und verloren sein sollen." Es bleibt rätselhaft, wie man auf etwas „nur einen Blick" werfen soll, das doch im gleichen Absatz als endgültig verloren und uneinsehbar bezeichnet wird. Sieht man aber von dem sonderbaren Unterfangen ab, ein Unbekanntes durch ein zweites Unbekanntes beweisen zu wollen, so bleibt festzuhalten, daß Carus das Unbewußte als Matrix des Bewußtseins erkennt. Hierauf unterscheidet er zwei Arten des Unbewußten, nämlich das „absolut Unbewußte", das so entlegen ist, daß „durchaus kein Strahl des Bewußtseins" [P 71] bis dorthin vorzudringen vermag (hierher gehören dann auch die nach Carus für immer verdrängten frühkindlichen Vorstellungen), und das „relativ Unbewußte", dessen Inhalte zu früheren Zeiten einmal bewußt waren und jederzeit erneut ins Bewußtsein zurückkehren können.[100] Mit der Geburt eines Menschen werde das im embryonalen Stadium noch allein bestehende Unbewußte zum ersten Mal von einem schwachen Lichtschein berührt, der sich über die allmählich immer differenziertere Unterscheidung des eigenen Seins von einem anderen zu einem wachsenden Selbstbewußtsein entwickle. Nun mag man sich fragen, durch welch seltene Begabung Carus diese Einsicht in die Entwicklung der menschlichen Seele erhielt. In der Tat war Carus kein Seher wie Swedenborg, sondern verstand sich in erster Linie als Wissenschaftler, so daß ihm keinesfalls daran gelegen sein konnte, seine Erklärungen über das Werden der Seele einfach aus dem Ärmel zu zaubern. Die bisher vorgestellten Erkenntnisse sollten daher auch keine willkürlichen Setzungen sein, sondern erschienen ihm als nachvollziehbare Schlußfolgerungen, die er aus der Analyse des allgemein Bekannten ableitete. „Nur wenn ... wir treu und ausdauernd in uns schauen und dazu gelangen: – ich möchte sagen – *unser Dasein geistig zu reconstruiren* von dem bewußten Sein ins Unbewußte zurück, dürfen wir hoffen Das zu finden, was ich im Eingange den Schlüssel zur Erkenntniß des bewußten Seelenlebens genannt habe, nämlich *das Verständniß des Unbewußten durch das Bewußtsein*. Dieser Weg der Betrachtung ist schwer, aber nicht unmöglich. Wir verfahren hier im Geistigen wie wir im Leiblichen verfahren, wenn wir die organische Entwicklung, die wir selbst durchleben und doch nicht kennen, aus Beobachtung eines Fremden studiren und kennen lernen ..." [P 4/5]

Der Ursprung des Bewußtseins erschließt sich für Carus durch die Übernahme der platonischen Ideenlehre. Eine unbewußte „Werdelust" gebe den Anstoß dazu, daß göttliche Ideen sich in der Form kleinster Einheiten oder Monaden vielfach selbst abbildeten, aus welchen dann Organismen entstünden. Mit der Entstehung der Organismen sei daraufhin ein Mechanismus in Gang gesetzt worden, durch den diese sich in unaufhörlicher Teilung immer weiter multiplizierten. Die Folge sei eine sich kontinuierlich weiter verzweigende Linie von Dualismen, die am Anfang jedes Menschenlebens nachgebildet werde. Auf den ersten die ganze Menschheit durchlaufenden Dualismus, nämlich die Unterscheidung des weiblichen und männlichen Geschlechts, folge eine Vielzahl weiterer Gegensätze, „theils unmittelbar in der Ursprünglichkeit der Idee der Individuen selbst begründet, theils durch die Verschiedenartigkeit und Beweglichkeit des Lebens überall erhöht und erweckt. Es bilden sich so eine Menge von Kreisen in Kreisen ..." [P 67][101] Dementsprechend heißt es an anderer Stelle (im Zusammenhang mit der „Geschichte der Liebe"), „daß die Menschheit sich von allen uns sonst bekannten Kreisen des Lebendigen unterscheidet durch die unendlich verschiedene Ausprägung der Individualität, daß daher auch der ursprüngliche Gegensatz der Menschheit in den Geschlechtern in unermeßlich verschiedene Formen sich ausdrücken muß, und daß also (wie ganz scharf erwiesen werden könnte) wirklich *jedes Individuum eines Geschlechts* eigentlich auch nur *ein einziges ihm ganz vollkommen in der Gleichartigkeit entgegengesetztes Individuum des andern Geschlechts* auffinden kann. (Daher schon die halb humoristische Mythe

IV. Die Erforschung des Unbewußten

des Plato von den auseinander getrennten Urmenschen, deren Hälften nun überall sich sehnsüchtig suchten.)" [P 312] Die Überzeugung, daß alle Dinge ursprünglich Eins waren und daß alles Disparate demnach vom selben göttlichen Geist beseelt und durchdrungen sei, ist die Grundvoraussetzung für die Möglichkeit, anhand der bekannten Inhalte und Eigenheiten des Bewußtseins durch Analogieschlüsse[102] eine Kenntnis vom Unbewußten zu erhalten, da Bewußtsein und Unbewußtes „verschiedene Strahlen *desselben Göttlichen und Einen* sind." [P 73] Zur Veranschaulichung des Verhältnisses von Bewußtsein und Unbewußtem gebraucht Carus ein Bild, das geradezu als eine Ikone der romantischen Weltsicht bezeichnet werden muß[103] und auch auf seine Freundschaft mit Caspar David Friedrich zurückverweist:

> Die nahe Beziehung dieses scheinbar Geringern, d.h. des ... Unbewußten, zu dem Höhern, d. h. zum reinen Bewußtsein, zum gereiften Geiste, darf man sich übrigens vielleicht unter dem Bilde deutlich zu machen suchen, daß man etwa vergleicht die Aeußerung des vollen bewußten Seelenlebens der leuchtenden Spitze einer jener gothischen Dome, die das Auge durch den Reichthum ihrer Verzierungen und das Himmelanstrebende ihrer Gesammtform anziehen, die aber weder in ihrer Schönheit leuchten und sich erhalten, noch in ihrer Höhe getragen werden könnten, wenn nicht der unsichtbar tief in der Erde ruhende Grund (hier das Gleichniß des vollkommen Unbewußten) sie überall stützte und die innere künstliche Fügung des Mauer- und Eisenwerkes sie durchaus befestigte. Wirklich ganz auf dieselbe Weise, wie jene glänzende Außenseite vom unscheinbaren Grunde eines Gebäudes, hängen alle die hohen und höchsten Qualitäten des bewußten Seelenlebens von tausenderlei Beziehungen auf das Unbewußte der Seele ab, und wie jene Spitze des Doms unrettbar stürzt, wenn nur eine Eisenklammer reißt oder ein Eckstein des Grundes weicht, so verschwinden auch sofort die glänzendsten Erscheinungen des Geistes, wenn dem unbewußten Wirken der Seele, wie es etwa den Blutstrom des Herzens lenkt, oder den Wechsel der Athmung regiert, nur das kleinste Hinderniß entgegengestellt wird. [P 73/74]

Wie jedes Bild gibt aber auch das hier zitierte den Gegenstand der Veranschaulichung nur unvollkommen wieder. Während es hier den Zweck erfüllt, die Abhängigkeit des Bewußtseins vom Unbewußten zu verdeutlichen, erweckt es jedoch auch den von Carus keineswegs beabsichtigten Eindruck, daß das Unbewußte als Fundament des ganzen seelischen Ensembles ebenso festgefügt und starr wie der in den Erdboden versenkte Sockel eines Gebäudes sei. Demgegenüber deutet Carus jedoch schon in der Einleitung seines Hauptwerks an, daß das Unbewußte keinen statischen, sondern einen prozeßhaften Charakter habe, so daß man „das Leben der Seele vergleichen dürfe mit einem unablässig fortkreisenden großen Strome, welcher nur an einer einzigen kleinen Stelle vom Sonnenlicht – d. i. eben vom Bewußtsein – erleuchtet ist." [P 2] Diese Bemerkung weckt beim heutigen Leser Assoziationen an die berühmte Definition des Bewußtseins als *stream of consciousness*, mit der sich William James mehr als vierzig Jahre später gegen die etwa von seinem Fachkollegen Wilhelm Wundt behauptete Konzeption eines zuständlichen Bewußtseins richtete, das sozusagen wie ein fester Körper in mehrere unabhängig voneinander zu untersuchende Teile zerlegt werden könne.[104] Auch Carus weist in diesem Sinn immer wieder darauf hin, daß die verschiedenen Aspekte und Funktionen des Seelenlebens, die er nur aus methodischen Gründen unterscheidet und separat bespricht, doch gar nicht wirklich voneinander zu trennen seien, sondern in zahllosen Überschneidungen und gegenseitigen Durchdringungen bestünden. In dieser letzten Hinsicht ist sein Werk, trotz zahlreicher Irrtümer und Ungereimtheiten, als ein wichtiger Meilenstein in der Entwicklung der psychologischen Forschung anzuerkennen. Andererseits sind die Unterschiede zwischen James und Carus doch unübersehbar. So ist es das Unbewußte, nicht das Bewußtsein wie bei James, das Carus als einen fortkreisenden Strom charakterisiert, und es scheint, da dieses treffende Bild in der weiteren Argumentation bei Carus keine besondere Rolle mehr spielt, daß er die darin enthaltenen Implikationen noch nicht so recht durchschaute. Immerhin zeigt seine unmittelbar angeschlossene Definition des Bewußtseins, daß er immer noch der allgemeinen Auffassung zustimmt, nach der dieses wie ein starrer Beleuchtungskörper sei, an dem das allein bewegliche Unbewußte stromartig vorüberziehe. Daß auch das Bewußtsein sich wie ein Strom verhält, dessen Fluten sich gleichsam mit denen des Unbewußten vermischen, diese Überlegung ist ihm noch fremd und wurde erst durch die Ausführungen bei James (etwa in den *Principles of Psychology*) klar formuliert.

Nach 1850 ergab sich im Zuge von Herbert Spencers und Charles Darwins Evolutionstheorien und sozialdarwinistischer Prinzipien wie dem des „survival of the fittest", sowie unter dem Einfluß der positivistischen Schule eine grundlegende Wandlung der vorherrschenden Ansichten über Aufgabe und Methodik der Wissenschaften, in deren Verlauf das romantische Ideal einer universalen Wissenschaft verworfen wurde. Nach Auguste Comtes Dreistadiengesetz habe nach dem theologischen und dem metaphysischen Stadium nunmehr das dritte und endgültige Zeitalter, nämlich das des Positivismus begonnen, das den weiteren Fortschritt der Menschheit auf die alleinige Anerkennung empirisch beweisbarer „Tatsachen" gründet. In diesem Sinn forderte der von Comte stark beeinflußte Begründer des Utilitarismus, John Stuart Mill, erstmals eine klare Trennung von Natur- und Geisteswissenschaften. Die von aller Metaphysik befreite Wissenschaft, die sich nicht länger mit Spekulationen über das Absolute, die Dinge an sich oder Fragen nach der Weltseele und dem göttlichen Urgrund des Seins belastete, sondern der Menschheit einen scheuklappenbewehrten Optimismus schenkte, indem sie vornehmlich physikalische Gegebenheiten im wiederholbaren Experiment und anhand konkreter Meßdaten „bewies", diese neue Wissenschaft feierte nun Triumphe und erzeugte unter ihren glühendsten Bewunderern sogar eine geradezu religiöse Verehrung, die man *Scientismus* nennt. „Diese Tendenz", erläutert Ellenberger, „ging so weit, die Existenz alles dessen zu leugnen, was wissenschaftlichen Methoden nicht zugänglich war, und sie war oft mit Atheismus verbunden."[105] Da die Psychologie als eine nach Mills Definition den Geisteswissenschaften zuzurechnende Fachrichtung jedoch eine weitgehende Narrenfreiheit genoß, konnten sich namhafte Psychologen wie Karl Fortlage, Immanuel Hermann Fichte oder Eduard von Hartmann unbeschadet weiterhin an Carus, Schopenhauer oder Schelling orientieren; Lütkehaus zufolge war das Unbewußte in den gebildeteren Kreisen bis um 1870 sogar ein überaus populäres Gesprächsthema. Obwohl der Psychiatrie der Jahrhundertwende großenteils, wie Dörner meint, „positivistische Blindheit"[106] vorzuwerfen ist, so blieb also immerhin bei einigen Vertretern dieser Zunft die Metaphysik noch erhalten, was allerdings nicht überraschen kann, da auch in Anbetracht experimenteller und therapeutischer Möglichkeiten die Theorie der Seele notgedrungen immer auf das Metaphysische zurückgeworfen wird. Dennoch soll auf die Nachfolger der romantischen Psychologie und Naturphilosophie hier nicht weiter eingegangen werden, da es in diesem Kapitel nur um die Ursachen des weltanschaulichen Wandels geht, der in der Romantik erfolgte und weil man durch einen solchen Ausblick unversehens schon bei den großen modernen Theoretikern des Unbewußten, von Friedrich Nietzsche und William James über Pierre Janet bis hin zu Sigmund Freud, Alfred Adler und C.G. Jung, anlangen würde, mit denen die psychologische Revolution ihren bisherigen Höhepunkt erreichte.

Die vorangegangenen Ausführungen über den Begriff des Psychologischen bei Moritz und die Konzeptionen des Unbewußten bei Schelling, Schopenhauer und Carus haben exemplarisch gezeigt, daß das Unbewußte als primärer Bereich der Seele, d.h. als eine geistig unerschlossene Grundsubstanz und sozusagen als die ursprüngliche Wildnis beschrieben wird, die sich vor der Entstehung des Bewußtseins, vor aller Erfahrung und der daraus erwachsenen Kultur konstituierte. Über das Unbewußte allein ist der Mensch noch mit seinem eigenen Ursprung und dem der Welt verbunden. Aus dieser Überlegung ergab sich das Primat des Gefühls, das allein eine unmittelbare Erfahrung des Unbewußten ermögliche und daher unerläßliche Voraussetzung für die erkennende Tätigkeit des Bewußtseins sei, die selbst nicht als eigentlich produktiv, sondern als vergleichend und verarbeitend gedeutet wird. Da also das Rohmaterial, das sich unter dem Einfluß des ordnenden Bewußtseins zu Erkenntnissen gestaltet, nur durch das Gefühl erfahrbar wird, mußten gerade solche Seelenzustände, in denen es den einzigen Erfahrungsmodus schafft, für den romantischen Erkenntnissucher eine vorrangige Bedeutung erhalten. Gerade dann, wenn die Autorität des rationalen Wachbewußtseins aufgehoben ist, ja nur dann mag sich die tiefere Bedeutung des Universums vor dem inneren Auge entfalten.[107] Was für den Romantiker wirklich von Interesse ist, das ist nicht die Tageshelligkeit der Vernunft, sondern das sonderbare Zwielicht, das die Erlebniswelten in Traum und Rausch kennzeichnet. Der bedeutsamste Vorgang, bei dem der Mensch mit seinem Unbewußten konfrontiert wird, ist das Träumen, da diese Erfahrung im Unterschied zu anderen visionären Erlebnissen jedem aus eigener Erfahrung vertraut ist. Selbst die ärgsten Feinde der Metaphysik, die vernünftigsten Rationalisten oder, wie Schopenhauer sagt, die weisesten Köpfe sind „allnächtlich der Tummelplatz der abenteuerlichsten und unsinnigsten Träume." [WW, II 152] Es ist also kein Wunder, daß der Traum als bildliche Offenbarung der tiefsten Seelen- und Weltgeheimnisse in der Romantik eine ganz zentrale Bedeutung erhielt. Die beiden folgenden Kapitel werden sich daher etwas näher mit der romantischen Sicht jener anderen Realität befassen, die im Traum und in verwandten Phänomenen wie Wahnsinn und Rausch erfahren wird.

V. Der Traum in der Romantik

Was sind eigentlich Träume, wie entstehen sie, was stellen sie dar? Die Bauernschläue des Sprichworts verwirft sie pauschal als „Schäume", als Seifenblasen also, die zerplatzen, sobald man mit dem im Namen der Vernunft erhobenen Zeigefinger in sie hineinsticht.[108] Einen etwas differenzierteren Versuch, diese Fragen zu beantworten, unternahmen die Harvard-Wissenschaftler Hobson und McCarley, die 1989 feststellten, daß Träume während der sogenannten REM-Phasen[109] des Tiefschlafs durch die Aktivierung eines chemischen Botenstoffs im Gehirn entstünden. Träume, so meinten sie, gingen von dem für die Reflexe verantwortlichen Hirnstamm aus, wo zwei Arten von Neuronen (Einheiten, aus denen das Nervengewebe besteht) für die Kontrolle der Hirntätigkeit während des Schlafes zuständig seien. Während die eine Neuronenart sich in der REM-Phase passiv verhalte, da ihre Botenstoffe Serotonin und Noradrenalin dann gebunden seien, sei die andere, die auf der Basis von Acetylcholin operiere, überaus aktiv, indem sie in rascher Folge elektrische Impulse an die Hirnrinde aussende. Die Hirnrinde (sie gilt u. a. als Zentrum zur Verarbeitung komplexerer visueller Abläufe), nehme diese Impulse auf und versuche sie nach dem Vorbild erinnerter Verknüpfungsmuster zu einer „Story" zusammenzufügen, die der Schlafende dann als Traum erlebt. „Acetylcholin", dies scheint die naheliegende Folgerung zu sein, „könnte in der Tat der Stoff sein, aus dem die Träume sind".[110] So aufschlußreich solche Theorien für einen Biochemiker sein mögen, so erzeugt es doch ein gewisses Unbehagen, wenn die seelische Erfahrung des Menschen mit derartiger Zuversicht auf eine exakt darstellbare chemische Reaktion zurückgeführt wird. Immerhin scheint die hier vorgestellte These doch letztlich zu besagen, daß Träume bloß Zufallsprodukte eines nicht ordnungsgemäß verlaufenden Informationsaustausches seien. Solche Aussagen erinnern allzu sehr an das wohl zu Unrecht für überwunden gehaltene Zeitalter der Vernunft. So hatte man schon im Jahrhundert der Aufklärung versucht, das merkwürdige Phänomen des Träumens auf mechanistische Prinzipien zurückzuführen und, wie Sauder berichtet, etwa als Resultat einer „Erschöpfung der Nervensäfte" zu deuten. „Die These der Aufklärung, in der sich alle Deutungen vereinigen, sah im Traum eine unvollkommene und verwirrte Form des wachen Bewußtseins; die Traumbildlichkeit war das Paradigma für Phantastik und reine Willkür."[111] In seiner *Anthropologie* schreibt Kant etwa über den Nutzen von Träumen: „Das Träumen ist eine weise Veranstaltung der Natur zur Erregung der Lebenskraft duch Affekten, die sich auf unwillkürlich gedichtete Begebenheiten beziehen, indessen daß die auf der Willkür beruhenden Bewegungen des

Körpers, nämlich die der Muskeln, suspendiert sind. – Nur muß man die Traumgeschichten nicht für Offenbarungen aus einer unsichtbaren Welt annehmen."[112] In der näheren Zukunft könnten Theorien wie die von Hobson und McCarley aber auch in einem umfassenderen Kontext interessant werden, wenn sie nämlich in Kombination mit den Methoden der Chaosforschung die Möglichkeit eröffnen sollten, die im nur scheinbar Zufälligen und Beiläufigen verborgene Ordnung sichtbar zu machen. Dieses Bestreben, so neuartig es heute erscheinen mag, war aber schon in der Romantik der wesentliche Antrieb aller forschenden Bemühung, so daß die romantische Auseinandersetzung mit der Welt des Traumes und besonders die Idee, im Traum einen Schlüssel zur Entzifferung der hieroglyphischen Natur zu erhalten, heute wieder als hochaktuell gelten kann.

Jacques Bousquet unterscheidet drei historische Entwicklungsstadien der gesellschaftlichen Bewertung des Traumes: In den frühesten, „primitiven", Gesellschaften seien die äußere Realität des Alltags und die innere Realität von Träumen noch nicht wesentlich voneinander unterschieden worden, so daß man z. B. für ein bloß geträumtes oder imaginiertes Verbrechen ebenso zur Rechenschaft gezogen wurde wie für ein tatsächlich begangenes. Bousquet spricht hier vom Stadium der Magie. Im zweiten Stadium habe man die Visionen des Traums als Prophezeiungen gedeutet; der Traum wurde zwar nicht mehr mit der Realität des täglichen Lebens identifiziert, aber als Keim künftiger Realitäten interpretiert. Damit sei dem Traum immer noch „eine gewisse objektive Existenz"[113] zuerkannt worden. Das dritte Stadium, das Bousquet das metaphysische nennt, erkennt er in der Traumbewertung der (deutschen) Romantik. Hier erweise sich der Traum als eine höhere, ja als einzig wahre Realität, die sich jenseits der Grenzen des Wachbewußtseins entfalte und in die es im Zuge einer Transzendenz der sinnlich-materiellen Wahrnehmungswelt hinüberzutreten gelte. In der Tat ist die Umkehrung der Bewertung von Traum und Realität ein wesentliches Merkmal der Romantik. „Die Welt wird Traum, der Traum wird Welt"[114], heißt es etwa bei Novalis, während das lyrische Ich in Coleridges „Dejection: An Ode" ausruft: „Reality's dark dream! / I turn from you …"[115] [„Dunkler Traum der Wirklichkeit! / Von dir wend' ich mich fort …"] Auch bei POE ist diese Umkehrung oft zu finden. So schreibt Eddings über das Gedicht „Dream-Land":

> Ich glaube, daß Poe in diesem Gedicht seine grundlegende Ansicht darstellt, daß das körperliche Leben nur ein Traum ist, ein alptraumhafter Zustand der Abgespaltenheit von der erhabenen Einheit des Spirituellen Universums. Wir lesen das Gedicht nur dann richtig, wenn wir erkennen, daß die bizarre Landschaft, die es beschreibt, kein Alptraum des Schlafes oder eines gemarterten Bewußtseins ist, sondern der unvermeidliche Alptraum der körperlichen Existenz. Nun ist es bei Poe nicht ungewöhnlich, daß er den Schlaf und die Träume, die er mit sich bringt, als einen Zustand schildert, in dem sich der Bereich des Unbewußten öffnet, die Vorstellungskraft enthemmt und unser Sinn für das Ideale wieder entzündet wird.[116]

Das Gedicht beginnt mit den folgenden Versen: „By a route obscure and lonely, / Haunted by ill angels only, / Where an Eidolon, named NIGHT, / On a black throne reigns upright, / I have reached these lands but newly / From an ultimate dim Thule – / From a wild weird clime that lieth, sublime, / Out of SPACE – out of TIME." [CTP 967/968] [„Wege, einsam und voll Grausen, / wo nur böse Engel hausen, / wo ein Eidolon DIE NACHT / hoch auf schwarzem Throne wacht, / führten jüngst in diese Lande / mich von Thules düsterm Rande – / das da wild und weit erhaben leit / fern dem RAUM – fern der ZEIT." (V, 131)] Eddings' beeindruckende Interpretation zeigt das Gedicht aus einer ganz unerwarteten Perspektive. Wenn das lyrische Ich berichtet, daß es aus einem fernen Reich kommend, erst kürzlich „these lands" erreicht habe, so erscheint es selbstverständlich, daß der Sprecher sich hier an uns, die Leser, wendet, um von einem fernen Land zu berichten, das er im Traum oder Rausch, jedenfalls weit jenseits unseres Wachbewußtseins erfahren habe. Das genaue Gegenteil ist jedoch der Fall, denn der Sprecher wendet sich gar nicht an uns, sondern an irgendwelche höheren, wissenden Wesen, denen er vielmehr von unserer dumpfen Alltagsrealität berichtet, die jenen höchst sonderbar erscheinen muß. Unsere gewohnte Realität ist nämlich jenes „ultimate dim Thule", während „these lands" irgendwo im Spirituellen Universum liegen. Man mag dieser These entgegenhalten, daß unsere Welt doch aber gar nicht „out of SPACE – out of TIME" gelegen sei und daß es sich hier also doch um eine andere Sphäre als die unserer sinnlichen Realität handeln müsse. Der scheinbare Widerspruch läßt sich jedoch auflösen, wenn man bedenkt, daß diese uns vertraut scheinende Realität hier aus einer nicht-menschlichen Perspektive gezeigt wird. Der Sprecher ist es, der die Wunder jener Realität erkennt („'T is – oh 't is an Eldorado!"), nicht die in ihr lebenden Menschen selbst, die diese nicht erkennen dürfen: „But the traveller travelling through it, / May not – dare not openly view it; / Never its mysteries are exposed / To the weak human eye unclosed; / So wills its King, who hath forbid / The uplifting of the fringed lid; / And thus the sad Soul that here passes / Beholds it but through darkened glasses." [CTP 968/969] [„Doch wer nur hindurch will streifen, / lasse ja den Blick nicht schweifen; / die geheimnisvollen Auen / soll kein Menschenaug' erschauen; / denn dies ist des Königs Wille: / daß kein Lid den Blick enthülle; / und so wird von der Seele dies Land / nur durch verdunkelte Gläser erkannt." (V, 133)] Mit anderen Worten: Der Sprecher berichtet hier von den bedauernswerten Menschen, denen es unter dem diktatorischen Regime eines „Eidolon, named NIGHT" nicht gestattet ist, die wahren Geheimnisse ihrer Realität zu entdecken. Dieses „Eidolon" aber ist die Vernunft, das rationale Wachbewußtsein. So entspricht das nur von Blinden bewohnte „ultimate dim Thule" der Welt des rationalen Wachbewußtseins, das nicht eigentlich wach ist, sondern sich in einem Tiefschlaf befindet, aus dem man erst dann erwacht, wenn man zu träumen beginnt. „Wenn das Leben ein Traum ist", folgert Harry Levin, „dann ist der Tod ein Erwachen."[117] Als ein Erwachen erweist sich der Tod (und ebenso der Wahnsinn[118]), indem er die Herrschaft des rational-sinnlichen Bewußtseins sprengt und dadurch eine dauerhafte Transzendenz ermöglicht; folglich sind auch Traum, Rausch und jede Form des mystischen Erlebens sozusagen ein kleiner Tod, ein flüchtiges Erwachen.

In diesem Sinn äußert sich auch der wahnsinnige Erzähler in „Berenice": „Die Realitäten dieser Welt berührten mich wie Halluzinationen, und *nur* wie Halluzinationen; während stattdessen die wilden Gebilde des Reiches der Träume ihrerseits zu – ja nicht bloß zur Basis meines Alltagsdaseins wurden – vielmehr, gewiß & wahrhaftig & einzig & ausschließlich, dies Dasein selbst." [CTP 643; I 210] In dem Gedicht „A Dream Within a Dream" bringt Poe die ganze Problematik auf formelhafte Kürze: „All that we see or seem / Is but a dream within a dream." [CTP 967] In diesen Versen wird der Begriff des Traumes in seiner herkömmlichen Bedeutung (nämlich als ein der materiellen Realität nicht entsprechender, trügerischer Schein) und auch im romantischen Sinn verwendet. Alles, was wir sind oder zu sein scheinen, ist nur ein Traum, d.h. eine Illusion. Diese Illusion besteht aber innerhalb eines größeren Ganzen, das ebenfalls als „Traum" bezeichnet wird: Hier wird das Wort im romantischen Sinn gebraucht, d.h. es bezeichnet eine höhere, mystische Realitätsebene, die zugänglich wird, wenn das nur vermeintlich wache rationale Bewußtsein überwunden ist. Wenn das innere Auge sich schließt, das mystische Bewußtsein schläft, dann träumt es den chimärenhaften Traum von einem materiellen Universum, dessen Bewohner sich durch ihre Sinne und ihren Verstand zurechtzufinden glauben. Diese Überzeugung klingt auch noch bei Rimbaud an: „Das wahre Leben ist woanders", meint er. „Wir sind nicht mehr auf Erden." [SD 290; 291]

Für den Romantiker erwies sich der Traum in einem sehr konkreten Sinn als eine Lebenswelt, die seiner Sehnsucht nach der Wiedererlangung des mythischen Urzustandes einer allumfassenden Wesenseinheit am nächsten kam: Denn die Geschehnisse und Landschaften des Traums sind nur scheinbar wie ein Theaterstück, das der Träumende wie ein außenstehender Zuschauer auf sich wirken läßt; sie sind vielmehr die bildlich verschlüsselten Inhalte seiner eigenen Seele. Daß diese Verschlüsselungen in Erscheinungen auftreten, wie sie auch in der Natur vorgefunden werden, war für den Romantiker nur ein weiterer Beweis, daß die Natur nicht als ein von uns Losgelöstes bestehe, sondern ebenso unser Entwurf und damit Teil von uns selbst sei, wie wir wiederum ein Entwurf der Natur und darum auch ein Teil von ihr seien. Im Traum wird also die Wesenseinheit der Person mit allen Elementen ihrer Umgebung gewissermaßen *en miniature* erfahren. In diesem Sinn ist es zu verstehen, wenn Novalis meint: „Der Traum belehrt uns auf eine merckwürdige Weise von der Leichtigkeit unsrer Seele, in jedes Object einzudringen – sich in jedes sogleich zu verwandeln" [N, III 309], oder wenn Schubert die Ansicht vertritt, daß die Bildersprache des Traumes, wie Lersch paraphrasiert, „ein seltsamer Beweis für die liebende Fähigkeit unserer Natur [sei], durch welche diese mit einem anderen, sei es ein Höheres oder Niedrigeres, eins zu werden vermag." „Hier", so fährt Lersch fort, „ist es deutlich ausgesprochen, daß der Traum die dem romantischen Lebensgefühl adäquate Welt ist … Er bedeutet nichts anderes als ein Stück der menschlichen Seele selbst. Der Träumende ist schauendes Subjekt und geschautes Objekt zugleich; denn er spricht aus den Traumgestalten, er handelt in ihnen."[119]

Ähnlich wie den Somnambulismus und selbst den Wahnsinn hielt SCHUBERT den Traum für ein Phänomen, durch das dem Menschen „die Gabe eines neuen, höheren Gesichtes" zuteil werde, „dessen Blick weit über die Schranken unserer Natur überreicht." [ST 201] Diese Ansicht entsprang seiner Überzeugung, daß die Bildersprache des Traumes mit der Ursprache identisch sei, die während des Goldenen Zeitalters von allen Menschen verstanden wurde. Im Unterschied zur künstlichen Laut-Sprache, die jeder Mensch erst erlernen müsse, sei das Verständnis der Bildersprache angeboren. Vor allem aber sei diese kein mediales System, das wie die Laut-Sprache Bedeutungen nur durch die Abstraktion von den Dingen zu fassen vermag, sondern ermögliche ein unmittelbares, intuitives Erkennen der Welt. So sei sie auch von dimensionalen Prinzipien, etwa dem eines zeitlichen Nacheinander, weitgehend unabhängig und könne komplizierte Sachverhalte, die mit Worten nur linear zu beschreiben sind, in einem manifesten Bild blitzartig darstellen: „Wir drücken in jener Sprache durch einige wenige hieroglyphische, seltsam aneinandergefügte Bilder, die wir uns schnell nacheinander, oder auch nebeneinander und auf einmal vorstellen, in wenig Momenten mehr aus, als wir mit Worten in ganzen Stunden auseinanderzusetzen vermöchten." [ST 6] Da die Bilder des Traums Realitäten in großer Verdichtung abbilden, weisen sie stets über sich selbst hinaus, d.h. sie sind symbolisch zu deuten. Aus diesem Grund bezeichnet Schubert die ursprüngliche Sprache auch als Poesie; das Poetische sei eine natürliche Ausdrucksform der frühen Menschheit gewesen. Wandte sich der Mensch in jener Zeit den Erscheinungen der Natur liebend zu, weil er sie als Symbole des Göttlichen erkannte, so wurden mehr und mehr diese Erscheinungen selbst zum Gegenstand seiner Liebe, während der in ihnen zum Ausdruck kommende Geist übersehen wurde. So sei auch die „jetzige Laut-Sprache" ursprünglich nur ein „zufälligerer untergeordneter Bestandtheil" der Ursprache gewesen und habe im Zuge der Entfernung des Menschen von seiner göttlichen Natur zusehends an Bedeutung gewonnen und die „wesentlichen Bestandtheile" [ST 91] endlich verdrängt. Ein Kulminationspunkt dieser Entwicklung sei der Turmbau von Babel und die anschließende Sprachenverwirrung gewesen. So habe der heutige Mensch nur noch im Traum die Gelegenheit, sich wie einst unmittelbar mit Gott und allen Elementen seiner Schöpfung zu verständigen: „Was Sprache des Wachens seyn sollte, ist uns jetzt dunkle Sprache des Traumes ..." [ST 89]

„So oft sich die höhere Region dem Organ der Liebe in dem Menschen mittheilte", schreibt Schubert zusammenfassend, „geschahe dieses in der diesem Organe eigenthümlichen (Natur-) Bildersprache ... Der Mensch stund einst zu dieser noch in einem ungleich activeren Verhältniß als jetzt, und wie die Natur eine Sprache, ein Act der Liebe des Göttlichen zu dem Menschen war, so vermochte dieser hinwiederum eben diese Natur zur Sprache seiner Liebe zu machen – Worte dieser Sprache nach dem Gefallen und der Kraft seiner Liebe hervorzurufen und zusammenzufügen. Noch jetzt beweißt jenes psychisch erwachte Erkenntnißvermögen, seine Natur-bildende und schaffende Kraft wenigstens noch im Schatten, an der aus ihm hervorgehenden

Bilderwelt des Traumes ..." [ST 201/202] So wie der göttliche Geist aus den Erscheinungen der Natur spreche, so spreche er auch aus den Bildern des Traumes. Da der Mensch sich heute nicht mehr über die Natur mit dem göttlichen Wesen vereinen, es erkennen und verstehen kann, da ihm die in der Natur verborgenen Zeichen des göttlichen Wirkens unverständlich geworden sind, muß er Schubert zufolge alle Aufmerksamkeit den Bildern des Traumes zuwenden. Der Traum (einschließlich aller verwandten Phänomene wie Rausch oder Wahnsinn) erweist sich hier also als einzig noch verfügbarer Schlüssel zur Wiederentdeckung der wahren, nämlich ewig geistigen Realität des Universums.

Es mag sein, daß Schubert ein eher mittelmäßiger Denker war, und gewiß war er kein Avantgardist, kein einsamer Neuerer, wagemutiger Pionier oder ein von großen Visionen erfülltes Genie. Doch es ist gerade diese repräsentative Eigenschaft, die sein Werk so interessant macht, wenn es gilt, den Horizont der romantischen Epoche vom Standpunkt unserer Gegenwart nachzuvollziehen und zu rekonstruieren. Die wichtigste Tugend Schuberts war wohl sein Enthusiasmus, mit dem er die großen Themen seiner Zeit absorbierte. Mit seinen Ansichten über die Bedeutung des Traumes sprach er seinen romantischen Zeitgenossen jedenfalls aus der Seele, und es gibt wohl keinen romantischen Dichter, der seinen eigenen Träumen keine Beachtung schenkte und die Qualitäten jener alternativen Erfahrungswelt nicht irgendwie in sein Werk einfließen ließ. Derselben Ansicht ist Bousquet:

> Zwischen 1750 und 1950 gibt es nur wenige Schriftsteller, die nicht irgendwelche Träume in ihr Werk aufnahmen; sehr selten gibt es Briefwechsel oder Tagebücher, die keinen außergewöhnlichen, prophetischen oder aufwühlenden Traum enthalten. Allein in den Romanen von Jean Paul habe ich zweiundvierzig Träume gezählt; rund zwanzig finden sich bei Tieck, ebenso wie bei Hoffmann oder Heine. Byron, Shelley und Coleridge haben jeweils etwa ein Dutzend wichtiger Träume beschrieben. Und wenn in Frankreich die angesehensten Frühromantiker, vor allem Chateaubriand und Lamartine, nur wenig geträumt zu haben scheinen, so haben sich kurz darauf die französischen Träumer umso deutlicher hervorgetan, so daß man von Nerval bis André Breton, über Baudelaire, Rimbaud, Lautréamont, Huysmans, Apollinaire usw. eine außergewöhnliche und überaus vielfältige Ausbeute an Träumen zusammentragen kann.[120]

Besonders JEAN PAUL (eig. Johann Paul Ludwig Richter, 1763–1825) widmete dem Phänomen des Traumes einen großen Teil seiner Aufmerksamkeit. „Ich habe meine tiefsten Freuden und Leiden nur noch im Traum"[121], schrieb er 1816; auch hielt er siebzehn Jahre lang jeden seiner Träume schriftlich fest. Darüber hinaus bemühte er sich, wie Béguin berichtet, die Sensibilität des Traumes durch ein besonderes Training zu kultivieren und sogar in einem gewissen Maß willentlich zu beeinflussen:

> Jean Paul gab sich aber nicht einfach mit der Betrachtung von Träumen zufrieden, die ein Geschenk der Natur waren; er sammelte systematisch Erfahrungen über das Traumleben und gewann es über sich, während des Träumens ein gewisses Bewußtsein zu bewahren und seinen eigenen Willen geltend zu machen. Jeden Augenblick fragte er sich, ob er denn wirklich träume, und um sich davon zu überzeugen, versuchte er bestimmte Bewegungen

zu machen. Lange Zeit übte er sich darin, vor dem Einschlafen erquickende Träume zu erwecken. Er sagt selbst, es sei ihm jeweils gelungen, nach Lust und Laune zu fliegen, sich da- und dorthin zu bewegen, Träume abzubrechen oder zu verlängern, unangenehme Erscheinungen aus seinem Horizont zu verbannen, ohne aufzuwachen.[122]

Diese „Wahlträume", meint Béguin, seien den in seinen Werken beschriebenen auffallend ähnlich. In seinen großen Romanen, wie *Die unsichtbare Loge* (1793), *Hesperus* (1795), *Siebenkäs* (1796 f.), *Leben des Quintus Fixlein* (1796) oder *Titan* (1800/03), „kommt den Träumen wesentliche Bedeutung zu. In ihnen nämlich ereignet sich die Verklärung der Welt, in ihnen bricht, nach der Vision der Vernichtung, das strahlende Licht durch. Der doppelte Aspekt der Traumgeographie ... entspricht weniger einer beharrlichen zwiefachen Tönung der Nachtträume des Dichters als vielmehr einem sein gesamtes Leben beherrschenden Wechsel von grausigstem Entsetzen und seligster Trunkenheit."[123] Schon als junger Mann pflegte der Dichter in Hof, wo er sich auf der Flucht vor seinen Gläubigern niedergelassen hatte, einen regen Briefwechsel mit den jungen Damen seiner sogenannten „erotischen Akademie", der vor allem dem Austausch von Traumerlebnissen galt. Es sei gewiß, meint Béguin, daß diese Schilderungen – Jean Paul bezeichnete sie als ein „Nachträumen" –, „alle in einem Zustand höchster Entzückung niedergeschrieben worden sind, in der Entzückung eines wachen Träumers freilich, der aber doch eine zu tiefe Kenntnis, eine zu lebhafte Erfahrung von der nächtlichen Traumwelt besaß, als daß er ihr nicht zumindest ihre Landschaften und gewiße Formen ihres Symbolismus entliehen hätte."[124] Um den für ein solches „Nachträumen" günstigsten Geisteszustand herbeizuführen, benutzte Jean Paul diverse Hilfsmittel, vor allem die Musik, aber auch Alkohol, Kaffee und möglicherweise auch Laudanum.[125] Diese Praxis war, wie Hayter zeigt, bei den Romantikern sehr verbreitet:

> Da Träume als überaus nützliches Instrument in der Werkstatt des Dichters angesehen wurden, war es nur natürlich, daß Künstler versuchten, sie auf künstlichem Wege herbeizuführen, wenn sie sich nicht in ausreichendem Maß von selbst einstellten. Alle Arten körperlicher Reizmittel wurden ausprobiert. Füßli, der meinte, daß „Träume eines der am wenigsten erforschten Gebiete der Kunst" darstellten, aß rohes Fleisch, und Mrs Radcliffe verzehrte große Mengen unverdaulicher Nahrung, um Alpträume heraufzubeschwören. Auch Tennyson meinte, daß ein unvergeßlicher Traum darauf zurückging, daß er im Anschluß an eine sechswöchige vegetarische Periode Fleisch gegessen habe. „Nie zuvor fühlte ich ein solches Glück in meinen Adern. Als ich mich schlafen legte, träumte ich, ich sähe die Weinberge des Südens, deren weite Eschkol-Zweige die Gletscher des Nordens überzogen." Jean Paul erzeugte seine Träume und Phantasmagorien durch Kaffee und Alkohol. Southey und Humphrey Davy experimentierten mit Lachgas und erlebten Zustände einer wilden kosmischen Entrückung: „Davy hat eine neue Wonne erfunden, für welche die Sprache keinen Namen hat", rief Southey aus, und Davy versuchte Southey dazu zu bewegen, eine dieser Lachgasvisionen „eines völlig unkörperlichen Paradieses – Bäume aus Licht, die in einem ätherischen Boden wurzeln – Wasserpaläste, die alle Farben reichlich brechen" in seine Sammlung *Thalaba* aufzunehmen; eine Version davon erschien schließlich in Southeys *Curse of Kehama*.[126]

„Träume sind Schäume" – mit diesem eingangs genannten Sprichwort beginnt auch die in den *Fantasiestücken nach Callots Manier* (1815) enthaltene früheste Erzählung E. T. A. HOFFMANNS, „Der Magnetiseur"[127], wo die Positionen des sogenannten gesunden Menschenverstandes und eines allzu jugendlich-enthusiastischen Glaubens an die wundersamen Wirkungen des Magnetismus miteinander konfrontiert werden. Obwohl dieses Werk in Anbetracht von Hoffmanns reiferer Erzählkunst nicht recht überzeugen kann und obwohl der argumentative Weg zwischen den beiden genannten Polen recht konfus hin und her verläuft, bis er zuletzt etwas überraschend eine erschreckende Bilanz der zerstörerischen Wirkung des Magnetismus präsentiert, deuten sich hier aber schon einige wichtige Überzeugungen an, die in den späteren Schriften Hoffmanns differenzierter ausgeführt werden. Der Schluß der Erzählung – eine ehemals glückliche Familie ist durch die Einwirkung eines diabolischen Magnetiseurs ruiniert – scheint ein ganz und gar unromantisches Plädoyer für eine bürgerliche Beschaulichkeit zu sein, die sich allen Abenteuern versagt. Ottmar, der schwärmerische Sohn des Hauses, büßt für seinen leichtfertigen Hang zur Magie der Träume „durch den Heldentod in der Schlacht." [HW, I 176] Dennoch bestätigt der Ausgang der Erzählung nicht wirklich die zu Anfang behauptete Nichtigkeit von Träumen, sondern räumt ihnen vielmehr einen sehr konkreten Realitätswert ein, der in ihrer zerstörerischen Wirkung deutlich zutage tritt. Ohne Zweifel vertritt der Autor dieselbe Ansicht wie Ottmar, wenn dieser sagt: „Es mag daher auch der Traum ... ein höheres intensives Leben beginnen, in dem wir alle Erscheinungen der uns fernen Geisterwelt nicht nur ahnen, sondern wirklich erkennen, ja, in dem wir über Raum und Zeit schweben." [HW, I, 144] Träume haben uns in der Tat etwas zu sagen und können als Vermittler von Erkenntnissen über die spirituellen Hintergründe unseres Daseins sehr wertvoll sein. Im Unterschied zu Ottmar meint der Autor aber, daß man sich dem spirituellen Universum nicht blindlings anvertrauen dürfe. Wenn man nämlich zu tief in die Traumwelt eindringt, so daß man sich in ihr verliert, wenn man unversehens Kräfte entfesselt, die man nicht zu bändigen weiß, kann sich der im Traum erreichte Erkenntnisgewinn als eine große Gefahr für den Träumer und auch für seine Umwelt erweisen. Im Vorwort des Romans *Die Elixiere des Teufels* (1815/16) schreibt der durch Schuberts *Symbolik des Traumes* beeinflußte Hoffmann: „Nachdem ich die Papiere des Kapuziners Medardus recht emsig durchgelesen, ... war es mir auch, als könne das, was wir insgemein Traum und Einbildung nennen, wohl die symbolische Erkenntnis des geheimen Fadens sein, der sich durch unser Leben zieht, es festknüpfend in allen seinen Bedingungen, als sei der aber für verloren zu achten, der mit jener Erkenntnis die Kraft gewonnen glaubt, jenen Faden gewaltsam zu zerreißen und es aufzunehmen mit der dunklen Macht, die über uns gebietet." [ET 6] Um das geistige Potential der Träume zu einem guten Zweck zu nutzen – und das ist bei Hoffmann die Aufgabe des künstlerischen Schaffens –, muß dem Traumerleben eine umso disziplioniertere Besonnenheit folgen, die das Gesehene behutsam in fruchtbare Bahnen zu lenken versteht.

Über die vielen Aspekte des Traums, seine diversen Erscheinungsformen, seine symbolische Bildersprache, seine kulturgeschichtliche Bedeutung ließe sich genug schreiben, um ganze Bibliotheken damit zu füllen. So wäre etwa genauer zu differenzieren zwischen Träumen des Tiefschlafs, Wachträumen und sogenannten hypnagogischen Visionen, die während des Übergangs vom Wach- zum Traumbewußtsein erlebt werden. An dieser Stelle sollen abschließend nur einige Bemerkungen zum letztgenannten Typus folgen, da er dem später zu erörternden Nacherleben des Drogenrausches, das im Zusammenhang der spezifisch künstlerischen Problematik eine besondere Bedeutung erhält, recht ähnlich ist. In seinem sonst sehr beachtlichen Werk über den Traum in der Romantik irrt Bousquet, wenn er behauptet: „Zunächst müssen wir uns aber vor Augen halten, daß, was wir gewöhnlich als Traum bezeichnen, nicht im Schlaf entsteht, sondern in jenem vagen Grenzbereich zwischen Schlaf und Erwachen, so kurz er auch sein mag, wenn die Schaltstellen im Nervensystem vor der Wiederaufnahme ihrer geregelten Funktionsweise eine Reihe von Fehlkontakten herstellen."[128] Bousquet nennt hier eine, aber nicht die einzig mögliche, Quelle des Traums, indem er sich auf die hypnagogischen Visionen bezieht, die im Dämmerzustand vor dem Einschlafen ebenso wie in jenem, der dem völligen Erwachen vorausgeht, auftreten. Dieser Dämmerzustand war für den romantischen Künstler von besonderem Interesse, da in ihm das Bewußtsein, die Domäne der Willenskraft, nicht völlig ausgeschaltet und daher in der Lage ist, Verbindungen zwischen den unwillkürlich auftauchenden Bildern und Gedanken herzustellen, die als Gerüst für eine später erfolgende kreative Umsetzung des Geträumten dienen können. So schreibt E. T. A. HOFFMANN in den „Kreisleriana" (1815): „Nicht sowohl im Traume, als im Zustande des Delirierens, der dem Einschlafen vorhergeht[129], vorzüglich wenn ich viel Musik gehört habe, finde ich eine Übereinkunft der Farben, Töne und Düfte. Es kömmt mir vor, als wenn alle auf die gleiche geheimnisvolle Weise durch den Lichtstrahl erzeugt würden und dann sich zu einem wundervollen Konzerte vereinigen müßten."[130] Synästhetische Erlebnisse dieser Art gestalten sich für Hoffmann, der ja auch ein talentierter Musiker und Komponist war, wie eine Initiation in die mit der Weltseele unmittelbar verwobenen Geheimnisse der Töne:

> Es gibt Augenblicke …, in denen mir die musikalischen Zahlenverhältnisse, ja die mystischen Regeln des Kontrapunkts ein inneres Grauen erwecken. – Musik! – mit geheimnisvollem Schauer, ja mit Grausen nenne ich Dich! – Dich! in Tönen ausgesprochene Sanskritta der Natur! – Der Uneingeweihte lallt sie nach in kindischen Lauten – der nachäffende Frevler geht unter im eignen Hohn! [K 30]

Edgar Allan POE befaßt sich u. a. in seinen „Marginalia" mit hypnagogischen Visionen. „Wie oft hören wir nicht sagen", so beginnt er, „daß jene oder solche Gedanken nicht in Worte zu fassen seien!" [VE, XVI 88] Diese Ansicht könne er jedoch nicht teilen, sondern glaube vielmehr, daß jeder Gedanke sprachlich darstellbar sein müsse: „Ich selbst habe dagegen niemals einen Gedanken gehabt, den ich nicht in Worte hätte fassen können, noch deutlicher gar als ich ihn empfing: – wie ich zuvor bemerkt habe, wird dem Gedanken durch das Bemühen um seinen (schriftlichen) Ausdruck Logik verliehen." Doch Poe untersteht sich hier keineswegs, etwa zu behaupten, daß schlechthin alles sprachlich zu fixieren sei; schließlich thematisiert sein Werk sogar sehr oft die Problematik des sprachlich nicht Vermittelbaren. Wenn er behauptet, daß jeder Gedanke in Worte zu fassen sei, so weist er andererseits umso emphatischer darauf hin, daß nicht alles Gedanke sei, denn es gebe auch gewisse Nicht-Gedanken, die er als „Phantasien" („fancies") bezeichnet:

> Es gibt jedoch eine Art von Phantasien, von ausgesuchter Feinheit, die keine Gedanken sind, und denen einen sprachlichen Ausdruck zu verleihen mir, *bislang*, völlig unmöglich gewesen ist. Ich gebrauche das Wort *Phantasien* willkürlich und bloß, weil ich doch *ein* Wort benutzen muß; doch die Idee, die gewöhnlich mit diesem Begriff verbunden ist, trifft nicht einmal entfernt diese fraglichen Schatten der Schatten. Sie scheinen mir eher übersinnlich als geistig zu sein. Sie erstehen in der Seele (ach, wie selten!) nur in ihren Phasen der intensivsten Ruhe – wenn die körperliche und geistige Gesundheit völlig unbeeinträchtigt sind – und in jenen bloßen Zeitpunkten, wenn sich die Grenzen der Welt des Wachens mit jenen der Welt der Träume vermischen. Ich bin mir dieser „Phantasien" nur bewußt, wenn ich mich an der Grenze des Schlafes befinde und mir darüber im Klaren bin. Ich habe mich versichert, daß dieser Zustand nur für einen kaum wahrnehmbaren Zeitpunkt andauert – und doch ist er von diesen „Schatten der Schatten" reichlich erfüllt; und für absolutes *Denken* bedarf es einer zeitlichen *Dauer*.

Im folgenden Absatz versucht Poe eine Beschreibung jener hypnagogischen Erkenntnismomente, deren wesentlichstes Merkmal er in ihrer *völligen Neuheit* sieht. Da die Sprache folglich über keine Präzedenzfälle verfügen kann, die eine vergleichende Beschreibung ermöglichen, muß sie im Angesicht solcher Momente versagen:

> Diese „Phantasien" bergen eine ergötzliche Ekstase, welche von der ergötzlichsten Welt des Wachens so weit entfernt ist wie der Himmel der nordischen Religion jenseits ihrer Hölle ist. Ich verfolge diese Visionen, noch während sie erstehen, mit einer Trauer, die in gewissem Maße die Ekstase dämpft oder beruhigt – Ich verfolge sie so aufgrund der Überzeugung (die ein Teil der Ekstase selbst zu sein scheint), daß diese Ekstase in sich selbst von einer Art ist, die die menschliche Natur übersteigt – daß sie einen flüchtigen Blick in die geistige Außenwelt gewährt, und ich komme zu dem Schluß – wenn dieser Ausdruck überhaupt auf eine spontane Intuition anwendbar ist – durch die Beobachtung, daß die erfahrene Freude in sich nichts anderes birgt als *die Absolutheit des Neuartigen*. Ich sage Absolutheit – denn in diesen Phantasien ... gibt es wirklich nichts, was den gewöhnlich empfangenen Impressionen auch nur annähernd entspricht. Es ist, als ob die fünf Sinne durch fünf Myriaden andere ersetzt würden, die den Sterblichen unbekannt sind.[131]

Auch Dr. MOREAU, der den *Club des Hachichins* mit Haschisch versorgte, bezieht sich in seinem Buch über die Droge auf jenen Zustand zwischen Schlaf und Wachen, der von hypnagogischen Visionen oder „fancies" im Sinne Poes bestimmt wird:

> Zwischen Schlaf und Wachen gibt es einen Zwischenzustand, der, ohne dem einen noch dem anderen ganz zu entsprechen, an beiden gleichermaßen beteiligt ist und einen wahr-

haftigen *Mischzustand* darstellt, der in dem genannten Zusammenhang von einem höchst bemerkenswerten Interesse ist.

Durch den Tatbestand des Schlafes ist längst nicht jede intellektuelle Aktivität eingestellt. Offenbaren die Träume nicht eine Art von innerer Existenz, ein innergeistiges Leben, das sich sozusagen aus den Eindrücken speist, die zuvor im wachen Zustand empfangen wurden, so wie das wirkliche Leben sich aus äußeren Eindrücken speist, die von der Außenwelt empfangen werden?

Im Zwischenzustand, von dem hier die Rede ist, sind uns diese beiden Arten von Eindrücken gleichermaßen zugänglich; unfähig, sie voneinander zu unterscheiden, verwechseln wir sie miteinander, was die sonderbarsten gedanklichen Kombinationen, ... in einem Wort also: ein wahrhaftiges Delirium bewirkt.[132]

Der Haschischrausch sei ein ebensolcher „vermischter Zustand", in dem das rationale Wachbewußtsein noch eingeschränkt tätig sei und sich gleichzeitig mit der Wahrnehmung des Traumbewußtseins zu einem Ganzen verbinde; Moreau spricht hier von einem „état crépusculaire", einem Zustand der Dämmerung. Dieses Bild erscheint in der Literatur sehr häufig als Umschreibung des hypnagogischen Zustands; BAUDELAIRE zum Beispiel verwendet es in seinen Dichtungen immer wieder. So verweist beim Gedicht „La Chambre double" schon der Titel auf die Durchdringung zweier Realitäten, wobei der im Überschneidungsbereich beider Bewußtseinsarten befindliche Wahrnehmungsraum als ein Zimmer vergegenständlicht wird:

Ein Zimmer, das einem Traum gleicht, ein wahrhaft *geistiges* Zimmer, in dessen regloser Luft ein zartes Rosa, ein weiches Blau schwimmt.

Die Seele nimmt dort ein Trägheitsbad, von Wehmut und Wünschen aromatisiert. – Es ist etwas Dämmriges, Bläuliches, Rosenfarbenes; ein wollüstiger Traum während einer Sonnenfinsternis. [SP 233; VIII 127]

In einem anderen Prosagedicht, „Le Crépuscule du Soir", wird die Abenddämmerung als Verheißung nächtlicher Wonnen bezeichnet. „Le crépuscule excite les fous" [SP 262], heißt es dort, die Dämmerung errege die Verrückten, zu denen Baudelaire sicher auch die sehenden Dichter zählte. Das nur scheinbar bloß deskriptive oder stimmungskonstituierende Bild des Sonnenuntergangs hat bei Baudelaire eine zentrale symbolische Bedeutung. So wendet sich der Dichter in „Le Crépuscule du Soir" an die Abenddämmerung, die er als ein Gleichnis des von hypnagogischen Visionen begleiteten Übergangs vom wachen Zustand in den des Schlafes begreift:

Abenddämmerung, wie sanft und zärtlich du bist! Der rosige Schimmer, der noch am Horizont zaudert wie die letzten Zuckungen des Tages, wenn seine Nacht ihn als Siegerin niedertritt, die Flammen der Kandelaber, die düsterrote Flecken in die letzten Helligkeiten des Abendhimmels brennen, die schweren Draperien, die eine unsichtbare Hand aus den Tiefen des Ostens herzieht, dies alles ist wie ein Bild der widerstreitenden Gefühle, die in den feierlichen Stunden des Lebens das Menschenherz bedrängen. [SP 263; VIII 195, 197]

Ähnlich wie Paris in Baudelaires Gedichten weniger als Stadtlandschaft, sondern vielmehr als ein bestimmter Bewußtseinszustand bedeutsam wird, so ist auch das Naturphänomen des Sonnenuntergangs in erster Linie als ein Bild für die menschliche oder künstlerische Psyche zu verstehen. Es gibt wahrscheinlich nur wenige andere Motive, die in Baudelaires Dichtungen so oft erscheinen wie das Bild des Himmels, das offenbar eine Metapher für das wahrnehmende Bewußtsein ist. Da Baudelaire das rationale Wachbewußtsein als zu profan, zu begrenzt und daher als eine Zumutung für jeden nach Erkenntnis strebenden Geist empfand, zumal die Welt des *Ennui* die einzige Realität ist, die es mit einiger Kompetenz erfassen kann, erscheint es sehr verständlich, daß sich der Dichter häufig an diesigen, nebelhaften Himmeln, also der gleichnishaften Trübung dieses deprimierenden Wachbewußtseins, erfreut.[133] In den Sonnenuntergängen kündigt sich demnach die Hoffnung auf eine wenigstens vorübergehende Befreiung von den Grenzen des Wachbewußtseins an; je mehr es im Dunkel der Nacht verschwindet, je mehr sich seine Konturen auflösen, desto erfrischender können die sonst verborgenen Farben des spirituellen Universums hervortreten. In „La Mort des Amants" ist etwa die Rede von „Un soir fait de rose et de bleu mystique." [FdM 118] In der Prosafassung des Gedichts „L'Invitation au Voyage" wird ein den Landschaften des Opiumrausches nachempfundenes Paradies beschrieben, doch im vorletzten Absatz heißt es: „Jeder Mensch trägt in sich seine Dosis natürlichen Opiums!" [SP 255] Das Paradies ist also die eigene Phantasie, die von den Gedanken im Sinne Poes ganz befreit ist: „Ja, in jener Luft ließe es sich leben, – dort, ... wo die langsameren Stunden gedankenreicher sind ..." [SP 254; VIII 173] Der Weg in dieses Paradies, die allmähliche Entfernung von den Gedanken des Wachbewußtseins ist wie die Phase der hypnagogischen Visionen, die abermals im Bild von untergehenden Sonnen („soleils couchants") dargestellt wird. In „Le Poison" wird der Wein, dessen magische Wirkung den Weg in die Freiheit des Traumes bereitet, mit einer „soleil couchant dans un ciel nébuleux" [FdM 46], einer an diesigem Himmel untergehenden Sonne, verglichen, und in „Le Coucher du Soleil Romantique" heißt es über den Sonnenuntergang: „– Bienheureux celui-là qui peut avec amour / Saluer son coucher plus glorieux qu'un rêve!"[134] [„– Glückselig, wer in Liebe sie grüßen kann, wenn sie glorreicher als ein Traum im Glanze sinkt!" (IV, 7)]

In diesem Zusammenhang ist es übrigens interessant, daß auch Malcolm LOWRY, den man durchaus als einen späten Nachzügler der Romantik bezeichnen könnte und der zudem von Baudelaire stark beeinflußt war, das Bild des Sonnenuntergangs oft als Metapher für den Ablösungsprozeß des Wachbewußtseins verwendet. In *Under the Volcano* werden besonders aggressive Sonnenuntergänge beschrieben, die den inneren Kampf des Konsuls reflektieren und auf den infernalischen Endpunkt seines Weges hindeuten: „Aber der Abend hatte jetzt etwas Unheildrohendes. Im Süden stiegen schwarze Wolken auf. Die Sonne goß geschmolzenes Glas über die Felder, und die Vulkane wirkten erschreckend im wilden Licht des Sonnenunterganges." [UV 9; 15] Das 11. Kapitel beginnt mit den Worten:

> Sonnenuntergang. Über ihnen zogen Strudel von grün-orangenen Vögeln immer weitere Kreise wie Ringe auf dem Wasser. [...] Das Gewitter, das bereits seine Vorboten ausge-

sandt hatte, mußte im Kreise gewandert sein: der richtige Ausbruch war noch zu erwarten. Mittlerweile hatte der Wind sich gelegt, und es war wieder heller, obgleich die Sonne ein wenig links hinter ihnen untergegangen war; von Südwesten her breitete sich rote Glut über den Himmel. [UV 316; 331]

Hier wird der Sonnenuntergang als Auftakt zum Finale inszeniert; die Farben sind grell und beunruhigend. Diese Bildlichkeit ist auch mit der tropischen Vegetation verknüpft, die an einer Stelle als „livid and crepuscular" [UV 65], blau und dämmerungsfarbig, bezeichnet wird. Eine weitere Verbindung besteht durch die Sonnenblume, die den Konsul ebenso wie die Sonne selbst mit ihrem Zorn und Haß verfolgt. So erhalten die Sonnenuntergänge und die Landschaft ihre Bedeutung als metaphorische Spiegelung jener Kämpfe, die im Bewußtsein des Konsuls stattfinden.[135] Auf einer der wichtigsten Bedeutungsebenen des Romans ist die Landschaft also ein Abbild von Geoffreys Alkoholikerbewußtsein, das sich permanent „on the brink of sleep", am Rande des Schlafes, befindet, bis der endgültige Sturz in den Abgrund erfolgt. Das Hinweisschild „A PARIAN" [UV 333], das den Weg zum Farolito weist, wo der Konsul den Tod findet und in die mit der Hölle identifizierte *barranca* geworfen wird, macht jedoch deutlich, daß er im Unterschied zum gewöhnlichen Schläfer nicht mehr in die Welt des Tages zurückkehren wird.

VI. Varianten der „Aliénation Mentale"

1. Die Bewertung des Wahnsinns

Es ist nicht zuviel gesagt, wenn man die Französische Revolution als einen Staatsstreich der Vernunft bezeichnet. Dennoch waren der Blutrausch der Jakobiner, der zwar konkreten machtpolitischen Interessen entsprang, aber eben doch auch ein Rausch war, und der Freiheitstaumel der zu einem ganz ungewohnten Selbstbewußtsein gelangten *citoyens* durch ein überaus un-vernünftiges Moment geprägt, das auf eine ähnliche Weise religiös zu nennen ist wie der Fanatismus der Deutschen in der Zeit des Dritten Reichs. Da die Kleriker als Komplizen des *Ancien Régime* verfolgt wurden, galt auch die Religion als ein Werkzeug der überwundenen Knechtschaft und wurde daher als verwerflich oder wenigstens als unnötig und überholt erachtet. Während Kirchen und Klöster vielfach geplündert und niedergebrannt wurden, schuf man an deren Stelle einen Ersatz in Gestalt jener sonderbaren anti-kultischen Kultstätten, die „Tempel der Vernunft" genannt wurden. Dort versammelte sich das Volk, um pathetische Allegorien in klassizistischer Kulisse zu bestaunen; eine holde Maid in weißer Tunika trat auf als personifizierte Vernunft, Liberté, Egalité und Fraternité tanzten als ihre reizenden Kinder über die Bühne, und am Schluß ertönten, sozusagen als Orgelnachspiel in anderem Gewand, die Marseillaise oder andere patriotische

Lieder.¹³⁶ Hinter solchen Spektakeln stand wohl die Einsicht, daß die Vernunft allein etwas spröde sei und dem allgemeinen Bedürfnis nach Unterhaltung nicht viel zu bieten habe. In den Wissenschaften erübrigte sich solche Theatralik weitgehend; die Erfolge der Vernunft sprachen für sich selbst. So waren, wie Ellenberger darlegt, vor allem auf dem Gebiet der Medizin, etwa mit der Begründung der Pädiatrie, der Orthopädie, der öffentlichen Gesundheitsfürsorge und vorbeugenden Maßnahmen wie der vielpropagierten Pockenschutzimpfung, wesentliche vernunftbegründete Fortschritte erreicht worden.¹³⁷ Auch der Umgang mit Geisteskranken hatte sich im Lauf der Aufklärung verändert, wenngleich die Situation der Betroffenen dadurch zunächst kaum verbessert wurde. Die Erscheinungsformen des Wahnsinns wurden, dem rationalistischen Zeitgeist entsprechend, unterschiedslos entweder auf physische Verletzungen, vor allem Hirnschäden, oder auf mangelnde Willenskraft zurückgeführt, die ein unkontrolliertes Ausleben von Leidenschaften zur Folge habe. „Darum", schreibt Ellenberger, „lehrten Vertreter der Aufklärung die Grundsätze dessen, was wir heute als ‚Psychohygiene' bezeichnen würden, ausgehend von einer Übung des Willens und der Unterordnung der Leidenschaften unter die Vernunft."¹³⁸ Waren die Irrenhäuser zuvor nur Verwahranstalten gewesen, wo man sich kaum um eine Behandlung der Patienten bemühte, so rief diese aufklärerische Überzeugung eine Art pädagogischer Zuchtmeister auf den Plan, die ihre Patienten im wahrsten Sinn des Wortes zur Raison bringen wollten. Daß das Anstaltsdasein der Patienten dadurch nicht eben erquicklicher wurde, versteht sich von selbst.

Einen großen Einfluß auf die Veränderungen in der psychiatrischen Praxis hatte das Werk Jean-Jacques ROUSSEAUs (1712–1778), jenes eigenartigen Kulturkritikers, der aus dem Denken der Aufklärung heraus doch ihre wichtigsten Fundamente in seinen schwärmerischen Bekenntnisschriften attackierte. Schon die 1750 veröffentlichte erste bedeutende Schrift, *Discours sur les sciences et les arts*, erregte allgemeines Aufsehen. Verfaßt als Antwort auf eine Preisfrage, verneint das Traktat jeglichen moralischen Nutzen der Wissenschaften und Künste und identifiziert die fortschreitende Verfeinerung der Kultur als einen Prozeß der Verweichlichung und allgemeinen Selbstentfremdung, der den Menschen von seinem glücklichen, naturverbundenen Urzustand immer weiter entferne. In dieser und in späteren Schriften setzt Rousseau der sittlichen Verderbnis durch den Rationalismus die Macht des Gefühls entgegen und fordert eine auf Selbsterkenntnis gerichtete Verinnerlichung, die eine Kräftigung der geschwächten menschlichen Natur und damit eine freie, tugendhafte und liebevolle Lebensweise befördern soll. Im Gefolge dieser Thesen wurde die Selbstanalyse in Frankreich zur Mode; die „Sprechstundenpsychiatrie"¹³⁹, die sich viele von Rousseaus Ideen und besonders die von der Notwendigkeit einer „Erziehung des Herzens" zu eigen machte, erfuhr einen ungeheuren Aufschwung. In den Irrenanstalten konnte sich die Botschaft Rousseaus jedoch nicht im selben Maße und schon gar nicht überall durchsetzen; dort wurde die Praxis weiterhin vorwiegend durch die Ansicht bestimmt, daß Wahnsinnige eine Gefahr für die Gesellschaft darstellten (was mit der Haltung Rousseaus ja durchaus im Einklang steht) und daß man ihnen nur mit Zwangsmaßnahmen und äußerster Härte begegnen dürfe, um ihre zügellose Leidenschaft zu brechen. In England war man dagegen schon längst zu einer allmählichen Humanisierung der üblichen Behandlungsmethoden übergegangen. Ein erster Schritt auf diesem Weg war die schon zu Beginn der dreißiger Jahre von dem Schriftsteller Daniel Defoe erhobene Forderung nach einer Differenzierung der verschiedenen Formen des Wahnsinns[140], die es ermöglichen sollte, eine dem jeweiligen Krankheitsbild angemessene Therapie zu wählen. Der Arzt und Geistliche William Battie (1704–1776), einer der erfolgreichsten Vertreter seiner Zunft, der durch seine Tätigkeit in den Aufsichtsgremien verschiedener Londoner Anstalten zum Millionär wurde, vertritt in *A Treatise on Madness* (1758) die Ansicht, daß die Wahrnehmungen Wahnsinniger nicht bloß indiskutable Fehlfunktionen, sondern in der ihnen eigenen Systematik durchaus ernst zu nehmen und daher gründlich zu analysieren seien. Der Irre, so erklärt Dörner, werde hier nicht mehr im Sinne der Aufklärung „nach dem Modell vernünftiger Irrtumswiderlegung … gesehen, sondern die Störung wird als … neue eigenständige Realität anerkannt – gerade in ihrer Fiktivität."[141] In seiner Schrift kommt Battie daher zu dem Schluß, daß die bloße Zwangsverwahrung Geisteskranker zugunsten einer freundlichen und auf eine mögliche Heilung ausgerichteten Behandlung aufgegeben werden sollte: „Wir können daher als Menschen feststellen, daß der Wahnsinn im Gegensatz zur Auffassung einiger voreingenommener Leute ebenso heilbar ist wie andere Krankheiten, die in gleichem Maße furchtbar und hartnäckig sind und doch nicht als unheilbar angesehen werden: und daß jene unglücklichen Subjekte auf keinen Fall allein gelassen und noch viel weniger als Kriminelle oder als eine Belastung der Gesellschaft in abscheulichen Gefängnissen eingesperrt werden sollten."[142] Etwa ab 1750 war es dann vor allem die schottische Medizin, die in Fragen der Psychiatrie, aus heutiger Perspektive gesehen, am fortschrittlichsten dachte. Hier ist vor allem der Arzt William Cullen (1710–1790) zu nennen, der das aufklärerische Konzept von den Nervensäften in einer neuen Nerventheorie revolutionierte und mit seiner Aufstellung von vier Kategorien der Neurose einer systematischen Analyse der Geisteskrankheiten den Weg bahnte.[143]

1801, im Jahr IX des Revolutionskalenders, erschien in Paris ein Buch mit dem Titel *Traité médico-philosophique sur l'aliénation mentale, ou la manie*, verfaßt vom leitenden Arzt an der Salpêtrière, Philippe PINEL (1745–1826). Darin prangert der Autor die verheerenden Zustände in den Irrenhäusern an und fordert eine aufmerksame und freundliche Behandlung der Patienten nicht nur im Interesse ihrer Menschenwürde, sondern auch, weil er einem solchen Verhalten einen großen therapeutischen Nutzen zuschreibt, der mitunter sogar zur Genesung führen könne. Bemerkenswert ist die Schrift aber vor allem, weil sie mit ihrem Entwurf eines Systems der Wahnzustände erstmals ein Signal setzte, das in der kontinentaleuropäischen Psychiatrie Beachtung fand und daher in der Lage war, den Gang dieser Wissenschaft nachhaltig zu beeinflussen. Pinel wurde daher oft als Begründer der modernen Psychiatrie gefeiert, und gewiß war sein Werk wenigstens in der französischen und in der deutschen Nervenheilkunde ein wichtiger Katalysator.[144] Der erste Teil der einflußreichen Schrift besteht aus einem System der Wahnzustände, während der zweite Teil Fälle aus der Praxis beschreibt und damit Anleitungen zu einer zielgerichteten Behandlung verbindet. Unter dem Oberbegriff der *aliénation mentale* faßt Pinel fünf Klassen psychopathologischer Zustände zusammen, nämlich 1. die Melancholie, die er als eine Objektfixierung („délire exclusif sur un objet") definiert; 2. die Manie ohne Anfallserscheinungen („manie sans délire"), 3. die Manie mit Anfallserscheinungen („manie avec délire"), 4. Dementia oder Vernunftlosigkeit („démence ou abolition de la pensée") und 5. Idiotismus oder die völlige Abstumpfung von Verstand und Gefühl („idiotisme ou oblitération des facultés intellectuelles et affectives").[145] Der neue Begriff der *aliénation mentale*, also eine Deutung des Wahnsinns als geistige Entfremdung des Menschen von seiner Natur, verweist deutlich auf Rousseau zurück und lokalisiert die Keime der Geisteskrankheit im degenerierten Zustand der Gesellschaft, deren bürgerliche Moral brüchig geworden ist. Deshalb sei es die Aufgabe des Psychiaters, den durch ein schlechtes Umfeld verdorbenen Patienten auf den Pfad der bürgerlichen Tugenden zurückzubringen. Während der Romantik wurde die Bedeutung dieses Begriffs dann nicht mehr ausschließlich vor dem Hintergrund der als gesund verstandenen bürgerlichen Normen benutzt, sondern galt in seiner Erweiterung über das im engeren Sinn als pathologisch Erachtete hinaus zusehends als eine Sammelbezeichnung für alle Arten der nicht-rationalen Erfahrung. So schreibt MOREAU in seinem Buch über Haschisch: „Meiner Ansicht nach ist die Geisteskrankheit eine eigenständige Existenzform, eine Art inneren Lebens, dessen Elemente, dessen Materialien zwangsläufig dem wirklichen oder positiven Leben entnommen sind, das sie nur in der Art eines inneren Echos widerspiegelt. / Der Zustand des Traumes ist ihre vollständigste Variante; man könnte sagen, er ist ihre normale oder physiologische Spielart."[146] Wenn aber das ganze Spektrum der seelischen Krankheiten und die als „normal" bezeichneten Phänomene einer anderen Wahrnehmung (wie z.B. der Traum[147]) eine gemeinsame Basis hatten, dann mußte es möglich sein, durch jene künstlich zu erzeugenden *aliénations mentales* wie den Somnambulismus oder den Rausch eine Kenntnis über Vorgänge zu erhalten, die der im Wahnsinn verstummte Kranke gar nicht oder nicht so zu schildern vermag, daß wir damit etwas anfangen können, während eine aus einer nur kurzfristigen Trance erwachte Testperson durchaus fähig sein könnte, durch ihre Aussagen zu einem Verständnis des psychotischen Bewußtseins beizutragen. Mit dieser Überlegung, die den Anstoß zu seinen Haschischexperimenten gab, begründete Moreau die *experimentelle Psychose*.[148] Ein Jahr nach dem Erscheinen von Moreaus Werk über Haschisch und die *aliénation mentale* formulierte Carus die gleiche Idee:

> Merkwürdig ist übrigens, und für die Geschichte der sogenannten Geisteskrankheiten keineswegs früher hinreichend benutzt, wie mehrere derselben, und namentlich auf dem Wege des Experiments, und zwar eben von Anregungen des bewußten Lebens aus, her-

vorgerufen werden können. Mehrere Gifte, namentlich auch das aus dem Blüthenstaube des Hanfs gewonnene, oder auch Opiumrauch, werden in mittelmäßigen Geistern nicht verfehlen, die Erscheinungen der Manie in ihrer ganzen Furchtbarkeit hervorzurufen, und geben gerade dadurch eine besonders klare Einsicht in die Genesis derjenigen Krankheiten, welche sich am Geiste offenbaren. [P 488]

Ein ähnlicher Zusammenhang wird auch in Schuberts *Krankheiten und Störungen der menschlichen Seele* (1845) hergestellt, wo die letzte Phase einer bestimmten Krankheit mit dem Opiumrausch verglichen wird; der Kranke sei „gleich dem Opiophagen in seinem Tollrausche."[149]

Was Pinel, Moreau, Carus und Schubert verbindet, ist die Überzeugung, daß die verschiedenen Formen des Wahnsinns als pathologische Abweichungen vom Normalbewußtsein zu bewerten und daher nach Möglichkeit zu „korrigieren" seien. Wenigstens im Hinblick auf Carus und Schubert mag diese Einstellung überraschen, da sie doch als Romantiker überzeugt waren, daß die Psyche über einen außerhalb des Wachbewußtseins wirksamen inneren Sinn mit der Weltseele in Beziehung trete. In der Tat sind diese Positionen eigentlich unvereinbar, denn wie kann man einerseits der Ansicht sein, daß das wahre Leben nur jenseits unseres Wachbewußtseins zu suchen sei, und andererseits den Anspruch erheben, daß jene, die sich in diesem Jenseits aufhalten, unter allen Umständen in unsere sinnlich-rationale Welt zurückzuholen sind? In dieser Konfrontation von Empirie und Mystik könnte man also jenen für viele Romantiker charakteristischen Mangel folgerichtigen Denkens erkennen, von dem bei Huch die Rede ist.[150] Wenn dieser Widerspruch auch nicht aufzulösen ist, so mag er bei genauerer Betrachtung doch wenigstens verständlich werden. So ist zunächst festzuhalten, daß die meisten medizinisch, philosophisch oder künstlerisch interessierten Denker in der ersten Hälfte des 19. Jahrhunderts, und zwar auch solche, die das romantische Daseinsgefühl nicht unbedingt teilten, den Erfahrungen des Traumes, des Wahnsinns, des Rausches einen eigenen, von der sinnlich vermittelten Wirklichkeit weitgehend unabhängigen Realitätswert zugestanden. Moreau schreibt etwa über die im Haschischrausch wie im „délire partiel" entstehenden „idées fixes":

> Ein Verrückter *irrt sich nicht*. Gedanklich agiert er in einer völlig anderen Region als der unsrigen ... Als Geisteskranker hat er eine Überzeugung, gegen die sich weder die eigene Vernunft noch die seiner Umgebung durchsetzen könnte, ebensowenig wie kein Argument und kein Gedanke des Wachzustandes seine Überlegungen und Gedanken im Traumzustand richtigstellen könnten.
> Der gleiche Unterschied besteht zwischen dem träumenden und wachen Menschen.[151]

Die Argumente für die wichtige Unterscheidung mehrerer gleichberechtigter Realitäten werden an späterer Stelle noch ausführlicher zu behandeln sein. Hier ist daher nur zu konstatieren, daß eine solche Unterscheidung gemacht wurde. Der sinnlich wahrnehmende und denkende Mensch steht demnach in einem in sich geschlossenen Zusammenhang, der sich ihm als Realität darstellt, während er, etwa durch seine Phantasie, gleichzeitig in der Lage ist, diese von ihm erfahrene Welt als ein Ganzes

VI. Varianten der „Aliénation Mentale"

zu begreifen, das nicht allein, sondern als nur eine von mehreren möglichen Realitäten bestehen mag. Da wir als Menschen, d.h. als gemeinschaftlich organisierte Gattungswesen, unsere Existenz aber zunächst und vorwiegend durch unsere Sinne und die mit ihnen korrespondierende rationale Wahrnehmung als etwas Reales erleben, dessen Zuverlässigkeit sich durch die Übertragbarkeit in eine allgemeinverständliche Sprache erweist oder erweisen soll, ist jede Erfahrung, die aus diesem Bezugsrahmen herausfällt, auch zunächst als eine Störung der gesellschaftlichen Koexistenz zu bewerten. So real eine solche Erfahrung innerhalb eines anderen Erlebensraumes immer sein mag, so muß sie doch, insofern sie eine zu große Abweichung von dem für normal Befundenen darstellt, im Interesse der Gemeinschaft bekämpft und unterdrückt werden. Denn das Normale ist die Basis dafür, daß wir als miteinander lebende Gattungswesen bestehen können und nicht bloß eine disparate Fülle isolierter Mikrokosmen sind. In diesem Sinn ist jedes Individuum davor zu bewahren, sich von seiner sinnlich-rationalen Existenz zu entfremden, da es weder in seinem eigenen noch im Interesse der Gattung sein kann, wenn es sich und damit auch die Gemeinschaft durch eine solche Transzendenz aufhebt. Ein Wahnsinniger kann seinen Wahnsinn nicht ernsthaft wollen, ein Todessüchtiger nicht wirklich seine Vernichtung ersehnen – solche Menschen sind krank, sie denken und handeln sich selbst zuwider und müssen daher von ihren Mitmenschen nach Möglichkeit kuriert werden. Dies ist der Standpunkt, den uns das sinnlich-rationale Wachbewußtsein in einem Mechanismus zur Selbsterhaltung aufzwingt. Als Ärzte im Dienst der Normalität mußten Moreau, Carus oder Schubert dieser Sichtweise folgen, ebenso wie Novalis, Hoffmann, Poe oder Baudelaire nicht so sehr als Dichter, aber als Mitglieder der Gesellschaft ihr folgen mußten. Die Anerkennung anderer Realitäten als gleichwohl gültige Alternativen zu unserer empirischen Wirklichkeit bleibt hiervon jedoch unberührt, und so wird es verständlich, wenn ein Romantiker sich einerseits von einer anderen, spirituellen Realität Großes verspricht und andererseits eindringlich davor warnt, sich in einem irreversiblen Akt der Transzendenz aus seiner angestammten Realität davonzustehlen, weil er sich damit als Mensch gleichsam auslöscht. Ein Mensch ist Geist, gewiß, aber er ist nicht *nur* Geist. Um ein Mensch zu sein, bedarf es auch eines Körpers. Dieser kann vorübergehend, aber nicht dauerhaft verlassen werden, oder man hört auf, ein Mensch zu sein. Darum erhalten der Traum, der Somnambulismus oder der Rausch, also jene Phänomene, die grundsätzlich eine Rückkehr erlauben, eine besondere Bedeutung, indem sie dem Menschen die einzige Möglichkeit bieten, *als Mensch* in mehreren Realitäten zu existieren.[152]

Schließlich ist auch zu berücksichtigen, daß gerade eine Epoche wie die Romantik, die eine ungewöhnlich bunte, geheimnisvolle und vieldeutige Vorstellungswelt hervorbrachte, ihre Wirkung nur im Kontrast mit dem Gewöhnlichen, nämlich der bis ins Kleinste reglementierten bürgerlichen Normalität entfalten konnte. Nach dem letzten westlichen Abenteuer, der Französischen Revolution, sank sozusagen wie eine lähmende Dunstglocke der graue Alltag auf das Abendland herunter; das Rätselhafte verringerte sich durch eine nicht abreißende Folge von Entdeckungen und Erklärungsmodellen immer mehr, die seltsamen Bräuche in fernen Ländern und Kontinenten waren dank neu erschlossener Kommunikationswege nicht mehr so erstaunlich wie zuvor, mit dem raschen Fortschritt der amerikanischen *frontier* war eine Uhr in Gang gesetzt, deren Ticken immer vernehmlicher wurde; schon zählte Cooper den letzten Mohikaner. Die bürgerliche Lebenswelt, besonders die oft geschilderte deutsche Kleinstadt, welche die Werke Jean Pauls, Tiecks oder Hoffmanns mit dem Geruch von gekochtem Kohl erfüllt, diese Konkretisierung unserer allzu vertrauten und daher als langweilig empfundenen Normen der sinnlich-rationalen Wahrnehmung ist der unverzichtbare Ausgangspunkt des Wunderbaren und Exotischen. Die Sicherheit des vertrauten Ambientes erweist sich unversehens als trügerisch, Fassaden bröckeln, Abgründe brechen auf, und der Leser sieht mit Staunen, daß hinter den scheinbar belanglosen Kulissen seines Lebensraumes eine aufregende zweite Wirklichkeit verborgen lag. Auch vor diesem Hintergrund kann man also die Verbindung widersprüchlicher Ansichten über andere Realitäten begreiflich machen.

In ihrer einflußreichen Studie zur Romantik demonstriert Ricarda Huch, daß sich die Ansicht vom Wahnsinn als einem zu kurierenden Übel bei vielen romantischen Ärzten mit dem Zugeständnis verband, daß er dennoch eine dem rationalen Wachbewußtsein überlegene Klarsichtigkeit aufweise:

> Auch der Wahnsinn wurde als eine Art von Traumzustand angesehen; ist es doch auch der volkstümliche Ausdruck, daß der Wahnsinnige ‚von Sinnen' sei. ‚Alle Arten von Geistesverwirrungen sind nur Schattierungen eines vollkommenen Schlafes.' Nach der Reilschen Theorie ist der Wahnsinn, wie der Somnambulismus, eine Inversion der Polaritäten, ein Bewußtwerden der eigentlich unbewußten Gangliennerven. ‚Schlägt die überwiegende Lebenskraft durch, so bekommt man Raserei, Verliebtheit, Hypochondrie. Schlägt sie nicht, sondern wird sie aufs Epigastrium [= Oberbauch] beschränkt, hat man erhöhte Perzeption, Ahnungen oder Vorstellungen.' Kerner hielt den Wahnsinn wie den Somnambulismus, die Epilepsie, das Metallfühlen für Zustände, ‚durch die der Mensch dem Geiste der Natur, seinem Allgemeinleben, dem Leben der Geister und der Gestirne näher kommt, befreundeter wird'. Ringseis stellt den Wahnsinn dem Traume ganz gleich, mit dem Unterschied, daß die Bilder im Wahnsinn ein selbständiges Leben führen und assimilierende Kraft bekommen, so daß sie sich im Seelischen verhalten wie die krankheitserzeugenden Parasiten im Leiblichen.[153]

Unter den Künstlern war die Vermutung, daß der Wahnsinn ein „höheres Sehen" ermögliche, weit verbreitet. Zwar reichte die hohe Einschätzung des Wahnsinns wohl bei keinem so weit, daß er oder sie sich ernsthaft gewünscht hätte, selbst wahnsinnig zu werden, doch das Interesse an der Beobachtung Wahnsinniger war sehr groß. So erfüllte HOFFMANNs häufige Ahnung, er könne wahnsinnig werden, den Dichter mit großer Furcht, während er andererseits keine Gelegenheit ausließ, um in Begleitung des mit ihm befreundeten Arztes David Ferdinand Koreff die Berliner Irrenanstalten zu besichtigen, wo er die seltsamen Phänomene seelischer Erkrankungen mit großer Aufmerksamkeit studierte. In den *Elixieren des Teufels* schreibt er etwa: „Es ist etwas

Eignes, daß Wahnsinnige oft, als ständen sie in näherer Beziehung mit dem Geiste und gleichsam in ihrem eignen Innern leichter, wiewohl bewußtlos angeregt vom fremden geistigen Prinzip, oft das in uns Verborgene durchschauen und in seltsamen Anklängen aussprechen, so daß uns oft die grauenvolle Stimme eines zweiten Ichs mit unheimlichem Schauer empfängt." [ET 72] Und an späterer Stelle überlegt Medardus, die Hauptfigur des Romans: „Schien nicht der Wahnsinn, der überall sich mir in den Weg stellte, nur allein vermögend, mein Inneres zu durchblicken und immer dringender vor dem bösen Geiste zu warnen, der mir, wie ich glaubte, sichtbarlich in der Gestalt des bedrohlichen, gespenstischen Malers erschienen?" [ET 128] So kommt Reber zu dem Schluß, daß der Wahnsinn für Hoffmann in gewissem Maß als unverzichtbarer Nährboden der Kunst bedeutsam gewesen sei:

> [D]er Wahnsinnige steht nach Hoffmanns Auffassung der höchsten Wahrheit näher als der Normale: Er trägt die Weihe des Überindividuellen, des Göttlichen und vermag in hellseherischer Ahnung zu den letzten Dingen vorzustoßen, deren Erkenntnis in der Regel dem Menschen vom normalen, konventionellen Bewußtsein verbaut ist. Indem Hoffmann eine Parallele zwischen Künstler, Heiligem oder Propheten einerseits – Wahnsinnigem andererseits zieht, sucht er die transzendente Erkenntnisfähigkeit wissenschaftlich-psychologisch zu unterbauen; denn die Kunst ist ihm nicht nur das Ergebnis einer Offenbarung des Unendlichen, die von außen her an den Menschen herangetragen wird, vielmehr erfordert sie für ein gedeihendes Aufsprießen auch einen fruchtbaren Seelenboden im Innern des Menschen: eben den unbewußten, d.h. in gewissem Sinne pathologischen Zustand. So bedingen sich unbewußte oder pathologische Aufnahme- und Produktionsfähigkeit des Menschen einerseits – künstlerisches, religiöses oder prophetisches Erleben anderseits in dauernder Wechselwirkung.[154]

Recht ähnlich äußert sich auch der Erzähler in Poes „Eleonora":

> Die Leute haben mich verrückt genannt, doch noch ist die Frage nicht entschieden, ob Wahnsinn die erhabenste Intelligenz ist oder nicht – ob nicht viel, das großartig ist – ob nicht alles, was tiefgründig ist – einer Krankheit des Denkens entspringt – *Launen* des Geistes, die sich auf Kosten des allgemeinen Intellekts zu Höherem emporschwingen. Die bei Tage träumen, wissen vieles, was denen entgeht, die nur bei Nacht träumen. In ihren grauen Visionen erhalten sie Einblicke in die Ewigkeit und beim Erwachen die erregende Empfindung, sich an der Schwelle des großen Geheimnisses befunden zu haben. In Teilansichten erlernen sie etwas von der Weisheit, die gut ist, und noch mehr von jenem bloßen Wissen, das von Übel ist. Jedoch dringen sie, ohne Ruder und Kompaß, in den weiten Ozean des ‚unsäglichen Lichtes' vor ... [CTP 649]

2. Somnambulismus und Rausch

„Die in dem superklugen, verflossenen Jahrhundert, allen früheren zum Trotz, überall ... geächteten Gespenster sind, wie schon vorher die Magie, während dieser letzten 25 Jahre, in Deutschland rehabilitirt worden. Vielleicht nicht mit Unrecht."[155] Mit diesen Worten beginnt SCHOPENHAUER seinen in den *Parerga und Paralipomena* enthaltenen Essay „Versuch über das Geistersehn und was damit zusammenhängt". Wenn Schopenhauer der Geisterseherei einige Relevanz beimißt, so heißt dies nicht, daß er die Ausführungen in Kants „Träumen eines Geistersehers" widerlegen wollte, da er ganz im Gegenteil von der Richtigkeit jener kritischen Argumentation überzeugt war, die sich, wie er meinte, nur auf die „spiritualistischen" Erklärungsversuche beziehe. Den „Spiritualismus", d. h. die Annahme, daß ein Geist wie ein Körper im dreidimensionalen Raum unserer Sinneswahrnehmung agieren und sich mitteilen könne (etwa, indem er bei einer Séance Gegenstände vibrieren läßt), verwirft Schopenhauer ebenso wie Kant. In seinem Essay versucht er dagegen eine „idealistische" Begründung der prinzipiellen Möglichkeit von Geistern und ihrer Wahrnehmung. Um diesen Ansatz zu begreifen, muß man wissen, was Schopenhauer unter „Ideen" versteht, nämlich unmittelbare Konkretisierungen (Objektivationen) des Willens.

Bei Schopenhauer steht die Idee zwischen dem Willen (als Ding an sich) und unserer gewohnten Welt der Erscheinungen, in denen er nur in vermittelter Form gegenwärtig wird. Im Unterschied zu den von uns in räumlichen, zeitlichen und kausalen Zusammenhängen wahrgenommenen Dingen beinhalten die Ideen nur die allgemeinen, d. h. nicht-individuierten, ewigen Grundprinzipien jener Dinge. So charakterisiert Schopenhauer die Ideen als „jene verschiedenen Stufen der Objektivation des Willens, welche, in zahllosen Individuen ausgedrückt, als die unerreichten Musterbilder dieser, oder als die ewigen Formen der Dinge dastehn, nicht selbst in Zeit und Raum, das Medium der Individuen, eintretend; sondern fest stehend, keinem Wechsel unterworfen, immer seiend, nie geworden; während jene entstehn und vergehn, immer werden und nie sind." [WW, I, 154] Schopenhauer geht hier also, wie er auch selbst schreibt, von Platos Ideenlehre aus. Jene Ideen, die in Schopenhauers hierarchischer Gliederung am niedrigsten stehen, sind die „allgemeinsten Kräfte der Natur" wie Schwere, Undurchdringlichkeit, Starrheit, Elektrizität, Magnetismus usw., während auf den oberen Stufen die verschiedenen Ausprägungen von Individualität rangieren. Als Individuum, so heißt es weiter, könne der Mensch wohl die Erscheinungen der Dinge, aber nicht ihre zugrundeliegenden Ideen erkennen, da sein vom Willen gesteuertes Erkenntnisvermögen kein Interesse an Erkenntnisobjekten zuläßt, die für den Erhalt der Gattung ohne Bedeutung sind. Zu jenem höheren Erkennen, das Ursprung und Gegenstand der Kunst sei[156], müsse das Subjekt sich daher vom Diktat des Willens befreien und so seine Individualität aufgeben, um vorübergehend in einen rein geistigen Zustand einzugehen:

> Wenn man, durch die Kraft des Geistes gehoben, die gewöhnliche Betrachtungsart der Dinge fahren läßt, ... also nicht mehr das Wo, das Wann, das Warum und das Wozu an den Dingen betrachtet; sondern einzig und allein das *Was*; auch nicht das abstrakte Denken, also die Begriffe der Vernunft, das Bewußtseyn einnehmen läßt; sondern ... die ganze Macht seines Geistes der Anschauung hingiebt, sich ganz in diese versenkt und das ganze Bewußtseyn ausfüllen läßt durch die ruhige Kontemplation des gerade gegenwärtigen natürlichen Gegenstandes ... und nur noch als reines Subjekt, als klarer Spiegel des Objekts bestehend bleibt ... und man also nicht mehr den Anschauenden von

> der Anschauung trennen kann, sondern Beide Eines geworden sind …: dann ist, was also erkannt wird, nicht mehr das einzelne Ding als solches; sondern es ist die *Idee*, die ewige Form, die unmittelbare Objektität des Willens auf dieser Stufe … [WW, I, 210]

Wenn Schopenhauer die Möglichkeit des Geistersehens also vom idealistischen Standpunkt aus untersucht, dann ist damit gemeint, daß er Phänomene wie Somnambulismus und Hellseherei als Zustände deutet, welche die sonst nur durch die Kunst oder, in der radikalsten Form, durch die Askese und Selbstaufgabe mögliche Anschauung der Ideen und des dahinter verborgenen Willens gewähren. „Die Natur und ihre Ordnung ist …, nach Kant, bloße *Erscheinung*: als den Gegensatz derselben sehn wir alle hier in Rede stehenden, magisch zu benennenden Thatsachen unmittelbar im Dinge an sich wurzeln und in der Erscheinungswelt Phänomene herbeiführen, die, gemäß den Gesetzen dieser, nie zu erklären sind, daher mit Recht geleugnet wurden, bis hundertfältige Erfahrung dies nicht länger zuließ."[157] Mit dieser Ansicht schlägt er nun eine Richtung ein, die der Kantischen Auffassung von der Uneinsehbarkeit eines Dinges an sich zuwiderläuft. Dennoch beschreitet Schopenhauer hier nicht nur die Wege des Mystikers, sondern auch und vor allem jene der Psychologie, indem er zunächst die Verwandtschaft von Traum, Wahnsinn und dem „Wahrträumen" im Somnambulismus und ähnlichen visionären Zuständen konstatiert, die er unter dem Oberbegriff des *Traumorgans* zusammenfaßt. „Wer heut zu Tage die Thatsachen des animalischen Magnetismus und seines Hellsehns bezweifelt, ist nicht ungläubig, sondern unwissend zu nennen."[158] Mit diesen Worten gibt Schopenhauer zu verstehen, daß die Erkenntnisse des Traumorgans beileibe keine bloßen Phantastereien seien, sondern eine von der sinnlich erfahrbaren Natur durchaus verschiedene Realität enthüllten: „Animalischer Magnetismus, sympathetische Kuren, Magie, zweites Gesicht, Wahrträumen, Geistersehn und Visionen aller Art sind verwandte Erscheinungen, Zweige *Eines* Stammes, und geben sichere, unabweisbare Anzeige von einem Nexus der Wesen, der auf einer ganz andern Ordnung der Dinge beruht, als die *Natur* ist, als welche zu ihrer Basis die Gesetze des Raumes, der Zeit und der Kausalität hat; während jene andere Ordnung eine tiefer liegende, ursprünglichere und unmittelbarere ist …"[159] Aus dieser Überzeugung folgt, daß die an einer Stelle als „kurzer Wahnsinn"[160] bezeichneten Träume, visionäre Zustände wie der Somnambulismus und natürlich ebenso der (von Schopenhauer leider ungenannte) Drogenrausch eine wichtige Ergänzung unseres sinnlich-rationalen Erkenntnisvermögens darstellen und solche Wahrheiten über den Urgrund des Seins intuitiv erfassen, welche die Wissenschaften entweder nur in langwieriger Kleinarbeit oder gar nicht ermitteln können. So schreibt Schopenhauer:

> Der animalische Magnetismus ist freilich nicht vom ökonomischen und technologischen, aber wohl vom philosophischen Standpunkt aus betrachtet die inhaltschwerste aller jemals gemachten Entdeckungen; wenn er auch einstweilen mehr Räthsel aufgibt, als löst. Er ist wirklich die praktische Metaphysik, wie schon Bako von Verulam die Magie definirt: er ist gewissermaßen eine Experimentalmetaphysik: denn die ersten und allgemeinsten Gesetze der Natur werden von ihm beseitigt; daher er das sogar a priori für

unmöglich Erachtete möglich macht. Wenn nun aber schon in der bloßen *Physik* die Experimente und Thatsachen uns noch lange nicht die richtige Einsicht eröffnen, sondern hiezu die oft sehr schwer zu findende Auslegung derselben erfordert ist; wie viel mehr wird Dies der Fall seyn bei den mysteriösen Thatsachen jener empirisch hervortretenden Metaphysik! Die rationale, oder theoretische Metaphysik wird also mit derselben gleichen Schritt halten müssen, damit die hier aufgefundenen Schätze gehoben werden. Dann aber wird eine Zeit kommen, wo Philosophie, animalischer Magnetismus und die in allen ihren Zweigen beispiellos vorgeschrittene Naturwissenschaft gegenseitig ein so helles Licht auf einander werfen, daß Wahrheiten zutage kommen werden, welche zu erreichen man außerdem nicht hoffen durfte.[161]

Zur gleichen Überzeugung gelangte auch Schubert, der, wie Busch ausführt, in seiner *Geschichte der Seele* (1830) die Überzeugung vertritt, „daß die tiefere Form des Erkennens, die über den irdischen Bereich hinausdringt, im magnetischen Schlaf dem Menschen zuteil wird. Die Seele erkennt dann das Jenseits."[162] Der magnetisierte Hellsehende „schaut die innere Welt, die hernach in der äußeren Natur abbildlich zum Vorschein kommt. Die Welt wird also in diesem Zustande weit besser erkannt als im Wachen."[163] Zurückhaltender äußert sich Schubert über den Rausch, den er in enge Beziehung zum Wahnsinn stellt: „Schon der tiefere Rausch für sich allein ist als ein vorübergehender Zustand des Wahnsinns zu betrachten, seine Folgen aber erzeugen zuletzt eine wirklich bleibende Seelenstörung."[164] An anderer Stelle spricht er daher auch vom „Säuferwahnsinn" und von „jener Verwirrtheit, in welcher öfters die Opiophagen enden."[165] Da er aber die Vorstellung vom Wahnsinn als Zustand eines höheren Sehens nicht ausdrücklich verwirft, sondern darauf hinweist, daß manche Wahnsinnige „ihr jetziges Leben" (im Unterschied zu ihrem früheren, gesunden Dasein) „... für ein höheres, besseres halten"[166], ist anzunehmen, daß er den Visionen des Rausches ebenso wie denen des Wahnsinns einen gewissen kognitiven Stellenwert einräumte. Auch Carus deutet den durch „Hanftrank" (Haschisch) oder „Opiumrauch" erzeugten Rausch als „ein recht eigentlich acutes Irresein." [P 501] Allerdings versteht er das „Irresein" im ursprünglichen Wortsinn, d.h. als bloße Verfehlung; der Wahnsinnige *irrt*, er erliegt einer Täuschung. Sein Urteil besagt daher, daß weder die Visionen des Wahnsinns noch jene des Rausches als ein klareres Sehen aufzufassen seien. Diese Ansicht ist besonders überraschend, wenn man bedenkt, wie sehr Carus durch Novalis beeinflußt war, dessen Einschätzung des Rausches eine ganz andere war.

Wenn im Zusammenhang mit NOVALIS vom Drogenrausch die Rede ist, dann werden, wie auch in diesem Buch, zuerst seine *Hymnen an die Nacht* genannt, in denen der Dichter die tröstende Wirkung des Mohnsaftes preist. Novalis hatte sie begonnen, nachdem im Frühjahr 1797 seine Verlobte Sophie von Kühn an Schwindsucht gestorben war, jener tödlichen Krankheit, der auch er selbst fast auf den Tag genau vier Jahre später erlag. In diesen vier von Schmerz und Trauer und bald auch von einer starken religiösen Vision erfüllten Jahren, in denen die Laudanumphiole stets in Reichweite blieb, entstand der größte Teil eines bemerkenswerten Werkes, das

Novalis als den bedeutendsten Frühromantiker ausweist. Daß die Wirkung von Drogen in den Schriften Hardenbergs mehrfach deutlich thematisiert wird, ist kein bloß beiläufiges Resultat seiner eigenen Einnahme von Laudanum. Tatsächlich steht der Rausch in seinem Weltbild an zentraler Stelle. So weist Gäde darauf hin, daß sich bei Novalis die Weltseele dem Menschen nur in drei Bereichen des Erlebens offenbare, nämlich im Rausch, im Schlaf und im „Durst".[167] Der letztgenannte Begriff ist etwa im Sinn der gängigen Zusammensetzung „Wissensdurst" zu verstehen und steht für die Sehnsucht als Grundstimmung des romantischen Daseins, die sich in der Suche nach der blauen Blume ausdrückt. Außerdem erhält der Durst bei Novalis eine konkretere Bedeutung durch seinen Bezug auf das zu Trinkende, also Wasser und alles Flüssige schlechthin. Novalis meinte nämlich, daß der ganze Kosmos aus einer Urflüssigkeit entstanden sei, in der sich alle später geschiedenen Elemente der Welt vermischten und sich in harmonischem Fluß befanden. Diese Vorstellung wird in der Erzählung „Die Lehrlinge zu Sais"[168] näher ausgeführt:

> Nicht unwahr haben alte Weisen im Wasser den Ursprung der Dinge gesucht, und wahrlich sie haben von einem höhern Wasser als dem Meer- und Quellwasser gesprochen. In jenem offenbaret sich nur das Urflüssige, wie es im flüssigen Metall zum Vorschein kommt, und darum mögen die Menschen es immer auch nur göttlich verehren. Wie wenige haben sich noch in die Geheimnisse des Flüssigen vertieft und manchem ist diese Ahndung des höchsten Genusses und Lebens wohl nie in der trunkenen Seele aufgegangen. Im Durste offenbaret sich diese Weltseele, diese gewaltige Sehnsucht nach dem Zerfließen. Die Berauschten fühlen nur zu gut diese überirdische Wonne des Flüssigen, und am Ende sind alle angenehme Empfindungen in uns mannigfache Zerfließungen, Regungen jener Urgewässer in uns. [N, I, 104]

Die in allem Flüssigen wirksame Weltseele wird also im Rausch besonders deutlich erfahren; der Rausch führt die Seele folglich auf eine höhere Stufe anschauender Erkenntnis. So fährt Novalis mit seiner Schilderung des Urflüssigen fort:

> Selbst der Schlaf ist nichts als die Flut jenes unsichtbaren Weltmeers, und das Erwachen das Eintreten der Ebbe. Wie viele Menschen stehn an den berauschenden Flüssen und hören nicht das Wiegenlied dieser mütterlichen Gewässer, und genießen nicht das entzückende Spiel ihrer unendlichen Wellen! Wie diese Wellen, lebten wir in der goldnen Zeit; in buntfarbigen Wolken, diesen schwimmenden Meeren und Urquellen des Lebendigen auf Erden, liebten und erzeugten sich die Geschlechter der Menschen in ewigen Spielen; wurden besucht von den Kindern des Himmels und erst in jener großen Begebenheit, welche heilige Sagen die Sündflut nennen, ging diese blühende Welt unter ... Wie seltsam, daß gerade die heiligsten und reizendsten Erscheinungen der Natur in den Händen so toter Menschen sind, als die Scheidekünstler zu sein pflegen! sie, die den schöpferischen Sinn der Natur mit Macht erwecken, nur ein Geheimnis der Liebenden, Mysterien der höhern Menschheit sein sollten, werden mit Schamlosigkeit und sinnlos von rohen Geistern hervorgerufen, die nie wissen werden, welche Wunder ihre Gläser umschließen. Nur Dichter sollten mit dem Flüssigen umgehn, und von ihm der glühenden Jugend erzählen dürfen; die Werkstätten wären Tempel und mit neuer Liebe würden die Menschen ihre Flamme und ihre Flüsse verehren und sich ihrer rühmen. Wie glücklich würden die Städte sich wieder dünken, die das Meer oder ein großer Strom bespült,

> und jede Quelle würde wieder die Freistätte der Liebe und der Aufenthalt der erfahrnen und geistreichen Menschen. Darum lockt auch die Kinder nichts mehr als Feuer und Wasser, und jeder Strom verspricht ihnen, in die bunte Ferne, in schönere Gegenden sie zu führen. Es ist nicht bloß Widerschein, daß der Himmel im Wasser liegt, es ist eine zarte Befreundung, ein Zeichen der Nachbarschaft, und wenn der unerfüllte Trieb in die unermeßliche Höhe will, so versinkt die glückliche Liebe gern in die endlose Tiefe. Aber es ist umsonst, die Natur lehren und predigen zu wollen. Ein Blindgeborner lernt nicht sehen, und wenn man ihm noch so viel von Farben und Lichtern und fernen Gestalten erzählen wollte. So wird auch keiner die Natur begreifen, der kein Naturorgan, kein innres naturerzeugendes und absonderndes Werkzeug hat, der nicht, wie von selbst, überall die Natur an allem erkennt und unterscheidet und mit angeborner Zeugungslust, in inniger mannigfaltiger Verwandtschaft mit allen Körpern, durch das Medium der Empfindung, sich mit allen Naturwesen vermischt, sich gleichsam in sie hineinfühlt. [N, I, 104/105]

Die Erfahrung des Rausches, in der sich das Urflüssige als göttlicher Grund und tiefstes Geheimnis aller Existenz erweist, ist demnach eine Domäne, die den Dichtern und anderen Eingeweihten vorbehalten sein sollte, die durch ihr sehendes inneres Auge, d.h. durch ihr Gefühl zur Erkenntnis der Welt befähigt sind. Für Novalis ist der Rausch mithin weit mehr als bloß ein anderer Bewußtseinszustand; er ist ein heiliger Moment, der von den Angehörigen der Sinnenwelt (im obigen Zitat durch die Scheidekünstler vertreten) nur entweiht werden kann. In der 1798/99 entstandenen Fragmentsammlung *Das Allgemeine Brouillon*[169] schreibt er unter dem Stichwort „MEDICIN":

> Rausch aus *Stärke* – Rausch aus Schwäche. Die narcotischen Gifte, der Wein etc. bewircken einen Rausch aus *Schwäche* – Sie entziehn dem Denkorgan etwas. – Sie machen es unfähig für seinen gewöhnlichen Reitz.
> Leidenschaften, fixe Ideen sind vielleicht eher ein Rausch aus Stärke – bewircken Localentzündungen.
> Wollust berauscht auch, wie Wein. Im Rausch aus Schwäche hat man viel lebhaftere, durchdringendere Sensationen. Je besonnener, desto unsinnlicher. [N, III, 245]

Die These ist hier, daß der Rausch eine höhere Sensibilität erzeuge, indem mit seinem Eintreten eine bestimmte Funktion des rationalen Wachbewußtseins außer Kraft gesetzt, dieses also geschwächt werde. Im Unterschied zu dieser Art des Rausches erkennt Novalis auch noch eine zweite, die gewissermaßen auf einer Hyperaktivität des Wachbewußtseins beruhe. Novalis stützt sich hier auf die Überlegung, daß eine stoffliche Überfülle, etwa eine zu intensive Durchblutung zu „Localentzündungen" führe.[170] Aus diesem Grund heißt es wohl auch an anderer Stelle, daß besonders sensible Menschen Rauschmittel allenfalls in sehr niedriger Dosierung einnehmen sollten: „Alle sensiblen Personen müssen wenig – und sehr verdünnte geistige (narcotische) Mittel erhalten – Sie haben dessen schon zu viel." [N, III, 359]

Novalis hatte nicht viel Zeit, um in seinem Werk große gedankliche Entwicklungen durchzumachen; wäre er nicht so jung gestorben, dann würden seine heute bekannten Schriften insgesamt wohl als das Werk der frühen Phase gelten. Dennoch läßt sich auch innerhalb des kurzen Zeitraumes seiner kreativen Tätigkeit eine qua-

VI. Varianten der „Aliénation Mentale"   155

litative Veränderung seiner Rauschbewertung feststellen. Bevor der Rausch als ein heiliger Moment der Begegnung mit dem göttlichen Urgrund des Seins zu einem Hauptmotiv seiner Dichtungen wurde, verstand er das Wort offensichtlich noch als Bezeichnung für etwas Trügerisches, Unbeständiges, Gehaltloses, das im Vergleich mit der sinnlichen Realität nicht bestehen kann. Besonders deutlich zeigt sich dies in dem um 1795 entstandenen Gedicht „Anfang", das als ein Monolog des Dichters den durch die frische Bekanntschaft mit der namentlich erwähnten Sophie gewonnenen Lebensmut dokumentiert. So hält der Sprecher ein leidenschaftliches und durchaus romantisches Plädoyer für seinen Glauben an ein Nachleben, die Möglichkeit einer allmählichen Vervollkommnung und eine künftige Wiedervereinigung mit dem Weltgeist. Diese Erwartung, die seinem Leben den einzig möglichen Sinn verleiht, könne und dürfe sich nicht als bloßes Hirngespinst erweisen: „Es kann kein Rausch sein" [N, I, 386] – dies ist das schon im ersten Vers erklärte Thema. Denn wenn all dieses nur eine große Täuschung wäre, „so bliebe der Nüchternheit, / Der Wahrheit nur die Masse, der Ton, und das / Gefühl der Leere, des Verlustes / Und der vernichtigenden Entsagung." Wozu sollte man nach Höherem streben, sich bilden und ein Weiser werden, wenn man zuletzt doch nur stürbe, um „ewig tot" zu sein? In der Erscheinung der geliebten Sophie erkennt der Dichter jedoch mit Gewißheit, daß sein Ideal eines in sittlicher Grazie vollendeten höheren Bewußtseins kein leerer Wahn sei: „Einst wird die Menschheit sein, was Sophie mir / Jetzt ist – vollendet – sittliche Grazie – / Dann wird ihr höheres Bewußtsein / Nicht mehr verwechselt mit Dunst des Weines." [N, I 387] Dieser „Dunst des Weines" ist etwas ganz anderes als der spirituelle Rausch, den Novalis später suchen wird; er ist ein bloßer Rausch der Sinne, bei dem das innere Auge nach wie vor geschlossen bleibt, also wie ein Nebelschleier, der die Sicht nur trübt. Wenn bei Novalis später so häufig von der Wollust die Rede ist, so ist damit zwar häufig der geschlechtliche Orgasmus gemeint. Da der Orgasmus aber sozusagen als ein „Gesamterlebnis" erfahren wird, bei dem die Wahrnehmung der einzelnen Sinne in einer gleichsam synästhetischen Verschmelzung aufgeht, kann man ihn durchaus als einen Vorgang der „Entsinnlichung" bezeichnen, bei dem sich die Wonne der Vereinigung von Ich und Welt zu einer spirituellen Ekstase steigert. Im Orgasmus wie in allen anderen Arten des erleuchteten Rausches werden die Sinne durch *einen* Sinn ersetzt, der gleichzeitig Geist und Körper, Stoff und Seele ist, der alles umschließt und daher mit der göttlichen Präsenz, der Weltseele, zusammenfällt.

Im bisherigen Überblick wurden diverse Aspekte der romantischen Verinnerlichung – die Erforschung des Unbewußten, die Bedeutung des Traums, des Wahnsinns, mystischer Visionen und des Rausches – näher erläutert. Das Bild vom Horizont des Romantikers wäre jedoch unvollständig, wenn nicht auch die besondere Bedeutung der Natur berücksichtigt würde, zumal er sie doch als einen Spiegel seiner eigenen Seelengeheimnisse verstand. Für den Romantiker ist die Natur nicht bloß ein statischer Raum, und sie gilt ihm auch nicht als ewig gleiche Bühne des menschlichen Handelns. Vielmehr erscheint sie ihm als eine zu überwindende Stufe auf einem langen Entwicklungsgang, der das Individuum ebenso wie die Gattung durch immer neue Realitäten bis hin zur allerhöchsten führen soll, wo er mit der ganzen Vielfalt der göttlichen Schöpfung wieder zu einem Wesen verbunden sein wird. Die Natur ist darum in erster Linie ein Ort, der allenthalben die Transzendenz seiner Erscheinungen herausfordert; sie ist ein Ausgangspunkt, oder, treffender formuliert (da das romantische Weltbild seine Bestimmung weniger räumlich als zeitlich, also weniger im Sein als im Werden findet): sie ist gewissermaßen die Anfangsphase des bewußten Strebens nach Vollendung. Als eine wesentliche Grundlage der romantischen Weltsicht wird daher zunächst dieser Vervollkommnungsgedanke näher zu erläutern sein. In den Erscheinungen der Natur erkannte der Romantiker sodann die Möglichkeit, durch Analogieschlüsse eine Vorstellung von manchen Tiefen der Seele zu erhalten, die andernfalls völlig im Dunkel bleiben müßten, und schließlich mußte er auf seiner Suche nach Selbsterkenntnis doch auch eine etwas konkretere Vorstellung davon haben, wonach er eigentlich suche und worauf es zu achten gelte: auch in dieser Hinsicht hielt er den Blick in die Natur für hilfreich. Doch ihre Formenvielfalt stellt sich dem wahrnehmenden Subjekt als eine verwirrende Ansammlung von Zeichen dar, die erst zu entschlüsseln sind, bevor sich die Erkenntnis ihres Wesens, das mit dem seinigen identisch ist, offenbart. In diesem Zusammenhang ist immer wieder von der Hieroglyphensprache der Natur die Rede. Im Anschluß an die Darstellung dieses Gedankens wird der allmähliche Wandel des Naturverständnisses in der Romantik und ihrer sogenannten „schwarzen" Variante kursorisch nachgezeichnet, da auch diese Entwicklung symptomatisch die Gründe für das zunehmende Drogeninteresse anzeigt. So wurde der romantische Blick in die Natur vom gleichen Erkenntnisinteresse geleitet, das auch den Griff zur Droge begründete. Die Landschaften des Rausches und die nicht minder visionären Landschaften, die sich vor dem Auge des Naturbetrachters eröffnen, waren für den Romantiker letztlich ein und dasselbe. Dennoch ist das Interesse am Drogenrausch in gewisser Weise eine Weiterentwicklung der romantischen Zwiesprache mit der Natur; die Erlebniswelten des Rausches verdrängten sie zusehends und ersetzten sie durch das Ideal des Künstlichen, in dem sich die autarke Schöpfergewalt der menschlichen Phantasie ausdrückt. Obwohl die im 19. Jahrhundert benutzten Rauschmittel durchweg Naturprodukte waren, wurden sie doch allgemein als „künstliche" Stimulantien betrachtet, und so wurde auch das Universum der Vorstellung, das sie vor dem Auge des Berauschten in grandioser Couleur entfalten, als Inbegriff des Künstlichen verstanden. Es liegt also auf der Hand, daß man, um die Bedeutung und die konzeptionelle Neuartigkeit jener künstlichen Paradiese des Rausches recht zu ermessen, eine Vorstellung vom vorherigen Schauplatz der individuellen Selbstergründung, nämlich der Natur, haben muß. Da der Wandel vom Kult der Natur zur Idealisierung des Künstlichen ohne die Bezugnahme auf seine ästhetischen Grundlagen, vor allem die noch im 18. Jahrhundert wurzelnde Ästhetik des Schreckens, nicht hinreichend zu erklären wären, wird eine Zusammenfassung der wichtigsten Konzepte dieses Kapitel beschließen.

VII. Von der verlorenen Unschuld zu neuer Vollkommenheit

Der Verlust der Unschuld des Goldenen Zeitalters ist der erste Anlaß aller romantischen Bemühungen, durch die Vervollkommnung des Bewußtseins eine höchste, göttliche Daseinsebene zu erreichen und damit gleichsam in das verlorene Paradies zurückzufinden.[171] In Kleists Prosastück „Über das Marionettentheater" berichtet der Erzähler von einem Jüngling, der die natürliche Grazie seiner Bewegungen in dem Augenblick unwiederbringlich verliert, als er sich ihrer bewußt wird und sie zum ersten Mal vorsätzlich vor dem Spiegel zu erzeugen versucht. Was ihm zuvor unwillkürlich gelang, ist ihm nun, da er dasselbe mit Bewußtsein hervorzubringen versucht, unmöglich geworden. Dies ist eine Parabel über den Unschuldsverlust der ganzen Menschheit, der mit der beginnenden Bewußtwerdung erfolgte. Ein Bewußtsein zu haben, das bedeutet, von der Welt entzweit zu sein, wie unsere dualistische Wahrnehmung deutlich zeigt; die Bewußtwerdung ist also eine Entfremdung des Menschen von seinem kosmischen Wesen. So läßt NOVALIS die Dinge der Natur in den „Lehrlingen zu Sais" über den Irrweg der Menschen klagen:

> ‚O! daß der Mensch ... die innre Musik der Natur verstände und einen Sinn für äußere Harmonie hätte. Aber er weiß ja kaum, daß wir zusammen gehören, und keins ohne das andere bestehen kann. Er kann nichts liegen lassen, tyrannisch trennt er uns und greift in lauter Dissonanzen herum. Wie glücklich könnte er sein, wenn er mit uns freundlich umginge, und auch in unsern großen Bund träte, wie ehemals in der goldnen Zeit, wie er sie mit Recht nennt. In jener Zeit verstand er uns, wie wir ihn verstanden. Seine Begierde, Gott zu werden, hat ihn von uns getrennt, er sucht, was wir nicht wissen und ahnden können, und seitdem ist er keine begleitende Stimme, keine Mitbewegung mehr. Er ahndet wohl die unendliche Wollust, den ewigen Genuß in uns, und darum hat er eine so wunderbare Liebe zu Einigen unter uns. Der Zauber des Goldes, die Geheimnisse der Farben, die Freuden des Wassers sind ihm nicht fremd, in den Antiken ahndet er die Wunderbarkeit der Steine, und dennoch fehlt ihm noch die süße Leidenschaft für das Weben der Natur, das Auge für unsre entzückenden Mysterien. Lernt er nur einmal fühlen? Diesen himmlischen, diesen natürlichsten aller Sinne kennt er noch wenig: durch das Gefühl würde die alte, ersehnte Zeit zurückkommen; das Element des Gefühls ist ein inneres Licht, was sich in schönern, kräftigern Farben bricht. Dann gingen die Gestirne in ihm auf, er lernte die ganze Welt fühlen, klärer und mannigfaltiger, als ihm das Auge jetzt Grenzen und Flächen zeigt. Er würde Meister eines unendlichen Spiels und vergäße alle törichten Bestrebungen in einem ewigen, sich selbst nährenden und immer wachsenden Genusse. Das Denken ist nur ein Traum des Fühlens, ein erstorbenes Fühlen, ein blaßgraues, schwaches Leben.' [N, I, 95/96]

Erst als Adam und Eva vom Baum der Erkenntnis gegessen hatten, bemerkten sie ihre Nacktheit, die zuvor natürlich und unschuldig war, von jenem Moment an jedoch als ein peinlicher Makel erschien, der die Bedeckung der Blöße erfordert. Ist das Bewußtsein einmal erwacht, so ist es unmöglich, es jemals wieder gänzlich aufzuheben; die Unschuld eines völlig unreflektierten Daseins ist und bleibt verloren. Aus diesem Grund gelangte auch Kleist zu dem Schluß, daß das Goldene Zeitalter nur auf einem zweiten Weg wieder erreichbar sein könne, nämlich indem das Bewußtsein sich immer weiter ausbilde, bis es zuletzt alle möglichen Inhalte fasse und damit dem absoluten Bewußtsein Gottes entspreche. Ähnlich äußert sich Novalis, wenn er den scheinbar paradoxen Gedanken formuliert, daß der Mensch durch Erkenntnis „wieder zur Nichterkenntniß" [N, III 302] gelangen solle. Für Novalis ist das Erkennen eines Gegenstandes ein Vorgang der Assimilation; das erkennende Bewußtsein macht sich den Gegenstand als ein Bestandteil seiner selbst zu eigen. Ist die Fülle aller zu erkennenden Gegenstände auf solche Weise durch das Bewußtsein absorbiert, so ist folglich kein Erkennen mehr möglich, da Erkenntnis nur stattfinden kann, solange es noch ein außerhalb des Bewußtseins befindliches Erkenntnisobjekt gibt. In diesem Sinn muß ein Subjekt, das alles erkannt hat, seine Erkenntnistätigkeit einstellen und befindet sich dann in einem Zustand der „Nichterkenntnis". „Mit Instinkt hat der Mensch angefangen – mit Instinkt soll der Mensch endigen", heißt es in einem anderen Fragment. „Instinkt ist das *Genie im Paradiese* – vor der Periode der *Selbstabsonderung*, Selbsterkenntniß." [N, III, 301] Jener Instinkt, mit dem der Mensch einst erneut ins Paradies eingehen soll, besteht dann in einem absoluten, göttlichen Bewußtsein, das sich selbst gewissermaßen aufhebt. Außerhalb der deutschen Romantik findet sich diese Überlegung besonders ausgeprägt bei Coleridge, dem in seiner Zeit wohl bedeutendsten englischsprachigen Vermittler deutscher Philosophie. In der von Kant beeinflußten dichtungstheoretischen Schrift *Biographia Literaria* (1817) vertritt auch er die Ansicht, daß der Urzustand harmonischer Einheit durch die Bewußtwerdung zerstört worden und die Unschuld nur auf dem Wege einer kontinuierlichen Vervollkommnung des Bewußtseins wiederzuerlangen sei. Dabei ist es vor allem die in der Kunst wirksame Bildungskraft der *imagination* (im Unterschied zum bloß reproduktiven Vorstellungsvermögen, das er als *fancy* bezeichnet), die hoffen läßt, daß jene endgültige Wiedervereinigung des Menschen mit dem Kosmos tatsächlich ins Werk zu setzen ist. Wenn Breuer dies mit den Worten kommentiert: „Keine andere Theorie hatte vorher der Kunst und Literatur solch eine grundlegende und einzigartige Würde zuerkannt"[172], so muß man ihm allerdings entgegenhalten, daß gerade diese Überlegung eine unverkennbare Entlehnung aus Schellings *System des transscendentalen Idealismus* ist.

Um mit dem Weltganzen in einer Wesenseinheit zu bestehen, darf man von ihm entweder gar nichts wissen oder man muß es bis ins Letzte durchdrungen haben. Dies ist die Überzeugung, die dem romantischen Bildungsideal zugrunde liegt. Eine Andeutung des ursprünglichen Zustands der Unschuld glaubten die Romantiker in dem noch nicht ganz ausgebildeten Bewußtsein von Kindern zu sehen. „Kinder müssen wir werden, wenn wir das Beste erreichen wollen"[173], meint der Maler Philipp Otto Runge. „Wo Kinder sind, da ist ein goldnes Zeitalter" [N, II 457], schreibt Novalis im „Blüthenstaub", und in einer anderen Fragmentsammlung heißt es: „Der erste Mensch ist der erste Geisterseher. Ihm erscheint alles, als Geist. Was sind Kinder anders, als erste Menschen? Der frische Blick des Kindes ist überschwenglicher, als die

Ahndung des entschiedensten Sehers." [N, II 564] Auch BAUDELAIRE spricht über ein halbes Jahrhundert später von der „bewundernswerten und leuchtenden Spontaneität, die den Kindern eigen ist" und meint: „Durch ihre Spiele bekunden die Kinder ihr hohes Abstraktionsvermögen und ihre lebhafte Einbildungskraft."[174] In der Einleitung seiner Übersetzung von De Quinceys *Suspiria* verweist er schließlich auf die enge Verwandtschaft des kindlichen Bewußtseins mit dem des Genies:

> Wäre es ... nicht ein Leichtes, durch einen philosophischen Vergleich zwischen den Werken eines reifen Künstlers und dem Zustand seines Gemüts, als er Kind war, zu beweisen, daß das Genie nichts anderes ist als die deutlich ausformulierte Kindheit, die nun, um sich auszudrücken, mit männlich kräftigen Organen ausgestattet ist? [PA 443; VI 165/166]

In diesem Sinn war bereits in Tiecks *Sternbald* Raffael als bewundernswürdiger Maler gelobt worden, denn „aus allen seinen Werken spricht ein milder, kindlich hoher Geist."[175] Für Baudelaire ist das kindliche Bewußtsein also, eben weil dessen Bahnen noch nicht eingefahren, seine Mauern und Barrieren noch durchlässig sind, der vom Künstler gesuchte Idealzustand. „Wenn es ihr auch an schöpferischer Willenskraft mangelt", schreibt Inoue daher mit Recht, „so ist die Kindheit doch aufgrund der unverdorbenen sinnlichen Wahrnehmung, die ihr eigen ist, für den Künstler der ideale Zustand. Gewiß, zuweilen ist die Kindheit durch die instinktive Angst vor einer ‚verantwortlichen Lebensführung' bedroht, aber durch die Intensität selbst dieser Empfindung stellt sie doch eine paradiesische Region des Geistes dar. In der kindlichen Seele gibt es keine Trennung zwischen der Subjektivität und der Welt, die sie umgibt. Das Kind kennt nicht die Zerrissenheit, die aus der diskursiven Überlegung hervorgeht, und reagiert daher, als wenn es ganz dem Universum der Träumerei angehöre."[176] Es scheint also, als sei die noch halb der mystischen Erfahrungswelt des Vorbewußtseins angehörende Kinderseele im wesentlichen identisch mit jenem „idéal artificiel", das Baudelaire sich in den künstlichen Paradiesen des Drogenrausches verschaffen wollte. Dieselbe Ansicht vertritt Inoue:

> Wenn es sich so verhält, wird dann nicht die analogische Verbindung zwischen der Kindheit und der durch Rauschmittel erzeugten Trance offenkundig? Erinnern wir uns hierzu an das Anfangsstadium der Haschischeuphorie. Im geistigen Leben, sagt Baudelaire, gibt es einen privilegierten Moment, einen paradiesischen Zustand, in dem „der Mensch mit dem Geist eines kraftvollen und *jungen Genies* erwacht". In diesem Sinn ist es gewiß, daß der paradiesische Zustand der Kindheit mit „jener gedanklichen Intensität, jenem Enthusiasmus der Sinne und Geistes" exakt übereinstimmt. Kurz gesagt: Die Kindheit ist ein fortwährender Rausch ohne das Zutun von Opium.[177]

Diese Bewertung des Kinderbewußtseins war sicher auch, wie Rosemary Lloyd meint[178], durch Baudelaires Lektüre E. T. A. Hoffmanns geprägt, der ebenfalls eine enge Verwandtschaft zwischen dem kindlichen Blick und dem des Künstlers feststellte, doch in erster Linie wird hier das Vorbild De Quinceys sichtbar. Schließlich steht die Erfahrung der Kindheit als erste unauslöschliche Prägung der individuellen Psyche unübersehbar im Zentrum der *Suspiria*. DE QUINCEY entwickelt hier seine berühmte Palimpsest-Theorie, derzufolge die Psyche einem mehrfach überschriebenen Pergament gleiche, dessen oberster, sichtbarer Text die mühelos verfügbaren gegenwärtigen Bewußtseinsinhalte aufweise, während alle früheren Bewußtseinselemente in den darunter liegenden Textschichten zwar verborgen, aber doch immer noch vorhanden seien: „Was ist das Gehirn anderes als ein natürlicher und mächtiger Palimpsest? Solch ein Palimpsest ist mein Gehirn; solch ein Palimpsest, Leser, ist das deinige. Unvergängliche Schichten von Ideen, Bildern, Gefühlen sind so sanft wie Licht auf dein Gehirn herabgesunken. Jede Folge schien alles Vorige zu begraben. Und doch wurde tatsächlich nicht eine Schicht gelöscht."[179] Wenn aber alle vorigen Bewußtseinsinhalte bis hin zu den frühesten Impressionen noch vorhanden sind, so vermögen sie auch weiterhin einen subtilen Einfluß auf die Psyche zu nehmen; das Individuum steht also, auch wenn es sich hierüber oft nicht im Klaren ist, immer noch in Verbindung mit seinem kindlichen Selbst. Da dieses kindliche Selbst in seiner unabgeschlossenen Bewußtseinsausbildung noch Beziehungen zu seiner vorbewußten Existenz aufweist, ist das mystische Gefühlswissen des Goldenen Zeitalters sozusagen immer noch, wenn auch im dunkelsten Abgrund der Seele, latent vorhanden. De Quincey liefert hier also, obwohl er diesen Gedankengang nicht in solcher Deutlichkeit entwickelt, die theoretische Voraussetzung für die prinzipielle Möglichkeit einer Rückaneignung mystischer Einsichten durch ein behutsames Abtragen der obersten Schichten des Gehirnpalimpsestes. Ein wirksames Instrument solcher Ausgrabungsarbeiten ist das Opium, wie er am Beispiel eines in das Wachbewußtsein zurückgeholten verdrängten Kindheitserlebnisses erweist: „Ein Dunstschleier, so tief wie das Vergessen, war vom Leben über jede Spur dieser Erfahrungen geworfen worden; und doch, plötzlich, auf ein stilles Kommando, auf das Signal einer vom Gehirn emporgesandten flammenden Rakete, hebt sich der Schleier und die ganzen Tiefen des Schauplatzes werden offenbar. Hierin lag das größere Geheimnis: ein Geheimnis, das keinen Zweifel erlaubt, da es sich durch das Opium bei jenen, die seinem Martyrium unterworfen sind, zehntausendmal wiederholt." [S 511] Und an anderer Stelle heißt es: „Einige der Phänomene, die sich in meinem Traumerleben entwickelten, wiederholen zweifelsohne nur die Erfahrungen der Kindheit, und andere scheinen wohl Auswüchse und Früchte einer Saat zu sein, die in jener Zeit ausgebracht wurde." [S 453] Mit seiner Überzeugung, daß Psyche und Charakter des Erwachsenen durch die Erfahrungen der Kindheit bestimmt werden, deutet De Quincey einerseits bereits auf eine der wichtigsten Voraussetzungen der modernen Psychotherapie[180], während er andererseits unmißverständlich an die romantische Tradition anknüpft, in der Kinderseele nach den Spuren des Goldenen Zeitalters zu forschen. – Auch bei Poe findet sich die wehmütige Erinnerung an den kindlichen Zustand der Unschuld, der ein anderes, höheres Wissen ermöglicht, das der Erwachsene verloren hat.[181]

Von der ansatzweise noch bei Kindern spürbaren ursprünglichen Unschuld, auf die der Sündenfall der Bewußtwerdung und Individuation folgte, mußte für den Romantiker ein ständiger Entwicklungsprozeß geradewegs zum Gegenextrem des absoluten

VII. Von der verlorenen Unschuld zu neuer Vollkommenheit

Bewußtseins führen, um die menschliche Abweichung vom rechten Weg mit der Rückkehr ins Paradies als ein im Ganzen noch glimpflich verlaufenes Abenteuer zu beschließen. „Wir werden die Welt verstehn", meint Novalis, „wenn wir uns selbst verstehn, weil wir und sie integrante *Hälften* sind. Gotteskinder, göttliche Keime sind wir. Einst werden wir seyn, was unser Vater ist." [N, II 548] Ricarda Huch weist darauf hin, daß die Interpretation des Daseins als Entwicklungsprozeß der darwinistischen Evolutionstheorie Vorschub leistete, doch sie unterstreicht auch mit Nachdruck die Unterschiede zwischen Darwinisten und Romantikern:

> Im Meere, das lebendig ist, entstanden, das war die Meinung der Romantiker, sowohl die niedersten pflanzlichen wie die niedersten tierischen Organismen; nicht etwa sind diese aus jenen hervorgegangen, nicht nach dem Bilde einer Reihe oder Leiter entwickelten sich Pflanzen und Tiere, sondern sie verhalten sich wie die verschiedenen Zweige eines und desselben Baumes zueinander. In diesem Punkte schieden sich die Romantiker unversöhnlich von den Darwinisten, denen sie insofern eigentlich den Boden bereiteten, indem sie die Auffassung des Lebens als eines Entwickelungsprozesses ... zum Gemeingut der Gebildeten machten. Dagegen leugneten sie nachdrücklich die Veränderlichkeit der Arten [...] Nach der neuen Lehre wisse man nicht, sagt Baader einmal, ob nicht aus einem Stein ein Baum, aus einem Baum ein Pferd, aus einem Pferd ein Mensch werden könne. Dies sei aber unmöglich; jede Art entspreche einer ewigen Idee, habe ihren unauslöschlichen Charakter, der innerhalb seiner Grenzen durchaus verharren müsse, nur durch Wiedergeburt der eigenen Form sei Vervollkommnung denkbar.[182]

In den Beschränkungen seines Bewußtseins und den Mängeln seiner körperlichen Erscheinung, so glaubten die Romantiker, konnte der Mensch, der doch als ein Ebenbild Gottes geschaffen sei, schwerlich die höchste Entwicklungsstufe des natürlichen Lebens darstellen. Um wieder zu werden, wie er während des Goldenen Zeitalters einmal gewesen sein mußte, hatte der Mensch als Individuum und als Gattung innerhalb der ihm gegebenen Form also noch eine beträchtliche Entwicklung durchzumachen. Wie sich diese Vervollkommnung konkret gestalten sollte, darüber gab es diverse Theorien. So meinte Schelling, daß der Tod wie ein Entschlackungsvorgang das menschliche Wesen von zufälligen und entbehrlichen Begleitelementen reinige und ein höheres, reineres Bewußtsein erzeuge, während der Mesmerianer Passavant, wie Huch zu berichten weiß, die Ansicht vertrat, daß der Mensch sich nach dem Tod auf einer höheren Daseinsstufe durch eine dem sinnlichen Erleben eng verwandte Wahrnehmungsart weiterbilde:

> Die Idee, welche die Richtung hatte, mit der Natur in Bezug zu treten, und Organe dazu bildete, wird diese Richtung nicht verlieren. Man könnte zwar meinen, daß sie, nach Schwinden dieser Organe in der uns bekannten Form, ihren Zweck auf einem ganz anderen Wege zu erreichen suchte; aber da wir uns Entwicklungszustände – und das Entwicklungsprinzip wird auch nach dem Tode beibehalten – nur als Fortrücken und Potenzieren früherer Zustände denken können, so muß die künftige Beziehungsweise der Seele zur Natur Ähnlichkeit mit der jetzigen haben, und es muß etwas der jetzigen Sinnestätigkeit Analoges bestehen. So könnte z.B. der zukünftige Leib ganz und gar Lichtorgan sein, alles könnte uns durchsichtig und das Wesen der Natur – insofern auch der göttliche Ge-

danke – mehr und mehr erschlossen werden. Eine entsprechende Verwandlung könnten die übrigen Sinne erfahren. Wahrscheinlich ist es, daß auf höherer Stufe die Beziehungen zur Natur nicht mehr geschieden sind, sondern an Stelle der Sinne ein Allsinn tritt, der uns die verschiedenen Manifestationen der Natur ineinander übergehend oder zugleich erscheinend vermittelt.[183]

VIII. Die Hieroglyphensprache der Natur

Im Jahr 1799 meldete ein Offizier der napoleonischen Armee seinen Vorgesetzten, daß Bauarbeiter bei der Errichtung eines Forts in der Nähe des ägyptischen Ortes Rosette (Rashid) einen merkwürdigen schwarzen Stein entdeckt hätten. Dieser Fund sorgte für beträchtliches Aufsehen, denn in den sonderbaren Stein war nicht nur ein Text in altägyptischen Schriftzeichen eingraviert, sondern u. a. auch dessen Übersetzung ins Griechische. Damit war der Wissenschaft unversehens der Code an die Hand gegeben, um die bis dahin völlig rätselhafte Bilderschrift der Ägypter zu entschlüsseln, was dem Forscher Jean François Champollion dann auch etwa zwanzig Jahre später gelang. Zwar hatte das Abendland schon durch die Berichte des Herodot von jenen wundersamen Zeichen erfahren, die Plutarch in seiner um 100 n. Chr. verfaßten Schrift *Isis und Osiris* als „hieroglyphika grammata" (heilige Ritzzeichen) bezeichnete, doch da man trotz gelegentlicher Bemühungen einzelner Gelehrter[184] keine Hoffnung hatte, ihre Bedeutung jemals zu enträtseln, fanden sie in der abendländischen Öffentlichkeit über viele Jahrhunderte ein denkbar geringes Interesse. Dies änderte sich erst in der zweiten Hälfte des 18. Jahrhunderts, als eine ägyptische Mode entstand, die manchen Salon mit mehr oder weniger authentischem Dekor ausstattete und die öffentlichen Plätze Europas mit Obelisken und Sphingen übersäte. Als der Baron Dominique-Vivant Denon, der im Auftrag Napoleons die Kunstsammlungen des Louvre begründete, 1802 einen zweibändigen Bericht über seine Teilnahme am ägyptischen Feldzug veröffentlichte[185], entstand eine wahre Ägyptomanie; mit vierzig Auflagen war das Buch ein ungeheurer Erfolg, und neben den Wissenschaftlern schifften sich bald immer mehr Abenteurer und Schatzsucher nach dem geheimnisvollen Land der Pharaonen ein.

Unter diesen Bedingungen wurde der Begriff „Hieroglyphe" für die Romantiker, zumal er fast so neu erschien wie die Bewegung selbst, zu einem zentralen Schlagwort; ein besseres hätten sie sich kaum selbst erfinden können. Heilig (*hieros*) seien jene Zeichen, die man in Steine eingeritzt (*glyphein*), also in der Natur, vorfindet – wo der romantischen Seele doch fast alles, das ganze Leben und Weben der Natur, als heilig galt und einen verborgenen göttlichen Sinn ahnen ließ! Die Natur spricht eine fremde Sprache, deren Zeichen, Buchstaben, Worte in all ihren Elementen klar zutage liegen, aber doch erst übersetzt werden müssen, wozu keine Vernunft, sondern allein das Gefühl in der Lage ist. Über den göttlichen Ursprung der Hieroglyphen konnten die Romantiker schon in einer Schrift des anglikanischen Bischofs William Warburton (1698–1779) lesen, daß die ägyptischen Priester als früheste Traumdeuter ihre Kunst in Analogie zur Entschlüsselung der ihnen von den Göttern gegebenen Hieroglyphen betrieben.[186] In diesem Sinn sind auch etwa die Landschaften Caspar David Friedrichs immer wieder Sinnbild des Logos, des Wortes Gottes, etwa wenn umgestürzte Bäume oder vom Sturm geknickte Äste die Form eines Kreuzes bilden oder wenn einzelne Tannen wie Kirchturmspitzen zum Himmel deuten; auch Friedrich malte Hieroglyphen. In diesen wenigen Bemerkungen deutet sich jedoch bereits an, daß das romantische Verständnis der Hieroglyphe von dem eines Champollion durchaus verschieden ist. Worin besteht der Unterschied? Für Champollion und die ägyptologische Forschung seiner Zeit waren die Bildzeichen der Ägypter Teile eines vernünftigen Systems, das folglich durch die Applikation vernünftiger Deutungsmethoden adäquat übersetzbar sein mußte. Hier waren logische Schlüsse gefordert, die nach dem Muster erfolgten, daß, wenn A so und so beschaffen sei, B folglich diese oder jene Bedeutung haben müsse.[187] In diesem Sinn geht auch POEs Protagonist William Legrand in der Erzählung „The Gold-Bug" vor, als er eine geheime Botschaft des Piratenkapitäns Kidd entschlüsselt, die ihn zu einem Schatz führt. Der unerläßliche Schlüssel, der die Kettenreaktion einer allmählichen Entzifferung des Textes erst in Gang setzen kann, ist für Legrand ein offenes Wortspiel mit dem Namen „Kidd", das nur im Englischen funktioniert – er weiß mithin, daß die Botschaft auf Englisch abgefaßt ist und kann demzufolge seine Kenntnis der Besonderheiten dieser Sprache auf die Geheimbotschaft anwenden (so geht er etwa vom Buchstaben „e" aus, der im Englischen häufiger als alle anderen benutzt wird und kann daher das meistbenutzte Zeichen mit diesem Buchstaben identifizieren). Für die Ägyptologen war der Stein von Rosette der gesuchte Schlüssel, mit dessen Hilfe der verborgene Schatz, hier also das Verständnis der ägyptischen Sprache, bald zu heben war. Ist dieser Übersetzungsvorgang abgeschlossen, so bleibt von den einstigen Hieroglyphen aber nichts mehr übrig; sie sind dann restlos in das System einer uns verständlichen Sprache übertragen. An diesem Punkt trennen sich die Romantiker von den Ägyptologen, denn da die Hieroglyphen der Natur eine übersinnliche Wahrheit darstellen sollen, kann ihre Aufschlüsselung unmöglich bloß rational erfolgen. Auch bei Poe wird diese Ansicht angedeutet. Nach den bisherigen Ausführungen wäre es nämlich angebracht, daß der Titel seiner Erzählung auf den Schatz oder auf Legrands Entzifferungskünste verwiese, doch das ist nicht der Fall. Statt dessen bezieht er sich auf den Goldkäfer, der weder mit der Entschlüsselung der Botschaft noch sonst irgendwie mit der Hebung des Schatzes in direktem Zusammenhang steht. Tatsächlich ist der tote Käfer nur ein Zufallsfund, der eine logisch unvorhersehbare Folge von Ereignissen nach sich zieht. Um den Käfer sorgsam zu verpacken, sucht der Insektensammler Legrand am Fundort ein Stück Papier. Was er findet, ist das Pergament des Kapitän Kidd, dessen geheime Botschaft erst durch einen weiteren Zufall sichtbar wird: Das Blatt fällt in die Nähe des Kaminfeuers, dessen Hitze die mit einer Geheimtinte geschriebenen Zeilen sichtbar macht. Wenn also alle folgenden Bemühungen zur Entschlüsselung der Botschaft nach streng rationalistischen Prinzipien erfolgreich sind, so wurde dies doch erst durch das irrationale Moment einer Verknüpfung von Zufällen möglich.

Im Blick des Romantikers verkünden die Hieroglyphen der Natur eine Wahrheit, für die nur das Gefühl empfänglich ist, und selbst dieses kann die Botschaft nur erahnen. Aus der Ahnung kann erst dann Gewißheit werden, wenn die romantische Seele den Schlüssel zur Deutung erhält. Dieser Schlüssel kommt aber einem Universalschlüssel gleich, der alle Geheimnisse der Existenz aufschließt und damit ein göttliches Bewußtsein schafft. Aus diesem Grund erhält ihn der Mensch erst dann, wenn er ihn eigentlich gar nicht mehr braucht, nämlich, wie Schelling sagt, am Ende der ganzen Geschichte des göttlichen Offenbarungsprozesses. Bis dahin muß sich der Mensch damit abfinden, daß die Geheimnisse der natürlichen Hieroglyphen seiner Vernunft unzugänglich bleiben. Nun könnte man denken, daß die Zeichensprache der Natur für das romantische Individuum ein dunkles Rätsel bleiben müsse, so wie jedes Chiffrensystem ohne den zugehörigen Schlüssel stumm bleibt. Hier macht der Romantiker aber einen dialektischen Sprung: Nicht der Schrift muß etwas beigelegt werden, damit sie zu sprechen beginnt, sondern dem Leser, damit er zu hören versteht. Dieser muß nämlich von seiner Vernunft abgehen und die Zeichen sozusagen durch eine andere Brille betrachten, d.h. er muß sein rationales Wachbewußtsein durch ein mystisches ersetzen, aus dessen Perspektive die Bedeutung der Zeichen ersichtlich wird. Im mystischen Bewußtsein wird aber die Differenz von Zeichen und Bezeichnetem aufgehoben, d.h. die Hieroglyphe und ihre Bedeutung sind ein und dasselbe. Hier zeigt sich eine wichtige, von allen Romantikern intuitiv vollzogene, aber kaum jemals reflektierte Unterscheidung des hieroglyphischen Zeichens vom Symbol. Während das Symbol nur ein Bild für etwas Anderes ist und Abstraktion verlangt, ist die Hieroglyphe etwas offen zutage Liegendes und steht für nichts als sich selbst. Man muß nur die rechte Perspektive finden, um sie als etwas Bedeutendes zu erkennen. Dies ist der Fall, wenn Poes William Legrand feststellt, daß der an einem Baumstamm festgenagelte Totenkopf, der zum Schatz führt, nur von einer einzigen Stelle aus sichtbar ist[188]; analog wird auch in Thoreaus Essay „Walking" von den außerordentlichen Blüten eines Baumes berichtet, die nur findet, wer sich die Mühe macht, bis in die höchsten Verzweigungen der Krone heraufzuklettern.[189] Totenkopf und Blüte sind sozusagen schon immer dagewesen; aber ihre Bedeutung erschließt sich erst, wenn der Betrachter einen mühsamen Positionswechsel auf sich nimmt, sei es, daß er in gefährlichen Klippen herumsteigt, auf Bäume klettert oder, und nur das ist in jedem Fall gemeint, von der Bequemlichkeit des Wachbewußtseins in die Unwegsamkeit eines anderen Bewußtseins überwechselt.

Seit Schiller, der ägyptischen Mode folgend, in dem Gedicht „Das verschleierte Bildnis zu Sais" (1795) den Ort für seine Parabel über die unrechtmäßige Aneignung göttlicher Erkenntnis nach jener altägyptischen Stadt verlegte, war der Name

VIII. Die Hieroglyphensprache der Natur

in der deutschen Literatur zu einem Topos geworden. Auch Hardenbergs „Lehrlinge zu Sais" sind demnach Untertanen Pharaos, obwohl die von ihnen studierte Natur recht eindeutig deutschen Wald- und Gebirgslandschaften nachempfunden ist. Doch Ägypten ist überall, jedenfalls sofern es um Hieroglyphen geht. So meint NOVALIS:

> Mannigfache Wege gehen die Menschen. Wer sie verfolgt und vergleicht, wird wunderliche Figuren entstehen sehn; Figuren, die zu jener großen Chiffernschrift zu gehören scheinen, die man überall, auf Flügeln, Eierschalen, in Wolken, im Schnee, in Kristallen und in Steinbildungen, auf gefrierenden Wassern, im Innern und Äußern der Gebirge, der Pflanzen, der Tiere, der Menschen, in den Lichtern des Himmels, auf berührten und gestrichenen Scheiben von Pech und Glas, in den Feilspänen um den Magnet her, und sonderbaren Konjunkturen des Zufalls erblickt. In ihnen ahndet man den Schlüssel dieser Wunderschrift, die Sprachlehre derselben; allein die Ahndung will sich selbst in keine feste Formen fügen, und scheint kein höher Schlüssel werden zu wollen. [N, I, 79]

Auch bei TIECK spielen Hieroglyphen eine wichtige Rolle. In seinem Märchen „Der Runenberg" (1802) ersetzt er das ägyptische Bildzeichen durch die nicht minder geheimnisvolle germanische Zeichenschrift; in einem naturmystischen Erlebnis (Tieck zeigt sich hier wie in anderen Schriften von Jakob Böhme beeinflußt) erhält der Protagonist eine Steintafel, die gleichermaßen Assoziationen an den Empfang der zehn Gebote auf dem Berg Sinai wie an den Stein von Rosette erwecken mag: „Die Tafel schien eine wunderliche, unverständliche Figur mit ihren unterschiedlichen Farben und Linien zu bilden..."[190] Und im *Sternbald* heißt es:

> So hat sich der großmächtige Schöpfer heimlicher- und kindlicherweise durch seine Natur unsern schwachen Sinnen offenbart, er ist es nicht selbst, der zu uns spricht, weil wir dermalen zu schwach sind, ihn zu verstehn; aber er winkt uns zu sich, und in jedem Moose, in jeglichem Gestein ist eine geheime Ziffer verborgen, die sich nie hinschreiben, nie völlig erraten läßt, die wir aber beständig wahrzunehmen glauben. Fast ebenso macht es der Künstler: wunderliche, fremde, unbekannte Lichter scheinen aus ihm heraus, und er läßt die zauberischen Strahlen durch die Kristalle der Kunst den übrigen Menschen entgegenspielen, damit sie nicht vor ihm erschrecken, sondern ihn auf ihre Weise verstehn und begreifen. Nun vollendet sich das Werk, und dem es offenbart ist liegt ein weites Land, eine unabsehliche Aussicht da, mit allem Menschenleben, mit himmlischem Glanz überleuchtet, und heimlich sind Blumen hineingewachsen, von denen der Künstler selber nicht weiß, die Gottes Finger hineinwirkte, und die uns mit ätherischem Zauber anduften und uns still den Künstler als einen Liebling Gottes verkündigen.[191]

Der Gedanke, daß der Künstler unwillkürlich zum Sprachrohr einer höheren Macht werde, die ihn ohne Beteiligung seines Bewußtseins kosmische Geheimnisse darstellen läßt, wurde bereits im Zusammenhang mit Schellings Kunstverständnis angesprochen, das von der gleichen Überlegung geleitet wird. Auch Schelling deutet das Kunstwerk als Hieroglyphe, in der sich die geheimen Zeichen der Natur offenbaren, die er als „ein Gedicht" bezeichnet, „das in geheimer wunderbarer Schrift verschlossen liegt."[192] Als „eine innere Hieroglyphen-Schrift und Ursprache der Seele"[193] definiert auch Friedrich Schlegel die Kunst, während SCHUBERT in seiner *Symbolik des Traumes*, wenn von der Zeichensprache der Natur als Materialisation der Traumbildersprache die Rede ist, von „Gestaltenhieroglyphen" [ST 88] spricht. Seine Auseinandersetzung mit der Hieroglyphik der Seele und Natur stützt sich auch auf die Überlegungen Saint-Martins, dessen Werk er ins Deutsche übertragen hatte. Über die Beeinflussung von Schuberts Hieroglyphenlehre durch Saint-Martin schreibt Sauder:

> Hieroglyphen betrachtet Schubert mit Saint-Martin als ‚wahren Grund der Sprachen'; ‚die Buchstaben des Alphabets, welche später an ihre Stelle traten, vereinfachten die Operation blos anscheinend, ohne in der That etwas daran zu ändern.' Nach Saint-Martin sollten die Zeichen ‚dazu dienen, den Sinn der Dinge kund zu machen, wie die Worte unsrer Sprache zur Offenbarung unsrer Ideen... Aber der Misbrauch in Vervielfältigung der Zeichen hat nun den Sinn der Dinge erlöscht, wie der Misbrauch in Vervielfältigung der Worte die Ideen. Deshalb ist der Sinn der Dinge und ihre eigentliche Bedeutung für uns so gut als verloren, deshalb verstehen wir uns auch gegenseitig so wenig.'... Schubert übernimmt mit dem romantischen Topos einer Dekadenz der ursprünglichen Bildersprache zur untergeordneten Lautsprache auch die Formel vom ‚Buch der Natur', das für den Menschen geschrieben, nur von ihm gelesen werden kann. Er allein besitzt den Schlüssel zum ‚großen Hieroglyphen-Buch' Natur: Es enthält die älteste Offenbarung, das Wort der Natur, den zu Natur gewordenen Gott. Die Buchmetapher entstammt mit den Grundlagen der späteren Emblematik dem allegorischen Denken der mittelalterlichen Theologie. / Omnis mundi creatura / Quasi liber et pictura / Nobis est et speculum.[194]

In E. T. A. HOFFMANNS Märchen „Der goldene Topf" steht der Student Anselmus als Kopist seltener Manuskripte im Dienst eines über magische Kräfte verfügenden Archivars und muß neben arabischen und koptischen Texten auch solche abschreiben, die in „sonderbaren Zeichen" verschlüsselt sind, „die keiner bekannten Sprache angehören." [HW, I, 187] „Anselmus", so heißt es später, „wunderte sich nicht wenig über die seltsam verschlungenen Zeichen, und bei dem Anblick der vielen Pünktchen, Striche, Züge und Schnörkel, die bald Pflanzen, bald Moose, bald Tiergestalten darzustellen schienen, wollte ihm beinahe der Mut sinken, alles so genau nachmalen zu können." [HW, I, 219] Wenn Hieroglyphen als Bedeutungsträger kenntlich sind, so ist doch ihr Hauptmerkmal, daß sich ihre Inhalte nur erahnen lassen, also nicht im eigentlichen Sinn erkennbar werden. Hieroglyphen stehen für Wahrheiten, die, um mit Jünger zu sprechen, nur in Annäherungen, d. h. nie ganz zu begreifen sind. Daher meint Novalis, daß die erahnte Bedeutung von Hieroglyphen nie zur Gewißheit werde und durchaus keinen fertigen Schlüssel zur Erkenntnis des Göttlichen abgebe. Die Deutung der Hieroglyphen eröffnet keine Abkürzung zum Paradies, aber sie ist Voraussetzung dafür, daß man auf dem Weg zur Vollkommenheit überhaupt vorankommt und erweist, wenn sie auch sonst nichts unmittelbar preisgibt, daß es eine andere, gewissermaßen eine Metasprache der Natur gibt, die zu beachten ist.

Auch für BAUDELAIRE ist die Welt ein „dictionnaire hiéroglyphique"[195], wobei der Begriff der „correspondances" eine besondere Bedeutung erhält. Schon bei Pascal taucht er sinngemäß auf, wenn er meint, daß zwischen der spirituellen und der materiellen Welt eine zeichenhafte Analogie bestünde, ohne die keine Offenbarung möglich sei.[196] Auch bei Saint-Martin und Swedenborg ist von Korrespondenzen

VIII. Die Hieroglyphensprache der Natur

die Rede. In einer Würdigung Victor Hugos bezieht sich Baudelaire auf die „analogies" des Sozialphilosophen Charles Fourier und Swedenborgs „correspondances" und verkündet, daß nur der Dichter fähig sei, die Hieroglyphen zu deuten:

> Wer kein Dichter ist, versteht nicht, um was es hier geht. Eines Tages trat Fourier auf, um uns, mit allzu prächtigem Gehabe, die Mysterien der *Analogie* zu offenbaren. Ich bestreite keineswegs, daß einigen seiner umständlichen Entdeckungen ein gewisser Wert zukommt, kann mich jedoch des Verdachts nicht erwehren, daß er ein allzu sehr auf materielle Exaktheit versessener Kopf war, um keine Irrtümer zu begehen und um auf einen Streich die seelische Gewißheit der Intuition zu erlangen. Ebensogut hätte er es sich angelegen sein lassen können, uns alle vortrefflichen Dichter zu offenbaren, an denen die lesende Menschheit sich erzieht wie in der Betrachtung der Natur. Im übrigen hatte schon Swedenborg, der eine sehr viel größere Seele besaß, uns gelehrt, daß *der Himmel ein sehr großer Mensch ist*; daß allem, Gestalt, Bewegung, Zahl, Farbe, Duft, im Bereich des *Geistes* wie in dem der *Natur*, eine zeichenhafte Bedeutung zukommt, daß eines auf das andere verweist, daß alles umkehrbar ist und einander *entspricht*. ... Wenn wir darüber hinausgehen ..., so gelangen wir zu jener Wahrheit, daß alles Hieroglyphe ist, und wir wissen, daß die Symbole nur mehr oder weniger dunkel sind, je nach der Lauterkeit, dem guten Willen oder der angeborenen Hellsicht der Seelen. Was aber ist ein Dichter ..., wenn er uns die Zeichen der Welt nicht übersetzt, nicht entziffert? [197]

Für Baudelaire sind aber die „correspondances" nicht im Sinn der romantischen Analogie eine geheimnisvolle Verbindung zwischen Subjekt und Natur, sondern sie zeigen vielmehr den Dialog des Subjekts mit sich selbst. Die eigentliche Natur ist für Baudelaire nur ein Schauplatz leerer Formen (vgl. Seite 573 ff.), die erst dann interessant werden, wenn der Betrachter sie als Symbole für die erahnten Aspekte seiner seelischen Innenwelt benutzt: Ein Sonnenuntergang, ein stiller See, eine tiefe Felsenschlucht werden ihm dann zum konkreten Abbild der in seinem eigenen Inneren verborgenen Sinnstrukturen. Das Ziel der dichterischen Entschlüsselung dieser hieroglyphischen „correspondances" ist aber wiederum wie bei den Romantikern die Hoffnung, sich erkennend die verlorene Wesenshälfte wieder anzueignen und sich als ganzer Mensch, d.h. als geeintes Wesen über das unzulängliche, geteilte Dasein in der Natur zu erheben. Erkennt man die geheimen Verbindungen und läßt man sich auf sie ein, so leuchtet die eigene spirituelle Wesenheit als ein Widerschein in den betrachteten Gegenständen der Natur auf; auch im Haschischrausch werden die Dinge dann von einem „vernis magique" [PA 376], einem magischen Firnis überzogen. Dieses Erkennen besteht aber nicht nur in der berauschten Vision, sondern bedarf ebenso nötig der ordnenden Macht des Intellekts: Das Bedeutsame schauen und es durch den kreativen Nachvollzug benennen – das ist die Aufgabe des „poète voyant". Darum schreibt Baudelaire über die „imagination", in der Intuition und Intellekt sich zu einer konstruktiven Antriebskraft verbinden: „Seit langem schon sage ich, der Dichter ist von *höchster* Intelligenz, er ist die *Intelligenz* par excellence, – und die *Imagination* ist von allen Vermögen des Menschen das *wissenschaftlichste*, weil sie allein die *universale* Analogie begreift, oder das, was eine mystische Religion *die Korrespondenz* nennt."[198] Mit Rücksicht auf den Überblickscharakter des

Kapitels mögen diese Bemerkungen, sofern sie die europäische Tradition betreffen, hier genügen. In der amerikanischen Literatur des 19. Jahrhunderts spielt das Motiv der Hieroglyphe aber eine mindestens ebenso zentrale Rolle wie in den Werken der europäischen Romantik. Nachstehend wird daher die amerikanische Gestaltung des Motivs anhand von zwei Passagen aus dem Werk Thoreaus sowie von Poes Roman *The Narrative of Arthur Gordon Pym* (1838) etwas ausführlicher besprochen.

Die Hieroglyphen der Wildnis bei Thoreau

Für den Romantiker kam das Unbewußte als etwas Primäres, Vorindividuelles und auch vor aller Kultur Gegebenes einer ursprünglichen Wildnis gleich, innerhalb derer sich das später entstandene Bewußtsein wie eine kleine landwirtschaftlich kultivierte Enklave ausnimmt. Die romantische Malerei Europas zeigt deutlich, daß dem Bild der Wildnis ein sehr hoher ikonographischer Stellenwert zuerkannt wurde; eine ganz besondere Bedeutung erhielt es aber vor allem in der amerikanischen Vorstellungswelt, zumal die Erschließung des Kontinents in der ersten Hälfte des 19. Jahrhunderts noch nicht abgeschlossen war. So mochte der unberührte Westen mit all seinen möglichen Wundern und Gefahren immer noch in gewissem Sinn das Unbewußte des Abendlandes symbolisieren, das im Zuge des allmählichen Vorrückens der Besiedlungsgrenze, der *frontier*, urbar, also sozusagen bewußt zu machen war. Da der amerikanische Mythos der Wildnis und des Westens hier unmöglich umfassend zu erörtern ist,[199] mögen zunächst zwei Passagen aus dem Werk des Transzendentalisten Henry David Thoreau (1817–1862) genügen, in denen die Symbolhaftigkeit der Wildnis und ihre Analogie zur menschlichen Seele deutlich herausgestellt werden.

In dem späten Essay „Walking" (1862) stellt Thoreau die Wildnis als Essenz des Lebens dar, das kräftige Mark der Natur, dessen Mangel die zivilisierte Gesellschaft in ihrer unsinnigen Vorliebe für verfeinerte Genüsse nachhaltig schwäche. In Thoreaus Terminologie sind Wildnis und Westen eins: „Der Westen, von dem ich rede, ist nur ein andrer Name für das Wilde, und das, worauf ich hinaus will, ist, daß in der Wildheit die Bewahrung der Welt liegt ... Gebt mir eine Wildheit, deren Blick keine Zivilisation ertragen kann ..."[200] „Leben und Wildheit sind eins. Das Lebendigste ist auch das Wildeste"[201], heißt es kurz darauf, wobei ein Sumpf als Beispiel dient:

> Hoffnung und Zukunft liegen für mich nicht in Rasenflächen und bestellten Feldern, nicht in Dörfern und Städten, sondern in den unzugänglichen und wabernden Sümpfen. Wenn ich vor einiger Zeit überlegte, wieso ich für eine Farm, die ich vielleicht kaufen wollte, eine Vorliebe hatte, fand ich oft heraus, daß ich nur von einigen Quadratmetern eines *undurchdringlichen* und *unergründlichen* Sumpfes angezogen war – einer natürlichen Sickergrube in einer Ecke des Besitzes. Das war das Juwel, das mich blendete. Ich empfange mehr Lebensenergie aus den Sümpfen, die mein Heimatdorf umgeben als von den gepflegten Gärten im Ort. ... In meinen Augen gibt es kein prächtigeres Parterre als die dichten Teppiche von Zwergandromeda (*Cassandra calyculata*), die jene zarten Stellen der Erdoberfläche bedecken. Die Botanik kann mir nur die Namen der Büsche

VIII. Die Hieroglyphensprache der Natur

nennen, die dort wachsen – Blaubeere, Rosmarinheide, Lorbeerrose, Azalee und Rhodora –, sie alle stehen im wabernden Torfmoos. Oft denke ich, daß es mir gefallen würde, meine Hausfront vor diese Ansammlung einförmiger roter Büsche zu setzen und auf andere Blumen in Töpfen und Beeten, auf umgepflanzte Tannen und zurechtgeschnittenen Buchsbaum und sogar auf Kieswege zu verzichten, um diesen fruchtbaren Flecken unter meinen Fenstern zu haben, und nicht einige Faßladungen Mutterboden, der gerade den Sand überdeckt, der bei der Kellerausschachtung aufgeworfen wurde. Warum sollte ich nicht mein Haus, mein Wohnzimmer, hinter dieser Parzelle errichten, anstatt hinter jener dürftigen Ansammlung von Kuriositäten, dieser armseligen Bemühung um Natur und Kunst, die ich meinen Vorgarten nenne?[202]

Es ist bezeichnend, daß der Sumpf, der hier als eine Art Urschlamm die Quelle des Lebens ist, mit den Attributen „impermeable" und „unfathomable", undurchdringlich und unergründlich, beschrieben wird. Wissenschaftliche Benennungsversuche der typischen Vegetation dieses Biotops führen nicht weit, denn all die eindrucksvollen Pflanzennamen vermögen über den tieferen Gehalt des Sumpfes nichts Wesentliches auszusagen. Der Sumpf ist mithin das Mysterium, aus dem heraus der Mensch und alle Materie entstand[203], und in seiner amorphen Gestalt erscheint er als ein Gleichnis des Unbewußten. Im Sumpf liegt wie im Unbewußten die spirituelle Triebkraft, ohne die es kein Streben nach Höherem, nach Vollendung geben kann: „Wenn ich mich erholen möchte, dann suche ich den dunkelsten Wald, den dichtesten und unermeßlichsten und, für den Städter, übelsten Sumpf. Ich betrete ein Sumpfgebiet wie einen heiligen Ort, ein *sanctum sanctorum*. Dort ist die Kraft, das Mark der Natur. … Eine Stadt wird nicht in größerem Maße durch die aufrechten Menschen erhalten, die in ihr wohnen, als durch die Wälder und Sümpfe, die sie umgeben. Eine Gemeinde, über der ein urzeitlicher Wald rauscht, während ein anderer urzeitlicher Wald unter ihr verrottet – solch eine Stadt ist in der Lage, nicht nur Mais und Kartoffeln, sondern auch Dichter und Philosophen für kommende Zeitalter hervorzubringen."[204] Das englische Verb „recreate" ist hier durchaus wörtlich, nicht bloß im Sinn von „sich erholen", zu verstehen, denn in der Kontemplation seines Ursprungs wird der Mensch in die Lage versetzt, sich sehend und erkennend neu zu erschaffen.[205]

Noch deutlicher wird das Urtümliche der Schlammstrukturen in Thoreaus Hauptwerk *Walden; or, Life in the Woods* (1854). In dem Kapitel „Spring" wird beschrieben, wie der gefrorene Sand und Ton am Erdeinstich eines Bahndamms in der Frühlingssonne zu tauen beginnt und sich in zähflüssigen Strömen wie Lava über dem Erdboden ausbreitet, wobei eine Vielzahl sonderbarer Formen entsteht:

> Wenig Erscheinungen bereiteten mir mehr Vergnügen, als die Formen zu beachten, welche der auftauende Sand und Ton annahmen, wenn sie an den Seiten eines tiefen Eisenbahneinschnittes, an dem ich auf meinem Weg zum Dorfe vorbeikam, herabflossen … Das Material bestand aus Sand von jedem Feinheitsgrade und verschiedenen lebhaften Farben, der gewöhnlich mit etwas Ton vermischt war. Unzählige kleine Ströme überspringen und verschlingen sich ineinander, wodurch ein Mischgebilde entsteht, das halb den Gesetzen der Strömung, halb dem der Vegetation gehorcht. Beim Fließen nimmt es die Gestalt saftiger Blätter oder Ranken an, setzt fußtiefe Haufen fleischiger Sprossen

und Zweige an, welche, wenn man auf sie herniederblickt, den verschlungenen und verwickelten lappigen Trieben mancher Flechten ähnlich sehen; oder man wird an Korallen, an Leopardenkrallen und Vogelfüße, an Hirn, Lungen, Eingeweide und alle Arten von Exkrementen erinnert. Es ist eine wirklich *groteske* Vegetation, deren Formen und Farben wir in Bronze nachgebildet sehen – eine Art architektonisches Laubwerk, das älter und typischer ist als der Akanthus, der Nußbaum, der Efeu, die Rebe oder irgendein Pflanzenblatt – und das vielleicht unter gewissen Umständen bestimmt ist, für zukünftige Geologen ein Rätsel zu bilden.[206]

Erschien die Analogie mit dem Unbewußten schon in der zuvor zitierten Passage naheliegend, so ist sie hier kaum noch zu übersehen – so zahlreich sind die Attribute, die ebensogut einer Beschreibung der menschlichen Psyche entstammen könnten. Die stoffliche Vielfalt des Materials, das in „jedem Feinheitsgrade" vorhanden ist, scheint der unbenennbaren Fülle und Verschiedenheit unserer seelischen Inhalte zu entsprechen; so wie Elemente des Unbewußten unerwartet im Bewußtsein auftauchen, so bricht auch hier der tauende Schlamm durch die Schneedecke, die vorher nichts von ihrem Untergrund erahnen ließ; die sich ergießenden Erdmassen sind wie die ständig fließenden Bewußtseinsströme, und wie diese sind sie „unzählig" und untrennbar miteinander und ineinander verwoben. Wie die Bilder eines Traums formieren sie sich zu archetypischen Gebilden, die dem Verstand als grotesk erscheinen und doch einen verborgenen Sinn vermuten lassen, der von künftigen Forschern zu entschlüsseln sei. Ob diese Geologen oder Psychologen, Dichter oder Philosophen sind, spielt dabei keine Rolle, denn, und hier liegt wieder ein wesentlicher Grundgedanke der Romantik, *jeder* Mensch ist aufgerufen, das Geheimnis der Natur und seiner eigenen Existenz zu ergründen, indem er die überall vorhandenen Zeichen zu deuten versucht. Die Natur ist im Ganzen ebenso wie in all ihren einzelnen Erscheinungsformen eine Hieroglyphe, hinter der sich der tiefere Grund des Seins verbirgt.

Aus dem nur scheinbar trivialen Vorgang, der auf den Betrachter wirkt, als entleerte sich das Gedärm des Erdinnern, entwickelt Thoreau eine Theorie über die Entstehung des Lebens, die an Goethes Idee von der Entwicklung aller Lebewesen aus einer Urpflanze erinnern mag:

> Was dieses Sandlaub so merkwürdig macht, ist die Plötzlichkeit seiner Entstehung. Sehe ich auf der einen Seite den trägen, regungslosen Damm – denn die Sonne arbeitet zuerst an einer Seite – und an der andern dieses üppige Laubwerk, die Schöpfung einer Stunde, so berührt mich das, als stünde ich gewissermaßen in der Werkstatt des Künstlers, der die Welt und mich erschuf, als sei ich zu ihm, der noch bei der Arbeit beschäftigt ist, hinzugetreten und sähe ihm zu, wie er sich hier an diesem Damme ergötzt und im Übermaß der Tatkraft neue Gedanken umherstreut. Ich habe das Gefühl, als sei ich den Eingeweiden der Erde näher gekommen, denn diese sandige Überschwemmung ist solch eine verzweigte Masse wie die Eingeweide des animalischen Körpers. Also im Sande sogar findet sich eine Vorwegnahme des pflanzlichen Blattes. Kein Wunder, daß die Erde sich nach außen in Blättern ausdrückt, wenn diese Idee in ihr wohnt.[207]

So wie die Welt als Gedanke Gottes gedeutet wurde, so ist auch das Unbewußte ebenso wie das Erdinnere der Schmelztiegel, aus dem alle Formen des Daseins und selbst noch die Sprache entstehen. „Hier kann man vielleicht sehen, wie sich die Blutgefäße bilden" [257; 299], heißt es etwa, oder: „In den Silikaten, welche das Wasser niederschlägt, ist vielleicht das Knochensystem, in dem noch feineren Erdsediment und den organischen Stoffen die Muskeln oder das Zellgewebe enthalten. Was ist der Mensch anderes als eine Masse auftauenden Tones?"[208] Und endlich spricht Thoreau in aller Deutlichkeit aus, was er zuvor in Andeutungen formulierte: „So schien es, als ob dieser eine Hügelhang das Prinzip alles Verfahrens der Natur beleuchte. Der diese Erde schuf, patentierte nur ein Blatt. Welcher Champollion wird uns diese Hieroglyphe entziffern, damit wir endlich ein neues Blatt umwenden können?"[209] Hinter der Urform des Blattes, aus der sich alles Kreatürliche entwickelte, steht die ganze Fülle des göttlichen Gedankens, der Weltseele, des Unbewußten, das wie Thoreau meint, nichts anderes sei als lebendige Poesie: „Das ist der Frost, der aus dem Boden kommt; das ist Frühling! Er eilt dem grünen, blühenden Frühling voran, wie die Mythologie der eigentlichen Dichtkunst. ... Es überzeugt mich davon, daß die Erde noch in ihren Windeln liegt und nach jeder Seite ihre Kleinkinderfinger ausstreckt ... Es gibt nichts Unorganisches. ... Die Erde ist kein bloßes Fragment toter Geschichte ..., das hauptsächlich von Geologen und Altertumsforschern studiert werden soll, sondern lebendige Poesie, wie die Blätter eines Baumes, welche den Blüten und Früchten voraneilen – keine fossile Erde, sondern eine lebende Erde, im Vergleich zu deren großartigem, zentralem Leben alles tierische und pflanzliche Leben als bloßes Schmarotzertum erscheint."[210]

Hieroglyphen in Poes „Narrative of Arthur Gordon Pym"

Poe hat seinen einzigen Roman mit einer virtuosen Subtilität und zuweilen durchaus heimtückisch zu einem System von Irrgängen, Fallen und Fußangeln verarbeitet, daß es nicht Wunder nimmt, wenn viele Leser das Buch nur als einen Abenteuerroman lesen und mit mäßiger Begeisterung wieder aus der Hand legen, zumal der Autor, wie es scheinen mag, nicht einmal einen ordentlichen Ausgang der Fabel zu bieten weiß. Mag eine solche Reaktion hinsichtlich des Verkaufserfolges auch nicht wünschenswert erscheinen, so bestätigt sie doch die zentrale Problematik, nämlich das Nichtverstehen metasprachlicher Zeichen. Schließlich ist der ganze Roman gewissermaßen eine einzige Hieroglyphe, die dann vom Leser ebenso mißverstanden wird, wie auch Pym selbst in seinen kontinuierlichen Erklärungsversuchen immer wieder den symbolisierten Bedeutungskern verfehlt. Schon im Vorwort versucht Poe, seine Leser zu täuschen, indem er vorgibt, das Werk beruhe auf tatsächlichen Ereignissen, von denen ihm der auf obskure Weise in die Zivilisation zurückgekehrte Mr. Pym höchstpersönlich berichtet habe, wobei man übereingekommen sei, den teils von Poe und teils von Pym verfaßten Bericht aus bestimmten Rücksichten „offiziell als Roman deklariert" [AGP 2; IV 8] zu veröffentlichen. Hier soll der Leser also gleich doppelt getäuscht werden, und tatsächlich fielen nicht wenige Zeitgenossen schon auf diesen ersten Trick herein. Im ganzen weiteren Verlauf des Romans enthüllt sich der Kosmos als eine Fülle von Täuschungen; immer wieder zeigt sich, daß die Dinge bei näherer Betrachtung nicht sind, was sie zu sein scheinen. Im ersten Kapitel wird nicht nur die Unzuverlässigkeit der Erscheinungen gleichsam wie eine nachfolgend zu beweisende These vorgestellt, sondern es wird bereits *in nuce* die ganze Entwicklungsreise Pyms vorformuliert, so daß dem Kapitel ein hieroglyphischer Charakter zukommt, der sich dem Leser erst mit der Kenntnis aller folgenden Ereignisse in seiner ganzen Bedeutung erschließen kann.

Auch im Detail ist der Roman voller hieroglyphischer Zeichen. So rätselt Pym, als er zu Beginn der Reise als blinder Passagier im dunklen Laderaum des Schiffes eingeschlossen ist, durch welche Umstände es möglich wurde, daß sein Hund Tiger plötzlich aus dem Chaos der Ladung auftaucht; zu einer Lösung des Rätsels ist seine Vernunft auch nach „tausend der verschiedensten Konjekturen" [AGP 25; IV 39] nicht in der Lage. Später erhält Pym eine unerwartete Botschaft von seinem an Deck befindlichen Freund Augustus, die er im rasch wieder verlöschenden Licht seiner letzten Phosphorstückchen zu entziffern versucht. Da er zunächst die unbeschriebene Seite des Zettels vor sich hat, erblickt er erst „nichts als eine trostlose und unbefriedigende leere Stelle" [AGP 31]. Dieses völlig zeichenlose Weiß der Rückseite des Blattes ist wie die große Leerstelle am Ende des Romans, die von der letzten vermittelbaren Wahrnehmung abrupt in das weiße Schweigen der unbedruckten Seite übergeht. Pym besinnt sich hierauf, daß er das Blatt wenden müsse, kann aber im letzten Aufleuchten des Phosphors nur noch ein Fragment der Botschaft erkennen. Das aus dem Textzusammenhang gerissene Wort „Blut" überfällt Pym mit der ganzen Gewalt seines archaischen Potentials. Das Wort ist ein entgrenztes Zeichen und hebt gerade durch diese Entgrenzung die Sicherheit des sprachlich Vermittelten auf. Das namenlose Grauen, das Pym empfindet, folgt aus dem Zusammenbruch der sprachlichen Ordnung, die einem Verlust von Sinn gleichkommt. – Auch die Hieroglyphik des Traumes erhält ihren Ort, wenn Pym später, auf einem Wrackteil des Schiffes übers Meer treibend, von allerlei seltsamen Gegenständen träumt, denen gemeinsam ist, daß sie Bewegung darstellen. Hier reflektieren die Bilder, wovon Pym freilich nichts ahnen kann, seine fortschreitende Annäherung an das Mysterium des Südpols. Wenn Pym und sein Begleiter Peters mit Sorge die Verletzung von Augustus betrachten und an ihr „erste Symptome von Brand" [AGP 111; IV 155] erkennen, so wird auch in diesem relativ belanglosen Detail wieder auf die schwierige Lektüre der Hieroglyphen angespielt. Ein ähnliches Zeichen ist der seltsame Lichtpunkt, der am Horizont erscheint und einen Orkan ankündigt: „Ein heller Fleck am Südhimmel ist der sichere Vorläufer eines solchen Wechsels …" [AGP 121; IV 169] Pym urteilt hier zwar mit der Gewißheit eines Eingeweihten, der die Bedeutung der Zeichen durchschaut, doch tatsächlich zeigt sich hierin nur die Arroganz seiner Vernunft, die erklären will, wo es nichts zu erklären gibt. Von dem Verhängnis, auf das der helle Punkt im Kontext des Romans verweist, hat er natürlich nicht die leiseste Ahnung. Weitere Zeichen, die

VIII. Die Hieroglyphensprache der Natur

zu falscher Interpretation verführen, sind etwa die Steinbrech („saxifrage") genannte Flechtenart, die einem in Wirklichkeit kargen Ort durch ihr leuchtendes Grün den Anschein üppiger Vegetation verleiht [AGP 122] oder die Botschaft in der Flasche, die der Schiffskapitän in einer Bucht an Land bringt. Der hieroglyphische Charakter jener Botschaft zeigt sich wiederum daran, daß Pym keine Vorstellung von ihrem Inhalt hat; der Brief, so bemerkt er, ist versiegelt. [AGP 126] Nachdem die Reisenden den Polarkreis überquert und schließlich in unerforschte südliche Gewässer vorgedrungen sind, richtet sich ihre Aufmerksamkeit auf im Wasser treibende Pflanzen und Tierkörper, die Boten jener angestrebten fremden Welt des Südpols sind. So wird der Körper eines „eigentümlich aussehenden Tieres" [AGP 145] an Bord geholt und von Pym genau beschrieben, doch der Leser mag sich inzwischen denken, daß die wesentliche Bedeutung dieser Hieroglyphe trotz und gerade wegen der vernünftigen Exaktheit der Darstellung abermals unberührt bleibt.

Die Reise von Nantucket zum Südpol gestaltet sich als eine fortschreitende Reduzierung der sinnlich wahrgenommenen Welt und erweist sich für Pym in einem sehr romantischen Sinn als eine Geburt ins Nichts.[211] In dem seltsamen Land Tsalal, das der Schwelle zum Unsagbaren unmittelbar vorgelagert ist, ist die Außenwelt schon auf die bloße Polarität von Schwarz und Weiß reduziert; die Eingeborenen sind schwarz, alles Weiße verursacht bei ihnen panisches Entsetzen. Noch bevor Pym und seine Begleiter den Eingeborenen begegnen, bemerken sie die sonderbare Qualität des Wassers, die als zeichenhaft verstanden wird: „Die Erscheinung dieses Wassers bildete das erste deutliche Glied in jener großen Kette scheinbarer Wunder, von der zuletzt umschlungen zu werden mir bestimmt war." [AGP 151] Pym sieht die Zeichen wohl und scheint sogar zu ahnen, wie sie sich zu einem Ganzen fügen mögen, das einen geheimen Sinn ergibt, doch im gleichen Satz werden die noch bevorstehenden Wunder als „scheinbar" bezeichnet – hier setzt sich die rechthaberische Vernunft des Protagonisten also letztlich doch wieder über die Symbole hinweg. Schon bald darauf erhebt sich aber eine Stimme gegen diese Arroganz der Vernunft; sie äußert sich in dem als Abwandlung des biblischen Menetekels erkennbaren Ruf „Tekeli-li!", mit dem die Eingeborenen die Fremdlinge empfangen.[212] Der Hochmut der Weißen, die hier als Repräsentanten der Vernunft auftreten, wird bestraft; bis auf Pym und Peters wird die ganze Schiffsbesatzung unter einer Lawine begraben; das Irrationale triumphiert. Die beiden Überlebenden ziehen sich hierauf in eine labyrinthische Höhlenwelt zurück, von wo aus sie nach einem rettenden Ausweg forschen. Noch weigern sie sich, ihre Umgebung als ein mysteriöses Gefüge von Bedeutsamem zu akzeptieren: „Es war in der Tat einer der sonderbarsten Orte, den man sich vorstellen kann, und wir mochten kaum glauben, daß er gänzlich ein Werk der Natur sei." [AGP 179] Der Unwillen, die Realität des Nichtrationalen anzuerkennen, ist bei Pym so stark, daß er sich bemüht, die Umgebung mit dem Zeichenstift rational zu fixieren. So fertigt er von den durchwanderten Schluchten drei Zeichnungen an, die im Text wiedergegeben und erläutert werden. Doch das irrationale Moment bleibt in diesen Skizzen vorhanden, denn die Umrißzeichnungen erweisen sich jenseits aller Intention des Zeichners als Buchstaben einer fremden Schrift.²¹³ Ihren Höhepunkt erreicht die Auseinandersetzung mit den Hieroglyphen in der Entdeckung einiger seltsamer Strukturen in einer Felswand:

> Wir wollten eben diesen Spalt verlassen ..., als Peters meine Aufmerksamkeit auf eine Reihe eigenartig aussehender Einkerbungen im Mergelgestein lenkte, welches den Abschluß der Sackgasse bildete. Mit nur ein wenig Phantasie hätte man die linke oder nördlichste dieser Einkerbungen für die absichtsvolle, wenn auch grobe Darstellung einer aufrecht stehenden menschlichen Figur mit ausgestrecktem Arm halten können. Die restlichen Einkerbungen wiesen ebenfalls eine gewisse Ähnlichkeit mit alphabetischen Zeichen auf, und Peters war geneigt, auf jeden Fall der müßigen Ansicht anzuhängen, daß sie tatsächlich solche wären. Ich überzeugte ihn, daß er irrte, indem ich seine Aufmerksamkeit auf den Boden der Schlucht lenkte, wo ... wir Stück für Stück einige große Mergelscherben auflasen, die offensichtlich durch irgendein Beben dort von der Oberfläche abgesprungen waren, wo sich die Einkerbungen befanden und die solche Spitzen hatten, daß sie genau in die Einkerbungen paßten, womit ich bewies, daß diese ein Werk der Natur sein mußten. [AGP 181/182]

Die Überzeugungsarbeit, die Pym hier leistet, ist in der Tat, „finally", der letzte Akt seiner Vernunft. Die am Schluß des Buches erfolgende nächste Konfrontation mit dem Übersinnlichen wird die Ratio nicht überstehen, wie ihr Verstummen deutlich beweist. Erste Zweifel deuten sich im vorletzten Kapitel an, wo Pym einräumt, daß die Landschaft wie eine verfallene Titanenstadt an die Trümmer Babylons erinnert. Die erblickten Felsblöcke sind, so sagt ihm die Stimme seiner Vernunft, reine Produkte des Zufalls; eine genaue Kenntnis von Naturgesetzen, etwa jenen kosmischen Grundenergien, die Poe in *Eureka* später als *attraction* und *repulsion* identifiziert, die u.a. auch in Erosionsprozessen wirksam werden, könnte alles Mysteriöse auf vernünftig erklärbare Ursachen zurückführen. Dennoch bemächtigt sich seiner der unwiderstehliche Eindruck, daß diese Steine *bedeuten*, d.h. daß sie als Zeichen einer fremden Sprache einen Sinn ergeben, den die Vernunft niemals erfassen wird. Mag dieser verborgene Sinn auch spürbar sein, er ist in die uns geläufige Sprache nicht zu übertragen und kann in ihr allenfalls in einer unbestimmten Weise, als etwas zu Erahnendes, mitschwingen. Daß das Gesehene nicht mehr adäquat zu beschreiben ist, zeigt sich in der Pauschalität der letzten logbuchartigen Notizen: „Viele ungewöhnliche Phänomene deuteten nun an, daß wir uns in ein Reich des Neuen und Wunderbaren begaben." [AGP 192] In einer Anmerkung fügt der Verfasser hinzu: „Aus offenkundigen Gründen kann ich nicht vorgeben, daß diese Daten von exakter Genauigkeit wären. Sie werden vor allem mit Rücksicht auf die Verständlichkeit meines Berichts genannt, und zwar so, wie sie in meinem Notizheft eingetragen sind." Die letzte mögliche Mitteilung, bevor Pym in die Welt des Anderen eintritt und für unsere Augen hinter dem Schleier verschwindet, ist die Nennung der verhüllten Gestalt, die durchaus ein Verweis auf das bei Schiller beschriebene verhüllte Mysterium zu Sais sein mag: „Da aber erhob sich vor unserem Wege eine verhüllte menschliche Gestalt, in ihren Proportionen weitaus größer als jeder, der unter Menschen wohnt. Und die Farbe der Haut dieser Gestalt war so vollkommen weiß wie der Schnee." [AGP 195][214] Die Weißheit ist die letzte, unauflösbare, Hieroglyphe, mit der Poe den Leser konfrontiert. Hier liegt der wahre Südpol, der wohl erfahrbar, aber wissenschaftlich unerforschlich ist.

Dennoch ist der Roman hiermit noch nicht beendet. In einer überraschenden Wendung fügt Poe ein Nachwort an, aus dem hervorgeht, daß Pym und Peters wieder sicher nach Hause zurückgekehrt seien. Außerdem werden die von Pym aufgezeichneten Figuren und die Schriftzeichen in der Felswand „erklärt", nämlich im ersten Fall als eine äthiopische Verbform mit der Bedeutung „Schattig sein" [AGP 197], und im zweiten Fall als Verbindung eines arabischen und eines ägyptischen Wortes mit den Bedeutungen „Weiß sein" und „Das Gebiet des Südens". [AGP 198] Abermals ist die Versuchung groß, den Ausführungen des Autors zu vertrauen, zumal man nach der Lektüre doch etwas Greifbares als Gewinn verbuchen möchte. Abermals wird, wer dieser Versuchung erliegt (und sich dann in der guten Gesellschaft vieler Amerikanisten befindet), jedoch nur ein Opfer Poe'scher Verwirrungskunst. Denn was gewinnt der Leser durch diese zusätzlichen Informationen? Fügt man die Bedeutungen des äthiopischen, arabischen und ägyptischen Wortes zusammen, so erfährt man eigentlich nichts Neues. Das erstgenannte Wort („Schattig sein") verweist auf das Dunkel des Anfangs (also etwa Pyms Situation im Laderaum der *Grampus* oder, im übertragenen Sinn, seine materialistische Blindheit zu Beginn der Initiationsreise). Das nächste Wort („Weiß sein") bildet den Gegenpol und wird durch die vorangestellte Abbildung einer nach Süden deutenden menschlichen Figur als Ziel der Reise kenntlich gemacht. Die Reise vom Dunkel ins Licht entspricht der geographischen Bewegung von Norden nach Süden, was durch das dritte Wort („Das Gebiet des Südens"), das den zu erreichenden Ankunftsort identifiziert, bestätigt wird. Den Lesern wie den Protagonisten wird hier noch einmal ihr Standpunkt vor Augen geführt; der ganze Sinn dieser Zeichen ist demnach bloß wie der des auf öffentlichen Stadtplänen zu findenden roten Punktes mit dem Hinweis „Sie befinden sich hier". Was hier zum Ausdruck kommt, ist nur eine formelhaft verkürzte Zusammenfassung des äußeren Inhalts; über die eigentliche Quintessenz des Romans geben die Zeichen aber keine Auskunft. Daß viele Kritiker mit Hilfe des vermeintlichen Schlüssels dennoch teilweise zu recht interessanten Thesen gelangten, die etwa Aufschluß bieten, wieso Poe seinen Protagonisten am Südpol auf die Zeugnisse der frühen mediterranen Hochkulturen stoßen läßt, steht der wesentlichen Bedeutungslosigkeit dieser Zeichen gar nicht entgegen. So meint Irwin, daß „die linguistische Information in der Anmerkung ... tatsächlich so akkurat und authentisch [ist], wie sie die Wissenschaft zu Poes Zeiten nur hervorbringen konnte"[215], und vermag die These auch sehr eindrucksvoll zu belegen, wobei er seine Erkenntnis unter Verwendung diverser Bibelpassagen in den Zusammenhang einer kosmologischen Deutung stellt. Warum aber sollte Poe, der sich sonst einen Spaß daraus machte, die vertracktesten Rätsel zu ersinnen, auf den letzten Seiten plötzlich Mitleid mit seinen Lesern bekommen und ihnen zum guten Schluß noch einige Hinweise geben? Man denke nur etwa an seine Erzählung „Some Words With a Mummy", wo die sonderbaren Zeichen auf einem Sarkophag von einem Schriftkundigen als der Name „Allamistakeo" übersetzt werden: „Alles falsch". Oder an das sonderbare Prosastück „Silence – A Fable", wo der Teufel dem Erzähler erst von einem Felsen mit wechselnden und scheinbar sehr bedeutsamen Inschriften erzählt, um darüber angesichts der menschlichen Ohnmacht zuletzt nur in lautes Gelächter auszubrechen.[216] Sidney Kaplan verweist auf eine Äußerung in Bayard Taylors *Diversions of the Echo Club*, derzufolge die Spielerei mit „falschen Zitaten aus verschiedenen Sprachen" zu Poes Zeit eine verbreitete „intellektuelle Zerstreuung" gewesen sei[217], und schließlich äußert auch Irwin selbst wenigstens hinsichtlich der Bedeutung des Wortes „Tekeli-li" den Verdacht, daß Poe seine Leser, indem er sie zu erneuten philologischen Spekulationen verleitet, vielleicht nur in die Irre führen wollte.[218] Was sich auch immer an Bedeutungszusammenhängen aus den genannten Wortspielereien Poes herleiten läßt – nichts davon kann zu einem Verständnis der Hieroglyphik des Romans beitragen. Vielmehr ist vorauszusehen, daß die Entwirrung jener Zeichenspielereien von Poe kaum angemessen belohnt, ja letztlich nur ein Hohngelächter offenbaren wird. Denn dies ist die wahre Botschaft: Die Zeichen selbst sind der Sinn. Ist der Vernunft das erstere unzugänglich, so wird sie auch das letztere nicht ermitteln können. Lesbar wird die Hieroglyphe nur durch das Gefühl oder, wie Poe in anderem Kontext schrieb, jenes Organ, das die unbeschreiblichen *fancies* empfängt. Dieser anderen irrationalen Instanz erschließt sich die Hieroglyphe aber so, wie sie ist; dann bedarf es keiner mühsamen Suche mehr nach metaphorischen Hintergründen und doppelten Böden. Dies ist es auch, was Tieck meint, wenn er im *Sternbald* schreibt: „Die Hieroglyphe, die das Höchste, die Gott bezeichnet, liegt da vor mir in tätiger Wirksamkeit, in Arbeit, sich selber aufzulösen und auszusprechen, ich fühle die Bewegung, das Rätsel im Begriff zu schwinden – und fühle meine Menschheit. – Die höchste Kunst kann sich nur selbst erklären, sie ist ein Gesang, deren Inhalt nur sie selbst zu sein vermag."[219]

So ist der letzte Satz des Nachwortes, der den Anschein eines Bibelzitates erweckt, wiederum nur ein Köder für neue und notwendig fruchtlose Rätselei: *„‚Ich habe es eingegraben in die Hügel; und meine Rache auf den Staub im Felsen.'"* [APG 198] Sidney Kaplan erkennt diesen Satz als einen Jux und fällt doch auf ihn herein, wenn er meint, in gewissem Sinn sei er dennoch bedeutsam. Das „Ich" entspreche der verhüllten Gestalt, so meint er und identifiziert dieses mit Jehovah, „der seine Worte ebenfalls nicht selten auf Stein schrieb".[220] Die These ist ebenso interessant wie sie am tieferen Sinn des Romans vorbeigeht. Vielmehr ist dieser letzte Satz, wie Irwin zeigt, als ein vom restlichen Text isolierter Kommentar gewissermaßen die Signatur des Künstlers, ein „Ego pinxi" des Schöpfers der fiktionalen Romanwelt: „Die Frage, die wir gewiß stellen sollen, ist: Wer ist der Autor dieser gottähnlichen Worte? Nicht der Schöpfer des physikalischen Universums, sondern der Schöpfer der geschriebenen Welt von *Pym*."²²¹ Die Hieroglyphe, nicht als Symbol verborgener Wahrheiten, sondern als deutlich sichtbares und offenkundiges, allein sich selbst bedeutendes Zeichen, ist die Hinterlassenschaft des Künstlers, die ihm Unsterblichkeit verschafft; sie wird bestehen, wenn er selbst nicht mehr sein wird und ist somit eine Auflehnung gegen die Vergänglichkeit oder, so Irwin, „ein Racheakt gegen den Tod".²²² Diese Hieroglyphe aber ist das Wesen der Kunst.

Welches sind nun die wahren Hieroglyphen in *Pym*, jene ewige Hinterlassenschaft des Autors, auf die im letzten Satz des Romans angespielt wird? Es sind nicht die Schriftzeichen in der Felswand oder die Skizzen der Schluchten, die aus der Perspektive des Erzählers und Lesers einen vernünftig konstruierten und daher auch durch vernünftige Operationen zu ermittelnden Sinn aufweisen, der ihnen den Charakter einer bloßen Denkaufgabe verleiht, wie man sie auf der bunten Seite einer Zeitung findet. Die echten Hieroglyphen, d.h. Zeichen, die nicht über sich hinausweisen, sondern das auf vernünftigem Weg unbegreifliche Mysterium unmittelbar und ganz offen abbilden, sind die zahlreichen Leerstellen des Textes. Wenn man berücksichtigt, daß die Fabel des Romans nur eine Einleitung und daß auch das dem letzten Druckzeichen folgende Weiß des Papiers ein Teil des Textes ist, und zwar der wesentlichste, der die Auflösung aller Fragen enthält, dann hat *The Narrative of Arthur Gordon Pym* gar kein offenes Ende, sondern ist so abgeschlossen, wie es ein Text nur irgend sein kann. Gerade an dem nur vermeintlichen Ende des Romans, wo das weiße Schweigen beginnt, also dort, wo es erst richtig interessant wird, muß der Kritiker aber aufgeben. Immerhin hatte Poe die Freundlichkeit, ihm durch seine sprachlichen Basteleien ein hübsches Spielzeug in die Hand zu geben, damit ihm, der wie ein Hund vor dem Laden angebunden bleibt, wenigstens die Zeit nicht lang werde.

IX. Naturbild und Landschaft von der Aufklärung bis zur Décadence

Der Begriff „Natur" wird allgemein als eine Sammelbezeichnung für den Kosmos mit all seinen Erscheinungsformen, Kräften und Gesetzmäßigkeiten gebraucht; in der Philosophie steht er, wiederum in seiner allgemeinsten Verwendung, für das Wesen alles Seienden, also das, was jedem einzelnen *ab ovo* beigelegt ist und seine spezifische Beschaffenheit begründet. Seit Aristoteles unterscheidet man die *natura naturans*, d.h. die ideale Natur als schöpferische Kraft von der *natura naturata*, der „realen", geschaffenen Natur, also dem Bestand der empirisch wahrnehmbaren Erscheinungen. Vom Wandel der im engeren Sinn philosophischen Definition der Natur (etwa bei Novalis, Schelling oder Schopenhauer) soll hier jedoch nicht die Rede sein. Vielmehr wird der Begriff auf den folgenden Seiten ohne weitere Differenzierungen nur im landläufigen Sinn als Bezeichnung für den empirisch zugänglichen Raum, also nur im Sinn der *natura naturata* benutzt. Schließlich gilt das Hauptinteresse hier nicht so sehr der Natur als solcher, sondern vielmehr dem Konzept der *Landschaft*. Schon der flüchtige Blick erweist nämlich, daß die neuzeitliche Bewertung der Natur fast durchgängig aus einer oppositionellen Stellung erfolgte. Das Ursprüngliche der Natur wurde zwar nicht immer völlig verworfen, doch erschien es aus der Perspektive der westlichen Kultur meist wie ein Rohbau, der noch der Vollendung durch die feinere Gestaltungskunst des Menschen bedürfe. Was sich jedoch von Generation zu Generation verändern mochte, war das Konzept der Landschaft. Die Notwendigkeit einer grundsätzlichen Unterscheidung von Natur und Landschaft mag auf den ersten Blick nicht ersichtlich sein. Aus diesem Grund soll zunächst erläutert werden, was es überhaupt bedeutet, wenn von einer „Landschaft" die Rede ist.

Ein erstes Merkmal der Landschaft ist ihr Ausschnittcharakter; sie ist also nur Teil des Naturganzen. Wenn sie aber ein Ausschnitt aus einem größeren Ganzen ist, so muß es eine Instanz geben, die sie aus ihrem Kontext herausschneidet. Diese Instanz ist der Betrachter. Nun zergliedert jedoch auch ein Geometer, wenn er ein Gelände vermißt, die vorgefundene Natur in einzelne Abschnitte, die man dennoch keineswegs als Landschaften bezeichnen würde. Es ist also nicht nur das Ausschnitthafte, das ein betrachtetes Stück Natur zur Landschaft werden läßt. Eine Landschaft ist nämlich vor allem ein Produkt der *Vorstellung* und beruht gerade nicht auf maßstabsgetreuen Übertragungen, wie Eckhard Lobsien feststellt:

> Der Landschaftsbetrachter nimmt die vor ihm liegende Natur nicht unter einem bestimmten, praktischen Interesse wahr, ja es läßt sich sagen, daß er sie überhaupt nur bis zu einem gewissen Grade wahrnimmt. Die eigentliche Leistung des Landschaftsbetrachters besteht nämlich darin, daß er die sukzessive wahrnehmende Erkundung der Naturgegenstände wie der gesamten Szenerie an einem bestimmten Punkt abbricht und in seiner Vorstellung das Landschaftsbild konstituiert, daß er also die von ihm wahrgenommene Natur in einen ästhetischen Gegenstand umformt.[223]

Aus dieser Beobachtung lassen sich zwei Schlüsse ziehen, nämlich 1. daß es keine Landschaft ohne einen subjektiv operierenden Betrachter geben kann, und 2. daß die Landschaft als Produkt einer Bewußtseinsleistung immer etwas Konstruiertes ist.[224] Ursprünglich bezeichnete der Begriff der Landschaft, nach dem Vorbild des englischen Wortes „landscape", nur gemalte Naturschilderungen; der Aspekt des Künstlichen, Konstruierten war also zunächst nicht bloß die vorrangige, sondern die einzige Bedeutung des Wortes. Erst im Verlauf des frühen 18. Jahrhunderts wurde der Begriff auch auf den Gegenstand des Genres selbst angewendet. Da die Landschaft ihre Bedeutung als Zeugnis einer subjektiv vollzogenen Konstruktion erhält, werden in ihr nicht die aus der Natur entliehenen Formen selbst bedeutsam, sondern vielmehr die schöpferische Leistung, die sie in einen einheitlichen Zusammenhang gestellt hat; die Landschaft ist also in erster Linie ein Dokument des Bewußtseins und somit ein Ort, wo der Betrachter mit sich selbst konfrontiert wird und gleichsam in einen Spiegel blickt.[225] Aus diesen Überlegungen erklärt sich auch, warum der romantische Subjektivismus ein besonderes Interesse für die Landschaft zeigte (man denke etwa an Tiecks Sternbald, der im Lauf seiner Bildungsreise zu der Überzeugung gelangt, daß die Landschaftsmalerei die höchste Gattung der bildenden Künste sei).

Die Geschichte der literarischen Landschaft geht zurück bis zu dem in einem Brief vom 26. April 1336 enthaltenen berühmten Bericht des italienischen Dichters Francesco PETRARCA (1304–1374) über seine Besteigung des Mont Ventoux in der Provence.[226] Petrarca berichtet, daß er diesen Aufstieg schon lange geplant hatte; als er den Plan dann endlich in die Tat umsetzte, mußte sein Landschaftserlebnis also zwangsläufig durch die lange genährte Erwartungshaltung geprägt werden. Dieses subjektive Moment war dem Dichter nicht nur bewußt, sondern verdrängte sogar die konkreten Erscheinungsformen des Ausblicks in den Bereich des Irrelevanten: Die *natura naturata* spielt bei der Errichtung kontemplativer Landschaften nicht nur keine tragende Rolle, sondern sie steht unter Umständen sogar störend im Weg. Der Mensch bedarf nicht der Natur, um die Landschaften seiner Vorstellung zu bilden, er wird sie höchstens wie zufällig gefundenes Treibgut zu seinen Zwecken benutzen. – Ganz anders präsentiert sich die Einschätzung von Landschaft dreihundert Jahre später. Es ist die Zeit barocker Symmetrien und des französischen Gartens, wo Hecken und Bäume in streng stilisierende Formen zurechtgeschnitten werden. Wie die Architektur ist auch die Gartenkunst des Barock darauf angelegt, die angenommene Weltordnung und die Hierarchie des absolutistischen Staates allegorisch zu spiegeln. Es ist der Gesamtplan eines Gartens, der jedem einzelnen seiner Elemente eine klar definierte Bedeutung verleiht. Solche streng rational gestalteten Anlagen brauchen keinen individuellen Betrachter mehr, da ihr Sinn ihnen von vornherein beigelegt wurde und aus jeder Perspektive unwandelbar der gleiche bleibt. Nicht anders verhält es sich mit der *landscape*, der gemalten Landschaft, die auch als allegorisch bedeutsames Ensemble durchkomponiert ist und keinen Raum für Deutungen läßt, die vom vorgegebenen System abweichen könnten. Solche Landschaften und die künstlichen Gärten sind in der Tat, wie Lobsien meint, „durchweg austauschbar".[227]

Wie verhält es sich demgegenüber mit dem Ansehen der freien, „wilden" Natur? Aus der Perspektive der Aufklärer war sie wie ein schmutziges Gossenkind, das zwischen den Gitterstäben eines Zaunes hindurch wohlerzogene und gesittete Altersgenossen spielen sieht. Hier, im gepflegten Garten, gaben sich Blumen, Büsche und Bäume durch das ordnende Zutun der Menschen in aller Deutlichkeit als Erscheinungen des göttlichen Wesens zu erkennen; dort aber waren die gleichen Spezies nur der Rohling des geschliffenen Spiegels. 1764 verkündet der Comte de BUFFON (1707–1788) in seiner einflußreichen *Histoire de la Nature*: „Die Natur ist scheußlich und liegt in ihren letzten Zügen."[228] Gemeint ist die unkultivierte Natur, der Urwald, die Steppe, der Morast, wo „schlechte" Kräuter die „guten" ersticken, wo das fruchtbare Wasser nutzlos im Schlamm versickert, wo Pflanzen und Tiere giftig und „unrein" sind, wo Verwesung die Luft verpestet. „Keine Straße, keine Gemeinschaft, nicht einmal die Spur von einem verständigen Wesen zeigt sich in dieser Wüsteney."[229] Was die wilde Natur so erbärmlich macht, das ist ihr Mangel an Vernunft. Nur der Mensch als das einzig vernunftbegabte irdische Wesen kann ihr als strenger Lehrmeister dazu verhelfen, zu sich selbst zu finden und ihr herrliches Wesen an den Tag zu legen: „Auf! laßt uns jene Moräste trocknen, jenes todte Wasser beleben, fließend machen, Bäche und Kanäle damit anlegen! Laßt uns von jenem wirksamen, und verzehrenden, vorher verborgenen und bloß durch unser Nachforschen entdeckten Elemente Gebrauch machen! Laßt uns diesen überflüssigen Unrath, jene schon halb vergangenen Wälder mit Feuer verbrennen, und, was das Feuer nicht aufreibt, vollends mit der Axt zerstören."[230] Erst nach solchen Mühen kann der vernünftige Mensch mit Buffon zufrieden ausrufen: „Wie schön ist sie nicht, diese gebaute Natur!"[231]

Ein ganz anderes Naturverständnis, das etwa zur gleichen Zeit wie Buffons Abscheu vor der Wildnis publik wurde, zeigt sich bei Edmund BURKE, der den Anblick der ungezähmten Natur unter bestimmten Voraussetzungen als eine Quelle des *Erhabenen* identifiziert. Dieser Begriff war bereits durch den französischen Dichter Nicolas Boileau-Despréaux (1636–1711) in die neuere abendländische Geistesgeschichte wiedereingeführt worden, und zwar durch seine Übersetzung einer Abhandlung des griechischen Philosophen und Grammatikers Longinus (um 213–273), die 1674 unter dem Titel *Traité du sublime* erschienen war. Was Burke, auf Longinus aufbauend, im einzelnen unter dem Begriff des Erhabenen verstand, wird in der nachfolgenden Sektion ausführlicher zu erörtern sein. Hier ist daher nur festzuhalten, daß nach Burke die Distanz des Betrachters eine entscheidende Voraussetzung für den ästhetischen Genuß gewaltiger Naturerscheinungen ist, die sonst nur furchteinflößend und einfach schrecklich wären. Diese Distanz ist derjenigen eines Museumsbesuchers ähnlich, der sich vor einer an der Wand aufgehängten gemalten Landschaft postiert, um ihre ästhetischen Qualitäten zu begutachten. Die Landschaft ist hier wiederum etwas Konstruiertes, jedoch nicht in dem Maße formalisiert wie dies etwa im französischen Garten der Fall ist. Obwohl Burke in seiner spröden Abhandlung über das Schöne und das Erhabene Gesetzmäßigkeiten ermittelt, die unsere Interpretation wahrgenommener Naturszenerien bestimmen, ist ein solches Konstruieren von Landschaften nur durch die individuelle Gestimmtheit des einzelnen Subjekts möglich. Ein Betrachter ist nur dann bereit, eine erhabene Landschaft zu schaffen, also einem wilden oder bedrohlichen Naturgegenstand einen ästhetischen Wert zuzusprechen, wenn er nicht gleichzeitig um seine eigene Sicherheit fürchten muß: Wer an einer langsam ausreißenden Wurzel über einem schrecklichen Abgrund hängt, wird an seiner Umgebung nichts Erhabenes finden. Die erhabene Landschaft ist als Produkt der individuellen Wahrnehmung also ein Spiegel des Subjekts. Anders formuliert: Das Bewußtsein des Betrachters geht hinaus in die Natur, um sich dort selbst in Gestalt einer Landschaft wiederzufinden. Dies ist bereits der Grundgedanke des romantischen Naturverständnisses, der im 18. Jahrhundert besonders durch ROUSSEAU vertreten wurde. Als vehementer Kritiker der städtischen Zivilisation, die er als eine Entfremdung des Menschen von seinem eigenen, „natürlichen" Wesen anprangert, forderte er eine Rückkehr des Individuums zu seinen Ursprüngen – und

IX. Naturbild und Landschaft

diese Ursprünge liegen in einem ungekünstelten Verhältnis zur Natur. Der Mensch sollte wieder im Einklang mit dem Lebensrhythmus der Natur stehen und sich selbst als einen Teil von ihr begreifen. Aus dieser Forderung folgte seine Romantisierung des Naturmenschen, des „edlen Wilden", der – etwas überspitzt formuliert – eine Art Höhlenmensch mit abendländisch-aufgeklärten Moralvorstellungen ist. Nachdem Rousseau schon in dem Briefroman *Julie ou la Nouvelle Héloïse* (1761) das wilde Hochgebirge zum Inbegriff der erhabenen Landschaft gemacht hatte, erläutert er in den vier Jahre nach seinem Tod veröffentlichten *Confessions*, wie eine natürliche Gegend beschaffen sein müsse, um mit seinem eigenen Wesen in einen ebenso erbaulichen wie intimen Dialog zu treten:

> Im übrigen ist bereits bekannt, was ich unter einer schönen Landschaft verstehe. Niemals ist mir eine flache Landschaft, so schön sie auch sein mochte, so erschienen. Ich brauche reißende Ströme, Felsen, Tannen, schwarze Wälder, Gebirge, Wege, die beschwerlich auf- und abzusteigen sind, Abgründe zu meiner Seite, die mich richtig erschrecken ... Was mir die abgründigen Orte so ergötzlich macht, ist, daß sie alles in meinem Kopf sich drehen lassen, und ich liebe diesen Schwindel sehr, sofern ich mich in Sicherheit befinde.[232]

Wenn die Landschaft als ein Spiegel des wahrnehmenden Bewußtseins Bedeutung erlangte, so ergab sich aus dieser Überlegung ebenso, daß sie für sich allein nicht bestehen könne bzw. völlig uninteressant sei. Vor diesem Hintergrund entwickelte sich vor allem im Deutschland des ausgehenden 18. Jahrhunderts ein Gelehrtenstreit um die Frage, ob die Landschaftsmalerei ein untergeordnetes Genre oder ob sie der am höchsten angesehenen Historienmalerei ebenbürtig sei. Diese Frage gehört zu den zentralen Problemen, mit denen sich Moritz im *Anton Reiser* befaßt; sein junger Protagonist gelangt zuletzt zur Überzeugung, daß die Landschaftsmalerei die höchsten Weihen verdiene. Zum gleichen Schluß gelangte auch der Philosoph und Pädagoge Johann Georg SULZER (1720–1779). In seiner *Allgemeinen Theorie der Schönen Künste* (1771–74) erklärt er die Landschaftsmalerei zu einem Genre, dessen „Wert" keineswegs geringer anzusetzen sei als der eines vortrefflichen Historienstücks, sofern sie nicht bloße Naturporträts vorstellt, sondern in der Darstellung durch klar erkennbare Bezüge auf den Menschen auch eine sittliche Botschaft formuliert:

> Durch eine wolausgesuchte Handlung aus dem sittlichen Leben, die der Mahler in seine Landschaft setzt, kann er ihr einen Werth geben, der sie mit dem besten historischen Gemählde in einen Rang setzet. So konnte Nic. Poußin auf die Erfindung seiner arcadischen Landschaft sich eben so viel einbilden, als wenn er ein gutes historisches Stük erfunden hätte ... Eine einzige Figur, wie etwa Adam, der in einer paradiesischen Gegend die Schönheit der Schöpfung bewundert, dabey durch Stellung und Gebehrden merken läßt, daß er die Gegenwart des Schöpfers selbst empfindet, könnte bey einem empfindsamen Menschen unauslöschliche Eindrüke der Anbetung des allgütigen Schöpfers hervorbringen. [...] Wie man in der menschlichen Bildung nicht blos todte Formen verschiedentlich abgeändert, und in ein gefälliges Ebenmaß angeordnet, siehet, sondern innere Kräfte, eine nach Grundsätzen handelnde, und von verschiedenen Neigungen belebte Seele empfindet: so muß man auch in der Landschaft mehr als todten Stoff sehen. Es muß etwas

darin seyn, das nicht blos dem Auge schmeichelt, sondern Gedanken erweket, Neigungen rege macht, und Empfindungen hervorloket; denn eben in dieser Absicht hat die Natur die rohe Materie mit so mannichfaltigen Farben und Formen bekleidet, aus denen eine zwar stumme, aber empfindsamen Seelen doch verständliche Sprache entsteht, in welcher sie den Menschen unterrichtet, und bildet. Einige Wörter dieser Sprache müssen wir in jeder Landschaft lesen, wenn wir ihr einen Werth beylegen sollen.[233]

Von hier bis zur romantischen Idee über die Hieroglyphensprache der Natur ist es nur noch ein kleiner Schritt. Was noch fehlt, ist die Aufgabe des aufklärerischen Festhaltens am Primat der vernunftbegründeten Sittlichkeit des Menschen. Hier ist zwar bereits von Empfindungen die Rede, aber noch nicht vom romantischen Gefühl, das die Ratio überflügelt und als die erste, unabdingbare Instanz in jedem Erkenntnisprozeß wirksam wird.

Landschaften sind topographisch gestaltete Ideen. Während der zweiten Hälfte des 18. Jahrhunderts wurde die Landschaft in der Literatur und Kunst im wesentlichen durch zwei solcher Ideen bestimmt, nämlich das Schöne und das Erhabene. Das Schöne fand seinen Ausdruck etwa in der idyllischen Landschaft, die stets als ein kultivierter Lebensraum erkennbar ist: Das Gras im Vordergrund ist oft das Gras einer Weide, wo vereinzelt friedliche Tiere grasen, im nicht allzu düsteren Schatten eines Baumes erbauen sich schlichten Gemüts Schäfer und Schäferin, während der Blick in die Ferne die mit einzelnen Zypressen oder Pinien versehenen sanften Hügel Arkadiens zeigt. Zierliche Rundtempel und andere antikisierende Versatzstücke betonen außerdem, daß die Lieblichkeit dieser Landschaft aus der vollkommenen Schönheit der griechischen Linie erwächst. Ganz anders präsentiert sich die erhabene Landschaft, die den Betrachter mit dem Anblick ungezähmter Naturgewalten konfrontiert. An zerklüfteten Steilhängen schäumt eine tosende Brandung, Gewitterwolken verfinstern den Horizont, im wilden Hochgebirge stürzen Wasserfälle in erschreckende Abgründe, entwurzelte Bäume und schroffe Felsbrocken versperren dem Wanderer den Weg, die schlanken Tempel sind verfallen und halb überwuchert. Was hier so unregelmäßig und disharmonisch inszeniert wird, ist aber nicht im Sinn einer Rehabilitierung der Natur zu verstehen. Nach wie vor ist das Gestaltungsvermögen des Künstlers dem der Natur weit überlegen, denn er ist es ja, der ihre Erscheinungsformen erst in den Zusammenhang einer erhabenen Komposition stellt. Dieser Anspruch, die Natur in der Anlage ihrer eigenen Hervorbringungen übertreffen zu können, tritt besonders deutlich im Konzept des englischen Landschaftsgartens hervor, der die Natur nicht bloß nachahmen, sondern in der Nachahmung zu übertreffen sucht. Ein Schlagwort, das in diesem Zusammenhang bedeutsam wurde, war der Begriff des PITTORESKEN.[234] Das Wort war nicht neu, in England war es etwa seit 1730 geläufig, und die Beispiele einer pittoresken Kunst reichen noch weiter zurück. So standen als nachahmenswerte Vorbilder vor allem Claude Lorrain, Salvator Rosa und Rubens hoch im Kurs. Aber auch der Zeitgenosse Piranesi wurde von Horace Walpole zu einem vornehmen Leitbild gekürt, und in der Tat weist sein graphisches Werk, das eine einzige umfangreiche Darstellung des Erhabenen ist, auch pittoreske

Züge auf. Neu war nur der Versuch einer theoretischen Bestimmung des Pittoresken, der während der neunziger Jahre in den Schriften von Uvedale Price, Humphry Repton, Richard Payne Knight und William Gilpin unternommen wurde.[235]

Die pittoreske Landschaft sollte beides, das Schöne und das Erhabene, in einer neuen Ordnung verbinden. Ein Bauwerk wurde etwa im Zustand des Verfalls gezeigt, so daß die noch erkennbaren gefälligen Linien der ehemaligen Struktur in herbem Kontrast zu den schroffen Konturen der jetzigen Ruine standen. Der Kampf zwischen Natur und Kultur, wie er sich etwa in der Überwucherung einer Tempelruine äußern mochte, wurde als Gesamtkunstwerk empfunden. Diese Überlegung beinhaltete aber, daß der Mensch nicht mehr wie bisher nur seine eigenen kulturellen Leistungen, sondern auch die seines Widersachers, nämlich die Aktionen der Natur selbst in die Hand nehmen mußte. Der Künstler mußte demnach der Natur vorgeben, wie sie möglichst wirkungsvoll und kontrastreich ihren wilden Charakter offenbaren solle. Im englischen Landschaftsgarten half man also der Natur auf die Sprünge, indem man künstliche Ruinen und Grotten errichtete, Felsen noch bizarrer auftürmte, als die Natur es selbst jemals könnte und genau festlegte, welche Flächen moosbewachsen oder in welchem Maß eine Statue von Efeuranken verschlungen sein sollte. Wiederum figuriert hier die Natur als das Unvollkommene; sie bedarf einer gründlichen Anleitung, um auf eine wirklich eindrucksvolle Weise sie selbst zu sein und ist vielleicht einem Kind vergleichbar, dem man beim Schreiben die Hand führt. Doch damit nicht genug; ein Betrachter sollte ja den Eindruck erhalten, daß die Natur selbst für die künstlerischen Konzeptionen verantwortlich sei. Durch das Stilmittel vorgetäuschter Nachlässigkeit wurde daher der Konstruktionscharakter des Ganzen besonders hervorgehoben.[236] Dies ist durchaus vergleichbar mit der seltsamen Leidenschaft, die Huysmans' Romanhelden Des Esseintes ein Jahrhundert später veranlaßt, echte Blumen zu züchten, die künstlichen täuschend ähnlich sehen.

Ein Konzept in der pittoresken Theorie William Gilpins war das der „middle landscape", die vom Vordergrund wie durch einen Bilderrahmen umgeben werden solle. Der Sinn dieser Technik lag einmal darin, wiederum das Augenmerk auf die Konstruiertheit der Landschaft zu lenken. Andererseits sollte so aber auch der unmittelbare visuelle Nachvollzug des Übergangs von einer schönen Kulturlandschaft in eine erhabene Naturlandschaft gewährleistet werden. Ljungquist weist darauf hin, daß diese im pittoresken Werk angelegte Reise vom Rand in die Mitte und wieder zurück eine allgemeine Exkursionslust nach sich zog:

> Außerhalb des spezifisch literarischen Bereichs äußerte sich der Geschmack an pittoresken Szenerien in zwei weiteren Tendenzen: dem Interesse für die Anlage von Landschaftsgärten und der Teilnahme an sogenannten „grand tours". Im Amerika der 1830er und 1840er Jahre zeichneten die mit Perspektivgläsern und Skizzenblöcken bewaffneten Reisenden ihre Eindrücke von Flüssen, Schluchten und Wäldern auf. Die Catskills, Albany, West Point und der Connecticut Oxbow waren die Hauptziele der „American tour". Diese Wanderrouten waren kreisförmig angelegt, da sie gewöhnlich im gepflegten Garten eines Landsitzes, eines Gutshofes etwa oder eines Bauernhauses, begannen

und in die Wildnis eindrangen. Mit dem Abschluß einer vollständigen Tour schloß man den Kreis eines Überganges von der Kulturlandschaft in die Wildnis und zurück in die Zivilisation.[237]

In diesem Zusammenhang ist gewiß auch der berühmte *saunterer* Henry David Thoreau zu sehen, der mit Stolz von sich selbst sagte, er sei in dem nordwestlich von Boston gelegenen Ort Concord „viel gereist" und der die Erfahrungen seiner Abstecher in die Wildnis in Schriften wie *A Week on the Concord and Merrimack Rivers* (1849) oder auch in *Walden, or Life in the Woods* beschrieb. In der Literatur wurde das Prinzip der *middle landscape* durch die Übernahme von Rahmenhandlungen etwa in Erzählungen Washington Irvings, Nathaniel Hawthornes oder Herman Melvilles angewandt.[238] Auch bei POE spielt die Theorie des Pittoresken eine wichtige Rolle, wie schon der Titel seiner Kurzgeschichtensammlung *Tales of the Grotesque and Arabesque* (1840) zeigt: Hier wird programmatisch die Schlangenlinie (Arabeske), die seit dem 18. Jahrhundert als Inbegriff des Kunstschönen in seiner höchsten Vollendung galt, mit den unregelmäßig schroffen Konturen des Grotesken kontrastiert. Ein Beispiel für die Bedeutung des Pittoresken bei Edgar Allan Poe ist seine Erzählung „The Domain of Arnheim" (1847)[239]: Der Erzähler berichtet hier von seinem Freund Ellison, der als Erbe eines ungeheuren Vermögens in der Lage ist, ein sorgsam ausgesuchtes Territorium mit großem Aufwand in eine pittoreske Landschaft zu verwandeln. Ellison räumt zwar ein, daß die Natur selbst in der Lage sei, Erscheinungen von großer Schönheit hervorzubringen, fügt aber gleich hinzu, daß diese durch ein ordnendes Eingreifen der Menschen grundsätzlich noch zu steigern sei: „Jene ursprüngliche Schönheit ist niemals so groß wie die, die sich herbeiführen ließe." [CTP 609; III 523] Dementsprechend heißt es auch an anderer Stelle:

> Paradiese wie sie auf den Gemälden eines Claudee leuchten & glühen, sind in der Realität mit nichten anzutreffen. Auch in den bezauberndsten der natürlichen Landschaften wird stets ein Mangel oder eine Unmäßigkeit zu finden sein – meist viele Unmäßigkeiten & viele Mängel. Während jede einzelne Komponente, für sich betrachtet, auch der meisterlichsten Erfindung des Künstlers spotten mag; wird doch die Gruppierung dieser Einzelheiten prinzipiell der Verbesserung fähig sein. [CTP 607; III 519]

Tatsächlich ist der von Ellison angelegte Landschaftsgarten ein Musterbeispiel des Pittoresken. Man erreicht die „middle landscape", indem man zunächst durch eine arkadische Kulturlandschaft fährt, die allmählich einer rauhen Wildnis weicht:

> Der Besucher ... wurde ... zwischen Ufern von einer ruhigen, häuslichen Schönheit dahingeführt, auf denen unzählige Schafe grasten, deren weiße Vließe das starke Grün leichtgewellter Wiesenweiten tüpfelten. Ganz allmählich minderte sich der Eindruck von Landbau, und machte dem bloßer schäferlicher Hutung Platz. ... Als es gegen Abend ging, wurde das Fahrwasser schmäler, die Ufer zunehmend steiler, das Laubwerk, das die letzteren bekleidete, reicher, verschwenderisch-wirrer & schwerfarbiger. [CTP 612; III 529]

Es folgen „unüberwindliche und undurchdringliche Laubwälle", der Kanal wird zu einer tiefen Schlucht, „lange gefiederte Moose ... hingen dicht vom oberhalb befindlichen, verzweigten Gesträuch herab und verliehen der ganzen Schlucht eine Atmosphäre von Grabesdämmerung" [CTP 613], und der Erzähler stellt endlich fest: „Der Gedanke an die Natur blieb bestehen, doch ihr Wesen schien eine Veränderung durchgemacht zu haben; ihren Werken eignete eine seltsame Symmetrie, eine aufregende Gleichförmigkeit, eine zauberische Eigenart. Nicht ein toter Zweig – nicht ein welkes Blatt – nicht ein fehlplazierter Kieselstein – nicht ein Flecken der braunen Erde war irgendwo sichtbar." (Später wird sich zeigen, daß diese Ästhetik des Künstlichen gerade im Hinblick auf den Drogenrausch und seine Idealwelten, die ganz aus Kristall, aus Stein oder Metallen bestehen, eine große Bedeutung erhält.) Ähnlich wie Thoreau, der während seines Walden-Experiments durchaus kein Einsiedler sein wollte, sondern in ständigem Kontakt mit den Einwohnern von Concord stand, legt auch Ellison großen Wert darauf, daß sein Refugium sich nicht allzu weit von einer großen Stadt befindet.[240]

Das Beispiel Poes zeigt, daß die Prinzipien des Pittoresken teilweise auch noch in der Zeit der Romantik gültig waren, so wie auch die Manifestationen des Erhabenen vom romantischen Naturbetrachter weiterhin gesucht wurden. In seiner begründeten Deutung der Romantik als einer Bewegung, die aus der Normalität ausbrechen will, weist Pikulik darauf hin, daß der formalisierte französische Garten für den Romantiker zum Inbegriff des bürgerlichen Alltags wurde, der die Gefühlstaubheit und geistige Erstarrung der Eltern und Großeltern widerspiegelt. So heißt es unter dem exemplarischen Bezug auf Eichendorffs Gedicht „Prinz Rokoko":

> Die Ordnung des regelmäßigen Gartens spiegelt Bewegungs- und Leblosigkeit. Die Natur ist unterdrückt, da Hecken und Bäume geometrisch, d.h. widernatürlich beschnitten sind. Und sie ist ausgesperrt, wobei der französische Garten zu allem, was freie und wilde Natur bedeutet, eine klare Grenze zieht. Entsprechend erfolgt die Verwilderung auf zweierlei Art, von innen und von außen. Die „Taxusbäume recken / Sehnend sich aus Reih und Glied", es geht „ein seltsames Knistern und Flüstern durch die Buchsbäume und Spaliere", überall sprießt und treibt es und macht das Werk der Schere zunichte.[241]

Im Blick des Romantikers wird die als Landschaft wahrgenommene Natur also ein beseelter Organismus, der vom selben Bewegungsdrang, von derselben Sehnsucht getrieben wird wie er selbst. „Es gehört zum Besonderen der frühromantischen Landschaft", meint daher auch Thalmann, „daß die Menschen nicht mehr in ihr ruhen, sondern durch sie hindurchlaufen. Bewegung macht relativ. Gegenstände sind nichts Bleibendes, sie flitzen vorbei, vergrößert, verkleinert."[242] Hier ist die Landschaft kein festgefügtes Ganzes mehr, sondern erhält ihre Bedeutung durch die Flüchtigkeit ihrer Formen, die ein unaufhörliches Werden dokumentiert – die romantische Landschaft ist zuerst und vor allem ein gedanklicher *Prozeß*. Ein beeindruckendes Beispiel hierfür ist De Quinceys berühmte Deutung von Piranesis *Carceri*, wo mehrere Figuren als Abbild ein und derselben Person interpretiert werden, die auf den Treppen jener imaginären Gefängnisse unablässig aufwärts strebe: Hier wird die räumliche Anordnung in einen zeitlichen Handlungsablauf verwandelt.[243]

"‚Ich behaupte keck'", sagt der Maler Franz Bickert in E. T. A. HOFFMANNS „Magnetiseur", „,daß niemals ein Mensch im Innern etwas gedacht oder geträumt hat, wozu sich nicht die Elemente in der Natur finden ließen …'" [HW, I, 150] In der Erzählung wird dieser Satz geäußert, um dem Glauben des romantischen Ottmar zu begegnen, der in Phänomenen wie dem animalischen Magnetismus echte Hinweise auf verborgene spirituelle Realitäten zu erkennen glaubt. Bickert meint hier zwar, daß der Mensch als Teil der *natura naturata* niemals aus ihrem Gefüge heraustreten könne, um Erkenntnisse zu erhalten, die vor seinem leiblichen Auge verborgen bleiben. Dennoch ist sein provokanter Einwurf, wörtlich verstanden, durchaus im Einklang mit dem romantischen Natur- und Landschaftsverständnis. Anders als für Bickert verbietet sich für den Romantiker die Annahme, daß die *natura naturata* bloße Materie sei; er sieht in ihr stets nur die Landschaft, nämlich ein über das rein Stoffliche hinausweisendes bedeutsames Ensemble. Versteht man das von Bickert gebrauchte Wort „Natur" in diesem Sinn, so würde ihm kein Romantiker widersprechen wollen. Die romantische Natur ist ja, wie wir gesehen haben, ein Schauplatz sprechender Hieroglyphen, die jenseits des sinnlich Wahrnehmbaren einen tieferen, metaphysischen Sinn verkünden, der sich durch Analogieschlüsse vom Wesen des einzelnen auf das der Ganzheit zu einem umfassenden Verständnis des ganzen Universums erweitern kann. So wie die Träume in ihren seltsamen Bildern Bedeutendes mitteilen, so spricht auch die Landschaft zum Betrachter; sie ist mithin eine Analogie des Traumbewußtseins. Hoffmann hatte diesen Gedanken von Schubert übernommen, der die Natur als verkörperte Traumwelt bezeichnet. „Wer die Natur als Traumreich erfaßte", kommentiert Ernst Busch, „erfaßte sie besser als der reale Betrachter. Ihre letzte Wirklichkeit und Wahrheit war das Traumreich. Wie sie im Traume erscheint, so ist sie aus dem Schoße der Gottheit hervorgegangen."[244] Dieselbe Ansicht vertrat Caspar David Friedrich, indem er forderte, daß der Landschaftsmaler sein leibliches Auge schließen solle, um zuerst das zu betrachten, was er vor seinem geistigen Auge sehe, damit er diese innere Vision anschließend durch die atmosphärische Schilderung der materiellen Naturerscheinungen allegorisch nachbilden könne: „Der Maler soll nicht bloß malen, was er vor sich sieht, sondern auch, was er in sich sieht. Sieht er aber nichts in sich, so unterlasse er auch zu malen, was er vor sich sieht." Denn: „Die reine Empfindung kann nie naturwidrig, immer nur naturgemäß sein. Ein Bild muß nicht erfunden, sondern empfunden sein."[245] Das Gefühl als intuitives Erfassen der ursprünglichen, göttlichen Idee der Natur wird hier gewissermaßen zum Instrument der Vorzeichnung, deren unsichtbares Linienwerk sodann in die Sprache von Form und Farbe umgesetzt wird. Ebenso argumentiert Carus in seinen *Neun Briefen über die Landschaftsmalerei* (1831), wenn er die Auffassung vertritt, daß der eigentliche Sinn der gemalten Landschaft in der Sichtbarmachung der in der Natur verborgenen göttlichen Ideen liege. Um diesem Anspruch größeren Nachdruck zu verleihen, solle man von dem Begriff der Landschaftsmalerei absehen, da er allzu handwerkliche Assoziationen wecke, und statt dessen lieber von „Erdlebenbildkunst" sprechen.[246]

In seinem Aufsatz „Zustand der jetzigen Malerei" (1842) unterstützt der Theologe und Philosoph Friedrich Theodor VISCHER (1807–1887) diese Überzeugung, daß die in der Landschaft zum Ausdruck gebrachte Naturerkenntnis im subjektiven Gefühl des Betrachters gründe: „Die elementarische Natur mit dem Pflanzenreiche erscheint dem menschlichen Bewußtsein durch eine dunkle Symbolik des Gefühls als ein objektiver Widerschein seiner Stimmungen. … Es liegt im Wesen des Geistes, sich selbst in der Natur, seiner Mutter, wieder zu suchen und so die zerfallnen Pole des Universums wieder zu einigen, die Urperson herzustellen. Der Zauber des Landschaftsgemäldes hat in dieser Übertragung seinen Grund; die Natur spricht, sie tönt uns als verhallendes Echo unsrer Seele."[247] Allerdings weist er auch auf die Einseitigkeit dieser fühlenden Naturbetrachtung hin, indem er feststellt, daß der Natur, dem „stummen Reich der Notwendigkeit", die atmosphärische Stimmung doch nur vom Betrachter untergeschoben, „geliehen" werde: „Doch fühlen wir, obzwar dunkel, recht wohl, daß dies ein bloßes Leihen sei … Wir geben aber darum dieses Leihen nicht auf, sondern wir vollziehen nun die Vorstellung, welche logisch ein Widerspruch, ästhetisch aber vom größten Reize ist, als ob die Natur zu gleicher Zeit eine die Stimmungen des menschlichen Gemüts vorbildende oder wiederholende Seele in sich berge und dennoch in ungetrübter Objektivität und Gesetzmäßigkeit nicht um die Schmerzen des subjektiven Lebens wüßte."[248] In dieser Ansicht kündigt sich bereits die Ablösung der romantischen Naturbetrachtung an: Denn eigentlich ist die Natur hier eine indifferente Masse, die vom Subjekt nur durch einen Akt der Selbsttäuschung beseelt wird. So zeigt die Natur dem Betrachter stets nur das, was er aus sich selbst herausnimmt und in sie hineinlegt. Das scheinbar intime Zwiegespräch ist demnach nur ein Monolog des Subjekts. Diese Ansicht fand rasche Verbreitung, und es liegt auf der Hand, daß die Natur nur so lange das Lieblingsspielzeug der romantischen Seele bleiben würde, wie diese Gefallen daran finden mochte, stets nur sich selbst fühlend zu bespiegeln. Auch der glühendste Naturfreund wird es schließlich irgendwann einmal leid, immer nur ins Leere zu reden, und endlich wird sich auch Friedrichs einsamer Mönch mißmutig fragen, wie lange er denn noch in stiller Betrachtung der ewig schweigenden Gestade verharren solle. So treten die ersten Überdrüssigen auf den Plan und sprechen zornig aus, was viele andere schon lange im Stillen befürchtet haben: Vergeßt die Natur, denn sie antwortet nicht und wird euch niemals antworten!

Die Naturbetrachtung als ein heiliger Dialog zwischen den getrennten Hälften eines einigen Wesens wurde nun ganz empfindlich durch die Einsicht gestört, daß die Natur von den Liebeserklärungen des Subjekts stets völlig unbeeindruckt geblieben und in Wahrheit niemals kooperationsbereit gewesen sei. Mit Schrecken glaubte man zu erkennen, daß all ihre so bedeutungsvoll scheinenden Mitteilungen, das Rauschen der Blätter im Wind, das geheimnisvolle Funkeln der Kristalle, die Bewegungen im Wasser, sie stets nur betrogen hatten. Aus dem Schrecken wurde Haß; die Natur sollte für ihre Überheblichkeit büßen. Von Alfred de Vigny bis zu den Vertretern der

Décadence straften die gekränkten Dichter ihre spröde Geliebte durch Mißachtung, und das Künstliche nahm als neues Ideal ihre Stelle ein. (Es versteht sich, daß die „künstlichen Paradiese" des Rausches unter dieser Bedingung als Entwürfe antinatürlicher Realitäten eine programmatische Bedeutung erhielten.)

Obwohl die enttäuschte Liebe der Romantiker ein starkes Motiv war, um die Natur als indifferentes, kaltes und grausames Scheusal anzuklagen, war diese Idee doch nicht ganz neu. Schon lange bevor die Romantik in die Jahre kam, ja sogar noch vor dem Beginn der Bewegung war sie bereits aufgetaucht und hatte seither die ganze Hochstimmung der Romantik heimlich wie eine rabenschwarze Unterströmung begleitet. Schon Diderot[249] hatte in Schriften wie dem Roman *La Réligieuse*[250] den Boden für das „Système de la nature" vorbereitet, das den Wüstlingen des Marquis de SADE (1740–1814) zur Begründung und Rechtfertigung ihrer Grausamkeit dient. Die Geschichte der Natur, so lautet die Botschaft des berüchtigten Marquis, sei eine Geschichte des Lasters und der Verbrechen, in der „widernatürliche" Irrlehren wie jene der Moral und der Tugend notwendig bestraft würden. In diesem Sinn sagt einer seiner Protagonisten über die Natur:

> Folgen Sie ihr in all ihren Besorgungen, Sie werden sie nie anders als gefräßig, zerstörerisch und bösartig sehen, nie anders als inkonsequent, widersprüchlich und vernichtend ... Ließe sich nicht sagen, daß ihre Mordkunst sich nur Opfer erschaffen wollte, daß das Böse ihr einziges Wesenselement sei und daß sie nur zu dem einen Zweck, die Erde mit Blut, Tränen und Trauer zu überdecken, mit einen Schöpfungsvermögen ausgestattet ist? daß sie ihre Energie nur gebrauchte, um ihre Dreschflegel zu schwingen? Einer Ihrer modernen Philosophen nannte sich einen Naturliebhaber: wohlan, mein Freund, ich aber nenne mich ihren Henker. Studieren Sie sie, folgen Sie ihr, dieser grausamen Natur: Sie werden sie stets nur erzeugen sehen, damit sie vernichten kann, ihre Zwecke nur durch Mord erreichend, und sich, wie der Minotaurus, nur vom Unglück und der Vernichtung der Menschen nährend. [251]

Dieses Denken ist die unerbittliche letzte Konsequenz der Aufklärung und wendet sich mit aller Schärfe gegen Rousseaus gefühlsbetonte Verklärung der Natur, was schon durch den Titel des vierbändigen Romans *La Nouvelle Justine, ou les Malheurs de la vertu*[252] (1797) deutlich wird, der in offensichtlicher Ironie auf Rousseaus *Julie, ou la Nouvelle Héloïse* verweist. Allerdings erscheint es etwas zu billig, in de Sade einfach nur den bocksbeinigen Antagonisten des Genfer Philosophen zu sehen.

Bis heute streiten sich die Kritiker über die Bedeutung der Schriften de Sades. Während viele sie unbedacht für bloße Pornographie halten oder ihnen jeden intellektuellen Wert absprechen, indem sie wie Mario Praz auf ihre „erbärmlichen Klischees und ,philosophischen' Platitüden"[253] verweisen, haben sich im Gefolge erster Rehabilitierungsversuche durch Autoren wie Guillaume Apollinaire, André Breton, Ivan Bloch oder Otto Flake vor allem in Frankreich immer mehr Intellektuelle dafür ausgesprochen, den Marquis nicht nur als kulturgeschichtliches Phänomen, sondern auch als Denker ernst zu nehmen, so daß er heute im allgemeinen als ein literarischer Klassiker der *grande nation* anerkannt ist. Max Horkheimer und Theodor W.

Adorno befaßten sich mit dem Werk ebenso wie Albert Camus, Georges Bataille, Roland Barthes, Yukio Mishima oder Peter Weiss. Zum „harten Kern" der heutigen Sade-Forschung zählen die Kritiker Pierre Klossowski, Gilbert Lély, Maurice Heine und Maurice Blanchot. Daß es sich hierbei nicht bloß um ein sublimiertes Ausleben frauenfeindlicher Männerphantasien handeln kann, dürfte der Hinweis auf Schriftstellerinnen wie Simone de Beauvoir und Angela Carter belegen, die sich ebenfalls an der Debatte über Sinn und Unsinn der theoretischen Konzepte de Sades beteiligten. Die heutige Fülle wortreicher Stellungnahmen über das gedankliche System des Marquis hat immerhin bewirkt, daß man das Credo der historischen Person und die in den Schriften geschilderten Greueltaten sorgsam voneinander trennt; schließlich hat de Sade selbst darauf hingewiesen, daß er das Wenigste von dem, was seine finstere Phantasie ersann, auch selbst hätte ausführen wollen. Was aber war dann der Zweck seiner literarischen Scheußlichkeiten?

Mit seiner Darstellung einer systematisch grausamen Natur reagierte de Sade auf das Naturverständnis Rousseaus, jedoch nicht eigentlich, indem er es ins Gegenteil verkehrte, sondern indem er es mit der Logik des Aufklärers konsequent zu Ende dachte. In diesem Sinn schreibt Lennig:

> Zum natürlichen Menschen gehören die 'Naturrechte', deren oberstes der Anspruch auf Freiheit ist – Rousseau selber hat später durchaus das unlösbare Dilemma erkannt, das zwischen dieser natürlichen Freiheit und dem unvermeidlichen Verzicht auf ihre Ausübung durch die Unterwerfung unter die 'volonté générale' bestand. ... Zum Unterschied von Rousseau verläßt sich de Sade nicht auf das Kriterium des Gefühls, sondern bleibt bei der philosophischen Vernunft. Aufs radikalste wendet er sich gegen die Sentimentalisierung der Natur, die große Illusion seines und des kommenden Jahrhunderts. Vor allem ist ihm der natürliche Mensch der eigentlich unfreie, denn er gehorcht ohne Einschränkung seinen Trieben und läßt sein Handeln nur noch von der Unterscheidung zwischen Lust und Unlust leiten.[254]

Die Verbrecher in den Schriften de Sades sind die Prototypen des vernünftigen Individuums, das sich den Gesetzen der Natur nicht unterwerfen will. Zwar steht die Natur ebenso wie diese schrecklichen Gestalten für eine absolute Grausamkeit, die auf dem Recht des Stärkeren basiert, das später durch die sozialdarwinistische Lehre vom „survival of the fittest" beschrieben wurde. Doch während die Natur den Menschen zu bloßer Notwendigkeit verpflichten will, suchen de Sades Unholde die Prinzipien der Naturgesetzlichkeit vernünftig anzuwenden, d.h. sie wollen sich dem Diktat der Natur entziehen, um das, was sie sonst bloß instinktiv tun würden, eigenmächtig auf der Grundlage reiflicher Überlegung zu tun. Um sich der Natur gegenüber behaupten zu können, muß der Mensch ebenso grausam sein wie sie, denn handelte er tugendhaft oder gefühlvoll, so würde er als der Schwächere ein rasches Opfer des Natursystems. Darum werden die Orgien der Sadisten gerade nicht von blinden Gefühlen, Lust und Unlust bestimmt, sondern stets einer genau festgelegten Ordnung und Symmetrie unterworfen. So erstellen die Protagonisten Aktionspläne, die festlegen, wann welche sexuelle Handlung statthaft und „an der Reihe" sei, wodurch sie sich selbst das spontane Ausleben ihrer Lüste versagen. So paradox es klingen mag: In den Folterkammern und Verliesen de Sades wird letztlich nichts anderes als eine auf die Spitze getriebene Philosophie der Freiheit in Szene gesetzt.

Obwohl die Sitten im Frankreich der frühen Revolutionszeit immer noch recht lose gewesen sein sollen, wurden Exemplare des für obszön befundenen Romans, sobald sie irgendwo auftauchten, von der Zensur beschlagnahmt. Während andere Werke de Sades lange verschollen blieben – wie z. B. das in der Bastille verfaßte Manuskript *Les cent vingt journées de Sodome* (der Marquis selbst blieb untröstlich, da er es für immer verloren glaubte) – existierte die *Justine* doch weiterhin in den entlegeneren Winkeln mancher Bücherschränke und wurde gelesen, heimlich natürlich. So klagte der Literaturkritiker und Schriftsteller Jules Janin 1834 in einem Artikel der *Revue de Paris*: „Der Marquis de Sade befindet sich überall … er steht in allen Bibliotheken auf einem bestimmten Geheimregal, und zwar so versteckt, daß man ihn immer findet. Seine Bücher gehören zu denen, die man gewöhnlich hinter einem heiligen Chrysostomus oder hinter dem 'Traité de morale' von Nicole oder hinter Pascals 'Pensées' aufstellt."[255] Man wird also annehmen dürfen, daß auch die Romantiker, zumal sie ihr Herz durchaus nicht immer auf der Zunge trugen, wenigstens teilweise mit dem finsteren Credo de Sades vertraut waren; Praz bezeichnet den Marquis nicht grundlos als „graue Eminenz der Romantik"[256]. Daß sich im Besitz Lord Byrons ein Exemplar der *Justine* befand, ist nicht sehr erstaunlich, wenn man bedenkt, daß er ohnehin häufig mit dem Marquis verglichen wird, und William Beckford dürfte ebenfalls ein Sade-Enthusiast gewesen sein. Aber auch das gefühlvolle „enfant du siècle", Alfred de Musset, orientierte sich gelegentlich an de Sade, während der junge Flaubert einem Freund sein Interesse an der *Justine* gestand, sich aber niemals trauen sollte, ein eigenes Exemplar bei sich zuhause aufzubewahren. Auch E. T. A. Hoffmann könnte mit diesem Werk vertraut gewesen sein, zumal er mit großer Wahrscheinlichkeit selbst Autor eines flagellantischen Romans war.[257]

Es sind aber vor allem die Autoren der sogenannten zweiten oder „schwarzen" Romantik, von BAUDELAIRE bis Huysmans und Oscar Wilde, die von einem unstillbaren Haß auf die Natur getrieben wurden und Passagen wie das nachfolgende Bekenntnis aus der *Nouvelle Justine* sicher mit großer Genugtuung lasen:

> „Nein, gewiß", erwiderte die aufbrausende Gattin von d'Esterval, „ich leide vielleicht noch mehr als Sie unter der Mittelmäßigkeit der Verbrechen, zu denen mich die Natur befähigt. In allem, was wir unternehmen, sind es doch nur Idole und Kreaturen, die wir angreifen: aber es ist nicht die Natur, und sie ist es, die ich beleidigen will. Ich möchte ihre Pläne durchkreuzen, ihrem Gang zuwiderlaufen, den Lauf der Sterne anhalten, die Planeten, die im Raume treiben, herabstürzen; das zerstören, was ihr nützlich ist, und das bewahren, was sie stört; kultivieren, was sie ärgert; in einem Wort: sie in ihren Werken erniedrigen, all ihre großen Wirkungen zunichte machen; und ich kann es nicht." [258]

Diese Zeilen mußten dem von der Natur betrogenen Individuum aus der Seele sprechen; schließlich findet sich der gleiche Tenor etwa in Baudelaires Gedicht „A celle qui est trop gaie", das von vielen Zeitgenossen als skandalös empfunden wurde.

Dort vergleicht der Dichter seine Geliebte mit der schönen Natur und äußert das Verlangen, sie wie jene wollüstig zu verletzen.[259] In diesem Stadium seiner Naturverachtung vertritt Baudelaire die gleiche Position wie de Sade:

> ... so sehen wir, daß die Natur ... den Menschen dazu treibt, seinesgleichen zu töten, zu verzehren, einzusperren und zu foltern; denn kaum verlassen wir den Bereich des Notwendigen und der Bedürfnisse, um jenen des Luxus und der Vergnügungen zu betreten, so sehen wir, daß die Natur außerstande ist, uns anderes zu raten als das Verbrechen. Eben diese unfehlbare Natur hat den Vatermord und die Menschenfresserei hervorgebracht, und unzählige andere Greuel, welche zu nennen Scham und Rücksicht uns verbieten. ... Man lasse alles, was natürlich ist, Revue passieren, man untersuche sämtliche Handlungen und Begierden des bloß natürlichen Menschen, und man wird nichts als Scheußlichkeiten finden. Alles Schöne und Edle ist ein Ergebnis der Vernunft und der Überlegung. Das Verbrechen, an dem das Menschentier vom Mutterleib an Gefallen hat, ist natürlichen Ursprungs.[260]

Analog dazu heißt es an anderer Stelle: „Ich aber sage: die einzige und höchste Wollust der Liebe liegt in der Gewißheit, das *Böse* zu tun. – Und Mann und Weib wissen von Geburt an, daß das Böse alle Wollust enthält." [JI 1249/50; VI 196] In seinen „Plans et Projets" bezieht er sich schließlich direkt auf den „göttlichen" Marquis: „Man muß immer zu De Sade zurückkehren, das heißt zu dem *Natürlichen Menschen*, um das Böse zu erklären."[261] Bei Baudelaire verbindet sich der Haß auf die Natur mit seinem Abscheu vor dem unerträglichen *Ennui* des Alltags; durch ihre widerwärtigen Hervorbringungen – jene *natura naturata*, die sich in der Stadt und auf dem Land in vulgärer, schmutziger, trostloser Form präsentiert – erweist sich die *natura naturans* für ihn als die eigentliche Quelle des Lebensekels und -überdrusses. Da sein eigener Körper und sein Bewußtsein aber ebenso Bestandteile der verabscheuungswürdigen *natura naturata* sind, seine Seele also, ob es ihm paßt oder nicht, von der Natur umschlossen und durchdrungen ist, sehnt er sich nach dem „Néant" als einer von allem Natürlichen befreiten Daseinsform. „Néant", das bedeutet nicht völlige Leere, sondern einen durchlässigen Raum, der nur von seinem befreiten Wesen erfüllt ist, nur aus diesem allein besteht. Dementsprechend schreibt Sartre in einem Essay über den Dichter:

> Der Selbstmord aber ist bei [Baudelaire] nicht Sehnsucht nach dem absoluten Nichts: wenn er sich das Leben nehmen will, so will er damit in sich die Natur vernichten. ... In dem Selbstmordakt erblickt er vor allem eine endgültige Wiedergewinnung seines Wesens: er wird den Schlußstrich ziehen, er wird sein Leben, indem er es beendet, in etwas *Wesentliches* verwandeln, das für immer bestehen und zugleich doch von ihm selbst geschaffen sein wird ... Nur müßte er eben, um die Früchte seines Selbstmordes genießen zu können, diesen überleben. Und deshalb hat Baudelaire die Wahl getroffen, sich als einen *Überlebenden* zu konstituieren. Und wenn er sich auch nicht wirklich tötet, so hat er es doch wenigstens so eingerichtet, daß jede seiner Handlungen ein symbolischer Ersatz ist für einen Tod, den er sich nicht zu geben vermag.[262]

So wie Baudelaire in dem oben genannten Gedicht eine Blume stellvertretend für die ganze Natur „bestraft", so empfanden auch viele seiner Zeitgenossen ein starkes Bedürfnis, die Natur zu verletzen und zu schänden. In der Malerei äußert sich dies etwa in der Darstellung von Straßenbauarbeiten, wo der Natur durch Rodungen oder Ausschachtungen sozusagen eine Wunde zugefügt wird oder auch in Vorstadtszenerien, die das Zurückdrängen der Wildnis dokumentieren[263]; Baudelaire lobt im *Salon de 1859* jene bekannte Landschaft Camille Corots, wo ein angelegter Waldweg gewaltsam in die Natur eindringt und sie durchschneidet.[264] Auch in Huysmans' „Bibel der Dekadenz", dem Roman *A rebours*, wird die Natur mit Wonne gequält und geschunden. Schon der Titel bedeutet, wie Praz formuliert, „ein Programm der sadistischen Vergewaltigung der Natur."[265] „Huysmans", so schreibt er weiter, „... gefällt die durch brutale Eingriffe verunstaltete Landschaft, die ‚banlieue (Vorstadt), die vom Übel der Auszehrung ständig bedroht scheint, während ihr volkstümliches Gesicht sich verliert und sich in einen schlaffen Ausdruck, in eine schmerzliche Miene verwandelt'. Huysmans' bedeutendste Äußerung zu dieser Situation ist sein Essay *La Bièvre* (1898), wo er das von der Industrie verunreinigte Flüßchen als Nymphe darstellt und ihre Todesqual mit sadistischer Lust schildert."[266] Praz verweist außerdem auf den dreißig Jahre zuvor erschienenen Roman *Manette Salomon* (1867) der Brüder Goncourt, wo sich ein Maler an der „rachitischen Schwermut der Wiesen" ergötzt, „die streckenweise abgegrast und vergilbt" sind.[267] Zu Beginn des 20. Jahrhunderts verlor das Motiv der sadistisch zelebrierten Naturschändung bald seine Bedeutung, andere Fragen drängten in den Vordergrund. Als die Umgebung von Verdun im Lauf der Materialschlachten von 1916 in eine Mondlandschaft verwandelt wurde, war Huysmans bereits neun Jahre tot, und es fand sich auch sonst niemand bereit, diesem bis dahin beispiellosen Akt der Naturvernichtung freudigen Beifall zu spenden. Zu diesem Zeitpunkt war ohnehin abzusehen, daß die Natur bereits auf dem Rückzug war; die Entwicklung der Landschaft ist auch in diesem Sinn, wie Bätschmann deutlich macht, die Geschichte von der „Entfernung der Natur".

X. Die Ästhetik des Schreckens

1. Vom Schönen und Erhabenen

Weder das Schöne noch das Erhabene sind im eigentlichen Sinn Entdeckungen des 18. Jahrhunderts, und doch ist es das Zeitalter der Vernunft, das vor allem die letztere Kategorie in den Mittelpunkt des öffentlichen Interesses stellte. Boileaus *Traité du sublime* war zunächst ohne Folgen geblieben, bis er zu Anfang des 18. Jahrhunderts von englischen Theoretikern aufgegriffen und zum Anlaß einer gründlicheren Untersuchung genommen wurde. 1712 veröffentlichte Joseph Addison im *Spectator* eine Aufsatzfolge mit dem Titel „The Pleasures of the Imagination", in der eine noch recht grobe Skizzierung von Unterschiedsmerkmalen des Schönen und des Erhabenen (hier noch umschrieben als „[the] Great and Unlimited"[268]) versucht wird.

Das Erhabene wird hier bereits als eine Empfindung charakterisiert, die aus dem ästhetischen Reiz des Schrecklichen erwachse; wie es allerdings möglich sei, daß ein Gegenstand, der uns durch seine Größe erschreckt, gleichzeitig auch eine angenehme Wirkung haben könne, weiß Addison noch nicht zu erklären. Der Versuch der rationalen Bestimmung einer Empfindung, die doch entscheidend durch ein irrationales Moment geprägt wird, stellte Addison genauso wie seine aufklärerischen Nachfolger vor ein Problem, das, wie Poenicke meint, „eine dem 18. Jahrhundert besonders eigene Form der Bewußtseinsspannung" erzeugte, „die bisweilen zur Bewußtseinsspaltung wird." Denn wie konnte ein Rationalist etwas untersuchen, das doch nach der aufklärerischen Doktrin dem Reich des Aberglaubens angehörte und also gar nicht existieren konnte?[269]

Während Addisons Überlegungen die britischen Denker bald zu neuen ästhetischen Theorien inspirierten – so veröffentlichte z.B. Francis Hutcheson 1726 seinen Essay „An Inquiry into the Original of Our Ideas of Beauty and Virtue", „The Analysis of Beauty" von William Hogarth erschien 1753, und drei Jahre später verfaßte Alexander Gerard seinen „Essay on Taste" –, war doch keinem dieser Ansätze ein solcher Erfolg beschieden wie der 1757 veröffentlichten „Philosophical Enquiry into the Origin of Our Ideas of the Sublime and Beautiful" von Edmund BURKE (1729–1797). Ähnlich wie später auch Kant verwirft Burke von vornherein jeden Versuch metaphysischer Spekulation und beschränkt seinen Gegenstand auf rein sinnlich-empirische Beobachtungen. Der Essay beginnt daher mit der Feststellung, daß von den drei Vermögen, durch die der Mensch in der Lage ist, sich zur Welt in Beziehung zu setzen, wenigstens die sinnliche Wahrnehmung und die Vorstellungskraft („imagination") zu Resultaten führen, die allgemeingültig beschrieben werden können. Dasselbe gelte auch für den Geschmack, die Domäne der Empfindungen des Schönen und Erhabenen, da er dem Bereich der Vorstellungskraft zugehörig sei: „Insoweit also der Geschmack der Vorstellungskraft angehört, ist sein Prinzip bei allen Menschen das gleiche: Es gibt keine Unterschiede in der Art und ebensowenig in den Ursachen seiner Hervorbringung, jedoch gibt es Unterschiede im Hinblick auf seine Ausgeprägtheit, die grundsätzlich auf zwei Ursachen beruht, nämlich entweder auf einer stärker ausgeprägten Sensibilität oder auf einem gründlicheren und längeren Studium des Gegenstandes."[270] Burke unterscheidet weiterhin zwei grundsätzliche Triebkräfte des Menschen, nämlich den Sozialtrieb und den Selbsterhaltungstrieb, wobei er den Gefallen, den der Anblick des Schönen erweckt, als ein Produkt des ersteren und den Reiz, den wir beim Anblick des Erhabenen empfinden, als ein Produkt des anderen Triebes identifiziert. Das Schöne bewirke nämlich *pleasure* und erzeuge eine Liebe zum Gegenstand, also ein soziales Gefühl: „Unter dem Schönen verstehe ich jene Eigenschaft oder jene Eigenschaften von Gegenständen, die Liebe oder eine ähnliche Regung bewirken."[271] Demgegenüber bezeichnet er das besondere Wohlgefallen, wie es durch erhabene Gegenstände ausgelöst wird, als *delight*. Um die Bedeutung dieses Begriffs zu verstehen, ist zunächst zu erläutern, was Burke denn eigentlich unter dem Erhabenen (*sublime*) versteht. Das Gefühl des Erhabenen, das sich in Vorstellungen des Todes, Gottes, der Ewigkeit, der Unendlichkeit und der absoluten Einsamkeit mitteile, erwächst aus zwei zunächst separaten Affekten: Ein Gegenstand wird vom Betrachter als eine schreckliche Gefahr vergegenwärtigt, die ihn zu vernichten droht (*terror*). Hierauf folgt die erleichterte Erkenntnis des Betrachters, daß er doch nicht unmittelbar betroffen ist und sich in Sicherheit befindet (*delight*). Die Freude über die eigene Sicherheit vereint sich hierauf mit der Nachwirkung des zuvor gefühlten Schreckens zu einer „zusammengesetzten" Empfindung, nämlich der des Erhabenen. *Delight* ist also im Unterschied zu *pleasure* eine Freude, die durch den Selbsterhaltungstrieb motiviert ist. Der Unterschied zwischen dem Schönen und dem Erhabenen besteht bei Burke also einmal darin, daß das eine *pleasure*, das andere *delight* verursache, ferner unterscheidet er sie streng sensualistisch danach, daß das Schöne eine Entspannung, das Erhabene aber eine Anspannung der Körperfasern bewirke. Die weiteren Charakteristika des Schönen und Erhabenen erläutert Burke in einem ermüdend umfangreichen Katalog, den er am Schluß des vierten Teils seiner Schrift gnädig zusammenfaßt:

> ... erhabene Gegenstände sind in ihren Dimensionen gewaltig, schöne sind vergleichsweise klein; das Schöne sollte weich und glatt sein, das Erhabene schroff und unkultiviert; das Schöne sollte die gerade Linie vermeiden und doch von ihr kaum merklich abweichen, das Erhabene folgt vielfach der geraden Linie und vollzieht, wenn es von ihr abweicht, oft eine drastische Abweichung; das Schöne sollte nicht dunkel sein, das Erhabene sollte finster und düster sein; das Schöne sollte hell und zart sein, das Erhabene sollte solide und sogar massig sein. Es sind in der Tat sehr verschiedene Vorstellungen, die eine auf Leiden, die andere auf Freuden gründend ...[272]

Trotz der Akribie, mit der Burke zu Werke gegangen war, ließ die *Enquiry* in mancher Hinsicht zu wünschen übrig; das letzte Wort über das Erhabene war noch längst nicht gesprochen, eigentlich fing die Debatte nun erst richtig an. So störten sich viele Zeitgenossen an der sensualistischen Perspektive, die in der Zeit der Spätaufklärung schon recht verstaubt anmutete.[273]

Obwohl Burkes *Enquiry* erst 1773 vollständig ins Deutsche übersetzt worden war – die Übersetzung ins Französische war acht Jahre früher erfolgt –, hatte man sich in Deutschland doch auch schon vorher mit der Schrift auseinandergesetzt. So hatte Lessing, der sich etwa mit seinem Essay *Laokoon* (1766) auch selbst an der ästhetischen Debatte seiner Zeit beteiligte, die *Enquiry* nicht nur gründlich studiert, sondern auch eine eigene Übertragung in Angriff genommen. Auch Herder spielte eine Weile mit dem Gedanken, diese Schrift zu übersetzen, und Moses Mendelssohn hatte bereits ein Jahr nach dem Erscheinen des englischen Originals eine deutsche Zusammenfassung des Essays veröffentlicht[274], aus der KANT wahrscheinlich seine ersten inhaltlichen Informationen bezog. Einen ersten Versuch, die Problematik aus seiner Sicht zu beleuchten, hatte er schon mit den vorkritischen *Beobachtungen über das Gefühl des Schönen und Erhabenen* (1764) unternommen. „Selbst die Laster und moralischen Gebrechen", heißt es dort, „führen öfters ... einige Züge des Erhabenen

X. Die Ästhetik des Schreckens

oder Schönen bei sich"[275]; Kant räumt also die Möglichkeit ein, daß auch das Böse, da es oft die Merkmale des Erhabenen trage, ästhetisch reizvoll sein könne. In der *Kritik der Urteilskraft* (1790) gelang ihm schließlich eine begriffliche Neufassung des Schönen und Erhabenen, die über Burkes Definitionen hinausweist.

Burke hatte Schönheit als eine Qualität definiert, die bewirke, daß ein Betrachter sich ihm mit Liebe zuwende. Kants Deutung des Schönen fällt dagegen komplexer aus: „Schönheit ist Form der Zweckmäßigkeit eines Gegenstandes, sofern sie, ohne Vorstellung eines Zwecks, an ihm wahrgenommen wird."[276] Was ist damit gemeint? – Bei Kant wird das Schöne ebenso wie bei Burke nur als Phänomen innerhalb der natürlichen Welt erörtert; daher sind es die auf die Natur gerichteten Erkenntniskräfte, die er als die Urheber des Schönen, genauer gesagt: als die Begründer des Geschmacksurteils, erörtert, also 1. die *Einbildungskraft*, die veranlaßt, daß dem Intellekt sinnliche Anschauungen zugeführt werden, und 2. der *Verstand*, jene intellektuelle Instanz, die im Unterschied zur Vernunft nur mit der Beurteilung des Empirischen befaßt ist. Durch die Einbildungskraft erhalten wir also eine Anschauung aus der Sinnenwelt, z.B.: „Der Ball ist rund und rot." Daraufhin überprüft der Verstand die erhaltenen Daten im Hinblick auf die ihnen zugrundeliegenden Regeln, indem er etwa ermittelt, daß der Zweck eines Balles im Rollen besteht und daß eine Kantenform hierzu ungeeignet ist, oder indem er die Farbe Rot als ein von anderen Farben grundsätzlich Verschiedenes identifiziert. Um rund und rot zu sein, muß der Gegenstand die klar definierten Eigenarten des Runden und Roten besitzen. Auf diese Weise führt eine Anschauung zu einer Erkenntnis, d.h. sie erhält durch die Zuordnung bestimmter Regeln eine jederzeit nachvollziehbare Gestalt. Solche logischen Erkenntnisurteile sind in unserem Zusammenhang jedoch nicht möglich; so kann es, wie Kant ausführt, kein objektives Prinzip des Schönen geben. Indem wir einen Gegenstand als schön erkennen, vollziehen wir also kein logisch nachprüfbares, sondern ein Geschmacksurteil. Dennoch muß es eine Grundlage geben, die es ermöglicht, das Schöne vom Nicht-Schönen zu unterscheiden, denn sonst wäre alles und nichts schön, und der Begriff mithin wertlos. Wie läßt sich das Schöne also trotz seiner objektiven Unbestimmbarkeit näher qualifizieren? Schön ist ein Gegenstand, wenn er Wohlgefallen erzeugt. Dasselbe gilt aber auch vom Guten und vom Angenehmen, von dem es zu unterscheiden ist. Anders als beim Wohlgefallen, wie es durch das Gute und Angenehme bewirkt wird, zeichnet sich das Geschmacksurteil, daß etwas schön sei, durch seine Interesselosigkeit an der Realität des Gegenstandes aus: „Geschmack ist das Beurteilungsvermögen eines Gegenstandes oder einer Vorstellungsart durch ein Wohlgefallen, oder Mißfallen, *ohne alles Interesse*. Der Gegenstand eines solchen Wohlgefallens heißt *schön*."[277] „Unabhängig vom sinnlichen Reiz und von ethischer Befriedigung", so paraphrasiert Jaspers die zitierte Passage, „nimmt das Geschmacksurteil sein Objekt nur als Anlaß der freien Bewegung eines Wohlgefallens."[278] Damit kommen wir zum eigentlichen Wesensmerkmal des Schönen: Um schön zu sein, muß ein Gegenstand beim Subjekt ein freies Zusammenspiel der Erkenntniskräfte bewirken. Der schöne Gegenstand läßt eine zweckmäßige Beschaffenheit erkennen, aber *worin* dieser Zweck besteht, ist nicht zu sagen. Das Wohlgefallen am Schönen erwächst nun aus der Übereinkunft der Erkenntniskräfte, den wahrgenommenen Gegenstand und die Bedingungen seines Schön-Seins nicht auf eine bestimmte Regel festzulegen. Jaspers formuliert dies so: „Im Zusammenspiel der Erkenntnisvermögen findet ihre Einhelligkeit statt, indem kein bestimmter Begriff die Einbildungskraft auf eine Erkenntnisregel einschränkt und doch die Einbildungskraft nicht regellos ist. Sie ist die Einheit von Freiheit und Gesetz."[279]

Im Unterschied zum Schönen, meint Kant, könne das Erhabene nicht aus den Gegenständen der Natur ersichtlich werden („das eigentlich Erhabene kann in keiner sinnlichen Form enthalten sein, sondern trifft nur Ideen der Vernunft"[280]), da es Inhalte betrifft, die das Darstellungsvermögen unserer Einbildungskraft übersteigen. Das Wohlgefallen, das sich in der Betrachtung des Erhabenen einstellt, resultiert daher nicht wie beim Schönen aus einer Harmonisierung der Erkenntniskräfte, sondern aus der Entgegensetzung der beschränkten Vorstellungskraft und der über das Empirische hinausgehenden Vernunft:

> Denn, so wie Einbildungskraft und Verstand in der Beurteilung des Schönen durch ihre Einhelligkeit, so bringen Einbildungskraft und Vernunft hier durch ihren Widerstreit subjektive Zweckmäßigkeit der Gemütskräfte hervor: nämlich ein Gefühl, daß wir reine selbständige Vernunft haben, oder ein Vermögen der Größenschätzung, dessen Vorzüglichkeit durch nichts anschaulich gemacht werden kann, als durch die Unzulänglichkeit desjenigen Vermögens, welches in Darstellung der Größen (sinnlicher Gegenstände) selbst unbegrenzt ist.[281]

Indem das Subjekt bei der Betrachtung des Erhabenen bemerkt, daß seine Vorstellungskraft nicht in der Lage ist, den Gegenstand in eine konkrete Anschauung zu fassen, wird es sich der überlegenen Leistung seiner Vernunft erst recht bewußt, denn diese allein setzt uns in die Lage, das Erhabene zu erkennen. Bei der Betrachtung des Erhabenen fühlt sich der Mensch also in seiner Rolle als ein über die Natur erhobenes Vernunftwesen bestätigt. Kant bietet dem Leser eine gute Faustregel an, nach der sich das Erhabene beurteilen läßt:

> Erhaben ist das, mit welchem in Vergleichung alles andere klein ist. Hier sieht man leicht: daß nichts in der Natur gegeben werden könne, so groß als es auch von uns beurteilt werde, was nicht in einem andern Verhältnisse betrachtet bis zum Unendlich-Kleinen abgewürdigt werden könnte; und umgekehrt, nichts so klein, was sich nicht in Vergleichung mit noch kleinern Maßstäben für unsere Einbildungskraft bis zu einer Weltgröße erweitern ließe.[282]

Das Erhabene ist also nie relativ, sondern immer absolut groß.

Das Erhabene heißt erhaben, weil es uns als Vernunftwesen über die Natur erhebt. Hier zeigt sich in der Tat, wie Poenicke schreibt, ein ganz anderes Menschenbild als bei Burke, der das Erhabene allein auf die Freude der Kreatur zurückführt, die einer drohenden Gefahr entronnen ist. „Nicht weil wir uns durch unser gutes Geschick dem Leiden entzogen sehen", schreibt auch Schiller im Rückgriff auf Kant, „... sondern weil wir unser moralisches Selbst der Kausalität dieses Leidens entzogen fühlen, erhebt es unser Gemüth."[283] Bei Kant und Schiller ist also das Erlebnis des Erhabenen die entscheidende Voraussetzung für die Vergegenwärtigung der vernünftigen Freiheit des Subjekts. Dieser menschliche Anspruch auf Autarkie, meint Poenicke, weist sogar den Allerhöchsten in die Schranken. Schiller führt das Dynamisch-Erhabene des Göttlichen zurück auf eine „Macht, die unsere Existenz zwar aufheben, aber solange wir diese Existenz noch haben, auf die Handlungen unserer Vernunft keinen Einfluß haben kann".[284] Aus dieser Überzeugung erwächst dann aber auch der Impuls des Subjekts, kraft seiner vernünftigen Unumschränktheit die Totalität des Universums begreifen zu wollen. Kant selbst lehnte solche Geisterseherei ab, und auch Schiller nahm das Potential der Freiheit in die Pflicht der sittlichen Natur des Menschen, an die wir durch die Betrachtung des Schönen fortwährend erinnert würden, damit wir nicht über dem Bestreben, unserm Geisterberuf Genüge zu tun, … unsre Menschheit versäumen.[285] Allerdings hat Poenicke recht, wenn er feststellt: „Aber wie entschieden auch immer die Warnungen Kants, wie energisch sein Verweis auf die Gebote der praktischen Sittlichkeit, er hat doch dem Menschen mit seiner Idee der Vernunftfreiheit ein Fenster zum Unendlichen aufgestoßen, durch das zu blicken einen hohen Preis erfordert: das unentrinnbare Bewußtsein unseres Zweiweltentums."[286] Doch wie kann ein Preis abschrecken, wenn man seine Höhe erst im Nachhinein recht ermessen kann? Zu groß war bei vielen Künstlern die Sehnsucht, über ihren Körper gleichsam hinwegzusteigen, um sich möglichst weit aus dem Fenster hinauszulehnen. Es sind jene ebenso bedauerns- wie beneidenswerten Gestalten, ihre Hoffnungen, Visionen und Einsichten, von denen in diesem Buch die Rede ist.

2. Die Ästhetik des Schrecklichen in der Schauerliteratur

Die Diskussionen über das Erhabene als ästhetische Kategorie sorgten im 18. Jahrhundert und ganz besonders seit der Veröffentlichung von Burkes *Enquiry* für ein beträchtliches Aufsehen, so daß die Lust am Schaurigen sehr bald auch in der Literatur ihren Niederschlag fand. Es kann nicht überraschen, daß die ersten Impulse zur Begründung einer Literatur des Unheimlichen wiederum aus Großbritannien kamen. Die Rede ist von der sogenannten *graveyard poetry* einzelner Dichter, die zwar keine eigentliche Schule bildeten, aber doch eine Alternative zum rationalistischen Zeitgeist aufzeigten, indem sie nicht das Geordnete suchten, das gefällig im klaren Licht der souveränen Vernunft erstrahlt, sondern das Dunkle und Bedrohliche, die Wildnis mit ihren unregelmäßigen Formen, die Mythen des Mittelalters, die Themen der metaphysischen Dichter oder des elisabethanischen Dramas und die Einsamkeit der Friedhöfe. Thomas Parnell veröffentlichte 1721 sein „Night-Piece on Death" und Thomas Gray schrieb 1751 seine „Elegy Written in a Country Churchyard"; besonders populär waren Robert Blairs Gedicht „The Grave" (1743) und Edward Youngs mehr als zehntausend Verse umfassenden *Night Thoughts on Life, Death and Immortality* (1742–45). In dieser Grabes- und Nachtpoesie wurde bereits viele Requisiten eingeführt, die bald zum Standardrepertoire der *Gothic novel* zählen sollten.[287]

Sieben Jahre nach der Veröffentlichung von Burkes *Enquiry*, als die *graveyard poets* immer noch ihren unkoordinierten Partisanenkampf gegen die aufklärerische Tradition führten, erschien die erste *Gothic novel*[288] und eroberte die durch Vernunft und Moral sicher recht ausgezehrten Herzen der Leser und Leserinnen im Sturm: Nach langer Zeit bei Wasser und Brot wurde sozusagen endlich wieder ein Stück Kuchen gereicht. Diese vermeintliche Delikatesse war Horace Walpoles Roman *The Castle of Otranto*. Die verwickelte Handlung wurde in der kritischen Literatur schon allzu häufig nacherzählt (ohne dadurch merklich raffinierter zu werden), so daß sich an dieser Stelle eine weitere Anstrengung solcher Art erübrigt. Es mag also genügen, darauf hinzuweisen, daß der Roman durch eine Vielzahl seltsamer Ereignisse[289] das Übernatürliche als eine Kraft einführt, die allen Rationalisten zum Trotz unerklärbar bleibt und dort zum Sieg des Guten verhilft, wo die Vernunft allein nichts bewegen kann. Dem heutigen Leser, der an Kuchen gewöhnt ist, wird die hölzerne Theatralik von Walpoles Schauereffekten sicher wenig mehr als ein höfliches Lächeln entlocken, und doch lieferte dieser erste Schauerroman einige Vorgaben, die auch für anspruchsvollere Werke des Genres lange verbindlich blieben. So wurde der Handlungsort von den düsteren Schauplätzen des Nordens vorzugsweise an nicht minder düstere Schauplätze in Italien verlegt, das damit in der westlichen Vorstellung gewissermaßen ein anti-arkadisches zweites Gesicht erhielt. Neben der geforderten räumlichen Entfernung von der Welt der nordischen Leser wurde auch eine sichere zeitliche Distanz oberstes Gebot, wie Conrad erläutert: „Wenn auch die Geschichte der ‚gothic novel‘ durch eine permanente Steigerung der Schreckensszenen gekennzeichnet ist, so konnten diese doch nur als Bestandteil des finsteren Mittelalters vergegenwärtigt werden. Der Schauerroman durfte es also nicht wagen, den Schrecken mitten in der aktuellen Gegenwart des aufgeklärten Lesers anzusiedeln."[290] Außerdem sind die Vertreter des Bösen schon bei Walpole nicht bloß als Widersacher des Helden, sondern auch für sich selbst interessant. Vor allem aber durften die Personen keine psychologisch mehrschichtigen Charaktere sein.[291]

Der große Erfolg des *Castle of Otranto* zog eine wahre Flut ähnlicher Erzeugnisse nach sich, von denen heute nur noch die wenigsten bekannt sein dürften. Was in der zweiten Jahrhunderthälfte die Regale der Leihbibliotheken füllte, waren wohl überwiegend rasch zusammengeleimte und zum sofortigen Verbrauch bestimmte Imitationen, verfaßt von Geistlichen in abgeschiedenen Pfarreien, von pensionierten Beamten oder empfindsamen jungen Damen aus gutem Hause. Unter den professionelleren britischen Produktionen ragen etwa Clara Reeves *The Old English Baron* (1778), William Beckfords *Vathek* (1786), Ann Radcliffes *The Mysteries of Udolpho* (1794), Matthew Gregory Lewis' *The Monk* (1796), Ann Radcliffes *The Italian* (1797) und schließlich Mary Shelleys *Frankenstein, or The Modern Prome-*

X. Die Ästhetik des Schreckens

theus (1818) und Charles Maturins *Melmoth the Wanderer* (1820) besonders heraus. Da das Genre in der Aufklärung entstanden war und in der Folge die Empfindsamkeit und die Romantik begleitete und überlebte, dabei den Übergang von der absolutistischen zur bürgerlichen Staats- und Gesellschaftsordnung mitvollzog und sich auch noch über das ganze 19. Jahrhundert behauptete (man denke nur etwa an Bram Stokers *Dracula*, 1897), liegt es auf der Hand, daß es im Lauf dieser Zeit einige Veränderungen durchmachte. Die gängigste Einteilung der Schauerliteratur folgt der Unterscheidung von *terror* und *horror*.[292] Der Effekt von *terror* wird dem des Erhabenen gleichgesetzt und soll dementsprechend in der Freude des Lesers über die Souveränität des vernünftigen Individuums gipfeln; das Mittel des *explained supernatural* ist daher von zentraler Bedeutung. Trotz individueller Abweichungen wird die Schauerliteratur von Walpole bis Radcliffe allgemein als „Schule des Terrors" bezeichnet. Dagegen ist *horror* eine Variante des Schauers, die sich mit Andeutungen nicht begnügt, sondern ihren Effekt aus einer plakativen Drastik der Darstellung bezieht, die überhaupt keinen Wert darauf legt, das zu Berge stehende Haar der Leser im Nachhinein durch vernünftige Erklärungen wieder zu glätten. Diese „Schule des Horrors" wird als die mit Lewis beginnende zweite Phase der Schauerliteratur bezeichnet. Gleichzeitig gab es aber schon bei Radcliffe erste Bemühungen um eine Psychologisierung des Genres; das Schreckliche wird als Produkt der Phantasie eines Protagonisten ausgewiesen, der Ursprung des Unheimlichen liegt im plötzlich bewußt werdenden Unbewußten. Damit vollzieht sich auch ein Wandel der weltanschaulichen Grundlagen des Genres: aufklärerische Konzepte weichen der Unsicherheit des romantischen Daseinsgefühls.

In Frankreich entwickelte sich die Schauerliteratur mit einiger Verzögerung. Obwohl de Sade dem Genre in der etwas obskuren Argumentation des Essays „Idée sur les romans" (1800) sein Mißtrauen aussprach, war es doch, nachdem es zunächst kaum Beachtung gefunden hatte, in den neunziger Jahren plötzlich sehr populär geworden und hatte eine *vogue d'horreur* begründet. Die erste französische Generation von Schauerliteraten schrieb daraufhin in der Zeit zwischen 1800 und 1815; ihre Werke seien jedoch, wie Killen meint, ohne literarische Bedeutung.[293] Ab 1815 erfuhr das Genre durch die Schriften Nodiers und Vignys und kurz darauf auch durch jene Balzacs oder Hugos eine qualitative Aufwertung; einen späteren Höhepunkt mag man im Werk Eugène Sues erkennen. In den 1840ern verband sich das Interesse am Schaurigen zusehends mit dem Enthusiasmus für E.T.A. Hoffmann und Edgar Allan Poe, fand seinen spezifischen Niederschlag auch noch bei Baudelaire[294] oder Gautier und ging allmählich im ästhetischen Programm der Décadence auf.

In Deutschland war die Schauerliteratur[295] wenigstens bei den Benutzern der Leihbibliotheken ebenso beliebt wie anderswo, doch unter dem strengen Blick der Kritiker blieb sie meist mit dem unverzeihlichen Makel des „Trivialen" behaftet. Eine frühe Form des Genres war der (wiederum zunächst in England populär gewordene) „Schwärmerroman", der in der Empfindsamkeit unter dem Einfluß des Pietismus und anderer anti-aufklärerischer Tendenzen große Beachtung fand. Es ist bezeichnend, daß Kant sich über diese Schwärmerei, die er von einem „gesunden" Enthusiasmus unterscheidet, in einem Essay äußert, der von den „Krankheiten des Kopfes" handelt. Der Schwärmer oder Visionär, meint er, „ist eigentlich ein Verrückter von einer vermeinten unmittelbaren Eingebung und einer großen Vertraulichkeit mit den Mächten des Himmels. Die menschliche Natur kennt kein gefährlicheres Blendwerk."[296] Im Zentrum des empfindsamen Schwärmerromans steht oft die vom Bösen verfolgte Unschuld nach dem Vorbild von Samuel Richardsons achtbändigem Briefroman *Clarissa, or The History of a Young Lady* (1748/49), wo die Titelheldin von einem ruchlosen Bösewicht mit dem sprechenden Namen Lovelace verfolgt wird (eine Abteilung des Genres wird daher als „Verführungsroman" bezeichnet). Eine andere Abteilung des unheimlichen Romans ist der sogenannte „Bundesroman", in dem ein Protagonist in die undurchschaubaren Machenschaften von Geheimbünden verwickelt wird. Durch die Veröffentlichung von Schillers *Geisterseher* (1787) erhielt dieser Romantypus einen ungeheuren Auftrieb. So huschte fortan zu nächtlicher Zeit, wenn der vollkommene Grieche ruht und von Homer oder Winckelmann träumt, eine unüberschaubare Vielfalt von Geistersehern, Geisterbannern, Verschwörern und Ordensbrüdern mit weitem Mantel und Domino durch die geistige Landschaft. Ein solcher Bundesroman ist z.B. Tiecks *William Lovell* (1795/96), wo der ahnungslose Held vom Oberhaupt eines Geheimbundes als Werkzeug seiner Rache benutzt wird. Weitere Werke der qualitativ sehr diversen deutschen Schauerliteratur sind *Das Petermännchen, eine Geistergeschichte aus dem 13. Jahrhundert* (1791/92) und *Die Geheimnisse der alten Egyptier* (1798) von Christian Heinrich Spieß, Karl Grosses vielkopierter Roman *Der Genius* (1791–95) oder *Der Maltheser* von Vulpius (1804) sowie T.F.C. Arnolds *Gregor der Wundertäter* (1800), *Das Bildnis mit den Blutflecken* (1800), *Die Nachtwandlerin* (1802) und *Mirakuloso, oder der Schreckensbund der Illuminaten* (1802). Auch Brentanos *Godwi* (1800–1802), die Werke Fouqués oder auch Eichendorffs „Marmorbild" stehen in der Tradition dieser Schauerliteratur. Im Ausland ließ die erstaunliche Anzahl dieser Werke den Eindruck entstehen, als sei der literarische Schauer ein deutsches Erzeugnis, so daß Poe sich im Vorwort der *Tales of the Grotesque and Arabesque* zu der Erklärung genötigt sah: „Terror is not of Germany, but of the soul."[297] [„Das Grauen kommt nicht aus Deutschland, sondern aus der Seele."] In der Tat war die deutsche Schauerliteratur aber doch auf dem Boden der englischen entstanden und reichte daher also nur das zuvor Empfangene, mit einigen Beigaben versehen, an die geistigen Urheber zurück.[298]

Unter den vielen deutschen Romantikern, die sich durch die Schauerliteratur inspirieren ließen, ist in unserem Zusammenhang E.T.A. Hoffmann gewiß der interessanteste. Hoffmann hatte sich durch Schillers *Geisterseher* und Grosses *Genius*, aber vor allem durch *The Monk* von Lewis zur Konzeption seiner *Elixiere des Teufels* anregen lassen und erwies dem englischen Autor auch seine Reverenz, indem er Aurelie, eine Protagonistin des Romans, in einem Brief schreiben läßt: „In meines

Bruders Zimmer sah ich ein fremdes Buch auf dem Tische liegen; ich schlug es auf, es war ein aus dem Englischen übersetzter Roman: ‚Der Mönch'!" [ET 220] Das bloße Wort hatte zu Hoffmanns Zeit offensichtlich einen hohen konnotativen Reiz, der Vorstellungen des Unheimlichen nährte. Die späteren Ereignisse im Roman spielen in Rom und verwickeln den Mönch Medardus in ein düsteres Intrigenspiel, in dessen Verlauf die Dominikaner seinen Mentor und Ordensbruder durch Gift ermorden – hier zeigt sich die Inspiration durch Schillers Fragment und durch den Bundesroman im allgemeinen. Hoffmann übernahm zahllose weitere Versatzstücke aus der Schauerliteratur, das furchteinflößende „Gebürge", die abgelegenen Schlösser, die verwickelte Familiengeschichte mit Rächern und Verfolgten; mit der mehrfachen übernatürlichen Erscheinung eines vor langer Zeit gestorbenen Malers greift er sogar noch auf Walpole zurück. Die Gestalten der Aurelie und Euphemie entstammen eindeutig dem Typenfundus des Schauerromans (die verfolgte Unschuld, die Verführerin). Darüber hinaus gibt es etliche inhaltliche Übereinstimmungen zwischen den *Elixieren* und *The Monk*, auf die hier nicht näher eingegangen werden kann. Und doch befindet sich der Roman auf einem ganz anderen Niveau als die früheren Werke des Genres. Es wurde bereits darauf hingewiesen, daß seit Ann Radcliffe eine allmähliche Psychologisierung der Schauerliteratur begonnen hatte – Hoffmann war der erste Schriftsteller, der sie konsequent zu Ende führte, indem er die schaurigen Landschaften durch die Verwischung der Grenzen zwischen Traum und Realität seiner Protagonisten in reine Schauplätze des Bewußtseins verwandelte.[299] In den *Elixieren* ist nicht mehr die Drastik des Irrealen, sondern die Realität selbst das eigentlich Erschreckende, eine Realität, die nicht mehr hält, was sie zu versprechen schien und dem Leser die Illusion seiner eigenen Sicherheit nimmt. Vom Erhabenen und der Burke'schen Betrachterdistanz ist hier keine Rede mehr.[300]

In der amerikanischen Literatur zeigte sich der Einfluß der englischen *Gothic novel* etwa zur selben Zeit wie in Frankreich und Deutschland[301], nahm aber im Blick auf die spezifischen Interessen der neuen Nation sehr bald eine eigenständige Charakteristik an. Der früheste amerikanische *gothicist*, der überdies auch als der erste hauptberufliche Schriftsteller der Vereinigten Staaten gilt, ist Charles Brockden Brown (1771–1810), dessen Werk eine deutliche Beeinflussung durch die englische Schauerliteratur (besonders William Godwin und Ann Radcliffe) erkennen läßt. Innerhalb weniger Jahre erschienen seine Romane *Wieland* (1798), *Arthur Mervyn* (1799–1800), *Ormond* (1799) und *Edgar Huntly* (1799). Obwohl der Name des Titelhelden in *Wieland* an die verbreitete Auffassung anzuknüpfen scheint, daß *terror* etwas spezifisch Deutsches sei, wird der Roman im Untertitel programmatisch als *An American Tale* ausgewiesen. Das Amerikanische in Browns Schauerromanen erwächst zunächst aus dem konkreten Bezug auf die geographischen Realitäten: Arthur Mervyns Konfrontation mit den Errungenschaften und Abgründen der Zivilisation erfolgt in Philadelphia, das 1793 von einer Epidemie heimgesucht wurde; Wieland ist der Sohn eines Quäkers, der wegen seiner erfolglosen Bemühungen um die Bekehrung von Indianern schwermütig wurde, auch Edgar Huntly muß sich im Kampf gegen Indianer und die amerikanische Wildnis behaupten. In deutlichem Kontrast zur zeitgenössischen Schauerliteratur Europas steht ferner die Verlagerung des Interesses vom erklärten oder unerklärten Übernatürlichen in Richtung auf das Bewußtsein als den Ort, wo unsere Konzeptionen von Realem und Irrealem ineinanderlaufen. Ambiguität ist das Schlüsselwort der mit Brown beginnenden amerikanischen Schauertradition, die über Washington Irving, John Neal, Edgar Allan Poe, Nathaniel Hawthorne, Herman Melville bis zu Ambrose Bierce oder Henry James führt. „Brown", so schreibt Ringe in seiner Untersuchung über die amerikanische Schauerliteratur, „hatte gezeigt, daß die beliebte Schauerliteratur in den Vereinigten Staaten ohne Rückgriff auf die abgenutzten Versatzstücke der europäischen Variante verfaßt werden konnte. Er hatte auch gezeigt, daß das Genre, in seiner Modifizierung, auch zur Vermittlung ernsthafter Themen tauglich war. Indem er den Mittelpunkt des Interesses in das Bewußtsein eines geistig verwirrten Protagonisten verlegte, gab er der Schauerliteratur ein starkes psychologisches Gewicht und bahnte den Weg für ihre energische Weiterentwicklung durch andere amerikanische Autoren von recht unterschiedlichen Temperamenten und literarischen Überzeugungen."[302]

Als ein großer Bewunderer Browns und John Neals, der gleichzeitig auch die Entwicklung der englischen und deutschen Schauerliteratur mit Interesse verfolgte[303], war es erst Edgar Allan Poe, der dem psychologisch motivierten *Gothicism* in der amerikanischen Literatur auf höchstem künstlerischem Niveau zum Durchbruch verhalf, wenngleich seine Werke äußerlich durch bewußten Verzicht auf das amerikanische Lokalkolorit geprägt sind. Poes besonderes Verdienst um die psychologische Aufwertung des Schaurigen wird von Ringe so zusammengefaßt:

> … Poe befreite die Schauererzählung von den engen Beschränkungen, welche die naiven Rationalisten, die sich genötigt fühlten, ihre bemerkenswertesten Schauereffekte durch Erklärungen aufzulösen, ihr aufgezwungen hatten. … In seinen Erzählungen mußte alles gleichermaßen den Anforderungen an Effekt und Bedeutung genügen, und in seinen besten Werken sind die Requisiten des Schaurigen, obwohl sie für sich selbst einen Effekt erzielen, auch notwendige Bestandteile der thematischen Anlage. Der rationalistische Betrachter, der, im Werk eines anderen, die sich sich zutragenden sonderbaren Geschehnisse durch Erklärungen auflösen würde, spielt in Poes Erzählungen eine wichtige Rolle, indem er die philosophische Grundlage der Erzählung schafft, und die grauenerfüllten oder geistig gestörten Charaktere sind nicht nur Opfer selbsterzeugter Chimären, sondern bedeutsame Akteure in einem kosmischen Drama, das sich in einer Reihe von grell beleuchteten und seltsam ausgestatteten abgeschlossenen Räumen abspielt, die symbolische Gegenstücke ihrer eigenen Bewußtseinslagen sind. Vor Poe war es keinem amerikanischen Autor gelungen, eine so organische Verbindung zwischen der Requisite des Schaurigen und der symbolischen Bedeutsamkeit zu schmieden.[304]

XI. Weltschmerz und „Delectatio Morosa"

Wollte man die ganze Fülle der prägenden Elemente des romantischen Weltbildes in einem einzigen Schlagwort konzentrieren, so müßte man vom Gefühl sprechen und könnte, um nur ein wenig präziser zu werden, als die charakteristische Grundtendenz dieses Fühlens die Sehnsucht bezeichnen. Schon das bloße Wort verweist einerseits auf das Sehnen als ein „liebendes Verlangen", im volkstümlichen Verständnis auch auf das Suchen als die durch dieses Verlangen motivierte Aktion, und andererseits – durch den etymologischen Bezug zum althochdeutschen Wort *suht* – auf krankhafte Begleitumstände dieses Strebens. In dem Wort „Sehnsucht" verbindet sich also das positive Gefühl der Liebe mit der negativen Erfahrung des Leidens, wie es von einer Krankheit erzeugt wird, zu einem sonderbaren Ganzen, das unwillkürlich die innere Zerrissenheit des Romantikers auf den Punkt bringt. Durch seine Seele zum spirituellen Universum hingezogen, bleibt er über seinen Körper doch den Gesetzen der Materie unterworfen, und findet seine einzige Hoffnung in der unsicheren und oft bezweifelten Möglichkeit einer allmählichen Vervollkommnung, die ihm im Lauf eines von Leben zu Leben fortschreitenden Strebens, durch das der Körper nach und nach an Substanz verliere, letztlich ein neues Goldenes Zeitalter bescheren möge. Da er sich folglich bestenfalls auf einem Weg sieht, der kaum beschritten ist und sich in unabschätzbarer Länge noch weit hinter dem Horizont fortsetzt, und da er andererseits fürchtet, daß seine Gefangenschaft zwischen den Welten von Körper und Geist doch unabänderlich sein könne, nagen jenseits aller Heilserwartung und einzelner ekstatischer Momente immer wieder Ungeduld, Verdruß, Zorn und Verzweiflung an seiner Seele. Gleichzeitig wird die gemischte Empfindung, in der sich das Schöne mit dem Schrecklichen und das Schmerzliche mit einer eigenartigen Lust verbindet, zu einem typischen Wesensmerkmal des Romantikers. Eine Darstellung der Romantik (und auch der sogenannten Schwarzen Romantik) kann daher schwerlich auf die Erörterung jenes Leidens verzichten, das unter Bezeichnungen wie *Weltschmerz*, *Ennui* oder *Spleen* bekannt ist.

Ennui, Spleen, Weltschmerz sind die Namen eines existentiellen Unbehagens, dessen Intensität das Unlustgefühl der Langeweile weit übersteigt. Im Unterschied zu der durch äußere Umstände veranlaßten Langeweile, wie sie in einer ereignislosen Zeitspanne des Wartens auftreten mag, ist der Ennui weder objektbezogen noch zeitlich begrenzt. Kuhn unterscheidet den Ennui von der geistigen Leere, wie sie etwa ein Pendler im öffentlichen Nahverkehr empfindet, wenn er teilnahmslos die durchfahrene Landschaft an sich vorüberziehen läßt: „Diese Art der Langeweile, die die Franzosen ‚désœuvrement' nennen, lohnt kaum eine ernsthafte Untersuchung. Es handelt sich um einen vorübergehenden Zustand, der fast völlig auf äußeren Umständen beruht ... Die Glocke, die das Ende der Vorlesung anzeigen soll, wird zuletzt doch ertönen; in der Schlange vor einem Schalter wird man irgendwann doch an die Reihe kommen, und der Zug wird doch endlich die Station erreichen, wo man zuhause ist. Was bei diesem ‚désœuvrement' Abhilfe schafft, ist der Schlußpunkt, der sich mit dem Verstreichen der Zeit unweigerlich einstellen wird."[305] Die charakteristischen Merkmale des Ennui beschreibt er dagegen so:

> Was sind also die Hauptmerkmale des Ennui …? Zunächst einmal ist er ein Zustand, der sich gleichermaßen auf die Seele und den Körper auswirkt. Obwohl seine Ursprünge stets im Seelischen liegen, manifestiert er sich psychisch wie physisch. … In seinen Briefen an Louise Colet spricht Flaubert von der „Übelkeit des Ennui" und bezeichnet diesen oft als einen „Aussatz der Seele". Bei Sartre führte eine akute Form des Ennui tatsächlich zu Übelkeit, und in *Das Sein und das Nichts* betont er recht deutlich, daß es sich dabei nicht bloß um eine Metapher für ein gewisses spirituelles Unwohlsein handelt, sondern um den gleichen physischen Ekel, der einen Brechreiz bewirkt.
>
> Zweitens ist der Zustand des Ennui von äußeren Umständen völlig unabhängig …, [und] er ist ebenso unabhängig von unserer Willenskraft. …
>
> Schließlich ist dieser Zustand gewöhnlich durch das Phänomen der Entfremdung gekennzeichnet. Im Zustand des Ennui verliert die Welt ihren Sinngehalt. Alles wird wie durch eine Trennwand gefiltert wahrgenommen; was herausgefiltert wird und verlorengeht, ist eben jenes Element, das dem Dasein einen Sinn verleiht. Die Musik ist nicht mehr eine ästhetische Klangwelt, sondern bloß eine Reihung von Noten. Anstelle von Gemälden sieht man nur noch eine Anhäufung bedeutungsloser Farben auf der Leinwand; ein Buch wird zu einer bloßen Aneinanderreihung von Worten, die hintereinander aufgefädelt sind. … Ermitteln wir aus dieser Vielfalt von Merkmalen den gemeinsamen Nenner, so können wir den Ennui versuchsweise definieren als den Zustand der Leere, den die Seele empfindet, wenn sie alles Interesse an Aktivitäten, am Leben und an der Welt (sei es diese Welt oder eine andere) verloren hat, ein Zustand, der die unmittelbare Folge der Begegnung mit dem Nichts ist und der als unmittelbare Auswirkung eine Unzufriedenheit mit der Wirklichkeit nach sich zieht.[306]

Während „Weltschmerz" eine romantische Wortschöpfung ist (sie wurde von Jean Paul in Umlauf gebracht), sind die Bezeichnungen „Ennui" und „Spleen" wesentlich älter. Tatsächlich beginnt die Geschichte dieses Leidens nicht erst mit der Romantik, sondern reicht über den im ganzen westlichen Kulturkreis verbreiteten Begriff der *Melancholie* bis in die Antike zurück.[307] Von den Vorsokratikern seit Empedokles (490–430 v.Chr.) bis in die Neuzeit galt die Lehre von den vier Temperamenten, derzufolge ein Mensch je nach dem individuellen Mischungsverhältnis der vier Körpersäfte Blut (*sanguis*), Schleim (*phlegma*), gelbe Galle (*cholos*) und schwarze Galle (*melas cholos*) eher zum Typ des Sanguinikers, des Phlegmatikers, des Cholerikers oder des Melancholikers neige. Beim Melancholiker wird demnach das Überwiegen der schwarzen Galle für die Neigung zu düsterem Grübeln über den unerfindlichen Sinn des Lebens verantwortlich gemacht. Schon bald nach dem Entstehen der ersten Klöster waren die Kirchenväter auf eine unter Mönchen besonders verbreitete Trägheit aufmerksam geworden, die als äußeres Merkmal einer spirituellen Leere gedeutet wurde. Diese Form der Schwermut, die man *Acedia* nannte, wurde nicht so sehr als Leiden, sondern vielmehr als ein durch Zügellosigkeit verursachtes Laster aufgefaßt und wegen seiner manifesten Gottlosigkeit mitunter sogar als die gravierendste der Todsünden bezeichnet. Schon der von Gott geprüfte Hiob sei unter dem Eindruck seines weltlichen Leids vorübergehend eben jener *Acedia* zum Opfer gefallen, so heißt es in einem von Papst Gregor I. (um 540–604) verfaßten Kommentar zur Moral des biblischen Buches, der diese Sünde erstmals als eine Gefahr darstellt, die nicht nur Geistliche, sondern grundsätzlich alle Menschen bedrohe. Über ein halbes Jahrtausend später faßt Thomas von Aquin (1225–1274) in seiner *Summa Theologica* diese und andere Ansichten über die Acedia zusammen und bezeichnet das Laster als „delictum grave".[308] Wiederum rund vierhundert Jahre später nennt Blaise PASCAL, indem er vom Abgrund der menschlichen Seele spricht, auch die tiefere Ursache der Acedia: „... zu anderer Zeit hat der Mensch über eine wahrhaftige Glückseligkeit verfügt, von der ihm jetzt nur die gänzlich leere Markierung und Spur übrig bleibt, die er vergebens mit all dem, was ihn umgibt, zu füllen versucht, wobei er den Rückhalt, den er aus den vorhandenen Gegenständen nicht erhält, in abwesenden sucht, die diesen Zweck aber keineswegs erfüllen können, weil dieser unendliche Abgrund nur durch einen unendlichen und unwandelbaren Gegenstand, also nur durch Gott selbst ausgefüllt werden kann."[309] Der Ennui, der Kuhn zufolge in der Renaissance als Krankheit der Könige auf das ohnehin längst nicht mehr nur den Mönchen vorbehaltene Laster der Acedia folgte[310], ist ein zentrales Problem im Denken Pascals, dem er nur die beruhigende Wirkung der Zerstreuung (*divertissement*) entgegenzusetzen hat. „Ennui. / Nichts ist dem Menschen so unerträglich, wie sich in völliger Ruhe zu befinden, ohne Leidenschaft, ohne Aufgabe, ohne Zerstreuung, ohne Hingabe. Dann spürt er sein Nichts, seine Verlassenheit, seine Unzulänglichkeit, seine Abhängigkeit, seine Ohnmacht, seine Leere. Unbezwinglich wird seiner Seele der Ennui entsteigen, die Schwärze, die Traurigkeit, der Kummer, der Verdruß, die Verzweiflung."[311] Es ist das Gedächtnis des Menschen, das ihm durch die Erinnerung an das unwiederbringlich verlorene Paradies zur Quelle der Schwermut wird, wie Kuhn sehr richtig feststellt: „Weil der Mensch nicht mit der Möglichkeit rechnen kann, daß er sein verlorenes Paradies jemals wiederfindet, kann die Nostalgie, welche die Erinnerung heraufbeschwört, leicht zu jener Verzweiflung führen, die das geradezu unvermeidliche Resultat der Gegenüberstellung einer wunderbaren, aber ewig verlorenen Vergangenheit und einer leeren, aber ewig aktuellen Gegenwart ist."[312] Pascal scheint hier einen Grundgedanken der Romantik vorwegzunehmen, doch der Eindruck trügt, denn für ihn ist der Ennui ein Übel, das alle Menschen ohne Rücksicht auf ihren geistigen oder sozialen Rang befallen kann; auch ist bei Pascal im Unterschied zur Romantik die Möglichkeit einer ästhetischen Begleitwirkung des Ennui im Sinn der schon dem Mittelalter bekannten *delectatio morosa* undenkbar.[313]

Gegen Ende des 17. Jahrhunderts tauchte in England eine neue Bezeichnung der Schwermut auf, die bald zu einem geläufigen Schlagwort wurde; es ist die Rede vom *Spleen*.[314] Das englische Wort bezeichnete zunächst nur die Milz (nach griech. „splen"), ein Organ, dessen krankhafte Fehlfunktion schon seit Jahrhunderten als die Hauptursache melancholischer Verstimmungen galt. 1725 veröffentlichte Sir Richard Blackmore, der Leibarzt Queen Annes, seinen *Treatise of the Spleen and the Vapours: or, Hypocondriacal and Hysterical Affections*, in dem der *English Spleen* als ein prägendes Element des britischen Nationalcharakters bezeichnet wird.[315] Die Idee vom Spleen als einem Leiden der Nation, das nicht bloß ein zu kurierendes Übel sei, sondern auch – wie alles der Nation Zugehörige – den Stolz des Patrioten herausfordere, fand eine rasche Verbreitung; mit Genugtuung konstatierte man die Besonderheit der englischen Milz. Als „Englische Krankheit" wird die Schwermut auch in der 1733 erschienenen Abhandlung *The English Malady: or, a Treatise of Nervous Diseases of all Kinds ... with the Author's own Case at large* von George Cheyne bezeichnet. „Der Titel, den ich für dieses *Traktat* gewählt habe", erklärt der Verfasser im Vorwort dieser Schrift, „ist ein *Vorwurf*, der gegenüber dieser Insel ganz allgemein von Ausländern erhoben wird, bei denen *Spleen, Phantastereien* und eine *mangelnde Beachtung des gesunden Menschenverstandes* verächtlich als ENGLISCHE KRANKHEIT bekannt sind." Zwar fügt er scheinbar ohne jeden Nationalstolz hinzu: „Und ich wünschte, es gäbe nicht so guten Grund für diese Überlegung"[316], doch stellt er immerhin fest, daß, wie Dörner zitiert, nicht „Narren, schwache oder dumme Personen, träge oder stumpfsinnige Seelen" von dem Leiden befallen würden, sondern solche „von lebhaftester und auffassungsschnellster Disposition […], deren Genie überaus rege und verständig ist, und zwar besonders dort, wo sich der feinste Sinn und Geschmack in Bezug auf Leid und Freude findet."[317]

Der Spleen wurde sehr bald nicht nur gesellschaftsfähig, sondern avancierte zu einem wünschenswerten Attribut des interessanten Zeitgenossen, so daß viele, die unglücklicherweise von diesem Leiden nicht getroffen waren, ihre Vorstellungskraft bemühten, um sich wenigstens einen Anschein von Schwermut zu geben, der ihr profundes Wesen vor einer tief beeindruckten Umwelt enthüllen sollte. „Die Verbreitung des Spleen im England des 18. Jahrhunderts ist nicht zu bestreiten", schreibt Kuhn. „... Im England dieser Zeit kommt er nicht mehr nur bei den Müßiggängern und Wohlhabenden vor ... Einer von Steeles ‚Korrespondenten' im *Spectator* (Nr.53), der als ‚truly Splenatick' bekannt war, zeigt sich bekümmert darüber, daß neuerdings ‚jeder Wurm, der nichts zu sagen hat, seinen Stumpfsinn durch das Leiden am Spleen entschuldigt'."[318] Es versteht sich, daß diese neue Mode in Literatur und Kunst ein beliebtes Motiv der Satire wurde. Schon 1714 beschreibt Alexander POPE (1688–1744) im vierten Canto seines Gedichts „The Rape of the Lock" durchaus ironisch das düstere Reich des Spleens, wenn es etwa heißt: „For, that sad moment, when the Sylphs withdrew, / And Ariel weeping from Belinda flew, / Umbriel, a dusky, melancholy sprite, / As ever sully'd the fair face of light, / Down to the central earth, his proper scene, / Repair'd to search the gloomy Cave of Spleen. / Swift on his sooty pinions flits the Gnome, / And in a vapour reach'd the dismal dome. / ... / There Affectation, with a sickly mien, / Shows in cheeks the roses of eighteen, / Practised to lisp, and hang the head aside, / Faints into airs, and languishes with pride, / On the rich quilt sinks with becoming woe, / Wrapt in a gown, for sickness, and for show."[319] [„Denn, im traurigen Moment, welcher die Sylphen bannte, / Als Ariel sich weinend von Belinda wandte, / Begab sich Umbriel, ein Geist so schwermütig und matt, / Wie er nur je das holde Bild des Lichts besudelt hat, / Herab zur Erdenmitte, dem ihm angemess'nen Ort, / Um aufzuspür'n des Spleenes düst'ren Hort. / Schnell huscht mit schwarzen Schwingen her der Gnom, / Und kommt im Nebel an beim Schauerdom. / ... / Dort zeigt die Künstlichkeit in elendem Gebaren / Auf ihren Wangen Rosen wie von achtzehn Jahren, / Gewöhnt, das Haupt zu hängen und zu stöhnen, / Ergibt sich Launen und frönt hochmütig dem Sehnen, / Sinkt mit geziemend' Herzeleid ins reiche Daunenbett, / Gehüllt in ein Gewand so kränklich wie kokett."] Trotz aller beabsichtigten Ironie erinnern diese Verse den heutigen Leser doch unwillkürlich an Coleridges „pleasure dome", der sich im Zentrum der opiuminspirierten Zauberwelt des Gedichts „Kubla Khan" befindet. Auch Laurence Sterne karikiert im *Tristram Shandy* die Mode des Spleens, während die Grabes- und Nachtpoeten das Thema nicht unbedingt tiefgründiger, aber doch etwas ernsthafter angehen. Kuhn verweist außerdem auf die Dichterin Anne Finch, die schon 1701 eine „Pindaric Ode on the Spleen" verfaßte und darin eine so genaue Beschreibung des Leidens gibt, daß ein befreundeter Arzt das Werk in seiner medizinischen Abhandlung *Of the Spleen* (1731) neben anatomischen Tafeln mit Querschnittsdarstellungen der Milz abdrucken ließ[320], und er nennt ferner Matthew Greens Dichtung „The Spleen" (1737), die so populär wurde, daß der Autor fortan als „the Spleen Green" bekannt war.[321]

Obwohl der Spleen als ein durchaus auch in Deutschland gängiges Leiden bekannt war, (man denke nur etwa an Albrecht Dürer, der selbst ein Melancholiker war und mit seiner Graphik „Melencolia I" die wohl berühmteste Darstellung dieses Leidens geschaffen hat)[322], fand der Begriff der „englischen Krankheit" hier wie in vielen anderen Ländern des Kontinents während des 18. Jahrhunderts eine rasche Verbreitung; auch die Tatsache, daß der Begriff des „Spleen" als ein Fremdwort in die eigene Sprache aufgenommen wurde (in Deutschland 1771 durch Sophie La Roches *Geschichte des Fräuleins von Sternheim*), war zunächst vielleicht durch gewisse nationalistische Bestrebungen motiviert, indem jenes Leiden als ein durchaus britisches Übel markiert wurde, das wie ein Virus dem eigenen Nationalcharakter Schaden zufüge. So klagt NOVALIS in seinem Gedicht „Der Spleen": „Ihr Briten seids, die uns gelehrt / Das neue Ungemach, den Spleen, / Der täglich sich im deutschen Lande mehrt, / Und allen Kritikern gesunden Mut verzehrt / Und selbst gebeut des Lebens Freuden fliehn. / Und wenn es selbst mein Todfeind wäre, / Der mein und meiner Freunde Ehre / Gemordet, wünscht ich ihm doch nicht den Spleen." [N, I, 501] Auch KANT nennt in dem Abschnitt „Von der langen Weile und dem Kurzweil" seiner *Anthropologie* die Engländer als Gewährsleute für den aus allzu üppigem Lebenswandel entstehenden Überdruß, der sich steigern könne „bis zur Entschließung ..., seinem Leben ein Ende zu machen, weil der üppige Mensch den Genuß aller Art versucht hat, und keiner für ihn mehr neu ist; wie man in Paris vom Lord Mordaunt sagt:

,Die Engländer erhenken sich, um sich die Zeit zu passieren.' – Die in sich wahrgenommene Leere an Empfindungen erregt ein Grauen *(horror vacui)* und gleichsam das Vorgefühl eines langsamen Todes, der für peinlicher gehalten wird, als wenn das Schicksal den Lebensfaden schnell abreißt."[323] Auf eine ähnliche oder vielleicht sogar dieselbe Anekdote bezieht sich GOETHE später in seiner zwischen 1811 und 1833 erschienenen Autobiographie *Aus meinem Leben*[324], so daß auch er zu dem Schluß gelangt, daß an der Verbreitung der literarischen Schwermut im Deutschland der Wertherzeit letztlich die Briten schuld gewesen seien: „Solche düstere Betrachtungen ... hätten sich in den Gemütern deutscher Jünglinge nicht so entschieden entwickeln können, hätte sie nicht eine äußere Veranlassung zu diesem traurigen Geschäft angeregt und gefördert. Es geschah dieses durch die englische Literatur, besonders durch die poetische, deren große Vorzüge ein ernster Trübsinn begleitet, welchen sie einem Jeden mittheilt, der sich mit ihr beschäftigt."[325] Goethe befaßt sich mit dem englischen Spleen im Hinblick auf seinen Briefroman *Die Leiden des jungen Werthers* (1774), dessen Weltschmerzthematik er auf die Inspiration durch die Gedichte Edward Youngs und MacPhersons Ossian-Balladen zurückführt. Dennoch erweist der Erfolg dieses Buches, das in ganz Europa einen beinahe fanatischen Hang zur Schwermut und sogar eine Selbstmordwelle auslöste, daß der Spleen auch außerhalb Englands bereits eine Tradition hatte. Auch Goethes *Werther* steht mindestens ebenso auf dem Boden der kontinentaleuropäischen Ennui-Tradition wie er durch das Vorbild des englischen Spleens inspiriert sein mag. Dies zeigt etwa die Klage des Protagonisten: „Ach, diese Lücke! Diese entsetzliche Lücke, die ich hier in meinem Busen fühle!"[326], die als die tiefere Ursache des Weltschmerzes jenen Abgrund der Leere erkennt, den Pascal beschrieben hatte. Auch so unterschiedliche Denker wie Voltaire und Rousseau haben dem Ennui eine wichtige Funktion zugewiesen.[327]

Es sind jedoch zweifellos BAUDELAIRES *Fleurs du Mal* (deren erster Teil mit dem Titel „Spleen et Idéal" überschrieben ist) und die Sammlung von Prosagedichten *Le Spleen de Paris* (1869), die den Namen jener nur vermeintlich englischen Krankheit zu einem wichtigen Begriff innerhalb der modernen Literaturgeschichte werden ließen. Für ihn ist der Spleen keineswegs ein britisches Übel, auch in Paris findet er seine Opfer, und Baudelaire selbst ist eines von ihnen. So wie Poe sich zu der Feststellung genötigt sah, daß das Grauen keine Domäne der Deutschen, sondern der Seele sei, läßt auch Baudelaire durchblicken, daß die Seele mit all ihren Freuden und Qualen nicht nach Nationalitäten fragt, indem er dasselbe Leid wechselweise englisch als *Spleen* und französisch als *Ennui* bezeichnet. Spleen, das ist bei Baudelaire die Vulgarität des Alltags, es sind die Eitelkeiten und Intrigen, die scheinheilig-formalistische Moral, die Macht des Geldes und die spirituelle Ignoranz der modernen Zivilisation. In Belgien, wo Baudelaire seine letzten Lebensjahre verbrachte und über das er wenig Schmeichelhaftes berichtete, sah er sich noch mehr als in Frankreich von jenen Zumutungen des materialistisch dumpfen Alltags umgeben, so daß Brüssel, „Hauptstadt der Affen"[328], ihm zu einer Hochburg des Ennui

XI. Weltschmerz und „Delectatio Morosa"

wurde.[329] Der eigenartige Haß, mit dem Baudelaire über das „néant belge"[330], das belgische Nichts, herzieht, wird nur verständlich, wenn man bedenkt, welche bessere Alternative ihm stets vor Augen stand und doch unerreichbar blieb, nämlich die einer rein spirituellen Existenz. Damit wird aber gleichzeitig deutlich, daß kein Ort des materiellen Universums seine Sehnsucht befriedigen kann, wie er selbst in dem Prosagedicht „Any where out of the world – N'importe où hors du Monde" feststellt.[331] Das eigentliche Gefängnis, die eigentliche Quelle des Vulgären ist sein eigener Körper, sein eigenes Bewußtsein; der schreckliche Abgrund liegt in ihm selbst: „Homme libre …!", heißt es daher in dem Gedicht „L'Homme et la Mer", „La mer est ton miroir; tu contemples ton âme / Dans le déroulement infini de sa lame, / Et ton esprit n'est pas un gouffre moins amer." [FdM 18] [„Freier Mensch …! Das Meer ist dein Spiegel; du schaust deine Seele in der unendlichen Entrollung seiner Wogen, und dein Geist ist kein minder bitterer Abgrund." (III 85)]

Nur zwei Möglichkeiten sieht Baudelaire, um dem verhaßten Spleen der materiellen Realität zu entfliehen: den Eingang in die künstlichen Paradiese, wo das *Idéal artificiel* als herrschendes Prinzip verwirklicht ist (hiervon wird an anderer Stelle noch ausführlich die Rede sein) oder den Sturz ins *Néant*.[332] Bei Baudelaire steht dieser oft mißverstandene Begriff für einen von allem Natürlichen befreiten Raum und bezeichnet damit einen Ort, der zwischen der Hölle des Ennui und dem Himmel einer absoluten, d.h. göttlichen Präsenz gelegen ist. Das *Néant* ist zwar kein bloßes Vakuum, insofern es vom reinen Wesen der Seele ausgefüllt wird, doch es beinhaltet andererseits auch keine Instanz, die in der Art eines unendlichen Bewußtseins imstande wäre, diese absolute Entgrenzung zu genießen. Das *Néant* ist also gewissermaßen ein Paradies ohne Wonne, wo die Seele sich selbst nicht mehr fühlt. Die Sehnsucht, sich dem *Néant* zu ergeben, ist eine Todessehnsucht. In diesem Sinn ist es zu verstehen, wenn der von seinen Alpträumen geplagte Dichter in „Le Gouffre" ausruft: „Je ne vois qu'infini par toutes les fenêtres, / Et mon esprit, toujours du vertige hanté, / Jalouse du néant l'insensibilité. / – Ah! ne jamais sortir des Nombres et des Etres!" [FdM 172] [„… ich sehe nur Unendlichkeit aus allen Fenstern, / Und mein Geist, vom Schwindel stets umkreist, beneidet die Fühllosigkeit des Nichts. – Ah! nie den Zahlen zu entrinnen, nie dem Seienden!" (IV 97)] Wenn der Geist des Dichters schon nicht imstande ist, das Unendliche zu begreifen, sich anzueignen und mit ihm eins zu werden, so soll er wenigstens nicht beständig das Bild dieses Unerreichbaren vor Augen haben müssen. Die Gefühllosigkeit des *Néant*, wo kein Bewußtsein der Unzulänglichkeit von Zahlen und Körpern mehr besteht, wird angesichts der Unerreichbarkeit des Allerhöchsten zur zweiten Sehnsucht der Seele. So endet auch das Gedicht „Le Goût du Néant", wo der Dichter den erlahmten Kampfgeist seines „morne esprit" und die Ermüdung seines Herzens konstatiert, mit dem resignierten Ruf: „Avalanche, veux-tu m'emporter dans ta chute?" [FdM 72] [„Lawine, willst du in deinem Sturz mich mit dir nehmen?" (III, 207)] Dieser Ruf gilt nicht so sehr dem Abgrund, in dem sich der Dichter ohnehin schon befindet: denn das eigene Ich wird ebenso wie die Welt des Ennui und das dahinter aufblitzende spirituelle Universum als ein wirbelnder Abgrund empfunden (vgl. Seite 411 ff.), sondern er gilt vielmehr der Lawine selbst. Eingehüllt in den Schnee, d. h. nicht sehend, sondern auf ewig bewußtlos, will die Seele ins Ungewisse abstürzen.

Die vorangegangenen Ausführungen haben gezeigt, daß dem vom Ennui überwältigten Individuum gleichsam der Boden unter den Füßen entzogen wird, indem sich aller Anschein von Sinn in Nichts auflöst; die Seele weitet sich zu einem finsteren Abgrund und der Mensch stürzt in ein bodenloses Universum des Trivialen, Billigen und Ekelhaften, wo nichts mehr festen Halt bieten kann. Warum, so mag man sich fragen, wird das furchtbare Leiden zu allem Überfluß auch noch in den Künsten reproduziert? Wäre es nicht besser, von dieser lähmenden Krankheit zu schweigen und statt dessen eine Welt zu errichten, die Zuversicht gibt und die Menschen vor dem Abgrund der völligen Apathie bewahrt? Eine solche Überlegung verkennt jedoch die grundlegende Motivation der Kunst, denn es ist gerade nicht ihr Ziel, durch eine blinde Nachahmung der Realität dieselben Affekte hervorzubringen, wie sie die unmittelbar eigene Erfahrung des Traurigen oder Schrecklichen bewirkt, denn dann wäre sie allerdings überflüssig, da wir in der Welt ohnehin schon genug Trauriges und Schreckliches vorfinden. Wer wollte schon in einem literarischen Werk mit der Schilderung einer Krankheit konfrontiert sein, die wie im Alltag bloß die Furcht vor Ansteckung weckt? Wem würde es gefallen, auf einem Gemälde oder auf der Theaterbühne ein großes Unglück mitanzusehen, das auch ihn selbst bloß unglücklich macht? Die Einsicht, daß sich niemand freiwillig solchen Mißstimmungen aussetzen mag, ist wenigstens so alt wie die aristotelische Theorie der Katharsis. Ein *l'horreur pour l'horreur* ist undenkbar; in der Kunst verfolgt die Darstellung des Schrecklichen und Traurigen immer einen tieferen Zweck und verbindet sich stets mit einem ästhetischen Reiz, ob er nun wie in der Tragödie in einer kathartischen Reinigung oder etwa wie im frühen Schauerroman in einer Erhebung des vernünftigen Subjekts besteht. Was für das Publikum gilt, trifft ebenso auf die Künstler zu, denn so schrecklich die eigene Schwermut des Dichters sein mag, so wird ihr doch allein dadurch, daß er sie literarisch umsetzt, ein ästhetischer Wert zuerkannt: es gefällt ihm, sie zu schildern, und er rechnet darauf, daß andere diese Schilderung mit einem ähnlichen Wohlgefallen lesen werden. Mit dem Ennui verhält es sich wie mit Schopenhauers Wille, jenem blinden Urtrieb, gegen den unser Geist machtlos ist und der jedes über die natürlichen Zwecke hinausführendes Streben verbietet. Auch der Ennui entzieht sich, wie Kuhn gezeigt hat, jeder individuellen Beeinflussung. In der Kunst ist seine Herrschaft aber, wie diejenige des Willens bei Schopenhauer, wenigstens vorübergehend überwindbar. Den Ennui selbst kann der Mensch nicht bezwingen; er kann aber durch die Kunst ein Abbild des Ennui schaffen, das als ein Produkt seiner Phantasie durchaus manipulierbar ist und gewissermaßen stellvertretend überwunden wird. Im kreativen Akt wird also etwas geschaffen, was man wie eine Voodoo-Puppe als *pars pro toto* symbolisch dirigieren oder vernichten kann – und der Zauber funktioniert, zumindest auf kurze Zeit. In diesem Sinn ist es zu verstehen, wenn Kuhn schreibt: „Literatur ist ein natürliches Erzeugnis des Ennui, der nur durch das künstlerische Schaffen zu überwinden ist."[333] In der künstlerischen Darstellung verliert der Ennui einen Teil seines Schreckens und erhält statt dessen einen ästhetischen Reiz: das Schreckliche, Triviale und Ekelhafte wird eine Quelle des Wohlgefallens. Diese Überlegung ist, wie gesagt, wenigstens so alt wie der aristotelische Zweck der Katharsis, doch wurde sie in der Zeit zwischen Aufklärung und Décadence durch die programmatisch geförderte *delectatio morosa* besonders pointiert.

Von den auffälligsten Beispielen für jene neue Lust am Leiden, vom sogenannten *Sadismus* und vom sogenannten *Masochismus*, von den flagellantischen Neigungen eines Swinburne und der oft noch viel derberen Algolagnie seiner Zeitgenossen, oder von der im *fin de siècle* überaus beliebten Thematik der *femme fatale* kann im Folgenden nicht die Rede sein[334], obwohl diese Leidenschaften und die nachfolgend zu erörternden Varianten der Ästhetik des romantischen Weltschmerzes durchaus eine gemeinsame Wurzel haben. Denn das Ziel der ausgeteilten oder empfangenen Torturen und Demütigungen ist wiederum die verachtete Natur, die durch ihre Erzeugung von Körper und Bewußtsein als Kerkermeister der Seele einen unstillbaren Haß auf sich zieht, der in dem Maße wächst, wie die Sehnsucht, aus der eigenen Haut zu fahren, die Individualität zu überwinden und mit dem Kosmos eins zu werden, mit jedem neuen Erwachen in der Welt der Materie eine zunehmende Frustration erfährt. „Warum war er hier? Warum war er mehr oder weniger immer hier?" [UV 294; 308]: Dieser durchaus romantische Stoßseufzer findet sich noch bei Lowry, einem direkten Nachkommen der *poètes maudits* des 19. Jahrhunderts.[335]

Ähnlich wie die Empfindung des Erhabenen und die Lust am Schauerlichen ist auch die Melancholie eine zusammengesetzte Leidenschaft: Wenn der tiefe Schmerz, der oft ohne erkennbaren äußeren Anlaß die Seele quält, durch Gewohnheit und Neigung sozusagen eine Toleranz bewirkt, indem der Unlust des Kummers ähnlich wie beim Selbstmitleid auch eine lustvolle Begleitstimmung entspringt, dann kann die Depression ebenso wie eine Droge zu einem Gegenstand der Sucht werden. Dies ist das tiefere Wesensmerkmal der Melancholie, denn der Melancholiker will sich den bittersüßen Schmerz durchaus nicht nehmen lassen und befindet sich in der seltsamen Lage, an seinen Daseinsqualen, vor denen ihm graut und die ihn gar bis zum Selbstmord treiben mögen, wie an einem letzten Strohhalm festzuhalten. Die Melancholie muß jedoch nicht zwingend in Resignation und *Acedia* umschlagen, sondern kann sich im Fall des Künstlers als ein wichtiger Motor erweisen; die Unzufriedenheit mit der erlebten Realität drängt ihn dazu, die Mühsal des kreativen Schaffens beharrlich auf sich zu nehmen. (Vgl. hierzu etwa Seite 305 ff.) So bezeichnet BAUDELAIRE in einem Brief an Jules Janin „die vom Gefühl des Schönen stets untrennbare Melancholie" als typischen Makel des großen Dichters, als einen jener „erhabenen Makel, die den großen Dichter ausmachen"[336]. Und für jene Leser, die es nicht schon ohnehin bei der Lektüre seiner Gedichte bemerkt haben, erläutert er in den *Journaux intimes* am Beispiel der Schönheit von Frauen- und Männerköpfen seine persönliche Vorstellung, nach der Schönheit sich stets mit Trauer und Melancholie vereine:

> Ich habe die Definition des Schönen gefunden – meinen Schönheitsbegriff. Etwas zugleich voller Trauer und voll verhaltener Glut, etwas schwebend Ungenaues, das der Vermutung Spielraum läßt. Ich werde, wenn man will, diese meine Vorstellungen an einem sinnlichen Gegenstand erläutern, zum Beispiel an dem interessantesten Gegenstand, den die menschliche Gesellschaft bietet, an einem Frauenantlitz. Ein schönes, verführerisches Haupt, will sagen das Haupt einer Frau, ist ein Haupt, das gleichzeitig – aber auf eine eigentümlich vermischte Art – Träume von Wollust und Trauer erregt; Vorstellungen von Melancholie, Mattigkeit, ja Übersättigung weckt – oder auch entgegengesetzte Vorstellungen von inbrünstiger Lebensgier, untermischt mit Fluten der Bitternis, die Entbehrung oder Hoffnungslosigkeit zurückgelassen haben. Das Rätselhafte und die Wehmut des Bedauerns gehören gleichfalls zu den wesentlichen Merkmalen des Schönen.
>
> … Ich will nicht behaupten, daß nicht auch die Freude sich mit der Schönheit verbinden könne, aber ich bin der Meinung, daß die Freude ein sehr gewöhnlicher Schmuck der Schönheit ist; – wohingegen die Melancholie sozusagen ihre erlauchte Gefährtin ist, und dies in einem solchen Grade, daß ich kaum imstande bin …, mir einen Typus des Schönen vorzustellen, in dem nicht auch das *Unglück* zum Ausdruck käme. – Gestützt auf – andere würden sagen: besessen von – solchen Vorstellungen, wird man begreifen, daß es mir fast unmöglich wäre, aus all diesem nicht den Schluß zu ziehen, daß der vollkommenste Typus männlicher Schönheit niemand anders ist als *Satan* – wie Milton ihn geschildert hat. [JI 1255; VI 201/202]

In einer ironischen Parenthese fügt Baudelaire hinzu, daß er seine Ansicht über das „malheur" als einer wesentlichen Komponente der Schönheit mit jenem Mut vortrage, den es erfordere, wenn man sich zur modernen Ästhetik bekenne („pour que j'aie le courage d'avouer jusqu'à quel point je me sens moderne en esthétique"). Damit nimmt er Bezug auf die in seiner Zeit längst geläufige Formulierung vom *mal du siècle*. Wenn dieser Weltschmerz auch keine Erfindung der Romantik und des 19. Jahrhunderts ist – denn in der Neuzeit hatte jede Epoche ihre eigene *vogue du mal*; man denke nur etwa an die *vanitas*-Thematik des Barock und an die von Andreas Gryphius formulierte Überzeugung, in der Welt ein „Jammertal grimmer Schmertzen" vorzufinden –, so erhielt er doch mit dem Auftreten des gefühlsorientierten und in seinem unbescheidenen Vollkommenheitsstreben leicht zu frustrierenden romantischen Individuums eine zentrale Bedeutung, und zwar nicht bloß in Frankreich oder Europa, sondern auch in Amerika. Schon bei Charles Brockden Brown zeigt sich angesichts der enttäuschenden Diskrepanz zwischen den hohen Revolutionsidealen und der Einsicht ihrer beschränkten Realisierbarkeit eine trübe Grundstimmung[337]; besonders deutlich aber zeigt sich das *mal du siècle* bei Baudelaires großem Seelenverwandten Edgar Allan Poe.

Innerhalb seiner eng verbundenen dichtungstheoretischen und kosmologischen Überzeugungen erhält das Schöne als Domäne der Poesie (und der Kunst überhaupt) bei POE eine zentrale Bedeutung, wobei grundsätzlich unterschieden wird zwischen dem bloßen Naturschönen und seinem Ideal, der *supernal Beauty*. Seit die harmonische Einheit des Goldenen Zeitalters verloren ging, ist das Universum in eine Fülle isolierter Atome zerfallen und die ganze Welt einschließlich des Menschen selbst, um mit T. S. Eliot zu sprechen, „a heap of broken images." In diesem zerrissenen Kosmos, wo Materie und Geist unversöhnlich geschieden sind, gilt die größte Sehnsucht des Individuums der Unsterblichkeit, d. h. einer Wiederverschmelzung mit einem in neue Harmonie überführten Weltganzen. In seinem irdischen Dasein vermag der Mensch durch die Betrachtung des Naturschönen nur eine ungefähre Ahnung von jener höchsten Schönheit des wiederhergestellten All-Einen zu erhalten; die sinnlich wahrgenommene Schönheit seiner unmittelbaren Umgebung kann ihn also nicht annähernd befriedigen. In Anbetracht dieses Mangels ist es die vornehmste Aufgabe der Kunst, das Naturschöne in der Darstellung gewissermaßen von seiner Materialität zu reinigen[338] und sozusagen unter der Maßgabe, daß nur die besten Zutaten verwendet werden, vor dem inneren Auge des Lesers, Zuhörers oder Betrachters das Bild der *supernal Beauty* entstehen zu lassen. Die Musik als eine Kunst, die sich, indem ihre besondere Wirkung im Rhythmus gründet, fast völlig vom Gegenständlichen ablöst, und sodann die von ihr abstammende Poesie erscheinen Poe zu diesem Zweck am besten geeignet. Dennoch kann das Kunsterlebnis und damit auch das in der Betrachtung der höchsten Schönheit gegebene Unsterblichkeitsgefühl immer nur von kurzer Dauer sein; die Künstler und ihr Publikum stehen sozusagen mittellos vor den prächtigen Auslagen eines Schaufensters, die sie wohl kurz betrachten, aber sich nicht dauerhaft aneignen können. So kommt zur Ekstase des Kunsterlebens noch im Moment des Genusses eine große Traurigkeit hinzu. Diese Traurigkeit, meint Poe, könne den Eindruck des Schönen jedoch nur steigern. Hier schleicht sich unversehens ein Merkmal des Erhabenen ein, und in der Tat sah Poe keinen Anlaß, die bislang behauptete Unterscheidung von Schönem und Erhabenem zu übernehmen; in dem posthum veröffentlichten Essay „The Poetic Principle" (1850) wird der Begriff der Schönheit daher „as inclusive of the sublime" [CTP 895] definiert.

Wie die Hervorbringung von *supernal Beauty* konkret ins Werk zu setzen sei, erläutert Poe am Beispiel seines berühmten Gedichts „The Raven" in dem Essay „The Philosophy of Composition" (1846). Das Schöne, so heißt es dort, stehe in engster Beziehung zum Traurigen, da es den Rezipienten im Anblick der höchsten Schönheit auf seine eigene Unvollkommenheit zurückwerfe und zu Tränen rühre. Auf diesem Weg gelangt Poe, ähnlich wie später Baudelaire, zum Melancholischen:

> Da ich also das Schöne als mein Gebiet betrachte, richtete sich meine nächste Frage auf die *Tonart* ihrer vollkommensten Repräsentation – und alle Erfahrung lehrt, daß diese Tonart eine der *Trauer* ist. Schönheit jeglicher Art bewegt in ihrer höchsten Entfaltung die empfindsame Seele unvermeidlich zu Tränen. Melancholie ist daher die rechtmäßigste aller poetischen Tonarten. [VE, XIV 198; V 201]

Poes nächste Frage gilt dem Motiv, das diese Schönheit am besten ausdrücke:

> Ohne das Ziel der *Vollkommenheit* oder Perfektion in allen Einzelheiten aus dem Blick zu lassen, fragte ich mich jetzt: ‚Welcher ist unter allen melancholischen Gegenständen

nach dem *allgemeinen* menschlichen Verständnis der *melancholischste*?' Der Tod – war die naheliegende Antwort. ‚Und wann', fragte ich mich, ‚ist dieser melancholischste Gegenstand am dichterischsten?' Aus dem, was ich schon hinlänglich erörtert habe, ergibt sich auch hier eine naheliegende Antwort: ‚Wenn er sich aufs innigste mit der Schönheit verbindet; der Tod einer schönen Frau ist also fraglos der dichterischste Gegenstand auf Erden – und ebenso zweifellos ist der geeignetste Mund für einen solchen Gegenstand der eines Liebenden, der die Geliebte durch den Tod verlor.' [VE, XIV 201; V 203/204]

Daß Poe selbst nekrophil veranlagt war und im Schmerz über den Tod seiner jungen Frau trotz aller Liebe auch eine gewisse heimliche Lust empfunden haben mag, wurde oft vermutet und ebenso oft bestritten; die Frage ist heute wohl nicht mehr zu entscheiden. Daß die *delectatio morosa* ein wichtiges Element seines künstlerischen Credos ist, ist hingegen offensichtlich. „Freude und Schrecken", so bemerkt Daniel Hoffman daher sehr richtig, „mischen sich in Poes Schriften überall in einer sonderbaren Harmonie."[339] So ist der Tod der schönen Frau eines der häufigsten, vielleicht *das* häufigste Motiv seiner Schriften; man denke nur etwa an „Ligeia", „Berenice" oder „The Oval Portrait" oder an das frühe Gedicht „Romance", in dem es heißt: „I could not love except where Death / Was mingling his with Beauty's breath." [VE, VII 164] [„Ich könnte nur lieben, wo Todeshauch / Sich mischt mit dem der Schönheit auch."] Anstelle der vielen möglichen offenkundigen Beispiele für Poes *delectatio morosa* soll hier jedoch ein versteckterer Bezug vorgestellt werden, der sich auf eigentümliche Weise mit Poes Zivilisationskritik verbindet. In der Erzählung „The Colloquy of Monos and Una" (1841) berichtet der vor langer Zeit verstorbene Monos seiner Geliebten Una, die erst kürzlich neben ihm beerdigt wurde, wie sehr sich die zivilisatorische Fortschrittsgläubigkeit aus der Geisterperspektive als ein großer Irrtum erweise. Der hier formulierte Gedanke ist swedenborgianisch und verweist ebenso auf den Kulturpessimismus Rousseaus: Durch das Essen der Frucht vom Baum der Erkenntnis hat sich der Mensch von der Natur und damit auch von einem Teil seiner selbst entzweit, und seine Künste, durch die er die Natur zu unterwerfen trachtet, wiederholen diesen Sündenfall immer aufs neue. Die künstlichen Prinzipien der Demokratie werden als eine Vergewaltigung der Natur gedeutet, die unmittelbar auf das leitende Übel *Knowledge* zurückzuführen sei: „Derweil erhoben sich ungeheure qualmende Städte, schier ohne Zahl. Grünendes Laub verdorrte im heißen Atem der Schlote. Das schöne Gesicht der Natur ward entstellt, wie von Verheerungen einer ekelhaften Krankheit." [CTP 446; II 327] Poe als der erste Grüne, ein heimlicher Verbündeter Thoreaus? Gewiß nicht, denn es ist nicht die Sorge um die Erhaltung des Baumbestands, die ihn veranlaßt, vom Welken der Blätter im Rauch der Fabrikschlote zu schreiben. In Wirklichkeit ist es nämlich gar nicht die Zerstörung der Natur, die hier beklagt wird, sondern vielmehr die zunehmende menschliche Unempfindlichkeit für diesen Zerstörungsprozeß. In den Ausdünstungen der modernen Städte geht vor allem das zugrunde, was den Menschen mit dem Allerhöchsten verbindet, nämlich *Taste*, jenes Vermögen, das auf die Anschauung von Schönheit gerichtet ist. Hinter der Schilderung der Naturzerstörung steht kurioserweise letztlich der Vorwurf, daß die Menschheit in ihrem engstirnigen Fortschrittsdenken keinen Blick mehr für die Schönheit übrig hat, die gerade aus dem Anblick der sterbenden Natur spricht. Diese sterbende Natur, deren hübsches Antlitz von einer Krankheit verzehrt wird, ist doch offensichtlich ein feminines Wesen, und wir erinnern uns, daß nach Poe kein Thema so poetisch ist wie der Tod einer schönen Frau. Die zitierte Äußerung wird also von einer Ästhetik getragen, die entgegen allem Anschein durchaus mit jener Freude an der Naturzerstörung im Einklang steht, wie sie in den Versen Vignys und bei den späteren Vertretern der Décadence zum Ausdruck kommt.

In der Romantik und den nachfolgenden Epochen wurde der Ennui für die Kunst gleich doppelt bedeutsam, nämlich einerseits als jene Daseinsqual, der die Menschen nur im rauschhaften Erlebnis der Kunstproduktion und des Kunstgenusses entrinnen können – damit erweist sich dieses Leiden als der elementare Antrieb zu jeglichem Kunstschaffen[340] –, und andererseits als integraler Bestandteil der ergreifendsten Schönheit, welche die von der *delectatio morosa* bestimmte Kunst hervorbringen will. So fordert der Dichter Théodore de Banville dazu auf, den Ennui zu genießen[341], und schon der vom Weltschmerz geplagte Libertin Roquairol in Jean Pauls Roman *Titan* (1800–03), der vom Autor selbst als Kind des Jahrhunderts bezeichnet wurde, wird nur noch durch den Zauber der Phantasie am Leben erhalten.[342] Friedrich HÖLDERLIN (1770–1843) läßt zu Beginn seines Briefromans *Hyperion* (1797–99) den zwischen Spleen und Ideal hin- und hergeworfenen Helden klagen: „Mir ist, als würd ich in den Sumpf geworfen, als schlüge man den Sargdeckel über mir zu …"[343], während er an anderer Stelle an seinen deutschen Brieffreund Bellarmin schreibt: „Aber schöner ist nichts, als wenn es nach so langem Tode wieder [im Menschen] dämmert, und der Schmerz, wie ein Bruder, der fernher dämmernden Freude entgegengeht."[344] Und am Schluß des Romans heißt es gar: „Ja! ja! wert ist der Schmerz, am Herzen der Menschen zu liegen, und dein Vertrauter zu sein, o Natur! Denn er nur führt von einer Wonne zur andern, und es ist kein andrer Gefährte, denn er."[345] Auch Nikolaus LENAU (1802–1850) litt ebenso unter dem Ennui wie er ihn genoß, und war, wie Martens feststellt, „fasziniert von allem Düsteren, Schrecklichen und Makabren; Schmerz, Todesgrauen und Schicksalsverzweiflung konnten geradezu ersehnt und aufgesucht werden."[346] In einem Brief gesteht der Dichter, daß er sich seinen eigenen „Untergang mit einer Art wollüstigen Grauens vorstelle und schon als Kind eine gewisse Freude am Unglück hatte."[347] „Schmerz zu empfinden", meint Martens daher, sei für Lenau „innigstes Bedürfnis" gewesen: „Lenau – lebt aus dem Schmerz. Er klammert sich an ihn als einen Wert. Wo jedes Glück verloren ist, da übernehmen Schmerz und Erschütterung die Funktion der Beglückung."[348] Auch die englischen Dichter der Romantik befassen sich intensiv mit der Ästhetik des Leidens; 1802 erscheint Coleridges berühmtes Gedicht „Dejection: An Ode", Keats verfaßt eine „Ode on Melancholy" (1819), Shelley seine „Stanzas written in Dejection, near Naples" (1818); auch Lord Byron, der in dem durch Goethes *Faust* inspirierten Versdrama *Manfred* (1817) von „deiner Freude am Schmerz der andern"[349] spricht, kennt aus eigener Ennui-Erfahrung nicht nur die Qual, sondern ebenso die Wonnen des Schmerzes. In Frankreich schreibt etwa der von Byron beeinflußte Alfred de Vigny in seinem *Journal d'un poète* (1841): „In dieser Nacht will ich in meine grausamsten Erinnerungen eintauchen … Ich finde darin ein bitteres Glück und ich möchte mich auf diese Weise selbst geißeln …"[350], Victor Hugo setzt sich in dem auf Dürers Radierung bezogenen Gedicht „Melancholia" (in den *Contemplations*) mit der süßen Schwermut auseinander, Musset verkündet in dem Gedicht „La nuit de mai" (1835): „Die hoffnungslosesten sind die schönsten Gesänge"[351], und auch viele weitere Dichter dürften jenen Versen aus Baudelaires „Hymne à la Beauté" zugestimmt haben, wo es heißt: „Tu marches sur des morts, Beauté, dont tu te moques; / De tes bijoux l'Horreur n'est pas le moins charmant, / Et le Meurtre, parmi tes plus chères breloques, / Sur ton ventre orgueilleux danse amoureusement." [FdM 23] [„Du wandelst über Tote, Schönheit, deren du nicht achtest; unter deinen Juwelen ist das Grauen nicht das unansehnlichste, und zwischen deinen liebsten Berlocken tanzt der Mord verzückt auf deinem stolzen Bauch." (III 97, 99)] In der Philosophie wurde die Rolle der Schwermut von Sören Kierkegaard (1813–1855) untersucht, der die ausweglose Verzweiflung des Individuums als Vorbedingung wahren Gottglaubens versteht und seinen Zeitgenossen mitteilt, daß sie nichts nötiger bräuchten als Märtyrer; es ist aber vor allem SCHOPENHAUER, der Ennui und Langeweile an den Anfang alles Kulturschaffens stellt. Seiner Ansicht nach ist Langeweile die ursprüngliche Stimmung des Gemüts und halte das Individuum überhaupt erst zu zielgerichteten Handlungen an, indem man durch ein bestimmtes Interesse die innere Leere auszufüllen versuche. Allerdings führe jede Handlung – sei es durch Mißerfolg, der Frustration bewirkt, oder durch Erfolg, der eine Sättigung und damit unweigerlich wieder Langeweile hervorbringt – letztlich zu Schmerz und Leiden zurück:

> Die Basis alles Wollens aber ist Bedürftigkeit, Mangel, also Schmerz, dem [der Mensch] folglich schon ursprünglich und durch sein Wesen anheimfällt. Fehlt es ihm hingegen an Objekten des Wollens, indem die zu leichte Befriedigung sie ihm sogleich wieder wegnimmt; so befällt ihn furchtbare Leere und Langeweile: d.h. sein Wesen und sein Daseyn selbst wird ihm zur unerträglichen Last. Sein Leben schwingt also, gleich einem Pendel, hin und her, zwischen dem Schmerz und der Langenweile, welche Beide in der That dessen letzte Bestandtheile sind. [WW, I, 367/368]

Der Schmerz, der als etwas Positives aufgefaßt wird (im Unterschied zur Freude, die stets negativ, nämlich als das Nicht-Vorhandensein von Schmerz, erfahren werde[352]), ist demnach auch der erste und letzte Antrieb zur Kunst; nur dort, meint Schopenhauer, kann ein flüchtiger Ausstieg aus dem ewigen Kreislauf des Leidens erfolgen. In einem späteren Abschnitt definiert Schopenhauer jedes Leiden (einschließlich körperlicher Schmerzen) als die unmittelbare Folge eines unbefriedigten Wollens. In dieser Situation werde ihm der Anblick zufriedener und glücklicher Mitmenschen unerträglich; sein Leiden erscheine ihm im Vergleich nur umso ärger, während sich das Übel umso leichter ertragen lasse, wenn er andere Menschen von noch größerem

Schmerz und Unglück getroffen sehe. Wer nun von einem besonders maßlosen Verlangen erfüllt und demzufolge auch von einer besonders heftigen Frustration geplagt sei – und hier ist der *poète maudit* ein Prototyp, der in seiner Maßlosigkeit doch nichts weniger verlangt, als selbst ein Gott zu werden und über dieser unerfüllten Sehnsucht in eine entsprechend finstere Verzweiflung stürzt –, der habe auch ein proportional gesteigertes Bedürfnis, den Anblick von fremdem Leid zur Linderung seiner eigenen Qualen zu goutieren. „[W]enn aus diesem Allen ... nothwendig eine übermäßige innere Quaal, ewige Unruhe, unheilbarer Schmerz erwächst; so sucht [der Mensch] nun indirekt die Linderung, deren er direkt nicht fähig ist, sucht nämlich durch den Anblick des fremden Leidens, welches er zugleich als eine Aeußerung seiner Macht erkennt, das eigene zu mildern. Fremdes Leiden wird ihm jetzt Zweck an sich, ist ihm ein Anblick, an dem er sich weidet ..." [WW, I 430] Damit liefert Schopenhauer die philosophische Begründung der *delectatio morosa*.[353]

*****

So wie ein Naturforscher durch einen bodenkundlichen Aufriß erkennen kann, wieso in einer Region eine bestimmte Vegetation besteht, so wurde auch hier anhand einiger repräsentativer „Probebohrungen" das Terrain untersucht, in dem die besondere Weltanschauung der Romantik wurzelt. Was im naturwissenschaftlich untersuchten Feldabschnitt die untereinander vermengten Schichten von Löß und Sand und Erde mit ihren diversen Nährstoffen und Ablagerungen sind, waren hier die heterogenen, aber teilweise sich überschneidenden gedanklichen Strömungen, die sich am Ende des 18. Jahrhunderts zu einem ebenso fruchtbaren wie explosiven Gemisch verbinden, das sich schließlich mit viel Geräusch und auch ein wenig Schwefeldunst zur Moderne kristallisieren wird. Der Irrationalismus als eine Gegenbewegung zur Diktatur der Vernunft; die erkenntnistheoretische Wende bei Kant, die nicht nur Bewunderer findet; die Entdeckung der „Nachtseite der Naturwissenschaft"; die Problematisierung von Bewußtsein und Unbewußtem; das Interesse am Traum und ähnlichen Manifestationen des Psychologisch-Metaphysischen; die Suche nach dem verlorenen Paradies; das Bemühen um die Deutung von Hieroglyphen; die intime Zwiesprache mit der Natur, die bald in unversöhnliche Feindschaft und die Idealisierung des Künstlichen umschlägt; die Ästhetik des Schreckens, das Leiden am Spleen und die gleichzeitige *delectatio morosa* – die Romantik ist kein Supermarkt, aber doch, im besten Sinn, ein Kramladen der abendländischen Geistesgeschichte, der trotz aller Entlehnungen zuletzt über ein einzigartiges Sortiment verfügt. Für all die Sehnsüchte und elementaren Bedürfnisse, die sich in dieser eklektischen Zusammenstellung vereinen, ist das romantische Interesse an der Droge emblematisch. Zwar muß, wer die Romantik behandelt, nicht unbedingt vom Drogenrausch sprechen, doch wenn man vom Drogenrausch spricht, so kann man in der an ihn geknüpften Erwartungshaltung ohne weiteres die ganze Komplexität der Epoche wiederfinden.

In diesem Kapitel wurde gezeigt, daß der romantische Subjektivismus seine ganze Aufmerksamkeit auf die sich selbst fühlende Seele richtet, deren Studium allein die

Chance verspricht, über die Bestimmung des Menschen und die in jedem einzelnen gespiegelte Totalität der Schöpfung umfassende Klarheit zu erlangen: Der Drogenrausch, so meinte nicht nur Baudelaire, sei ein Vergrößerungsspiegel der Seele. – Die Romantik setzte der Aufklärung das Gefühl als die überlegene Instanz entgegen, ohne die es kein wahres Erkennen geben könne und übersprang, wohl mit weichen Knien, die von Kant gezogenen Grenzen, indem sie auf die periodische Erleuchtung im Traum vertraute, die nach dem Erwachen zum eigenen Fortgang und zu dem der ganzen Gattung genutzt werden könnte: Was ist der Rausch anderes als eine Art Traum, der aber doch in einem wacheren Zustand erlebt wird als der natürliche Schlaf der Vernunft? – Die Sehnsucht nach der Auflösung der Dualität von Geist und Materie, nach dem Zusammenfall aller Gegensätze in einer mystischen Einheit, die dem Zustand der Menschen im legendären Goldenen Zeitalter entspreche: Unter dem synästhetischen Einfluß der Droge sieht der Berauschte die Gegensätze auf wunderbare Weise zum All-Einen wieder zusammenschmelzen und erhält auf diese Art einen ersten Eindruck von der Eigenart des verlorenen Paradieses. – Das vom Schwermütigen ersehnte Glück des Néant: wird es nicht durch die im Drogenrausch bewirkte ungeheure Ausdehnung von Zeit und Raum wenigstens flüchtig zur Wirklichkeit? – Die geheime Bedeutung der Hieroglyphen: Tritt sie nicht unter der Einwirkung der Droge deutlich zutage, da sich doch die Umgebung im Rausch aus einer ganz neuen Perspektive und in einem ungewöhnlichen Licht darstellt? – Der Sinn dieses Kapitels bestand darin, den geistigen Horizont des Romantikers zu umreißen, um die Hintergründe für das bis heute anhaltende individualistische Interesse an Drogen und Rausch zu ermitteln. Dennoch ist die Frage, wieso die Drogen in der Romantik plötzlich so interessant wurden, damit erst zur Hälfte beantwortet. Geklärt ist der Ursprung des romantischen Bedürfnisses nach einer rauschhaften Überwindung der kosmischen Dualität, doch es bleibt immer noch zu ermitteln, warum die Romantiker hierzu gerade in die Droge so große Hoffnungen setzten. Was ist es denn eigentlich, das die Erfahrung des Rausches von der unserer sinnlich-rationalen Wahrnehmung so sehr unterscheidet und dadurch die Erwartungen der Romantiker und ihrer Nachfolger möglicherweise rechtfertigt? Der nachfolgende zweite Hauptteil wird sich mit dieser empirischen Frage befassen, wobei neben einer Darstellung zur spezifischen Wirkung der Drogen und den Besonderheiten der Rauschwahrnehmung auch die wichtigsten Probleme zu erörtern sind, die sich aus dem allgemeinen und aus dem künstlerischen Gebrauch solcher Substanzen ergeben mögen.

Zweiter Teil

Rauschmittel im Urteil
der modernen Drogenforschung

Das Verhältnis eines Schriftstellers zu seinen professionellen Kritikern ist sicher nicht immer durch innigste Zuneigung geprägt. Das mag u. a. daran liegen, daß es eher Verdruß als Genuß bereitet, ein mühsam errungenes Kunstprodukt den Seziertischen von Feuilleton und Wissenschaft überlassen zu müssen und damit gewissermaßen enteignet zu werden. Mancher Künstler wird es daher wie eine Anmaßung empfinden, wenn seine blaue Blume zuletzt das Knopfloch des Kritikers ziert. Was weiß denn der Literaturwissenschaftler schon, wie es ist, sich am Klondyke-Paß durchzuschlagen, könnte etwa Jack London sagen, und ein Autor wie Poe, der doch selbst mit sichtlichem Vergnügen polemische Rezensionen schrieb, könnte ebenso geringschätzig über die Amerikanistenliga urteilen, die seine Seelenqualen so gründlich verstanden zu haben glaubt. In Malcolm Lowrys Erzählung „Through the Panama" ereifert sich der Protagonist: „Und doch: Was für ein Anrecht haben diese Junior-Schulmeister der amerikanischen Literatur auf Kafka oder Melville? Sind sie zur See gefahren? Haben sie Not gelitten? Unsinn. Wahrscheinlich sind sie sogar in ihrem Leben noch nicht einmal betrunken gewesen oder haben je einen ehrlichen Kater gehabt ..." [HU 75] Art Hill, einer der vielen Interpreten von Lowrys *Under the Volcano*, äußert sich ähnlich über die Kritiker dieses Romans: „Die meisten von ihnen, glaube ich, haben einfach keine Vorstellung von den abwegigen Vorgängen im Kopf eines Alkoholikers. Sie sind blinde Opfer jener seligen Unwissenheit, die sie dem Umstand verdanken, niemals einen beträchtlichen Teil ihres Lebens damit verbracht zu haben, sich zu betrinken."[1] Diese erfahrungsbedingte Kluft zwischen dem Schriftsteller und seinem Kritiker ist jedoch kaum zu überbrücken, und es wäre nicht sehr fair, wollte man dem Kritiker ernsthafte Vorhaltungen machen, daß er sich ein Urteil erlaubt, ohne tatsächlich „dabei" gewesen zu sein. Der Kritiker sorgt für den gedanklichen Nachvollzug, die theoretische Aufbereitung der dichterischen Erlebniswelt und ist auch in der Lage, sie im Dialog mit dem Text zu ergänzen, denn letztlich erhält jedes Kunstwerk seine immer neue Bedeutsamkeit ja erst durch den individuellen Betrachter.[2] Es ist nicht seine Aufgabe, am Klondyke zu lagern oder Abenteuer auf hoher See zu bestehen. Dafür muß er sich aber, wenn er seriöse Arbeit leisten will, über die Hintergründe solcher Erlebnisse *informieren*. Wenn dies eine Binsenweisheit ist, so scheint sie doch vielfach noch recht unpopulär zu sein. Gerade im Hinblick auf die Thematik des Drogenrausches in der Literatur wird der Leser der kritischen Werke mit einem erstaunlichen Maß an Vorurteilen, Nachlässigkeit und Naivität konfrontiert. Für einen Geisteswissenschaftler ist es gewiß legitim, auf eine genaue Kenntnis medizinisch-naturwissenschaftlicher Urteile über die Drogenwirkung zu verzichten. Wenn er aber die Urteilskriterien dieser empirischen Wissenschaften für seine Zwecke nutzen will, dann muß er sich auch um eine verantwortliche Aneignung des jeweiligen Kenntnisstandes bemühen. In allzu vielen Schriften zum Thema ist diese Aufgabe grob vernachlässigt worden.[3] So klagt M.H. Abrams über die vermeintlichen Opiumkenner seiner Zunft: „In den Fällen, wo die Kritiker diese Thematik nicht völlig vernachlässigen, ist ihre Analyse der Opiumwirkungen allzu oft ein impulsives Rätselraten, das von keiner Last konkreter Kenntnisse behindert wird. Seltsamerweise ist aber dieser Bereich, obwohl es ‚in der ganzen Pharmakologie kaum ein komplexeres Problem gibt als ... eine gründliche und genaue Analyse der Drogenwirkung', genau derjenige, in dem sich jedermann als Experte fühlt."[4] Elisabeth Schneider stimmt in diese Klage ein:

> In Darstellungen zur Literatur des 19. und 20. Jahrhunderts findet sich hier und dort verstreut eine stattliche Anzahl höchst phantasievoller und oft fälschlicher Behauptungen über den Einfluß des Opiums auf das kreative Vermögen und das Leben des Genies ..., und manche Schrift über das Opium ist fast so phantastisch wie die Wirkungen, die ihm zugeschrieben werden.
>
> Literaturwissenschaftler sind aber im allgemeinen mit modernen medizinischen Berichten über die Opiumwirkung nur unzureichend vertraut, und ältere medizinische Werke zum Thema sind ausgesprochen unzuverlässig.[5]

Das folgende Kapitel ist aus der Frustration über jene Formen wissenschaftlicher Wilderei entstanden und wird versuchen, die wesentlichsten Befunde der empirischen Wissenschaften über Drogen und ihre Wirkung zu umreißen. So werden zunächst die einzelnen Rauschmittel nach ihrer Herkunft, Art und Wirkung beschrieben. Im Anschluß folgen die Erörterung der „Bewußtseinserweiterung" durch Drogen sowie eine kurze Darstellung zum Problem der Sucht. Nach einer allgemeinen Darstellung zum Erleben im Drogenrausch werden abschließend diverse Rauschphänomene vorgestellt und durch Zitate aus literarischen Texten belegt.

Eine letzte Vorbemerkung sei hier noch eingefügt: Wer sich heute öffentlich über Rauschmittel äußert, muß sich angesichts des aktuellen Drogenproblems darüber im Klaren sein, daß er eine gewisse Verantwortung übernimmt. Aldous Huxley hielt es daher für ratsam, die wissenschaftliche Diskussion über Drogen nicht in der Öffentlichkeit der großen Medien zu führen.[6] Ein solches Verantwortungsbewußtsein ist besonders gefordert, solange mit der Kriminalisierung des Suchtkranken durch eine uneinsichtige Gesetzgebung und einer teilweise immer noch recht unbeholfenen Aufklärung[7] die geringen Möglichkeiten einer wirksamen Bekämpfung der Drogensucht weitgehend verspielt werden. Wenn nachfolgend nicht nur auf die Gefahren von Rauschmitteln, sondern auch darauf hingewiesen wird, daß der Gebrauch mancher Drogen mit nur geringen Risiken verbunden ist, so ist dies natürlich nicht im

Sinn einer Empfehlung zu verstehen, sondern Ausdruck des Bemühens um eine korrekte Darstellung des aktuellen Forschungsstandes.

I. Beschreibung der wichtigsten Drogen

Opium

Opium ist eine Substanz, die aus dem getrockneten Saft der unreifen Samenkapseln des Schlafmohns (*Papaver somniferum*) entsteht. Seine berauschende Wirkung geht vor allem auf ein Alkaloid zurück, das der deutsche Apotheker Friedrich Wilhelm Sertürner 1806 erstmals isolierte und mit Bezug auf Morpheus, den griechischen Gott der Träume, MORPHIN nannte. Als *Morphium*[8] wurde dieser isolierte Wirkstoff, der wesentlich schneller und nachhaltiger auf den Organismus wirkt als das Rohopium, jedoch erst im Zusammenhang mit der Erfindung und Weiterentwicklung von Spritzen zur subkutanen Injektion während der zweiten Jahrhunderthälfte eine verbreitete Droge. Als die häufige Verwendung von Morphin während des Deutsch-Französischen Krieges 1870/71 viele Soldaten drogensüchtig nach Hause zurückkehren ließ, bemühte sich die Forschung, den suchterzeugenden Faktor zu eliminieren. So entwickelte die Firma Bayer 1898 ein Morphin-Derivat, das HEROIN genannt wurde; allerdings stellte sich bald heraus, daß die Suchtgefahr bei dieser Droge sogar noch viel größer ist als beim Morphin.[9] Bis heute ist es der Forschung gelungen, mehr als zwanzig weitere solcher Alkaloide zu isolieren, wie etwa das Codein, Narcotin, Papaverin und Laudanin. Bevor die Injektion die alten Einnahmeformen ablöste, wurde Opium geraucht oder gegessen; die bis zu Anfang dieses Jahrhunderts populärste Art des Opiumkonsums war jedoch das Trinken von LAUDANUM, das zu 90% aus Alkohol und nur zu 10% aus Opium besteht. Auch der als „Opiumesser" berühmte De Quincey war in Wirklichkeit ein Laudanumtrinker. – Neben dem bei allen Opiaten gegebenen Suchtrisiko besteht vor allem auch die Gefahr der Überdosierung, die durch die Lähmung des Atemzentrums zum Erstickungstod oder zu Hirnschäden infolge akuten Sauerstoffmangels führen kann. Eine weitere Gefahr ergibt sich aus der verbreiteten Praxis, daß z.B. das reine Heroin oft mit anderen Substanzen vermischt ist; in glücklichen Fällen handelt es sich hierbei um harmlose Stoffe wie z.B. Traubenzucker oder Ascorbinsäure; es könnte aber auch Strychnin oder Zyankali sein, wie es in Mitteln zur Schädlingsbekämpfung vorkommt!

Haschisch

Haschisch ist ein Produkt aus dem Harz der Blütenspitzen weiblicher Hanfpflanzen (*Cannabis sativa* und *indica*). In fast allen Kulturen Asiens und Afrikas ist diese Droge von Bedeutung; die aus dem Sanskrit stammende Bezeichnung BHANG erscheint nahezu überall als Urwurzel der zahlreichen Namen für Haschisch. Die wirksame Substanz ist das Delta-9-Tetrahydrocannabinol (THC), das je nach Sorte und Qualität in einer Konzentration von 5 bis 12% enthalten ist. Da Haschisch in seiner Rohform (wie viele andere natürliche Drogen) einen unangenehmen Geschmack hat, wird es oft mit anderen Substanzen und Gewürzen zu einer konfitüreartigen Paste verrührt. Die bekannteste dieser Kreationen ist der aus Nordafrika stammende DAWAMESC, der auch im *Club des Hachichins* genossen wurde. Den Berichten Gautiers und Baudelaires zufolge, war diese Delikatesse von grünlicher Farbe und wurde in walnußgroßen Portionen mit starkem schwarzem Kaffee eingenommen. Haschisch kann also gegessen oder auch in Tee oder Kaffee gelöst getrunken werden, seine Wirkung ist aber wesentlich stärker, wenn man es raucht. – MARIHUANA wird nicht wie das Haschisch aus dem Harz der Blütenspitzen des Hanfes gewonnen, sondern besteht aus einem Gemisch der getrockneten Blätter und Blüten. Da sein THC-Gehalt mit 1 bis 7% deutlich niedriger liegt als der des Haschisch, ist auch seine berauschende Wirkung geringer. Über die Schädlichkeit des Haschisch schreibt Ambros Uchtenhagen: „Derzeit läßt sich, ohne abschließendes Urteil, zusammenfassen, daß die Wirkstoffe des Haschischs eine seelische, aber keine körperliche Abhängigkeit (Sucht) bewirken können, im akuten Rausch Bewußtseinsbeeinträchtigungen mit sich bringen, aber keine erhebliche körperliche Gefahr bilden, beim akuten Rausch zudem Zustände von Geisteskrankheit, Selbstmordstimmung, Panik hervorrufen können, bei langdauerndem mäßigem Gebrauch kaum körperliche Schädigungen verursachen, bei langdauerndem intensivem Gebrauch Persönlichkeitsveränderungen und deutliche körperliche Schädigungen, vor allem an der Lunge, hervorrufen können."[10] Durch den Konsum von Cannabis kann außerdem das Immunsystem beeinträchtigt werden.[11] Da Haschisch heute meistens geraucht wird, ist zu berücksichtigen, daß ein Großteil der gelegentlich auftretenden körperlichen Schädigungen durch das im Tabak enthaltene Nikotin bewirkt wird. Dennoch wird die krebserzeugende Wirkung von Cannabisrauch heute höher eingeschätzt als die von Tabakrauch. Die verbreitete Ansicht über die Funktion von Cannabis als „Einstiegsdroge", die zum Gebrauch von Opiaten führe, ist durch die Forschung nicht bestätigt worden und muß ebenso als ein Mythos gelten wie die Annahme, daß der Genuß von Cannabis eine ausgeprägte Neigung zur Gewalttätigkeit fördere.[12] Bei moderatem Gebrauch ist Haschisch also eine relativ harmlose Droge. Als noch unbedenklicher kann das Marihuana gelten:

> Wenn Marihuana über einen längeren Zeitraum regelmäßig eingenommen wird, entwickelt sich das Phänomen der Toleranz, d.h., daß man mehr als zu Anfang von der Droge benötigt, um die gleichen Wirkungen hervorzurufen. Bei starkem Konsum und plötzlichem Abbruch ist ein ziemlich mildes Entziehungssyndrom zu beobachten, das in Übelkeit, Appetitlosigkeit, Schlaflosigkeit und Reizbarkeit für ein bis zwei Tage besteht. Die physische Abhängigkeit ist also minimal, aber psychische Abhängigkeit oder Sucht findet man bei einigen Rauchern. [...] Der Marihuana-Rausch unterbricht das Kurzzeitgedächtnis und stört wahrscheinlich auch die Übertragung vom Kurzzeit- in den Langzeitgedächtnisspeicher. Obwohl es auch zu Wahrnehmungs- und Aufmerksamkeitsverände-

rungen kommt, sind wahrscheinlich die Veränderungen in der Sprache, dem Denken und im Lernen sekundär im Vergleich zur Beeinträchtigung des Kurzzeitgedächtnisses. Das Abrufen aus dem Langzeitgedächtnis wird durch Marihuana nicht wesentlich gestört. Einige vorläufige Versuche zeigen, daß die Funktionen der linken Gehirnhemisphäre mehr als die der rechten gestört werden. Infolgedessen tritt bei einigen Leuten eine relative Dominanz der rechten Hemisphäre ein.[13]

Kokain

Kokain, das wichtigste Alkaloid, das in den Blättern der Coca-Pflanze (*Erythroxylon coca*) enthalten ist, wurde 1860 von Albert Niemann erstmals isoliert; ein Jahr zuvor hatte der italienische Arzt Paolo Mantegazza das erste umfassende Werk über die berauschende Wirkung von Coca veröffentlicht.[14] Bei den Indianern Südamerikas hat das Kauen von Coca-Blättern eine lange Tradition[15]; in den Industrienationen kommt dagegen das isolierte Hauptalkaloid als weißes Pulver auf den Markt, das gespritzt oder geschnupft[16] wird. Nachdem die Alte Welt zunächst kein Interesse für die berauschende Pflanze der Indianer gezeigt hatte (die ersten Coca-Blätter waren bereits 1569 nach Europa gelangt, die erste vollständige Pflanze aber erst 1749, und auch sie blieb vorerst ein bloßes Kuriosum), begann unmittelbar nach der ersten Herstellung des Kokains eine umfassende Vermarktung der Droge: Tabak, Wein und Süßigkeiten wurden nach immer neuen Rezepturen mit Kokain versetzt, so daß, wie bei den zeitgenössischen Opiatpräparaten, das Angebot bald kaum noch zu übersehen war. 1863 kreierte der französische Apotheker Angelo Mariani einen kokainhaltigen Wein, der als *Vin Mariani* in Europa und in den USA eine rasche Verbreitung fand. Seine Beliebtheit wird u.a. dadurch dokumentiert, daß der Hersteller keine Mühe hatte, die zeitgenössische Prominenz für sich werben zu lassen: Henrik Ibsen, Émile Zola, Jules Verne und Thomas Edison lobten ebenso wie Sarah Bernhardt und Papst Leo XIII. oder auch Zar Alexander II. jenes Elixier, das nach den Worten des Malers Alphonse Mucha sogar Mumien wieder zum Leben erwecke. In den USA ergab sich angesichts der immer einflußreicheren Temperenzbewegung eine besondere Marktchance, die John S. Pemberton nutzte, indem er 1886 einen kokainhaltigen, aber alkoholfreien Stärkungssirup vorstellte, der einen wohl beispiellosen Verkaufserfolg nach sich zog: *Coca-Cola*. (Nachdem kokainhaltige Präparate um die Jahrhundertwende immer häufiger kritisiert wurden, beschloß die Coca-Cola-Gesellschaft 1903 aber, den Kokainanteil des Getränks durch Koffein zu ersetzen.) – In der Medizin wurde das Kokain um 1880 als ein Mittel zur Unterstützung von Alkohol- und Opiatentziehungskuren erprobt; gleichzeitig wurde seine Wirksamkeit als Lokalanästhetikum erkannt, während Sigmund Freud den psychotherapeutischen Nutzen der Droge untersuchte.[17] In den zwanziger Jahren wurde das Kokain zu einer Modedroge (vgl. Seite 55) und ist auch in jüngster Zeit wieder sehr populär geworden. 1985 tauchte auf dem amerikanischen Drogenmarkt eine billige Variante des Kokain auf, die geraucht wird und als CRACK bekannt ist.[18] Die Wirkung setzt hier schon nach wenigen Sekunden explosionsartig ein, hält aber im Unterschied zum geschnupften oder gespritzten Kokain nur etwa eine Viertelstunde an, worauf sehr heftige Depressionen und das Verlangen nach erneuter Einnahme folgen.[19] – Bei längerem Gebrauch von Kokain besteht Suchtgefahr; als gefährlich kann sich außerdem die Tatsache erweisen, daß die Substanz im Organismus nur langsam abgebaut wird, so daß sich bei wiederholter Einnahme die Folgen einer Überdosierung einstellen können.[20] Zu den akuten Schädigungen während des Rausches gehören sensomotorische Beeinträchtigungen und vor allem Sehstörungen.[21]

Meskalin

Meskalin ist das wichtigste von über 30 Alkaloiden des PEYOTE (eigentl. Peyotl, *Lophophora williamsii*), einer kleinen karottenförmigen und stachellosen Kakteenart, die in der Gegend des Rio Grande zwischen New Mexico und Texas wächst und deren überirdischer Teil (der sogenannte *peyote-button*) quer abgeschnitten und getrocknet wird. Peyote wird als Absud getrunken, manchmal auch frisch gegessen, vorwiegend aber als getrockneter *button* gekaut, wobei der Verzehr große Überwindung kostet und einen starken Brechreiz bewirkt. Vier bis zwölf solcher *buttons* genügen bereits, um „übernatürliche" Visionen zu erzeugen. Die im Verbreitungsgebiet des Peyote lebenden Indianerstämme haben seine berauschende Wirkung schon lange zu rituellen Zwecken genutzt: Der Franziskaner Bernardino de Sahagún erwähnt bereits in seiner *Historia general de las Cosas de Nueva España* (1560) mißbilligend den verbreiteten Genuß des „peiotl", der aber noch wesentlich älter ist, wie die durch archäologische Funde gesicherte Kenntnis anderer indianischer Pilzkulte bestätigt, die zum Teil bis in die Mitte des ersten vorchristlichen Jahrtausends zurückverfolgt werden können.[22] In unserer Zeit zählt die am Peyote-Kult orientierte *Native American Church* etwa 300.000 Mitglieder. – Nachdem Peyote um 1890 von dem Berliner Pharmakologen Louis Lewin chemisch untersucht worden war (er isolierte eine narkotisch wirksame Substanz, die er Anhalonin nannte) wurde das Alkaloid Meskalin von Arthur Heffter 1894 erstmals in reiner Form hergestellt. Seit dieser Zeit waren der Peyote-Kaktus und das Meskalin immer häufiger Gegenstand wissenschaftlicher Untersuchungen: 1896 berichtete der Schriftsteller und Neurologe S. Weir Mitchell über das Meskalin, ein Jahr später veröffentlichte Havelock Ellis seine Studie über Peyote, das er fälschlich als „Mescal" bezeichnet, William James unternahm im Rahmen seiner Experimente mit Rauschmitteln auch einen Selbstversuch mit Peyote (vgl. Seite 661), 1919 gelang Spath die erste synthetische Herstellung des Meskalin, dessen Rauschwirkung in den zwanziger Jahren von Rouhier, Kurt Beringer und Heinrich Klüver erforscht wurde. Trotz der zahlreichen Veröffentlichungen über das Meskalin wurde es erst in den fünfziger Jahren durch die Schriften Aldous Huxleys auch einem breiteren Publikum bekannt. – Bemerkenswert ist, daß der Genuß von

Peyote erwiesenermaßen nicht süchtig macht[23], während diese Eigenschaft in Bezug auf das Meskalin zwar naheliegt, aber noch nicht zweifelsfrei erwiesen ist.[24] – Nicht zu verwechseln mit Meskalin ist MESCAL, ein Schnaps, der aus dem gegorenen Saft der *Agave americana* gewonnen wird.

LSD

LSD ist die Abkürzung für Lysergsäurediäthylamid, eine halbsynthetische Verbindung, die auf der Basis des Mutterkornpilzes (*Claviceps purpurea*)[25] 1938 von dem Schweizer Chemiker Albert Hofmann hergestellt wurde. Die halluzinogenen Eigenschaften dieser Substanz entdeckte er durch Zufall erst fünf Jahre später. Dabei zeigte sich, daß bereits 0,03 bis 0,05 Milligramm LSD eine mittelstarke Dosis ausmachen, „das heißt, daß 1 Gramm dieser Substanz ausreicht, um 20.000 Personen in einen mehrstündigen, halluzinogenen Rauschzustand zu versetzen".[26] Während eine Toleranzbildung schon nach relativ kurzer Zeit erfolgt, bewirkt die Absetzung der Droge keine Entzugserscheinungen; eine psychische Abhängigkeit kommt nur in seltenen Ausnahmefällen vor. Die eigentliche Gefahr der Droge liegt vielmehr in der Unvorhersehbarkeit der Rauschentwicklung, die auch kaum zu beeinflussen ist; psychotische Erfahrungen können eine dauerhafte Geistesstörung bewirken. Da der Berauschte mitunter die Vorstellung erhält, fliegen oder auf dem Wasser gehen zu können, besteht auch eine latente Unfallgefahr, weshalb LSD (wie viele andere Drogen auch) stets in Gesellschaft und keinesfalls allein eingenommen werden sollte. Eine weitere Gefahr besteht darin, daß Rauschimpressionen auch noch Monate und sogar Jahre später immer wieder unvermittelt auftreten können („Echorausch").

Psilocybin, Yage, Ololiuqui

In keinem Teil der Erde gibt es eine so unüberschaubare Vielfalt an Rauschpflanzen wie in den Urwald- und Savannenlandschaften Süd- und Mittelamerikas. Während nur ein verschwindend geringer Anteil der von den Indianern benutzten Pflanzen wissenschaftlich beschrieben und untersucht worden ist, gibt es außer dem Coca-Strauch und dem Peyote-Kaktus doch noch einige weitere, die seit den fünfziger Jahren auch im westlichen Kulturkreis eine gewisse Verbreitung fanden. Am bekanntesten ist eine Gruppe von Pilzen, die von den Indianern *Teonanacatl* („göttliches Fleisch") genannt werden. Die Wirkung dieser meist zur Art der *Psilocybe* gehörenden Pilze ist stark halluzinogen und entspricht weitgehend derjenigen des Meskalin und des LSD, deren chemischer Aufbau ohnehin sehr ähnlich ist.[27] Zwei bis dreißig dieser Pilze werden von den Indianern roh gegessen oder zerstoßen und in einem Aufguß getrunken. 1958 wurde die Pilzart erstmals von einem Forscherteam unter der Leitung von Roger Heim und R. Gordon Wasson untersucht, woran auch der Erfinder des LSD, Albert Hofmann, beteiligt war, dem es kurz darauf gelang, das Hauptalkaloid PSILOCYBIN synthetisch herzustellen. – YAGE (auch Ayahuasca, Caapi oder Pinde genannt) ist ebenfalls eine halluzinogene Droge, die aus den Lianenarten *Banisteriopsis caapi* und *inebrians* hergestellt und von den Indianern zu magischen Kulten gebraucht wird. Dem westlichen Publikum wurde es durch die *Yage Letters* (1963) von William Burroughs und Allen Ginsberg bekannt. – OLOLIUQUI ist der aztekische Name für die Samen der Purpurwinde (*Turbina corymbosa*), die von südmexikanischen Indianern zu Heilzwecken und zum Wahrsagen benutzt werden. Da ihre Wirkstoffe, wie Hofmann 1960 herausfand, mit den Alkaloiden des LSD eng verwandt sind, entspricht auch ihre Wirkung weitgehend der des LSD.

Nachtschattengewächse

Zu den bekanntesten Arten der auf allen fünf Kontinenten verbreiteten Nachtschattengewächse (*Solanazeen*) gehören die Tomate und die Kartoffel, die als Grundnahrungsmittel einen festen Platz in unserem Speiseplan haben. Kaum weniger bekannt als diese waren früher auch einige andere Arten dieser Familie, die wegen ihrer halluzinogenen Eigenschaften oft als „Hexenkräuter" bezeichnet wurden. Die wichtigsten dieser Pflanzen sind das BILSENKRAUT (*Hyoscamus niger*), das als Aphrodisiakum benutzt und teilweise noch bis ins 19. Jahrhundert dem Bier beigemischt wurde; ferner die auch Alraun genannte Wurzel MANDRAGORA (*Mandragora officinalis*), die TOLLKIRSCHE (*Atropa belladonna*) und der STECHAPFEL (*Datura stramonium*), über dessen Wirkung es in einem Bericht aus dem 17. Jahrhundert heißt:

> Wenn man jemandem davon nur ein wenig eingiebt, wird er in seinen Sinnen dermaßen zerrüttet und begaukelt, daß man vor ihm tun kann was man will und er dess anderen Tages gar nichts drum weiß. Solche seine Sinn-Beraub- oder Betörung und Betöberung währt 24 Stunden lang. Indessen kann man Einem die Schlüssel aus dem Schiebsack ziehen, Truhen und Schreibtisch aufsperren vor seinen Augen: und er muß mit sich umgehen lassen wie man will: Er merckt und versteht nichts davon; so ist ihm auch folgenden Tages nichts davon bewußt. Mit den Weibsbildern kann gleichfalls vermittels dieses Mittels Mancher seines Gefallens pflegen und viel, ja gleichsam Alles von ihnen zu Wege bringen. Daher ich nicht glaube, daß ein schädlicheres Kraut auf Erden zu finden sei durch welche man so viel böse Sachen wiewohl natürlicher Weise stiften könne.
>
> Bediente aßen von einem Gericht Linsen in das durch Versehen Stechapfelsamen gekommen waren. Sie wurden danach alle närrisch. ... Die Kammermagd aber ist in die Stube gekommen und hat überlaut geschrien: „Schau! alle Teufel aus der Helle kommen herein!" ... Ein anderer ist herumgekrochen an der Erden und hat mit dem Maul das Gras samt dem Erdreich aufgescharrt und darinnen herumgewühlt wie die Sau mit dem Rüssel. Noch ein anderer ließ sich bedünken ein Wagner zu sein; wollte alles Holtz durchbohren und durchlöchern. Hernach nahm er ein großes Stück Holtzes, darin ein großes Loch gebrannt war; hielt selbiges Loch zum Munde, stellte sich als ob er wollte trincken; und sagte hernach: jetzt hab' ich mich kaum erst angesoffen. O' wie wohl schmeckt mir dieser Trunck! ... Ein anderer ist in die Schmieden gegangen und hat geruffen man solle

ihm helfen Fische fahen, denn es schwömmen die Fische in der Schmieden bey gantzen Scharen ... Folgenden Tags hat keiner gewußt daß er gestern solche lächerliche Handel getrieben ...[28]

Die wirksamsten Alkaloide dieser Nachtschattengewächse sind das Atropin, das stimulierend auf das zentrale Nervensystem wirkt und starke Halluzinationen erzeugt (u. a. erweitert es die Pupillen und macht „schöne Augen", worauf die Bezeichnung „Belladonna" verweist), und das Skopolamin, das beruhigend wirkt und einen Zustand der Passivität verursacht; Letzteres wurde bei Verhören oft als „Wahrheitsserum" benutzt.

Amphetamine

Amphetamine (auch *Weckamine* genannt) sind Stimulantia auf der Basis von Phenylethylamin, die ab 1887 entwickelt und oft als Aufputschmittel sowie als Appetitzügler angewandt wurden, während man heute wegen der relativ hohen Gefahr der psychischen Abhängigkeit weitgehend von ihrem Gebrauch absieht. Ihre belebende Wirkung beruht auf der verstärkten Freisetzung der Hormone Adrenalin und Noradrenalin und äußert sich etwa in einem Anstieg des Blutdrucks und einer gesteigerten Herzfrequenz. Im Szenenjargon als SPEED bezeichnet, wurden sie in den sechziger Jahren als Billigdroge populär und dienen häufig als Ersatz, wenn andere Rauschmittel wie Kokain oder Heroin nicht erhältlich sind. Ihre Wirkung hält bis zu vierundzwanzig Stunden an und verursacht im Anschluß relativ harmlose Depressionen (bei starkem Dauergebrauch entsteht aber oft eine physisch-psychische Abhängigkeit, die tödliche Folgen haben kann.) Anders verhält es sich mit dem Amphetaminderivat ICE (so genannt nach seiner farblosen kristallinen Substanz), das in jüngster Zeit aus dem asiatischen Raum nach Amerika gelangte. Es ist billig, wird meist geraucht und bewirkt eine vierundzwanzigstündige Euphorie von enormer Intensität, deren Abklingen starke seelische und körperliche Störungen zur Folge hat.[29] – Im Zweiten Weltkrieg wurden die alliierten Streitkräfte, aber auch japanische Kamikaze-Flieger und deutsche Panzertruppen reichlich mit Amphetaminen versorgt; im Korea-Krieg mischte man sie mit Heroin oder Kokain zu sogenannten SPEEDBALLS.

„Designerdrogen"

Eine populäre Sammelbezeichnung für synthetische Rauschmittel, die oft auf Amphetaminbasis hergestellt werden. Wegen der langen Wirkungsdauer (bis zu 36 Stunden) besteht eine beträchtliche Gefahr psychischer Folgeschäden bis hin zu Veränderungen der Persönlichkeitsstruktur. Schon 1967 wurde das unter den Kurzbezeichnungen DOM und STP[30] bekannte „Super-LSD" entwickelt. Da der Gesetzgeber jede Droge, deren Herstellung und Verbreitung verboten oder eingeschränkt wird, genau definieren muß, konnten findige Laboranten immer wieder durch geringe Veränderungen der chemischen Struktur die gesetzlichen Bestimmungen unterlaufen; es ist kein Wunder, daß die Betäubungsmittelgesetze daher zu denen gehören, die am häufigsten ergänzt und erweitert werden müssen. Eine dieser Drogen ist das als DMT bekannte Dimethyltriptamin, das seit den achtziger Jahren in den USA und in Europa verbreitet ist. Seine Wirkung ist der des LSD recht ähnlich; Überdosierungen und eine allzu häufige Einnahme haben aber oft tödliche Folgen. Eine andere Droge, die 1985 unter dem Namen ECSTASY auf dem amerikanischen Markt erschien, in den Medien großes Aufsehen erregte und bald in den Katalog verbotener Rauschmittel aufgenommen wurde, gehört zur Gruppe der Methamphetamine. Seit dem Verbot wird sie mit immer neuen Strukturveränderungen als *MDMA* und unter klangvolleren Namen wie *Euphoria*, *Rhapsody* oder *Spectrum* gehandelt. Die Tabletten werden hauptsächlich von Jugendlichen in Discotheken eingenommen, da sie eine starke Euphorie erzeugen und das körperliche Leistungsvermögen vorübergehend erheblich steigern; gleichzeitig bewirken sie aber einen Flüssigkeitsverlust, der zu einer manchmal tödlichen Überhitzung des Körpers führen kann; die gefäßerweiternde Wirkung führt gelegentlich zu Hirninfarkten. Weitere Risiken der Einnahme sind Herzrhythmusstörungen, Leberschäden und Muskelkrämpfe. Gelegentlich wird Ecstasy auch mit anderen Drogen gemischt (ein Beispiel ist die als CANDY FLIP bekannte Kombination mit LSD). Gegenwärtig gibt es auf dem internationalen Drogenmarkt wenigstens zweihundert verschiedene Substanzen dieser Art.[31]

Narkose- und Lösungsmittel

Diese Gruppe umfaßt flüchtige Stoffe, deren Inhalation („Schnüffeln") ein berauschend-euphorisches Gefühl erzeugt und in höherer Konzentration betäubend wirkt. Schon im 13. Jahrhundert entdeckte Raymundus Lullus den ÄTHER, eine leicht entzündliche Verbindung aus Alkohol und Schwefelsäure, die er als „süßes Vitriol" bezeichnete. Seine analgetische Wirkung blieb zunächst jedoch unerkannt, bis Paracelsus ihn nach Versuchen an Hühnern als Schmerzmittel empfahl. In der ersten Hälfte des 19. Jahrhunderts wurde der Äther ein verbreitetes Rauschmittel. So wurde in irischen Pubs während der Prohibition von 1840 Äther anstelle von Alkohol ausgeschenkt, so daß die Gäste oft aus Furcht vor der Explosionsgefahr nicht wagten, ihre Pfeifen anzuzünden. Nachdem um 1830 in Boston und Philadelphia regelrechte „Ätherparties" in Mode gekommen waren, wurde der Arzt Crawford Long 1842 auf die Verwendbarkeit des Äthers als Narkosemittel aufmerksam, jedoch wurde die erste Behandlung unter Äthernarkose erst vier Jahre später von W. T. G. Morton, einem anderen Bostoner Arzt, durchgeführt. Die Wirkung des Äthers gleicht derjenigen des Alkohols, tritt aber viel schneller ein. Wegen der unangenehmen Nebenwirkungen (Reizung der Rachen-Nasenschleimhaut, Gastritis) wird er relativ selten über längere Zeit als Rauschmittel benutzt; es sind jedoch Fälle bekannt, in denen Süchtige bis zu 100 Gramm täglich einnahmen. – Ein anderes Narkotikum ist das CHLORO-FORM, eine süßlich riechende, nicht brennbare und leicht verdampfende Flüssigkeit, die Justus von Liebig 1831 durch den Zusatz von Alkohol stabilisierte. 1847 benutzte J. Young Simpson in Edinburgh erstmals das Chloroform zur Narkose bei einer Entbindung. Queen Victoria, die selbst ein Kind unter der Chloroformmaske gebar (woraufhin die Chloroformbetäubung als *Narcose à la reine* bekannt wurde), erhob ihn dafür in den Ritterstand. Wegen seiner toxischen Wirkung auf Leber und Herz, aber auch wegen der Gefahr der Suchtbildung (Süchtige nehmen eine tägliche Dosis von bis zu 500 Gramm ein) wird das Chloroform heute nicht mehr zur Narkose angewendet. – Das älteste Inhalationsnarkotikum ist das als LACHGAS bekannte Distickstoffmonoxyd, das 1776 von J. Priestley entdeckt, jedoch erst 1844 erstmals als Schmerzmittel angewandt wurde.[32] – Als Vermittler von „anaesthetic revelations" wurden Lachgas und Äther in den 1870er Jahren von William James erprobt (vgl. Seite 36 ff.); Baudelaire nahm zeitweise anstelle von Laudanum auch Äther zur Linderung seiner Magenbeschwerden; Jean Lorrain und Guy de Maupassant waren äthersüchtig, wobei der Letztere in seiner Novelle „Sur l'eau" (1883) eine präzise Schilderung des Ätherrausches unternimmt. Im 20. Jahrhundert experimentierten u.a. Aleister Crowley, Georg Trakl, Klaus Mann, Henri Michaux, Ernst Jünger und selbst noch Allen Ginsberg mit Lachgas, Chloroform oder Äther. – In den fünfziger Jahren kam, von den USA und von Schweden ausgehend, besonders unter Jugendlichen die Praxis des *glue-sniffing* auf, die als billigste Form der Berauschung bis in die siebziger Jahre große Verbreitung fand und in jüngerer Zeit anscheinend eine neue Popularität erhielt. Während einerseits mit Benzin, Leim oder Lösungsmitteln (Verdünner) getränkte Tücher zur Inhalation benutzt werden, werden die Dämpfe andererseits auch in einer über den Kopf gezogenen Plastiktüte eingeatmet. Letzteres ist besonders gefährlich, da im Fall der Bewußtlosigkeit ein kläglicher Erstickungstod droht. Die durch das Einatmen von Lösungsmitteln erzeugte Euphorie wurde als „Zustand einer schwebenden Leichtigkeit" beschrieben, der auch „Überwertigkeits- und Allmachtgefühle"[33] erzeuge und persönliche Probleme in weite Ferne rücke. Bei längerer Anwendung von Narkose- und Lösungsmitteln besteht ein erhöhtes Risiko der Abhängigkeit sowie erheblicher Schäden an Herz und Leber; einige dieser Stoffe wie z.B. das Benzol gelten überdies als krebserregend.

Alkohol

Alkohol wird durch eine Spaltung von Zuckerarten gewonnen, die durch Destillation (Branntweine) oder Hefegärung (Met, Bier, Wein) bewirkt wird. Während bei natürlicher Gärung nur ein Alkoholgehalt von maximal 15% erreicht werden kann, da die für die Gärung verantwortlichen Hefebakterien bei dieser Alkoholkonzentration zugrunde gehen, wird durch die von den Arabern entwickelte Destillation eine weitaus höhere Konzentration ermöglicht. Bier hat im allgemeinen einen Alkoholgehalt von

2–7 Vol.% (Volumprozent), Wein bis zu 10 und Portwein 15–17 Vol.%. Bei den Branntweinen haben z.B. die Liköre eine Alkoholkonzentration von 20–35 Vol.%, Cognac 38 Vol.%, Whisky 40–45 Vol.% und Rum und Wodka jeweils zwischen 40 und 70 Vol.%. – Als eines der ältesten Rauschmittel, das in fast allen Epochen und Kulturen anzutreffen ist, ist der Alkohol, der bisher zweifellos mehr Opfer gefordert hat als alle anderen Drogen zusammen, wohl das gefährlichste. Über seine Wirkung schreibt Bittmann: „Ab 0,5 Promille Blutalkohol sinkt die Fähigkeit zu geistiger und körperlicher Präzisionsarbeit ... Über 1,5 Promille wird die gröbere Muskelarbeit (Gehen, Sprechen) beeinflußt ... Hohe Dosen bewirken einen narkose-ähnlichen Schlaf mit darauffolgenden Erinnerungslücken. Die tödliche Dosis liegt bei 4 bis 5 Promille (Kreislaufversagen, Lähmung des Atemzentrums)."[34] Es ist nicht ganz einfach, definitorisch festzulegen, an welchem Punkt ein Gelegenheitstrinker zu einem Alkoholiker wird, da die Grenzen offenbar fließend sind. Goodwin nennt aber einen recht plausibel erscheinenden Katalog von Kriterien:

> Im Mai 1987 veröffentlichte die American Psychiatric Association die jüngsten und auf dem neuesten Stand befindlichen Kriterien des Alkoholismus (den die APA Alkoholabhängigkeit nennt). Neun Äußerungsformen wurden aufgelistet. Verfügte man über drei, so war man alkoholabhängig (also Alkoholiker):
>
> - Alkohol wird oft in größeren Mengen oder über einen längeren Zeitraum eingenommen, als man beabsichtigt hat,
> - Ständiger Drang (zu trinken) oder ein oder zwei erfolglose Versuche, den Alkoholkonsum zu verringern oder zu kontrollieren,
> - Erheblicher Zeitaufwand für Handlungen zur Beschaffung oder Einnahme von Alkohol oder zur Erholung von den Folgen des Konsums,
> - Häufige Trunkenheit oder Entzugssymptome in Ausübung wichtiger Pflichten bei der Arbeit, in der Schule oder zuhause (z.B. geht wegen eines Katers nicht zur Arbeit, geht betrunken in die Schule oder zur Arbeit oder ist bei der Beaufsichtigung seiner/ihrer Kinder betrunken) oder wenn Alkoholkonsum physische Gefahren bedeutet (z.B. fährt in betrunkenem Zustand Auto),
> - Wichtige soziale, berufliche oder Freizeitaktivitäten werden wegen Alkoholkonsums aufgegeben oder eingeschränkt,
> - Fortgesetzter Alkoholkonsum trotz des Wissens um ein dauerhaftes oder regelmäßig auftretendes soziales, psychisches oder körperliches Problem, das durch den Gebrauch der Substanz verursacht oder verschlimmert wird,
> - Ausgeprägte Toleranz: Notwendigkeit deutlich höherer Alkoholmengen (z.B. wenigstens eine Steigerung um 50%), um einen Rausch oder einen gewünschten Effekt zu erzielen, oder eine deutlich verringerte Wirkung bei fortgesetztem Konsum der gleichen Dosis,
> - Charakteristische Entzugssymptome,
> - Alkohol wird oft zur Linderung oder Vermeidung von Entzugssymptomen benutzt.[35]

II. Zur Wirkung von Rauschmitteln

Die Forschung hat sich wiederholt um eine einsichtige Kategorisierung der Wirkung von Drogen bemüht. Obwohl keiner der Ansätze völlig befriedigen kann, ist die von Louis Lewin vorgeschlagene Einordnung in fünf Klassen wohl immer noch die sinnvollste: Demnach unterscheidet man Inebriantia, Exitantia, Euphorica, Hypnotica und Phantastica. *Inebriantia* (in diese Gruppe gehören alle alkoholischen Getränke) erzeugen nach einer vorübergehenden Stimulierung des zentralen Nervensystems eine einschläfernd-betäubende Wirkung mit nachfolgender Depression; *Exitantia* (Tabak, Kaffee, Tee, Kakao) bewirken eine Stimulierung des Nervensystems, auf die zumeist keine Depression folgt; *Euphorica* (Opiate, Kokain) erzeugen ein Gefühl der Ruhe und wohligen Entspannung durch Dämpfung der geistigen Aktivität und wirken schmerzlindernd; *Hypnotica* (in diese Gruppe gehören diverse Dschungelpflanzen Südamerikas und Ozeaniens) bewirken eine Bewußtseinstrübung, die als „somnambuler Rauschzustand" charakterisiert wurde; die *Phantastica*, auch bekannt als Halluzinogene, erzeugen Halluzinationen und andere psychotische Zustände; dieser letzten Gruppe gehören u.a. Cannabis, LSD, Peyote und Meskalin sowie Psilocybe-Pilze, Muskatnuß, Tollkirsche, Mandragora, Stechapfel und Bilsenkraut an.[36] Natürlich beschreibt diese Kategorisierung nur die vorherrschenden Wirkungstendenzen der einzelnen Drogen. So können beispielsweise die Derivate des Opiums durchaus auch Halluzinationen erzeugen wie jene Rauschmittel, die der Gruppe der Phantastica zugerechnet werden, während Haschisch ein ebensolches Wohlbefinden zu erzeugen vermag wie die Euphorica.

Rauschmittel bewirken also eine Stimulation der Großhirnrinde und anderer Teile des zentralen Nervensystems, die oft von einem euphorischen Gefühl begleitet wird. Das bedeutet, daß sie während der Dauer ihrer Wirkung sowohl die Motorik, die Sinneswahrnehmungen und die Koordination komplexer Bewegungsabläufe wie auch die intellektuellen Zentren und die Persönlichkeitsmerkmale beeinflussen können. Ihre mitunter erhebliche Einwirkung auf das Bewußtsein hat schon früh zu Untersuchungen geführt, ob sie vielleicht therapeutisch nutzbar seien (etwa zur Reaktivierung verdrängter Bewußtseinsinhalte). So führte bereits William James Selbstversuche mit Äther und Lachgas durch, während Sigmund Freud mit Kokain experimentierte; in unserer Zeit unternahm Hanscarl Leuner Versuche mit *experimentellen Psychosen*. Daß der Einsatz von Drogen zur Sichtbarmachung von Teilen des Unbewußten durchaus sinnvoll sein kann, ist heute nicht mehr von der Hand zu weisen, da sie, wie Aniela Jaffé meint, „durch Schwächung des Bewußtseins den Zugang zur Welt des Unbewußten"[37] eröffnen. Dennoch gibt es auch Stimmen, die sich im Hinblick auf die Erschließung des Unbewußten durch Rauschmittel recht kritisch äußern. So warnte C.G. Jung in seiner Reaktion auf Huxleys begeisterte Äußerungen über das Meskalin vor einer übertriebenen Erwartungshaltung und einem allzu sorglosen Vordringen in die Geheimnisse des Unbewußten:

Ich weiß nur, es ist zwecklos, über das kollektive Unbewußte mehr wissen zu wollen als Träume und Intuitionen vermitteln. Je mehr man darüber weiß, desto größer und schwerer wird die moralische Belastung, denn sobald Inhalte aus dem Unbewußten bewußt zu werden beginnen, wandeln sie sich in individuelle Aufgaben und Pflichten. Warum noch mehr Einsamkeit und Mißverstehen? Warum immer neue Komplikationen und wachsende Verantwortung? Man hat so schon genug. Könnte ich je sagen, ich hätte alles getan, was ich meines Wissens nach tun mußte, dann erschiene es mir vielleicht notwendig und legitim, Meskalin zu nehmen. Nähme ich es aber jetzt, dann wäre ich durchaus nicht sicher, ob ich es nicht aus purer Neugier täte. Ich würde den Gedanken hassen, an die Sphäre gerührt zu haben, wo die Farbe entsteht, welche die Welt tönt, das Licht erschaffen wird, das den Glanz der Dämmerung aufleuchten läßt, die Linien und Umrisse aller Formen, der Ton, der den Erdkreis erfüllt, der Gedanke, welcher die Dunkelheit der Leere erleuchtet. Vielleicht gibt es ein paar armselige Geschöpfe, für die Meskalin eine gottgesandte Gabe ohne Gegenwirkung ist. Doch mißtraue ich den „reinen Göttergaben" zutiefst. Man muß sie teuer bezahlen. „Quidquid id est, timeo Danaos et dona ferentes."[38]

Obwohl immer wieder Versuche unternommen wurden, die spezifische Einwirkung von Drogen auf das Bewußtsein begrifflich präzise zu definieren, sind die vorgeschlagenen Bezeichnungen „bewußtseinserweiternd", „bewußtseinsintensivierend" oder „bewußtseinsverändernd" keineswegs zufriedenstellend und geben außerdem Anlaß zu Mißverständnissen.[39] Tatsächlich ist keine Droge in der Lage, dem Bewußtsein ihres Benutzers irgendwelche neuen Elemente einzugeben, die vorher nicht vorhanden waren; d. h. ihre Wirkung beschränkt sich auf die Hervorhebung der bereits bestehenden Bewußtseinsinhalte. Eine „Erweiterung" des Bewußtseins findet also höchstens insofern statt als bisher nur latent vorhandene oder verdrängte Elemente der Psyche beleuchtet werden; eine „Bewußtseins*veränderung*" ist lediglich in dem Tatbestand wechselnder Perspektiven zu sehen und eine „Intensivierung" des Bewußtseins findet eigentlich überhaupt nicht statt, da die scharfe Hervorhebung eines Bereichs stets mit der gleichzeitigen Trübung anderer Bereiche einhergeht. Im übrigen ist schon der Bewußtseinsbegriff ungenau, da nur das *Wach*bewußtsein gemeint ist.

Trotz der anhaltenden Kontroverse um die korrekte begriffliche Bestimmung der Wirkungsweise von Drogen ist man sich aber in dem einen Punkt einig: daß Rauschmittel nämlich durch ihr Einwirken auf die Psyche neue Erkenntnisse über die eigene Person hervorbringen können. So schreibt Ammon: „Bewußtseinserweiternde Qualität können die Drogen bekommen, wo sie bei stabiler psychischer Konstitution und in gesicherter sozialer Situation genossen werden. In diesem Sinne können sie mit Erfolg in der psychotherapeutischen Behandlung angewandt werden und sind ein wichtiges Instrument zur Erforschung der verschiedenen Ich-Zustände, insbesondere der schöpferischen Bewußtseinsleistungen."[40] Auf den ersten Blick mag es paradox erscheinen, daß man das Phänomen der „Bewußtseinserweiterung" auf eine tatsächliche Reduktion des Bewußtseinshorizontes zurückführen muß. Am Anfang des Rauscherlebens steht die Empfindung eines erheblich geschärften sinnlichen Wahrnehmungsvermögens. Diese akute Wachheit der Sinne ist aber nicht objektiv gegeben, sondern beruht darauf, daß nun ein einzelner Gegenstand ausreicht, um die ganze Aufmerksamkeit zu beanspruchen, während der umgebende Raum in seinen Konturen verschwimmt oder gar nicht mehr wahrgenommen wird. So wird der Gegenstand der Betrachtung in seinen kleinsten Details und Eigenheiten „erkannt" und übernimmt eine ähnliche Funktion wie das Mantra in der Meditation, das die ganze geistige Konzentration auf sich zieht und dem Meditierenden allmählich sein inneres „Wesen" offenbart. Mit der sinnlichen Wahrnehmung hat dieses Sehen nichts zu tun: „Neue Perspektiven brechen [die vertrauten Gegenstände] auf. ... Es geht um das unvermittelte So-Sein eines Gegenstandes"[41], das der Mystiker als „Istigkeit" bezeichnet. Diese mystische Sehensweise schafft ein völlig neues Verhältnis zwischen dem Betrachter und dem Gegenstand seiner Aufmerksamkeit, der mehr und mehr aufhört, bloßes Objekt zu sein und zuletzt ein gleichrangiger Kommunikationspartner in einem wechselseitigen Dialog wird. Leuner beschreibt diesen Ablösungsprozeß des Wachbewußtseins: „Dieser Verlust der integralen Funktion wird nun gewissermaßen durch die *Entwicklung neuer Ganzheiten* wettgemacht, die sich aus Beziehungen bildlicher, klanglicher und bedeutungsmäßiger Art aufbauen und auf einer anderen Ebene zu liegen scheinen. Eine mehr absolute, unbekümmerte Form des Sehens, eine neue Realität etabliert sich..."[42] – Die meisten Drogenexperten berichten übereinstimmend, daß LSD und Meskalin die größte Wirksamkeit in Bezug auf eine „Bewußtseinserweiterung" zeigen.[43]

III. Zur Frage der Sucht

Vorurteile, Unwissenheit und das Beharren auf einer gesetzlichen Regelung des Drogengebrauchs haben eine sachliche Information der Öffentlichkeit über die Schädlichkeit oder Unschädlichkeit von Rauschmitteln bis heute stets erheblich behindert, obwohl die Wissenschaft mittlerweile in vielen Fällen zuverlässig beurteilen kann, ob der Gebrauch einer Droge mit grundsätzlichen Gefahren verbunden ist oder nicht. Der auch heute noch oft benutzte Begriff „Rausch*gift*" (statt „Rausch*mittel*") ist keine sachliche, sondern eine emotionell wertende Bezeichnung, wie Alan Watts im Verlauf seiner Besprechung des Meskalin und LSD ausführt: „Einige Psychiater, die übermäßig darauf bedacht scheinen, sich dem gesellschaftlich akzeptierten Realitätsverständnis zu verpflichten – also mehr oder weniger einer Sichtweise, die die Welt aus der Perspektive eines trüben Montagmorgens zeigt –, identifizieren diese chemischen Stoffe als Halluzinogene, deren toxische Wirkung sich in schizoider oder psychotischer Art äußere. Dies ist wohl leider nur Psychiater-Blabla, sozusagen ein autoritäres Räuspern der Mißbilligung. ... Es ist ferner sehr fragwürdig, ihre Wirkung ‚toxisch' zu nennen, was ‚giftig' bedeuten könnte, sofern dieses Wort nicht ebenso im Hinblick auf die Wirkung von Vitaminen oder Proteinen angewendet wird. Eine solche Sprache ist wertend und nicht im wissenschaftlichen Sinne beschreibend."[44]

Was Watts richtigstellt, aber von vielen trotzdem noch nicht begriffen wird, ist bereits von Paracelsus gesagt worden: „Alle Dinge sind Gift, und nichts ist ohne Gift, allein die Dosis macht, daß ein Ding kein Gift ist. Um ein Beispiel zu nennen: Eine jede Speise und jedes Getränk, das über seine Dosis eingenommen wird, ist schon ein Gift; das beweist sein Ausgang. Ich gebe zu, daß Gift Gift sei, daß es aber darum verworfen werde, das möge nicht sein. Weil nun nichts ist, das nit Gift sei, warum korrigiert ihr? Doch nur drum, daß das Gift keinen Schaden tue."[45] Tatsache ist, daß es solche Rauschmittel gibt, deren Gebrauch sich gesundheitsgefährdend oder gar lebensbedrohlich auswirken kann, und solche, die entweder gar keine oder nur sehr geringe Nebenwirkungen zeigen. Ohne Frage sind die Opiate in dieser Hinsicht als äußerst bedenklich einzustufen; besonders beim Morphin und Heroin besteht ein erhebliches Suchtrisiko. Bei vielen Rauschmitteln kommt es zur Ausbildung einer steigenden Toleranz, die immer höhere Dosierungen erforderlich macht, um die gewünschte Wirkung zu erzielen. Auch diese Gewöhnung kann tödliche Folgen haben. So sinkt die Toleranzgrenze oft schon nach einer kurzen Phase der Abstinenz erheblich ab, was manchen Süchtigen zum Verhängnis wurde, die etwa nach einer Haftstrafe oder einer Entziehungskur eine Droge in der von früher gewohnten Dosis einnahmen und daran starben. Auch die unterschiedliche Qualität der Drogen ist von Bedeutung. So soll der an das New Yorker Heroin gewöhnte Punk-Sänger Sid Vicious durch die wie gewohnt dosierte Einnahme englischen Heroins gestorben sein, da dessen Reinheitsgehalt wesentlich höher gewesen sei.[46] Nach dem heutigen Forschungsstand sind folgende Schädlichkeitstypen zu unterscheiden:

1. Die Abhängigkeit beim *Morphintyp* besteht aus einer starken seelischen Abhängigkeit in Gestalt des unwiderstehlichen Zwangs, mit allen Mitteln die Droge zu beschaffen, um sie konsumieren zu können, oder um aufgetretene Zustände zu beseitigen und aus einer körperlichen Abhängigkeit, die entweder zur Dosissteigerung zwingt oder den Konsumenten auf eine Substanz mit analogen Eigenschaften ausweichen läßt. Beim Absetzen der Substanz kommt es zu starken körperlichen Entzugserscheinungen.

2. Beim *Barbiturat-/Alkoholtyp* finden wir seelische Abhängigkeit von verschieden ausgeprägter Intensität, die auch zu einem periodischen an Stelle eines kontinuierlichen Mißbrauchs führen kann. Wir finden daneben körperliche Abhängigkeit: Sinkt der Konsum unter einen kritischen Schwellenwert, so treten Entzugserscheinungen auf.

3. Beim *Kokaintyp* kommt es zu einer starken seelischen bei fehlender körperlicher Abhängigkeit. Es treten keine körperlichen Entzugserscheinungen beim Absetzen des Stoffs auf, aber starke seelische Abstinenzsymptome. Toleranzbildung fehlt angeblich. Kokain wirkt zerstörend auf Einzelwesen und die Gesellschaft.

4. Beim *Cannabistyp* tritt eine mäßige bis deutliche seelische Abhängigkeit von der angestrebten Wirkung bei weitgehendem Fehlen körperlicher Abhängigkeit und typischer körperlicher Abstinenzsymptome sowie geringe Tendenz zur Dosissteigerung auf. Neuere Untersuchungen könnten für eine mäßige körperliche Abhängigkeit sprechen, zugleich muß betont werden, daß ein verschieden großer Zeitraum verstreichen kann, ehe es überhaupt zur Ausbildung einer Abhängigkeit kommt.

5. *Halluzinogentyp*: Hier kommt es zu einer verschieden stark ausgebildeten psychischen Abhängigkeit bei fehlender körperlicher Komponente. Die Toleranzerhöhung ist besonders beim LSD und beim Psilocybin zu beobachten, dort entwickelt sie sich relativ rasch. Bei Meskalin entsteht sie offenbar langsamer.

6. *Amphetamintyp*: variable psychische Abhängigkeit, keine körperliche Abhängigkeit, keine körperlichen Entziehungserscheinungen. Starke Toleranzbildung.

7. *Qattyp*: Mäßige psychische Abhängigkeit bei Fehlen körperlicher Symptome und bei Fehlen von Toleranzbildung.[47]

Bis weit ins 18. Jahrhundert wurde die kontinuierliche Hingabe an eine Droge lediglich als ein Zeichen charakterlicher Schwäche gedeutet. Die Tatsache, daß die Sucht als eine echte Krankheit gelten muß, die keine „moralische Korrektur", sondern eine pharmazeutische und therapeutische Behandlung erfordert, wurde nur allmählich erkannt, und auch heute sind die physischen Ursachen der Sucht noch nicht ganz geklärt. Ein Beispiel hierfür ist die Opiatforschung, die seit dem letzten Jahrhundert bemüht war, das suchterzeugende Element der Droge zu ermitteln, um die positiven Wirkungen des Opiums ohne die Schattenseite seiner gefährlichen Nebeneffekte nutzen zu können. Erst die jüngsten Untersuchungen auf diesem Gebiet führten zur überraschenden Entdeckung einer bis dahin völlig unbekannten Gruppe körpereigener Wirkstoffe. Ausgehend von der Frage, wieso die Opiate bereits in kleinster Dosierung hochwirksam sein können, gelang verschiedenen Wissenschaftlern 1973 erstmals der Nachweis von spezifischen Opiatrezeptoren im Gehirn, d. h. Erkennungsstellen, die ganz speziell auf die Beschaffenheit der Opiate ausgerichtet sind, um diese sofort zu identifizieren und mit ihnen zu reagieren.[48] Wozu aber sollte das menschliche Gehirn über Opiatrezeptoren verfügen, wenn der Mensch doch nicht mit Morphin im Körper geboren wird? Der Schluß lag nahe, daß es einen körpereigenen Wirkstoff geben muß[49], der in seiner Beschaffenheit und Wirkung den Opiaten sehr ähnlich ist, woraufhin man 1975 tatsächlich eine Gruppe opiatähnlicher Verbindungen entdeckte, die sogenannten *Enkephaline* (griech. für „im Kopf"), die auch als *Endorphine* bezeichnet werden (eine Kurzform für „*end*ogene m*orphin*ähnliche Substanzen"). Am dichtesten mit Opiatrezeptoren besetzt sind, wie man herausfand, jene Bereiche des Nervensystems, die für das emotionale Verhalten und für das Schmerzempfinden zuständig sind. Aus dieser Tatsache erklärt sich etwa die schmerzstillende Wirkung der Opiate, die weniger auf „dem Anheben der Schmerzschwelle als vielmehr auf der subjektiven Unterbewertung von Schmerzen durch das Gehirn"[50] beruht. Auch andere typische Erscheinungen der Opiatbeeinflussung wurden nun verständlich: die Verengung der Pupillen, die sich die Polizei bei der Identifizierung Heroinsüchtiger zunutze macht, wird vom Hirnstamm aus bewirkt, der an der entsprechenden Stelle auffallend dicht mit Opiatrezeptoren besetzt ist; die durch Überdosierung von Opiaten oft hervorgerufene tödliche Atemlähmung erklärt sich aus der Häufigkeit von Opiatrezeptoren in dem für die Atemreflexe zuständigen Bereich des Gehirns (was wiederum Rückschlüsse auf die euphorisierende Wirkung meditativer Atemtechniken erlaubt), die dichte Besetzung von Regionen des Darms mit Opiatrezeptoren erklärt ferner die seit der Antike bekannte Wirksamkeit der Opiate zur Regulierung der Verdauung. Neben den Opiatrezeptoren entdeckte man außerdem sogenannte Opiatantagonisten, d. h. Stoffe, welche die Opiatwirkungen aufheben, und wurde dadurch in die Lage versetzt, z. B. Personen in einem durch eine Heroinüberdosis bewirkten und bis dato irreversiblen Koma durch die Verabreichung des neu entwickelten Opiatantagonisten Naloxon in wenigen Sekunden in einen wachen Normalzustand zurückzuversetzen.

Die Entdeckung der Endorphine, auf die bald der Nachweis zahlreicher weiterer körpereigener Drogen folgte (so wurden neben dem sog. Endovalium auch spezifische Rezeptoren identifiziert, die für die Wirksamkeit der Halluzinogene oder des Kokains verantwortlich sind), markiert in der modernen Erforschung der Chemie des Gehirns einen Punkt, an dem die in den fünfzig vorhergegangenen Jahren allmählich zusammengetragenen Erkenntnisse eine wahre Lawine von Einzelentdeckungen auslösten. In den zwanziger Jahren war mit der Entdeckung des Acetylcholins der erste Nachweis von Botenstoffen (Neurotransmittern) erbracht worden, einige weitere solcher Substanzen wurden in den folgenden Jahrzehnten entdeckt und beschrieben. „Bis in die Mitte der siebziger Jahre", erklärt Zehentbauer, „kannte man gerade fünf verschiedene Neurotransmitter. In den achtziger Jahren wurden in relativ kurzer Zeit Dutzende von Botenstoffen gefunden und in ihrer Molekularstruktur dargestellt; gegenwärtig wird fast wöchentlich eine Neuentdeckung gemeldet."[51] Zu den wichtigsten dieser Botenstoffe gehören, neben dem bereits genannten Acetylcholin u. a. Adrenalin, Noradrenalin, Dopamin, Serotonin, Gamma-Aminobuttersäure (kurz GABA genannt), Histamin und Melatonin und natürlich auch die Endorphine. Bis heute hat die Medizin aus diesen Entdeckungen jedoch noch nicht die wünschenswerte Konsequenz gezogen, vom traditionellen Prinzip der exogenen, also von außen kommenden, Medikation schrittweise abzuweichen. So meint Solomon H. Snyder, einer jener Wissenschaftler, die 1973 die Endorphine entdeckten: „Wissenschaftler von Arzneimittelproduzenten stellten sich schon bald die Frage, ob die Enkephaline nicht körpereigene Narkotika ohne Suchtrisiko wären. In diesem Fall könnten sich Enkephalinderivate als die suchtfreien Schmerzmittel erweisen, nach denen die Pharmakologen gesucht hatten".[52] Gegenüber solchen Interessen der natürlich auch kommerziell motivierten Pharmaforschung sieht Zehentbauer jedoch die Chance, zunehmend zu Heilmethoden überzugehen, die das körpereigene Medikationssystem aktivieren sollen. Dadurch wird, in genauer Abstimmung auf die individuellen chemischen Verhältnisse des jeweiligen Körpers, bei niedrigster Konzentration der eingesetzten Wirkstoffe eine gleichzeitig hocheffiziente und punktfixierte (also nebenwirkungsfreie) Medikation ermöglicht. Da kein synthetisches, dem Körper von außen zugeführtes Medikament auch nur annähernd über die Wirksamkeit der körpereigenen Drogen verfügen kann, von der, wie Zehentbauer schreibt, „Pharmaforscher und Pillenproduzenten nur träumen können"[53], sollten Patienten dazu angeleitet werden, wie sie mit Hilfe bestimmter Übungen einen Selbstheilungsprozeß in Gang setzen können, der sie von herkömmlichen Medikationen nahezu völlig unabhängig macht. So entwirft Zehentbauer das Bild einer künftigen Medizin, das für Apotheker und die Konzerne der Pharmaindustrie freilich ein einziger Alptraum ist:

> Alle wichtigen Arzneidrogen, die die Medizin zur Therapie einsetzt, werden in ähnlicher (natürlich verträglicherer) Form vom menschlichen Körper selbst hergestellt. Eine neuorientierte Medizin wird auf exogene Arzneidrogen allmählich verzichten müssen und statt dessen erforschen, wie auf nicht-exogene, natürliche Weise die körpereigenen Drogen als Heilmittel mobilisiert werden können. Man weiß, daß viele Krankheiten deshalb entstehen, weil die körpereigenen Drogen zu wenig stimuliert werden oder zu hoch konzentriert oder „falsch" kombiniert sind.[54]

Es scheint, daß die individuelle Neigung zur Sucht durch das unbewußte Verlangen begründet ist, bestimmte organische Mängel oder Mißverhältnisse in der chemischen Zusammensetzung der Körpersubstanzen zu kompensieren[55], wobei der Drogenkonsument oft wohl nur deshalb auf die gewohnheitsmäßige Zuführung eines äußeren Wirkstoffes zurückgreift, weil er nicht darüber informiert ist, daß der gewünschte Effekt ebenso gut und ohne das Risiko einer Sucht und körperlich-geistigen Schädigung durch einfache Übungen erzielt werden könnte, die eine Aktivierung der jeweils erforderlichen körpereigenen Drogen bewirken.

Sucht läßt sich ganz allgemein definieren als die körperliche oder seelische Abhängigkeit von einem bestimmten Reizauslöser, dessen Wirkung eine so wohltuende Befriedigung verschafft, daß die Person nur noch nach der kontinuierlichen Wiederholung dieser Stimulation trachtet, deren Aussetzen als unangenehm empfunden wird und zu Entzugssyndromen führt. Dieses Phänomen ist keineswegs nur im Zusammenhang mit Rauschmitteln zu sehen. Auch eine bestimmte Tätigkeit kann eine Euphorie und Besessenheit erzeugen, wie im Fall der Spiel- oder Arbeitssucht (man spricht in Anlehnung an den Begriff des Alkoholikers von „workoholics").[56] Ausgeprägten Suchtcharakter haben zudem manche Formen der Objektfixierung, die sich sowohl auf Personen (Hörigkeit, Idolkult) wie auch auf tote Gegenstände (Fetischismus) beziehen können. In diesem erweiterten Sinn wird heute geschätzt, daß etwa 90% der Weltbevölkerung süchtig sind[57]; die Süchtigen stellen also durchaus keine Minderheit am Rande der Gesellschaft dar, sondern sie konstituieren vielmehr eine überwiegende Mehrheit und sind im wesentlichen selbst die Gesellschaft. Regelmäßigkeit ist die erste Voraussetzung für die Entstehung einer Sucht. Das heißt nicht, daß jemand mit der Gewohnheit, jeden Abend eine Flasche Wein zu trinken, bereits ein Alkoholiker sein muß (vgl. Seite 232). Eine Sucht liegt aber vor, wenn eine Unterbrechung oder Beendigung der Gewohnheit zu einer spürbaren Reduktion oder Beeinträchtigung des körperlichen und geistigen Leistungsvermögens führt. Es ist in vielen Fällen kennzeichnend für das fortgeschrittene Stadium der Drogensucht, daß die Einnahme des Rauschmittels gar keine Euphorie mehr erzeugt, sondern zur unverzichtbaren Voraussetzung für die Aufrechterhaltung des bloßen ursprünglichen

Normalbefindens geworden ist. Das kennzeichnendste Merkmal der Sucht ist jedoch die weitgehende Vernichtung der Willenskraft. Obwohl die Droge ihren ursprünglichen Reiz längst verloren hat und die Erinnerung an frühere Euphorien schon lange verblaßt ist, ist der Süchtige nicht mehr zu dem Willensakt fähig, von dem nun eigentlich sinnlos gewordenen weiteren Gebrauch der Droge abzulassen. Er weiß genau, daß seine Abhängigkeit ihm nur noch schadet und ihn zuletzt ruinieren wird, und er ist sich bewußt, daß jede seiner von der Sucht diktierten Unternehmungen dem eigenen Interesse zuwiderläuft, und doch muß er ohnmächtig hinnehmen, daß er die Grundlagen seiner Existenz systematisch zerstört. Er verliert sein Ansehen, seine Selbstachtung, seinen Besitz, seinen Beruf, seine Freunde und die Familie, und kann bei allem Bewußtsein des angerichteten Schadens doch nichts dagegen unternehmen. William Burroughs schreibt im Vorwort zu seinem Roman *Junkie* (1953):

> Es wird oft gefragt, wie es dazu komme, daß jemand rauschgiftsüchtig wird. Ein Süchtiger wird darauf in der Regel antworten, daß es nicht so geplant war. Man wacht nicht eines schönen Morgens auf und beschließt, von nun an ein Leben als Rauschgiftsüchtiger zu führen. […] Man greift zur Droge und wird süchtig, weil man nichts hat, was einen dazu motiviert, etwas anderes zu tun. Junk geht immer den Weg des geringsten Widerstands. Ich versuchte es aus reiner Neugier. Ich ließ mich treiben und setzte mir einen Schuß, wenn ich gerade an das Zeug herankommen konnte. Am Ende war ich süchtig. … Nein, man nimmt sich nicht vor, süchtig zu werden. Man wacht eines Morgens mit Entzugserscheinungen auf und weiß, daß man eine Sucht hat. [J („Prologue") xv; 22]

Diese Erklärung richtet sich an das Publikum der fünfziger Jahre, das mit den Problemen der Drogensucht noch nicht vertraut war; heute erübrigt sich der Hinweis, daß man nicht vorsätzlich drogensüchtig wird. Bei Burroughs wird der Griff zur Droge lediglich durch Langeweile und das Fehlen konkreter Lebensziele und Perspektiven begründet; die zu Drogen und Sucht führenden Motive lassen sich aber doch etwas differenzierter beschreiben. So kann man wenigstens drei Gruppen von Süchtigen unterscheiden, die Gelpke *Exzentriker*, *Melancholiker* und *Deserteure* nennt: Im ersten Fall handelt es sich um Menschen, die nach höchstem Genuß oder nach solchen Erkenntnissen trachten, die über das normale Maß hinausgehen, im zweiten Fall sind solche Personen gemeint, die an Depressionen leiden und Drogen als Medizin verwenden und oft sogar ärztlich verordnet bekommen, und die letzte Gruppe besteht aus Personen, die sich den Anforderungen ihrer Umwelt nicht gewachsen fühlen und im Drogenrausch ihren Problemen entfliehen wollen.[58] In all diesen Fällen leitet sich der Drogenkonsum aus einer eskapistischen Grundtendenz her: Während der *Melancholiker* und der *Deserteur* vor den deprimierenden Inhalten ihres Bewußtseins Zuflucht suchen, so daß mit seiner Ausschaltung im Rausch der verfolgte Endzweck bereits erfüllt ist, ist diese Bewußtseinsauslöschung für den *Exzentriker* nur die erste Voraussetzung seines beabsichtigten Endzwecks, nämlich einer Reise zu den Wonnen grenzenloser Erkenntnis. Der Unterschied läßt sich durch ein Bild verdeutlichen: Die Ausschaltung des Bewußtseins ist wie der Abriß eines Gefängnisgebäudes. Zwei der befreiten Häftlinge, nämlich der *Melancholiker* und der *Deserteur*, machen es sich auf den Trümmern bequem und lassen sich zufrieden von der Sonne bescheinen, während Häftling Nr. 3, der *Exzentriker*, eilig über die Mauerreste hinwegsetzt und in die unermeßliche Weite des Universums hineinstürmt.

Am Anfang des Drogengebrauchs und der Sucht stehen also zwei seelische Triebkräfte: Ennui (d. h. Langeweile und Lebensüberdruß) und der Drang nach Erkenntnis. Beide stehen im Zusammenhang mit einer eskapistischen Bewegung. Der vom Ennui getriebene Drogenkonsument setzt sich Scheuklappen auf, während der vom Erkenntnisdrang getriebene Drogenkonsument seine Scheuklappen abzustreifen versucht. Trotz dieser offenkundigen Gegensätzlichkeit stehen Ennui und Erkenntnisdrang oft in einer engen wechselseitigen Beziehung: Wenn nämlich die Enge des Bewußtseins und der materiellen Realität als qualvoll und bedrückend empfunden und das Erkenntnisinteresse durch den Ennui somit emotionell „angeheizt" wird oder wenn die Suche nach Erkenntnis als Abenteuer angesehen wird, das von der tödlichen Langeweile ablenken soll. Gebsattel weist auf die besondere Rolle der Schwermut hin, indem er von einer Äußerung Blaise Pascals ausgeht:

> „Nous ne vivons jamais, mais nous espérons de vivre." – Woher diese schwermütige Note? Was heißt hier: „nicht leben"? Offenbar doch, keine wahre, keine wirkliche Gegenwart zu haben! Deswegen stürzt der Mensch auf die Zukunft zu und sucht dort, was Pascal an dieser und anderer Stelle „le divertissement" nennt, – die Zerstreuung, die Unterhaltung. Ja, hier taucht sogar schon das Element der Sucht auf, das in allen neurotischen Strukturen eine so große Rolle spielt. Eine Sucht nach Zerstreuung treibt den Menschen aus einer offenbar leeren Gegenwart in die Zukunft! Aber nein, viel schlimmer als „leer" ist die Gegenwart des Menschen. Hören wir Pascal: „Kaum verzichtet der Mensch auf die Zerstreuung, auf die Jagd nach Erfolg, nach Ansehen, nach Macht, nach Geld, so steigt aus seiner Seele die Langeweile auf, eine schwarze Traurigkeit, der Kummer, die Verzweiflung."[59]

An anderer Stelle erklärt Gebsattel, wie die Empfindung einer allgegenwärtigen Sinnlosigkeit „ihr Opfer in die Sucht drängt":

> Verführt aber den Menschen der jeweilige Zustand der Leere, sein Abgedichtetsein gegen die eigene Tiefe und Höhe dazu, peripheren Tendenzen die Führung zu überlassen, mit dem Ziel, rasch und auf billige Weise zu einem Inhalt zu gelangen, so ist damit schon der Weg beschritten, der in die Sucht führt. Denn die Erfüllung, die er eigentlich meint und sucht, ist in den Gebieten, die er aufsucht, nicht zu finden. Die Befriedigung, die sie vortäuschen, ist eine Illusion, es bleibt somit, mitten im Genuß oder in der Ablenkung und Zerstreuung, ein Rest von Unbefriedigtheit wirksam, der zur Wiederholung der Fluchtbewegung zwingt, ohne daß jemals auf dieser Ebene wirkliche Sättigung, Erfüllung oder Befriedigung erreicht wird. Die Leere wird gleichsam perpetuiert, sie reicht in das, was sie vertreiben soll, hinein und wartet gleichsam am Ausgangstor der Betäubung, des Rausches, des Genusses, schon auf ihr Opfer... Was unternommen wird, um die Leere zu verscheuchen, läßt sie unabgebaut wieder hervortreten. Und das Manöver muß wiederholt werden. Der Sucht verfallen, tritt der Mensch auf der Stelle, und das buchstäblich: er scheidet aus der lebensimmanenten Zeit aus, aus der Zeit, die das Zeitungselement der Persönlichkeit und ihrer Gestaltwerdung ist. Sie ist, die Sucht, dem Selbstverwirklichungsdrang der Persönlichkeit konträr und hebt ihn auf.[60]

IV. Der Rauschverlauf

Eine inzwischen geradezu klassische Rauschbeschreibung, die der Drogenforschung lange Zeit als wichtige Informationsquelle diente, vermittelt eine ungefähre Vorstellung, wie das Erlebnis des Drogenrausches von den ersten Anzeichen der Wirkung bis zum (oft nicht erreichten) ekstatischen Höhepunkt verlaufen kann. Es handelt sich um Charles Baudelaires in drei Hauptphasen unterteilte Schilderung des Haschischrausches[61]:

1. Der Rausch beginnt mit dem Gefühl einer wachsenden Entspanntheit und Sorglosigkeit, die bald in Heiterkeit umschlägt und sich bis zur größten Albernheit steigert: jeder Gegenstand, jede Person der unmittelbaren Umgebung wird Anlaß immer neuer unmotivierter Ironien und Lachanfälle. Schließlich erscheinen auch die banalsten Gedanken, die einfachsten Worte in einer seltsam verzerrten Gestalt, so daß Erstaunen und die Empfindung von Lächerlichkeit Hand in Hand gehen. Diese „gaieté", so Baudelaire, halte jedoch nicht lange an und münde schließlich in einen kurzwährenden Zustand abermaliger Entspannung.

2. Dann stellt sich ein Kältegefühl ein; die Glieder scheinen zu erschlaffen („Hände aus Butter"), der Kopf scheint völlig taub geworden, die Gedanken abgestumpft. Die Augen weiten sich, alle Farbe weicht aus dem Gesicht. Zugleich stellt sich ein unstillbarer Durst ein. Eine besondere Wahrnehmungsschärfe macht sich bemerkbar, wovon alle fünf Sinne gleichermaßen betroffen sind. Es folgen Transformationen, Halluzinationen und synästhetische Phänomene. Aufgrund all dieser Entwicklungen entsteht das Gefühl, schwierige Probleme mit spielender Leichtigkeit verstehen und lösen zu können. Zuweilen glaubt der Berauschte, seine Persönlichkeit löse sich auf und es gebe keinen Unterschied mehr zwischen seinem Selbst und dessen Umgebung. Die Dimensionen von Raum und Zeit scheinen sich im Rausch ins Unendliche auszudehnen. Nach einer Weile zeigt sich ein gesteigerter Appetit, doch wird es den Berauschten größte Mühe kosten, die zum Essen und Trinken notwendigen Verrichtungen auszuführen.

3. Diese Phase ist durch ein absolutes ekstatisches Glücksgefühl geprägt. Die Glückseligkeit ist ruhig und statisch; alle philosophischen und theologischen Probleme scheinen gelöst. Der Berauschte empfindet sich nun aufgrund seines empfundenen tiefen Verständnisses aller Dinge als Gott. Die vorherrschende Empfindung ist jedoch eine unendliche, alles umfassende Liebe, die auf dem ekstatischen Gefühl des harmonischen Einsseins mit dem Universum gründet. Auf diese letzte Phase folgt unabwendbar das Erwachen in der erbärmlichen Enge der materiellen Welt. Der Zusammenstoß dieser krassen Gegensätze ist die Hauptursache für das Leiden des Drogenkonsumenten.

IV. Der Rauschverlauf   243

Daß diese Angaben Baudelaires zuverlässig sind und den Analysekriterien einer wissenschaftlichen Untersuchung durchaus gerecht werden, zeigt ihre deutliche Übereinstimmung mit den Beobachtungen des Arztes Jacques Joseph Moreau de Tours.[62] Auch ein Vergleich mit den Ergebnissen neuerer Untersuchungen kann die Exaktheit der Schilderungen Baudelaires nur unterstreichen, wie am Beispiel eines Berichtes deutlich wird, der im Zusammenhang mit den unter ärztlicher Aufsicht stattfindenden Haschischversuchen Walter Benjamins verfaßt wurde:

> Eines der ersten Zeichen, daß der Haschisch zu wirken beginnt, „ist ein dumpfes Atmungs- und Beklommenheitsgefühl; etwas Fremdes, Unentrinnbares naht … Bilder und Bilderreihen, längst versunkene Erinnerungen treten auf, ganze Szenen und Situationen werden gegenwärtig, sie erregen zuerst Interesse, zuweilen Genuß, schließlich, wenn es kein Abwenden von ihnen gibt, Ermüdung und Pein. Von allem, was geschieht, auch von dem, was er sagt und tut, wird der Mensch überrascht und überwältigt. Sein Lachen, all seine Äußerungen stoßen ihm zu wie Geschehnisse von außen. Er gelangt auch zu Erlebnissen, die der Eingebung, der Erleuchtung nahekommen… Der Raum kann sich weiten, der Boden abschüssig werden, atmosphärische Sensationen treten auf: Dunst, Undurchsichtigkeit, Schwere der Luft; Farben werden heller, leuchtender; Gegenstände schöner oder auch klobig und bedrohlich… All dies vollzieht sich nicht in kontinuierlicher Entwicklung, vielmehr ist das Typische ein fortwährender Wechsel von traumhaftem und wachem Zustand, ein ständiges, schließlich erschöpfendes Hin- und Hergeworfenwerden zwischen völlig verschiedenen Bewußtseinswelten; mitten im Satz kann dieses Versinken oder Auftauchen erfolgen… Von alledem berichtet uns der Berauschte in einer Form, die meist sehr erheblich von der Norm abweicht. Die Zusammenhänge werden wegen des oft plötzlichen Abreißens jeder Erinnerung an Vorhergegangenes schwierig, das Denken gestaltet sich nicht zum Wort, die Situation kann von so bezwingender Heiterkeit werden, daß der Haschischesser minutenlang zu nichts fähig ist als zum Lachen… Die Erinnerung an den Rausch ist überraschend scharf."[63]

Was hier beschrieben wird, entspricht im wesentlichen den Äußerungen Baudelaires über die erste Phase des Haschischrausches, über welche die meisten Konsumenten der Droge nur selten hinauskommen. Der von Baudelaire geschilderte komplette Rauschverlauf ist daher als ein Idealfall anzusehen, der sich nur bei entsprechender Routine und einer gewissen visionären Disposition einstellen wird.[64]

Nun wird der Verlauf eines Drogenrausches jedoch stets von einer Vielzahl verschiedener Faktoren bestimmt, die von der Persönlichkeit des Drogenbenutzers und seiner akuten seelischen Verfassung bis zur Raumtemperatur oder der Farbe des Teppichbodens reichen können. Der Drogenrausch hat in jedem Fall die Funktion eines Zerrspiegels, der nur reflektiert, was in der Person selbst und in ihrer Umgebung wenigstens latent vorhanden ist. Es ist folglich nicht jedem Menschen und nicht zu jeder Zeit und an jedem Ort möglich, durch die bloße Anwendung einer Droge eine „mystische" Vision oder eine „Bewußtseinserweiterung" zu erleben. Der Rausch muß erst „gelernt" werden, „ebenso wie schöpferische Menschen lernen, ihre Inspirationen zu verfolgen, bzw. sich die Situation zu schaffen, in der ihnen ‚etwas einfällt'", meint Ammon, der weiterhin feststellt:

Wir haben es hier mit hochdifferenzierten Entwicklungen der Ich-Kontrollfähigkeit zu tun und auch in diesem Sinne können wir von einer möglichen bewußtseinserweiternden und differenzierenden Wirkung der halluzinogenen Drogen sprechen.

Eine Regression im Dienste des Ichs oder eine schöpferische Regression aber wird sich nur derjenige gestatten können, dessen Ich über eine ausreichende Stabilität und differenzierte Elastizität verfügt, und dies auch nur dann, wenn die äußere Situation gesichert ist. Erst dann ist die Möglichkeit gegeben, die Realitätskontrolle zu dispensieren, die Selbstkritik aufzuheben und die Gedanken dem Lustprinzip folgen zu lassen. Ähnlich wie die analytische Situation, die darauf abzielt, dem Patienten die freie Assoziation seiner Vorstellungen zu ermöglichen, ist deshalb auch die Situation des Drogengenusses angewiesen auf eine gesicherte Struktur.

In allen Kulturen ist daher der Genuß bewußtseinserweiternder Drogen verbunden gewesen mit einer rituellen Gestaltung der Situation, die dem Drogenkonsumenten die unentbehrliche Sicherheit für eine gelingende halluzinatorische Reise garantieren sollte.[65]

Schon Baudelaire rät dem interessierten Haschisch-Adepten zu größter Sorgfalt bei der Auswahl des Zeitpunktes und der Umgebung:

> Ich nehme an, ihr habt euch vorgesehen und den rechten Augenblick für eure abenteuerliche Expedition gewählt. Jede vollkommene Ausschweifung bedarf einer vollkommenen Muße. Ihr wißt zudem, daß das Haschisch nicht nur eine Steigerung des Individuums, sondern auch der Umstände und der Umgebung bewirkt; ihr habt keine Pflichten zu erfüllen, die Pünktlichkeit und Genauigkeit verlangen; keine Familiensorgen; keine Liebesschmerzen. Das ist wichtig. Diese Sorge, diese Unruhe, diese Erinnerung an eine Pflicht, die euren Willen und eure Aufmerksamkeit zu einer bestimmten Minute erfordert, würden wie ein Totengeläute in eure Trunkenheit erschallen und euch die Lust vergällen. Die Unruhe würde Beklemmung, die Sorge Marter. [PA 356; VI 67]

Diese wichtigen Voraussetzungen werden wissenschaftlich mit den Begriffen *set* und *setting* bezeichnet. Den Unterschied erläutert Leuner:

> Es besteht eine Abhängigkeit von der Art der Umgebung und dem Verhalten des Versuchsleiters (z.B. wird der Unterschied zwischen einem EEG-Laboratorium, einem kahlen Krankenzimmer oder einer anheimelnden Wohnzimmeratmosphäre, zwischen einem kühl-sachlich oder einem warmherzig eingestellten psychologischen Versuchsleiter deutlich. Extremreaktionen finden wir, wenn der Versuch in völliger Einsamkeit durchgeführt wird). Die äußere Umgebung wird mit dem englischen Begriff des *setting* belegt. Aus der Nichtbeachtung des Parameters *setting* erklären sich die häufig widersprüchlichen Reaktionen auf das Halluzinogen.
>
> Ebenso wurde lange Zeit das *set* übersehen, das für Halluzinogene als Hilfe für tiefenpsychologische Psychotherapie ebenfalls wichtig ist. Gemeint ist die oft unbewußte Einstellung oder Einstimmung und die Zielsetzung der Person. Das *set* beeinflußt die Erlebnisinhalte der Halluzinogenwirkung und kann durch den Versuchsleiter oder Therapeuten maßgeblich gelenkt werden. Das *set* steht auch naturgemäß in enger Beziehung zum *setting* der wahrgenommenen äußeren Bedingungen. Beispiel: Ist das *set* eine religiöse Einstellung und die Erwartung, an einem religiösen Gottesdienst teilzunehmen, und das *setting* ein religiöser Gottesdienst mit den entsprechenden sinnlichen Einwirkungen wie Kirche und Orgelspiel, so kann das eingenommene Halluzinogen zu profunden religiösen Erfahrungen führen, wie Untersuchungen gezeigt haben.[66]

V. Charakteristische Phänomene der Rauschwahrnehmung

Da sich das Rauscherleben aufgrund der großen Diversität der zusammenwirkenden Einflüsse von Mal zu Mal sehr unterschiedlich gestalten kann, kann eine Aufzählung „typischer" Rauschphänomene nur eine sehr relative Gültigkeit beanspruchen. Dennoch hat jede Droge gewissermaßen ihre eigene „Handschrift", die das Rauscherleben auf subtile Art akzentuiert und Zeichen setzt, die oft nur dem Drogenexperten mit eigener Rauscherfahrung auffallen mögen, aber dennoch als charakteristisch gelten müssen.[67] Vor allem im Hinblick auf den später zu erörternden Zusammenhang zwischen Drogenwirkung und der kreativen Arbeit des Künstlers ist es jedoch von Bedeutung, die von Schriftstellern besonders häufig beschriebenen Rauschphänomene näher zu untersuchen. Schließlich kann die Kenntnis solcher Erfahrungsmuster als Maßstab für die Erschließung literarischer Texte dienen, besonders, wenn es darum geht, die Vermutung einer Rauschinspiration zu bestätigen oder zu widerlegen. Nachfolgend werden daher nicht nur die meistgenannten Phänomene des Rauscherlebens beschrieben, sondern es soll auch gezeigt werden, inwiefern die Kenntnis solcher Phänomene im literarischen Kunstwerk reflektiert und verarbeitet wurde.

1. Lebhafte Heiterkeit. – Dieses Phänomen wird von fast jedem Drogenforscher als Symptom der beginnenden Rauschwirkung genannt. Für das Haschisch und den als „Geselligkeitsdroge" bekannten Alkohol ist es ebenso verbürgt wie für Meskalin[68], Kokain[69] und LSD.[70] Henri Michaux bezeichnet es als typisch für alle Halluzinogene.[71] Nur im Zusammenhang mit den Opiaten habe ich keine ausdrückliche Erwähnung dieser Heiterkeit gefunden; De Quincey schreibt sogar, „daß niemand lange lachen wird, der viel mit Opium zu tun hat: selbst seine Freuden sind von einer ernsten und feierlichen Art; auch in seinem glücklichsten Moment kann sich der Opiumesser nicht in einer heiteren Stimmung präsentieren, sondern spricht und denkt selbst dann in der Art eines Grüblers." [CEO 388]

2. Gefühl eines geschärften Wahrnehmungsvermögens. – Dieses Gefühl erweckt beim Berauschten den Eindruck, er sehe die Dinge seiner Umgebung zum erstenmal in ihrer wirklichen Beschaffenheit; jeder Gegenstand seiner Aufmerksamkeit wird in den feinsten Details wahrgenommen. Dabei ist die Klarheit der visuellen Wahrnehmung mit der Klarheit gedanklicher Prozesse untrennbar verknüpft. Der Berauschte glaubt sich im Besitz eines unerhörten intellektuellen und perzeptiven Potentials, was ihn oft dazu verleitet, die vermeintlich günstige Gelegenheit zur Lösung schwieriger Probleme oder zur Planung ehrgeiziger Großprojekte zu nutzen (vgl. Seite 296 ff.). So schreibt Hayter über die Selbsteinschätzung von Opiomanen:

> Ihr Intellekt ist aktionsbereit, lebhaft, klar, ihre Ideen sind zahlreich und originell – Opium, so meinte ein Süchtiger, habe ihm Ideen eingegeben, die er sonst nicht gehabt hätte. Das Assoziationsvermögen wird erheblich angeregt und erzeugt lange Ideenketten

und Gedankengeflechte, die für das kreative Schaffen bedeutsam sein können. Es entstehen Pläne für enorme philosophische Werke, die eine Synthese allen Wissens darstellen und die Essenz des Daseins erklären sollen. Die schwierigsten Werke, die verzwicktesten Entwürfe werden mit Leichtigkeit gelesen und verstanden. Abstrakte Ideen werden zu Bildern, die gestochen scharf sind, aber in raschen Metamorphosen zerfließen und sich neu konstituieren. Oder das Bewußtsein überspringt mit kühnem Wagemut und Selbstvertrauen die Lücken zwischen den einzelnen Ideen.[72]

Angesichts dieser wunderbaren Folgen des Opiumkonsums erhebt sich die Frage, wieso dann nicht jeder Künstler, jeder Wissenschaftler und überhaupt jeder Mensch seine geistigen Fähigkeiten auf diese Art steigert. Hayter gibt selbst die Antwort:

> Alles könnte man erreichen – wenn es der Mühe wert wäre, aber es ist unnötig, sich zu bemühen, da das Vorhaben eigentlich schon realisiert ist; Absicht und Ausführung werden nicht mehr unterschieden. ... Tatsächlich beruht der intellektuelle Antrieb durch das Opium weitgehend auf einer subjektiven Täuschung des Süchtigen – er glaubt, brillante Gedanken zu haben und intellektuelle Großtaten mit außerordentlicher Leichtigkeit zu vollbringen, doch diese Wirkungen stellen sich nur selten in objektiv meßbaren Leistungen dar.[73]

Aus der Sicht des Naturwissenschaftlers beruht das Erlebnis dieser erstaunlichen „Sehschärfe" auf einer Einengung des Gesichtsfeldes, die einen großen Bereich der gewohnten Perspektive verschwimmen und unkenntlich werden läßt.[74] Die Überempfindlichkeit der Sinne ist gelegentlich so stark, daß die extreme Wahrnehmungsschärfe sich selbst ad absurdum führt und kolossale Zerrbilder des Wahrgenommenen produziert. Ein Beispiel hierfür gibt Fitz Hugh Ludlow:

> Haschisch bewirkt stets eine gesteigerte Wahrnehmungsfähigkeit, die auch die kleinste Empfindung so sehr vergrößert, daß sie riesige Ausmaße annimmt. Der Haschischesser, der während seiner höchsten Verzückung trinkt, ist fast immer der Ansicht, er nehme nicht endenwollende Fluten zu sich, und stellt sich vor, seine Kehle sei ein Abgrund, in den die See tosend hinabstürzt. Des öfteren habe ich, von quälendem Durst gepeinigt, ein kleines Gefäß mit Wasser genommen und an meine Lippen geführt; ich empfand es als einen alles überflutenden Sturzbach, und obwohl meine Kehle immer noch ausgedörrt war, stellte ich das Wasser zur Seite, um nicht zu ertrinken. [HE 72/73; 60]

Der Eindruck der gesteigerten Wahrnehmungsfähigkeit kann durch fast alle Rauschmittel bewirkt werden; nur für die Inebriantia muß er als untypisch gelten. Bemerkenswert ist hier auch die auffallende Zuspitzung des Beobachtungsinteresses. Der Berauschte fühlt sich in seiner plötzlichen Geistesklarheit berufen, das Wesen der Dinge zu erforschen; er ist bemüht, jeden Gegenstand seiner Umgebung auf seinen tieferen Sinn hin zu durchleuchten. (Vgl. Seite 345 ff.)

3. Synästhetische Erfahrungen. – Als Synästhesie bezeichnet man die Vermischung verschiedener Arten der sinnlichen Wahrnehmung wie das Sehen von Tönen oder das Schmecken einer Farbe. „So weiß der Haschischesser", heißt es etwa bei Ludlow, „was es heißt, von *Salz*feuer verbrannt zu werden, Farben zu *riechen*, Geräusche zu *sehen* und, was noch häufiger der Fall ist, Gefühle zu *sehen*." [HE 149; 106] Dieses Phänomen, das die Ablösung des rationalen Wachbewußtseins durch eine andere Bewußtseinsart signalisiert, kann nicht nur durch alle Rauschmittel, sondern auch etwa durch meditative Übungen bewirkt werden. So soll der chinesische Taoist Lieh-tse nach neunjähriger Meditation ein Bewußtsein erreicht haben, in dem u. a. auch die Unterschiede der fünf Sinne entfielen und an deren Stelle eine „geeinte" Wahrnehmung trat[75], und überhaupt spielt die Schilderung von Synästhesien bei den Mystikern eine wichtige Rolle als *tertium comparationis*, wenn die Erfahrung der *unio mystica*, der Wesenseinheit mit dem Göttlichen, veranschaulicht werden soll.

4. Intensiviertes Farbempfinden. – Da Farben einen der stärksten visuellen Reize bewirken, erfährt auch ihre Wahrnehmung im Rausch eine besondere Akzentuierung. Unter dem Einfluß halluzinogener Drogen erscheinen sie wesentlich intensiver und von einem inneren Licht erfüllt, das sie erglühen läßt. Gerade diese Vokabel („glühen", engl. *glow*, frz. *briller*, und bei Baudelaire besonders häufig: *éblouissant*, d. h. blendend, gleißend) wird bei den besprochenen Autoren auffallend oft verwendet, was teilweise Rückschlüsse auf einen möglichen Drogengebrauch nahelegt. (Vgl. Seite 341 ff.) So sind die Visionen im Haschischrausch oft mit starken farblichen Reizen verbunden, wobei der Farbe Blau eine ganz besondere Bedeutung zukommt: „In der Höhle, die mein Gehirn barg, gähnten unauslotbare Tiefen von unbeschreiblichem Blau", heißt es bei Bayard Taylor[76]; Gautier spricht in seiner Darstellung der Haschischekstase von „einem bläulichen Dunst, einem elysischen Tag, der Spiegelung einer blauen Grotte"[77], und Victor Hugo bezeichnet Schlaf und Traum in seinem Gedicht „Dieu" als „blaue Paradiese".[78] Auch Rimbaud, der Opium und Haschisch 1871 kennengelernt hatte, spricht in dem im selben Jahr entstandenen „Bateau ivre" in einer nicht zu übersehenden Farbigkeit, von „vins bleus, l'eau verte" und vom „Poème de la Mer", in dem er bade, „Où, teignant tout à coup les bleuités, délires / Et rhythmes lents sont les rutilements du jour, / Plus fortes que l'alcool, plus vastes que vos lyres, / Fermentent les rousseurs amères de l'amour!" – „Wo plötzlich, unter des Mittags brünstigen Feiern / Langsam trunkene Glut die blauen Räume verklärt / Und stärker als Wein, weiter als euere Leiern / Die bittere Röte der Liebe wallet und gärt." [SD 132/133] In dem Prosagedicht „Mystique" aus *Les Illuminations* (1872/73) fällt eine extravagante Bildlichkeit auf, die heute an van Gogh erinnert: „Des prés de flammes bondissent jusqu'au sommet du mamelon. […] La douceur fleurie des étoiles … descend … et fait l'abîme fleurant et bleu là-dessous." – „Flammende Wiesen springen bis an die Kuppe des Hügels hinan. […] Steigt die blühende Süße der Sterne … hernieder … und macht den Abgrund duftig und blau, da unten." [SD 222; 223] Abermals haben wir den Hinweis auf die Bläue, die hier den Abgrund verwandelt. Auch in „La Chambre double", wo Baudelaire die Atmosphäre seines Zimmers schildert, das ihm im Rausch merkwürdig verändert erscheint, wird die Farbe Blau als Merkmal der verwandelten Umgebung entdeckt: „Es ist etwas Dämmriges, Bläuliches, Rosenfarbenes ..." [SP 233; VIII 127]

Eine besondere Bedeutung hat die Farbe Blau im Werk Gottfried Benns. Benn sieht im Blau selbst ein berauschendes Agens von „enormem Wallungswert" oder „Rauschwert"; seine Wirkung sei der von Drogen vergleichbar. Über die Kontemplation dieser Farbe werde eine „Wirklichkeitszertrümmerung" und „Zusammenhangsdurchstoßung" ermöglicht. Das Blau ist hier also die treibende Kraft eines im Wachbewußtsein stattfindenden Erkenntnisprozesses[79] und wird zu einer Chiffre für das Kunstverständnis des Dichters: „Die Farbe blau ist in der Dichtung Benns Chiffre für die Welt des Traumes, die eng mit der der Kunst verwandt ist. Kunst ist in Worte umgesetzter Traum, und blau annonciert chiffrenhaft diese schöpferische Komponente des Traumes. Mit einem einzigen Schlüsselwort kann so der Dichter eine komplexe Bilderwelt und den Vorgang ihrer Entstehung zusammenfassen."[80] Auch bei Burroughs „ist es das Blau, das in den Farbträumen des Yage eine besondere Bedeutung einnimmt"[81], während Jünger meint, daß diese Farbe im Meskalinrausch eine besondere Macht offenbare, auf die „man auch in der empirischen Welt achten" solle: „Das Blau ... ist die Farbe des Geistes und der höheren, nur durch ihn zu erreichenden Einheiten. Es ist als Farbe kosmischer und planetarischer Weiten auch die des ordnenden Geistes, der über die Leidenschaften triumphiert." [A 357]

Eine weitere Bedeutung erhält die Farbsymbolik in den Texten der Rauschliteratur als bewußtes Kontrastmittel zur trüben Realität des Alltags. Den Grautönen der materiellen Welt wird der Farbenreichtum der spirituellen (in Gestalt der ekstatischen Rauschwelt) entgegengesetzt. Besonders deutlich wird dies bei Baudelaire. In seinem Gedicht „Rêve parisien", in dem, wie im Prosagedicht „La Chambre double", die im Rausch erlebte Traumwelt mit der bei Abklingen der Rauschwirkung wieder vorgefundenen öden Realität des Erdenlebens kontrastiert wird, stellt Baudelaire noch im Blick auf die paradiesische Traumwelt fest: „Et tout, même la couleur noire, / Semblait fourbi, clair, irisé ..." [FdM 98] [„Und alles, selbst die schwarze Farbe, schien blankgerieben, hell und schillernd ..." (III 265)] Demgegenüber steht das Grau der Realität von *tristesse* und *ennui*, die den Träumer wieder einholt.

Häufig wird die Farbe als ein Bedeutungsträger empfunden, dessen wesenhafte Inhalte dem normalen Wachbewußtsein verborgen seien. Walter Benjamin erinnert sich in seinen „Crocknotizen", wie sich ihm im Rausch plötzlich die Möglichkeit eröffnete, die Geheimnisse der Farben zu entschlüsseln:

> Farben können eine ungemein starke Wirkung auf den Raucher ausüben. Eine Ecke im Zimmer der S[elz] war mit Umschlagetüchern verziert, die an der Wand hingen. Auf einer mit einem Spitzentuche überdeckten Kiste standen ein paar Gläser mit Blumen. In den Tüchern und in den Blumen überwog das Rot in den verschiedensten Nüancen. Die Entdeckung dieses Winkels machte ich spät und plötzlich, in einem schon vorgerückten Teil der fête. Sie wirkte fast betäubend auf mich. Augenblicklich schien mir, daß meine Aufgabe darin bestehe, den Sinn der Farben mit Hilfe dieses ganz unvergleichlichen Instrumentariums zu entdecken. Ich nannte diesen Winkel das „Laboratoire du Rouge" ...

Im Augenblick ist mir von diesem Unternehmen nur erinnerlich, daß sich die Fragestellung für mich verschoben hatte. Sie war nun allgemeiner und erstreckte sich überhaupt auf Farben. Mir erschien ihr Unterscheidendes, daß sie vor allem Form besäßen, daß sie sich vollkommen identisch mit der Materie, an der sie erschienen, machten. Indem sie dennoch an dem Verschiedensten – z. B. einem Blumenblatt und einem Blatt Papier – ganz gleich aufträten, erschienen sie als Mittler oder Kuppler der Stoffbereiche; nur durch sie vermöchten die entlegensten sich miteinander vollkommen zu vereinigen.[82]

Von allen Drogen wird dem Meskalin die stärkste farbliche Wirkung bescheinigt. Havelock Ellis weist in seinem Bericht von 1898 auf die ungewöhnlich intensiven Farben des Meskalinrausches hin: „... meine Augen schienen für Farben, besonders Blau und Violett, ungewöhnlich empfindlich zu sein; tatsächlich kann ich sagen, daß ich für die Ästhetik der subtileren Phänomene von Licht und Schatten und Farbe seit dieser Erfahrung empfindlicher bin."[83] Besonders eindrucksvoll sind die Schilderungen dieses Phänomens bei Aldous Huxley und Henri Michaux. So schreibt Huxley:

> Die Bücher zum Beispiel, die in den Regalen an den Wänden meines Arbeitszimmers standen. Wie die Blumen glühten sie, wenn ich sie ansah, mit helleren Farben, einer tieferen Bedeutsamkeit. Rote Bücher wie Rubine, Smaragdbücher, Bücher in weiße Jade gebunden, Bücher aus Achat, aus Aquamarin, aus gelbem Topas, Lapislazulibücher, deren Farbe so intensiv war, so wahrhaft bedeutungsvoll, daß sie kurz davor schienen, die Regale zu verlassen, um sich meiner Aufmerksamkeit noch eindrücklicher entgegenzuwerfen. [DP 17]

Diese Erfahrung veranlaßt ihn kurz darauf zu der Feststellung: „Meskalin verleiht allen Farben eine größere Kraft und schafft beim Betrachter ein Bewußtsein der Unterschiede zahlloser feiner Tönungen, für die er, in gewöhnlichen Zeiten, völlig blind ist." [DP 23] Den Grund hierfür sieht er in der besonderen Intensität des Lichts, das die Umgebung nicht nur im Drogenrausch, sondern in den meisten mystischen Visionserlebnissen zu verwandeln scheint und den Eindruck bewirkt, als sei dem Visionär unversehens ein Schleier von den Augen genommen:

> Der wichtigste gemeinsame Aspekt in all diesen Erfahrungen, meine ich, ist der Aspekt des Lichts. Es gibt sowohl negatives, böses Licht als auch gutes Licht. Im *Paradise Lost* spricht Milton vom Licht der Hölle, das er als sichtbare Finsternis bezeichnet. Das ist m. E. wahrscheinlich eine sehr gute psychologische Beschreibung jenes düsteren Lichts, das die Visionäre manchmal erblicken, und es ist ein Licht, das meiner Meinung nach viele Schizophrene sehen. In Dr. Séchehayes Werk *Journal d'une Schizophrène* schildert ihre Patientin genau dieses erschreckende Licht, in dem sie lebt: Es ist eine Art von höllischem Licht, es ist ein Licht wie die grelle Beleuchtung in einer Fabrik, das gräßliche Gleißen moderner elektrischer Lichtquellen, die Maschinen bescheinen. Andererseits sagen aber jene, die eine positive Erfahrung machen, daß dieses Licht von unglaublicher Schönheit und Bedeutsamkeit sei.
> Die Lichterfahrung der positiven Art kann, wie ich meine, in zwei Hauptgruppen eingeteilt werden. Da ist die Erfahrung eines Lichts, das wir undifferenziert nennen können, ein reines Lichterlebnis, bei dem alles von Licht überflutet wird. Und dann gibt es die Erfahrung von differenziertem Licht, also von Gegenständen, Personen, Landschaften, die von ihrem eigenen Licht zu erstrahlen und erfüllt zu sein scheinen.

Ganz allgemein, glaube ich, kann man sagen, daß die Erfahrung von undifferenziertem Licht meist jenem Erlebnis entspricht, das mit der höchsten mystischen Erfahrung assoziiert wird. [M 245/246]

Ganz anders wird die Farbwahrnehmung im Opiumrausch beeinflußt, in dem Pastelltöne überwiegen und die Umgebung in einem leuchtenden, nebelartigen Dunst erscheint. Die Wahrnehmung individueller Farben scheint gegenüber einem alles durchwirkenden milchigen Glanz zurückzutreten. Vergleicht man das Licht, das die Opiumlandschaften erfüllt, mit demjenigen, wie es im Halluzinogenrausch erfahren wird, so scheint der Unterschied etwa so zu sein wie der zwischen Bernstein und einem Edelstein reinsten Wassers. In ähnlichem Sinn beschreibt De Quincey das Jahr 1817, als er seinen bis dahin enormen Opiumkonsum drastisch reduzierte:

> Auf das glücklichste *lustrum* oder auch auf das glücklichste *Jahr* kann ein Mann dagegen vielleicht berechtigt verweisen, ohne daß es die Weisheit mißbilligt. Solch ein Jahr, Leser, war in meinem Fall dasjenige, das wir jetzt erreicht haben, obwohl es, wie ich bekenne, als ein Einschub zwischen Jahren düsteren Charakters stand. Es war ein Jahr von reinstem Wasser (um in der Sprache der Juweliere zu reden), eingefaßt, wie es war, und isoliert in dem düsteren Schatten des Opiums. So seltsam, wie es klingen mag, kurz vorher war ich plötzlich ... von täglich dreihundertzwanzig Grain Opium ... auf vierzig Grain ... abgesunken. Sofort und wie durch Zauberei zog die Wolke tiefster Melancholie, die sich auf meinem Geist niedergelassen hatte, wie die schwarzen Dämpfe, die ich von einem Berggipfel hatte fortrollen sehen, innerhalb einer Woche davon; sie entschwand mit ihren düsteren Fahnen ... [CEO 282; 203]

5. *Veränderung des Raum- und Zeitempfindens.* – Dieses Phänomen wird durch alle Rauschmittel bewirkt und ist, wie Gebsattel ausführt, auch im Hinblick auf die Sucht bedeutsam:

> In jeder Sucht wird der Versuch gemacht, sich von der Gegenwartsleere zu heilen, sie zu überkompensieren oder auszufüllen. Und zwar gibt es (nach Augustinus) eine dreifache Gegenwart: Gegenwart in bezug auf die Vergangenheit (Erinnerung), Gegenwart in bezug auf die Gegenwart (Anschauung) und Gegenwart in bezug auf die Zukunft (Hoffnung). Diese drei Dimensionen der Gegenwart verfallen in der werdensgehemmten Konfliktverfassung der Gegenwartsleere ... und können Ansiedlungsgebiete der Sucht werden.
> Für die Zeitstruktur der Sucht maßgebend ist das *Moment der Wiederholung*. Der Süchtige, der übergreifenden Kontinuität seiner inneren Lebensgeschichte verlustig, *existiert darum nur punktuell*, im Augenblick scheinhafter Erfüllung, *diskontinuierlich also*. Er lebt von Moment zu Moment, ist aber letztlich in jedem unbefriedigt. Kaum hat er die Gegenwartsleere durch Genuß, Sensation, Betäubung, Rausch, Gewinn, Erfolg usw. verdeckt, ergreift ihn schon die Unwirklichkeit seines Erlebens in Form von Unbefriedigtsein und Katzenjammer, was sofort eine Wiederholung seines Treibens erzwingt. Der Süchtige macht immer das gleiche, erlebt immer das gleiche und kommt im Medium der erlebnisimmanenten Zeit nicht von der Stelle.[84]

Im Rausch erfahren die erlebte Zeit und der erlebte Raum eine ungeheure Ausdehnung: Sekunden werden zu Stunden, Minuten erscheinen wie ganze Tage, Monate,

Jahre, ja sogar Jahrtausende und Jahrmillionen; die engen Abmessungen eines kleinen Zimmers weiten sich zu den kolossalen Dimensionen großer Hallen, gigantischer Titanenstädte oder nehmen gar die unendliche Weite des Universums an. So schreibt Bayard Taylor über seine Haschischerfahrung: „Die Fülle des Rausches dehnte auch mein Zeitgefühl aus; und obwohl wahrscheinlich die ganze Vision keine fünf Minuten brauchte, um sich vor meinem geistigen Auge abzuspielen, schienen doch Jahre verstrichen zu sein, während ich unter den Myriaden verwirrender Regenbögen dahinschoß."[85] Wenn der Raum ins Unermeßliche, die Zeit ins Unendliche ausgedehnt wird, so folgt daraus eine völlige Sinnentleerung ihrer Begrifflichkeit: es gibt keinen Raum, der, wie der Rausch suggerieren kann, „überall und nirgends" ist; ebensowenig kann die Idee der Zeit bestehen, wenn ein „Jetzt" nicht mehr durch ein komplementäres „Vorher" oder „Später" definiert ist. „Für den Berauschten", schreibt Kaehler, „gibt es nur das ‚Jetzt' und das ‚Hier', das ‚Später' existiert gar nicht für ihn, er schöpft die Minute mit einem dreifachen Gehalt aus, seine Zeitform ist die Gegenwart, vor der Zukunft fürchtet er sich."[86]

6. Halluzinationen, Illusionen, Transformationen. – Als Halluzinationen bezeichnet man im Wachzustand erlebte Sinnestäuschungen, die im Unterschied zur *Illusion* (bei der tatsächlich Vorhandenes in anderer Gestalt erscheint) ohne einen objektiven Bezugspunkt entstehen. Als am häufigsten von Halluzinationen betroffen gilt das Gehör, aber auch die anderen Sinne können Halluzinationen erfahren. Im normalen Wachzustand nur selten vorkommend, treten sie oft im Verlauf drogeninduzierter Rauschzustände auf. Besonders bekannt für die häufige Erzeugung von Halluzinationen sind die deshalb auch als *Halluzinogene* bezeichneten Phantastika, zu denen auch das Haschisch gehört. Baudelaire schreibt in den *Paradis artificiels*:

> Wenn ich von Halluzinationen spreche, so darf man dieses Wort nicht in seinem strengsten Verstande nehmen. Ein sehr wichtiger Faktor unterscheidet die reine Halluzination, wie die Ärzte sie zu studieren oft Gelegenheit haben, von der Halluzination oder vielmehr der Sinnestäuschung bei der Gemütsverfassung, die das Haschisch hervorruft. Im ersten Falle ist die Halluzination jäh überwältigend, vollständig und unwiderstehlich; und nichts unter den Gegenständen der äußeren Welt kann ihr als Vorwand oder Entschuldigung dienen. Der Kranke sieht eine Gestalt, hört Laute, wo nichts dergleichen vorhanden ist. Im zweiten Falle entwickelt sich die Halluzination nach und nach, fast von unserem Willen gesteuert, und die Einbildungskraft muß in Tätigkeit treten, um sie zur vollen Reife zu bringen. Und schließlich hat sie einen Vorwand. Der Ton wird sprechen, wird deutlich vernehmbare Dinge sagen, aber es war doch ein Ton da. Das trunkene Auge des Menschen im Haschischrausch wird seltsame Formen erblicken; aber bevor diese Formen sich seltsam und ungeheuerlich verzerrten, waren sie einfach und natürlich. Die Energie, die wahrhaft sprechende Lebhaftigkeit der Halluzination im Rausch tun dieser grundsätzlichen Verschiedenheit keinen Abbruch. Diese hat eine Wurzel in dem, was sie umgibt und was gerade stattfindet, jene nicht. [PA 366; VI 78]

Baudelaire gibt also zu verstehen, daß seiner Ansicht nach im Haschischrausch keine echten Halluzinationen, sondern bloß Illusionen und Transformationen erzeugt würden. Tatsächlich irrt er hier aber, denn das Haschisch wird aus gutem Grund den Halluzinogenen zugeordnet; ein Beispiel für eine solche „echte" Haschisch-Halluzination ist etwa bei Gautier zu finden, der im Kapitel „Un monsieur qui n'était pas invité" seines *Club des Hachichins* beschreibt, wie er von der Erscheinung der grotesken Hoffmann'schen Gestalt Daucus-Carota bedrängt wird.[87]

Auch im Alkoholrausch kommen Halluzinationen vor. Ein Beispiel hierfür bietet Lowrys *Under the Volcano*:

> Hallo, guten Morgen.
> Im Augenblick, als der Konsul es sah, erkannte er es als Halluzination. Er blieb, jetzt ganz ruhig, sitzen und wartete auf das Verschwinden des Gegenstandes, der wie ein Toter aussah und, einen großen Strohhut über dem Gesicht, flach auf dem Rücken neben seinem Schwimmbecken zu liegen schien. Der „andere" war also wieder da. [UV 91; 100]

Im Hinblick auf den Opiumrausch schreibt Alethea Hayter:

> Opiumsüchtige haben anscheinend nur selten echte Halluzinationen in dem Sinn, daß sie an die objektive Realität der Visionen glauben, die sie sehen. Manche Morphinabhängige erreichen dieses Stadium, aber diese hatten wahrscheinlich schon vorher eine neurotische oder labile Persönlichkeit. Die meisten Wachträume von Opiumsüchtigen werden wohl als Illusionen erkannt, dennoch sind sie eine unentrinnbare Tortur. Bei manchen von ihnen mag es sich eher um Symptome des Drogenentzugs als um solche der Drogenanwendung handeln, da die meisten Fallbeispiele nicht klarstellen, ob die Visionen unmittelbar nach Einnahme einer Dosis oder in einer enthaltsamen Phase erlebt wurden. Im Fall des Laudanumtrinkers können die Visionen außerdem zum Teil eher auf den im Laudanum enthaltenen Alkohol als auf das Opium zurückzuführen sein.[88]

Illusionen und *Transformationen* sind Wahrnehmungsstörungen, die sich im Unterschied zu den Halluzinationen auf einen wirklich vorhandenen Gegenstand beziehen und dessen Gestalt in veränderter oder verzerrter Form erscheinen lassen. So notiert Benjamin im Protokoll eines Haschischversuchs vom 18. Dezember 1927: „Ofenröhre wird Katze. Beim Wort Ingwer ist anstelle des Schreibtisches sofort eine Fruchtbude da, in der [ich] sofort darauf den Schreibtisch wiedererkenne."[89] Ein anderes Beispiel zeigt die folgende Passage aus Baudelaires *Paradis artificiels*: „Sie sitzen und Sie rauchen; Sie glauben in ihrer Pfeife zu sitzen und daß es ihre Pfeife ist, die Sie raucht; Sie sind es, die sich in Gestalt bläulicher Wolken ausatmen." [PA 338]

7. Empfindungen der Ich-Entgrenzung (Depersonalisation). – In „La Chambre double" beschreibt Baudelaire eine seltsame Verwandlung des Mobiliars: „Die Möbel scheinen zu träumen; als wären sie mit einem bewußtlosen Leben begabt, wie die Pflanzen und Mineralien. Die Stoffe sprechen eine stumme Sprache, wie die Blumen, wie die Himmel, wie die Sonnenuntergänge." [SP 233/234; VIII 127] Das gleiche Phänomen schildert Moreau: „Es ist in der Tat bemerkenswert, wie sehr das Bewußtsein im Haschischrausch dazu veranlaßt wird, all seine Empfindungen in tastbare, greifbare Formen einzukleiden, sie zu materialisieren, sozusagen!"[90] Der Berauschte stellt hier fest, daß die Gegenstände seiner Umgebung plötzlich zu Lebewesen werden, deren Denken und Fühlen dem eigenen gleicht. Die Ursache hierfür ist die dem Betrachter nicht mehr bewußte Tatsache, daß er den betrachteten Gegenstand auf der Basis seiner eigenen seelischen und gedanklichen Verfassung interpretiert. Im normalen Wachbewußtsein ist ein Betrachter sich darüber im Klaren, daß eine von ihm als melancholisch empfundene Landschaft nicht wirklich melancholisch ist, sondern eben nur so empfunden wird. Im Rausch scheint diese Unterscheidungsfähigkeit zu verschwinden: der Betrachter ist sich seiner interpretierenden Tätigkeit nicht mehr bewußt und wundert sich daher, daß, wie im Falle Baudelaires, die Möbel „träumen". Bei Aldous Huxley ist die Aufhebung dieser Unterscheidung von Ich und Nicht-Ich besonders pointiert dargestellt: „Zum Beispiel die Beine dieses Stuhls – wie wunderbar ihre Röhrenform, wie übernatürlich ihre polierte Glätte! Ich verbrachte einige Minuten damit – oder waren es einige Jahrhunderte? –, diese Bambusbeine nicht bloß anzustarren, sondern sie selbst zu sein – oder vielmehr, in ihnen ich selbst zu sein, oder, um es noch genauer zu sagen (denn weder ‚ich' noch ‚sie' waren in gewissem Sinn an dieser Sache beteiligt), mein Nicht-Ich in jenem Nicht-Ich zu sein, welches der Stuhl war." [DP 19] Diese Sichtweise des Berauschten, die einen Zusammenfall von Ich und Nicht-Ich, von Innen und Außen dokumentiert, leitet den Höhepunkt des Rauscherlebens ein. Seelische Befindlichkeiten scheinen sich zusehends in Gegenständen der äußeren Umgebung auszudrücken, und diese Gegenstände selbst werden allmählich als Bestandteile der Persönlichkeit des Berauschten empfunden. Es bereitet sich hier eine Entwicklung vor, die auch das Ziel jeder mystischen Betrachtung ist, nämlich die Erfahrung der Einheit mit allem Seienden (*unio mystica*). Die Drogenforschung spricht hier von „außerkörperlicher Erfahrung".[91] Der Prozeß der Ich-Entgrenzung und Verschmelzung des Individuums mit der Außenwelt vollzieht sich in einer doppelten Bewegung, nämlich einerseits der Identifikation mit der Umgebung und andererseits einer fortschreitenden Loslösung von der eigenen Körperlichkeit: Sowohl die Gegenstände der Umgebung wie auch die eigene Person entledigen sich aller materieller Gebundenheit und bestehen in einem rein geistigen Amalgam fort. Ludlow beschreibt dieses Aus-Sich-Heraus-Treten, in dem der Begriff der Ekstase gründet: „Im Verlauf meiner verwickelten Visionen bemerkte ich, daß ich ein Doppelleben führte. Ein Teil von mir wirbelte widerstandslos auf der Bahn dieser ungeheuerlichen Erfahrung entlang, der andere Teil blickte von oben herab auf sein Ebenbild, beobachtete, überlegte und wägte heiter und gelassen alles ab, was sich vor ihm abspielte." [HE 23; 26] Und an anderer Stelle heißt es:

> Im Verlauf meines Rausches hatte sich meine Seele, wie ich eindeutig feststellen konnte, tatsächlich vom Körper gelöst. Ich war diese Seele, gänzlich getrennt von der körperlichen Hülle, losgelöst, geläutert, verklärt. Ich schwebte, und aus der Luft blickte ich hinab auf mein einstiges Behältnis. Das Körperliche mit allem, was dazugehört, funktionierte weiterhin: die Brust hob und senkte sich beim Atmen in gleichmäßigem Rhythmus, die Schläfen pochten, die Wangen waren gerötet. Staunend betrachtete ich den Körper: er schien mit mir nicht mehr zu tun zu haben als irgendein anderes Wesen. Ich kann mich nicht entsinnen, je im Verlauf aller meiner Haschischerlebnisse ein einzigartigeres

Gefühl gehabt zu haben als in diesem Augenblick. Der Geist erlebte sich selbst als mit allen menschlichen Fähigkeiten begabt, mit Verstand, Aufnahmefähigkeit und Willen – er empfand sich in jeder Hinsicht als Ganzes; doch einem riesigen Motor gleich hatte er die Maschine verlassen, die er einst mit Energie versorgt, und stand da in völliger Unabhängigkeit. In meinem außerordentlichen geistigen Zustand wurde ich durch keinen Gegenstand von größerer Dichte behindert. Ich selbst konnte mich sehen und spüren, doch ich wußte, daß keines Menschen Auge mich wahrzunehmen vermochte. Ich konnte durch die Wände des Zimmers ein- und ausgehen, und ungehindert schweifte mein Blick durch die Decke zu den Sternen. [...] Eine gebieterische Stimme befahl mir, in den Körper zurückzukehren; mitten in meiner Verzückung darüber, daß nun, wie ich dachte, meine endgültige Loslösung von allem Körperlichen gelungen sei, sagte sie: „Die Zeit ist noch nicht gekommen." Ich kehrte zurück, und wieder fühlte ich, wie sich die animalische Natur durch ihre geheimnisvoll leitenden Fäden mit mir verband. Wieder einmal waren Seele und Körper vereint. [HE 74/75; 61]

Analog dazu vermerkt Huxley im Zusammenhang seiner ersten Meskalinerfahrung: „Wir traten wieder ins Haus. Eine Mahlzeit war zubereitet worden. Jemand, der nicht mit mir identisch war, machte sich mit einem Bärenhunger darüber her. Aus einer beträchtlichen Distanz und ohne großes Interesse sah ich dabei zu." [DP 48/49] Eine ähnliche Erfahrung machte Bayard Taylor im Haschischrausch:

Während ich einerseits den großartigen Trugbildern völlig verfallen war, erkannte ich andererseits ihre Ursache und bemerkte ganz klar ihre Unwirklichkeit. Die Metaphysiker sagen, daß der Geist in der Lage sei, zwei Denkvorgänge gleichzeitig zu vollziehen, und pflegen dieses Phänomen dadurch zu erklären, daß sie einen raschen und unaufhörlichen Wechsel in der Wahrnehmung dieser beiden Zustände voraussetzen. Mich jedoch befriedigt eine solche Erklärung keineswegs; denn ebenso deutlich, wie ein geschickter Musiker auf dem Horn mit demselben Atemstoß zwei verschiedene Töne erzeugen kann, war ich mir zweier unterschiedlicher Daseinszustände im gleichen Augenblick bewußt. Doch so unglaublich es auch anmuten mag, keiner störte den anderen. Mein Vergnügen an den Halluzinationen blieb vollkommen ungetrübt und wurde nicht durch den leisesten Zweifel an ihrer Wirklichkeit gemindert; während in irgendeiner anderen Kammer meines Gehirns der kühle Beobachter Vernunft saß und die phantastischen Erscheinungen nach besten Kräften mit dem Odium des Lächerlichen versah. Erschauerte ein Nervenstrang vor göttlicher Vollkommenheit, so wand sich der andere in konvulsivischem Gelächter über eben diese Gnade. Selbst meine höchsten Verzückungen konnten nicht jenen Sinn für das Lächerliche auslöschen, der aber seinerseits ebenfalls nicht die Macht besaß, mich von weiteren, noch unwahrscheinlicheren Phantasmagorien abzuhalten. Ich war doppelt ... Eine echte Sphinx, war ich mir selbst Rätsel und Geheimnis.[92]

8. Größenwahn. – Im Verlauf der oben beschriebenen Erfahrung der Ich-Entgrenzung erhält der Berauschte die Gewißheit, sich zu einem höheren Wesen vervollkommnet zu haben. Die empfundene Fähigkeit der von allen körperlichen Zwängen befreiten Seele, sich in die entlegensten Höhen des Universums zu erheben und von einem unumschränkten Beobachtungspunkt aus alle Zusammenhänge des Lebens gleichzeitig zu überschauen, führt beim Berauschten oft zu überwältigendem Größenwahn:

V. Charakteristische Phänomene der Rauschwahrnehmung

Eine Stimme in ihm (ach! es ist seine eigene) spricht zu ihm: „Du hast jetzt das Recht, dich allen Menschen überlegen zu fühlen; niemand kennt und könnte begreifen, was du alles denkst und empfindest; sie wären nicht einmal fähig, das Wohlwollen zu schätzen, das sie dir einflößen. Du bist ein König, den die Vorübergehenden verkennen und der in der Einsamkeit seiner Überzeugung lebt: doch was kümmert dich das? Besitzest du nicht jene höchste Verachtung, welche die Seele so gut macht?" [PA 380; VI 94]

Von diesem Gedanken ist es nur noch ein kleiner Schritt zum letzten Schluß, der sich dem Berauschten geradezu zwingend aufdrängen muß:

„Diese prächtigen Städte", sagt er zu sich, „deren stolze Gebäude sich wie Kulissen staffeln, – diese schönen Schiffe, die sich auf den Wassern des Hafens sehnsuchtsvoll-untätig wiegen und die unseren Gedanken auszudrücken scheinen: Wann brechen wir auf nach dem Glück? – diese Museen mit ihrem Überfluß schöner Formen und berauschender Farben, – diese Bibliotheken, in denen die Werke der Wissenschaft und die Träume der Muse aufgehäuft sind, – diese versammelten Instrumente, die mit einer einzigen Stimme sprechen, – diese bezaubernden Frauen, deren Reize noch erhöht werden durch das Geschick, mit dem sie sich herausputzen, und durch die Sparsamkeit ihrer Blicke, – alles dieses wurde *für mich* geschaffen, *für mich, für mich!* Für mich hat die Menschheit gearbeitet, für mich wurde sie gemartert, hingeschlachtet, – um meinem unersättlichen Hunger nach Erregung, nach Erkenntnis und Schönheit als Weide, als *pabulum*, zu dienen." Ich überspringe nun einiges und kürze ab. Niemanden wird es erstaunen, daß ein letzter, äußerster Gedanke dem Gehirn des Träumers entspringt: *„Ich bin Gott geworden!"*, daß ein wilder, inbrünstiger Schrei sich seiner Brust mit solcher Gewalt, mit einem solchen Schwung entringt, daß, wenn das Wollen und Glauben eines trunkenen Menschen die Kraft der Verwirklichung besäße, die auf den Pfaden des Himmels wandelnden Engel kopfüber hinabstürzen würden bei diesem Schrei: „Ich bin ein Gott!" [PA 382; VI, 96/97]

Dieser Größenwahn ist ein gängiges Phänomen der Rauschekstase und kann wohl durch alle Drogen erzeugt werden. Auch bei Taylor ist er zu finden: „Die Geister des Lichtes, der Farbe, des Geruches, des Klanges und der Bewegung waren mir untertan; und mit ihrer Hilfe war ich Herr des Alls."[93] Und der Arzt Roger Dupouy schreibt über den Opiumraucher:

Der Raucher hält sich für fähig, die größten Taten zu vollbringen: in seiner Vorstellung sieht er sich die schwierigsten Probleme lösen, die herrlichsten Situationen herbeiführen, die gewagtesten Unternehmungen meistern. Vor allem glaubt er alles zu verstehen; er erkennt die für gewöhnliche Augen verborgenen Beziehungen, die scheinbar Zusammenhangloses zu einem Ganzen verbinden; er bringt in subtilster und überraschender Manier Elemente zusammen, die einander völlig fremd sind und endet mit einer allzu genialen und zerbrechlichen geistigen Konstruktion, deren Bauteile heterogen und schlecht zusammengefügt sind. Es handelt sich hier um einen wahren Rausch der Vorstellungskraft, oder genauer gesagt um einen imaginären Traumzustand. Untersucht man diesen so eigenartigen charakterlichen Wandel näher, so überrascht es nicht, wenn man sieht, wie labile Gehirne Träume von einer beunruhigenden Kühnheit schmieden, die sie zuweilen zu verwirklichen trachten, da eine Opiumgewohnheit von ausreichender Dauer ihr Gehirn beständig umnebelt, ihr Moralempfinden pervertiert und ihr kritisches Urteilsvermögen zerstört ... Der Größenwahn erstreckt sich nicht nur auf die Persönlichkeit des Rauchers, sondern auch auf seine Umgebung, seine Zeit, sein Milieu und auf den Raum ...[94]

Eine entsprechende Erfahrung schildert Michaux in bezug auf den Meskalinrausch:

> Man ist von Superlativen überschwemmt. Man erstickt an Superlativen. Man könnte Superlative hinausheulen. Man ist unerschöpflich im Ausstrahlen von Superlativen. Man dürstet, hat ganz großen Bedarf an Superlativen. Nach den größten, nach den ungewöhnlichsten; man ist unersättlich. Man lebt superlativisch.
>
> Man fühlt: was man fühlen wird, obwohl man es noch nicht kennt, wird noch superlativischer zum Superlativ streben. Es wird noch mehr den Superlativ nötig haben. Nicht einen Superlativ wie andere. Einen Superlativ der Möglichkeiten. Einen Superlativ des Unbekannten. Einen absoluten Superlativ. [IT 17; 13][95]

9. Lähmung der Willenskraft. – Dies ist sicher der meistbeklagte Negativeffekt des Drogenrausches, der sich bereits in der häufigen Unfähigkeit des Berauschten äußert, den Strom seiner Visionen, Gedanken und Impressionen in irgendeiner Weise zu manipulieren. Ein so elementarer intellektueller Vorgang wie das Festhalten eines interessanten Bildes und seine Weiterverfolgung in einer einigermaßen kontrollierten Assoziationskette stellt, vor allem unter dem Eindruck der vorbeistürzenden Bilderfluten des Halluzinogenrausches, das Bewußtsein unter einen Leistungsdruck, dem es nicht gewachsen ist. So notiert Leuner, daß „die willentliche Beeinflussung des manifesten Bildes"[96] im Meskalinrausch unmöglich sei, der Verlauf der Visionsphase von der Versuchsperson also nicht gesteuert werden könne (allerdings räumt er gleichzeitig ein, daß eine solche Beeinflussung des Rauschverlaufs bei der „LSD-Psychose" vielleicht doch möglich sei). Man stelle sich einen Bergmann vor, der tief unter Tage unversehens vor einer sensationell ergiebigen Goldader steht, ohne über das zum Abbau nötige Werkzeug zu verfügen. Nicht anders ergeht es dem drogenberauschten Künstler, der ohne die Freiheit seines Willens kaum in der Lage ist, das Erlebte in irgendeiner Form darzustellen und dadurch festzuhalten (vgl. hierzu Seite 265 ff.). Die Willenskraft ist aber nicht nur dem Künstler unentbehrlich, sondern wird oft als essentielles Element des Mensch-Seins angesehen. So nennt ja auch Baudelaire die Willenskraft „de toutes les facultés la plus précieuse." [PA 383] Dieselbe Überzeugung findet sich bei Michaux, der nach den letzten Nachwirkungen des Meskalinrausches sein wahres Selbst voller Enthusiasmus wiederentdeckt:

> Und ich komme wieder zu Kräften. Wer hätte das gedacht! Zu Kräften! Mit welch jugendlichem Hochgenuß spüre ich ihre Wiederkehr.
>
> Freude, Freude auch zum erstenmal in meinem Leben, bei mir Willenskraft anzutreffen, jene wiederzufinden, der gegenüber ich stets ungerecht gewesen bin (was unwichtig ist), der ich auch nicht gerade Scharfsinn verdanke. Meine große Entdeckung nach der Droge: die Willenskraft. Ich erkenne sie jetzt überall, fühle mich von ihr erfüllt und gebrauche sie überall, auch dort, wo ich sie am wenigsten vermutete. [MM 87/88; 74]

10. Gefühl des Eingesperrtseins und der Isolation. – Diese Empfindung wird ebenfalls oft als Schattenseite der künstlichen Paradiese dokumentiert. Schon De Quincey zählt es in den *Confessions* zu den „Pains of Opium": „Ich lief in Pagoden und wurde jahrhundertelang an deren Spitze gefesselt oder in geheimen Räumen versteckt ... Ich lebte Jahrtausende und wurde dann in steinernen Särgen begraben, zusammen mit Mumien und Sphinxen, in engen Kammern im Herzen ewiger Pyramiden. ... Über jeder Form, jeder Drohung, jeder Bestrafung und jeder Einkerkerung in düstere, fensterlose Verliese brütete eine tödliche Ahnung von Ewigkeit und Grenzenlosigkeit." [CEO 321; 244] Diese Phantasien der Einkerkerung erinnern an die bei Poe so oft variierte Thematik des Lebendig-Begraben-Seins.[97] Kaehler weist darauf hin, daß „die Angst, lebendig eingemauert oder begraben zu sein"[98], bei Baudelaire ebenso vorhanden ist wie bei De Quincey, was die folgende Passage deutlich belegt:

> Ein Mensch, der sich lange dem Opium oder Haschisch ergeben hat und dem es nun, geschwächt wie er war durch die Gewohnheit seiner Knechtschaft, gelungen ist, die notwendige Energie zu finden, um sich zu befreien, kommt mir wie ein entsprungener Häftling vor. Er flößt mir eine größere Bewunderung ein als der Vorsichtige, der niemals gefehlt hat, weil er der Versuchung stets behutsam aus dem Weg gegangen ist. Die Engländer bedienen sich hinsichtlich der Opiumesser häufig gewisser Ausdrücke, die den Ahnungslosen, denen die Greuel eines solchen Verfallenseins unbekannt sind, übertrieben vorkommen mögen: *enchained, fettered, enslaved!* Fesseln in der Tat, mit denen verglichen alle andern, die Fesseln der Pflicht, die Fesseln einer ungesetzlichen Liebschaft, nur Gazefäden und Spinngewebe sind! Welch entsetzliche Vermählung des Menschen mit sich selbst! [PA 372; VI 85]

Auch Baudelaire denkt in diesem Zusammenhang an die Erzählungen Edgar Allan Poes und führt als Beispiel dessen „Ligeia" an, woraus er zitiert: „Ich war ein Sklave des Opiums geworden; es hielt mich umstrickt, und all meine Arbeiten und Pläne hatten die Farbe meiner Träume angenommen ..." Seine eigenen Erfahrungen schildert Baudelaire durch die vorgeschobene Gestalt einer Opiomanin: „Von nun an beherrschte eine Vorstellung des Eingeschlossenseins meinen Geist ... Für eine lange Zeit mochte ich hier eingeschlossen sein, für Tausende von Jahren vielleicht, in diesem prächtigen Bauer, inmitten dieser feenhaften Landschaften, zwischen diesen wunderbaren Horizonten." [PA 368; VI 81]

Die radikale Isolation ist wohl das kennzeichnendste Merkmal der Lebensumstände eines Drogenkonsumenten und spielt daher in nahezu allen Texten der Rauschliteratur eine Rolle. So bezeichnet Michaux das Meskalin als „durch und durch asozial" [IT 59], und Rudolf Gelpke schreibt über den „modern-westlichen Typus des Rauschkenners und Narkotika-Forschers": „... er bezahlt seine inneren Erkenntnisse mit äußerer Vereinsamung, und diese beiden Faktoren stehen offensichtlich in direkter Proportion zueinander. Die Brücke, die diese seelischen Höhlenforscher mit der Realität ihrer Gesellschaft noch verbindet, ist einzig die literarische Äußerung."[99] Mit den Worten Ernst Jüngers bezeichnet Gelpke diesen Typus auch als „Eremit in der Kristallwelt" (über die Bedeutung des Kristallmotivs vgl. Seite 466 ff.). Ein Beispiel für die Gefangenschaft im Innern des Kristalls bietet Hermann Hesses Roman *Der Steppenwolf* (1927), wo der kokainberauschte Harry Haller in einem visionären Spiegelkabinett mit den zahllosen Facetten seiner Person konfrontiert wird:

> Ich sah, einen winzigen Moment lang, den mir bekannten Harry, nur mit einem ungewöhnlich gutgelaunten, hellen, lachenden Gesicht. Aber kaum, daß ich ihn erkannt hatte, fiel er auseinander, löste sich eine zweite Figur von ihm ab, eine dritte, eine zehnte, eine zwanzigste, und der ganze Riesenspiegel war voll von lauter Harrys oder Harry-Stücken, zahllosen Harrys, deren jeden ich nur einen blitzhaften Moment erblickte und erkannte. Einige von diesen vielen Harrys waren so alt wie ich, einige älter, einige uralt, andere ganz jung, Jünglinge, Knaben, Schulknaben, Lausbuben, Kinder. Fünfzigjährige und zwanzigjährige Harrys liefen und sprangen durcheinander, dreißigjährige und fünfjährige, ernste und lustige, würdige und komische, gutgekleidete und zerlumpte und auch ganz nackte, haarlose und langlockige, und alle waren ich, und jeder wurde blitzschnell von mir gesehen und erkannt und war verschwunden, nach allen Seiten liefen sie auseinander, nach links, nach rechts, in die Spiegeltiefe hinein, aus dem Spiegel heraus.[100]

Dieses Erlebnis, das im Roman der kokainstimulierten Wahrnehmung entspringt, zeigt ein Phänomen, das viele Drogenkonsumenten fürchten lernen, weil es auf eine unerbittliche Art die Isolation der eigenen Person, ihr Zurückgeworfensein auf sich selbst, widerspiegelt. De Quincey spricht in diesem Zusammenhang von „the tyranny of the human face", der Tyrannei des menschlichen Antlitzes:

> Und jetzt trat eine ungeheure Veränderung ein, die sich langsam wie eine Schriftrolle viele Monate lang entfaltete und eine fortdauernde Qual zu werden versprach; und sie verließ mich auch nie ganz, sondern kehrte in längeren oder kürzeren Zwischenräumen wieder. Bis jetzt hatte sich das menschliche Antlitz oft in meine Träume gemischt, doch weder tyrannisch noch mit quälender Kraft. Doch jetzt begann sich das Leiden, das ich die Tyrannei des menschlichen Antlitzes genannt habe, zu entfalten. Vielleicht war ein Teil meines Londoner Lebens (die Suche nach Ann in wechselnden Menschenmengen) dafür verantwortlich. Sei es, wie es wolle; jetzt geschah es, daß sich auf dem wogenden Wasser des Ozeans das menschliche Antlitz zeigte; das Meer schien mit unzähligen Gesichtern bedeckt, den Blick zum Himmel erhoben; flehende, grimmige, verzweifelte Gesichter; Gesichter, die zu Tausenden, zu Myriaden, zu Generationen auftauchten; meine Erschütterung war grenzenlos; mein Geist schien über den wogenden Ozean hin- und hergeschleudert und über die rollenden Wellen hinweggerollt. [CEO 319; 242]

Diese „tyranny of the human face" ist keineswegs, wie De Quincey spekuliert, die zufällige Reflexion eines persönlichen Erlebnisses, sondern ein typisches Phänomen der Rauschwahrnehmung. Es ist nicht auf die Vision menschlicher Gesichter beschränkt, sondern thematisiert das Beobachtetwerden ganz allgemein, wie die nur wenig später genannte Vision zeigt: „... der widerwärtige Kopf des Krokodils, seine schielenden Augen schauten nach mir aus, in zehntausendfacher Wiederholung multipliziert, und ich stand da, voll Abscheu und gebannt." [CEO 321; 245] Man darf hierbei nicht vergessen, daß der Rauschvisionär gewaltsam in Erkenntnisbereiche eindringt, die dem normalen Verständnis verschlossen sind, und daß dieser eigenmächtig vollzogene Grenzübertritt ein gewisses Schuldgefühl erwecken muß: Der Neugierige, der in seinem Erkenntnisdrang wie ein Spion in einen Hochsicherheitsbereich eingedrungen ist, erkundet das jenseitige Geheimnis und spürt, daß er dabei seinerseits beobachtet wird, und zwar von einer höheren Macht, vor der er keine

Gnade finden kann. Auch Baudelaire blickt in „La Chambre double" gleichermaßen entsetzt und fasziniert in die schrecklichen Augen des Jenseitigen: „Ja, das sind diese Augen, deren Flamme die Dämmerung durchdringt; diese schlauen, sehr schrecklichen *Glitzäuglein*, die ich an ihrer Schalkheit und Arglist erkenne! Sie locken, sie unterjochen, sie verzehren den Blick des Unvorsichtigen, der sie betrachtet. Oftmals habe ich sie erforscht, diese schwarzen Sterne, die Neugier und Bewunderung fordern." [SP 234; VIII 127] Und im belgischen Exil, wo er wegen heftiger Neuralgien Opium, Digitalis und Belladonna einnimmt[101], notiert er: „In Belgien merkt man überall den Feind. Tyrannei des menschlichen Gesichts ..."[102]

In diesem Zusammenhang ist auch der haßerfüllte Blick der Sonnenblume zu sehen, der den Konsul Geoffrey Firmin in Lowrys *Under the Volcano* verfolgt (vgl. Seite 321 und 608), und über die trunksüchtige Hauptfigur in *Lunar Caustic* schreibt Andreas Höfele wohl nicht ohne Grund, sie sei „seiner Angst wie einem ‚nackten bösen Auge' ausgesetzt."[103] Der opiumsüchtige Francis Thompson (1859–1907) beschreibt in der Erzählung „Finis Coronat Opus", wie der zum Mörder gewordene Held von der furchtbaren Vision der Augen seines Opfers gepeinigt wird, was Abrams zum Vergleich mit Coleridges „Rime of the Ancient Mariner" inspiriert:

> ... eine weitere Ähnlichkeit in bezug auf ein Detail der Verfolgung ist der „Fluch durch das Auge", der in „Finis Coronat Opus" eine so wichtige Rolle spielt. Ich kann die häufige Erwähnung dieser Erscheinung durch den Seemann hier nur auszugsweise wiedergeben. Die erste ist diese: „Ein jeder wandte sein Gesicht mit grauenvoller Qual / Und fluchte mir mit seinem Auge." Dieser Blick, so finden wir, „hatte niemals aufgehört" und wird „sieben Tage und sieben Nächte" gesehen; später schimmern wieder „ihre steinernen Augen" im Mondlicht, und doch „konnte er nicht seine Augen von den ihren wenden", und schließlich „Glitzern ihre steinernen Augäpfel fort / Im rauchigen und roten Licht." Allein aufgrund dieser Zitate, die doch nur die auffälligsten Ähnlichkeiten enthalten, zeigt sich die bedeutsame Nähe der Bildlichkeit in „The Ancient Mariner" zu den Opiumeffekten, die wir bereits kennen.[104]

Henri Michaux ist der Ansicht, daß die Droge ebenso wie der Wahnsinn oder die mystische Versenkung in der Lage sei, die Erscheinung des Satans zu bewirken. In *L'infini turbulent* (1957) beschreibt er eine solche Erfahrung im Meskalinrausch:

> DAS HÄSSLICHE, GRIMASSIERENDE GESICHT
> ... ich [sehe] das häßliche Gesicht, sehe es in häufiger Wiederholung an mir vorüberziehen, es betrachtet mich mit einem gehässigen Ausdruck, und ich wende oder lenke mich so schnell ich kann (eine Sekunde ist schon zu lang) davon ab. Sein Ausdruck ist so gehässig, daß es mir töricht erschiene, ihn meinem „Ich" zuzuschreiben, und wäre es zweimal verdoppelt.
> Warum so gehässig? Warum, wenn es nur „Ich" in der Verdoppelung ist, warum blickt es mich so boshaft an, mit einem so leidenschaftlichen Haß? Wenn die Verachtung genügt, warum dann mich so sehr hassen? Es ist ein Ich, wenn es Ich ist, das absolut nicht mit mir zusammengeht. Seine Augen sehen meine Duplizität, sein sardonisches Lachen, das mich fortwährend angrinst, ohne daß ich etwas dagegen vermag, ist unvergeßlich.[105]

Die Irren haben solche Gesichter mit so einem wütenden Orang-Utan-Blick gesehen, und sie haben sie manchmal gemalt. Die christlichen Mystiker haben von diesen fürchterlich häßlichen Gesichtern gesprochen, die von einer solchen Bosheit *ad hominem* sind, daß sie jeden Mut wegblasen.

Sobald ich in Schwierigkeiten bin, kommt es, das abstoßende Gesicht, das ich wohl schon dreißig- oder vierzigmal gesehen habe, von dem ich mich sofort abwende, fortstürze, mir Wasser über Hände und Stirn zu gießen, der gräßliche, grimassierende Kopf, der mit Wonne mein gehetztes Menschendenken verfolgt. Nicht Gott, sondern der Dämon sieht dann den Menschen, er ist nun das Gewissen des Menschen, ein Gewissen, das übrigens wie das andere Gewissen sich *entrüstet*, aber über das Gute, über die Anstrengung, über das Ideal; und dieses Gesicht haben die reinen Schauenden gewiß um so übertriebener in seiner Bosheit erblickt, je weiter ihr erstes „Ich" zur Heiligkeit gelangt war.

Er aber, niemals eingeschüchtert, ganz und gar nicht einzuschüchtern, er blickte sie an, mit der Klarsicht der Mißgunst.

Verdoppelung, Erscheinung der Kontrolle, die der Mensch über sich selbst ausübt (das korrekte Ich über das perverse Ich und das Perverse in ihm über das Korrekte in ihm), um so aufregendere Verdoppelung in den schrecklichen Umständen, wo der Mensch mit einem neuen Führer zugleich einen neuen Verräter gefunden zu haben scheint. Und die Grimasse ist sein Zeichen. Schlimm, wenn das Grimassierende immer schlimmer grimassiert; das *verneint dich* in entsetzlicher Weise.

Die Grimassen des Dämons sind eine Erfahrungstatsache. In meinem Normalzustand und sogar im Traum habe ich nie und nimmer ein derartig unerträglich luziferisches Gesicht gesehen. [IT 177–179; 118–121]

In den vier Jahre später erschienenen *Connaissances par les gouffres* kennt Michaux die Vision des schrecklichen Gesichts bereits als ein Phänomen, das nicht auf den Meskalinrausch beschränkt ist[106], sondern von allen Halluzinogenen erzeugt werden kann, wobei er die Beobachtung macht, daß eine auffällige Vervielfachung der gesehenen Gesichter ein bestimmtes Stadium des Rauschverlaufs anzeigt.[107] – Ob es nun die mannigfache Spiegelung der eigenen Person ist, wie in Hesses *Steppenwolf* oder der Anblick des leibhaftigen Satans, wie bei Michaux: auf jeden Fall zeigt sich in den Visionen des schrecklichen Gesichts die Isolation des Berauschten, der in seiner Psyche gleichsam gefangen ist und sich von ihren Inhalten nicht abzuwenden vermag. Wo er auch immer hinsieht, begegnet er stets ihrem unnachgiebigen Blick. Anders formuliert: die Vision des schrecklichen Gesichts erweist sich als ein Zeugnis der punktfixierten Rauschwahrnehmung, die einen Aspekt der eigenen Psyche (z.B. ein Schuldgefühl) personifiziert und zu einer überdimensionalen Schreckgestalt aufbaut.

Ebenfalls hierher gehört die auffallend häufige Personifizierung der Droge[108] in den Texten der Rauschliteratur: In Poes Erzählung „The Black Cat" ist vom „Fiend Intemperance" die Rede [CTP 224], bei Jack London nimmt der Alkohol die Gestalt des trickreichen Verführers John Barleycorn an[109]; Klaus Mann nennt das opiathaltige Eukodal zärtlich „Schwesterchen Euka"[110]; Hans Fallada beklagt, „welch Lügner der Alkohol ist und wie er dazu aus ehrlichen Menschen Lügner macht"[111] und sieht in ihm einen Teufel, dem er mit Leib und Seele verschrieben sei.[112] Gleichzeitig aber erliegt der Trinker seiner Sucht, erhebt den Alkohol zu seinem Idol („la reine d'alcool, ich habe sie Elsabe getauft ..."[113]) und feiert ihn wie eine Geliebte: „Guter Alkohol, sei gegrüßt, la reine Elsabe, an deiner nackten Brust habe ich geruht, den Ruch von Haar und Fleisch geatmet!"[114] Diese Art der Verehrung scheint doch sehr von Baudelaire beeinflußt zu sein, der in „La Chambre double" die Laudanumphiole als einzige Freundin in der Welt des Ennui[115] und ihre Wirkung als „l'Idole, la souveraine des rêves" [SP 234] charakterisiert. Die personifizierte Droge findet sich als janusköpfige Geliebte und „maitresse plus exigeante" [O 87] auch bei Cocteau: „L'opium, c'est la femme fatale ..." [O 94], während sie in Lowrys *Under the Volcano* als mächtige Rivalin Yvonnes auftaucht, der Geoffrey seine Liebe erklärt.[116] Auch bei Michaux wird der Gebrauch einer Droge wie das Verhältnis zu einer lebenden Person beschrieben: „Die individuelle Auseinandersetzung mit einer Droge ist nicht so sehr wie mit einem Ding, sondern wie mit einer Person. Das Problem ist also die eheliche Gemeinschaft. Entweder sich lieben (miteinander spielen, sich vereinen, oder auch sich stärken, sich verehren), oder auch sich entgegenstehen (sich befehden, sich anraunzen, dem anderen eins auswischen, sich zurückziehen). Auch hier sind die einen zur Vereinigung, die anderen zur Selbsterhaltung begabt." [CPG 65] Das berühmteste Beispiel für die Personifizierung der Droge findet sich aber bei De Quincey:

> O gerechtes, feines und alles besiegendes Opium, das du den Herzen der Reichen wie auch der Armen für die Wunden, die nie heilen werden, und für die Qual der Schmerzen, die ‚den Geist rebellieren lassen', einen lindernden Balsam bringst – beredtes Opium, das du mit deiner mächtigen Rhetorik die Vorsätze des Zorns hinwegnimmst, wirkungsvoll für barmherziges Mitleid plädierst und dem schuldigen Menschen in einer Nacht himmlischen Schlafes die Erinnerung an seine Kindheit zurückbringst und Hände von Blut säuberst – o gerechtes und rechtschaffenes Opium, das du zum Triumph der verzweifelten Unschuld die falschen Zeugen vor das Gericht des Traumes forderst, den Meineid vereitelst und die Urteile ungerechter Richter aufhebst – du baust auf dem Busen der Dunkelheit, aus der phantastischen Einbildung des Gehirns Städte und Tempel, die die Kunst des Phidias und des Praxiteles übertreffen – die die Pracht von Babylon und Hekatómpylos hinter sich lassen, und ‚aus der Anarchie des träumenden Schlafs' rufst du Gesichter lang beerdigter Schönheiten und gesegnete Antlitze der Familie in das Licht der Sonne, gereinigt von der ‚Schmach des Grabes'. Nur du gibst dem Menschen diese Gaben, und du besitzt den Schlüssel zum Paradies, o gerechtes, feinsinniges und mächtiges Opium! [CEO 276; 196/197]

Die Personifizierung der Droge ist wiederum zuletzt nichts anderes als ein Hinweis auf die Isolation des Berauschten. Denn die personifizierte Droge trägt ja doch stets diejenigen Züge, die der Berauschte oder Süchtige ihr entgegenbringt, in sie hineinlegt und dann an ihr wiederentdeckt. So ist die Droge also kein echter Kommunikationspartner, sondern immer Abbild oder Antithese der Psyche des Berauschten: jeder Umgang mit der Droge ist somit nur ein Scheindialog und in Wirklichkeit ein von der Außenwelt radikal isoliertes Selbstgespräch.

Zum Abschluß dieses Überblicks über die Schilderung markanter Rauschphänomene in der Literatur ist nun noch kurz darauf einzugehen, wie einzelne Schriftsteller „ihre" Droge im Vergleich zu anderen Rauschmitteln bewerten. Da solche Vergleiche oft durch die Absicht motiviert sind, bestehende Vorurteile gegenüber der Droge abzubauen, ist es einleuchtend, daß der in unserer Gesellschaft weitgehend akzeptierte Alkohol das bevorzugte *tertium comparationis* ist. Dabei geht es natürlich darum, anhand der vielen unrühmlichen Eigenschaften des Alkohols die „positiven" Wirkungsweisen der anderen Droge um so deutlicher hervorzuheben. So schreibt De Quincey in den *Confessions*:

> Allerdings bringt der Wein den Menschen ständig an den Rand der Albernheit und der Zügellosigkeit; jenseits eines bestimmten Punktes verflüchtigt und zerstreut er die geistigen Energien; während Opium immer das zu besänftigen scheint, was beunruhigt war, und das zu konzentrieren, was zerstreut war. Um es kurz zu sagen und in einem Wort zusammenzufassen: Ein Mensch, der trunken oder auf dem Wege zur Trunkenheit ist, befindet sich und fühlt sich in einer Lage, die den allein menschlichen, allzu oft den brutalen Teil seines Wesens zur Vorherrschaft kommen läßt; dagegen fühlt der Opiumesser (ich spreche von ihm einfach *als solchem*, davon ausgehend, daß er sich in normalem Gesundheitszustand befindet), daß der göttliche Teil seines Wesens überwiegt – das heißt, die moralischen Empfindungen befinden sich in einem Zustand wolkenloser Gelassenheit, und hoch über allem scheint das große Licht des majestätischen Intellekts. [CEO 264/265; 185/186]

Ebenso äußert sich Cocteau, indem er den Vergleich von Alkohol und Opium auf die knappe Formel bringt:

> Der Alkohol bewirkt Anwandlungen von Wahnsinn.
> Das Opium bewirkt Anwandlungen von Weisheit. [O 123]

Fitz Hugh Ludlow, der sich einen Schüler De Quinceys nannte, wendet sich in ähnlicher Weise dagegen, Haschisch und Alkohol auf eine Stufe zu stellen, wobei er in seinen Vergleich auch das von ihm nicht sehr geliebte Opium mit einschließt:

> Opium und Alkohol führen zur Sucht, weil sie den nervlichen Verschleiß wieder wettmachen müssen, dessen Ursache sie doch recht eigentlich sind. Die den Höhenflügen folgende Ermattung verlangt nach neuem Genuß, und wird der Appetit gestillt, ist damit schon der Keim gelegt für den nächsten Hunger. Doch es war nichts Derartiges, das mich an das Haschisch band. Wenn ich sage, daß ich so manche Stunde von Qualen gepeinigt war, wie sie weder Cranmer auf dem Scheiterhaufen, noch Gaudentio di Lucca während der Inquisition je ausgestanden haben, so weiß ich – ohne zu übertreiben – wovon ich rede: doch *ich* bin aus den Tiefen einer solchen Erfahrung stets emporgetaucht ohne auch nur im geringsten an Stärke oder Lebenskraft eingebüßt zu haben. [HE 44/45; 43]

Auch Baudelaire vergleicht die Wirkung des Haschisch mit der des Opiums:

> … das Haschisch [ist] in seiner augenblicklichen Wirkung sehr viel heftiger als das Opium …, ein sehr viel größerer Feind eines geregelten Lebens, mit einem Wort, sehr viel verheerender. Ich weiß nicht, ob zehn Jahre der Vergiftung durch Haschisch die nämlichen schweren Beeinträchtigungen zur Folge haben wie zehn Jahre des Opiumgenusses;

ich behaupte lediglich, daß, im gegenwärtigen Augenblick und für den Tag hernach, das Haschisch sich unheilvoller auswirkt; das eine ist ein friedlicher Verführer, das andere ein zügelloser Dämon. [PA 374; VI 87]

In *Heliopolis* bestätigt Jünger Baudelaires Beobachtung:

> Der Auszug des Hanfes ist ein seit alten Zeiten bekannter Schlüssel zum Reich der Träume, doch öffnet er andere Säle als der Mohnsaft, als dessen männliche Entsprechung man ihn bezeichnen kann. Der Geist des Opiumessers wird empfänglich; die Bilder ziehen in ihn ein, sie zeichnen ihre Charaktere wie auf ein jungfräuliches Blatt. Dagegen zieht der Hanf mit seinen Schlingen den Geist aus sich heraus und läßt ihn in die Bilderreiche eintreten. Aus dieser aktiven Potenz erklärt sich, daß, wenn die maximale Dosis überschritten wird, Tobsuchtsanfälle und Wahnsinn drohen, indes das Opium einschläfert. [H 278]

Feierte De Quincey als selbsternannter Papst seiner alleinseligmachenden Opiumkirche die anbetungswürdige Majestät dieser Droge, so kann Burroughs hier nur müde abwinken und bescheinigt dem Opium im Gegenteil, daß es von allen Rauschmitteln sicher das dreckigste sei:

> Sämtliche Halluzinogene werden von denen, die sie nehmen, als heilig angesehen – es gibt Peyote-Kulte und Bannisteria-Kulte, Haschisch-Kulte und Pilz-Kulte –, doch noch nie ist jemand auf die Idee gekommen, Junk als heilig anzusehen. Es gibt keine Opium-Kulte. Opium ist profan und quantitativ wie Geld. Wie ich höre, soll es in Indien einmal einen gutartigen Junk gegeben haben, von dem man nicht süchtig wurde. Er wurde *soma* genannt und erscheint in bildlichen Darstellungen als wunderbarer blauer Strom. Falls dieses *soma* je existiert hat, dann gab es auch Den Pusher, der es in Flaschen abfüllte und verkaufte und sich das Monopol darauf sicherte – und damit verwandelte es sich in ordinären dreckigen JUNK, wie gehabt. [NL 2/3; 541/542]

Allerdings ist zu bedenken, daß Burroughs' Sicht durch die heutige Drogenszene geprägt ist, und vielleicht hätte sich De Quincey vor solchem Hintergrund auch etwas anders geäußert (doch er kam ja nicht wie heutige Süchtige mit dem Gesetz in Konflikt; sein *Pusher* war der freundliche Apotheker von nebenan).[117]

Von Baudelaire noch als ungebärdiger Dämon beschrieben, ist das Haschisch für den Meskalinkenner Henri Michaux vergleichsweise harmlos: „Wer als Zeugen-Erfahrung nach dem Meskalin zum Haschisch greift, steigt vom Rennwagen aufs Pony um." [MM 91; 77] Gelpke stimmt dieser Passage aufgrund eigener Erfahrungen zu und beschreibt den entscheidenden Unterschied zwischen Haschisch und anderen Halluzinogenen so:

> Das Haschisch ... steht irgendwie *zwischen [Opium und Alkohol einerseits und den Halluzinogenen andererseits]*. Einerseits sind die Phantasien und Träume, die er erzeugt, eindeutig visionärer Natur, und spielt er mit Zeit und Raum, als seien sie auf seiner imaginären Bühne beliebig zu verschiebende Kulissen; andererseits hält er sich jedoch ebenso unzweifelhaft an gewisse elementare Spielregeln der Menschenwelt: er läßt mich zwar beispielsweise fliegen, zeigt mir schöne Gärten, Paläste und Frauen – aber er führt mich auch nicht über die Grenzen des immerhin noch in einem „klassischen" Sinne Phantastischen und Märchenhaften hinaus; während Meskalin, Psilocybin und LSD das

Gegenständliche als solches auflösen, die Brücken zur Alltagsrealität hinter mir abbrechen und in Räume reiner Abstraktion entführen, zu deren Wiedergabe mir oft genug „die Worte fehlen", weil die auf das dreidimensionale Wirklichkeitserleben abgestimmte menschliche Sprache im vieldimensionalen Weltraum der Seele, wo die natürliche Schwerkraft des Ichs völlig aufgehoben ist, versagen muß.[118]

Havelock Ellis, der 1898 das damals noch nahezu unbekannte Peyote beschrieb (er spricht fälschlicherweise von „Mescal"), lobt die Droge in höchsten Tönen und nennt ihre angeblichen Vorteile gegenüber anderen Rauschmitteln:

> Hierin unterscheidet sich der Mescalrausch von den anderen drogeninduzierten künstlichen Paradiesen. Unter dem Einfluß von Alkohol, zum Beispiel, wird der Intellekt, wie im gewöhnlichen Traum, beeinträchtigt, obwohl ein Eindruck ungewöhnlicher Klarheit bestehen mag; Haschisch wiederum erzeugt einen unkontrollierbaren Bewegungsdrang und badet sein Opfer in einem Meer von Gefühlen. Der Mescaltrinker bleibt inmitten des sinnlichen Wirbels um ihn herum ruhig und gefaßt; sein Urteilsvermögen ist so klar wie im normalen Zustand; er fällt keiner orientalischen Spielart undeutlicher und wollüstiger Träumerei anheim. Der Grund, weshalb Mescal in dieser ganzen Drogengruppe den reinsten intellektuellen Anreiz ausübt, besteht offensichtlich darin, daß er hauptsächlich jene Sinne anspricht, die dem Intellekt am nächsten stehen. Aus diesem Grund ist es unwahrscheinlich, daß sein Gebrauch leicht zu einer Abhängigkeit führt. Außerdem scheint er, im Unterschied zu den meisten anderen Rauschmitteln, nicht in besonderem Maße ein unausgewogenes und labiles nervliches System anzusprechen, sondern erfordert im Gegenteil zur vollständigen Demonstration seiner Möglichkeiten eine organische Gesundheit und gute Allgemeinverfassung. Weiterhin entfernt uns Mescal, im Unterschied zu den wichtigsten Substanzen, mit denen er zu vergleichen wäre, nicht völlig aus der tatsächlichen Welt oder läßt uns alles vergessen ...[119]

Rausch und Kreativität:
Vom künstlerischen Nutzen der Droge

Kann die Erfahrung des Drogenrausches die kreative Leistung eines Künstlers begünstigen? Diese Frage wurde im wesentlichen erst durch den Subjektivismus der Romantik und die hierauf gründende Wende zur Moderne denkbar. Daß ein Aufklärer wie KANT die Vorstellung eines positiven Bezuges zwischen Rausch und Kreativität für baren Unsinn hielt, versteht sich daher von selbst. Seiner Ansicht nach besteht der einzige Nutzen des Rausches darin, daß er eine gelegentliche Befreiung von den Lasten des Alltags gewähre. Als ein Mittel zur Versenkung in die eigene Psyche ist er in seinem Urteil dagegen etwas Schändliches:

> Die Einbildungskraft zu erregen oder zu besänftigen, gibt es ein körperliches Mittel in dem Genusse berauschender Genießmittel, deren einige als Gifte die Lebenskraft *schwächend* (gewisse Schwämme, Porsch, wilder Bärenklau, das Chica der Peruaner und das Ava der Südseeindianer, das Opium); andere sie *stärkend*, wenigstens ihr Gefühl erhebend (wie gegorne Getränke, Wein und Bier, oder dieser ihr geistiger Auszug, Branntwein), alle aber widernatürlich und gekünstelt sind … Alle diese Mittel aber sollen dazu dienen, den Menschen die Last, die ursprünglich im Leben überhaupt zu liegen scheint, vergessen zu machen. […] Alle *stumme* Berauschung, d.i. diejenige, welche die Geselligkeit und wechselseitige Gedankenmitteilung nicht belebt, hat etwas Schändliches an sich; dergleichen die vom Opium und dem Branntwein ist. Wein und Bier … dienen zur geselligen Berauschung; wobei doch der Unterschied ist, daß die Trinkgelage mit dem letzteren mehr träumerisch verschlossen, … die aber mit dem ersteren fröhlich, laut und mit Witz redselig sind.[1]

Eine der bedeutendsten Überlegungen zur Frage nach dem Zusammenhang von Rausch und Kreativität stammt demgegenüber von Friedrich NIETZSCHE, der sich in seiner frühesten veröffentlichten Schrift *Die Geburt der Tragödie aus dem Geiste der Musik* (1872) mit den beiden elementaren Triebkräften des Kunstschaffens befaßt, die er mit Bezug auf Apollo, den griechischen Gott der bildnerischen Kunst, und Dionysos, den Gott der Musik (also der „unbildnerischen" Kunst), als das „Apollinische" und das „Dionysische" bezeichnet. Während das Apollinische der Welt des Traumes am nächsten stehe, sei das Dionysische eng verknüpft mit der Welt des Rausches (wie er etwa durch Alkohol, Frühlingsgefühle oder religiösen Wahn verursacht werde).

Ausgangspunkt der Schilderung von Apollinischem und Dionysischem ist das qualvolle Dasein des Menschen in einer unvollkommenen Welt. Diese Qual erzeugt eine Sehnsucht nach dem verlorenen Paradies, die in der Anschauung fiktiver Scheinwelten Befriedigung sucht. Die so gelinderten Qualen des Daseins sind jedoch ein durchaus notwendiges Ärgernis, ohne das jenes Verlangen nach dem erlösenden Schein, der eine Vorstellung des Ur-Einen heraufbeschwört, nicht entstünde und der Mensch in einer rein physisch-animalischen Selbstzufriedenheit dahinvegetieren würde. Qual und Ungemach sind also die logische Voraussetzung jedes Strebens nach Transzendenz. So zeigt das Apollinische in der Kunst, daß die Widrigkeiten des Daseins im Interesse unserer individuellen Aus- und Weiterbildung stehen, die über die ruhige Kontemplation des Eingebundenseins in die Gesamtheit der Schöpfung erfolgt. Dadurch, daß das Apollinische diese Erkenntnis in uns reifen läßt, führt es zu einer Ausbildung unserer Individualität, die wir als bloße sinnliche Wesen nicht hätten. Erst wenn die Beziehungen des einzelnen zur Gesamtheit reflektiert und analysiert werden, entsteht durch die spezifischen Ergebnisse dieser Kontemplation ein echtes Individuum. Es ist daher kennzeichnend für das Apollinische, daß es eine völlige Verschmelzung des Bewußtseins mit dem Gegenstand seiner Kontemplation nicht zuläßt, denn es will ja Selbst*erkenntnis* und nicht Selbst*aufgabe* bewirken. Hieraus ergibt sich die Notwendigkeit von Maßhalten und Disziplin; das Scheinhafte der Vorstellungen muß stets bewußt bleiben, da sonst die Möglichkeit der reflektiven Individuation entfiele.

Dagegen legt es das Dionysische darauf an, das qualvolle Dasein ganz durch den erlösenden Schein zu ersetzen, der nicht mehr als Basis zur Selbstreflexion, sondern allein einer befreienden rauschhaften Selbstentäußerung dienen soll. Das Resultat dieses völligen Aufgehens in der Scheinwelt ist die Empfindung einer *unio mystica* und damit die Vernichtung jeglicher Individualität, also genau dessen, was das Apollinische hervorbringen will. Da die Unannehmlichkeiten der Individuation entfallen, ist das Dionysische durch eine „wonnevolle Verzückung"[2] gekennzeichnet, deren Verlust nach dem Abklingen des Rausches eine heftige Aversion gegen die traurige Alltagsrealität erzeugt, einen Lebensekel, der dem *Ennui* bei Baudelaire entspricht. Diesen Ekel vermag allein die kreative Tätigkeit zu überwinden; mit anderen Worten: der Wunsch, dem Lebensüberdruß zu entfliehen, führt geradewegs zur Kunst, indem die Aversionen gegen die Alltagsrealität, wie Nietzsche schreibt, in dichterische Vorstellungen umgemünzt werden, „mit denen sich leben läßt"[3] (nämlich das Erhabene und das Komische). Anders als beim Kunstschaffen apollinischer Art, bei dem der Künstler sein Werk von außen betrachtet als ein von seiner Person losgelöstes Objekt, besteht das Kunstschaffen im dionysischen Sinn in einer Identifizierung des Künstlers mit seinem Werk, „als ob [er] wirklich in einen andern Leib, in einen andern Charakter eingegangen wäre."[4] Der im höchsten Rausch befindliche dionysische Künstler wird in seiner grenzenlosen Verschmelzung mit der Schöpfung zuletzt selbst ein Kunstwerk.[5] Doch die Wonnen des Rausches geben dem Dionysischen mehr als einen bloß eskapistischen Sinn. Im Rausch erfolgt nämlich der Zugriff auf eine dem ganzen Dasein zugrunde liegende, dem Wachbewußtsein aber meist verborgene Wahrheit, die demjenigen ähnlich zu sein scheint, was C. G. Jung das „kollektive Unbewußte" nennt. Aus diesem Zusammenhang ergibt sich, daß das Dionysische eine notwendige Ergänzung der Leistungen des Wachbewußtseins und der Gesetzmäßigkeiten apollinischer Welterfassung darstellt.

Auf der Grundlage dieser Ausführungen unterscheidet Nietzsche drei Gruppen von Künstlern: den apollinischen Traumkünstler, der die empirische Realität als einen Schein empfindet, unter dem eine andere Wirklichkeit verborgen liege, und der diese Auffassung aus dem Blickwinkel des außenstehenden und in sich abgeschlossenen Individuums formuliert (so wie der Träumer trotz des unmittelbaren „Echtheitsgefühls" in seinen Erlebnissen oft den Eindruck des Scheines bewahrt); den dionysischen Rauschkünstler, der sich der empirischen Realität entziehen, die Enge seiner Individualität durchbrechen und mit dem ganzen Universum wieder zu dem anfänglichen Ur-Einen verschmelzen will, indem er sich in den tiefsten Grund des Seins hinabstürzt und die Kunst als ein Rauschmittel betrachtet, das ihm die ekstatische Loslösung von seinem Selbst ermöglichen soll; und schließlich die Mischform des apollinisch-dionysischen Traum- und Rauschkünstlers, der, wie der Tragödiendichter, in „mystischer Selbstentäußerung niedersinkt" und durch „apollinische Traumeinwirkung" seinen eigenen Zustand, „d. h. seine Einheit mit dem innersten Grunde der Welt *in einem gleichnißartigen Traumbilde* offenbart."[6]

Für Nietzsche stellte sich die Frage nach der Vereinbarkeit von Rausch und Kunst gar nicht erst; in seinem Weltbild war das Dionysische fraglos ein kunststiftendes Medium, ja die aus diesem Geist entsprungene Kunst wurde selbst ein Rauschmittel, das – wie in der Tragödie – sogar *epidemisch* wirkt: „eine ganze Schaar fühlt sich in dieser Weise verzaubert."[7] Hier wird die Kunst zur *milk of paradise* oder, wie Baudelaire von seiner Laudanumphiole schreibt, zur einzigen Freundin in einer elenden Welt der Qual, und erweckt „die freudige Hoffnung, daß der Bann der Individuation zu brechen sei, als die Ahnung einer wiederhergestellten Einheit"[8]. Überhaupt sei alles, was unter dem Begriff der Kultur zusammengefaßt wird, nichts als die Summe „ausgesuchter Reizmittel", die über die „Last und Schwere des Daseins" hinwegtäuschen sollen. An anderer Stelle weist Nietzsche darauf hin, daß der vom Dionysischen berauschte Künstler eine eigene Sprache spreche: „… der dithyrambische Dionysusdiener wird … nur von seines Gleichen verstanden! Mit welchem Erstaunen mußte der apollinische Grieche auf ihn blicken! Mit einem Erstaunen, das um so größer war, als sich ihm das Grausen beimischte, daß ihm jenes Alles doch eigentlich so fremd nicht sei, ja daß sein apollinisches Bewußtsein nur wie ein Schleier diese dionysische Welt vor ihm verdecke."[9] Hier wird die Problematik berührt, daß der im Rausch erfolgende Vorstoß in jenseitige Erfahrungsbereiche zwar neue Erkenntnisse ermöglicht, die aber nicht allgemeinverständlich formulierbar sind. Dies ist der Punkt, wo allein die Kunst noch in der Lage ist – durch symbolische Verschlüsselung – die im Rausch erblickten Mysterien darzustellen; sie wird somit als zuverlässigster Reflektor und Bewahrer von Rauscherkenntnis ausgewiesen.

Die exemplarische Konfrontation der Positionen Kants und Nietzsches mag eine ungefähre Vorstellung vom Spektrum der philosophisch begründeten Stellungnahmen für und gegen die Verbindung von Rausch und Kunst ermöglichen. Auch die moderne empirische Wissenschaft ist eine Philosophie, deren Antworten in diesem Spektrum eingeordnet werden könnten. Für sie war ein wichtiger Schritt zur differenzierten Erörterung der Frage nach den Wechselwirkungen von Rausch und Kreativität die Feststellung, daß man, anstatt von einem „gesunden" und einem „krankhaften" Bewußtseinszustand auszugehen, von einem Nebeneinander diverser Bewußtseinsarten sprechen muß, von denen bald die eine, bald eine andere aktiv ist:

> So lassen sich die verschiedenen Bewußtseinszustände halbkreisförmig anordnen; unser tägliches Wachbewußtsein steht im Zenit dieses Halbkreises, während die linke Peripherie als ein „Wahrnehmungs-Halluzinations-Kontinuum" schizophrene Zustände und, nach der steigenden Erregung über sie hinausgehend, die mystische Ekstase ordnet. Auf der rechten Peripherie, einem „Wahrnehmungs-Meditations-Kontinuum", folgen nach dem gleichen Prinzip Entspannung, *zen-satori* und *yoga-samadhi* aufeinander. Sowohl die mystische Ekstase wie das *yoga-samadhi* verwirklichen im kosmischen Bewußtsein einen Zustand von *eternal delight* (William Blake), während das Wachbewußtsein von beiden gleich weit entfernt den Normalzustand zentral-nervöser Erregung repräsentiert.
>
> Mit diesem gedanklichen Modell ist die hergebrachte Einteilung von Bewußtseinszuständen in dichotome kulturell definierte Kategorien wie pathologisch versus normal bzw. nicht-pathologisch überwunden: Bewußtseinsformen erscheinen nicht mehr als „wahnhaft" oder „psychisch gesund", sondern als verschiedene Ausprägungen zentral-nervöser Erregung, zugänglich also für jeden in bestimmten Situationen. ... Dieser Auffassung korrespondiert aber gleichzeitig die Erkenntnis, daß bestimmte schöpferische Prozesse nur in vom Normal-Wachbewußtsein verschiedenen Zuständen stattfinden können. Gleiches gilt auch für alle Erfahrungen abweichender Wirklichkeit: Sie sind mit von dem normalen Wachbewußtsein verschiedenen Erregungszuständen verknüpft.[10]

Für den Bewußtseinszustand im Drogenrausch ergibt sich daraus der folgende Schluß:

> Es scheint, als werde unter Drogeneinfluß die rechte Gehirnhälfte aktiviert[11] und mit ihr ein intuitives Denken, das keinem bestimmten Faden mehr folgt und eben deswegen schöpferische Leistungen zu erspielen vermag. Ein solcher Modus der Erfahrungen läßt sich als „De-Automatisierung" beschreiben, nämlich als „De-Automatisierung der psychologischen Strukturen, die Wahrnehmungen ordnen, begrenzen, auswählen und interpretieren" (Deikman 1969). Sozial vermittelte Raster der Wahrnehmung werden aufgelöst und auf andere, unter günstigen Umständen auf schöpferische Weise neu organisiert. Es ist darum nicht verwunderlich, daß Experimente zur Kreativität unter Drogeneinfluß eine positive Beziehung aufzeigen ..., wobei *set* und *setting* freilich eine große Rolle spielen.[12]

Weist nun der Drogenrausch einen positiven Bezug zum kreativen Schaffen des Künstlers auf oder nicht? „Selbstverständlich", antworten die einen – „Auf gar keinen Fall", meinen die anderen, und tatsächlich können viele dieser Kontrahenten ihre jeweilige Ansicht durch plausible Argumente erhärten. Der Grund für diese Konfrontation von Positionen, die je für sich den Anschein erwecken, auf beweisbaren Tatsachen zu gründen, ist leicht zu begreifen: Er liegt nicht in der Natur der Sache, sondern in jener aus dem parteipolitischen Alltag nur allzu bekannten rhetorischen Vermengung von Heterogenem, die komplizierte Sachverhalte durch verfälschende Selektion im Interesse der eigenen Zwecke vereinfacht. In Wirklichkeit enthält die scheinbar einfache Frage nach der kreativitätsbegünstigenden Wirkung des Drogenrausches nämlich ein Bündel von Fragen, die jeweils getrennt zu beantworten wären, wobei die einzelnen Urteile zu keiner eindeutigen und allgemeingültigen Gesamtantwort führen können. Es ist die unterschiedslose Vermischung der innerhalb dieser Problematik gebündelten Einzelfragen, die in der Öffentlichkeit seit der Romantik zu jenem Grabenkrieg führte, in dem keine Partei auf nennenswerte Gebietsgewinne rechnen kann. Will man sich demgegenüber um eine ernsthafte Ergründung des Problems bemühen, so muß man vor aller Hoffnung auf Antworten erst einmal die Frage selbst verstehen. Schon der Begriff der Kreativität ist zu unpräzise, um eine konkrete Richtung zu weisen; man müßte also, um seine Ansichten auf eine solide Basis zu stellen, vorab erklären, ob man Kreativität als Folge eines isolierten Inspirationsmomentes oder als einen andauernden gedanklichen Prozeß versteht. Diese Unterscheidung ist sehr wichtig, wenn man nur etwa bedenkt, daß der akute Rausch die für kreative Handlungen erforderliche Willenskraft häufig nahezu völlig lähmt, während der Drogenkonsument aber in der Phase des abklingenden Rausches und selbst noch lange Zeit später, in der Erinnerung, sehr wohl in der Lage ist, einen gewissen Teil seiner Visionen willentlich zu verarbeiten und überdies oft ein Gefühl zurückbehält, das ihn die Welt womöglich aus einer veränderten Perspektive erleben läßt. Ferner ist zu konkretisieren, ob nur von der einzelnen kreativen Handlung die Rede ist oder etwa vom kreativen Vermögen, also dem grundsätzlichen Talent des Künstlers. Gelangt man auf diesem Weg zu einem vorläufigen Ergebnis, so ist als nächstes zu erklären, auf wen es sich bezieht, da eine Droge von Individuum zu Individuum sehr unterschiedlich wirken kann: So spielt es zum Beispiel eine Rolle, ob die Person die Droge zum ersten Mal probiert oder schon sehr häufig eingenommen und dadurch eine Routine entwickelt hat. Ebenso bedeutsam sind die konkrete Situation des Rausches (*set* und *setting*) und die Persönlichkeitsmerkmale. Ein musisch uninteressierter Mensch wird vermutlich auch unter dem Einfluß von Drogen keine begnadeten Kunstwerke schaffen, was über die allgemeinen Chancen einer Kreativitätsbegünstigung im Drogenrausch jedoch recht wenig besagt. Wenn ein Künstler nach hundert bezaubernden Landschaften, die er ohne jeden Einfluß von Drogen gemalt hat, vom Rauch einer Marihuanazigarette benebelt seine einhunderterste bezaubernde Landschaft kreiert, muß man dann daraus schließen, daß der Drogenrausch die kreative Leistung fördert? Wenn ein Dichter nach langem erfolglosem Bemühen um die Vollendung eines Gedichts eine Droge einnimmt, um durch sie die mangelnde Inspiration zu erzwingen, und wenn er im Rausch nichts anderes erlebt als eine groteske Spiegelung seines Problems – ist damit erwiesen, daß Drogen die Kreativität nicht positiv beeinflussen können?

In Anbetracht der zahlreichen Unwägbarkeiten, mit denen man bei der Erörterung dieser Problematik konfrontiert wird, stellt sich allerdings die Frage, was dieses Kapitel zu leisten vermag und was nicht. Da es „die" Antwort auf die Frage nach dem kreativen Nutzen des Drogenrausches nicht geben kann, wird man sie auch im Folgenden vergeblich suchen. Dagegen kann und soll dieses Kapitel einen Überblick über die verschiedenen Aspekte der Fragestellung bieten, d. h. es soll zeigen, welche Eigenarten des Rauscherlebens sich in Bezug auf den kreativen Akt als vorteilhaft und welche sich als nachteilig erweisen, und es wird exemplarisch aufzeigen, zu welchen Schlußfolgerungen einzelne Künstler aufgrund ihrer eigenen Drogenerfahrung gelangten. Dabei wird deutlich werden, daß ein positiver Befund über die im Drogenrausch bewirkte kreative Bereicherung und die Feststellung, daß die Droge dem Künstler nützlich sei, durchaus zweierlei sein können, wenn nämlich der Droge einerseits zugestanden wird, daß sie dem Künstler unschätzbare Erlebniswelten eröffne, während andererseits ihre unerwünschten Nebeneffekte für so gravierend gehalten werden, daß man auf die Ausbeutung dieser Wunder freiwillig verzichtet. Wenn der Leser am Ende dieses Kapitels also keine endgültige Antwort erhält, so wird er doch einsehen, warum es eine solche nicht geben kann. Die gebrauchsfertigen Antworten der einen oder anderen Art, wie sie innerhalb der Drogendiskussion von manchem Scharlatan serviert werden, dürften ihn dann wohl kaum noch beeindrucken.

I. Beispiele künstlerischer Drogennutzung

Die grundsätzliche Möglichkeit einer kreativen Nutzung des Drogenrausches ist durch eine Fülle von Beispielen mühelos zu belegen. So weisen Ahmed Saleh und Rudolf Gelpke unabhängig voneinander darauf hin, daß orientalische Künstler trotz einer weitgehend an westlichen Vorstellungen orientierten gesetzlichen Regelung auch heute noch häufig Haschisch benutzen, um ihre Konzentrationsfähigkeit zu steigern und die Phantasie anzuregen[13], wobei Gelpke interessanterweise bemerkt, „daß die spezifische Wirkung des Hanfes die Phantasie in einer Weise beeinflußt, die dem islamischen Stilcharakter in mancher Hinsicht auffällig zu entsprechen scheint."[14]

Ähnliche Beobachtungen machten auch die Schriftsteller des *Club des Hachichins*, die sich in ihren Visionen mit einer vorwiegend orientalischen Bildlichkeit konfrontiert sahen; auch Ludlow sah sich in seinen Haschischträumen häufig von solchem Dekor umgeben. Vermutlich ist dieses Phänomen nicht so sehr durch die spezifische Haschischwirkung begründet, sondern vielmehr durch die Erwartungshaltung der Drogenkonsumenten, die bei Gautier und seinen Zeitgenossen im Orientalismus gründete, jener durch und durch europäischen Phantasiewelt, welche die Salons mit einer Atmosphäre erfüllte, die noch exotischer, noch geheimnisvoller, noch orientalischer war als der Orient selbst.

Wenn der Haschischrausch sich häufig durch eine bestimmte Bildlichkeit auszeichnet, die zwar nur auf bereits bestehenden Bewußtseinsinhalten aufbauen kann, aber diese doch mit einer eigentümlichen Lebendigkeit versieht, so ist damit bereits eine qualitative Beeinflussung der Imagination gegeben, die den kreativen Akt des Künstlers beeinflussen kann. In dieser Hinsicht gibt die spezifische Wirkung der Droge allerdings nur einen Selektionsimpuls, wie er genausogut durch eine Vielzahl anderer äußerer Einwirkungen hervorgerufen werden könnte. Die Kontroverse um die kreativitätsbegünstigende Wirkung des Drogenrausches betrifft daher natürlich ein komplexeres Problem, nämlich die Frage, ob und inwiefern der Drogenrausch dem kreativen Vermögen ein nützliches Instrumentarium an die Hand gibt, über das es sonst nicht verfügen kann, indem er eine dem Wachbewußtsein kaum oder gar nicht zugängliche Erlebnisdimension erschließt. In diesem Sinn äußert sich BURROUGHS positiv über den künstlerischen Nutzen des Marihuana:

> Diese Droge ist dem Künstler zweifellos sehr nützlich, da sie Assoziationsketten aktiviert, die ansonsten unzugänglich blieben, und ich verdanke viele der Szenen in *Naked Lunch* unmittelbar dem Gebrauch von Cannabis. Opiate können den Künstler dagegen nur behindern, da sie die Wahrnehmung der Umgebung und der körperlichen Abläufe einschränken.[15]

Burroughs' Argumentation, daß der durch Opiate bewirkte Rausch die Arbeit des Künstlers nur behindern könne, wird von vielen Opiomanen bestritten. De Quincey lobte das Opium als eine Droge, die im Unterschied zur betäubenden Wirkung des Alkohols intellektuelle Höhenflüge ermögliche: „... der Opiumesser ... [fühlt], daß der göttliche Teil seines Wesens überwiegt – das heißt, die moralischen Empfindungen befinden sich in einem Zustand wolkenloser Gelassenheit, und hoch über allem scheint das große Licht des majestätischen Intellekts." [CEO 264/265; 186] Der ebenfalls opiumabhängige englische Pfarrer, Arzt und Schriftsteller George CRABBE (1754–1832) beschreibt, wie M.H. Abrams nachgewiesen hat, die Welt seiner Rauscherfahrungen in den Gedichten „The World of Dreams" und „Sir Eustace Grey", die sich von seinen formstrengen anderen Dichtungen grundlegend unterscheiden und in ihrer Eigenart sehr wahrscheinlich opiuminspiriert sind.[16] Ein weiteres Beispiel dafür, daß Opium das kreative Schaffen durchaus zu fördern vermag, könnte man in dem Roman *The Moonstone* (1868) von Wilkie COLLINS (1824–1889) sehen, dessen Entstehung von Hayter beschrieben wird:

> Der sehr seltsame Bericht über die Niederschrift von *The Moonstone* ist eine der offensten Äußerungen, die ein Schriftsteller jemals über die Entstehung eines Kunstwerks unter dem Einfluß von Opium gemacht hat. Collins diktierte *The Moonstone* und erfand den Schluß in einer Zeit, als er wegen des bevorstehenden Todes seiner Mutter sehr niedergeschlagen und ständig von Laudanum umnebelt war, das er gegen akute Augenschmerzen einnehmen mußte. Diese waren so schmerzhaft, daß er selbst während des Diktierens stöhnte und aufschrie. Seinem Sekretär ging dies so nahe, daß er immer wieder

aufsprang, um Wilkie Collins zu helfen und schließlich kündigte, da er den Anblick von solchem Schmerz nicht ertragen konnte. Ein zweiter Gehilfe folgte ihm nach. Schließlich wurde eine Sekretärin eingestellt; man warnte sie vor dem Kommenden und fragte sie, ob sie dies ruhig ertragen und sich unbeirrt auf ihre Arbeit konzentrieren könne. Sie versicherte Wilkie Collins, daß sie damit zurechtkommen werde, und das tat sie. Obwohl er, während sie für ihn arbeitete, einen Anfall hatte, der schlimmer und qualvoller war als jeder vorige, so daß er sich stöhnend auf dem Sofa wand, schrieb sie unbeirrt auf, was er zwischen Stöhnen und Schreien diktierte – und er fuhr unbeirrt fort, zu diktieren. Als er aber zum Schluß gekommen war und dann den letzten Teil des Buches durchlas, war er über das *Finale* der Geschichte nicht nur „erfreut und überrascht", sondern erkannte es nicht als das Seinige wieder. Daß dieser gründlich durchdachte und diszipliniert ausgeführte Roman unter solchen Bedingungen geschrieben werden konnte, widerlegt endgültig die Theorie, daß Opium einen Schriftsteller zwangsläufig von seiner Arbeit abhalte – wenn zusätzlich zu den regalfüllenden Schriften von Coleridge und De Quincey eine solche weitere Beweisführung überhaupt nötig wäre. Die Tatsache, daß Collins den Roman später nicht als sein eigenes Werk wiedererkannte, findet in der Erfahrung anderer opiumberauschter Schriftsteller seine Parallelen, besonders in Walter Scotts Erfahrungen bei der Niederschrift von *The Bride of Lammermoor*.[17]

Auf lange Sicht hat Collins' regelmäßige Einnahme von Laudanum seinem kreativen Vermögen anscheinend aber doch geschadet, denn die meisten seiner späteren Werke werden von den Kritikern nicht sehr hoch eingeschätzt, da die Konstruktion der Handlung nicht mehr mit jener überzeugenden konzentrierten Dichte durchgeführt sei, die in *The Moonstone* ein meisterliches Niveau erreiche. Diese Entwicklung wird in der Regel als eine Folge seines fortgesetzten Opiumkonsums angesehen.[18]

Ein anderer Autor, dessen Werk von Hayter im Blick auf seinen Opiumkonsum betrachtet wird, ist Francis THOMPSON (1859–1907). Hayter bestätigt den Eindruck früherer Kritiker, daß Thompsons beste Gedichte in abstinenten Zeiten geschrieben wurden und stellt fest, daß Phasen des beginnenden Entzugs auffallend oft mit ungewöhnlichen kreativen Schüben zusammenfielen.[19] In der Meynell-Familie, in der Thompson nach längerer Zeit eines mittellosen und süchtigen Herumvagabundierens Aufnahme gefunden hatte, war man überzeugt, wie Everard Meynell es formulierte, daß „[d]ie Absage ans Opium, nicht sein Genuß, ... die Pforten des Intellekts [öffnete]. ... Während des schmerzlichen Entzugs sprudelten die Bilder reichlich in seinen Gedanken hervor."[20] Offenbar war die nervliche Belastung des nach jedem Rückfall in die Sucht neu beginnenden Entzugs, die sich durch eine Überempfindlichkeit der Sinne und quälende Schlaflosigkeit bemerkbar machte, bei aller Unbehaglichkeit die ideale Voraussetzung für Thompsons poetisches Schaffen, dem eine Art Ventilfunktion zukam, indem es den Abbau innerer Spannungen ermöglichte. Hayter zitiert aus einem Brief vom Frühjahr 1894, in dem der Dichter nach einem erneuten Rückfall unter dem Eindruck abermaliger Entzugsqualen wieder einen plötzlichen Kreativitätsdrang erwähnt, dem er kaum nachkommen könne: „Bin voll von einem plötzlich hervorbrechenden literarischen Antrieb. Ich glaube, ich könnte ein Buch in drei Monaten schreiben, wenn die Gedanken weiterhin so lawinenartig hereinbrechen, wie sie es jetzt tun." Tatsächlich hielt diese Flut kreativer Impulse aber nicht unbegrenzt an, was die Meynell'sche Überzeugung, in der Nüchternheit den Boden der dichterischen Produktivität zu sehen, doch als fraglich erscheinen läßt. So verweist Hayter darauf, daß „dieser stürmische Andrang von Ideen und Bildern" bei drogenabhängigen Künstlern gar nicht selten als typische Begleiterscheinung des Entzugs genannt wird und gibt zu bedenken, daß die Inspiration vielleicht nicht dem eigentlichen Entzugserleben entsprang, sondern daß „der Ursprung der in dieser Art freigesetzten Bilder weiter zurückverweist, auf die Opiumwirkung in einem früheren Stadium."[21] In der Tat könnte der stürmische Andrang von Ideen nach Beendigung einer Phase des Opiumkonsums darauf deuten, daß Rauscherlebnisse, die in der akuten Situation nicht zu bewältigen waren, sich wie unerledigte Aktenvorgänge zu einem Stapel türmten und, als das Wachbewußtsein wieder die Regie übernahm, als jene Fülle von Inspirationen über den Dichter hereinbrachen und zur sofortigen Verarbeitung drängten. Da das Wachbewußtsein nach dem Rausch mitunter Wochen braucht, um sich wieder völlig zu erholen, und das heißt: alle normalen Kontroll- und Zensurmechanismen zu reaktivieren, kann in dieser regenerativen Phase immer noch ein Anteil jener Inhalte verfügbar sein, die eigentlich dem Rauschbewußtsein angehören.

Auch die positive Beeinflussung der Kreativität durch das Kokain wird durch diverse Anekdoten belegt. Ein Beispiel ist der Fall des schottischen Schriftstellers Robert Louis Stevenson (1850–1894), dem zur Behandlung eines chronischen Katarrhs im Herbst 1885 ohne sein Wissen Kokain verabreicht wurde und der in derselben Zeit, als er demnach also unter dem Einfluß der Droge gestanden haben muß, seinen Roman *The Strange Case of Dr. Jekyll and Mr. Hyde* konzipierte, „in dem ziemlich exakt der Persönlichkeitszerfall wie beim Kokainmißbrauch intuitiv erfaßt wird".[22] Recht ähnlich soll es dem Komponisten Richard Strauß 1928 ergangen sein:

> Wie der ihn damals behandelnde Arzt später mitteilte, schob man dem Komponisten bei einem kleinen Eingriff zur örtlichen Betäubung fünf Minuten lang zwei mit Kokain getränkte Wattebäuschchen in die Nasenlöcher. Als der Arzt den Patienten zwei Stunden später besuchte, fand er „den Boden des Krankenzimmers und die Bettdecke mit frisch beschriebenen Notenblättern bedeckt". Strauß offenbarte ihm, „das Zeug" habe ihn „ganz munter gemacht" und zu zwei Arien für seine Oper „Arabella" angeregt, an der er damals gerade arbeitete („Aber der Richtige, wenn's einen für mich gibt", „Und du wirst mein Gebieter sein").[23]

Eine besondere Bedeutung kommt dem Rausch in Gottfried BENNs Deutung des kreativen Prozesses zu – bei ihm erweist sich die Droge, wie sein Gedicht „Kokain" (1917) deutlich macht, als wunderbares Instrument zur Flucht aus dem Bewußtsein:

> Kokain
>
> Den Ich-Zerfall, den süßen, tiefersehnten,
> den gibst du mir: schon ist die Kehle rauh,
> schon ist der fremde Klang an unerwähnten
> Gebilden meines Ichs am Unterbau.

> Nicht mehr am Schwerte, das der Mutter Scheide
> entsprang, um da und dort ein Werk zu tun,
> und stählern schlägt –: gesunken in die Heide,
> wo Hügel kaum enthüllter Formen ruhn!
>
> Ein lautes Glatt, ein kleines Etwas, Eben –
> und nun entsteigt für Hauche eines Wehns
> das Ur, geballt, Nicht-seine beben
> Hirnschauer mürbisten Vorübergehns.
>
> Zersprengtes Ich – o aufgetrunkene Schwäre –
> verwehte Fieber – süß zerborstene Wehr –:
> verströme, o verströme du – gebäre
> blutbäuchig das Entformte her.[24]

Ähnlich wie in De Quinceys lobpreisender Anrufung der verehrten Droge: „o gerechtes, feinsinniges und mächtiges Opium!" [CEO 276; 197] wird in Benns Gedicht das Kokain als ein mächtiger Erlöser beschworen, der die Seele des Sprechers von den Zwängen des Wachbewußtseins befreit. Der „Ich-Zerfall" erhält seine herrliche Bedeutung hier nicht als Folge eines bloßen Aktes der Zerstörung, sondern als die erste Voraussetzung für die Errichtung neuer Konstruktionen; das Kokain agiert wie ein Bagger mit Abrißbirne, der das Alte einreißt und damit Raum für das Neue schafft. Der Rausch sorgt also zuerst für eine *tabula rasa*, die zum Schauplatz unbegrenzter Möglichkeiten wird. Als nächstes erschließt die Droge ein ansonsten unzugängliches Rohstofflager „an unerwähnten / Gebilden meines Ichs am Unterbau", das die Baustoffe für neue Kreationen liefert. Das so angezapfte Unbewußte mit seinen verborgenen Inhalten erweist sich dabei keineswegs als ein gestaltloses Chaos, sondern als eine Lagerstätte „kaum enthüllter Formen". Mit dieser Aussage begegnet Benn der materialistischen Überzeugung, daß Formen und Formbildung nur auf der Basis einer vernunftgesteuerten Wahrnehmung denkbar seien, und erkennt die vom normalen Wachbewußtsein verschiedenen Bewußtseinsarten als Bereiche an, die ein bildendes Schaffen wenigstens im selben Maße zulassen und fordern. Begnügte der Dichter sich hier mit dieser Feststellung, so hätte er am Beispiel des Kokainrausches gezeigt, was bereits William James als ein gleichberechtigtes Nebeneinander unterschiedlicher Bewußtseinsarten beschrieb. Doch Benn geht noch weiter, denn auf der im Rausch geschaffenen Baustelle des Geistes kann durch die Unabhängigkeit von den engen Gesetzen des Verstandes ein Gebilde von babylonischen Ausmaßen entstehen, das die Grenzen des Wachbewußtseins bei weitem sprengen würde: „Ein lautes Glatt, ein kleines Etwas, Eben – / und nun entsteigt für Hauche eines Wehns / das Ur, geballt, Nicht-seine beben." Das „Ur": etwas Ungeheuerliches, das tiefste Geheimnis, der Gral oder die blaue Blume oder ein Abbild jener Kraft, welche „die Welt im Innersten zusammenhält", wie es in Goethes *Faust* heißt, nimmt im Kokainrausch Gestalt an.[25] Benn schildert das Rauscherlebnis wie eine Geburt: Geboren wird eine Erkenntnis des tiefsten Grundes, die nur flüchtig sein kann und „Hirnschauer mürbisten Vorübergehns" erzeugt. In dieser Rauschbeschreibung findet sich keine Spur von jener eskapistischen Tendenz, die in vielen literarischen Rauschdokumenten mitschwingt, denn die angestrebte Befreiung von der Diktatur des Wachbewußtseins ist kein Selbstzweck, sondern Mittel zu neuer kreativer Tätigkeit, deren Resultate zuletzt im wiedererlangten Wachbewußtsein intellektuell verarbeitet und fixiert werden. Jürgen Fackert zitiert aus Benns 1920 entstandenem Essay „Schöpferische Konfession":

> Worte, schreibt er …, seien der „Querschnitt durch kondensierte Katastrophen"; der Dichter befreie sich in der „Überhöhung" oder im „Außersich des Rausches" von der Qual des Bewußtseins. Benn nennt diese rauschhafte Selbstbefreiung später „Zusammenhangsdurchstoßung", die den schöpferischen Prozeß *und damit wieder einen Zustand höchster, konstruktiver Bewußtheit einleitet*. Der Vers „trunken zerebral" aus dem Gedicht *Schweifende Stunde* bringt dieses Nebeneinander von Ekstase und Intellektualität auf formelhafte Kürze.[26]

In ihrer scharfsinnigen Darstellung der poetologischen Ansichten Gottfried Benns weist Angelika Arend allerdings darauf hin, daß die Intentionen des Dichters nicht zuletzt wegen der Komplexität der Benn'schen Sprache häufig mißverstanden wurden. Allzu bereitwillig hätten sich viele Kritiker zu dem vorschnellen Schluß verleiten lassen, daß Benns enthusiastische Feier des Rausches mit einer Befürwortung der dichterischen Nutzung von Drogen gleichzusetzen wäre. Diese Annahme sei so jedoch nicht zutreffend: „Was sich als ‚schöpferischer Rausch' bezeichnen ließe, ist … auch nach dem Zeugnis der lyrischen Aussagen Benns nicht einfach mit drogeninduziertem Rausch zu identifizieren."[27] Um diesen berechtigten Einwand zu verstehen und um die Bedeutung von Drogen im Werk Gottfried Benns korrekt einschätzen zu können, muß man eine Vorstellung von seinen poetologischen Überzeugungen haben, wie sie in der Essaysammlung „Probleme der Lyrik" (1951) dargelegt werden.

Ein Dichter ist ein besonders sensibles, reizempfindliches Wesen. Er ist, wie Benn bereits 1923 formulierte, wie einer jener im Meer lebenden Organismen, die ganz mit Flimmerhaaren bedeckt sind, mit deren Hilfe sie sich tastend in ihrer Umwelt orientieren: „Von solchen Flimmerhaaren bedeckt stelle man sich einen Menschen vor, nicht nur am Gehirn, sondern über den Organismus total. Ihre Funktion ist eine spezifische, ihre Reizbemerkung scharf isoliert: sie gilt dem Wort. … Sie gilt der Chiffre, ihrem gedrucktem Bild, der schwarzen Letter, ihr allein."[28] Der Dichter bewegt sich also tastend durch das Geschehen seiner Gegenwart und deponiert jeden seiner Eindrücke in einem großen Wort- und Materialspeicher. Das so Aufbewahrte schlummert im Dunkel, bis ein bestimmter Reiz in einer „Schöpfungsstunde" dafür sorgt, daß es wieder nach außen tritt und in den Formulierungen eines Gedichts Gestalt annimmt. Daher ist bei Benn nicht das Suchen die charakteristische Aufgabe des Poeten, sondern das Warten, nämlich das Warten auf den gedanklichen Impuls, der einen „strömenden Beginn" einleitet, indem er sich wie ein ins Rollen gebrachter Schneeball bald zu einer mächtigen Lawine ausweitet.[29] Bis dahin sind die absorbierten Inhalte gewissermaßen körperlose Seelen, die – um Bedeutung zu erlangen – erst geboren werden müssen. Dieses Geborenwerden, die plötzliche Sinnschaffung nennt

Benn „Zusammenhangsdurchstoßung": das Bewußtsein des Dichters dringt durch zur Erkenntnis eines sinnstiftenden Zusammenhanges. Die Herstellung eines solchen Zusammenhanges erfolgt in einem rauschhaften Moment, in dem die Alltagsrealität transzendiert wird; sie geht also einher, wie Benn formuliert, mit einer „Wirklichkeitszertrümmerung". An diesem Punkt also, an dem sich die Lawinenfront über den Abhang neigt und losbricht, ist der Moment des Rauschbeginns. Das Empfinden, die Seele oder das Bewußtsein des Dichters geraten in Wallung, deshalb spricht Benn bei den auslösenden Reizen solcher ekstatischer Schöpfungsmomente von Impulsen, die einen hohen „Wallungswert" oder „Rauschwert" besitzen.

Der Rausch ist bei Benn also die unerläßliche Voraussetzung des künstlerischen Schaffens. Wie ist es nun aber vor dem Hintergrund dieser Überlegungen um die Frage nach dem kreativen Nutzen der Droge bestellt? Zunächst einmal sollten die bisherigen Ausführungen gezeigt haben, daß der Rauschbegriff bei Benn durchaus nicht nur auf Drogen verweist, sondern eine Vokabel ist, die den Inspirationsmoment ganz allgemein umschreibt. Ein Reiz von hohem Wallungswert, der in das Bewußtsein eindringt und dadurch einen kreativen Prozeß auslöst, kann aber durch alles mögliche, also auch durch die Einwirkung einer Droge entstehen. Die Droge kann dem Dichter also nützen, sie *muß* es aber nicht in jedem Fall. Erinnern wir uns nämlich, daß der Dichter nach Benns Auffassung die poetische Eingebung nicht suchen, sondern abwarten soll, so resultiert aus dieser Überzeugung natürlich die Zwecklosigkeit jeder Bemühung, den schöpferischen Moment mit äußeren Hilfsmitteln herbeizuzwingen. Die Einnahme einer Droge kann daher keine Garantie für die erfolgreiche Einleitung eines kreativen Vorgangs bieten. Es zeigt sich also, daß die Droge nach Benns Ansicht durchaus nützlich sein mag, und zwar genauso nützlich wie jeder andere Reizauslöser. Sie ist aber, eben weil es auch andere Reizauslöser gibt, letzten Endes verzichtbar. So schreibt Arend zu Recht: „Gewiß lag es Benn fern, von der Droge abzuraten oder sie zu verbannen, doch entwarf er mit nachweisbarer Konsequenz ein Bild des Dichters, der dank seiner spezifischen Eigenart und Befähigung – mitsamt allen Gebrechlichkeiten, Abgründen und Dämonien – der Droge nicht bedarf."[30] Wichtig ist hier auch, daß Benn als Künstler nicht die völlige Hingabe an den Rausch suchte, sondern vielmehr verlangte, daß dessen Potential dem konstruktiven Vermögen des Bewußtseins zugeführt werde, wie Fackert erkennt:

> Benn hat immer wieder betont, daß der schöpferische Prozeß nicht allein in ekstatischen Visionen bestehe, sondern daß diese der Formkraft eines konstruktiven Bewußtseins bedürften. Nun demonstrieren Rönnes bewußte, aber vergebliche Versuche, die Halluzinationen zu erzwingen, die Widersprüchlichkeit von Benns Äußerung. Rönne scheint ja gerade nur im unbewußten Zustand die Produktion seiner Bilder zu gelingen. Aber diese contradictio löst sich auf, wenn man sich vergegenwärtigt, daß sich der Geneseprozeß in Etappen vollzieht, deren letzte in der Novelle vom fertigen Produkt reflektiert wird. Rönnes Bilderflut ist zweierlei: unbewußte Vision *und* ihre Realisierung durch Sprache.[31]

Hier wird also der kreative Akt als ein Zusammenspiel der Intuition des Rausches und der ordnenden Kraft des Intellekts verstanden – dies ist eine Konzeption des künstlerischen Schaffens, die seit Coleridges Unterscheidung von *Fancy* und *Imagination* von den hier besprochenen Autoren immer wieder vorgetragen wurde.

Ein häufiger Anlaß für das Mißverständnis, Benn propagiere den Gebrauch von Drogen ohne jede Einschränkung, war der 1943 geschriebene Essay „Proviziertes Leben", in dem der Dichter empfiehlt, das Amphetamin Pervitin „zielbewußt für Zerebraloszillationen in höheren Schulen"[32] anzuwenden. Obgleich der ganze Essay durch einen unüberhörbar ironischen Gestus gekennzeichnet ist, ist diese Aussage doch viel ernster gemeint, als man denken sollte, und man kann sie nicht anders als kopfschüttelnd zur Kenntnis nehmen, wenn man sich nicht auf Benns weltanschauliches Konzept einläßt. Der Essay beginnt mit einem neidischen Blick auf „primitive" Naturvölker, deren Gemüt noch so beschaffen sei wie vor der historischen Bewußtwerdung des Menschen, die seinen zivilisatorischen Fortschritt begründete und gleichzeitig die Entfremdung von seiner eigenen Natur zur Folge hatte. Gegenüber solchen natürlichen Menschen, die ihre ungeteilte Existenz ausleben können, ist der moderne Mensch, in der berstenden Fülle seines Bewußtseins und von abstrakten Dualismen zerrissen, eine degenerierte Lebensform – Benn bezeichnet diese „denaturierten europäischen Gehirne" in ihren lächerlichen Konstruktionsversuchen eines Lebenssinnes als „das Platteste an Konvention und Verbrauchtheit …, das die geschichtliche Überlieferung kennt." Der einzige Ausweg, der nach Benns Ansicht diesem an sich selbst zugrundegehenden Wesen noch offen steht, ist die Anwendung künstlicher Mittel und Methoden, die das archaische Lebensgefühl aus den Tiefen des Unbewußten wieder heraufbeschwören können. Durch einen „Ausbau visionärer Zustände", so heißt es weiter, könnten Drogen wie Meskalin oder Haschisch „der Rasse einen Zustrom von Erkenntnissen und von Geist … vermitteln, der eine neue schöpferische Periode aus sich entbinden könnte." Das Motiv für Benns Empfehlung der Droge (als eines unter vielen anderen möglichen Mitteln – Benn erwähnt auch östliche Meditationstechniken) ist eine gründliche Zivilisationsverdrossenheit. Doch seine Empfehlung richtet sich, wie Arend erkannt hat, nicht an den Künstler, der durch seine untypische Reizempfindlichkeit und die ekstatische Erfahrung des Kunstschaffens von der allgemeinen Blödigkeit wenigstens zeitweise befreit ist, und sie ist kein Indiz für eine Überzeugung der unbedingten Zusammengehörigkeit von Dichtung und Droge. Man dürfe nämlich nicht übersehen, daß Benn „als mögliche Nutznießer Gymnasiasten im Sinn hat (‚in höheren Schulen'), nicht Künstler. Eine wichtige Unterscheidung … Der gegebene Zusammenhang schließt jeden Zweifel darüber aus, daß Benn hier den nunmehr von der inneren Welt getrennten Abendländer vor Augen hat, nicht spezifisch den Künstler. Letzterer hebt sich nämlich gerade dadurch von seinen Zeitgenossen ab, daß ihm das von Natur aus gegeben ist, was jenen durch die vorgeschlagene ‚Provokation' erst wieder ermöglicht werden soll: das Zugangserlebnis."[33]

Wie Benn war auch Aldous HUXLEY überzeugt, daß ein Schriftsteller zwar einen gewissen Vorteil aus der Erfahrung des Drogenrausches ziehen könne, aber keinesfalls auf sie angewiesen sei. Da er die Droge nicht so sehr aus einem künstlerischen, sondern vielmehr aus einem gesellschaftspolitischen Interesse erprobte, hatte die Frage nach den Bedingungen einer Kreativitätsbegünstigung durch Drogen für ihn aber nur marginale Bedeutung. Als er 1960 in einem Interview gefragt wurde, ob er sich durch die Wirkung des LSD auch in kreativer Hinsicht bereichert fühle und ob er eine fruchtbare Verbindung der Drogenwirkung mit dem künstlerischen Schaffen für möglich halte, fiel seine Antwort daher eher zurückhaltend aus:

> Ich glaube nicht, daß man hierüber eine allgemeingültige Aussage machen kann. Die Erfahrung hat gezeigt, daß die Reaktionen auf Lysergsäure sehr unterschiedlich ausfallen. Wahrscheinlich können manche Leute daraus direkte Inspirationen für Bilder oder Gedichte empfangen. Andere, denke ich, können das nicht. Für die meisten Menschen ist es eine außerordentlich bedeutsame Erfahrung, und ich nehme an, daß dies den kreativen Akt indirekt fördern kann. Aber ich glaube nicht, daß man sich hinsetzen kann und sagen: ‚Ich will ein großartiges Gedicht schreiben, also werde ich Lysergsäure nehmen.' Ich halte es für sehr zweifelhaft, daß man das erwünschte Resultat erhielte – man könnte nahezu jedes Resultat erzielen.
>
> INTERVIEWER: Könnte die Droge dem Lyriker nützlicher sein als dem Romancier?
>
> HUXLEY: Nun, der Dichter würde das Leben sicher aus einer außergewöhnlichen Perspektive wahrnehmen, die er sonst nicht gehabt hätte, und das könnte ihm überaus hilfreich sein. Doch sehen Sie ..., während der Erfahrung ist man wirklich nicht daran interessiert, etwas Praktisches zu tun, nicht einmal Lyrik zu schreiben. Würden Sie, während Sie eine Liebesaffäre mit einer Frau haben, darüber schreiben wollen? Natürlich nicht. Und während der Erfahrung interessiert man sich nicht sonderlich für Worte, weil die Erfahrung über Worte hinausgeht und in Worten kaum zu beschreiben ist. Daher erscheint die ganze Idee, die Geschehnisse festzuhalten, ziemlich unsinnig. *Nach* dem Erlebnis scheint es mir sehr gut möglich zu sein, daß man davon profitieren kann: Die Menschen würden das Universum um sie herum auf eine ganz andere Art wahrnehmen und wären wahrscheinlich inspiriert, etwas darüber zu schreiben.
>
> INTERVIEWER: Aber bleibt von der Erfahrung sehr viel übrig?
>
> HUXLEY: Nun, man hat immer eine komplette Erinnerung an die Erfahrung. Man erinnert sich, daß etwas Außergewöhnliches geschehen ist. Und in gewissen Grenzen kann man die Erfahrung nachvollziehen, besonders die Transformation der Außenwelt. Man erhält Andeutungen dazu, ab und zu sieht man die Welt in jener verwandelten Gestalt – nicht mit derselben Intensität, aber so ähnlich. Es ist hilfreich, die Welt aus einer neuen Perspektive zu betrachten. Und man wird in die Lage versetzt, die besondere Art, in der gewisse, besonders begabte Menschen die Welt gesehen haben, sehr klar zu verstehen. Man wird durchaus in die Art von Welt eingeführt, in der van Gogh lebte, oder in die Art von Welt, in der Blake lebte. ...
>
> INTERVIEWER: Sie haben hier, heute nachmittag, ... hauptsächlich über die visuelle Drogenerfahrung gesprochen ... Gibt es einen vergleichbaren Gewinn in psychologischer Hinsicht?
>
> HUXLEY: Ja, ich glaube schon. Während man unter dem Einfluß der Droge steht, erhält man ein durchdringendes Verständnis der Leute um einen herum und auch des eigenen

Lebens. ... Es ist sehr heilsam, wenn man begreift, daß dieses ziemlich dumpfe Universum, in dem die meisten von uns ihre meiste Zeit verbringen, nicht das einzige Universum ist. ...

INTERVIEWER: Könnten solche psychologischen Einsichten für den Verfasser von Prosa nützlich sein?

HUXLEY: Ich bezweifle das. Prosa ist schließlich das Ergebnis einer kontinuierlichen Anstrengung. Die Lysergsäure-Erfahrung ist eine Offenbarung von etwas außerhalb der Zeit und der sozialen Ordnung. Prosa erfordert eine ganze Reihe von Inspirationen über Leute in einer bestimmten Umgebung, und dann ein ordentliches Maß harter Arbeit auf der Grundlage dieser Inspirationen. [M 218–220]

II. Chancen und Probleme der kreativen Drogennutzung

Auf den vorigen Seiten wurde anhand exemplarischer Äußerungen einiger Rauschautoren gezeigt, daß Drogen die künstlerische Kreativität in gewissem Umfang durchaus positiv beeinflussen können. Ob sie deswegen auch als brauchbares oder gar empfehlenswertes Werkzeug der dichterischen Inspiration zu bezeichnen sind, muß indessen immer noch fraglich erscheinen. Nachfolgend sind daher einige Aspekte der Rauschwirkung näher zu erörtern, die im Zusammenhang mit der Kreativitätsproblematik besonders häufig genannt werden. So wird zunächst festgestellt, daß der Drogenrausch als ein Spiegel der Psyche ein wertvolles Mittel zur dichterischen Selbstanalyse sein kann und daß die Wirkung der Droge über den akuten Rausch hinaus oft noch lange anhält, so daß es möglich wird, jene Visionen, die keine unmittelbare intellektuelle Verarbeitung zuließen, in den Tagen und Wochen danach im rationalen Wachbewußtsein weitgehend zu rekonstruieren und mehr oder weniger nachvollziehbar sprachlich zu fixieren. Demgegenüber ergeben sich im akuten Rausch und danach aber auch einige gravierende Probleme, die das dichterische Schaffen behindern oder zuweilen auch ganz unterbinden können, wie die technische Schwierigkeit, überhaupt einen Stift über das Papier zu führen oder das Gefühl einer stilistischen „Fremdbestimmung". Auch der Verlust der Willenskraft wird natürlich beklagt; eine allgemeinverständliche Mitteilung vieler Rauschvisionen erweist sich oft als unmöglich, und schließlich kann eine Entfremdung von der rational-sinnlichen Realität auch zu fatalen Überschätzungen des Möglichen führen, so daß unausführbare Wahnprojekte mitunter die ganze schriftstellerische Produktion stagnieren lassen. Vor diesem Hintergrund ist zu zeigen, welche persönlichen Konsequenzen die Schriftsteller aus ihren Rauscherfahrungen zogen, wobei u.a. die Frage nach der kreativen Relevanz des durch Sucht, Rausch und Entzug entstehenden Leidens angesprochen wird.

Die Erkenntnis, daß eine Droge dem Bewußtsein niemals völlig neue Inhalte hinzufügen kann, die nicht schon vorher in irgendeiner Form in seiner Persönlichkeit angelegt waren, ist für die kreative Nutzung des Rausches von entscheidender Bedeutung. „Zunächst: wie ich bereits des längeren dargelegt habe", schreibt BAUDELAIRE im „Poëme du Haschisch", „offenbart das Haschisch dem Einzelnen nichts als ihn selber." [PA 385; VI 100], und an anderem Ort heißt es:

> Möchten die Weltleute und die Unwissenden, die nach außergewöhnlichen Wonnen lüstern sind, es sich doch gesagt sein lassen, daß sie im Haschisch nichts Wunderbares finden werden, durchaus nichts anderes als die gesteigerte Natur. Auch unter der Einwirkung des Haschisch auf das Gehirn und den gesamten Organismus werden sich nur die bei dem Einzelnen gewöhnlichen Phänomene einstellen, häufiger freilich und kräftiger, doch stets ihrem Ursprung getreu. Der Mensch wird der Bestimmung seines körperlichen und seelischen Temperaments nicht entrinnen: das Haschisch wird für die dem Menschen vertrauten Eindrücke und Gedanken ein Vergrößerungsspiegel sein, doch nur ein Spiegel. [PA 355; VI 66]

So unterschiedlich die Bewertung der Möglichkeiten des Drogenrausches bei den vielen verschiedenen Autoren sonst auch ausfällt – in diesem einen Punkt sind sie sich alle einig: Wem nicht schon ohnehin eine Neigung zu künstlerischem Ausdruck gegeben ist, der wird auch unter dem Einfluß eines Rauschmittels gewiß kein zweiter Dante, Goethe oder Shakespeare werden. Baudelaire unterstreicht dies mit dem Beispiel eines ehrenwerten Beamten, der im Haschischrausch von einer recht profanen Muse geküßt wurde:

> Ich sage nicht, daß das Haschisch bei allen Menschen die gleichen Wirkungen erzeugt, wie ich sie beschreiben werde. Ich habe andeutungsweise von den Phänomenen gesprochen, die sich, von einigen Varianten abgesehen, im allgemeinen in den Köpfen von Künstlern und Philosophen einstellen. Es gibt aber Charaktere, bei denen die Droge nichts als eine tapsige Verwirrung bewirkt, einen heftigen Frohsinn, der wie Schwindligkeit wirkt, ein Tanzen, Springen, Trampeln, Ausbrüche von Gelächter. Diese haben sozusagen ein völlig materielles Haschisch. Den Spiritualisten, die es in großer Andacht einnehmen, sind sie unerträglich. Ihre lasterhafte Persönlichkeit bricht hervor. Ich sah einmal einen ehrbaren Richter ..., wie er in dem Augenblick, als das Haschisch sich seiner bemächtigte, plötzlich einen überaus anstößigen *Cancan* zu tanzen begann. Da offenbarte sich das innere, wahre Monstrum. Dieser Mann, der über die Handlungen seiner Mitmenschen urteilte, dieser *Togatus* hatte heimlich den Cancan gelernt.
>
> So findet man bestätigt, daß diese Unpersönlichkeit, diese Objektivität, von der ich gesprochen habe und die nichts anderes ist als die außerordentliche Steigerung des poetischen Sinns, sich niemals im Haschischrausch solcher Leute einstellen wird. [PA 341]

Die gleiche Ansicht illustriert Fitz Hugh LUDLOW mit einer ähnlich amüsanten Anekdote über einen ehrgeizigen Nachahmer De Quinceys:

> Eine gewisse Person hatte beim Lesen der „Bekenntnisse" die Idee entwickelt (es ist schwer zu sagen wie, denn ihr Autor beschreibt den Opiumrausch darin überall als einen Zustand, dessen Freude darin liegt, alle Tätigkeiten während der Zeit seiner Dauer einzustellen), daß es möglich sein sollte, [De] Quincey auf seinem eigenen Feld zu schlagen, und zwar wenn er während der stärksten Wirkung der Droge etwas schreiben würde. So setzte er sich eines Abends ab, um dem englischen Opiumesser die entscheidende Niederlage beizubringen, trank sein Laudanum und schloß sich in sein Zimmer ein, einen bedrohlichen Stapel weißer Blätter vor sich. Am nächsten Morgen, als seine Freunde

wiederholt an die Tür klopften und keine Antwort bekamen, brachen sie, einen Unfall fürchtend, die Tür auf. Ho! Unser De Quincey in Reserve saß mit einem Federhalter in seinem Sessel, seine Stirne ruhte auf dem großen Stapel weißen Papiers in der Ungezwungenheit einer unschuldigen Ruhepause. [HE 282; 188]

In diesem Sinn schrieb schon De Quincey selbst: „Wie groß auch immer die Anzahl jener sein mag, bei denen man diese Fähigkeit zum glanzvollen Träumen ansatzweise vermuten kann, so gibt es doch wohl nicht viele, bei denen sie voll entwickelt ist. Wer von Ochsen redet, wird wahrscheinlich auch von Ochsen träumen ... Um gewohnheitsmäßig großartige Träume zu haben, braucht ein Mensch eine konstitutionelle Veranlagung zur Träumerei." [S 447] Zum gleichen Schluß gelangt Jacques Bousquet, der die romantische Idee, daß im Traum jeder Mensch zum Dichter werde, folgendermaßen kommentiert: „In einem Wort: Die Qualität des Traumes entspricht der Qualität seines Urhebers. Die Romantiker haben gern behauptet, daß alle Welt im Traum ein Dichter sei. Das ist falsch; es gibt niemand, der bei Tage mittelmäßig ist und in der Nacht zum Genie wird. Ein genialer Mensch erzeugt poetische oder tiefgründige Träume, der Mittelmäßige hat mittelmäßige Träume."[34]

Daß die Droge, wie Michaux formulierte, „mehr offenbarend als erschaffend" [GE 33] sei[35], ist eine Einsicht, die praktisch in allen Werken der Rauschliteratur anklingt. Vor dem Hintergrund seiner Kenntnis der orientalischen Kultur und wohl auch persönlicher Rauscherfahrungen schreibt z.B. Gelpke: „Der Rausch ist ein ausgezeichneter Prüfstein, vermittels dessen sich innere Tonlage, geistig-seelische Wellenlänge, Art und Stufe des Bewußtseins, eines Einzelnen innerhalb einer Gesellschaft, aber auch ganzer Völker und Kulturen untereinander, näher bestimmen lassen."[36] Als ein vergrößernder Spiegel der Bewußtseinsinhalte des Künstlers kann die Droge aber ein im künstlerischen Schaffensprozeß sehr nützliches Werkzeug sein, nämlich „als ein Mittel zur Intensivierung der künstlerischen Bewußtseinshaltung, als Instrument der künstlerisch motivierten Selbstbeobachtung."[37] So erprobte Baudelaire den Rausch als eine Methode zur Sichtbarmachung von Teilen seiner Persönlichkeit, die als gestaltende Kräfte seiner weltanschaulichen und künstlerischen Überzeugungen und als die im Wachbewußtsein teils verborgenen, teils nur unscharf wahrgenommenen Triebfedern seines Kunstschaffens wirksam waren. Es ist daher nur folgerichtig, daß er aus den Werken Edgar Allan Poes, mit dem er sich doch seelenverwandt fühlte, eine ähnliche methodische Nutzung des Rausches herauszulesen glaubt:

> ... ich vermute, daß Poes Trunksucht in vielen Fällen, wenn auch gewiß nicht in allen, ein Hilfsmittel der Mnemonik, eine Arbeitsmethode war, eine gewaltsame und tödliche Methode, die jedoch seiner leidenschaftlichen Natur entsprach. Der Dichter hatte zu trinken gelernt, wie ein gewissenhafter Schriftsteller sich dazu anhält, Hefte mit Beobachtungen anzulegen. Er konnte dem Verlangen nicht widerstehen, die wunderbaren oder schrecklichen Gesichte, die subtilen Gedankengebilde wiederzufinden, denen er in einem früheren Sturm begegnet war; es waren alte Bekannte, die ihn unwiderstehlich anzogen, und um die Verbindung mit ihnen wieder aufzunehmen, schlug er den gefährlichsten, aber kür-

zesten Weg ein. Was ihn umgebracht hat, ist ein Teil dessen, was heute unseren Genuß ausmacht.[38]

Daß die Erfahrung des Drogenrausches im Sinn einer intensivierten Selbsterkenntnis künstlerisch nutzbar wird, setzt voraus, daß die Visionen und Erlebnisse auch nach dem Abklingen des Rausches noch in ausreichendem Maße zugänglich bleiben, d.h. sie müssen auch im wiederhergestellten Wachbewußtsein erinnert, verstanden und verarbeitet werden können. Da der Körper eine berauschende Substanz meist nur allmählich abbauen kann, liegt auf der Hand, daß eine Rauscherfahrung nicht nur im ekstatischen Höhepunkt selbst besteht, sondern auch eine abklingende Phase hat, in der das ordnende Wachbewußtsein eingeschränkt aktiv ist und sich mit Elementen des verblassenden Rauschbewußtseins vermischt. So schildert Bayard TAYLOR einen Haschischrausch, der sein Wachbewußtsein noch Tage später beeinflußte:

> Am Morgen des zweiten Tages erlangte ich nach einem 30stündigen Schlaf völlig zerschlagen und abgespannt das Bewußtsein zurück, aber in meinem Kopf drehten sich noch die Bilder aus meinem Rausch. Ich wußte, wo ich mich befand und was mit mir geschehen war, doch alles, was ich sah, blieb immer noch unwirklich und schattenhaft. Was ich aß, schmeckte nach nichts, kein Trunk brachte mir Erquickung, und nur unter schmerzhaften Anstrengungen gelang es mir, die an mich gerichteten Worte zu verstehen und sie in zusammenhängenden Sätzen zu erwidern. Wille und Vernunft waren zurückgekehrt, doch saßen sie noch unruhig auf ihrem Thron.
>
> … Nur unter großen Schwierigkeiten gelang es mir, den äußeren Anschein des Bewußtseins zu wahren. Obwohl ich mich zusammenraffte, fiel dennoch ab und zu ein Schleier über meine Sinne, und nachdem ich anscheinend jahrelang in einer fernen Welt gewandert war, wachte ich mit einem Schock auf und fand mich in den von Dampf erfüllten Hallen des Bades, wo ein brauner Syrer meine Glieder massierte … Trotzdem war der Bann noch immer nicht ganz gebrochen, und zwei oder drei Tage lang war ich häufig Anfällen von Geistesabwesenheit ausgesetzt, während derer ich meiner Umgebung verständnislos gegenüberstand. Ich ging durch die Straßen von Damaskus in dem seltsamen Bewußtsein, mich gleichzeitig an einem anderen Ort aufzuhalten, und ich bemühte mich ständig, meine gespaltenen Wahrnehmungen zu vereinigen.[39]

Taylor beschreibt hier seine Empfindung einer gespaltenen Persönlichkeit: das vormalige Rauschbewußtsein ist noch nicht ganz in den dunklen Bereich des Unbewußten zurückgetaucht und konkurriert mit dem noch nicht ganz wiederhergestellten Wachbewußtsein, das die seltsamen Inhalte seines Gegenübers zu analysieren versucht. In diesem Sinn hat auch William James festgestellt, daß das ganze Spektrum „mystischen" Erlebens eine Phase der Nachwirkung kennt, die auf die Strukturen der Persönlichkeit prägend einwirken kann: „Mystische Zustände … sind niemals bloß punktuell. Eine Erinnerung an ihren Gehalt bleibt immer bestehen, sowie eine tiefe Überzeugung von ihrer Bedeutsamkeit. Sie wirken zwischen den Momenten ihrer Wiederkehr auf das innere Leben des einzelnen Subjekts ein." [V 381/382]

William BURROUGHS hat aufgrund seiner eigenen Drogenerfahrung keinen Zweifel an der grundsätzlichen künstlerischen Nutzbarkeit des Rauscherlebens und weist darauf hin, daß die zunächst durch eine Droge künstlich stimulierte mystische Wahrnehmung später auf natürlichem Wege beliebig wiederholt werden könne[40], so daß mit der willentlichen Verfügbarkeit von Inhalten des Rauschbewußtseins die entscheidende Bedingung für die Schaffung künstlerischer Erzeugnisse erfüllt sei:

> Unter dem Einfluß von Meskalin, LSD, Cannabis nimmt die Person Farben, Geräusche, Gerüche besonders intensiv wahr, und man kann von der Drogenwirkung sagen, daß sie in einer intensivierten Wahrnehmung besteht ... Farben und Geräusche erhalten eine eindringliche Bedeutung, und viele Einsichten bleiben erhalten, nachdem die Drogenwirkung abgeklungen ist. Unter dem Einfluß von Meskalin habe ich die Erfahrung gehabt, daß ich ein Gemälde zum ersten Mal sah und später bemerkte, daß ich das Gemälde auch ohne die Anwendung einer Droge sehen konnte. Das gleiche Verständnis von Musik oder der Schönheit eines Gegenstandes, den man gewöhnlich ignoriert, bleibt erhalten, so daß eine einzige Einnahme einer potenten bewußtseinserweiternden Droge oft eine dauerhafte Erweiterung des Erfahrungshorizontes vermittelt. Meskalin versetzt den Konsumenten in unerforschte Bereiche der Psyche, und oft kann er ohne einen chemischen Führer dorthin zurückfinden.[41]

Interessanterweise ist Burroughs aber überzeugt, daß eine solche künstlerische Nutzung von Drogenvisionen ohne die gleichzeitige Gefahr der Sucht durch ein neu erwecktes Verlangen nach der Droge nur bei den Halluzinogenen möglich sei:

> Ich möchte einen einfachen Versuch beschreiben, der den Unterschied zwischen sedativen und bewußtseinserweiternden Drogen klarer machen wird. So weit ich weiß, wurde dieser Versuch noch nie im Detail ausgeführt. Hier also der vorgeschlagene Versuch: Man verabreiche eine bewußtseinserweiternde Droge zusammen mit einer genau abgestimmten Reihe von Reizauslösern – Musik, Bilder, Gerüche, Geschmacksproben –, die zeitlich erfaßt werden, so daß die ganze Batterie von Reizen genau wiederholt werden kann. Einige Tage danach, wenn die Drogenwirkung völlig verflogen ist, setze man den Probanden denselben Reizen in derselben Reihenfolge aus. In welchem Maße wird die Halluzinogenerfahrung reaktiviert? Jeder, der die bewußtseinsverändernden Drogen benutzt hat, weiß, daß ein beliebiger *einzelner* Reiz, dem man unter dem Drogeneinfluß ausgesetzt war, die Drogenerfahrung reaktivieren kann. Es gibt guten Grund zu der Annahme, daß die Drogenerfahrung durch eine präzise Wiederholung der mit ihr verbundenen Reize im Detail nachvollzogen werden könnte.
> Nun probiere man den gleichen Versuch mit einem Morphinsüchtigen. Man verabreiche eine Dosis Morphin zusammen mit einer Reihe von Reizen. Man warte bis zum Eintreten der Entzugserscheinungen. Nun wiederhole man die Reize. Wird irgendeine Erleichterung der Entzugserscheinungen spürbar? Im Gegenteil, die verbundenen Reize reaktivieren und verstärken das Bedürfnis nach der Droge. Das gleiche gilt natürlich für Alkohol. Reize, die mit der Einnahme von Alkohol verbunden sind, aktivieren das Bedürfnis nach Alkohol und führen beim geheilten Alkoholiker zu einem Rückfall.
> Der Gebrauch sedativer Drogen führt zu verstärkter Abhängigkeit von der benutzten Droge. Der Gebrauch bewußtseinserweiternder Drogen könnte den Weg weisen, wie man die nützlichen Effekte der Halluzinogenerfahrung ohne jedes chemische Mittel erreichen könnte.[42]

Burroughs ist also überzeugt, daß wenigstens die halluzinogenen Drogen eine neue Dimension des künstlerischen Schaffens erschließen können, indem sie einen neuen

Erfahrungsbereich eröffnen, der dann später auch *ohne* eine Beeinträchtigung der für das Kunstschaffen relevanten Wachbewußtseinsfunktionen zugänglich ist:

> Cannabis dient als ein Führer in Bereiche der Psyche, die man danach ohne es wieder aufsuchen kann. Ich habe nun seit einigen Jahren kein Cannabis mehr genommen und stelle fest, daß ich die gleichen Ergebnisse durch nicht-chemische Mittel erreichen kann: Flackerlicht, Musik über Kopfhörer, *cut-ups* und *fold-ins* von meinen Texten und besonders dadurch, daß ich mich darin übe, in Assoziationsblöcken statt in Worten zu denken. Das heißt: Der Gebrauch von Cannabis, wie von allen anderen Halluzinogenen, kann eingestellt werden, sobald der Künstler sich mit den durch die Droge erschlossenen Bereichen vertraut gemacht hat. ...
>
> Ich habe den Eindruck, daß Cannabis und die anderen Halluzinogene einen Schlüssel für das kreative Schaffen bieten und daß eine systematische Erforschung dieser Drogen den Weg zu nicht-chemischen Methoden der Bewußtseinserweiterung eröffnen würde.[43]

Burroughs' wichtige Feststellung, daß die Wirkung der Halluzinogene keineswegs nur im akuten Rauschzustand besteht, sondern auch nach der Wiedererlangung des Wachbewußtseins noch über einen längeren Zeitraum andauert, wird von MICHAUX im Lauf seiner ausführlichen Auseinandersetzung mit dem Meskalinrausch in *Misérable Miracle* bestätigt.[44] So notiert er drei Wochen nach Einnahme der Droge einzelne Merkmale der zwar stark reduzierten, aber immer noch spürbaren Rauschwirkung: „Die meisten Bilder des Meskalins waren verschwunden. Manche von ihnen sollten kommen und gehen, ohne daß ich mich, weder stolz auf sie noch mich ihrer schämend, nach ihnen umdrehte. Wenn ich zu zeichnen anfing, gab mir eine gebieterische, nie zuvor gekannte Symmetrie zu verstehen, daß ich noch in der Erinnerung an sie lebte." [MM 85; 72] Erst nach über drei Monaten stellt er fest, daß die Beeinflussung durch das Meskalin *fast* ganz überwunden ist:

> Stück für Stück finde ich mich wieder, ohne daß ich schon völlig genesen wäre, ich entferne mich von dieser Droge, die mir nicht zusagt. Ich ist meine Droge, dasjenige, was mich da rausholt.
>
> Ich entferne mich von der Charakterveränderung, die sie in mir herbeigeführt hatte. Ich komme zu meiner Langsamkeit zurück, meinen Filtern, den Brücken, die ich zwischen den Dingen gebaut hatte und die ich den Dingen vorziehe, und vor allem, weit entfernt von den sterilen Bildern des Meskalin, kehre ich zurück zu meinem großen Durcheinander, das mich mehr berauscht als es dies jemals könnte. [MM 87]

Obwohl solche Äußerungen eindeutig belegen, daß das Wachbewußtsein über einen relativ langen Zeitraum noch aus den durch die Droge erschlossenen Bereichen des Unbewußten schöpfen kann, bevor sie sich seinem auswertenden Zugriff wieder ganz verschließen, klingt in der zuletzt genannten Passage doch auch ein kritischer Unterton an: Anscheinend sind die Nachwirkungen wenigstens des Meskalinrausches und die mit ihr in Zusammenhang stehenden Inspirationen keine reine Freude für den auf neue Anregungen hoffenden Künstler. Michaux beschreibt, wie das Wachbewußtsein des Künstlers in den ersten Wochen und Monaten nach dem Rauscherlebnis allmählich seine frühere Autonomie zurückerlangt: der Drang zum Ausdruck, die Fähigkeit zu überlegter Gestaltung und die Eigenarten des emotionalen und gedanklichen Verhaltens nähern sich ihrer früheren Ausprägung wieder an. Doch wie ist es um das kreative Vermögen im akuten Rausch und unmittelbar danach bestellt? Michaux stößt hier auf ein vergleichsweise banales Problem, das für den kreativen Prozeß dennoch fatal ist und sich als ein kaum zu überwindendes Hindernis erweist:

> Angesichts der Unmöglichkeit, das Manuskript vollständig abzudrucken, das auf direkte Art und Weise sowohl den Gegenstand, die Rhythmen, die Formen, das Chaos als auch die innere Gegenwehr samt ihren Zerreißungen vermittelte, ergaben sich große Schwierigkeiten hinsichtlich der mangelnden Flexibilität der Typographie. Der ursprüngliche Text, eher sensibel als leserlich, ebenso Zeichnung wie Schrift, erwies sich nicht unbedingt als zufriedenstellend.
>
> Schwungvoll hingeworfen, ruckweise, auf und quer über die Seite, sausten die abgebrochenen Sätze mit ihren fliegenden, ausgefransten, verzerrten Silben von dannen, kamen zu Fall und erstarben. Ihre Fetzen wurden wieder lebendig, machten sich von neuem auf, flitzten davon, zerplatzten wieder. Ihre Buchstaben verflüchtigten sich oder lösten sich in Zickzackformen auf. Die folgenden, ebenso unzusammenhängenden, setzten auf gleiche Weise ihren verworrenen Bericht fort, Vögel eines Dramas, denen unsichtbare Scheren im Fluge die Schwingen stutzten. [MM 13/14; 9]

Die denkbar einfachste Voraussetzung der Schriftstellerei, nämlich der rein technische Vorgang des Schreibens, erweist sich unvermutet als eine Hürde, die nur mit der allergrößten Disziplin und einer ungeheuren Anstrengung der verminderten Willenskraft zu überwinden ist. Der Drogenberauschte empfindet sich in seiner Ekstase zwar als die Krone der Schöpfung, sogar als Gott selbst, sieht sich in Personalunion mit der ganzen Fülle des Universums, aber er ist kaum in der Lage, einen einfachen Satz aufzuschreiben.[45] Wer seine Erlebnisse auf dem Höhepunkt des Rausches notieren will und es versäumt hat, sich vor Einnahme der Droge sein Schreibwerkzeug zurechtzulegen, der wird unter dem Eindruck der Visionen schwerlich die Muße finden, die nötigen Utensilien erst bei Bedarf herbeizuschaffen; ja selbst wenn alles auf das Sorgfältigste vorbereitet wurde, kann es mitunter immer noch zu aufwendig sein, allein die Hand nach dem bereitliegenden Bleistift auszustrecken, um diesen zu ergreifen. So schreibt schon Baudelaire in den *Paradis artificiels*: „Man erhält, das ist wahr, die Fähigkeit, sich selbst zu studieren, und morgen wird man sich die Erinnerung an einige seiner Empfindungen bewahrt haben. Aber dieses psychische Vermögen läßt sich nicht ausnutzen. Ich sage rundheraus, daß es unmöglich sein wird, eine Feder anzuschneiden oder einen Stift zu spitzen; das wäre ein Unterfangen, das die Kräfte weit übersteigt." [PA 339] Schafft es der Berauschte aber doch, diese Anfangsschwierigkeiten zu überwinden, so sieht er sich gleich mit dem nächsten Problem konfrontiert, das im Meskalin-Rausch mit seinen vorbeirasenden und immer wieder die Richtung wechselnden linearen Strukturströmen besonders akut wird, aber auch für andere Halluzinogene typisch ist: Die zweidimensionale Anordnung von Buchstaben und Zeichen auf dem begrenzten Raum eines Papierbogens ist angesichts der räumlichen Desorientiertheit des Berauschten kaum noch zu bewältigen. Abbildungen von im Rausch entstandenen Notizen, wie sie Michaux' *Misérable Miracle* oder dem Band über Walter Benjamins Haschischerfahrungen beigefügt sind, zeigen deutlich das Ausmaß der Schwierigkeiten, denen sich der berauschte Protokollant gegenübersieht. Häufig erscheinen die Buchstaben durch die Betonung oder Vernachlässigung von Über- und Unterlängen auf bizarre Weise verfremdet, sie stehen nur noch selten in geordneter Folge nebeneinander, sondern überschneiden sich oder sind nach oben oder unten verschoben; wie in einer Collage kann die Größe der Zeichen selbst innerhalb eines Wortes oft beträchtlich variieren, Worte und Sätze sind mitunter nicht oder nicht korrekt voneinander getrennt. Auch ist es dem Berauschten in aller Regel unmöglich, in einer Linie von links nach rechts zu schreiben: die Zeilen laufen etwa diagonal über das Blatt oder vollziehen in immer kleineren Schriftzügen spiralische Bewegungen, manchmal wird über den Rand des Papiers hinaus geschrieben – in einem Wort: die Fähigkeit des schriftlichen Ausdrucks ist häufig so stark beeinträchtigt, daß die Aufzeichnungen später auch von ihrem Verfasser selbst kaum oder nur noch unter großen Mühen entziffert werden können, und diese Störung hält mitunter tagelang an. Noch zehn Tage nach einer Einnahme von Meskalin notiert Michaux:

> Ich schrieb noch lauter „Krümel". Es war mir unmöglich, etwas auf einmal in größerem Zusammenhang festzuhalten. Alles ging in kleinen Schritten, ganz kleinen Schritten vor sich, in vereinzelten Wörtern, Satzfetzen, Annäherungen, durch Korrigieren eines Wortes, das etwa eine halbe Stunde zuvor sich eingestellt hatte, aber niemals mehrere vollständige Sätze hintereinander lang. Übrigens „blieben" diese kleinen Fetzen, die heimlich, aber wissend durch die Nadel eines unvergeßlichen Nordens gelenkt wurden, drei Wochen über beim Thema.
>
> Kurzum, ich hatte keine Macht mehr über die Wörter und konnte sie nicht mehr steuern. Adieu, Ausarbeitung! [MM 84; 71]

Auch das Lesen von Texten, das eine weit geringere schöpferische Bereitschaft erfordert als das Schreiben, ist im Rausch oft nur unter erschwerten Bedingungen möglich. Schon das lineare Fortschreiten von Wort zu Wort und von Zeile zu Zeile kann die Konzentrationsfähigkeit überfordern, wie Michaux im Blick auf den Haschischrausch feststellt: „Nach der Einnahme von Haschisch ist man zu keiner Lektüre mehr fähig. Das ist bekannt. Selbst einem literarischen Text ... und überhaupt den Zeilen in ihrer Reihenfolge kann man nur mühsam folgen." [CPG 172]

Neben diesen technischen Problemen, an denen der Versuch der kreativen Rauschnutzung bereits scheitern kann, beeinträchtigen die Halluzinogene aber auch oft jenes intellektuelle Vermögen, das die systematisch-rhetorische Strukturierung sprachlicher und gedanklicher Elemente organisiert. Dies kann auch in der Phase des abklingenden Rausches zu Veränderungen des persönlichen Stils führen. So schreibt Michaux in *Connaissance par les gouffres* mit Bezug auf das Psilocybin:

> Ich kannte noch nicht den aztekischen Namen des Pilzes, einen erstaunlich treffenden Namen, der soviel bedeutet wie *Zusammenbruch*. In diesem Zusammenbruch hatte ich meinen Stil verloren.

II. Chancen und Probleme der kreativen Drogennutzung 287

> Nicht zwei-, nicht dreimal, sondern acht-, neunmal mußte ich den vorliegenden Text überarbeiten, so sehr war er und so sehr blieb er auf unerklärliche Weise formlos, schlaff, spannungslos, „aufgelöst" und ohne das, was ich spontan, reagierend, aus „mir heraus" dazutun könnte. In der Tat enthält er immer noch einige Merkmale der Fremdbestimmung, die ich ihm nicht entziehen konnte, da ich, aus Mangel an Unabhängigkeit und Kämpfertum zum Chronisten geworden, mich der Geschichte unterwerfen mußte. [CPG 52/53]

Michaux scheint diese Folge der Drogenwirkung zu beklagen, zumal er, wie noch zu zeigen sein wird, die uneingeschränkte Willenskraft als unverzichtbare Voraussetzung der schöpferischen Arbeit begreift. Natürlich, mag man einwerfen, mußte er diese Fremdbestimmung seines persönlichen Stils beklagen, denn wer wäre schon so verblendet, eine derartige Entmündigung als etwas Positives aufzufassen? Gewiß, die Vorstellung erscheint grotesk, aber sie ist es nur, solange wir den Vorgang aus unserer alltäglichen rational-sinnlichen Perspektive beurteilen. Der Drogenmystiker muß eine derartige Beeinträchtigung des freien Umgangs mit Worten jedoch keineswegs so negativ empfinden, da der Verlust stilistischer und ähnlicher Begabungen oft mit der Erkenntnis ihrer Entbehrlichkeit einhergeht. Bevor wir ungehalten abwinken, sollten wir uns daran erinnern, daß es hier um ein Thema geht, das auch ohne jeden mystischen Hintergrund in der modernen Literatur erörtert wird. So schreibt zum Beispiel der Schweizer Schriftsteller Adolf Muschg über den Unterschied zwischen einer Literatur, deren Sprache die Sache zeigt, und jener, deren Sprache „die Sache blendet".[46] Muschg distanziert sich damit von seinen frühen Romanen *Im Sommer des Hasen* (1965), *Gegenzauber* (1967) und *Mitgespielt* (1969), die von der Kritik gerade wegen ihrer ausgefeilten und bilderreichen Sprache gelobt wurden, obwohl die stilistische Brillanz den eigentlichen Kern der Beschreibung, das Anliegen dieser Werke überspielt. Gerade diese Blendersprache wollte Muschg überwinden: „Ich möchte, daß man von einem meiner Bücher sagen könnte …: hier wurde Bestand aufgenommen … Meine Utopie heißt: aus dem Winkel wegzukommen, wo meine Sprache die Sache blendet, statt sie zu zeigen."[47] Es ist dieselbe Überlegung, die den Gedichten Ezra Pounds zugrunde liegt, der mit literarischen Minimalformen experimentierte (Imagismus) und der Hemingway dazu veranlaßte, durch Streichung ornamentaler Adjektive einen schlichten Stil zu entwickeln, der sich allein auf das Wesentliche beschränkt. Vor diesem Hintergrund, wo die Sprache als ein potentielles Mittel der Blendung erkannt wird, mag es verständlicher werden, wenn ein Drogenschriftsteller oder Mystiker die Entbehrlichkeit stilistischer Raffinesse konstatiert. Daß die Sprache dieser Reisenden zwischen zwei Welten unseren Vorstellungen von stilistischer Qualität oft nicht genügen kann und daß wir daher mitunter vom Verfall eines dichterischen Talents sprechen müssen, ist ihnen häufig bewußt. So schreibt Aldous Huxley in einem Brief aus dem Jahr 1956, in dem er auf seine Rauscherkenntnis verweist, daß „das Universum, trotz Schmerzen und Tragödien, in Ordnung ist, in anderen Worten: daß Gott Liebe ist. Die Worte sind von einer peinlichen Dümmlichkeit und, auf der Ebene des Durchschnittsbewußtseins, sachlich falsch. Wenn man sich aber auf einer höheren Ebene befindet, so erkennt man sie als die ursprüngliche Tatsache, von der das Bewußtsein nun ein Teil ist."[48] In diesem Sinn glaubte auch Michaux, trotz seines gleichzeitigen Vorbehaltes gegen die Fremdbestimmung seines künstlerischen Vermögens, durch die Einwirkung des Haschisch die grundsätzliche Lächerlichkeit unserer sprachlichen Möglichkeiten zu durchschauen, die auch unter den Händen eines Genies nichts von ihrer peinlichen Unzulänglichkeit verlieren, und deren ahnungslose Inanspruchnahme oft die wahre Einfalt eines Autors entlarvt[49], und er folgert aus dieser Beobachtung: „Das Haschisch erschließt das Innere der Sätze, und die versteckten Sorgen treten aus ihnen hervor, es durchdringt sie beim ersten Streich. Es ist merkwürdig, daß das Haschisch, als ich hier einige Autoren auf die Probe stellte, sich niemals als eitel, exzentrisch erwies. Losgelassen auf das Opfer, gab es keine Umkehr, keine Spielerei. Es war fixiert wie ein Falke. Der auf diese Weise einmal enthüllte Autor konnte sich nie wieder ganz in seinen Mantel hüllen und sich wie vorher zurückziehen." [CPG 175]

Auch BAUDELAIRE weist im „Poëme du Haschisch" darauf hin, daß die Sprache im Rausch eine ganz neue Bedeutung erhält, wobei das Abstrakte eine eigenartig unmittelbare Plastizität aufweist und sich zu beleben scheint: „Die Grammatik, selbst die trockene Grammatik, wird eine Art beschwörender Zauberkunst; die Worte erstehen von den Toten mit Fleisch und Bein bekleidet, das Substantiv in seiner substantiellen Majestät, das Adjektiv, ein durchscheinendes Gewand, das die Dinge wie eine Glasur umhüllt und färbt, und das Verbum, der Engel der Bewegung, der den Satz vorantreibt." [PA 376; VI 90] Der Drogenkonsument glaubt, erst im Rausch den wahren Gehalt der Sprache zu erkennen, und er wendet sie nach ganz anderen Kriterien als den uns geläufigen an. Es ist also kein Wunder, daß die Äußerungen von Drogenberauschten uns häufig entweder unverständlich sind oder allzu banal erscheinen; selbst dann, wenn wir eine im Rausch geschriebene Bemerkung zu verstehen glauben, versteckt sich hinter den nur scheinbar vertrauten Zeichenfolgen womöglich eine ganz andere und für uns unfaßbare Bedeutung. So schreibt Inoue mit Bezug auf die oben zitierte Passage: „So wie sich für den Mystiker das Universum direkt durch die Dingworte auszudrücken versteht, so beginnt auch für den Berauschten – durch eine beschwörende Magie – die Sprache zu sprechen, die Welt auszudrücken, ohne über die Zwischenstation des menschlichen Geistes zu laufen."[50]

Sedative Drogen wie die Opiate erzeugen im Berauschten eine Trägheit, die mit der zum Schreiben nötigen geistigen und motorischen Aktivität ebenfalls kaum vereinbar ist; jede Silbe muß der allzu bequemen Trance unter größten Willensanstrengungen abgerungen werden. So schreibt COCTEAU:

> Die Tragödie des Opiums ist in meinen Augen nichts anderes als die Tragödie von Bequemlichkeit und Unbequemlichkeit. Die Bequemlichkeit tötet. Die Unbequemlichkeit ist schöpferisch. Ich spreche von der materiellen und spirituellen Unbequemlichkeit.
>
> Opium zu nehmen, ohne sich der absoluten Bequemlichkeit hinzugeben, die es anbietet, das bedeutet: im spirituellen Bereich den dummen Sorgen zu entkommen, die mit der Unbequemlichkeit im sinnlichen Bereich nichts zu tun haben. [O 39]

Obwohl Aldous HUXLEY in der Beschreibung seiner Meskalinerfahrungen die Eindrücke Michaux' im wesentlichen bestätigt, erwähnt er mehrfach einen durch die Droge hervorgerufenen Zustand der kontemplativen Versenkung, der zu der sonst bezeugten hektischen Vielfalt der Farben und Formen nicht so recht zu passen scheint. Die meisten Schilderungen des Meskalinrausches betonen ja das atemberaubende Tempo der Visionsfolgen, die man daher schwerlich mit einer meditativen Ruhe assoziieren wird. Anscheinend laufen die bunte Hektik des Meskalinrausches und das nebelhaft blasse Vorbeigleiten opiuminduzierter Visionen, indem sie dem Berauschten die Rolle eines passiven Betrachters zuweisen, letztlich auf das Gleiche hinaus, denn der Berauschte verfolgt die Vorgänge in seinem Inneren wie ein Theaterbesucher, der das Geschehen auf der Bühne als ein eigentlich Außenstehender erlebt.[51] Im einen Fall ist es die wohlige Empfindung eines unbeschwerten Sich-Treiben-Lassens, durch die das Opium den Träumer in einen wie apathischen Zustand der Entspannung versetzt, im anderen Fall ist es ganz im Gegenteil die Überreizung der Sinne durch eine Streßsituation, die den Berauschten nach einer kurzen Phase vergeblicher Anstrengung „kapitulieren" läßt. Trägheit und Ohnmacht führen dann also jeweils dazu, daß der Berauschte jeden Handlungswillen verliert. So heißt es nun bei Huxley:

> Meskalin ... gewährt Zugang zur Kontemplation – aber zu einer Kontemplation, die mit Tätigkeit, ja sogar mit dem Willen, etwas zu tun, wenn nicht bereits mit dem Gedanken daran unvereinbar ist. Während der Offenbarungen, die ihm zuteil werden, hat der mit Meskalin Experimentierende immer wieder das Gefühl, daß zwar einerseits alles im höchsten Grad so ist, wie es sein soll, daß aber andererseits auch das Gegenteil der Fall ist. Das Problem, mit dem er zu tun hat, ist im wesentlichen dasselbe, das sich dem Quietisten stellt, dem *arhat* und, auf einer anderen Ebene, dem Landschaftsmaler und dem Maler menschlicher Stilleben. Meskalin kann dies Problem nie lösen; es kann lediglich Menschen in Form einer Offenbarung damit konfrontieren, denen sich dieses Problem vorher noch nie gestellt hatte. Die ganze und endgültige Lösung läßt sich bloß von denjenigen finden, die bereit sind, sich die richtige *Weltanschauung* mit Hilfe einer entsprechenden Lebensweise und der richtigen Art beständiger und ungezwungener Wachsamkeit zu eigen zu machen. Als Gegensatz zum Quietisten steht der aktiv Kontemplative, der Heilige, der Mensch, der, mit Eckharts Worten, bereit ist, aus dem siebenten Himmel herabzusteigen, um seinem kranken Bruder einen Becher Wasser zu bringen. [DP 34; 33/34]

Diese Aussage scheint sich von DE QUINCEYs Beschreibung der Handlungsunfähigkeit des Opiumberauschten kaum zu unterscheiden:

> Der Opiumesser verliert nichts von seinen moralischen Gefühlen und Bestrebungen; er wünscht und versucht so ernsthaft wie je zuvor, alles zu realisieren, was er für möglich hält, und fühlt sich durch die Pflicht gefordert; doch seine geistigen Vorstellungen, was möglich sei, übersteigen grenzenlos seine Kraft nicht nur der Ausführung, sondern auch des Planens oder Wollens. Er liegt unter einer erdschweren Last von Alpdruck und bösem Traum; er sieht alles, was er gerne tun möchte, genau wie ein Mensch, der gewaltsam durch die tödliche Schwäche der Lähmung an sein Bett gefesselt ist und mit ansehen muß, wie einem Gegenstand seiner zartesten Liebe Unrecht oder Schande angetan wird;

– er würde sein Leben hingeben, wenn er nur aufstehen und gehen könnte, doch er ist kraftlos wie ein Säugling und kann nicht einmal versuchen, sich zu bewegen. [CEO 312; 235/236]

Im Hinblick auf die konstruktive Verarbeitung neuer Erkenntnisse ergibt sich für den Künstler hier ein Dilemma, das seine Einsichten zu entwerten droht, wenn man davon ausgeht, daß sie nur dann Bestand haben, wenn sie im Kunstwerk ihren Niederschlag finden. So verweist Hayter auf die Situation des opiumabhängigen Schriftstellers, der Ängste und Schrecken aus erster Hand kennenlernt, also eine Erfahrung macht, die ihm in seinem Werk zugute kommen müßte. Doch die Erkenntnis geht einher mit einem äußeren Verstummen:

> Fast alle opiumsüchtigen Schriftsteller frönten der Beschreibung von Gewalt, Schaurigem, Wahnsinn, Extremen der Angst. Durch ihre Übertreibung und Verzerrung normaler Gefühle mag die Opiumwirkung einem Konsumenten ungewöhnliche Einblicke in die geistige Erfahrung des Bösen, des Wahnsinnigen, des Angsterstarrten, des Gequälten, des Sterbenden vermitteln, die für einen Schriftsteller nützlich und aufschlußreich sein können; doch sie versetzt ihn nur in die Lage, diese geistigen Erfahrungen zu beobachten, nicht mit ihnen zu sympathisieren. Er empfindet sich selbst als einen Pariah; er erkennt die anderen Pariahs, doch nicht einmal jenen kann er die Hand reichen. Er ist von seinen Mitmenschen isoliert und hat sich der Verpflichtung zur Anteilnahme entledigt.[52]

Es ist aber nicht nur die Verarbeitung der Rauschvisionen, die durch den weitgehenden Verlust gewisser rational-sinnlicher Fähigkeiten erheblich behindert wird, sondern auch die für die künstlerische Gestaltung wichtige Beeinflussung des Gedankenstromes selbst. Wenn die Flut der Assoziationen und Gefühle durch keinen ordnenden Zugriff mehr gebändigt werden kann, wenn keine Auswahl einzelner Gedankenketten, keine bewußte Verfolgung eines bestimmten Motivs mehr möglich ist, dann ist die Kunst, sofern man sie als ein Medium der Gestaltung begreift, am Ende, und der Künstler kann sich nur noch schweigend seinen Impressionen überlassen. MICHAUX gibt ein anschauliches Bild von dieser „Verselbständigung" des Gedankenstromes, wie sie ihm aus dem Halluzinogenrausch geläufig ist:

> Mit voller Geschwindigkeit, einer Geschwindigkeit, von der sich ein normaler Mensch keine Vorstellung machen kann, stürzt [der Berauschte] den Gedankenweg hinab. Die Gedanken erscheinen und verschwinden, ohne daß er darauf Einfluß nehmen könnte, ohne daß er sie, so sehr er dies auch wollte, anhalten oder verzögern oder ihren Fluß verlangsamen oder einen davon zurückbehalten könnte, selbst wenn er für ihn von ganz besonderem Interesse wäre. Alle strömen mit derselben Schnelligkeit, dem Sog eines unbekannten Strudels folgend, der sie herbei- und wieder fortschafft. Schnelligkeit der Gedanken, Schnelligkeit der Bilder, Schnelligkeit der Neigungen, alles erscheint mit derselben Schnelligkeit und verschwindet mit derselben Schnelligkeit, die kein Gefühl beeinflussen wird. Es denkt, es braucht ihn nicht zum Denken. Es geht völlig an ihm vorbei. Es läßt ihn draußen. Gedankenlos in einem Strom von Gedanken! Völlig entwaffnet, ohnmächtig. Denken, das heißt: die Gedanken anhalten können, sie wieder aufnehmen, sie wiederfinden, sie einordnen, sie woanders einordnen und vor allem, „rückwärts gehen" können. Doch er kann nur vorwärts gehen, vorwärts (darum in einer wachsenden Bedeu-

II. Chancen und Probleme der kreativen Drogennutzung

tungslosigkeit). Und die Gedanken strömen, strömen, kommen, fließen davon, und dann neue unablässig neue, denen er sich gern entziehen würde. Doch was kann er tun? Die Stunden verstreichen, aber die Gedanken hören nicht auf, herbeizuströmen und fortzufließen. Sein Kopf kann nicht aufhören zu denken. Er ist außerstande, zu seiner nutzlosen wimmelnden Betriebsamkeit, die ihr Geschäft fortführt und die er nicht anhalten kann, „Genug" zu sagen. Unaufhaltsamer Mensch, mitgerissener Mensch.

Handeln? Wenn er handelt, so ist es das Handeln, womit er nicht mehr aufhören kann. Er kann nicht mehr aufhören, etwas zu tun, so idiotisch, bedeutungslos, unpassend es auch sei, eine Handlung, die gleich darauf zurückgenommen wird, für deren Ausführung es keinen besseren Grund gibt als für ihre Revidierung, die nur ein Ventil für den unerträglichen Antrieb ist. Und für welche Handlung sollte er sich entscheiden? Nichts sagt ihm zu. Er steht auf, er setzt sich wieder, er streckt die Arme aus, er zieht die Arme zurück, er steht auf, er geht zurück, er geht mit großer Eile unablässig hin und her (das kann er achtundvierzig Stunden ohne Pause), oder er springt, schlägt Purzelbäume, zieht den Tisch zu sich hin, stößt den Tisch von sich weg, stellt den Tisch auf den Kopf. Nicht, daß ihn dies befriedigte. Strohhalm im Ozean seiner Neigungen. Nichts geht schnell genug, in ausreichender Übereinstimmung seiner inneren Schnelligkeit und weniger noch mit seinem Aufruhr, der, um sich zu harmonisieren, um ihn zufrieden zu stellen, eine Vielzahl gleichzeitiger Handlungen erforderte. Die Arme, die fächerförmig angeordneten zwölf Arme des Gottes Shiva müßte er haben. Sie wären ihm angemessen. [CPG 244–246]

Diese Unfähigkeit des Drogenberauschten, auf das Kommen und Gehen seiner Gedanken einen gestaltenden Einfluß zu nehmen und sich angesichts der Vielzahl aller Handlungsmöglichkeiten für eine bestimmte zu entscheiden, d.h. Prioritäten zu setzen, wird von Michaux immer wieder und stets mit großer Eindringlichkeit beschrieben.[53] Unter solchen Umständen ist es nur allzu verständlich, wenn der Dichter die vollständige Wiedererlangung seiner intellektuellen Fähigkeiten wie eine unbezahlbare Gottesgabe begrüßt. Vergessen ist in diesem Augenblick der vorige Anspruch, sich im Rausch über das dürftige Normalmaß des Menschenmöglichen zu erheben, und das nun zurückgewonnene ganz gewöhnliche Leistungsvermögen, das zuvor noch verächtlich gemacht wurde, stellt plötzlich alles andere in den Schatten:

Die Unfähigkeiten des Berauschten … sind nun seine Fähigkeiten, die wiedererlangten Fähigkeiten.
Er kann vorwärts gehen, sich erinnern; sich in seinem Gedächtnis zurechtfinden, in seiner Umgebung, in seiner Zukunft. Er kann denken. Er kann zu denken aufhören. Er kann wieder zu denken anfangen. Er kann seine Gedanken von vorher zurückrufen. Er kann dem unkontrollierten Strom der Gedanken widerstehen, er kann sich gegensätzlichen Gedanken widersetzen. Er kann die Gedanken nach seinem Belieben verfolgen, sie ordnen, neu ordnen, in Abhängigkeiten stellen, sie einbeziehen.
Er kann begründete Urteile fassen, die einer Prüfung und Kritik standhalten. Er kann Zeichen, Symbole heraufbeschwören …, mit Kalkül einsetzen und benutzen.
Er kann, er kann, er kann. …
Er verfügt über hundert Fertigkeiten. Er hat sie wiedergefunden. [GE 17]

Der Verlust der Willenskraft wird nicht nur als frustrierendes Erlebnis künstlerischer Impotenz empfunden, sondern kann auch als unmittelbare existentielle Bedrohung

erfahren werden und nimmt dann einen alptraumartigen Charakter an, wie Bayard
TAYLOR in seiner Schilderung eines Haschischrausches zeigt:

> Hinzu kam, daß die restliche Willenskraft, mit der ich gegen den Dämon ankämpfte, immer schwächer wurde, und ich fühlte, daß ich ihm bald ohnmächtig ausgeliefert sein würde. Jeder Versuch, bei Verstand zu bleiben, war von einer qualvollen Furcht begleitet, daß das, was ich augenblicklich durchmachte, krankhafter Wahnsinn sei und ewig fortdauern würde. Die Todesangst, welche mich gleichfalls befiel, war weitaus erträglicher als diese Furcht. Ich wußte, daß ich im Verlauf des Kampfes, der sich in mir abspielte, dem dunklen Abgrund gefährlich nahe kam, und der Gedanke, daß mich in einem solchen Augenblick Verstand und Wille verlassen könnten, erfüllte mich mit solch tödlichem Schaudern, daß ich seine Tiefe und Schwärze erst gar nicht zu beschreiben versuche.[54]

Taylor kommt aufgrund dieser Erfahrung zu dem Schluß, daß sein Drogenexperiment wenigstens insofern lohnend gewesen sei, als es ihm den Wert der menschlichen Willenskraft durch ihre vorübergehende Außerkraftsetzung eindrucksvoll und unvergeßlich vor Augen geführt habe:

> Und doch: so gefährlich sich das Experiment für mich auch erwiesen hatte, so wenig bedauere ich, es gewagt zu haben. Es offenbarte mir die Tiefen der Wollust und des Leidens, die ich unter normalen Gegebenheiten hätte niemals ausloten können. Es hat mich die Größe menschlicher Vernunft und menschlichen Willens, selbst in dem Schwächsten, gelehrt, und ich wußte nun, welch schreckliche Gefahr man läuft, wenn man ihre Unversehrtheit leichtfertig aufs Spiel setzt. Getreulich und vollständig habe ich hier meine Erfahrungen wiedergegeben, damit andere daraus lernen können.[55]

Die starke Beeinträchtigung der Willenskraft, die durch ein verändertes Körpergefühl, durch die Überreizung der Sinne und durch die enorme Verlockung entsteht, sich ganz passiv im Strom der Visionen treiben zu lassen, läßt den Gedanken einer kreativen Nutzbarkeit des akuten Drogenrausches als völlig abwegig erscheinen. Natürlich hängt diese Schlußfolgerung von dem jeweiligen Kunstverständnis ab und besitzt keine uneingeschränkte Gültigkeit, wenn man bedenkt, daß nicht jeder Künstler sein ordnendes und planendes Bewußtsein als die einzig maßgebliche kunstschaffende Instanz betrachtet. So neigt Burroughs zu der Auffassung, daß ein Kunstwerk, entgegen seiner landläufigen Definition, durchaus auch zufällig oder auf eine geheimnisvolle Weise entstehen mag, die dem Bewußtsein des Künstlers nicht einsichtig ist (man denke etwa an sein mit großem Enthusiasmus vorgetragenes Konzept der *cut-ups* und *fold-ins*, wo der Aspekt bewußter Gestaltung immerhin auf ein Mindestmaß reduziert wird, aber auch an die psychedelischen Künstler der sechziger Jahre, z.B. Isaac Abrams, die häufig tatsächlich unter dem unmittelbaren Einfluß von Halluzinogenen tätig waren). Der Regelfall ist aber doch ein Kunstverständnis, das die expressive Realisierung einer Idee der Bewußtseinstätigkeit zuordnet, deren Einschränkung dann auch eine Einschränkung der kreativen Leistung bedeutet. Davon unberührt bleibt allerdings die von den meisten Drogenkennern bezeugte Möglichkeit eines willentlichen Aufbegehrens gegen die Herabsetzung bestimmter im Bewußtsein lokalisierter Fähigkeiten, die im sicher seltenen Einzelfall eine Ausnahme von der Regel bewirken mag. Die meisten der hier besprochenen Drogenschriftsteller waren aber nicht gewillt, ihre Kunst von einer solchen vagen Möglichkeit abhängig zu machen, denn niemand kann die genauen Umstände des einzelnen Rauschverlaufs voraussagen. Wer also auf glückliche Umstände baut und hofft, daß das Zusammenspiel aller im Rausch wirksamer Faktoren so ausfallen werde, daß er den zur kreativen Tätigkeit nötigen Aufwand an willentlicher Anstrengung noch zu leisten vermag, der ist ein Hasardeur und wird, wie etwa Baudelaire sagen würde, dem ernsthaften Anspruch seines Metiers nicht gerecht. Für den so argumentierenden Künstler gleicht der Verlust der Willenskraft einem künstlerischen Bankrott.

Wenn BAUDELAIRE meint, die Willenskraft sei „von allen Fähigkeiten die kostbarste" [PA 383; VI 98], so ist dies die Überzeugung des bekehrten Rauschpoeten, die am Ende einer Vielzahl enttäuschter Hoffnungen und mißlungener Experimente steht. Ursprünglich hatte Baudelaire die abenteuerliche Welt des Drogenrausches mit höchsten Erwartungen betreten. Um die Ziele der Kunst durchzusetzen, war ihm zu Anfang, wie Fairlie erkennt, noch jedes Mittel recht, selbst, wenn es denn sein mußte, der Verzicht auf seine Willenskraft, wobei ihm die grundsätzliche Skepsis eines Balzac, der nicht einmal den *Versuch* einer künstlerischen Drogennutzung riskieren wollte, zunächst kleinlich erschienen sein mag:

> ... Balzac, auf den sich Baudelaire immer wieder als Inbegriff der *volonté* bezieht, weigerte sich trotz einer faszinierten Neugier, seine Willenskraft dem Haschisch aufzuopfern. Diese *volonté*, auf der er so leidenschaftlich beharrte, steht zweifellos für die Freiheit menschlicher Würde und Willenskraft, doch selbst diese war Baudelaire aufzugeben bereit, wenn die künstlerischen Resultate gesichert wären. Das Haschisch wird zuletzt nicht verdammt, weil es ein unfehlbares und magisches Mittel ist, sondern weil es die Fähigkeit zur Hervorbringung des Kunstwerks eher behindert als fördert.[56]

Aussagen wie diese bedeuten keineswegs, daß Drogen wie das Haschisch grundsätzlich kein Medium poetischer Inspirationen sein könnten, und Baudelaire beabsichtigt auch gar nicht, einen solchen Eindruck zu erwecken. Was er an der Droge auszusetzen hat, ist ja nicht etwa, daß sie dem Dichter keine neuen Erkenntnisse vermitteln könne, sondern daß sie der *Nutzung* dieser Erkenntnisse im Wege stehe:

> Ferner: diese Hoffnung beschreibt einen *circulus vitiosus*. Nehmen wir einmal für einen Augenblick an, das Haschisch verleihe Genie, oder erhöhe es zumindest; so vergessen die oben Genannten doch, daß es in der Natur des Haschisch liegt, den Willen zu schwächen, und daß es derart mit der einen Hand gewährt, was es mit der anderen entzieht: es steigert die Einbildungskraft und lähmt zugleich das Vermögen, sich dies zunutze zu machen. [PA 386; VI 101]

Zudem sieht Baudelaire im Suchtrisiko eine große Gefahr für den Dichter, der sich dem Einfluß des Rauschmittels bald nicht mehr entziehen kann und damit auch nicht mehr in der Lage ist, seine Werke aus einer kritischen Distanz zu prüfen: „Wer zu einem Gift seine Zuflucht nimmt, *um* zu denken, wird bald *ohne* Gift nicht mehr denken können. Man stelle sich das schreckliche Schicksal eines Menschen vor, dessen gelähmte Einbildungskraft zu keiner Tätigkeit mehr imstande ist ohne den Beistand des Haschisch oder des Opiums!" Es ist also nur folgerichtig, wenn Baudelaire auf der Grundlage dieser enttäuschenden Einsicht konstatiert: „Aber der Mensch ist nicht so verlassen, so aller redlichen Mittel beraubt, um den Himmel zu gewinnen, daß ihm nichts anderes übrig bliebe, als sich der Pharmazie und der Hexenkunst zu verschreiben; er muß nicht seine Seele verkaufen, um die berauschenden Liebkosungen und die Freundschaft der Huris zu bezahlen. Was ist das für ein Paradies, das man um den Preis des ewigen Heils erkauft?" Und er stellt sich vor, wie ein wissender Dichter vom Olymp kopfschüttelnd auf die armen Seelen herunterblickt, die allen Ernstes glauben, sich mit Hilfe von Drogen poetische Höchstleistungen erschleichen zu können (vgl. Seite 586).

Obwohl MICHAUX den Verlust der Willenskraft im akuten Rausch als genauso störend und schmerzlich empfindet wie Baudelaire, sieht er sich doch nicht wie dieser zu einer konsequenten Verdammung der künstlerischen Drogennutzung veranlaßt, sondern begnügt sich mit dem Wenigen, was nach der Rückkehr in die gewohnte Welt des Wachbewußtseins in seiner Erinnerung erhalten bleibt. Diese Impressionen, wenn sie auch im Vergleich zu den verlorengegangenen Erkenntnismomenten des Rausches ein klägliches Bild abgeben mögen, sind immerhin besser als nichts. Schließlich wäre es auch seltsam, wenn ein Autor behaupten wollte, daß die Erfahrung des Rausches sich für seine künstlerische Entwicklung als unfruchtbar erwiesen hätte, während sein Werk – wie schon die unübersehbaren sprachlich-syntaktischen Extravaganzen erkennen lassen – die Drogeninspiration nicht nur anklingen läßt, sondern geradezu plakativ annonciert. Wie nur wenige andere Drogenschriftsteller bemüht sich Michaux um eine möglichst exakte stilistische Nachahmung des halluzinogenbeeinflußten Gedankenstromes. Die Geduld des Lesers wird, wie die Wahrnehmung des Berauschten, durch nervtötende Wiederholungen strapaziert, die sich mitunter über ganze Seiten erstrecken und gerade deshalb vermutlich am ehesten in der Lage sind, den beharrlichen Charakter der immer aggressiver pulsierenden und auf einen ekstatischen Moment hindrängenden Gedanken zu veranschaulichen.

> Ich möchte aufstehen. Nein, ich möchte mich hinlegen, nein ich möchte aufstehen, sofort, nein, ich möchte mich augenblicklich hinlegen, ich will aufstehen, ich werde telefonieren, nein ich telefoniere nicht. Doch, ich telefoniere. Nein, ich lege mich hin. Und so weiter, zehnmal, zwanzigmal, fünfzigmal innerhalb weniger Minuten werde ich etwas beschließen, das Gegenteil beschließen, zum ersten Beschluß zurückkommen, zum zweiten Beschluß zurückkommen, wiederum den ersten Vorsatz aufgreifen, vollständig, fanatisch, entschlossen wie für einen Kreuzzug, doch im nächsten Moment völlig gleichgültig, interesselos, absolut sorglos.[57]

Solche Passagen, die den Verlust der Fähigkeit illustrieren sollen, eine willentliche Entscheidung zu fällen, sind in ihrer befremdlichen Monotonie besonders plastisch und erweisen sich in der Kraft ihres Ausdrucks gleichzeitig als Indizien einer ungewöhnlichen stilistischen Brillanz. Reinhard Kuhn weist also durchaus zu Recht darauf hin, daß Michaux die Unmöglichkeit einer direkten Nutzung der Rauschvision nur zum Anlaß nimmt, auf Nebenwegen eine künstlerisch realisierbare Annäherung an die Erlebnisse jener fremden Bewußtseinswelten zu versuchen:

> Er entdeckte, daß die objektiven Meskalinvisionen unübersetzbar sind, weil ihr beschleunigter Rhythmus mit dem Rhythmus des künstlerischen Schaffens unvereinbar ist. Wie schnell er auch immer arbeiten mag – der Künstler wird immer vom Visionär überholt. Die Versuche des Künstlers, Schritt zu halten, führen zu spastischen Zuckungen. Darum führt die direkte Übertragung dieser Zustände, in welchem Medium auch immer, zu einem Versagen. Die Zeichnungen, die unter dem unmittelbaren Einfluß einer Droge angefertigt werden, sind eine Reihung unaufhörlich und sinnlos wiederholter seismographischer Linien. Die Notizen, die er sich in solchen Momenten macht, sind beziehungslose Grapheme, die der hingekritzelten Niederschrift eines Plapperns gleicht, wie es mit der Säuglingszeit oder der Senilität verbunden wird. Bestenfalls, so scheint es, könnte der Meskalinforscher seine Halluzinationen im Nachhinein beschreiben, aber hier sind die Resultate gewöhnlich banal und falsch. Banal, weil all diese Beschreibungen einander ähneln, und falsch, weil genau die Fähigkeiten, die er zur Beschreibung der außersinnlichen Erfahrung nutzt, eben jene sind, deren Unterdrückung die elementare Voraussetzung für die Hervorbringung dieser Erfahrung ist.

Michaux löste dieses Dilemma, indem er die Unmöglichkeit einer Rekonstruktion des Moments der „gratuitous grace"[58] zugibt und seine Aufmerksamkeit statt dessen einer anderen Phase der Drogenerfahrung zuwendet, nämlich derjenigen, die Cocteau beschreibt als „den einzigartigen Moment des Entzuges, wenn die halluzinationserzeugende Maschinerie noch ein wenig funktioniert und zufällig zusammentrifft mit der wiederkehrenden Kommunikationsfähigkeit". Dieser Moment intensiver Pein und Freude enthält, wie Michaux in *Les Grandes Epreuves de l'esprit* berichtet, eine erstaunliche Folge von Erfahrungen, welche „das *einzigartige Wesen* des Gedankens, seine plötzliche Geburt" enthüllt. Nach der Zersplitterung und dem Chaos der Halluzination stellt sich eine Ekstase über die wiedergefundene Einheit ein: „Wiedererlangte Einheit, welch eine Göttergabe!"[59]

Ein weiteres Problem, das sich bei dem Versuch der kreativen Nutzung des Drogenrausches häufig ergibt, beruht auf den Übersetzungsschwierigkeiten zwischen den Wahrnehmungen und Erkenntnissen der rational-sinnlichen und jenen der mystisch-rauschhaften Erlebniswelt. (Im Zusammenhang mit der Erkenntnisthematik wird dieses Problem näher zu erörtern sein.) Vor einem knappen Jahrhundert gelangte der Versuchsleiter eines medizinischen Experiments zu dem Schluß, ein Opiumraucher sei „ein intellektuell Kranker, der sich in Hinblick auf den Wert seiner Handlungen und Gedanken täuschen läßt".[60] Dieses Urteil ist gewiß ein Indiz jener ahnungslosen Arroganz, der wir in unserer Unkenntnis fremder Realitäten allzu leicht erliegen. Dennoch trifft die Aussage andererseits auch einen wunden Punkt des Rauschkünstlers, der ihm oft zum Verhängnis wurde. Ich meine den bei chronischem Drogengebrauch häufig belegten Verlust der Fähigkeit, zwischen dem Bereich der mystischen Erfahrung und dem des rationalen Bewußtseins zu unterscheiden. Für die künstlerische Nutzung mystischer Erfahrung ist eine Rückkehr in die rational-sinnliche Welt des Alltags unverzichtbar, wenn man davon ausgeht, daß ein Kunstwerk eine Form der Kommunikation darstellt und deshalb an eine Anwendung allgemeinverständlicher Bedeutungsträger (Zeichen und Symbole) gebunden ist. Der Rezipient eines Kunstwerks kann dieses nicht anders als auf der Grundlage seines rational-sinnlichen Horizontes beurteilen, wenn er – was der Regelfall sein wird – keine eigene Rauscherfahrung hat. Es muß daher die Aufgabe des Visionärs sein, sich, so gut es geht, in der gewiß unzulänglichen Sprache mitzuteilen, die von allen verstanden wird, da er anderenfalls tatsächlich nur als ein „intellektuell Kranker" angesehen wird, dem niemand mehr zuhört. Es mag ja sein, daß der Berauschte in seinen Visionen gottgleich wird, doch dies ist für uns Außenstehende nicht nachprüfbar. Wir können die Größe und Tiefe seiner geistigen Errungenschaften nur auf der Grundlage seiner künstlerischen Äußerung ermessen, und wenn diese uns nach den uns geläufigen und einzig an die Hand gegebenen verstandesmäßigen Kriterien unergiebig oder handwerklich unausgereift erscheint, so kommen wir nicht umhin, den Bankrott des Künstlers zu konstatieren. Die chronische Abhängigkeit von einer Droge scheint bei dem Süchtigen jedoch zu einer fortschreitenden Verwischung der Grenze zwischen Jenseits und Diesseits zu führen, die ihn letztlich oft außerstande setzt, die Ungeheuerlichkeit einer Vision mit dem gebührenden Nachdruck in ein künstlerisches Bild umzusetzen, so daß der Leser oder Betrachter häufig mit eigentlich Unausgereiftem, mit dem kaum in Form gebrachten Rohmaterial der Phantasie konfrontiert wird und die Zusammenhänge, die sich darin verbergen mögen, nicht erkennen kann. Beispielhaft hierfür sind viele Erzählungen Malcolm Lowrys, die einfach zu früh, nämlich noch vor der Beendigung des künstlerischen Gärungsprozesses veröffentlicht wurden.[61] In der vorliegenden Form sind diese Erzählungen bloße Impressionen, die dem Leser kaum mehr als ein Achselzucken entlocken, obwohl die zugrundeliegenden Visionen für Lowry selbst höchst bedeutsam gewesen sein mögen. Was sich Lowry als bedeutsame Epiphanie präsentierte und ihn zum begeisterten Entwurf einer Erzählung drängte, bleibt durch seine mangelhafte Entwicklung für den Leser unergründlich. Erlebnisse wie das unverhoffte Wiedersehen eines Elefanten im römischen Zoo (in der Erzählung „Elephant and Colosseum") mögen einen dichten Bedeutungskern enthalten, doch Lowry hat es trotz seines Wortreichtums versäumt, diesen Kern zu sprengen, um seinen Inhalt vor dem Auge des Lesers zu entfalten.

Diese Beeinträchtigung des künstlerischen Schaffens, die mit einer Verminderung der Selbstkritik identifiziert wird, wurde oft als die Ursache eines rapide fortschreitenden Leistungs- und Qualitätsabfalls im Werk vieler Drogenschriftsteller angeführt und gibt den Rauschgegnern ein gewichtiges Argument in die Hand. Konnte man ihrer Feststellung, daß eine künstlerische Nutzung des akuten Drogenrausches unmöglich sei, immerhin noch mit dem Hinweis begegnen, daß die Phase des abklingenden Rausches bereits reichlich Gelegenheit zur kreativen Verwertung bietet, so ist die Tatsache, daß die Droge auf Dauer häufig die Souveränität des künstlerischen Schaffens untergräbt, allerdings kaum durch Gegenargumente herunterzuspielen. Diese Beobachtung sagt nichts aus über die künstlerische Nutzbarkeit des Rausches, aber sie wirft die dringende Frage auf – wenn der Rausch tatsächlich kreativ nutzbar sein sollte – ob es sich *lohnt*, für die in einigen Werken erfolgreich genutzte Rauschinspiration das Risiko einzugehen, daß man diesen begrenzten Gewinn später womöglich mit dem Ruin seines ganzen künstlerischen Vermögens sehr teuer bezahlen muß.

„So reich an Ideen und so voller origineller Pläne und genialer Inspirationen der Rausch dem Opiumraucher auch erscheinen mag, bleibt er doch steril und unfähig, ein gehaltvolles und dauerhaftes Werk hervorzubringen. Die Vorstellungskraft ist enthemmt, labil und gebiert Projekte, die schon kurz darauf wieder aufgegeben werden."[62] Diese Überzeugung Dupouys ist in ihrer Pauschalität wohl kaum akzeptabel, doch sie enthält eine wichtige Beobachtung: Häufig werden unter dem mittelbaren oder unmittelbaren Eindruck des Rausches Werke konzipiert, die schon wenig später wieder aufgegeben werden, weil sich die Aufmerksamkeit des Rauschkünstlers bereits wieder neuen, oft kaum weniger chimärenhaften Projekten zugewandt hat oder weil der nüchterne Verstand mit den berauschten Entwürfen nicht mehr viel anzufangen weiß. Eine entscheidende Ursache dieses Phänomens ist das sprunghafte Denken des Drogenkonsumenten, das keine längere Konzentration auf ein und denselben Gegenstand zuläßt, sondern durch immer neue Assoziationsketten abgelenkt wird. In dem Bestreben, keine einzelne dieser rasch aufeinanderfolgenden disparaten Eingebungen zu verlieren, erliegen viele Schriftsteller der Versuchung, das Heterogene zu einem großen Ganzen zu verbinden, was oft zu kolossalen Werkentwürfen Anlaß gibt, deren Durchführbarkeit schon angesichts der unaufhörlich hinzukommenden Erweiterungen äußerst fragwürdig ist. Im Extremfall können derartige Konzeptionen, wenn sie keine selbständigen Produktionen mehr zulassen und den Künstler dem Druck aussetzen, jedes noch so kleine Novum in den großen Plan zu integrieren, zu einer völligen Stagnation seiner kreativen und gedanklichen Entwicklung führen. Man muß sich nur vorstellen, daß die Realisierung solcher Entwürfe zwangsläufig sehr zeitaufwendig ist und sich meistens, wenn sie überhaupt durchgehalten wird, über mehrere Dekaden erstreckt, in deren Verlauf sich der Erfahrungshorizont und die Ansichten des Künstlers natürlich verändern, so daß frühe Werke im Rahmen des Projektes oft grundlegende Überarbeitungen erfordern, um den gewandelten Ansprüchen wieder gerecht zu werden. Ein Schriftsteller kann also kaum linear vorgehen, indem er ein Werk nach dem anderen fertigstellt, sondern muß eigentlich alle geplanten Werke simultan bearbeiten, wobei sich der Umfang des Projektes mit jeder neuen Zugabe, die unter Umständen sogar konzeptionelle Änderungen nach sich ziehen mag, erweitert. Eine andere Gefahr ist die Behinderung der freien Entfaltung des kreativen Geistes, indem inhaltliche Vorgaben durch die Anlage des großen Plans jede neue Eingebung in einen vorgefertigten Rahmen zwingen. Manchmal findet der Künstler bei der unaufhörlichen Explosion seines universalen Gesamtwerks zuletzt nur noch die Zeit, wie ein Archivar die immer umfangreicheren Notizen zu verwalten und auf dem letzten Stand zu halten, während die eigentliche Umsetzung des Geplanten allenfalls in einem anderen Leben erfolgen kann.

Natürlich kann dies nicht bedeuten, daß jedes Monumentalwerk auf eine drogeninduzierte Verminderung der Selbstkritik und einen mangelnden Sinn für das praktisch Realisierbare verweise. Die verschiedenen Erklärungsmodelle der ganzen Philosophiegeschichte belegen das elementare Streben des Menschen nach einem umfassenden Verständnis des Universums, und die Inangriffnahme so gewaltiger Systeme wie zum Beispiel in den Schriften Immanuel Kants ist auch durch einen ungewöhnlichen Enthusiasmus hinreichend erklärbar. Swedenborgs Führer durch Himmel und Hölle basiert zwar auf einem visionären Erlebnis, ist aber keineswegs das Produkt einer rauschhaften Selbstüberschätzung, sondern ein konsequent zu Ende geführter Gedankenvortrag. Marcel Prousts *A la Recherche du temps perdu* (1913–1927) steht fünfzehnbändig und zum Greifen real in den Regalen der Bibliotheken und Buchhandlungen; Diderot genügten dreißig Jahre, um die *Encyclopédie* herauszugeben, die über nichts weniger als alles Auskunft geben sollte (natürlich nur, sofern es dem Geist der Aufklärung relevant erschien), und Robert Musils vergleichsweise bescheidener *Mann ohne Eigenschaften* wurde immerhin in eine weitgehend lesbare Form gebracht. Selbst Poes kosmologischer Essay *Eureka* (1848), der auf der Grundlage einer sonderbaren pseudowissenschaftlichen Argumentation die Elementargesetze des Universums beschreibt und doch ein frappierendes persönliches Weltbild entwirft, ist in den großen Zusammenhängen mit einer logischen Stringenz ausgeführt, die das Werk, trotz etwaiger Opium- und Alkoholinspirationen, als ein Produkt gründlicher rationaler Operationen ausweisen mag. „Ich habe keine Lust mehr zu leben, seit ich *Eureka* beendet habe. Ich könnte doch nichts mehr zuwege bringen ..."[63], schreibt Poe in einem Brief an Maria Clemm und läßt damit eine geistige Erschöpfung erkennen, die eigentlich nur dann verständlich ist, wenn man voraussetzt, daß er seine Kraftreserven mit diesem Werk der Werke bis zum Äußersten erschöpft und die höchste Stufe der Erkenntnisvermittlung erreicht hatte, nach der es nichts wirklich Neues mehr zu sagen gab. Im Unterschied hierzu erreicht der solipsistische Rauschvisionär kaum jemals einen solchen Schlußpunkt, da er sich unaufhörlich im Kreis bewegt und sich nicht mit der Konzentration auf das Wesentliche begnügt, sondern, da ihm *alles* als wesentlich erscheint, die ganze Summe seiner Gedanken im Originalmaßstab zu Papier bringen will.

Die genannten Werke konnten kaum anders als durch eine konsequente und disziplinierte Befolgung ihrer thematischen Baupläne realisiert werden, während der drogeninspirierte Hang zum Universalen auf einer Sprunghaftigkeit des Denkens beruht, die keine Konsequenz mehr erlaubt und unterschiedslos die verschiedensten Dinge in einen Zusammenhang wirft. Das Gerüst, das diese kaleidoskopischen Wirbel des Heterogenen zusammenhalten soll, ist durch die Vielzahl seiner komplizierten Verzweigungen und Abwege, mit all seinem Flickwerk und improvisierten Brückenschlägen oft eine äußerst wacklige Konstruktion, der man sich nur mit angehaltenem Atem und auf Zehenspitzen nähern möchte. Ein typisches Beispiel hierfür ist wiederum das Werk von Malcolm LOWRY, der dem Ansturm seiner Inspirationen kaum noch folgen konnte und dabei nicht in der Lage war, sich auf einige ausgesuchte Aspekte zu konzentrieren. So entwarf er den Plan für ein gigantisches Gesamtwerk mit dem Titel *The Voyage That Never Ends*, in dem jedes seiner bereits abgeschlossenen oder geplanten Werke (und nur die wenigsten waren abgeschlossen) seinen Platz erhielt. Dieser ehrgeizige Entwurf gab vor, sich an der Systematik von Dantes *Divina Commedia* zu orientieren und war in Wirklichkeit doch nur der willkommene Vorwand für die Vermeidung einer disziplinierten Auswahl aus dem vorhandenen Material: Sein Roman *Under the Volcano* sollte das „Inferno" darstellen, die Novelle *Lunar Caustic*, die er zu einem zweiten Roman ausbauen wollte, sollte das „Purgatorio" sein und die ebenfalls erheblich zu erweiternde Kurzgeschichte „The Forest Path to the Spring" sollte dem „Paradiso" gleichkommen. Ein erstes Indiz für den beginnenden Verlust der kritischen Selbsteinschätzung seiner Werke ist bereits darin zu sehen, daß Lowry im Höhenrausch seiner universalen Aspirationen anscheinend den Blick dafür verlor, daß *Lunar Caustic* als eine gut geschriebene und ausgereifte Novelle durch eine künstliche Erweiterung zum großen Roman in der Art von *Under the Volcano* nur Schaden nehmen würde, und daß auch „The Forest Path to the Spring" von seiner thematischen Anlage her für eine derartige Erweiterung eigentlich gar nicht in Frage kommt. Dennoch hätte man es bis hierher nur mit einem zwar großzügigen, aber denkbaren Entwurf einer Roman-Trilogie zu tun. Doch das Konzept ging noch viel weiter, sollte es doch jede zufällig hier und da begonnene Short Story mit umfassen, jedes Gedicht, jede Notiz, aus der sich vielleicht einmal ein Werk entwickeln könnte sowie eine Reihe weiterer Schriften, die noch gar nicht begonnen waren. 1951, sechs Jahre vor seinem Tod, konfrontierte Lowry seinen Agenten Harold Matson in einem 50-seitigen Brief mit diesem ehrgeizigen Plan und einer Liste der darin aufzunehmenden Werke:

> THE VOYAGE THAT NEVER ENDS
> The Ordeal of Sigbjørn Wilderness, I
> Untitled Sea Novel
> Lunar Caustic
> Under the Volcano: *The Centre*
> Dark as the Grave Wherein My Friend Is Laid ⎫
> Eridanus   ⎬ *Trilogy*
> La Mordida   ⎭
> The Ordeal of Sigbjørn Wilderness, II[64]

The Ordeal of Sigbjørn Wilderness ist ein bis heute unveröffentlichtes Romanfragment, das Lowry 1949 begann und bereits ein Jahr nach der Entwicklung seines imposanten Gesamtkonzeptes wieder aufgab. Der noch unbetitelte Seeroman sollte eine gründliche Neufassung von Lowrys ungeliebtem Erstlingswerk *Ultramarine* (1933) sein, die aber kaum ernsthaft in Angriff genommen wurde; es folgen die noch unfertige Novelle *Lunar Caustic* und der bereits veröffentlichte Roman *Under the Volcano*. *Eridanus* ist eine wüste Zusammenstellung der Kurzgeschichten aus der

Sammlung *Hear Us O Lord From Heaven Thy Dwelling Place* (von denen zu diesem Zeitpunkt nur eine einzige als abgeschlossen gelten konnte), der Gedichte aus der unveröffentlichten Sammlung *The Lighthouse Invites the Storm* (von denen die meisten ebenfalls erst in grober Skizzierung vorlagen) und eines Theaterstücks, das eine geplante Dramatisierung von Nordahl Griegs Roman *The Ship Sails On* sein könnte, also, wie Day schreibt: „kurz gesagt, alles, was in der Hütte herumlag und nicht den Umfang eines Romans hatte."[65] *La Mordida* schließlich ist ein unvollendeter Roman von immerhin mehr als 350 Seiten, an dem Lowry zwischen 1947 und 1954 arbeitete. – Die Ausführung dieses Plans, der in sich schon aufwendig genug war, wurde besonders durch Lowrys Ehrgeiz behindert, an allen Werken simultan zu arbeiten, was letztlich nur dazu führte, daß in jener Zeit, abgesehen von zwei Kurzgeschichten und ein oder zwei Gedichten, keines seiner laufenden Projekte beendet wurde. Selbst ein so genialer Kopf wie Lowry konnte dieser Aufgabe nicht gewachsen sein; die Fülle des zu bewältigenden Materials, ohne erkennbare Prioritäten, ohne klar zu unterscheidende inhaltliche Entwicklungslinien, ließ ihn – der das Schreiben ohnehin fürchtete und sich ihm im Alkoholrausch zu entziehen suchte[66] – vor der Inangriffnahme seines Planes verzagen. Lowrys zweite Frau Margerie bringt dieses Verstummen als Resultat eines zu umfassenden Mitteilungsdranges in einem Brief deutlich zum Ausdruck, den sie an seiner Stelle an den für ihn zuständigen Lektor des amerikanischen Verlagshauses schrieb: „Malc hat zwei Wochen lang versucht, dir zu schreiben, und sein Versuch, etwas zu sagen, – armer Kerl! – lief darauf hinaus, daß er nichts Verständliches sagte; also versuche ich jetzt, herauszufinden, was er wirklich mitteilen wollte, und es an seiner Stelle zu sagen."[67] Woodcock erkennt in diesem Verstummen ein typisches Merkmal des solipsistischen Bewußtseins:

> Ein Schriftsteller geht einen schwierigen Weg. Um wirklich erfolgreich zu sein, muß er lernen, wie Lowry es in *Under the Volcano* tat, seine innere Welt und die äußere Welt zusammenzubringen. Nur aus einer solchen Verbindung erwächst die transzendierende Symphonie des realisierten Kunstwerks. Der gefährliche Punkt, den Lowry später erreichte, ist der, an dem das Kunstschaffen so faszinierend wird, so ausschließlich, daß das Leben außerhalb des Künstlerbewußtseins seine Bedeutung und Relevanz verliert und der Abschluß des Werkes nicht mehr von Belang ist, weil das Werk eine Projektion des Künstlerlebens ist und nicht zum Abschluß kommen kann, bevor dies beendet ist. Literarischer Solipsismus ist, wie jede andere Spielart des künstlerischen Solipsismus, zuletzt regressiv und läuft auf eine Zerschlagung aller vorherigen Leistungen hinaus.[68]

Kaum unbescheidener als Lowrys *Voyage That Never Ends* war der 1932 geplante Dramenzyklus *A Tale of Possessors Self-Possessed* des amerikanischen Dramatikers Eugene O'NEILL (1888–1953). Im Unterschied zu Lowrys Entwürfen wurde er zwar in einem Zeitraum von sieben Jahren weitgehend realisiert, dann aber doch unvollendet beiseite geschoben und zuletzt (bis auf zwei Ausnahmen) vom Autor vernichtet:

> Ursprünglich hatte er dieses enorme Werk als einen Zyklus von vier oder fünf Dramen geplant, von denen jedes noch länger sein sollte als *Strange Interlude*. [Anm.: Dieses 1928 uraufgeführte Stück umfaßt neun Akte.] Im Lauf der Jahre wurden aus den geplan-

II. Chancen und Probleme der kreativen Drogennutzung 301

ten fünf sieben, dann neun, und schließlich elf Dramen, die das Schicksal einer einzigen amerikanischen Familie, der Harfords, von 1775 bis 1932 verfolgten. Im Wechsel der Generationen wurden die Harfords vom doppelten Laster der Gier und des Materialismus getrieben. Am Ende seines Lebens zerstörte O'Neill den ganzen Zyklus außer *A Touch of the Poet* und einem anderen Stück, *More Stately Mansions*, das er noch nicht abgeschlossen hatte; diese wurden versehentlich mit anderen Papieren nach Yale geschickt. Da die beiden erhaltenen Dramen hervorragend sind, fragt man sich, wieso O'Neill all die anderen verbrannte. Auf der Grundlage des erhaltenen Materials scheint es, daß er in seinen Dramen einen so hohen Qualitätsstandard gesetzt hatte, daß es ihm schwerfiel, diesem weiterhin gerecht zu werden. An allen elf hatte er simultan gearbeitet, immer wieder von einem zum andern springend, bis er bemerkte, daß er in seinem fünften Stück, *The Calms of Capricorn*, dieses hohe Niveau nicht hatte erreichen können. 1939 legte er den Zyklus beiseite, um sich einem ganz anderen Projekt zu widmen, und erst in den fünfziger Jahren, kurz vor seinem Tod, beschloß er, die Stücke des Zyklus zu zerstören, da er besorgt war, sie könnten sonst in ihrer unfertigen Fassung aufgeführt werden.[69]

Dieses Beispiel mag insofern als untypisch gelten, als es einen der seltenen Fälle zeigt, in denen der Autor einer Realisierung seiner großen Pläne sehr nahe kam und dabei vermutlich auch noch weitgehend einem sehr hoch angesetzten Qualitätsanspruch gerecht zu werden vermochte. Dennoch kann man darin, daß O'Neill, der lange alkoholabhängig war, nicht die einzelnen Dramen, sondern nur das vollkommene Gesamtwerk akzeptieren wollte, obwohl dessen Abschluß vielleicht doch mehr als ein Lebensalter zu erfordern schien, wiederum einen Hinweis auf die für die Alkohol- und Drogenwirkung charakteristische Neigung zum Entwurf allzu ehrgeiziger Projekte sehen. O'Neills Tendenz zum Kolossalen, die in dem geplanten Dramenzyklus einen Höhepunkt erreichte, war aber bereits vorher in den einzelnen Produktionen mit wachsender Deutlichkeit zutage getreten. So schreibt Goodwin:

> O'Neill schrieb Jahr um Jahr weiter, bis sein Zittern im letzten Lebensabschnitt den physischen Vorgang unmöglich machte ... In seinen Mittvierzigern geschah jedoch etwas Seltsames: seine Stücke wurden nicht mehr gespielt. Zwischen 1934 und 1946 wurde kein einziges neues Drama von O'Neill uraufgeführt. Der offenbare Grund dafür ist noch merkwürdiger. Nicht, daß etwa O'Neills Inspiration versiegt oder daß seine Stücke weniger gefragt gewesen wären. Der Grund war nicht, daß er nicht mehr geschrieben hätte, sondern daß er mit dem Schreiben nicht mehr *aufhören* konnte.
>
> In der Literatur, der Bildhauerei und den anderen Künsten beruht das Entscheidende nicht auf dem, was eingebracht, sondern was weggelassen wird. O'Neill war nie ein guter Weglasser. Seine Kritiker beklagten sich ebenso wie seine Produzenten, Schauspieler und sein Publikum, daß seine Stücke zu lang seien und zu viele Wiederholungen enthielten. Ohne auf sie zu achten, fuhr O'Neill fort, immer längere Stücke zu schreiben, wobei der Gipfel des Absurden mit *Mourning Becomes Electra* erreicht wurde, einem Marathonschauspiel von dreizehn Akten, das um fünf Uhr begann und bis Mitternacht dauerte.[70]

Henri MICHAUX führt die Selbsttäuschungen des Meskalinadepten, sein unbedingtes Vertrauen in die Grenzenlosigkeit seiner Talente und in die unverbesserliche Qualität seiner Werke und Aktionen auf die im Rausch entstehende „totale Gewißheit" zurück, die dem kritischen Urteilsvermögen sozusagen Scheuklappen aufsetzt:

> Und weiter lauern Fallen auf ihn, wie er sie nie gekannt hat und denen zu mißtrauen ihm nicht im Traum einfiele. In der Tragödie des maßlos gesteigerten Stärkegefühls, in der er voranschreitet, stellt sich nun (ohne, daß er es merkt) das vielleicht schwerwiegendste ein, nämlich dasjenige, das die Anstaltspforten hinter ihm schließen wird: das Gefühl *der absoluten Gewißheit*. Aufgrund dieses Gefühls durchwandert er weiterhin „seine Geschichten", die einer kritischen Überprüfung nicht standhalten dürften. Aber sie halten stand, und zwar unfehlbar. Er ist durch die Botschaft der Wahrheit erblindet. Um zu begreifen, daß es dem nichts entgegenzusetzen gibt, muß man diese Empfindung der Bewiesenheit, die mit dem üblichen Begriff des Bewiesenen nichts zu tun hat, selbst im Meskalinrausch erlebt haben, in seiner Plötzlichkeit wie ein Faustschlag, seiner beinahe grotesken Mechanik. Der Gedanke schließt ihn wieder ein, wie der Deckel eines Sarges, der umgekippt war. Kein Fortkommen mehr ... Er bleibt und bleibt im Abgrund der Gewißheit, ahnungslos, ein Sklave, unwissend, daß er ein Sklave ist. [CPG 217/218]

Auch die Opiate bewirken oft eine derartige Überschätzung der intellektuellen Fähigkeiten, die in der Neigung zu überdimensionierten Werkentwürfen von „ewiger" Gültigkeit ihren Ausdruck findet. Hayter stellt fest, daß der Opiumkonsument trotz seiner äußeren Indifferenz gegenüber allen Aspekten seiner Umgebung und trotz seiner Empfindung, ein Ausgestoßener, ein „Pariah" zu sein, von seiner weltumspannenden Geistesgröße überzeugt ist und innerlich wahre Berge versetzt:

> Doch hinter dieser dunklen Fassade, hinter der er von der Welt ausgesperrt hockt, kann er enorme Pläne ausbrüten. Obwohl ihn die Gesellschaft als einen Ausgestoßenen behandelt, fühlt er, daß er allmächtig ist und das Geheimnis des Universums innehat; er allein ist sehend, feinfühlig, weise und allen trüben herkömmlichen Geistern überlegen. Er hat die hinter allen Erscheinungen verborgenen Analogien und Assoziationen durchschaut und errichtet in seinem Bewußtsein ungeheure metaphysische Konstruktionen, welche die Menschheit erstaunen und erleuchten werden, wenn sie einmal offenbart sind, und er plant große Reiche der Macht und Vollendung. Er ist sich seines eigenen Vermögens, diese Pläne auszuführen, vertrauensvoll gewiß, weil die Instanz, die Kritik übt und Schwierigkeiten voraussieht, gelähmt ist. Er macht sich keine Sorgen über die Zukunft, er ist durch seine selbstzufriedene Überlegenheit geschützt. Das gigantische Gerüst seiner Projekte ist unsicher zusammengefügt, schwankend und keineswegs tragfähig; er hat es aus heterogenen und unvereinbaren Elementen zusammengeflickt und erkennt nicht die gefährlichen Lücken; für ihn ist es ein zum Himmel emporstrebender Palast auf einem diamantenen Fundament ...[71]

Bei einer langfristig bestehenden chronischen Opiumsucht kann diese Unfähigkeit zur kritischen Differenzierung mitunter zu einem irreversiblen Charakterzug werden, der auch nach einer erfolgreichen Absetzung der Droge bestehen bleibt, weshalb dieses Phänomen nicht so sehr in seinem akuten Auftreten, sondern als eine persönlichkeitsverändernde Spätfolge des Langzeitkonsums zu fürchten ist:

> Wenn sich die Experten auch uneinig sind, ob die Opiumsucht im frühen Stadium das poetische Schaffen anregt, so scheint es doch eine Übereinstimmung zu geben, daß sie

II. Chancen und Probleme der kreativen Drogennutzung

im späteren Stadium jede Fortführung des kreativen Schaffens unmöglich macht. Sie hindert einen Menschen nicht daran, zu schreiben oder zu malen oder zu komponieren; viele Süchtige haben ihren Unterhalt bis zu ihrem Lebensende durch die Ausübung einer der schönen Künste bestritten. Doch die Lähmung des kritischen Urteilsvermögens setzt sie außerstande, ihre besten von ihren schlechtesten Arbeiten zu unterscheiden, und der hartnäckige Gedanke an das große, universale Meisterwerk, das sie eines Tages hervorbringen werden, macht dasjenige, was sie tatsächlich hervorbringen, zu behelfsmäßigen Provisorien.[72]

Auch das Werk DE QUINCEYs ist sehr deutlich von einer derartigen Sprunghaftigkeit der Gedanken geprägt, wobei man allerdings einräumen muß, daß sie, indem sie zur erzählerischen Methode erhoben wird, doch mehr ist als nur ein pathologisches Phänomen. Schließlich erläutert De Quincey im Vorwort der *Suspiria* seine ungewöhnliche Vorgehensweise, bei der das freie Spiel abschweifender Assoziationen das eigentliche Thema in seiner dürren Sachlichkeit mit einer luxuriösen Üppigkeit umgeben und ihm erst durch diese Einbettung in einen lose gefügten Kontext seine eigentliche Bedeutsamkeit verschaffen soll (vgl. Seite 567). Was De Quincey nicht nur in den *Confessions*, sondern in den meisten seiner Schriften mit großem Eifer entwickelt, ist letztlich eine geplante Planlosigkeit; das ungehinderte Umherstreunen des aufgeräumten Plauderers führt auf Umwegen immer wieder zum Ausgangspunkt zurück und soll die ursprünglichen Überlegungen im wechselnden Spiel der unterschiedlichsten Zusammenhänge, zu denen sie führen mögen, nur vertiefen. Aus diesem Grund ist es nur allzu verständlich, wenn der sonst so fabulierfreudige Opiumesser in einigen ausgesprochen düsteren Passagen zeigt, wie sehr es ihn deprimierte, wenn er sich in einem plötzlichen Moment der Klarheit eingestehen mußte, daß er den Faden verloren hatte und ein gedankliches Gerüst die Fülle des Disparaten nicht zu halten vermochte:

> In Teilen und Bruchstücken wird an ewigen Schöpfungen fortgearbeitet, doch es fehlt der gemeinsame Kern, und es fehlen das Leben und das zentrale Prinzip, das im Zentrum alle Teile mit all ihren Ausstrahlungen zur Oberfläche verbinden sollte. Unendliche Zusammenhanglosigkeit, Taue aus Sand, trübe Unfähigkeit zur vitalen Durchdringung durch ein greifbares Prinzip, das ist stets der schreckliche Alptraum meines Bewußtseins.[73]

In solchen trüben Augenblicken mochte De Quincey glauben, nie etwas Anderes als chaotisches Flickwerk betrieben zu haben, das angesichts der opiuminspirierten großen Pläne ein klägliches Versagen dokumentierte. Es ist gewiß richtig, wenn Snyder einräumt: „Ohne diese eindeutig manische Seite von De Quinceys Bewußtsein leugnen zu wollen, müssen wir uns doch vorsehen, daß sie unsere Einschätzung seiner tatsächlichen Leistung nicht leitet oder, schlimmer noch, einem Vorurteil unterstellt"[74], doch man sollte nicht übersehen, daß wir uns nur als Außenstehende hierüber äußern können und nicht in der Lage sind, die De Quincey vor Augen stehende Diskrepanz von erträumter Leistung und tatsächlich Vollbrachtem zu ermessen. Im Unterschied zu Lowry, der die Qualität seiner literarischen Leistungen durch den weitgehenden Verlust seiner selbstkritischen Urteilskraft überschätzte und der

Täuschung erlag, die kolossalen Entwürfe seiner alkoholisierten Phantasie tatsächlich ausführen zu können, leidet De Quincey unter dem Bewußtsein der Unfähigkeit, seine großen Pläne zu realisieren. Schuld daran ist sein Opiumgenuß, und zwar in doppelter Hinsicht, nämlich indem er einerseits zu kosmischen Projekten verführt und andererseits die praktische Anwendung der rational gesteuerten gestalterischen Fähigkeiten behindert. Als die erste Fassung der *Confessions* erschien, war De Quincey bereits seit achtzehn Jahren mit Opium vertraut und seit neun Jahren opiumsüchtig. Es ist also nicht erstaunlich, daß die gefürchteten Spätfolgen des Drogenkonsums bereits hier zur Sprache kommen, wobei wiederum das charakteristische Universalprojekt auftaucht, nämlich der Plan zu einem enzyklopädischen Werk mit dem (von Spinoza übernommenen) hochtrabenden Titel *De emendatione humani intellectus*:

> Ich glaube, ich habe fast zwei Jahre lang nichts gelesen und nichts studiert. Analytische Studien sind kontinuierliche Studien; sie können nicht ruckweise oder bruchstückartig verfolgt werden. Sie waren mir alle unerträglich geworden; ich schreckte vor ihnen in dem Gefühl kraftloser und kindlicher Schwäche zurück, das meinen Schmerz noch erhöhte, wenn ich an die Zeit zurückdachte, als ich ihnen zu meiner ständigen Freude zu Leibe gegangen war, und auch weil ich die Arbeit meines ganzen Lebens, meinen ganzen Intellekt, Blüten und Früchte nur einer Sache gewidmet hatte, nämlich der langsamen und sorgfältigen Ausarbeitung eines einzigen Werkes, dem ich den Titel einer unvollendeten Arbeit von Spinoza geben wollte – nämlich *De emendatione humani intellectûs*. Dieses Vorhaben lag jetzt wie vom Eis eingeschlossen, wie eine spanische Brücke oder ein Aquädukt, die in einem Maßstab begonnen wurden, der die späteren Möglichkeiten des Architekten überstieg; anstatt mich wenigstens als Denkmal meiner Wünsche, Absichten und Anstrengungen zu überleben, die der Erhebung der menschlichen Natur geweiht waren, so gut Gott mich mit der Fähigkeit ausgestattet hatte, ein so großes Thema voranzubringen, würde es wahrscheinlich meinen Kindern als ein Denkmal zerstörter Hoffnungen, vereitelter Mühen, nutzlos angesammelter Materialien, umsonst gelegter Fundamente, die nie ein Gebäude zu tragen hatten, vom Gram und vom Untergang des Architekten dienen. [CEO 309/310; 232/233][75]

Das Unvermögen, dieses große Werk in Angriff zu nehmen, veranlaßte De Quincey, sich an einem bescheideneren Projekt zu versuchen:

> In diesem Stadium der Geistesschwäche hatte ich zu meinem Vergnügen meine Aufmerksamkeit der Volkswirtschaft zugewandt; mein Verstand, der früher so aktiv und ruhelos wie ein Panther gewesen war, konnte meiner Meinung nach (solange ich überhaupt lebte) nicht in völlige Lethargie verfallen; und obwohl die Volkswirtschaft eine organische Wissenschaft ist …, bietet sie einer Person in meinem Zustand den Vorteil, daß jedes Teil einzeln herausgelöst und betrachtet werden kann. […] Mit M … als meiner Schreibhilfe, da ich auch zu dieser Zeit zu keiner allgemeinen Anstrengung in der Lage war, entwarf ich also meine ‚Vorbemerkungen zu allen künftigen Systemen der Volkswirtschaft'. [CEO 310/311; 233/234][76]

Obwohl der Titel dieser Schrift De Quincey wieder recht pompös geriet, handelte es sich doch nur um eine kleine Arbeit, d.h. „das Ganze hätte kein Notizbuch gefüllt." [CEO 417] Doch selbst dieses mit relativ geringem Aufwand verbundene Unternehmen überforderte noch den nach kosmischen Enthüllungen drängenden Opiumesser: Zwar gelang es ihm, das Werk vollständig zu diktieren, doch die Veröffentlichung unterblieb, weil De Quincey nicht mehr in der Lage war, seine Gedanken für die Verfassung eines Vorworts und einer Widmung zu sammeln: „Die Vereinbarungen wurden widerrufen, der Setzer wieder entlassen, und meine Vorbemerkungen ruhten friedlich an der Seite ihres älteren und würdigeren Bruders." [CEO 311; 235]

In dem Essay „Coleridge & Opium-Eating", der 1845 als Rezension einer Coleridge-Biographie in Blackwood's Magazine erschien, schildert De Quincey den durch Opium bewirkten Verfall der kreativen Talente des Dichters. Dabei zählt er zu den Phänomenen dieses ruinösen Prozesses wiederum die wachsende Unfähigkeit, alles Begonnene konsequent zu Ende zu führen, und beklagt, was er in seinen dunkleren Stunden selbst als eine Folge des Opiumkonsums erfahren hatte:

> Man hat jedoch nachdrücklich hervorgehoben, daß sich das Opium selbst in seinen philosophischen Erwägungen nachteilig ausgewirkt habe, indem es ihn oft dazu bewog, sie unvollendet zu lassen. Das ist wahr. Jedesmal, wenn Coleridge (sofern er in hohem Maße Opium intus hatte oder davon gesättigt war) mit grimmigem Elan über irgendeine Frage geschrieben hatte, gab es bald darauf eine Gegenreaktion von heftigem Ekel, nicht nur vor seinem Aufsatz, sondern sogar vor dem ganzen Thema. Alle Opiumesser sind von der Schwäche gezeichnet, daß sie Arbeiten unvollendet liegenlassen und angeekelt reagieren ... [C&O 208]

III. Katerstimmung und letzte Bilanzen

Auf den vorigen Seiten wurde gezeigt, daß die meisten rauscherfahrenen Autoren nichts so freudig begrüßen wie die völlige Wiederherstellung ihres freien Willens. Obwohl die Höhepunkte der visionären Rauschekstase einem Ausflug in das verlorene Paradies gleichkommen und in ihrer unvermittelbaren Herrlichkeit jede Vorstellung irdischer Freuden übertreffen mögen, sind diese Dichter im Interesse ihrer Kunst doch nicht bereit, sich völlig aufzugeben. Bevor sie sich ganz der Vision überlassen, ihren freien Willen und damit die Fähigkeit zur absichtsvollen Äußerung aufgeben, halten sie sich lieber an ihre Kunst und begnügen sich mit den unzulänglichen Möglichkeiten der Sprache, um so wenigstens eine andeutende Mitteilung des Erlebten ins Werk zu setzen. Wohl erkennen sie die sinnlich-rationale Realität des Menschen nur allzu deutlich als ein Gefängnis, das sich wie ein dunkles und schäbiges Elendsviertel am Rand eines prächtigen Zentrums befindet, in dem sozusagen die Boulevards der spirituellen Realitäten in ewigem Glanz erstrahlen. Und doch ziehen sie zuletzt das aktive Leben im traurigen Ghetto dem passiven Genuß in den elysischen Gefilden vor. Was ist der tiefere Grund für diesen Verzicht auf die künstlichen Paradiese, der bei manchen, wie z.B. Baudelaire, mit grimmiger Entschlossenheit, bei anderen dagegen, wie z.B. Cocteau, eher lustlos und halbherzig erfolgt? Hat die Droge als Inspirationshilfe und als Vermittler einer spirituellen Selbsterkenntnis versagt? Sind die Wahrheiten des Rausches bei Licht besehen nichts wert? Vertraut man dem vorwiegenden Urteil eben jener Autoren, so ist eher das Gegenteil der Fall. Wegen seiner Überwindung der Bewußtseinsgrenzen, seiner Hervorhebung von Aspekten der Person und von Inhalten der Seele, die gewöhnlich im Dunkeln bleiben, wird der Rausch selbst von Baudelaire, der aufgrund seiner eigenen Erfahrung einer der schärfsten Kritiker der Droge wurde, als ein gültiges Erlebnis visionärer Realitäten anerkannt. Inwiefern die Droge ein Medium der spirituellen Erkenntnis sein kann, wird aber an anderer Stelle zu erörtern sein; hier geht es zunächst nur um die Frage der Kreativität und des künstlerischen Nutzens von Rauschmitteln. Doch auch in dieser Hinsicht kommen jene Poeten beinahe zwangsläufig zu einem positiven Befund (der freilich mit einigen Klauseln versehen ist): Rauschinspirierte Werke wie z. B. einige der eindrucksvollsten Gedichte aus den *Fleurs du Mal* oder die atemberaubende Rauschprosa von Michaux oder auch Lowrys *Under the Volcano* sind schon durch ihre schiere Präsenz Beweis genug für die Möglichkeit einer fruchtbaren Beziehung von Rausch und Kunst. Nun wird aber der Vorwurf erhoben, daß die meisten Drogen mindestens langfristig eine Lähmung der Willenskraft und damit auch den Ruin des kreativen Vermögens befürchten lassen. Man könnte diesen Einwand für kleinlich halten: Selbst wenn tatsächlich unter dem Einfluß von Drogen der freie Wille verloren geht, das kreative Talent zuletzt vielleicht ruiniert wird, der Künstler vor den Mitmenschen verstummt, und die Person körperlich und psychisch zugrundegeht – erhält der Künstler im Tausch für diese Opfer denn nicht etwas wesentlich Wertvolleres? Wäre denn nicht schon ein einziges Gedicht, das den im Rausch erhaltenen flüchtigen Einblick in das kosmische Mysterium festhält und bewahrt, Grund genug, alles bereitwillig dafür herzugeben?

Viele Autoren verneinen dies und bezeichnen den Preis für das Erlebnis der künstlichen Paradiese als unangemessen. So heißt es bei Huxley, wenn auch nur mit Bezug auf den Alkohol: „Die beglückende Erfahrung der Selbsttranszendierung, die der Alkohol ermöglicht, muß bezahlt werden, und der Preis ist ungeheuer hoch"[77], und Michaux schreibt in *Misérable Miracle*: „Immerhin finde ich ... in meinem Tagebuch mehr als fünfzigmal folgende linkisch, ja mühsam niedergeschriebene Wörter: *Unerträglich, unausstehlich.* / Das ist der Preis für dies Paradies (!)" [MM 16; 11] Dieser Preis, der Verlust der Willenskraft und der subjektiven Freiheit wäre nicht nur für den Künstler, sondern überhaupt für den Menschen ruinös; indem er ganz der Welt des Anderen anheimfiele, würde er gewissermaßen aufhören zu existieren. Allerdings hat die Idee einer solchen Selbstaufgabe für die an ihrer Existenz leidenden *poètes maudits* durchaus etwas Verlockendes; man denke nur etwa an Baudelaires verzweifelte Beschwörungen des *Néant*. In diesem Sinn argumentiert COCTEAU, daß die Rauschekstase den höchsten Abstraktionsgrad und damit eine Kunst des Absoluten ermögliche. Der Berauschte, so meint er, werde selbst das Kunstwerk:

III. Katerstimmung und letzte Bilanzen

Es geschieht dem Opiumraucher, daß er ein Meisterwerk wird. Ein Meisterwerk, das sich nicht kritisieren läßt. Ein perfektes Meisterwerk, weil flüchtig, ohne Form und ohne Richter.

Wie individuell, einzelgängerisch, reserviert, aristokratisch, prächtig, monströs das Meisterwerk auch sein mag, so ist es darum nicht weniger sozial und in der Lage, die Mitmenschen anzusprechen, zu rühren und eine Masse spirituell und materiell zu bereichern.

Allerdings verschwindet beim Genießer das Bedürfnis, sich auszudrücken, mit der Außenwelt zu korrespondieren.

Er trachtet nicht danach, Meisterwerke zu schaffen; er trachtet danach, selbst eins zu werden, das unbekannteste, das egoistischste.

Von einem Raucher im Zustand fortwährender Euphorie zu sagen, er erniedrige sich, ist wie wenn man vom Marmor sagen würde, er werde von Michelangelo zerstört; von der Leinwand, sie werde von Raffael befleckt; vom Papier, es werde von Shakespeare beschmutzt; von der Stille, sie werde von Bach gestört. [O 119]

Im Werk Jean Cocteaus ist diese Idee untrennbar mit seinem künstlerischen Credo verbunden: die höchste und einzig wahre Kunst ist jene, die mit ihrem Autor zu einer untrennbaren Einheit verschmilzt. In diesem Sinn heißt es an einer anderen Stelle: „Es gilt um jeden Preis von der manischen Sorgfalt des Schreibens zu genesen. Der Stil, der von außen kommt, ist unwürdig, selbst wenn er genau mit dem inneren Stil übereinstimmt. Der einzig mögliche Stil ist der fleischgewordene Gedanke." [O 156] Dies erinnert an Baudelaires „horreur de raconter" (vgl. Seite 728), an Wittgensteins Formel, die das Schweigen als die potentere Sprache ausweist oder auch an Samuel Beckett, der in seinen kontinuierlichen sprachlichen Reduktionen das Schweigen als einen Superlativ der Poesie inszeniert. Wenn Subjekt und Objekt miteinander in einer *unio mystica* verschmelzen, wenn die Kunst in ihrer völligen Identität mit dem Künstler den denkbar höchsten Abstraktionsgrad erreicht, der keine Interpretation mehr erlaubt und von einem Außenstehenden nur noch intuitiv begriffen werden kann, indem er seinerseits mit dem Ganzen eins wird, dann ist die Kunst als eine Form der Äußerung, d.h. als etwas nach außen Wirksames, als Relation zwischen dem Urheber und seinem Werk einerseits, und dem Werk und seinem Interpreten andererseits jedoch hinfällig: In ihrer höchsten Vollendung, so ließe sich argumentieren, hebt die Kunst sich dann selbst auf. Im Goldenen Zeitalter, in dem alles mit allem in einer einzigen kosmischen Seele verbunden und identisch war, kann es keine Formen des Ausdrucks, keine Sprache und keine Kunst gegeben haben, denn wo es keine Geheimnisse gibt und wo daher auch keine Notwendigkeit von Erklärungen, Deutungen und der Auslegung von Symbolen besteht, ist sie überflüssig.[78] Nimmt man an, daß der letzte Sinn aller Formen der Bildung, der Wissenschaften und auch der Kunst in dem menschlichen Bemühen liegt, sich dem verlorenen Paradies wieder anzunähern, so bedeutete dies, daß die Kunst für den, der diesen Zweck auf direkterem Weg erreichen kann, entbehrlich würde.

Doch was bedeutet es, wenn der Künstler sich Zugang zum künstlichen Paradies des Drogenrausches verschafft? Entweder handelt es sich um einen zeitlich befristeten Urlaub von der öden Welt des Alltags, der rasch vorübergeht und ihn angesichts der unerträglichen Niedrigkeiten der materiellen Existenz mit einer noch qualvolleren Sehnsucht nach dem erlebten Idealzustand erfüllt als zuvor – was Baudelaire in „La Chambre double" und „Rêve parisien" eindrucksvoll beschrieben hat. Oder er legt es darauf an, das künstliche Paradies nie mehr zu verlassen – was eine dauerhafte Sprengung des Bewußtseins und somit Tod oder Wahnsinn bedeutet. Derartig endgültige Entscheidungen trifft auch der radikalste *poète maudit* nicht leichtfertig am Kaffeehaus-Tisch. Dazu kommt, daß die durch den Rausch bewirkte *unio mystica*, die Wiedererlangung des verlorenen Paradieses, nicht ein für alle Mal erfolgt und ebensowenig beliebig wiederholbar ist. Die ekstatische Erfahrung verliert ganz im Gegenteil im Zuge der Toleranzbildung immer mehr an Intensität und mag zuletzt völlig ausbleiben; so machen viele Drogenkonsumenten die betrübliche Erfahrung, daß der ursprüngliche Normalzustand zuletzt das Äußerste darstellt, was ihm im Rausch noch erreichbar ist, während die unberauschte Existenz zur unerträglichen Qual wird. Mit anderen Worten: der nüchterne Normalzustand, der dem Drogenkonsumenten vor Beginn seiner Sucht so unbefriedigend erschien, wird vor dem Hintergrund seiner fortschreitenden physisch-psychischen Zerrüttung zum Inbegriff des höchsten Glücks – vom hohen Ziel einer Selbstauflösung und Verschmelzung mit dem kosmischen Wesen ist dann keine Rede mehr. Schließlich ist der Süchtige nur noch mit unablässigen Reparaturen seines rapide verfallenden Körpers befaßt, der ihm allein übrig bleibt: Er ist wie ein vom Sturm beschädigtes Schiff, das im Trockendock liegt und, weil es unentwegt überholt werden muß, wohl niemals wieder ins Meer hinausfahren wird. Der Künstler, der die gefährliche Freundschaft der Droge sucht und damit auch die Aussicht auf diesen späteren Ruin in Kauf nimmt, verstößt gegen die Moral[79] seiner Kunst und seiner Menschlichkeit; niemand hat dies klarer erkannt als Baudelaire. „Was ist das für ein Paradies, das man um den Preis seines ewigen Heils erkauft?" [PA 386; VI 102] fragt er und deutet damit an, daß die künstlichen Paradiese nicht *das* Paradies seien und nur um den Preis des ewigen Seelenheils zugänglich würden. Die Paradiese des Rausches sind trügerisch; wie im infernalisch blühenden mexikanischen Garten von *Under the Volcano* betritt der Berauschte verzückt die herrliche Landschaft, die tatsächlich nur ein Tor zur Hölle ist.[80] Die Droge lockt den Berauschten mit honigsüßen Einflüsterungen, doch sie ist, wie Baudelaire formuliert, ein Werkzeug des Satans (vgl. Seite 584).[81] Die gleiche Überzeugung klingt in Poes Formulierung vom „Fiend Intemperance" (in seiner Erzählung „The Black Cat") und auch bei E.T.A. Hoffmann an, der den Alkohol ja als ein „Elixier des Teufels" bezeichnet.[82]

Als BAUDELAIRE 1851 seinen Essay „Du Vin et du Hachish" veröffentlichte, war seine Erwartungshaltung im Blick auf eine Bereicherung seines kreativen Vermögens durch den Drogenrausch noch verhalten optimistisch: „Ich hatte die Idee, in ein und demselben Aufsatz vom Wein und vom Haschisch zu sprechen, weil sie tatsächlich etwas Gemeinsames in sich bergen: die außerordentliche poetische Entwicklung des

Menschen." [PA 342] 1860 dagegen, als die *Paradis artificiels* erschienen, war sein Interesse an der Rauscherkenntnis zwar immer noch so lebendig wie zuvor, doch die Hoffnung, vom Rausch auch künstlerisch profitieren zu können, hatte sich zu diesem Zeitpunkt für ihn endgültig zerschlagen. Schon in seinem ersten Essay zeigt sich aber eine deutliche Skepsis. Wein und Haschisch, erklärt Baudelaire, bestärkten jeweils den Drang zur poetischen Äußerung. Eine ganz andere Frage sei es jedoch, inwiefern dieser Drang mit einer tatsächlichen Befähigung zum poetischen Ausdruck einhergehe, und er kommt zu dem Schluß:

> Der Wein hebt die Willenskraft, das Haschisch vernichtet sie. Der Wein ist eine körperliche Stärkung, das Haschisch ist ein Tatwerkzeug für den Selbstmord. Der Wein macht gut und gesellig. Das Haschisch isoliert. Der eine ist sozusagen arbeitsam, das andere im wesentlichen träge. Wozu sollte man auch arbeiten, schuften, schreiben oder herstellen, was es auch sei, wenn man das Paradies mit einem Streich erlangen kann? Schließlich ist der Wein für das Volk, das arbeitet und ihn zu trinken verdient. Das Haschisch fällt in die Gruppe der solitären Freuden; es ist für die elenden Müßiggänger gemacht. Der Wein ist nützlich, er bringt fruchtbare Resultate hervor. Das Haschisch ist nutzlos und gefährlich. [PA 342/343]

Der Wein wird hier also als ein „nützliches" Stimulans gelobt (eine Ansicht, die sich später ändern sollte), das Haschisch wird dagegen als „unnütz" bezeichnet. Es ist nicht auszumachen, wie aufrichtig diese Aussagen sind, zumal es doch verwundern muß, warum Baudelaire einer „nutzlosen" Droge soviel Aufmerksamkeit schenkt, während seine Gedanken über den Wein in den folgenden Schriften in den Hintergrund treten. Die Unklarheit seiner persönlichen Position zwischen dem nützlichen Wein und dem fatalen Haschisch ist charakteristisch für das geteilte Weltbild Baudelaires, das zwischen einer katholisch geprägten Moral und dem künstlerischen „plaisir aristocratique de déplaire" hin und her schwankt. Der müßige Flaneur und Dandy, der Baudelaire nach eigenem Bekenntnis war und sein wollte, ist schließlich selbst einer jener elenden Nichtstuer („misérables oisifs"), für die das Haschisch gemacht ist. So unklar Baudelaires persönliche Präferenzen als Mensch aber auch immer sein mögen – als Künstler hat er sein Credo stets klar und unmißverständlich formuliert. So macht er auch schon in diesem Essay deutlich, daß die Willenskraft für ihn ein unverzichtbares Element im künstlerischen Schaffen ist, indem er einige Zeilen des Philosophen Barbereau zitiert:

> „Die großen Dichter, die Philosophen, die Propheten sind Geister, die durch die reine und freie Ausübung der Willenskraft einen Zustand erlangen, in dem sie zugleich Ursache und Wirkung sind, Subjekt und Objekt, Magnetiseur und Somnambule."
> Ich denke genau wie er. [PA 343]

Als Zerstörer der kostbaren Willenskraft sind Haschisch, Opium und Alkohol für den Künstler ungeeignet, meint Baudelaire und stellt fest, daß er auf solche Wunderessenzen auch gar nicht angewiesen sei: „Aber der Mensch ist nicht so verlassen, so aller redlichen Mittel beraubt, um den Himmel zu gewinnen, daß ihm nichts anderes übrig bliebe, als sich der Pharmazie und der Hexenkunst zu verschreiben …" [PA

386; VI 101] Was ist die „ehrbare" Alternative zur Droge? Es ist, wie Michel Butor treffend erkennt, die Poesie selbst: „So wie nur die Poesie demjenigen, was sich unter dem Einfluß des Haschisch enthüllt, einige Dauer verleihen kann, so kann auch nur die Poesie dem Individuum eine gewisse Macht über jene Trauminhalte verleihen, die das Opium freisetzt."[83] Baudelaire verdamme die Droge also zuletzt, weil die Poesie sich im Experiment als die stärkere Kraft erwiesen habe: „... die Droge ... wird nicht nach den Regeln der bürgerlichen Moral verdammt; sie wird verdammt und besiegt durch die Poesie, die stärker ist als sie."[84] (Vgl. Seite 567 ff.)

Ähnlich wie Baudelaire äußert sich GAUTIER über Kreativität und Drogenrausch, obgleich er die Anwendung von Rauschmitteln nicht so kategorisch ablehnt wie dieser. Anders als Baudelaire schätzte Gautier die Droge als ein Mittel, das dem Künstler aufgrund seiner spezifischen Intensivierung von Inhalten der Persönlichkeit wertvolle Anregungen geben könne, während er andererseits einräumt, daß eine besondere Steigerung des kreativen Vermögens durch Drogen nicht zu erreichen sei.[85] In diesem Kontext weist Cockerham darauf hin, daß Gautier wohl vor allem bemerkte, wie sehr die Drogenerfahrung dem Erlebnis des kreativen Schaffensrausches gleichkomme, also dieses nicht wirklich übertreffe: „Da dies so ist, läßt sich folgerichtig schließen, daß Drogen bei Gautier Visionen erzeugten, die sich insgesamt nicht von denen unterscheiden, die er schon seiner Erfahrung in Kunst, Literatur oder Musik verdankte und deren wesentliche Inhalte durch die gleichen Bilder und Metaphern vermittelbar sind."[86] Für Gautier war die Kunst schließlich selbst eine Art Droge, wie Cockerham zeigt:

> Die Tatsache, daß es so schwierig ist, in Gautiers Schriften über Drogen zu unterscheiden, was er eben diesen Drogen verdankte und was er der Kunst, Literatur und Musik verdankte, ist im Hinblick auf Gautiers Ansichten über das kreative Schaffen nicht ohne Bedeutung. Seine in *Le Club des Hachichins* ständig aufgeführten Vergleiche von drogeninduzierten Visionen mit der Wirkung, die Kunstwerke auf seine Vorstellungskraft haben, signalisieren, daß die Kunst selbst für Gautier ein künstliches Paradies vermittelt, und sie erinnern an jene Passagen in seinen kritischen Schriften, die etwa die Macht der Musik demonstrieren, ihn – ebenso wie es Drogen vermögen – in Träumereien zu versetzen. Er ist selbst einer von jenen Leuten, die er in dem Gedicht *A un jeune Tribun* (1838) beschreibt: / „Die sich an Versen berauschen wie andre am Wein / Und die nicht finden, die Kunst sei eitel und gemein. ..."[87]

Gautier stimmt also mit Baudelaire überein, daß die Kunst selbst die mächtigste Droge sei, deren künstliche Paradiese alle chemisch induzierten überflüssig machen.

Im Unterschied zu Baudelaire oder Gautier blieb COCTEAU stets überzeugt, daß ein Künstler vom Opium vielfach profitieren könne – was ihn nicht daran hinderte, sich zwei Entziehungskuren zu unterziehen. Der scheinbare Widerspruch ist aber leicht aufzulösen: Wenn man durch den kontinuierlichen Gebrauch einer Droge schwerkrank wird, wenn die Schmerzen des körperlichen Verfalls alles andere in den Hintergrund drängen, die einfachsten Verrichtungen nur noch unter größter Mühe zu bewältigen sind und die ganze äußere Erscheinung immer unansehnlicher und zuletzt geradezu ekelerregend wird und wenn man schließlich Gefahr läuft, über kurzem an der Vergiftung des Körpers zu sterben, dann spielen geistige Präferenzen in aller Regel keine Rolle mehr. Im Interesse seiner Gesundheit, nicht im Interesse seiner Kunst, unterzog sich Cocteau ärztlicher Behandlung, wobei er nicht bloß dem Drängen von Freunden folgte, sondern das Notwendige auch aus eigener Einsicht in Angriff nahm. Im Tagebuch seiner zweiten Entziehungskur findet sich nirgends die sonst häufig bekundete Freude über die wiedergewonnene Freiheit des Willens. Gewiß, die Kur heilte ihn kurzfristig von seiner Sucht; dennoch empfand er das Resultat als großen Verlust. Die Nüchternheit des Alltags erschien ihm trostlos, und seine Gesundheit konfrontierte ihn mit einer unerträglichen Leere: „Ich bin nicht stolz darauf, daß ich den Entzug geschafft habe. Ich schäme mich, aus jener Welt vertrieben zu sein, neben der die Gesundheit sich wie einer jener widerlichen Filme ausnimmt, in denen Minister eine Statue einweihen." [O 104] Und an anderer Stelle heißt es:

> Es ist schwierig, ohne das Opium zu leben, nachdem man es kennengelernt hat, weil es schwierig ist, nachdem man das Opium kennengelernt hat, die Welt ernst zu nehmen. Und wenn man nicht gerade ein Heiliger ist, dann ist es schwierig zu leben, wenn man die Welt nicht ernst nimmt.
>
> Nach dem Entzug. Der schlimmste Moment, die schlimmste Gefahr. Die Gesundheit mit diesem Loch und eine immense Traurigkeit. Die Ärzte überantworten dich brav dem Selbstmord. [O 162]

Von Baudelaires Glücklichpreisung des Suchtgeheilten (vgl. Seite 257) ist Cocteau weit entfernt. Und doch waren sie beide von der gleichen Droge abhängig, und beide waren als experimentierfreudige Dichter bereit, etwas zu riskieren. Wenn Baudelaire dennoch das Risiko der Vernichtung des Willens als zu hoch ansieht und vor dem Versuch einer kreativen Drogennutzung ausdrücklich warnt, wieso findet dann Cocteau seine Heilung so deprimierend, zumal ihm keineswegs daran gelegen war, die Gefahren des Opiums vor sich selbst und vor anderen zu verharmlosen? Die Antwort hierauf gibt die an früherer Stelle zitierte Passage, in der Cocteau die Anstrengung zur Überwindung der opiuminduzierten Trägheit als eine Chance zur gleichzeitigen Überwindung der Schwächen des Bewußtseins identifiziert (vgl. Seite 289).

Die Unbequemlichkeit steht am Anfang der Kreativität. Der Gedanke ist nicht neu.[88] Einer der bekanntesten und meistdiskutierten Aussprüche Pascals lautet: „Ich kann nur jene lobenswert finden, die unter Stöhnen suchen."[89] Nur diejenigen, die unter Stöhnen suchen, mögen etwas über das Wesen und die Bestimmung des Menschen erfahren; das Leiden wird hier also nach der Maßgabe der dem Menschen offenstehenden Möglichkeiten als das entscheidende und einzig fruchtbare Medium der Erkenntnis bezeichnet. Auch Kant verstand das Leiden als unentbehrliche Antriebskraft zu aktiven Erkenntnisfortschritten: „Die Natur hat den Schmerz zum Stachel der Tätigkeit in ihn [= den Menschen] gelegt, dem er nicht entgehen kann, um immer zum Bessern fortzuschreiten..."[90], während es bei DE QUINCEY als ein wesentliches Medium der Selbsterkenntnis gilt, an dem man gewiß schwer zu tragen habe, das aber andererseits auch Einsichten erhebender Art gewähre: „Oh Schmerz!", ruft er in „The Affliction of Childhood", dem ersten Teil der *Suspiria*, aus, „Du wirst unter den niederdrückenden Leidenschaften geführt. Und es ist wahr, daß Du in den Staub erniedrigst, aber Du erhebst auch zu den Wolken. Du schüttelst wie ein Fieber, aber Du festigest auch wie Eis. Du läßt das Herz erkranken, aber Du heilst auch seine Schwächen." [S 473] Daher schreibt John W. Bilsland:

> In den *Confessions* und den *Suspiria de Profundis* findet man immer wieder Passagen, die seine Überzeugungen belegen, daß der Mensch durch das Leiden zu einer klareren, tieferen Sicht und einem umfassenderen Verständnis seiner intellektuellen, emotionalen und spirituellen Möglichkeiten gelangt. […]
>
> Wie Wordsworth war er überzeugt, daß das Leiden – wenn es im akuten Moment auch bitter ist – im Leben des Menschen ein überaus positiver Einfluß sei. Er erkannte, daß der schmerzliche Moment ein Leben bereichern mag: Das Leiden war „in den Händen der Natur ein mächtigeres Werkzeug, als die meisten Leute ahnen, wie ein Demiurg, der den Verstand erschafft."
>
> Wie der Leser der *Confessions* weiß, brachte das Opium De Quincey reichliches Leid. Nach den ersten paar Jahren, in denen das Laudanum ihm beglückende, euphorische Erfahrungen vermittelt hatte, führte die Droge ihn fort zu Schreckenserlebnissen, die er im dritten Teil seiner *Confessions*, „The Pains of Opium", beschreibt. Hier berichtet er von Visionen, in denen er physische, moralische und geistige Schrecken kennenlernte, wobei es sich nicht um Erfahrungen handelte, die – wie im wirklichen Leben – nach einer gewissen Dauer ihr Ende erreichten: „Über jeder Form, jeder Drohung, jeder Bestrafung und jeder Einkerkerung in düstere, fensterlose Verliese brütete eine tödliche Ahnung von Ewigkeit und Grenzenlosigkeit." Die hier genannte Illusion der Grenzenlosigkeit vermittelte ihm eine schreckliche Ahnung davon, was die ewige Verdammnis bedeuten könnte, und mit dieser Ahnung eine weitergehende Vorstellung von der Leidensfähigkeit des menschlichen Geistes. Aus dieser Erfahrung, glaubte er, werde ein besserer Mensch hervorgehen, der von allem, was schwach und fehlerhaft war, gereinigt sein werde. Daher brachte das Opium ihm, der von frühester Kindheit die Qualen und Vorzüge des Schmerzes erfahren hatte, ein tieferes Verständnis des Leidens und seiner Zweckmäßigkeit.[91]

So heißt es bei De Quincey selbst (in dem den *Suspiria* zugeordneten Essay „The Dark Interpreter"):

> Schmerz, der zur größten Pein gesteigert wird, oder Kummer, der zur Tobsucht gesteigert wird, haben bei tiefgründigen Naturen eine notwendige Ventilfunktion. Ein Meer, das tiefer ist als jedes …, das ausgelotet wurde, kann nicht ohne einen Levantewind oder Monsun aus seinen schlafenden Tiefen aufgewühlt und durchforscht werden. Ein Wesen von übermäßiger Tiefe, das aber auch übermäßig introvertiert und ätherisch ist, so daß es Gefahr läuft, sich in endloser Träumerei zu verlieren, kann manchmal nicht anders als durch Schmerzen geweckt werden, welche die tiefsten Grundlagen erschüttern, emporheben, zerwühlen und am Ende doch in Harmonie bringen; und in solchen Fällen wird der Dunkle Dolmetscher aktiv, der die dem Menschen und selbst dem unschuldigen Geist eines Kindes erfahrbaren Welten von Schmerz und Tortur und Kummer enthüllt.[92]

Für BAUDELAIRE war das Leiden nicht nur unverzichtbare Voraussetzung des Kunstschaffens, sondern auch eine moralische Verpflichtung, der sich der Mensch zu stellen habe, um die spätere Erlösung seiner Seele zu verdienen; hier zeigt sich die bis in seine letzten Stunden ungebrochen wirksame Beeinflussung durch die christliche Heilserwartung. Die wohlige Bequemlichkeit der Drogenparadiese erschien ihm, der trotz allen Dandytums durchaus kein nihilistischer Bilderstürmer war, daher verwerflich, so daß Gautier in seinem Essay über den Dichter zu Recht feststellt:

> Baudelaire war nüchtern, wie alle Arbeitenden, und sah in dem Wunsch, sich mit Hilfe irgendeines Reizmittels, Opium, Haschisch, Wein, Alkohol oder Tabak, ein *künstliches Paradies* zu erschaffen – wenngleich er zugab, daß er der menschlichen Natur durchaus entspreche ... –, einen Beweis des Sündenfalls, einen frevelhaften Versuch, dem *notwendigen* Schmerz zu entkommen, eine rein satanische Verführung mit dem Ziel, ... sich die Glückseligkeit gewaltsam anzueignen, die als Lohn des Verzichts, der Willenskraft, der Tugend, des beharrlichen Bemühens um das Gute und Schöne für später reserviert ist.[93]

Der amerikanische Schriftsteller Charles JACKSON, um hier auch das Beispiel eines Alkoholikers zu geben, äußert sich in seinem Roman *The Lost Weekend* (1944) ähnlich über die durchaus positiv empfundene Erfahrung des Leidens seines trunksüchtigen Protagonisten:

> Gab es für ihn eine Grenze des Erträglichen? Anscheinend nicht. Er nahm Leiden schwerer – und verfügte doch paradoxerweise zugleich über eine größere Leidensfähigkeit – als jeder, den er kannte; und das war keine müßige oder egoistische Prahlerei, etwas, das er sich nur einbildete oder worauf er nur stolz war, weil es ihn von den andern abhob, sondern zeugte von einer höheren Empfindlichkeit und Reizbarkeit. Eine schmerzliche Begebenheit oder Periode in seiner Vergangenheit, die aus der aktuellen, vergleichenden Perspektive ein bloß beiläufiger Vorfall war, als einer aus einer langen Kette von Vorfällen, hätte in einem durchschnittlichen Leben die Bedeutung einer, vielleicht der einzigen, großen Krise gehabt, als ein Moment, in dem das Opfer einen Gipfel oder Tiefpunkt erreichte, der nur in einem lebenslangen Prozeß zu überwinden wäre. Aber solche Momente, solche Höhen und Tiefen, bildeten das Muster seines Lebens, das seiner Entwicklung angemessen erschien oder für sie vielleicht sogar erforderlich war. Warum hatte ihn nicht all das, was ihm bisher geschehen war, zerstört? Wie konnte er das immer und immer wieder und abermals aufs neue ertragen? Was für eine Fähigkeit, Lebenskraft oder Unverwüstlichkeit hatte er, die andere nicht haben? Benutzte seine Vorstellungskraft das Leiden, um sie in Erfahrung umzumünzen, eine Erfahrung, von der er nicht profitierte, gewiß, aber doch eine Erfahrung: eine Erkenntnis dessen, wer und was er war, eine Selbstverwirklichung? Versuchte er in diesem spiralförmigen Abgrund der Zerstörung herauszufinden, welchen Sinn das alles hatte, und würde er es, im letzten und endgültigen Augenblick, wissen?[94]

„Letzten Endes weckt uns das Leiden auf und zeigt uns die Anzahl der Fallgruben an." [O 72] – In seiner Beurteilung von Unbequemlichkeit und Leiden als elementare Voraussetzungen der Kunst stimmt COCTEAU durchaus mit Baudelaire und dessen rigoroser Arbeitsmoral überein. Doch wenn auch die willentliche Auflehnung des Berauschten gegen die ihn überflutende Verlockung der teuflischen Behaglichkeit des Rausches geradezu prädestiniert erscheinen mag, ein solches kunststiftendes Leiden zu erzeugen, hält Baudelaire die Gefahr, der Apathie zu erliegen, für zu groß. Der

Kampf des Willens gegen die Herrschaft des Rausches mag ja verdienstvoll sein, aber er ist vermutlich aussichtslos, und die Kunst wird zuletzt das Nachsehen haben. Cocteau scheint dagegen gerade diese Herausforderung gesucht zu haben, dem Reiz des Behaglichen unter Schmerzen, aber mit eisernem Willen zu widerstehen. Man mag diese Einstellung für unrealistisch halten und annehmen, daß Cocteau seine Kräfte hier sehr überschätzte, aber vielleicht war er ein Hasardeur, der im Nervenkitzel eines großen, vielleicht zu großen, Wagnisses besonders fruchtbare Impulse zu empfangen glaubte. „Picasso sagte mir:", so notiert Cocteau in *Opium*, „,Der Geruch des Opiums ist der am wenigsten dumme auf der Welt.'" [O 106] Um der Dummheit des Alltags zu entkommen, war Cocteau offenbar kein Wagnis zu groß. Dies ist keine rein eskapistische Tendenz, denn Cocteau will ja nicht den Kopf in den Sand stecken, sondern sucht ein Umfeld, das seinem intellektuellen und künstlerischen Niveau gerecht wird. Es ist aber, das muß man einräumen, eine Tendenz, in der die mühsame Suche nach neuen Inhalten der Kunst sich mit eskapistischen Nuancen vermischt und daher niemals völlig unverdächtig wirkt: „Natürlich", schreibt Cocteau, „bleibt das Opium einzigartig, und die von ihm erzeugte Euphorie derjenigen der Gesundheit überlegen. Ich verdanke ihm meine perfekten Stunden." [O 27]

Wie an einigen Beispielen zu zeigen war, haben viele Schriftsteller sich letztendlich für die Poesie und gegen eine kreative Nutzung des Drogenrausches entschieden, wobei zu bedenken ist, daß solche Entscheidungen vor allem Aufschluß über die poetologischen Überzeugungen der Autoren bieten, während sie erst in zweiter Linie die grundsätzliche Problematik der künstlerischen Nutzbarkeit des Drogenrausches erhellen mögen. Auch wenn Baudelaire die Droge als ein Mittel identifiziert, dessen Anwendung einem künstlerischen Selbstmord gleichkomme, leugnet er doch keineswegs das ungeheure Erkenntnispotential des Rausches und bestätigt, daß er wie ein Mikroskop mit ungewöhnlicher Schärfe-Einstellung verborgene Inhalte der Persönlichkeit sichtbar macht und damit im Prozeß der dichterischen Selbsterkenntnis eine positive Rolle spielen kann. Es ist die rauschbedingte Vernichtung der in seinem poetologischen Konzept unverzichtbaren Willenskraft, die ihn so eindringlich von einer Nutzung dieses Potentials abraten läßt. Henri MICHAUX kommt dagegen, obwohl auch er zunächst den Verlust seiner Willenskraft beklagt, in seinen nach *Misérable Miracle* erschienenen Schriften zu einer ganz anderen Schlußfolgerung und gewinnt gerade dieser Vernichtung des freien Willens einen positiven Aspekt ab, indem er den Vorgang als befreiend empfindet und – mehr noch – ihn als die entscheidende Voraussetzung erkennt, welche die „wahre" Poesie überhaupt erst ermögliche. Dieser sonderbare Gedanke bedarf einer Erklärung.

„Die schlechte Laune von Michaux ist bekannt, seine Tendenz zur Opposition, seine Feindseligkeit. Er ist aus Prinzip dagegen. Das Meskalin und die Drogen im allgemeinen sind da nicht ausgenommen; er verspottet sie und mißtraut ihnen."[95] Mit diesen Worten beginnt Max Loreau seine beeindruckende Darstellung der Beziehung von Rausch und Poesie im Werk von Michaux. In der Tat sind die Dichtungen aus

III. Katerstimmung und letzte Bilanzen 315

den drei Jahrzehnten bis zum Beginn der fünfziger Jahre von Sarkasmus, Haß und Verzweiflung geprägt, deren Ursprung, wie Loreau vermutet, in Michaux' empfundener Unfähigkeit liegt, sich das Wesen der Poesie so zu eigen zu machen, daß er den grausamen Banalitäten der materiellen Existenz nicht länger hilflos ausgesetzt sei. Die Poesie entzieht sich seinem Zugriff, gewährt keinen Schutz, keine Erquickung, und ist wie eine spröde Braut, die sich dem frustrierten Gatten verweigert: „Er fühlt sich von der Welt zurückgewiesen. In seiner Verzweiflung lacht er über die Welt. Und schließlich, indem er über sie lacht, ist es, als sei er von ihr zurückgewiesen worden, weil er unfähig ist, sich mit der Poesie zu vereinigen. Es ist die Poesie, die ihm fehlt. Das ist es, was unterschwellig im zähneknirschenden Humor von Henri Michaux anklingt."[96] Unter dieser Voraussetzung, dem Gefühl, von der ganzen Welt und selbst noch von der Poesie im Stich gelassen zu sein, zog die gesamte Umgebung des Dichters seinen Zorn und seine Verachtung auf sich. Nichts, das ihn in dieser Zeit erfreuen oder wenigstens beschwichtigen konnte; nicht einmal Drogen fanden seine Gnade (bereits seit 1928 experiementierte er mit Äther). Doch die Bekanntschaft mit Meskalin bewirkte offensichtlich eine Veränderung. Zwar wird die Droge in seiner ersten Meskalin-Schrift noch als Erzeuger eines „Misérable Miracle", eines elenden Wunders abqualifiziert, doch dann muß man sich fragen, wieso Michaux von dem doch so unerlesenen Stoff nicht mehr lassen wollte: „Ist es nötig, daran zu erinnern, daß er, nachdem er [den Drogen] nur zugestanden hat, ein *Misérable Miracle* zu bewirken und sie ohne jede Überstürzung verdammt hat, als ob er sich selbst mißtraute, später nicht davon abließ, sie als Schreibhilfen zu benutzen und über einige Jahrzehnte von ihren sonderbaren Effekten zu zehren?"[97]

Tatsächlich war es nur eine Frage der Zeit, bis die zur Gewohnheit gewordene üble Laune des Dichters dem Ausdruck neuer Sensationen wich, die durch das Meskalin begünstigt wurden. Unter dem Einfluß des Meskalin erfuhr Michaux, wie der Inhalt seines Bewußtseins ausgelöscht, sein Geist zu einer tabula rasa wurde.[98] Dieses Erlebnis war für ihn so unerhört, daß es ihn zunächst mit einer ungewohnten Experimentierfreudigkeit erfüllte. Er wollte mehr über diesen alles auflösenden Mechanismus erfahren und dessen Phänomene wie ein Wissenschaftler dokumentieren. Doch hinter dieser Faszination bahnte sich auch eine Wende des poetischen Dilemmas an. In *Misérable Miracle* beschreibt Michaux die Auflösung des Bildlichen im Meskalinrausch, den er darum als „poesiefeindlich" bezeichnet: „Das Meskalin mindert die Einbildungskraft. Es kastriert das Bild und entsinnlicht es. Es stellt hundertprozentig reine Bilder her. … *Es* … produziert Bilder, die des wohltuenden Futters der Empfindung so völlig entkleidet und auf so einzigartige Weise visuell sind, daß sie zum Sprungbrett ins rein Geistige, Abstrakte, Demonstrative werden. / Auch ist es der Poesie, der Meditation und vor allem dem Geheimnis feindlich gesonnen." [MM 64; 53] Der Strom des Rauscherlebens zieht vor dem Auge des Meskalinkonsumenten so rapide vorbei, daß keine oder kaum Gelegenheit zur Verfestigung einzelner Bilder entsteht, die dem Berauschten als Ruhepunkte dienen könnten und eine zuordnende

Orientierung und kritische Bewertung des Gesehenen ermöglichen würden. Der Gedankenstrom ist also ein vollkommenes Abstraktum, das sich nicht fassen läßt. „Es scheint mir doch", schreibt Loreau hierzu, „daß, was Michaux (der frühere Michaux) Poesie nennt, vor allem mit dem Bildlichen verknüpft ist. Nach seiner Ansicht ist es das Charakteristische der Poesie, daß sie Bilder manipuliert. Genauer gesagt, sie funktioniert aufgrund von Bildern, deren Worte selbst funktional sind. Das Bild ist dasjenige, durch das die Worte und Gedanken sich fixieren können. Ohne es gibt es nur einen leeren Fluß, in dessen Strömung die ebenfalls leeren Worte kommen und gehen, ohne anzuhalten. Es ist dieser Strom, den er das Abstrakte nennt."[99]

Das Merkwürdige ist, daß Michaux der Droge das zum Vorwurf macht, was er zuvor so verzweifelt angestrebt hatte, nämlich die Befreiung von der festgefügten Bestimmtheit aller Dinge in der materiellen Welt. Nun befindet er sich in einem abstrakten und endlosen Raum, der ihm doch eigentlich wie ein Paradies erscheinen müßte, doch jetzt fehlt ihm genau das, was er eben noch so sehnlich abzuschütteln hoffte. Es ist dieselbe Unzufriedenheit, die ihn vorher den Verlust der Willenskraft und die Passivität des Rauscherlebens als „unerträglich" empfinden ließ. Die Ursache hierfür ist die durchaus nachvollziehbare Weigerung des Individuums, sich selbst aufzugeben. Es ist der Selbsterhaltungstrieb der Persönlichkeit, die sich der Gewalt des Meskalins nicht unterwerfen will. Bei Michaux folgte hierauf ein Gewöhnungsprozeß, den man der Trainingsphase eines Meditationsschülers vergleichen könnte, der lernen soll, seine körperlichen Bedürfnisse den geistigen Interessen unterzuordnen. So geschah zuletzt das Erstaunliche: Michaux akzeptierte die rigorose Herrschaft des Abstrakten im Meskalinrausch und machte sich zum selbstlosen Schreiber der neuen Macht, indem er begann, ihre Wirkungsweisen und Manifestationen quasiwissenschaftlich festzuhalten. Sein Ziel war nun nur noch die reine Dokumentation, keine Poesie mehr, keine Formulierung individueller Bildinhalte. Doch aus der begonnenen Dokumentation der Phänomene wurde unversehens, wie Loreau feststellt, etwas ganz Anderes, eine neue Art der Poesie:

> Und das, was als Beschreibung eines Phänomens – nämlich der Entstehung des Nichts – begonnen wurde, wird zu einem lyrischen Gedicht, wie man es bei Michaux bislang nicht fand: „Vermählt mit dem Gewaltigen, der gewaltigen Ganzheit von allem ... Im Einzigartigen, vom Einzigartigen umschlossen, das fortströmte, das über die Ufer trat, das souverän voranging, und ich im Takt dazu, alles vereinend, vereinend, vereinend, vereinend ... Hymne, die allem offensteht. Hymne ich selbst. Hymne. Die Weite hatte ein Verb gefunden." Dieses gewisse Andere, das das Meskalin aufblühen läßt und dem er sich endlich ergibt und zustimmt, das, was er oft *nichts* nennt, ist Poesie geworden. Die Sprache ist nicht mehr Ausdruck eines Bildes, noch ein Kreislauf zwischen den Bildern oder eine Passage von einem Bild zum andern. Sie ist das, was aus der maßlosen Leere kommt und aufsteigt, der sich Michaux öffnet, der er sich ausgesetzt, ausgeliefert hat. Und die Poesie, die sich mit inneren Welten auseinandersetzte, die von feindlichen Wesen, von Monstern, also von Bildern, bewohnt sind, besteht nunmehr jenseits aller Bilder. Ihre neue Domäne ist vor allem das Weiß – das Weiß ohne Grenzen.[100]

Diese neue Art der Poesie hat einen archaischen, ursprünglichen Charakter; sie ist gewissermaßen das amorphe Chaos, aus dem sich alle anderen Arten der Poesie in ihren individuellen Konkretisierungen herleiten. Sie ist eine Poesie des Nichts, des „rien", das Loreau folgendermaßen charakterisiert:

> [Das Nichts] bildet den zentralen Schauplatz, der Voraussetzung jeder Poesie ist und der, wenn er auch kreativ ist, nichts hervorbringt, was für ein Ding gehalten werden könnte, nichts darstellt. Da es also nichts darstellt, ist es leer. Aber es erzeugt die Poesie. Es ist demnach etwas, das, obgleich leer, die Poesie erscheinen läßt: es stellt ihren Ursprung dar – das, was der Poesie vorhergeht, es legt sie fest und enthält doch in sich nichts Geformtes, während es dasjenige ist, was alle möglichen Formen umfaßt. ... Ohne jeden bestimmten Inhalt, beeinflußt es die Bilder und ihr Hervorsprudeln, ihre Verbindungen und ihr Verschwinden. Es ist das, was man frei nach Kant *das apriorisch reine Poetische* nennen könnte.[101]

So gelangte Michaux im Lauf seiner Meskalinerfahrungen, ohne es zunächst selbst recht zu bemerken, aber dann daran festhaltend und es zu seinem neuen Schaffensprinzip erhebend, aus der Position eines Unerhörten, eines Verbannten, zur reinen Poesie. Zusammenfassend schreibt Loreau über die Bedeutung dieser Entdeckung, die sich zwangsläufig über alles Definierte erhebt und zur Durchsetzung ihrer Herrschaft die von der Willenskraft gesteuerten konkurrierenden Bereiche zerstören muß:

> Das Neuartige besteht darin: in der Entdeckung, daß sich das Poetische nicht beherrschen läßt, daß es eine außergewöhnliche, schreckliche Macht ist, welche die Festungsmauern der erlernten Sprache des Ich niederreißt; daß es eine Macht ist, die, um sich zu befreien, einen Kampf mit der Willenskraft in all ihren etablierten Formen aufnimmt, und daß diese Macht, da sie unendlich und maßlos ist, wenn sie herrschen soll, zwangsläufig zuerst die Partien angreifen muß, die von der Willenskraft geleitet werden. Daher der erste Beschluß von Michaux, der die Quelle seiner Stimmung war, systematisch das zu entstellen, was die Welt seinen Augen bietet. Erst danach kann die Poesie zurückkommen: um zu feiern, um sich vom Strom des Ganzen tragen zu lassen, um sich dem wieder hinzugeben, was dem Blick sein Leben verleiht, um sich mit dem Zauber der Geburt zu verbinden, sich einer Art der Weisheit zu widmen. „Ich habe wieder anspannen lassen / Ich bin nicht mehr verbannt" (*Chemins cherchés*, p. 151). „Ein neues Ich geht voran" (*id.*, p. 149). „Aus allem denkt der Morgen" (*Moments*, p. 113).[102]

IV. Die Muse aus der Flasche

Während viele trunksüchtige Autoren überzeugt waren, im Alkohol eine unverzichtbare Antriebskraft ihrer literarischen Kreativität und Ausdruckskraft zu finden[103], stellt sich die Wirkung des kontinuierlichen Alkoholgenusses aus medizinischer Sicht als eine schwerlich positiv zu bewertende Beeinträchtigung der körperlichen und seelisch-geistigen Funktionen dar. Das Wirkungsspektrum reicht demzufolge von einer allgemeinen Dämpfung der intellektuellen Fähigkeiten und einer starken

Herabsetzung der Selbstkritik bis zur völligen Desorientierung und Isolation einer alkoholabhängigen Person im fortgeschrittenen Stadium:

> Bei zahlreichen Untersuchungen mit psychologischen Testmethoden zeigte sich eindeutig, daß bei chronischen Alkoholikern Ausfälle bestehen, die eine mehrschichtige Schädigungsstruktur aufweisen. Sie umfassen Leistungen der Aufmerksamkeit, der Konzentration, der Wahrnehmung, der Motorik und des Gedächtnisses. Die Feinmotorik war stärker geschädigt als die Grobmotorik. Die Gedächtnisausfälle betrafen vor allen Dingen das Aufnehmen und die Reproduktion von visuellen Eindrücken, während verbale Eindrücke besser behalten und wiedergegeben werden konnten. Die Intelligenzleistungen erwiesen sich besonders dann als beeinträchtigt, wenn sie unter Zeitdruck gefordert wurden und wenn sie mit der Forderung nach Flexibilität verbunden waren. Das abstrakte Denken war am meisten geschädigt. Zusätzlich fanden sich noch Verhaltens- und Stimmungsanomalien sowie Desorientiertheit hinsichtlich Raum und Zeit, ferner Dyspraxien, Konfabulationen, Dysphasien und Perseverationsneigungen.[104]

> [*Dyspraxie* = durch Lähmung der Willenskraft bestehende Handlungs- und Bewegungsunfähigkeit; *Konfabulationen* = frei erfundene schwatzhafte Einfälle im Delirium, die in Kombination mit Gedächtnisstörungen auftreten; *Dysphasien* = Sprechschwierigkeiten; *Perseveration* = beharrlich wiederkehrende Beschäftigung mit bestimmten Gedanken, Erlebnissen, Tätigkeiten. – Anm. d. Vf.]

Muß es angesichts solcher Befunde nicht völlig abwegig erscheinen, wenn man in der Wirkung des Alkoholrausches kreativitätsfördernde Impulse vermutet? Diesem Eindruck ist wiederum zunächst entgegenzuhalten, daß das Rauscherleben immerhin eine Erweiterung des persönlichen Erfahrungshorizontes darstellt und dem Künstler daher neue Perspektiven eröffnen kann, die vorher nicht oder kaum gegeben waren. So schreibt Forseth ganz zu Recht: „Ich möchte aber nachdrücklich betonen, daß es noch zu zeigen wäre, ob Alkohol zwangsläufig schlecht für die Kunst ist, selbst dann, wenn der Künstler alkoholabhängig ist. Man muß unterscheiden zwischen der Zerstörung eines individuellen Lebens und der Hervorbringung von Kunstwerken. Dick Diver in *Tender is the Night* und Julian English in *Appointment to Samarra* und der Konsul in *Under the Volcano* sind hervorragende Schöpfungen, die nur von Alkoholikern zuwege gebracht werden konnten."[105]

Tatsächlich ist es im Hinblick auf das literarische Schaffen von großer Bedeutung, daß der Alkohol beim Trunksüchtigen in allen Fragen der Lebensführung und der persönlichen Weltanschauung die Regie führt. Gilmore bedauert daher, daß in den meisten Biographien trinkender Schriftsteller die nicht nur mögliche, sondern sehr wahrscheinliche Beeinflussung ihres Schaffens durch die Trunksucht kaum oder gar nicht berücksichtigt wird.[106] Das bloße Leben *under the influence* prägt natürlich die ganze Denk- und Empfindungsweise des Alkoholikers und hinterläßt somit auch seine Spuren in dem von ihm geschaffenen Kunstwerk. Das heißt nicht nur, daß die eigenen Erfahrungen als Lebensbeichte in der Art der *Alcoholic Memoirs* von Jack London ihren literarischen Niederschlag finden oder – wie bei fast allen Werken Malcolm Lowrys oder in Hans Falladas Roman *Der Trinker* – in Fiktion umgesetzt werden können. Es heißt auch, daß bereits bestehende Gedankenrichtungen und

IV. Die Muse aus der Flasche

Themenbereiche, mit denen sich der Künstler auseinandersetzt, durch die Erfahrungen seines Alkoholikerlebens für ihn eine besondere Relevanz und persönliche Nähe gewinnen können. Probleme der Ich-Findung, der Orientierungslosigkeit, die Erfahrung einer beängstigenden Diversität in einer chaotischen Welt ohne Zusammenhang – all dies kann durch ähnliche Erfahrungen, die der Alkoholismus bewirkt, nicht nur nachvollzogen, sondern unmittelbar erlebt werden. Fallada beschreibt etwa eine für den Alkoholiker typische Unsicherheit:

> … ich hatte aber doch den Argwohn, daß mir vielleicht etwas von meinem Alkoholgenuß anzumerken oder etwas an meiner Kleidung nicht in Ordnung sei. Ich hatte es schon erfahren, daß eine der schlimmsten Gaben, die der Alkohol mit sich bringt, dieses Unsicherheitsgefühl ist, ob irgend etwas an einem nicht ganz stimmt. Man kann sich noch so oft im Spiegel mustern, die Kleidung ablesen, jeden Knopf nachprüfen – nie, wenn man etwas getrunken hat, ist man ganz sicher, daß man nicht doch etwas übersehen hat, etwas ganz offen zutage Liegendes, das man aber doch trotz gespanntester Aufmerksamkeit immer wieder übersieht. Im Traum hat man ganz ähnliche Gefühle, bewegt sich heiter in der gewähltesten Gesellschaft und entdeckt plötzlich, daß man vergessen hat, seine Hosen anzuziehen.[107]

Wer sich durch die tägliche Erfahrung solcher Unsicherheiten zu einem grundsätzlichen Mißtrauen gegenüber allen wahrgenommenen Dingen veranlaßt sieht, kann sich auch in keinem weltanschaulichen Gebäude mehr behaglich fühlen, da er stets befürchten muß, daß es schon im nächsten Krisenmoment einstürzen und ihn unter den Trümmern begraben könnte oder daß der Boden unter seinen Füßen plötzlich brüchig wird und ihn in einen Abgrund fallen läßt. In dieser Situation führt die Angst vor dem ideologischen Vakuum, das keinen Halt und keine Orientierungshilfen mehr bietet, oft zu einer panischen Suche nach absichernden Elementen. Zu diesem Zweck ist alles willkommen, wobei die eklektizistische Verbindung heterogener und selbst gegensätzlicher Vorstellungen der verzweifelten Hoffnung entspringt, im Notfall gewissermaßen auf einen Ersatzfallschirm zurückgreifen zu können: Wenn ein weltanschauliches System sich als untauglich erweist, so mag ein zweites, ein drittes, ein viertes vielleicht standhafter sein. So gründet wahrscheinlich Lowrys ausgeprägte eklektizistische Neigung auf dieser durch den Alkoholismus verstärkt empfundenen Unsicherheit. Immerhin verband er, der sich als „konservativ-christlicher Anarchist"[108] bezeichnete, christliches, buddhistisches und kabbalistisches Gedankengut zu einem merkwürdigen Potpourri, in dem auch Elemente des Voodoo-Kultes, volkstümlichen Aberglaubens und eine verschwommene Vorstellung von kommunistischen Ansichten ihren Platz fanden, während sein literarisches *alter ego*, der Konsul Geoffrey Firmin in *Under the Volcano*, seine Weltanschauung auf ein nicht minder seltsames Sammelsurium mythischer, magischer, philosophischer und literarischer Anleihen gründet, die ihm nach Belieben zur Verfügung stehen, um drängenden Problemen mit dem nötigen Anschein von Souveränität zu begegnen.

Daß die persönliche Erfahrung des Alkoholismus die literarische Arbeit durchaus bereichern kann, läßt sich auch am Beispiel eines der wichtigsten Motive der

Weltliteratur demonstrieren, nämlich dem Motiv der Schuld (vgl. auch Seite 606 ff.). Unzufriedenheit, Ennui und das Aufbegehren gegen die Unzulänglichkeiten des Lebens: dies ist der ewige Schatten der Kunst, ohne den sie nicht sein kann. Schon deswegen hat die künstlerische Tätigkeit etwas Unverzeihliches, denn sie erlaubt sich den Luxus des Zweifels und übt Kritik an der Schöpfung, die sie im Rausch ihrer eigenen Entwürfe zu übertreffen versucht. In diesem Sinn ist die Feier des kreativen Geistes ein Indiz anmaßenden Größenwahns und die Kunst überhaupt ein geradezu blasphemisches Gewerbe, dessen Ausübung zu heftigen Schuldgefühlen Anlaß gibt. Auch das mit der Kunst oft verbundene Streben nach Erkenntnis kann als Übertretung göttlicher Gebote und als Verletzung der Weltordnung gedeutet werden, die in Adams und Evas Ursünde ihren ersten Präzedenzfall hat. Seit der Vertreibung aus dem Garten Eden lebt der Mensch im Bewußtsein einer untilgbaren Schuld und sucht, wie Kleist 1810 formulierte, eine Hintertür, durch die er in das verlorene Paradies zurückkehren könnte.[109] Es ist diese Sehnsucht, die dem Wesen der Kunst zugrunde liegt und die Zeitlosigkeit des Schuld-Motivs begründet. Auch bei Baudelaire ist die Schuld ein Damoklesschwert, das alle seine Werke überschattet; Schuld ist das Verhängnis, das die Gestalten bei Poe in den Abgrund stürzt, und der ewig gleiche Protagonist Malcolm Lowrys agiert fast immer im Bewußtsein einer schrecklichen Schuld und der Gewißheit seiner unvermeidlichen Verdammnis.[110] Schuldgefühle gehören aber auch zu den charakteristischen Folgen des Alkoholismus. So verbindet sich der Alkoholgenuß bei Fallada mit einer düsteren Lockung neuer Erkenntnisse und impliziert auf diese Weise die sündhafte Mißachtung eines Verbots:

> Ich griff zur Flasche und schenkte mir wieder ein. Schon jetzt war mir klar, daß ich völlig betrunken war und daß ich nicht mehr weitertrinken durfte. Dennoch blieb der Hang weiterzutrinken stärker. Das farbige Gespinst in meinem Hirn verlockte mich, die nie betretenen dunklen Dickichte in meinem Innern reizten meinen Fuß; ferne rief leise nach mir eine Stimme, ich wußte nicht was, jedenfalls Lockung ...[111]

Besonders deutlich zeigen sich die Schuldgefühle des Alkoholikers, wenn er sich bemüht, seine Trunksucht vor der Umwelt zu verschleiern. Charles R. Jackson, Hans Fallada und Malcolm Lowry beschreiben ausführlich die Anstrengungen ihrer Protagonisten, ihr Laster geheimzuhalten. In *The Lost Weekend* stellt der Trinker Don Birnam einen erstaunlichen Erfindungsreichtum unter Beweis, als es darum geht, die heimlich gekauften Whiskyflaschen zu verstecken.[112] „Ich habe die leere Flasche in einem Gebüsch des Gartens verborgen, nun steige ich auf meinen nackten Füßen ganz leise die Stufen zur Haustür empor," erzählt Falladas Trinker[113], und auch Lowrys Konsul hat seine heimlichen Depots im Garten, den er zu Beginn des 5. Kapitels so eilig und zielstrebig durchquert, daß er auch dem flüchtigen Blick kaum noch als müßiger Hobbygärtner erscheinen kann:

> Ihm kam der gräßliche Gedanke, daß die Nachbarn ihn beobachten könnten und wohl schwerlich annehmen würden, er schlendere mit einer harmlosen gärtnerischen Absicht durch seinen Garten. Der Konsul ... schlenderte auch gar nicht, sondern rannte fast, und

außerdem taumelte er. Vergeblich bemühte er sich um Haltung: mit bewußter Lässigkeit, die ihn große Anstrengung kostete, aber hoffentlich den deutlichen Eindruck konsularischer Würde erweckte, vergrub er die Hände noch tiefer in die verschwitzten Taschen seiner Smokinghose. Und jetzt rannte er wirklich ungeachtet seines Rheumas ... [UV 126; 135]

Das Ziel seines eiligen Laufs ist eine im Gebüsch verborgene Flasche Tequila, die er unter den empörten Einwänden seines Gewissens wiederfindet:

> Zitternd führte der Konsul die Flasche wieder an die Lippen. „Jesus, welch ein Segen. Zuflucht ... Grauen", setzte er hinzu. „... Halt. Stell die Flasche hin, Geoffrey Firmin, was machst du mit dir?" sagte eine andere Stimme ihm so laut ins Ohr, daß er sich umwandte. Vor ihm auf dem Pfad huschte eine kleine Schlange, die er für einen Zweig gehalten hatte, raschelnd ins Gebüsch ... [UV 127; 136]

Die kleine Schlange ist natürlich ein Hinweis auf Satan, der in Schlangengestalt Eva zur Sünde anstiftete, und zeigt, daß der Konsul durch sein Trinken eine kolossale Schuld auf sich lädt, die so schwerwiegend ist wie die des ursprünglichen Sündenfalls. Sein Alkoholismus, in dem sich seine Unfähigkeit zu lieben offenbart, ist ein Vergehen, das den Zorn Gottes bewirkt und unausweichlich in die Hölle führt. Das zeigt etwa die Sonnenblume, die den Konsul mit ihrem haßerfüllten Blick verfolgt:

> Der Konsul sprach stockend, während Hugh seinen Nacken rasierte. „Und siehst du diese Sonnenblume, die in mein Schlafzimmerfenster hereinsieht? Den ganzen Tag glotzt sie in mein Zimmer."
> „Was sagst du – sie hopst in dein Zimmer?"
> „Sie glotzt – böse. Den ganzen Tag. Wie Gott!" [UV 179; 190][114]

Gilmore weist darauf hin, daß es sich hier um eine Anspielung auf Christopher Marlowes Drama *The Tragical History of Doctor Faustus* (um 1590) handelt, wo die Titelfigur in Anlehnung an die Passion Christi zuletzt fleht: „Mein Gott, mein Gott, sieh mich nicht so furchtbar an!"[115] Hier wird das durch den Alkoholismus begründete Schuldgefühl mit der Schuld anmaßenden Erkenntnisstrebens verknüpft, beides zusammen formiert sich zu einem wichtigen Leitmotiv des Romans. Was dem Schuldmotiv in *Under the Volcano* seine beeindruckende Intensität verleiht, ist die Tatsache, daß Lowry mit den durch Gewissensbisse verursachten Qualen aus eigener Erfahrung bestens vertraut war, woran die typischen Schuldgefühle des Alkoholikers maßgeblichen Anteil hatten: es besteht kein Zweifel, daß Lowry wußte, wovon er sprach. Er wußte es nur zu gut.

Kann der Alkohol dem kreativen Schaffen also förderlich sein oder nicht? Der Lowry-Kritiker Art Hill, der das Schicksal des Alkoholikers aus eigener Erfahrung kennt, empfindet schon den bloßen Gedanken als absurd:

> Arthur Calder-Marshall, der englische Romancier, sagte über Lowry, daß er „das Trinken als elementaren Bestandteil des kreativen Schaffens" verstand. Der anonyme Rezensent des *Times Literary Supplement* meint, Lowry habe den Alkohol als „visionsvermittelnde Droge" benutzt. Max-Pol Fouchet, der soviel dazu beigetragen hat, Lowrys Werk in Frankreich bekannt zu machen, fällt dem gleichen Irrtum anheim. Er sagt vom Konsul,

und bezieht sich wohl auch auf Lowry: „Das Trinken ist für ihn kein Laster, sondern eine Passion der Seele, ein Mittel der Erkenntnis."

Dies sind nur einige Beispiele für die Ansicht, die unter Kritikern von Lowry, Dylan Thomas und anderen, ähnlich belasteten Schriftstellern verbreitet ist, daß Alkohol oder jede andere Droge als Werkzeug der Kreativität benutzt werden könne. Das ist nicht der Fall. Die Vorstellung, daß dieses Instrument des Vergessens ein „Mittel der Erkenntnis" sein könne, ist völlig lächerlich.[116]

Auch wenn man berücksichtigt, daß Hills Überzeugung auf konkreten eigenen Erfahrungen beruht, so muß es doch überraschen, mit welcher Selbstverständlichkeit er die Möglichkeit abweichender Erfahrungen anderer Alkoholiker ausschließt und seinen Urteilsspruch sogar auf das gesamte Spektrum aller Rauschmittel bezieht. Feststellungen wie diese sind wenig geeignet, die Problematik einer Kreativitätsbegünstigung durch Drogen zu erhellen. Allerdings sind auch die von Hill zitierten Aussagen, welche die Frage unter umgekehrtem Vorzeichen entscheiden, nicht viel höher zu bewerten, wenngleich sie sich immerhin allein auf Lowry beschränken.[117]

Die Frage nach der kreativitätsbegünstigenden Wirkung des Alkohols oder jeder anderen Droge ist mit einem einfachen Ja oder Nein nicht zu beantworten. Ablehnende Äußerungen wie die Art Hills und zustimmende Äußerungen wie bei Day und einer großen Zahl weiterer Lowry-Kritiker werden der Fragestellung nicht gerecht, da sie sich mit bloßen Behauptungen begnügen und kein Bemühen erkennen lassen, Argumente sorgfältig gegeneinander abzuwägen und die weltanschauliche Grundlage eines wie auch immer ausfallenden Urteils zu klären. Immerhin läßt sich wohl aber wenigstens das Folgende festhalten: Im *akuten* Rauschzustand ist durch die einschläfernd-betäubende Wirkung des Alkohols in der Regel jeder kreative oder sonstige intellektuelle Willensakt praktisch ausgeschlossen. Selbst wenn es einem Autor gelingen sollte, im Zustand der Volltrunkenheit seine Feder in einer geraden Linie über das Papier zu führen und die Worte sogar in einen nachvollziehbaren Bedeutungszusammenhang zu stellen, so ist das Ergebnis dieser Anstrengung kaum jemals geeignet, auch noch das nüchterne Bewußtsein zu begeistern. Häufig aber ist im Vollrausch schon die einfachste Voraussetzung der literarischen Produktion, nämlich die zur Ausführung und Aufzeichnung von Gedanken nötige physische Beweglichkeit nicht mehr vorhanden. Eine Ausnahme von dieser allgemeinen Regel kann jedoch im Fall des chronischen Alkoholikers bestehen, dessen Geist und Körper bereits so sehr von der Alkoholzufuhr abhängig sind, daß sie ohne sie nicht mehr normal funktionieren können. Jack London schildert diese Abhängigkeit so:

> Eine Folge dieses regelmäßigen starken Trinkens war, daß es mich abstumpfte. Mein Geist gewöhnte sich so sehr daran, durch künstliche Mittel rege und aktiv zu werden, daß er gar nicht mehr ohne künstliche Mittel rege und aktiv werden wollte. Alkohol wurde mir immer unentbehrlicher, um unter Leuten zu gehen und gesellschaftsfähig zu sein. Ich mußte den Kitzel und die Kraft von dem Zeug spüren, das Madenkribbeln, das angenehme Hirnglühen, den Lachreiz, den Anflug von Teuflischkeit und den Stachel, die

lächelnde Gleichmut gegenüber den Dingen an der Oberfläche, bevor ich mich zu meinen Mitmenschen als einer von ihnen gesellen konnte. [JB 177]

Viele Schriftsteller befanden sich als chronische Alkoholiker in einer solchen Lage. Ohne die regelmäßige Befriedigung ihrer Trunksucht waren sie gar nicht mehr fähig, ihre gewohnte Arbeit zu tun. William Faulkner etwa, der bei der Arbeit den Whisky stets in Reichweite hatte, konnte in seiner späteren Schaffenszeit ohne Alkohol keine vernünftige Zeile mehr schreiben. Nur mit Mühe gelang es ihm, den Tag der Übergabe des Nobelpreises in Stockholm nüchtern zu überstehen.[118] Auch Scott Fitzgerald, der als junger Mann anscheinend schon von sehr geringen Alkoholmengen betrunken wurde, blieb fast bis zuletzt überzeugt, ohne die stimulierende Wirkung der Droge zu keiner kreativen Leistung fähig zu sein.[119] In solcher Hinsicht ist dann vielleicht doch das eine oder andere Kunstwerk unter dem unmittelbaren Einfluß des Alkohols entstanden. In der Regel aber wird sich eine kreative Bereicherung erst mit dem Abklingen des Rausches erweisen, wenn die Erinnerung an Rauscherlebnisse und -gedanken abrufbar wird. Dabei können wohl manche der erinnerten Bewußtseinsinhalte tatsächlich direkt der Alkoholwirkung zuzuschreiben sein, wenn sie etwa die gewohnte Operationsweise des Intellekts und bestehende Barrieren innerhalb des Bewußtseins zumindest teilweise außer Kraft setzt und damit ansonsten „unmögliche" Gedankensprünge erlaubt. Der Künstler setzt also die Erinnerung an sein Rauscherleben in die Sprache seiner Kunst um – ein Bild, ein Prosastück, eine musikalische Komposition. Es ist durchaus denkbar, daß ihm selbst bereits die Bedeutung und die einstigen Zusammenhänge des Erinnerten nicht mehr bewußt sind, so daß er mitunter nach Vollendung seines Werkes zu keiner schlüssigen Deutung der Materie mehr in der Lage ist. Wenn er zu diesem Zeitpunkt nicht zu der Überzeugung gelangt, nur blanken Unsinn produziert zu haben, so wird er (auch wenn ihm ein Verständnis der Bedeutungen seines Werkes versagt bleiben mag) wenigstens mit einiger Gewißheit empfinden, daß sein Werk Erkenntnisse und Einsichten beinhaltet, die aber sprachlich nicht zu definieren sind. Vielleicht wird ihm nach einem weiteren Rauscherlebnis die ursprüngliche Bedeutung der zum Kunstwerk gewordenen Erinnerung wieder verständlich, vielleicht auch bleibt das Mysterium nun für immer zwischen den Zeilen. Es gibt eine Reihe von Kunstwerken, von denen in diesem Sinn eine besondere Wirkung ausgeht, ohne daß man ihre genaue Ursache kennt. Solche Werke befremden und faszinieren zugleich, erscheinen sie doch oft wie Botschaften aus einer anderen Welt. Ein Beispiel hierfür sind viele Zeichnungen und Gemälde von Geisteskranken: man betrachtet sie und spürt die Bedeutung, doch es fehlt der Schlüssel zu den Symbolen. Auch viele Gemälde van Goghs, der seinen Daseinsqualen im Absinthgenuß zu entrinnen suchte, wirken auf ähnliche Art verschlüsselt. Seine Schaffensweise war impulsiv und spontan, er hatte Visionen, und er war fasziniert vom Wesen der Farben, die er oft ungemischt auf die Leinwand brachte. Viele seiner Gemälde zeichnen sich durch gewagte, grelle Farbkombinationen aus, die wie ein Aufschrei wirken und die ganze Atmosphäre bestimmen. Die Ursache dieses stummen Schreiens bleibt aber rätselhaft; wir hören es zwar und ahnen vielleicht die Not und Verzweiflung, die sich in ihm ausdrückt, doch wir verstehen es nicht.[120]

Ungeachtet der medizinischen Erkenntnisse, die dem Alkoholrausch eine nur sehr eingeschränkte kreative Nutzbarkeit bescheinigen, hat der Mythos vom Alkohol, der dem Dichter wie Mephistopheles dem Faust um einen hohen Preis Einblicke in die Geheimnisse des Universums gewährt, bis heute offenbar nichts von seiner Faszination eingebüßt. In der Kunst ist alles erlaubt; als ein Medium der Subjektivität genießt sie das Vorrecht, sich nach Belieben über all das hinwegzusetzen, was Allgemeingültigkeit beansprucht und als „faktisch erwiesen" angesehen wird. Wenn die Gesetze der Physik überall auf der Welt Bestand haben und niemand sich ihnen zu entziehen vermag, so können sie doch in der Kunst schon mit einem Federstrich außer Kraft gesetzt werden. Aus diesem Grund wird es der Geisteswissenschaftler schwerlich als mangelhaft empfinden, wenn ein Autor sich an Ideen orientiert, die aus der naturwissenschaftlichen Perspektive in Anbetracht vorliegender Forschungsergebnisse unsinnig erscheinen mögen. Wenn etwa Heinrich Bölls Protagonist in den *Ansichten eines Clowns* Gerüche über den Telefonhörer wahrnehmen kann, so ist dies im Rahmen einer Interpretation des Buches völlig akzeptabel und mag sogar entscheidend sein, wenn die Erwähnung dieses Phänomens als symbolischer Hinweis auf eine tiefere Bedeutungsebene verstanden werden kann. In ähnlicher Weise kann in der Literatur auch eine vom empirischen Standpunkt aus unkorrekte Einschätzung der Wunder des Alkoholrausches Aufschluß über das gedankliche Konzept des Werkes oder die Denkweise und Phantasie seines Autors geben. Mit diesen Worten soll nicht gesagt werden, daß die im Folgenden skizzierten Ansichten verschiedener Schriftsteller über die kreativitätsbegünstigende Wirkung des Alkohols sachlich falsch wären, sondern sie sollen verdeutlichen, daß der Mythos des Alkohols in der Kunst oft auf einen bestimmten weltanschaulichen Zusammenhang verweist, der jenseits von empirischen Prinzipien der Wahrheitsfindung besteht.

*****

In Eckermanns Aufzeichnungen seiner Gespräche mit Goethe ist eine Äußerung des Weimarer Dichterfürsten überliefert, die Schillers weniger gelungene Werke auf seinen gelegentlichen Alkoholgenuß zurückführt:

> Schiller hat nie getrunken, er war sehr mäßig; aber in solchen Augenblicken körperlicher Schwäche suchte er seine Kräfte durch etwas Likör oder ähnliches Spirituoses zu steigern. Dies aber zehrte an seiner Gesundheit und war auch den Produktionen selbst schädlich.
>
> Denn was gescheite Köpfe an seinen Sachen aussetzen, leite ich aus dieser Quelle her.[121]

Es ist nicht überraschend, diese Ansicht aus dem Mund eines Mannes zu vernehmen, der die Romantik als eine Zumutung empfand und im Unterschied zur „gesunden" Klassik als „krank" bezeichnete. Ebensowenig kann es daher verwundern, daß der von Goethe eher als pathologisches Phänomen denn als Dichterkollege angesehene

E. T. A. HOFFMANN zu einem ganz anderen Urteil über die Wirkung des Alkohols auf das künstlerische Schaffen kommt. In den „Kreisleriana" schreibt sein *alter ego*, der Kapellmeister Johannes Kreisler:

> Man spricht so viel von der Begeisterung, die die Künstler durch den Genuß starker Getränke erzwingen – man nennt Musiker und Dichter, die nur so arbeiten können (die Maler sind von dem Vorwurfe, soviel ich weiß, frei geblieben). – Ich glaube nicht daran – aber gewiß ist es, daß eben in der glücklichen Stimmung, ich möchte sagen, in der günstigen Konstellation, wenn der Geist aus dem *Brüten* in das *Schaffen* übergeht, das geistige Getränk den regeren Umschwung der Ideen befördert. – Es ist gerade kein edles Bild, aber mir kommt die Fantasie hier vor wie ein Mühlrad, welches der stärker anschwellende Strom schneller treibt – der Mensch gießt Wein auf, und das Getriebe im Innern dreht sich rascher! [K 37/38]

Hoffmann läßt in dieser Passage keinen Zweifel aufkommen, daß er die Vorstellung vom Alkohol als kreativitäts*erzeugendem* Wundermittel zurückweist, aber er unterstreicht andererseits seine Überzeugung, daß der Wein bei der Ausgestaltung eines *vorher* ersonnenen Konzeptes einen sehr fruchtbaren Einfluß habe, indem er die Ideen zur Umsetzung des Planes lebhafter sprudeln lasse – eine Ansicht, die er freilich kurz darauf ironisch auf die Spitze treibt:

> Sollte es wirklich geraten sein, dem innern Fantasie-Rade Geistiges aufzugießen (welches ich doch meine, da es dem Künstler nebst dem rascheren Schwunge der Ideen eine gewisse Behaglichkeit, ja Fröhlichkeit gibt, die die Arbeit erleichtert), so könnte man ordentlich rücksichts der Getränke gewisse Prinzipe aufstellen. So würde ich z. B. bei der Kirchenmusik alte Rhein- und Franzweine, bei der ernsten Oper sehr feinen Burgunder, bei der komischen Oper Champagner, bei Kanzonetten italienische feurige Weine, bei einer höchst romantischen Komposition, wie die des Don Juan ist, aber ein mäßiges Glas von eben dem von Salamander und Erdgeist erzeugten Getränk anraten! [K 38/39]

Das letztgenannte Getränk, die von Hoffmann wie von Kreisler hochgeschätzte Feuerzangenbowle, wird als das Produkt jener kosmischen Schöpfungskräfte beschrieben, die in phantastischen Erzählungen wie *Der goldene Topf* hinter der Belanglosigkeit des Alltagslebens hervorscheinen. Die Erzeugung dieses alkoholischen Getränks wird hier also, wie Lee Jennings bemerkt, zum Symbol für den schöpferischen Akt: „Im Kampf von Feuer und Erde können wir eine Fixierung des Geistes in der Materie erkennen, die Essenz des kreativen Aktes."[122] Und so gelangt Jennings zu dem Schluß: „Bei Hoffmann ist der Alkohol eine bewußtseinserweiternde Droge. Er mag der Schlüssel zu ätherischer Seligkeit sein; er mag anregend wirken und dann benebeln; er mag Einblicke in Himmel und Hölle verschaffen. Doch er vermag nichts, was das Bewußtsein nicht auch ohne ihn könnte."[123] Die leichtherzige Ironie von Hoffmanns Empfehlungen für den trinkenden Komponisten kann nicht darüber hinwegtäuschen, daß er hier das Wesen der Kunst anspricht, die aus einem gewaltigen Kampf wie ein neues Universum entsteht. Die hier im Spiel befindlichen Mächte sind dieselben, die im Alkohol wirksam sind. So wie die Urgewalt des Feuers gestaltend wirken kann, kann sie aber auch zerstören, und darum beendet Hoffmann seine Ausführungen mit dem Hinweis, daß auch im Alkohol eine stets latente Gefahr lauert: „Doch überlasse ich jedem seine individuelle Meinung und finde nur nötig, für mich selbst im stillen zu bemerken, daß der Geist, der von Licht und unterirdischem Feuer geboren, so keck den Menschen beherrscht, gar gefährlich ist, und man seiner Freundlichkeit nicht trauen darf, da er schnell die Miene ändert und statt des wohltuenden behaglichen Freundes, zum furchtbaren Tyrannen wird." [K 39]

Der Mythos vom Alkohol als Freund des Dichters ist untrennbar mit der Mythisierung des trinkenden Schriftstellers selbst verbunden. Trunksüchtige Autoren haben immer wieder auf große Kollegen verwiesen, deren Alkoholismus im Urteil der Nachwelt häufig als eine der typischen Leidenschaften des *poète maudit* angesehen wurde. Der Tatbestand des Verfallenseins an ein Rauschmittel wurde oft vor dem Hintergrund der romantischen Suche nach der blauen Blume gesehen, die in ähnlicher Weise keine Ablenkungen, Kompromisse oder Zwischenlösungen duldet und vom leidenschaftlichen Gralsritter den äußersten Einsatz seiner Kräfte bis hin zur Selbstzerstörung fordert. So verklärt, wurde die Sucht drogen- oder alkoholabhängiger Dichter gewissermaßen als unabdingbares Gütesiegel oder Echtheitszertifikat des *poète maudit* gedeutet. Die durch die Sucht bewirkte Erfahrung größter Qualen ist nach einer solchen Vorstellung ein schlagender Beweis echter Leidenschaft, d.h. der Bereitschaft, für die höchste Erkenntnis alles bereitwillig aufzuopfern. Natürlich verkennt diese Mythisierung des süchtigen Dichters, daß das Moment der freien Entscheidung, also der bewußten Selbstopferung im allgemeinen nicht mehr gegeben ist, und versucht die Not der Sucht zu einer Tugend zu erheben. Selbst jene Schriftsteller, die die Schrecken der Sucht aus eigener Erfahrung kennen und nur zu gut wissen, daß der Drang nach erhabenen Einsichten in der erniedrigenden Situation des Entzugs jede Bedeutung verliert, halten oft unbeirrt an diesem Mythos fest. Verantwortlich dafür ist in vielen Fällen der verzweifelte Versuch des Suchtopfers, seine Selbstachtung zu retten, indem er seine Schwäche zur pathetischen Geste des unerschrockenen Wahrheitssuchers umdeutet. Es ist daher keineswegs überraschend, wenn trinkende Schriftsteller sich auf große Vorbilder berufen oder sich zumindest eine solche Beeinflussung nachsagen lassen. So verweist Tom Dardis auf seiner Suche nach einer Erklärung für die Entstehung von Faulkners Überzeugung, im Whisky einen wichtigen Verbündeten zu haben, auf dessen Bewunderung für Baudelaire, Verlaine und Swinburne, den Faulkner nach eigenem Bekunden als Sechzehnjähriger entdeckte: „Oder vielmehr: Swinburne entdeckte mich, als er wie ein Straßenräuber aus einem zerquälten Dickicht meiner Jünglingszeit hervorsprang und mich zu seinem Sklaven machte."[124] Dasselbe gilt für Eugene O'Neill, über den Dardis schreibt: „Beeinflußt durch Baudelaire und Swinburne, entwickelte O'Neill eine Rechtfertigung des Trinkens, die derjenigen Faulkners ähnlich ist"[125], und der in seiner Schilderung der Persönlichkeitszerstörung durch Drogen und Alkohol in dem Drama *Long Day's Journey Into Night* (1941) neben anderen Gedichten der „Schwarzen Romantik" auch Baudelaires „Enivrez-vous!" zitiert.[126]

IV. Die Muse aus der Flasche

Ein anderer amerikanischer Dichter, John BERRYMAN (1914–1972), der nicht zuletzt durch die Folgen seines Alkoholismus in den Tod getrieben wurde, benennt in seinem „Dream Song 265" ebenfalls Baudelaire und auch Poe als seine fatalen Vorbilder und stellt mit einem bedauernden Achselzucken fest, daß ihm der dunkle Wahnsinn dieser Dichter näher liege als die gesunde Naturverbundenheit Thoreaus:

> I don't know one damned butterfly from another
> my ignorance of the stars is formidable,
> also of dogs & ferns
> except that around my house one destroys the other
> ...
> next time it will be nature & Thoreau
> this time is Baudelaire if one had the skill
> and even those problems O
> At the mysterious urging of the body or Poe
> reeled I with chance, insubordinate & a killer
> O formal & elaborate I choose you[127]

[ich kann keinen verdammten Schmetterling vom andern unterscheiden / mein Unwissen über die Sterne ist ungeheuerlich, / auch über Hunde & Farne, / abgesehn davon, daß um mein Haus herum eins das andere zerstört / ... / nächstes Mal wird's die Natur & Thoreau sein / diesmal ist's Baudelaire, hätte man doch das Geschick / und erst diese Probleme, Ach / dem geheimnisvollen Trieb des Körpers oder Poe / taumelte glücklich ich entgegen, widerspenstig & ein Killer / Oh Formales & Verzwicktes, dich wähle ich.]

Es wird deutlich, daß der Dichter sich ganz bewußt für das Abgründige entscheidet: so beneidet er Baudelaire geradezu um seine große Verzweiflung und empfindet Poes *imp of the perverse*, jenen unbezwingbaren Trieb, der sich gegen alle Interessen des Individuums durchsetzt und seine Vernichtung bewirkt, wie ein glorreiches Ideal. In dem Gedicht „Of Suicide" aus *Love & Fame* (1971), dem letzten Band, der noch zu seinen Lebzeiten erschien, beschwört Berryman die mexikanische Seelenlandschaft, die bei Malcolm Lowry und D.H. Lawrence (*The Plumed Serpent*) als visionäres *infernal paradise* beschrieben ist.[128] Und auf seiner Suche nach weiteren Vorbildern fällt ihm Rembrandt ein, der zwar kein Trinker, aber trotzdem von Visionen gepeinigt war, wie sie dem Alkoholiker geläufig sind:

> Rembrandt was sober. There we differ. Sober.
> Terrors came on him. To us too they come.
> Of suicide I continually think.
> Apparently he didn't. ...

[Rembrandt war nüchtern. Darin unterscheiden wir uns. Nüchtern. Schrecken suchten ihn heim. Auch uns ereilen sie. / An Selbstmord denke ich beständig. / Er tat's anscheinend nicht.]

In seiner scheinbar unausgefeilten Form wirkt das Gedicht wie eine Eintragung in ein Tagebuch, das nicht für ein Publikum geschrieben wurde. Und doch ist das vermeintlich nur zum privaten Gebrauch Bestimmte in einem Gedichtband veröffentlicht worden. Nun ist der tagebuchartige Stil ein Kunstgriff, der schon im 18. Jahrhundert häufig benutzt wurde, um durch den beim Leser erweckten Eindruck, eine Vertrauensperson des Erzählers oder Sprechers zu sein, eine intime Atmosphäre zu schaffen und ihn so in den Bann der geschilderten Ereignisse zu ziehen. Aber was für eine vertrauliche Nachricht kann es sein, die Berryman dem Leser hier übermitteln will? Sicher geht es ihm wie Lowry um die Darstellung neuer Einsichten über die Hölle des (Alkoholiker-) Daseins, doch abgesehen von dem vagen Hinweis, daß ein Trinker von Schrecken heimgesucht wird, hüllt sich der Sprecher tatsächlich in Schweigen. Offenbar wählte Berryman diese besonders eindringliche Form der literarischen Kommunikation, um sein Schweigen in einer paradoxen Pointierung hervorzuheben. Das Schweigen selbst ist die Nachricht und veranschaulicht die hoffnungslose Isolation des Alkoholikers, der nicht mehr in der Lage ist, sich der Welt mitzuteilen. Es scheint auf der Hand zu liegen, daß ein solches Verstummen das Ende aller Poesie bedeutet. Man muß hier jedoch bedenken, daß ein Fehlen sprachlicher Artikulation nicht unbedingt mit dem Fehlen jeglicher Kommunikationsabsicht identisch sein muß. So gibt es Beispiele (etwa das späte Werk Samuel Becketts), die ein Schweigen thematisieren, das nicht als ein Versagen vor, sondern als eine *Überwindung* der Sprache Bedeutung gewinnt – das Schweigen wird zu einer besonders konzentrierten Form der Mitteilung. Im Unterschied zu den meisten Formen der Prosa behandelt die Lyrik einen Gegenstand nicht, indem sie ihn entwickelt, sondern indem sie ihn auf relativ engem Raum zu einer kleinsten Bedeutungseinheit verdichtet. Aus der Vielfalt der sprachlichen Möglichkeiten werden einige wenige Worte mit Bedacht so ausgewählt, daß die ihnen anhängenden Konnotationen auf einer symbolischen Ebene ineinandergreifen und einen beachtlichen Raum „zwischen den Zeilen" füllen. Es ist also ein Charakterzug der Lyrik, daß sie die Sprache auf ein Minimum reduziert, wobei die Mitteilung überwiegend im Bereich des Nichtausgesprochenen liegt. Das ideale Gedicht wäre demnach eines, das ohne Worte auskommt. So gesehen, kann das Verstummen auch zu einem hohen Niveau des poetischen Ausdrucks führen.

Von welchem Verstummen aber mag nun in Berrymans Gedicht die Rede sein? Beklagt der Dichter die Zerstörung seines kreativen Potentials, so muß man sich fragen, wie es möglich war, diese Klage in der Form eines Gedichtes vorzutragen, das doch nur aufgrund eines kreativen Vermögens entstehen konnte. Nun könnte ein Zyniker sagen: Dieses Gedicht ist so schlecht, daß es die These seines Verfassers nur bestätigen kann. Man mag darüber streiten, ob es zu den Perlen moderner Lyrik gehört, aber ein schlechtes Gedicht ist „Of Suicide" sicher nicht. Berrymans Verzweiflung bezieht sich vielmehr auf seine soziale Isolation, also die durch den Alkoholismus bewirkte Unfähigkeit, weiterhin im Austausch mit der Gesellschaft zu stehen. Er beklagt gewissermaßen das gesellschaftliche Absterben seiner Person, während das poetische Vermögen weiterbesteht. Berryman beschreibt diesen unaufhaltsamen Verfall der Persönlichkeit in dem „Dream Song 311": „Hunger was constitutional with him, / women, cigarettes, liquor, need need need / until he went to pieces." [„Hunger war bei ihm ein Dauerzustand, / Frauen, Zigaretten, Alkohol, Gier Gier Gier, / bis er in Stücke sprang."] Doch diese Zerstörung hat ihr Gutes, denn: „The pieces sat up & wrote. They did not heed / their piecedom but kept very quietly on / among the chaos."[129] [„Die Stücke setzten sich hin & schrieben. Sie scherten sich nicht / um ihr Stücksein, sondern machten sehr leise / mitten im Chaos weiter."] Diese Zeilen stehen in direktem Zusammenhang mit der bewußten Entscheidung des Dichters für die selbstzerstörerische Liebe des Abgrunds und sie weisen auf die von drogen- oder alkoholsüchtigen Schriftstellern recht häufig formulierte Überzeugung, daß Kunst nur aus einer größten Leidenserfahrung entstehen könne. Vor diesem Hintergrund wurde der Alkohol für Berryman in der Tat ein kunststiftendes Medium, da er ihn mit der schmerzlichen Erfahrung einer fortschreitenden Selbstauflösung vertraut machte. Gerade diese umfassende und kaum vermeidbare Schädigung der Persönlichkeit, die als schlagkräftiges Argument von jenen angeführt wird, die eine kreativitätsbegünstigende Wirkung des Alkohols für unmöglich halten, ist hier die erste und wichtigste Voraussetzung des Kunstschaffens. So ist es kein Zufall, daß Berryman das persönliche Leid seines Dichterfreundes Randall Jarrell im unmittelbaren Zusammenhang mit seiner literarischen Produktion erwähnt: „He endured fifty years. He was Randall Jarrell / and wrote a-many books & he wrote well."[130] [„Er ertrug fünfzig Jahre. Er war Randall Jarrell / und schrieb manches Buch & er schrieb gut."] Thornbury zitiert einige weitere unmißverständliche Äußerungen Berrymans:

„Es ist meine Überzeugung", sagte er 1970 einem Interviewer, „daß der Künstler großes Glück hat, wenn er der schlimmstmöglichen Feuerprobe unterworfen wird, die ihn nur gerade eben nicht ums Leben bringt. In dem Moment ist er im Geschäft." „Was im Leiden geschieht", schrieb Berryman 1948, „ist wohl, daß man den Wagemut erhält, etwas zu unternehmen; ein großer Felsbrocken wird auf einen herabgeschleudert, und das versetzt manche Menschen in die Lage, etwas zu unternehmen. Wir müssen dankbar sein für diesen Wagemut."[131]

Thornbury erläutert die tieferen Motive, die solchen Aussagen zugrunde liegen:

Aber den Wagemut der Leidensbereitschaft anzunehmen, war nicht genug. Berrymans Verständnis des Leidens entspricht dem, was Nietzsche „fröhliche Wissenschaft" nannte (was mich nicht umbringt, macht mich stärker) und was Yeats als „tragische Freude" bezeichnete. Im Gefolge von Scham und Verlust erhält man seine Würde aufrecht, indem man der Widrigkeit mit einem bitteren und mitleidigen Lachen begegnet.

Doch es war nicht das Leiden, was Berryman suchte; man könnte sogar sagen, daß ihm überhaupt nicht daran lag, zu leiden. Seine Empfänglichkeit für „tragische Freude" war ein Bemühen, das Leiden auf sich selbst zurückzuwenden, als ob die Flamme so verzehrend wäre, daß sie ihn reinigen und erneuern würde. Am meisten drängte es ihn, die Intensität seines Verlustes durch die Intensität einer Gnade zu ersetzen. Auf einer gewissen Ebene seines Selbstverständnisses scheint Berryman sich bewußt gewesen zu sein, daß Intensität, sei sie destruktiv oder konstruktiv, in aller Regel im Zentrum seines Verlangens und seiner Erwartung stand. Er suchte das Intensive in beinahe jeder Tätigkeit: im Gespräch, im Tanz, beim Trinken, in Vorträgen, im Schreiben und sogar in seiner Lektüre …

Die Erfahrungen der Trunksucht sind zweifellos von einer derartigen „Intensität" geprägt und mußten Berryman daher im Interesse seiner Dichtung als unverzichtbar gelten. Gilmore meint überdies, daß sich Berryman in dieser Ansicht durch die Tatsache bestätigt fühlen mußte, daß gerade jene Dichtungen, die „während der schlimmsten Phase seiner Trunksucht"[132] entstanden, nämlich die *Dream Songs*, seinen Ruhm begründeten, und er verweist ferner auf die unter trunksüchtigen Autoren verbreitete Furcht, durch ihre Heilung eine wichtige Inspirationsquelle zu verlieren.[133]

Nicht anders erging es Malcolm Lowry, der anscheinend nicht trotz, sondern gerade wegen der enormen seelischen Belastung durch seinen Alkoholismus in seinen letzten Jahren die zahlreichen Bemühungen seiner Frau, ihn durch verschiedene Entzugstherapien von seiner Sucht zu kurieren, kaum unterstützte und erste Behandlungserfolge stets wieder sabotierte. Offenbar wurde er wie Berryman von der Angst verfolgt, ohne seine selbstzerstörerische Trunksucht nicht mehr über den alten Fundus dichterischer Eingebungen zu verfügen. Day zitiert den behandelnden Arzt in dem Londoner Trinker-Hospital Atkinson Morley's, wo sich Lowry im Winter 1956/57 aufhielt, dem dieser so erschienen war, als sei er „keineswegs wild darauf, geheilt zu werden", und er nennt neben anderen Gründen für diese sture Haltung „die alte Räuberpistole von Therapien als Zerstörern von Genie: Wenn ihm seine Neurosen ausgetrieben oder wenigstens unter Kontrolle gebracht würden, würde dann nicht auch sein kreatives Vermögen verschwinden? (Tatsächlich hatten Lowrys Neurosen sein Schreibvermögen schon fast zwei Jahre lang kaltgestellt, doch er sah die Dinge nicht in diesem Licht.)"[134] Schließlich konnte Lowry sich auch auf Conrad Aiken, den Mentor seiner Jugendzeit, berufen, der genauso überzeugt war, daß Entzug und Enthaltsamkeit einer geistigen Kastration gleichkämen. Aiken selbst berief sich wiederum auf ein weiteres Vorbild: Charles Algernon Swinburne, einen Vertreter der englischen „schwarzen" Romantik, der aus Gesundheitsgründen seinen Alkoholismus bezwang, indem er sich 1879 in Theodore Watts-Dunton einen unnachsichtigen Aufseher ins Haus holte, so daß er in dreißig Jahren kaum noch einen Tropfen anrührte, aber auch kaum noch nennenswerte Schriften verfaßte. Vor diesem Hintergrund argumentierte Aiken gegen jede Form des Entzugs, wie seine zweite Frau Clarissa berichtet: „,Versuche nicht, mich zu ändern', sagte er, obwohl ich ihn nur bewahren wollte, und zwar nicht in Alkohol. Er erinnerte mich daran, daß alle guten Schriftsteller tränken: ,Ein Dichter ohne Alkohol ist kein wahrer Dichter. Swinburnes Persönlichkeit verfiel und sein kreativer Ideenstrom wurde abgeriegelt, als Watts-Dunton ihm den Alkohol verbot.'"[135] Im Unterschied zu Lowry und Aiken nahm Berryman, wenn auch erst in den letzten Monaten seines Lebens, Abstand von seiner Trunksucht, über die er rückblickend in seinem Tagebuch schrieb: „Solange ich mich als Medium (oder Schauplatz) meiner Kräfte verstand, kam Nüchternheit nicht in Frage. ... Die noch größere Täuschung, daß meine Kunst auf mein Trinken *angewiesen* sei oder wenigstens damit *zusammenhing*, war nicht unmittelbar anzugreifen. Zu tief drin. Der Deckel mußte durch eine Explosion aufgeschossen werden."[136] Seine lange vertretene Ansicht, im Alkohol einen unersetzlichen Gehilfen zu haben, wird hier als eine Illusion abgetan. Und trotzdem ist seine Dichtung ohne den Einfluß der Alkoholismuserfahrung nicht denkbar. So schreibt Gilmore:

> ... es kann schwerlich angezweifelt werden, daß Berryman einen charakteristischen poetischen Stil kreierte, und es ist ebenso unzweifelhaft, daß sein maßloses Trinken die Entwicklung seines Stils beeinflußte – die improvisierten, abgehackten Rhythmen, die Gedankensprünge, der hemmungslose (aber natürlich kalkulierte) Gebrauch von Slang und Umgangssprache. Auch kann es keinen grundlegenden Zweifel daran geben, daß Berrymans Trunksucht zu einem guten Teil eine wichtige Quelle der emotionalen Atmosphäre in den *Dream Songs* war ...[137]

In ihren hervorragenden Studien über Alkohol und Alkoholismus in der modernen amerikanischen Literatur kommen Tom Dardis und Thomas Gilmore zu dem Schluß, daß die Beispiele dieser und anderer Schriftsteller ihre Überzeugung von der unbedingten Schädlichkeit der Droge auf das kreative Vermögen in aller Regel nur bestätigen können. So steht im Fall Berrymans, wo man noch am ehesten eine konstruktive Auswirkung seiner Alkoholerfahrung vermuten könnte, zuletzt doch sein eigenes Bekenntnis gegen die Droge im Raum. Eugene O'Neills frühe Befürwortung des Alkohols als Zuträger von Ideen und Inspirationen scheint nur einer bald überwundenen Phase jugendlichen Leichtsinns entsprungen zu sein, während er in seinen reifen Jahren als überzeugter Nicht-Trinker seine bedeutendsten Werke schrieb; Fitzgerald bemühte sich in seinem letzten Lebensjahr um eine nüchterne und somit, wie er hoffte, bessere zweite Fassung seines Romans *Tender is the Night*, und Hemingway, der lange in aller Unschuld glaubte, seine Arbeit und seinen erheblichen Alkoholkonsum stets voneinander trennen zu können, hatte, als er zuletzt keine zusammenhängenden Sätze mehr zu schreiben vermochte, einige Bücher über Alkoholentwöhnung auf seinem Nachttisch liegen. Auch der Schriftsteller Raymond CARVER (1938–1988) gelangte in seinen letzten Lebensjahren zu der Überzeugung, daß seine Trunksucht sein weiteres Schaffen ernsthaft gefährde und gab das Trinken daher auf. „Es führte zu nichts Gutem", schrieb er rückblickend. „Ich habe nie eine Zeile geschrieben, die auch nur einen Groschen wert gewesen wäre, wenn ich unter dem Einfluß von Alkohol stand."[138] Noch kurz vor seinem Tod erschienen diverse Kurzgeschichten, die mit zu seinen besten zählen und in denen er aus der neu gewonnenen Distanz zum Thema auf sehr beeindruckende Weise Alkoholiker porträtiert – dieser Erfolg scheint seine Einschätzung des Alkohols also zu bestätigen. Auch John CHEEVER (1912–1982), der in seinen Kurzgeschichten den schmalen Grat zwischen dem etablierten Ritus des *social drinking* und der asozialen Trunksucht darstellt, bemerkte, daß der Alkohol einen trostlosen Zustand der Isolation erzeugen kann. So vermerkt er deprimiert in einem Tagebucheintrag aus dem Jahr 1969:

> Mein Zauber ist verschwunden. Ich sitze nicht mehr in sauberen Shorts unter einem Apfelbaum und lese. Ich sitze nackt in dem gelben Sessel im Eßzimmer. In meiner Hand ist ein großes Kristallglas, das bis zum Rand mit honigfarbenem Whiskey gefüllt ist. In dem Whiskey sind zwei Eiswürfel. Ich rauche sechs oder sieben Zigaretten und denke

zufrieden an meine interessanten Reisen in Ägypten und Rußland. Wenn das Glas leer ist, fülle ich es erneut mit Eiswürfeln und Whiskey und zünde eine neue Zigarette an, obwohl einige noch im Aschenbecher brennen. Ich sitze nackt in einem gelben Sessel, trinke Whiskey und rauche sechs oder sieben Zigaretten.[139]

William Faulkner, Malcolm Lowry und Conrad Aiken blieben zwar ihr Leben lang überzeugt, daß reichlicher Alkoholgenuß eine unverzichtbare Bedingung schriftstellerischer Größe sei, doch kann man in ihrem Schaffen, wie in dem vieler anderer trinkender Autoren, eine quantitative und auch qualitative Minderung erkennen, die sich an einem bestimmten Punkt (häufig schon kurz nach Vollendung des vierzigsten Lebensjahres) als immer auffälligere Tendenz abzeichnet, so daß, wer will, in dieser Tatsache einen Hinweis auf die schädliche Auswirkung übermäßigen Alkoholkonsums erkennen und sich auf solcher Grundlage berechtigt fühlen mag, die Dichter in ihrer positiven Einschätzung des Alkohols Lügen zu strafen.

In seinem Buch *Those Drinking Days: Myself and Other Writers*, das für den Autor gewissermaßen eine magische Beschwörung sein mag, dem Kreis alkoholsüchtiger Schriftsteller nie wieder anzugehören, beharrt Donald NEWLOVE wie Dardis und Gilmore auf der Feststellung, daß der Mythos von der Muse aus der Flasche ebenso dumm wie gefährlich sei:

> Bevor ich nüchtern wurde, hatte ich Angst, die öffentliche Kunde, daß ich ein genesender Alkoholiker sei, könnte meine schriftstellerischen Erfolgsaussichten schmälern und mich vielleicht sogar unter meinen Schriftstellerkollegen zu einem Aussätzigen machen, mit dem scharlachfarbenen Brandmal NÜCHTERN auf meiner Stirn. „Du meinst, er trinkt *niemals*? Das muß einen verheerenden Effekt auf seine Arbeit haben, glaubst du nicht?" Ach, wie würde ich die Mittagessen mit Verlegern und die Publikationsparties vermissen! Wie ein Idiot würde ich dastehen, mit meinem Mineralwasser mit Zitrone! Blaß, regungslos und stumm! Haha, ich genieße diese Parties mehr als jeder andere – ich bin wirklich *da* und quassele nicht benebelt drauf los.[140]

Und er unterstreicht die Richtigkeit seiner Entscheidung durch den Hinweis auf die Qualitäten und den Erfolg seines ersten nüchtern geschriebenen Romans:

> Byron Dobell, mein Lektor beim *Esquire*, verließ das Magazin, um die Leitung eines neuen Buchverlages zu übernehmen und war von meiner Arbeit immerhin so überzeugt, daß er mir einen Vertrag für einen neuen Roman anbot, wenn ich ihm sechzig Seiten vorweisen könnte. So begann ich mein erstes nüchternes Buch, *The Painter Gabriel*, über einen metaphysischen Maler von der Lower East Side. Der Roman entstand unter dem Einfluß nur weniger und in großen Abständen genommener Drogen und ohne Alkohol. Die zwei oder drei Seiten, die drogeninspiriert waren, überlebten den Korrekturdurchgang nicht, und es sind nur einige Cannabis-Sätze übriggeblieben, zwei oder drei, sowie eine Passage: Mein Held geht an seinem Küchenspiegel vorbei und sieht sich selbst als eine verzerrte Picassogestalt. Das ist die einzige Stelle, die ich noch auf Cannabis zurückführen kann. Das Ganze ist bedeutungsvoller geworden, als ich es jemals unter Drogeneinfluß hätte schaffen können. Als ich endlich meinen ersten veröffentlichten Roman in den Händen hielt, ein Werk, dessen Themen, Kraft und Ausführung all meine

Drogenbücher weit übertrafen, empfand ich eine unglaubliche Dankbarkeit für meine Nüchternheit.[141]

Zu einem ähnlichen Befund gelangte der französische Kriminalschriftsteller Georges SIMENON (1903–1989), der lange Zeit überzeugt war, ohne Alkohol nicht schreiben zu können. „‚In der Zeit von der Mitte der dreißiger Jahre bis 1945‘", so zitiert Goodwin den Schriftsteller, „‚entstand die Gewohnheit …, Weißwein in Concarneau (nachmittags Cidre), Rotwein in Paris oder sonstwo, Grog, wenn ich erkältet war, und Brandy mit Wasser zu anderen Zeiten.‘ Simenon sagt, er sei selten betrunken gewesen, ‚benötigte [aber] schon morgens, besonders zum Schreiben, einen Muntermacher. Ich vertraute arglos darauf, daß es unmöglich sei, anders zu schreiben. Wenn ich nicht arbeitete, trank ich alles: Aperitive, Cognac, Calvados, Marc, Sekt … Ich war mir durchaus nicht bewußt, ein Alkoholiker zu sein, sondern hielt mich nur für einen temperamentvollen Kerl … Ich reiste viel, und während ich reiste, trank ich noch mehr.'"[142] 1945 reiste Simenon nach Amerika, wo er sich nach seiner eigenen Aussage die amerikanische Art des Trinkens angewöhnte und erkannte, daß er ein Alkoholiker war. Trotz der alltäglichen Erfahrung von „schmerzgeplagtem Erwachen, Katerzuständen, schmerzhaften Blähungsanfällen, die mich glauben ließen, ich müßte an Angina pectoris sterben"[143], blieb er jedoch weiterhin überzeugt, daß der Alkohol für seine Kreativität unentbehrlich sei. In dieser Zeit heiratete er seine zweite Frau, die ihn dazu bewegen konnte, wenigstens einen Versuch zu unternehmen, dem Alkohol zu entsagen. Goodwin erinnert sich, wie Simenon ihm den Verlauf dieses Experiments beschrieb:

> Zuletzt gelang es ihr aber, ihn zu einem Versuch zu überreden, ohne Alkohol zu schreiben. Um dies auszuprobieren, zogen sie sich in eine vom Schnee eingeschlossene Hütte in New England zurück, wo seine Frau, „zitternd" an der Tür seines Arbeitszimmers wartete, „dem rhythmischen Geräusch der Schreibmaschine lauschend und mir unentwegt heißen Tee bringend. Ich ließ die Tür halboffen, streckte meine Hand heraus und nahm die Tasse wortlos entgegen … Ich war überzeugt, daß ich niemals das Ende dieses Buches erreichen würde."
>
> Seine Frau hatte allen Grund zu zittern, denn wenn das Experiment gescheitert wäre, sagte Simenon, so hätte er es höchstwahrscheinlich kein zweites Mal unternommen, „und jetzt wäre ich tot." Das Experiment scheiterte nicht. Das Buch, das dabei herauskam, *Drei Betten in Manhattan*, ist eins von Simenons besten.
>
> … Simenon hatte geglaubt, daß der Alkohol ihn töten werde, aber daß er ohne ihn nicht schreiben könne. Es zeigte sich, daß er es konnte. Die Abstinenz schadete seinem Werk weder quantitativ noch qualitativ. Wenn der Alkohol seine Muse war, so war er eine entbehrliche Muse.[144]

V. Der Drogenrausch als Urlaubsparadies

Eines der häufigsten Argumente gegen den Genuß von Rauschmitteln ist der berechtigte Vorwurf, daß viele Drogenkonsumenten im Rausch eine billige Zuflucht suchen, die ihnen die Mühe erspart, sich mit persönlichen Problemen konstruktiv auseinanderzusetzen. So ist die Sucht im Sinn einer psychischen Abhängigkeit, wie Gebsattel schreibt, wie ein rettender Hafen, den ein entscheidungsgehemmter Mensch aufsucht, um nicht mit seiner existentiellen Schwermut konfrontiert zu sein, die ihm aus der Überzeugung erwächst, bestimmten Erwartungen und Projektionen innerhalb eines gegebenen Zeitraumes nicht gerecht geworden zu sein.[145] Im Fall des Mystikers oder des nach Erkenntnis strebenden Künstlers muß diese existentielle Schwermut aber nicht unbedingt auf der Empfindung eines persönlichen Versagens beruhen. Das empfundene Ungenügen kann ja durchaus auch der ganzen menschlichen Gattung oder der materiellen Welt überhaupt zugewiesen werden. Am Charakter und den Folgen der Schwermut ändert diese Unterscheidung freilich nichts, denn ob man nun unzufrieden ist, weil die eigene Person im Unterschied zu anderen Personen bestimmte Leistungen nicht zu erbringen vermag, oder weil man die ganze körperlich-geistige Beschaffenheit des Menschen als eine elementare Behinderung erfährt – so bleibt man doch in beiden Fällen hinter den gesetzten Erwartungen und Hoffnungen zurück. In beiden Fällen erhält das Versagen seine schmerzliche Bedeutung aber erst unter dem Eindruck der ungenutzt verstreichenden Zeit. Es ist dieses qualvolle Zeitbewußtsein, dem es in Baudelaires Prosagedicht „Enivrez-Vous" zu entfliehen gilt: „Man muß immer trunken sein. Darum geht es: das ist das einzige Geheimnis. Um die Last der Zeit nicht zu fühlen, die eure Schultern zerbricht und euch zu Boden drückt, müßt ihr euch ohne Unterlaß berauschen. ... ‚Es ist die Stunde des Rausches! Um nicht die geschundenen Sklaven der Zeit zu sein, berauscht euch; berauscht euch ohne Unterlaß! ...'" [SP 286; VIII 251] Der gleiche Gedanke begründet den Kontrast von Rauschekstase und Alltagstristesse in „La Chambre double": Der träumende Dichter versucht, die erfahrene Glückseligkeit zu beschreiben und gelangt nach der Erwähnung mehrerer rauschtypischer Phänomene zur Erkenntnis, daß das Fehlen der Zeit ihre wesentliche Quelle sei: „Nein! es gibt keine Minuten mehr, es gibt keine Sekunden mehr! Die Zeit ist verschwunden; die Ewigkeit herrscht, eine Ewigkeit der Wonnen!" [SP 234; VIII 129] Doch der Moment, an dem der Dichter wieder mit seinem unerträglichen Versagen in der Zeit konfrontiert wird, ist unausweichlich; das bequeme Glück der Zeitlosigkeit kann nicht von Dauer sein:

> Oh! ja! die Zeit ist wieder da; die Zeit herrscht als Gebieterin jetzt; und mit dieser scheußlichen Alten ist ihr ganzes teuflisches Gefolge zurückgekehrt: Erinnerungen, Versäumnisse, Krämpfe, Angst, Schrecken und Grauen, Wutanfälle und Nervenleiden.
>
> Ich versichere euch, die Sekunden sind jetzt stark und feierlich betont, und jede, wie sie mit dem Pendelschlag von der Uhr springt, spricht: „Ich bin das Leben, das unerträgliche, das unerbittliche Leben!"

V. Der Drogenrausch als Urlaubsparadies

[...] Ja! die Zeit herrscht; mit roher Gewalt diktiert sie wieder ihr Gesetz. Als wäre ich ein Ochse, treibt sie mich mit ihrem Doppelstachel. – „He, vorwärts! alter Narr! Schwitze nur, Sklave! Lebe, Verdammter!" [SP 235; VIII 129, 131]

Während Baudelaire als Mensch der Versuchung nicht widerstand, sich vor dem Ennui der materiellen Realität in das herrlich zeit- und schrankenlose Scheinidyll des Drogenrausches zu flüchten, gab er als Dichter gleichzeitig zu verstehen, daß diese Schwäche den Interessen der Kunst gefährlich werden könne. So äußert er sich, nachdem er auch die Schattenseiten der künstlichen Paradiese kennengelernt hat, wesentlich reservierter als in den zitierten Prosagedichten: Wein und Opium, so heißt es in einem Brief, „vertreiben die Zeit, aber sie erneuern das Leben nicht."[146]

In ihrer Rolle als Fluchthelfer aus dem grauen Alltag ist die Droge in erster Linie sicher ein Werkzeug, das die künstlerische Auseinandersetzung mit gesellschaftlichen und individuellen Problemen unterbindet oder wenigstens behindert. Schließlich wird in der entrückenden und entspannenden Wirkung des Rausches gerade das unterdrückt, was als elementarer Antrieb jeglicher Kreativität gelten muß, nämlich das Leiden. Pflichten und Verantwortungen, ganz gleich ob sie einer Person von außen oder von sich selbst zugewiesen werden, erzeugen stets ein Unlustgefühl, dessen Aufhebung nur durch die Anstrengung der Pflichterfüllung möglich ist. Auch das Kunstschaffen erhält seinen ersten Impuls aus einer solchen Empfindung und ist Zeugnis einer Bereitschaft zur Mühe, während die Bequemlichkeit genießt und schweigt. Ohne die Unlust und den Versuch ihrer aktiven Überwindung bliebe der Werkstoff ungestaltet, würde aus einem Stapel Papier kein Roman, aus einem Stück Leinwand kein Gemälde, aus einem Klumpen Ton keine Plastik. Mit dieser Regel verbindet sich die unvermeidliche Aufgabe des Künstlers, zu beobachten bzw. zu reflektieren. Selbst das *ready-made* nach der Art Marcel Duchamps oder die Zufallsprodukte, die etwa nach der Manier des Rorschach-Tests entstehen, erhalten ihren Sinn erst durch den nachfolgenden reflexiven Akt der Bewertung und Interpretation; ja selbst der bloße Entschluß, auf eine bewußte Gestaltung zu verzichten, ist eine Leistung eben dieses selben Bewußtseins. Der Künstler muß also in jedem Fall „hinsehen". Eine Abwendung vom Gegenstand, d.h. eine Vermeidung der Auseinandersetzung kann unter keinen Umständen zu einem Kunstwerk führen. Mit anderen Worten: der Eskapismus ist per definitionem eine anti-künstlerische Tendenz. Der Eskapist will sich dem Schwierigen und Unangenehmen, das ihm aus der Betrachtung bestimmter Probleme erwächst, entziehen; seine Flucht ist demnach keine Antwort, sondern nichts weiter als die *Vermeidung* einer Stellungnahme. Der Künstler, der sich aus eskapistischen Motiven berauscht, stiehlt sich also aus seiner gestalterischen Verantwortung.

Möglicherweise gibt es aber auch Situationen, in denen – so paradox dies scheinen mag – die Flucht aus der Kunst dieser selbst auf Umwegen wieder zugute kommt. So wurde an anderer Stelle bereits darauf hingewiesen, daß die Mühsal des Kunstschaffens und ganz besonders eine zu kreativen Zwecken unablässig betriebene und schonungslose Selbstanalyse für den Künstler zu einer unerträglichen Belastung ausarten kann, die womöglich schwere Depressionen bis hin zur Suizidgefahr nach sich zieht, so daß eine Betäubung des gequälten Bewußtseins sogar lebensnotwendig sein mag. Eine solche Atempause wird mitunter im Drogenrausch möglich, wenn das Bewußtsein getrübt und seine bedrückenden Inhalte vorübergehend verdrängt werden. So kann der eskapistische Rauschgenuß, der nur dem entspannenden Erlebnis dient und durch keine künstlerischen Ziele motiviert ist, der Kunst auf indirekte Weise doch von Nutzen sein, indem er wie eine Erholungskur die erschöpften Reserven des Künstlers erneuert und damit seine zuvor gefährdete Arbeits- und Leidensfähigkeit wieder herstellt. In diesem Sinn schreibt Goodwin über Scott Fitzgerald:

> Alkohol reduzierte auch die „Reizüberflutung", zu der Schriftsteller neigen. Als Schriftsteller meinte Fitzgerald, er müsse alles notieren – alle Äußerungen und Nuancen seiner Umwelt, die „unerschöpfliche Vielfalt des Lebens". Wie vielen Schriftstellern fiel es ihm schwer, diese „anschaffende" Seite seines Talents abzuschalten. Sorgfältiges Schreiben erfordert eine endlose Kette kleiner Entscheidungen – die Auswahl des besten Wortes, den Verzicht auf dieses, die Aufnahme von jenem –, und ein guter Schriftsteller geht während des Schreibens mit Besessenheit zu Werke. Es ist schwierig, die Besessenheit auf einen gewöhnlichen Arbeitstag zu begrenzen; die Maschinerie arbeitet weiter, und Schriftsteller sind bekannt dafür, daß sie unter Schlaflosigkeit leiden. Alkohol befreit den Schriftsteller vorübergehend von der Tyrannei des Bewußtseins und des Gedächtnisses.[147]

Es ist sicher kein Zufall, daß fast alle hier besprochenen Autoren den Rausch zunächst als Refugium vor den Qualen des Daseins oder den Anforderungen ihrer Kunst schätzen lernten. So war De Quincey durch seine unglückliche Kindheit und Jugend geradezu prädestiniert, ein Opiomane zu werden.[148] De Quincey nahm zum ersten Mal Laudanum, um Zahnschmerzen zu lindern, während Coleridge durch seinen Rheumatismus an die Droge geriet. Dabei ging es beiden zuletzt aber gar nicht mehr in erster Linie um die Linderung dieser Schmerzen, denn die Bekanntschaft mit Opium hatte ihnen bald gezeigt, daß diese *milk of paradise* auch ein ganz anderes Übel erträglicher machen konnte, das bisher nahezu unangreifbar gewesen war, nämlich das schreckliche Leiden am Dasein. So ist bei De Quincey die Rede von „der einigermaßen furchtbaren Wahrheit, daß in einem gewissen rubinfarbenen Elixier eine göttliche Kraft wohnt, die den Genius des Leidens verscheucht, oder auch den des *Ennui* (der das menschliche Leben weit mehr trübt als der Schmerz.)" [C&O 210].

Wie in der Romantik, so wird der Drogenrausch auch unter den Schriftstellern unseres Jahrhunderts häufig als Zuflucht vor den garstigen Realitäten des Alltags gesucht. So berichtet Hermann Hesses Steppenwolf Harry Haller:

> Ich besaß in meiner Reiseapotheke ein vorzügliches Mittel, um Schmerzen zu stillen, ein besonders starkes Opiumpräparat, dessen Genuß ich mir nur sehr selten gönnte und oft monatelang vorenthielt; ich nahm dies schwer betäubende Mittel nur dann, wenn körperliche Schmerzen mich bis zur Unerträglichkeit plagten. Zum Selbstmord war es leider nicht geeignet, ich hatte dies vor mehreren Jahren einmal ausprobiert. ...

> Dies Mittel also kam nicht in Betracht. Aber ich gab meinem Entschluß nun diese Form: sobald es mit mir wieder dahin kommen würde, daß ich zu jenem Opiat greifen mußte, sollte es mir erlaubt sein, statt dieser kurzen Erlösung die große zu schlürfen, den Tod, und zwar einen sichern, zuverlässigen Tod, mit der Kugel oder mit dem Rasiermesser. Damit war die Lage geklärt ... – die Pforte stand offen.[149]

Im „Lettre à Jacques Maritain" beschreibt Cocteau sein elendes Leben unter dem Eindruck einer bedrohlichen Wirklichkeit, der er nur im Traum zu entkommen hoffte und vor der er endlich im Opiumrausch die erlösende Zuflucht gefunden habe:

> Seit langem schon war der Schlaf meine Zuflucht. Die Aussicht auf das Erwachen hinderte mich daran, gut zu schlafen und beeinflußte meine Träume. Morgens hatte ich nicht mehr den Mut, das Leben herauszufiltern. Wirklichkeit und Traum überlagerten sich, vereinten sich zu einem schmutzigen Flecken. Ich stand auf, ich rasierte mich, ich zog mich an und hatte bei allem die Welt im Zimmer und ließ mich egal wohin treiben.
>
> Oh, diese Morgenstunden! Man wirft dich ins schmutzige Wasser zurück und du mußt schwimmen. In diesem Zustand ist es unerträglich, eine Zeitung zu lesen. Solch ein Zeugnis der universellen Aktivität und jener, die sie redigieren, tötet dich. Meine Flucht ins Opium, das war Freuds *Flucht in die Krankheit*.[150]

Aldous Huxley konstatierte sogar, noch bevor er eigene Erfahrungen mit Rauschmitteln machte, die Notwendigkeit einer neuen Droge, die den Menschen ohne unerwünschte Nebenwirkungen eine temporäre Fluchtmöglichkeit aus den Belastungen des Alltags gewähre. An der Überzeugung dieser Notwendigkeit hielt er bis zu seinem Tod unbeirrt fest, wobei er Halluzinogene wie LSD oder Meskalin für zwar noch nicht vollkommene, aber trotzdem vielversprechende Prototypen dieser ersehnten Wunderdroge hielt. In *The Doors of Perception* schreibt er etwa:

> Was benötigt wird, ist eine neue Droge, die unserer leidenden Spezies Erleichterung und Trost brächte, ohne auf die Dauer mehr zu schaden, als auf kurze Zeit gut zu tun. Eine solche Droge muß schon in kleinsten Dosierungen kräftig wirken und synthetisch herstellbar sein. Wenn sie diese Eigenschaften nicht besitzt, wird ihre Erzeugung ebenso wie die von Wein, Bier, Spirituosen und Rauchwaren den Anbau unentbehrlicher Nahrungsmittel und Faserstoffe behindern. Eine solche Droge muß weniger toxisch sein als Opium und Kokain, weniger geeignet, unerwünschte Folgen im sozialen Bereich hervorzurufen, als Alkohol oder die Barbiturate, weniger schädlich für Herz und Lunge als die Teere und das Nikotin von Zigaretten. Und auf der positiven Seite muß sie interessantere und an sich wertvollere Veränderungen des Bewußtseins hervorrufen als bloße Beruhigung oder verträumte Verschwommenheit, Einbildung von Allmacht oder Befreiung von Hemmungen. [DP 52/3; 50/51]

Auch Lowry war überzeugt, daß die dauernde Konfrontation mit den Ängsten, Schuldgefühlen und anderen Schrecken der Realität letzten Endes in den Wahnsinn führen müsse und suchte daher im Alkoholrausch eine temporäre Befreiung von der Last des Bewußtseins. In *Dark as the Grave* heißt es etwa: „Aber warum sollte jemand in Mexiko nüchtern werden wollen? Wenn man nicht von Tequila oder Mescal betrunken war, so war man es von der Sonne oder dem kobaltblauen Himmel oder dem Mondlicht oder den Vulkanen, es sei denn, man wollte immer nur schlafen! Oder verrückt werden ..." [DAG 156/157] Die Auffassung, daß der regelmäßige Genuß von Alkohol den kreativen Geist vor einer nervlichen Überbelastung und vor Zusammenbrüchen bewahre, findet sich, wie Goodwin feststellt, bei Lowry ebenso wie bei Hemingway:

> Hemingways Paranoia scheint etwa zu der Zeit begonnen zu haben, als er seinen Alkoholkonsum aus Gesundheitsgründen zu reduzieren begann. ... Jedenfalls führt das Auftreten paranoider Symptome in der Zeit, wenn ein Alkoholiker seinen Alkoholkonsum reduziert, zu einer interessanten Theorie, die Malcolm Lowry übernahm. Lowry glaubte, daß Alkohol ihn vor einem Nervenzusammenbruch *bewahrte*. „Ich trinke mich *durch* einen Zusammenbruch", schrieb er, „nicht *in* einen hinein."In seinem Brief an Mary, von der europäischen Kriegsfront, ... behauptet Hemingway, daß Alkohol ein Riesentöter sei und [fährt fort]: „Niemand, der nicht mit dem Riesen viele, viele Male zu schaffen hatte, hat ein Recht, sich gegen den Riesentöter auszusprechen."[151]

Doch so verständlich die Sehnsucht des Künstlers auch sein mag, sich dem unentwegt selbst analysierenden Bewußtsein zeitweise zu entziehen, so groß ist die Gefahr, daß man der Bequemlichkeit dieser Fluchten erliegt: „Die Bequemlichkeit tötet. Die Unbequemlichkeit erschafft." Lowry ist zweifellos einer jener unglücklichen Schriftsteller, die ihrer eskapistischen Neigung so sehr verfielen, daß das Schreiben, nicht die Pause, zum Ausnahmefall wurde. Für ihn wie für die meisten kreativen Drogenkonsumenten wurde der Eskapismus eine Sackgasse, aus der er nicht mehr herausfand und in der sein Talent und seine Kunst zugrunde gingen.

*****

Auf den vorigen Seiten wurde im wesentlichen Folgendes festgestellt: Unter dem Einfluß von Drogen kann ein Künstler wichtige Anregungen zum kreativen Schaffen erhalten. Von den Einsichten, die er im Rausch erhält, kann er allerdings nur einen Bruchteil verwerten, da es ihm oft unmöglich ist, die vor seinem inneren Auge heraufziehenden Bilder sprachlich zu fixieren oder überhaupt in der Form gedanklicher Arrangements zu verdichten. Allein dieser geringe Anteil seiner Rauscherfahrungen, den er zur künstlerischen Verwertung zurückbehält, mag aber schon als ein großer Gebietsgewinn verbucht werden. Die Nachwirkung des Rausches hält mitunter sehr lange an: Das bedeutet einerseits, daß das im akuten Rausch betäubte rationale Wachbewußtsein in seinem Dämmerzustand während der Tage und Wochen dauernden Ablösung des Rauschbewußtseins in gewissem Umfang eine allgemeinverständliche Auswertung der noch glimmenden Visionspartikel leisten kann, und es bedeutet andererseits, daß die als Motor des Kunstschaffens identifizierte Willenskraft auch über den Rausch hinaus nicht uneingeschränkt zur Verfügung steht, so daß das kreative Potential des Künstlers nicht im gewohnten Umfang genutzt werden kann, wobei Langzeitfolgen des Drogenkonsums, die Sucht und der Sieg der Bequemlichkeit, den Äußerungswillen des Künstlers endlich ganz unterbinden und so das kreative Vermögen vernichten können. In einem Wort: Der großen Wahrscheinlichkeit eines kurzfristigen kreativen Profits und der geringen Wahrscheinlichkeit eines längerfristigen Profits steht das beträchtliche Risiko eines u. U. endgültigen Verlustes des von vornherein bestehenden kreativen Potentials entgegen. Wer als Künstler auf die Droge vertraut, verhält sich demnach wie ein Geschäftsmann, der mit Aktien spekuliert: die risikoreichsten Papiere können die höchsten Gewinne erzielen, aber auch irreparable Verluste bewirken; allerdings sind die Unwägbarkeiten beim Drogengebrauch wesentlich größer. Die Beantwortung der Frage nach der kreativitätsbegünstigenden Wirkung von Drogen, genauer gesagt: der Frage, ob die Droge den Künstlern zu empfehlen sei oder nicht, hängt also davon ab, von wem sie gestellt wird: Ist es ein besorgter Sparer, der auf Sicherheit setzt, oder ist es ein Hasardeur, der alles oder nichts haben will? Während man dem ersten gewiß abraten wird, kann man den zweiten zur Erprobung der Droge ermuntern, und jeder mag auf seine Weise das Richtige tun: Thomas Mann, so läßt sich vermuten, hätte als drogenabhängiger Autor wohl nicht die *Buddenbrooks*, Malcolm Lowry aber ohne seine Trunksucht gewiß nicht *Under the Volcano* geschrieben.

Ein anderer Aspekt ist hier auch noch von einiger Bedeutung: Thomas Mann wurde alt, Malcolm Lowry nicht. Zwar töten die Drogen nicht immer, doch sie tun es oft genug. Kann es sich also lohnen, für zehn geniale Jahre vielleicht auf zwanzig weniger geniale zu verzichten? Für die Kunst ist diese Problematik von unmittelbarer Bedeutung, denn schließlich muß man leben, um kreativ zu sein. Leben bedeutet: außerhalb des paradiesischen Idealzustands existieren, diesen aber immerfort anstrebend – Leben bedeutet also auch Leiden, und das Leiden ist wiederum der elementare Antrieb zur Kunst. Das höchste Ziel der Kunst wäre dann die endgültige Erzeugung der ewigen Ruhe des Paradieses – doch würde sie es jemals erreichen, so wäre dem Leiden ein Ende gesetzt, und damit auch dem zur Kunst führenden kreativen Drang. In ihrer höchsten Vollendung würde die Kunst sich also paradoxerweise selbst aufheben. Ein Künstler vom Schlage Baudelaires, der in seinem Streben nach dem Unendlichen die eigene Natur, die ihn in seine Schranken weist, so haßt, daß er mit aller Leidenschaft der Verzweiflung das Néant herbeisehnt, sollte eigentlich – nicht im Interesse seiner Kunst, sondern im Interesse des letzten Ziels dieser Kunst (Baudelaire spricht vom *Idéal artificiel*) – alles begrüßen, was die Fundamente seines Menschentums zerstört. Das künstliche Ideal, von dem bei Baudelaire die Rede ist, läßt sich aber nicht durch die bequeme Applikation einer chemischen Substanz herbeizwingen, sondern kann nur in der kontinuierlichen Mühe des Bewußtseins angestrebt werden. Das Bewußtsein ist also einerseits ein unverzichtbares Instrument der künstlerischen Kreativität, während es andererseits – als Selbstbewußtsein, in dem sich die qualvolle Trennung von Ich und Welt manifestiert – durch seine Beschränktheit dem letzten Ziel der Kunst, der Erreichung des Idealen, ein ärgerliches Hindernis entgegensetzt. So ist das künstlerische Schaffen ein unentwegtes Ringen des Subjekts mit sich selbst, das innerhalb des Bewußtseins eben dieses zu überwinden sucht.

Vielleicht kam Artaud als der unglückliche Anstaltsinsasse, den niemand mehr verstand, dem Ideal besonders nahe, indem er sich selbst auslöschte und damit die Voraussetzung für eine von aller Gestalt befreiten Kunst schuf, doch davon können wir nichts wissen – was uns betrifft, die wir als irdisches Publikum fernab vom Paradies leben, so wäre dies eine Kunst, die es nicht gibt, und eine Kunst, die es nicht gibt, ist keine Kunst. Was wir wissen und allein ermessen können, was uns daher allein Kunst sein kann, ist das Gestaltete. Wir folgen der Kunst bis zur äußersten Grenze der symbolischen Formulierung, aber ihr Gehalt muß doch in irgendeiner Form niedergelegt sein. Nur das Kunstwerk, nicht die Seele, aus deren Visionen es geschaffen ist, steht uns zur Verfügung. Wer dies bedenkt, wird auch begreifen, warum ein phänomenales Nichts als höchstes Ideal der Kunst Utopie bleiben muß. Baudelaire kennt immer noch das menschliche Verlangen nach dem Néant, als Künstler hat er sich aber zuletzt auf das festgelegt, was das Bewußtsein – sein eigenes und das der Leser – realisieren kann. Für Baudelaire, den Menschen, war und blieb die Laudanumphiole in der Tat die einzige Freundin, die ihn schließlich auch von der Last des künstlerischen Ringens um die rechte Form befreit hätte; für Baudelaire, den Künstler, war sie dagegen, nachdem er das Scheitern seines Experiments mit den künstlichen Paradiesen konstatieren mußte, ein Satanswerkzeug, allerdings ein herrliches, über das sich trefflich dichten läßt, solange es sich nicht gegen den Autor selbst richtet.

Spurensuche:
Zur Ermittlung von Drogeneinflüssen in literarischen Texten

Daß der Literaturwissenschaftler von den Erkenntnissen der empirischen Drogenforschung profitieren kann, wurde mehrfach erwähnt. In diesem Kapitel soll durch die exemplarische Überprüfung der Opiatbeeinflussung in den Werken Poes und die Ermittlung einer Halluzinogenbildlichkeit in Lowrys *Under the Volcano* demonstriert werden, wie eine Nutzung solcher Daten im Vorfeld der literarischen Deutungsarbeit konkret erfolgen kann, wobei es das Ziel der Darstellung sein wird, Drogeneinflüsse in den untersuchten Texten *nachzuweisen*. Dieser Anspruch mag problematisch erscheinen, da die Gültigkeit der ermittelten Befunde nicht oder kaum durch einwandfreie biographische Zeugnisse abgesichert ist, sondern „nur" aufgrund von Indizien behauptet wird. Bedenkt man aber, daß Indizienbeweise in den Zivilprozeßordnungen vieler Länder als genügende Grundlage zur Fällung von Urteilen und auch zur Verhängung schwerster Strafen gelten, so wird man kaum bemängeln dürfen, wenn dieses Verfahren auch im Zusammenhang der biographisch-textkritischen Forschung als beweiskräftig angesehen und dementsprechend benutzt wird. In diesem Sinn ist die nachstehend präsentierte Evidenz, wenigstens bis zum Bekanntwerden neuer historischer Quellen, dazu geeignet, den bis heute anhaltenden Spekulationen über Poes Drogenkenntnisse ein Ende zu setzen und mag wohl auch die Hintergründe der Rauschbildlichkeit in Lowrys Roman etwas gründlicher beleuchten. Letzte Gewißheit, die ohnehin eine bloße Utopie sein mag, ist freilich etwas anderes.

I. Opium in den Werken Edgar Allan Poes

Daß Poe ein ernsthaftes Alkoholproblem hatte, wurde von der Kritik kaum jemals bestritten. Die allzu wohlmeinende Bemühung um eine „Ehrenrettung" des Dichters, wie sie Lambert Wilmer in seinem 1849 erschienenen Nachruf versuchte, indem er Poe als einen unbescholtenen Temperenzler darstellte, blieb die Ausnahme. Dagegen hat die Frage, ob Poe über eigene Erfahrungen mit Opium verfügte und womöglich sogar süchtig gewesen sei, die Kritiker in zwei Lager gespalten. Während die Franzosen seit Baudelaire mit einer befremdlichen Selbstverständlichkeit von

Poes Opiomanie sprechen und amerikanische Kollegen wie Jeanette Marks, George Woodberry oder Hervey Allen diese These unterstützen, sind Mary Phillips, A. H. Quinn, Edward Wagenknecht oder Geoffrey Rans[1] überzeugt, daß Poe über keine nennenswerte Drogenerfahrung verfügt habe. Andere Kritiker mochten sich in dieser Frage nicht entscheiden und haben sich daher mit der Zurückhaltung eines M. H. Abrams geäußert, der die Nichtberücksichtigung Poes in seiner Studie über Opium in der Literatur so begründet: „In den Lebensläufen von James Thomson und Poe gibt es keinen eindeutigen Beweis ihrer Opiumsucht. Auch in ihren Werken sind die Anzeichen des Alkoholeinflusses so ausgeprägt, daß es schwierig wäre, mögliche Opiateinflüsse zu bestimmen."[2] Einer der wenigen französischen Kritiker, der zu ähnlicher Vorsicht neigt, ist Arvède Barine, Autor einer Studie, die Klaus Mann 1933 zu einem Essay über De Quincey anregte: „Es gibt auch keine Handhabe, um die Annahme, Poe habe sein Leiden durch die Einnahme von Opium erschwert, zu bestätigen oder zu entkräften; die Zeugenaussagen sind bei all ihrer Nachdrücklichkeit sehr widersprüchlich. Man muß sich mit der Feststellung begnügen, daß er ein schweres Herzleiden hatte und daß seine Gesundheit rapide verfiel."[3] – Solange sich die Kritik in ihrer Argumentation zur Frage von Poes Opiumerfahrung weiterhin nur auf die wenigen überlieferten Zeugnisse stützt (über die biographische Dokumentation von Poes Alkohol- und Drogenerfahrung vgl. Seite 508 ff.), bleiben die positiven oder negativen Urteile aber ebenso folgenlos wie die Meinungsenthaltungen, und die Forschung wird sich hier immer weiter im Kreis drehen, ohne nennenswerte neue Impulse zu erhalten. Muß man also davon ausgehen, daß dieser Aspekt in Poes Leben und Werk notwendig unerforschlich bleibt? Wenn man berücksichtigt, daß es so etwas wie letzte Klarheit im Tätigkeitsbereich der Geisteswissenschaften und vielleicht in jeder Wissenschaft eigentlich gar nicht geben kann, so ist diese Frage gewiß zu verneinen, denn das Mysterium läßt sich durchaus gründlicher beleuchten als es bisher unternommen wurde. So muß es doch nachdenklich stimmen, daß jene, die über eine eigene Drogenerfahrung verfügen, oft überzeugt sind, in Poes Werken etwas wiederzufinden, was ihnen aus der Erfahrungswelt des Rausches sehr vertraut, aber sprachlich kaum zu vermitteln ist. Wer solche Aussagen unter dem Hinweis auf eine „mangelnde Beweisführung" als unbrauchbar oder unzuverlässig bezeichnet[4], sollte bedenken, daß das Wie und Warum dieses intuitiven Wiedererkennens untrüglicher Merkmale der Drogenerfahrung sich den begrenzten Möglichkeiten der rational-sprachlichen Darstellung oft entzieht, ohne daß darum die Überzeugung selbst automatisch zu diskreditieren wäre. Das Problem gründet in der Verschiedenheit zweier Wahrnehmungswelten, zwischen denen, wenn es denn eine Verständigung geben soll, eine in beide Richtungen begehbare Brücke zu schlagen ist. Dazu ist es erforderlich, daß die vernünftige Wissenschaft sich bereit findet, ihr Konzept des Beweiskräftigen so zu erweitern, daß sie sich sinnvoll auch mit Bereichen befassen kann, die außerhalb der sinnlich-rationalen Erfahrung liegen. Solange dagegen bloß gefordert wird, daß der Visionär, wenn wir ihn ernst nehmen sollen, sich gefälligst unserer Sprache bediene, da wir durchaus nicht geneigt sind, eine Kenntnis der seinigen zu erlangen – solange kann es keinen fruchtbaren Dialog zwischen diesen Wahrnehmungswelten geben, und solange bleibt folglich auch jedes wissenschaftliche Urteil über andere Realitäten eine Anmaßung, die durchaus keine andere Erkenntnis befördert als die der eigenen Beschränktheit. Als intimer Kenner der künstlichen Paradiese hat Baudelaire niemals bezweifelt, daß Poes Werke nachhaltig durch den Alkohol- und Opiumgenuß des Autors geprägt seien; Francis Thompson erkannte in ihnen „die Welt eines Opiumtraums"[5], und Walter Benjamin notierte im Zusammenhang einer Haschischerfahrung: „Gefühl, Poe jetzt viel besser zu verstehen. Die Eingangstore einer Welt des Grotesken scheinen aufzugehen".[6]

Verfügte Poe also wirklich über eigene Erfahrungen mit der Droge? War er vielleicht sogar opium*süchtig* und sind seine Werke durch die „andere" Erfahrung des Drogenrausches geprägt? Diese Fragen drängen sich dem Kritiker nicht so sehr wegen der spärlichen biographischen Hinweise auf, sondern vielmehr, weil die Droge in den Schriften Poes immer wieder erwähnt wird und zuweilen offenbar von zentraler Bedeutung ist. Die Erzähler in „Ligeia" und in den frühen Versionen von „Berenice" und „The Oval Portrait" sowie der Protagonist in „A Tale of the Ragged Mountains" und Roderick Usher werden in aller Deutlichkeit als Opiatkonsumenten geschildert. In „Loss of Breath" fügte Poe eine später wieder gestrichene Passage ein, wo der eigenartige Bewußtseinszustand des Erzählers mit dem eines Opium- oder Haschischessers verglichen wird. Die in *Arthur Gordon Pym* beschriebene Reise an die Grenze der sinnlichen Realität gibt dem Verfasser mehrfach Anlaß zu Bezügen auf die Droge, so daß man sich fragen mag, ob am Ende nicht vielleicht der ganze Roman in all seinen Entwicklungsstadien dem Verlauf eines Opiumrausches entsprechen könnte. Das Schiff, mit dem der Erzähler in „MS. Found in a Bottle" ins Jenseits abstürzt, hat – eine kuriose Beiläufigkeit oder womöglich ein Interpretationsschlüssel? – „einige Kisten Opium" [118[7]] geladen, und schon das frühe Gedicht „The Sleeper" beginnt mit der Beschreibung einer Traumwelt, die in einen „Opiumdunst" gehüllt ist. Darüber hinaus gibt es einige Werke, in denen Opium zwar nicht erwähnt, aber dennoch eine visionäre Landschaft geschildert wird, die mehr oder wenige auffällige Bezüge zur Charakteristik der opiumberauschten Wahrnehmung aufweist. Beispiele hierfür sind die Gedichte „The City in the Sea", „Dream-Land" und „The Bells", der Beginn der Erzählung „The Pit and the Pendulum" oder die Prosastücke „The Island of the Fay" und „Silence – A Fable", wobei das letztere vermutlich als Parodie auf jene Schilderung eines Opiumtraums konzipiert ist, die De Quincey im Anhang der *Confessions* unter dem Titel „The Daughter of Lebanon" abdrucken ließ. Schließlich gibt es auch noch diverse Erzählungen, in denen Bewußtseinsveränderungen dargestellt werden, die zwar nicht unbedingt im Kontext der Rauscherfahrung zu sehen sind, aber doch *auch* als Symptome des Opiumrausches bekannt sind (ein Beispiel wäre die Hypersensibilität des Erzählers in „The Tell-Tale Heart").

Obwohl Poe auch noch in den letzten Jahren seines Lebens Erzählungen und Gedichte schrieb, in denen Opium eine gewisse Rolle spielt oder spielen könnte, sind doch die meisten dieser Schriften in den dreißiger Jahren entstanden. Aus dieser Beobachtung läßt sich ableiten, daß Poe, wenn er über eine eigene Opiumerfahrung verfügte, diese schon zu Beginn seiner literarischen Tätigkeit erworben haben muß. So meint Woodberry, daß Poes erste Bekanntschaft mit der Droge zwischen 1831 und 1835 in Baltimore erfolgt sei[8], und in der Tat gibt es einige gute Gründe für diese Annahme: Poe wohnte damals gemeinsam mit seinem Bruder und der Cousine Virginia in kaum vorstellbarer Enge im Haus von Mrs. Clemm, seiner Tante, die gewiß dafür sorgte, daß stets ein Fläschchen mit Laudanum vorhanden war, zumal Poes Bruder an der tödlichen Schwindsucht litt und im letzten Stadium der Krankheit zweifellos auf ein solches Schmerzmittel angewiesen war. Außerdem war die Tinktur als ein leicht erhältliches und billiges Universalheilmittel gerade in den ärmeren Haushalten ohnehin eine willkommene Alternative zu kostspieligen Arztbesuchen und Medikamenten; wie viele Kinder im 19. Jahrhundert erhielt sicher auch die kleine Virginia ihr regelmäßiges Quantum des Opiats, und schließlich mag es Poe angesichts des chronischen Geldmangels auch gelegentlich als Ersatz für die vergleichsweise teuren Spirituosen gedient haben, zumal die Tinktur überwiegend aus Alkohol besteht. Möglicherweise erfolgte Poes erste Einnahme von Opium sogar schon gegen Ende der zwanziger Jahre, wie die rauschhaft entrückte Stimmung mancher Gedichte aus seinem 1827 erschienenen ersten Lyrikband nahezulegen scheint; allerdings ist diese Bildlichkeit zu einem guten Teil auf die Nachahmung romantischer Vorbilder wie Coleridge und vielleicht nicht so sehr auf eigene Eingebung zurückzuführen.

Bevor wir uns nun auf die Suche nach Indizien der opiumbeeinflußten Wahrnehmung in den Texten Poes begeben, sollten wir uns darüber klar werden, in welcher Weise eine solche Spurensicherung erfolgen kann, worauf es zu achten gilt und was man überhaupt erwarten darf. Was wir im einzelnen auch immer finden mögen – nichts davon wird für sich selbst so eindeutig auf den Gebrauch von Opiaten zurückverweisen, daß es auch den Skeptiker und Rauschunerfahrenen unfehlbar überzeugen müßte. Denn jedes isolierte Detail, das auf Opium zu verweisen scheint, könnte ebensogut durch ganz andere Faktoren motiviert sein, etwa durch Poes konstitutionelle (und in diesem Sinn ganz gewöhnliche) Überempfindlichkeit der Sinne oder durch seine besondere Phantasiebegabung usw. Als beweiskräftig kann daher nur das Zusammenspiel, die auffällige und konzentrierte Summierung mehrerer Eigenheiten gelten, die für das Erleben des Opiumrausches kennzeichnend sind. Da wir aber dennoch nicht über den mikroskopischen Blick des Rauschkenners verfügen, unter dem sich ein Detail, das unserer Rationalität völlig unscheinbar vorkommt, als ein leuchtendes Signal offenbart, können wir mit einiger Aussicht auf Erfolg nur solches Gelände betreten, wo der Rauschkenner sozusagen Gefahr liefe, durch die Summe der aufblitzenden Signale zu erblinden – nur dort mag es uns gelingen, was der Rauschkenner als ein gewaltiges Gleißen erlebt, immerhin als ein vergleichsweise

I. Opium in den Werken Edgar Allan Poes

schwaches Glimmen wahrzunehmen. Sollte uns dies jedoch gelingen, dann hätten wir eine Bestätigung, daß der Rauschexperte in der Tat über eine subtilere Vision verfügen mag als wir „Normalgesichtige", und dann könnten wir unseren groben Skeptizismus soweit modifizieren, daß wir seine sonderbaren Erkenntnisäußerungen wenigstens nicht mehr von vornherein diskreditieren. Die folgende Bemühung um den Opiatnachweis in den Texten Poes könnte also auch, wie es in der Politik heißt, eine „vertrauensbildende Maßnahme" sein und als solche eine Grundlage für den Dialog zwischen den Realitäten schaffen.

Erinnern wir uns kurz an die als typisch erkannten Merkmale des Opiumrausches: Da ist zunächst eine auffällige Schärfung der Sinne und der Eindruck eines wesentlich klareren Sehens. (Zum Folgenden vgl. die Beschreibung von Rauschphänomenen auf den Seiten 245 ff.) Gewohnte Vorgänge, die im Alltag nur als ein Ganzes wahrgenommen werden, erscheinen im Blick des Opiumberauschten in einer Zergliederung, die alle einzelnen Bewegungskomponenten wie die Bildfolge eines Filmstreifens genau festhält. Kleinste Details werden wie unter vielfacher Vergrößerung mit einer mikroskopischen Genauigkeit erstmals in ihrer spezifischen Besonderheit „erkannt"; ein Opiumberauschter mag sich in seiner Trance gar zutrauen, ein Sandkorn vom anderen unfehlbar unterscheiden zu können. Darüber hinaus scheint der Berauschte wie mit einem Röntgenblick ausgestattet zu sein; Unsichtbares wird ihm sichtbar, das scheinbar Tote läßt seine heimliche Lebendigkeit erkennen, große Geheimnisse und die Antworten auf schwierige Fragen scheinen sich ihm mit der Aufdringlichkeit von Reklameplakaten entgegenzudrängen. Charakteristisch für die Rauschwahrnehmung (der Opiate ebenso wie anderer Drogen) ist ferner die Vermischung oder gar Vereinheitlichung der Sinne, so daß synästhetische Impressionen sehr häufig sind. Während die Farben im Halluzinogenrausch eine eigentümliche Leuchtkraft erhalten und die Umgebung wie einen Raum aus funkelnden Edelsteinen erscheinen lassen, wird ihre Intensität im Opiumrausch gemildert; pastellartige Töne überwiegen, und die ganze Landschaft erscheint von einem milchigen und gleichwohl matt leuchtenden Dunst erfüllt, als befinde sich vor den Augen des Betrachters ein Schleier. Veränderungen des Raum- und Zeitempfindens sind ebenso markant; Raum und Zeit scheinen sich auszudehnen. Dagegen gibt es kaum Halluzinationen, d.h. vom Berauschten für wirklich gehaltene Vorspiegelungen von Gegenständen, die in der sinnlichen Realität nicht vorhanden sind, während Illusionen und Transformationen als modifizierte Wahrnehmung vorhandener Gegenstände sehr charakteristisch sind. Als kennzeichnend kann auch die Neigung gelten, die visuelle Welt mit Elementen eines orientalisch-exotischen Ambientes auszustatten. Empfindungen der Ich-Entgrenzung (Persönlichkeitsspaltungen, „außerkörperliche Erfahrungen", Identifikation von Gegenständen der Umgebung mit der eigenen Person und andere Formen einer *unio mystica*) sind dem Opiumberauschten ebenso geläufig wie das Erlebnis einer kolossalen Selbstüberhöhung, derzufolge er sich als ein gottgleiches Wesen mit unbegrenzten Fähigkeiten und Möglichkeiten empfindet. Typisch ist ferner die wohlige Trägheit, die den Berauschten überwältigt und im Fall des Künstlers das qualvolle Bewußtsein der Handlungsunfähigkeit erzeugen mag. Der Verlust der Willenskraft führt oft zur bildlichen Konkretisierung der Hilflosigkeit in Erlebnissen des Eingesperrtseins und der Isolation. Besonders häufig ist ein Erlebnis, das De Quincey „the tyranny of the human face" nennt; es handelt sich hierbei um die scharfe Pointierung der eigenen Erkenntnislust und -angst, die das Sehen und Gesehenwerden auffällig intensiv thematisiert. – Schon bei der ersten Durchsicht dieses kurzen Katalogs dürfte der Leser an einige Themen denken, die Poe besonders favorisierte. So gehört z. B. die Schilderung des Lebendig-Begraben-Seins zu den bekanntesten Motiven Poes; im direkten oder übertragenen Sinn sind seine Protagonisten immer wieder extremer räumlicher Enge ausgesetzt, die sie erdrückt oder in den Wahnsinn treibt, so wie De Quincey den Alptraum einer Gefangenschaft „in engen Kammern im Herzen ewiger Pyramiden" erlebte; ja man könnte sogar sagen, daß viele der Erzählungen selbst wie ein luftdicht verschlossener Raum oder ein zugeschaufeltes Grab sind, in dem die bedauernswerten Gestalten unentrinnbar gefangen sind.

Ein anderes Thema ist die ungewöhnliche Wachsamkeit der Sinne, die in Verbindung mit der analytischen Weltdeutung der *ratiocination* im Denken Poes an zentraler Stelle steht. Die gründliche Beobachtung verbindet sich bei Poe einerseits mit einer Forderung nach wissenschaftlicher Exaktheit und Methode, doch sie ist andererseits immer noch im romantischen Sinn auf die Korrektur unseres Sehens ausgerichtet; daher ist die *ratiocination* kein bloßes Raisonnieren, sondern vielmehr ein nach den Prinzipien der Vernunft operierendes *Phantasieren* (vgl. Seite 526 ff.). Nur in der Welt des Gefühls, des *Poetic Sentiment*, enthüllen sich für Poe die Gründe des Seins, weshalb auch der Rausch als eine dem vernünftigen Wachbewußtsein entzogene Domäne des Gefühls zum Ort einer geradezu szientistischen Wahrheitsfindung wird. Poes Protagonisten verfügen fast durchweg über eine ungewöhnliche Geistesschärfe, die sie im außergewöhnlichen Moment, also dann, wenn die gewohnte Realität in sich zusammenfällt und ein schwarzer Abgrund wird, in die Lage versetzt, mit einer eigentlich wahnsinnigen Vernunftkälte Flaschenbotschaften zu verfassen: Da ist der Fischer, der vom Wirbel des Mahlstroms erfaßt doch die Muße zu physikalischer Feldforschung findet, was ihm das Leben rettet; da ist der Erzähler in „The Pit and the Pendulum", der dem tödlichen Pendel nur entkommt, weil er zuvor genaue Beobachtungen angestellt hat; da sind Pym und Peters, die sich in einer lebensbedrohlichen Lage nicht davon abhalten lassen, Hieroglyphen zu enträtseln; da ist der Erzähler in „MS. Found in a Bottle", der sich auf einem Geisterschiff befindet, das auf einen Abgrund zutreibt, und der in diesen letzten Minuten vor seiner Vernichtung doch die unglaubliche Disziplin aufbringt, eine genaue Chronik der Ereignisse zu führen, die er erst im allerletzten Moment über Bord wirft. Wenn Poe neben seiner Forderung eines wissenschaftlich exakten Kalküls immer wieder die Welt der Opiumträume heraufbeschwört, so fordert er damit wohl, was man zuvor für unvereinbar hielt, nämlich eine Genauigkeit des Traums oder eine berauschte

Wissenschaft. Der Eindruck einer ungewöhnlichen Verstandesschärfe, wie er unter dem Einfluß von Opium entsteht, mußte ihm da als Inbegriff der angestrebten visionären Logik erscheinen. Die Thematisierung der genauen Beobachtung ist also im Zusammenhang mit der Opiumerfahrung zu sehen, zumal die geschilderte Gründlichkeit in der Regel zu gründlich ist, um als eine Leistung der „gesunden" Vernunft mißverstanden zu werden. In „Ligeia" wird dies besonders deutlich.

Die Handlung dieser Erzählung ist schnell wiedergegeben: Ein opiumsüchtiger[9] Erzähler schildert seine intensive Beziehung zur Lady Ligeia, die nicht so sehr durch Liebe charakterisiert ist, sondern vielmehr durch eine merkwürdige Faszination und brennende Neugier, mit der ihn ihre unbegreifliche Gegenwart erfüllt. Es fällt schwer zu glauben, daß Ligeia eine Person aus Fleisch und Blut sein soll; in der Tat scheint sie, die über ein offenbar absolutes Wissen verfügt, wie die gleichnamige Göttin in Poes Jugendgedicht „Al Aaraaf" eher die Personifizierung eines geistigen Prinzips oder Bewußtseinszustands zu sein. Lady Ligeia läßt sich über einige Seiten hinweg vom Erzähler bewundern, verfaßt ein Gedicht und tut daraufhin das, was nach Poe die herrlichste Aufgabe einer schönen Frau ist – sie stirbt. Der Erzähler tröstet sich über diesen Verlust durch die Heirat einer anderen Dame, Lady Rowena, die er jedoch schon zu Beginn der Ehe als ein Gegenbild der verehrten Ligeia haßt. Zwei Monate nach der Heirat wird Lady Rowena plötzlich krank, so daß der Erzähler die folgende Zeit im Opiumrausch an der Seite ihres Bettes verbringt, wobei er im Zimmer zunehmende Anzeichen einer geisterhaften Präsenz bemerkt. Nachdem Rowena einen vom Erzähler gereichten Kelch mit Wein ausgetrunken hat, verschlechtert sich ihr Zustand rapide, wenige Tage später ist sie tot. (Manche Kritiker haben aus dem Hinweis auf den Weinkelch, in den wie von Geisterhand einige rote Tropfen fallen, geschlossen, daß der Erzähler seine Frau wohl vergiftet habe). Während der Erzähler ihre aufgebahrte Leiche betrachtet, macht diese zu seinem Entsetzen eine erstaunliche Metamorphose durch, bis das Gesicht Rowenas zuletzt die Züge Ligeias zeigt.

Wie die meisten jener ätherischen Frauengestalten Poes ist auch Ligeia weder charakterlich noch als biographische Person noch in ihrer äußeren Erscheinung auch nur halbwegs klar konturiert, sondern besteht nur als eine phantomhaft undeutliche Erscheinung. „Sie kam und ging wie ein Schatten" [654], heißt es daher. Obwohl die Gestalt vom Erzähler unausgesetzt beobachtet wird, ist doch nichts Genaueres über sie zu erfahren; ja der Erzähler weiß nicht einmal den Familiennamen dieser Dame, die doch immerhin seine Verlobte ist. Das Beobachtungsinteresse des Erzählers ist offenbar nicht dazu angetan, über einen unklaren Sachverhalt im herkömmlichen Sinn Klarheit zu verschaffen, denn so beschreibt er Ligeias Gesicht: „In Schönheit des Angesichts glich ihr nie eine Maid. Es war das Gestrahle eines Opiumtraums – eine Vision, luftiger, geisteserhöhender, göttlich-wilder, als alle Phantasien, die je die schlummernden Seelen der Töchter von Delos umschwebten." [655; I 260] Im Anschluß hieran wird mehr als eine ganze Seite für die Beschreibung, wie es scheint, von Ligeias Gesicht verwendet. Doch auch nach diesem Aufwand hat der Leser immer noch keine klarere Vorstellung von der mysteriösen Gestalt gewonnen; ein Phantomzeichner der Polizei müßte über solchen Angaben, wie sie der Erzähler hier liefert, schier verzweifeln. Und doch sind diese Angaben sehr genau. Es ist nämlich nicht, wie zunächst vorgetäuscht wurde, Ligeias Gesicht, das hier beschrieben wird – der Gegenstand der Beobachtung ist vielmehr das Beobachten des Erzählers selbst. So enthält die Passage eine auffällige Häufung von Verben der Wahrnehmung: „I saw", „I perceived", „I have tried in vain to detect", „I examined", „I looked at", „I beheld", „I regarded", „I scrutinized", „then I peered into the large eyes of Ligeia", wobei die Idee sorgfältiger Erforschung, die in „examine" und „scrutinize" anklingt, im gegebenen Kontext etwas befremdlich wirkt (ein Liebhaber mag seine Angebetete wohl mit den Augen verschlingen, doch er wird sie schwerlich „untersuchen" oder „erforschen" wollen). Der Akt des Betrachtens spiegelt sich nun in der besonderen Aufmerksamkeit, die der Erzähler auf die Schilderung von Ligeias Augen verwendet. Die aufwendige Beschreibung kulminiert in einer letzten Steigerung des Perzeptionsvokabulars: „Diese Augen!, diese mächtigen, diese schimmernden, diese göttlichen Bälle!, sie wurden für mich zum Zwillingsgestirn der Leda, und ich der inbrünstig-devoteste ihrer Beobachter." [656; I 262/263] Um diese Augen bewegt sich auch die Pointe der Geschichte; sie sind es schließlich, woran der Erzähler erkennt, daß das Bild Ligeias die Erscheinung der toten Rowena überlagert und endlich ganz vereinnahmt hat. Die Geduld des beobachtenden Erzählers ist bemerkenswert: „Der Ausdruck von Ligeias Augen!" ruft er aus. „Wie habe ich in langen Stunden über sie nachgegrübelt!" [656] Diese Aufmerksamkeit übertrifft die gründliche Beobachtung eines Empirikers und scheint mehr mit der Versenkung eines Mystikers zu tun zu haben. Analog äußert sich der opiumberauschte Erzähler Egæus in „Berenice":

> Lange sorgenlose Stunden sinnend zu verbringen, meine Aufmerksamkeit auf irgendein nebensächliches Detail am Seitenrand oder im Druckbild eines Buches geheftet; über den größeren Teil eines Sommertages hinweg mich in einen schwachen Schatten zu versenken, der schräg über die Wandbehänge oder über den Boden fiel; mich eine ganze Nacht lang zu verlieren in der Beobachtung der ruhigen Flamme einer Lampe oder der Glut eines Feuers; ganze Tage über dem Duft einer Blume zu verträumen; monoton ein gewöhnliches Wort zu wiederholen, bis der Klang durch das häufige Wiederholen im Geist nicht länger irgendeine Vorstellung hervorrief; jeglichen Sinn für Bewegung oder körperliches Dasein zu verlieren, durch ein langes und stures Verharren in völliger körperlicher Ruhe: dies waren einige der gewöhnlichsten und harmlosesten Launen, die hervorgerufen wurden durch einen geistigen Zustand, der, wenngleich nicht beispiellos, sich doch jeder Erforschung oder Begründung verwehrte. [644]

Was Poe hier schildert, ist unverkennbar die Apathie des Opiumberauschten, die William Burroughs in der lapidaren Bemerkung umreißt: „Der Süchtige ist immun gegen Langeweile. Er kann stundenlang seinen Schuh anstarren oder einfach im Bett liegen." [NL 244; 563][10] Auch Egæus sieht in Berenice nicht so sehr ein Objekt seiner Leidenschaft, sondern einen Gegenstand, den es mit scharfem Blick zu analysieren gilt: „… ich hatte sie wahrgenommen – nicht als die lebende, atmende Berenice;

sondern wie die Berenice eines Traums – ... nicht als Gegenstand der Bewunderung; sondern der Analyse – nicht als Liebesobjekt; wohl aber als Thema abstrusesten, obschon planlos-plänkelnden Spekulierens." [645; I 215/216]

Obwohl das Wort „Opium" in „Berenice" nur einmal vorkommt, sind die Hinweise auf die opiumberauschte Wahrnehmung doch ebenso deutlich vorhanden wie in „Ligeia". „Man hat unsere Familie eine Sippe von Visionären genannt" [642], erklärt Egæus zu Beginn, und indem er kurz darauf hinzufügt, er sei „mit Leib und Seele süchtig nach tiefster und schmerzlichster Versenkung" [643], stellt er schon durch die Signalwirkung des Wortes „süchtig" („addicted") eine assoziative Verbindung zu Rauschmitteln her. Er berichtet, daß er den größten Teil seines Lebens im Bibliothekszimmer des Familiensitzes verbracht habe: „Die Erinnerung an meine frühesten Jahre verbindet sich mit diesem Raum und seinen Bänden ... Hier starb meine Mutter. Hier wurde ich geboren." [642] Offenbar starb die Mutter bei seiner Geburt, so daß Leben und Tod für ihn von Anfang an in eigenartiger Durchdringung bedeutsam wurden. Daher verweist er auch auf die Präexistenz seiner Seele; die Fragen um Sein und Nicht-Sein führen für ihn über Geburt und Tod hinaus:

> In diesem Zimmer wurde ich geboren. Derart aus einer langen Nacht, die ein Nicht-Sein schien und doch nicht war, mitten im Märchenreich erwachend – in einem Palast der Einbildungskraft – in den wilden Regionen klösterlicher Gedanken und Gelehrsamkeit –, ist es nicht sonderbar, daß ich mit erschrockenem und glühendem Blick um mich sah – daß ich meine Knabenzeit mit Büchern vertrödelte und meine Jugend mir in Träumerei vertrieb; doch es ist *sonderbar*, daß, während die Jahre verstrichen und der Mittag des Mannesalters mich immer noch im Haus meiner Väter fand – es *ist* wundersam, was für eine Lähmung dort die Triebfedern meines Lebens befiel – wundersam, wie vollständig sich das Wesen meiner gewöhnlichsten Gedanken verkehrte. Die Realitäten der Welt erschienen mir als Halluzinationen, und nur als Halluzinationen, während die wilden Ideen aus der Welt der Träume ihrerseits nicht der Stoff meines alltäglichen Daseins, sondern gänzlich und völlig dieses mein alltägliches Dasein selbst wurden. [642/643]

Hier wird die für das Denken der Romantik so typische Umkehrung von Traum und Realität festgestellt; an die Stelle der sinnlich-materiellen Wirklichkeit tritt die Realität der Phantasie, das künstliche Paradies des Rausches. Wie konnte eine solche Umkehrung im Bewußtsein des Protagonisten Permanenz erhalten? Neben der visionären Veranlagung der Familie, so behauptet der Erzähler, sei eine Krankheit dafür verantwortlich: „Meine eigene Krankheit", so meint er, „... breitete sich rasch in mir aus." [643] Eine Krankheit? Der Erzähler scheint sich darüber im Klaren zu sein, daß diese Erklärung nicht so recht überzeugen kann, und so fügt er rasch hinzu: „denn ich wurde angewiesen, dies nicht anders zu benennen." Hier drängt sich der Verdacht auf, daß diese allgemeine Bezeichnung ein Leiden bemänteln soll, das zu Poes Zeiten moralisch anrüchig war: Ist der Erzähler vielleicht drogensüchtig? In der Tat ist es diese Passage, wo sich in der früheren Fassung die einzige konkrete Erwähnung von Opium befand, nämlich der Hinweis auf den „maßlosen Opiumgenuß"[11] des Erzählers. Seine „Krankheit", so berichtet Egæus, äußere sich vor allem in einer manischen Fixierung auf genaues Beobachten:

> Besagte Monomanie ... bestand in einer morbiden Überreiztheit desjenigen Gehirnzentrums, das von der Psychologie das ‚wahrnehmungsspeichernde' genannt wird. Es ist mir mehr als wahrscheinlich, daß man mich nicht begreift; aber ich fürchte sowieso, daß es mir auf keinerlei Weise möglich sein werde, dem Geist des bloß normalen Lesers einen annähernden Begriff von jener nervösen *Angespanntheit des Interesses* zu vermitteln, mit dem sich in meinem Fall die Kraft der Betrachtung ... ins Anschauen & Auffassen auch der alltäglichsten Gegenstände der Außenwelt, einbohrte & förmlich verwühlte. [643/644; I 212]

Diese Art der Objektfixierung, die den Erzähler von der Umwelt isoliert, der mikroskopisch genaue Blick und die fast verzweifelte Bemerkung, daß die Eigenart dieser Betrachtungsweise durchaus nicht angemessen zu beschreiben sei – diese Feststellungen, die so genau mit den Aussagen späterer Opiomanen übereinstimmen, zeugen von einer gründlichen Kenntnis der Opiatwirkung, die keineswegs auf flüchtigem Hörensagen, sondern nur auf Poes eigener Erfahrung basieren kann.

Mit besonderer Deutlichkeit treten der charakteristische Verlauf und die spezifische Wahrnehmung des Opiumrausches in einer langen Passage der Erzählung „Loss of Breath" zutage. Diese Passage unterscheidet sich vom Rest der grotesken Erzählung, wie auch Hayter festgestellt hat[12], durch ihre weitgehende Ernsthaftigkeit, und es ist wohl diese Stimmungsdifferenz, die Poe zuletzt veranlaßte, das umfangreiche Textstück im Interesse der immer wieder geforderten Einheit des Effekts ganz zu streichen, wodurch die Erzählung in ihrem Umfang um die Hälfte gekürzt wurde. Ein wesentlicher Aspekt der Erzählung, nämlich gerade jener, der uns hier interessiert, ging dadurch verloren, und es erscheint fraglich, ob diese Radikalkur wirklich eine so glückliche Maßnahme war, wie Poe anscheinend glaubte. Was von der Erzählung übrig blieb, unterscheidet sich nicht allzu sehr von anderen grotesken Produktionen aus seiner Feder und wird bei den Lesern heute wie damals wohl eine eher mäßige Reaktion bewirken. Die ausführlichere Urfassung ist in ihrer Fabel wesentlich kohärenter und erinnert den heutigen Leser an eine eindrucksvolle Erzählung von Ambrose Bierce, „An Occurrence at Owl Creek Bridge" (1891), wo der Protagonist durch eine aufregende Flucht seiner Hinrichtung zu entgehen scheint, bis der überraschende Schluß erweist, daß alles Vorige nur eine Vorstellung im sekundenschnellen Gedankengang zwischen dem Sturz ins Leere und der tödlichen Straffung des Henkerstricks war. „Loss of Breath" schildert das Unglück, das einem Mann widerfährt, der unversehens seinen Atem verloren hat und nach diversen Mißhandlungen durch seine Mitmenschen aufgrund einer Verwechslung mit einem entflohenen Verbrecher öffentlich gehängt wird. Obwohl er sich seiner Umgebung nicht mitteilen kann, stirbt er als Atemloser doch nicht und erlebt den Vorgang seiner Hinrichtung, seine Aufbahrung in einer Gruft und die wunderbare Auferstehung (wobei er seinen Atem wiedererlangt) in einer mehrfach variierenden Bewußtseinsintensität. Mr. Lackobreath stirbt am Galgen also nicht wirklich, und dennoch hat er ein seltsames

Transzendenzerlebnis, das ihn den Übergang vom Leben zum Tode in einer Art erleben läßt, die sich von der Wahrnehmung des normalen Wachbewußtseins deutlich unterscheidet. Was Poe in dieser Passage schildert, ist jedoch nichts anderes als das Erlebnis eines Opiumrausches.

Die Passage beginnt in dem Augenblick, wo sich der Strick mit einem plötzlichen Ruck im Genick des Protagonisten strafft, doch: „Sterben tat ich gewiß nicht."[13] Der Erzähler spürt einen unangenehmen, aber, wie er versichert, keineswegs unerträglichen Blutstau in seinem Kopf und seinen Händen, die Augen scheinen aus ihren Höhlen zu springen. Hierauf beginnt jene Folge von Wahrnehmungen, die jedem Opiomanen vertraut sein dürften. „In meinem Ohr waren Geräusche – erst wie das Klingen gewaltiger Glocken – dann wie das Schlagen von tausend Trommeln – und schließlich wie das leise, dumpfe Murmeln der See."[14] Diese Klänge sind akustische Transformationen, d.h. eine modifizierte Wahrnehmung des plötzlichen Blutrauschens im eigenen Kopf und der Umgebungsgeräusche – also etwa das Johlen der gaffenden Menge und die Geräusche des nahen Verkehrs. Ihre abnehmende Intensität, der Übergang zu einem dumpfen Murmeln, signalisiert den Rückzug aus der gewohnten Wahrnehmungswelt. Im nächsten Augenblick stellt sich der bereits besprochene Eindruck jener ungewöhnlichen Sinnes- und Verstandesschärfe ein, der für die Opiate und andere Drogen so charakteristisch ist:

> Obwohl auch die Verstandeskräfte verwirrt und verzerrt waren, war ich ... mir doch dieser Verwirrung und Verzerrung bewußt. Mit unfehlbarer spontaner Genauigkeit konnte ich willentlich ermitteln, in welcher Hinsicht meine Empfindungen zutrafen – und in welcher Hinsicht sie abwegig waren. Ich konnte sogar präzise fühlen, *inwiefern – bis zu welchem Punkt genau*, solche Abwege mich fehlgeleitet hatten, ohne indessen in der Lage zu sein, meine Abweichungen zu korrigieren. Außerdem bereitete es mir gleichzeitig ein wildes Vergnügen, meine Wahrnehmungen zu analysieren.

Wie im Drogenrausch, so führt das Erlebnis der Hypersensibilität auch hier zu der Überzeugung, ein übernatürliches Macht- und Erkenntnispotential zu besitzen. Sein Erinnerungsvermögen, meint Mr. Lackobreath, sei vervierfacht; jedes Ereignis seines Lebens und jeden einzelnen Gegenstand sehe er nun bis in die unscheinbarsten Details deutlich vor sich. So schreibt auch De Quincey in den *Confessions*: „Die geringsten Begebenheiten der Kindheit oder vergessene Ereignisse späterer Jahre wurden oft wiederbelebt." [CEO 314] Mr. Lackobreath fährt fort: „... ich konnte ganze Zeilen, Passagen, Kapitel, Bücher aus der Zeit meiner früheren Studien wiederholen ...", so daß er sich abwechselnd mit Aristophanes als Frosch und mit Aischylos als einen Halbgott empfinde. Hierauf bemächtigt sich des Protagonisten die wohlige Trägheit des Rausches, wobei Opium und Haschisch direkt erwähnt werden: „Eine träumerische Wonne erfaßte nun meinen Geist, und ich stellte mir vor, ich hätte Opium gegessen oder mich mit dem Haschisch der alten Assassinen berauscht." Wenn Poe hier vortäuschen wollte, daß die seltsamen Erfahrungen des Mr. Lackobreath dem Drogenrausch nur ähnlich seien, ohne indessen wirklich auf Opium zurückzugehen, so kann er uns doch nicht über die unabweisbare Evidenz hinwegtäuschen, die durch die folgenden Erlebnisse nur unterstützt und vermehrt wird. „Ein Meer von wogenden Köpfen umströmte mich", heißt es als nächstes. „In der Intensität meiner Wonne betrachtete ich sie mit einem Gefühl des tiefsten Mitleids …" Obwohl der Erzähler diese Vision nicht als unangenehm empfindet, gehört sie doch zu jenen Erscheinungen, die De Quincey als „tyranny of the human face" bezeichnet, ja sie scheint ein unmittelbares Echo der Passage zu sein, wo der Opiumesser dieses Phänomen beschreibt: „… jetzt geschah es, daß sich auf dem wogenden Wasser des Ozeans das menschliche Antlitz zeigte; das Meer schien mit unzähligen Gesichtern bedeckt, den Blick zum Himmel erhoben; flehende, grimmige, verzweifelte Gesichter; Gesichter, die zu Tausenden, zu Myriaden, zu Generationen auftauchten; meine Erschütterung war grenzenlos; mein Geist schien über den wogenden Ozean hin- und hergeschleudert und über die rollenden Wellen hinweggerollt." [CEO 319; 242]

Während die Behörden den Justizirrtum erkennen und verfügen, daß der Körper des unschuldigen Mr. Lackobreath vom Galgen abgenommen und in die Leichenhalle gebracht wird, um am folgenden Morgen bestattet zu werden, vermengen sich die Wahrnehmungen des Protagonisten in einem abstrakten Wirbel, der sich der Beschreibung entzieht. Erst in der Gruft nimmt Mr. Lackobreath seine Rauschchronik wieder auf. Er stellt fest, daß er sich in einer sehr engen Kammer befindet, die sich in seiner Vorstellung jedoch zur Größe eines ganzen Universums zu weiten scheint.[15] Auch diese Erfahrung ist typisch für den Drogenrausch. Während die für den Halluzinogenrausch kennzeichnenden Halluzinationen ausbleiben, ergeben sich nun aber Transformationen, wie sie unter dem Einfluß von Opium erlebt werden; der Erzähler erhält den Eindruck, daß seine Gliedmaßen gigantische Proportionen annehmen:

> Meine Finger, die kalt, klamm und steif waren und sich hilflos aneinander preßten, waren in meiner Vorstellung zu einer Größe angeschwollen, die den Proportionen eines Antaeus entsprach. Jeder Teil meines Körpers registrierte ihr enormes Ausmaß. Die Geldstücke, die – ich erinnere mich gut – auf meine Augenlider gelegt worden waren und sie nicht recht geschlossen zu halten vermochten, erschienen wie riesige, unendliche Karrenräder der Olympia oder der Sonne.[16]

Trotz der empfundenen gigantischen Körpergröße hat Mr. Lackobreath das Gefühl, völlig schwerelos zu sein und meint sich nur mit Mühe am Boden seines Sarges zu halten. Auch diese Empfindung, der Verlust der Körperschwere, ist ein Indiz der drogenstimulierten Entkörperlichung, einer Art der Persönlichkeitsspaltung, bei der sich das Bewußtsein vom Körper löst, so daß die Person sich selbst wie etwas Fremdes und Äußeres betrachtet. (Ein genaueres Beispiel für diese Erfahrung wird im Zusammenhang mit der Erzählung „A Tale of the Ragged Mountains" zu besprechen sein.) Die Dunkelheit der Nacht senkt sich mit bleierner Schwere auf den geschundenen Körper des Protagonisten herab und wird ihm zum Alpdruck. In dieser Bedrängnis empfindet er mit der Gewißheit eines Geisterwesens die Sinnlosigkeit des Daseins und aller Philosophie und seine Ohnmacht, sich der Beklemmung durch die schweigende Dunkelheit zu entziehen: „Dies – dies – dies ist die einzige Ewigkeit! ... in dieser weiten – dieser schrecklichen Leere zu *liegen* – eine furchtbare, undeutliche und bedeutungslose Anomalie – bewegungslos, doch Bewegung ersehnend – kraftlos, doch nach Kraft verlangend – für immer, für immer und immerdar!"[17] Dieses Gefühl einer schrecklichen Hilflosigkeit findet sich in vielen Beschreibungen des Opiumrausches; es verweist auf die bewußtgewordene Lähmung der Willenskraft, die Unfähigkeit, sich einer Vision zu entziehen oder überhaupt nur den Willen dazu aufzubringen. Der nächste Morgen, der „mit seiner nebligen und trüben Dämmerung" die typischen Schleier der Opiumlandschaft aufweist, kann das Entsetzen des Erzählers durch die unmittelbare Erwartung seiner endgültigen Bestattung nur vergrößern. Er fühlt, wie der Sarg emporgehoben und in einer Gruft auf dem Friedhof beigesetzt wird. Während dieser Vorgänge erfolgt ein Stimmungswandel, der das Abklingen der Drogenwirkung annonciert: Nachdem das Entsetzen zunächst in eine Phase der Lethargie umgeschlagen war, etabliert sich nun allmählich ein Zustand „intensiver und unnatürlicher Lebhaftigkeit".[18] Die Hypersensibilität, mit der das Rauscherleben begann, macht sich wieder bemerkbar:

> Ich konnte genau das Rauschen der Federbüsche hören – das Flüstern der Sargträger – das weihevolle Atmen der Todespferde. Eingeengt, wie ich es in dieser schmalen und unnachgiebigen Umarmung war, spürte ich das raschere oder langsamere Fortschreiten der Prozession – die Unruhe des Kutschers – die Windungen der Straße, wie sie uns nach rechts oder nach links führten. Ich nahm den eigentümlichen Duft des Sarges wahr – den scharfen, sauren Geruch der stählernen Schrauben. Ich sah die stoffliche Struktur des Schleiers, der nah bei meinem Gesicht lag und war mir sogar der raschen Wechsel von Licht und Schatten bewußt, die durch das Flattern der Vorhänge im Inneren des Wagens verursacht wurden.

In der Gruft verfällt der Erzähler hierauf in einen todesähnlichen Schlaf, der offenbar Wochen oder Monate dauert (auch dieses inflationäre Zeitgefühl ist typisch für die Wahrnehmung des Drogenberauschten), denn als er wieder erwacht, ist der Sargdeckel bereits so morsch, daß der von seiner Starre genesene Protagonist ihn mühelos aus seinen Halterungen brechen kann. „Meine Bewegungsversuche, als ich die Seiten meiner Behausung abtastete, waren jedoch schwach und unsicher, und ich verspürte einen nagenden Hunger und die Qual eines unerträglichen Durstes." Dieser ausgeprägte Appetit wird von vielen Opiomanen als eine Folge des Rausches erwähnt. Hierauf entsteigt der Erzähler seinem Sarg und beginnt, das Innere der Gruft zu erforschen. – An dieser Stelle endet die von Poe gestrichene Passage.

Warum sollte Poe die seltsame halbe Todeserfahrung des Mr. Lackobreath zum Anlaß nehmen, einen Opiumrausch zu schildern? Es ist die Freud-Schülerin Marie Bonaparte, die sich diese Frage stellt[19], um sogleich ihre Antwort zu präsentieren, die – was niemanden erstaunen dürfte – auf Kastrationsängste, Phantasien vom Penis-Ersatz und die Deutung des Opiumrausches als einer Form der Ersatz-Masturbation hinausläuft. Die Simplizität dieses leicht durchschaubaren Frage- und Antwortspiels aus der psychoanalytischen Frühzeit hat durchaus etwas Erheiterndes.

Dennoch bleibt die Frage bestehen: Warum entschloß sich Poe, an dieser Stelle der Erzählung eine Schilderung des Opiumrausches einzufügen? Die Antwort mag eher darin bestehen, daß der Dichter in der halbwegs beschreibbaren Welt des Opiumrausches jenen Bereich zwischen Leben und Tod, zwischen materiellem und spirituellem Universum analogisch oder sogar ganz konkret zu erfahren glaubte, der sich sonst nur Reisenden ohne Rückfahrkarte eröffnen kann und in dem durch die Überwindung der Bewußtseinsschranken vielleicht ein neues, besseres Verständnis von Sinn und Unsinn der menschlichen Existenz zu erlangen ist. Doch Mr. Lackobreath ist kein Erkenntnissucher, sondern eine überaus profane Witzfigur. Er ist einer jener Spießer, gegen die Poe stets seine schärfsten Geschütze richtete und hat daher kein höheres Ziel als die Rückkehr in die kleinbürgerliche Enge, aus der ihn ein seltsames Mißgeschick so unvermutet herausgerissen hat. Die opiumberauschten Reflexionen, die durchaus andere Interessen und eine feinere Sensibilität anklingen lassen, passen nicht zu dieser grotesken Gestalt, sondern sind eher ein persönlicher Einwurf des Dichters. Auch darum hat Poe sie wohl aus der als Groteske konzipierten Erzählung entfernt; die Passage war ihm wohl auch zu intim. Umso mehr ist daher anzunehmen, daß der geschilderte Rausch auf einer authentischen Eigenerfahrung beruht.

Auch in der Erzählung „A Tale of the Ragged Mountains" wird der Verlauf eines Opiatrausches geschildert. Augustus Bedloe, der Protagonist, ist ein wohlhabender, aber kränklicher junger Mann, und er ist morphinsüchtig. Die Erzählung handelt von einem ungewöhnlichen Spaziergang in einer herbstlichen Wildnis im Staat Virginia, in dessen Verlauf der morphinberauschte Bedloe sich plötzlich in einer orientalischen Stadt wiederfindet, wo er mit einer Schar von Soldaten gegen eine Übermacht von Eingeborenen kämpft und den authentischen Tod einer ihm völlig fremden Person nacherlebt. Hier spielt unverkennbar das von Poe so häufig gestaltete Motiv des Doppelgängers eine Rolle; eine alte Photographie erweist, daß der britische Offizier, der vor einem halben Jahrhundert in Indien ums Leben kam, Bedloe zum Verwechseln ähnlich sah. Bedloes Hausarzt, ein Magnetiseur, bestätigt, daß die Schilderung der seltsamen Vision seines Patienten genau mit den damaligen Vorgängen übereinstimme, die er selbst miterlebt habe. Das Zustandekommen von Bedloes Vision wird in der Erzählung unter dem Hinweis auf die auch über große Entfernungen mögliche telepathische Kommunikation zwischen einem Magnetiseur und seinem Medium erklärt: Bedloe habe sein indisches Erlebnis nicht zufällig genau in der Zeit gehabt, als der Magnetiseur in seinem Tagebuch einen Bericht über jene vergangenen Ereignisse schrieb. Doch wenn es Poe tatsächlich nur darum ging, einen Beitrag zum Phänomen des Mesmerismus zu schreiben, wieso hielt er es dann für nötig, ausdrücklich auf die Drogensucht seines Protagonisten hinzuweisen? Poe hatte zwei gute Gründe, um die Droge ins Spiel zu bringen. Durch die Erwähnung des Morphins legt er einerseits eine falsche Fährte, die den Leser veranlaßt, Bedloes Vision für eine bloße „Einbildung" seines berauschten Bewußtseins zu halten. Wenn dann zuletzt enthüllt wird, daß der Traum keineswegs nur ein Schaum, sondern eine auf telepathischer Übertragung beruhende, verblüffend exakte Rekonstruktion von Ereignissen ist, die tatsächlich stattfanden, ist das Erstaunen groß. In diesem Sinn hat der Hinweis auf Bedloes Morphinsucht also nur die Funktion eines Ablenkungsmanövers. Andererseits kannte Poe die Empfindungen eines magnetisierten Mediums nicht aus eigener Erfahrung. Zwar hätte er sich ohne weiteres auf Dutzende von Erlebnisberichten stützen können, um sich eine Vorstellung davon zu verschaffen, wie sich das somnambule Erleben im einzelnen gestaltet, doch offensichtlich erschien ihm seine eigene Drogenerfahrung, die er wohl mit größerer Überzeugungskraft ins Bild setzen mochte, interessanter. Es ist anzunehmen, daß Poe dem Rauscherleben eine ähnliche Qualität und Bedeutsamkeit beimaß wie der hellseherischen Trance eines magnetisierten Mediums, denn in der Tat sind die beschriebenen Empfindungen Bedloes überwiegend als typische Phänomene des Drogenrausches identifizierbar.

Es versteht sich, daß auch Bedloe sehr sensibel ist und unter dem Einfluß von Morphin eine ungewöhnliche Wahrnehmungsschärfe erfährt:

> Bedloe's Gemüt war im höchsten Grade empfindsam, erreglich und voll Überschwang. Er besaß eine einzigartig lebhafte und schöpferische Imagination; und diese ward zweifellos noch zusätzlich durch den habituellen Gebrauch von Morphin bestärkt, welches er in großen Mengen schluckte und ohne das er vermutlich nicht mehr hätte existieren können. Es war seine Gewohnheit, allmorgendlich gleich nach dem Frühstück eine sehr erhebliche Dosis davon einzunehmen – oder vielmehr, unmittelbar nach einer starken Tasse Kaffee, denn er aß vormittags nichts ... [680; III 228/229]

Nach der üblichen Einnahme der Droge begibt sich Bedloe also allein auf seinen Spaziergang. Es ist gewiß kein Zufall, daß Poe sich entschied, die Handlung zur Zeit des *Indian Summer* stattfinden zu lassen, jenem „seltsamen *Zwischenspiel* der Jahreszeiten". Wie die Hervorhebung schon andeutet, entspricht diese Übergangszeit des Jahres jener psychischen Zwischenwelt, von der auch im Kontext von „Loss of Breath" die Rede war; in diesem Zusammenhang war für Poe auch der hypnagogische Dämmerzustand zwischen Traum und Wachen so interessant. (Vgl. Seite 138 ff.) Außerdem ist der Herbst eine Zeit, in der die Natur durch eine diesige Atmosphäre wie verzaubert erscheint – Bedloe unternimmt seinen denkwürdigen Spaziergang „an einem trüben, warmen Nebeltag" –, was wiederum mit den eigenartigen Dunstschleiern der Opiumlandschaften korrespondiert, die mit einer typischen Schwere auf dem Gemüt des Berauschten lasten[20]:

> Der dicke und eigentümliche Nebel oder Dunst, der den Indianischen Sommer auszeichnet und der nun schwer über allen Dingen hing, bewirkte zweifellos eine Verstärkung der vagen Eindrücke, die diese Dinge erzeugten. So dicht war dieser schöne Nebel, daß ich vom Pfade vor mir zu keiner Zeit mehr als einige Dutzend Ellen sehen konnte. Dieser Pfad war außerordentlich gewunden, und da die Sonne nicht zu sehen war, verlor ich bald jede Vorstellung, in welche Richtung ich wanderte. Inzwischen hatte das Morphin seine übliche Wirkung erreicht – nämlich die, die ganze äußere Welt mit einem außerordentlich interessanten Aspekt zu versehen. [681]

Die Nebel der äußeren Landschaft und die Opiumschwaden der inneren vermischen sich zusehends, so daß Innen und Außen schließlich ein untrennbares Ganzes bilden. Dieses Verschwimmen der Grenzen und Konturen ist die erste Voraussetzung des „anderen" Sehens; die Dinge des Alltags verlieren ihre gewohnte Bedeutung, und schon kleinste Details erscheinen als „ein ganzes Universum der Vorstellung".[21] Typisch für die Wahrnehmung eines westlichen Konsumenten von Opium, Haschisch und anderen „exotischen" Drogen ist auch die Neigung zu einer orientalisch-bunten (im Fall von Meskalin: indianischen) Visionsbildlichkeit. Es ist also kein Zufall, daß es Bedloe nach Indien verschlägt, und nicht etwa ins Frankreich der Revolutionszeit oder in die heimatlichen Wälder, wo sich Lederstrumpf Natty Bumppo gegen hinterhältige Huronen behaupten muß. Für den Abendländer des 19. Jahrhunderts war Opium die Droge des Orients; wer sich ihr anvertraute, begab sich in der Regel an den geheimnisvollen Nil, oder ins Reich der Mitte, in den Libanon oder ins Gewirr der orientalischen Bazare zwischen Bagdad und Marrakesch – oder eben nach Indien, das, wie man damals ermittelte, das Herkunftsland der meisten *Märchen aus 1001 Nacht* gewesen sein dürfte. Darum ist auch Poes phantasievolle Beschreibung der Stadt Benares durchaus im Zusammenhang der Opiatwirkung zu sehen:

> Die Häuser boten einen wild malerischen Anblick. Auf allen Seiten zeigte sich eine wahre Wildnis von Balkonen, Veranden, Minarehs, von Nischen und phantastisch geschnitzten Erkern. Basare waren im Überfluß vorhanden; und darin lagen reiche Waren aus, in unabsehbarer Varietät und Fülle – Seide, Musselin, das blend-gleißende Handwerk der Messerschmiede, die allerherrlichsten Juwelen und Gemmen. Überdem erblickte man allenthalben Banner und Palankine, Sänften mit dicht verschleierten vornehmen Damen, prächtig herausgeputzte Elefanten, grotesk geformte Götzenbilder, Trommeln, Fahnen und Gongs, Speere und silbern- oder goldglänzende Keulen. Und inmitten der Menge und des Tumults, der allgemeinen Verwirrung und Konfusion – inmitten der Unzahl schwarzer und gelber Menschen in Turban und Robe und mit wallendem Bart, da zogen endlose Scharen von heiligen, mit Kopfbändern geschmückten Stieren ... [683; III 233]

In diesem Stil dehnt sich die Passage noch weiter aus, wobei die Tendenz zum Aufzählen von eigentlich unzählbaren Mengen wiederum ein Kennzeichen der überwältigenden Drogenwirkung ist, die Raum und Zeit und Zahl in kolossale Dimensionen weitet (daß Benares zu Poes Zeit nicht einmal annähernd eine Millionenstadt war, ist für den opiumberauschten Visionär völlig unerheblich). Die orientalische Bildlichkeit begleitet die Wahrnehmung des Opiumrausches übrigens auch in einigen der anderen Texte, wo sie in Gestalt besonders prächtiger Innenausstattungen erscheint.[22] – Ein markantes Indiz der Drogenwirkung ist schließlich auch die von einem Verlust der Willenskraft begleitete außerkörperliche Erfahrung Bedloes, als er in der Rolle des britischen Offiziers von einem vergifteten Pfeil getroffen wird und stirbt: „Unter mir lag mein Leichnam mit dem Pfeil in der Schläfe, der ganze Kopf verschwollen und entstellt. Doch all dies fühlt' ich nur – ich sah es nicht. Ich nahm an nichts Interesse. Selbst der Leichnam erschien mir als ein Etwas, mit dem ich nicht das mindeste zu schaffen hatte. Ich war gänzlich ohne Willenskraft ..." [685; III 237] Die Parallelen zu ähnlichen Empfindungen in „Loss of Breath" sind unverkennbar.[23]

Auch die Erzählung „The Fall of the House of Usher" ist sehr deutlich durch Symptome des Opiumrausches geprägt. Der Erzähler, der seinen einstigen Jugendfreund Roderick Usher besucht, um ihm auf dessen Ersuchen in einer schwierigen Krise beizustehen, empfindet gleich bei seiner Ankunft den düsteren Park, den See und das unheilvolle Gemäuer des Familiensitzes als eine Quelle des Ennui, deren Wirkung er mit jenem bitteren Erwachen vergleicht, wenn ein Opiumträumer nach seinen wunderbaren Phantasien wieder in die trostlose Welt des Alltags zurückgestoßen wird: „Ich betrachtete die Szene vor mir ... mit einer völligen Niedergeschlagenheit der Seele, die ich mit keinem passenderen irdischen Gefühl vergleichen kann als mit dem Nachtraum des Opiumberauschten – dem bitteren Absturz ins Alltagsleben – dem furchtbaren Fall des Schleiers." [231] Es ist daher nicht erstaunlich, daß er kurz darauf auch den Hausherrn mit einem „unheilbaren Opiumesser in seiner höchsten Ekstase" [235], vergleicht. In der Tat ist die äußere Erscheinung Roderick Ushers etwa derjenigen des Morphinomanen Augustus Bedloe recht ähnlich. Wie jener erstaunlich große, katzenhafte Augen hat, aus denen ein merkwürdiges Leuchten hervordringt, während sie andererseits eher die eines Toten als eines Lebenden zu sein scheinen[24], so ist auch Usher geprägt durch „einen leichenhaften Gesichtsausdruck, große, feuchte und unvergleichlich leuchtende Augen; die Lippen etwas schmal und sehr blaß, aber mit einem ausnehmend schönen Schwung; die Nase zierlich wie bei einem hebräischen Modell ..." [234] In gewisser Weise scheint Usher eine männliche Entsprechung der ätherischen Schönheiten Ligeia, Berenice und anderer Damen aus Poes begrenzter Requisite zu sein. Auch entstammt er wie Egæus und Seinesgleichen einer zum Aussterben verdammten Familie von hypersensiblen Visionären. Auf die überspannte Wachsamkeit des Opiumberauschten, „a morbid acuteness of the senses" [235], wird in dieser Erzählung immer wieder angespielt, wobei nicht nur Usher, sondern auch der Erzähler selbst wie ein drogenberauschter Visionär erscheint. So bemerkt er, indem er sich dem Haus des Freundes nähert, daß es im Lauf der Zeit nicht verwittert, sondern *farblos* geworden sei (es ist die Rede von der „discoloration of ages" [233]) – als ob er selbst der spezifischen Farbwahrnehmung des Opiumrausches unterworfen wäre. Außerdem stellt er fest: „Vielleicht hätte das Auge eines besonders geschulten Betrachters noch einen kaum wahrnehmbaren Riß entdeckt, der, unterm Dach der Frontseite beginnend, im Zickzack an der Mauer herunterlief, und sich schließlich in den widrigen Wassern des Teiches verlor." [233; III 37] Offensichtlich ist der Erzähler selbst solch ein scharfsinniger Beobachter, da ihm das Detail sonst entgangen wäre. Womöglich ist Roderick Usher also nur ein visionäres *alter ego* des Erzählers, so wie das Haus, das einem menschlichen Schädel gleicht, ein Abbild des Bewußtseins ist. In der Tat erscheint es nicht abwegig, die ganze Erzählung als einen Traum des Sprechers zu verstehen, in dem Roderick und dessen Schwester Madeline, das Haus, der See, die Familiengruft, die künstlerischen

Aktivitäten und alle katastrophalen Ereignisse nur als bildliche Umschreibung von Vorgängen in der Psyche einer Person bedeutsam werden. Dann wäre die Erzählung als Dokument einer opiatstimulierten Persönlichkeitsspaltung zu deuten. Später bemerkt der Erzähler an Roderick die charakteristische Apathie des Opiomanen, jenes unverwandte Starren, das über Stunden andauern mag: „Ich sah ihn über Stunden hinweg ins Leere starren, in einer Haltung von größter Aufmerksamkeit, als ob er irgendwelchen eingebildeten Klängen lauschte." [641] Der Anblick dieser „madness" wirkt ansteckend: „Ich spürte, wie ganz allmählich, langsam zwar, doch mit Gewißheit, der wilde Einfluß seines eigenen phantastischen, obschon eindrucksvollen, Aberglaubens auch mich erfaßte." Doch verhält sich der Erzähler nicht schon zu Beginn genauso? Was für ein seltsamer Impuls veranlaßt ihn, von seinem Pferd zu steigen und vor seiner Ankunft gedankenverloren in das schwarze Wasser des Sees zu blicken? Er selbst bezeichnet dieses kuriose Verhalten als „mein etwas kindisches Experiment" [232], doch es wird deutlich, daß man seinen Worten nicht zu sehr vertrauen sollte. Im Wasser des Sees und seiner Spiegelung erblickt der entrückte Erzähler eine typische Opiumlandschaft, von der er sich kaum losreißen mag:

> Meine Einbildungskraft war nun so übersteigert, daß ich wirklich glaubte, über dem ganzen Haus und Gut hinge eine Atmosphäre, die nur ihnen und ihrer unmittelbaren Nachbarschaft eigen war – eine Atmosphäre, die keinen Bezug zur Luft des Himmels hatte, sondern von den verfallenen Bäumen und der grauen Mauer und dem stillen Teich heraufdünstete – ein verderblicher und mystischer Dunst, trüb, phlegmatisch, schwach wahrnehmbar und bleifarben.
>
> Indem ich, was nur ein Traum gewesen sein *kann*, aus meinem Geist vertrieb, beobachtete ich das Erscheinungsbild des Gebäudes genauer. [233]

Ein Gemälde Roderick Ushers, das einen anscheinend unterirdischen Raum darstellt, der von einer endogenen, aber nirgends sichtbaren Lichtquelle erhellt wird, ist im weitesten Sinn ein Werk der psychedelischen Kunst. Das merkwürdige Licht, das Usher hier abbildet, wird aber auch vom Erzähler erlebt. In der stürmischen Nacht, in der die vorzeitig beerdigte Lady Madeline aus der Gruft zu den Schlafgemächern empor wankt, um ihren schuldigen Bruder buchstäblich zu Tode zu erschrecken, blickt der Erzähler aus dem Fenster und sieht, obwohl weder der Mond scheint noch Blitze die Nacht erhellen, in der Tiefe einen von innen her erleuchteten Nebel: „Die Unterseiten der gewaltigen aufgewühlten Dunstwolken sowie alle irdischen Objekte, die uns unmittelbar umgaben, glühten aber im unnatürlichen Licht einer strahlenden und klar erkennbaren Gasausströmung, die über dem Hause hing und es einhüllte." [242] Dieses Licht wird nicht grundlos als „unnatürlich" charakterisiert, denn es ist die Helligkeit der künstlichen Paradiese des Opiumrausches. – Als ein letztes Beispiel für die Indizien einer opiumtypischen Wahrnehmung in „Usher" sei noch auf Rodericks Theorie verwiesen, daß die Vegetation in der Umgebung des Hauses durch eine geheime Beziehung mit den dort lebenden Personen verbunden seien. Diese Überzeugung ist wie Baudelaires Idee in „La Chambre double", daß die Möbel so wie er selbst zu träumen scheinen. Die Umgebung des Hauses, glaubt

Roderick, sei eine unmittelbare Konkretisierung des morbiden Familienwesens und habe im Lauf der Jahrhunderte eine eigene Atmosphäre entwickelt, die sich von der weiteren Umgebung deutlich unterscheide. Die Vegetation und die Steine der Mauern sind demnach nichts anderes als bildlich verfestigte Bewußtseinsinhalte. Hier zeigt sich wieder die Grenzverwischung zwischen Innen und Außen, die zu den charakteristischen Erfahrungen des Drogenrausches gehört.

Nach dem Vorbild der vorangegangenen Ausführungen sollte es nun möglich sein, auch solche Texte im Hinblick auf Symptome der opiumbeeinflußten Wahrnehmung zu untersuchen, in denen die Droge überhaupt nicht erwähnt wird. Da im Poe-Kapitel des dritten Hauptteils diverse Deutungsversuche dieser Art unternommen werden, mögen hier einige kurze Hinweise genügen. So bietet etwa das frühe Gedicht „The City in the Sea" zahlreiche Hinweise auf die charakteristische Wahrnehmung des Opiumberauschten. Die hier beschriebene visionäre Stadt liegt bezeichnenderweise (wir denken an den Rückzug des Ich in seine eigenen Grenzen, an seine Isolation und Abgeschlossenheit) einsam („alone"), und zwar „far down within the dim West". [963] Das Wort „dim" („trübe") deutet an, daß diese Stadt von unserer gewohnten Wahrnehmungswelt wirklich sehr weit entfernt ist (nämlich so weit wie, aus der umgekehrten Perspektive, jener „entfernte Teil des Landes" [232], von dem aus der Erzähler in „The Fall of the House of Usher" sich in die Rauschwelt seines Freundes begeben hat), und es verweist auf den typischen Dunst, der die Opiumlandschaft einhüllt und durchdringt. Außerdem wird das Wort mit dem mythischen Westen in Verbindung gebracht, wo sich die *frontier* des Bewußtseins erstreckt und ein noch unentdecktes Reich der Möglichkeiten beginnt. Das seltsame Licht, das diese Stadt bescheint, kommt nicht in Strahlen vom Himmel herab, sondern findet seinen Ursprung in der Tiefe des Meeres; die Wellen sind „luminous" [964], leuchtend, und die ganze Szenerie ist eine „Wildnis aus Glas". Dies ist unverkennbar dasselbe Opiumlicht, das auch die Interieurs in den anderen besprochenen Texten in einen matten Glanz taucht; auch Zumbach stellt in seiner Besprechung des Gedichts daher fest: „Ein ähnliches, ständig wechselndes Traumlicht schafft sich der opiumsüchtige Erzähler aus Poes Novelle ‚Ligeia' …"[25] Das in vielen Opiumphantasien gegebene orientalisch-exotische *setting* findet sich in Aufzählungen wie „These shrines and palaces and towers" und in den Versen: „But light from out the lurid sea / Streams up the turrets silently – / Gleams up the pinnacles far and free – / Up domes – up spires – up kingly halls – / Up fanes – up Babylon-like walls – / Up shadowy, long-forgotten bowers / Of sculptured ivy and stone flowers…" [„… doch tief aus der bleichen Seen Bann / strömt Licht an den Türmen schweigend hinan – / schimmert auf und bricht zu den Zinnen sich Bahn – / zu Kuppeln – zu Spitzen – zu Kathedralen – / zu Tempeln – zu babylonischen Hallen – / zu schattiger langvergeßner Lauben / gemeißeltem Efeu und steinernen Trauben – …" (V 95)] Die steinerne Vegetation verweist auf das Ideal der Künstlichkeit, das für die Welten des Rausches charakteristisch ist. Diese seltsamen Formen „resemble nothing that is ours", sie erinnern an nichts, was uns vertraut ist. Die Stimmung entspricht der wohlig-trägen oder apathischen Ruhe des Opiomanen: „Resignedly beneath the sky / The melancholy waters lie" [„ergeben unter dem Himmel, ruht / der schwermutsvollen Wasser Flut." (V 95)] Die phantastische Architektur existiert nicht in statisch festen Formen, sondern eher wie Luftspiegelungen, die einander durchdringen und doch mit einer seltsamen Schwere in der Luft zu hängen scheinen: „So blend the turrets and shadows there / That all seem pendulous in air". [„So sehr sind dort Türme und Schatten vereint, / Daß alles im Äther zu hängen scheint."] – Eine ähnliche Atmosphäre präsentiert das Gedicht „Dream-Land", was Reece zu dem Schluß veranlaßt: „Der konsequente Gebrauch der Metaphorik in ‚Dream-Land' legt es nahe, daß Poe zur Erzeugung der befremdlichen, bedrückenden Atmosphäre des Gedichts bewußt Bilder benutzte, die für Opiumvisionen typisch sind."[26] Zeit und Raum dehnen sich ins Endlose aus; es ist die Rede von abgrundtiefen Tälern und unbegrenzten Fluten, „bottomless vales and boundless floods" [968], und von Bergen, die in uferlose Meere stürzen: „Mountains toppling evermore / Into seas without a shore". Nebelbildende Tautropfen verhüllen die Konturen, und stille Gewässer liegen melancholisch, „lone and dead", wie der See des Hauses Usher „by the gray woods". Diese entrückte Landschaft ist offenbar ein Paradies für bedrängte Seelen, und die folgenden Verse sind wie ein Werbeslogan für die wunderbar schmerzstillende Wirkung der Opiate: „For the heart whose woes are legion / 'Tis a peaceful, soothing region – / For the spirit that walks in shadow / 'Tis – oh, 'tis an Eldorado!" [„Für das Herz voll Schmerz und Qual / Ist's friedlich-mild ein Ruhetal – / Für Geister, die im Schatten gehn, / Ist's als ein Eldorado schön!"]

Das Prosastück „The Island of the Fay" ist sehr wahrscheinlich eine weitere Opiumträumerei. Das Thema dieses Textes ist, wie der Erzähler in einer theoretischen Vorrede erläutert, „die Glückseligkeit, die man in Anschauung natürlicher Szenerien erfährt" [285] – und zwar, so mögen wir hinzufügen, unter dem Einfluß von Opium. Denn was der Erzähler beschreibt, ist durchaus kein reales Stück Natur, sondern eine Traumlandschaft. So ist schon bemerkenswert, daß am Anfang der Schilderung ein Selbstzitat in Form zweier eingerückter Verse auf das Gedicht „The City in the Sea" verweist, wodurch die wahrgenommene Landschaft als ein visionäres Ambiente gekennzeichnet wird: „So blended bank and shadow there / That each seemed pendulous in air –" [287] (vgl. die im vorigen Absatz zitierten Verse des Gedichts, wo sich Türme und Schatten vermengen). Außerdem gleicht die Landschaft derjenigen, die in der später geschriebenen Erzählung „A Tale of the Ragged Mountains" als Produkt einer Morphinvision erkannt wurde: Denn die wunderbare Enklave, von der hier die Rede ist, befindet sich „inmitten einer weit entfernten Region, wo Berge sich an Berge schließen." [286] Auch die indische Stadt, die Bedloe entdeckt, befindet sich in einer solchen versteckten Enklave. – Der Erzähler bemerkt nun, daß er der entdeckten Landschaft nur gerecht werde, wenn er sich hierzu auf den Boden ausstrecke, und zwar unterhalb der Zweige eines „unbekannten duftenden Gesträuchs" (handelt es sich nicht vielmehr um ein Exemplar der sehr wohl bekann-

I. Opium in den Werken Edgar Allan Poes

ten Gattung *Papaver somniferum*?), „auf daß ich wachen Auges träumen möchte, während ich das Bild vor mir sinnend erwöge. Ich fühlte, daß ich es nur so angemessen würdigen könne – entsprechend dem Charakter der ‚Erscheinung‘, die es trug." [286/287; II 319] Wenn der Erzähler für den Charme dieser Landschaft also nur in einem Dämmerzustand empfänglich ist, dann handelt es sich offenbar um eine hypnagogische Landschaft. Im Zentrum der Aufmerksamkeit steht nun eine Insel in der Mitte eines Flusses, wobei ihm vor allem der deutliche Unterschied ihrer westlichen und ihrer östlichen Hälfte auffällt. Die Beschreibung der unterschiedlichen Aspekte dieser beiden Inselhälften weist erstaunliche Parallelen zu den „Pleasures and Pains of Opium" auf, die jedem Opiomanen bekannt sind und die De Quincey veranlaßten, die zweite Hälfte seiner *Confessions* mit entsprechenden Untertiteln zu versehen. Die westliche Inselhälfte liegt im Sonnenlicht und wird so beschrieben:

> Das [westliche Ende] war ein einziger strahlender Harem von Gartenschönheiten. Es glühte und blühte unter dem Auge der geneigten Sonne und lächelte mit dem Liebreiz der Blumen. Das Gras war kurz, federnd, süßlich duftend und von Asphodelus durchsetzt. Die Bäume waren geschmeidig, fröhlich, aufrecht – hell, schlank, anmutig – von orientalischer Gestalt und Belaubung, mit glatter Rinde, glänzend und buntgescheckt. Alles schien ein tiefes Gefühl von Leben und Freude auszudrücken, und obwohl kein Wind vom Himmel blies, war doch alles in Bewegung durch das sanfte Flattern zahlloser Schmetterlinge, die man für geflügelte Tulpen hätte halten mögen. [287]

Dies ist die Sonnenseite der Opiumwelt, die in Poes Werken nur selten beschrieben wird. Obwohl diese Schilderung sich kaum vom Standard des *pastoral setting* zu unterscheiden scheint, verleiht die orientalische Note dem Ganzen doch einen untypischen Reiz: Die ganze Vielfalt der Vegetation wird als strahlender Harem von Gartenschönheiten bezeichnet, und was für Bäume soll sich der Leser vorstellen, wenn sie „östliches Laubwerk" („Eastern foliage") tragen, wenn nicht Palmen, wie sie der morphinberauschte Bedloe in den Wilden Bergen entdeckt? Alles bewegt sich, wie in dem auf Opium zurückzuführenden Wachtraum Arthur Gordon Pyms (vgl. Seite 555); gleichzeitig steht die Luft aber still und reflektiert so die charakteristische Trägheit eines opiumberauschten Träumers, der, selbst völlig unbeweglich geworden, in apathischer Wonne sein Bad im Meer der vorbeiströmenden Gegenstände genießt. – Die östliche Hälfte der Insel liegt dagegen „im schwärzesten Schatten" und hat einen unheilvollen Aspekt:

> Eine dunkle und dennoch schöne und friedliche Düsterkeit durchdrang hier alle Dinge. Die Bäume waren von dunkler Farbe und von klagender Wesensart; sie verzerrten sich zu traurigen, feierlichen und gespenstischen Schatten, die Assoziationen an das Leid der Sterblichen und frühzeitigen Tod erweckte. Das Gras war so dunkel getönt wie die Zypresse, und die Spitzen seiner Halme hingen herab, und zwischen ihnen waren hier und dort kleine, unansehnliche Hügel, niedrig und schmal und nicht sehr lang, die den Anschein von Gräbern hatten, jedoch keine waren, wenngleich sich über allem Raute und Rosmarin rankten. Der Schatten der Bäume fiel schwer auf das Wasser und schien sich darin zu begraben, so daß er die Tiefen des Elements verdunkelte. Ich stellte mir vor,

daß jeder Schatten, derweil die Sonne immer mehr herabsank, sich mißmutig von dem Stamme löste, der ihn geboren hatte, und so vom Strom verschluckt wurde, während andere Schatten augenblicklich den Bäumen entsprangen und die Stelle ihrer so begrabenen Vorgänger einnahmen. [287/288]

Dies ist wiederum die düstere Atmosphäre des „House of Usher" und enthält damit einige Elemente der fatalen Schönheit des Opiumrausches: das schwarze, unbewegte Wasser; das melancholische Herabhängen der Blätter; die dunkle Färbung der Pflanzen, die dem eigentlich farblosen Grau der Bäume in „Usher" zu entsprechen scheint; die Schatten haben eine bedrückende Schwere und scheinen sich von den Gegenständen, die sie werfen, loszulösen, was an die rauschinduzierte Erfahrung der Entkörperlichung erinnert.

Die Beispiele für eine mehr oder weniger ausgeprägte Opiumbildlichkeit in den Werken Poes ließen sich mühelos fortsetzen. An dieser Stelle ist statt dessen aber abschließend zu erörtern, ob die aufgezeigten Opiumbezüge wirklich auf einer eigenen Drogenerfahrung des Dichters beruhen dürften. Goodwin bezweifelt dies: „Poe schrieb in der Tat oft über Opium und seine Wirkung, aber seine Wirkung war wohlbekannt und jeder konnte sich auch ohne eine persönliche Erfahrung darüber in Kenntnis setzen." Und etwas später fügt er hinzu: „Poe konnte gewiß über die Wirkungen des Opiums schreiben, ohne sie selbst erfahren zu haben, aber viele der Effekte, die in seinen Erzählungen dem Opium zugeschrieben werden, gleichen der Opiatwirkung überhaupt nicht. Kaum jemals, wenn überhaupt, beschreibt er die klassischen Symptome des Opiumentzugs, wie z.B. die Gänsehaut und das Schwitzen. Er beschreibt vielmehr Halluzinationen, die im Opiumrausch oder -entzug eigentlich nicht vorkommen."[27] Ein wichtiger Grund für diese Ansicht ist Goodwins Wunsch, eine *tabula rasa* zu schaffen, um die so entstandene Lücke mit der Theorie auszufüllen, daß die rauschhaft-visionären Qualitäten in Poes Werken vielmehr auf der „halluzinogenartigen" Wirkung des Absinth beruhten. Doch diese Theorie ist mit zu heißen Nadeln gestrickt; man muß nur an einem Ende des Fadens ziehen, und schon löst sich alles wieder auf. Daß die meisten rauschhaften Elemente in Poes Schriften keinesfalls den charakteristischen Phänomenen des Opiumrausches entsprächen, ist durch die obigen Ausführungen bereits hinreichend widerlegt. Daß eine Gänsehaut oder Schweißausbrüche typische Symptome des Opiumentzugs seien, ist eine unsinnige Behauptung, denn diese Erscheinungen sind so allgemein, daß sie nicht nur bei jedem Drogen- und Alkoholentzug, sondern auch bei Fieberkrankheiten wie z.B. der Malaria auftreten können. Ein schwitzender Roderick Usher hätte uns im Lauf unserer Spurensuche also recht wenig genützt. Im übrigen sind weder Gänsehaut noch Schweißausbrüche für das visionäre Interesse Poes von Belang; schließlich lag ihm durchaus nicht daran, klinische Berichte über den Opiumentzug zu verfassen, sondern er nutzte seine Drogenerfahrung vielmehr als ein brauchbares Vehikel zur Darstellung seiner künstlerischen Weltanschauung. Halluzinationen finden sich – im Gegensatz zu Goodwins Behauptung – kaum jemals in Poes Schriften; damit ist auch das Argument, daß er eine andere Droge mit halluzinogener Wirkung benutzt haben müsse, schon entkräftet. Daß Opium, wie Goodwin argumentiert, eine allgemeine Apathie bewirke, ist sehr richtig. Daß daher aber die bei Poe oft beschriebene Wildheit der Rauscherfahrung im Widerspruch zur Trägheit eines Opiumberauschten stehe, ist eine allzu oberflächliche Folgerung. Wer würde sich etwa für De Quinceys *Confessions* begeistern, wenn sie ein bloßer Spiegel entspannter Selbstgefälligkeit wären? Ganz im Gegenteil zeichnen sich seine Rauscherlebnisse doch oft durch eine außerordentliche Dramatik aus; die wohlige Entspanntheit ist eben nur eine von mehreren Facetten der Opiatwirkung.

Und dann ist da noch das Argument, daß die Wirkungen des Opiums zu Poes Zeit so bekannt gewesen seien, daß ein Schriftsteller überzeugende Rauschbeschreibungen ohne weiteres nach dem bloßen Hörensagen verfassen konnte. Immerhin weist Barine darauf hin, daß Poe in seiner Erzählung „Bon-Bon" jene Passage aus E. T. A. Hoffmanns „Kreisleriana" kopierte, in denen der deutsche Dichter im Hinblick auf die künstlerische Nutzbarkeit eine ironische Kategorisierung der Weine entwirft.[28] Warum sollte Poe nicht auch in Fragen des Opiumrausches ähnlich verfahren sein? Die Überlegung beruht jedoch auf falschen Voraussetzungen, denn tatsächlich war die Öffentlichkeit zu Poes Zeiten über die Wirkungen des Opiums keineswegs so gründlich im Bilde, wie dies von Goodwin behauptet wird. Selbst die Ärzteschaft war – trotz des fortgeschrittenen Forschungsstandes – in der praktischen Diagnose von Symptomen der Opiumsucht damals noch recht unerfahren (vgl. Seite 35 f. und 520 ff.). Und was lag im Amerika der 1830er und 1840er Jahre an Berichten über die visionäre Erfahrung des Opiumrausches vor? Sieht man von möglichen lokalen Imitaten der *Confessions* und von wenigen medizinischen Traktaten ab, in denen der Rauschverlauf auch nur halbwegs genau geschildert wird, so konnte der Zeitgenosse doch eigentlich nur aus den Schriften De Quinceys eine genauere Vorstellung vom Verlauf eines Opiumrausches erhalten, und vielleicht noch manche vage Idee durch die Gedichte von Coleridge, der als Opiomane bekannt war, ohne sich jedoch in der Öffentlichkeit jemals detailliert über die spezifischen Phänomene des Rausches geäußert zu haben. Sodann ist zu bedenken, daß Poe von De Quincey und dessen *Confessions* anscheinend keine gute Meinung hatte; in „How to Write a Blackwood Article" werden Autor und Werk mit beißendem Spott bedacht; auch das durch De Quincey inspirierte Prosastück „Silence" enthält unübersehbare parodistische Elemente. Manche Passage aus den Werken des englischen Opiumessers mag Poe zwar beeindruckt haben – denn gelegentlich weisen seine Texte durchaus ernst gemeinte De Quincey-Anleihen auf –, doch im Wesentlichen stand Poe dem älteren Kollegen mit einer unverhohlenen Skepsis gegenüber, die nahelegt, daß er aufgrund eigener Opiumerfahrungen glaubte, die visionären Qualitäten des Rausches literarisch besser und sinnvoller umsetzen zu können als jener. – Vielleicht wurde Poe aber durch persönliche Bekannte detailliert über die spezifische Wirkung der Opiate unterrichtet? Da die Droge in der Form von Laudanum so verbreitet war wie heute das Aspirin, waren vermutlich einige von Poes Bekannten mit dem Anfangsstadium des Opiumrausches vertraut – aber verfügten sie auch über das sprachliche Geschick und die nötige Routine einer präzisen Selbstbeobachtung, um das Rauscherleben in einer eindrucksvollen und nachvollziehbaren Weise zu schildern? Denken wir nur an die Mühe, die es den meisten von uns bereitet, wenn wir dem Arzt genau schildern sollen, wie und wo es weh tut. Die häufigen Aussagen nach dem Muster „Ich habe da so ein komisches Stechen" belegen deutlich die Schwierigkeit dieser Aufgabe. Um die Erlebnisse des Opiumrausches plastisch zu schildern, bedarf es mehr als einer durchschnittlichen Beobachtungsgabe, und schließlich haben selbst noch Schriftsteller, die über einen sehr großen Wortschatz und ein ungewöhnliches Beschreibungstalent verfügen, mitunter große Mühe, die Besonderheiten des Rausches in angemessener Form zu Papier zu bringen. – Gegenüber diesen dürftigen Informationsmöglichkeiten muß allerdings auffallen, daß Poe die Wahrnehmung des Opiumrausches nicht nur mit großer Sachkenntnis, sondern auch mit einem außerordentlichen Einfühlungsvermögen im Blick auf atmosphärische Nuancen darstellt, so daß man nicht umhin kommt, ihm eine eigene Opiumerfahrung zu unterstellen, die nicht bloß flüchtig gewesen sein kann.[29]

II. Merkmale des Halluzinogenrausches in Lowrys „Under the Volcano"

Alkohol ist gewiß die wichtigste Droge im Werk Malcolm Lowrys, aber keineswegs die einzige. Lowry selbst trank nicht nur, sondern war auch ein starker Raucher, und es ist denkbar, daß er in London, in Paris, vielleicht sogar in Cambridge, oder wenigstens während seines ersten Aufenthaltes in Mexiko mit diversen anderen Rauschmitteln in Berührung kam. So war er anscheinend wenigstens theoretisch mit den Phänomenen des Opiumrausches vertraut. Der Einfluß des opiumsüchtigen Cocteau ist in *Under the Volcano* durch das Bild der *Machine infernale* eindeutig belegt, und es gibt auch Passagen, die auf Cocteaus Tagebuch seines Opiumentzuges verweisen könnten, das zwei Jahre vor Lowrys erstem Aufenthalt in Paris erschienen war.[30] Sehr gründlich vertraut war Lowry zweifellos mit De Quinceys *Confessions*, was, wie Martin Bock meint, in *Under the Volcano* durch eine spezifische Bildlichkeit zutage tritt, die sich eng mit der Wahrnehmung des Opiumrausches verbinde. So nennt er eine Stelle aus der ersten Fassung des Romans, wo die präzise Wahrnehmung des Konsuls mit dem Gefühl der intensivierten Sehschärfe im Opiumrausch verglichen wird: „... die überempfindlichen Wahrnehmungen des Konsuls werden ausdrücklich mit der opiumstimulierten Wahrnehmung verglichen, wenn es vom Konsul heißt: ‚er nahm alles mit einer opiumartigen visionären Klarheit wahr, in der sich jeder Gegenstand in seiner gebührenden malerischen Umgebung befand und mit einem Hauch von übersinnlicher Bedeutsamkeit versehen war'."[31] In der gedruckten Version seien

Passagen wie diese dann häufig zu Bildern verdichtet worden, die zwar nicht mehr explizit auf Opium verweisen, aber dennoch mit den von De Quincey geschilderten Phänomenen des Opiumrausches übereinstimmen: „In der letzten Manuskriptfassung des Romans werden diese offenkundigen Bezüge auf die Bilder des Opiumrausches zu imagistischen Sequenzen verarbeitet oder verdichtet, wie der Insektenangriff in Kapitel Fünf, der wahrscheinlich ein Substrat von De Quinceys ‚Pains of Opium' ist, die häufig durch entemophobische Visionen gekennzeichnet sind." [Anm.: *Entemophobie* = Angst vor Insekten][32] Im 4. Kapitel des Romans wird im Kontrast zum immer mehr verwildernden Garten Eden eine pastorale Landschaft geschildert, in der Hugh und Yvonne wie Schäfer und Schäferin der Rokokozeit Erbauung suchen. Die Elemente der Landschaftsbeschreibung scheinen daher auch ganz dem konventionellen Repertoire zu entstammen, wäre da nicht ein verräterisches Wort, das überhaupt nicht ins Klischee paßt: „Der süße Geruch von Milch, Vanille und Wiesenblumen hing über dem stillen Platz, und über allem die Sonne." [104/105; 112[33]] In einer echten pastoralen Situation „schwebt" ein Duft über einem Ort, oder er „erfüllt" oder „durchdringt" ihn; so wird die ätherische Schwerelosigkeit betont, aus der sich die Atmosphäre der Unschuld konstituiert. Ein Herabhängen impliziert dagegen das Vorhandensein eines statischen Aufhängungspunktes. Poe wählte dieses Wort daher oft zur Beschreibung des Himmels, denn es ermöglichte ihm, die Szene ganz nach seinen poetologischen Forderungen streng einzugrenzen.[34] So ist auch hier der „hängende" Duft wie ein Vorhang, über dem sich gewissermaßen ein Fenstersturz befinden muß, der den Raum für den Betrachter ebenso wie für die agierenden Personen abschließt. Tatsächlich gehört es zu den wenigen halbwegs verläßlichen Allgemeinaussagen über die Wahrnehmung des Opiumrausches, daß die Umgebung in einem matten Schimmer erscheint, der den Gegenständen eine pastellartige Blässe verleiht, und daß die Atmosphäre eine Schwere erhält, die wie der apokalyptische Himmel in den Gemälden John Martins über der Szene lastet.[35] Wenn man nun noch feststellt, daß die Bemerkung „und über allem die Sonne" allzu offensichtlich ein Echo von De Quinceys enthusiastischer Bemerkung ist, derzufolge der Opiumberauschte „hoch über allem das große Licht des majestätischen Intellekts" [CEO 265] erblicke, so scheint sich der Verdacht zu bestätigen, daß hier die Landschaft eines Opiumrausches beschrieben wird. Stützt sich Lowry hier also auf eigene Erfahrungen mit Opiaten? Der Schluß wäre zu gewagt, zumal Beispiele für eine opiumtypische Wahrnehmung in *Under the Volcano* sehr rar sind[36] oder Phänomene betreffen, die ebensogut in dem durch Alkohol oder andere Drogen erzeugten Rausch auftreten können. Die vorherrschende Bildlichkeit des Romans, die einen turbulenten und farbigen Gesamteindruck erzeugt, steht in deutlichem Gegensatz zur charakteristischen Opiumerfahrung, und wahrscheinlich sind Passagen wie die oben besprochene durch Lowrys aufmerksame Lektüre der *Confessions* hinreichend begründet. Lowrys Erwähnung von Opium erscheint daher weniger als Indiz eigener Erfahrungen mit der Droge, sondern eher als allgemeiner Bezug auf die Erfahrung des Rausches.

So gerät Bock mit seiner Ansicht, daß *Under the Volcano* ein Werk sei, „dessen Rauschbildlichkeit ebenso sehr auf den ‚Freuden und Leiden des Opiums' wie auf denen des Mescal basiert", in Beweisnot, da sich seine anschließenden Zitate aus dem Roman keineswegs auf die Opiate, sondern auf halluzinogene Drogen beziehen: „Die erste Romanfassung von *Volcano* zeigt eine Auseinandersetzung mit Marihuana und anderen Drogen, die, nach physiologischen Kriterien, mit größerer Wahrscheinlichkeit für die halluzinatorische Bildlichkeit der frühen und späteren Romanfassungen verantwortlich sind."[37] Als Beispiel nennt er eine Szene, wo der Konsul einen Mann in blauem Anzug beobachtet: „Der Konsul beobachtete den Mann fasziniert. Auch er hatte an diesem Morgen irgendetwas getrunken, das seine Nerven beeinflußte, denn seine Muskeln spannten sich immer wieder ruckartig an. Oder er hatte, wie der Konsul selbst, aber nicht subtil, vom mächtigen Marihuana probiert."[38] Der letzte Satz verweist, wie Bock richtig erkannt hat, auf De Quinceys bekannten Ausruf: „O just, subtle, and mighty opium!" [CEO 276] Die Tatsache, daß Lowry hier jedoch nicht von Opium, sondern von Marihuana spricht, könnte ein Hinweis darauf sein, daß er selbst zwar nicht mit De Quinceys Droge, wohl aber mit Cannabis vertraut gewesen sein mag. Wenn Lowry hier und anderswo nur darauf aus gewesen wäre, die rauschhafte Atmosphäre des Romans durch die Nennung eines Reizwortes zu unterstützen, so wäre eine solche Unterscheidung völlig unnötig gewesen. Wurde sie dagegen ganz bewußt vollzogen, so gibt es nur einen denkbaren Grund dafür, nämlich die Absicht, etwas zu schildern, was er nicht nur vom Hörensagen, sondern aus eigener Erfahrung kannte. Dies würde aber bedeuten, daß wenigstens in die erste Fassung von *Under the Volcano* Elemente des Cannabisrausches eingearbeitet wurden, die im Zuge der kontinuierlichen Überarbeitung immer unauffälliger geworden sein mögen, so daß der ahnungslose Leser sie schließlich für alkoholinduzierte Phänomene halten muß.

In der letzten Fassung von *Under the Volcano* wird Marihuana immerhin noch an einer Stelle erwähnt, nämlich im 12. Kapitel, wo der Konsul in der Cantina „El Farolito" den herben Duft der Droge bemerkt: „… auch der scharfe Geruch von Marihuana lag in der Luft, er kam aus den Glasnischen." [368; 385] An einer anderen Stelle erwähnt er auch „Bhang" (Haschisch), dessen Wirkung er mit der des Mescal vergleicht: „Er sprach vom Somatrank Amrita"[39], dem Nektar der Unsterblichkeit, dem ein ganzes Buch des Rig-Veda gewidmet war – *Bhang!* Vielleicht war er ungefähr dasselbe wie Mescal … [307; 322][40] Den Zustand seines Bewußtseins charakterisiert er einmal durch das Wort „drugged" [79], das im Englischen in aller Regel nicht auf den Alkoholrausch bezogen wird, während er im letzten Kapitel feststellt: „Auch die mescalberauschte Zeit floß wieder im Kreise." [364; 380] Während manche Kritiker glaubten, daß Lowry Mescal und Meskalin miteinander verwechselte[41], zeigen Lowrys eigene Äußerungen, daß er sich über die Unterschiedlichkeit der Substanzen bewußt war und die Namensähnlichkeit benutzte, um neben den Wahrnehmungen des alkoholberauschten Bewußtseins auch halluzinogene Erfahrungen unauffällig in sein Werk zu integrieren.[42]

Mescal ist ein hochprozentiger Schnaps, der aus dem vergorenen Saft bestimmter Agavensorten destilliert wird. Der Name geht zurück auf das aus einer aztekischen Sprache stammende Wort „mexcalli", das sich aus den Wörtern „metl" (Agave) und „ixcalli" (Sud) zusammensetzt. Dale Edmonds hat gezeigt, daß „Mescal" streng genommen ein Oberbegriff für eine ganze Gruppe solcher aus Agavensaft destillierter Schnäpse ist, zu der neben dem in der Gegend von Oaxaca hergestellten Mescal auch Pulque und Tequila zählen. Wenn auch der Geschmack dieser Getränke variiert[43], so ist die Idee des Konsuls, daß der Genuß von Mescal im Unterschied zum Tequila äußerst gefährlich sei[44], doch nicht korrekt. Zwar wird dem Mescal oft eine besonders starke Wirkung nachgesagt, doch die Implikation, daß sich dieser Schnaps zum „harmlosen" Tequila etwa so verhalte wie Heroin zum Haschisch, entbehrt jeder Grundlage. In *Dark As the Grave* schreibt Lowry über Mescal und Tequila:

> Mescal. Mexikanische Spirituosen haben einen schlechten Ruf, dabei ist Tequila ein reines Getränk; in ihm wohnen nicht die bösen Geister, die im Korn wohnen, obwohl er vielleicht andere, noch üblere, enthalten mag: Auch Mescal ist ein reines Getränk. Seine Einnahme: aus kleinen Gläsern, und der Ritus erfordert eine feste Hand und ein nüchternes soziales Interesse; der so getrunkene Mescal ist daher ein zivilisiertes Getränk. Allerdings heißt es, daß Mescal ins Gehirn geht ... Wenn das passiert, dann verfügt das Gehirn in der Regel, ebenso wie unter dem Einfluß jedes anderen alkoholischen Getränks, daß Mescal nicht rituell eingenommen, sondern flaschenweise getrunken werden sollte ... Doch im Mescal ruht das Prinzip jener gottähnlichen oder dämonischen Macht in Mexiko, die – wie jeder weiß, der dort gelebt hat – bis zu diesem Tag unbeschwichtigt bleibt. Unter dem Einfluß von Mescal werden die besten Freunde im nüchternen Leben ihr Bestes zun, um einander zu ermorden. Aber eine Freundschaft, die aus dem Mescal entstand und ihn überlebt hat, wird alles überleben. [DAG 76/77]

Auch hier wird die Wirkung des Mescal wieder dramatisiert. Es mag sein, daß Lowry durch bestimmte persönliche Umstände, unter denen er zum ersten Mal Mescal trank, dazu veranlaßt wurde, dem Schnaps eine Wirkung zuzuschreiben, die er tatsächlich nicht erzeugt. Plausibler erscheint jedoch, daß er den Mescal als ein Teufelsgebräu schildert, um einen bestimmten Effekt zu erzielen: Der Mescal dient ihm als eine Chiffre zur Veranschaulichung der Selbstzerstörung des Konsuls. Auf ähnliche Art wird der Alkohol auch in E.T.A. Hoffmanns *Die Elixiere des Teufels* metaphorisiert, denn die infernalischen Elixiere sind nichts weiter als gewöhnlicher Wein, worüber Hoffmann keinen Zweifel läßt, doch sollen gerade diese vom Teufel dazu benutzt worden sein, den Heiligen Antonius in Versuchung zu führen. An gewöhnlichem Wein würde kein Leser etwas Furchtbares finden; wenn dieser Wein aber Assoziationen an das Böse weckt, so wird er in seiner Vorstellung die entscheidende Ursache für die schrecklichen Anwandlungen des Protagonisten und ein Symbol für die unheilvollen Kräfte im Unbewußten. Unhaltbar ist auch die Vorstellung, daß ein alkoholisches Getränk eine Wahrnehmung erzeugen könnte, wie sie etwa unter dem Einfluß des Meskalin entsteht. Eine Verbindung des Alkoholrausches mit psychedelischen Phänomenen könnte höchstens dann erfolgen, wenn gleichzeitig mit dem

Alkohol eine halluzinogene Droge eingenommen wurde. Gerade dies aber mag bei Lowry der Fall gewesen sein, so daß er möglicherweise die durch den Alkohol und die durch eine andere Droge verursachten Empfindungen nicht mehr voneinander zu trennen vermochte. Schließlich eignet sich die Dramatik des Halluzinogenrausches hervorragend zur bildlichen Unterstützung der ansteigenden Spannungskurve im Roman. Es kann daher nicht überraschen, wenn Lowry diese mit dem Teufelselixier des Konsuls in Verbindung bringt.

Nachdem erörtert wurde, aus welchem Grund Lowry bemüht gewesen sein könnte, die verheerende Wirkung des Alkohols durch die Beschreibung von Phänomenen des Halluzinogenrausches noch zusätzlich zu unterstreichen, soll nun der Nachweis versucht werden, daß *Under the Volcano* tatsächlich eine für die psychedelische Erfahrung typische Bildlichkeit enthält. Bereits 1963 wies David Markson darauf hin, daß in dem Roman eine Verbindung zwischen Mescal und Meskalin hergestellt werde.[45] Noch deutlicher wird Sue Vice, indem sie ihre Überzeugung formuliert, daß Lowry dem Konsul die Möglichkeit einräume, „von den visionären Aspekten des Meskalins zu profitieren, ohne die Droge jemals genommen zu haben."[46] Vice begründet ihre These durch einen Katalog von zehn Besonderheiten der halluzinogenberauschten Wahrnehmung, denen sie jeweils entsprechende Textbeispiele aus dem Roman zuordnet. Neben einigen zu allgemein gefaßten Kriterien verweist ihre Liste zunächst auf Erleuchtungserlebnisse, die in ihrer unvermittelten Intensität als existentielle Bedrohung erfahren werden. Dabei bezieht sie sich auf die als unerträglich geschilderte Konfrontation mit der „brennenden Helle ungemilderter Wirklichkeit" in Huxleys „Doors of Perception", ohne jedoch eine Belegstelle aus Lowrys Roman anzugeben (ein sehr deutliches Beispiel hierfür ist aber der nachstehend besprochene lichterfüllte Traum des Konsuls zu Beginn des 5. Kapitels). Hierauf nennt Vice die besondere Intensität sinnlicher Eindrücke und verweist auf akustische Halluzinationen in *Under the Volcano*: der Swimmingpool scheint wie eine Uhr zu ticken [vgl. 70; 79], und an anderer Stelle hört der Konsul „von oben und unten, vom Himmel und vielleicht aus der Tiefe der Erde ein ununterbrochenes Pfeifen, Nagen, Rascheln, ja, Trompeten" [140; 149]. Als nächstes wird die scharfe Wahrnehmung von Details genannt, die gewöhnlich unbeachtet bleiben („etwa die Poren in Beton"[47]). Obwohl bei Lowry sicher bessere Beispiele zu finden sind als das von Vice genannte, enthält der Roman doch etliche Belegstellen. Das nächstgenannte Charakteristikum des Halluzinogenrausches ist die sogenannte *Depersonalisation*, die zu der als *unio mystica* bezeichneten Identifikation der Person mit ihrer Umwelt führt. Für diese Erfahrung, die im Alkoholrausch kaum auftritt, gibt es zahlreiche Beispiele im Roman, und Vice nennt einige recht überzeugende. Schließlich nennt sie „‚eine Wahrnehmung gewöhnlicher Dinge, als sehe man sie zum ersten Mal ohne die Vorgabe von Wahrnehmungsmustern'".[48] Das Fehlen eines Koordinatensystems, in das der Betrachter seine Wahrnehmungen eintragen und so zu einem sinnvollen Ganzen zusammenfügen kann, wird als unerträgliche Orientierungslosigkeit erlebt, wie sie im Zustand der Schizophrenie auftritt. Die Welt wird nicht nur aus der menschlichen Perspektive gesehen, sondern auch aus einem Blickwinkel, der sich außerhalb dieser Wahrnehmungsregeln befindet, so daß der Schizophrene sich nirgends zuhause fühlt und ständig gezwungen ist, alle Erscheinungen zu hinterfragen. Aus dem Bedürfnis, die Welterfahrung auf *eine* Perspektive zu begrenzen, erwächst beim Schizophrenen bzw. beim Meskalinberauschten wie beim Konsul der verzweifelte Wunsch, im „endgültigen" Wahnsinn Ruhe zu finden.

Ein weiteres Merkmal des Halluzinogenrausches wird von Gilmore angesprochen: „… es scheint eine allgemein akzeptierte Ansicht zu bestehen, daß alkoholbewirkte Halluzinationen sich von drogeninduzierten Halluzinationen unterscheiden, die wenigstens im frühen Stadium des Drogengebrauchs häufig aus wiederholten geometrischen Mustern oder Bildern und lebhaften Farben mit einer entweder neutralen oder angenehmen Wirkung bestehen. Demgegenüber kann die typische Alkoholhalluzination wohl am besten als paranoid charakterisiert werden …"[49] Während andere Drogen vor allem in der Anfangsphase des Rausches die Vision geometrischer Figuren erzeugen, die sich wie die Steinchen eines Kaleidoskops zu immer neuen Bildern zusammenfügen, bleibt diese abstrakte Bildlichkeit beim Meskalinrausch in allen Phasen bestimmend. In *Under the Volcano* gibt es einige Beispiele für solche Visionen, die kaum auf dem Einfluß von Alkohol beruhen können. Erinnern wir uns etwa an Bocks Besprechung jener Passage, wo der Konsul sich von Insekten bedroht fühlt:

> Der Konsul saß hilflos im Badezimmer und beobachtete die Insekten, die in verschiedenen Richtungen an der Wand lagen … Jetzt bewegte ein Skorpion sich langsam auf ihn zu. Plötzlich stand der Konsul auf, an allen Gliedern zitternd, aber nicht aus Furcht vor dem Skorpion, sondern weil mit einemmal die dünnen Schatten einzelner Nägel, die Flecken erschlagener Moskitos und sogar die Risse und schadhaften Stellen der Wand ihn zu umschwärmen begannen. Wohin er auch blickte, wurde ein Insekt geboren … [148; 158]

Bock interpretierte diese Stelle als möglichen Hinweis auf die opiumstimulierte Wahrnehmung, die Lowry aus De Quinceys *Confessions* kannte, wobei er, wie seine nur auf halluzinogene Drogen bezogenen Belegzitate zeigen, seine These von der vermeintlichen Opiumbildlichkeit nicht aufrecht erhalten konnte. Was der Konsul vor sich sieht und als unausweichliche Bedrohung empfindet, sind zunächst keine Insekten, sondern abstrakte Formen: „dünne Schatten einzelner Nägel" und „Flecken" und „Risse und schadhafte Stellen". Da er unmittelbar vor seinem Schreckensmoment einige Insekten beobachtet hat, interpretiert er diese Formen, zumal sie sich offensichtlich in rascher Bewegung befinden, nun ebenfalls als Insekten. Lowry beschreibt sogar diese Vergegenständlichung des Abstrakten, indem er durch die Formulierung „Wohin er auch blickte, wurde ein Insekt geboren", darauf hinweist, daß hier etwas konstruiert wird.[50] Das Gefühl der Bedrohung entsteht aus der Omnipräsenz der gesehenen Formen und verweist damit auf die typische Erfahrung im Drogenrausch, daß die Vision, selbst wenn man sich abwendet oder die Augen schließt, doch immer sichtbar bleibt. Daß aus den Formen nicht nur Insekten werden, sondern auch der Aspekt der wimmelnden Bewegung betont wird, deutet auf die für den Meskalinrausch typische atemberaubende Geschwindigkeit, mit der sich die Wechsel der wahrgenommenen Muster vollziehen, ohne eine Möglichkeit der willentlichen Beeinflussung zuzulassen. Dabei wird oft eine Figur oder Konstellation in ermüdend gleichbleibender Folge immer von neuem gezeigt (nicht im eigentlichen Sinn „wiederholt", da der Begriff ein Rückschreiten impliziert, das es im Meskalinrausch nicht gibt). Diese Entmachtung des Berauschten, die völlige Lahmlegung des Bewußtseins, ist, wie Huxley sagen würde, die Vorstufe der „egolessness", die als eine furchtbare Krise erlebt wird. Auch die im Roman oft beschriebenen Visionen nie endender Bewegung erscheinen in diesem Zusammenhang bedeutsam: „Es war, als würde auch die eigene Seele von der reißenden Strömung mitgerissen" [319; 333], denkt die von „Mescal" berauschte Yvonne, die im Moment ihres Todes unablässig durch den Anblick des heranstürmenden Pferdes gepeinigt wird: „... würde diese Szene sich denn endlos, ewig wiederholen?" [335; 351] Während der Konsul von der *Máchina Infernal* durch die Luft gewirbelt wird, hat er die schreckliche Vorstellung, daß diese Bewegung nie mehr aufhören könnte: „Plötzlich merkte er ..., daß dies ewig so weitergehen würde; niemand konnte die Maschine anhalten ..." [223], und an anderer Stelle erscheint ihm, „mescal-drugged", die Zeit wie ein an ihm vorbeirasender Wirbel [364]. Schon auf der ersten Seite des Buches wird das aus den Bergen kommende Quellwasser erwähnt, „das unaufhörlich herabströmt" [3], was man als einen Hinweis deuten könnte, daß der Roman ein einziger berauschter Bewußtseinsstrom ist, dem sich der Leser durch seinen Entschluß, dem Lauf des Wassers zu folgen, auf Gedeih und Verderb anvertraut. Die zyklische Struktur des Romans impliziert zudem eine unendliche Bewegung, die beim Leser wie beim Meskalinberauschten die bange Frage erwecken mag, ob er aus diesem Wirbel jemals wieder auftauchen wird.

Noch deutlicher zeigt sich die meskalintypische Wahrnehmung mit ihrer eintönigen Insistenz im Tagtraum des Konsuls zu Beginn des 10. Kapitels:

> Und jetzt erschien, wie eine Luftspiegelung, ein schrecklicher Zug nach dem anderen oben am flimmernden Horizont; erst der fern klagende Pfiff, dann spuckend hochschießender, gräßlich schwarzer Rauch, ... dann über den Schienen schwebend der runde Rumpf, als führe er rückwärts oder als hielte er, als hielte er nicht oder als entglitte er über die Felder, als hielte er doch – ach Gott, nein, als hielte er nicht. Bergab: *klipperti-eins*, klipperti-eins; *klipperti-zwei*, klipperti-zwei; *klipperti-drei*, klipperti-drei; *klipperti-vier*, klipperti-vier. Gott sei Dank, er hielt nicht, und die Schienen bebten, der Bahnhof flog vorüber, pechschwarzer Kohlenstaub – *licketi-katt, licketi-katt, licketi-katt*. Und dann ein anderer Zug, *klipperti-eins*, klipperti-eins, aus der anderen Richtung, schwankend, zischend, einen halben Meter über den Schienen vorbeifliegend, *klipperti-zwei*, klipperti-zwei, mit einem Scheinwerfer in den Morgen blinzelnd, *klipperti-drei*, klipperti-drei, ein einziges nutzloses, seltsames, rotgoldenes Auge. Züge, Züge, Züge ... gerade kam wieder ein Zug in der falschen Richtung, *klipperti-eins*, klipperti-eins, auf unwirklichen Schienen, die es nicht gab, er fuhr auf Luft oder auf Schienen, die irgendwohin, in ein unwirkliches Leben führten ... *Klipperti-zwei*, klipperti-zwei; *klipperti-drei*, klipperti-

drei; *klipperti-vier*, klipperti-vier; *klipperti-fünf*, klipperti-fünf; *klipperti-sechs*, klipperti-sechs; *klipperti-sieben*, klipperti-sieben – Züge, Züge, Züge, Züge, die aus allen Himmelsrichtungen auf ihn zufuhren ... [282/283; 295/296]

Passagen wie diese erinnern an Michaux' Feststellung, daß, wer nach dem Meskalin Haschisch einnehme, einen Rennwagen gegen ein Pony eintausche.[51] Einen ähnlichen Eindruck erweckt „das Babel von Gläsern" [292], jene Vorstellung des Konsuls, in der er alle Gläser und Flaschen, die er jemals leergetrunken hat, auf einem riesigen Berg vor sich sieht, unter dem unwiederbringlich der Schlüssel zu seinem Selbstverständnis, „der einzige Hinweis auf seine Identität" [293], verschüttet liegt. Auch seine Erwartung des Höllensturzes weist Parallelen zum Meskalinrausch auf, indem die chaotische Rauschwahrnehmung wie eine Flut geschildert wird, die die Barrieren des Wachbewußtseins zuletzt endgültig einreißen wird:

> Er schloß die Augen wieder ... [und] dachte ... an die furchtbare Nacht, die ihn ... unausweichlich erwartete: das von dämonischen Orchestern erbebende Zimmer, die Fetzen eines tumultuösen angstgequälten Schlafes, unterbrochen von Stimmen, die in Wirklichkeit Hundegebell waren, oder von eingebildeten Besuchern, die unausgesetzt seinen Namen riefen, das gräßliche Brüllen, Klimpern, Knallen, Bumsen, der Kampf gegen unverschämte Erzfeinde, die Lawine, unter der die Tür zusammenbrach, ein Mann unter dem Bett, der ihn von unten stach, und draußen fortwährend das Schreien und Klagen, die schreckliche Musik, die Spinette der Finsternis. [342; 358]

Auch die charakteristische Lichtempfindlichkeit des Halluzinogenberauschten wird in *Under the Volcano* beschrieben. Alle Dinge seiner Umgebung scheinen eine leuchtende Energie zu verströmen und von einem inneren Gleißen erfüllt zu sein, wobei farbliche Reize verstärkt auftreten und den Objekten eine pulsierende Lebendigkeit verleihen. Diese Art der Wahrnehmung unterscheidet sich deutlich von der des Opium- und Alkoholrausches. So heißt es in der für die Meskalinbeeinflussung charakteristischen Diktion:

> Doch sein Durst blieb immer noch ungestillt. Vielleicht weil er kein Wasser trank, sondern Helligkeit, die Verheißung der Helligkeit – wie konnte er die Verheißung der Helligkeit trinken? Vielleicht weil er kein Wasser trank, sondern die Gewißheit der Klarheit – wie konnte er die Gewißheit der Klarheit trinken? Gewißheit der Klarheit, Verheißung der Helligkeit, Verheißung von Licht, Licht, Licht, und wieder Licht, Licht, Licht, Licht, Licht! [125/126; 134]

Im 10. Kapitel wird das zur Tür des Salón Ofélia hereinfallende Tageslicht für Geoffrey zu einem „blendenden Strudel von Sonnenlicht" [287], der die roten Blumen am Wegrand in Flammenschwerter verwandelt – ein Eindruck, den er kurz zuvor in einen kausalen Zusammenhang mit dem Mescal stellt. Er erkennt, daß die von ihm erblickten Regenbögen zwar tatsächlich vorhanden sind, fügt aber hinzu, daß der Mescal den Ort auch ohne diese Vorgabe mit einer eigenen Magie ausgestattet hätte: „Der Regenbogen war Wirklichkeit, aber auch ohne ihn hätte der Mescal ... diesen Ort mit einem Zauber umkleidet." Dann übernimmt der Mescal die Regie:

> Aber jetzt schlug der Mescal einen Mißton an, dann eine Folge von klagenden Mißtönen, die Nebelschwaden zwischen den unfaßbar feinen Lichtstreifen und den abgerissenen Fetzen schwimmender Regenbögen schienen dazu zu tanzen. Es war ein Gespenstertanz von Seelen, die dieses trügerische Gemisch verwirrte, die aber inmitten des unaufhörlich Schwindenden oder ewig Verlorenen noch nach Beständigkeit suchten. Oder war es ein Tanz des Suchenden um sein Ziel, hier die Verfolgung der bunten Farben, die er unwissentlich schon angenommen hatte, dort das Bemühen, in die schönere Umwelt einzugehen, von der er, ohne es zu merken, schon ein Teil geworden war ... [286; 299][52]

Im Blick der Personen präsentiert sich die tropische Landschaft als ein psychedelisches Abenteuer; es ist die Rede von „großen exotischen Pflanzen, blau und sonnenuntergangsartig" [65]; da ist „eine scharlachrote Blume, ein grüner Strauch, mit unnatürlicher Lebhaftigkeit" [325]. Die Sonnenuntergänge werden als „gigantischrot" [4], „rotes Lodern" [316] oder „Mercurochromfarbene Qual" [339] beschrieben. „Der neben ihnen strömende Fluß warf einen hellen Schein" [317; 331], heißt es zu Beginn des 11. Kapitels, wo „große gelbe Blumen" wie Sterne in der Finsternis leuchten und das Ziegelrot wilder Bougainvillea dem Betrachter entgegenspringt. Auch die von Geoffrey imaginierten Scherbenberge unzähliger Gläser und Flaschen[53] sind von solchem Gleißen erfüllt. Analog dazu fühlt die mescalberauschte Yvonne die „diamantene Helligkeit" [322] der später als „Diamantvögel" [336] beschriebenen Sterne direkt in ihre Seele scheinen.

Auffällig ist ferner die Erfahrung einer Bewußtseinsspaltung, wie sie im Halluzinogenrausch erlebt wird: „Der Konsul ... fühlte, wie sein Inneres sich tickend in zwei Hälften teilte und gleich einer von Gegengewichten bewegten Zugbrücke hochging, um diese verderblichen Gedanken durchzulassen." [198; 209] Oder: „Ich erwache zu einer Finsternis, in der ich endlos mir selbst folgen muß, und ich hasse das Ich, das mich ewig verfolgt und sich mir in den Weg stellt." [346; 363] Die Auflösung der Person, ihr Verschmelzen mit der Umgebung im Sinn einer *unio mystica* zeigt sich in Formulierungen wie: „Der Konsul stand da, die Hand wie mit dem Glas verwachsen, und lauschte ..." [287; 300] – Während *Under the Volcano* keine ausreichende Handhabe für den Nachweis einer Opiatbeeinflussung bietet, ist ein Einfluß durch Halluzinogene doch kaum von der Hand zu weisen. Die Fülle der genannten Beispiele, die sich leicht vermehren ließe, zeigt, daß der Roman durchgängig auf einer Bildlichkeit basiert, die sehr deutliche Übereinstimmungen mit charakteristischen Wahrnehmungen des Halluzinogenrausches aufweist. Inwieweit Lowry sich hier auf eigene Erfahrungen oder nur auf die Lektüre von Erlebnisberichten stützt, ist nicht mit Sicherheit zu entscheiden. Im Hinblick auf das Meskalin ist jedoch anzumerken, daß die bis in die vierziger Jahre publizierte Literatur über die Droge ausschließlich wissenschaftlicher Art und einem nichtakademischen Leserkreis daher nicht ohne weiteres verfügbar war. Viel größer ist dagegen die Wahrscheinlichkeit, daß Lowry in Mexiko selbst Peyote probierte und sich in seinem Roman dann auch vorwiegend auf persönliche Eindrücke bezog.

Kritik der Rauschkritik:
Zum empirischen Realitätsverständnis

Die empirische Betrachtungsweise der Naturwissenschaften hat gegenüber anderen Philosophien den Vorteil, daß sie im allgemeinen sehr beruhigend wirkt. Sie leugnet nicht das Übel in der Welt, aber sie gibt ihm Namen, und das erscheint immerhin wie ein erster Schritt, um es in den Griff zu bekommen. Aus ihrer Perspektive bleiben die Dinge, so kompliziert sie auch sein mögen, eigentlich immer sehr einfach, denn sie haben Eigenschaften, die man erkennen, beweisen, benennen kann. Damit nimmt der empirische Blick die Welt in Besitz. Die Naturgesetze werden erkannt und verstanden und in den Bildungsstätten als nötiges Rüstzeug für ein Leben in einiger Gelassenheit gelehrt. Über viele Jahrhunderte sahen die Menschen, was sie glaubten, und das konnte sehr beängstigend sein. Heute zeigt sich mehr denn je die Tendenz, zu glauben, was man sieht; die Reservate des Abgründigen scheinen zu schrumpfen, und mancher böse Geist ist vertrieben. Indem der Empiriker die Dinge benennt, weist er ihnen ihren Platz in der Welt der Erscheinungen zu und entwirft ein Koordinatensystem, in dem wir uns mit einiger Sicherheit orientieren können. Der empirische Forscher ist demnach einem Immobilienmakler vergleichbar, der mit gewinnendem Lächeln die Geheimnisse eines Objekts erklärt, in dem sich der Käufer bald behaglich einrichten kann: Links ist die Küche, rechts das Bad. Doch der Makler hat die Wohnung nicht selbst gebaut, und es wird immer Winkel geben, die seiner Aufmerksamkeit entgehen, und wer mag dafür einstehen, daß nicht gerade das Übersehene von entscheidender Bedeutung ist? Die Ergebnisse der empirischen Drogenforschung, die in den Kapiteln dieses zweiten Hauptteils im Vordergrund standen, und das diesen Befunden zugrundeliegende Weltbild der modernen Naturwissenschaft sind daher keineswegs über jeden Zweifel erhaben. Wenn also etwa die Medizin aufgrund klinischer Untersuchungen zu dem Schluß gelangt, daß eine kreative Nutzung des Alkoholrausches unmöglich sei, ist dann der Künstler, der das Gegenteil behauptet, zwangsläufig im Irrtum? Muß dies bedeuten, daß ein Autor, der sich durch die Erfahrung des Alkoholismus in kreativer Hinsicht bereichert fühlt, gewissermaßen entmündigt wird und daß die subjektive Einschätzung, sofern sie wissenschaftlichen Untersuchungsergebnissen widerspricht, als Lüge oder Trugschluß zu bewerten ist? Immerhin zählt die Drogenforschung die Neigung zu bewußter oder unbewußter Verschleierung der tatsächlichen Schädigung zu den typischen Symptomen der Sucht. Kann es denn nur *eine* mögliche Antwort auf diese Frage geben, oder besteht die rein subjektive Antwort vielleicht gleichberechtigt neben der empirisch-objektiven? Am Ende dieses Hauptteils, der die Frage der Drogenwirkung aus einer vorwiegend empirischen Perspektive erörterte, ist es also nötig, den Gültigkeitsanspruch der genannten Befunde und damit auch die ihnen zugrundeliegende Weltsicht der Naturwissenschaft wenigstens im Ansatz kritisch zu hinterfragen.

Die empirische Wissenschaft bemüht sich um die Kenntnis nachprüfbarer Fakten. Nach ihrem Dafürhalten ist ein Sachverhalt als gültiges Faktum anerkannt, wenn er nach Kategorien der Meßbarkeit beschrieben, gegenüber anderen Fakten abgegrenzt und somit eindeutig identifizierbar wurde, oder indem, etwa durch Befragungen und Testreihen, eine vorherrschende Tendenz ermittelt wird, die als repräsentativ gilt und Rückschlüsse auf die Gesamtheit erlaubt. In diesem Sinn ist sie durchaus demokratisch zu nennen, denn wie jene Staatsform gründet sie in einem nach dem Mehrheitsprinzip ermittelten Konsens über bestimmte Basiswerte, die den Boden für alle künftigen Gesetzfindungen bilden. Ohne axiomatische Vorannahmen, die sozusagen eine feste Unterlage über jenen unergründlichen Urschlamm breiten, aus dem heraus alles entstand und die damit überhaupt erst die Möglichkeit zur Konstruktion wissenschaftlicher Erkenntnisgebäude schaffen – ohne solche Vorannahmen kann die empirische Wissenschaft nicht bestehen. Daraus folgt aber auch, daß sie uns keine vom Himmel gefallenen ewigen Wahrheiten, sondern stets nur Schlußfolgerungen präsentieren kann, deren Gültigkeit vom Bestand der künstlich gesetzten Grundlagen abhängig bleibt. Die Ergebnisse der empirischen Wissenschaften sind also immer nur relativ gültig. Nun ist es eine gute und sicher nötige Gepflogenheit, daß ein empirischer Forscher mit Scheuklappen zu Werke geht, die ihn vor dem unentwegten Anblick dieser Region des Zweifels bewahren und einen gesunden Optimismus im Umgang mit „Fakten" ermöglichen, aber es ist sicher zuviel des Guten, wenn sich dieser Optimismus zu einer materialistisch-positivistischen Arroganz gegenüber anderen Deutungsmodellen steigert, wie sie sich etwa aus einer mystischen Betrachtung ergeben mögen. Physiker, Chemiker, Mediziner und ihre Kollegen sind daher wohl doch mitunter an jene axiomatische Grundlage ihrer Tätigkeit zu erinnern, die eine Grauzone markiert, aus deren positiver Unkenntnis die Möglichkeit von Irrtümern resultiert. Eine empirisch ermittelte Erkenntnis ist nur solange gültig, bis sie durch ein Gegenteiliges widerlegt ist; d.h. sie kann stets nur eine Regel von größter Wahrscheinlichkeit sein und birgt die grundsätzliche Möglichkeit der Ausnahme. In diesem Sinn schreibt auch Zehentbauer über den Positivismus der biochemischen Erklärungsmodelle in der Gehirnforschung:

> Der offensichtliche Widerspruch der Hirnforschung liegt darin, daß der Mensch die theoretische Erforschung des Gehirns ausschließlich mit Hilfe seines eigenen Gehirns betreiben kann, das aber gleichzeitig Objekt seiner Forschung ist. Die materialistisch orientierten Wissenschaften haben die Objektivität zum Leitprinzip erhoben, und die Subjektivität als wissenschaftlich wertlos verdammt.[1]

Eine Studie, die wie die vorangegangenen Kapitel darauf angelegt ist, grundlegende Wirkungsmechanismen des Drogenrausches zu ermitteln und zu beschreiben, ist auf eine Vorgehensweise angewiesen, die empirischen Kriterien folgt, d.h. es sollen Tendenzen festgestellt werden, die mehr oder weniger spekulative Schlüsse auf die Gesamtheit zulassen. Nur auf dem Weg einer solchen Kategorisierung wird eine *allgemeine* Beurteilung des Drogenrausches und seiner diversen Aspekte ermöglicht. Ermöglicht wird sie aber nur unter der Maßgabe der Annäherung und nach dem Prinzip der hohen Wahrscheinlichkeit, zumal die „Chemie des Individuums" zuviele Unbekannte enthält, die jedes Rauscherlebnis zu einem kaum jemals exakt wiederholbaren Sonderfall werden lassen. Die naturwissenschaftliche Forschung kann aber, indem sie uns etwa die biochemischen Prozesse im zentralen Nervensystem erläutert oder auf die Wirkung von *set* und *setting* verweist, den Hintergrund beleuchten, auf dem das Zeugnis einer individuellen Rauscherfahrung gründet und somit zum Verständnis der subjektiven Äußerung beitragen. Aus diesem Grund wurden die empirischen Befunde über Drogen hier relativ ausführlich berücksichtigt. Doch die Realität des Empirikers ist nicht die des mystischen Visionärs, und das rationale Bewußtsein ist ein anderes als das mystische. Diese Unterscheidung, die nichts über die Gültigkeit oder Ungültigkeit des einen oder anderen besagt, ist die wichtigste Voraussetzung einer verantwortlichen Erörterung der Realität des Rausches.

In seiner Untersuchung über „The Influence of Drugs on the Literary Imagination" schreibt der medizinische Wissenschafter Linford Rees ganz im Einklang mit den Vorurteilen der fünfziger Jahre: „Der einzige Wert, den Alkohol im Hinblick auf eine Förderung der literarischen Arbeit haben kann, beschränkt sich auf Personen, bei denen eine starke emotionale Anspannung die effiziente Arbeit verhindert. Kleine oder maßvolle Mengen von Alkohol, die gerade ausreichen, um die Spannung zu lindern, jedoch nicht, um eine Behinderung der intellektuellen Funktionen zu bewirken, können unter solchen Umständen vorübergehend hilfreich sein."[2] Vermutlich leidet diese Aussage nur an ihrer mißverständlichen Formulierung, die zu bedeuten scheint, daß der Drogenrausch für jede kreative Nutzung schlechthin unbrauchbar sei. In der Tat wäre es unsinnig, sich mit einer derartig lapidaren Behauptung über all das hinwegzusetzen, was in der Forschung und kontroversen Diskussion fast eines ganzen Jahrhunderts bis dahin zum Thema beigetragen wurde. So hatte William James bereits fünfzig Jahre früher in seinen *Varieties of Religious Experience* geschrieben:

> Ich beziehe mich auf das Bewußtsein, wie es von Rauschmitteln und Narkotika, besonders durch Alkohol, hervorgebracht wird. Die Macht des Alkohols über die Menschheit beruht zweifellos auf seiner Kraft, das mystische Vermögen der menschlichen Natur zu stimulieren, das gewöhnlich durch die kalten Fakten und die trockene Kritik der nüchternen Stunde zu Boden gedrückt wird. Die Nüchternheit reduziert, diskriminiert und sagt Nein; die Trunkenheit erweitert, vereint und sagt Ja. Sie ist beim Menschen in der Tat der große Auslöser des Ja-Sagens. Sie bringt ihren Jünger von der kalten Oberfläche der Dinge zu ihrem strahlenden Kern. Für den Augenblick läßt sie ihn mit der Wahrheit eins werden. Nicht aus bloßer Perversität wird sie von den Menschen gesucht. Für die Armen

und Analphabeten nimmt sie den Platz von Symphoniekonzerten und Literatur ein, und sie ist Teil des tieferen Mysteriums und der Tragödie des Lebens … Das trunkene Bewußtsein ist ein Teil des mystischen Bewußtseins, und unser Urteil darüber muß seinen Ort in unserem Urteil über dieses größere Ganze finden. [V 387]

Eigentlich wird in dieser Passage nicht viel gesagt. Es wird nicht behauptet, daß der Alkohol der künstlerischen Arbeit und dem kreativen Denken förderlich sei. Es wird kein Fall zitiert, in dem die Visionen des Alkoholrausches zur Entstehung eines Kunstwerks beitrugen. James weist aber darauf hin, daß mit der Beeinträchtigung des Wachbewußtseins im Alkoholrausch gleichzeitig der Zugang zu einer anderen Bewußtseinsform (die er die „mystische" nennt) geöffnet werde. In unserem Zusammenhang bedeutet dies, daß ein Künstler plötzlich Einblick in einen ihm sonst verborgenen Erfahrungsbereich erhält und ihm eine Materialfülle an die Hand gegeben wird, über die er vorher nicht verfügte. Er wird somit im Rausch von einer wahren Flutwelle der Inspiration überrannt. Nun ist es natürlich eine ganz andere Frage, ob und inwiefern er tatsächlich in der Lage ist, aus dieser Vielfalt von Impressionen eine Auswahl zu treffen, die dann zum Gegenstand seines künstlerischen Schaffens werden kann. Vergleichen wir die Ansichten von James mit denen eines Schriftstellers, der selbst Alkoholiker war. Jack London schreibt:

> Ich redete immer fort. Wie gesagt, ich war von einem inneren Licht erfüllt. In meinem Hirn war jeder Gedanke zuhause. Jeder Gedanke kauerte in seiner kleinen Zelle sprungbereit an der Tür, wie Häftlinge, die zur Mitternacht einen Ausbruch abwarten. Und jeder Gedanke war eine Vision, in leuchtender, gestochen scharfer, unmißverständlicher Bildlichkeit. Mein Hirn wurde vom klaren, weißen Licht des Alkohols erfüllt. John Barleycorn befand sich auf einem wahrheitsverkündenden Feldzug und offenbarte seine erlesensten Geheimnisse. Und ich war sein Sprecher. Da zog die Vielfalt der Erinnerungen an mein vergangenes Leben vorbei, alle wie Soldaten ordentlich aufgereiht zu einer kolossalen Inspektion. Es lag an mir, sie auszuwählen. Ich war ein Herrscher der Gedanken, Meister meines Vokabulars und der Summe meiner Erfahrung, unfehlbar in der Selektion meiner Daten und dem Aufbau meiner Einleitung. Denn so lügt und lockt John Barleycorn, indem er den nagenden Wurm der Intelligenz aufruft, seine üblen Wahrheitseingebungen einflüstert und die Monotonie des Alltags mit Purpurfluchten durchzieht. [JB 32]

Diese Empfindung des Betrunkenen, ein „Herrscher der Gedanken" zu sein, erinnert an Hoffmanns *Elixiere des Teufels*, wo der Mönch Medardus durch die Wirkung der Elixiere eine ebenso plötzliche wie unerklärliche Wandlung erfährt: er entdeckt sein ungewöhnliches rednerisches Talent und fasziniert die Zuhörer durch seine feurigen Predigten. Doch London läßt keinen Zweifel zu, daß solche intellektuellen Höhenflüge auf bloßer Einbildung beruhen – in Wirklichkeit, so schreibt er sinngemäß, ist der Berauschte nur das Opfer einer groben Täuschung. Diese Äußerung scheint der James'schen Theorie zu widersprechen, und man könnte dazu neigen, dem Alkoholiker hier die größere Urteilskompetenz zuzusprechen als dem aus einer gewissen Distanz urteilenden Wissenschaftler. Es ist aber festzuhalten, daß James und London nur in den Schlußfolgerungen auseinandergehen, die sie aus den sonst übereinstimmenden Beobachtungen ziehen. Die Differenz liegt also letztendlich auf einer weltanschaulichen Ebene: Während James ganz klar vom gleichberechtigten Nebeneinander mehrerer Bewußtseinsarten ausgeht und damit auch dem Raum des mystischen Erlebens einen Realitätswert beimißt, ist Londons Haltung materialistisch orientiert und beschränkt sich auf die Realität des rationalen Wachbewußtseins. Die Konfrontation dieser Philosophien aber ist der Hauptgrund für die Schwierigkeit, im Hinblick auf die kreativitätsfördernde oder -verhindernde Wirkung von Drogen zu verbindlichen Ergebnissen zu gelangen. So kann der Mystiker der Rauscherfahrung eine besondere Bedeutung für die Geistesentwicklung und kreative Potenz des Berauschten beimessen, in denen der „Realist" bloße Hirngespinste sieht.

Anders als London sahen jene Autoren, die Drogen im Interesse ihrer Kunst oder zur Beförderung ihrer Welterkenntnis erprobten, wie James in den Landschaften des Rausches eine gültige Realität, die ihnen oft sogar wirklicher erschien als die Welt der materiellen Erscheinungen. In „La Chambre double" bezeichnet Baudelaire den Störenfried, der aus der materiellen Wirklichkeit des Ennui kommt und ihn durch aufdringliches Klopfen an der Tür brutal aus seinen Opiumträumen reißt, als ein Gespenst, also eine unwirkliche Erscheinung: „Und ein Gespenst trat herein. Ein Gerichtsvollzieher, der mich im Namen des Gesetzes foltern kommt; eine niederträchtige Konkubine, die mit ihrem Jammergezeter die Erbärmlichkeiten ihres Lebens den Schmerzen des meinen hinzufügt; oder auch der Laufbursche eines Zeitungsdirektors, der die Fortsetzung des Manuskripts fordert." [SP 234; VIII 129] Für Benn erfolgte in Traum, Rausch und Wahnsinn eine Rückführung der Seele auf ihre von den Strukturen des Ichs befreite urtümliche Wesenheit. In dem durch Drogen oder durch die Poesie bewirkten Rausch wird seiner Ansicht nach die materielle Wirklichkeit zertrümmert und so ein Durchstoß zu den wahren Zusammenhängen, zur eigentlichen Realität ermöglicht. In diesem Sinn schreibt Fackert über Benn und Rönne, den Protagonisten seiner Novellenfolge „Gehirne": „Der Dichter schafft in der Fiktion neue Realität und transzendiert sich selbst ... Rönnes in Sprache umgesetzte Visionen und Benns poetologisches Bekenntnis spiegeln nichts anderes als eine auf dem Erlebnis des Realitätszerfalls gründende ästhetische Metaphysik."[3] Von der psychedelischen Kunst sprechend, nennt Masters die „normale" Realität ein „kulturelles Artefakt"[4], und Huxley schreibt 1956 in einem Brief an Dr. Howard Fabing: „Was wir gemeinhin ,Wirklichkeit' nennen, ist nur jener Bruchteil des gänzlich Faktischen, den wir durch unsere biologische Ausstattung, unsere sprachliche Tradition ... und unsere sozialen Konventionen gedanklicher und emotionaler Art wahrnehmen können ... Das biologisch, sozial und sprachlich konditionierte Universum des Menschen ist viel reichhaltiger als das der anderen Tiere, aber es ist doch immer noch nur ein Stück der Melone. Meskalin und LSD erlauben uns, ein anderes Stück abzuschneiden ..." [M 133]

So wichtig die empirische Perspektive im Hinblick auf die Beurteilung der Drogenwirkung auch ist – allein kann sie zu keinem akzeptablen Befund über die umfassendere Frage nach der Realität des Rausches führen, sondern bedarf der kontrastiven Ergänzung durch andere Perspektiven.[5] Der Empiriker mag in der Lage sein, etwa die religiöse Empfindung als das Produkt einiger Sekretionsvorgänge und Neuronenbewegungen im Gehirn zu identifizieren, und ist dennoch außerstande, das Wesen dieser Empfindung zu fassen, sofern er nur auf seine eigene Methodik vertrauen mag; sein Gesichtsfeld ist dann dem eines Einäugigen vergleichbar, der alle Zweiäugigen als krank und ihre erweiterte Wahrnehmung als Phantasterei diskreditiert. Solche Einäugige, die über etwas, das sich ihrer Einsicht entzieht, dennoch ein Urteil aussprechen, nennt man Dogmatiker; mit ihnen läßt sich nicht reden. Damit die Empirie nicht in ihrer der sinnlichen Wahrnehmung verhafteten Dogmatik verharrt, sondern in die Lage versetzt wird, ihren Zuständigkeitsbereich im größeren Zusammenhang eines Systems zu sehen, das aus mehr als nur einer Abteilung besteht, muß sie auch das andere Auge öffnen und darf sich den Ansichten des Mystikers nicht von vornherein verschließen. Dazu gehört vor allem die Bereitschaft, gewisse Grenzen anzuerkennen, an denen ein Wechsel der Kompetenzen stattfindet, so daß, wo die Sinne nicht mehr weiterkommen, die Kompetenz zur Ermittlung von Realitäten anderen Instanzen der Wahrnehmung übertragen wird: Wo der Sumpf der Wildnis beginnt, muß der Reisende seine bequeme Karosse verlassen und in ein geländegängiges Fahrzeug umsteigen. Das weite Feld des Übersinnlichen ist ein solcher Sumpf, die Droge ein mögliches Vehikel, das den Menschen hindurchführen mag, und die überlieferten Zeugnisse des Rauschbewußtseins sind Indikatoren einer anderen Realität. Der Empiriker mag diese nach gründlicher Vergleichung mit seinen gewohnten Urteilskriterien schließlich als haltlos verwerfen, das ist sein gutes Recht; aber er sollte zuvor doch wenigstens aufmerksam zuhören, zumal die Erfahrung lehrt, daß niemand mehr der Unterweisung bedarf, als jene, die schon alles zu wissen glauben.

Die Empirie ist uns wohl nötig als ein Basislager, von dem eine Seilschaft ihren Aufstieg beginnen kann und zu dem sie zurückkehren muß, um die Kunde zu verbreiten, wie die Welt jenseits der Schneegrenze beschaffen ist. Was wüßten wir aber vom Gipfel des Mt. Everest, wenn Hillary nur berichtet hätte, daß dort keine Straßenbahnen fahren? Wer hier wirklich etwas Neues erkennen will, der muß das Andere auch zu Wort kommen lassen und darf es nicht bloß als eine Negation des Alten begreifen. Sehr ähnlich verhält es sich mit dem Wissenschaftler, der einen Drogenberauschten beobachtet und sich lediglich notiert, daß er außerstande sei, eine Konversation auf der Höhe seines gewohnten Niveaus zu führen oder eine Rechenaufgabe korrekt zu lösen. Wenn von der kreativen Bereicherung des drogenberauschten Künstlers die Rede ist, so darf man sich diese doch nicht im Sinn einer solchen Leistungssteigerung vorstellen, wie sie einem durch Dopingmittel aufgeputschten Sportler ermöglicht wird, der kurzfristig schneller und ausdauernder zu laufen oder schwerere Gegenstände zu heben vermag, als es ihm normalerweise möglich wäre. Zwar wird auch der Körper dieses Sportlers nach einer solchen Überschreitung seiner konstitutionellen Energieschwelle eine entsprechende Regenerierungsphase beanspruchen, doch im akuten Kampf um Zehntel- und Hundertstelsekunden wird seine Leistung meßbar gesteigert. Im Unterschied zu Kraft und Schnelligkeit ist Kreativität aber kaum meßbar. Schon allein deshalb kann von einer objektiven Bereicherung des kreativen Vermögens im Rausch keine Rede sein. Nun behaupten viele Drogenkonsumenten, sie seien unter der Einwirkung eines Rauschmittels viel wacher und konzentrierter als normalerweise. Die Außenwelt kann diesen Eindruck nur aufgrund empirisch-rationaler Bewertungsmaßstäbe verifizieren. So wird der Leiter eines Experiments die Behauptung überprüfen, indem er dem Probanden einige Aufgaben stellt, deren Bewältigung Aufschluß über dessen tatsächliches geistiges Leistungsniveau geben soll. Dieses einzig mögliche Verfahren ist jedoch problematisch, da solche Aufgabenstellungen immer von Köpfen entworfen werden, die ganz den empirischen Kriterien ihres Wachbewußtseins verhaftet sind. Der Berauschte lebt, fühlt und agiert aber auf der Grundlage eines anderen Bewußtseins, das gar nicht mehr oder nur eingeschränkt rational-sinnlich operiert. So kommt es zu Feststellungen wie der nachfolgend zitierten, die dem Berauschten eine mangelhafte Funktionsfähigkeit des rationalen Wachbewußtseins attestieren, während sie die gleichzeitige Aktivierung einer anderen Bewußtseinsart, die ihrerseits im zentral-nervösen Normalzustand unterdrückt ist, ignorieren: „Jeder ist wohl schon Menschen begegnet", heißt es im *Handbuch der Rauschdrogen* von Wolfgang Schmidbauer und Jürgen vom Scheidt, „die über eine Leistungssteigerung durch Alkohol berichten. Man kann solchen Behauptungen, auf welches Gebiet sie sich auch beziehen mögen, bei Alkohol wie bei fast jeder Rauschdroge eine Feststellung entgegensetzen, die sich in wissenschaftlichen Experimenten immer wieder bestätigt hat: Nicht die Leistung steigt, sondern die Selbstkritik nimmt ab, und damit wird die Kritik der eigenen Leistung vermindert."[6] So richtig und interessant diese Bemerkung innerhalb unseres sinnlichen Erfahrungshorizontes ist, so wird sie doch hinderlich, wenn ihre Gültigkeit in einer erstaunlichen Naivität auch auf andere Erfahrungsbereiche übertragen werden soll. Diese häufige Arglosigkeit der empirischen Wissenschaft wird nachstehend durch das besonders plakative Beispiel eines älteren Forschungsberichts illustriert.

In der 1912 erschienenen Studie über *Les opiomanes*, die heute in mancher Hinsicht als überholt gelten muß, zitiert Roger Dupouy aus einer 1893 veröffentlichen Beschreibung eines gleichwohl sehr interessanten Experiments:

> „Die folgende Erfahrung, die sehr leicht wiederholbar ist, demonstriert die durch den Morphinrausch erzeugten Illusionen. Man bitte einen Opiumraucher, sich so einzurichten, wie er es für eine ihm gewohnte Tätigkeit am besten findet. Man bitte ihn, *unter dem Einfluß von Opium* jene Tätigkeit auszuüben, die ihm am meisten gefällt; frönt er der Literatur, so lasse man ihn Verse dichten; ist er ein Ingenieur, so fordere man von ihm eine ganz einfache Berechnung; von einem Verwaltungsbeamten einen Berichtsentwurf. Man achte darauf, daß zwei Zeugen und ein Stenograph während des Experiments anwesend sind. Was wird geschehen? Nach dem Ende des Versuchs *wird der Raucher nicht glauben*

wollen, daß die inkohärente Folge blödsinniger Hervorbringungen, daß die gravierenden Rechenfehler, die der Opiumrausch bewirkt, von ihm begangen wurden.

Unter dem Einfluß des Opiums verliert der Raucher also das Gleichgewicht seiner intellektuellen Fähigkeiten; er ist nicht mehr fähig, seine Arbeit einer unvoreingenommenen Kritik zu unterziehen, er *ist impulsiv* geworden, er ist ein intellektuell Kranker, der sich über den Wert seiner Handlungen und Gedanken Illusionen macht. Es ist genau dies, was für den Raucher den Charme des Opiumrausches ausmacht, *er verliert das Bewußtsein seines persönlichen Wertes*, alle Urteile über sich selbst sind Schmeicheleien. Er lebt in einer Welt von Illusionen."[7]

Das Interessante an der Passage ist nicht das Experiment selbst – jeder Drogenkenner hätte das unvermeidliche Resultat vorhersagen können –, sondern die Anschauung, die ihm zugrundeliegt. Es ist die Anschauung des Rationalisten, dessen Weltbild allein auf der Grundlage der ihm vertrauten Urteilskriterien seines Wachbewußtseins beruht. Dieser Wissenschaftler, der sich nicht vorstellen kann, daß es neben der von seinem Wachbewußtsein wahrgenommenen Realität noch eine andere Realität mit anderen Gesetzen, einer anderen Sprache und anderen Sinngehalten gibt, wird auch nicht umhin kommen, die meisten durch ein mystisches Bewußtsein inspirierten Äußerungen als unsinnig zu empfinden. Das hier geschilderte Experiment kann schon deshalb zu keinen positiven Erkenntnissen über die Rauschwahrnehmung führen, weil es zwei an sich völlig verschiedene Bereiche ohne die vorherige Schaffung einer adäquaten Basis zu vergleichen sucht. Das ist etwa so wie eine mathematische Operation, bei der zwei Äpfel von drei Birnen subtrahiert werden sollen. Was wird von den Versuchspersonen verlangt? Sie sollen im Rausch eine Aufgabe ausführen, die sie im vollen Besitz ihres rationalen Bewußtseins mühelos bewältigen können und sie liefern Ergebnisse, die der kritischen Prüfung durch das Wachbewußtsein nicht standhalten können. Das ist kein Wunder, denn was hier gefordert wird, ist die Ausführung einer rationalen Operation in einem nicht-rationalen Raum. Im mystischen Bewußtsein ist die Ratio aber durch eine andere Art der Welterfassung abgelöst, die wesentlich intuitiv vorgeht. Wenn ein Astronaut im schwerelosen Raum sich als unfähig erweist, einen Stein gegen eine Wand zu werfen, so ist damit doch nichts bewiesen, als daß er sich in einer Umgebung befindet, in der die Gesetze unserer gewohnten Welt keine Gültigkeit mehr besitzen, und niemand käme auf die Idee, die Unfähigkeit des Astronauten im Sinn eines Versagens zu deuten. Schließlich könnte der Astronaut sich ja genausogut an einen Menschen auf der Erde wenden und von ihm das Unmögliche verlangen, so wie er unter der Decke zu schweben, oder ein berauschter Mystiker könnte einen Naturwissenschaftler auffordern, ihm die Seele der Steine zu beschreiben. „Der Raucher verliert also das Gleichgewicht seiner intellektuellen Fähigkeiten", heißt es in dem Bericht, und der Befund liegt auf der Hand, aber es bleibt unerwähnt, daß dieser Verlust durch den Gewinn einer neuen Fähigkeit ausgeglichen wird. Wenn hier die Rede ist von den „durch den Morphinrausch bewirkten Illusionen", von einem Trugschluß, einer Täuschung also, oder von einer „inkohärenten Folge blödsinniger Hervorbringungen", so haben wir es keinesfalls mit neutralen Aussagen, sondern mit sehr subjektiven Bewertungen zu tun. Selbst der Hinweis, daß der Opiumraucher nach seinem Erwachen nicht glauben will, daß er die vorliegenden groben Kalkulationsfehler gemacht haben solle, beweist nur, daß er in die Welt seines Wachbewußtseins zurückgekehrt ist, deren klar definierten Prinzipien er sich nicht mehr entziehen kann (das muß aber nicht immer so sein; die meisten der hier besprochenen Drogenschriftsteller waren ja durchaus in der Lage, die andere Realität des Rauscherlebens fragmentarisch zu erinnern und auf der Basis ihres rationalen Bewußtseins künstlerisch zu verarbeiten).

Die Weigerung, sich eine andere als die empirisch erfahrbare Realität vorzustellen, die gleichberechtigt neben der des rationalen Wachbewußtseins besteht, scheint bei manchen Drogenforschern wider besseres Wissen zu erfolgen und deutet dann auf jene tiefsitzende menschliche Angst vor dem Anderen, dessen Anerkennung unwillkürlich mit einer elementaren Gefährdung der eigenen Existenz gleichgestellt wird. Der Gedanke liegt ja auch nahe, denn wo etwas Neues entsteht, muß wohl etwas Altes weichen. So übernimmt schon der Begriff der Krankheit und des Pathologischen in seiner tiefsten Bedeutung die Rolle eines Bannspruchs, durch den das von der Norm Abweichende auf Distanz zu halten ist. Ein Beispiel hierfür ist die folgende Äußerung Robert de Ropps über De Quincey: „Der Abgrund ‚göttlichen Genusses', den De Quincey im Opium entdeckte, ist offenbar nur den Psychopathen zugänglich, und daß De Quincey einer war, kann niemand, der seine Lebensgeschichte gelesen hat, bezweifeln."[8] Was immer man von dieser wenig schmeichelhaften Aussage über den englischen Opiumesser halten mag – in unserem Zusammenhang ist sie interessant, weil de Ropp den Begriff des Pathologischen hier als ein Mittel der Distanzierung benutzt; es besteht kein Zweifel, daß er nicht zu den enthusiastischen Verfechtern einer wie auch immer erfolgenden Rauschnutzung gehört.

In seiner diskriminierenden Funktion wird der Krankheitsbegriff vom Empiriker als Schutzschild gegen die vermeintliche Existenzgefährdung durch das Andere gebraucht. Es wurde bereits angedeutet, daß eine der wichtigsten Aufgaben der Empirie darin besteht, den in der kosmischen Weite ausgesetzten Menschen zu beruhigen. Ist es ein Wunder, daß z. B. die Ärzte im tausendfachen Angesicht des Todes und unabwendbarer Leiden ihren Patienten oft mit stoischer Gelassenheit begegnen? Die Leidensfähigkeit des Menschen ist begrenzt; mit Schopenhauer ließe sich argumentieren, daß der blinde Wille zum Leben nicht zuläßt, daß Verzweiflung und Ohnmachtsgefühl den Geist so sehr einnehmen, daß er darüber den elementaren Zweck der Arterhaltung versäumt. Darum, so könnte man sagen, muß das Mitleid eines Soldaten im Krieg mit jedem Anblick des Todes an Intensität verlieren, bis es zuletzt zum Schutz des Individuums in einer völligen Abstumpfung gegen das Entsetzliche gipfelt. Diese seelische Verrohung ist anscheinend eine unverzichtbare Schutzfunktion; der Arzt ist auf sie ebenso angewiesen wie der Patient, der seinen bevorstehenden Tod offenbar leichter annimmt, wenn er ihm nur mit einiger Gelassenheit angekündigt wird. So steht hinter der kühlen Sachlichkeit, mit der ein Empiriker die geistigen Defekte des Berauschten konstatiert, die stets latente Sorge, daß alles, was er verkündet, womöglich ganz anders sein könnte. Um Panik zu vermeiden und die heimliche Angst streng verschlossen im Zwinger zu halten, doziert er mit festerer Stimme fort und verhält sich darin wie ein Kind, das im dunklen Wald zu singen beginnt, um durch den Klang der eigenen Stimme die Furcht zu vertreiben. Wird er in diesem Verhalten gestört, etwa durch den Rauschvisionär, der von unerhörten Realitäten berichtet, zwingt man ihn also, in den Abgrund zu blicken, dann reagiert er wie ein bedrohtes Tier und wird aggressiv. In diesem Sinn schreibt Spode über die aufklärerisch-positivistische Haltung gegenüber Alkoholikern:

> Im Prozeß der Zivilisation wird Trunkenheit daher zum Atavismus. In der Moderne aber heißt Atavismus Störung des Fortschritts. Der Trinker versündigt sich gegen die protestantische Ethik und die rationalistische gleichermaßen. Er ignoriert die laute Idee und den stummen Zwang der Planbarkeit von Fortschritt und Glück, den Absolutheitsanspruch jenes entkörperlichten Glücks, mit dem das Belohnungssystem der Disziplinargesellschaft steht und fällt; allein durch seine Existenz stellt er dieses Glück in Frage. Der Trinker wird zum Störfaktor. Gemeinsam mit dem Verbrecher und dem Wahnsinnigen, deren Krankheit – wie Foucault beredt dargelegt hat – in einer störenden Abweichung von der Normalität besteht, wird er zum „pathologisierten Subjekt". Der Blick auf den Trinker ist nun mitfühlend und zugleich auf eine Art unerbittlich – er wird nicht mehr bestraft, sondern zur Vernunft gebracht.[9]

Als weiteres Beispiel für die diskriminierende Funktion des Krankheitsbegriffs, durch den sich der Empiriker vor der Bedrohung durch das Andere schützen will, mögen einige Äußerungen über den Alkoholismus Malcolm Lowrys dienen, dessen literarisches Werk aus gutem Grund oft vor dem Hintergrund typischer Phänomene der Trunksucht besprochen wurde. So wurden die metaphysischen Streifzüge des Konsuls in *Under the Volcano* von einigen Kritikern als ein komplexes Gebäude von Selbsttäuschungen interpretiert, deren letzter Zweck in einer Rechtfertigung des Trinkens bestehe. (Vgl. Seite 600 ff.) Der Konsul wird damit sozusagen krankgeschrieben und in seiner Eigenschaft als Mystiker diskreditiert, die Gültigkeit der von ihm erfahrenen anderen Realitäten wird so in Abrede gestellt. Die Grundlage dieser Sichtweise ist unser empirisches Realitätsverständnis, das hier als Großinquisitor in eigener Sache auftritt. Eine Vision gilt demnach als verzerrt, getrübt oder verwirrt, eben als krankhaft, wenn sie von der konventionellen Wahrnehmung abweicht. Doch wer gibt uns, die wir so selbstverständlich auf die Verläßlichkeit unserer Sinne und unseres Verstandes bauen, die Gewißheit, daß nicht diese konventionelle Art des Sehens die eigentlich verwirrte ist, während die vermeintlich verzerrte Sicht dem Grund der Dinge womöglich viel näher kommt? So könnten sich Lowry und sein Konsul auf William James berufen, der in den *Varieties of Religious Experience* überlegt, ob nicht manche Verfassungen, die gemeinhin als „krank" bezeichnet werden, zur Erkenntnis bestimmter Wahrheiten geeigneter sind als der sogenannte „normale" Zustand des Wachbewußtseins: „Wenn wir abfällig von ‚fieberhaften Wahnvorstellungen' sprechen, so ist sicher nicht das Fieber als solches die Ursache unserer Geringschätzung – am Ende sind gar 103° oder 104° Fahrenheit ganz im Gegenteil eine viel günstigere Temperatur, um Wahrheiten keimen zu lassen, als die gewöhnlichere Körperwärme von 97 oder 98 Grad." [V 15]

Die Auseinandersetzung des Kritikers mit der Figur des Konsuls wird zum Machtkampf zweier Weltanschauungen, denn der Kritiker muß hier das nahezu Unmögliche versuchen, die symbolisch vermittelten Aussagen über eine fremde Dimension des Erlebens in die Begrifflichkeit seiner rationalen Sprache zu übersetzen, was oft dazu führt, daß das Fremde als eine Form der *aberratio* diskreditiert wird (so enthält schon der Begriff der Halluzination die Konnotation des Nicht-Wahren). Eine Auflösung oder Entwertung der empirisch definierten Beurteilungskategorien „wahr" und „falsch", wie sie im Zuge des sogenannten Orientierungsverlustes des Alkoholikers stattfindet, gefährdet die Kommunikation zwischen den Individuen und droht den gesellschaftlichen Bezugsrahmen zu sprengen, der auf dem Einverständnis beruht, bestimmte Erfahrungswerte als allgemeingültig zu betrachten. Dazu kommt, daß eine andere Dimension der Erfahrung auch ein anderes System der Vermittlung erfordert, was den Verzicht auf die etablierten Zeichensysteme oder wenigstens ihre regelwidrige Anwendung erzwingt. Wer sich aber unter dieser Bedingung eine auf die Vermittlung besonderer Erfahrungen eigens zugeschnittene Sprache erfindet, der kann von niemand anders verstanden werden, weil niemand anders die Regeln dieser Sprache kennt. Unter diesem Aspekt muß die Umwelt dazu neigen, die vom Alkoholiker erfahrene Auflösung herkömmlicher Beurteilungskategorien als eine Beeinträchtigung seiner Verstandesleistung zu disqualifizieren. Auch wenn das Regelwerk unserer Kommunikation seine Schwächen haben mag, so ist es doch als Garant der gesellschaftlichen Koexistenz gegen jede Anfechtung zu verteidigen, die seinen Bestand als Ganzes bedroht. Diese Überlegung liegt der ablehnenden Haltung zugrunde, die allen von der Norm abweichenden Arten der Seinserfahrung den Stempel des Pathologischen, d.h. des zu Korrigierenden aufdrückt.

Eine von solchen Motiven bestimmte Außenansicht des Alkoholikers, der sich trinkend immer weiter aus seinem sozialen Umfeld zurückzieht, ist die folgende Aussage des mit Lowry befreundeten Literaturprofessors Earle Birney:

Wenn Lowry von Heiterkeit zum Schwips und zur Trunkenheit überging ..., gab es Momente, in denen er wirklich zur Höchstform auflief. Dann begann er oft einen außerordentlich interessanten und schwierigen Satz und brach mittendrin ab, weil er ein bestimmtes Wort nicht fand. ... Er war dann oft sehr verärgert, und ich mußte warten, bis ihm das Wort einfiel und er seinen Satz beenden konnte. Dann erreichte er das nächste Stadium. Wir waren eigentlich gar nicht mehr vorhanden. Er hatte uns als ein Publikum gebraucht, aber nun hatte er sich sein eigenes Publikum erfunden, und sehr oft stellten sich Halluzinationen ein, so daß diese „Vertrauten", die er, für uns unsichtbar, in seinem Leben wahrzunehmen glaubte, ... in den Zimmerecken auftauchten, und er ging dann in eine Ecke und wandte uns manchmal den Rücken zu, während er weitersprach, doch es war dann mehr und mehr an etwas in der Ecke gerichtet, mit dem er zu streiten begann. Er steigerte sich so sehr da hinein, daß er darunter litt und schwitzte und von diesem schrecklichen inneren Schauspiel, das da ablief, zerrissen wurde und kurz darauf die Besinnung verlor, wobei er oft steif wie ein Brett war.[10]

Lowry wird hier aus dem Blickwinkel eines Betrachters gezeigt, der sich durch das Verhalten des Alkoholikers zurückgesetzt und ausgeschlossen fühlen muß. Indem der Trinker mit seinem Rückzug in das berauschte Ich die Brücken zu seiner materiellen Umgebung abbricht, wird diese gewissermaßen annihiliert: „Wir waren eigentlich gar nicht mehr vorhanden". Die Tatsache, nicht mehr beachtet zu werden, d. h. nicht länger relevant zu sein, nimmt für den Zurückgelassenen die Züge einer existentiellen Bedrohung an, aus der heraus er sich seinerseits auf eine isolierende Position zurückzieht. Hier wird der Bann ähnlich wie in klinischen Studien durch die deutliche Grenzziehung zwischen dem Gesunden und dem Kranken ausgesprochen. Das wegen seiner Infragestellung von gesellschaftlichen Normen als gefährlich eingestufte Andere wird als „krank" bezeichnet und auf Distanz gehalten. Auch in dem zitierten Beispiel wird Lowry als der „Kranke" so unter Quarantäne gestellt, wie die keineswegs wertfreie Formulierung „Er steigerte sich so sehr da hinein" oder distanzierende Wendungen wie „dieses schreckliche innere Schauspiel" zeigen.

Die eigenmächtige Entfernung des Rauschvisionärs aus den Kreisen seiner Gattung wird also, wie Jünger formulierte, als „ein Raub an der Gesellschaft" empfunden (vgl. Seite 2 ff.). Auch bei Baudelaire findet sich diese Überlegung, wenn er über das „unmoralische" Haschisch schreibt: „… das Haschisch [macht], wie alle einsamen Freuden, den Einzelnen untauglich für die Menschheit und die Gesellschaft überflüssig für den Einzelnen …" [PA 385; VI 100] (Vgl. Seite 257) Der Empiriker ist ein solcher Zurückgelassener, der den Rauschvisionär aus der Distanz beobachtet, bis er ihn an der Nebelgrenze einer anderen Realität aus den Augen verliert. Es ist diese Perspektive, wie sie sich einem Betrachter vom Zentrum des gesellschaftlichen Lebens, dem „Gewimmel der Häfen" aus präsentiert, die in den vorhergegangenen Kapiteln vorherrschte; sie erfaßt den Weg des Rauschvisionärs vom Aufbruch aus unserer Mitte bis zum Verschwinden hinter dem Horizont. Im folgenden letzten Hauptteil soll nun der Versuch unternommen werden, den Rauschvisionär wenigstens ein Stück weit auf seinem jenseitigen Weg zu begleiten.

Dritter Teil

Das dritte Auge des Dichters:
Rausch und Erkenntnis in der Literatur

„Es wird immer offenbleiben", schreibt William James, „ob mystische Zustände nicht vielleicht ... erhabenere Ausblicke ermöglichen und Fenster sind, durch die das Bewußtsein auf eine erweiterte und reichhaltigere Welt hinausblickt." [V 428][1] Mystische Zustände, zu denen James alle Erfahrungen zählt, die außerhalb des rational-sinnlichen Wachbewußtseins gemacht werden (also auch die Visionen des Drogenrausches), vermitteln dem Menschen möglicherweise Einsichten, die unser herkömmliches Erkenntnisvermögen übertreffen, vielleicht aber auch nicht. Was für James indessen außer Frage steht, ist die grundsätzliche Erkenntnisfähigkeit des Mystikers und Rauschvisionärs: „Die Existenz mystischer Zustände räumt gründlich auf mit der heuchlerischen Vorstellung, daß uns einzig und allein die nichtmystischen Zustände diktieren, was wir glauben dürfen." [V 427] Die mystische Erfahrung fördert demnach Einsichten zutage, die wenigstens genauso zuverlässig oder unzuverlässig sind wie die auf vernünftigem Wege gewonnenen Einsichten, die wir *Erkenntnis* nennen und dadurch als etwas akzeptieren, das gültig sei. Anders gesagt: Die Gegenstände der Mystik können nicht bloß erahnt, gefühlt, geglaubt, sondern sie können *erkannt* werden; es gibt demnach neben der rational-sinnlichen eine mystisch-übersinnliche, also auch eine Rauscherkenntnis. Dieser Begriff mag manchen paradox erscheinen und gibt Anlaß zu kontroverser Diskussion. Ist denn Erkenntnis nicht *per definitionem* die intellektuell fixierte Gestalt einer Anschauung, bezieht sich der Begriff nicht gerade auf die Operationen jenes rationalen Vermögens, das im mystischen Erleben und im Rausch nur eine untergeordnete Rolle spielt? Ist nicht jede Erkenntnis des Menschen zwingend an Vorstellungen von Raum und Zeit gebunden, oder sollte gerade die im Rausch erfolgende Überwindung der dimensionalen Wahrnehmung den ersehnten Blick hinter die Kulissen gewähren? In diesem Kapitel ist zu erläutern, was unter dem Begriff der Rauscherkenntnis zu verstehen ist, unter welchen Voraussetzungen sie für möglich und künstlerisch nutzbar gehalten wird und welche Probleme sie aufwirft. Von den Beiträgen zur Erkenntnislehre als einer philosophischen Disziplin soll hier dagegen nicht die Rede sein, da eine solche Darstellung den Rahmen dieser Untersuchung sprengen müßte, ohne wesentlich zur Erhellung der verhandelten Thematik beizutragen.

I. Mystische Erkenntnis und die Logik des Herzens

Bevor wir uns den eigentlichen Fragen der Rauscherkenntnis zuwenden, ist zunächst zu erläutern, was „Erkenntnis" eigentlich bedeutet und wovon die Rede ist, wenn sie als „mystisch" charakterisiert wird. Das Wort „Erkenntnis" bezeichnet sowohl den Vorgang des Erkennens als auch dessen Produkt, das Erkannte. Im allgemeinen Sprachgebrauch verweist es auf die zweifelsfreie Identifizierung eines Objekts, wobei stillschweigend vorausgesetzt wird, daß diese Zweifelsfreiheit auf einer intellektuellen, d.h. rational-empirischen Prüfung des Wahrgenommenen beruht. Diese Prüfung (das Fällen eines Urteils) erfolgt als ein Vergleich einzelner Erfahrungen mit dem im Denken hinterlegten allgemeinen Bestand an Regeln und Gesetzen. Unser Denken ist demnach wie ein Koordinatensystem, in dem die Kriterien organisiert sind, nach denen wir einen Sachverhalt für wahr halten dürfen. Fällt eine Wahrnehmung durch die Maschen dieses Netzes hindurch oder widerspricht sie den hinterlegten Basisinformationen in einer unzulässig erscheinenden Weise, so wird sie für unwahr befunden oder gibt unter bestimmten Bedingungen Anlaß zur Erweiterung bzw. Umstrukturierung des Koordinatensystems. Halten wir uns an dieses simple Modell, so stellt sich allerdings die Frage, wodurch das Koordinatensystem ursprünglich legitimiert ist, denn es liegt auf der Hand, daß die Beurteilung von Wahrheit in direkter Abhängigkeit von der Beschaffenheit jenes Rasters erfolgt. Wäre seine Beschaffenheit eine andere, so müßte uns manches, was wir für wahr halten, als unwahr erscheinen und umgekehrt manches für unwahr Gehaltene als wahr. Wir kommen hier wieder auf die in allen Wissenschaften unvermeidliche Notwendigkeit von ersten Setzungen zurück, axiomatischen Vorannahmen, für die keine Beweisführung gefordert wird. Eine innerhalb dieses Systems durch rationale Vergleichsoperationen ermittelte Erkenntnis kann daher auch nur innerhalb dieses Systems als gesichert gelten. Sobald man es aber gegen ein anderes System mit anderen Erkenntniskriterien austauscht, mag alle Wissenschaft nur noch ein großer systematischer Irrtum sein. Damit wir vor lauter Spekulationen über das uns angemessenste System der Welterfassung aber nicht das Leben versäumen, begnügen wir uns in aller Regel mit demjenigen, was am nächsten zu liegen scheint und akzeptieren daher die Auskünfte unserer Sinne und unseres Verstandes als Ausweis von Fakten, während wir das verwirrende Spiel mit möglichen Alternativen an die Philosophen delegieren, so daß wir in Ruhe unser Brot backen und unsere Häuser bauen mögen. Die Philosophie und andere Wissenschaften bewegen sich nun entweder innerhalb des Denkens, das sie als einen Apparat begreifen, von dem ein Schaltplan zu entwerfen sei, oder sie spekulieren, ob und wie eben dieser Apparat nicht durch einen anderen zu ersetzen oder zu ergänzen wäre. Aus der Unterschiedlichkeit dieses Vorgehens ergibt sich auch eine unterschiedliche Definition von dem, was Erkenntnis sei. So steht dem rational-sinnlichen Erkenntnisbegriff der „Schaltplaner" die mystisch-emotionale Erkenntnisauffassung der „Spekulierer" gegenüber. Auch Letztere bleiben jedoch als Menschen, die sich anderen Menschen

I. Mystische Erkenntnis und die Logik des Herzens

mitteilen wollen, an die Möglichkeiten des Denkens gebunden. Insofern wird auch die mystische Erfahrung nur dann zur Erkenntnis, wenn sie in eine allgemeinverständliche Form gebracht wird. Für sich selbst, in seinem Herzen, mag der Mystiker alles Mögliche erkennen, da seine Glaubensgewißheit den wahrgenommenen Gegenständen einen faktischen Status zuspricht. Auf der Ebene der gemeinschaftlichen Kommunikation erhalten solche Einsichten aber nur als Erkenntnis Bestand, wenn er sie *formulieren* kann. In diesem Sinn bedeutet Erkenntnis also nur die zum Ausdruck gebrachte Wahrheit, d. h. jede Einsicht, die Allgemeingut werden mag. Eine Einsicht, über die man nur schweigen kann, hat demnach keinen Erkenntniswert. Wenn der Mystiker letztlich also ebenso wie ein Rationalist an die Möglichkeiten des Intellekts gebunden bleibt[2], was unterscheidet ihn dann noch von diesem? Der Mystiker greift über den Zuständigkeitsbereich des Denkens hinaus und führt ihm Gegenstände zu, die für einen Rationalisten indiskutabel sind. Im Unterschied zum Rationalisten, der nur mit klaren Begriffen operiert, teilt sich der Mystiker in symbolischen Andeutungen mit, in Bildern und Allegorien, die eine individuelle Auslegung erfordern. Nur dadurch ist er in der Lage, den Zuständigkeitsbereich des Denkens zu erweitern – der Mystiker ist mithin der Künstler unter den Philosophen, der seine Erkenntnisbotschaften sozusagen zwischen die Zeilen legt.

Während die abendländische Philosophie eine auf Erfahrung, d. h. auf unmittelbares Anschauen gegründete Erkenntnis *a posteriori* und eine auf reine Vernunftoperationen gegründete Erkenntnis *a priori* unterscheidet, ist der Begriff im theologischen Sprachgebrauch nicht so sehr im Sinn einer rationalen Aneignung von Gegenständen zu verstehen, sondern erhält vielmehr eine Bedeutung als ein persönliches Vereinigungserlebnis. Dies zeigt sich vordergründig im biblischen Gebrauch des Wortes zur Bezeichnung der geschlechtlichen Vereinigung (z. B. in Gen. 4,1: „Und Adam erkannte sein Weib Eva, und sie ward schwanger"), während der Sündenfall durch das Essen vom Baum der Erkenntnis einen eigenmächtigen Versuch der Einswerdung mit Gott darstellt. So spricht die Schlange zu Eva: „Gott weiß, daß, welches Tags ihr davon esset, so werden eure Augen aufgetan, und werdet sein wie Gott und wissen, was gut und böse ist." (Gen. 3,5) Die Erkenntnis von Gut und Böse steht hier für ein absolutes Bewußtsein; indem sich der Mensch zu Gottes Thron emporzuschwingen versucht, hofft er seine Kreatürlichkeit, die ihn von seinem Schöpfer trennt, zu überwinden. Hier geht es nicht eigentlich um die Aneignung von Wissen im Sinn eines Besitzstrebens, nicht darum, alles zu haben, sondern darum, alles zu sein. Die Sündhaftigkeit dieses Strebens besteht in der Mißachtung des Grundsatzes, daß Erkenntnis dem Menschen nur als eine göttliche Gnade zuteil wird, also keineswegs erzwungen werden kann. Der Mensch muß zwar Gott suchen und die erkennende Vereinigung mit ihm wollen, er darf sie erbitten, aber er darf sich nicht anmaßen, sie zu fordern oder sie sich gar eigenmächtig verschaffen zu wollen.

Gegenstand der christlich-religiösen Erkenntnis ist die göttliche Offenbarung, deren Dokument die Bibel ist. Hier enthüllt Gott zunächst durch das Zeugnis der Patriarchen und Propheten anhand von menschlichen Begriffen seinen Heilsplan. Dabei ist das Alte Testament wie ein Vorwort des Neuen, in dem Christus als personaler Statthalter Gottes erscheint und die Heilsbotschaft verkündet. Diese Botschaft wird von den Gläubigen, die über Christus mit Gott in Verbindung treten, erkannt, jedoch nicht im Sinn einer rational-empirischen Erkenntnis (wenngleich schon in der Bibel selbst Ansätze einer Unterstützung der Gotteserkenntnis durch rationale Argumente zu finden sind), sondern in einer Erkenntnis, die ihre Gültigkeit durch die Glaubensgewißheit erhält und überdies nicht als abgeschlossen gilt. Die menschliche Erkenntnis Gottes ist vielmehr ein fortdauerndes Werden, das erst mit dem Ende der Schöpfung seinen Abschluß findet. Durch den Anspruch auf Unfehlbarkeit, den die Kirche als Ganzes in Anspruch nimmt (sie verweist hierin auf die Apostel, die durch den unmittelbaren Beistand Christi und des Heiligen Geistes davor bewahrt worden seien, Irrlehren zu verkünden) soll der Charakter des Glaubens als einer gültigen Erkenntnis garantiert werden. In der Praxis hat die kirchliche Dogmatik und das Prinzip der Unfehlbarkeit oft zu einer rigorosen Unterscheidung eines lehrenden und eines hörenden Teils der Kirchengemeinschaft geführt, die den Prinzipien des Glaubens eigentlich zuwiderläuft, da auch die Hörenden dazu aufgerufen sind, sich über das Wort Gottes Gedanken zu machen und diese kundzutun, während die Lehrenden auch bereit sein müssen, zu hören. Daher verwiesen vor allem die Mystiker darauf, daß die persönliche Gotteserfahrung keineswegs den Priestern vorbehalten sein dürfe, sondern für jeden Gläubigen unverzichtbar sei.

Damit gelangen wir zur Mystik. Als eine Sammelbezeichnung für die verschiedensten Arten einer auf religiöse Erleuchtung bedachten Innenschau ist der Begriff zwangsläufig sehr unpräzise. Er umfaßt sowohl die unterschiedlichen Schulen der abendländischen, d. h. vor allem der griechisch-römischen, der jüdischen und schließlich auch der christlichen Mystik, als auch östliche Bewegungen wie die islamische Mystik des Sufismus, den Taoismus, den Brahmanismus und diverse Richtungen des Buddhismus sowie die chinesischen und japanischen Schulen des Zen, und nicht zuletzt schließt er auch etwa die vielen Varianten der weltweit verbreiteten schamanistischen Kulte mit ein. Obwohl es zwischen all diesen Richtungen immer wieder wechselseitige Beeinflussungen gab (so inspirierten Zen und Buddhismus das Denken der abendländischen Mystiker ebenso, wie z.B. die Schriften Jakob Böhmes und Meister Eckharts in jüngerer Zeit sehr aufmerksam von japanischen Zenmeistern und Religionswissenschaftlern studiert werden), liegt doch auf der Hand, daß hier sehr Disparates in einem Begriff zusammengefaßt wird und daß ein angemessenes Verständnis des einzelnen eine gründliche Differenzierung erfordert, wie sie an dieser Stelle keineswegs erfolgen kann. Hier sollen daher nur einige allgemeinere Erläuterungen zur Erkenntnisproblematik in der christlichen Mystik folgen, die als Grundlage für einen Vergleich mit der modernen Drogenmystik dienen mögen. – Das Wort „Mystik" geht auf das griechische Verb *myein* zurück, das soviel bedeutet wie „die Augen schließen". Gemeint ist eine Sichtweise, die sich nicht der leiblichen

Sinne bedient, sondern im Gegenteil erst dann einsetzt, wenn diese verschlossen sind; es ist ein „innerer" Sinn, der die Wahrnehmungen des mystischen Moments empfängt. Unsere gewöhnlichen fünf Sinne werden also durch ein neues, einheitliches Anschauungsorgan ersetzt. Es fragt sich, inwieweit der Intellekt in der Lage ist, die durch dieses Organ erhaltenen Daten in Erkenntnisse umzuwandeln. Wenn der Intellekt als ein vom tierischen Instinkt verschiedenes Vermögen die Voraussetzung dafür ist, daß der Mensch als einzige irdische Kreatur Erkenntnis erhalten mag, so muß dieser wenigstens teilweise imstande sein, die andere Erfahrung des mystischen Erlebens in faßliche Einheiten zu übersetzen, die unserem Verstand auch später noch einsichtig sind. Die mystische Wahrnehmung wird daher in Analogie zur sinnlichen registriert, das Schauen der Seele wie eine leibliche Sinnestätigkeit, ihre Eindrücke wie sinnliche Anschauungen. Die Vermittlung mystischer Einsichten kann also nicht anders als in einer bildlichen Annäherung erfolgen, die den Gehalt des Geschauten niemals vollständig, niemals ganz korrekt darstellt. Die Sprache schafft folglich nicht nur die einzige Möglichkeit zur Vermittlung mystischer Einsichten, sondern sie ist gleichzeitig deren größtes Hindernis, da sie in ihrer Anwendung auf bestimmungsfremde Inhalte allzu oft versagen muß und Mißverständnisse bewirkt. Können die in einem derart unzulänglichen System der Informationsverarbeitung gewonnenen Einsichten noch den Anspruch erheben, als Erkenntnis von ebensolcher Gültigkeit zu bestehen, wie sie der empirisch und vernünftig ermittelten Erkenntnis zugestanden wird? Für die Mystiker aller Zeiten war diese Frage selbstverständlich positiv zu beantworten, ja sie weisen in der Regel darauf hin, daß die mystische Erkenntnis der sinnlich oder rein logisch begründeten Erkenntnis überlegen sei. Es ist freilich keine Erkenntnis, die sich wie die Beschreibung eines Naturphänomens so festhalten läßt, daß sie, nachdem sie einmal gemacht wurde, zwischen zwei Buchdeckel gepreßt, künftigen Generationen aus zweiter und dritter Hand verfügbar bleibt, sondern es ist eine Erkenntnis, die ohne die persönliche Eigenerfahrung nicht bestehen kann. Das Gelesene und Gehörte mag einen Weg weisen, doch die Worte bleiben tot, solange das einzelne Subjekt den in ihnen angedeuteten Gehalt nicht selbst erfahren hat. In der christlichen Theologie des Mittelalters wurde die mystische Gotteserkenntnis daher als *cognitio dei experimentalis* bezeichnet, als eine Erkenntnis also, die sich nur im Selbstversuch als Erkenntnis konstituieren kann.[3] Es ist diese Betonung des Persönlichen, die den Mystiker im Blick der Kirche stets verdächtig erscheinen ließ, da er die unbedingte Akzeptanz der dogmatischen Lehren, die Liturgie und überhaupt die gemeinschaftlich organisierte Kirchenreligiosität in Frage stellen könnte. So wies Thomas Müntzer, ein Zeitgenosse Luthers, immer wieder darauf hin, daß es nicht genüge, Gott nur durch das geschriebene Wort zu kennen, sondern daß man ihn vor allem selbst, d.h. im eigenen Herzen erfahren müsse. „Der Mensch, der dies nicht gewahr wird und durch das lebende Gezeugnis Gottes nicht empfindet (Röm. 8)", so heißt es in seiner *Fürstenpredigt* (1524), „der weiß von Gott nichts [Grundlegendes] zu sagen, auch wenn er hunderttausend Bibeln gefressen hätte …"[4]

Wer auf der Suche nach Gott eigene Wege beschritt und seine Mitmenschen dazu anhielt, ebenfalls eigene Wege zu gehen, mochte damit zur Insubordination aufrufen und die Autorität des Papstes in Zweifel ziehen. Es ist kein Wunder, daß die visionäre Inbrunst vieler Mystiker und Mystikerinnen als Häresie ausgelegt wurde und daher vor die Tribunale der sogenannten Heiligen Inquisition und von dort oft geradewegs zum Scheiterhaufen führte. Selbst der hochangesehene Meister ECKHART (um 1260–1327) mußte sich auf der Höhe seines Ruhmes vor der Inquisition verantworten und wurde nach langwierigen Verhandlungen (deren Ende er nicht mehr erlebte) als Häretiker schuldiggesprochen.

Es ist eine populäre Vorstellung, daß die Erfahrung des mystischen Visionärs sich in der Gestalt plötzlicher Erleuchtungen vollziehe, die sein Bewußtsein sozusagen wie Blitze aus heiterem Himmel treffen und in Brand setzen. Tatsächlich spielt diese Art der spontanen ekstatischen Vision (*raptus*) in den Schriften der Mystiker eine gewisse Rolle. Charakteristisch für die mystische Grundhaltung ist aber vielmehr die Suche nach einer Methodik der allmählichen Gottesannäherung, so wie auch in der Mystik des Ostens, etwa im Taoismus, das Bild des Weges (auf dem man zur Vereinigung mit dem Urgrund des Seins voranschreitet) eine zentrale Bedeutung erhält. Obwohl die göttliche Offenbarung in jedem Fall ein Akt der Gnade bleibt[5] und durch kein noch so tugendhaftes oder asketisches Verhalten garantiert werden kann, sind sich die Mystiker aller Religionen darüber einig, daß ein Mensch ohne eine gründliche Vorbereitung keine mystische Erkenntnis erhalten könne (es sei denn, er wird durch eine plötzliche Eingebung, den *raptus*, erleuchtet). Aus diesem Grund richtet sich auch in der christlichen Mystik ein Hauptaugenmerk auf die Beschreibung des Weges, den der mystische Gottessucher zu beschreiten habe, wobei die jeweils unterschiedenen Stadien, auch wenn deren angegebene Anzahl variiert, im wesentlichen dem gleichen Aufstiegsmuster folgen. Eine der geläufigeren Versionen schildert den mystischen Erkenntnisweg als eine Abfolge dreier Stufen[6]: Auf dem ersten Weg, dem Weg der Reinigung (*via purgativa*), befreit man sich durch Askese von den unreinen Aspekten der menschlich-körperlichen Existenz (diese Erfordernis, die ja schmerzlichen Verzicht bedeutet, begründet auch die verbreitete Ansicht, daß die mystische Erleuchtung aus dem Leiden erwächst). Auf dem zweiten Weg, dem Weg der Erleuchtung (*via illuminativa*), erblickt man die Geheimnisse des göttlichen Wirkens, so wie es auch im Matthäus-Evangelium heißt: „Selig sind, die reinen Herzens sind, denn sie werden Gott schauen" (Mt. 5,8). Der dritte Weg, das Hauptziel des mystischen Strebens, ist der Weg der Vereinigung mit Gott (*via unitiva*) und wird auch als *unio mystica* bezeichnet. Die Vorstellung vom mystischen Erkenntnisweg gründet auf der Überzeugung, daß sich die religiöse Erleuchtung nicht von außen her in den Geist senkt, sondern umgekehrt ihren Ursprung im Inneren, d.h. in der Seele des Mystikers nimmt und in doppeltem Sinn nach außen dringt, nämlich einmal, indem sie vor seine Sinne gelangt und ferner, indem sie durch den Mystiker an die Glaubensgemeinschaft weitervermittelt wird. So schreibt Johannes TAULER (ca. 1300–1361), ein Schüler Meister Eckharts: „‚Das Reich Gottes ist in euch!' Wer dieses Reich finden will ..., der muß es da suchen, wo es sich befindet: nämlich im innersten Grunde [der Seele], wo Gott der Seele näher und inwendiger ist, weit mehr als sie sich selbst. Dieser Grund muß gesucht und gefunden werden."[7] Es kann nicht überraschen, daß sich die Romantiker, die ja ebenfalls durch die gründliche Innenschau eine Erkenntnis der Welt zu erhalten hofften, lebhaft für die Mystik interessierten.

Diese Innenschau gründet auf der elementaren Annahme eines doppelten Menschen, dessen Körper als die unvollkommene sichtbare Veräußerlichung seiner inneren, reinen Gestalt verstanden wird. Vom Verhältnis des organischen *Körpers* und des spirituellen *Leibes* sprechend – in Poes *Eureka* wird vom „rudimentären" und „vollständigen Körper" die Rede sein –, unterscheidet die Mystikerin HILDEGARD VON BINGEN (1098–1179) drei Stadien der menschlichen Beziehung zum Reich Gottes: Die *constitutio* bezeichnet den Ur- oder Normalzustand der Kreatur, die durch ihren Körper der materiellen Welt angehört und durch ihr inneres, das „dritte" Auge mit dem Spirituellen in Verbindung steht. *Destitutio* bezeichnet die im Sündenfall in Gang gesetzte fortschreitende Trübung der inneren Sehkraft, die als eine Krankheit gedeutet wird und der *restitutio*, der heilenden Einwirkung bedarf, durch die der Mensch allmählich sein einstiges harmonisches Verhältnis zur Schöpfung wiederherstellt und sodann seine Körperlichkeit immer mehr reduziert, bis er sich endlich als reinen Leib, d.h. als eine rein spirituelle Existenz realisiert haben wird. Indem der Mensch diese Heilung einleitet und vorantreibt, entspreche er seinem Auftrag, durch sich selbst auch das von ihm wahrgenommene Universum in eine reine Leiblichkeit zu überführen und so zu vervollkommnen. „Der genesende Leib", schreibt Kleber daher, „steht im Kontext mit dem Schicksal der Welt. Darin liegt die Verantwortung des Menschen, wie auch seine Freiheit."[8] Der Mensch ist also frei, diese Genesung zu wollen, seine Heilung in Angriff zu nehmen oder zu unterlassen, denn nur aus dieser Freiheit erwächst ihm die Möglichkeit der individuellen Schuld. „Adam", so beschreibt Kleber Hildegards Deutung des Sündenfalls, „hat den ‚einst leuchtenden Kristall, der das Bewußtsein und die Vollendung seiner guten Werke in sich trug' in die Schwarzgalle verwandelt. Seither ist sie der Störfaktor im Gleichgewicht der menschlichen Säfte und damit im Gleichgewicht der Kräfte auf allen Ebenen des Kosmos. ‚Die Schwarzgalle [...] löst alles Übel aus, verursacht Schwermut und Zweifel an allem Trost, so daß der Mensch keine Freude über das himmlische Leben und keinen Trost am irdischen Leben haben kann.'"[9] Diese schwarzgallige Finsternis gilt es durch das Strahlen des inneren Auges zu erhellen, für das die Helligkeit der Sinne und der Vernunft keinen Ersatz bieten können. Wer sich also nur an der Klarheit seiner Vernunft erfreut, ohne sie als eine Instanz zu erkennen, die den Einsichten des dritten Auges verpflichtet ist, der läßt sich blenden, da er das Licht des Spirituellen nicht wahrnimmt. Ebenso verhält es sich mit dem Rausch der Sinne: Sofern der Mensch bloß dem Körperlichen verhaftet bleibt und nicht wirklich den

Weg zu einer auch spirituellen Ekstase bahnt, sofern er also, wie Kleber schreibt, die „Weisheit des Leibes" verfehlt, ist dieser Rausch ein Irrweg, dessen temporäre Wonnen das Gefühl des Mangels nicht beseitigen können, sondern ein verzweifeltes Beharren auf der Wiederholung des Rausches erzeugen – hier liefert Hildegard also eine mystische Deutung der Sucht, die, wie Kleber ausführt, doppelt bedeutsam wird als (panische) Suche und als eine krankhafte Verfassung.[10]

Wichtig ist, daß die Versenkung des Mystikers nicht etwa einen endgültigen Abbruch all jener Brücken bedeuten darf, die ihn mit der Welt verbinden, sondern daß er sich aus seiner reichen inneren Erfahrung heraus an die Menschen zurückwendet, um sein Wissen an sie weiterzureichen. Der Mystiker ist kein Eskapist, sondern ein „Transzendentalist", d.h. er flieht nicht vor den unangenehmen Aspekten der Welt, sondern versteht sie als sekundäre Erscheinungen, die er in seiner Vision durchdringt, um die dahinter verborgenen essentiellen Gründe zu sichten. Aus der visionären Erfahrung erwächst dem Mystiker also die Verkündungspflicht. Zwar zieht er sich durch seine Reinigung aus der Welt der profanen Bedürfnisse und Interessen zurück, doch er muß den Kontakt zur Gemeinschaft aufrechterhalten, um sie über seine Einsichten in Kenntnis zu setzen. Mystik und Scholastik, die praktische Visionserfahrung und die Theorie der theologischen Lehre, verbinden sich daher bei vielen Mystikern zu einem organischen Ganzen; in diesem Sinn ist es zu verstehen, daß z.B. der flämische Mystiker Jan van Ruusbroec (1293–1381) den sonderbaren Titel eines *Doctor ecstaticus* führte. Umgekehrt meinte Paracelsus, daß zwar *sapientia* und Vernunft am Anfang aller Erkenntnis stehen müsse, jedoch ohne eine begleitende innere Erleuchtung nur „toter Buchstabe" sei.[11] Außerdem wird schon in der zitierten Passage von Tauler angedeutet, daß die mystische Gotteserkenntnis eigentlich ein Vorgang sei, bei dem sich die Seele selbst vergißt; sie tritt gewissermaßen hinter dem in ihrem eigenen Grunde enthaltenen göttlichen Geist zurück. „Das göttliche Sein", erläutert Busch daher, „ist Denken, und dieses Denken gewinnt im menschlichen Erkenntnisakt Form. Gott kann nichts außer sich denken, weil er selbst alles ist. Deshalb bezieht sich alles Denken nur auf Gott." Wenn der Mystiker also im ekstatischen Moment mit dem göttlichen Sein verschmilzt, so bedeutet dies, daß er für die Dauer dieser Erfahrung gewissermaßen selbst das reine göttliche Denken ist (analog dazu wird bei Poe später vom „pure mind" die Rede sein). „Bei den meisten Mystikern", so fährt Busch fort, „ist dieses Denken rein geistig, es geht vom denkenden Geiste, nicht von der Seele aus."[12] Eine von vielen Ausnahmen findet sich jedoch in der Frauenmystik des Mittelalters, die das Gefühl ins Zentrum der mystischen Erfahrung stellt und, oft in Anlehnung an die erotische Bildlichkeit im Hohelied Salomos, die *unio mystica* mit dem Vokabular der Minnedichtung als Vereinigung mit dem Bräutigam Christus beschreibt. „Anders als die Gedankensprache eines Meister Eckhart", schreibt Wehr, „anders als der Wirklichkeitssinn eines Johannes Tauler spricht hier das fromme Fühlen."[13] Hierin liegt ein weiterer Ansatzpunkt für das romantische Interesse an der Mystik, wie Busch erkennt:

Mit dieser Einseitigkeit hat die Romantik gebrochen. Sie fühlte, daß im mystischen Erkennen neben dem reinen Denken, wie es Fichte und zunächst auch Schelling lehrten, in hohem Maße irrationale Momente des Fühlens mitschwingen. Gerade weil das mystische Erkennen religiöses Erkennen ist, Erkennen der Gottheit, deshalb ist es begleitet von einem irrationalen Fühlen, auf dem nun einmal alles religiöse Erleben beruht. Die Romantik hat kurzerhand alle Gebiete des irrationalen Fühlens, Religion, Kunst und das unbewußte Seelenleben der menschlichen Tiefenperson in die mystische Erkenntnis einbezogen. Nicht nur in der Erkenntnis des Geistes, sondern gerade auch in dem reichen Gefühlsgehalt der Seele, wie er der Romantik eigen war, entdeckte sie Gott. Sie hatte das Empfinden, daß die Gottheit in der Seele sprach. Seele und Gott waren identisch.[14]

Das Unaussprechliche, der Kern der mystischen Erkenntnis, der sich dem Zugriff durch die Vernunft entzieht, wurde mit jenem Gegenstand der romantischen Suche identifiziert, den Novalis im Bild der blauen Blume faßte. Wie in der Kunst, so verbirgt sich das Wesen der Mystik hinter den beschreibenden Worten, die das eigentliche Mysterium nur andeuten können. „Dionysius Areopagita", so berichtet Wehr, „bezeichnet das Mystische als das ‚Unausgesprochene' *(árreton)*; bei Augustinus und den späteren lateinischen Mystikern wird die Wortlosigkeit (das *ineffabile*) betont. ‚Ich durfte es erfahren, aber nimmer aussprechen', liest man bei Bernhard von Clairvaux."[15] Wo die Worte versagen, kann nur ein unmittelbares Innewerden den Wahrheitsgehalt des Geschauten erfassen, und dieses Innewerden ist gewissermaßen ein Gefühl für das Denken Gottes, kein Gefühl im Sinn einer vagen Empfindung, sondern eben jenes Vermögen, das die Gewißheit des Glaubens als unbezweifelbare Erkenntnis versteht, die weder zu beweisen ist noch eines Beweises bedarf. Diese Gewißheit erhält der Gläubige durch die Empfindung der göttlichen Liebe, die in den Texten der Mystiker oft als ein herrliches Strahlen veranschaulicht wird.

Auch Jakob BÖHME (1575–1624) versteht das menschliche Erkennen als einen Akt der Gottesliebe, so daß es in erster Linie ein wissendes Fühlen ist. Dabei kommt er dem Konzept der romantischen Gefühlserkenntnis sehr entgegen, indem er die Welt als ein Buch voller Hieroglyphen versteht, die Hinweise auf das ganzheitliche Konzept der Schöpfung enthalten. Diese „Signaturen" seien zwar nicht der Logos selbst, nicht der unmittelbare Schöpfungswille und Geist Gottes, aber „Behälter oder Kasten des Geistes, darinnen er lieget; denn die Signatur stehet in der Essenz und ist gleichwie eine Laute, die da stille stehet, die ist ja stumm und unverstanden. So man aber darauf schläget, so verstehet man die Gestaltnis, in was Form und Zubereitung sie stehet und nach welcher Stimme sie gezogen ist. Also ist auch die Bezeichnung der Natur in ihrer Gestaltnis ein stumm Wesen. Sie ist wie ein zugericht' Lautenspiel, auf welchem der Willen-Geist schläget. Welche Saiten er trifft, die klinget nach ihrer Eigenschaft."[16] Schon das hier benutzte Bild der Laute, das in der Romantik (vor allem in Gestalt der vom Wind, also von der Natur gespielten Äolsharfe) überaus populär war, mußte wohl im romantischen Leser gewissermaßen eine innere Saite zum Klingen bringen. Doch Böhme spricht vom „Willen-Geist", der die Laute schlägt und ihr somit Melodien, d.h. Erkenntnisse entlockt. Das bedeutet, daß der

Mensch sich mit gutem Vorsatz, also nicht planlos oder gar in einem Gefühlsrausch um die Erkenntnis der Welt bemühen soll. Er soll sich nicht blindlings in Erkenntnisabenteuer stürzen, ohne die harmonische Ordnung des Ganzen zu erwägen. Um nicht mit unbedachtem Saitenspiel eine furchtbare Katzenmusik zu erzeugen, um den Instrumenten ihren innewohnenden Wohlklang zu entlocken, müssen diese erst gestimmt werden. Anders gesagt: Der Mensch soll sich von einem ganzheitlichen Erkenntnisinteresse leiten lassen, um das nur scheinbar Disparate in seinen Zusammenhängen zu entdecken; die hier zugrundeliegende Idee ist die alte Vorstellung der Entsprechung von Mikro- und Makrokosmos, die auch im Zentrum der romantischen Weltanschauung steht und derzufolge nichts ohne Sinn oder zufällig ist. Was Böhme hier fordert, ist also, daß der Erkenntnissucher die verborgenen Gründe mit Verstand fühlen soll. Dieser Forderung entspricht auch die charakteristische Haltung der Mystiker gegenüber den „Halluzinationen", d.h. den visionären Begleiterscheinungen der mystischen Wahrnehmung, die durchweg als unwesentlich und sogar als störende Nebeneffekte bezeichnet werden, die der Visionär ignorieren solle, um sich von seinem zentralen Interesse, der schauenden Annäherung an Gott, nicht ablenken zu lassen.[17] Hierin zeigt sich ein wichtiger Unterschied zwischen dem Interesse der traditionellen Mystik und jenem des modernen Drogenvisionärs, der eben diese Phänomene als bedeutsamen Ausdruck der gesuchten Wahrheiten versteht. Für Böhme enthüllt die mystische Erfahrung eine Wirklichkeit, die weder im blinden Rausch der Ekstase noch in der ebenso blinden Nüchternheit einer rein rationalen Forschungstätigkeit sichtbar werde, wie Wehr paraphrasiert:

> Weil die Gotteserfahrung für Jakob Böhme eine ungemein konkrete, von den irdischen Erscheinungen dieser Welt geradezu ablesbare Tatsache ist, die sich Mal um Mal ereignet, darf sein Sehertum nicht mit irgendwelchen rauschhaften „High"-Zuständen verwechselt werden. Ebensowenig ist seine kosmisch-überkosmische Schau, die auch die Geheimnisse der göttlichen Dreieinigkeit einbezieht, auf dem Weg rationaler Analysen zu erschließen. Daher lautet sein Rat: „Du wirst kein Buch finden, da du die göttliche Weisheit könntest mehr inne finden zu forschen, als wenn du auf eine blühende Wiese gehest, da wirst du die wunderliche Kraft Gottes sehen, riechen und schmecken, wiewohl es nur ein Gleichnis ist …"[18]

Der Mystiker erlebt die sichtbare und die unsichtbare Welt in ihrem unmittelbaren So-Sein, wobei das Erleben dem Erkennen gleichkommt. Sein Versuch, diese Erkenntnis mit Hilfe von Begriffen in eine herkömmliche Verstandeserkenntnis zu übertragen, kann im Hinblick auf die Präzision der Inhalte nur einen Rückschritt bedeuten, denn Vieles muß dabei zwangsläufig verloren gehen. Doch der Mystiker folgt seinem Auftrag und versucht das Unerhörte, so gut es nur geht, an die Sprache zu binden. Daß er in diesem Bemühen sehr bald scheitert und die Fassung seines Juwels ein elendes Flickwerk wird, weiß er sehr wohl, wie die zahllosen Stoßseufzer mystischer Autoren verraten: „Könntet ihr *mit meinem Herzen* erkennen, so verstündet ihr wohl, was ich sage", schreibt Meister Eckhart etwa, „denn es ist wahr, und die Wahrheit sagt es selbst."[19]

I. Mystische Erkenntnis und die Logik des Herzens

Eine der wichtigsten neuzeitlichen Bewegungen innerhalb der abendländischen Mystik ist der nach dem niederländischen Theologen Cornelius Jansen (1585–1638) benannte Jansenismus, der in Reaktion auf den Gnadenstreit[20] unter den katholischen Dogmatikern die augustinische Gnadenlehre mit dem Rationalismus der Scholastik zu verbinden suchte. Zentrum der Bewegung war in den fünfziger und sechziger Jahren des 17. Jahrhunderts das französische Kloster Port Royal bei Versailles. In unserem Zusammenhang ist der Jansenismus deshalb von Interesse, weil er eine Verbindung von Herz und Verstand propagierte, wie sie später recht ähnlich in der gefühlsbestimmten Welterkenntnis der Romantik zum Ausdruck kommt. Die Wortführer der Bewegung, die das französische Geistesleben nachhaltig prägte, waren der von Descartes beeinflußte Philosoph und Mathematiker Antoine Arnauld und Blaise PASCAL, der nach einer beachtlichen Karriere als Mathematiker durch ein visionäres Erlebnis zur Mystik bekehrt wurde. Anders als Swedenborg, dessen Initialvision ein knappes Jahrhundert später erfolgen sollte, verstieg Pascal sich nicht so sehr in die Höhen des Übersinnlichen, sondern suchte in seiner eigenen Seele nach plausiblen Antworten auf die drängendsten Fragen der menschlichen Existenz. Ausgehend von den Erkenntnissen der Physik und Astronomie gelangte er zur Angst der Seele, der menschlichen Verlorenheit in der Weite des Universums und fand zu einer „Logik des Herzens" (*logique du cœur*), in der sich die Prinzipien der Vernunfterkenntnis mit dem unmittelbaren Erleben der Gefühlserkenntnis zu einem Ganzen verbinden.

Der Ausgangspunkt der Pascalschen Meditationen entspricht in etwa der späteren Feststellung Kants, daß das menschliche Erkenntnisvermögen nicht über die Erscheinungen hinausgreifen und also keine Klarheit über die Beschaffenheit der Dinge an sich erhalten könne. Während Kant dies zum Anlaß nimmt, seine Erkenntnisbemühungen auf den kleinen Bereich dessen zu beschränken, was durch die Erfahrung und die Vernunft gegeben ist, erfährt Pascal diese Einsicht mit einer starken religiösen Betroffenheit, die ihn ähnlich wie die Romantiker an einen Abgrund der Verzweiflung führt. Bereits vor seinem mystischen Erleuchtungserlebnis hatte Pascal gelegentlich auf die Unzulänglichkeit der wissenschaftlichen Erkenntnis hingewiesen und die Ansicht vertreten, daß Gott durch Analogien in der sichtbaren Welt die unsichtbare dargestellt habe, so daß alle Materie nur ein Bild des Geistes sei.[21] Am Abend des 23. November 1654 erfolgte dann jenes visionäre Erlebnis, das ihn in dieser Annahme bekräftigte und sein ganzes weiteres Leben prägte. Was Pascal in jener Nacht erlebte, vermochte er nie zu beschreiben; nur ein einziges Wort dokumentiert das Ereignis: *FEU*, „Feuer", das Pascal in großen Lettern auf einen Zettel schrieb, den er, in sein Rockfutter eingenäht, fortan ständig bei sich trug. Den Mystiker und Rauschvisionär kann diese Vokabel schwerlich überraschen, denn sie bezeichnet bildhaft das blendende Strahlen des Numinosen, der göttlichen Präsenz, und verweist gleichzeitig auf die Reinigung des Geistes, dessen unedle Elemente gleichsam von Flammen verzehrt werden. Mit Bezug auf seine Meskalinerfahrungen schreibt Huxley über dieses feurige Licht, das den Visionär erschreckt:

> Jakob Böhme und William Law folgend läßt sich sagen, daß verderbte Seelen das göttliche Licht in seinem vollen Glanz nur als ein brennendes, alle Unreinheit hinwegfegendes Feuer verstehen können. Etwas nahezu Identisches findet sich im *Tibetanischen Totenbuch*, in dem beschrieben wird, wie die abgeschiedene Seele in höchster Qual vor dem „klaren Licht der großen Leere" und sogar vor den kleineren, weniger hellen Lichtern zurückscheut und sich kopfüber in das tröstliche Dunkel des Daseins als Selbst zurückstürzt, das Leben als wiedergeborener Mensch oder sogar als Tier, als unseliger Geist, als ein Bewohner der Hölle wählt. Alles, alles, nur nicht diese brennende Helle ungemilderter Wirklichkeit! [DP 45/46; 44]

Pascal gab seine mathematischen Studien nach diesem Erlebnis jedoch nicht auf, wenngleich er einsah, daß die Operationen seiner Vernunft in der unendlichen Weite des kosmischen Geheimnisses kaum mehr als ein Sandkastenspiel seien. So stieß er zur Gemeinschaft von Port Royal und konzentrierte seine Bemühungen fortan auf die Suche nach einer Grundlage, die es der verlorenen menschlichen Kreatur überhaupt ermöglicht, sich in innerem Frieden als winziges Element ins Ganze einzufügen. Was er zu überwinden suchte, war die Angst, die ihm, wie Béguin schreibt, daraus entstand, „daß es für das menschliche Denkvermögen ungewiß geworden ist, ob es sein Objekt noch bewältigen kann, oder, genauer gesagt, daß es die Fähigkeit verloren haben könnte, das Objekt zu humanisieren, das heißt, es in ein erträgliches Verhältnis zum Menschen zu bringen."[22] In diesem unergründlichen Universum ist dem Menschen alles ungewiß, überall starrt ihm die eigene Unwissenheit entgegen:

> Ich weiß nicht, wer mich in die Welt gesetzt hat, noch was die Welt eigentlich ist, noch was ich selbst bin; ich befinde mich hinsichtlich aller Dinge in einer schrecklichen Unwissenheit; ich weiß nicht, was mein Körper ist, was meine Sinne, was meine Seele und selbst nicht, was jener Teil von mir ist, der dasjenige denkt, was ich sage, der über alles und über sich selbst Reflexionen anstellt und über sich nicht mehr im Bilde ist als über den Rest. Ich sehe diese schrecklichen Weiten des Universums, die mich umgeben, und ich finde mich an eine Ecke dieses weiten Raumes angekettet, ohne zu wissen, warum ich an diesem Ort anstelle eines andern plaziert wurde, noch warum diese so kurze Spanne, die mir zu leben gegeben ist, mir an diesem Punkt zugewiesen ist und nicht an einem andern in der ganzen Ewigkeit, die vor mir war und jener ganzen, die nach mir sein wird.
>
> Ich sehe allenthalben nur die Unendlichkeiten, die mich wie ein Atom umgeben und wie einen Schatten, der nur einen unwiederbringlichen Moment lang besteht.[23]

Der *horror vacui*, die Angst vor dem universalen Nichtwissen und die gleichzeitige Sehnsucht, daß trotz dieser Ignoranz ein Dasein in Zuversicht möglich sei, dies ist im Kern sehr wohl, auch wenn Béguin dies bestreitet[24], das gleiche Leiden wie der Weltschmerz der Romantiker. In dieser Situation ist es die göttliche Gnade, die ein Licht in die Dunkelheit des menschlichen Nichtwissens trägt und den vormals fruchtlosen Erkenntnisbemühungen der Vernunft und der Sinne Erfolge beschert. Ohne diese Gnade, die sich im Herzen des Individuums als Empfindung der Gottesliebe mitteilt, betrügen die Sinne und die Vernunft sich gegenseitig[25], doch sobald das von der göttlichen Liebe erfüllte *Herz* die Suche nach Wahrheit inspiriert, öffnet sich das

Universum dem All-Sinn des Mystikers ebenso wie der Vernunft und den leiblichen Sinnen. Die Vernunft mag dann zu wahrer Erkenntnis gelangen, wenn sie sich der Autorität Gottes unterwirft und nicht länger danach trachtet, sich außerhalb seiner Gnade die Welt anzueignen: „Es scheint, daß Gott in dem Bestreben, uns die Mühe unseres Daseins unergründbar zu machen, die Lösung des Rätsels so hoch verborgen hat, oder besser gesagt: so tief, daß wir dort keinesfalls anlangen mögen. Daher können wir uns keineswegs durch die hervorragenden Aktionen unserer Vernunft, sondern allein durch die schlichte Unterwerfung der Vernunft wahrhaft erkennen."[26]
In den *Pensées* wird das Zusammenspiel von Vernunft und Gefühl so geschildert:

> Wir erkennen die Wahrheit nicht nur durch die Vernunft, sondern auch mit dem Herzen. Von dieser letzteren Art her kennen wir die ersten Prinzipien, und die Vernunft, die daran durchaus keinen Anteil hat, wird vergeblich versuchen, sie anzufechten. Die Zweifler, die nur auf diese bauen, bemühen sich umsonst darum. Wir wissen, bei aller Unfähigkeit, einen Vernunftbeweis zu führen, daß wir keineswegs träumen; diese Unfähigkeit erweist nichts weiter als die Schwäche unserer Vernunft, aber nicht, wie sie vorgeben, die Ungewißheit all unserer Erkenntnisse. Denn die Erkenntnis der ersten Prinzipien, wie jene des Raumes, der Zeit, der Bewegung, der Anzahl, steht so fest wie keine, die uns unsere vernünftigen Überlegungen geben, und es sind diese Erkenntnisse des Herzens und des Instinkts, auf die sich die Vernunft stützen und auf die sie ihre ganze Argumentation gründen soll. Das Herz fühlt, daß es drei Dimensionen im Raume gibt und daß die Zahlen unendlich sind, und die Vernunft demonstriert sodann, daß es durchaus keine zwei Quadratzahlen gibt, von denen eine das Doppelte der andern ausmachte. Die Prinzipien werden erfühlt, die Sätze gefolgert, und alles, obgleich auf verschiedenen Wegen, mit der nämlichen Gewißheit. Und es ist ebenso nutzlos und ebenso lächerlich, daß die Vernunft vom Herzen Beweise der ersten Prinzipien verlangt, um ihm beipflichten zu können, wie es lächerlich wäre, wenn das Herz der Vernunft ein Gefühl für all ihre Sätze, die sie demonstriert, abverlangte, um sie anzunehmen.[27]

Herz und Vernunft – dies ist der Schluß, zu dem Pascal im Lauf seiner beklommenen Suche gelangt und der es ihm erlaubt, hoffnungsvoll in die Zukunft zu blicken – verbinden sich zu einem geeinten Erkenntnisvermögen. Daß nur diese Verbindung eine Erkenntnis der universalen Zusammenhänge gewährt (sofern Gott dies in seiner Gnade zuläßt), empfindet Pascal mit der Gewißheit des Gläubigen, der wir später in der pantheistischen Suche der Romantiker wiederbegegnen werden.

In der Aufklärung des 18. Jahrhunderts stießen die Anliegen der Mystiker, vor allem ihr Bemühen, in schweigender Andeutung das Unnennbare zu benennen, dagegen weitgehend auf Ablehnung. So überlegt KANT in der *Kritik der praktischen Vernunft* (1788), was es bedeute, wenn die praktische Vernunft (d. i. das Vermögen, das die Gesetze unseres moralischen Wollens ermittelt) „pathologisch bedingt" wäre: „Mahomets Paradies, oder der Theosophen und Mystiker schmelzende Vereinigung mit der Gottheit, so wie jedem sein Sinn steht, würden der Vernunft ihre Ungeheuer aufdringen, und es wäre eben so gut, gar keine zu haben, als sie auf solche Weise allen Träumereien preiszugeben."[28] Auch in der *Anthropologie* werden die Verkünder mystischer Erkenntnis wenigstens implizit als Opfer einer pathologischen Geistesverfassung erkannt. So heißt es im ersten Buch („Vom Erkenntnisvermögen"): „Der Seelenkranke überfliegt die ganze Erfahrungsleiter und hascht nach Prinzipien, die des Probiersteins der Erfahrung ganz überhoben sein können, und wähnt das Unbegreifliche zu begreifen. – Die Erfindung der Quadratur des Zirkels, des Perpetuum Mobile, die Enthüllung der übersinnlichen Kräfte der Natur und die Begreifung des Geheimnisses der Dreieinigkeit sind in seiner Gewalt. Er ist der ruhigste unter allen Hospitaliten und seiner in sich verschlossenen Spekulation wegen am weitesten von der Raserei entfernt: weil er mit voller Selbstgnügsamkeit über alle Schwierigkeit der Nachforschung wegsieht."[29] Ein solches Urteil wird den Mystikern gewiß nicht gerecht und ist doch nicht ohne weiteres zu entkräften. Schelling, obwohl selbst auf Kant aufbauend, versuchte dieser Einschätzung durch sein Konzept der „intellektuellen Anschauung" zu begegnen, das auf der Überzeugung basiert, daß die Natur sichtbarer Geist und der Geist unsichtbare Natur sei, beides also in einer verborgenen Harmonie bestehe, die nur im Kunstwerk darstellbar werde. Da der Geist in der Natur seine ureigene Entsprechung findet, ist der Vorgang des Erkennens also eine Vereinigung komplementärer Hälften, nämlich des individuellen Erkenntnisdranges und seines jeweiligen Erkenntnisobjektes in der Natur. Jede philosophische Erkenntnis ist demzufolge in ihrem tiefsten Grund instinktgeleitet. „Mit diesem ‚Aristokratismus der Erkenntnistheorie'", meint Dörner, „spottet Schelling dem pädagogischen Anspruch der Aufklärung: Philosophie ist keineswegs allen – egalitären – Menschen ‚erlernbar', sondern als ‚intellektuelle Anschauung', unmittelbare, fühlende Erfahrung nur jenen zugänglich, denen diese schon als Instinkt eingepflanzt ist."[30]

Wie schon aus Kants Reaktion auf die swedenborgianischen „Geisterseher" ersichtlich wurde (vgl. Seite 93 f.), war die Vorstellung einer mystischen Erkenntnis für die Rationalisten und Aufklärer des 18. Jahrhunderts (und ebenso für den späteren Positivismus) ein Widerspruch in sich selbst. Wenn auch manche unter ihnen mit allen Mitteln gegen den „Aberglauben" der Religion zu Felde zogen, so war es aber nicht das Anliegen des Königsbergers und seiner Gefolgschaft, jegliche Religiosität zu verdammen. Kant stieg nicht wie Diderot mit der Fahne der Vernunft auf die Barrikaden, sondern betrieb vielmehr ein Katasteramt der Wissenschaften, d.h. er zog Grenzen, wo es vorher keine gab und legte alte Gemarkungssteine, die im Lauf der Zeit überwuchert wurden, sorgsam wieder frei. Dem Cäsar zu geben, was des Cäsars ist: das war seine selbstgewählte Aufgabe, und so warf er alles, was im Zuständigkeitsbereich der philosophischen Wissenschaft nichts zu suchen habe, auf die Nachbargrundstücke, damit deren Verwalter sie vielleicht sinnvoll verwenden mochten. So wurde auch der ganze Bereich der Mystik nicht als solcher diskreditiert, sondern nur aus dem Bereich der Philosophie verbannt. Ob es eine mystische Erkenntnis gebe oder nicht, unterstand er sich nicht zu entscheiden; ihm ging es lediglich um den entschiedenen Hinweis, daß die Erfahrungen der Mystiker nicht als *philosophische*, d.h. als Vernunft- oder Verstandeserkenntnis mißverstanden werden dürften. In diesem Sinn äußert sich auch noch SCHOPENHAUER, wobei er nebenher gegen Schellings Konzept der „intellektuellen Anschauung" polemisiert:

> Mystik, im weitesten Sinne, ist jede Anleitung zum unmittelbaren Innewerden Dessen, wohin weder Anschauung noch Begriff, also überhaupt keine Erkenntniß reicht. Der Mystiker steht zum Philosophen dadurch im Gegensatz, daß er von innen anhebt, dieser aber von außen. Der Mystiker nämlich geht aus von seiner innern, positiven, individuellen Erfahrung, in welcher er sich findet als das ewige, alleinige Wesen u.s.f. Aber mittheilbar ist hievon nichts, als eben Behauptungen, die man auf sein Wort zu glauben hat: folglich kann er nicht überzeugen. Der Philosoph hingegen geht aus von dem Allen Gemeinsamen, von der objektiven, Allen vorliegenden Erscheinung, und von den Thatsachen des Selbstbewußtseyns, wie sie sich in Jedem vorfinden. Seine Methode ist daher die Reflexion über alles Dieses und die Kombination der darin gegebenen Data: deswegen kann er überzeugen. Er soll sich daher hüten, in die Weise der Mystiker zu gerathen und etwan, mittelst Behauptung intellektualer Anschauungen, oder vorgeblicher unmittelbarer Vernunftvernehmungen, positive Erkenntniß von Dem vorspiegeln zu wollen, was, aller Erkenntniß ewig unzugänglich, höchstens durch eine Negation bezeichnet werden kann. Die Philosophie hat ihren Werth und ihre Würde darin, daß sie alle nicht zu begründenden Annahmen verschmäht und in ihre Data nur das aufnimmt, was sich in der anschaulich gegebenen Außenwelt, in den unsern Intellekt konstituirenden Formen zur Auffassung derselben und in dem Allen gemeinsamen Bewußtseyn des eigenen Selbst sicher nachweisen läßt. Dieserhalb muß sie Kosmologie bleiben und kann nicht Theologie werden. Ihr Thema muß sich auf die Welt beschränken: was diese sei, im tiefsten Innern sei, allseitig auszusprechen, ist Alles, was sie redlicherweise leisten kann. [WW, II 701–703]

Auch Schopenhauer hatte gewiß nicht im Sinn, die Transzendenzerfahrungen der Mystik zu diskreditieren; schließlich ist sein eigenes Werk nachhaltig durch die östliche Mystik und auch durch die Schriften Jakob Böhmes beeinflußt. Wie Kant ist es ihm nur darum zu tun, die vernünftige und die religiöse Erkenntnis als zwei grundverschiedene Arten der Weltaneignung voneinander zu trennen. Seine Kritik gilt also nicht der Mystik als solcher, die ihn doch selbst faszinierte, sondern jenen Geistersehern à la Swedenborg, die als aufklärerische Wissenschaftler auftreten und ihre übersinnlichen Botschaften unzulässigerweise in ein vernünftiges Gewand kleiden wollen. Ein vernünftiger Nachweis des Übersinnlichen ist für ihn ebenso wie für Kant der Versuch, eine Quadratur des Kreises ins Werk zu setzen. Diese denkerische Disziplin, die das Heterogene auseinander hält und in separaten Lagern verwahrt, konnte die romantische Seele aber keineswegs befriedigen, da sie doch in all ihren Unternehmungen auf das Ganze geht. Für den Romantiker, der doch gerade die dualistische Zerrissenheit der menschlichen Welterfahrung überwinden will, ist jede Grenzlinie unerträglich, ja geradezu obszön. Das in der Mystik herrschende Gefühl und die in der Philosophie regierende Vernunft sollten unversöhnlich voneinander geschieden sein? Das konnte und durfte nicht sein; beinahe trotzig beharren sie darauf, daß die Quadratur des Kreises möglich sein müsse. So führten sie als wesentliches Organ der Welterkenntnis das Herz des Individuums ein, das die Relationen des Universums viel gründlicher und viel unmittelbarer erfasse als die vernünftigste Vernunft. Dabei verwarfen sie keineswegs den cartesianischen Leitsatz *Cogito ergo sum*, demzufolge der Mensch sich durch sein Denken konstituiert, sondern sie erweiterten ihn, indem sie dem Denken als zweite, wichtigere Komponente das Fühlen zur Seite stellten: Fühlend erfährt sich demnach der Mensch als Individuum, denkend vermittelt er das Gefühlte an die Gattung weiter.[31] Durch diese Aufwertung des Gefühls verschaffte sich das romantische Subjekt die nötige Urteilskompetenz, um Kant zum Trotz metaphysische Zusammenhänge zu erkennen.

Obwohl die Verbindung von Gefühl und Verstand, von Intuition und Ratio ein zentrales Anliegen der Romantik ist, waren sich doch nicht alle Vertreter der Bewegung darüber einig, in welcher Form eine Gefühlserkenntnis der Weltzusammenhänge erfolgen könne. So wird die Möglichkeit einer drogeninduzierten Rauscherkenntnis in den psychologischen Schriften der deutschen Romantik kaum jemals ausführlich erörtert, während CARUS die Wahrnehmung des Rausches als eine Form des „Irrsinns" einer „niederen" Stufe des Erkennens zuordnet. Es ist interessant, seine Argumentation zu verfolgen, an der sich zeigen läßt, daß die Geringschätzung des Rausches eine Inkonsequenz darstellt, die mit seiner Akzeptanz der romantischen Auffassung vom Primat des Gefühls im Widerspruch steht. – *Psyche*, das Hauptwerk von Carus, erzielte unmittelbar nach seinem ersten Erscheinen eine breite und anhaltende Resonanz, die u.a. darauf zurückzuführen ist, daß der Autor dem psychologisch interessierten Zeitgenossen einen „goldenen" Mittelweg zwischen der spröden Theorie Herbarts und dem vergleichsweise drastischen Gebaren Schopenhauers[32] anbot. Obwohl Carus sich als ein Kind der Romantik zu erkennen gibt, indem er seine Überlegungen häufig auf die geläufigen Prämissen und auch Vorurteile[33] jener Epoche stützt, wendet er sich gleichzeitig gegen das in seiner Zeit so populäre mystische Interesse. So schreibt er im Vorwort zur ersten Auflage seiner Schrift:

> Wir müssen es ... einestheils als einen Abweg betrachten, wenn versucht wird, das zuletzt doch immer in gewisser Beziehung geheimnißvolle und mystische Gebiet der Seele mit entschiedener Gewalt durchaus vor dem bewußten Wirken des Geistes vollständig zu entschleiern und in allen seinen Strahlungen nachzuweisen, so daß gleichsam das Geheimnißvolle und Unbewußte derselben als solches *ganz* aufgehoben und nicht mehr geduldet werden soll; dagegen rechnen wir aber andernteils die Richtung für nicht minder verfehlt und verloren, welche der klaren vollkommenen bewußten Erwägung der Offenbarungen der Seele nicht das ihr durchaus gebührende Recht einräumen will und im Gefühl und der Ahnung eines durchaus Unbegreiflichen allein die genügende Bestimmung des Forschers suchen möchte. Das Letzte ist der Abweg Derer, welche Mystiker genannt werden, als von welchen es genüge *Jakob Böhme* genannt zu haben, dem bei einem wirklich tiefen und ächten Gefühl, namentlich des Verhältnisses der Seele zu Gott, doch Alles abgeht, was eine höhere wissenschaftliche, d.h. die zuletzt doch allein befriedigende Erkenntniß fordern darf. In den ersten Abweg sind viele unserer neueren Psychologen aus *Hegel's* und *Herbart's* Schule verfallen. [P v/vi]

1846 erstmals erschienen, zeigt dieses Werk recht deutlich, daß Carus unter dem Eindruck eines geistigen Ablösungsprozesses schrieb, der ihn einerseits noch an zentralen Ansichten der späten Romantik festhalten ließ und anderseits seine Aufmerksamkeit bereits auf das moderne Selbstverständnis der Naturwissenschaft lenkte, die in Deutschland zu jener Zeit vielfach eine Wende vom romantisch-ganzheitlichen Denken (und Fühlen) zu einer positivistisch radikalen Empirie vollzog. Offenbar war sich Carus dieses Wandels nur teilweise bewußt, denn die Zweigleisigkeit des Gedankenvortrags, bei dem immer wieder charakteristische Elemente beider Weltanschauungen aufeinder stoßen, hat hier keine Methode, sondern erschöpft sich in unerkannten Widersprüchen und Ungereimtheiten. So kritisiert Carus einerseits den Mystiker, der sich, wie er meint, allein auf seine Intuition verlasse (was aber, wie zu zeigen war, nicht zutrifft) und das rationale Erkenntnispotential zu Unrecht brachliegen lasse. Diese Ansicht hält ihn allerdings keineswegs davon ab, sich selbst ausführlich über das Verhältnis der Seele zu Gott zu äußern oder über das, „was im Unbewußten und Bewußten der Seele vergänglich und was darin ewig ist"[34], d.h. auch er befaßt sich mit Problemen, die nicht durch empirische Beweisverfahren zu lösen sind. Während Carus die Welt als Schöpfung Gottes und die Funktionen des Unbewußten und des Bewußtseins in letzter Konsequenz als eine Summe göttlicher Strahlungen darstellt und seine Psychologie damit auf eine metaphysische Basis stellt, ist er doch nicht bereit, auch jene Erfahrungen als gültig anzuerkennen, in denen das Bewußtsein transzendiert und dieselbe Welt aus einer neuen, ungewohnten Perspektive gesehen wird. So äußert er sich im vorletzten Kapitel mehrfach über den durch „Hanftrank" (Haschisch) und „Opiumrauch" erzeugten Rausch, den er als ein „recht eigentlich acutes Irrsein" [P 501] deutet. Diese Feststellung müßte nicht notwendig als ein Widerspruch zur romantischen Rauschbewertung aufgefaßt werden, wenn man das romantische Verständnis des Wahnsinns als Form eines höheren Sehens zugrundelegen könnte. (Vgl. Seite 142 ff.) Doch das ist es nicht, was Carus meint; er spricht ganz bewußt vom Irrsinn als einer irrenden, also fehlgeleiteten Wahrnehmung. Alle Manifestationen des Irrsinns, seien sie chronisch oder nur akut, werden von ihm bloß als Bewußtseinsdefekte definiert. Darüberhinaus vertritt er die sonderbare Ansicht, daß unter „stumpfsinnigen, rohen, ungebildeten Naturen mehr Geisteskranke vorkommen müssen, als unter höher gebildeten und edler entwickelten, deren höchste Stufe sogar das Eintreten wirklicher Geisteskrankheiten wahrhaft unmöglich zu machen scheint." [P 496][35] Intelligente Personen, vor allem die geistige Elite, sind nach Carus grundsätzlich gegen jede Art des Wahnsinns gefeit:

> Der helle Geist eines *Aristoteles*, *Kant*, *Leibnitz* und Aehnlicher wird daher nicht die Möglichkeit von Krankheit aufheben, aber Bürge sein, daß Erscheinungen von Geisteskrankheiten in ihm gewiß nicht vorkommen. Wo dagegen eine geringere Energie des bewußten Geistes vorliegt, ... da werden Krankheiten, welche im Unbewußten sich entwickeln, nicht nur allemal mit größerer Gewalt auf das Bewußtsein hinüberwirken und wahre Krankheitserscheinungen am Geiste erzeugen, sondern an und für sich werden auch überhaupt Krankheiten leichter entstehen, weil diejenige Macht, welche das Unbewußte zu behüten bestimmt ist, nur unvollkommen und geschwächt sich darstellt. [P 483]

Hatte Hölderlin keinen hellen Geist, und gehörte Nietzsche (von dem Carus natürlich noch nichts wissen konnte) nicht zu den „edler entwickelten" Naturen? Auch De Quincey, die Mitglieder des *Club des Hachichins*, ja der von Carus so verehrte Novalis und viele andere Dichter, die sich durch den Drogenrausch inspirieren ließen, müßten nach seinem Urteil als mittelmäßige Geister gelten, denn er schreibt: „Mehrere Gifte, namentlich das aus dem Blüthenstaube des Hanfs gewonnene, oder auch Opiumrauch, werden in mittelmäßigen Geistern nicht verfehlen, die Erscheinungen der Manie in ihrer ganzen Furchtbarkeit hervorzurufen ..." [P 488]

Für Carus sind die Wahrnehmungen des Wahnsinnigen und jene des Drogenberauschten als krankhafte Deviationen von der Normalität weit davon entfernt, Erkenntnisse irgendwelcher Art zu fördern, da sie ohne Beteiligung des allein erkenntnisfähigen (Wach-) Bewußtseins entstünden: „Ebenso wie dies schon an der schnellst vorübergehenden acuten Geistesstörung, welche wir ‚Rausch' nennen, zu gewahren ist, daß sie, weit entfernt, den Geist höher und gekräftigt zurückzulassen, vielmehr einen dumpfern, benommenen Zustand zu hinterlassen pflegt[36], so gilt dies auch von den längeren chronischen, sogenannten Geisteskrankheiten, und wir erkennen daraus, daß sie dem Wachsthum der Idee an und für sich durchaus feindlich sich verhalten." [P 511] Daß sich mit der Auslöschung des rationalen Wachbewußtseins ein neues, völlig anderes Bewußtsein etabliert, wird von Carus übersehen. Für ihn ist der Irrsinn nichts anderes als ein Fehlen von Sinn; Rauschvisionen und Fieberträume sind ein bedeutungsloses Chaos fehlgeleiteter Nervenstrahlungen im Gehirn. Dies wird etwa in der folgenden Formulierung deutlich, der zufolge „hunderte von Fällen zeigen, wie plötzlich oft die Klarheit des Geistes [der Wahnsinnigen] wieder hervortrat und diese Wolkenbilder des Wahns verscheucht wurden, sobald es gelang, in dem unbewußten Bildungsstreben der Hirnsubstanz die wahre Integrität und Norm wiederherzustellen." [P 495] Wer vom „Normalen" spricht, meint damit meist unausgesprochen „Alles, was so ist wie ich"[37], so daß davon auszugehen ist, daß auch jene, die wir wahnsinnig nennen, eine ihnen eigene Vorstellung vom Normalen haben. Es ist der Mangel eines solchen Perspektivebewußtseins, der die Ausführungen bei Carus beeinträchtigt. Wenn er sozusagen eine „wahre" und eine „falsche" Metaphysik postuliert, indem er einerseits seine persönlichen metaphysischen Vorstellungen für akzeptabel hält und andererseits die mystische und die Rauscherfahrung als unsinnig verwirft, so mißt er mit zweierlei Maß. Dabei ist sein abfälliges Urteil über die mystische Erkenntnis nur die Folge eines Mißverständnisses, denn er ist sich offensichtlich nicht darüber im Klaren, daß auch der Mystiker (und der Rauschkünstler) seine Vision, damit sie als Erkenntnis Bestand erhalte, einer gründlichen intellektuellen Aufarbeitung unterwirft.

Wie gestaltet sich also nach Carus eine Erkenntnis? Carus hält zunächst fest, daß sich die Inhalte des Unbewußten dem Bewußtsein allein durch das Gefühl mitteilen könnten, das als einzige Instanz der Seele im unmittelbaren Kontakt mit der göttlichen Idee unseres Seins stehe. Carus läßt sich hier von Platos Ideenlehre leiten und meint, daß jedes Erkennen eigentlich eine Rekonstruktion, nämlich ein Erinnern von Inhalten sei, welche die Seele vor ihrem Eintritt in den Körper gewußt und seither wieder vergessen habe. Jede Monade, d.h. jedes Teilelement der göttlichen Gesamtheit enthalte in sich die „Möglichkeit alles Wirklichen" [P 360], so daß die Selbsterkenntnis des Individuums stets auch zu einer fortschreitenden Erkenntnis des Göttlichen führe.[38] Nun unterscheidet er vom Gefühl die „Erkenntniß" (gemeint ist das Erkenntnisvermögen), die er als „die Welt klarer, bestimmter, benannter Vorstellungen, das Reich des Denkens" [P 289] definiert. Dies ist nun allerdings problematisch, denn damit wird nur noch das als Erkenntnis akzeptiert, was sich in Begriffen ausdrücken läßt, während der ganze Bereich der poetischen Erkenntnis, die nicht in Begriffen, sondern in Symbolen und Bildern, d.h. allegorisch und annähernd vermittelt ist, ignoriert wird. Diese Äußerung ist mit dem romantischen Geist unvereinbar, denn es ist ja gerade ein Merkmal der romantischen Weltsicht, daß nichts mehr grundsätzlich klar und bestimmt und durch Begriffe gesichert ist, sondern jedes vermeintliche Faktum in einem unsicheren Zwielicht erscheint. Für Carus muß aber Erkenntnis als etwas Erworbenes, als ein Gebietsgewinn im Dunkel der Seele, deren vergessene Inhalte ja allmählich wieder erinnert werden sollen, dauerhaft sein, und dauerhafte Erkenntnis ist nach seiner Ansicht nur möglich, wenn sie sprachlich fixierbar ist. Damit widerspricht er der romantischen Auffassung, daß Erkenntnis niemals ein endgültiges Festhalten, sondern ein ständiges Werden, eine fortwährende Annäherung sei. Er vermag nicht mit der Einsicht zu leben, daß sich der Bestand der Welt im Blick des in der Zeit voranschreitenden Subjekts unablässig verändert und ein Erkenntnisgehalt im Augenblick seiner begrifflichen Fixierung zum Teil bereits wieder verloren ist, so daß die Begriffe die unentwegte Begleitung eines interpretierenden Kommentars erfordern, der sie aus dem Blickwinkel des jeweiligen „Hier und Jetzt" immer neu erfaßt. Für Carus sind Gefühl und Erkenntnisvermögen, die er als ein „Gewahren des Zustandes der eigenen Idee" bzw. als ein „Gewahren des Verhältnisses der Idee zu andern Ideen und zur höchsten" [P 362] definiert, zunächst voneinander getrennt, so daß ein Medium benötigt wird, das beide in ein greifbares Ganzes zusammenführt. Dieses Medium sei die Sprache:

> Erscheinung und Idee liegen, obwohl eins das andere bedingt, scheinbar so ungeheuer auseinander, daß wir unmöglich im Stande sein würden, beide im Geiste zusammen zu fassen und damit zu gebahren, wenn nicht das *Wort* dazwischen träte, das Wort, welches gebildet wird aus dem Klange, d.h. dem tief innerlichen Erzittern eines Dinges, in welcher innerlichsten geheimsten Bewegung eben die Art des Wesens dieses Dinges sich verräth, so daß dieser Klang, dieses Wort gerade deßhalb nun als geistiges Symbol des Dinges selbst genommen werden kann. Eben weil dann dieses Symbol nicht mehr *ein Ding selbst* ist, kann es ferner aber auch, wie es zuerst nur Symbol der Erscheinung war, auch Symbol der Idee werden, und erst wenn es bis dahin gesteigert ist, wird *das* möglich, was eben das Wesentliche aller Erkenntniß ist: nämlich Auffassen des Verhältnisses von Idee und Erscheinung. Ohne Wort, ohne Sprache also keine Erkenntniß, kein Wissen; denn nur durch diese Symbole oder Aequivalente wird *das Denken* möglich, d.h. ein

Gebahren mit jenen Aequivalenten, welche für Idee und Erscheinung zugleich eintreten. [P 365]

Erkenntnis bestehe demnach darin, daß sich der Mensch in der Sprache den Kosmos als „Gedankenwelt" gleichsam neu erschaffe. „Erst wenn wir die Erscheinungen nicht bloß wie das Thier mehr anstarren, sondern wenn wir sie in den geistigen Aequivalenten der Worte noch einmal uns zu erbauen, zu construiren vermögen, dürfen wir sagen, wir erkennen sie; ebenso wie wir uns selbst nicht eher erkennen, als bis wir über uns denken können."[P 376] Wahrscheinlich wäre Carus überrascht zu hören, daß die traditionellen Mystiker und die modernen Rauschkünstler den von ihm geforderten Schritt eines kreativen Nachvollzugs aller erhaltenen Einsichten durchaus auch selbst als elementare Verpflichtung verstehen. Auch für sie wird das Schauen erst in der geistigen Aufbereitung zum Erkennen, doch sehen sie nicht nur die Buchstaben, sondern auch ihre Zwischenräume als Informationsträger an. Nur weil Carus nicht versteht, daß die Kunst eine weitaus größere Oberfläche hat als die Wörter, deren sie sich bedienen mag, kommt er zu dem Schluß, daß alles, was sich dem Wort entzieht, nur ein blendender, in die Irre führender Schein sein könne, was ihn veranlaßt, die Wahrnehmung des Rausches wie den „Cretinismus" und „Blödsinn" als Zustand eines reduzierten Erkenntnisvermögens zu bewerten.

Auf den vorigen Seiten galt es eine – notwendig grobe – Vorstellung davon zu vermitteln, was unter mystischer Erkenntnis verstanden wird, um somit eine Grundlage zur Beurteilung der Rauscherkenntnis als einer Variante des mystischen Erlebens zu schaffen. Zum Abschluß dieser Ausführungen ist noch auf eine methodische Unterscheidung zweier Idealformen des mystischen Erlebens hinzuweisen, die Peter Heigl in seinem Buch *Mystik und Drogenmystik* unter Bezug auf die Theorie von W.T. Stace erläutert. Heigl unterscheidet hier mit Stace eine *introvertierte* und eine *extravertierte* Mystik. Demnach ist es das Ziel des introvertierten Mystikers, in ein einziges kosmisches Bewußtsein einzugehen, das, nachdem die Unterschiede zwischen allen Dingen und Wesenheiten entfallen sind, wie das buddhistische Nirvana als ein reines Nichts erfahren wird. Dieses absolute Nichts ist ein Geist, der nichts enthält als sich selbst. Da es also kein zweites, von ihm verschiedenes „Etwas" mehr gibt, wird es aber ebenso treffend und ohne Widerspruch auch als „das Eine" bezeichnet.[39] Demgegenüber erlebe der extravertierte Mystiker, wie die alles durchwirkende All-Seele aus den einzelnen Gegenständen als ein herrliches Strahlen hervorscheine. Während sich für den introvertierten Mystiker also das Weltganze zum reinen Nichts reduziert, indem es sich aller stofflichen und wesenhaften Inhalte entledigt, bleibt für den extravertierten Mystiker der Aspekt der Welt als einer Erscheinung von Unterschiedlichem erhalten, wobei er erkennt, daß all diesen Erscheinungsformen ein und derselbe geeinte Geist innewohnt: Das Erlebnis dieser „einenden Schau", schreibt Heigl, werde „abstrakt ausgedrückt durch die Formel ‚Alles ist Eines'"[40] (die auch umgekehrt gültig ist: „Das Eine ist Alles"). Das Ziel des Mystikers ist also in jedem Fall – ganz gleich, ob sein Vorgehen nun intro-oder extravertiert ist – die Erfahrung der höchsten Einheit; nicht das Ziel, nur die Wege sind verschieden, aber auch sie mögen sich kreuzen. Die Typologie der introvertierten und extravertierten mystischen Erfahrung beschreibt also nur ideale Grenzen, die im tatsächlichen visionären Erleben sehr bald verwischt werden. So enthalten auch die Rauschbeschreibungen unserer Autoren Elemente beider Kategorien, und von keinem dieser Visionäre ließe sich sagen, daß er eindeutig der einen oder anderen Gruppe zugehöre. In fast allen ihren Schilderungen des Drogenrausches wird etwa auf die ungeheure Ausdehnung der räumlichen und zeitlichen Begriffe verwiesen: Wenn eine Minute sich zu einem Jahrtausend, ein kleines Zimmer sich zu einer riesigen Palasthalle weitet, dann wird damit eine graduelle Entwertung der dimensionalen Wahrnehmung angezeigt, die zuletzt in der völligen Aufhebung von Raum und Zeit gipfelt. Dies wäre also die Reduktionsbewegung zum absoluten Nichts, welche die Erfahrung des introvertierten Mystikers kennzeichnet. Gleichzeitig findet sich aber ebenso oft der Hinweis auf das plötzliche Strahlen, das alle Dinge zu Kreaturen des Lichts werden läßt – ihre Farben beginnen zu leuchten, ihre Konturen geben sich als Bündelungen von Strahlen zu erkennen, und in allem pulsiert das eine Licht, das auch den Berauschten selbst erfüllt, so daß er erkennt, daß er von demselben Wesen erfüllt ist, das in der Gestalt der umgebenden Dinge liegt: Er ist wie der Tisch und der Tisch ist wie er, wie das Bett, der Stuhl, das Buch, das Regal. Er sitzt mit dem Tabak im Pfeifenkopf und raucht sich selbst, die Möbel träumen in ihm und er in den Möbeln. Dies aber ist, wie wir gesehen haben, die Erfahrung des extravertierten Mystikers. Bei Baudelaire erscheint dementsprechend die ekstatische Rauscherkenntnis sowohl im Bild des ersehnten *Néant*, als auch im Bild der dinglich differenzierten Architekturen der Phantasie – Kristallpaläste inmitten einer Vegetation aus Metall und Marmor –, die wiederum die radikale Elimination alles Natürlichen dokumentieren. – So interessant Heigls Ausführungen über die extravertierte und introvertierte Mystik auch sind, so muß man ihnen doch entgegenhalten, daß die Eigenart der mystischen Erfahrung auch durch noch so wohldurchdachte theoretische Schemata kaum erklärbarer wird.

II. Der Künstler als Seher

„Die Romantiker waren der Ansicht, daß die Poesie aus Zuständen des Hellsehens hervorgegangen sei; waren doch Homer wie Teiresias blind, weil das Tagauge sich schließen muß, ehe der Allsinn erwachen kann, die Allansicht der Dinge aber auch die dichterische ist. Die gesonderte Welt, die unsere Sinne wahrnehmen, ist die Welt der Wissenschaft."[41] Mit diesen Worten beschreibt Huch die beiden wichtigsten Grundannahmen der romantischen Weltsicht, nämlich 1. daß die „wahre" Welterkenntnis sich nur dem inneren Auge erschließt, und 2. daß der Künstler zu diesem inneren Sehen vor allen anderen Menschen prädestiniert ist. Diese Auffassung zielt wohl darauf ab, den Künstlern einen elitären Rang zu verschaffen – so spricht Baudelaire von der „couronne mystique" [FdM 9], der mystischen Krone, die der Dichter trage –, aber sie besagt auch, daß jeder, der richtig zu sehen verstehe, durch diese Fähigkeit ein Künstler sei. Dieses richtige Sehen beschränkt sich aber nicht auf eine mehr oder weniger folgenlose isolierte Kontemplation des Subjekts, sondern es ist gleichzeitig und vor allem ein kreativer Akt: Im romantischen Sinn richtig zu sehen, d. h. zu erkennen, bedeutet, einen Gegenstand wahrzunehmen und ihm dadurch überhaupt erst eine Gestalt zu verleihen. Wer dagegen bloß sinnlich wahrnimmt, ohne den Gegenstand der Vision im Bild zu fassen, der ist kein romantischer Seher und also auch kein Künstler. Für den Romantiker ist daher jede Bilder- und Zeichensprache, die in der Lage ist, die Hieroglyphik der Natur analogisch nachzuzeichnen, ein unverzichtbares Medium des wahren Sehens. In diesem Sinn schreibt auch Béguin: „[D]as menschliche Wort bewahrt in sich die Analogie zum Logos, der die Welt erschuf. Darum ist auch das Wirken des Dichters geheiligt und in höchstem Sinne schöpferisch."[42]

William BLAKE (1757–1827), dessen Schriften zu seinen Lebzeiten kaum an die Öffentlichkeit gelangten, steht mit seiner Einschätzung der mystischen Vision trotz erheblicher Unterschiede zur romantischen Auffassung vom rechten Sehen doch am Anfang dieser Bewegung. Wie viele Visionäre seiner Zeit war er zunächst durch die prophetischen Lehren Swedenborgs beeinflußt und neigte in seiner Jugend zur mythisch-obskuren Schwärmerei der Ossian-Dichtungen und dem Schauer der Grabes- und Nachtpoesie. Später wandte er sich von Swedenborg ab und warf ihm, u. a. in seinem Prosawerk *The Marriage of Heaven and Hell* (1790), als einen unverzeihlichen Widerspruch vor, daß er seine visionären Wahrheiten in eine rationale Begrifflichkeit zu kleiden versuche. Für Blake war dagegen der Rationalismus eine bloße Doktrin des Irrtums, und die einzige Wahrheit jene des Herzens bzw. der intuitiven Imagination. Die Seele des Menschen als unteilbare Einheit, in der Ich und Welt, Gott und Kreatur miteinander verbunden sind, nennt er daher auch „Poetic Genius". Die ganze Natur sei ein Spiegelbild der in der Imagination gegebenen ewigen Wahrheiten, so heißt es in einer Anmerkung zu dem Gedicht *A Vision of the Last Judgment*, so daß die unmittelbare kontemplative Vision, die in einem Sandkorn die Welt erblicken lasse, das wesentliche Medium zur Erkenntnis des Ewigen und Unendlichen ist. Ebenso wie bei Blake geht auch das romantische Sehen in erster Linie von einer solchen Innenschau aus, die sich dann allerdings mit allen ihr verfügbaren Mitteln im kreativen Akt nach außen wendet. Im Unterschied zu Blakes privatem Mystizismus folgt der Romantiker der Verkündungspflicht, wie sie in der traditionellen christlichen Mystik besteht. Seine Innerlichkeit wird dadurch ein Politikum, eine Angelegenheit des öffentlichen Interesses.

Als ein Beispiel hierfür mag die Vision bei Caspar David FRIEDRICH (1774–1840) dienen, der vom Künstler fordert: „Schließe dein leibliches Auge, damit du mit dem geistigen zuerst siehest dein Bild. Dann fördere zutage, was du im Dunkeln gesehen, daß es zurückwirke auf andere von außen nach innen."⁴³ Über die Unterscheidung von geistigem und leiblichem Auge schreibt Eimer, indem er auf den schwedischen Schriftsteller und Antikantianer Thomas Thorild verweist, dessen Greifswalder Lehrveranstaltungen Friedrich besuchte: „Der vom Künstler immer wieder pointierte Unterschied zwischen ‚leiblichem' und ‚geistigem' Auge konnte sich im deutschen Idealismus nur zögernd durchsetzen; Fichte und Kosegarten kommen über vage Ansätze nicht hinaus, während die englische Ästhetik den Begriff schon längst voll ausgebildet hatte. Friedrichs Aufforderung ‚Schließe dein Auge ... ' entspricht bei Thorild ‚Wenn ihr das Auge schließt, habt ihr eine ganze Welt sichtbarer Bilder' oder ‚Wenn das leibliche Auge aufhört, sehen wir den Rest mit dem Auge der Analogie' ... Das Auge ist für Thorild wie ein offenes Fenster."⁴⁴ Friedrichs berühmtes Bild „Kreidefelsen auf Rügen" (um 1818) gibt sich besonders deutlich als Darstellung dieses Seelenfensters, d. h. als eine Allegorie der romantischen Vision zu erkennen. Das Bild präsentiert eine schwindelerregende Perspektive, die in etwa derjenigen entsprechen dürfte, die sich den Protagonisten in Poes Erzählung „A Descent into the Maelström" bietet: Am äußersten oberen Rand eines Abgrunds befinden sich drei strategisch über den Vordergrund verteilte Figuren, die fasziniert in den von hellen Kreideklippen gesäumten Abgrund blicken, von dem – wiederum wie bei Poe – eine erstaunliche Sogwirkung auszugehen scheint. In der Tiefe liegt, wie eine unerreichbare Region, der ruhige Spiegel der See, auf der zwei winzigkleine Segel treiben; darüber ist das blasse, fast weiße Band des Horizontes zu sehen, das durch die zum oberen Bildrand hin immer heller werdende Blautönung des Wassers wie das Ziel eines langen Werdens erscheint. Vom linken und rechten Rand drängen sich die Kronen zweier Bäume in den oberen Bildbereich und verdecken dadurch den größten Teil des Horizontes. Durch diese Bäume mit ihren zur Bildmitte hin gebogenen Stämmen und die beiden Kronen, die sich am oberen Rand vereinigen, durch die links und rechts abfallenden weißen Kreidefelsen und schließlich durch die Biegung des grasbewachsenen Randes, auf dem sich die drei Figuren befinden, erhält das Bild einen inneren Rahmen, der einen fast vollkommenen Kreis bildet. Der in diesem Kreis enthaltene Ausblick – die kleineren Felszacken in der Tiefe, das immer heller werdende Wasser und schließlich ein Teil des Horizontes – erzeugt beim Betrachter ein Gefühl, als sehe er selbst diese Landschaft durch ein Fernrohr. Die Akzentuierung des Kreises ist so auffällig gestaltet, daß man sich diesem Eindruck schwerlich entziehen kann; das Bild erzeugt also als ersten und nachhaltigsten Eindruck die bewußte Reflexion des eigenen Sehens. Wichtig sind nun auch die drei Figuren im Vordergrund: Vom linken Rand her nähert sich eine in auffälligem Rot gekleidete Frau dem Abgrund, in den sie, vielleicht ein wenig zaghaft, mit dem rechten Arm hinunterdeutet, während sie sich mit dem anderen an einer Wurzel festhält. Am rechten Rand lehnt mit vor der Brust verschränkten Armen ein Mann an einem Baumstamm und sieht gewiß voller Sehnsucht in die Ferne, wobei er in seine Betrachtung so versunken scheint, daß man annehmen möchte, sein Geist müsse sich im Moment fern von uns irgendwo in der Weite dieser herrlichen See befinden; er badet wohl gerade wie der Sprecher in Rimbauds „Bateau ivre" im „Poème de la Mer". [SD 132] Die dritte Figur kriecht, zweifellos aus Angst vor Schwindligkeit, auf allen Vieren an den Abgrund heran, wobei der im Gras liegende Hut, und daneben ein Stock, als ein *Memento mori* anzudeuten scheinen, wie gefährlich es ist, sich zu weit über den Rand hinauszuwagen. Auch über diese Figuren wird ein Kontakt zwischen der gemalten Vision und dem realen Bildbetrachter hergestellt.[45] Er ist wie jene – neugierig, fasziniert, sehnsuchtsvoll, aber auch ein wenig ängstlich, vor allem aber ist er wie sie ein sehendes Auge. Und was ist der Gegenstand dieser Vision? Der dunkle, graswachsene Vordergrund steht in deutlichem Kontrast zur lichten Tiefe und den kahlen, fast blendend-weißen Felswänden; die drei Figuren aber stehen am äußersten Rand des dunkleren Grundes, der dadurch als der Boden unserer gewohnten Realität kenntlich wird. Im Gegensatz dazu markieren die hellen Bildpartien den Eingang zu einer anderen, entrückten Welt, eben jener Realität, die der Mystiker in seinen Erleuchtungsmomenten erfährt. Tatsächlich ist der Blick durch den pupillenartigen Rahmen kein Ausblick, sondern ein Einblick, ein Blick nach innen: Das topographisch Markante erscheint hier nicht für sich selbst, sondern wird nur als ein Vehikel zur Darstellung des Visionserlebnisses benutzt; die eigentliche Aufgabe dieses Bildes ist es also, dem Betrachter als ein Fenster zur Seele zu dienen.

So wie Friedrich von den Malern forderte, sie sollten nur darstellen, was sie mit ihrem inneren Auge geschaut hätten oder aber, wenn sie in ihrem Innern nur Dunkelheit sähen, sich nur ja nicht unterstehen, einen Pinsel überhaupt in die Hand zu nehmen, so waren auch die romantischen Dichter und ihre geistigen Nachfolger davon überzeugt, was Rimbaud so formulierte: „Ich sage, daß es nottut, *Seher* zu sein, sich *sehend* zu machen. Der Dichter macht sich *sehend* durch eine lange, gewaltige und überlegte *Entregelung aller Sinne*." [BD 24; 25] So hatte schon Baader 1828 mit Bezug auf den „inneren Sinn" geschrieben, wie er sich im Somnambulismus äußere: „[I]n den Momenten der genialen Begeisterung des Dichters und Künstlers ist es eben diese von Innen heraustretende, von Innen heraus bildende oder *inbildende* Sinnlichkeit, welche ihnen vorleuchtet, nicht die von Außen kopierende, und *jeder wahrhafte Dichter und Künstler ist in diesem Sinne Seher oder Visionär*, so wie jedes echte Gedicht und Kunstwerk das Denkmal einer Vision ist, folglich einer Inspiration, gleichviel hier von welcher Art."[46] Es gibt wohl keinen Romantiker, der sich nicht entsprechend geäußert hat oder wenigstens im Stillen von der seherischen Funktion des Künstlers ausging und dies in seinem Werk implizit zum Ausdruck brachte, und auch die folgenden Generationen von Künstlern und Dichtern hielten vielfach noch bis in die Moderne an dieser Vorstellung fest. So bezeichnete Baudelaire seine Dichtungen in einem an Gautier gerichteten Brief aus dem Frühjahr 1852 als „poésie voyante"[47]; die amerikanischen Transzendentalisten sind zu allererst Sehende, die mit weit geöffneten Augen die Natur und den Kosmos durchstreifen („Das Auge", schreibt Emerson, „ist der erste Kreis" [SE 225]), und Cocteau, um hier nur ein weiteres Beispiel zu nennen, erklärt in *Opium*, daß es ihm bei seinem Drogeninteresse vor allem um die künstlerische *clairvoyance* zu tun sei (vgl. O 135). – Da zu Beginn des Kapitels über E.T.A. Hoffmann eine ausführlichere Analyse des romantischen Sehens erfolgen wird und die Frage nach dem Sehertum des Künstlers in den folgenden Abschnitten und Kapiteln ohnehin eine zentrale Rolle spielt, mögen diese kurzen Ausführungen hier genügen.

III. Vom Abgrund der Erkenntnis

Ein Aspekt des visionären Erkenntnisstrebens, der im Zusammenhang der Besprechung von Friedrichs „Kreidefelsen" bereits angedeutet wurde, ist die stets latente Gefahr, daß sich der Seher zu weit ins Mysterium vorwagen könnte, so daß er gewissermaßen den Halt verlieren und aus der Sicherheit der gewohnten Realität in die Tiefe abstürzen mag. Diese Gefahr ist den Mystikern ebenso wie den modernen Rauschvisionären jederzeit bewußt; während für die einen die höchste Erkenntnis wie ein Feuer ist, das die Seele erwärmen, aber auch verbrennen kann, so ist auch unter heutigen Drogenbenutzern gelegentlich noch davon die Rede, daß dieser oder jener „zu weit gegangen" sei und den „Rückweg" nicht mehr geschafft habe. Ein Beispiel aus der Literatur ist Tom Wolfes Schilderung, wie ein Mitglied der Merry Pranksters, das Mädchen Splitta Nackt, nach allzu rücksichtslosem LSD-Genuß nicht mehr in die alltägliche Wirklichkeit zurückfindet und von der stets mobilen Clique schließlich zurückgelassen wird:

> Und hier, ... dämmert es ihnen allen, daß diese Frau ... ihre Reise vollendet hat. Sie hatte sich mit der Strömung treiben lassen. Sie hatte völlig den Verstand verloren. [...] Splitta Nackt hatte ihr Ding durchgezogen. Sie röhrte auf und davon ins absolute Nichts und wurde bald darauf von den Bullen aufgelesen, und die Türen der Psychiatrischen im Bezirkskrankenhaus schlossen sich hinter ihr, und das war's dann auch schon gewesen, denn die Pranksters, die waren längst schon über alle Berge. [EK 81/82; 101/102]

Wenn es auch richtig ist, daß die völlige Verschmelzung mit Gott und dem Wesen seiner Schöpfung für den Mystiker das größte Geschenk darstellt, so soll er doch keineswegs danach trachten, sein Selbst um jeden Preis durch einen freiwilligen Sturz in die Tiefe auszulöschen. Immerhin bleibt die Teilhabe am göttlichen Ganzen doch eine Gnade, auf die selbst der Frömmste und Einsichtigste keinen Anspruch hat und die sich durchaus nicht durch eigenmächtiges Handeln erzwingen läßt. Daher wird es zwar als eine vorbereitende Übung akzeptiert, wenn ein Gottsucher sich selbst kasteit, aber diese Härte darf doch niemals so weit führen, daß sie einer Selbsttötung gleichkäme, die in solchem Fall gewissermaßen als eine Amtsanmaßung zu bewerten wäre. Im theologisch-mystischen Sprachgebrauch hat das Bild des Abgrundes zur Bezeichnung der unerforschlichen Seelentiefe eine lange Tradition. So verweist Doppler auf das Psalmwort „abyssus abyssum invocat" und schreibt:

> Abgrund ist der ungeschaffene Abgrund Gottes, aber auch der Seelengrund und das „Herz" des Menschen sind ein Abgrund. Augustinus kommentiert die Psalmstelle folgendermaßen: „Ein Abgrund ruft den Abgrund: wenn Tiefe Abgrund heißt, glauben wir dann, das Menschenherz sei kein Abgrund? Was nämlich ist tiefer als dieser Abgrund? Reden können die Menschen, gesehen können sie werden durch Handlungen ihrer Glieder, gehört in Worten, aber in wessen Gedanken dringt man ein, wessen Herz wird erkannt? was er innen treibt, was er innen kann, wer begreift es? Ein Abgrund …"[48]

Da sowohl Gott und die menschliche Seele ein Abgrund sind, sei das Bild auch häufig zur Beschreibung der *unio mystica* benutzt worden, bei der, wie es bei Tauler heißt, der eine Abgrund in den anderen Abgrund „einfließe" und mit ihm eins werde.

Während auch schon bei den christlichen Mystikern eine eigentümliche Faszination anklingt, die sich nicht bloß auf die göttliche Verheißung des Abgrunds, sondern auch auf seine Gefahren bezieht – denn viele Mystiker sind auch Abenteurer, die mit leuchtendem Auge nicht nur von den wunderbaren Reichen berichten, die sie geschaut haben, sondern ebenso von den Gefahren, die sie zu überstehen hatten –, scheint der sonderbare Reiz des Gefährlichen für den modern-westlichen Visionskünstler nicht nur Beiläufigkeit, sondern ein wesentlicher Motor seiner abgründigen Erkenntnislust zu sein.[49] Der *Imp of the Perverse*, ein innerer Drang, der mit aller Macht versucht, dem Selbsterhaltungstrieb entgegenzuwirken, ist keine Erfindung Poes, sondern ein psychisches Charakteristum des modernen Menschen. So fällt auch bei Friedrichs „Kreidefelsen" die paradoxe Gleichzeitigkeit der Warnung vor dem verderblichen Abgrund und der fast unwiderstehlichen Sogwirkung auf, die den Betrachter in die Tiefe zieht. Die Figur, die sich auf allen Vieren dem Abgrund nähert, zeigt deutlich, wie sehr sie einerseits darauf bedacht ist, ihr Leben zu sichern, während sie andererseits doch nicht auf den Blick in die Tiefe verzichten kann. Unter all jenen Erkenntnissuchern ist es der Dichter, der durch das ständige Spiel mit Möglichkeiten die Phantasie des Absturzes am meisten goutiert und sich mit lustvollem Grausen ausmalt, wie die Klippe, über die er sich hinausreckt, plötzlich bröckelt oder die Hände auf dem glatten Stein ausrutschen und der Körper die Balance verliert. Da ist z. B. die Passage in HOFFMANNS *Elixieren des Teufels*, wo Medardus einen Schlafenden weckt, der gefährlich nah am Rand einer Felsenschlucht ruht:

> Sein Sturz war unvermeidlich. Ich wagte mich heran; indem ich ihn mit der Hand ergreifen und zurückhalten wollte, schrie ich laut: „Um Jesus willen! Herr! – erwacht! – Um Jesus willen!" – Sowie ich ihn berührte, fuhr er aus tiefem Schlafe, aber in demselben Augenblick stürzte er, das Gleichgewicht verlierend, hinab in den Abgrund, daß, von Felsenspitze zu Felsenspitze geworfen, die zerschmetterten Glieder zusammenkrachten; sein schneidendes Jammergeschrei verhallte in der unermeßlichen Tiefe, aus der nur ein dumpfes Gewimmer herauftönte, das endlich auch erstarb. [ET 49]

Ist es nicht eine wahre Lust, diesen Unglücklichen abstürzen zu sehen und das Krachen seiner zerschmetterten Glieder zu hören? Hoffmann benutzt hier mit deutlicher Wonne die zu Gebote stehenden lautmalerischen Mittel, damit wir die Musik der brechenden Knochen nur ja recht klar vernehmen. Doch woher diese sonderbare Ge-

III. Vom Abgrund der Erkenntnis

nugtuung über ein Ereignis, das man unter anderen Bedingungen nur schrecklich fände? Vom Affekt des Erhabenen, bei dem sich Freude und Schrecken verbinden, muß hier wohl nicht mehr die Rede sein. Doch hier geht es nur scheinbar um jenen ästhetischen Genuß am Leiden eines anderen Menschen, der die eigene Sicherheit als Voraussetzung hat. So erfährt der Leser später, daß der unglückliche Schläfer, Graf Viktorin, seinen Sturz nicht nur überlebt, sondern überdies der Halbbruder des Medardus ist und diesen fortan in der Gestalt eines wahnsinnigen Kapuziners als Doppelgänger und unheimliches *alter ego* verfolgt. Da Medardus und Viktorin also die miteinander ringenden Hälften einer gespaltenen Persönlichkeit darstellen, erlebt der Ich-Erzähler hier seinen eigenen Absturz: ein Teil seiner selbst fällt in den Abgrund, während die andere Hälfte seiner Person den Unfall beobachtet. Aber handelt es sich wirklich um einen Unfall? Versteht man die zitierte Passage, die den Auftakt für die zahlreichen Enthüllungen bietet, die im weiteren Verlauf des Romans erfolgen, als verschlüsselte Darstellung eines Erkenntnisprozesses, so dürfte es sich hier – auch wenn der Erzähler dies nicht eingesteht – doch vielmehr um eine vorsätzliche Tat, gewissermaßen um einen Mordversuch an einem Bereich der eigenen Persönlichkeit handeln. Vielleicht enthält die schauerliche Erfahrung des Abgrunds – der in der mystischen wie in der romantischen Tradition ein Abbild der Seele und ihres fühlenden Erkenntnisvermögens ist – also bereits die eigentliche Erkenntnis des Medardus, die aber unaussprechlich ist und daher, um wenigstens annäherungsweise vermittelt zu werden, in eine umständliche Fabel gekleidet wird. So wie Hoffmann den Medardus als einen Stellvertreter auf die Reise schickt, der statt seiner die schlimmsten Qualen des mystischen Adepten durchleiden muß, so erschafft sich auch Medardus einen Substituten, indem er einen Teil seiner Persönlichkeit in der Gestalt des Viktorin veräußerlicht. Viktorins vermeintlicher Tod in der Schlucht wäre demnach der Tod bzw. die vorübergehende Ausschaltung der Sinne und des Verstandes, die dem Öffnen des inneren Auges vorhergehen muß. Später zeigt sich, daß die getrennten Hälften der Persönlichkeit aber nicht auf Dauer ohne einander bestehen können; um als Mensch zu existieren, muß Medardus sich endlich wieder mit seiner verstoßenen anderen Wesenshälfte versöhnen. Dies geschieht, und zwar ebenso unausgesprochen wie die Entzweiung erfolgte, nach dem letzten schrecklichen Auftritt des rasenden Viktorin, in dessen Folge Medardus seinen inneren Frieden findet. Über Viktorin aber wird vermerkt, daß er von diesem Moment an „spurlos verschwunden blieb" [ET 317], d.h. er führt nicht länger ein isoliertes Außendasein, sondern ist als integraler Bestandteil in die ganze Persönlichkeit eingegangen, die nun wieder harmonisch geeint ist. Diese Wiedervereinigung von Medardus und Viktorin zum ganzen Menschen läßt sich also ohne weiteres als ein Bild für das Erlebnis der *unio mystica* deuten, in der sich der Mensch mit dem göttlichen Wesen vereinigt.

An dieser Stelle läßt sich bereits zeigen, inwiefern die Rauscherkenntnis bei Hoffmann eine Rolle spielt. Der Auslöser der verschlungenen Erkenntnisreise des Medardus ist sein heimlicher Trunk vom Teufelselixier, das im Reliquienraum seines

Klosters aufbewahrt wird. Es handelt sich hierbei um einen Wein, den der Teufel benutzt haben soll, um den Hl. Antonius in Versuchung zu führen. Medardus ist nicht so standfest wie der Heilige; sein Trunk entzündet in ihm allerlei Begierden und veranlaßt ihn endlich, das Kloster zu verlassen. Es ist also dieses Elixier, das Medardus die Augen öffnet und mit dessen Hilfe er das zu erreichen hofft, was kein Mystiker sich anmaßen darf: nämlich eine eigenmächtige, d. h. von Gott nicht autorisierte Erkenntnis des kosmischen Wesens. In diesem vermessenen Anspruch besteht seine Hauptsünde. Wohl vermittelt ihm das Elixier tiefe Einblicke in die Zusammenhänge der Welt, doch da er sich von seinem Verstand (dargestellt im Bild des wahnsinnigen Viktorin) getrennt hat, durchlebt er die Ereignisse in einem unausgesetzten Rausch, ohne sie sinnvoll nutzen können. Die Verarbeitung des Geschauten kann erst erfolgen, nachdem Medardus sich mit Viktorin wieder versöhnt hat. Diese Versöhnung ist doppelt bedeutsam: Zum einen signalisiert sie, daß Medardus die gottgewollte sinnlich-geistige Doppelnatur des Menschen akzeptiert und dadurch als reuiger Sünder zu seinem Schöpfer zurückkehrt, und zum anderen markiert sie die Wiedereinsetzung des rational-sinnlichen Wachbewußtseins und die Ablösung des Rauschbewußtseins. Unter dieser Voraussetzung kann sich das im Rausch Gesehene zur Erkenntnis gestalten, die gleichermaßen von Herz und Verstand getragen wird (vgl. Seite 486 ff.) Als ein Erkennen konstituiert sich das Sehen des Medardus in dem Moment, als er beschließt, seine Erlebnisse aufzuschreiben. So kommt zum Sehen als bloßer Schau das Sehen als kreative Gestaltung hinzu. Die Erkenntnis des Ganzen ist seine abgeschlossene Aufzeichnung, Hoffmanns Roman, in dem, soweit es sprachlich darstellbar ist, alles enthalten ist, was das innere Auge sah. Es ist nun am Leser, diese Essenz mit seinem inneren Auge aufzunehmen und gestaltend weiterzureichen.

Indem die Romantiker sich in ihrem eigenen Inneren einrichteten, im Abgrund ihres Herzens künstlerische Paradiese vorfanden und schöpferisch ausgestalteten, erfuhren sie mit besonderer Intensität auch einen weiteren Abgrund, in dem sie die drückende Last des *Ennui* erwartete. Daher heißt es etwa bei Hess mit Bezug auf Baudelaire: „Dem indifferenten Ennui der Zuständlichkeit stehen zur sprachlichen Darstellung Bilder kaum zur Verfügung. Der *Ennui* der Angst symbolisiert sich als Abgrund, als Ort und Raum, der die gestürzte Seele umfängt, der aber zugleich die Seele selber ist, welcher die Welt der ‚angoisse‘ wie in einem Innenraum einschließt."[50] Und so meint auch Doppler:

> Jean Paul weiß um die Bodenlosigkeit des Phantasten, der in seinen selbstgeschaffenen Paradiesen, aber auch in seinen selbstgeschaffenen Wüsten, Einöden und Abgründen weilt; die romantische Bewegung fühlt sich vom „Abyssus der Individualität" (Friedrich Schlegel) und von der dämonischen Tiefe der Natur bedroht. Das Ich reflektiert phantastisch im Spiegel der Möglichkeiten, aber dieser Spiegel erweist sich zuletzt als Abgrund, als Abgrund der Schwermut, der Langeweile, der Einsamkeit und des Nichts. Kierkegaard zeigt auf diese dämonische Seite der freien poetischen Existenz: „Dem Selbst ohne Notwendigkeit erweitert sich der Bereich der Möglichkeit mehr und mehr, weil nichts

wirklich wird. Zuletzt ist es, als wäre alles möglich; zuletzt, wenn der Abgrund das Selbst verschlungen hat."[51]

KIERKEGAARD ist es auch, der in seiner 1844 erschienenen Schrift *Der Begriff der Angst* in einer interessanten Parallele zu Poes *Imp of the Perverse* die „Angst des Abgrunds" als ein Schwindligwerden beim Anblick der gähnenden Tiefe interpretiert, in der die Freiheit des Subjekts die unendliche Fülle ihrer Möglichkeiten erblickt und von dieser Vorstellung überwältigt wird.[52] Diese Angst wird ebenso wie die Sünde als etwas Notwendiges, Unverzichtbares erkannt, das den Menschen mit seiner Endlichkeit konfrontiert und in einer großen Leidensanstrengung zu überwinden sei. Nur so sei das Individuum in der Lage, zur *Existenz*, d.h. zur Existenz in Gott zu finden. Gefordert wird also, daß der Mensch sein verzagendes Festhalten an den begrenzten Möglichkeiten des Endlichen aufgebe und sich dazu durchringe, in den Abgrund der unendlichen Möglichkeiten und damit auch in den Abgrund der göttlichen Existenz geradewegs hineinzuspringen. In einer solchen Lage befindet sich etwa der Fischer, der in Poes Erzählung „A Descent into the Maelström" in einen abgründigen Strudel gerät, der ein Bild für die erkennende Vereinigung mit dem tiefsten göttlichen Grund ist. Mitten im Wirbel verläßt den Fischer ganz im Sinne Kierkegaards die Angst, wie sein sonderbares Erkenntnisinteresse zeigt, das durchaus unabhängig von seinem Bedürfnis nach Selbsterhaltung (also einer Rückkehr ins Endliche) besteht. Nicht seiner eigenen Person, sondern dem Strudel selbst, also dem Wesen Gottes gilt sein Interesse: „Nach einer kleinen Weile bemächtigte sich meiner die lebhafteste Neugierde, den Strudel selbst zu schauen. Ich verspürte geradezu den *Wunsch*, seine Tiefen zu erforschen, mochte es mich auch das Opfer kosten, das ich zu bringen im Begriffe stand; und mein hauptsächlicher Kummer war nur, daß es mir nie mehr gegeben sein sollte, meinen alten Gefährten an der Küste von den Geheimnissen zu erzählen, welche ich schauen würde." [CTP 135; II 307/308] Dies ist, bis zur Klage über die Nichtmitteilbarkeit des Erlebten, die Stimme des Mystikers, der sich über seine individuelle Person hinwegsetzt, um das in seinem Selbst enthaltene tiefere Ganze zu begreifen. Wie der Mystiker und romantische Künstler muß der Fischer aber, um den Akt seines Sehens im schöpferischen Nachvollzug zu vollenden, aus dem Jenseits zurückkehren, um dem Ich-Erzähler der Rahmenhandlung über das Unerhörte Bericht zu erstatten, so gut es nur geht (und es geht gut, wie der Blick hinter die pedantischen Ausführungen über physikalische Gesetzmäßigkeiten zeigt).

Es versteht sich, daß das Motiv des Abgrunds als ein Bild der Selbsterkenntnis bei den romantischen Rauschvisionären und ihren Nachfolgern sehr häufig auftaucht: So ist in Coleridges „Kubla Khan" von einem „tiefen romantischen Abgrund" die Rede; in den Werken Poes ist das Bild des Abgrunds stets mit der Erkenntnisthematik verbunden und gehört zu den wichtigsten Schlüsselmotiven; Baudelaire spricht in dem Gedicht „L'Idéal" von einem Herzen, das so tief wie ein Abgrund sei („ce cœur profonde comme un abîme" [FdM 21]), in seiner „Hymne à la Beauté" unterscheidet er den Abgrund des Himmels („ciel profond" [FdM 23]) und den Abgrund der Verdammnis („gouffre noir"), und in „L'Homme et la mer" vergleicht er den menschlichen Geist mit dem Ozean und ruft in der ersten Strophe: „Homme libre, toujours tu chériras la mer! / La mer est ton miroir; tu contemples ton âme / Dans le déroulement infini de sa lame, / Et ton esprit n'est pas un gouffre moins amer." [FdM 18][53] [„Freier Mensch, immer wird das Meer dir lieb sein! Das Meer ist dein Spiegel; du schaust deine Seele in der unendlichen Entrollung seiner Wogen, und dein Geist ist kein minder bitterer Abgrund." (III 85)] In der Rauschliteratur dieses Jahrhunderts heißt es bei Fallada in einer etwas dürren Sprache: „Es ist vielleicht das Schönste, sich fallen zu lassen, mit geschlossenen Augen ins Nichts zu stürzen, immer tiefer in das Nichts. Man kann unendlich fallen, Magda, ich bin noch nicht unten angelangt, ich bin noch nicht aufgeprallt, alle meine Glieder sind noch heil …"[54], und ein anderer Alkoholiker, Malcolm LOWRY, war vom Motiv des Abgrunds geradezu besessen, besonders *Under the Volcano* und *Dark as the Grave Wherein My Friend is Laid* sind wahre Fundgruben für den eifrigen Sammler. So beginnt *Dark as the Grave* wie Baudelaires *Fleurs du Mal* (und natürlich wie *Under the Volcano*, in dessen Schatten dieser Roman entstand) als ein Abstieg in die mexikanische Vergangenheit des Protagonisten Sigjørn Wilderness, also in den Abgrund des Selbst: „Das Gefühl von Geschwindigkeit, einer kolossalen Grenzüberschreitung, nach Süden zu reisen, abwärts, über drei Länder hinweg, die gewaltigen Bergketten, sofort das Gefühl des Abstieges, eines gewaltigen Rückschreitens, einer Bewegung, keiner Bewegung, sondern auf eine andere Art eines Herabfallens mitten in die Welt, geradewegs auf der Karte herunter, wie in der Ahnung von etwas Großartigem …"[DAG 19] Der Abstieg ist enorm, denn am Ende des 2. Kapitels sind die Protagonisten immer noch im Flugzeug unterwegs, und die Reise führt immer noch „stetig abwärts, abwärts, so schien es jedenfalls". [DAG 63] Später sehen wir Sigbjørn und seine Frau, wie sie im Bus nach Oaxaca immer noch weiter in die Tiefe reisen:

> Abwärts, abwärts, abwärts, so fuhren sie auf Serpentinen hinab nach Oaxaca … Und wieder die Berge! die Berge! Es war, als sehe man über die entferntesten Abgründe der Sinnlichkeit hinaus, ein enormes, rollendes, grünes, ohrenbetäubendes Crescendo all der weiten Ozeane und Weiden des Geistes, unerschöpflich, unergründlich wie die menschliche Seele, obwohl es sich über ihre äußersten Grenzen hinauszudehnen schien. Abwärts, abwärts, und mit dem Sonnenuntergang kamen das Tal von Etla und die Erinnerungen ans Aufgraben des Bodens …
> Und nun, am späten Nachmittag, gingen sie auf beiden Seiten entlang der Berge herunter, wenngleich sie unmittelbar rechts flacher waren, die Berge mit ihren großen, überschatteten Zacken wie enorme Götter mit den Händen auf ihren Knien.
> Am entferntesten Ende dieses üppigen grünen Abendlandes zeigte sich eine kaum merkliche Andeutung von Oaxaca, als wenn es die himmlische Stadt in einer Illustration einer Kinderausgabe des *Pilgrim's Progress* wäre. [DAG 221/222]

Hier handelt es sich durchaus um die klassische Erkenntnisreise des Mystikers oder romantischen Visionärs. Die eigentliche Reise des ersten Schauens liegt bei Beginn des Romans mehrere Jahre zurück, die nun unternommene zweite Reise ist also der

III. Vom Abgrund der Erkenntnis

Versuch einer Erzählung des Außerordentlichen – und was macht der mystische Berichterstatter oder Künstler anderes, als daß er sein Publikum an die Hand nimmt, so wie Sigbjørn seine Frau Primrose, und noch einmal zu den wichtigsten Stationen der zuvor bereisten Strecke führt? So ist Primrose gewissermaßen eine Personifizierung der Öffentlichkeit; sie ist, im Roman, das Publikum, das erwartungsvoll auf die Bühne blickt. Nun fragt sich noch, was für ein Stück denn eigentlich gegeben wird. Ist es eine Aufführung des reinen Nichts, wie es in der vergleichsweise plumpen Bildlichkeit der teilweise ausgebrannten Neonschrift des Hotels Cornada anklingt, das in die Dunkelheit der Nacht ein großes „NADA" (span.: „Nichts" [DAG 90]) schreibt, oder wie der Hinweis auf die höllische Verwesung am Grund der *barranca* anzudeuten scheint? [Vgl. DAG 176] Oder ist es ein unendliches Werden, ein stetes Sinken in den Abgrund der Seele, dessen Boden nie erreicht werden mag? So meint Sigbjørn an einer Stelle: „Gott, wie tief war das Dasein. Tief, tief, tief. Tiefen über Tiefen über Tiefen. Und wieder sah Sigbjørn sich in den Abgrund blicken." [DAG 98] Oder ist es am Ende doch noch ein langer Weg ins göttliche Licht? Sigbjørn und seine geplagte Frau schreiten von einem Leid zum nächsten fort und werden von ihrer Verzweiflung zeitweise so geblendet, daß sie glauben, den tiefsten Grund des Leidens erreicht zu haben. Zuletzt erreichen sie Oaxaca, wo ihnen durch die Nachricht über den Tod eines Freundes, den sie besuchen wollten, scheinbar der ganze Sinn ihrer Reise geraubt wird. Doch es zeigt sich, daß das Leid die Seele reinigt und ihren getrübten Blick zu klären vermag. Als Sigbjørn und Primrose glauben, alles verloren zu haben, bemerken sie erst, daß die Vergangenheit niemals ihnen gehörte noch jemals gehören wird und daß alle Phantome, denen sie zuvor einen Sinn zusprachen, in Wirklichkeit ohne Bedeutung sind. Erst jetzt, am Schluß des Romans, erkennen sie die lichtvolle Schönheit des blühenden Gartens, den sie bis dahin ahnungslos durchquerten. Was finden die Reisenden also im tiefsten Grund? Sie finden die Banco Ejidal, die Bank der landwirtschaftlichen Genossenschaft. Von Gott ist hier nicht die Rede, und das gefundene Mysterium scheint ausgesprochen prosaische Züge zu tragen. Doch was wie ein blanker Sarkasmus wirken mag, ist in der Tat eine Vision des Lichts und der göttlichen Liebe, die durchaus mit der mystischen Vision des göttlichen Mysteriums vergleichbar ist. Wie in den Dokumenten der Mystiker ist aber auch hier das Wunderbare nur mittelbar, in einer bildlichen Annäherung gefaßt. So erscheint die Banco Ejidal hier nicht bloß als Geldgeber, sondern vielmehr als eine Instanz, die neue Zuversicht in die Menschlichkeit inspiriert; sie hat dem Land zu neuer Blüte verholfen, indem sie eine Kultur der Liebe begründet hat. Die Banco Ejidal ist hier also eine Chiffre für die liebende Kraft, die das Universum erhält. Das ist die Einsicht, die Sigbjørn und Primrose am Ende ihrer Reise in den Abgrund erhalten, und es ist gewiß eine Einsicht, die alle vorigen Mühen und Qualen vielfach belohnt.

Neben der Reise in den Abgrund der Erkenntnis thematisiert Lowry in seinen Werken auch oft den Blick in die Tiefe, der voraussetzt, daß sein Protagonist sich wie die Figuren in Friedrichs „Kreidefelsen" unmittelbar am Rand des Abgrunds befindet.

Es ist die Situation, in der das Individuum an der Schwelle des Bewußtseins verharrt und gleichermaßen sehnsuchtsvoll und beklommen überlegt, ob es sich für oder gegen einen Abstieg entscheiden soll, der möglicherweise keine Rückkehr mehr zuläßt. Dabei wird das Bewußtsein, aus dem heraus das Ich gleichsam durch eine offene Luke in die Weite blickt, wie in Poes Erzählung „The Fall of the House of Usher" oft im Bild des Hauses dargestellt. In *Under the Volcano* sind der verwilderte Garten und der verkommene Bungalow des Konsuls ein Abbild seiner zerrütteten Psyche, so wie er sich im 5. Kapitel seine Seele als „eine Stadt, heimgesucht und zerstört auf der schwarzen Straße seiner Ausschweifung" [UV 145] vorstellt; Laruelles Haus mit seinen merkwürdigen phallischen Türmen ist als ein Psychogramm des gescheiterten Regisseurs und Ehebrechers zu lesen, und Sigbjørn Wilderness überlegt in *Dark as the Grave*: „Hatten nicht auch die Menschen solche ummauerten, abgeschlossenen Straßen, solche verborgenen Artigkeiten, solche versteckten Gärten und Kreuzgänge und Miserikordien und Zimmer, in denen solche unsichtbare Ausschweifungen stattfanden? Welche Seele hatte überdies nicht ihr Farolito, wo sie sich in den toten Stunden der Nacht ein Bewußtsein antrank?" [DAG 265] Im 12. Kapitel von *Under the Volcano* sehen wir den Konsul, der die finstere Kneipe „El Farolito" als den äußersten Vorposten seines Bewußtseins erreicht hat. Daher liegt das Gebäude mit seinen labyrinthisch verzweigten Räumen unmittelbar am Rand der *barranca*, jenes Abgrundes, der Tod und Verwesung bedeutet, und bietet dem Konsul den Blick in die letzte Tiefe. Indem der Konsul den Raum durchquert, um zu einem offenen Fenster zu gelangen, legt er die letzten Meter eines langen verschlungenen Pfades zurück, der ihn über die östliche und westliche Erdhalbkugel und schließlich quer durch Mexiko geführt hat und der nichts anderes ist als die Route seines Abstiegs ins eigene Ich: „Er schlenderte durch den Raum. Nach einem fruchtlosen Versuch, sich mit dem weißen Kaninchen anzufreunden, trat er an das offene Fenster zur Rechten." [UV 338; 354] Die Anspielung auf Lewis Carrolls *Alice in Wonderland*, wo Alice dem weißen Kaninchen durch ein Erdloch in die Tiefe folgt und so in eine höchst sonderbare Traumwelt gelangt, ist unverkennbar.[55] Es ist nicht irgendein Fenster, auf das der Konsul zustrebt, sondern es ist ein Fenster, das *für ihn* und nur für ihn offensteht. Er blickt hinaus in den Abgrund, der ihn unwillkürlich an Coleridges „Kubla Khan" erinnert: „Darunter ging es fast senkrecht zum Grunde der Schlucht hinunter. Was für ein düsterer, melancholischer Ort!" Daß es sich bei dem Raum, in dem sich der Konsul noch befindet, um eine symbolische Darstellung seines Wachbewußtseins handeln muß, zeigt die Tatsache, daß er durchmessen werden kann („He strolled *across* the room") – hier vermögen Verstand und Sinne noch ihre ordnende Funktion auszuüben. Der Abgrund der *barranca* steht hingegen für die Region des Unbewußten, die sich unserer Kenntnis entzieht und vor die auch Poe am Ende des *Arthur Gordon Pym* einen weißen Schleier fallen läßt.

In einer vergleichbaren Situation wie der Konsul befindet sich auch Bill Plantagenet in Lowrys Novelle *Lunar Caustic*. Zu Beginn des 10. Kapitels steht er, der sich

III. Vom Abgrund der Erkenntnis

als Alkoholiker im New Yorker Bellevue Hospital befindet, nach einem Gespräch mit dem Anstaltsarzt Dr. Claggart im Korridor: „Er stand vor Dr. Claggarts Büro in dem nun verlassenen Anbau, von dessen Fenstern man die Vorhänge zurückgezogen hatte, so daß man die Gitter sah." [LC 62] Die sichtbaren Gitterstäbe verdeutlichen das Grenzgefühl, und wie der Konsul, so blickt auch Plantagenet von seinem Standpunkt hinaus in die Tiefe. Hier öffnet sich nicht, wie in *Under the Volcano*, der Abgrund der Verdammnis, sondern ein Abgrund, dessen Tiefe die Erlösung vom Leiden am Dasein verheißt; denn so wie *Under the Volcano* von Lowry als Pendant zu Dantes *Inferno* konzipiert ist, so sollte *Lunar Caustic* dem *Purgatorio* entsprechen. Es ist das Anstaltsgebäude, das dem Fegefeuer bzw. Dantes Berg der Läuterung entspricht, denn hier soll Plantagenet eine Entziehungskur durchmachen, was durchaus einer inneren Reinigung gleichkommt und dadurch auch an die traditionelle Vorbereitung der mystischen Geistesöffnung erinnert. Der Eingesperrte erhält die Chance, den Vorhof des Paradieses zu erblicken: „Der Ausblick unter ihm war so außergewöhnlich klar, als ob jeder Gegenstand davon ein Teil seines Bewußtseins wäre. Seltsam, daß er nicht schon vorher bemerkt hatte, daß dieser Park überhaupt hier war! Wie hübsch er war! Die Ahnung eines Sturmes teilte sich ihm mit, er atmete tief ein – draußen war das Leben, mit all seiner grenzenlosen Wehmut." [LC 62/63] Doch die Szene, die Plantagenet beobachtet, ist nicht real; sie ist nur eine Erscheinung, eine mögliche Vision des Paradieses, die ebenso sehnsuchtsvoll wie zweifelnd in Beziehung zum eigenen Anstaltsdasein und dem seiner Freunde gesetzt wird:

> Ein kleiner Kinderspringbrunnen hatte einen Regenbogen aufziehen lassen, einen ausgebreiteten Pfauenfächer aus Wasser, dessen Kühle fast spürbar war, und für einen Augenblick, in dem er dies mit Regen verband, der irgendwo bereits zu fallen begann, schimmerte in ihm etwas wie eine Hoffnung auf, wenn auch auf nichts Bestimmtes, vielleicht nur auf die Hoffnung selbst. Es war aber natürlich nicht der Regen, sondern der Springbrunnen, der den Regenbogen hervorbrachte: seine Hoffnung war eine falsche Hoffnung, eine künstliche. Wenn der Regen dann wirklich kommen und die Trockenheit lindern würde, würde die Sonne schon untergegangen sein, so wie es geschehen mag, daß wenn der Wahnsinn einen Menschen heimsucht, das Bewußtsein ihn nicht mehr als eine Wohltat erkennt.
>
> Da erklang ein Donnergrollen; die Schläfer, die dort unten gelegen hatten, so wie die Toten liegen würden, für eine Weile in einer grünen Nische des Paradieses ausruhend, so dachte er, in einem Niemandsland zwischen zwei Welten des Lichts und der Finsternis, begannen sich zu regen ... In den Schreien der Kinder lag plötzlich etwas Dringliches ... Die Schreie der Kinder, die fallenden Blätter, die Liebespärchen, die nun losrannten, um sich unterzustellen, lachend, ihre Arme umeinander – welchen Anteil hatte all dies in ihrem geplagten Leben? [LC 63/64]

Noch ist der Alkohol in seinem Blut und seine Vision daher durch die Droge inspiriert; der herrliche Park ist ein künstliches Paradies. Das Gewitter, das kurz darauf einsetzt, erreicht Plantagenet, der sich inzwischen auf die Krankenstation zurückgezogen hat, nicht mit seiner reinigenden Wirkung. Lowry spielt hier auf den letzten Teil von T.S. Eliots Gedicht *The Waste Land* an, das unter dem Titel „What the

Thunder Said" mit der Schlußformel „Shantih shantih shantih" der Upanishaden endet, die Eliot übersetzte als „Frieden, der den Verstand übersteigt". Die Erlösung von der Schäbigkeit seiner irdischen Existenz und die mystische Erleuchtung, die Plantagenet den ewigen Frieden des absoluten Nichts geben könnte, bleiben aus. Lowry hatte die Novelle als ein Pendant zu Dantes *Purgatorio* begonnen, doch wie sollte die Läuterung, die Reinigung und Erlösung seines Protagonisten erfolgen? Er wußte es nicht, sah er doch auch für sich selbst keine Möglichkeit, seine schreckliche Erkenntnisreise in den Abgrund der Hölle des Bewußtseins abzubrechen, um sich statt dessen in den herrlichen Abgrund der Selbstvergessenheit zu werfen. Lowry wußte wohl, daß diese Ausweglosigkeit selbstgeschaffen und nur zu überwinden war, indem er sich bereit zeigte, nicht nur sich selbst, sondern auch die Welt zu wollen, d. h. sie anzunehmen, sie mitzugestalten, sie zu lieben. Da er dies nicht vermochte, da er es nicht wirklich *wollte*, blieben seine Erkenntnisreisen auf das finstere Universum seines Selbst beschränkt. Während Lowry als ein Gefangener seiner selbst aber immerhin die Möglichkeit fand, seine Erkenntnisse über den infernalischen Abgrund der Seele in der Form seiner Prosa als Flaschenbotschaften aus dem Zellenfenster zu werfen, zieht sich Plantagenet, der sich nach seiner Entlassung gleich wieder dem Alkohol zuwendet, tief und, wie zu vermuten ist, endgültig in den Abgrund seiner autistischen Isolation zurück: „Da er aber das Gefühl hatte, beobachtet zu werden ... begab er sich später, den Drink in der Hand, in die dunkelste Ecke der Bar, wo er, zusammengekauert wie ein Embryo, von niemand gesehen werden konnte." [LC 76]

IV. Mystiker und „Exotiker"

In seiner kenntnisreichen Studie über die „Schwarze Romantik" unterscheidet Mario Praz den Mystiker vom „Exotiker", womit in Anlehnung an Friedrich Bries Untersuchung über den *Exotismus der Sinne* jeder romantisch träumende Künstler gemeint ist, dessen Sehnsucht dem Anderen, Fremdartigen gilt, das entweder bloß in geographischer Ferne oder aber in einer gänzlich unirdischen Welt besteht, in jedem Fall aber in einem schillernden Reich der Vorstellung, das sich von allem Gewohnten radikal unterscheidet.[56] Unter diesem allzu weit gefaßten Begriff wird wie in einer Voliere mit Tropenvögeln recht unterschiedslos alles versammelt, was ein buntes Gefieder hat oder sonst irgendwie seltsam anmutet, und so sind hier auch explizit die Rauschvisionäre mit eingeschlossen. Exotiker und Mystiker, meint Praz in Übereinstimmung mit Brie, seien in mancher Hinsicht durchaus wesensverwandt (so wie der Mystiker die alltägliche Realität transzendiere, um sich mit dem göttlichen Wesen zu vereinen, so versetze sich auch der Exotiker über seine Lebenswirklichkeit hinaus in ferne Erfahrungsbereiche), doch gebe es auch deutliche Unterschiede:

> [W]ährend die echte Mystik zur Negation von Ausdruck und Kunst neigt, drängt der Exotismus von Natur aus zu sinnlichem, künstlerischem Ausdruck. Das mystische Erleb-

IV. Mystiker und „Exotiker"

nis gipfelt in einer unaussprechlichen Welt; der Exotismus vermag sich in jener zeitlich oder räumlich (oder zeitlich *und* räumlich) entlegenen Welt so entschieden zu konkretisieren, daß er dem Künstler die Illusion einer tatsächlichen früheren Existenz der von ihm vergötterten Welt vermittelt. Deshalb teile ich Bremonds Auffassung nicht, der die Dichtung für unvollkommene Mystik hält, für ein Phänomen der gleichen Art wie die Ekstase, ja für eine Ekstase, die in ihrer Auswirkung gehemmt ist. Doch zwischen dem Mystiker, welcher die Welt der Sinne verneint, und dem Exotiker, der sie bejaht; zwischen dem Mystiker, der seinem Universum jeden stofflichen Inhalt abspricht, und dem Exotiker, der die entferntesten Epochen und die entlegensten Länder verstofflicht und sie mit den Schwingungen seiner Sinne erfüllt, besteht eine Ähnlichkeit der Absichten. Beide verlegen die Erfüllung ihrer Wünsche in eine ideale Traumwelt; um die notwendigen Voraussetzungen zur Intensivierung ihrer Träume zu schaffen, greifen beide in der Regel zu Reizmitteln: der Mystiker zu Fasten und Wachen, der Exotiker zu Opium und anderen Rauschgiften.[57]

Diese Passage zeugt von einem fatalen Unverständnis der ernsthaften Erkenntnismotivation jener Vertreter der Schwarzen Romantik, die im Rausch durchaus nicht nur ein schattiges Plätzchen unter Palmen suchen. Daß sie aus der Feder eines anerkannten Hauptexperten in Fragen der Schwarzen Romantik stammt, vermag an der Unsinnigkeit der hier versammelten Aussagen über Mystiker und „Exotiker" nichts zu ändern, sondern trägt nur dazu bei, daß sie eine besonders gründliche Verbreitung finden und damit das ärgerliche Vorurteil über den vermeintlich verantwortungslosen Rauschkünstler noch mehr erhärten. Wer im Unterschied zu diesen modernen Visionären von den „echten" Mystikern spricht, unterstellt den ersteren, daß sie „falsche" seien, daß ihr Bemühen um Wahrheit also nicht denselben Grad an Respekt und ernsthafter Erörterung verdiene und daß wir von ihren Botschaften keine ebensolche Klarheit über uns und den Kosmos erwarten dürften wie von denen jener anderen Kundigen. Vielleicht meint Praz, daß man hier zwischen Heiligen und Sündern unterscheiden müsse, doch eine solche Trennung ergibt keinen Sinn. Selbst Gott kann sich als Heiligstes nur konstituieren, indem er gleichzeitig in der Gestalt Satans eine Projektion des Sündhaften als komplementären Aspekt seines Geistes entwirft. Ohne Sünde kann es kein Heiliges geben, dies ist nur durch die sprichwörtliche Geduld des Papiers in der frommen Einfalt mancher Legendentexte möglich. Solche Phantome, die schon immer Heilige waren, können wir allenfalls bewundern (wenn wir ihre Makellosigkeit nicht anstößig finden), und sie werden uns immer fremd bleiben; von den bekehrten Sündern aber können wir lernen, und das macht sie uns liebenswert. Daher sind z. B. die christlichen Mystiker nicht grundsätzlich heiliger oder erleuchteter als jene visionären Rauschkünstler, die uns mit ihren Blumen des Bösen im grauen Alltag begegnen. So wie uns der Mystiker durch seine Einsicht beeindruckt, die ihm aus dem Bewußtsein seiner eigenen Sündhaftigkeit erwuchs, so wird uns auch der an sich selbst wie am Dasein leidende *poète maudit* durch seine aus dem Schmerz gewonnene Erkenntnis bereichern. – Wie bei den meisten Vorurteilen beruht die Verzerrung der Wirklichkeit in der zitierten Passage nicht auf einer grundverkehrten Darstellung von Fakten, sondern auf der Bündelung einzelner Erfahrungswerte in einer undifferenzierten Gesamtaussage. Denn es ist sicher richtig, daß es, wie in jedem Bereich menschlicher Betätigung, auch unter den berauschten Visionären der Schwarzen Romantik solche gibt, die unter einem Kleid von Adlerfedern doch nur ein Rebhühnchen sind und mehr versprechen als sie halten können. Am Beispiel Gautiers wird dies nachstehend näher erläutert, wobei auch der Begriff des auf visionäre Erkenntnis bedachten Rauschkünstlers zu definieren sein wird. Doch sehen wir zunächst, was an der Passage von Praz im einzelnen auszusetzen ist.

Zunächst einmal würde wohl kein Mystiker mit Wohlgefallen zur Kenntnis nehmen, daß seine Erfahrung des göttlichen Abgrundes, die in der Regel auf einer diszipliniert durchlaufenen Schule des Leidens beruht, als „ideale Traumwelt" verstanden wird. Denn so richtig es ist, daß der Mystiker Gott als der höchsten Idee begegnet und insofern das Ideale erfährt, so ist doch gerade sein Wissen, im erkannten Gegenstand das Ideale geschaut zu haben, der Nachweis, daß eben jenes die wahre Realität und allenfalls die Wirklichkeit unserer Sinne ein Traumgebilde sei. In Praz' Formulierung klingt jedoch unüberhörbar die Arroganz jenes militanten Empirikers an, der in jedem Sucher nach anderen Realitäten einen lebensuntüchtigen Weltflüchtling sieht. In diesem Sinn wäre ein träumender Mystiker allerdings ein Widerspruch in sich selbst, denn er sucht ja kein weiches Federbett, das ihn zu behaglichem Schlummer einlädt und ihm eine Zuflucht vor dem Ungemach der materiellen Realität gewährt, sondern er versagt sich doch den ruhigen Schlaf und erwacht erst in seinen Visionen aus dem Traum der sinnlich-rationalen Realität. Praz behauptet ferner, daß die Mystik zur „Negation von Ausdruck und Kunst" neige, dabei ist gerade das Ringen um den Ausdruck, um die getreue Vermittlung der geschauten Wahrheit ein Hauptproblem aller Mystiker. Eben weil das unaussprechliche Mysterium nicht sprachlich vermittelbar ist, erhält die Frage des Ausdrucks eine kardinale Bedeutung. Niemand geht gründlicher mit Worten um, als derjenige, der ihnen nicht traut, und so zählen die Mystiker, denen ja die Verkündungspflicht auferlegt ist, gewiß zu denen, die dem Ausdruck ein großes Gewicht beilegen. Die Kunst aber ist das letzte Refugium der Mystik, denn wo die Sprache versagt, müssen Allegorien und Bilder das Ihrige tun; damit aber werden die Zeugnisse der Mystik zur Poesie. Kunst und Stilistik sind nicht etwa, wie Praz suggeriert, bloße Schaubühnen des Profanen, die ein Gottsucher verachten müßte, sondern bieten ganz im Gegenteil oft die einzige Handhabe zu einer halbwegs angemessenen Vermittlung der mystischen Botschaft. Das ist es ja, was Baudelaire meint, wenn er schreibt: „Die Poesie ist das Wirklichere, sie ist das, was nur in *einer anderen Welt* völlig wahr ist. Diese Welt ist ein hieroglyphisches Wörterbuch."[58] Über die „Exotiker", also auch die hier besprochenen Autoren, heißt es nun, sie errichteten sich eine Welt der „Illusion". Das ist ein grobes Fehlurteil, wie es in der Literaturwissenschaft eigentlich nicht vorkommen dürfte, denn es ist doch das Besondere der Kunst, daß sie in der Fiktion Realitäten des Geistes schafft, die außerhalb unserer sinnlich-rationalen Wirklichkeit bestehen und daher weder wahr noch falsch sein können. Darum ist das unglaublichste Luftschloß als ein Kunstprodukt ebenso real zu nennen wie das Papier, auf dem es gedruckt ist. Diese vermeintlich illusionären Welten, so meint Praz ferner, seien vor allem sinnlich organisiert. Dies ist insofern zutreffend, als die Beschreibung von Düften, Lichteffekten und dergleichen in der Rauschliteratur eine wichtige Rolle spielt, aber doch nicht im Sinn einer Pornographie des Rausches, die es nur auf den Genuß anlegte, sondern weil die Veränderung der sinnlichen Wahrnehmung im Drogenrausch als Emblem *innerer* Veränderungen herangezogen wird, die sich der unmittelbaren Vermittlung entziehen. So werden dem Rauschvisionär z.B. Synästhesien als Parallelsymptome der mystischen Geistesöffnung und durchaus nicht als bloße sinnliche Kuriosa bedeutsam. Die eigentliche Sinnlichkeit aber wird im Rausch ebenso wie im mystischen Erlebnis transzendiert, so daß der sogenannte „Exotismus", oder wenigstens die Rauschliteratur, der gleichen Sehnsucht entspringt wie die Suche des Mystikers. Denn auch der Rauschkünstler stellt sich gegen den Sog der Behaglichkeit und unterwirft sich der Mühe einer genauen Beobachtung. Für ihn ist die Droge ein Mittel zur Kunst, und diese wiederum, als die erste Domäne des Schönen, ist das Vehikel, das er mit seinem Publikum besteigt, um dem Streben nach einem tieferen Verständnis der Weltzusammenhänge Genüge zu tun. Ob ein Visionär sich nun durch „Fasten und Wachen" oder durch „Opium und andere Rauschgifte" vorübergehend dem Diktat seines rationalen Wachbewußtseins zu entziehen versucht, ist zuletzt ohne Bedeutung; für den Rauschvisionär wird sich nur erweisen, daß die erstgenannten Möglichkeiten, da sie nicht wie viele Drogen die Willenskraft lähmen und die Gesundheit gefährden, seiner Arbeit auf Dauer zuträglicher sein mögen als die Rauschmittel.

Nun ist allerdings, um Praz Gerechtigkeit widerfahren zu lassen, der zugrundegelegte Begriff des Rauschkünstlers hier doch etwas genauer zu definieren. Nicht jeder Künstler, der über eigene Drogenerfahrungen verfügt, ist ein Rauschkünstler im engeren Sinn; der Begriff bezieht sich allein auf jene, die Rauschmittel bewußt als Werkzeuge einer tiefgründigen Selbsterkenntnis zu nutzen suchen, aus der ihnen gleichzeitig ein besseres Verständnis des kosmischen Mysteriums zuteil wird. Wenn hier von der Droge als einem Werkzeug die Rede ist, so wird vorausgesetzt, daß sein Besitzer auch damit *arbeitet* und sich nicht bloß passiv ihrem Wirken überläßt. Gemeint ist also ein Visionär, der sich während oder unmittelbar nach der Erfahrung um eine möglichst gründliche geistige Durchdringung und Vermittlung des Geschauten bemüht. Wer es dagegen auf nichts weiter anlegt, als sich im Strom seiner Wahrnehmungen friedlich treiben zu lassen, der ist in diesem Sinn kein Rauschkünstler, sondern allenfalls ein Künstler, der sich berauscht. Um vom Rausch zur Kunst zu gelangen, bedarf es der Anstrengung, der Vision im gedanklichen Nachvollzug Bedeutung zu verleihen. Schließlich ist die bloße Wirkung der Droge für sich selbst ohne Belang und erhält erst einen Sinn, wenn sie interpretiert, d.h. in die Form einer Erkenntnis gebracht wird. Damit aus dem Rauscherlebnis eine Rauscherkenntnis werde, bedarf es einer mühsamen Aufarbeitung des Gesehenen und eines langen Ringens um die angemessene künstlerische Form, die keineswegs nur in der Isolation des Elfenbeinturms erfolgen kann. Der Rauschvisionär, der sich dieser Aufgabe einer vermittelnden Aufbereitung seiner Visionen stellt, steht zuletzt wie der Mystiker, wie ein Priester und wie ein Politiker in der Mitte des gesellschaftlichen Lebens.[59] Findet er seinen Weg nicht dorthin, so hat er auch nichts zu berichten, dann bleibt er stumm und ist in dem Moment kein Künstler mehr. Daher meint auch Heigl:

> Auf das Ganze gesehen, zeigen wohl sehr viel mehr Drogenkonsumenten als traditionelle Mystiker die Tendenz zur Realitätsflucht anstatt zu positiver Weltgestaltung. Die Ursache für eine solche Fehlhaltung dürfte in allen Fällen die gleiche sein und wird an anderer Stelle so ausgedrückt: „... Weltfremdheit ist nicht eine Folge davon, daß man zu *tief* in das Unbewußte eindringt, sondern daß man *nicht tief genug* eindringt." Personen aber, die ein wirklich echtes mystisches Bewußtsein erfahren haben, – und das gilt meines Erachtens sowohl für traditionelle als auch für drogeninduzierte Mystik –, „fühlen sich zurückverwiesen auf das pulsierende Leben dieser Welt, und sie fühlen auch, daß sie die seelische Kraft erhalten haben zur Bewältigung von Leiden und Schwierigkeiten in der Gesellschaft."[60]

Die Droge ist ein gefährliches Werkzeug der Kunst; schon morgen oder übermorgen kann sie den heute noch Disziplinierten in den Bann des stillen Genusses ziehen. So wurden manche Rauschkünstler zuletzt zu bloß Berauschten, die das Publikum entweder nicht mehr erreichen oder ihm nur noch Verpackungen ohne Inhalt, nämlich das Vokabular des Visionärs ohne die dazugehörige Vision zu bieten haben. Mit einer solchen Ohnmacht war wenigstens zeitweise Théophile GAUTIER geschlagen. Während sich etwa sein früher Roman *Mademoiselle de Maupin* durch eine starke visionäre Bildkraft auszeichnet, sind seine letzten Werke, wie *Mademoiselle Dafné de Montbriand* (1866), durch eine leere Bildlichkeit gekennzeichnet, deren Phantastik unmotiviert und glanzlos ist. (Solche sinnentleerten sprachlichen Wüsten sind aber gewiß nicht das, was der junge Poet meinte, als er eine von allen Zwecken befreite *l'art pour l'art* forderte.) Die Bildersprache des visionären Künstlers ist wie eine bunte Wand aus Reispapier, die durch eine Lichtquelle auf der anderen Seite erleuchtet und belebt wird. Ohne dieses Licht im Hintergrund ist sie nichtssagend und tot. Am Tag nach seiner ersten Einnahme von Haschisch schildert Gautier die Erfahrung mit weltmännischem Stolz in einem Zeitungsaufsatz. „Der Drang nach dem Ideal", heißt es zu Beginn, „ist beim Menschen so stark, daß er danach trachtet, soweit es ihm nur möglich ist, die Fesseln zu lockern, welche die Seele im Körper festhalten."[61] Damit gibt er zu verstehen, daß er nicht durch bloße Neugier oder Genußsucht zu diesem Versuch motiviert wurde, sondern durch ein respektables Erkenntnisinteresse, das dem allgemeinmenschlichen Drang zur Verbesserung seiner Lage entspringt. Durch diesen Bezug auf das Allgemeinmenschliche deutet er ebenso wie durch die Verfassung des Zeitungsartikels an, daß er gewillt sei, seine im Rausch erhaltene Erkenntnis weiterzureichen. In diesen wenigen Worten wird somit eine mystische Absicht formuliert. Da aber nicht jeder Mensch von Geburt her über eine ausgeprägte ekstatische Visionsgabe verfüge, müsse man sich diese oft durch Hilfsmittel verschaffen. Die Droge als Impulsgeber zum freien Flug des Bewußtseins – das wäre eine durchaus legitime Anwendung, so wie z.B. auch Huxley nach eigener Aussage die Droge in Ermangelung einer konstitutionellen Visionsbegabung als eine Starthilfe benutzte [vgl. DP 13]. Sehen wir nun, wie Gautier seinen begonnenen Satz zu Ende führt: „... und da nicht alle Naturen zur Ekstase begabt sind, trinkt er die Freude, raucht das Vergessen und ißt den Wahnsinn, in der Form von Wein, Tabak und Haschisch." Hier erweist sich, was eben noch als eine mystische Absichtserklärung hätte gelten können, als die Äußerung eines Verbrauchers, der nicht sucht und sieht und schafft, sondern die erhältlichen Stimulantien wie Fertiggerichte konsumiert. So führt er sich faul den Frohsinn aus der Flasche, das Vergessen aus der Tabaksdose und ein wenig Verrücktheit aus dem Haschischtöpfchen zu Gemüte. Wer sich aber mit dem begnügt, was er in diesen Substanzen vorfindet und sich bloß an der jeweiligen Wirkung erfreut, der ist gewiß kein Visionär, der – wie Pascal sagt – „unter Stöhnen sucht". Entsprechend fällt auch die folgende Schilderung der Rauscherfahrung aus, die als ein Kuriositätenkabinett nur vordergründig Spektakuläres enthält: Seltsame Verformungen von Dingen und Personen, bunte Aufmärsche von Fabelwesen und dergleichen – also gerade das, was ein Mystiker als bloße Manöver zur Ablenkung vom eigentlichen Gegenstand seiner Suche ignorieren würde. Auch erscheint der beschriebene Rausch, obwohl er noch nicht in einem ekstatischen Einheitserlebnis gipfelt, zu lückenlos, versammelt zu viele der bekannten Phänomene, die plakativ und ausdruckslos dargestellt sind, um mit einiger Wahrscheinlichkeit auf einer authentischen Erfahrung zu gründen, zumal das Haschisch bei der ersten Einnahme in der Regel nur geringe oder gar keine Wirkung zeigt; der Rausch muß eben, wie an anderer Stelle erläutert wurde, erst „gelernt" werden. Dabei ist hier nicht entscheidend, daß Gautier im Rausch kein Mysterium zu Gesicht bekam – welcher Erstkonsument des Haschisch könnte dies behaupten? –, sondern daß er das, was er wirklich erlebt haben mag, unter den schweren Schichten der applizierten Theaterschminke völlig aus den Augen verliert. Unter seiner Feder bleibt die Wunderwelt des Rausches recht steril, und der Leser erhält kaum den Eindruck, daß die Wahrnehmungen sich mit der Empfindung einer bedeutsamen Tiefe verbinden. Nichts weist hier darauf hin, daß die Worte nur unvollkommen wiedergeben, was der Berauschte tatsächlich erblickte. Der Gegenstand der Beschreibung scheint restlos in den Worten aufzugehen, und es gibt nicht den für alle visionären Dichtungen kennzeichnenden Nachhall, der signalisiert, daß Wichtiges, womöglich gar das Einzige, worauf es ankommt, nicht ausgesprochen wurde und nur als Andeutung irgendwo zwischen den Zeichen verborgen liegt. „Aber nun Schluß mit dem Unfug", heißt es zum Schluß. „Um eine Haschischhalluzination vollständig wiederzugeben, müßte man ein dickes Buch schreiben, und ein einfacher Feuilletonist kann sich nicht erlauben, eine zweite Apokalypse zu verfassen!"[62] Wüßte der Autor nur wirklich um die Wahrheit jener Worte, so könnte man immerhin diesen Satz über die Inkompetenz des Feuilletonisten als eine rauschinduzierte Erkenntnis bezeichnen, aber natürlich handelt es sich hier um die bloße Koketterie eines Ahnungslosen.

Als ein positives Gegenbeispiel für einen wahren Rauschkünstler, der die durch Drogen gewonnenen Einsichten im Verlauf eines beschwerlichen mystischen Erkenntnisweges zu realisieren versucht, wäre etwa Baudelaire zu nennen, über den Kaehler mit Recht schreibt, daß er „seine ungewöhnliche geistige Vitalität und seine ‚clairvoyance' ... niemals durch die Drogen eingebüßt"[63] habe. Bezöge sich Praz in seinem Urteil über den „Exotiker" allein auf solche Dokumente wie Gautiers besprochene Schilderung des Haschischrausches, so könnte man seinen Ausführungen über diesen Künstlertypus weitgehend zustimmen. Doch bei ihm schließt der Begriff unterschiedslos auch die wahren Rauschkünstler, d.h. Autoren wie De Quincey, Poe oder Baudelaire, mit ein, wodurch seine Unterscheidung zwischen Mystikern und Exotikern allerdings unhaltbar wird. Die Rauschkünstler, von denen in diesem Kapitel die Rede ist, repräsentieren vielmehr, da sie nicht nur als passive Rezipienten, sondern auch und vor allem als kreative Gestalter ihrer Rauschvisionen auftreten, eine moderne Variante des Mystikers. Beide, der traditionelle Mystiker und der moderne Rauschkünstler, drängen, wie es bei Praz heißt, zum Erleben „einer unaussprechlichen Welt", und beide bedienen sich des künstlerischen Ausdrucks als der einzigen Möglichkeit, das Unaussprechliche unausgesprochen doch auszusprechen. Auch die Motivation des Erkenntniswunsches ist beim Mystiker wie beim Rauschkünstler nicht wesentlich verschieden. So wäre es unsinnig, anzunehmen, daß der Rauschkünstler etwa nur deshalb ins Unbekannte vorstoßen wolle, weil er hoffe, dort etwas zu finden, worüber er schreiben kann – nicht die Kunst ist das Motiv seiner Suche, sondern die Suche das Motiv seiner Kunst.

Unter den Rauschvisionären und *poètes voyants* ist daher die Ansicht verbreitet, daß ihre Vision der des Mystikers entspreche oder wenigstens sehr ähnlich sei. So schreibt Balzac in seinem Roman *Louis Lambert* (1832/33): „Es gibt gewisse Bücher von Jakob Böhme, von Swedenborg oder von Mme Guyon, deren eindringliche Lektüre ebenso vielgestaltige Phantasien heraufbeschwört, wie es die Träume vermögen, die das Opium erzeugt."[64] Rudolf Gelpke, der sich im Orient wie im Abendland eine gute Kenntnis des Rauscherlebens aneignete, äußert sich aufgrund seiner eigenen Visionserfahrung sehr ähnlich und kommt zu dem Schluß, „daß die primär visionenschenkenden Drogen wie etwa Psilocybin, LSD, das ältere Meskalin und (in geringerem Maße) das Haschisch, das menschliche Bewußtsein auf eine Wellenlänge umschalten, die zum Erlebnisbereich der Mystiker gehört." Das berauschte Bewußtsein, so fährt er fort, sei wie ein Schiff, das zuvor noch durch „Leitseile" in einem vorgegebenen Kanal gehalten wurde, nach deren Durchtrennung aber in die Weite des Ozeans hinaustreibe: „Die Ufer zu beiden Seiten, die eine Orientierung über Fahrtgeschwindigkeit und Reiseziel ermöglichen, weichen zurück, versinken in der Ferne; und wohin das Auge nun auch schweift, begegnet ihm überall die gleiche Unendlichkeit des Horizontes."[65] Diese Fahrt im Unendlichen könne einerseits in furchtbare Stürme führen, aus denen sich der Berauschte zuletzt wie ein dankbarer Schiffbrüchiger in sein gewöhnliches Wachbewußtsein zurückflüchtet. Wenn sie aber in einem Moment höchster Glückseligkeit gipfele, die Gelpke mit dem „Ewigen Augenblick der Unio mystica" identifiziert, dann sei die Person wie Odysseus fortan vom „Gesang der Sirenen" erfüllt und müsse zusehen, das Unerhörte irgendwie in die heimatliche Bewußtseinswelt mit ihren Vorstellungen des Raumes und der Zeit zu integrieren. Nach dieser Beschreibung wird das Erleben des Mystikers und das des Rauschvisionärs also fast als identisch bezeichnet. Daß diese Überzeugung keineswegs isoliert im Raum steht, läßt sich etwa durch den Hinweis auf William James belegen, dessen Drogenversuche durch ein mystisch zu nennendes Erkenntnisinteresse motiviert waren, oder durch jene des Religionswissenschaftlers Alan Watts, der in dem Essay „Psychedelics and Religious Experience" (1968) schreibt:

> Ich selbst habe mit fünf der wichtigsten Psychedelica experimentiert: LSD-25, Meskalin, Psilocybin, Dimethyltriptamin (DMT) und Cannabis. Ich tat dies, so wie William James Lachgas probierte, um herauszufinden, ob sie mir bei der Ermittlung desjenigen von Nutzen wären, was man als die „essentiellen" oder „aktiven" Elemente der mystischen Erfahrung bezeichnen könnte. Denn fast die gesamte klassische Literatur über die Mystik ist nicht nur in der Beschreibung der Erfahrung vage, sondern auch in der Benennung der rationalen Zusammenhänge zwischen der Erfahrung selbst und den verschiedenen traditionellen Methoden, die zu ihrer Herbeiführung empfohlen werden – Fasten, Konzentration, Atemübungen, Gebete, Gesänge und Tänze.[66]

In dem früheren Essay „The New Alchemy" stellt Watts aber klar, daß nicht jede Rauscherfahrung zur mystischen Erleuchtung führt und daß die Gnade der göttlichen Vision mit der Einnahme von Rauschmitteln keineswegs willkürlich verfügbar wird. Der wichtigste Hinweis ist aber, daß die Erfahrung des Mystikers nur beiläufig im ekstatischen *raptus* gründet und vor allem geistige Disziplin und Beharrlichkeit erfordere. Daher erhalte die Rauscherfahrung auch nur dann einen mystischen Offenbarungscharakter, wenn der Berauschte eine Person ist, die sich um die Wahrheit bemüht und nicht bloß, wie z. B. de Ropp andeutet[67], eine bequeme Abkürzung sucht, die es ermöglicht, auf die beschwerlichen Exerzitien traditioneller Art zu verzichten:

> In den letzten paar Jahren haben moderne Chemiker aber eine oder zwei Substanzen hergestellt, von denen behauptet werden kann, daß sie in manchen Fällen Geisteszustände erzeugen, die dem kosmischen Bewußtsein erstaunlich ähnlich sind.
> Für viele Menschen sind solche Behauptungen sehr befremdlich. Zum einen erscheint die mystische Erfahrung viel zu leicht verfügbar, wenn sie einfach aus der Flasche kommt und somit für Leute erhältlich ist, die nichts getan haben, um sie zu verdienen, die weder gefastet noch gebetet noch Yoga praktiziert haben. Zum anderen scheint die Behauptung zu bedeuten, daß spirituelle Erkenntnis letzten Endes nur eine Frage der Körperchemie ist, womit das Spirituelle völlig auf Materielles reduziert wird. ...
> Es ist aber darauf hinzuweisen, daß die Idee von der spirituellen Erkenntnis als unverdienter Gabe durch göttliche Gnade nichts Neues oder Verwerfliches in sich birgt und oft durch solche Stoffe oder geweihte Mittel wie das Weihwasser und das Brot und den Wein des Abendmahls zum Ausdruck gebracht wird.[68]

So wie auch die gottesdienstlichen Rituale manchen Kirchgänger unberührt lassen, weil in seinem Inneren nichts mit den geweihten Handlungen korrespondiert, so könne selbstverständlich auch die Droge nur denen zu Einsichten verhelfen, die über eine entsprechende Neigung und Veranlagung verfügen: „Zustände, die der mystischen Erfahrung verwandt sind, stellen sich nur bei gewissen Personen ein und beruhen dann oft auf einer intensiven Konzentration und Bemühung, die Bewußtseinsveränderung in bestimmter Weise zu nutzen. Es ist hier auch wichtig, darauf hinzuweisen, daß die Ekstase nur eine Nebenwirkung der authentischen mystischen Erfahrung ist, deren Essenz am besten als Erkenntnis bezeichnet werden kann, so wie das Wort heute in der Psychiatrie benutzt wird."[69] In diesem Sinn erweist sich die Rauscherkenntnis aber als eine der mystischen durchaus ebenbürtige Versöhnung von Gegensätzen, wie sie auch von den Romantikern angestrebt wurde: „Es ist eine allgemeine Ansicht, daß zwischen Intuition und Intellekt, Dichtung und Logik, Spiritualität und Rationalität eine radikale Unversöhnlichkeit bestehe. Für mich war das Beeindruckendste an der LSD-Erfahrung, daß diese formal entgegengesetzten Bereiche einander statt dessen zu ergänzen und zu befruchten scheinen, wodurch sie also eine Art des Lebens vorführen, in der der Mensch nicht mehr ein verkörpertes Paradoxon von Engel und Tier, von Vernunft im Kampf mit dem Instinkt ist, sondern eine wunderbare Zusammenfügung, in der Eros und Logos eins sind."[70]

Daß die Einsicht des Mystikers und anderer Wahrheitssucher eine Frucht der Mühsal ist und sein müsse, bestätigt auch Luzius Keller, allerdings läßt er sich durch diese Ansicht zu dem voreiligen Schluß verleiten, daß die künstlichen Paradiese eines Baudelaire oder Gautier, da sie doch so bequem zu erreichen seien, nur Scheinerkenntnisse zu bieten hätten.[71] Diese Auffassung verkennt, daß der wahre Rauschkünstler durchaus ein Geist ist, der nach Goethes Wort „immer strebend sich bemüht". Hier läßt sich also nur wiederholen, daß er sich eben nicht (oder nicht nur) in die Wunderwelt des Rausches begibt, um sich dort genüßlich zu betten, sondern daß er vielmehr zwischen dieser Welt und jener, der sein rationales Wachbewußtsein angehört, beständig hin und her eilt, um das Gesehene zu überprüfen, zu sortieren, zu kommentieren und zu begreifen – dies ist die Verpflichtung, die ihm aus seinem Künstlertum erwächst.[72] Dies ist auch der Sinn von Coleridges berühmter Unterscheidung zwischen *Fancy*, dem bloßen Rausch der Intuition, und *Imagination*, jenem kreativen Vermögen, in dem sich die intuitive Vision mit der intellektuellen Ordnungsmacht verbindet. Der Rauschkünstler begibt sich also nur in die künstlichen Paradiese, um von dort in unsere gewohnte Wirklichkeit zurückzukehren und uns über das Mysteriöse zu unterrichten. Analog dazu fordert auch Novalis eine solche disziplinierte Rückkehr aus den Welten der Traumvision, wie Béguin feststellt:

> Ich kann die Welt nur in mir selbst entdecken, in diesem höheren Ich, in dem alle Dinge gegenwärtig sind; ich kann nur das erkennen und verstehen, wovon ich den „Keim" schon in mir trage, und es ist meine erste Aufgabe, all diese inneren Keime organisch zu entwickeln. Das Universum und die Welt des verborgenen Ichs stehen in genauester *Analogie* zueinander; ihre Figuren und Rhythmen entsprechen sich. Und „hat man den *Rhythmus* der Welt weg – so hat man auch die Welt weg." …

IV. Mystiker und „Exotiker" 429

Aber das ist lediglich ein erster Schritt. Der Weg des Subjektivismus führt letztlich zu einer Wiederentdeckung der äußeren Welt. Die Erkundung der eigenen Realität bedarf der Ergänzung durch eine zweite Erkenntnisgebärde, die, wenn wir uns erst unserer Mitte wieder versichert haben, die Außenwelt besser wird erfassen können. Novalis stellt hier einen Grundsatz auf, der für ihn von allergrößter Bedeutung ist:

... „Der erste Schritt wird Blick nach Innen, absondernde Beschauung unsers Selbst. Wer hier stehn bleibt, gerät nur halb. Der zweite Schritt muß wirksamer Blick nach Außen, selbsttätige, gehaltne Beobachtung der Außenwelt sein."

Denn es geht Novalis keineswegs darum, sich ohne Kontrolle den unbewußten Regungen hinzugeben oder sich in einen reinen Subjektivismus zu verkapseln, im Gegenteil! Er will, daß der Mensch – im Besitz des Weltgeheimnisses, das er aus dem inneren Abgrund gehoben hat – zum Leben zurückkehre und einen neuen, einen um all seine Entdeckungen bereicherten Blick hineinwerfe.[73]

In ähnlichen Worten findet sich die Überzeugung, daß der Künstler von der Erfahrung des Rausches in die alltägliche Welt des Wachbewußtseins zurückfinden müsse, bei allen hier besprochenen Rauschautoren. Die Bequemlichkeit tötet, hatte Cocteau in *Opium* erklärt, und nur aus dem Unbequemen könne sich ein kreatives Wirken entfalten. Dieser Rauschkünstler, dem das Sehen kein reines Vergnügen, sondern eine drängende Pflicht ist, vermag ein visionäres Bewußtsein zu entwickeln, das schließlich über die akute Visionserfahrung hinauswächst und die künstlichen Stimulantien zuletzt womöglich gar nicht mehr benötigt, weil es mit der Zeit ebenso gereift und gefestigt ist wie das des Mystikers, der sich einer langen und rigorosen Askese unterzogen hat. Dagegen ist der wohl wesentlichste Unterschied, der zwischem diesem modernen Rauschkünstler und dem traditionellen Mystiker besteht, daß der erstere nicht ordnungsgemäß auf dem Pfad der Erleuchtung voranschreitet, sondern immer wieder vorausgreift, indem er sich durch die Droge Eindrücke verschafft, die sein aktuelles, noch nicht genügend geschultes Verständnis und die noch nicht ausreichend geläuterte Person überfordern, und daß er sein Erkenntnisbemühen daher in einem permanenten Schuldbewußtsein fortsetzt, weil die eigenmächtig heraufbeschworene Ekstase des Rausches eine so große Ähnlichkeit aufweist mit jenem Visionsglück, das Gott als einen besonderen Gnadenbeweis einigen Auserwählten vorbehält. Darum verbindet sich die seherische Drogenerfahrung etwa bei Baudelaire mit dem düsteren Gedanken an die „péché original", die Erbsünde.

Wenn sich die Bemühungen des modernen Rauschkünstlers also von denen des Mystikers vornehmlich darin unterscheiden, daß die ersteren nicht nur wie jene unter Stöhnen suchen, sondern dabei auch noch durch ein schlechtes Gewissen bedrängt werden, weil sie vom rechten Weg abweichen und mit Hilfe der Droge querfeldein laufen, so gibt es allerdings guten Grund zu der Frage, wieso sie dann nicht von vornherein den traditionellen Weg der Askese beschritten und sich dadurch ihr Schuldgefühl ersparten. Unter den möglichen Antworten auf diese Frage ist die einfachste wohl immer noch die am meisten befriedigende: Der traditionelle Weg der mystischen Bewußtseinsbildung wurde trotz aller Sympathie mit den großen Gotteskündern des Mittelalters als nicht mehr zeitgemäß empfunden. So ist die Romantik zwar im Kern eine religiöse Bewegung und bedient sich gern und oft der Symbolik des Christentums, aber es war doch beileibe nicht ihr Ziel, hinter die Aufklärung und gar noch die Renaissance geradewegs ins geistliche Mittelalter zurückzugehen. In ihrer Rückbesinnung auf die mittelalterliche Mystik war es ihr nicht darum zu tun, sich wiederum auf Gedeih und Verderb der christlichen Lehre zu verpflichten, vielmehr machte sich das Individuum hier nur das zu eigen, was ihm für sein eigenes Fortkommen in der Gegenwart nützlich erschien, so wie es auch andere Epochen als willkommene Fundgruben nutzte. So befanden sich die Vertreter der Frühromantik, der Hochromantik, der Spätromantik und der Schwarzen Romantik in einer permanenten Aufbruchsstimmung, die sich nach einem Jahrhundert in der gewaltigen Explosion der Moderne entlud, welche die ausgehöhlten Formen des alten Abendlandes endlich zersprengte. Bestärkt durch die geistigen Nachbeben der Französischen Revolution und unter dem unmittelbaren Eindruck der rapiden Entwicklungen in Technik und Industrie und des beschleunigten Wachstums der Städte, verstanden sich die Romantiker von Anfang an als eine Bewegung, die trotz aller Anleihen aus der Vergangenheit den Blick entschlossen nach vorn richtete. Die kulturellen Zirkel organisierten sich längst nicht mehr an einflußreichen Höfen, sondern in der bürgerlichen Mitte der Städte, wo das Nesselhemd des mittelalterlichen Büßers und Asketen gar zu antiquiert anmuten mußte. Die Einsamkeit der Wüste, des tiefen Waldes, des schroffen Hochgebirges oder der kargen Klosterzelle waren zwar geschätzte Genrebilder, doch für sich selbst erkannten die Romantiker und ihre Nachfolger, daß die ärgste Einsamkeit, die schlimmste Einöde mitten im Gewühl der Menge zu suchen war, in der zunehmenden Anonymität der Städte, in der unerschütterlichen Gleichmut des bürgerlichen Lebensgefüges. Nirgends tritt das Gespenst des Ennui deutlicher zutage, als in den Städten, wo sich die Belanglosigkeit des Profanen in erdrückender Fülle konzentriert, und weil die späteren Erkenntnissucher vom Schlage Baudelaires in ihr Leiden unter dem unerträglichen Spleen gleichzeitig so verliebt sind, daß sie nicht von ihm lassen mögen, findet man sie bald fast nur noch in den Metropolen. Die Wollust, mit der sie sich ihrem Leid ergeben, hat mit dem herkömmlichen Begriff der Askese natürlich nichts gemein. Schließlich trieben die Bohémiens den Kult des Ennui auch nicht so weit, daß sie darüber zu leben versäumten; die sprichwörtliche Kunde von den lockeren Sitten der Bohème ist nicht bloß üble Nachrede neidischer Spießer, und Baudelaire war ein haschischessender Klausner, der keine Bedenken hatte, für die Bedürfnisse seiner asketischen Haushaltung in kürzester Zeit ein stattliches Vermögen durchzubringen.

Und doch sind diese äußeren Genüsse und Eitelkeiten oft ein Indikator eines inneren Martyriums, so wie auch die von Exzeß zu Exzeß fortschreitenden Wüstlinge de Sades in Wahrheit fruchtlos Getriebene sind, die eben darum so ausschweifend leben, weil ihnen nichts wirkliche Befriedigung verschafft. Benjamin hat sicher recht, wenn er den großstädtischen Flaneur und Dandy als ein wichtiges Element in Baudelaires

Persönlichkeit identifiziert, denn während des Müßiggangs in der Menge, dem Flanieren von Passage zu Passage, war das Bewußtsein der inneren Einsamkeit sicher am größten. Der moderne Mystiker sucht nicht mehr die geographische Einsamkeit und kasteit sich nicht mehr durch physische Entsagungen, sondern er zieht sich in die Einsamkeit der Gesellschaft zurück und diszipliniert seinen Geist durch den rohen Anblick seiner materialistischen Umgebung.[74] Als ein Kind seiner schnellebigen Zeit kann er den langsamen Gang der mystischen Bewußtwerdung nicht mehr tolerieren, und zwar schon deshalb, weil die Qualen, denen er sich in der modernen Welt kontinuierlich unterwirft, sein Leidensvermögen zu sehr strapazieren: Er hat nicht die Zeit, über die ein Meister Eckhart verfügte, und er muß sich beeilen, um vor dem Untergang im Strudel des stündlich fortschreitenden zivilisatorischen Entfremdungsprozesses seinen Durst nach dem *au-delà* zu stillen. So ist der Griff nach der Droge durchaus nicht nur durch Bequemlichkeit motiviert, sondern – da er weiß, daß der Zug seines Lebens nicht anhalten wird und im Gegenteil immer schneller in die Zukunft rast – ein Ausdruck der verzweifelten Hoffnung, während der Fahrt seine Blumen zu pflücken. Gewiß, er könnte aus dem Fenster springen und sich als Aussteiger auf einer Insel fernab vom Treiben der hektischen Zivilisation niederlassen, aber wem sollte er dort von seiner Erkenntnis berichten? Der Künstler braucht sein Publikum ebenso wie der Mystiker; beiden ist es nicht gestattet, sich ganz aus der Welt zu entfernen, denn sie haben doch einen Auftrag, dessen Erfüllung voraussetzt, daß sie immer wieder zu ihren Zuhörern zurückkehren. Es wäre also nicht bloß unfair, es wäre schlechthin falsch, wollte man wie Praz diesen Typ des Rauschvisionärs als dekadente Schwundform des „echten" Mystikers begreifen.

Michael G. Cooke geht wohl etwas zu weit, wenn er meint: „Das Problem des Rausches gründet völlig im romantischen Streben nach der Erfindung einer disziplinierten Mystik"[75], denn das Sehen der Mystiker gründet von jeher in einer durch den Verstand disziplinierten Schau des Herzens, aber er erkennt doch das Interesse des romantischen Rauschvisionärs sehr treffend als ein mystisches. Obwohl diese Einsicht unter den heutigen Kritikern sehr verbreitet ist, besteht doch vielfach eine seltsame Scheu, die traditionelle Mystik und die moderne Vision des Rauschkünstlers als eine weitgehend identische Erfahrung zu begreifen, deren spezifische Ausprägungen nicht wesentlich, sondern nur im Hinblick auf ihre jeweilige historische und kulturelle Einbettung differieren. So wird das Einheitserleben des drogenberauschten Visionärs zwar vielfach als eine Erfahrung der *unio mystica* erkannt, doch hierauf folgt oft die übervorsichtige Formel, daß die eigentliche Mystik doch etwas anderes sei, sein müsse oder sein könnte. Diese Aussage, die – nähme der Leser sie für bare Münze – zuweilen die gerade vollbrachte Deutungsarbeit gleich wieder entkräften könnte, scheint tatsächlich nur zu beinhalten, daß der Autor für seine Meinung möglichst nicht zur Rechenschaft gezogen werden möchte. Deshalb, so scheint es, wird dem Leser oft erstens mitgeteilt, daß der Rausch des visionären Künstlers eine mystische Erfahrung sei, und zweitens (ein wenig kleinlaut), daß alles vielleicht aber auch ganz anders sein könnte. Ein Beispiel für diese Rhetorik der Vorsicht sind Bilslands Ausführungen über den Mystizismus DE QUINCEYS:

> Bei De Quincey ... wird man stets mit dem Problem konfrontiert, daß man entscheiden muß, in welchem Maße seine Prosagedichte tatsächliche Berichte seiner Rauscherfahrungen sind und in welchem Maße die ursprünglichen Erfahrungen erheblich verändert wurden. Man muß daher, ganz gleich was er schreibt, vorsichtig damit sein, ihn als einen *Mystiker* zu bezeichnen. Ob er je eine mystische Erfahrung hatte, in der er eine perfekte Einheit mit dem Absoluten erreichte, oder nicht, bleibt ungewiß. Es ist jedoch unzweifelhaft, daß er mit der mystischen Haltung sympathisierte und daß er überzeugt war, daß der Mensch in bestimmten ekstatischen Momenten des Lebens intuitiv ein Verständnis absoluter Wahrheiten erhalten könne, Wahrheiten, die jenseits der Aufnahmefähigkeit des analytischen Verstandes liegen. Nach seiner Beschreibung [der Erfahrung] an Elizabeths Bettkante[76] zu urteilen, glaubte er anscheinend, daß er als Kind ins Reich einer grenzenlosen Zeit und eines grenzenlosen Raumes eingetreten sei und sich im unmittelbaren Glanz von Gottes Thron befunden habe. Nun, in seinen Opiumträumen, näherte er sich wiederum einer solchen mystischen Vision an. Aus der Häufigkeit, mit der er sich auf die mystischen Merkmale dieser Träume bezieht und aus der allgemeinen Übereinstimmung dieser Bezüge muß man schließen, daß er sich unter dem Einfluß von Opium in einer Welt bewegte, die – wenn sie ihr nicht entsprach – der mystischen doch nahestand.[77]

Die Frage, ob De Quinceys visionäre Schriften tatsächlich auf „echten" Eingebungen durch Traum und Rausch beruhen oder inwiefern sie vielleicht „nur" das Resultat eines phantasievollen Schöpfungsaktes sind, ist verständlich und erscheint legitim. Doch dieselbe Frage müßten wir uns stellen – und wir könnten sie ebensowenig mit Gewißheit beantworten –, wenn wir einen Text von Meister Eckhart, Jakob Böhme, Teresa von Avila oder Hildegard von Bingen lesen. So authentisch ihre beschriebene Erfahrung auch immer sein mag – wir können sie doch niemals zweifelsfrei verifizieren. Da uns die Frage also notwendig ins Leere führt, kann sie uns bei der Beurteilung visionärer Schilderungen kaum nützen. Und was würde es besagen, wenn wir tatsächlich einwandfrei ermitteln könnten, daß diese oder jene Passage De Quinceys niemals geträumt, sondern „erfunden" wurde? Ist solches Erfinden, zumal bei einem gewohnheitsmäßigen Drogenkonsumenten, als ein kreativer Akt nicht oft im Grunde das Gleiche wie die intuitive Wahrnehmung im Rausch oder in der mystischen Vision? Im einen wie im anderen Fall muß sich doch ohnehin, wie wir gesehen haben, die intuitive Schau mit ihrer rational-bewußten Realisierung verbinden. De Quincey selbst bezeichnet jedenfalls sein Laudanum („ein gewisses rubinfarbenes Elixier") in dem Essay „Coleridge and Opium-Eating" als „Baum der Erkenntnis" [C&O 210] und verweist auf die in Miltons *Paradise Lost* gegebene Version der Genesis, wo Adam durch ein ebensolches Elixier zum sehenden Geschöpf Gottes wird. „Das charakteristische Verdienst des Opiums", heißt es kurz darauf, „zeigt sich im Hinblick auf das Vermögen der geistigen Vision und in der erhöhten Fähigkeit, sich mit dem Schattenhaften und der Finsternis zu befassen." [C&O 211] Für De Quincey ist die Droge also ein Instrument der mystischen Suche, mit dessen Hilfe er in den göttlichen Abgrund seiner eigenen Psyche zu blicken vermag.

Auch Fitz Hugh LUDLOW zeigt sich überzeugt, daß die Erfahrungen des Haschischrausches eine tiefere Erkenntnis über das verborgene Wesen der Welt vermittle, die dem mystischen Offenbarungserlebnis sehr verwandt sei. Dies zeigt schon die im Untertitel seines *Hasheesh Eater* („Being Passages from the Life of a Pythagorean") enthaltene Selbstbezeichnung als Anhänger des Mathematikers Pythagoras (ca. 570–496 v.Chr.), der die allweltliche Harmonie darauf zurückführte, daß der Kosmos nach den Prinzipien der Zahlenverhältnisse eingerichtet sei und deshalb seine mathematischen Studien mit mystischen Konzeptionen wie z.B. der aus der indischen Geistestradition übernommenen Idee der Seelenwanderung verband. „Ein Zug zum Mystischen", meint daher auch de Ropp ganz richtig, „lag in Ludlows Charakter, und sein beträchtliches Studium der Schriftsteller des Altertums hatte ihn auch mit den Theorien der Gemeinde der Pythagoreer vertraut gemacht. ... Unter Haschisch fand Ludlow sich befähigt, ganz anders als zuvor den Begriff der allweltlichen Harmonie zu verstehen, auf dem die Lehre des alten Philosophen aus Crotona basierte; genauso wie Aldous Huxley, unter Meskalin, gewisse ihm sonst unbegreiflich gewesene Äußerungen der buddhistischen Lehrer des Zen verstand."[78] Obwohl Ludlow in seinem Werk vorwiegend die bildliche Oberfläche seiner Rauschabenteuer beschreibt (ein Spaziergang auf der Chinesischen Mauer, eine Reise zum Nil usw.), findet sich doch auch wiederholt der Hinweis, daß in diesen Bildern ein tieferes Weltverständnis zum Ausdruck komme:

> Tatsächlich haben sich für den Haschischesser ganze Welten verändert, dadurch, daß seine Fähigkeiten eine außerordentliche Erweiterung und Anregung erfahren haben. Nicht die Wahrheit hat eine Erweiterung erfahren, wohl aber hat das Wahrnehmungsvermögen teleskopische Formen angenommen, so daß, wo andere nur verschwommene Nebelgebilde erkennen oder überhaupt nichts sehen, er zu einer Einsicht kommt und einen Scharfblick besitzt, dem auch Fernliegendes sich oft nicht entziehen kann. Wo ein anderer nur lichten Nebel sieht oder überhaupt nichts, findet er wundersame Konstellationen geistiger Natur, erfaßt ihre Bedeutung und erkennt die Gesetze ihrer göttlichen Harmonie. [HE 148; 105/106]

Der Haschischberauschte, meint Ludlow und nimmt damit die bekannte spätere Aussage von William James vorweg, befinde sich in einem Zustand des „Wahnsinns", der wohl für das Verständnis bestimmter Wahrheiten besser geeignet sei als die normale Geistesverfassung: „Tatsächlich wird die Hochstimmung in diesem Bericht wiederholt als ein Wahnsinn bezeichnet. Ich möchte das in dem Sinn verstanden wissen, daß ich glaube, daß der Wahnsinnige in manche Angelegenheiten einen tieferen Einblick erhält als der Gesunde. Es gilt hier, Wahnsinn nicht mit Idiotie zu verwechseln. Das letztere ist die Auslöschung jeglichen Vermögens, das erstere die außergewöhnliche Entwicklung eines Vermögens oder einer Gruppe von Fähigkeiten, während die anderen vergleichsweise ruhiggestellt sind." [HE 289] Dabei erörtert Ludlow die Frage, „inwieweit Haschisch ein Licht auf die innersten der geistigen Arkana wirft" [HE 288], durchaus kritisch und läßt sich unter dem Eindruck seiner persönlichen Rauscherfahrung nicht dazu hinreißen, alles Erlebte pauschal zur mystischen Erkenntnis zu deklarieren. An einer Stelle klingt sogar an, daß seine Rauscheinsichten auf einer Erkenntnisstufe unterhalb der Klarheit mystischer Offenbarungen stünden:

> Aber es gibt eine Tatsache, die als Rechtfertigung für das Verlangen nach Drogen angeführt werden kann, ohne dabei in die Nähe unlauterer Nebenabsichten zu geraten, nämlich, daß Drogen den Menschen in die Nähe der göttlichen Offenbarung bringen können und ihn damit über sein persönliches Schicksal und seine alltäglichen Lebensumstände hinausheben in eine höhere Form der Wirklichkeit. ...
> Das, wovon wir sprechen, ist ... die Erkenntnis der Möglichkeit der Seele, einzugehen in ein lichteres Sein, tiefere Einblicke und großartigere Visionen der Schönheit, Wahrheit und des Göttlichen zu erhaschen, als ihr das sonst, durch die Ritzen ihrer Gefängniszelle spähend, möglich wäre. Es gibt aber nicht viele Drogen, die die Macht besitzen, solches Verlangen zu stillen. Der ganze Katalog, soweit die Forschung ihn bis jetzt geschrieben hat, dürfte wahrscheinlich lediglich Opium, Haschisch, und in selteneren Fällen Alkohol, der nur auf ganz bestimmte Charaktere erleuchtend wirkt, umfassen. [HE 270; 181]

Immerhin läßt er sich durch seine Rauscherfahrung aber doch dazu verleiten, am Schluß seines Buches eine kleine Kosmologie zu entwerfen, die freilich darunter leidet, daß er sich hier nicht mehr nur auf seine Eingebung verläßt, sondern als Freizeitphilosoph allerlei fremde Theorie heranzieht, die letztlich das Eigene erdrückt und in einem etwas pedantisch anmutenden Katalog sinnlicher Verifikationsproben gipfelt. Dabei beginnt er recht ausführlich mit Locke und Hume, nennt im Vorübergehen schnell Fichte, Hegel, Schelling, Kant und gelangt über „jenen ewig zu preisenden Transzendentalismus" [HE 307] zu „dem beinahe einzigen echten Metaphysiker in Amerika, vielleicht dem größten lebenden überhaupt, der es verdient, den stärksten und tiefsten Denkern jeder Zeit und jedes Landes zugerechnet zu werden" [HE 305], nämlich einem gewissen Mr. Hickok (womit nicht etwa der legendäre Outlaw-Marshal „Wild Bill" Hickok gemeint ist, der erst schoß und dann fragte, sondern, wie der Leser erfährt, der Autor einer Schrift über *Rational Psychology*). Nach Ludlows haschischinspirierter Kosmologie (oder demjenigen, was unter der Last der herangezogenen Theorie davon noch erkennbar ist), sei das höchste Wesen, der Schöpfer der Welt, eine ständig in Bewegung befindliche Kraft, deren geistiges Wirken durch die Erzeugung von Materie sichtbar werde. Da alle Materie also nur die sichtbar gewordene Geistesenergie dieses höchsten Wesens sei, gebe es folglich keine toten Gegenstände; vielmehr sei die Materie das Medium, das es ermögliche, die göttlichen Gedanken auch sinnlich wahrzunehmen. Wir wollen uns hier nicht an der recht harmlosen Kosmologie Ludlows aufhalten, sondern sie nur als Beleg dafür anführen, daß der Haschischrausch seine Überzeugung eines tiefen, metaphysischen Weltverständnisses offensichtlich bekräftigte und von ihm daher als erkenntnisfördernd erlebt wurde. Der eigentliche Anlaß seiner philosophierenden Skizze ist die rauschinspirierte Erkenntnis, daß die Seele die Bewegungen des göttlichen Wesens mit einem geeinten All-Sinn wahrnehme, dessen Analogie die voneinander geschiedenen leiblichen Sinne seien. Eine ähnliche Überzeugung findet Ludlow bei Coleridge, was ihn vermuten läßt, daß sie ihrerseits auf den unmittelbaren Einfluß des

Opiums zurückzuführen sei: „Eine ähnliche Ansicht vertrat Coleridge, und ich muß einfach annehmen, daß sie ihm durch eine Offenbarung ihrer Wahrheit nahegebracht wurde, die er während der Opiumekstase empfing. Es gibt gewiß keine stärkere Bekräftigung als eine, die er auf diese Art erhalten haben mag, wenn die Wirkung dieser Droge ihn jemals mit jener Intensität traf, mit der mich das Haschisch traf. Durch Beweise von einer unglaublichen Überzeugungskraft wurde ich mehrfach, während ich der Droge zusprach, aller Zweifel in dieser Hinsicht enthoben." [HE 321] Obwohl Ludlow im Haschischrausch also mystische Erkenntnisse oder Einblicke ähnlicher Art erfuhr, rät er doch von einem erkenntnisorientierten Gebrauch der Droge ab, da sie ihm, wie Huxley formulieren wird, als eine „gratuitous grace", eine interessante, aber letztlich für die Erleuchtung nicht notwendige Gabe erscheint:

> Haschisch ist wahrhaftig ein verwünschtes Kraut, und am Ende zahlt die Seele einen hohen Preis für all die genossenen Freuden; außerdem ist der Genuß der Droge nicht unbedingt der geeignete Weg, um zu irgendeiner Einsicht zu gelangen, doch wer könnte sagen, ob ich nicht in dieser gehobenen Stimmung mehr vom Wesen der Dinge, wie sie wirklich sind, wahrgenommen habe als jemals in meinem Normalzustand? Wir wollen nicht annehmen, daß die Art, wie wir im allgemeinen die Natur betrachten – recht sorglos und uninteressiert –, normal sei für die Wahrnehmungsfähigkeit der Seele. Allen Dingen wohnt ein tieferer Sinn inne, eine warme Empfindung der Freude, und unsere Augen müssen geöffnet werden, um das wahrzunehmen. Im Jubel des Haschischrausches sind wir lediglich auf falschem Wege zu dem Geheimnis jener unendlichen Schönheit gelangt, die wir im Himmel und auf Erden schauen werden, wenn einmal die Hülle des Körperlichen abfällt und wir erkennen, wie auch wir erkannt werden. Aus den trüben Wassern unseres Lebens, beladen mit Jahrhunderten von Verderbtheit, die sie durchflossen haben, werden wir zum ursprünglichen Quell vergangener Zeiten aufsteigen und trunken werden vor Verzückung von seinen apokalyptischen Wassern. [HE 91; 70]

Auch im 20. Jahrhundert wird der Drogenrausch vielfach als ein Ausnahmezustand des Bewußtseins verstanden, der Einblicke in sonst verborgene Dimensionen des Kosmos ermöglicht. „Ist es das Opium, das uns bestimmte Gründe zu seiner Verteidigung diktiert, oder gibt es uns vielmehr eine Klarsichtigkeit, die im normalen Zustand verschwindet?"[79], fragt sich COCTEAU in seiner „Lettre à Jacques Maritain" und antwortet selbst im Tagebuch seines Opiumentzuges, daß die Droge einen erheblichen Einfluß auf die Wahrnehmungs- und Lebensgeschwindigkeit der Person habe, so daß ihr z. B. das geheime Leben der Pflanzen erfahrbar werde:

> Alles ist eine Frage der Geschwindigkeit. (Unbewegliche Geschwindigkeit. Die Geschwindigkeit an sich. OPIUM: die Geschwindigkeit aus Seide.) Nach den Pflanzen, deren Geschwindigkeit, die von der unsrigen verschieden ist, uns nur eine relative Unbeweglichkeit vorstellt, und der Geschwindigkeit der Metalle, die uns eine noch größere relative Unbeweglichkeit vorstellt, beginnen Bereiche, die zu langsam oder zu schnell sind, als daß wir, die wir von ihnen wahrgenommen werden, sie überhaupt wahrnehmen könnten. ... Es ist nicht unmöglich, daß das Kino eines Tages das Unsichtbare filmen, es sichtbar machen, es unserem Rhythmus zuführen kann, wie es unserem Rhythmus die Gestik der Blumen zugeführt hat.

> Das Opium, das unsere Geschwindigkeiten verändert, verschafft uns die sehr klare Intuition von Welten, die einander überlagern, einander durchdringen und dennoch nicht einander mißtrauen. [O 151/152]

Dies ist gewiß eine Erfahrung von jener Art, die Walter BENJAMIN als „profane Erleuchtung" bezeichnet hat: ein Heraustreten aus dem gewohnten Wachbewußtsein im Interesse einer Versenkung in die Gegenstände, welche dem Individuum dann nicht mehr aus einer übergeordneten Perspektive als bloße Objekte, sondern als Kommunikationspartner bedeutsam werden. Für Benjamin besteht das Glück und die Bedeutsamkeit des erkennenden Vordringens in die neuen Realitäten des Rausches vor allem als Bewußtsein des zurückgelegten Weges. Für die romantischen Rauschvisionäre hat er kein Verständnis, weil er fälschlich davon ausgeht, daß diese sich allein der plötzlich überraschenden Wirkung des Anderen überließen, dessen Anblick sie überwältige und ihre Herkunft, den Ausgangspunkt ihrer Reise vergessen lasse. Um dem Rauschglück etwas Positives abzugewinnen, müsse aber der Erkenntnisweg selbst und nicht bloß das Visionserlebnis an seinem Ende kreativ erfahren und in der Erfahrung erschaffen werden. Die bewußte Zurücklegung der Strecke, die ins Mysterium führt, erfülle den Suchenden dann mit einer berauschenden Genugtuung über seine kreative Leistung, die wie das Abwickeln eines Knäuels, die Auslegung eines Ariadne-Fadens sei.[80]

Es mag uns schwerfallen, solche Äußerungen mit dem sprachlosen Überfließen der Mystiker zu verbinden. Dennoch wird der Drogenrausch vielfach auch im 20. Jahrhundert als ein Ausnahmezustand des Bewußtseins verstanden, der starke religiöse Offenbarungserlebnisse und mit ihnen oftmals Einsichten bewirkt, die als Erkenntnis im mystischen Sinn zu deuten sind. Besonders häufig finden sich solche Äußerungen im Zusammenhang mit den „neueren" Halluzinogenen, also vor allem Meskalin und LSD. So schreibt HUXLEY in einem Brief vom 24. Oktober 1955 an Dr. Humphry Osmond: „Was sich als allgemeine Schlußfolgerung ergibt, ist die Bekräftigung der Tatsache, daß Meskalin wahrhaftig die Pforte öffnet und daß alles, einschließlich des Unbekannten in seiner reinsten, umfassendsten Gestalt hervorscheinen kann. Nach der Gotteserscheinung ist es der vorübergehend erleuchteten Person überlassen, ‚mit der Gnade zu kooperieren' – nicht so sehr durch den Willen, sondern durch Bewußtheit." [M 111/112] Es kann daher nicht überraschen, daß Huxley im Bemühen um eine treffende Schilderung seiner Rauscherfahrungen immer wieder auf die Texte der westlichen und östlichen Mystik zurückgreift. Sein Erlebnis eines reinen Seins, das weder angenehm noch unangenehm noch sonst mit irgendwelchen Qualitäten behaftet ist, bezeichnet er in *The Doors of Perception* mit Meister Eckharts Begriff der „Istigkeit" und fragt sich später: „Es wäre ... interessant, eine Untersuchung darüber anzustellen, welche Kunstwerke den großen Kennern des So-Seins erreichbar waren. Welche Art von Gemälden kam Meister Eckhart zu Gesicht? Welche Skulpturen und Gemälde spielten eine Rolle im religiösen Erleben eines Hl. Johannes vom Kreuze, eines Hakuin, eines Hui-neng, eines William Law?" [DP 24; 24] Und er fährt fort:

IV. Mystiker und „Exotiker"

Zu beantworten vermag ich diese Fragen nicht, hege aber den starken Verdacht, daß die meisten der großen Kenner des So-Seins wahrscheinlich der Kunst sehr wenig Aufmerksamkeit schenkten – einige überhaupt nichts mit ihr zu tun haben wollten, andere sich mit dem begnügten, was ein kritisches Auge als zweitrangig oder sogar zehntrangig betrachten würde. (Für einen Menschen, dessen verklärter und verklärender Geist das All in jedem *Dies* zu erblicken vermag, wird die Erstrangigkeit oder Zehntrangigkeit sogar eines religiösen Gemäldes etwas höchst Gleichgültiges sein.) Kunst ist, so vermute ich, nur etwas für Anfänger oder aber für jene, die entschlossen sind, in ihrer Sackgasse zu verharren, und die sich entschieden haben, sich mit dem Ersatz für das So-Sein zufrieden zu geben, lieber mit Sinnbildern vorlieb zu nehmen als mit dem, was sie versinnbildlichen, die das erlesen zusammengestellte Kochrezept der wirklichen Speise vorziehen. [DP 24/25; 24/25]

Auf den ersten Blick scheint Huxley hier genau jene Ansicht zu vertreten, die – von Mario Praz geäußert – doch eben erst für sehr übel befunden wurde. Tatsächlich meint Huxley aber etwas ganz anderes als jener. Für den Mystiker und Visionär muß die Kunst als ein Stein des Anstoßes gewiß immer belangloser werden, je weiter er auf seinem Weg der Erleuchtung voranschreitet: Er selbst bedarf ja keines Anstoßes mehr oder braucht ihn immer weniger, da er sich bereits in Bewegung befindet. Da der Mystiker aber nicht nur selbst angestoßen sein, sondern auch seinerseits wiederum andere anstoßen will und soll, kann ihm die Kunst als Mittel zu diesem Zweck nicht gleichgültig sein. So befindet sich der Mystiker in seinem Verhältnis zur Kunst etwa in der Situation eines Sprachlehrers, der das Grammatikbuch nicht mehr nötig hat, da er die Sprache bereits fließend beherrscht, als Arbeitsmittel zur Unterrichtung seiner Schüler aber dennoch für unerläßlich hält und sich fleißig seiner bedient. Als Kunst*rezipient* mag ein Mystiker recht gleichgültig sein, während er sich als Kunst*schaffender*, d.h. in der anschaulichen Gestaltung seiner außerordentlichen Erfahrung, allerdings mit umso größerem Elan betätigt. Daher weist Huxley auch an anderer Stelle darauf hin, daß die mystischen Schulen des Ostens gerade in der Kunst der Landschaftsmalerei ein wichtiges Ausdrucksmittel des Religiösen sahen [vgl. DP 39 und HH 103], und wenn die religiöse Kunst des Abendlandes im Vergleich sehr oberflächlich wirken mag, so ist doch zu bedenken, daß die Urheber dieser Kunst im christlichen Mittelalter in der Regel nicht aus eigenem visionären Antrieb tätig wurden, sondern vorwiegend Auftragsarbeiten ausführten. Wo sie sich indessen doch von eigenen Erleuchtungserlebnissen leiten ließen – man denke etwa an die apokalyptische Visionskunst eines Hieronymus Bosch –, da öffnet sich in und jenseits der Farbe und Form auch gleich der Abgrund der mystischen Erfahrung.

So wie heutige Drogenvisionäre zur Veranschaulichung ihres Visionserlebens auf die Zeugnisse der Mystik zurückgreifen, so hat auch etwa die christliche Mystik des Mittelalters oft und gern die berauschende Wirkung des Weines als bildliches Vergleichsmittel benutzt. Daher schreibt Huxley in dem Essay „The History of Tension":

Die mystische Erfahrung verhält sich zur Trunkenheit wie das Ganze zum Teil, wie die Gesundheit zur Krankheit. Für den Alkoholiker wie für den Mystiker öffnen sich Türen, ergibt sich eine Umgehung dessen, was ich das zerebrale Reduktionsventil genannt habe, die normale Gehirnfunktion, die unsere geistigen Prozesse zumeist auf ein Bewußtsein des biologisch Nützlichen beschränkt. Beiden wird ein Einblick in etwas gewährt, das die Welt der Alltagserfahrung transzendiert ... Was der Trinker in den ersten Phasen des Rausches sieht, wird unmittelbar als großartig erkannt. Was nicht großartig ist, ist die besondere Methode, die zur Erreichung dieser Transzendenzerfahrung angewandt wird. [...] William James' Charakterisierung des Alkohols als Anreger des mystischen Vermögens wird deutlich durch das bestätigt, was die Mystiker selbst über ihre ekstatischen Erfahrungen gesagt haben. In der mystischen Literatur des Islam werden ständig Metaphern benutzt, die sich auf Wein und das Weintrinken beziehen. Sehr ähnliche Metaphern finden sich in den Schriften einiger der größten christlichen Heiligen. So nennt der Hl. Johannes vom Kreuz seine Seele *la interior bodega di mi Amado* – den inneren Weinkeller meines Geliebten. Und die Hl. Teresa von Avila berichtet uns, sie „betrachte das Zentrum unserer Seele als einen Weinkeller, in den uns Gott einläßt, wann und wie es ihm gefällt, um uns mit dem köstlichen Wein seiner göttlichen Gnade zu berauschen." [M 156/157]

Als ein intimer Kenner der wichtigsten Halluzinogene bestätigt Henri MICHAUX Huxleys Äußerungen über die Drogen als Vermittler mystischer Erkenntnis. Dies zeigt exemplarisch die folgende Passage aus *L'Infini turbulent*, die in der für Michaux so charakteristischen ekstatischen Diktion verfaßt ist, welche den lesenden Nachvollzug des mystischen Momentes fast selbst zu einem Rauscherlebnis werden läßt:

Das Unglaubliche ist geschehen, das was ich seit meiner Kindheit verzweifelt ersehnt habe, das scheinbar Ausgeschlossene, von dem ich gedacht hatte, daß ich für meine Person es niemals sehen würde, das Unerhörte, das Unerreichbare, das Allzuschöne, das Erhabene, mir bisher verboten, hat sich ereignet.
Ich habe Tausende von Göttern gesehen. Ich habe das überwältigend wunderbare Geschenk empfangen. Mir, der ich ohne Glauben bin (ohne den Glauben zu kennen, den ich vielleicht haben könnte), mir sind sie erschienen. Sie waren da, in lebendiger Gegenwart, lebendiger gegenwärtig als irgend etwas, das ich jemals gesehen habe. Und es war unmöglich, und ich wußte es, und doch! Und doch waren sie da, zu Hunderten aufgereiht, immer einer neben dem andern (aber Tausende folgten, kaum wahrnehmbar, und sehr viel mehr als Tausende, eine Unendlichkeit). Da waren sie, diese Gestalten, still, vornehm, in der Luft schwebend kraft einer Levitation, die ganz natürlich erschien, mit sehr leichten Bewegungen, wie von innen her beschwingt, ohne sich von der Stelle zu rühren. Sie, diese göttlichen Personen, und ich, wir waren allein anwesend. [IT 70/71; 47]

Hier mögen wir eine Vorstellung erhalten, was es bedeutet, die „Istigkeit", das reine So-Sein eines Gegenstandes zu erfahren. Als ein Stilist des Rausches verzichtet Michaux fast völlig auf Elemente der Beschreibung, damit unsere Vorstellung nicht durch Nebensächliches von dieser reinen, durch nichts qualifizierten Göttererscheinung abgelenkt werde. Dabei ist diese Passage noch vergleichsweise harmlos. Manche Phasen der mystischen Halluzinogenerfahrung erstrecken sich in unerbittlich aufdringlichen Monotonien über mehrere Seiten seiner Texte, so daß sich der Bedeutungsgehalt der wenigen variierten Worte bald verflüchtigt und fast nichts mehr als ein stummer und doch betäubender Rhythmus übrigbleibt, der unser Bewußtsein angreift wie das Flackern eines Stroboskops und somit eine fast hypnotische Wirkung ausübt. Der Rauscheffekt, der sich durch solche Lektüre bei manchem Leser einstellen mag, führt dann vielleicht zu einem weniger vermittelten und als Krise der eigenen Person erlebten Verständnis dessen, was sich zwischen den Zeilen verbirgt. Bei Michaux übernimmt die Prosa also die gleiche Rolle wie die Trommel des Schamanen, die ihn selbst ebenso wie die Zeremonieteilnehmer durch eine bewußt erzeugte Reizüberflutung in einen anderen Erfahrungsbereich versetzen soll.

V. Zur Transzendenz von Raum und Zeit

Eines der charakteristischen Merkmale des Rauscherlebens ist die Veränderung des Raum- und Zeitgefühls. Damit wird die wichtigste Grundlage unserer gewohnten Welterfassung, nämlich das System der dimensionalen Wahrnehmung modifiziert bzw. ganz oder teilweise untauglich gemacht. Als sinnlich-rationale Bewußtseinswesen können wir die Welt wie uns selbst nur innerhalb von Vorstellungen des Raumes und der Zeit erfahren. Im ersten Fall erleben wir unser Ich als etwas „hier" Befindliches, was sich von allem „dort" Befindlichen unterscheidet; im zweiten Fall erleben wir unser Ich als etwas, das genau „jetzt" besteht und sich durch diese Aktualität von dem Ich unterscheidet, das wir einmal waren und das jetzt vergangen ist und jenem, das wir einmal sein werden und das noch zukünftig ist. Der Angelpunkt unseres Welterlebens ist innerhalb dieser Schematik also stets das „Hier und Jetzt", in dem wir uns als ein existierendes Ich erleben, das in der Auseinandersetzung mit einem differenzierten Umfeld (der Summe all dessen, was uns als „Nicht-Ich" gilt) agiert und reagiert. Da unser sinnlich-rationales Bewußtsein sich ohne die Vorstellungen des Raumes und der Zeit nicht konstituieren kann, da es für uns ohne sie also keine praktische Lebenswirklichkeit gäbe, müssen sie als existenznotwendig gelten. Und doch bilden sie nur ein abstraktes Modell von Wirklichkeit, das allein durch den Verstand gegeben ist und, wie wir sehr wohl wissen, keinesfalls die ganze Wirklichkeit darstellt. Doch was ist die ganze Wirklichkeit? Wirklichkeit, antwortet Henri BERGSON (1859–1941), der sich als Hauptvertreter der auf Schopenhauer und Nietzsche aufbauenden sogenannten „Lebensphilosophie" gegen die positivistischen und neokantianischen Tendenzen der Jahrhundertwende richtete, Wirklichkeit besteht in zwei Formen, nämlich als Raum und Zeit, wobei die oben genannten Vorstellungen des Raumes und der Zeit, die durch den Verstand gegeben sind, beide als Varianten der Kategorie „Raum" begriffen werden. Wie ist das zu verstehen? – Raum ist nach Bergson ein abgeschlossener Bereich, in dem sich nur statische, d.h. unbewegliche Gegenstände befinden, zwischen denen das Subjekt mehr oder weniger beliebig hin- und herwandern kann, so daß es möglich ist, die einzelnen Gegenstände und ihre Verhältnisse in Ruhe zu vergleichen und zu analysieren, um so die Gesetzmäßigkeiten der Wirklichkeit zu ermitteln, die sich aus ihnen zusammensetzt. Dieser Raum mit seinen definierbaren Inhalten ist der Aktionsbereich der empirischen Wissenschaften. Mit der Zeit können diese sich dagegen nur befassen, wenn sie in abstrakte Portionen zerlegt ist, seien es nun grobe Abschnitte wie Vergangenheit, Gegenwart und Zukunft oder Maßeinheiten wie Minuten, Stunden und Tage. Wenn wir z.B. von einer Zehntelsekunde sprechen, so beziehen wir uns auf ein Element, das als ein Stück, als etwas Statisches also, aus dem unentwegten Fließen der Zeit herausgeschnitten wurde. Solche Einheiten können wir zählen und wir können mit ihnen ebenso verfahren wie mit den räumlichen Gegenständen unserer Vorstellung. Die gemessene Zeit ist demnach wie ein eingefrorener Fluß, der in lauter Stücke zersägt wurde. Diese Stücke bezeichnet Bergson als *temps*. Dagegen ist die echte Zeit, die Bergson *durée* nennt, als ein unaufhörliches Werden eine einzige lineare Bewegung, die sich weder anhalten läßt, noch ein Vor- oder Zurückschreiten erlaubt.[81] Denn in dem Augenblick, in dem wir „Jetzt!" sagen, ist der Moment schon wieder vorbei und das Jetzt ein anderes als das vorige. In der *durée* kann es auch keine Vergangenheit geben, weil der Moment, in dem das Vergangene geschah, unwiederbringlich ist und in der akuten Situation unserer Erinnerung etwas ganz Neues wird. Ein Beispiel: Ein Zeitgenosse wird den 13. Juli 1789 in den vierundzwanzig Stunden, als man dieses Datum schrieb, ganz anders erlebt haben, als er ihn kurz darauf in dem Wissen erinnern mag, daß dies der Vorabend des Sturms auf die Bastille war. Das Wissen, daß nach dem 13. Juli etwas geschah, gibt dem Tag in der Erinnerung eine andere Qualität als er ursprünglich hatte; so wird der 13. Juli 1789 als eine vergangene Zeit durch die Erinnerung gleichsam als etwas Neues erschaffen. Darum ist nach Bergson jede Handlung in der *durée* ein kreativer Akt. Da über die Zeit als *durée* in keiner Weise verfügt werden kann, vermag der Verstand sie nicht zu begreifen; er müßte den Fluß schon anhalten und in Elemente zerteilen, die sich benennen lassen, doch das Ergebnis seiner Bemühung wäre dann wiederum nur *temps*. *Durée* ist darum nur im unmittelbaren individuellen Erleben, nämlich durch die Intuition erfahrbar und kann als Intuition nur fühlbar gemacht, nicht aber im eigentlichen Sinn vermittelt werden. „Was ist also ‚Zeit'? Wenn mich niemand danach fragt, weiß ich es es; will ich einem Fragenden es erklären, weiß ich es nicht."[82] Diese Worte könnte Bergson geschrieben haben; sie stammen aber von Augustinus, der im 11. Buch seiner *Bekenntnisse* ausführlich über das Wesen der Zeit schreibt und dabei manches vorwegnimmt, was mehr als anderthalb Jahrtausende später als Bergson'sches Gedankengut die westliche Welt erobern sollte. Diese gedankliche Übereinstimmung ist weniger erstaunlich, als sie auf den ersten Blick erscheinen mag, denn auch Bergsons Philosophie ist der Ausdruck einer tiefen, mystisch geprägten Religiosität: Wird ein Teil der *durée* isoliert, so erhält man *temps*, ein gemessenes Zeitstück, das dem materiellen Bestand der Kategorie „Raum" angehört. Demnach dürfte wohl alle Materie einmal dem ewigen Fließen der *durée* angehört haben und wurde somit durch den intuitiven Geist erzeugt, der allein diesen Zeitstrom wahrnimmt und wahrnehmend erzeugt. Dieser Geist, der unaufhörlich Neues hervorbringt und immerfort das Leben schafft, wird

V. Zur Transzendenz von Raum und Zeit

von Bergson *élan vital* genannt und legt den Gedanken nahe, daß die Seele des Menschen als ein solcher kreativer Drang zum Leben unsterblich ist. Hier zeigt sich vollends, daß Bergson mit seiner Philosophie der Zeit auf ein mystisch-religiöses Weltverständnis zurückführt, so daß man sich nicht wundern muß, wieso Augustinus und Bergson unabhängig voneinander[83] zu frappierend ähnlichen Aussagen gelangen. So ist der Schluß bei Bergson ebenso wie bei den Mystikern, daß das intuitive Gewahrwerden der *durée*, das unvermittelte Innewerden des Unaussprechlichen dem Sehenden nicht anders darstellbar ist als in Bildern, die dann beim Betrachter das gleiche persönliche und unvermittelte intuitive Erkennen auslösen mögen.

Kant hatte die Vorstellungen des Raumes und der Zeit noch als nützliche, ja unentbehrliche Erkenntnisgrundlagen bejaht; daß sie dem Individuum als Ursache seines Leidens an der eigenen Endlichkeit auch lästig oder gar unerträglich sein könnten, kam ihm nicht in den Sinn.[84] Auch Schiller hatte die Entstehung der Konzeptionen von Vergangenheit, Gegenwart und Zukunft in dem Aufsatz „Etwas über die erste Menschengesellschaft nach dem Leitfaden der mosaischen Urkunde" (1790) als einen großen Gewinn begrüßt, indem er ausführte, daß die ersten beiden Menschen zunächst nur in der Gegenwart gelebt hätten, nach dem Sündenfall auch die Vergangenheit erfuhren und schließlich, mit der Sorge um ihre Kinder, die Zukunft als Domäne der Hoffnung entdeckten. Ganz anders erscheinen Raum und Zeit in der Bewertung der Romantik, wie Lersch bemerkt:

> Raum und Zeit sind es, die die Mannigfaltigkeit der Welt erzeugen; sie teilen die Unendlichkeit des Seins und Geschehens in Einzelheiten auf, in Dinge und Ereignisse. Diese Mannigfaltigkeit verwirrt und beängstigt den Romantiker, der die Einheit des Lebens, die Mitte der Welt irgendwie aber um jeden Preis zu fassen sucht, den es deshalb danach drängt, sich von der Vereinzelung mitten im Chaos der Erscheinungen, in deren Kette er ein mechanisch eingeordnetes Glied ist, zu erlösen. Er sucht Uebergänge zwischen den Individualitäten, für Novalis war „nichts poetischer als alle Uebergänge und heterogene Mischungen". Das Nebeneinander, in das die Dinge, das Nacheinander, in das die Geschehnisse gereiht sind, will der Romantiker verwandeln in ein Ineinander und Miteinander, das Extensive des Auges in das Intensive des Gefühls. Die Erfüllung eben dieses Wunsches nach Einheit fand der Romantiker im Traume ...[85]

Entsprechend heißt es auch etwa in Poes Erzählung „Berenice": „So wie in der Ethik das Böse aus dem Guten folgt, so wird in der Tat auch die Freude aus dem Leid geboren. Entweder ist die Erinnerung vergangener Seligkeit der Kummer von heute, oder es haben die *gegenwärtigen* Qualen ihren Grund in den Wonnen, die *hätten sein können*." [CTP 642] Für Poe ist also Zeit in ihrer dreidimensionalen Konzeption vornehmlich eine Quelle von Leid und Unzufriedenheit, da sie das Gegenwartsbewußtsein mit den uneingelösten Möglichkeiten der Vergangenheit und der unrealisierbaren Möglichkeitsfülle der Zukunft konfrontiert. Im gewöhnlichen Wachbewußtsein erweist sich die Zeit als ein aus dem kosmischen Zusammenhang herausgelöstes Fragment, das wiederum in seine drei Erscheinungsformen zersplittert ist. Dieser trüben Wirklichkeit des Verstandes stellt er die Vision einer idealen

Realität entgegen, in der weder Vergangenheit noch Zukunft bestehen, sondern allein eine immerwährende Gegenwart, die sich durch ihre Unendlichkeit als Gegenwart aufhebt, so daß die Zeit – Bergsons *temps* – überhaupt verloren geht. Daher schreibt Eddings in seiner Besprechung des Gedichts „Dream-Land": „In der Welt des Idealen gibt es keine solchen materiellen Konstrukte wie Zeit und Raum, was auf Poes Vision verweist, daß das Ideale das Chaos der körperlichen Existenz harmonisiere und in eine Einheit überführe."[86]

Bergsons *temps* und das ganze vom Verstand gegebene Gerüst räumlich-zeitlicher Vorstellungen wird von den Mystikern und ihren modernen Kollegen, den Rauschkünstlern, als ein Geschirr empfunden, ein despotisches Joch; sie bemerken, daß wir uns in unserem gewöhnlichen Wachbewußtsein an einem Gängelband befinden, das uns nur so weite Kreise zu ziehen erlaubt, wie seine Länge eben zuläßt, während uns alles, was wir undeutlich in weiterer Ferne erahnen mögen, unerreichbar ist. Im Tod des Bewußtseins wird dieses Band wohl durchtrennt, doch was immer die so befreite Seele hierauf zu schauen vermag – die zurückgebliebene Menschheit wird nichts davon erfahren. Zu den verschiedenen Methoden, die bemüht werden, um dieses Gängelband nur vorübergehend abzustreifen, um sodann wieder ins Geschirr des Bewußtseins zurückzukehren und den Menschen von der Ferne zu berichten, gehört auch die drogeninduzierte Transzendenzerfahrung. Vor diesem Hintergrund wird die im Rausch erlebte Ausdehnung oder sogar die völlige Aufhebung von Zeit und Raum eine wichtige Etappe des Erkenntnisweges. So stellt z. B. DE QUINCEY fest:

> In den *Opiumbekenntnissen* kam ich kurz auf das (nach langem Gebrauch) durch das Opium erzeugte außergewöhnliche Vermögen zur Erweiterung der zeitlichen Dimensionen zu sprechen.[87] Auch den Raum erweitert es in in einem zuweilen erschreckenden Maße. Doch es ist vor allem die Zeit, die durch die Erhebungs- und Vervielfachungskraft des Opium betroffen ist. Die Zeit erhält eine unbegrenzte Elastizität und dehnt sich bis zu solchen unermeßlichen und verschwindenden Endpunkten aus, daß es lächerlich erscheint, ihr Wesen nach dem Erwachen durch Größen, die dem menschlichen Leben angemessen sind, zu beziffern. So wie man die Ausdehnung von Sternennebeln beziffert, indem man sie in Durchmessern der Erde oder des Jupiter angibt – so auch die *eigentliche* Zeit, die man in Träumen durchlebt, in Generationen zu messen, ist lächerlich, in Jahrtausenden: lächerlich, und ebenso lächerlich auch in Äonen, denke ich, wenn Äonen konkretere Größen wären. [S 468/469]

Über die Ausdehnung von Raum und Zeit im Haschischrausch schreibt LUDLOW, indem er sein Bemühen schildert, auf eine von außen gestellte Frage zu antworten:

> Zum ersten Mal erlebte ich, wie sehr Haschisch alles Zeitmaß verändert. Das erste Wort meiner Erwiderung beanspruchte so viel Zeit wie sie für den Ablauf eines ganzen Schauspiels ausgereicht hätte; beim letzten Wort wußte ich überhaupt nicht mehr, wann in der Vergangenheit ich den Satz begonnen hatte. Er mochte Jahre in Anspruch genommen haben. Ich befand mich in einem anderen Leben als jenem, das ich lebte, als ich dem Anfang des Satzes lauschte.
>
> Die Zeit dehnte sich aus, der Raum weitete sich. Im Haus meines Freundes stand ein bestimmter Fauteuil stets für mich bereit. Ich saß darin, kaum einen Meter von dem

großen Tisch entfernt, um den sich die ganze Familie scharte. Der Abstand wurde rasch größer. Die ganze Atmosphäre schien sich auszudehnen und verlor sich in der Unendlichkeit der Räume, die mich umgaben. Wir befanden uns in einem riesigen Saal, am einen Ende saßen meine Freunde, und am anderen ich. Decke und Wand strebten in einer gleitenden Bewegung in die Höhe, gleichsam beseelt von einem Drang zu unaufhaltsamem Wachstum. [HE 22; 26]

Auch BAUDELAIRE erlebt im Rausch eine ungeheure Ausweitung von Raum und Zeit, jenen „immer verbundenen Vorstellungen" [PA 377], die ihrer völligen Auflösung vorhergeht. So bemüht er sich in einem Fall, einen Weg zu ersinnen, wie er aus dem gigantischen Pfeifenkopf, in dem er sich zu befinden glaubt, herauskommen könnte:

Wie soll man es anstellen, aus der Pfeife herauszukommen? Diese Überlegung dauert eine Ewigkeit. Eine Zwischenphase der Klarheit gestattet es unter großer Mühe, einen Blick aufs Pendel zu werfen. Die Ewigkeit hat eine Minute gedauert. Ein anderer Gedankenstrom trägt einen davon, eine Minute lang treibt er einen in einem lebenden Strudel um, und diese Minute wird wiederum eine Ewigkeit sein. Die Ausmaße der Zeit und des Seins werden durch die unbezifferbare Vielfalt und durch die Intensität der Empfindungen und Gedanken verzerrt. Im Lauf einer Stunde lebt man mehrere Menschenleben. [PA 338]

Diese Erfahrung rechnet Baudelaire der zweiten der drei Phasen des Haschischrausches zu. Durch die weitgehende, aber noch nicht völlige Entwertung von Raum und Zeit erhält der Berauschte hier eine erste Vorstellung davon, was es bedeuten mag, ein von allen zeitlichen und räumlichen Vorstellungen entleertes Bewußtsein zu erreichen, das ein nur noch sich selbst enthaltendes Nichts ist. Wenn der Berauschte in der Lage ist, die dritte, höchste Stufe des Rausches zu erreichen, in der er sich selbst als göttliches Wesen und als eine den ganzen Kosmos erfüllende Liebe empfindet, wird sich dieser ekstatische Höhepunkt mit dem Ende der zweiten Phase durch den völligen Verlust der Zeit ankündigen (vgl. PA 339). – Für Baudelaire ist die Zeit im Sinn von Bergsons *temps* ein unerträglicher Zwinger; sie verschlingt ihn wie ein Ungeheuer: „Et le temps m'engloutit de minute par minute" [FdM 72], heißt es in „Le Goût du Néant", was den verzweifelten Wunsch erzeugt, wie von einer gewaltigen Lawine ins ewige Nichts fortgerissen zu werden. In „Rêve parisien" wird eine von allem Natürlichen befreite paradiesische Landschaftsarchitektur beschrieben, über deren schimmernden Wunderdingen eine in ihrer schrecklichen Absolutheit herrliche Atmosphäre der Ewigkeit lastet: „Et sur ces mouvantes merveilles / Planait (terrible nouveauté!) / Tout pour l'œil, rien pour les oreilles!) / Un silence d'éternité." [FdM 98] [„Und über diesen Wundern in Bewegung schwebte (neuer Schrecken! ganz für das Auge, nichts für die Ohren!) ein Schweigen der Ewigkeit." (III 265)] Die letzten beiden Strophen dieses Gedichts beschreiben, wie der Berauschte durch die Glockenschläge einer Uhr brutal in die elende Wirklichkeit der Zeit zurückgestoßen wird, und doch muß man sich fragen, ob Baudelaire in seiner Ekstase tatsächlich die Ewigkeit des *Néant* erlebte. Immerhin schildert er doch eine Landschaft, die zwar recht ätherisch ist, aber immer noch Gegenstände enthält, die nur in einem Raum bestehen können, sowie verschiedene Bewegungen, die wohl harmonisch aufeinander abgestimmt, aber immer noch klar voneinander unterscheidbar sind, wozu aber eine Vorstellung von Zeit gegeben sein muß. Doch versetzen wir uns in Baudelaires Situation als Dichter und setzen wir voraus, daß er im Rausch tatsächlich das von allen räumlichen und zeitlichen Vorstellungen entleerte *Néant* erfahren haben mag: Wie soll er es seinen Lesern beschreiben? Nur durch das Nichts, in diesem Fall also das Schweigen des Dichters, ließe sich das Nichts treffend beschreiben, doch es ist gerade der Auftrag des Rauschkünstlers, seine Visionen mitzuteilen. Natürlich kann man dem Künstler das Schweigen nicht verbieten, doch es muß, will er ein Künstler bleiben, ein Schweigen sein, das sich deuten und verstehen läßt. Dagegen wäre ein Schweigen im Sinn einer völligen Aussageverweigerung nur die künstlerische Bankrotterklärung. Auch Béguin erkennt dieses Dilemma des visionären Dichters:

> Die Größe der Romantik liegt darin, daß sie die tiefe Verwandtschaft zwischen den dichterischen Zuständen und den Offenbarungen religiöser Art erkannt und bekräftigt hat, daß sie den irrationalen Fähigkeiten vertraute und sich mit Leib und Seele der großen Sehnsucht der verbannten Kreatur verschrieb. Und doch! Auch wenn diese dichterischen Zustände offensichtlich von einer andern Wirklichkeit als der unserer alltäglichen Wahrnehmung zeugen, so ist es noch keineswegs sicher, daß die Dichtung je bis zu der Erkenntnis vorstoßen wird, die ihr unsere Dichter zum Ziele setzen. Das Bedürfnis nach dieser Erkenntnis verbindet sich im dichterischen Schaffen mit dem Verlangen nach dem Werk, mit dem Wunsch, einen Gegenstand hervorzubringen, etwas Gestaltetes in die Welt zu setzen und im Bilde zu sagen, was sich im Innern offenbart hat. Dieser Wunsch, den jeder Mensch in sich trägt, ist nicht wesentlich anderer Art als jenes Verlangen nach Vollkommenheit, dem unser Erkenntnisstreben entspringt. Aber am Ziel des mystischen Weges gibt es keine Bilder mehr, nur noch das Schweigen; das Ziel des dichterischen Versuches ist jedoch das Wort und die Gestaltwerdung.[88]

Baudelaire muß sich also der Sprache bedienen, die zwangsläufig Gegenstände beschreibt und Bewegungen vorstellt, auch wenn ihm solche in seiner höchsten Visionsekstase gar nicht mehr vor Augen kamen. Darüber hinaus muß er als verantwortlicher Künder von Wahrheit auch dafür Sorge tragen, daß seine Botschaft verstanden wird; er ist also zu Anschaulichkeit verpflichtet und darf nicht so abstrakt schreiben, daß die benutzte Sprache ihre Funktion als Informationsträger verliert und das Publikum völlig ratlos läßt. In „La Chambre double" klingt diese Schwierigkeit an, wenn der Sprecher das paradiesische Leben zunächst als ein berauschendes Glücksgefühl schildert, „das ich Minute für Minute, Sekunde für Sekunde genieße!" [SP 234] Natürlich kann es in einem solchen Paradies die verhaßten Sekunden und Minuten der Zeit gerade nicht mehr geben, doch Baudelaire ringt hier sichtlich um Anschaulichkeit, um sich gleich im nächsten Satz zu korrigieren: „Nein! es gibt keine Minuten mehr, es gibt keine Sekunden mehr! Die Zeit ist verschwunden; die Ewigkeit herrscht, eine Ewigkeit der Wonnen!" [SP 234; VIII 129] Nur unter der Voraussetzung, daß diese Zeitlosigkeit eine authentische Erfahrung ist, erhält der folgende Rückfall in Zeit und Raum seinen schrecklichen Aspekt:

V. Zur Transzendenz von Raum und Zeit

> Oh! ja! die Zeit ist wieder da; die Zeit herrscht als Gebieterin jetzt; und mit dieser scheußlichen Alten ist ihr ganzes teuflisches Gefolge zurückgekehrt: Erinnerungen, Versäumnisse, Krämpfe, Angst, Schrecken und Grauen, Wutanfälle und Nervenleiden.
>
> Ich versichere euch, die Sekunden sind jetzt stark und feierlich betont, und jede, wie sie mit dem Pendelschlag von der Uhr springt, spricht: „Ich bin das Leben, das unerträgliche, das unerbittliche Leben!" [SP 235; VIII 129, 131]

Der unglückliche Poet ist wieder dem Joch von Raum und Zeit unterworfen; die materielle Wirklichkeit treibt ihren Sklaven an, „als wäre ich ein Ochse ..."

Auch GAUTIER beschreibt in der letzten Sektion seiner Erzählung „Le Club des Hachichins" unter der Überschrift „Glaubt nicht den Uhren" den Tod der Zeit, allerdings erhebt sich seine Schilderung nicht über die unbekümmerte Leichtherzigkeit des Anekdotischen und zeigt keine Spur einer mystischen Ergriffenheit, die sich unter dem Eindruck eines solchen Erlebnisses doch unweigerlich einstellen müßte:

> Als ich wieder zu mir kam, fand ich das Zimmer voller schwarzgekleideter Leute, die mit traurigen Mienen aufeinander zugingen und sich mit einer melancholischen Herzlichkeit die Hände reichten, so wie Menschen, die von einem gemeinsamen Schmerz ergriffen sind.
>
> Sie sagten: „Die Zeit ist tot; jetzt wird es keine Jahre noch Monate noch Stunden mehr geben; die Zeit ist tot, und wir tragen sie zu Grabe.
>
> – Es ist wahr, sie war sehr alt, aber ich war auf dieses Ereignis doch nicht vorbereitet; für ihr Alter war sie doch noch erstaunlich rüstig, fügte eine der Personen in Trauerkleidung hinzu, die ich als einen befreundeten Maler erkannte.
>
> – Die Ewigkeit war abgenutzt, man muß ein Ende machen, erwiderte ein anderer.
>
> – Großer Gott! rief ich aus, von einem plötzlichen Gedanken erfaßt, wenn es keine Zeit mehr gibt, wann kann es dann elf Uhr sein? ...
>
> – Niemals ..., rief Daucus-Carota mit donnernder Stimme, [...] es wird immer Viertel nach neun bleiben ... Der Zeiger wird auf der Minute verharren, in der die Zeit aufgehört hat zu existieren, und dir wird es auferlegt sein, den unbeweglichen Zeiger zu beobachten und dich abermals hinzusetzen, um von vorne zu beginnen, und dies solange, bis du auf den Knochen deiner Fersen gehst."[89]

Dies sind nicht die Worte eines Erleuchteten, der dasjenige geschaut hat, was an der Schwelle zur höchsten Stufe der mystischen Vision erfahrbar wird. Schließlich zeigt die schadenfrohe Bemerkung von Daucus-Carota, daß der Ich-Erzähler unaufhörlich aufstehen, nach der Uhr sehen und sich wieder hinsetzen werde, bis er auf seinen Knochen gehe, daß die Idee einer Entwicklung und eines Handelns, wie sie nur in der Zeit möglich ist, nach wie vor besteht. Gautiers Warnung, den Uhren nicht zu trauen, ist hier wenig mehr als ein kalkulierter und noch dazu recht harmloser literarischer Einfall, während Poe etwa in dem Prosastück „The Colloquy of Monos and Una" den Geist eines Verstorbenen umso eindringlicher berichten läßt, wie er in der Zeit nach seinem Tod allmählich feststellte, daß das Ticken der Menschenuhren mit dem Fluß der Zeit nicht synchron verlaufe. Dieser Schilderung scheint viel eher als bei Gautier ein rauschhaftes Erlebnis der graduellen Aufhebung von Zeit zugrunde zu liegen (vgl. Seite 553). – Noch prosaischer als bei Gautier fällt die Schilderung der Raum- und Zeitentgrenzung bei Benjamin aus, wo vom fassungslosen Staunen eines Baudelaire nichts mehr zu spüren ist: „Nun kommen die Zeit- und Raumansprüche zur Geltung, die der Haschischesser macht. Die sind ja bekanntlich absolut königlich. Versailles ist dem, der Haschisch gegessen hat, nicht zu groß, und die Ewigkeit dauert ihm nicht zu lange."[90] Ende der Durchsage. War Benjamin für das Außerordentliche des Rausches so unempfänglich, daß er seiner Erfahrung nur diese kargen Zeilen abgewinnen konnte? Oder war sein Geist gar so taub, daß ihm im Rausch nichts Großes widerfuhr? Das ist äußerst unwahrscheinlich, zumal Benjamin in seinen Schriften sonst sehr eindrucksvoll beweist, mit welch ungewöhnlicher Sensibilität er sich in den Windungen und Passagen des modernen Bewußtseins zurechtfand. Wahrscheinlicher ist daher, daß ihn im Rausch eine zu tief verwurzelte Angst vor dem Unerklärbaren lähmte (denn Benjamin ist ein großer Freund von Erklärungen), und vielleicht verzagte er vor der Aufgabe, die erfahrenen Aspekte des großen Mysteriums zu benennen. So heißt es an anderer Stelle: „Die Eingangstore zu einer Welt des Grotesken scheinen aufzugehen. Ich wollte nur nicht hereintreten."[91]

VI. Das Geheimnis der Kerze

1. Das Herrliche Licht

Zu Beginn des 5. Kapitels von *Under the Volcano* durchstreift der Konsul in einem Traum die mystischen Höhen des Himalaya und verfällt in Erwartung der erlösenden Offenbarung in einen wahren Lichtrausch (vgl. die zitierte Passage auf Seite 371). Das gleißende und alles überströmende Licht ist sicher das meistgebrauchte Bild zur Veranschaulichung der überwältigenden Präsenz Gottes, die den Menschen schon in der Bibel blendet. So wie die Sonne als unerschöpflich scheinende Lichtquelle in den Kulten aller Völker eine wichtige Rolle spielt, so ist die für Menschenaugen unerträgliche Helligkeit in allen Religionen ein geläufiges Attribut des Göttlichen. Zwei Beispiele für die literarische Auseinandersetzung mit diesem Strahlungsmoment, der vom Individuum als ein plötzlicher Einbruch in der Kontinuität seines zeitlichen Erlebens erfahren wird, sind die Schilderungen des *instress* bei Hopkins und der Epiphanie-Begriff bei Joyce.

Obwohl der englische Dichter Gerard Manley HOPKINS (1844–1889) kein Mystiker im eigentlichen Sinne war, betrachtete er als Angehöriger der Societas Jesu sein poetisches Werk in erster Linie als gottesdienstliche Übung und legte auch keinen Wert darauf, seine Gedichte zu veröffentlichen, so daß sie erst dreißig Jahre nach seinem Tod einem breiteren Publikum zugänglich wurden. Ähnlich wie der amerikanische Transzendentalist Henry David Thoreau war Hopkins ein leidenschaftlicher *rambler*, der mit großer Aufmerksamkeit die Landschaft seiner näheren Umgebung durchstreifte. So betrachtete er die äußeren Erscheinungsformen der Natur in der

Absicht, in ihnen jenes tiefere Wesen zu entdecken, das er *inscape* nennt. Darunter versteht er eine in jedem Ding angelegte Mikroformel des kosmischen Gesamtzusammenhanges, die als Teil des Ganzen dessen Gesamtheit im Kleinen widerspiegelt.[92] Diesen Spiegel des kosmischen Wesens gelte es im einzelnen Gegenstand aufzuspüren, was größte Konzentration erfordere und daher nicht im Kollektiv, sondern nur dem einzelnen Individuum möglich sei. Die gegenständliche Erscheinung wird sozusagen aufgebrochen wie eine Nußschale, so daß die *inscape* wie ein hervorstrahlender Glutkern zutage tritt und sich als die freiwerdende Energie des göttlichen Geistes mit dem Bewußtsein des Betrachters zu einem Ganzen verbindet. Beschrieben wird hier also die Erfahrung der *unio mystica*, die Hopkins als *instress* bezeichnet. Diese extravertierte Haltung, bei der sich der Blick in die Tiefe der Gegenstände hineinversenkt, ist charakteristisch für die früheren Gedichte von Hopkins, während er sich nach 1880 – offenbar unter dem Eindruck einer persönlichen Krise – in einer sehr düsteren Stimmung zusehends in den Abgrund seines eigenen Ich vertieft.[93]

In dieser für Hopkins eigentlich nicht typischen Stimmung kommt der Dichter dem romantischen Leiden an der Existenz sehr nahe: Wenn sonst die Dinge der Natur in Momenten herrlicher Klarheit eine Gewißheit des göttlichen Wirkens erzeugen, sieht er sich hier in den abgründigen Spiegelgalerien des eigenen Ich gefangen; Zweifel an der Glaubwürdigkeit seiner Visionen machen seinen Geist für das innere Leuchten der Gegenstände unempfindlich und versiegeln die Ausgänge aus der materiellen Welt, so daß er sich wie ein *poète maudit* in der schäbigen Elendskammer – „ce taudis, ce séjour de l'éternel ennui" [SP 235], heißt es in Baudelaires „Chambre double" – seines sinnlich-rationalen Wachbewußtseins eingesperrt fühlt. Es ist kein Wunder, daß die Lichtfülle der früheren, visionsinspirierten Gedichte in dieser trüben Phase der Verzweiflung einer ausgesprochen finsteren Bildlichkeit weicht. „Pitched past pitch" – so wird etwa in „No Worst, There is None" die schmerzliche Situation der melancholischen Leere und Gottverlassenheit geschildert, womit wahrscheinlich gemeint ist, daß das Leid noch schwärzer sei als Pech. Deutlicher wird der Verlust des Lichts in einem anderen Gedicht beklagt, das mit der folgenden Strophe beginnt: „I wake and feel the fell of dark, not day. / What hours, O what black hours we have spent / This night! what sights you, heart, saw; ways you went! / And more must, in yet longer light's delay!"[94] [„Ich erwache und spüre den Einbruch der Finsternis, nicht des Tages. / Was für Stunden, oh was für schwarze Stunden verbrachten wir / In dieser Nacht! Was für Anblicke sahst du, Herz, was für Wege gingest du! / Und hast noch zu gehen, in noch weiterem Aufschub des Lichts!"] Nachdem die Augen des Visionärs einmal durch das herrliche Strahlen der göttlichen Wahrheit geblendet wurden, erscheint ihnen das gewöhnliche Tageslicht, in das Hopkins durch seine Zweifel zurückgestoßen wurde, nur noch wie eine unerträgliche Finsternis.

Szenenwechsel: Stephen Dedalus, Jesuitenschüler, verwirrt pubertierend und von kleinbürgerlich-katholisch-irisch-nationalistischen Zwängen bedrängt, spaziert am Strand von Dollymount, als ein Satz aus seinem reichen Vorrat an Sprüchen einen unvermuteten Sinn erhält, der den Tag auf denkwürdige Art zum Sprechen bringt: „Er holte einen Satz aus seinem Schatzbehalter und sprach ihn leise vor sich hin: – *Ein Tag gescheckter meergetragner Wolken.* Der Satz und der Tag und die Szenerie harmonierten in einem Akkord."[95] Seine ausgesprochenen Worte scheinen mit der Welt des Tages eine seltsame Verbindung einzugehen, sie vereinen sich zu einer Melodie. Ist es wirklich eine Melodie, die nun von außen an seine Sinne dringt, fragt sich Stephen überrascht, oder ist nicht vielmehr diese äußere Welt ein Spiegel seines Innern, in dem die ausgesprochenen Worte eine Welt der Vorstellung erzeugen? Innen und Außen werden ihm auf einmal zu relativen Begriffen, die nicht mehr eindeutig unterscheidbar sind; hier scheint sich das Erlebnis einer *unio mystica* anzukündigen. Die Melodie aus Wort und Wolken wird zum Lockruf: „Es rief eine Stimme von jenseits der Welt".[96] Stephen sieht die Wolken, die zum europäischen Kontinent ziehen und fühlt sich plötzlich berufen, ihnen zu folgen. Mit dieser stillen Empfindung beginnt gegen Ende des vorletzten Kapitels die Schlüsselszene in James JOYCES erstem Roman *A Portrait of the Artist as a Young Man* (1916), die den Protagonisten im Verlauf einer plötzlich über ihn hereinbrechenden visionären Klarheit zum Aufbruch aus der Enge seines Alltags bewegt. Stephen Dedalus faßt den Entschluß, Irland zu verlassen und auf dem Kontinent eine Laufbahn als Künstler zu beginnen, um etwas Großes und Unvergängliches, etwas Lebendiges zu schaffen, so wie der legendäre Schmied der Antike, Daedalus, „der große Artifex, dessen Namen er trug"[97], sich aus der Kraft seines Geistes zur Sonne als dem Licht der höchsten Erkenntnis emporschwang. Das ist nicht wenig, was der junge Stephen sich hier vornimmt, ja es ist nichts Geringeres als das Ziel, eine neue – künstliche – Realität zu schaffen, die mit der verkommenen irischen Heimat auch das baufällige Gebäude der ganzen göttlichen Schöpfung ersetzen mag. Und so beschreibt Joyce die Vision, die Stephen die Augen öffnet:

> Sein Herz zitterte; sein Atem ging rascher und ein wilder Geist fuhr ihm über die Glieder, als schwinge er sich hoch auf, sonnenwärts. Sein Herz zitterte in einer Ekstase der Angst und seine Seele war im Flug. Seine Seele schwang sich hoch auf in einer Luft jenseits der Welt und der Leib, den er kannte, wurde in einem Atemzug geläutert und seiner Ungewißheit entbunden und strahlend gemacht und mit dem Element des Geistes vermischt. Flugekstase machte seine Augen strahlend und wild seinen Atem und zittrig und wild und strahlend seine windgepeitschten Glieder.[98]

Stephens große Vision der Erlösung vom irischen Einerlei wird wie die Erkenntnis der Mystiker und Rauschvisionäre als ein überwältigendes Strahlen erlebt:

> Er schloß seine Augen in der Sehnsucht nach Schlaf. Seine Lider zitterten, als spürten sie den weiten Kreislauf der Erde und derer, die sie beobachteten, zitterten, als spürten sie das sonderbar-fremde Licht einer neuen Welt. Seine Seele sank ohnmächtig in eine neue Welt, phantastisch, trüb, unstet wie unter dem Meer, von wolkigen Formen und Wesen durchquert. Eine Welt, ein Schimmer oder eine Blume? Schimmernd und zitternd, zitternd und sich entfaltend, ein anbrechendes Licht, eine sich öffnende Blume, breitete sich das in endloser Folge des Immergleichen, brach auf in vollem Karmesin und entfaltete sich und verblich zu blassestem Rosenrot, Blatt um Blatt und Lichtwelle um Lichtwelle,

VI. Das Geheimnis der Kerze 449

überflutete die Himmel mit seinen sanften Gluten, und jede Glut war dunkler als die andere.[99]

Es sind Offenbarungserlebnisse dieser Art, die Joyce im Rückgriff auf die theologische Bezeichnung der Gotteserscheinung *epiphanies* nennt. Zwar verdeutlich Joyce, daß er seinen Helden für zu jung und zu unerfahren hält, um das Licht der Erkenntnis in eine halbwegs angemessene künstlerische Form zu übertragen: So fügt er in den Verlauf von Stephens ekstatischer Vision am Strand von Dollymount, die ihm übrigens in einer durchaus ironischen Verkehrung des Romantitels ein Porträt des jungen Mannes als Künstler vorhält, immer wieder die störenden Zwischenrufe seiner Kameraden ein, die als distanzierende Einschaltungen des Autors zu verstehen sind. Doch das Konzept der *epiphany*, wie Stephen es in Anlehnung an Thomas von Aquinn einem Kommilitonen vorträgt, ist gewiß auch das von Joyce, jedenfalls ein Teil davon. Stephen bezieht sich hier auf den Korb eines Metzgerjungen:

– Um diesen Korb zu sehen, sagte Stephen, trennt dein Geist allererst den Korb ab vom Rest des sichtbaren Universums, welches alles der Korb nicht ist. Die erste Phase der Wahrnehmung ist eine Grenzlinie, die um den wahrzunehmenden Gegenstand gezogen wird. Ein ästhetisches Bild stellt sich uns entweder im Raum oder in der Zeit dar. Hörbares stellt sich in der Zeit, Sichtbares stellt sich im Raum dar. Aber, ob zeitlich oder räumlich, das ästhetische Bild wird zuerst leuchtend wahrgenommen als etwas sich selbst Umgrenzendes, in sich selber Ruhendes vor dem unermeßlichen Hintergrund von Raum oder Zeit, welcher nicht *es* ist. Du nimmst es als *eins* wahr. Du siehst es als ein Ganzes. Du nimmst seine Ganzheit wahr. Das ist *integritas*.[100]

Dieser Identifizierung des Gegenstandes als ein geschlossenes Ganzes folge „die Analyse der Apperzeption: Was du zuerst als *ein* Ding empfunden hast, empfindest du jetzt als ein *Ding*. Du nimmst es wahr als Komplexes, Vielfaches Teilbares, Trennbares, aus Teilen Zusammengesetztes, als das Ergebnis seiner Teile und deren Summe, als Harmonisches. Das ist *consonantia*." – Damit sind als die ersten beiden Stufen der Epiphanie-Erfahrung also die sinnliche Anschauung und deren Interpretation durch den Verstand beschrieben. Es fehlt noch die dritte Stufe, die Stephen mit Thomas von Aquin *claritas* nennt:

[Thomas von Aquin] benutzt einen Begriff, der unexakt zu sein scheint. Er hat mich lange genarrt. Man könnte glauben wollen, er habe Symbolismus oder Idealismus im Sinn gehabt, die höchste Qualität der Schönheit wäre ein Licht aus einer andern Welt, von deren Idee die Materie bloß der Schatten, von deren Realität dieselbe das Symbol bloß ist. … Wenn du diesen Korb als *ein* Ding wahrgenommen und ihn dann entsprechend seiner Form analysiert und als ein *Ding* wahrgenommen hast, bildest du die einzige Synthese, die logisch und ästhetisch erlaubt ist. Du siehst, daß es das Ding ist, welches es ist, und kein anderes. Die Ausstrahlung, von der er spricht, ist die scholastische *quidditas*, die *Washeit* eines Dinges. Die höchste Qualität verspürt der Künstler, wenn das ästhetische Bild in seiner Imagination konzipiert wird. … Der Moment, da diese höchste Qualität der Schönheit, die klare Ausstrahlung des ästhetischen Bildes, leuchtend wahrgenommen wird vom Geist, der von seiner Ganzheit gefangengenommen und von seiner Harmonie fasziniert worden ist, ist die leuchtend stumme Stasis des ästhetischen Wohlgefallens, ein geistiger Zustand, der jener Herzverfassung sehr ähnlich ist, die der italienische Physiolog Luigi Galvani ... die Entrückung des Herzens genannt hat.[101]

Den Leser wird es zu Recht irritieren, wenn Stephen die Epiphanie als eine logische Konsequenz der vorher vollzogenen Verstandesoperationen bezeichnet, und manche mögen zu einer ähnlichen Auffassung neigen, wie sie von Erzgräber formuliert wurde, nämlich „daß die Epiphanie niemals als ein Erlebnis verstanden werden kann, dem im traditionellen Sinne mystische Qualität zukommt: im epiphaniehaften Moment erglänzt kein Licht aus einer anderen Welt, sondern ein Licht, das aus dem menschlichen Bewußtsein selber stammt, das seinerseits von den Dingen, von Ereignissen und Träumen in einer unerwarteten Weise jäh getroffen wird."[102] Tatsächlich zeigt sich hier aber nur, daß Stephen – im Unterschied zu Joyce – noch nicht über die nötige Sprachgewandtheit verfügt, um das Mysteriöse der Epiphanie halbwegs angemessen zu umschreiben. Aufgrund seiner eigenen Erfahrung versteht er nämlich sehr wohl, daß das Strahlen der Epiphanie eine durchaus außerlogische Wirkung ist, an deren Zustandekommen der Intellekt gar keinen Anteil hat. So erliegt Erzgräber dem gleichen Irrtum, der Heigl dazu bewegt, eine „theistische" Variante der Mystik von einer „philosophisch-monistischen" zu unterscheiden. Das Kriterium der Unterscheidung sei, so meint Heigl, daß im ersteren Fall die Erleuchtung von außen komme und von einem notwendig separat bleibenden, personalen Gott verfügt sei, während sie im zweiten Fall aus dem individuellen Herzensgrund aufsteige. Mit solcher Begrifflichkeit wird man sich dem Charakteristischen der mystischen Erfahrung schwerlich annähern können, da für den Mystiker die Unterscheidung, was von außen, was von innen kommt, erstens unmöglich und zweitens sowieso ohne Belang ist, denn er ist doch auf dem Höhepunkt seiner visionären Schau mit allem eins, d.h. er ist gleichzeitig Ich und Nicht-Ich, Innen und Außen.

In einer Rundfunksendung zum 100. Geburtstag von James Joyce weist Klaus Reichert darauf hin, daß sich der Kern der Epiphanie nicht in einer schwer auslotbaren Tiefe, sondern unmittelbar an der Oberfläche befinde – das ist es ja auch, was die Mystiker zum Ausdruck bringen wollen, wenn sie von der Istigkeit eines Gegenstandes sprechen: Die Wahrheit liegt stets deutlich sichtbar vor uns, wir müssen sie nur zu sehen verstehen; das Bild des unendlichen Abgrunds ist eben nur ein Bild, das die Unfaßbarkeit dieses So-Seins illustrieren soll. In diesem Zusammenhang wird eine Störung von Stephens Vortrag bedeutsam: Ein Karren mit Alteisen rattert mit viel Getöse an den beiden Studiosi vorbei, die sich indigniert abwenden. Reichert weist nun darauf hin, daß nicht nur Stephens Vortrag die Überzeugungen von Joyce reflektiere, sondern auch Störungen wie die durch den Eisenwagen:

> Es stammt aber das alte Eisen auch von Joyce, und darum wäre es falsch, nur in den ausdrücklichen Programmen Stephens Joyces eigene Literaturtheorie zu erblicken, wie die Kritik dies üblicherweise tut. ... Der Wagen mit dem alten Eisen nämlich, der dazwischenfährt, ist im Grunde nach den Bedingungen einer Epiphanie strukturiert: ein ausgegrenzter Wirklichkeitsbezirk, dessen einzelne Teile durch die Bewegung in ein be-

stimmtes Verhältnis zu einander gesetzt sind, das im Ensemble seine unverwechselbare Besonderheit zu erkennen gibt: ein mißtöniges Geröhr. – Und wie reagieren die theoretisierenden Herrchen? Der eine hält sich die Ohren zu und flucht, der andere richtet seine Aufmerksamkeit... auch weg von dem, was sich vor seinen Augen und Ohren ereignet. Damit aber wäre die Theorie nicht relativiert, sondern sie wäre bis zu einem gewissen Grade bewiesen. Dem lesenden Bewußtsein nämlich wäre deutlich geworden, daß tatsächlich das Alltägliche, das Beiläufige und Unausdrückliche einen Punkt hat, an dem es sich zu erkennen gibt als das, was es ist, daß aber zugleich nicht ein jeder Ohren hat zu hören oder Augen zu sehen, und vielleicht am wenigsten der, der darüber theoretisiert, weil eben das Beiläufige sich zeigt, jäh erfaßt wird, ohne je wirklich erfaßbar zu sein, und sicher nicht in scholastischen Schritten.

Das Problem der Erfaßbarkeit von Wirklichkeit, das Joyce hier erzählerisch gestaltet hat, ist natürlich nicht grundsätzlich lösbar. Doch eine Möglichkeit, Wirklichkeit zu erfahren und erfahrbar zu machen, ist – wenn auch nicht mehr unmittelbar, sondern gefiltert, versetzt – die Sprache, und zwar die jeweilige Sprache dessen, der Wirklichkeit erfährt.[103]

Der strahlende Moment, in dem sich ein Gegenstand als Objekt auflöst und sich mit dem Betrachter zu einer aus Raum und Zeit herausgelösten Einheit verbindet, jener Moment also, in dem allein die Istigkeit oder – wie es bei Hopkins heißt – die *inscape* erfahrbar wird, ist auch jener Moment, der oft als ekstatischer Höhepunkt der drogenberauschten Vision beschrieben wird, wenngleich er noch nicht das Äußerste der mystischen Einsicht darstellt. So verwendet HUXLEY in *The Doors of Perception* sogar mehrfach den von Hopkins geprägten *inscape*-Begriff zur Schilderung seiner Rauscherfahrung. Daß die Erfahrung einer besonderen Lichtfülle, die oft als unirdisch charakterisiert wird, ein prägnantes Phänomen der drogenberauschten Wahrnehmung ist, wird daher von allen hier besprochenen Autoren bestätigt; während die visionäre Landschaft unter dem Einfluß von Opiaten von einem intensiven Licht erfüllt ist, das wie durch einen milchigen Dunst aus den Gegenständen dringt, zeichnet sich der Halluzinogenrausch durch ein klares, „lupenreines" Licht aus, das ebenfalls aus den Gegenständen selbst hervorzuströmen scheint und ihnen eine eigentümliche Lebendigkeit verleiht. Diese Helligkeit wird oft als so intensiv geschildert, daß sie in ihrem eindringlichen Pulsieren wohl wie eine sprudelnde Quelle oder die stürzenden Massen eines Wasserfalls wirken mag. Da die Wahrnehmung eines intensiveren Lichts allgemein als eine der ersten Auswirkungen des Drogenrausches erlebt wird, ist diese Erfahrung allein natürlich keineswegs zwangsläufig Ausdruck eines mystischen Erleuchtungserlebnisses; andererseits begleitet das herrliche Licht den Berauschten auch bis zur höchsten Ekstase. Aus diesem Grund ist es in vielen Fällen – zumal für den Nichtberauschten – sehr schwierig, wenn nicht überhaupt unmöglich, zu entscheiden, ob die Schilderung einer faszinierenden Lichterfahrung nun die einzig mögliche Umschreibung einer großen Offenbarung ist oder eben nur eines von vielen Bildern, die an dem von seinem Erkenntnisziel noch weit entfernten Berauschten vorüberziehen wie die Reklametafeln an einer Autostraße. Hier läßt sich nur anmerken, daß es in der mystischen wie in der Rauscherfahrung offenbar eine sehr differenzierte Palette von Helligkeitsgraden gibt, für deren sprachliche Übersetzung nur eine lächerlich kleine Anzahl von Vokabeln verfügbar ist. Unser *Tertium comparationis* ist doch immer nur das Licht in seinen sinnlich wahrgenommenen Erscheinungen, als Tages- oder Mond- oder Kerzenlicht, als das Gleißen eines Scheinwerfers, die Helligkeit eines Feuers usw. Ein Visionär mag aber Tausende oder Millionen Abstufungen desjenigen unterscheiden, was wir unterschiedslos nur als ein „sehr helles", ein „grelles" oder ein „gleißendes" Licht bezeichnen können. So schreibt Huxley über seine Erfahrung des Lichts im Meskalinrausch:

> Übernatürliches Licht und übernatürliche Farben sind allen visionären Erlebnissen gemein. Und Hand in Hand mit Licht und Farbe geht in jedem Fall das Erkennen eines größeren Bedeutungsgehalts. Die aus sich selbst heraus leuchtenden Objekte, die wir bei den Antipoden der Psyche erblicken, besitzen eine Bedeutung, und diese Bedeutung ist auf eine bestimmte Weise ebenso intensiv wie ihre Farbe. Bedeutungsgehalt ist hier identisch mit Sein, denn bei den Antipoden der Psyche stehen Objekte für nichts anderes als für sich selbst. Die Bilder, die in den nähergelegenen Bereichen des kollektiven Unbewußten erscheinen, sind bedeutungsvoll in bezug auf die Grundtatsachen menschlicher Erfahrung; hier aber, an den Grenzen der visionären Welt, stehen wir Tatsachen gegenüber, die ebenso wie die Gegebenheiten der Natur vom einzelnen Menschen wie von der Menschheit als Ganzem unabhängig sind und nach eigenem Recht existieren. Und ihre Bedeutung besteht genau darin, daß sie ganz und gar sie selbst und somit Manifestationen des wesentlichen Gegebenseins, des nicht-menschlichen Andersseins des Universums sind. [HH 78; 75]

Am Ende einer fast gleichlautenden Passage in „Mescaline and the ‚Other World'" heißt es etwas deutlicher über diese Dinge aus einer vom Menschen völlig unabhängigen Welt: „Diese Dinge sind alle neu; die Person erinnert oder erfindet sie nicht, sie entdeckt sie ‚dort draußen', im psychischen Pendant einer bislang unerforschten geographischen Region." [M 90] Das kann allerdings nicht bedeuten, daß der Berauschte von den Dingen ebenso getrennt wäre, wie dies jeder Mensch in der gewöhnlichen Lebenswirklichkeit der dualistischen Teilung von Ich und Welt ist, sondern es zeigt vielmehr an, daß der Berauschte sein Selbstgefühl verloren hat, demzufolge er sich als Subjekt begreift, das sich in den Gegenständen seiner Umgebung Objekte schafft. Der Ichverlust des Berauschten geht einher mit einem Verlust von Welt, zu der er sich in Beziehung setzen kann. Daß die Gegenstände in der Wahrnehmung des Rausches aus sich selbst heraus zu leuchten scheinen, zeigt also, auch wenn es hier scheinbar eine Grenze zwischen dem Ding und demjenigen gibt, was kein Ich mehr ist, sondern nur noch ein diffuses Fühlen, daß ganz im Gegenteil eine Entgrenzung erfolgt. Der nächste Schritt wird sein, daß das leuchtende Ding und das verschwommene Ich ununterscheidbar werden, das Ding also seine Dinglichkeit verliert. Die Istigkeit ist dann nicht mehr die Istigkeit des Gegenstandes, sondern nur noch eine reine, auf nichts mehr zu beziehende Wesenheit. Das Nichts, das dann noch übrig ist, ist sozusagen ein nur noch sich selbst beleuchtendes Licht. Darum wird das Bild der Weißheit in den Texten der Rauschliteratur so oft benutzt.

VI. Das Geheimnis der Kerze 453

Als Inbegriff des Absoluten, das ebenso nichts wie alles enthält, ist das Weiß, das einerseits als Farblosigkeit und andererseits als Bündelung aller Spektralfarben[104] erfahren wird, gewissermaßen der Prototyp des mystischen Symbols, da es wie kaum ein zweites zur Veranschaulichung des Unaussprechlichen taugt. Das weiße Nichts, das entweder als ein noch nicht Seiendes oder ein nicht mehr Seiendes zu deuten ist, verbindet ähnlich wie in der Konzeption des Erhabenen die Vorstellungen der Herrlichkeit und des Entsetzens miteinander, denn während es mit der Konnotation der Reinheit belegt werden kann (als Inbegriff dessen, das noch sündenfrei und von allen Zwängen und Nöten des Lebens noch unbeschadet ist), kann es als Negation des Farblich-Stofflichen ebenso auf den Tod verweisen, den wir fürchten oder auch als eine Erlösung ersehnen mögen. Das berühmteste literarische Bild der Weißheit ist der weiße Wal in Herman MELVILLEs *Moby-Dick*. Dieser Wal, den Kapitän Ahab mit einer unerbittlichen Besessenheit jagt, deren manischer Zug sich in dem Maße verstärkt, in dem er sich selbst im Geiste von dessen Bild verfolgt fühlt, ist nicht bloß ein großes Tier, eine lohnende Jagdbeute, sondern vor allem, wie Poenicke schreibt, eine „Verkörperung des Dämonisch-Erhabenen".[105] Da der Wal also eine *Bedeutung* hat, ist es nötig, daß Melville ihn genau beobachtet und in einer Detailgenauigkeit beschreibt, die manchen Leser befremden mag. Doch Melville läßt keinen Zweifel, daß sein Publikum erst lernen muß, den Wal zu sehen, und der Weg zur Ausbildung dieses Sehvermögens ist lang. Kein Aspekt aus der Kulturgeschichte des Wals ist ihm zu gering, um erörtert zu werden, alles ist in eine genaue Bestandsaufnahme einzubringen, aus deren Material wir uns sozusagen Schicht für Schicht einen Beobachtungsturm aufbauen, der immer näher an den Gegenstand des Interesses heranführt, nämlich an das, was der Wal *eigentlich* ist. Daher hat Melville keine Scheu, sich in drei ganzen Kapiteln mit der Darstellung des Wals in der bildenden Kunst zu befassen; „Der Wal auf dem Küchenzettel" ist das Thema eines anderen Kapitels; in „Die Speckdecke" wird die rätselhafte Linienstruktur in der Haut des Wals ergründet; auch von fossilen Walen ist in einem Kapitel die Rede, und natürlich geht es ständig um die Geschichte und die Bräuche der Walfängerei. Die wichtigste Lektion dieser auf den mysteriösen Wal bezogenen Sehschule ist aber das 42. Kapitel über die Weißheit des Wals, das mit den folgenden Bemerkungen endet:

> Damit sind wir aber dem weißen Zauber immer noch nicht auf den Grund gekommen. Noch wissen wir nicht, warum er die Seele erschüttert. ... Weiß ist unter allen Symbolen des Übersinnlichen das bedeutendste, der Schleier, worin sich dem Christen die Gottheit verhüllt, und ist dabei das Medium, wodurch das Furchtbare noch furchtbarer wird.
>
> Verrät uns sein unbestimmtes Wesen, wie herzlos leer das unendliche Weltall uns umgibt, und fällt uns, wenn sich der Blick in die weißen Abgründe der Milchstraße verliert, diese Erkenntnis mit dem Vorgefühl der Vernichtung in den Rücken? Oder ist das Geheimnis dies: Weiß ist ja gar keine Farbe, sondern ihr sichtbar gewordenes Fehlen und zugleich die Summe aller Farben? Ist die stumm beredte Leere der weiten Schneeflächen die farblose Allfarbe einer Welt ohne Gott, vor der wir zurückbeben?

> Denken wir nun die andere Theorie der Naturphilosophien zu Ende: alle Farben auf Erden ... wären nur Täuschung, durchtriebener Betrug, nicht Eigenschaft der Stoffe, sondern nur Spiegelungen. – Die göttliche Natur sollte sich aufputzen wie eine Dirne, die nur die innere Verworfenheit mit Schminke übertüncht, und diese Schminke selbst in allen ihren Tönen wäre das unerforschliche Licht, ewig in sich selber farblos, so weiß, daß alle Materie ... zu seiner Blässe erbleichen müßte, sobald es ungebrochen darauf wirkte? Denken wir das zu Ende, dann liegt das Weltall blutlos vor uns, aussätzig. Und ... so schaut der Ungläubige in seinem Eigensinn sich blind an dem erhabenen Leichentuch, das alles um ihn her verhüllt.
> Für all dies Unaussprechliche war der weiße Wal das Zeichen. Wen wundert nun noch Ahabs besessene Gier, ihn zu töten.[106]

Hier steht das Weiß also in erster Linie für das Schreckensbild eines nihilistischen Vakuums, in dem sich alles, woran Menschen glauben, als haltlos erweisen mag. Die Jagd auf den Wal ist daher Ausdruck des verzweifelten Bemühens um die erhoffte Wahrheit, daß im Weißen nicht bloß eine gähnende Leere, sondern doch ein verborgener Sinn und die ganze Vielfalt der Welt enthalten ist.

Ähnlich wie in *Moby-Dick*, wenngleich auf oberflächlichem Niveau, wird das Weiß auch bei Jack LONDON im Zusammenhang mit der Schreckensvision einer lebensfeindlichen Leere bedeutsam. So ist in *John Barleycorn* von einem alkoholinspirierten Fatalismus die Rede, den London „White Logic" nennt und der sich nur bei dem Trinker einstelle, der über „Imagination" und „Vision" verfüge. Im Rausch erhalte er Klarheit über „die gesündesten Illusionen des Lebens" und erkenne, daß der Glaube der Menschen nur eine Selbsttäuschung sei und daß ihn keine andere Bestimmung erwarte als die bloße Verwesung:

> Für diesen Menschen ist dies die Stunde der weißen Logik ..., wenn er erkennt, daß er nur die Gesetzmäßigkeit der Dinge verstehen kann – ihre Bedeutung niemals. Dies ist die Stunde der Gefahr. ...
> Alles ist ihm klar. All jene verwirrenden Versuche, die Unsterblichkeit zu erlangen, sind nur die Panik todesängstlicher Seelen, die mit der dreifach verfluchten Gabe der Phantasie ausgestattet sind. Sie haben nicht den Todesinstinkt, ihnen fehlt die Bereitschaft zu sterben, wenn es an der Zeit ist. ... Aber er, dieser Mensch in der Stunde seiner weißen Logik, weiß, daß sie sich selbst betrügen und überlisten. ... Es gibt nichts neues unter der Sonne, nicht einmal jene ersehnte Seifenblase schwacher Seelen: Unsterblichkeit. Doch er weiß Bescheid, *er* weiß Bescheid, er, der ohne zu schwanken aufrecht auf seinen zwei Beinen steht. [...] Er betrachtet das Leben und all seine Angelegenheiten mit dem verbitterten Blick eines deutschen Philosophen. Er durchschaut alle Illusionen. Er entwertet alle Werte. Gut ist böse, Wahrheit ist eine Lüge, und das Leben ein Witz. Aus seiner wahnsinnig-ruhigen Höhe erkennt er, mit der Gewißheit eines Gottes, alles Leben als übel. Seine Frau, Kinder, Freunde – im klaren, weißen Licht seiner Logik werden sie als Betrüger und Heuchler entlarvt. Er durchschaut sie, und alles was er sieht, ist ihre Schwäche, ihr Elend, ihre Abgeschmacktheit, ihre Erbärmlichkeit. ... Sie sind ohne Freiheit. Sie sind Marionetten des Zufalls. Das ist er auch. Er weiß das. Doch es gibt einen Unterschied. Er ist im Bilde, er weiß Bescheid. Und kennt seine einzige Freiheit: Er kann

VI. Das Geheimnis der Kerze

den Tag seines Todes erwarten. All dies ist nicht gut für einen Menschen, der gemacht ist, um zu leben und zu lieben und geliebt zu werden. [JB 36/37]

Diese Botschaft hat gewiß nichts Mystisches, sondern wirkt eher wie ein Appell des Gesundheitsministers; trotzdem ist es interessant, daß die Erfahrung des Alkoholrausches hier als ein Erkennen von Wahrheit gedeutet und diese Wahrheit in der Bildlichkeit des Weißen vorgestellt wird. London behauptet ja nicht, daß die alkoholinspirierte Vision den Berauschten täusche, sondern meint im Gegenteil, daß sie ihm die lebensnotwendigen Scheuklappen von den Augen nehme und ihn die wahre Sinnlosigkeit des Universums erkennen lasse: „Der Alkohol sagt die Wahrheit, doch seine Wahrheit ist nicht normal. Das Normale ist gesund. Was gesund ist, tendiert zum Leben. Normale Wahrheit ist eine andere, und geringere, Art von Wahrheit." [JB 190] Hier spricht wieder der Gesundheitsminister, der vor der „höheren" Wahrheit der *White Logic* warnt. Der Mensch, dem allein „das furchtbare Privileg der Vernunft" [JB 191] gegeben sei, könne sich dieses Vermögens wohl bedienen, „doch dies zu tun ist nicht gut für ihn." Die *White Logic* des Rausches wird hier also – ein seltsamer Gedanke! – mit dem kalten Licht der Vernunft identifiziert. Beide werden unterschiedslos als eine Negation des Lebens begriffen, der man nichts anderes entgegensetzen könne als eine Mauer der Ignoranz. Was Melvilles Ahab und mit ihm die ganze Menschheit insgeheim fürchtet, daß nämlich der Sieg über den weißen Wal und seine anschließende Ausweidung zu der furchtbaren Entdeckung führen könnte, daß er als das Geheimnis der Welt ohne Sinn und nur eine gähnende Leere ist, wird hier aus der Perspektive des wissenden Trinkers als ein zu leugnendes *fait accompli* präsentiert. So wie Melville nicht zulassen kann, daß der weiße Wal in die Hände der Menschheit gerät und ihn daher zuletzt mit dem unglücklichen Ahab in die unergründliche Tiefe des Meeres hinabtauchen läßt, plädiert auch London dafür, die Wahrheit über das kosmische Wesen aus unserer Mitte fernzuhalten. Sowohl Ahab, der Wahrheitssucher, als auch der von der *White Logic* Erleuchtete beschreiten durch die Rigorosität ihres Erkenntnisanspruchs einen Weg ohne Wiederkehr. Im Unterschied zu Londons Roman, wo im Bild des Weißen eine von allem Mysteriösen entledigte plakative Leere gefaßt wird, ist und bleibt das Mysterium bei Melville wirklich ein Mysterium.[107] Der Bericht, der uns mit seinem Roman vorliegt, konnte nicht vom wissenden Ahab geschrieben werden, sondern nur von einer Person, die nicht weiter ging als bis zum äußersten Rand des Erkenntnisabgrundes. Daher wird das Werk in einer Schlußnotiz unter dem Motto aus dem Buch Hiob: „Und ich bin allein entronnen, daß ich dir's ansagte" als Bericht eines Überlebenden gekennzeichnet. So wie der Leser in Poes *Arthur Gordon Pym* vor dem weißen Vorhang stehengelassen wird, so blickt er am Schluß von *Moby-Dick* ratlos auf den weißen Schaum der Meeresoberfläche, unter der, für ihn unfaßbar, das Geheimnis verborgen bleibt: „Kreischend schwirrten die Möwen über dem gähnenden Schlund; gegen seine steilen Wände brandete brausend der weiße Gischt. Dann stürzte alles in sich zusammen, und das weite Leichentuch des Meeres wallte fort wie seit fünftausend Jahren."[108]

Die Symbolik des Weißen ist kein definitives Attribut der Rauschliteratur, doch sie wird vorwiegend zur Kennzeichnung von Erfahrungen des Anderen verwendet, das sich einer konkreten sprachlichen Beschreibung entzieht.[109] Es versteht sich daher von selbst, daß die Rauschautoren sich dieser Symbolik dankbar bedienen, da sie in der Lage ist, die spezifische Lichterfahrung des Rausches vorzustellen und da sie bereits über eine kulturgeschichtliche Tradition verfügt, die ihm einen spontanen Wiedererkennungswert verleiht; d.h. es handelt sich um eine Chiffre, die vom Publikum bereits in vielen Lektionen „gelernt" wurde und daher keiner so gründlichen Erläuterung bedarf wie ein Bild, das zur Darstellung der besonderen Situation der Rauscherkenntnis erst eigens angefertigt würde. Da das Bild des Weißen geradezu unvermeidlich in allen Werken der Rauschliteratur erscheint – von Coleridges „Rime of the Ancient Mariner" bis hin zu Michaux' *Misérable Miracle*[110] – mag sich ein umständlicher Nachweis von Beispielen hier erübrigen (über die verwandte Symbolik des Kristalls und Edelsteins vgl. Seite 466 ff.).

2. Eine einfache Antwort

In diesem Kapitel war bisher manches darüber zu erfahren, was Erkennen im allgemeinen und im besonderen Sinn des Mystikers und Rauschvisionärs bedeutet, daß es ebenso von der göttlichen Gnade wie von der Beschaffenheit der psychischen Disposition abhänge, daß es einen beschwerlichen und langen Anlauf erfordere, daß es ein Abgrund sei, in den der Abgrund des Ich hinabtauche, daß man sich extravertiert oder introvertiert dem Mysterium annähere und daß dieses außerhalb von Zeit und Raum in einem Nichts gegeben sei, das nur sich selbst enthalte und deshalb auch das All-Eine sei, und nun stellen wir wohl etwas ungehalten fest, daß wir uns immer noch an der Peripherie der visionären Erkenntnis befinden und noch längst keine klare Vorstellung davon erhalten haben, worin diese selbst denn nun eigentlich besteht. Was also ist der Inhalt jener fabelhaften Rauscherkenntnis, um die hier soviel Aufhebens gemacht wird?, so mag man ungeduldig fragen. Worin besteht denn nun ganz konkret das Ungeheuerliche, das Mystiker und Rauschkünstler in ihren höchsten Momenten erkennen, kurz: Was ist das Geheimnis des Universums, das sich der ekstatischen Vision erschließt? Die Ungeduld ist verständlich, denn nach allen Fragen, die bisher erörtert wurden, ist diese wohl die einzige, die uns wirklich interessiert. Da eine einfache Frage auch eine einfache Antwort verdient, sei also nachfolgend in aller Kürze das Geheimnis des Universums enthüllt. Das Geheimnis des Universums ist, man mag es glauben oder nicht, die Hecke im Garten von Aldous Huxley. Wem dies zweifelhaft erscheint, der lese, was Huxley selbst schreibt:

> Ich blickte weiter auf die Blumen, und in ihrem lebendigen Licht glaubte ich das qualitative Äquivalent des Atmens zu entdecken – aber eines Atmens ohne das wiederholte

VI. Das Geheimnis der Kerze 457

> Zurückkehren zu einem Ausgangspunkt, ohne ein wiederkehrendes Verebben; nur ein Fluten von Schönheit zu immer größerer Schönheit, von tiefer zu immer tieferer Bedeutung. Wörter wie „Gnade" und „Verklärung" kamen mir in den Sinn, und eben dafür standen diese Worte auch. Meine Augen wanderten von der Rose zur Nelke und von diesem gefiederten Erglühen zu den glatten Schnörkeln des Gefühl verströmenden Amethysts der Iris. Die beseligende Schau, *Sat Chit Ananda*, Seins-Gewahrseins-Seligkeit, zum erstenmal verstand ich, losgelöst von der Bedeutung der Wörter und nicht durch unzusammenhängende Andeutungen oder nur entfernt, sondern deutlich und vollständig, worauf sich diese bedeutungsvollen Silben beziehen. Und dann erinnerte ich mich einer Stelle, die ich bei dem Zen-Philosophen Suzuki gelesen hatte: „Was ist der Dharma-Leib des Buddha?" (Der Dharma-Leib des Buddha ist ein anderer Ausdruck für Geist, So-Sein, die große Leere, die Gottheit). Die Frage wird in einem Zen-Kloster von einem ernsten Novizen gestellt. Und mit der prompten Irrelevanz eines Marx Brothers antwortet der Meister: „Die Hecke am Ende des Gartens". – „Und der Mensch, der diese Wahrheit begreift", fragt der Novize zweifelnd weiter, „was, wenn ich fragen darf, ist der?" Groucho gibt ihm mit seinem Stab eins auf die Schulter und antwortet: „Ein Löwe mit einem goldenen Fell."
>
> Als ich diesen Text gelesen hatte, war er für mich nur ein verschwommen bedeutungsvolles Stückchen Ungereimtheit gewesen. Nun war alles klar wie der Tag, er war so unmittelbar einleuchtend wie Euklid. Selbstverständlich war der Dharma-Leib des Buddha die Hecke am Ende des Gartens. [DP 16; 16]

Das Mysterium, das Sinn und Gehalt alles Seienden und Nicht-Seienden umschließt, ist also zweifellos die Hecke im Garten, in Huxleys Garten wie in jedem anderen auch, als die überall gleich gegebene sichtbare Präsenz der Hecke an sich. Eine einfachere Antwort kann man sich kaum wünschen, und wer sie nicht begreift, muß das Problem nicht diesen wenigen klaren Worten, sondern der eigenen Begriffsstutzigkeit zuschreiben. Andererseits ist, wer diese Antwort versteht, wirklich zu beneiden.

Antworten wie diese gibt es in der Rauschliteratur immer wieder. Es sind einfache Antworten, die oft nur aus einem einzigen Satz bestehen. Dabei ist die Hecke nicht bloß ein Bild, hinter dem sich die große Bedeutung verbirgt, sondern sie ist ganz unsymbolisch als ein nur sich selbst bedeutender Gegenstand auf mysteriöse Art eben dieser göttliche Sinn; sie *ist* Gott, und sie *ist* das Geheimnis des Universums und sie *ist* genau dasjenige, nach dem die erkenntnissüchtige Menschheit seit Jahrtausenden dürstet. Ebenso ist das Mysterium aber auch der Bambusstuhl in Huxleys Wohnzimmer, wie der Autor im Anschluß an einen längeren Exkurs feststellt:

> Von dieser langen, aber unentbehrlichen Abschweifung ins Gebiet der Theorie können wir nun zu den wunderbaren Tatsachen zurückkehren – zu den (vier) Beinen (eines Bambussessels) in der Mitte eines Zimmers. Gleich den Narzissen in dem Gedicht von Wordsworth brachten sie einen Reichtum „aller Art" – das unschätzbare Geschenk einer neuen, unmittelbaren Einsicht in die Natur der Dinge selbst, zusammen mit einem bescheideneren Schatz, einem größeren Verständnis, vor allem auf dem Gebiet der Künste.
>
> Eine Rose ist eine Rose ist eine Rose …. Aber diese Sesselbeine waren Sesselbeine, waren St. Michael und alle seine Engel. [DP 23/24; 23]

Der Skeptiker mag hier innehalten und triumphieren: Wenn einmal die Hecke und im nächsten Moment dieser Stuhl das Mysteriöse sind, so handelt es sich also doch nur um ein Bild, das vor das eigentlich Unbenennbare geschoben wird. Aber so verhält es sich keineswegs. Jeder Mystiker wird bestätigen, daß in der Wahrnehmung des geeinten All-Sinnes keine Unterschiede mehr zwischen den Dingen bestehen. Das, was die Hecke wirklich ist, ist auch das, was dieser Stuhl wirklich ist, wobei es sich nicht um diverse Erscheinungen einer Idee, sondern stets um die unmittelbare und authentische Manifestation des Einen handelt. Kurz nach dem Erkennen des mirakulösen Stuhls nimmt Huxley ein Buch über van Gogh in die Hand:

> ... das Bild, bei dem sich der Band öffnete, war „Der Sessel" – dieses erstaunliche Porträt eines *Dinges an sich*, das der wahnsinnige Maler mit einer Art von anbetungsvollem Schrecken erblickt und auf seiner Leinwand wiederzugeben versucht hatte. Das aber war eine Aufgabe, für die sich sogar die Kraft des Genies als völlig unzulänglich erwies. Der Sessel, den van Gogh gesehen hatte, war zweifellos im wesentlichen derselbe Sessel, den ich gesehen hatte. Zwar war er unvergleichlich wirklicher als der Sessel, den einem die gewöhnliche Wahrnehmung vor Augen führt, dennoch blieb der Sessel auf seinem Bild nicht mehr als ein ungewöhnlich ausdrucksvolles Symbol des Tatsächlichen. Das Tatsächliche hatte das So-Sein offengelegt, hier handelte es sich nur um ein Sinnbild. Derartige Sinnbilder sind Quellen wahrer Erkenmntnis über die Natur der Dinge, und diese wahre Erkenntnis kann dazu dienen, den Geist, der für sie offen ist, auf eigene unmittelbare Einblicke vorzubereiten. Aber das ist auch alles. So ausdrucksvoll Symbole auch sein mögen, so sind sie doch nie die Dinge, für die sie stehen. [DP 24; 24]

Wohlgemerkt: Nicht der von Huxley und vermutlich auch nicht der von van Gogh gesehene Stuhl waren Symbole, diese waren selbst die reine Wahrheit, die *Istigkeit* – aber ihre Reproduktion in van Goghs Gemälde und Huxleys Prosa sind Symbole. Es geht hier wesentlich um dasselbe wie in Magrittes berühmtem Bild, das die Darstellung einer Pfeife zeigt und darunter die Aufschrift „Ceci n'est pas une pipe".[111] So wie die Erscheinung der Pfeife ein unvollkommenes Echo ihrer Idee ist, so ist das Bild der Pfeife, das sich in unser Bewußtsein einprägt, nur eine Abstraktion der Erscheinung. Diese Abstraktion wird in der gestaltenden Darstellung wiederum abstrahiert. Innerhalb eines Kommunikationssystems, das die Perspektiven vieler Individuen zusammenbringt, kreuzen sich diese Abstraktionen millionenfach mit den unterschiedlichsten Brechungen, Interpretationen, Verfremdungen, denn schon die Worte sind niemals eindeutig und bedürfen des Kommentars. Um also von den Wörtern zur ursprünglichen Wahrheit zu gelangen, ist wenigstens ein sehr langer Weg zurückzulegen, der aus dem Vorgarten unseres sinnlich-rationalen Wachbewußtseins weit hinausführt. Deshalb schlägt sich dasjenige, was im Rausch erkannt wird, in seiner gründlichsten sprachlichen Darstellung nur in einer Form nieder, die auf eine intellektuelle Klarheit verzichten muß. Die reine Wahrheit, wie sie im Rausch und ähnlichen Transzendenzerfahrungen erblickt wird, läßt sich nicht entdecken wie eine Streptokokke unter dem Mikroskop oder ein Fingerabdruck auf einer Tatwaffe.

VI. Das Geheimnis der Kerze   459

Daß der durch Meskalin, LSD oder Psilocybin bewirkte Rausch in seiner gewaltigen Sprengung der Strukturen unserer Persönlichkeit einen Abgrund aufreißt, in dem uns das Göttliche als eine schiere Präsenz des Absoluten geradezu verschlingt, haben Huxley und Michaux sehr eindringlich beschrieben, und diese Erfahrung scheint in der Tat mit dem Erlebnis des Mystikers übereinzustimmen, der nach den Worten Taulers zu einem Seelengrund hinabtaucht, der so tief gelegen ist, daß die Seele selbst ihn nicht kennt. Tauler meinte damit wohl, daß die Seele als etwas Individuelles, als etwas zum Ich Gehöriges nur ein Vorhof des Göttlichen sei, den der Gottsucher auf dem Weg des mystischen Erlebens ebenso verlassen und aufgeben müsse, wie er die äußere Welt der Sinne verläßt und aufgibt. Nur wenn jede Idee eines Persönlichen schwindet, das Viele sich bis zum Nichts reduziert, das gleichzeitig das All-Eine ist, nur dann mag er zum Höchsten gelangen, das sich unmittelbar nur erfahren läßt, indem man sozusagen als ein kleines Nichts Bestandteil des großen wird. Dies ist jedenfalls die Theorie. Weil es aber nur eine Theorie ist und – wenigstens hier – auch Theorie bleiben muß, und weil kein Mysterium ein Mysterium wäre, wenn es sich theoretisch erfassen ließe, mag man trotz der Überzeugungskraft, die Huxley oder Michaux entwickeln, weiterhin skeptisch bleiben, ob diese Autoren wirklich die absolute Gegenwart des Göttlichen erfuhren oder ob sie sich vielleicht erst auf halbem Wege befanden, als eine Erscheinung, die ihre Vorstellungskraft bereits weit überstieg, sie zu dem Trugschluß veranlaßte, das Ziel ihrer Reise erreicht zu haben. Bisher hat es nur zwei Versuche gegeben, die Echtheit von Huxleys meskalininduzierten Erleuchtungserlebnissen zu überprüfen. Der erste dieser Versuche wurde 1955 von R.C. Zaehner, einem Oxforder Professor für östliche Religion und Philosophie, unternommen und in dessen Buch *Mysticism, Sacred and Profane: An Inquiry into Some Varieties of the Religious Experience* dargestellt. Mit dieser Untersuchung wollte Zaehner wohl, wie der Titel anzudeuten scheint, in die Fußstapfen von William James treten, die sich für ihn aber doch als zu groß erwiesen. Denn Zaehner war schon von vornherein überzeugt, daß Huxleys Berichte ein Humbug seien und begann seinen eigenen Meskalinversuch in der erklärten Absicht, Huxleys Aussagen über die religiöse Tiefe des Meskalinrausches nach Möglichkeit zu widerlegen. Da die mystische Erfahrung sich aber nicht in den Alkaloiden der Droge konzentriert, sondern in der Psyche oder Seele der Person und da die Droge, wie hinreichend erklärt wurde, stets nur das zu akzentuieren vermag, was sie im Bewußtsein der Person vorfindet, konnte Zaehner nichts anderes erfahren als ein groteskes Zerrbild seiner eigenen Abneigung gegen die Droge und gegen die Vorstellung einer drogeninduzierten religiösen Erfahrung. Das „Universum der Farce"[112], das er folglich im Rausch erfuhr, bietet daher weder den Anhängern Huxleys noch seinen seriösen Kritikern eine brauchbare Handhabe zur Beurteilung seiner visionären Erfahrung. – Die zweite Bemühung einer Verifizierung von Huxleys mystischem Erleben wurde, weniger spektakulär, zwanzig Jahre später als Versuch eines kleinen Indizienbeweises von Arvind Sharma unternommen. „[Huxley] vergleicht seine Erfahrung", so heißt es zu Beginn des Essays „Mescaline and Hindu Mystical Experience", „1. mit der Erfahrung der beglückenden Vision der christlichen Mystiker, 2. der Erfahrung des Sat Chit Ananda (Sein, Bewußtsein, Seligkeit) der hinduistischen Mystiker, und 3. der Erfahrung des Tathatâ (Istigkeit) der buddhistischen Mystiker. ... Dieser Aufsatz wird das zweite etwas genauer untersuchen."[113] Die untersuchte Frage ist also, ob es sich bei der von Huxley beschriebenen Erfahrung tatsächlich um eine Entsprechung des *Sat Chit Ananda* in der Form des *Nirvikalpa Samadhi* handele, das die höchste Stufe der meditativen Versenkung, nämlich die Erfahrung der reinen, also von keinen Attributen begleiteten, Weltseele (*Brahman*) darstellt. Zum Vergleich wird eine Schilderung des Nirvikalpa Samadhi herangezogen, die von dem berühmten indischen Mystiker Ramakrishna (1836–1886) stammt. Obwohl Sharma im Lauf dieses Vergleichs mehr Übereinstimmungen als Unterschiede zwischen den beiden Vergleichstexten ermittelt, kommt er zuletzt zu dem Schluß, daß es sich bei Huxleys Meskalinerfahrung nicht um ein authentisches Erleben des Nirvikalpa Samadhi handeln könne, weil die Unterschiede zu gewichtig seien: So zeige der gelegentliche Wortwechsel zwischen den Versuchsleitern und dem berauschten Huxley, daß er sich der Anwesenheit anderer Menschen noch bewußt gewesen sei, während im Nirvikalpa Samadhi jedes Bewußtsein von Ich und Nicht-Ich ausgeschaltet sei. Ferner gebe Huxley zwar an, daß Raum und Zeit ihre Bedeutung verloren, doch er betone andererseits, daß sie als undeutliche Vorstellungen immer noch existiert hätten, während sie im Nirvikalpa Samadhi allerdings völlig aufgehoben seien. Schließlich berichte Huxley von der Intensität der Licht- und Farbwahrnehmung. Dies sei ein klarer Hinweis darauf, daß er sich durchaus nicht im Absoluten, sondern immer noch in der Welt der Sinne (*maya*) befinde. Sharmas Ausführungen sind bedenkenswert, doch muß man ihnen andererseits wieder entgegenhalten, daß ein formaler Vergleich von Texten – die ja als Texte schon Verfälschungen der authentischen Erfahrung darstellen müssen und durch unser unzureichendes Interpretationsvermögen erneut verfälscht werden – durchaus keinen letzten Aufschluß über die Qualität und Gültigkeit von Huxleys Rauscherkenntnis bieten kann.

Wie Baudelaire, Ludlow und die meisten anderen Rauschautoren äußert sich Huxley mit glühendem Enthusiasmus über seine mystische Drogenerfahrung, aber wie jene läßt er auch keinen Zweifel, daß die Rauschmittel auf die Dauer keinen Ersatz für den traditionellen Weg zur spirituellen Erkenntnis und Bewußtseinserweiterung darstellen. Im obigen Zitat über die mystische Qualität des Alkoholrausches wurde dies bereits deutlich: Der Alkohol, so hieß es dort, könne eine echte mystische Erleuchtung bewirken, das Erkenntnisresultat sei „exzellent". Nicht exzellent sei aber der *Weg*, der zu diesem Resultat führe. Es ist ein Weg, der mit erheblichen Risiken verbunden ist, der den erleuchteten Geist nicht zu halten vermag und immer wieder den Rückfall in die alte Unvollkommenheit nach sich zieht, so daß die Person auch durch die beständigen Wechsel von einer Bewußtseinswelt in die andere zuletzt einen Schaden erleiden mag. Die Droge sei daher nur eine „gratuitous grace":

VI. Das Geheimnis der Kerze 461

eine Gnade, die uns als kleine Aufmerksamkeit zuteil wird, die unsere geistige und seelische Ausbildung unterstützen und zuweilen auch erleichtern mag, die aber für unsere eigentliche spirituelle Entwicklung keineswegs zwingend erforderlich ist und nichts bewirkt, was nicht auch auf anderem Wege ebenso und besser zu erreichen wäre. Huxley befindet sich mit dieser Überlegung in guter Gesellschaft, denn es war kein Geringerer als der Dalai Lama, der dem neugierigen Allen Ginsberg, als der ihn 1962 im indischen Exil besuchte, eben diese Auskunft gab (vgl. Seite 78).

Es war vorauszusehen: Am Ende dieser Ausführungen wissen wir immer noch nichts wesentlich Neues über die Eigenart der Rauscherkenntnis. Was wir hingegen wissen, ist, daß sie nicht adäquat zu beschreiben ist. Da hier aber nach dem bekannten Satz Wittgensteins nur von dem die Rede sein kann, worüber man nicht schweigen muß, mögen wir uns nun wenigstens mit diesem Problem der Mitteilung befassen, um zu sehen, wie die besprochenen Autoren als Künstler, deren Aufgabe doch gerade in der Mitteilung besteht, mit dieser Schwierigkeit umgehen.

3. Rauscherkenntnis und das Problem der Mitteilung

Von Alfred Hitchcock wird berichtet, daß er eines Nachts wie erleuchtet aus einem Traum erwacht sei, um im Dämmerzustand rasch einige bedeutende Stichworte aufzuschreiben, die eine frappierende Idee für einen Film festhalten sollten. Als er jedoch am nächsten Morgen, ausgeschlafen und bei klarem Verstand, sehen wollte, was es wohl Großartiges gewesen sein mochte, das ihn in der Nacht aus dem Schlaf gerissen hatte, habe er auf dem Notizblatt nur die folgenden Worte gefunden: „Mann liebt Frau." Diese Anekdote zeigt den Riß, der zwischen den Inhalten des Traumbewußtseins und jenen des rational-sinnlichen Wachbewußtseins verläuft. Was im Erleben der einen Welt eine atemberaubende Neuigkeit ist, verliert – in die Sprache der anderen Welt übertragen – oft jeden Reiz und hat dann nur noch den Aspekt einer altbekannten Banalität. Es mag sein, daß Hitchcock im Traum tatsächlich etwas sehr Aufregendes erlebte, doch was es immer gewesen sein mag, es widerstand seinen Worten und ließ auf dem Papier nichts von der visionären Faszination zurück, was unserem Wachbewußtsein verständlich wäre, so daß wir nur kopfschüttelnd auf eine Botschaft blicken, die ausgesprochen fade wirkt. Kaum anders verhält es sich oft, wenn Mystiker und Rauschkünstler ihre visionären Offenbarungserlebnisse in allgemeinverständliche Botschaften umzuwandeln suchen. Selbst die routiniertesten Virtuosen der Sprache müssen gelegentlich mit Aldous Huxley einräumen, daß ihre goldenen Worte „peinlich dumm" [M 143][114] wirken. Im Protokoll eines Haschischversuchs mit Walter Benjamin notieren die Ärzte Ernst Joël und Fritz Fränkel:

> Es ist für den Haschischrausch ein ebenso gewöhnlicher wie charakteristischer Vorgang, daß das Sprechen mit einer Art von Resignation verbunden ist, daß der Berauschte schon darauf verzichtet hat, auszusprechen, was ihn wirklich bewegt, daß er sich bemüht, etwas Beiläufiges, Unernstes an der Stelle des Eigentlichen aber Unsagbaren zum Ausdruck zu

bringen, daß er nicht selten mit dem Gefühl spricht, sich einer Unaufrichtigkeit schuldig zu machen, und daß – dies ist das Merkwürdige und der Aufklärung sehr Bedürftige – das so gewissermaßen auf Abbruch geäußerte weit merkwürdiger und tiefer sein mag als das, was dem „Gemeinten" entsprechen würde.[115]

Hier zeigt sich die Schwierigkeit der Übersetzung von Rauschinhalten in die Sprache unseres Wachbewußtseins gleich in doppelter Hinsicht, indem die Ärzte in das eigentlich „Gemeinte", obwohl sie seinen Gehalt doch gar nicht kennen, offenbar nur ein geringes Vertrauen setzen, und indem sie andererseits gerade das, was der Berauschte für belanglos halten mag, als tief und bedeutsam empfinden. – Rudolf Gelpke berichtet von einer orientalischen Fabel, in der das Problem der Nichtmitteilbarkeit des Rauschmysteriums sehr treffend umschrieben wird:

> Die Nachtfalter wollten herausfinden, worin das Geheimnis der Kerze besteht; denn sie, die doch unwiderstehlich von diesem Licht angezogen werden, wissen ja nicht, warum. Zweimal schickt ihr Anführer Kundschafter aus, und diese umkreisen die Kerze, beobachten sie genau, kehren dann zurück zu ihren Gefährten und schildern diesen in allen Einzelheiten, was sie gesehen haben: Farbe, Aussehen und Benehmen des Wachslichtes. Das alles ist zwar durchaus richtig, und niemand bestreitet es; aber nichts von alledem vermag den Faltern diese rätselhafte Anziehung zu erklären, welche das Licht auf sie ausübt. Schließlich meldet sich ein dritter Falter, fliegt auf die Kerze zu und stürzt sich geradewegs in ihre Flamme, glüht auf und verbrennt. „Er kennt nun das Geheimnis der Kerze", sagt da der alte Anführer zu seinem Volk, „aber wer durch den Schleier eingetreten ist ins Innere des Mysteriums, der kehrt nicht zurück, und seine Lippen bleiben versiegelt – wer aber zurückkommt und spricht, der ist noch kein Wissender."[116]

In der Bildlichkeit dieser Fabel wären die hier besprochenen Rauschkünstler also als Nachtfalter mit versengten Flügeln vorzustellen, als beschädigte Veteranen, die dem großen Geheimnis sehr nahe, aber nicht zu nahe kamen: Zwar haben sie das Mysterium nicht in seiner ganzen unvermittelten Wahrheit erfahren – denn sonst wären sie nicht mehr unter uns –, aber sie haben sich seinem Verständnis doch so weit angenähert, daß sie nicht mehr über die selige Unschuld verfügen, die ein blindes Vertrauen in die Macht der Worte setzt. In ihrer Eigenschaft als redselige Heimkehrer, die aus der anderen Wirklichkeit ihrer Vision in die unsrige zurückgekehrt sind, um uns über die erblickten Wunder Bericht zu erstatten, geben sie sich als Nichtwissende zu erkennen, denen das Verständnis des Mysteriums versagt blieb, doch insofern sie sich bemühen, in ihren sprachlichen Kreationen nach besten Kräften laut zu schweigen[117], geben sie zu verstehen, daß sie immerhin über eine Ahnung von demjenigen verfügen, was sie nicht wissen. So mögen wir ihren Berichten ebenso begierig lauschen wie jene „kindlichen Gehirne" [FdM 125], die in Baudelaires Gedicht „Le Voyage" neugierig die weitgereisten Abenteurer bedrängen, die zwar resigniert und kaum klüger zurückgekehrt sind, aber in der wissenden Majestät ihres Nichtwissens den ahnungslos Daheimgebliebenen unerreichbar scheinen.

Indem der Rauschkünstler zwischen den Realitäten seiner Vision und seiner materiellen Umgebung hin- und herwechselt, mutet er sich einen schwierigen Balanceakt zu. Einerseits muß er darauf bedacht sein, daß er sich in der Realität seiner Vision nicht verliert, damit nicht sein Künstlertum auf der Strecke bleibt; andererseits ist es ihm Bedürfnis und Pflicht, an den Wahrheiten des Rausches auch noch angesichts seiner begrenzten darstellerischen Möglichkeiten festzuhalten. Arthur Gordon Pym ist eine solche Künstlerfigur, die zwar in die andere Realität hinter dem Schleier eindringt, aber doch irgendwie in die Zivilisation zurückfindet, um einem Mr. Poe wenigstens über die Ereignisse bis zum letzten Grenzübertritt zu berichten, damit dieser die Nachricht an die Öffentlichkeit weiterleite; ein anderer Poe'scher Held, der Erzähler in „MS. Found in a Bottle", zeigt sich zwar untröstlich, daß er schon von dem seltsamen Schiff, das mit ihm auf einen Abgrund zutreibt, keinen adäquaten Begriff geben könne: „Was es *nicht ist*, kann ich unschwer wahrnehmen – was es *ist*, wird, fürchte ich, unmöglich zu sagen sein." [CTP 123; I 94], doch er tut, was er kann und ist bis zum letzten Moment, in dem er seine Flaschenbotschaft über Bord wirft, ein seiner Mitteilungspflicht bewußter Künstler. Dagegen kann Lowrys Konsul den Balanceakt des Künstlers und verantwortungsbewußten Sehers nicht durchhalten und entscheidet sich in seiner Schwäche für den endgültigen Absturz, d. h. den völligen Rückzug aus der Gesellschaft und in die solipsistische Isolation. So schreibt er etwa in einem Brief, über den man nicht zufällig erfährt, daß er niemals abgeschickt wurde: „Nein, meine Geheimnisse sind fürs Grab und müssen gehütet werden." [UV 36] Wenn er schon im nächsten Satz auf die Unmöglichkeit einer Vermittlung des Außerordentlichen hinweist, indem er sich als einen Forscher stilisiert, der ein außergewöhnliches Land entdeckt hat, aber niemals von dort zurückkehren kann, um der Menschheit darüber zu berichten, so unternimmt er doch keine Anstrengung, wenigstens das auszuschöpfen, was die Sprache an Möglichkeiten bietet; sein geplantes Buch über *Secret Knowledge* bleibt ungeschrieben.[118] Im Unterschied zu seinem Protagonisten hat Lowry selbst der Verlockung des Bequemen lange widerstanden und mit *Under the Volcano* eine der beeindrucksten Flaschenbotschaften der Weltliteratur verfaßt. Allerdings gibt es Anzeichen, daß er im späteren Verlauf seines Lebens doch im Strudel seiner Visionen verlorenging (vgl. Seite 296 ff.). Auch Ernst JÜNGER scheint die Balance des Rauschkünstlers verloren zu haben (wenn er sie überhaupt jemals fand), doch verliert er sich nicht wie Lowrys Konsul in der Welt seiner Visionen, sondern hält mit einer solchen Entschlossenheit an der Pflicht seines Künstlertums fest, daß ihm darüber offensichtlich das Strahlen der Rauschwahrheiten verloren ging. Über alles, Gott und die Welt, weiß er mit der gleichen Gelassenheit zu plaudern; nichts, so scheint es, kann sich dem gnadenlosen Tintenfluß seiner Feder entziehen, nirgends finden sich Anzeichen, daß die Unfähigkeit, eine wichtige Entdeckung beim Namen zu nennen, ihm, wie so vielen seiner Vorgänger, das Herz zerschneidet. Wissen, so verkündet er und stimmt darin durchaus mit den Romantikern überein, könne niemals etwas Endgültiges sein, sondern sei nur als konstante Annäherung möglich: „Im Wissen ist Annäherung verborgen – es führt, ohne es je zu erreichen, an das Wunder heran und über das Nennbare hinaus.

Dehnt sich wie in unserer Zeit das Wissen zu einer Riesenkugel aus, so vermindern sich nicht, sondern vermehren sich die Rätsel: die Zahl der Bezugspunkte wächst, die dem Unerklärlichen, dem Wunder anliegen." [A 326] Während aber die Romantiker mit ihrer Sprache ringen wie Laokoon mit der Schlange, damit sie soviel wie nur möglich vom herrlichen Licht reflektiere, während sie sich also bemühen, ihre fortwährende Annäherung an „das Wunder" mit Siebenmeilenschritten ins Werk zu setzen, paßt sich Jünger dem behäbigen Gang seines Mediums an. So treibt auch sein Leser bald träge im lauwarmen Strom der Aperçus und Histörchen. Die Annäherung an das Mysterium gerät Jünger damit zur beschaulichen Landpartie, so daß von der Faszination und Betroffenheit des berauschten Sehers kaum etwas zu spüren ist. Im Unterschied zu den glühenden Visionstexten der romantischen Tradition ist Jüngers Rauschprosa ohne Herz (was mit dem gefühlsbeherrschten Offiziersethos des Autors zusammenhängen mag). Da aber das Gefühl die erste und wichtigste Instanz der erleuchteten Vision ist, kommt dieser Mangel einem Bankrott seines Sehertums gleich.

Selbst bei dem ruhigsten der romantischen Rauschkünstler, bei Thomas DE QUINCEY, dessen Fabulierkunst gelegentlich phlegmatische Züge aufweist, findet sich angesichts der Nichtmitteilbarkeit des Numinosen niemals ein Jüngerscher Gleichmut. „Wenn es auf dieser Welt ein Leid gibt, für das kein Heilmittel existiert", ruft der Opiumesser an einer Stelle verzweifelt aus, „so ist es der Druck des *Nicht-Ausdrückbaren* auf das Herz." [CEO 196; 111] Die Zerrissenheit des romantischen Rauschvisionärs zwischen seinem Drang nach Mitteilung des Außerordentlichen und der Einsicht der Unmöglichkeit einer solcher Bemühung, zwischen resigniertem Schweigen und einem trotzigen Aufbegehren gegen die Schranken der Sprache zeigt sich recht deutlich in der folgenden Passage:

> Diese und alle anderen Veränderungen in meinen Träumen wurden von einer tiefsitzenden Angst und düsteren Melancholie begleitet, in Worten völlig unbeschreibbar. · Ich schien jede Nacht hinabzusteigen – nicht metaphorisch, sondern buchstäblich hinabzusteigen – in Klüfte und sonnenlose Abgründe, in Tiefen unter den Tiefen, aus denen je wieder aufzusteigen hoffnungslos erschien. Und wenn ich aufwachte, hatte ich auch nicht das Gefühl, daß ich wieder aufgestiegen *wäre*. · Warum sollte ich davon eigentlich weiter berichten? Denn die Düsternis, die diese ungeheuren Schauspiele begleitete und schließlich bis zur vollständigen Dunkelheit geradezu selbstmörderischer Verzweiflung anwuchs, läßt sich doch nicht in Worte fassen. [CEO 313; 237]

Wie die von mir eingefügten Punkte verdeutlichen, kann De Quincey sich offensichtlich nicht mit der im ersten Satz konstatierten Unbeschreiblichkeit des rauschinduzierten Angstgefühls abfinden, sondern versucht im nächsten Satz wider besseres Wissen das Unbeschreibliche doch zu beschreiben. Nicht im übertragenen, sondern in einem ganz wörtlichen Sinn sei er in finstere Tiefen hinabgestürzt. Doch schon im nächsten Moment erkennt er die Fruchtlosigkeit seiner Bemühung; die Sprache bleibt außerstande, die Wahrheit zu umreißen. So gelangt er wieder zu seinem Ausgangspunkt zurück – es hilft nichts; seine Erfahrung ist und bleibt unvermittelbar.

Auch für LUDLOW wird die Unbeschreiblichkeit seiner herrlichsten Rauschvisionen zur unerträglichen Qual. „Noch Tage danach entsann ich mich der Offenbarung. Ich wußte, was sich mir da aufgetan, doch ich vermochte nicht, es in Worte zu kleiden; und heute ist der tiefere Sinn meinem Gedächtnis entfallen, nur die leere Hülle und ein Scherbenhaufen von Symbolen sind geblieben." [HE 138; 99] Und kurz darauf heißt es über den unglücklichen Haschischesser, der sich seinen Mitmenschen nicht verständlich machen kann: „Zu seinem Begleiter, der sich nicht im selben Rauschzustand befindet, wendet er sich, will ihm erklären, was er geschaut hat, doch er muß feststellen, daß die Symbole, die sich ihm offenbart haben, für den anderen ohne Sinn sind, weil in unserem Alltagsleben die Gedanken, welche sie auszudrücken vermöchten, nicht vorhanden sind; die beiden Gedankenebenen sind völlig verschieden." [HE 148; 106] Am deutlichsten zeigt sich die Verzweiflung des Haschischessers aber in der folgenden Schilderung:

> Unbändiges Verlangen packte mich, Mitteilung zu machen von dem, was ich sah. Die Bürde dieser ungeheuren Offenbarung wollte ich teilen mit einer anderen Seele. Von dieser Absicht getragen, unterzog ich die Vision einer eingehenden Prüfung; ich suchte nach irgendeinem Charakteristikum, mit dem ich einem anderen Wesen das Geschaute verständlich machen konnte. Ich fand keines. Im Reich der Sprache gab es kein Symbol für sie.
> Lange Zeit – wie lange, das zu ermessen, ist einzig einem Haschischesser gegeben – litt ich Todesqualen. Jede Tasche durchwühlte ich auf der Suche nach meinem Bleistift und Notizbuch, auf daß ich wenigstens ein anschauliches Zeichen zu Papier bringen konnte, um mir später die Lineatur dieser Offenbarung wieder ins Gedächtnis rufen zu können. Ich hatte weder Stift noch Heft zur Hand. Ich wanderte an einem Bächlein entlang, meinem vertrauten und in vielen Fällen einzigen Weggefährten vieler verzückter Reisen, da sah ich einen flachen Stein, der übers Wasser hinausragte. „Ehre sei dem Höchsten!" schrie ich frohlockend; „auf diese Tafel hier will ich zumindest ein Zeichen setzen als Ausdruck dessen, was ich fühle." Zitternd und bebend suchte ich nach meinem Messer; auch dieses war verschwunden! Da warf ich mich wie ein Rasender flach auf den Stein und versuchte, mit den Nägeln einen Kratzer darauf einzuritzen als Erinnerung. Hart, hart wie Feuerstein! Verzweifelt stand ich auf. [HE 179/180; 124]

Selbst Jack London, dem die Rauscherfahrung nur im Kontext seiner materialistischen Weltsicht bedeutsam wurde, stellt noch fest, daß es ihm unmöglich sei, dem Nichtalkoholiker eine Vorstellung von der sonderbaren „White Logic" John Barleycorns zu geben. „Wie soll man diese Weiße Logik denen beschreiben, die sie niemals erlebt haben!", ruft er aus. „Es ist wohl besser, zunächst zu sagen, wie unmöglich eine solche Beschreibung ist." [JB 189] Trotz der von allen Visionskünstlern bezeugten Unmöglichkeit einer adäquaten Schilderung der Rauscherkenntnis gibt es aber eine Rauschliteratur. Also läßt sich zwischen der Erleuchtungswirklichkeit des Rausches und der Realität unseres gewöhnlichen Wachbewußtseins offensichtlich doch eine Brücke schlagen, die gewiß sehr unsicher steht und für die eigentlichen Schwertransporte, die der Visionär am liebsten bewältigen würde, ungeeignet ist, aber sie ist immerhin besser als gar nichts. Die erste Bedingung eines solchen Brückenschlags ist eine wenigstens partielle Überwindung der Sprache, und zwar in der Art, daß ihre Benutzung sozusagen nebenher einen außersprachlichen Akzent setzt, so wie es von Kolakowski im Hinblick auf Bergsons Intuition beschrieben wird:

> Das Adjektiv „konkret" ist abstrakt, das Adjektiv „nichtmitteilbar" ist mitteilbar, das Adjektiv „einmalig" ist allgemein, und das Wort „Intuition" auszusprechen ist nun einmal kein Akt der Intuition. Wir können die sprachlichen Schranken nicht loswerden, wenn wir versuchen, anderen etwas zu übermitteln, mit dem sich zu befassen Sprache eigentlich nicht entworfen wurde. Wir können die Sprache aber trotzdem benutzen, um verschiedene Hinweise, Metaphern, ästhetisch eindringliche Bilder hervorzubringen und in anderen Menschen das Vermögen der Intuition zu wecken, das, auch als schlafendes, ein Teil der allgemein menschlichen Ausstattung ist.[119]

Die Sprache, auf die der Rauschkünstler doch angewiesen bleibt, ist für ihn kein Medium, das wie von selbst zur Gestaltung von Inhalten drängt, sondern sie ist ihm vielmehr ein denkbar widerspenstiger Werkstoff, der gegen seine Natur zur Bedeutung gezwungen werden muß. Die kreative Leistung des Visionskünstlers ist etwa der eines Korbflechters vergleichbar, der die Weidenruten erst geschmeidig machen muß, um sie dann in die Form eines Korbes zwingen zu können. Damit ein Korb ein Korb sein kann, muß er wie jeder Behälter innen hohl sein, d.h. er besteht aus einer Hülle und aus einem Loch oder Vakuum, das von dieser Hülle umschlossen wird. Ähnlich zwingt der Künstler die Worte in eine Form, die dem sprachlich nicht Darstellbaren einen Ort gibt, auch wenn es sich nur um eine Leerstelle handelt. Diese Leerstelle kann nun aber vom individuellen Bewußtsein intuitiv gefüllt werden. Nur auf diesem Weg sind die notwendigen Beschränkungen der Sprache zu überwinden, und nur auf diesem Weg kann der Rauschkünstler annäherungsweise festhalten, was er an Außerordentlichem erfuhr. Sein Interesse gilt sozusagen nicht der geflochtenen Struktur des Korbes selbst, sondern dem Vakuum, der Luft, die er umschließt. Auch der Rauschkünstler kann das Unsichtbare, das er intuitiv erfuhr, nicht zum sichtbaren Allgemeingut machen, aber er kann uns einige Koordinaten geben, die dem Leser dazu verhelfen mögen, seine Erfahrung wiederum intuitiv nachzuvollziehen. Die Verbindung von Intuition und Intellekt ist also die zentrale Aufgabe des Rauschkünstlers, und zwar in der Romantik ebenso wie in unserer Zeit.

4. Das Bild des Kristalls

Eines der häufigsten Bildmotive in der Rauschliteratur, das ähnlich wie das Bild der Weißheit nicht nur besonders geeignet erscheint, die strahlende Wahrheit des Mysteriums anzudeuten, sondern das auch über einen eigenen Reizwert verfügt, der beim Leser einen intuitiven, d.h. außersprachlichen und unwillkürlichen Nachvollzug auslösen mag, ist das Bild des Kristalls. Obwohl der Kristall durch seine regelmäßige Struktur einerseits als Inbegriff des Gesetzmäßigen gilt, das klar definiert und berechenbar ist, wird er andererseits auch als etwas Rätselhaftes empfunden, wobei es anscheinend gerade seine Transparenz ist, die uns fasziniert. Denn obwohl wir durch den Kristall hindurchblicken können und obwohl wir wissen, daß sein Funkeln auf der prismatischen Brechung des Lichts an der Oberfläche beruht, mögen wir doch nicht von der Vorstellung lassen, daß in seinem Innern ein geheimnisvolles Feuer wie ein lebendiges Wesen gefangen sei. Oft wird Kristallen und Edelsteinen eine besondere magische Kraft zugeschrieben, in der Astrologie werden den Tierkreiszeichen bestimmte Glückssteine zugeordnet, während vor dem unheilvollen Einfluß anderer Steine gewarnt wird, und kein Tresor voller Banknotenbündel hat auch nur annähernd jenen Aspekt des Kostbaren, der einem einzigen und nach seinem Geldwert vielleicht wesentlich unbedeutenderen Kristall oder Edelstein anhaftet.[120] „Warum sind Edelsteine edel?" fragt sich daher Aldous HUXLEY im Zusammenhang seiner Ausführungen über die Visionen des Halluzinogenrausches. Diese Frage hat ihn offenbar sehr beschäftigt, denn er greift sie in seinen Schriften immer wieder auf. In dem als Essay veröffentlichten Vortragstext „Visionary Experience" (1961) verweist Huxley zunächst auf eine Antwort des amerikanischen Philosophen George Santayana: „Er sagte, meine ich, daß [Edelsteine] edel sind, weil sie unter allen Dingen in dieser vergänglichen Welt, dieser Welt der ständigen Verwesung, der absoluten Dauerhaftigkeit am nächsten zu kommen scheinen; sie geben uns sozusagen ein sichtbares Bild von der Ewigkeit oder Unvergänglichkeit. Nun, ich glaube, an dieser Antwort ist etwas dran, aber ich glaube keineswegs, daß sie die ganze Antwort auf unsere Frage darstellt." [M 234] Sodann bezieht Huxley sich auf eine Äußerung bei Plotinos, derzufolge alle Inhalte der platonischen Ideenwelt als ein Leuchten sichtbar und daß daher Feuer der schönste irdische Gegenstand sei. Analog spreche Sokrates von dem Paradies, in das die Tugendhaften nach ihrem Tod eingingen: „… was Sokrates über diese Welt sagt, … ist wiederum, daß in jener anderen Welt alles glänzt, daß die gewöhnlichen Steine auf der Straße und auf den Bergen die Qualität von Edelsteinen haben, und er endet mit der Bemerkung, daß die Edelsteine unserer Welt, unsere hochgeschätzten Smaragde, Rubine und so weiter, nur kleinste Bruchstücke jener Steine sind, die man in dieser anderen Welt erblickt; und diese andere Welt, wo alles heller und klarer und realer ist als in unserer Welt, ist, so sagt er, eine Vision begnadeter Seher." [M 235] Auf der Grundlage dieser Ansichten gelangt Huxley zu seiner eigenen Überzeugung, warum Edelsteine edel seien:

> Sie sind edel, weil sie uns in gewisser Weise an etwas erinnern, was bereits in unseren Köpfen vorhanden ist. Sie erinnern uns an jene paradiesische, mehr als reale Welt, die manche Leute zuweilen bewußt erblicken und die, wie ich glaube, die meisten Menschen schon einmal flüchtig wahrgenommen haben und die uns allen unterschwellig, auf einer Ebene des Unbewußten, gewärtig ist. Und es ist, wie Plotin sagt, die Existenz dieser anderen Welt, dieser strahlenden anderen Welt, die bewirkt, daß der schönste Gegenstand auf Erden das Feuer ist.
>
> Nun ist es eine interessante Tatsache, daß man von Diamanten sagt, sie hätten ein Feuer und daß die edelsten, wertvollsten Diamanten jene mit dem größten Feuer sind, und die ganze Kunst des Diamantenschneidens hat natürlich den Zweck, sie so leuchtend wie

möglich zu machen und sie dazu zu bringen, ein Maximum ihres inneren Feuers zu zeigen. Und tatsächlich kann man sagen, daß alle Edelsteine gewissermaßen kristallisiertes Feuer sind. In diesem Zusammenhang ist sehr bemerkenswert, daß im Buch *Hesekiel*, wenn der Garten Eden beschrieben wird, gesagt wird, er sei voller feuriger Steine – womit Edelsteine gemeint sind. Hier sehen wir meines Erachtens sehr deutlich den Grund, wieso Edelsteine edel sind, nämlich weil sie uns an diese seltsame andere Welt im Hintergrund unseres Bewußtseins erinnern, die manchen Leuten offen steht und die sich anderen spontan eröffnet. [M 235/236]

Die eigenartige Faszination von Kristallen und Edelsteinen wird hier also darauf zurückgeführt, daß in ihrem Schimmern und Funkeln eine unbewußte Erinnerung an das ähnliche, aber viel intensivere und auch beglückendere Gleißen eines paradiesischen Jenseits heraufbeschworen werde, das wir im kurzen Aufblitzen intuitiver Klarheit in Träumen erleben, aber nicht beschreiben können. Da die Edelsteine also über eine besondere Qualität verfügen, die unsere Seele oder unser Unbewußtes unvermittelt, d. h. ohne das Zutun von Sprache und Bewußtsein, anspricht, eignen sie sich vortrefflich, um als gezielt lancierte Symbole das Unaussprechliche der mystischen Erkenntnis weiterzureichen, indem es von jeder Einzelperson zum Anlaß eines eigenen intuitiven Nachvollzugs genommen werden kann. Das bedeutet gewiß nicht, daß das Bild des Kristalls eine bloße bildrhetorische Kunstfigur des Visionskünstlers sei. Der Berauschte hat vielmehr ein außerordentliches Lichterlebnis, das er auch für sich selbst mit Bewußtsein nur im Bild des Edelsteins realisieren kann. So heißt es etwa in Taylors Darstellung eines Haschischrausches: „Vor mir erstreckte sich ... eine Flucht von Regenbögen, deren Farben mit der Leuchtkraft von Edelsteinen strahlten – Bögen aus lebendem Amethyst, Saphir, Smaragd, Topas und Rubin."[121] Auch für den reflektierenden und schreibenden Huxley waren die bunten Buchrücken, die wie Lapislazuli, Jade, Smaragd und Rubin glühend aus den Regalen hervorzuspringen schienen (vgl. Seite 249 f.), sicher sehr real.

So wie Wasser, das fließende Element, wenn es zu Eis gefriert, eine zuständliche Realität erhält, mag es uns vorkommen, daß, was jetzt ein funkelnder Stein ist, der sich in die Hand nehmen läßt, früher einmal diffuses Licht gewesen ist. Die stoffliche Form, die regelmäßige Bildung des Kristalls ist dann wie ein Gehäuse, dessen Transparenz uns erkennen läßt, daß sich in seinem Inneren immer noch das lebendige Licht bewegt, das sich wie die Magma im Erdinneren noch nicht zu einem Gebilde verfestigt hat. Dieses innere Licht stellt daher – im Kontrast zur äußeren Hülle des Kristalls, die wir als gewordene Wirklichkeit begreifen – die Vielfalt des Möglichen, des noch nicht Realisierten dar. Das Feuer des Kristalls ist also wie der unvermittelte Anblick jener Energie, aus der der ganze Kosmos und auch wir selbst hervorgegangen sind, so daß wir in ihm die sichtbare Präsenz des göttlichen Gedankens erkennen mögen. Daher schreibt Aniela Jaffé: „Kristall – in alchemistischer Sprache: der Lapis, der Stein – bedeutet Ausgangspunkt und Ende: das Unbewußte, das – weit wie das Meer und als Ursprung des Lebens – die unbegrenzte Vielheit aller Möglichkeiten enthält und zugleich die begrenzte Gestalt des einzelnen in seinem unzerstörbaren Kern, das Ziel der Wandlung und des Werdens."[122]

Aus den genannten Gründen wird die visionäre Welt, die der traditionelle Mystiker und der moderne Rauschkünstler durchwandern, oft als ein Reich geschildert, wo gerade das, was in der materiellen Realität sehr selten vorkommt und den Menschen am kostbarsten ist, im Überfluß vorhanden ist. „Ich habe herrliche Paläste im Himmel gesehen, die sich jeder Beschreibung entziehen", schreibt SWEDENBORG und beschreibt das Außerordentliche dennoch:

> Oben glänzten sie wie von reinem Gold, unten wie von Edelsteinen – immer ein Palast schimmernder als der andere. Dasselbe gilt auch für ihr Inneres: Die Gemächer waren mit Ornamenten verziert, zu deren Beschreibung uns Worte wie Kenntnisse fehlen. Gegen Süden lagen Paradiese, in denen alles in gleicher Weise glänzte und an einigen Stellen die Blätter wie von Silber und die Früchte wie von Gold waren. Die Blumenbeete mit ihren Farben sahen aus wie Regenbogen. An der Peripherie erblickte man noch weitere Paläste, die den Ausblick begrenzten. Die Werke der himmlischen Architektur sind von einer Art, daß man sagen möchte, hier sei die Kunst in ihrer Kunst, und das ist auch kein Wunder, da diese Kunst selbst vom Himmel stammt.[123]

Gold, Silber und Juwelen (oder fremde Substanzen, die an diese erinnern) sind die Baustoffe dieser inneren Realität, deren Herrlichkeit aber nur im Wunder ihres Strahlens besteht. Schließlich ist es nicht der materielle, sondern der spirituelle Reichtum, der diese Welten so unbeschreiblich macht. So wie Baudelaire in der phantastischen Architektur seiner Träume Wassergräben zieht und Teiche anlegt, damit sie den Glanz seiner herrlichen Konstruktionen reflektieren[124], sind die so oft beschriebenen kristallenen Dome und goldenen Paläste nur Spiegel des überirdischen Lichts, ohne das alle Pracht stumpf und sinnlos wäre. In den Werken der deutschen Romantik – von Hardenbergs *Heinrich von Ofterdingen* über Tiecks *Runenberg* bis hin zu einigen der gesammelten *Kinder- und Hausmärchen* der Brüder Grimm – steigen die Protagonisten oft in die fremde unterirdische Welt hinab, wo im dunklen Gestein allenthalben leuchtende Kristalle und Edelsteine hervorblitzen und Kobolde diese Schätze vor der Habgier der Menschen bewahren. In seinen *Ansichten von der Nachtseite der Naturwissenschaft* berichtet Schubert von dem Fall eines schwedischen Bergmannes, der in einem Bergwerk bei Falun verschüttet und dessen Leichnam, durch die Einwirkung von Vitriolwasser konserviert, fünfzig Jahre später nahezu unversehrt aufgefunden wurde. Dieser Bericht beeindruckte etliche Romantiker, und unter ihnen auch E.T.A. HOFFMANN, der sich durch ihn zu seiner Erzählung „Die Bergwerke zu Falun" anregen ließ. Es versteht sich, daß auch hier der Weg unter Tage als ein Weg in die Tiefen des Unbewußten dargestellt wird. So läßt Hoffmann einen alten Bergmann den tieferen Sinn seines Berufes erläutern, „dessen Wissenschaft, dessen unverdrossenem Fleiß die Natur ihre geheimsten Schatzkammern erschließt. Du sprichst von schnödem Gewinn, Elis Fröbom! – ei, es möchte hier wohl noch Höheres gelten. Wenn der blinde Maulwurf in blindem Instinkt die Erde durchwühlt, so möcht es wohl sein, daß in der tiefsten Teufe bei dem schwachen Schimmer des

Grubenlichts des Menschen Auge hellsehender wird, ja daß es endlich, sich mehr und mehr erkräftigend, in dem wunderbaren Gestein die Abspieglung dessen zu erkennen vermag, was oben über den Wolken verborgen." [HW, V, 203] Der Bergmann ist also ein Seher, dem in der Dunkelheit (d. h. bei einer Trübung der leiblichen Sinne) eine neue, andere Klarheit der Vision zuteil wird, die zuletzt auf die Anschauung des Göttlichen gerichtet ist. Elis Fröbom, der hier angesprochene Protagonist, erliegt dem Zauber des unterirdischen Strahlens, wagt sich zu weit in die Tiefe hinab und gelangt daher nicht mehr lebend zurück in die Welt. Unter Hoffmanns Feder wird der authentische Fall zu einem Gleichnis für seine und die romantische Auffassung von der Aufgabe des Dichters: Dieser muß wohl die Vision suchen, darf sich aber nicht völlig in ihr verlieren und muß ans Tageslicht zurückkehren, um seinen Mitmenschen Bericht zu erstatten.[125] In diesem Fall wird Elis Fröbom als Künstlerfigur allerdings selbst zum Kunstwerk, und zwar als die konservierte Leiche, die im Blick der Nachwelt wie eine Hieroglyphe erscheint. Die Welt, in die sich Elis begibt und in die er schließlich zu weit vordringt, ist nicht die der Hauer und Steiger, sondern sein eigenes Inneres. So ist bezeichnend, daß sein Entschluß, ein Bergmann zu werden, in einem Traumerlebnis gründet, das ihm die unter- und ebenso überirdische Kristallwelt vor Augen führt:

> Es war ihm, als schwämme er in einem schönen Schiff mit vollen Segeln auf dem spiegelblanken Meer, und über ihm wölbe sich ein dunkler Wolkenhimmel. Doch wie er nun in die Wellen hinabschaute, erkannte er bald, daß das, was er für das Meer gehalten, eine feste, durchsichtige funkelnde Masse war, in deren Schimmer das ganze Schiff auf wunderbare Weise zerfloß, so daß er auf dem Kristallboden stand und über sich ein Gewölbe von schwarz flimmerndem Gestein erblickte. Gestein war das nämlich, was er erst für den Wolkenhimmel gehalten. Von unbekannter Macht fortgetrieben, schritt er vorwärts, aber in dem Augenblick regte sich alles um ihn her, und wie kräuselnde Wogen erhoben sich aus dem Boden wunderbare Blumen und Pflanzen von blinkendem Metall, die ihre Blüten und Blätter aus der tiefsten Tiefe emporrankten und auf anmutige Weise ineinander verschlangen. Der Boden war so klar, daß Elis die Wurzeln der Pflanzen deutlich erkennen konnte, aber bald immer tiefer mit dem Blick eindringend, erblickte er ganz unten unzählige holde jungfräuliche Gestalten ... [HW, V, 204]

Auch unter Tage holt ihn der Traum wieder ein, wenn die schwarze Felswand sich vor seinem Blick in das Bild einer paradiesischen Landschaft verwandelt: „Er blickte in die paradiesischen Gefilde der herrlichsten Metallbäume und Pflanzen, an denen wie Früchte, Blüten und Blumen feuerstrahlende Steine hingen." [HW, V, 216] Daß die anderen Bergleute am Ort seiner Vision nur taubes Gestein erblicken, stört ihn wenig, denn „freilich verstehe er nur allein die geheimen Zeichen, die bedeutungsvolle Schrift, ... und genug sei es auch eigentlich, die Zeichen zu verstehen, ohne das, was sie verkündeten, zutage zu fördern." [HW, V, 219] Nach Hoffmanns eigener Ansicht ist dies freilich keineswegs genug.

Eine ähnliche Vision erlebt der Student Anselmus in Hoffmanns Märchen *Der goldene Topf*. Hier ist es ein Holunderbusch, der sich unter dem Blick des Alltags-

VI. Das Geheimnis der Kerze 471

verdrossenen merkwürdig belebt. Die Blüten wirken wie „Kristallglöckchen", das Rascheln der Blätter wird zum Gesang dreier grüngoldener Schlangen:

> Durch alle Glieder fuhr es ihm wie ein elektrischer Schlag, er erbebte im Innersten – er starrte hinauf, und ein Paar herrliche dunkelblaue Augen blickten ihn an mit unaussprechlicher Sehnsucht, so daß ein nie gekanntes Gefühl der höchsten Seligkeit und des tiefsten Schmerzes seine Brust zersprengen wollte. Und wie er voll heißen Verlangens immer in die holdseligen Augen schaute, da ertönten stärker in lieblichen Akkorden die Kristallglocken, und die funkelnden Smaragde fielen auf ihn herab und umspannten ihn in tausend Flämmchen um ihn herflackernd und spielend mit schimmernden Goldfäden … Die Sonnenstrahlen brachen durch das Gewölk und der Schein brannte wie in Worten: „Ich umgoß dich mit glühendem Gold, aber du verstandest mich nicht; Glut ist meine Sprache, wenn sie die Liebe entzündet." [HW, I, 181]

Fortan wird Anselmus von der Erinnerung an diesen visionären Einbruch in die Trostlosigkeit seines bürgerlichen Alltags getrieben, und sein Trachten gilt nur nach der endgültigen Vereinigung mit dem wunderbaren Geschöpf, das er für einen Moment erblickte. Die Sehnsucht des Anselmus ist zweifellos die des Mystikers; und die goldenen Flämmchen, die ihn während der Vision umtanzen, könnten sogar als eine Anspielung auf die Ausgießung des Heiligen Geistes verstanden werden (vgl. Apostelgesch., 2, 3–4). Dabei geht ihm die Prophezeiung einer alten Frau durch den Kopf, die ihm zu Beginn des Märchens die kryptische Drohung nachgerufen hat: „‚[I]ns Kristall bald dein Fall – ins Kristall!'" [HW, I, 177] In der Tat findet sich Anselmus nach etlichen grotesken Verwicklungen auf sonderbare Weise in einer Kristallflasche gefangen. Diese unbequeme Situation erinnert an die Vorstellung vom inneren Feuer des Kristalls. Doch hier ist es nicht der göttliche Funke, sondern nur ein armer Student, der das Innere des Kristalls bewohnt, während das Mysterium nun umgekehrt irgendwo jenseits der transparenten Gefängniswand liegt. So deutet auch Ochsner die groteske Szene: „Anselmus in einer Kristallflasche eingeschlossen: mit diesem drastischen Bilde drückt Hoffmann den Zustand dessen aus, der das höhere Reich geschaut und dem der Wiedereintritt in dasselbe nun verwehrt ist"[126], und er gelangt in seiner Analyse des Geschehens zum folgenden Schluß über Hoffmanns zugrundegelegtes Verständnis von der visionären Erkenntnis:

> So verstehen wir, daß Hoffmann seinen Anselmus im Trancezustand den tiefsten Sinn der Schöpfung und ihren äußeren Verlauf erfahren läßt. Der Mythus, der stark im Banne Schubertscher Gedankengänge steht, schildert das Entstehen der organischen (zuerst der pflanzlichen, dann der tierischen) Welt und die Wirkung, die der in Phosphorus und dem Salamander verkörperte geistige Funke auf diese Schöpfung ausübt. Durch diesen göttlichen Einfluß wird die Welt … in ihrer Entwicklung gefördert, aber zugleich wird ein tiefer Zwiespalt in sie hineingetragen. Der geistige Funke, der „Gedanke" zerstört die natürliche Einheit aller Dinge, … d.h. mit dem Willen zur Erkenntnis erwacht auch die Selbstsucht, Natur (natura naturata) vollzieht ihren – notwendigen – Sündenfall. Von diesem Sündenfall her datiert auch der tiefe, unselige Zwiespalt zwischen dem Menschen und … der natura naturans. Einmal aber wird dieser Riß ausheilen: dann nämlich, wenn drei Jünglinge mit kindlichem Gemüte sich ganz – wie Anselmus – dem Glauben an

die Transzendenz hingeben ... So steigert sich das kosmische Erleben des Anselmus zur frohen Gewißheit, daß er das Zentrum allen Geschehens, daß er der Erlöser der Welt sei, ein beliebter romantischer Gedanke – und ein ebenso häufiger Ausdruck mystischer Erfahrung gewisser Geisteskranken! –[127]

In ähnlicher Verwendung wie bei Hoffmann findet sich das Motiv der Existenz im Kristall auch in anderen Texten der visionären Literatur. „In blauem Kristall / Wohnt der bleiche Mensch" [DB 113], heißt es etwa in Trakls Gedicht „Ruh und Schweigen"; die berühmte Bibliothek von Babel in der gleichnamigen Erzählung von Jorge Luis Borges ist in ihrer hexagonalen Struktur und der strengen Regelmäßigkeit ihrer räumlichen Ausdehnung nichts anderes als ein gigantischer Kristall, dessen Insassen sich verzweifelt um die universale Erkenntnis bemühen[128]; auch das Spiegelkabinett in Hesses *Steppenwolf*, in dem der kokainberauschte Held Harry Haller umherirrt, ist ein Kristall (vgl. Seite 257 f.), und in der Erzählung „Gehirne" denkt Gottfried Benns Rönne, der sich verzweifelt aus seiner empfundenen geistigen Lähmung zu befreien versucht: „Was ist es denn mit den Gehirnen? Ich wollte immer auffliegen wie ein Vogel aus der Schlucht; nun lebe ich außen im Kristall."[129] Dagegen ist der Weg „ins Innere des Kristalls", von dem der Bergrat in Jüngers Roman *Heliopolis* berichtet [vgl. H 24 ff.], keine Erfahrung einer hermetischen Isolation, sondern wird vielmehr als ein freier Erkundungsgang in den Bereichen der mystischen Realität dargestellt. Ebenfalls in diesem Sinn erscheint das Bild des Kristalls bei Michaux, wenn er etwa in *Connaissance par les gouffres* über eine Phase des Meskalinrausches schreibt:

> Nach einer kurzen Phase der Übelkeit und des Unwohlseins bekommt man es auf sehr eindringliche Art mit dem Licht zu tun. Es beginnt zu gleißen und mit seinen plötzlich durchdringend gewordenen Strahlen zu schlagen und zu stechen. Vielleicht muß man die Augen mit einem dichten Stoff schützend bedecken, aber man selbst ist nicht geschützt. Das Weiß ist in einem. Das Funkensprühen im Kopf. Eine gewisse Partie des Kopfes, die man bald bis zur Ermüdung spürt: der Hinterkopf; dort schlägt der weiße Blitz ein.
>
> Dann kommen die Visionen von Kristallen, Edelsteinen, Diamanten, oder vielmehr ihr Glanz, ihr blendender Glanz. [CPG 11][130]

Bei Jünger und Michaux verbindet sich die Kristallbildlichkeit mit der Erfahrung einer inneren Welt, die insofern abstrakt zu nennen ist, als in ihr keine Elemente der lebenden, biologischen Natur enthalten sind. Das berühmteste Beispiel einer solchen Kunstlandschaft ist das phantastische Xanadu in Coleridges Gedicht „Kubla Khan".

Führen wir uns diese Welt, wie sie von COLERIDGE geschildert wird, etwas genauer vor Augen: Der auf Geheiß des legendären Mongolenfürsten Kubla Khan errichtete „stately pleasure-dome"[131] ist gewiß ein Bauwerk von ungeheuren Ausmaßen, ein weithin sichtbares Monument. Da es sich nicht um ein Schloß oder um einen Palast handelt, sondern um einen „dome" – das Wort bedeutet eigentlich nur „Kuppel", doch die Assoziation mit dem Dom, der Bischofskirche, ist auch für englische Leser naheliegend –, handelt es sich wohl um einen heiligen Ort – eine Vermutung, die im nächsten Vers durch den Hinweis auf den vorbeifließenden „heiligen Fluß" („sacred river") bekräftigt wird. Dieses Sanctum Sanctorum ist allerdings nicht für eine große

VI. Das Geheimnis der Kerze

Glaubensgemeinschaft erbaut (denn immerhin ist der Ort menschenleer), sondern nur zum Vergnügen des Imperators: es ist ein Lustdom, der hier errichtet wurde und den wir uns heute vorstellen mögen als eine Kombination aus dem Petersdom und dem Crystal Palace der Londoner Weltausstellung von 1851 oder, um ein neueres Vergleichsbild heranzuziehen, wie eine jener prunkvollen Großbauten des ehemaligen Vergnügungsparks auf New Yorks Coney Island an einem publikumsfreien Tag. Da der Dom und seine ganze Umgebung eine Allegorie für die vom Dichter erbaute Welt der Phantasie ist (so schaltet sich in der letzen Strophe unvermittelt ein lyrisches Ich ein und spricht: „I would build that dome in air, / That sunny dome! those caves of ice!" [„Ich würde diesen Dom in Luft erbau'n, / Den Sonnendom! die Eiseshöhlen!"]), handelt es sich bei Coleridges Xanadu sozusagen um ein *Coney Island of the Mind*, wie es in einem Gedicht Lawrence Ferlinghettis heißt. Was ist nun über die Landschaft zu sagen: Ist es die Natur, in die das künstliche Bauwerk des Doms hineingesetzt wurde? Wohl benutzt Coleridge unentwegt die Bildlichkeit des Natürlichen: da gibt es „viele weihrauchduftende Bäume" („many an incense-bearing tree") und „Wälder so alt wie die Hügel" („forests ancient as the hills"), und der heilige Fluß windet sich durch „Forst und Tal" („wood and dale"). Tatsächlich ist aber die Landschaft ebenso künstlich wie der prächtige Dom. Wenn die Umgebung als „zweimal fünf Meilen fruchtbaren Bodens" („twice five miles of fertile ground") bezeichnet wird, so wird gleich doppelt darauf hingewiesen, daß es sich um eine vom Menschen erzeugte Landschaft handelt. Die Maßangabe „zweimal fünf Meilen" kommt in der Natur nicht vor, sie ist ein abstraktes Konzept und kann nur in der Vorstellung eines Menschen Gestalt annehmen, und daß der Boden fruchtbar sei, ist ein Hinweis auf einen, wiederum zwangsläufig menschlichen, Kultivierungsakt, da Fruchtbarkeit nur dort von Belang ist, wo etwas angebaut wird. Dieser Boden ist von Mauern und Türmen umgeben („walls and towers were girdled round"); es handelt sich also um einen *hortus conclusus* nach dem Muster der ummauerten Klostergärten. Hierauf ist die Rede von „gardens bright with sinuous rills": Die gewundenen Linien, die diese Gärten durchziehen, stellten zu Coleridges Zeit eine Idealform des pittoresken Landschaftsgartens dar. Auch eine „greenery", eine Grünfläche, ist kein Element der freien Natur, sondern etwas vom Menschen Angelegtes. „A savage place!" – „Ein wilder Ort!", ruft der Dichter zwar in Ansehung der Landschaft, doch aus dem Ruf spricht die Bewunderung, die ein Gartenbesucher der Kunst des Gärtners zollt: Er hat es trefflich verstanden, das Künstliche so natürlich wie nur möglich zu inszenieren. Ein wirklich wilder Ort wäre dem Dichter dagegen ebenso unerträglich wie dem Kubla Khan, der sich der Welt als Herrscher doch wie ein Raubtierdompteur präsentiert, unter dessen Gewalt nichts Wildes geduldet, sondern alles gezähmt und bezwungen wird. So wird auch die Fontäne gewiß durch menschliches Vermögen aus der Tiefe hervorgezwungen: „And from this chasm ... / A mighty fountain momently was forced." [„Aus diesem Abgrund ... / War eine mächtige Fontäne jäh heraufgezwungen."] Und doch gibt es einen Bereich, der sich der Kontrolle des Herrschers entzieht; dies sind die Höhlen aus Eis, die von keinem Licht erhellt werden und daher unergründlich sind; „dem Menschen unermeßlich" („measureless to man"), führen sie „hinab in eine sonnenlose See" („down to a sunless sea").

Natürlich handelt es sich hierbei, wie in der Kritik immer wieder betont wird[132], um eine Umschreibung des Unbewußten, aus dessen Tiefe ein intuitiver Strahl von poetischen Eingebungen heraufdringt, die dann unter De Quinceys „great light of the majestic intellect" [CEO 265] durch die Sprache des Dichters (der Fluß Alph) sozusagen zur Bewässerung seiner Kulturen genutzt werden, bevor sie, als das nur intuitiv zu erfassende Innere der künstlerischen Bilder, ins Unbewußte des Lesers dringen und somit abermals in die dunkle Tiefe hinabtauchen. Die dichtungstheoretische Botschaft dieses Gedichts soll uns hier aber nicht weiter interessieren; hier geht es vielmehr um den künstlichen Aspekt der Landschaft, der im Bild der Vereinigung des sonnigen Doms und der Eishöhlen kulminiert: „It was a miracle of rare device, / A sunny pleasure-dome with caves of ice!" [„Es war ein Wunder von seltener Art, / Ein sonniger Lustdom mit Eishöhlen gepaart!"] Was ist dieses Zusammentreffen von Intellekt und intuitiver Klarheit, von Licht und Eis anderes als jene mystische Einheit, die der Kristall in der Gleichzeitigkeit seines Leuchtens und seiner transparenten Stofflichkeit symbolisiert? Diese Vereinigung, die auch in der pittoresken Begegnung von Wildnis und Kulturlandschaft erlebt wird, ist die bildliche Fixierung des wichtigsten Augenblicks im Bewußtseinsstrom des Künstlers, wenn er zugleich von Intellekt und Intuition erfüllt ist. Die Verschmelzung von Licht und kristalliner Klarheit zu einem untrennbaren Ganzen ist wie das Strahlen der mystischen Vision, wo Ich und Welt, Verstand und Gefühl harmonisch geeint sind.

Daß Kubla Khan als Erbauer der künstlichen Landschaft eine Dichterfigur ist, steht außer Frage. Darüber hinaus scheint er jenes vermessene Künstlertum zu repräsentieren, das sich im Besitz einer unumschränkten, also göttlichen Schöpfergewalt wähnt. Das Gefühl der eigenen Größe, das Kubla beim Anblick der aus der Tiefe emporgezwungenen Fontäne empfinden muß, deren Fluten er in ein künstliches Flußbett drängt, wird zu einem Machtrausch, in dem er den Blick für das rechte Maß verliert. Denn die Gewalten, die er für seinen Garten bezähmen will, kann er nicht dauerhaft bändigen; insofern ist er wie Goethes Zauberlehrling oder wie die in der zweiten Strophe erwähnte „woman wailing for her demon-lover", die nach ihrem teuflischen Galan heulende Frau, ein Opfer seiner Selbstüberschätzung. Ein solcher Künstler, der sich im berauschenden Strom der *Fancy* verliert und ihr damit auf Gedeih und Verderb ausgeliefert ist, bewirkt zuletzt den Ruin seiner Kunst, wie jene Krieg prophezeienden vorväterlichen Stimmen („ancestral voices prophesying war") anzudeuten scheinen, die Kubla aus der Ferne vernimmt. Daher wird auch der Sprecher, der sich in der letzten Strophe ausmalt, wie er nach der Art des Kubla Khan eine autarke Welt erschafft, zur Schreckensgestalt, deren Anblick die Menschen entsetzt: „And all should cry, ‚Beware! Beware! / His flashing eyes, his floating hair! / Weave a circle round him thrice, / And close your eyes with holy dread, / For he on honey-dew hath fed, / And drunk the milk of Paradise.'"[133] [„Und alle würden schreien: ‚Seid gewahr! / Vor seinen blitzenden Augen, seinem wallenden Haar! / Zieht um ihn dreimal einen Kreis, / Und verschließt eure Augen in heiliger Furcht, / Denn er hat sich mit Honigtau genährt / Und die Milch des Paradieses getrunken!"] Dieser Schöpfergeist untersteht sich, vom Honigtau, der Speise der Götter, zu essen, und entweiht das Heilige, indem er es zum Objekt seines privaten Vergnügens degradiert (der „Lustdom"). Die „milk of Paradise", unter deren Wirkung er die Brücken zum Intellekt abbricht und so ein verhängnisvolles Ungleichgewicht schafft, wird sein Künstlertum zugrunde richten.

In der Rauschliteratur begegnen wir immer wieder Versionen von Coleridges Xanadu mit dem prächtigen Dom und dem heiligen Fluß[134], was einerseits auf den großen Einfluß des Dichters und andererseits darauf verweist, daß derartige architektonische Visionen zum Standardrepertoire des Rauscherlebens gehören. So nennt Michaux das Bewußtsein des Berauschten „le dôme d'un vide intérieur agrandi" [IT 11], den Dom einer vergrößerten inneren Leere, während es in LUDLOWS *Hasheesh Eater* heißt: „Ich erlebte, wie mein Gehirn sich zu einem Haschisch-Dom erweiterte" [HE 87] und in dem Kapitel „The Kingdom of the Dream" eine Landschaft geschildert wird, die sehr an „Kubla Khan" erinnert:

> In dem Moment, in dem ich meine Augen schloß, überflutete mich eine Vision von himmlischer Schönheit. Ich stand am silbrig glänzenden Strand eines klaren, grenzenlosen Sees ... Nur wenige Schritte vom Ufer entfernt ragten makellose, schimmernde Alabastersäulen eines Tempels würdevoll in den rosigen Äther, dem Parthenon gleich – nein, ihm ähnlich, doch viel großartiger, wie ja das gottgleiche Ideal der Architektur das von Menschenhand verwirklichte Ideal übertreffen muß. Makellos in seiner weißen Reinheit, ohne Fehl in der vollendeten Symmetrie einer jeden Linie und eines jeden Winkels ragte sein Giebel empor, umhüllt von duftenden Wolken, deren Farben weit prächtiger waren als die eines Regenbogens. Es war das Werk eines Baumeisters, der nicht von dieser Welt war, und meine Seele stand davor in stiller Verzückung. Auf den Flügeltüren glänzten unzählige, strahlende, gläserne Augen, eingelegt in der marmornen Oberfläche rings um diamantene Gestalten, die von oben bis unten mit ihnen besetzt waren. Eines dieser Augen war golden wie die Mittagssonne, ein anderes grün, ein drittes leuchtete saphirfarben, und so ging es weiter durch die ganze Palette von Farbtönen, und alle waren so gruppiert, daß sie aufs Vorzüglichste miteinander harmonierten [...] Ich stand am Ufer eines Kristallflusses, aus dessen Wassern im Vorüberfließen Klänge emporstiegen, die das Ohr berührten wie die Töne eines gläsernen Glockenspiels. Das selbe Gefühl, wie es diese Töne hervorriefen, nämlich die einer bis zum äußersten ätherischen, verfeinerten, vergeistigten Musik ... schwang in jeder kleinen Welle des durchscheinenden Wassers mit. Die sanft abfallende Uferböschung war verschwenderisch ausgepolstert mit Gras und Moos ... Durch diesen Pflanzenwuchs, der niemals welkte, schlängelten sich die knorrigen, phantastischen Wurzeln der riesigen Libanonzedern, deren urzeitliche Stämme ihre großen Äste über mich breiteten, die, dicht ineinander verflochten, ein Dach bildeten, durch das kein Lichtstrahl drang ... [HE 34/35; 35]

Ein anderes Beispiel für die von „Kubla Khan" beeinflußte Bildlichkeit der Kristallwelt bietet Poes Gedicht „The City in the Sea". Hier gibt es die „dark caves" als eine in unerreichbarer Tiefe liegende Phantasiestadt ohne Sonne („No rays from the holy Heaven come down" [CTP 964] – „Keine Strahlen dringen vom heiligen Himmel herab"), die durch ein künstliches Eigenlicht beleuchtet wird, während das Kristallmotiv in Wendungen wie „each idol's diamond eye" oder „the gaily-jewelled dead" und endlich in der Charakterisierung des Reiches als „wilderness of glass" erscheint.[135]

Noch deutlicher als bei Coleridge wird das Thema der künstlichen Landschaft von NOVALIS ausgeführt. In *Heinrich von Ofterdingen* wird in einer Schilderung der Kristallwelt, die vielleicht im Zusammenhang mit der Opiatwirkung entstand, nachdrücklich auf den Aspekt des Künstlichen verwiesen; die Landschaft wird als handwerklich sehr gelungen charakterisiert: „An manchen Orten sah ich mich", so wird Heinrich über die unterirdischen Wunderwelten berichtet, „wie in einem Zaubergarten. Was ich ansah, war von köstlichen Metallen und auf das kunstreichste gebildet. In den zierlichen Locken und Ästen des Silbers hingen glänzende, rubinrote, durchsichtige Früchte, und die schweren Bäumchen standen auf kristallenem Grunde, der ganz unnachahmlich ausgearbeitet war. Man traute kaum seinen Sinnen an diesen wunderbaren Orten, und ward nicht müde diese reizenden Wildnisse zu durchstreifen und sich an ihren Kleinodien zu ergötzen." [N, I, 262] Was hier beschrieben wird, sind „künstliche Wildnisse", also das Ideal der pittoresken Landschaftsgärtnerei, wie es auch von Coleridge angedeutet wird. Analog dazu heißt es etwas später, zu Beginn von Klingsohrs Märchen: „Am herrlichsten nahm sich auf dem großen Platze vor dem Palaste der Garten aus, der aus Metallbäumen und Kristallpflanzen bestand, und mit bunten Edelsteinblüten und Früchten übersäet war." [N, I, 291] – Ihren Höhepunkt erreicht die Thematik der künstlichen Kristallwelt jedoch bei BAUDELAIRE, wo für den Dichter als „architecte de mes féeries" [FdM 98] die Naturfeindlichkeit in den Vordergrund tritt. Bei Baudelaire repräsentiert die wahrscheinlich an Coleridge und Hoffmann[136] orientierte Künstlichkeit der visionären Paradiese einen Gegenentwurf zur unvollkommenen Natur. „Immer wieder", so schreibt Kaehler, „ist es der Traum, der den Dichter zu neuen Ufern führt, der Traum, der aus seiner alten Freundin, der Opiumphiole, ihm entgegenlächelt; denn Baudelaire sucht sich sein Eldorado nicht in der paradiesischen Natur, die ist ihm verhaßt. Seine Landschaften entnimmt er der Kristallwelt, die er auf seinen Erkundungsfahrten im Universum seines Geistes kennenlernt. So sind auch die Gefilde, die er in „Rêve parisien" zeichnet, ‚Landschaften des Schlafes, beschaffen aus Metall, Gold, Marmor, Wasser, Kristall, Spiegeln, Diamanten und strahlendem Licht' ..."[137] In dem Gedicht „Paysage" schildert der Dichter, wie er sich hoch über der materiellen Enge und Vielfalt der Stadt ein Atelier errichten wolle, um von dort aus in den Frühjahren, Sommern und Herbsten die großen Himmel zu bewundern, die ihn von der Ewigkeit träumen lassen („les grands ciels qui font rêver d'éternité" [FdM 78]). Wenn aber der Winter komme, so wolle er Türen und Fenster verschließen, um in der Nacht seine märchenhaften Paläste zu errichten („pour bâtir dans la nuit mes

VI. Das Geheimnis der Kerze

féeriques palais"). Unbeirrt durch die Stürme, die von außen an den Fenstern rütteln, werde er dann von einer harmonischen Idealwelt träumen („Alors je rêverai des horizons bleuâtres, / Des jardins, des jets d'eau pleurant dans les albâtres"), in der er sich über die Widrigkeiten der Natur erhebt und sein eigener Weltenschöpfer wird: „Car je serai plongé dans cette volupté / D'évoquer le Printemps avec ma volonté, / De tirer un soleil de mon cœur, et de faire / De mes pensées brûlants une tiède atmosphère." [„... denn ganz vertieft sein werde ich in jene Wollust, den Lenz mit meinem Willen zu beschwören, eine Sonne aus meinem Herzen und aus meinen glühenden Gedanken eine laue Luft zu ziehen." (III 221)] Die erste Funktion von Baudelaires künstlichen Phantasiewelten ist es, der Seele eine Zuflucht vor dem Ennui der materiellen, d.h. natürlichen Realität zu bieten. Eine solche Zuflucht können sie aber nur gewähren, wenn der Emigrant aus der öden Alltagsrealität nicht auf Schritt und Tritt von der alten Stofflichkeit konfrontiert wird, aus der sich auch die Formen der Natur zusammensetzen, die er ja zurücklassen will. Da der Dichter aber auch in den visionären Paradiesen ein Gefangener seiner Vorstellung bleibt, indem er sich bildlich nur vor Augen führen kann, was sich durch den Formenbestand der empirischen Realität darstellen läßt, wählt er zur Errichtung seiner Paradiese die anorganischen Stoffe, die kaum noch eine Ahnung von der lebendigen Natur vermitteln: Marmor, Metall, Edelsteine und Wasser, das für Baudelaire als flüssiger Aggregatzustand des Kristallinen bedeutsam ist. Daher schwärmt der Dichter in „Any where out of the world" von dem ganz aus Marmor erbauten Lissabon, dessen Bevölkerung alles Pflanzliche so verhaßt sei, daß sie alle Bäume ausreiße (vgl. SP 303).[138] Auch in „Rêve parisien" erklärt der Poet als „peintre fier de mon génie" und autonomer Regent seiner Schöpfung: „J'avais banni de ces spectacles / Le végétal irrégulier" [FdM 97] – „[Ich] hatte ... aus diesem Schauspiel der Pflanzen Regellosigkeit verbannt" [III 263].

So wie Poe sich danach sehnte, „pure Mind" zu werden, gilt auch Baudelaires Streben einer völligen Befreiung von der Last der Existenz – die künstlichen Paradiese aus Metall und Stein sind nicht, wie Sartre meint, „ein genaues Abbild seines Geistes"[139], sondern bloß das bestmögliche, das vom Ideal des *Néant*, einem von aller Stofflichkeit entkleideten nicht-seienden Sein des Geistes noch weit entfernt ist. Was die Erfahrung der künstlichen Paradiese für Baudelaire so beglückend macht, ist daher nicht in erster Linie ihre anorganische Beschaffenheit, sondern vielmehr ihr Bestand als eine Kreation der Phantasie, d.h. als eine Vorstellung der noch nicht zur Wirklichkeit erstarrten Fülle des Möglichen. Nicht weil die Kristallwelt aus Kristall ist, sondern weil sie in dieser reduzierten Stofflichkeit als ein Ensemble besteht, das in unserer Erfahrung keine Wirklichkeit haben kann, wird sie dem Dichter zum Inbegriff des Erlösenden, und nur deshalb ist es paradoxerweise gerade die materielle Dichte von Metall oder Marmor, aus der er sein Bild vom zeit- und raumlosen reinen Geist errichtet. So verbindet sich in der Bildlichkeit des künstlichen Paradieses der eskapistische Wunsch nach einer Fluchtmöglichkeit aus der unerträglich faden Welt der Natur mit dem willentlich geleiteten, künstlerischen Streben nach der Erzeugung des „Idéal artificiel", das nichts anderes ist als die Kunst, die sich in ihrer höchsten Vollendung selbst aufhebt. Nur in diesem Sinn ist es zu verstehen, wenn es in „La Chambre double" heißt, daß die Kunst als eine Kraft, die konkrete Gebilde schafft, im visionären Paradies der Möglichkeiten keinen Platz habe: „An den Wänden keine Greuel der Kunst. Dem reinen Traum verglichen, dem unzerlegten Eindruck, ist die verdeutlichende, die positive Kunst eine Lästerung. Hier hat alles die genügende Helle und das köstliche Dunkel der Harmonie." [SP 234; VIII 127] Sollte es jemals möglich sein, das Menschliche und die Natur in der Kunst und durch sie zu überwinden, so entspräche dies etwa der von den Alchemisten angestrebten Wiederherstellung des legendären Urmenschen Adam Kadmon. Der Künstler würde damit Mensch und Kosmos gleichsam neu erschaffen und sich in der Identität mit dem Hervorgebrachten als reiner Geist, als Gott realisieren. In diesem utopischen Unterfangen geht der Dichter zunächst bei dem Gott in die Schule, der ihn erschuf; er blickt aus dem Fenster seines Ateliers und betrachtet den Himmel im Lauf der Jahreszeiten, um zu ermitteln, wie der geistige Hintergrund der sichtbaren Natur beschaffen ist und um zu erahnen, wie der Meister bei seiner Erzeugung wohl zu Werke ging. Erst dann mag er sich in seinen Geist zurückziehen, um dort kraft seines eigenen Schöpfungswillens ein neues, reines Universum zu errichten. Auch in diesem Sinn ist es zu deuten, daß Baudelaire in seinen poetischen Visionen so oft von Edelsteinen spricht, denn wie der autarke Geist des Dichters erglühen auch sie durch ein eigenes, ihnen innewohnendes Licht, das den Schein der Sonne nicht benötigt. So heißt es in „Rêve parisien": „Nul astre d'ailleurs, nuls vestiges / De soleil, même au bas du ciel, / Pour illuminer ces prodiges, / Qui brillaient d'un feu personnel!" [FdM 98] [„Und kein Gestirn, von Sonne keine Spuren, auch nicht am Himmelsrand, um diese Seltsamkeiten zu erhellen, die von eignem Feuer funkelten!" (III 265)], während das Wasser in den Alabasterbassins nur erstrahlt, weil es eben jene selbstleuchtenden Gegenstände spiegelt: „C'étaient des pierres inouïes / Et des flots magiques; c'étaient / D'immenses glaces éblouies / Par tout ce qu'elles reflétaient!" [FdM 97] [„Da waren unerhörte Steine und Zauberfluten; waren unermeßliche Spiegel, geblendet von allem, was in ihnen widerschien!" (III 265)] Entsprechend gestaltet sich auch der „rêve pur" in „La Chambre double" „pendant une éclipse" [SP 233], also in Abwesenheit des Sonnenlichts. So wird die Bildlichkeit der Kristallwelt hier zum Inbegriff der mystischen Erkenntnis, die nicht als eine Aneignung, sondern als ein Werden von Wahrheit erfolgt; der Mystiker versteht ja das Mysterium nur, insofern er selbst ein Teil davon wird.

Porträt des Künstlers als Spalanzanische Fledermaus: Rausch und Vision bei E. T. A. Hoffmann

I. Der Dichter und das Fernglas

In Alfred Hitchcocks Film *Rear Window* (1954), der sehr treffend als „Versuch über die unersättliche Gier der Augen"[1] bezeichnet wurde, verfolgt der Zuschauer, wie der durch ein gebrochenes Bein bewegungsunfähige James Stewart sich die Zeit seiner Genesung vertreibt, indem er mit einem Fernglas das Geschehen in den Fenstern der gegenüberliegenden Wohnungen beobachtet. Dieser Voyeurismus, der den Zuschauer auch darauf aufmerksam macht, daß er selbst, als Zuschauer, ein ebensolcher Voyeur ist wie der Protagonist, erweist sich im Film als entscheidende Voraussetzung von Erkenntnis: der scheinbar unschuldige Zeitvertreib führt zur Entdeckung und Aufklärung eines Verbrechens. Hitchcocks Film läßt sich ohne weiteres als eine Parabel über die künstlerische Vision deuten, denn es ist nicht nur der sinnliche Blick durch das Fernglas, der zur Erkenntnis des Kriminalfalls führt, sondern ebensosehr die *Imagination* des Voyeurs: Indem er in die Fenster der Nachbarn blickt, sieht er ja stets nur Ausschnitte einer Wirklichkeit, deren Zusammenhang er durch phantasievolles Kombinieren rekonstruieren muß. Seit der Erfindung des Teleskops zu Beginn des 17. Jahrhunderts[2] hat der Blick durch das Fernrohr für die Menschen nichts von seiner Faszination verloren; so hat Reinhard Heinritz gezeigt, daß sich damals wie heute die Bewunderung der übermenschlichen Sehschärfe, die das weit Entfernte ganz nah heranzuholen scheint, mit einem unbehaglichen Zweifel an der Verläßlichkeit solcher Einblicke mischt.[3] Aus diesem Grund ist das teleskopische Sehen in der Literatur ein häufiges Motiv zur Veranschaulichung der dichterischen Wirklichkeitsproblematik. So findet sich das voyeuristische Thema, das Hitchcock in *Rear Window* gestaltet, auch in E. T. A. Hoffmanns Erzählung „Der Sandmann" (1816), wo der Protagonist Nathanael von einem diabolischen Händler ein Fernglas erwirbt, durch das er eine geheimnisvolle Schöne im gegenüberliegenden Fenster betrachtet.

Die Erzählung handelt vom Schicksal des Studenten Nathanael, dessen Gemüt durch ein traumatisches Kindheitserlebnis belastet ist, das zu Beginn in einer brieflichen Rückblende geschildert wird. Danach pflegte sein Vater an bestimmten Abenden einen unheimlichen Gast zu empfangen, vor dessen Eintreffen die Kinder stets zu Bett geschickt wurden. In seiner kindlichen Einfalt glaubt nun der kleine Nathanael, daß es sich dabei um den bösen Sandmann handeln müsse, der einem Ammenmärchen zufolge den Kindern Sand in die Augen streue, bis sie blutig hervorsprängen, worauf er sie mitnehme, um sie seinen eulenschnäbligen Jungen zum Fraß zu geben. Da die Neugier aber größer ist als die Angst, versteckt Nathanael sich eines Abends in der Stube und erkennt in dem furchtbaren Besucher den Advokaten Coppelius, einen widerwärtigen Kinderhasser, der auch noch dem erwachsenen Nathanael als Inbegriff des Bösen erscheint. Während Nathanaels Vater unter der Anleitung von Coppelius alchemistische Versuche durchführt, wird der Knabe entdeckt und von Coppelius arg mißhandelt; dieser unternimmt Anstalten, ihm die für sein Experiment benötigten Augen zu entreißen, begnügt sich dann jedoch damit, ihm Hände und Füße abzuschrauben, um sie probeweise an anderen Stellen wieder anzusetzen. Nathanael kommt zunächst mit dem Schrecken davon, sein Vater aber kommt später durch eine Explosion ums Leben; seither ist der teuflische Advokat verschwunden.

Der Sinn des ungeheuerlichen Experiments, mit dem sich Nathanaels Vater und Coppelius befassen, ist nicht schwer zu erraten. Coppelius wird beschrieben, wie er mit einer Zange im Feuer hantiert, so daß von „hellblinkenden Massen" ein dichter Qualm aufsteigt. „Mir war es", erinnert sich Nathanael, „als würden Menschengesichter ringsumher sichtbar, aber ohne Augen – scheußliche, tiefe schwarze Höhlen statt ihrer. ‚Augen her, Augen her!' rief Coppelius mit dumpfer dröhnender Stimme."[4] Hier geht es zweifellos um das Hauptziel der Alchemie, nämlich die Erschaffung eines künstlichen Menschen, eines Homunkulus, der nicht der natürlichen Kreatur entsprechen soll, sondern dem Adam Kadmon, jenem spirituellen All-Menschen, der noch vor dem biblischen Adam, gleichsam als dessen Idee, geschaffen wurde. Im weiteren Verlauf der Erzählung, die in der Gegenwart von Nathanaels Studentenzeit handelt, wird dieses Thema bestimmend. Nathanael besucht die Veranstaltungen eines Professor Spalanzani und wird auf dessen sonderbare Tochter Olimpia aufmerksam, die von der Gesellschaft wegen ihres vermeintlichen Stumpfsinns verspottet wird. Tatsächlich ist Olimpia recht einsilbig, doch Nathanael ist mit der Blindheit der Liebe geschlagen; er umwirbt sie, trägt ihr seine üblen Gedichte vor, die sie mit beachtlicher Geduld anhört, und will zuletzt bei dem Professor um ihre Hand anhalten, als er eine Entdeckung macht, die ihn in den Wahnsinn treibt: Olimpia ist in Wahrheit nur eine Gliederpuppe, eine künstliche Konstruktion; sie ist das heimliche Lebenswerk Spalanzanis und wurde mit Hilfe von niemand anderem als eben jenem finsteren Coppelius vollendet, der nun unter dem Namen Coppola[5] als italienischer Händler von optischen Instrumenten auftritt. Nathanaels Raserei wird kuriert, bricht aber erneut hervor, als er Klara, seine vorige und nun zurückgewonnene Geliebte durch ein Fernglas betrachtet, im Wahn für Olimpia hält und zu töten versucht. Seine Verblendung endet mit einem tödlichen Sturz von einem Aussichtsturm.

Reduziert man die Erzählung in dieser Art auf die markantesten Ereignisse, so wird man ihr schwerlich einen Sinn abgewinnen. Worum geht es also wirklich? Der Schlüssel zu dieser Frage ist die leitmotivische Verwendung der Augenmetaphorik, die in Hoffmanns Werken überhaupt eine große Rolle spielt[6]; das eigentliche Thema ist das erkennende Sehen, die Vision des Realisten, des Mystikers, des Künstlers. Schon zu Beginn des einleitenden Briefes an Klaras Bruder Lothar, in dem die Vorgeschichte erläutert wird, schreibt Nathanael: „Wärst Du nur hier, so könntest Du selbst schauen; aber jetzt hältst Du mich gewiß für einen aberwitzigen Geisterseher." [III, 23] Dieser Satz mag uns an ähnliche Äußerungen der Mystiker erinnnern, die auf die Unbeweisbarkeit ihrer Erkenntnis gestoßen werden, obwohl sie doch so dringlich das Wahre, das sie geschaut haben, an die Menschheit weiterreichen wollen. Ein unbezwingbarer Erkenntnisdrang ist es auch, der Nathanael davon abhält, den Vater nach der Identität des Sandmanns zu fragen: „Sein Umgang mit dem Vater fing an, meine Phantasie immer mehr und mehr zu beschäftigen; den Vater darum zu befragen, hielt mich eine unüberwindliche Scheu zurück, aber selbst – selbst das Geheimnis zu erforschen, den fabelhaften Sandmann zu sehen, dazu keimte mit den Jahren immer mehr die Lust in mir empor." [III, 25] Dieses Verlangen ist dem der beiden Alchemisten sehr ähnlich: So wie sie eigenmächtig den geeinten Urmenschen erzeugen, also den ursprünglichen Zustand der All-Einheit künstlich wieder herbeiführen wollen, so legt auch Nathanael keinen Wert darauf, seinen Vater (der in diesem Sinn ein Statthalter der göttlichen Autorität ist) anzusprechen, sondern läßt sich gerade durch den Gedanken faszinieren, ohne ihn und hinter seinem Rücken die Wahrheit zu ergründen. Nathanaels kindliche Aneignung von Erkenntnis ist sozusagen sein persönlicher Nachvollzug der Erbsünde; sein Stigma ist, nachdem er einmal die verbotene Erkenntnisfrucht gekostet hat, daß er das Gesehene, das ihn quält und schließlich in den Wahnsinn treiben wird, nicht wieder vergessen kann. Vergeblich rät ihm die Geliebte: „Coppelius ist ein böses, feindliches Prinzip, er kann Entsetzliches wirken wie eine teuflische Macht, die sichtbarlich in das Leben trat, aber nur dann, wenn du ihn nicht aus Sinn und Gedanken verbannst. Solange du an ihn glaubst, ist er auch und wirkt, nur dein Glaube ist seine Macht." [III, 37] Der Stand der Erkenntnis läßt sich nicht wieder rückgängig machen. Daß die ahnungslose Klara sich im Unterschied zu Nathanael immer noch im Zustand der Unschuld befindet, verrät der Schluß der Erzählung, die nach Nathanaels Sturz mit dem Ausblick auf die Idylle eines späteren Eheglücks endet, das Klara, gewissermaßen als Paradies auf Erden, beschieden ist.

Nathanael aber geht auf dem Weg der sündhaften Erkenntnis zugrunde, wobei er als erwachsener Mensch den Sündenfall erneuert und seine Verdammnis damit endgültig besiegelt. Sein großer Verführer, die Schlange aus dem Garten Eden, der triumphierende Satan, ist Coppola, der den Studenten in einer Schlüsselszene in seiner Stube aufsucht, um ihm seine Ware anzubieten:

<blockquote>Da trat aber Coppola vollends in die Stube und sprach mit heiserem Ton, indem sich das weite Maul zum häßlichen Lachen verzog und die kleinen Augen unter den grauen</blockquote>

langen Wimpern stechend hervorfunkelten: „Ei, nix Wetterglas, nix Wetterglas! – Hab auch sköne Oke – sköne Oke!" – Entsetzt rief Nathanael: „Toller Mensch, wie kannst du Augen haben? – Augen – Augen? –" Aber in dem Augenblick hatte Coppola seine Wettergläser beiseite gesetzt, griff in die weiten Rocktaschen und holte Lorgnetten und Brillen heraus, die er auf den Tisch legte. – „Nu – Nu – Brill' – Brill' auf der Nas' su setze, das sein meine Oke – sköne Oke!" – Und damit holte er immer mehr und mehr Brillen heraus, so daß es auf dem ganzen Tisch seltsam zu flimmern und zu funkeln begann. Tausend Augen blickten und zuckten krampfhaft und starrten auf zum Nathanael; aber er konnte nicht wegschauen von dem Tisch, und immer mehr Brillen legte Coppola hin, und immer wilder und wilder sprangen flammende Blicke durcheinander und schossen ihre blutrote Strahlen in Nathanaels Brust. [III, 41]

Die sonderbare, fast hypnotische Wirkung, die der Anblick der funkelnden Brillen auf Nathanael ausübt, muß uns vor dem Hintergrund der bisherigen Ausführungen über charakteristische Wahrnehmungen des Drogenrausches an das Phänomen des schrecklichen Gesichts, an De Quinceys „tyranny of the human face" erinnern. Hier sieht sich das Subjekt, das gewissermaßen, wie Emersons „transparent eyeball", ein einziges wahrnehmendes Auge wird, selbst von allen Seiten angestarrt; es scheint, als wäre das ganze Universum ein einziges Beobachten und Beobachtetwerden. So treten die gegenständlichen Formen, hier also die Konturen der aufgehäuften Brillengestelle, hinter dem abstrakten Spiel der Lichtreflexe zurück; aus den vielen Brillen wird ein ganzer Brillenberg, ein beinahe substanzloses Blitzen und Flimmern.[7] Die Brillen, die Coppola aus seinen unerschöpflich scheinenden Taschen hervorholt und vor den Augen des unglücklichen Nathanael auf dem Tisch ausbreitet, sind in ihrem verheißungsvollen Schimmern eine Variante der verbotenen Frucht bzw. ein Äquivalent jener Erkenntnisdrogen, deren Verlockung die Sucher nach den künstlichen Paradiesen seit der Romantik immer wieder erliegen. Coppola ist, wie Burroughs formulieren würde, der *pusher*, der sein künftiges Suchtopfer mit herrlichen Versprechungen ins Verderben lockt. Nathanael ist zu schwach, um der Versuchung zu widerstehen, sich mit Hilfe eines dieser wunderbaren Instrumente auch ohne göttliche Gnade höhere Erkenntnis zu verschaffen. Als Coppola die Brillen wieder fortgeräumt hat und statt dessen einen ebenso maßlosen Vorrat an Fernrohren hervorholt, gibt Nathanael seinem Drang nach und kauft ein „kleines, sehr sauber gearbeitetes Taschenperspektiv". [III, 42] Mit der Bemerkung, daß es sich um eine gute Arbeit handle, versucht Nathanael sich gleichsam selbst davon zu überzeugen, daß sein rationales Urteilsvermögen noch intakt sei. Gerade dadurch verrät er aber die wirkliche Unruhe, die seinen Kauf begleitet, so wie sich der besorgte Erstkonsument einer Droge vor der Einnahme beschwichtigen mag, daß er alles unter Kontrolle habe. Was Nathanael vor allem beunruhigt, ist der Eindruck, das Fernrohr zu teuer bezahlt zu haben, zumal er Coppola auf der Treppe laut auflachen hört. „,Klara', sprach er zu sich selber, ,hat wohl recht, daß sie mich für einen abgeschmackten Geisterseher hält; aber närrisch ist es doch ..., daß mich der dumme Gedanke, ich hätte das Glas dem Coppola zu teuer bezahlt, noch jetzt so sonderbar ängstigt; den Grund davon sehe ich gar nicht ein.'" Hier geht es nicht um die drei Dukaten, die Nathanael bezahlt hat, sondern um den seelischen Preis, der für die Aneignung von Erkenntnis zu entrichten ist, und den die meisten Drogenvisionäre rückblickend als zu hoch empfinden.

Das erworbene Taschenperspektiv scheint ein Wunderding zu sein; denn schon der erste Blick durchs Fernrohr eröffnet dem entzückten Nathanael eine wunderbare neue Welt: „Noch im Leben war ihm kein Glas vorgekommen, das die Gegenstände so rein, scharf und deutlich dicht vor die Augen rückte." Und was ist es, das Nathanael hier so deutlich vor Augen sieht?

> Unwillkürlich sah er hinein in Spalanzanis Zimmer; Olimpia saß, wie gewöhnlich, vor dem kleinen Tisch, die Arme darauf gelegt, die Hände gefaltet. – Nun erschaute Nathanael erst Olimpias wunderschön geformtes Gesicht. Nur die Augen schienen ihm gar seltsam starr und tot. Doch wie er immer schärfer und schärfer durch das Glas hinschaute, war es, als gingen in Olimpias Augen feuchte Mondesstrahlen auf. Es schien, als wenn nun erst die Sehkraft entzündet würde; immer lebendiger und lebendiger flammten die Blicke.

Wie James Stewart in *Rear Window*[8], so betätigt sich auch Nathanael fortan als Voyeur; wie jener mag er sich nicht allein auf die Augen verlassen, sondern verspricht sich durch die Benutzung der künstlichen Sehhilfe einen größeren Erkenntnisgewinn, und wie jener ist er außerstande, das Objekt seiner Neugier auch nur für einen Moment aus seinen Gedanken zu vertreiben. „[E]in Blick durchs Fenster überzeugte ihn, daß Olimpia noch dasäße, und im Augenblick, wie von unwiderstehlicher Gewalt getrieben, sprang er auf, ergriff Coppolas Perspektiv und konnte nicht los von Olimpias verführerischem Anblick …" Etwas später ist er enttäuscht, daß ihm der Einblick in Olimpias Zimmer durch zugezogene Vorhänge tagelang verwehrt bleibt, „unerachtet er kaum das Fenster verließ und fortwährend durch Coppolas Perspektiv hinüberschaute". [III, 42/43][9] Olimpia also ist der Gegenstand, nicht aber die tiefere Ursache von Nathanaels Beobachtungsinteresse. Diese Ursache ist vielmehr sein universaler Erkenntnisdrang, in dem sich der Wunsch nach Gottgleichheit äußert. Ob dieser Wunsch sich annäherungsweise für Nathanael erfüllt, wird gleich zu erörtern sein. Zunächst wollen wir jedoch etwas genauer beobachten, worin die Eigentümlichkeit des neuen Sehens besteht, das Nathanael durch Coppolas Fernrohr zu erleben glaubt. Sein erster Eindruck ist, daß es sich durch eine besondere Klarheit auszeichne, was er auf die ungewöhnliche Qualität des Glases zurückführt. Die nähere Begründung, nämlich daß er nun erst Olimpias Gesicht in seiner Schönheit erkenne, deutet aber eher auf eine psychische als eine bloß technische Schärfeeinstellung. So ist es auch sehr unwahrscheinlich, daß Nathanaels Taschenperspektiv eine so hohe Vergrößerung bewirken könnte, um über eine Straßenbreite hinweg die „feuchten Mondesstrahlen" in Olimpias Augen erkennbar werden zu lassen. Tatsächlich ist die Benutzung des Fernrohrs nur der äußere Anlaß der neuen Sicht; das eigentlich Bemerkenswerte des geschilderten Vorgangs ist vielmehr, daß Nathanael sich hier seines eigenen Sehens bewußt wird. Dieses Sehen aber ist visionär, nach innen gerichtet, denn es empfängt nicht nur, sondern erschafft auch das, was es sieht. So blickt Nathanael immer „schärfer und schärfer" durch das Glas und erweckt nur durch diese Anstrengung in Olimpias Augen, die zuvor „gar seltsam starr und tot" erschienen, wie mit göttlichem Finger ein Leben: „Es schien, als wenn nun erst die Sehkraft entzündet würde." Nathanaels Sehen ist also vor allem ein kreativer Akt. Da jegliche Kreativität ihren Ursprung im Bewußtsein des Schaffenden nimmt, ist Nathanael also nicht bloß Rezipient, sondern auch der Autor seiner Wirklichkeit. Das Fernrohr aber, mag es technisch auch noch so leistungsfähig sein, kann nur vergrößern, was als ein kleineres Bild bereits in der Vorstellung besteht; es wirkt mithin wie eine Droge, die ja auch nichts eigentlich Neues erzeugt, sondern nur das hervorhebt, was in der Persönlichkeit des Berauschten bereits angelegt ist.

Durch seine Fähigkeit, Olimpias Augen zum Leben zu erwecken, verfügt Nathanael also über jenes Vermögen, das sein Vater und Coppelius bzw. Spalanzani und Coppola als Kollegen von Mary Shelleys Dr. Frankenstein vergeblich anstreben, weil diese nicht erkennen, daß es nur in der Phantasie des Subjekts gegeben ist, und zwar als das, was Poe „Poetic Sentiment" nennen wird. Daß Nathanael hierzu weder eine Alchimistenküche noch sein Fernrohr benötigt, wird deutlich, als er Olimpia während eines Empfangs bei Spalanzani durch bloßen Blickkontakt in ein menschliches Wesen aus Fleisch und Blut verwandelt: „Eiskalt war Olimpias Hand, er fühlte sich durchbebt von grausigem Todesfrost, er starrte Olimpia ins Auge, das strahlte ihm voll Liebe und Sehnsucht entgegen, und in dem Augenblick war es auch, als fingen an in der kalten Hand Pulse zu schlagen und des Lebensblutes Ströme zu glühen." [III, 44] Hier scheint es zunächst, als seien es Olimpias Augen, denen die empfindende Wärme entspringt; tatsächlich aber findet Nathanael in ihnen nur die Brechung seines eigenen Blicks und seiner eigenen Leidenschaft, weshalb er Olimpia auch anruft als „du tiefes Gemüt, in dem sich mein ganzes Sein spiegelt". [III, 45] Olimpia ist so tief, wie es ein Spiegel in der Betrachtung nur irgend sein kann und bleibt doch, wie jener, für die sinnliche Berührung nur eine Oberfläche. Als ein lebendiges Wesen ist Olimpia ein Erzeugnis der Phantasie Nathanaels, ein Dokument seiner eigenen Innerlichkeit und erhebt als solches den Anspruch, ein romantisches Kunstwerk zu sein. Kein Künstler im romantischen und in Hoffmanns Sinn ist dagegen Spalanzani, der Konstrukteur der Puppe, der in seinem Werk nichts anderes sieht, als eine komplizierte, aber leblose technische Konstruktion. Er ist einer jener Autoren, von denen in den *Serapions-Brüdern* (1819–21) die Rede ist: ein Künstler, der an seine eigene Kreation nicht glaubt und deshalb außerstande ist, ihr einen Wirklichkeitswert zu geben: „Vergebens ist das Mühen des Dichters, uns dahin zu bringen, daß wir daran glauben sollen, woran er selbst nicht glaubt, nicht glauben kann, weil er es nicht erschaute. Was können die Gestalten eines solchen Dichters, der jenem alten Wort zufolge nicht auch wahrhafter Seher ist, anderes sein als trügerische Puppen, mühsam zusammengeleimt aus fremdartigen Stoffen!" [V, 94] Indem sich die ganze Erzählung um die Thematik des künstlichen Menschen dreht, befaßt sie sich zugleich und vor allem mit der Frage nach den Bedingungen der künstlerischen Gestaltung von Realität. Spalanzani hat bloß einen leblosen Apparat geschaffen, der zuletzt in seine Einzelteile auseinanderfällt, weil er nicht die Voraussetzungen erfüllt, um sich als Wirklichkeit dauerhaft zu konstituieren; er ist wie eine Seifenblase, die früher oder später zerplatzen muß. Im Unterschied zu dem Professor verfügt Nathanael über eine nach Hoffmann wesentliche Eigenschaft des Dichters, nämlich die innere, d. h. unmittelbar emotional-visionäre Beteiligung am Gegenstand seiner Kunst. So ruft er etwa: „‚Wohl mag euch, ihr kalten prosaischen Menschen, Olimpia unheimlich sein. Nur dem poetischen Gemüt entfaltet sich das gleich organisierte! – Nur *mir* ging ihr Liebesblick auf und durchstrahlte Sinn und Gedanken, nur in Olimpias Liebe finde ich mein Selbst wieder …'" [III, 46] Dem Nathanael ist es also ernst mit seiner Olimpia, und das könnte ihn nach Hoffmann als Künstler qualifizieren. Doch auch Nathanael scheitert in diesem Anspruch. Wieso? Weil er seiner Vision zu sehr verfallen ist, im Rausch seiner Phantasie den Kontakt zur Außenwelt verliert und die Realität der von ihm geschauten Olimpia nicht an die Bedingungen unserer Erfahrung anbinden kann. Gerade diese materiell-sinnliche Realität des Alltags ist aber für Hoffmann der notwendige Ausgangspunkt und das Ziel aller dichterischen Bemühungen; das Reich des Wunderbaren wird nur als eine Zwischenstation durchlaufen, um die Eigenarten der herkömmlichen Realität durch den Kontrast umso deutlicher hervortreten zu lassen. Zu diesem Schritt zurück in den Alltag ist Nathanael aber nicht mehr fähig; er hat sich unwiderruflich im Universum seiner Phantasie verloren, und deshalb ist er für die Öffentlichkeit in und außerhalb der Erzählung nur ein bedauernswerter Wahnsinniger. So zerfällt sowohl die von Spalanzani zusammengeschraubte als auch die von Nathanael imaginierte Olimpia – als etwas, das in unserer Lebenswirklichkeit keinen Bestand haben kann – zuletzt wieder in ihre Einzelteile. Der einzig erfolgreiche Künstler ist Hoffmann selbst, dessen auf eigener Visionserfahrung basierende künstliche Kreaturen – Nathanael, Coppola, Spalanzani usw. – sich in der Vorstellung des Lesers als Gestalten einer dichterischen Wirklichkeit konstituieren können: diese zerfallen nicht von selbst in ihre Bestandteile; um sie auseinanderzubrechen und ihre inwendige Mechanik zu studieren, bedarf es schon der routinierten Brachialgewalt des Philologen.

Als Künstler versagt Nathanael also, doch wie ist es um seine Erkenntnis bestellt? Hat er wenigstens für sich selbst im Bilde Olimpias die blaue Blume gefunden und das große Mysterium erkannt? Gewiß nicht, denn was ihn in den Wahnsinn treibt, ist ja gerade die Einsicht, daß er dem Satan in der Gestalt Coppolas seine Seele für nichts als eine Handvoll Schrauben und Federn verkauft hat. So wie bei Hoffmann immer wieder auf die Unzuverlässigkeit aufgeklärter Methoden des Ermessens von Realität hingewiesen wird[10], so hat auch Coppola in seinem unerschöpflichen Vorrat an optischen Instrumenten nur Illusionen zu bieten. Das eigentliche Werkzeug der höchsten Erkenntnis ist ja das innere Auge, also das Gefühl des Herzens. Wer sich dagegen eher auf die äußerliche Dienstbarkeit technischer Hilfsgeräte verläßt als auf die ungekünstelte Wahrnehmung des Herzens, der gerät leicht in ein Labyrinth der Irrtümer. So sieht Nathanael in Olimpia stets nur sich selbst reflektiert, und zwar nur jene Aspekte seines Wesens, die ihm schon hinlänglich bekannt sind. Zwar fordert der Romantiker ebenso wie die mystische Tradition, daß der Erkenntnissucher sich auf sich selbst konzentriere, um das Mysterium im tiefsten Grund seiner selbst zu entdecken, doch diese Forderung macht ein innerliches Fortschreiten, also eine Wandlung des Bewußtseins zur Bedingung. Von einer solchen Selbsterkenntnis, die das eigene Ich immer wieder in Frage stellt, um zu immer neuen Schichten der Persönlichkeit hinabzusteigen, ist Nathanael aber weit entfernt. Wenn Nathanael sich in Olimpias Augen zu erkennen glaubt, so fängt er nur denselben Ball wieder auf, den er ihr zugeworfen hat; sein Erkennen erfolgt also im Kreislauf einer solipsistischen Wahrnehmung und kann daher unmöglich zu Resultaten führen. Schlimmer noch: Nathanael begibt sich in eine Abhängigkeit von Olimpia, denn sie wird ihm das einzige Instrument seiner Selbstbespiegelung. Daher verliert er in dem Moment, als die Puppe sich in ihre Bestandteile auflöst, auch das Bewußtsein der eigenen Identität. Nun ist damit aber auch die Trennung des Subjekts von der Außenwelt aufgehoben, so daß Nathanael wieder mit dem Weltganzen vereint sein mag, was ja dem Erlangen der höchsten Erkenntnis gleichkommt, doch davon können wir nichts erfahren. Mit seinem künstlerischen Versagen geht auch die Möglichkeit der Erkenntnis als einer *vermittelten* Einsicht verloren.

Aus den vorangegangenen Überlegungen läßt sich nun der folgende Schluß auf Hoffmanns Konzept der künstlerischen Erkenntnisarbeit ziehen: Wer seine Willenskraft vertrauensvoll opfert und sich ganz durch einen fremden Einfluß leiten läßt, durch ein „feindliches Prinzip", durch blinde Intuition oder auch durch die Droge, der kann kein schaffender Künstler sein. Wohl ist die Vision eine unverzichtbare Voraussetzung des Künstlertums, aber sie darf die Vernunft und die freie Verfügung über die Inhalte des Schaffens nicht ganz unterdrücken und verdrängen, sonst führt sie in eine autistische Isolation, die dem Wahnsinn gleichkommt. Als ein Künstler scheitert Nathanael, weil er sich in seinen Visionen verliert und bald keinen Kontakt mehr zur Alltagsrealität herstellen kann. Der Dichter muß aber, um seine Visionen künstlerisch fruchtbar zu machen, mit beiden Realitäten, der mystischen ebenso wie der materiell-sinnlichen, in Verbindung bleiben – er mag andere Realitäten durchstreifen, wie es ihm beliebt, aber er *muß* zurückkehren.

II. „Callots Manier" und „Serapiontisches Prinzip"

„Hoffmann war als Dichter viel bedeutender als Novalis", meint Heinrich Heine und begründet diese Ansicht so: „Denn letzterer, mit seinen idealischen Gebilden, schwebt immer in der blauen Luft, während Hoffmann, mit all seinen bizarren Fratzen, sich doch immer an der irdischen Realität festklammert. Wie aber der Riese Antäus unbezwingbar stark blieb, wenn er mit dem Fuße die Mutter Erde berührte, und seine Kraft verlor, sobald ihn Herkules in die Höhe hob: so ist auch der Dichter stark und gewaltig, so lange er den Boden der Wirklichkeit nicht verläßt, und er wird ohnmächtig, sobald er schwärmerisch in der blauen Luft umherschwebt."[11] Hoffmanns „Fratzen" und sein gleichzeitiges Festhalten an der „irdischen Realität" verbinden sich in seinem Werk nach zwei elementaren Methoden, nämlich der Abbildung von Wirklichkeit „nach Callots Manier" und dem sogenannten „Serapiontischen Prinzip". In der Vorrede der *Fantasiestücke in Callots Manier* (1814/15) erläutert Hoffmann den Titel dieser Textsammlung mit dem Hinweis auf den französischen Graphiker Jacques Callot (1592–1635), der es meisterlich verstanden habe, „in einem kleinen Raum eine Fülle von Gegenständen zusammenzudrängen, die, ohne den Blick zu verwirren, nebeneinander, ja ineinander heraustreten, so daß das einzelne, als einzelnes für sich bestehend, doch dem Ganzen sich anreiht." [I, 21] So wie sich bei Callot der einzelne Gegenstand als eigenständiger Mikrokosmos behauptet, aber auch eine Position im makrokosmischen Gesamtzusammenhang besetzt, wie also aus der Schilderung des Besonderen eine Aussage über das Allgemeine gemacht wird, so sei bei ihm auch das Phantastische und Bizarre nicht denkbar ohne den Boden des Gewöhnlichen, aus dem es hervorgeht. Als „Reflexe aller der phantastischen wunderlichen Erscheinungen, die der Zauber seiner überregten Phantasie hervorrief", beeindruckten seine Zeichnungen dadurch, daß sie selbst die gewöhnlichsten Gegenstände des Alltags als etwas „fremdartig Bekanntes" darstellten. „Könnte ein Dichter oder Schriftsteller", so beschließt Hoffmann seine Vorrede, „dem die Gestalten des gewöhnlichen Lebens in seinem innern romantischen Geisterreiche erscheinen, und der sie nun in dem Schimmer, von dem sie dort umflossen, wie in einem fremden, wunderlichen Putze darstellt, sich nicht wenigstens mit diesem Meister entschuldigen und sagen, er habe in Callots Manier arbeiten wollen?" [I, 22] Die Domäne der Dichtung in Callots Manier ist das Groteske, das Hoffmann von der rein äußerlichen Komik des „Possenhaften" unterscheidet und als eine Vermischung von Komik und Schaudern identifiziert. In der Erzählung *Prinzessin Brambilla* (1821), die im Untertitel als „Ein Capriccio nach Jakob Callot" bezeichnet wird, erklärt Hoffmann seine Konzeption des Grotesken durch die Gestalt des Malers Reinhold, den er die derben Späße der *Commedia dell'arte* mit dem „gemütlichen" (d.h. gemütvollen, sinnenden) deutschen Humor vergleichen läßt: „Seh ich solch einen tollen Kerl durch greuliche Grimassen das Volk zum Lachen reizen, so kommt es mir vor, als spräche ein ihm sichtbar gewordenes Urbild zu ihm, aber er verstände die Worte nicht und ahme, wie es im Leben zu geschehen pflegt, wenn man sich müht, den Sinn fremder, unverständlicher Rede zu fassen, unwillkürlich die Gesten jenes sprechenden Urbildes nach, wiewohl auf übertriebene Weise, der Mühe halber, die es kostet. Unser Scherz ist die Sprache jenes Urbildes selbst, die aus unserm Innern heraustönt und den Gestus notwendig bedingt durch jenes im Innern liegende Prinzip der Ironie ..." [X, 55][12] Das Groteske ist also, ähnlich wie das Erhabene, ein zusammengesetzter

Effekt: Während sich die Komik aus dem sonderbaren Effekt der Verzerrung ergibt, wird das Schaudern durch die Andeutung des Unaussprechlichen erzeugt, die zur Einsicht führt, daß das Zerrbild kein bloßer Spaß, sondern ein Reflex des tiefsten Mysteriums ist, das dem in seiner Sprache und Vorstellung befangenen gewöhnlichen Wachbewußtsein niemals unmittelbar anschaulich werden kann. So wird durch das Verfahren in Callots Manier eine Ahnung des tiefsten Grundes erzeugt und zugleich das Unvermögen der Sprache belegt, die im Versuch seiner Darstellung nur ein lächerliches Zerrbild schafft. In der Verschmelzung von Komik und ahnendem Schauer, von profaner Oberflächlichkeit und heiliger Tiefe zu einem zwiespältigen Ganzen zeichnet das groteske Kunstwerk eine Karikatur der ersehnten Wiedervereinigung von Ich und Welt zum All-Einen. Unter dieser Voraussetzung wird aber der Alltag, wie bei Callot, als der eigentliche Ort des Wunderbaren begriffen.[13]

In der Rahmenerzählung des vierbändigen Sammelwerks *Die Serapions-Brüder* entwickelt Hoffmann sein „Serapiontisches Prinzip". Vier Freunde (später kommen zwei weitere hinzu), die sich mit Bezug auf das Thema der ersten Erzählung „Serapions-Brüder" nennen, treffen sich regelmäßig, um sich Geschichten zu erzählen, die dann zum reichlich getrunkenen Wein oder Punsch den Stoff für rege Diskussionen abgeben. Die erste Erzählung, die den Anlaß gibt, das Serapiontische Prinzip zu formulieren, handelt von einem Einsiedler, der zu Beginn des 19. Jahrhunderts in einem süddeutschen Wald lebt, sich aber in der thebaischen Wüste zu befinden glaubt und sich für den Märtyrer Serapion hält, der zur Zeit des römischen Kaisers Decius starb. Als der Erzähler nach einer Begegnung mit dem Einsiedler von den Bewohnern des nahen Dorfes die wahre Identität dieses verwirrten Mannes erfährt, beschließt er, alles daran zu setzen, diesen von seinem Wahn abzubringen. Zu seiner Überraschung muß er jedoch feststellen, daß er nicht in der Lage ist, den geistig sehr wachen Einsiedler durch stichhaltige Realitätsbeweise zur Aufgabe seiner fixen Idee zu bewegen. Auch der Versuch, ihn durch den Hinweis auf historische Überlieferungen mit Widersprüchen in seinem Selbstverständnis zu konfrontieren, bleibt fruchtlos; wenn die Historiker anderes berichteten als er, meint der Einsiedler, so müßten wohl jene sich irren, da er selbst die betreffenden Sachverhalte doch aus eigener Anschauung kenne und wisse, was er gesehen habe. So läßt der Erzähler endlich von seinen therapeutischen Versuchen ab und begreift, daß dieser wunderliche Mensch die äußere Realität vollständig durch die innere Realität seiner Phantasie ersetzt hat. Für die Serapionsbrüder verkörpert dieser Wahnsinnige eine Kardinaltugend des Dichters, da er das, wovon er berichtet, auch wirklich geschaut hat und es deshalb in seiner Vorstellung mit der gleichen Überzeugung erlebt wie andere Menschen ihre äußere Wirklichkeit wahrnehmen. „Jeder prüfe wohl", sagt einer der Freunde, „ob er auch wirklich das geschaut, was er zu verkünden unternommen, ehe er es wagt, laut damit zu werden. Wenigstens strebe jeder recht ernstlich darnach, das Bild, das ihm im Innern aufgegangen, recht zu erfassen mit allen seinen Gestalten, Farben, Lichtern und Schatten und dann, wenn er sich recht entzündet davon fühlt, die Darstellung ins äußere Leben zu tragen." [V, 95] In dieser Hinsicht ist der Einsiedler also, wie ein anderer Serapionsbruder sagt, „ein wahrhafter Dichter, er hatte das wirklich geschaut, was er verkündete, und deshalb ergriff seine Rede Herz und Gemüt." [V, 94] Doch dieser vermeintliche Serapion ist wahnsinnig; in der Fixierung auf die innere Realität seiner Phantasie hat er den Bezug zu seiner äußeren Wirklichkeit und damit, wie es heißt, „die Erkenntnis der Duplizität" verloren. Im Unterschied zu ihm, meinen die Serapionsbrüder, müsse ein Dichter aus dem Reich seiner Vorstellung wieder in die äußere Wirklichkeit zurückkehren, um das Erlebte mit der nötigen Distanz und Souveränität zu ordnen und im Kunstwerk weiterzuvermitteln: „Es wäre heillos, wenn der Gedanke dieses glücklichen Zustandes Wurzel fassen im Gemüt, und dadurch den wirklichen Wahnsinn herbeiführen könnte." [V, 71/72] Diese Überlegung ist uns aus den bisherigen Ausführungen nur allzu bekannt; es ist dieselbe Forderung eines Verzichts auf ein endgültiges Versinken in der Vision, der auch der traditionelle Mystiker und der moderne Rauschkünstler entsprechen müssen, um ihren Verkündungsauftrag nicht zu gefährden. Im Unterschied zum Einsiedler, der nur ein Seher ist, ist der Dichter ein Seher *und* Verkünder und muß daher in seiner inneren wie äußeren Realität gleichermaßen zuhause sein.[14] Das „Serapiontische Prinzip" besagt also, daß der Dichter den Gegenstand seiner Kunst in eigener Anschauung so intensiv erfahren soll, daß er ihm zur Realität wird, denn nur dann könne er, in seine Ausgangswirklichkeit zurückgekehrt, die Vision im gestaltenden Nachvollzug so realisieren, daß sie auch den Leser in ihren Bann zieht.

III. Blicke in die Tiefe: Wahnsinn, Somnambulismus, Rausch

1. Faszination und Schrecken des Wahnsinns

Der vom Serapiontischen Prinzip geleitete Dichter, der sich in die Realität seiner Fiktion, also einen Bereich seiner inneren Realität versenkt, erfährt sie in diesem Versenkungsmoment als eine ebenso plastische und selbstverständliche Wirklichkeit wie wir die Landschaften und Ereignisse des Traumes träumend als real erfahren. Es ist daher einleuchtend, daß, wie Peters feststellt, „der Traumzustand als Inspirationsmoment in Hoffmanns Werk also eine Brücke zwischen zwei Arten von Wirklichkeit schlägt. In dieser Eigenschaft bietet der Traum dem Menschen wenigstens momentan ein potentielles Mittel zur Auflösung der Zwei-Welten-Dualität."[15] Bei Hoffmann, schreibt Peters ferner, fühle sich vor allem die Figur des Künstlers „in der empirischen Welt ‚gefangen', an die Qualität jener Daten gebunden, die ihm allein seine Sinne liefern. Für ihn wird es eine Angelegenheit von äußerster Dringlichkeit, eine Methode zu entdecken, um sich Zugang zu jenem ungreifbaren, unendlichen ‚anderen Bereich' jenseits der Erscheinungen zu verschaffen, von dem er intuitiv weiß, daß es ihn irgendwo gibt." So wie Hoffmann den Traum als eine wenigstens vorübergehende Aufhebung der dualistischen Teilung der Welt begriff, so vermutete er auch im Wahnsinn ein tieferes Verständnis der inneren Weltzusammenhänge, dessen Vorstellung ihn gleichermaßen faszinierte und mit Grauen erfüllte. „[I]hr alle kennt ja meinen Hang zum Verkehr mit Wahnsinnigen", spricht an seiner Stelle Cyprian, einer der Serapions-Brüder, „immer glaub' ich, daß die Natur gerade beim Abnormen Blicke vergönne in ihre schauerlichste Tiefe, und in der Tat, selbst in dem Grauen, das mich oft bei jenem seltsamen Verkehr befing, gingen mir Ahnungen und Bilder auf, die meinen Geist zum besonderen Aufschwung stärkten und belebten". [V, 71] Und in einem anderen Band der *Serapions-Brüder* meint Cyprian dementsprechend, „daß einiger Wahnsinn, einige Narrheit so tief in der menschlichen Natur bedingt ist, daß man diese gar nicht besser erkennen kann als durch sorgfältiges Studium der Wahnsinnigen und Narren, die wir gar nicht in den Tollhäusern aufsuchen dürfen, sondern die uns täglich in den Weg laufen, ja, am besten durch das Studium unseres eigenen Ichs …" [VIII, 16][16] Ein solches Studium der Wahnsinnigen und des eigenen Ichs betrieb Hoffmann mit großer Leidenschaft, wobei ihm seine Freundschaft mit den Bamberger Nervenärzten Friedrich Speyer und Adalbert Friedrich Marcus, mit dem Leipziger Psychiater Carl Alexander Kluge und mit dem Berliner Arzt und Vorbild eines der Serapionsbrüder Johann David Ferdinand Koreff[17] die Gelegenheit zum Gespräch mit Experten und auch zum Besuch von Irrenanstalten gab. Außerdem setzte sich Hoffmann gründlich mit der psychiatrischen Theorie seiner Zeit auseinander, las die Schriften von Schubert, Pinel und Reil, orientierte sich über die Fragen des Magnetismus und der Hellseherei, und befaßte sich mit volkstümlichem Hexenglauben und der Magie. Der Eifer, mit dem sich Hoffmann all diesen Aspekten der Wahrnehmung des Anderen widmete, war nicht nur durch sein künstlerisches Interesse bedingt, das in diesen Arten eines inneren Sehens Aufschluß über die tieferen Zusammenhänge der poetischen Inspiration suchte, sondern auch durch seine Angst, er könne selbst wahnsinnig werden. So war sein Temperament, ähnlich wie bei Poe, durch eine nervöse Hypererregung geprägt, die er selbst auf das hysterische Leiden der Mutter zurückführte; seine körperliche Konstitution soll kränklich und sehr labil gewesen sein. Zu Beginn des Jahres 1807 wurde er von einer schweren Krankheit mit Fieberdelirien heimgesucht, die seine späteren Schilderungen von Visionen des Wahnsinns und des Traumes wohl beeinflußt haben mögen.[18] Wenn Ochsner die Auffassung vertritt, daß Hoffmann seine gute Kenntnis der verschiedenen Erscheinungsformen des Wahnsinns nur „zum geringsten Teile" aus psychiatrischen Schriften gewonnen haben könne und „deshalb für die Darstellung psychischer Vorgänge fast ganz auf die Selbstbeobachtung angewiesen"[19] war, so verkennt er wohl die Intensität, mit der Hoffmann seine fachliche Lektüre betrieb, dennoch ist seine Folgerung sicher richtig. Lloyd unterstützt diese Ansicht, indem sie schreibt: „Die Hoffmann'schen Personen, die vom Wahnsinn bedroht sind, werden übrigens mit einer Lebendigkeit dargestellt, in der sich weniger der Einfluß der Lektüre äußert als der persönlicher Reminiszenzen."[20] Schließlich ist bekannt, daß Hoffmann sich, ähnlich wie Lowry[21], gelegentlich mit seinen eigenen fiktiven Gestalten konfrontiert glaubte und in der Nacht, wenn er über seiner literarischen Arbeit saß, öfter seine Frau weckte, um ihr die vermeintlich lebendig gewordenen Gestalten seiner Phantasie zu zeigen oder vor bedrohlichen Erscheinungen bei ihr Zuflucht zu suchen.[22] Ebenso wurde er gelegentlich von Doppelgängervisionen geplagt, wie sie in den *Elixieren des Teufels* so plastisch geschildert werden.[23] So erklärt Krauss:

> Nicht nur über die Weltanschauung, auch im rein persönlichen Erlebnis ist Hoffmann mit dem Motiv aufs engste verwachsen. Er wurde selber von Doppelgängervorstellungen heimgesucht. Am 6. I. 1804 notierte er in sein Tagebuch: „Ungeheure Gespanntheit des Abends ... Anwandlung von Todesahnungen – Doppeltgänger –". Aehnlich berichtet Hippel ...: „Immer verfolgte ihn die Ahnung geheimer Schrecknisse, die in sein Leben treten würden; Doppelgänger, Schauergestalten aller Art, wenn er sie schrieb, sah er sie wirklich um sich". Die fesselnde Spannung, die wunderbaren Farben, mit denen Hoffmann seine Doppelgängerszenen malt, sind Ausdruck einer Phantasiekraft, die so stark war, daß sie ihn im Leben selber die Gestalten schauen ließ, die er dichtete.[24]

2. „Die höchste Potenz des Traumes": Der Somnambulismus

Eine andere Variante der poetischen *clairvoyance* war für Hoffmann der somnambule Zustand, jene hypnotische Trance des magnetisierten Mediums, die in seinen Werken eine wichtige Rolle spielt. „Der Autor, dessen Werk mehr als das irgendeines anderen vom Magnetismus durchdrungen ist", meint Ellenberger daher, „ist E. T. A. Hoffmann. Man hat bewiesen, daß man aus seinen Romanen und Novellen ein vollständiges Lehrbuch des Magnetismus zusammentragen könnte."[25] Dennoch war Hoffmanns Einstellung gegenüber den künstlich erzeugten somnambulen Visionszuständen durchaus zwiespältig, was im dritten Abschnitt der *Serapions-Brüder* besonders deutlich wird, wo die Freunde ausführlich über das Für und Wider des Magnetismus diskutieren. Während der abwesende Vinzenz, wie der Leser erfährt, ein leidenschaftlicher Verfechter des Magnetismus sei, glaubt Lothar „an die Heilkraft des Magnetismus ganz und gar nicht" [VI, 11] und verweist auf die gefährliche Abhängigkeit des Patienten, der sich ganz der psychischen Leitung des Magnetiseurs anvertraue. Dagegen verteidigt der schwärmerische Cyprian den Magnetismus und meint, er sei über alle Zweifel erhaben, da die somnambule Trance nichts anderes bewirke als eine vorübergehende Dominanz des psychischen Prinzips über das physische. Schließlich verbindet Theodor in seiner differenzierteren Stellungnahme die Argumente für und gegen den Magnetismus, indem er einerseits das heilende Potential der Magnetisierung bestätigt, andererseits aber darauf hinweist, daß diese geheimnisvolle Macht, wenn sie mit Unverstand eingesetzt werde, auch großen Schaden anrichten könne. Wenn manche Kritiker auch annehmen, daß Theodor das *alter ego* des Dichters sei, so scheint doch eher das Konzentrat aus der Summe aller hier vorgetragenen Ansichten Hoffmanns persönliches Credo zu reflektieren. Demnach ergibt sich das folgende Bild: Die somnambule *clairvoyance* des Patienten wird als authentische Form der Selbsterkenntnis und als echte mystische Vision anerkannt. Die heilende Wirkung der somnambulen Trance wird – ähnlich wie bei der freien Assoziation des Patienten in der Psychoanalyse – darauf zurückgeführt, daß die Person alle Ursachen des Leidens, die offenkundigen ebenso wie die bislang verborgenen, klar erkennt und durch diese Erkenntnis den psychischen Knoten löst und so das Übel beseitigt bzw. die organische Genesung einleitet. Insofern diese Trance Einblicke in den spirituellen Grund des Seins ermöglicht, erweist sich der Magnetismus zudem als brauchbares Werkzeug der Poesie; deshalb meint Ottmar, ein weiterer Serapionsbruder: „Doch wollen wir auch nicht vergessen, daß wir dem Magnetismus schon deshalb nicht ganz abhold sein können, weil er uns in unsern serapiontischen Versuchen sehr oft als tüchtiger Hebel dienen kann, unbekannte geheimnisvolle Kräfte in Bewegung zu setzen." [VI, 23] Als ein authentisches Anschauen von Realität, und das bedeutet im romantischen Sinn: als ein unmittelbares, also intuitives Innewerden des Wesens der Welt, ist die somnambule Klarsichtigkeit mit der poetischen Intuition nicht bloß verwandt, sondern identisch. So heißt es an anderer Stelle:

> Die Freunde kamen im Gespräch bald auf den mystischen Vinzenz und seinen Wunderglauben zurück. Cyprian meinte, dieser Glauben müsse in jedem wahrhaft poetischen Gemüt wohnen, und ebendeshalb habe auch Jean Paul über den Magnetismus solche hochherrliche Worte ausgesprochen, daß eine ganze Welt voll hämischer Zweifel dagegen nicht aufkomme. Nur in der Poesie liege die tiefere Erkenntnis alles Seins. Die poetischen Gemüter wären die Lieblinge der Natur, und töricht sei es zu glauben, daß sie zürnen solle, wenn diese Liebling darnach trachten, das Geheimnis zu erraten, das sie mit ihren Schleiern bedecke … [VI, 65/66]

Die Intuition ist nötig, um einem poetischen Werk Tiefe zu geben; ohne die serapiontische Anschauung verliert sich der Dichter in leeren Formen und Worthülsen: „Es ist aber wohl überhaupt eine eigne Mystifikation unserer Neueren, daß sie ihr Heil lediglich in dem äußern metrischen Bau suchen, nicht bedenkend, daß nur der wahrhaft poetische Stoff dem metrischen Fittich den Schwung gibt. Der somnambule Rausch, den wohlklingende Verse ohne weitern sonderlichen Inhalt zu bewirken imstande sind, gleicht dem, in den man wohl verfallen mag bei dem Klappern einer Mühle oder sonst! – Es schläft sich herrlich dabei!" [VI, 65] Hier gibt Hoffmann, ganz im Sinn eines Poe, Baudelaire oder Coleridge, wieder seine Minimaldefinition der Poesie: So wie ein poetisches Werk ohne die intuitive Schau, jene *clairvoyance*, die sich auch in der somnambulen Trance einstellt, nicht auskommt, so kann es auch nicht allein auf Intuition gründen, sondern bedarf der Mitsprache des Intellekts.[26]

Folgerichtig setzt hier auch Hoffmanns Kritik am Magnetismus ein: Wer sich dem Einfluß eines Magnetiseurs unterstellt, begibt sich ganz in die Hand einer anderen Person und läuft Gefahr, daß er sich zu Zwecken mißbrauchen läßt, die er im vollen Besitz seines freien Willens niemals billigen würde. Zwar wird heute von Fachleuten immer wieder darauf hingewiesen, daß eine Person unter Hypnose schwerlich dazu gezwungen werden kann, etwas zu tun, was ihren moralischen Grundsätzen zuwiderläuft, doch kann sich diese Feststellung nur auf relativ kurzfristige Behandlungszeiten beziehen und wird nur solange zutreffen, wie der Patient noch über eine klar konturierte Persönlichkeitsstruktur verfügt. Dagegen ist es durchaus denkbar, daß diese durch eine über längere Zeit kontinuierlich gesteigerte „Suggestionsdosierung" allmählich aufgeweicht werden mag, bis zuletzt eine Art moralisches Vakuum entsteht, das ein fremder Wille dann sehr leicht neu ausfüllen könnte. Da beim Magnetismus in aller Regel eine Vielzahl von Sitzungen erforderlich ist, damit der Magnetiseur einen „Rapport" zwischen seinem Bewußtsein und dem des Patienten herstellen kann – und was ist die Etablierung eines solchen Rapports anderes als eine mehr oder minder gründliche „Gehirnwäsche"? –, besteht allerdings die Gefahr, daß die zu magnetisierende Person eine fortschreitende Identitätstrübung erfährt, bis sie zuletzt eben doch ein weitgehend gefügiges Werkzeug in der Hand des Magnetiseurs ist. In diesem Sinn ist Hoffmanns Warnung vor dem Magnetismus sicher berechtigt. Nun kommt Hoffmann auch auf Methoden der Autosuggestion zu sprechen, bei denen die Person sich selbst magnetisiert und dadurch das Risiko der Fremdbeeinflussung ausschaltet. Doch auch dieses Verfahren kann sein Mißtrauen nicht beseitigen, denn sein grundlegender Einwand betrifft unser Unwissen über die Macht, den Sinn und den organischen Zusammenhang jener Kräfte, die der Mensch in der magnetischen Trance freisetzt, d. h. wir sind wohl in der Lage, bestimmte seelische Vorgänge in Gang zu setzen, doch wohin sie führen, welche Folgen ein solcher Eingriff in unsere Natur haben mag, können wir nicht abschätzen oder vorhersagen. So argumentiert der Skeptiker Lothar:

> Wer mag frevelig und vermessen eindringen wollen in das tiefste Geheimnis der Natur, wer mag erkennen, ja nur deutlich ahnen wollen das Wesen jenes geheimnisvollen Bandes, das Geist und Körper verknüpft und auf diese Weise unser Sein bedingt. Auf diese Erkenntnis ist aber doch der Magnetismus ganz eigentlich basiert, und solange dieselbe unmöglich, gleicht die aus einzelnen Wahrnehmungen, die oft nur Illusionen sind, hergeleitete Lehre davon dem unsichern Herumtappen des Blindgebornen. Es ist gewiß, daß es erhöhte Zustände gibt, in denen der Geist, den Körper beherrschend, ... mächtig wirkt und in dieser Wirkung die seltsamsten Phänomene erzeugt. Ahnungen, dunkle Vorgefühle gestalten sich deutlich, und wir erschauen das mit aller Kraft unseres vollen Fassungsvermögens, was tief in unserer Seele regungslos schlummerte; der Traum, gewiß die wunderbarste Erscheinung im menschlichen Organism, dessen höchste Potenz meines Bedünkens eben der sogenannte Somnambulismus sein dürfte, gehört ganz hieher. ... Ich kann, sage ich, das alles nicht leugnen, aber immer und ewig wird mir dies Verfahren als eine blindlings geübte heillose Gewalt erscheinen, deren Wirkung, allen Theorien zum Trotz, nicht zu berechnen bleibt. Irgendwo heißt es, der Magnetismus sei ein schneidendes gefährliches Instrument in der Hand eines Kindes, ich bin mit diesem Ausspruch einverstanden. [VI, 14/15]

Analog äußert sich Theodor über eine von ihm miterlebte magnetische Heilbehandlung: „... diese gänzliche Willenlosigkeit der Somnambule, dies gänzliche Aufgeben des eignen Ichs, diese trostlose Abhängigkeit von einem fremden, geistigen Prinzip, ja diese durch das Prinzip allein bedingte Existenz erfüllte mich mit Grausen und Entsetzen." [VI, 22] Ein Grund für diese negative Reaktion ist sicher die Angst vor dem Unbekannten, die den Visionär auch dann befällt und in seinem Streben behindern mag, wenn er im Abgrund, in den er sich hineinstürzen könnte, die Antwort auf seine drängendsten Fragen vermutet. Was ihn erschauern läßt, ist zunächst das Wissen, daß das Überschreiten der äußersten Grenze irreversibel sein wird und daß der unvollkommene menschliche Geist in seiner Entscheidung für das Wagnis leicht ein gewichtiges Gegenargument übersehen mag. Der wichtigere Grund für sein Grauen ist aber wiederum durch das so oft bekundete künstlerische Credo des Dichters gegeben: Es steht ihm nicht zu, sich egoistisch in eine andere Welt hinüberzustehlen, die vielleicht eine bessere und womöglich das ersehnte Paradies ist, und zwar ebensowenig wie es dem traditionellen Mystiker zusteht, sich im herrlichen Licht der göttlichen Wahrheit behaglich auszustrecken. Dem Künstler ist die Mission auferlegt, den Mitmenschen vom Wunderbaren soviel wie möglich mitzuteilen; er ist zur kreativen Gestaltung verpflichtet. Entzöge er sich diesem Auftrag, so machte er sich einer schweren Unterlassungssünde schuldig, die mit einem erlösenden Eingang ins Paradies unvereinbar wäre. Seit dem Sündenfall ist dem Menschen die Gnade der Unschuld verweigert; er kommt bereits schuldig auf die Welt und kann nur den Weg der Erkenntnis wählen; erkennen aber bedeutet schauen *und* gestalten. Überließe sich der Künstler also ganz der Verlockung des Abgrunds, so würde er selbst im Paradies nur eine Hölle finden, denn die einzige Hoffnung, die sich dem Romantiker noch eröffnet, ist die Erreichung eines vollkommenen Bewußtseins, das alles erkannt, also alles geschaut und im kreativen Akt realisiert hat. Deshalb erfaßt den Künstler vom Schlage Hoffmanns bei der Vorstellung der völligen Selbstaufgabe ein Grauen, nämlich das Grauen davor, daß sich die letzte Pforte zum Paradies, die vielleicht noch offensteht, unwiderruflich schließen könnte und der Mensch in einem schweigenden und nunmehr gewiß völlig sinnlosen Universum allein gelassen wäre.

3. Der Dichter und die Elixiere

Hoffmanns Ansichten über das Erkenntnispotential und die Gefahren der magnetischen Trance sind ohne weiteres auch auf die etwa durch Alkohol inspirierte Rauschvision übertragbar. Was im einen Fall das fremde „psychische Prinzip" des Magnetiseurs ist, das ist im anderen die Fremdeinwirkung der Droge; in beiden Fällen bewirkt ein äußerer Einfluß eine Aufdeckung innerer Strukturen, und in beiden Fällen besteht die Gefahr eines dauerhaften Willensverlustes, der sich als Hörigkeit oder Sucht manifestiert. Bedenkt man, daß Hoffmann, dem notorischen Zecher und Stammkunden des Berliner Weinhauses Lutter & Wegner, aus eigener Erfahrung der Alkoholrausch wesentlich vertrauter war als die somnambule Trance, so muß man sich fragen, wieso er sich über den Rausch nur vergleichsweise zurückhaltend äußert. Wenn es stimmen sollte, daß aus Hoffmanns Gesamtwerk ein vollständiges Lehrbuch des Magnetismus erstellt werden könnte, so liegt doch auf der Hand, daß die verstreuten Bezüge auf die Wirkungen des Alkohols keineswegs ausreichen, um ein auch nur halbwegs umfassendes Lehrbuch des Alkoholismus zu erstellen. Daß der durch Alkohol oder andere Drogen bewirkte Rausch, der die Erscheinungen der Alltagsrealität in Callots Manier verfremdet und im Bewußtsein einen Riß erzeugt, durch den eine serapiontisch erfahrene andere Realität bunt hervorscheint, daß dieser Rausch in seiner offenkundigen Verwandtschaft mit dem Traum und der somnambulen *clairvoyance* für Hoffmann ohne Belang gewesen sei, ist unvorstellbar. Da aber, wenigstens im allgemeinen Urteil, eine Erleuchtung eine Erleuchtung ist – ganz gleich, wodurch sie erzeugt wurde –, mochte Hoffmann in seinen Ausführungen über den Magnetismus ohne weiteres auch alkoholinduzierte Rauscherfahrungen mit einbringen. Der Vorteil, der sich hieraus ergab, war der, daß er sich im Zusammenhang eines vieldiskutierten parapsychologischen Phänomens ungehindert über die zur Mitteilung drängenden Erfahrungen des Rausches äußern konnte, ohne sich dadurch öffentlich als Trinker bloßzustellen, denn so groß die Sympathien waren, welche die Öffentlichkeit dem somnambulen Medium entgegenbrachte, so gering war die Bereitschaft zur Toleranz und Akzeptanz des Trinkers oder Opiatkonsumenten, der sich durch Berichte über seine vorgebliche Visionserfahrung wohl nur interessant machen wollte, um von der schändlichen Haltlosigkeit seines Treibens abzulenken. Der Magnetismus war etwas Neues, das die Zeitgenossen verblüffte – daher rührt gewiß der größte Teil der Faszination, die er zu Beginn des 19. Jahrhunderts überall bewirkte. Dagegen war der Alkohol als die meistverbreitete Droge des Abendlandes in seiner offenkundigen Wirkung urbekannt, da man doch allabendlich sehen konnte, wie die Betrunkenen aus den Schänken taumelten und sich zum Narren machten. Was diese infolge ihres übermäßigen Alkoholkonsums von sich gaben, war gewiß nichts Mystisches, sondern vornehmlich Solches, in das man nicht hineintreten möchte. Wenn De Quincey, dessen *Confessions* kurz vor Hoffmanns Tod erstmals erschienen, kein Opiumesser, sondern ein Alkoholiker gewesen wäre, so hätte sein Werk schwerlich den Erfolg gehabt, der ihm beschieden war. Zwar war sich die Öffentlichkeit durchaus bewußt, daß die Hingabe an ein Rauschmittel in jedem Fall ein Zeichen mangelnder Selbstzucht sei, doch De Quinceys Opium wurde, trotz seiner Verbreitung im Alltag, in der Vorstellung der Leser zu einem Symbol des Exotischen; man besann sich darauf, daß die Droge aus fernen Ländern stammte, wo sie von bezopften Chinesen, unergründlichen Malaien und dunkelhäutigen Turbanträgern unter Palmen hergestellt wurde.

Natürlich war Hoffmanns Neigung zum Alkohol bekannt genug, daß Freunde und Kritiker sie ihm zum Vorwurf machten, und wenn er von Punsch und Wein doch nicht lassen mochte, so dokumentieren seine Tagebücher ein deutliches Schuldbewußtsein, das sich mit dem Wunsch der Verschleierung des Lasters verbindet: Hoffmann bezieht sich dort nämlich sehr oft auf seinen Alkoholkonsum, ohne ihn indessen beim Namen zu nennen; die Tage exzessiven Trinkens markierte er durch Piktogramme, die ein Weinglas oder einen Kelch mit Flügeln darstellen. Diese Bildzeichen (ein anderes ist die Darstellung einer abgefeuerten Pistole, die offenbar auf Selbstmordgedanken verweist) finden sich in einer periodischen Häufigkeit, die andeutet, daß Hoffmann wie Poe und Lowry ein Dipsomane gewesen sein könnte. In diesem Zusammenhang wurde, wiederum wie bei Poe, vermutet, daß Hoffmann kein wirklicher Trinker gewesen sei, sondern über eine sehr niedrige Alkoholtoleranz verfügt habe, durch die schon geringe Mengen bei ihm Visionen auslösen konnten, die, wie Klinke meint, sein dichterisches Werk durchaus positiv beeinflußt haben mögen:

> Seine Feinde haben freilich nicht aufgehört, auf die Tröstungen und Stärkungen durch den reichlichen Alkoholgenuß hinzuweisen, dem er angeblich besonders ergeben war. Er war aber, das wissen wir bestimmt, kein Säufer und Gewohnheitstrinker; er liebte, wie Goethe, den Wein und konnte ihn auch entbehren, nur halte ich es nicht für ausgeschlossen, daß er, bei seiner schwächlichen, zarten Figur vielleicht gegen Alkohol nicht besonders resistent war, vielleicht auf kleine Dosen schon in ungewöhnlicher Art reagierte. Bei nervösen, schwächlichen Menschen ist eine derartige, meist schon angeborene Intoleranz gegen geistige Getränke nichts Ungewöhnliches. Auch hier aber können wir gewissermaßen dem Geschick nur dankbar sein, da vielleicht grade infolge dieser ungewöhnlichen Reaktion, die ohne dies schon äußerst lebhafte Phantasie des Dichters noch mehr gesteigert und zu ihren schönsten Produktionen angeregt wurde.[27]

Wenn auch viele Freunde und Bekannte Hoffmanns bestätigen, daß der Wein bei dem Dichter oft schon nach kurzer Zeit seinen sprühenden Witz entzündete, so daß die Anwesenden durch seine Rede in Bann geschlagen wurden wie die Zuhörer bei jenen feurigen Predigten, die Medardus nach dem Genuß des Teufelselixiers hält, so steht doch außer Frage, daß er durchaus ein gutes Quantum vertragen konnte. Dies wird u. a. durch eine Zeichnung bestätigt, die Hoffmann am 26. Mai 1819 bei Lutter & Wegner anfertigte: Sie zeigt ihn selbst mit einem großen Pokal in der Hand am Tisch sitzend, der Blick ist bereits ein wenig trübe, und darunter stehen die Worte „Deux! Trois! Quatre! Cinq!", aus denen eine gewisse Routine zu sprechen scheint. Klinkes Behauptung, daß Hoffmann kein Säufer gewesen sei, ist also sicher nicht zutreffend; ganz im Gegenteil mißbilligten es manche seiner engeren Freunde, als er sich aus dem gesetzten Kreis, der das Vorbild der Serapionsbrüder abgab, allmählich zurückzog und eine andere Gesellschaft suchte, etwa die des Schauspielers Ludwig Devrient, in der die geistigen Getränke nicht bloß eine erquickliche Nebensache waren, sondern durchaus auch zur Hauptattraktion werden konnten. Daß Hoffmann indessen im heutigen Sinn ein Alkoholiker war, d.h. ein Trinker, dessen Sucht sein soziales Gefüge zerstört, erscheint sehr unwahrscheinlich, zumal er in seinem bürgerlichen Beruf als Jurist bis zuletzt im Ruf stand, seinen Dienst mit großer Gewissenhaftigkeit und einem eisernen Pflichtbewußtsein zu versehen (wenn es dennoch gelegentliche Auseinandersetzungen mit den vorgesetzten Behörden gab, so lag dies vielmehr an seiner spitzen Karikaturistenfeder). Wenn Klinke darauf hinweist, daß „eine der neuesten klinischen Arbeiten über die Beobachtung akuter geistiger Störungen der Gewohnheitstrinker" weitgehend übereinstimme „mit den Mitteilungen und Schilderungen, die wir an vielen Stellen bei Hoffmann finden"[28], und dies allein darauf zurückführt, daß Hoffmann bei seinen gelegentlichen Anstaltsbesuchen Alkoholiker sehr gründlich beobachtet habe, so liegt die Dürftigkeit dieser Argumentation klar zutage. Doch wie weit Hoffmanns Neigung zum Trinken ging, ob er sie leicht oder nur mit äußerster Mühe kontrollieren konnte, ist bis heute umstritten. Selbst unter den enthusiastischen französischen Befürwortern des Rausches, die Hoffmann in den 1830er Jahren für sich entdeckten, gab es, wie Köhler darlegt, „eine heftige Kontroverse … über die Bedeutung des Trinkens in seinem Leben. Hoffmann war lange als ein maßloser Trinker angesehen worden …"[29] Da Hoffmann also über lange Zeit als stets berauschter Fantast geliebt oder verfemt war (auch Sir Walter Scott bemerkt in seinem berühmten Essay über Hoffmann und das Fantastische: „Er erfreute sein phantastisches Genie auch durch Wein in beachtlicher Menge und gab sich rückhaltlos dem Genuß von Tabak hin."[30]), kamen in der Reaktion darauf Bestrebungen auf, die Bedeutung des Alkohols in Hoffmanns Leben herunterzuspielen. Dennoch soll hier kein umständlicher Nachweis von Hoffmanns Trunksucht unternommen werden; es mag genügen, kurz auf einige exemplarische Stellungnahmen Hoffmanns über die künstlerische Relevanz des Alkoholrausches einzugehen.

Im ersten Abschnitt der *Serapions-Brüder* wehrt Lothar sich gegen die Andeutung seiner Freunde, daß seine bessere Stimmung nur dem Wein zu verdanken sei: „Schreibt nur nicht … mein erheitertes Wesen lediglich dem begeisternden Inhalt jener Vase zu, ihr wißt ja, daß die bessere Stimmung mir kommen muß, ehe ich ein Glas anrühre." [V, 94/95] Mit diesen Worten deutet Hoffmann seine Kenntnis der Tatsache an, daß ein Rauschmittel dem Bewußtsein niemals etwas völlig Fremdes eingeben kann, sondern stets nur das intensiver beleuchtet, verzerrt oder hervorhebt, was im Charakter und in der akuten Gestimmtheit der Person bereits gegeben ist. Hieraus wird ersichtlich, daß Hoffmann sich vom Rausch keine Wunder versprach und folglich in ihm auch nicht zu erhalten hoffte, was ihm auf anderen Wegen unerreichbar war. Davon abgesehen, läßt er aber wiederholt erkennen, daß er dem Alkoholrausch durchaus die Möglichkeit zuschrieb, die spirituelle Aufnahmebereitschaft zwar nicht ursächlich zu erzeugen, aber doch nachhaltig zu fördern und zu beschleunigen. So erhält die Kunst des Ansetzens von Punsch, obwohl nicht ganz ohne Ironie, eine Bedeutung, die an gewisse Zeremonien der Mysterienkulte erinnert, wenn die Rede ist von „Theodors geheimnisvolle[r] Kunst, dies Getränk nach seinen mystischen Verhältnissen der Stärke, Süße und Säure zu bereiten …" [VIII, 16]. In der 9. Vigilie des Märchens *Der goldene Topf* wird der Punsch dann in aller Deutlichkeit als ein Zaubertrank geschildert, der die Protagonisten in eine bunte und turbulente andere Realität versetzt.[31] Anselmus spürt als erster die Wirkung des „mystischen" Gebräus, das die Erinnerung an vorige visionäre Erlebnisse auffrischt: „Aber sowie dem Studenten Anselmus der Geist des Getränks zu Kopfe stieg, kamen auch alle Bilder des Wunderbaren, Seltsamen, was er in kurzer Zeit erlebt, wieder zurück. – Er sah den Archivarius Lindhorst in seinem damastnen Schlafrock, der wie Phosphor erglänzte – er sah das azurblaue Zimmer, die goldnen Palmbäume, ja es wurde ihm wieder so zumute, als müsse er doch an die Serpentina glauben – es brauste, es gärte in seinem Inneren." [I, 227] Auch seine Trinkgenossen, der Registrator Heerbrandt und der Konrektor Paulmann, die nicht eben sehr phantasiebegabt sind, beginnen kurz darauf, ihnen selbst völlig unverständliche Reden zu führen, die von den Kreaturen des fabelhaften Geisterreichs Atlantis handeln, in das es den Anselmus zwischenzeitlich immer wieder verschlägt. So verwundert sich der Konrektor sehr über seine eigenen Worte, die ihm wie durch eine fremde Macht entlockt werden: „‚[A]ber bin ich in einem Tollhause? bin ich selbst toll? – was schwatze ich denn für wahnwitziges Zeug?'" [I, 229] Im nächsten Moment gibt es für die konfuse Gesellschaft kein Halten mehr, und es beginnt ein wilder Tanz durchs Zimmer, bei dem die Punschterrine an die Decke geschleudert wird. Ein aus der öden Alltagswelt hereintretender Bote erscheint den Berauschten folgerichtig wie ein grauer Papagei, d. h. als farbloser Vertreter einer Spezies, die eigentlich bunt ist (dieses Bunte ist natürlich die Phantasie, das Unbewußte, aus dessen unerschöpflichem Bilderreichtum die Welt der Träume entsteht). Tags darauf begibt sich Anselmus zur Arbeit und erkennt unterwegs, als er an den Orten seiner vorigen Verzückung vorübergeht, daß diese doch recht gewöhnlich seien und durchaus über keine wunderbaren Qualitäten verfügten; statt der bunt glänzenden Vögel seiner Vision sieht er nun bloß einige Sperlinge, „die ein unverständliches unangenehmes Geschrei erhoben, als sie des Anselmus gewahr wurden." [I, 230] Es besteht kein Zweifel: Der Rausch vom Vorabend ist verflogen, und in seiner Nüchternheit hat Anselmus den Kontakt zur verborgenen Welt des Wunderbaren wieder verloren. Diese Nüchternheit ist schließlich der Grund für seinen Sturz in den Kristall, der – wie an anderer Stelle zu zeigen war – ein Bild für die vom tieferen Verständnis der Welt ausgeschlossene Existenz im rational-sinnlichen Wachbewußtsein ist. Hier präsentiert Hoffmann also den Alkohol als einen Wegbereiter der serapiontischen Vision. Wohl ist der mysteriöse Punsch nicht die Ursache der sonderbaren Wahrnehmungen, denn diese sind das magische Werk des Archivarius Lindhorst, aber er ist doch das Medium, durch das er die Gesellschaft in das Reich seiner Kreationen entführt. In der letzten Vigilie kredenzt Lindhorst dem Studenten wiederum einen Pokal mit Punsch und begibt sich als ein Flämmchen in das wunderbare Getränk, das Anselmus nun wie einen Meßwein trinkt, in den soeben der Heilige Geist gefahren ist: „Ohne Scheu kostete ich, die Flamme leise weghauchend von dem Getränk, es war köstlich!" [I, 243] Unter der ironischen Oberfläche verbirgt sich aber in der Tat eine Umschreibung der mystischen Vereinigung mit dem göttlichen Wesen; durch den Trunk gelangt Anselmus nun für immer nach Atlantis:

> Rühren sich nicht in sanftem Säuseln und Rauschen die smaragdenen Blätter der Palmbäume, wie vom Hauch des Morgenwindes geliebkost? – Erwacht aus dem Schlafe, heben und regen sie sich und flüstern geheimnisvoll von den Wundern, die wie aus weiter Ferne holdselige Harfentöne verkünden! – Das Azur löst sich von den Wänden und wallt wie duftiger Nebel auf und nieder, aber blendende Strahlen schießen durch den Duft, der sich wie in jauchzender kindischer Lust wirbelt und dreht und aufsteigt bis zur unermeßlichen

Höhe, die sich über den Palmbäumen wölbt. – Aber immer blendender häuft sich Strahl auf Strahl, bis in hellem Sonnenglanze sich der unabsehbare Hain aufschließt … [I, 243]

Während Anselmus das Paradies erreicht hat, bleibt das unvermittelt aufgetretene Ich des Erzählers zurück und beklagt sein Los, stets der irdischen Realität des Alltags verpflichtet zu sein. Doch das letzte Wort hat der Archivarius Lindhorst: „‚Still, still, Verehrter, klagen Sie nicht so!'", spricht er tröstend. „‚Waren Sie denn nicht soeben selbst in Atlantis, und haben Sie denn nicht auch dort wenigstens einen artigen Meierhof als poetisches Besitztum Ihres innern Sinns? – Ist denn überhaupt des Anselmus Seligkeit etwas anderes als das Leben in der Poesie, der sich der heilige Einklang aller Wesen als tiefstes Geheimnis offenbart?'" [I, 245]

Auch in den *Elixieren des Teufels* spielt der Alkohol natürlich eine wichtige Rolle. Das Elixier, das der Mönch Medardus als ein Gift bezeichnet, dessen Wirkung für seine frevelhaften Verirrungen verantwortlich sei, ist gewöhnlicher Wein, der in der Reliquienkammer des Klosters aufbewahrt wird, da er vom Teufel benutzt worden sei, um den Heiligen Antonius in Versuchung zu führen. Schon zu Beginn erklärt jedoch Bruder Cyrillus dem Medardus – und damit liefert Hoffmann dem Leser einen wichtigen Schlüssel zum Verständnis des Romans –, daß er nicht wirklich von der Echtheit der Reliquien überzeugt sei und daß es auf diese eigentlich gar nicht ankomme. Vielmehr sei die Reliquie ein Vehikel des Glaubens, das es dem Christen ermögliche, den in seinem Innersten vorhandenen Reichtum („die Ahndung eines höheren Lebens, dessen Keim wir in uns tragen" [ET 26]) vor sein leibliches Auge zu führen, um sodann erst die Wahrnehmung des inneren Auges mit Bewußtheit zu fühlen. Der Gläubige dieses Schlages entspricht also Hoffmanns Vorstellung vom Dichter. Dies zeigt auch ein Gespräch, in dem der Papst Medardus fragt:

„Glaubt Ihr, daß der Wein, den Ihr aus der Reliquienkammer stahlt und austranket, Euch zu den Freveln trieb, die Ihr beginget?" – „Wie ein von giftigen Dünsten geschwängertes Wasser gab er Kraft dem bösen Keim, der in mir ruhete, daß er fortzuwuchern vermochte!" – Als ich dies erwidert, schwieg der Papst einige Augenblicke, dann fuhr er mit ernstem, in sich gekehrtem Blick fort: „Wie, wenn die Natur die Regel des körperlichen Organism auch im geistigen befolgte, daß gleicher Keim nur Gleiches zu gebären vermag? … Wenn Neigung und Wollen, – wie die Kraft, die im Kern verschlossen, des hervorschießenden Baumes Blätter wieder grün färbt – sich fortpflanzte von Vätern zu Vätern, alle Willkür aufhebend? … Es gibt Familien von Mördern, von Räubern! … Das wäre die Erbsünde, des frevelhaften Geschlechts ewiger, durch kein Sühnopfer vertilgbarer Fluch!" – „Muß der vom Sünder Geborne wieder sündigen vermöge des ererbten Organism …, dann gibt es keine Sünde", so unterbrach ich den Papst. „Doch!" sprach er, „der ewige Geist schuf einen Riesen, der jenes blinde Tier, das in uns wütet, zu bändigen und in Fesseln zu schlagen vermag. Bewußtsein heißt dieser Riese, aus dessen Kampf mit dem Tier sich die Spontaneität erzeugt. Des Riesen Sieg ist die Tugend, der Sieg des Tieres die Sünde." [ET 274]

Indem Medardus sich den Elixieren hingibt, nimmt er also seinem Bewußtsein die Zügel aus der Hand und verhilft dem Tier, d.h. seinen Trieben, zum Sieg. Um sich als Mensch, als Gläubiger und als Künstler realisieren zu können, muß aber – wie zu zeigen war – die rauschhafte Selbstvergessenheit aufgehoben und die harmonische Koexistenz von Ratio und Gefühl wiederhergestellt werden. (Vgl. Seite 413 ff.)

In diesem Sinn erwidert Lothar nach dem Vortrag des „Kindermärchens" *Nußknacker und Mausekönig* auf den Einwand, daß manch ein Leser, der nie eine wahre Kindheit erlebte, die krausen Phantasien des Autors nur auf „ein tüchtiges Fieber" zurückführen könnte:

> „Da würd' ich," rief Lothar lachend, „da würd' ich mein Haupt beugen vor dem vornehmen Kopfschüttler, meine Hand auf die Brust legen und wehmütig versichern, daß es dem armen Autor gar wenig helfe, wenn ihm wie im wirren Traum allerlei Phantastisches aufgehe, sondern daß dergleichen, ohne daß es der ordnende richtende Verstand wohl erwäge, durcharbeite und den Faden zierlich und fest daraus erst spinne, ganz und gar nicht zu brauchen. Zu keinem Werk würd' ich ferner sagen, gehöre mehr ein klares ruhiges Gemüt als zu einem solchen, das, wie in regelloser spielender Willkür von allen Seiten ins Blaue hinausblitzend, doch einen festen Kern in sich tragen solle und müsse." [V, 272]

Ebenso äußert sich Ottmar, wobei er sich auch auf den Alkoholrausch bezieht:

> „Mag ... jeder tragen, was er kann, jedoch nur nicht das Maß *seiner* Kraft für die Norm dessen halten, was dem menschlichen Geist überhaupt geboten werden darf. Es gibt aber sonst ganz wackre Leute, die so schwerfälliger Natur sind, daß sie den raschen Flug der erregten Einbildungskraft irgendeinem krankhaften Seelenzustande zuschreiben zu müssen glauben, und daher kommt es, daß man von diesem, von jenem Dichter bald sagt, er schriebe nie anders, als berauschende Getränke genießend, bald seine phantastischen Werke auf Rechnung überreizter Nerven und daher entstandenen Fiebers setzt. Wer weiß es denn aber nicht, daß jeder auf diese, jene Weise erregter Seelenzustand zwar einen glücklichen genialen Gedanken, nie aber ein in sich gehaltenes, gründetes Werk erzeugen kann, das eben die größte Besonnenheit erfordert." [VIII, 224]

Auch wenn manche Kritiker dies bezweifelt haben[32], so scheint Hoffmann doch bis zuletzt die für den Künstler unverzichtbare Selbstdisziplin aufgebracht zu haben, sich der Bequemlichkeit des Rausches immer wieder zu entziehen, um zur aktiven Gestaltung seiner gewonnenen Einsichten zu finden. Dieser Ansicht ist auch Barine: „Hoffmann sah sich vor, daß er nicht dem Joch des ‚furchtbaren Tyrannen' unterworfen wurde, und es ist ihm insofern gelungen, als er niemals ein vulgärer Rauschbruder wurde, der trank um zu trinken, bis zur letzten Verrohung. Er hat es fast immer verstanden, aufzuhören, wenn er sich als ‚angeregt' empfand."[33] Dabei glaubte er jedoch gewiß nicht, wie Barine an anderer Stelle meint, „daß seine Visionen mit dem Wein aus dem Flaschenhals kamen"[34], sondern war sich darüber im Klaren, daß die Flaschen, die er zuhause und in Gesellschaft leerte, ebenso wie jene, die Medardus aus der Reliquienkammer entwendet, durchaus nichts anderes als Wein enthielten, der nur als ein Katalysator zur Schärfung eines inneren, poetischen Sinnes[35] dienlich war. Dies zeigt sich deutlich in der zu Beginn dieses Kapitels besprochenen Thematik des Blicks in die Ferne: Nathanaels Taschenperspektiv ist sozusagen nur der verlängerte Arm dieses inneren Sinns, der in der Magie auch als das zweite Gesicht bezeichnet wird. Als Hoffmann mit der Abhandlung „Über einen mutmaßlichen neuen Sinn bei Fledermäusen" des Naturforschers Lazzaro Spallanzani (1729–1799) bekannt wurde, fand er in ihr ein treffendes Bild zur Beschreibung jenes besonderen sechsten Sinns, der den wahren, sehenden Poeten auszeichnet. Dort erklärt Spallanzani unter dem Hinweis auf die telepathische Gedankenübertragung, wie sie zwischen einem Magnetiseur und seinem Medium erfolgt, daß das Orientierungsvermögen der Fledermaus auf einem eigenartigen inneren Sinn beruhe, der die Leistung der anderen fünf Sinne in sich vereinige und daher als eine Art Gesamtsinn jeden einzelnen von ihnen weit übertreffe. „Mit dem Fledermaussinn", schreibt Huch daher, „vergleicht Hoffmann die Sehergabe derjenigen, die in jeder Erscheinung, wie er sich ausdrückt, dasjenige Exzentrische schauen, zu dem wir im gewöhnlichen Leben keine Gleichung finden und das wir daher wunderbar nennen, woraus denn wieder das Wunderliche hervorgeht. Nicht ohne Wehmut nannte er sich selbst die Spalzanische Fledermaus und allerdings starren aus seinem Selbstbilde die großen, weitoffenen Augen hervor, als ob sie ganz andere und weit seltsamere Dinge wahrnähmen, als die handgreifliche Alltagswelt aufgestellt hat."[36]

Huch bezieht sich hier zweifellos auf das heute verlorene Selbstporträt Hoffmanns, das in der von Ludwig Buchhorn nachgestochenen Fassung die meisten Monographien über den Dichter ziert. Hoffmanns Freund und erster Biograph Julius Eduard Hitzig berichtet, daß Hoffmann dieses Porträt in Lebensgröße „hinhuschte" und so aufstellte, daß es hinter einer Reihe von Blumentöpfen ins Zimmer schaute, um seiner Frau einen kleinen Schrecken einzujagen.[37] Bemerkenswerter als dieses Selbstporträt ist hier aber ein anderes, das Hoffmann um 1815 anfertigte und dessen Züge er bis hin zum Kragen und dem „Rokaermel mit willkührlichen Falten" mit „physiognomischen Erklärungen" versah. So verweisen die im Gesicht eingetragenen kleinen Buchstaben a, b und c auf die überflüssige Erklärung, daß es sich bei der jeweils markierten Partie um Nase, Stirn und Augen handelt; der Buchstabe am unteren Rand des Brustbildes zeigt durch den lapidaren Hinweis „Und so weiter" an, daß der Betrachter sich in Ergänzung der Darstellung noch einen passenden Unterleib vorstellen müsse; die Wangen (gemeint ist wohl ihre Rötung) werden auf die Wirkung von „Beafsteek u. Portwein" zurückgeführt, der am Mundwinkel befindliche Buchstabe bezeichnet den „Ironischen Zug oder die Mährchen Muskel"; der dichte Schopf wird als „Neuapli[zie]rte Haare oder Geistererscheinungen" ausgewiesen, das Kinn deute auf ein mangelhaftes schauspielerisches Talent; der Backenbart wird mit „übernächtigen Gedanken eines Mondsüchtigen" gleichgesetzt; der über der Nasenwurzel befindliche Buchstabe kennzeichnet den „Mephistophelesmusk[el] oder Rachgier u. Mordlust – Elixiere des Teufels", und das Ohr wird identifiziert als „Das Ohr oder Kreislers Lehrbrief der weder gehört noch verstanden ward." In der Kritik wurde dieses sonderbare Blatt bisher, und vielleicht zu Recht, als ein harmloser Scherz gedeutet. Und doch reflektiert es auf eigene Weise Hoffmanns empfundene

Doppelnatur, die durch sein Künstlertum, das ihn zwischen Traumwelt und Alltag vermitteln läßt, noch verstärkt wurde. Sicher parodiert die Zeichnung jene seltsamen Blüten der zeitgenössischen Wissenschaft, die Le Brun, Gall oder Lavater hervorbrachten, und Hoffmann verspottet hier wohl auch das aufklärerisch-positivistische Vertrauen in die oberflächliche Welt der Erscheinungen, wie es sich in den schematischen Schaubildern und Aufrissen von Lehrbüchern manifestiert. Ein Ohr, so scheint er uns mitzuteilen, ist durchaus nicht bloß ein Ohr, sondern jenseits seiner vordergründigen Gestalt mag sich als das Eigentliche des Ohres ein ungeheuerlicher Abgrund eröffnen; im Backenbart kommt sozusagen die Nachtseite des Gesichts zum Ausdruck, und im Mundwinkel äußert sich die Gespaltenheit der Natur, die schon bei Schubert als „ironisch" bezeichnet wird. Schließlich verweisen das Gesicht und die Haltung des Oberkörpers deutlich auf die Situation des Künstlers, der sein Bild aus dem Spiegel abzeichnet. Dieses Bild dürfte in etwa demjenigen vergleichbar sein, das Nathanael durch Coppolas Taschenperspektiv erhält. So wie Nathanael in Olimpia eine Personifizierung seiner inneren Gestalt erkennt, so trat wohl auch für Hoffmann im eigenen Spiegelbild sein Wesen aus den erblickten physischen Konturen hervor. Dieses Sehen, das in den Formen der gewohnten Realität gleichzeitig etwas Ungewohntes, aber nicht minder Reales entdeckt, ist eine Leistung jenes poetischen Sinns, durch den sich Hoffmann der Spalanzanischen Fledermaus verwandt fühlte. Es erscheint daher nicht sehr abwegig, zu vermuten, daß in dieser Zeichnung eine Ahnung von demjenigen vermittelt wird, was sich nicht benennen läßt und nur ganz geschaut werden kann, wenn der Betrachter selbst eine Spalanzanische Fledermaus ist.

Unterwegs ins Nichts:
Die Systematik des Rausches bei Edgar Allan Poe

I. „Poe Poe Poe Poe Poe Poe Poe..."

An Edgar Allan Poe scheiden sich die Geister; daran hat sich von seinen Lebzeiten bis heute in mancher Hinsicht nur wenig geändert. Da ist zum einen der Enthusiasmus, den die Franzosen seit den späten 1840er Jahren für die Werke des Amerikaners bekundeten.[1] Diese Popularität geht wesentlich auf Baudelaire zurück, der von den wenigen übersetzten Erzählungen in diversen Journalen[2] so fasziniert war, daß er sie nicht nur überall in höchsten Tönen pries, sondern auch begann, was immer an originalen Texten dieses Autors in Paris aufzutreiben war, mit einem fast schon manischen Interesse[3] zu sammeln, um eine möglichst umfassende Werkübersetzung in Angriff zu nehmen. Was Baudelaire so elektrisierte, war der Eindruck, in Poe einen Seelenverwandten zu entdecken, der auf eine fast unheimliche Art die bessere Hälfte seiner eigenen Person zu sein schien. „Wissen Sie", schreibt er 1864 in einem Brief, „warum ich so geduldig Poe übersetzt habe? Weil er mir ähnlich war. Als ich zum erstenmal ein Buch von ihm öffnete, fand ich, mit Schrecken und Entzücken, nicht nur Themen, von denen ich geträumt hatte, sondern SÄTZE, die ich gedacht hatte und die zwanzig Jahre zuvor von ihm niedergeschrieben wurden."[4] Ein Grund für die von Baudelaire geschürte französische Poe-Begeisterung ist sicher im damals neuen Kult um den *poète maudit* zu sehen. Poe war ein solcher verfemter Poet und wurde in dieser Eigenschaft als ausländischer Franzose des rechten Geistes begrüßt; seine mangelnde Popularität im eigenen Land war dabei wie eine zusätzliche Referenz.[5]

So wie Poe – und mit ihm die begeisterten französischen Dichter – jenen Erscheinungsformen des *American way of life* mit Verachtung begegnete, die bloß nationale Varianten eines internationalen Spießertums sind, so reagierte natürlich auch die geschmähte Öffentlichkeit und strafte den ungebärdigen Autor mit Repressalien und durch Nichtbeachtung, wobei die Kritik der Mittelmäßigkeit sicher oft als eine Kritik amerikanischer Grundwerte mißverstanden wurde. Aus dieser Perspektive mag es nicht verwundern, daß Poe seinem eigenen Land über lange Zeit eher peinlich war und daß er oft als untauglich angesehen wurde, um gemeinsam mit den großen Verkündern amerikanischer Tugenden, wie Jefferson, Franklin, Emerson oder Whitman, in das Pantheon der nationalen Klassiker aufgenommen zu werden.[6] Das Sakrileg, das Poe beging, als er sich unterstand, den überall verehrten Dichter Henry Wadsworth Longfellow einen Plagiator zu nennen, wurde ihm von vielen Patrioten nicht so bald verziehen. An der renommierten Yale University wurde er bis 1910 geächtet, weil er „wie ein Trinker" schreibe[7] und außerdem seine Schulden nicht bezahlte, was mit dem Ethos eines Gentlemans unvereinbar war (allerdings müßten nach diesem fragwürdigen Kriterium die meisten Autoren der Weltliteratur ihren Lorbeerkranz wieder abgeben; Baudelaire sah nicht grundlos die Notwendigkeit, die Kollegen seiner Zunft in einem Essay aufzuklären, „Comment on paie ses dettes quand on a du génie"). Hinter diesem Vorwurf steht immer noch die alte calvinistisch-puritanische Arbeitsethik, die Armut und Mißerfolg als selbstverschuldete Strafe Gottes auffaßt und nur den zu achten vermag, der sein Haus auf der Sonnenseite des Lebens bestellt. Daher rührt im Kern die amerikanische Sehnsucht nach Erfolg als einem zwar nicht untrüglichen, aber immerhin halbwegs zuverlässigen Indikator der Erwähltheit – es ist die Summe der Aktionen solcher Erwählter, die den Status der amerikanischen Nation als *God's own country* begründen soll. (*E pluribus unum* und *In God we trust* sind nicht zufällig die Motti dieses Gottesstaates; der patriotisch gläubige Amerikaner vertraut demnach auf die göttliche Gerechtigkeit, daß die Bestrebungen der Vielen sich dereinst zum höchsten Ganzen verbinden werden, so daß der Schöpfer des Universums zuletzt in diesem von freien Bürgern geschaffenen Arkadien seinen Hauptwohnsitz nehmen wird. Gott, dies scheint die grundlegende Vision des amerikanischen Traums zu sein, ist in seinem tiefsten Inneren selbst ein Amerikaner.) Doch in dem Maß, in dem die Vereinigten Staaten Geschichte machten, wuchsen naturgemäß auch die Zweifel, und das Vertrauen in die göttliche Sendung wurde auf eine harte Probe gestellt. Hieraus folgte ein eigenartiger Zwiespalt im amerikanischen Umgang mit der eigenen Geschichte, die einerseits die guten Traditionen des Neubeginns bewahrt und andererseits als Dokumentation menschlicher Irrtümer auch ein schmerzlicher Stachel ist. Diese Opposition ist aber nicht unbedingt zu bedauern, da sich die Genugtuung über große Errungenschaften und der Verdruß über Niederlagen und Fehltritte symbiotisch zu einem Bewußtsein des rechten Weges verbinden mögen, insofern die Erkenntnis des Schlechten eine Rückkehr zum Guten bewirkt. In diesem Sinn erhielt die amerikanische Jeremiade ihre Bedeutung als Werkzeug der Selbstkorrektur: Schon bei den Puritanern war diese Klage ein probates Mittel, um eigene Fehler aufzudecken und anzuprangern, dadurch gleichzeitig die Bußfertigkeit zu beweisen und sodann unverzüglich auf den Weg des Heils zurückzukehren. Durch diese Eigenkontrolle wurde gewissermaßen garantiert, daß wenigstens die großen Linien der zurückgelegten historischen Wegstrecke in die richtige Richtung verliefen; der optimistische Fortschrittsglaube erhielt somit offiziell die höheren Weihen. Nun war Poe einer jener unliebsamen Geister, denen nicht daran gelegen ist, den bösen Stachel im historischen Bewußtsein zu ziehen, sondern die vielmehr daran Gefallen finden, ihn in der Wunde hin und her zu drehen, so daß er nur umso schmerzhafter spürbar wird: Nicht vom Stachel, sondern von sich selbst muß nach Poe das System des Fortschritts geheilt werden, oder – wie es in „The Colloquy of Monos and Una" (1841) heißt: „… für die im Großen infizierte Welt wollte sich mir kein Regenerationsmittel zeigen, es sei denn: der Tod. Da aber der Mensch als Rasse und Gattung nicht seinen Untergang finden sollte, sah ich's, er müßte ‚*wiedergeboren*' werden." [447; II 329][8] Der Sprecher dieser Worte ist der vor langer Zeit gestorbene Monos, der seiner ebenfalls toten Geliebten Una berichtet, wie sich die zivilisatorischen Unternehmungen der Menschen aus der Geisterperspektive als fatale Irrtümer erweisen: „Du wirst dich entsinnen, daß einer oder zwei der Weisen unter unseren Vorvätern … es gewagt hatten, die Berechtigung des Begriffs ‚Verbesserung' in Zweifel zu ziehen, wo er auf das Fortschreiten unserer Zivilisation angewendet ward. … In langen Zeitabständen traten große Geister auf, die jeden Fortschritt in der Wissenschaft als einen Rückgang bezüglich der wahren Nützlichkeit betrachteten." [445; II 325/326] Die Befürworter dieses Fortschritts werden als „rohe Pedanten" beschimpft, die sich unrechtmäßig „‚Utilitarier'" nennen, da solche Nützlichkeit (im besten Sinn) nur den von ihnen verachteten Dichtern nachzusagen sei.[9] Für Poe bietet die Historie als ein Karussell materialistischer Gemeinplätze keine wirklichen Entwicklungschancen, wie er in einem Brief an James R. Lowell erläutert:

> Ich sehe diese Vergänglichkeit, über die die meisten Menschen bloß schwätzen, wirklich – die Vergänglichkeit des menschlichen oder zeitlichen Lebens. Ich lebe ständig in einem Traum von der Zukunft. Ich habe kein Vertrauen in die Möglichkeit der menschlichen Vervollkommnung. Ich denke, daß menschliches Bemühen keine anerkennenswerte Auswirkung auf die Menschheit haben wird. Der Mensch ist heute nur aktiver – nicht glücklicher – nicht weiser – als er es vor 6000 Jahren war.[10]

Hier wendet sich Poe nicht nur gegen die zentrale Doktrin des amerikanischen Gesellschaftssystems, sondern auch gegen das Bildungsideal der europäischen Romantik: Nach seiner Überzeugung hat es gar keinen Sinn, in dieser Welt des Alltags soviel zu studieren, wie nur irgend möglich ist, um im nächsten Leben sozusagen den Faden wieder aufzunehmen, wo man ihn im vorigen fallenlassen mußte und somit möglichst rasch das angestrebte absolute Bewußtsein zu erreichen, das der verlorenen Unschuld entspricht. Die einzige Bildung, die Poe in der unmittelbaren Umgebung alltäglicher Nichtigkeiten nicht nur für sinnvoll hält, sondern mit aller Leidenschaft fordert, ist eine Schulung des Geschmacks, die den Menschen in die Lage versetzt, als schönste Wahrheit die wahre Schönheit zu erkennen. Nur in der Betrachtung der „supernal Beauty" enthüllt sich das Wesen des Kosmos. Nur der Künstler, der Poet, ist aber in der Lage, den Menschen eine Vorstellung von dieser Schönheit zu vermitteln; dadurch wird er zum Dolmetscher zwischen der spirituellen und der materiellen Welt. So gesehen, ist die Kunst zwar nützlich (darum beansprucht Poe für den Dichter den Titel des Utilitaristen), aber sie ist es keineswegs im Sinn einer weltlichen Knechtschaft, d.h. sie dient unter keinen Umständen moralischen, politischen oder sonstigen sozialen Zwecken, sondern allein der Vermittlung von Schönheit, durch die sie das Individuum aus der engen Welt des Profanen herausträgt. In den literarischen Zentren seines Landes hatte Poe mit dieser Idee einer *l'art pour l'art* einen recht einsamen Stand.[11] Poe und der nationale Geist seiner Zeit, jener „anti-romantic national character" und „evil genius of mere matter-of-fact"[12], wie er in seiner Rezension von Fouqués *Undine* schreibt, blieben unversöhnlich.

Eine größere Aufmerksamkeit fand Poes Werk in Amerika zu Beginn des 20. Jahrhunderts.[13] Ein Grund für das Verstummen patriotischer Ächtungsappelle und die daraus resultierende Aufgeschlossenheit gegenüber künstlerischer Diversität ist sicher im Zusammenhang mit der Etablierung einer eigenständigen amerikanischen Literatur und der Festigung einer nationalen Identität zu sehen. Als Poe starb, war die amerikanische Unabhängigkeit gerade erst gute siebzig Jahre alt, in Baltimore hätte Poe zu Beginn seiner schriftstellerischen Laufbahn noch Charles Carroll of Carrollton, dem letzten überlebenden Unterzeichner der *Declaration of Independence* begegnen können, und der ungebrochene Einfluß der großen britischen Journale schien in den Augen mancher Zeitgenossen im Bereich der Kultur immer noch eine gewisse hegemoniale Bevormundung der jungen Republik zu markieren. Zwar hatte die amerikanische Literatur schon früh bemerkenswerte Akzente gesetzt, die eine auch kulturelle Unabhängigkeit signalisierten, doch die Unsicherheiten und Empfindlichkeiten waren immer noch groß. In dieser Situation mußte etwa die Tatsache, daß Poe die Handlung seiner Werke mit Vorliebe an Schauplätze des alten Europa verlegt[14], manchen Zeitgenossen ebenso verdächtig erscheinen wie die Bedenkenlosigkeit, mit der Poe als bissiger Rezensent zuweilen die Werke nationaler Poeten verriß und demgegenüber die eine oder andere britische Produktion lobend hervorhob.[15] Da die amerikanische Literatur sich im Lauf des 19. Jahrhunderts vollends emanzipierte, legte sich auch die unruhige Wachsamkeit gegenüber potentiellen Defaitisten.

Ein Nationaldichter ist Poe in den Vereinigten Staaten trotz der erfolgten Rehabilitierung auch heute nicht. Würde Poe heute leben, in einer Zeit, die seinem Werk die gebührende Anerkennung erweist, so ist doch kaum vorstellbar, daß er wie einst Robert Frost oder zuletzt Maya Angelou zur Inauguration eines Präsidenten im vermutlich geliehenen Smoking[16] mit feierlichem Ernst sein Gedicht „The Raven" vortrüge. Für die Kritiker dieses Jahrhunderts aber wurden seine Person und sein Werk zu einem Land des Überflusses, wo sich nach Belieben schürfen läßt und laufend neue Schätze gehoben werden. So beginnt Hoffman seine Monographie über Poe mit dem Ausruf: „Was, noch ein Buch über Poe?"[17] In der Tat ist Poe heute einer der meistbesprochenen Autoren der Weltliteratur: Auf die Biographie von John H. Ingram (1886) folgte 1902 die von James A. Harrison, dem Herausgeber der Virginia-Edition von Poes gesammelten Werken; George Woodberrys zweibändige Darstellung erschien 1909, es folgten die Studien von Killis Campbell (1917), Joseph Wood Krutch (1926), Mary E. Phillips (1926), Hervey Allens berühmter *Israfel* (1927) und die vielzitierte Biographie von Arthur Hobson Quinn (1941). Allen Tate fühlte sich 1949 in dem Essay „Our Cousin, Mr. Poe" mit dem Dichter verwandt, im selben Jahr setzte sich Nathan B. Fagin mit dem *Histrionic Mr. Poe* auseinander. Harry Levin befaßte sich 1960 mit Poe und der *Power of Blackness*, drei Jahre später suchte Edward Wagenknecht *The Man Behind the Legend*, 1967 ging Richard Wilbur im *House of Poe* auf Erkundungsgang. Floyd Stovall veröffentlichte 1969 seine Essays über *Poe the Poet*, und der Titel von Hoffmans Biographie, *Poe Poe Poe Poe Poe Poe Poe* (1972), ist wohl schon – zehn Jahre nach Warhols ersten Darstellungen zur Ästhetik des Massenprodukts (z. B. den berühmten Campbell-Suppendosen oder *Twenty-Five Colored Marilyns*) – als eine ironische Bezugnahme auf den enormen Output der Poe-Kritik zu verstehen. Wolf Mankowitz und Julian Symons warfen 1978 ihre konkurrierenden Biographien auf den Markt, und 1986 erschien die umfangreiche Studie von Frank T. Zumbach. 1968 wurde eine eigene Zeitschrift gegründet, die *Poe Studies*. Im selben Jahr erörterte Franz H. Link die Beziehungen Poes zur Romantik; Palmer Cobb hatte schon 1908 die Beeinflussung Poes durch E. T. A. Hoffmann und Patrick F. Quinn 1957 *The French Face of Edgar Poe* untersucht. Nachdem Poe 1904 von Emile Lauvrière als ein interessanter Fall für die „psychologie pathologique" erkannt worden war, erschien zu Beginn der dreißiger Jahre die ebenso einflußreiche wie umstrittene psychoanalytische Deutung der Freud-Schülerin Marie Bonaparte, für die der große Meister eigens ein Vorwort schrieb, und dann war man, besonders in Frankreich, auch von jenem Poe fasziniert, den Simon Pollak 1928 zum „génie toxicomane" erklärte. Immer wieder wurde Poe angegriffen und immer wieder verteidigt, exkommuniziert und rehabilitiert, hofiert, stilisiert, analysiert, sein Werk expliziert, seziert, interpretiert, paraphrasiert und von allen Seiten gründlich durchgeknetet – ein Tag im türkischen Bad kann nicht schlimmer sein.

Auf die weitgehende Ablehnung Poes durch die oft patriotisch motivierte amerikanische Kritik des 19. Jahrhunderts folgte also eine umfassende Rehabilitierung, deren Zeugnisse belegen, daß Poe für das amerikanische Selbstverständnis durchaus von Interesse ist. Nicht als eine nationale Ikone, aber als ein Autor, dessen Weltbild *auch* die spezifischen Ängste und Hoffnungen der Nation thematisiert, von denen es selbst durchdrungen und inspiriert ist. Poe als ein verhinderter Europäer – dieses Bild wäre in solcher Einseitigkeit nur ein Klischee. Immerhin ist das bereits erwähnte Staatsmotto *E pluribus unum*, das Streben der Vielfalt zur Einheit, eine Formel, die auch als Essenz von Poes Kosmologie gelten kann und in seinem theoretischen Hauptwerk *Eureka* eine wichtige Rolle spielt.[18] Umgekehrt gab es auch Europäer und in Europa lebende Amerikaner wie Henry James oder T. S. Eliot, die Poe Talent und Geist zwar nicht rundweg absprachen, aber den Autor und sein Werk einfach nicht mochten. Was sie störte, war wohl in der Hauptsache der hochfahrende und ausgesprochen undelikate Gestus seiner kritischen Schriften, der schon zu seinen Lebzeiten bewirkt hatte, daß er in den Kreisen der New Yorker *Literati* als „Bulldogge" Poe bekannt war. Auch seine Verse, die doch die höchste Schönheit veranschaulichen sollten, erschienen manchen zu ungehobelt. Aldous Huxley ließ sich von diesem Eindruck immerhin zu seinem Essay über „Vulgarity in Literature" inspirieren. Und es gibt ihn in der Tat, diesen billigen, lärmenden Poe, der viel Geräusch um Geringes macht. In manchen seiner Grotesken etwa und in vielen Rezensionen, wo hinter der absurden Virtuosität seines Humors kaum mehr als eine ausgeprägte Geltungssucht hervorscheint, wird er laut wie ein Korpsstudent in Gesellschaft, daß man sich wünscht, er möge doch still sein. Unter den vielen Feinden, die sich dieses *enfant terrible* im Lauf seines kurzen Lebens machte, war der Reverend Rufus W. Griswold sicher der ärgste. Vom Ehrgeiz getrieben, einer der führenden Literaturkritiker des Landes zu werden, war dieser unangenehme Zeitgenosse in der Wahl seiner Mittel wohl niemals kleinlich; seine boshaften Intrigen waren bei den Vertretern der Branche gefürchtet, und Poe wurde sein prominentestes Opfer. Obwohl Poe nach einer kurzen und recht einseitigen Beziehung den vermeintlichen Freund als einen Wolf im Schafspelz erkannte und die beiden Kritiker fortan erbitterte Gegner waren, entschied er sich unbegreiflicherweise, ausgerechnet Griswold zu seinem Nachlaßverwalter zu ernennen. Dieser Beschluß hatte fatale Folgen, denn Griswold mißbrauchte das Amt, um in mehreren Veröffentlichungen Poes guten Ruf (oder was davon noch übrig war) vollends zu ruinieren. Zu diesem Zweck vernichtete er einen Teil der nachgelassenen Papiere und mischte den Rest mit gefälschten Dokumenten, die seine Verleumdungskampagne stützen sollten. So ist es vor allem auf Griswolds Betreiben zurückzuführen, daß die Kunde von Poes Trunksucht und Opiatabhängigkeit bald ebenso verbreitet war wie seine Werke. Während Poes Alkoholprobleme in der Tat ausreichend dokumentiert sind, liegen im Hinblick auf seinen Umgang mit Opium allerdings nur wenige Zeugenaussagen vor, die auch nicht immer über alle Zweifel erhaben sind. Dagegen wird die von Griswold geschilderte Neigung Poes zu Anfällen spontaner Geistesverwirrung[19] von vielen Kritikern wenigstens im Kern für glaubwürdig gehalten, zumal auch andere Zeugen Ähnliches berichten. Was läßt sich nun aus den biographischen Quellen über Poes Umgang mit Alkohol und Opium ermitteln? War Poe wirklich ein Alkoholiker oder hatte er nur ein „Alkoholproblem", etwa in dem Sinn, wie es Baudelaire formulierte, daß er nur „en barbare"[20] trinken konnte? Die folgende Darstellung wird zeigen, daß Poes vielfach bezeugte Trinkgewohnheiten einen geradezu lehrbuchmäßigen Fall von Dipsomanie darstellen.

II. „The Fiend Intemperance": Poe und Alkohol

Eines der höheren weltlichen Ziele Poes war es zweifellos, von seiner Umwelt als ein echter „Southern gentleman" anerkannt und respektiert zu werden. Dabei war er als gebürtiger Bostoner eigentlich ein Yankee, also ein Mitglied jener Volksgemeinschaft, deren Existenz belegt, daß menschliches Leben in rudimentärer Form sogar noch nördlich von Baltimore möglich ist. Doch Poe *fühlte* sich als Südstaatler und unterwarf sich deshalb den Verpflichtungen, die untrennbar mit dem Ethos eines „Southern gentleman" verbunden sind. Eine dieser Verpflichtungen war die Sitte des *social drinking*; *Toddies*, Punsch und *Mint-Juleps*, all jene Drinks für gewisse Stunden, gehörten zum Inbegriff dieses Lebensstils unweigerlich dazu, so daß eiserne Abstinenz einer Verweigerung der Geselligkeit gleichkam.[21] Eine besondere Bedeutung erhielt die Trinkfestigkeit dort, wo junge Männer gezwungen waren, mehr oder weniger kaserniert zu leben; sie wurde ein Prüfstein der Männlichkeit. Es ist also kein Wunder, daß die frühesten Äußerungen über Poes Trinkgewohnheiten von ehemaligen Kommilitonen stammen, mit denen er an der University of Virginia studiert hatte, oder von Kameraden aus seiner Kadettenzeit an der Militärakademie von West Point.[22] So erinnert sich einer seiner Kommilitonen:

> Er ergriff stets das verlockende Glas [Whiskey] – gewöhnlich ohne Beimischung von Zucker oder Wasser, also tatsächlich völlig pur – und schluckte den Inhalt, ohne das geringste Anzeichen von Behagen, in einem Zug herunter, bis der letzte Tropfen über seine Lippen geflossen war. Mehr als ein Glas auf einmal vertrug er nicht, doch dieses eine reichte aus, um sein ganzes nervöses Wesen in einen Zustand der höchsten Erregung zu versetzen, die sich durch einen beständigen Strom wilder, faszinierender Reden abreagierte, die jeden Zuhörer unweigerlich mit einem wie sirenenhaften Zwang verzauberten.[23]

Daß Poe tatsächlich nie mehr als „ein Glas auf einmal" zu sich nehmen konnte, erscheint zweifelhaft; zwar verfügte er über eine ungewöhnlich niedrige Alkoholtoleranz, doch es gibt auch Quellen, denen zufolge Poe gelegentlich ein beachtliches Quantum getrunken haben soll.[24] Seit dem Frühjahr 1835, meint Woodberry, seien die Folgen des Alkoholkonsums auffällig geworden.[25] Es mag sein, daß Poe nun die Quittung für sein früheres Treiben erhielt, doch sicher war die nervöse Erschöpfung auch eine unmittelbare Folge seiner existentiellen Unsicherheit: Drei Gedichtbände hatten es nicht vermocht, das Interesse der Öffentlichkeit zu wecken; sein Pflegevater John Allan, einer der reichsten Männer des Landes, mit dem er sich gründlich überworfen hatte, war 1834 gestorben, ohne ihm auch nur einen Cent zu vererben; er war immer noch ohne feste Anstellung und lebte in erdrückender Enge im Haus von Mrs. Clemm, seiner Tante. Der einzige Lichtblick, der Gewinn eines Preisausschreibens mit der Erzählung „MS. Found in a Bottle", lag zu dieser Zeit bereits anderthalb Jahre zurück. Wahrscheinlich versuchte Poe also, dem Bewußtsein dieser Trostlosigkeit im Alkoholrausch zu entfliehen, und es ist anzunehmen, daß er in dieser Zeit auch öfter Opium nahm (vgl. Seite 344). Jedenfalls paßt die im März veröffentlichte Erzählung „Berenice" sehr gut zu jener Stimmung, in der sich Poe damals befand: „Das Elend ist mannigfach" [642], sind ihre ersten Worte, woraufhin sich der Erzähler als Abkömmling einer „Sippe von Visionären" vorstellt, der unter einer mysteriösen Krankheit leide, „süchtig mit Leib und Seele nach tiefster und schmerzlichster Meditation". [643] Wahrscheinlich war es die desolate Situation des Winters 1834/35, die Poe jenen Stoß versetzte, der gleichsam ein Pendel zum Schwingen brachte, ähnlich wie jene geschliffene Klinge, die sich in „The Pit and the Pendulum" über dem hilflosen Opfer herabsenkt. Die Rede ist vom fatalen Lebensrhythmus der Dipsomanie: Auf ein Stimmungstief wie jenes, das Poe gerade erlebte, mußte irgendwann wieder ein Hoch folgen (und auf dieses ebenso unabwendbar das nächste Tief). Vom Frühjahr 1835 bis zu seinem Tod im Oktober 1849 blieb Poe diesem Rhythmus unterworfen; zwar ist der stete Wechsel euphorischer und manisch-depressiver Phasen nicht lückenlos dokumentiert, aber er ist doch klar erkennbar.

Das nächste Hoch kam im Gefolge einer guten Nachricht: Durch die Vermittlung eines Gönners hatte sich der *Southern Literary Messenger* in Richmond bereit erklärt, jeden Monat eine Erzählung Poes abzudrucken; „Berenice" war die erste Lieferung gewesen, im April hatte Poe die Erzählung „Morella" geschickt, im Mai die Satire „Lionizing", im Juni „The Unparalleled Adventures of one Hans Pfaall", im Juli die Erzählung „The Visionary" (später umbenannt in „The Assignation"). Diese ungewöhnlichen Beiträge hatten dem Provinzblättchen eine unverhoffte Aufmerksamkeit gesichert; als im August ein Redakteursposten vakant wurde, erhielt Poe daher sogleich die Stelle. Damit schien er am Ende seiner Sorgen angelangt; er war in der Lage, sich selbst, Mrs. Clemm und seine Cousine Virginia von dem Gehalt zu ernähren, konnte sich eleganter kleiden und sich frei in den literarischen Salons bewegen. Doch die Freude währte nicht lange. Poe, der seine wesentlich jüngere Cousine schon seit längerem heiraten wollte, mußte befürchten, daß die Verwandtschaft dies mit allen Mitteln verhindern würde. So schmerzlich diese neue Sorge für Poe gewesen sein mag, so war sie andererseits doch nur der unumgängliche Auslöser einer neuen Phase des Trinkens. Diesmal zog Poe es vor, zuhause zu bleiben, wo er die Nächte in Gesellschaft der Flasche und seiner Depressionen durchbrachte, und bald wurde es zur Gewohnheit, schon morgens vor dem Gang in die Redaktion zu trinken – ein sicheres Zeichen der Abhängigkeit. „Meine Empfindungen", schreibt Poe in einem Brief, „sind zur Zeit wirklich beklagenswert. Ich leide unter einer Niedergeschlagenheit, wie ich sie nie zuvor erlebt habe. Ich habe vergeblich versucht, mich dem Einfluß dieser Melancholie zu widersetzen – Du wirst mir glauben, wenn ich sage, daß ich mich trotz der großen Verbesserung meiner Situation ... immer noch elend fühle. Ich bin verzweifelt und weiß nicht warum."[26] Aus dieser Passage geht deutlich hervor, daß es eigentlich keinen definitiven äußeren Grund für seinen Zustand gab; selbst die Angst, Virginia zu verlieren, war nur ein Anlaß, nicht die Ursache des Übels, die vielmehr in der psychischen Labilität des Dipsomanen bestand, wie Poe selbst sehr wohl erkannte. So schrieb er später in dem vielzitierten Brief an George Eveleth über seine *insanity*: „Ich habe eine sensible Veranlagung – bin in einem sehr ungewöhnlichen Maße nervös. Ich war wahnsinnig, mit langen Zwischenphasen einer schrecklichen Gesundheit. Während dieser Anfälle absoluter Bewußtlosigkeit trank ich, Gott weiß wie oft oder wieviel. Natürlich führten meine Feinde den Wahnsinn auf das Trinken zurück anstatt vielmehr das Trinken auf den Wahnsinn."[27] Da Poe immer seltener nüchtern zur Arbeit erschien, gab es bald Streit mit den Kollegen, die seine Aufgaben mit übernehmen mußten, so daß Thomas White, der Herausgeber des *Messenger*, Poe schon wenige Wochen nach seiner

II. „The Fiend Intemperance": Poe und Alkohol 511

Anstellung wieder kündigte. Der Schock mag heilsam gewesen sei; Poe realisierte, was er durch sein Verhalten aufs Spiel setzte. Da White das Zugpferd seines Blattes nur ungern verlor, riet er Poe zur Abstinenz und versprach ihm für diesen Fall eine umgehende Wiedereinstellung. Allerdings warnte er gleichzeitig, daß es dann keinen Rückfall mehr geben dürfe, da er niemand vertrauen könne, der schon vor dem Frühstück trinke. Poe disziplinierte sich, so daß er Anfang Oktober seine alte Stelle zurückerhielt. Auf seine Umwelt mag er gewirkt haben wie jemand, der aus einem Fehler klug geworden ist; jedenfalls stellte die Familie ihre Bedenken zurück und erlaubte die Heirat von Poe und Virginia, die im Mai 1836 stattfand. Trotz dieser glücklichen Wendung ging Poe schon in der ersten Zeit der Ehe oft aus dem Haus, um sich zu betrinken. White wußte wohl, was es bedeutet, einen Trinker zu beschäftigen und machte seine Drohung wahr. Keine lange Diskussion, keine falschen Versprechungen, die Entscheidung war endgültig: Im Januar 1837 stand Poe wieder auf der Straße.

Was Poe im folgenden Jahr unternahm, ist nur lückenhaft dokumentiert: Er versuchte sein Glück in der Zeitungsstadt New York, allerdings mit mäßigem Erfolg. Dennoch scheint er in dieser Zeit keine größeren Alkoholprobleme gehabt zu haben; jedenfalls war er im April 1839, als er zu einem Bewerbungsgespräch mit William Burton, dem Herausgeber von *Burton's Gentleman's Magazine*, in Philadelphia zusammentraf, seit längerem abstinent.[28] Poe machte offenbar einen guten Eindruck, denn schon im Mai begann seine Tätigkeit als Redakteur. Dennoch war das Verhältnis zwischen Poe und Burton von Anfang an problematisch. Nachdem Poe wieder für eine beträchtliche Auflagensteigerung gesorgt hatte und Burton keine Anstalten machte, dies zu honorieren und als Poe dann auch noch dafür geradestehen mußte, daß Burton die teilweise sehr renommierten Autoren der Zeitung um ihr Honorar prellte, kam es zur Krise. Für Poe bedeutete dies das Ende der Abstinenz; sein Zorn und der wohl längst überfällige Beginn eines neuen Tiefs trieben ihn wieder zum Alkohol, womit er dem in seiner Eitelkeit verletzten Burton einen idealen Kündigungsgrund bot. Im Interesse der Zeitung, so ließ dieser verlauten, habe er keine andere Wahl, als sich von dem unzuverlässigen Mitarbeiter Mr. Poe, einem haltlosen Trunkenbold, zu trennen. Dagegen beharrte Poe darauf, daß er vielmehr selbst gekündigt habe, um nicht länger die Verantwortung für Burtons Machenschaften zu tragen. Burton ließ sich indessen nicht davon abhalten, überall die Nachricht von Poes Trunksucht zu verbreiten – ein Laster, das gerade in der Quäkerstadt Philadelphia als Zeichen eines moralischen Bankrotts gewertet wurde. In einem Brief an Dr. Snodgrass vom 1. April 1841 dementiert Poe Burtons Geschichten:

> Sie sind Arzt, und ich nehme an, daß es keinem Arzt schwerfallen wird, einen *Trinker* auf einen Blick zu erkennen. Sie sind überdies ein Kenner der Literatur und in Angelegenheiten der Moral sehr belesen. Man wird Sie niemals überzeugen können, daß ich das, was ich täglich schreibe, schreiben könnte, so *wie* ich es schreibe, wäre ich so, wie dieser Schurke jene glauben machen will, die mich nicht kennen. Kurz, ich schwöre Ihnen feierlich vor Gott, mit dem Wort eines Ehrenmannes, daß ich einer geradezu schonungslosen

Enthaltsamkeit fröne. Von der Stunde an, als ich diesen niedrigsten aller Verleumder zum erstenmal traf, bis zu der Stunde, als ich in unbezwingbarem Ekel über seine Schikaniererei, Arroganz, Dummheit und Brutalität meine Stellung in seinem Büro kündigte, *ist niemals etwas Stärkeres als Wasser über meine Lippen gekommen.*

... Zu keiner Zeit in meinem Leben war ich jemals, was die Leute trunksüchtig nennen. Ich hatte niemals die *Gewohnheit*, mich zu betrinken. Ich trank nie Whiskey usw. Nur während einer kurzen Phase, als ich in Richmond wohnte und den *Messenger* herausgab, erlag ich allerdings, in großen zeitlichen Abständen, der Versuchung, die allseits durch den lebensfrohen Geist des Südens gegeben war. Mein empfindliches Temperament war einer Erregung nicht gewachsen, die für meine Gefährten etwas Alltägliches war. Kurz gesagt, es geschah zuweilen, daß ich völlig betrunken war. Nach jedem Exzeß war ich unweigerlich für mehrere Tage ans Bett gefesselt. Doch es ist jetzt gut vier Jahre her, seit ich die Einnahme jeder Art von alkoholischen Getränken aufgegeben habe – vier Jahre, mit der Ausnahme einer einzigen Abweichung, die sich kurz *nach* meiner Kündigung bei Burton zutrug, als ich auf Anraten hin gelegentlich Apfelwein trank, in der Hoffnung, eine Nervenkrise zu lindern.[29]

Obwohl diese Darstellung ein authentisches Bild von Poes damaliger Gefühlslage zu vermitteln scheint, ist sie doch auch ein Dokument des Bemühens, die unschönen Aspekte der Wirklichkeit zu retuschieren. Wie soll man sich den Dichter vorstellen, wenn er „einer geradezu schonungslosen Enthaltsamkeit" frönt – wie einen militärisch disziplinierten Asketen oder vielleicht eher wie Lowrys Konsul, über den es heißt, daß er im betrunkenen Zustand ein wenig *zu* aufrecht geht, um wirklich nüchtern zu sein? Analysiert man die rhetorische Entwicklung dieser Selbstverteidigung, so zeigt sich, daß Poe von seiner ersten Behauptung immer mehr abrückt. Er beginnt mit der Feststellung, es sei „niemals etwas Stärkeres als Wasser über meine Lippen gekommen". Die Entschiedenheit dieser Aussage, die im englischen Original durch das Beiwort „ever" verstärkt wird, soll wohl den Anspruch auf eine ewige Wahrheit manifestieren, die durch nichts zu erschüttern ist. Selbst höhere Wesen als die Menschen, scheint Poe sagen zu wollen, selbst Gott beim Jüngsten Gericht könnte diese Wahrheit nicht in Zweifel ziehen. Im nächsten Satz wird der universale Aspekt durch die Worte „Zu keiner Zeit in meinem Leben" bereits etwas eingeschränkt, außerdem bezieht sich die Aussage nur noch auf dasjenige, „was *die Leute* trunksüchtig nennen". Im nächsten Satz behauptet Poe nur noch, daß er niemals alkohol*abhängig* gewesen sei. Jedenfalls habe er niemals „drams", also Whiskey, und andere hochprozentige Spirituosen getrunken. Das ist schon das halbe Eingeständnis, gelegentlich doch getrunken zu haben. Im nächsten Satz folgt ein ganzes Geständnis, nämlich die Einräumung, daß er allerdings in Richmond einmal ein wenig über die Stränge geschlagen habe. Poe war sich wohl bewußt, daß Dr. Snodgrass über die Umstände seiner Entlassung beim *Messenger* im Bilde sein mußte; es hatte also keinen Zweck, diesen dunklen Fleck in seiner Vergangenheit ganz zu leugnen. Poe nutzt diesen Makel jedoch zu einem geschickten rhetorischen Manöver, indem er durch die Schilderung seines damaligen Elends gleichzeitig an das Mitleid des Doktors appelliert und seinen derzeitigen Sinneswandel demonstriert. Und schließlich beeilt

II. „The Fiend Intemperance": Poe und Alkohol

er sich, hinzuzufügen, daß es sich hierbei nur um eine isolierte Episode gehandelt habe, die außerdem bereits gut vier Jahre zurückliege. Aber auch das stimmt nicht so recht, und Poe mag bemerkt haben, daß Dr. Snodgrass diese Aussage verifizieren könnte. Daher folgt eine weitere kleine Einschränkung: „… mit der Ausnahme einer einzigen Abweichung". Um auch dieses Eingeständnis schnell zu entschärfen, fügt er aber rasch hinzu, daß dieser Fehltritt erst *nach* dem großen Krach erfolgt sei (was wiederum nicht zutrifft) und impliziert damit eine moralische Mitschuld Burtons. Schließlich scheint er sich selbst überzeugen zu wollen, daß gar kein moralisches Versagen vorgelegen habe, indem er auf eine medizinische Indikation verweist: Der Alkoholgenuß sei eine nötige Maßnahme gegen sein nervöses Leiden gewesen. – Diese Passage ist beinahe ein Musterbeispiel für die entschuldigende Rhetorik des Alkoholikers, denn sie versammelt in wenigen Sätzen einige der beliebtesten Ausreden: Da ist die von vielen Süchtigen trotz all ihrer Probleme geäußerte Überzeugung, durchaus nicht abhängig zu sein und alles unter Kontrolle zu haben; da ist der „kleine" Drink (keine „drams" habe er getrunken, also nur „Harmloses"); da ist in der Gestalt Burtons die verschworene Umwelt, die das wehrlose Opfer zum Trinken zwingt, und da ist das Konzept des „therapeutischen" Drinks. Interessant ist auch, daß Poe an das literarische Feingefühl des Doktors appelliert: Sein geschulter Blick für Fragen des künstlerischen Stils werde ihm deutlich erweisen, daß er schwerlich so hervorragende Werke geschrieben hätte, wenn er tatsächlich ein Trinker wäre.

Im Juni 1841 endeten Poes Verpflichtungen gegenüber *Burton's Gentleman's Magazine*, doch diesmal blieb er nicht allzu lange arbeitslos. Burton entschloß sich Ende des Jahres, die Zeitschrift an die Konkurrenz zu verkaufen, und der neue Herausgeber, George Rex Graham, nach dem das Blatt in *Graham's Magazine* umbenannt wurde, entschied, daß Poes literarische Fähigkeiten seinen schlechten Ruf überwogen – noch im Herbst desselben Jahres war Poe, inzwischen wieder abstinent, Chefredakteur der Zeitschrift, die ihn zuvor so schmählich entlassen hatte. Dennoch blieb Poe unzufrieden: er wollte endlich seine eigene Zeitschrift herausgeben, aber alle Bemühungen waren bisher im Sande verlaufen. 1841 war ein produktives Jahr gewesen, doch die literarische Leistung war durch seinen öffentlichen Streit mit Burton überschattet worden. Außerdem war Virginia im Januar 1842 ein Blutgefäß in der Lunge geplatzt – sie litt an Tuberkulose, und es war abzusehen, daß sie nicht mehr lange leben würde. All dies war Anlaß für Kummer und Sorgen und überdies ein prächtiger Auslöser für den nächsten Absturz in die Tiefen des Glases. Zudem geriet Poe in schlechte Gesellschaft: Er hatte sich mit Henry Beck Hirst befreundet, einem jungen Literaten, der auch ein sehr trinkfreudiger Geselle war. Zu ihnen stießen bald darauf ein vagabundierender Dandy namens George Lippard und John Sartain, ein Kupferstecher und Absinth-Trinker. Gemeinsam zog das Quartett durch die Kneipen von Philadelphia; nicht selten verbrachte man die Nacht im Freien, schlief in verlassenen Häusern oder schlenderte philosophierend durch die Straßen, bis der Morgen graute. Die allgemeine Unzufriedenheit, die Sorge um Virginia und der reichliche

Alkoholgenuß machten Poe aggressiv; in der Redaktion kam es zu Streitereien mit dem stellvertretenden Herausgeber. Graham warnte Poe, daß er sich beherrschen und die Finger vom Alkohol lassen müsse, aber Poe reagierte schroff, wodurch er es sich auch mit Graham verdarb. Als er eines Tages im April die Redaktion betrat, saß Griswold, der listige Reverend, auf seinem Stuhl.

Diese dritte Kündigung war auch die letzte, denn fortan mußte Poe zusehen, daß er seinen Unterhalt als freiberuflicher Autor verdiente. Dennoch hielt er noch bis zum Herbst an der Flasche fest, und es liegen einige zeitgenössische Berichte vor, die bestätigen, daß Poe in jener Zeit nahezu ständig betrunken und völlig verwahrlost war. Im Winter glätteten sich die Wogen, gerade rechtzeitig, wie es schien, um die echte und wirklich letzte Chance einer lohnenden Daueranstellung bei der Zollbehörde in Washington nutzen zu können. Ein Freund ließ seine guten Beziehungen zum Weißen Haus spielen; es konnte eigentlich nicht viel schiefgehen. Im März 1843 traf Poe mit großen Hoffnungen in Washington ein, doch als das Gespräch mit Präsident Tyler vorläufig ergebnislos endete, nahm Poe dies zum Anlaß, sich in den örtlichen Gasthäusern zu betrinken, bis das rüde Benehmen des bekannten Dichters zum Tagesgespräch der Hauptstadt wurde. Durch diesen *faux-pas* waren Poes Einstellungschancen allerdings endgültig verspielt. – Der stete Wechsel von einer Phase des Trinkens über ein abstinentes Intermezzo zur nächsten Trinkphase blieb für Poe so vorhersehbar wie der Wechsel der Jahreszeiten. „Ich bin in bester Stimmung", schreibt er etwa am 7. April 1844 aus New York in einem Brief an Maria Clemm, „& habe keinen Tropfen mehr getrunken – so daß ich hoffe, den Ärger bald hinter mir zu lassen"[30], während er, wie Bonaparte meint, ein knappes Jahr später mehr trinkt als jemals zuvor.[31] Im Herbst 1845 kommt es zu einer bitteren Auseinandersetzung mit dem Arzt und Schriftsteller Thomas Dunn English, was eine weitere Flucht zur Flasche veranlaßt. Im Winter 1846 verschlechtert sich Virginias Zustand rapide; Poe sitzt tagelang an ihrem Bett und, so vermutet wenigstens Bonaparte, lindert seinen Schmerz über den Anblick der Sterbenden, ähnlich wie der Erzähler in „Ligeia", durch die Einnahme von Opium.[32] Am 30. Januar 1847 stirbt Virginia, und wenn Poe diesen Verlust nicht zum Anlaß nimmt, den Schmerz erneut im Alkohol zu ertränken, so wahrscheinlich deshalb, weil er in der Arbeit an *Eureka* eine andere Droge von ähnlicher Wirkung gefunden haben mag.

Der endgültige Zusammenbruch begann im Januar 1848, als *Eureka* abgeschlossen und gedruckt war, um dann von der Öffentlichkeit weitgehend ignoriert zu werden. Die große Zusammenfassung aller früheren theoretischen Ansätze hinterließ ein Vakuum, in das Poe geradezu hineingesogen wurde. Ein Aufenthalt in Richmond, wo Poe für seine geplante Zeitschrift werben wollte, geriet ihm zu einem Fiasko, wie der damalige Herausgeber des *Southern Literary Messenger* berichtet: „Poe ... hielt sich hier etwa 3 Wochen lang auf; er war schrecklich betrunken und dozierte jeden Abend vor den Zuhörern in den Bars über ‚Eureka'. Seine Freunde versuchten vergeblich, ihn auszunüchtern und an die Arbeit zu bringen und waren schließlich gezwungen, ihn auf ein Schiff zurück nach New York zu bringen."[33] – Im nächsten Frühjahr, nachdem Poes Trunksucht einige leidenschaftliche Beziehungen zu diversen Inkarnationen seiner ätherischen Heldinnen ruiniert hatte, erschienen die Aussichten für die erfolgreiche Gründung der Zeitschrift besser als jemals zuvor, und Poe begab sich abermals auf den Weg nach Richmond. Der Sommer war unerträglich heiß, und als das Schiff in Philadelphia Station machte, ließ Poe sich dazu verleiten, an Land zu gehen, um sich in einer der Hafenkneipen zu „erfrischen". Einen Tag später tauchte er in verwirrtem Zustand im Atelier seines früheren Trinkkumpanen John Sartain auf und bat ihn, sich bei ihm verstecken zu dürfen, da er verfolgt werde. Poe hatte die Nacht zuvor wegen Trunkenheit im Gefängnis verbracht und war immer noch so von Sinnen, daß Sartain ihn nicht aus den Augen ließ. Am 7. Juli war Poe endlich in der Lage, der besorgten Mrs. Clemm eine Nachricht über seinen Verbleib zu schicken:

> Meine Liebe, Liebe Mutter, – ich bin so krank gewesen – habe die Cholera gehabt, oder ebenso schlimme Krämpfe, und kann nun kaum die Feder halten.
> … Es hat keinen Sinn, nun mit mir zu diskutieren; ich muß sterben. Ich habe keine Lust mehr zu leben, seit ich *Eureka* abgeschlossen habe. Ich könnte eh nichts mehr zuwege bringen … Ich war niemals wirklich wahnsinnig, außer bei Angelegenheiten, die mein Herz trafen.
> Seit ich hierher kam, bin ich einmal wegen Trunkenheit ins Gefängnis gesteckt worden; doch da war ich es gar nicht. Es war wegen Virginia.[34]

In einem späteren Brief schildert er seine damalige Verfassung so: „Mehr als zehn Tage lang war ich völlig verwirrt … Alles war Halluzination, aufgrund eines Anfalls, wie ich ihn nie zuvor erlebt habe – eines Anfalls von *Säuferwahn*. Möge der Himmel es zulassen, daß mir dies für den Rest meiner Tage eine Warnung ist …"[35]

Eine Woche später setzte Poe, obwohl er sich immer noch in einer miserablen Verfassung befand, die begonnene Reise fort und erreichte Richmond. Anstatt jedoch, wie geplant, Abonnenten zu gewinnen, konzentrierte er sich auf eine seltsam zwiespältige Umwerbung seiner Jugendfreundin Sarah Elmira Royster-Shelton, einer inzwischen vierzigjährigen und recht wohlhabenden Witwe, die als fromme Kirchgängerin in der Stadt sehr angesehen war. Es versteht sich, daß diese Dame sich keinesfalls mit einem nervlich zerrütteten Trunkenbold abgeben würde, so daß Poe, dessen furchtbares Delirium nach zwei Wochen endlich überstanden war, sich verpflichtete, fortan abstinent zu leben. Durch die folgende Liaison mit Mrs. Shelton erhielt Poe wieder Zugang zu den Salons von Richmond, und seine Vorträge über „The Poetic Principle" fanden ein reges Interesse. Heiratspläne wurden erörtert. Doch auch in dieser Zeit wurde Poe von seiner Dipsomanie nicht verschont. Zwei weitere Anfälle von Delirium tremens erforderten ärztliche Behandlung, und Poes neuer Freund, ein junger Arzt namens Carter, ermahnte ihn eindringlich, dem Alkohol endgültig zu entsagen, da er einen weiteren Anfall dieser Art womöglich nicht überstehen würde. Poe empfand, wie immer nach seinen Eskapaden der Trunksucht, große Reue und gelobte Besserung. Um die Aufrichtigkeit seines Entschlusses zu beweisen, schloß er sich sogar einem lokalen Temperenzverein an. Innerlich blieb er jedoch, trotz aller gutgemeinten Resolutionen, von düsteren Vorahnungen erfüllt. Ende September, knapp zwei Wochen vor dem Heiratstermin, trat er eine Reise in Richtung Norden an, wahrscheinlich um Mrs. Clemm in New York abzuholen. Doch er kam nur bis Baltimore. Was sich dort im einzelnen zutrug, ist bis heute ungeklärt. Wahrscheinlich wurde er das Opfer sogenannter *coops*, die Passanten überfielen, in Kellern einsperrten und, oft mit Hilfe von Alkohol und Drogen, zwangen, am Wahltag ihre Stimme für einen bestimmten Kandidaten abzugeben. Jedenfalls war Poe, nachdem er am 29. September in betrunkenem Zustand einen Bekannten besucht hatte, für fünf Tage von der Bildfläche verschwunden, bis Dr. Snodgrass die Nachricht erhielt, man habe einen Gentleman, der sich als Mr. Poe ausgebe, in einem Zustand geistiger Umnachtung aufgefunden. Poe wurde in ein Krankenhaus eingeliefert, wo ein Dr. Moran seine Behandlung übernahm. Doch es gab nicht mehr viel zu tun. In seiner didaktisch aufbereiteten Schilderung beschwört der überzeugte Temperenzler Dr. Moran, Poe habe kurz das Bewußtsein wiedererlangt, um sich mit großer Entschlossenheit von Alkohol und Opium loszusagen. Dann sei er in ein Koma gefallen und am Morgen des 7. Oktober mit dem Ausruf „God help me!" gestorben.

Die vorangegangenen Ausführungen haben deutlich gezeigt, daß Poe ein Dipsomane war. Dabei wußte er selbst, daß nicht eigentlich der Alkohol, sondern die psychische Disposition der Grund seines Leidens war. Manche Zeitgenossen meinten, daß Poe aufgrund seiner chronischen Überreiztheit oft betrunken schien, ohne es wirklich zu sein. „Kam dann tatsächlich Alkoholgenuß hinzu", meint Zumbach, „waren die Folgen verheerend."[36] Heute nimmt man an, daß Poes Neigung zum Alkohol und seine ungewöhnlich niedrige Toleranzschwelle auf einer erblichen Anlage beruhten[37]: Poes Vater war ebenso ein Alkoholiker gewesen wie sein Bruder, Poes Cousin William nennt den Alkohol in einem Brief „diesen großen Feind unserer Familie"[38], seine geistig zurückgebliebene Schwester Rosalie soll nach dem Genuß eines einzigen Glases Wein stundenlang geschlafen haben. Darüber hinaus argumentiert Bonaparte, daß der Alkoholrausch Poe eine Fluchtmöglichkeit vor gefürchteten sexuellen Begegnungen bot; schließlich bewunderte er stets solche Frauen, die in seiner Vorstellung eine ätherische, also körperlose Präsenz erhalten konnten, deren Schönheit durch die vermeintliche Niedrigkeit geschlechtlicher Wünsche nur entweiht würde. Eine gewisse Distanz wurde mithin für Poe zur Voraussetzung des ästhetischen Genusses. Sobald dagegen konkrete sexuelle Phantasien mit ins Spiel kamen, suchte er sie zu unterdrücken, um die Distanz zum Objekt seiner Bewunderung nicht zu gefährden.[39] Der Satan Alkohol, wie es in „The Black Cat" heißt, war ein Werkzeug, mit dessen Hilfe Poe eine künstliche Seelenbalance zu erhalten hoffte und das auch das zentrale Objekt seiner Prosa konservieren half – nämlich das explosive Gemisch seiner Ängste und unterdrückten Triebe, das er bei seinen Protagonisten entfesselt, so daß sie gewissermaßen stellvertretend in den Abgrund der Enthemmung stürzen. Seine eigene Psyche aber wollte er wohl wie die Büchse der

Pandora ewig verschlossen halten. In diesem Sinn erfüllte Poes Trunksucht gewiß einen Zweck und war, wie Baudelaire formuliert, „une méthode de travail".[40]

III. Poes Opiumerfahrung

Poes Trunksucht ist durchaus keine zufällige Begleiterscheinung seiner Biographie, ihre Bedeutung geht über das bloß Anekdotische weit hinaus. Für den Literaturwissenschaftler ist sie vor allem bedeutsam als ein Medium, das die existentielle Verzweiflung und innere Zerrissenheit dieses Autors sichtbar macht und damit eine wichtige Parallele zu demjenigen bietet, was Heine, von Hoffmann sprechend, einen „Angstschrei in zwanzig Bänden" genannt hat. Auch die Schriften Poes ließen sich so etikettieren, und seine Dipsomanie, das ewig ängstlich-schuldbewußte Pendeln zwischen dem Rausch der Phantasie und der Nüchternheit des Alltags, zwischen Intuition und Logik, zwischen Spiritualität und Materialität, zwischen dem aggressiven Drang zur Selbstzerstörung und einem verbissenen Lebenswillen ist auch die tiefere Antriebskraft von seiner Poesie, seiner Prosa, seiner Dichtungstheorie und seiner Philosophie, in einem Wort: es ist genau dasjenige, was Poe zu Poe macht. „Es ist natürlich nicht Mexiko, sondern im Herzen", läßt Lowry seinen Konsul sagen, und meint damit, daß er keinen historischen Reiseführer, sondern ein Psychogramm entwirft, das sich der Anschaulichkeit der topographischen Beschreibung bedient; die Rede ist, jenseits aller mexikanischen Folklore, von einer Topographie der Seele. Nicht anders verhält es sich bei Poe, der ja darauf hinweist, daß hinter seiner Trunksucht die Besonderheit seiner „insanity" steht: Auch diese Trunksucht ist in ihren diversen Äußerungsformen eine Handschrift, die eine solche Topographie der Seele entwirft. Ebenso bedeutsam ist dann aber auch Poes Umgang mit Opium, wobei der letztlich bloß zufällige Mangel an konkreten biographischen Belegen belanglos ist.

Jedem interessierten Leser der Werke Poes muß die häufige Erwähnung von Opium auffallen. Demgegenüber ist es allerdings erstaunlich, daß die Droge in Poes privaten Papieren kaum genannt wird. Nur ein einziges Dokument ist bis heute bekannt, in dem Poe über eine eigene Drogenerfahrung berichtet: es handelt sich um einen Brief an Annie Richmond vom 16. November 1848, in dem ein dilettantischer Selbstmordversuch mit Laudanum beschrieben wird:

> Oh, Annie, Annie! ... Du sahst, du *fühltest* den quälenden Schmerz, mit dem ich von Dir Abschied nahm ... Ich ging zu Bett und weinte eine lange, lange, schreckliche Nacht der Verzweiflung hindurch – als der Tag anbrach, stand ich auf und beschloß, meinen Geist durch einen schnellen Marsch in der kalten, schneidenden Luft zu beruhigen – aber alles *wollte* einfach nicht helfen – der Dämon quälte mich immer noch. Schließlich besorgte ich zwei Unzen Laudanum ... Ich schrieb Dir einen Brief, in dem ich Dir mein ganzes Herz öffnete ... Dann erinnerte ich Dich an das heilige Versprechen, das ich Dir beim Abschied als Letztes abforderte – das Versprechen, daß Du unter allen Umständen an mein Sterbebett kommen würdest. ... Nachdem ich diesen Brief geschrieben hatte,

> schluckte ich etwa die Hälfte des Laudanums und eilte zum Postamt ... Doch ich hatte nicht die Stärke des Laudanums bedacht, denn mein Verstand hatte sich, noch bevor ich das Postamt erreichte, völlig aufgelöst, und der Brief wurde niemals aufgegeben. Laß mich ... die schlimmen Schrecken, die hierauf folgten, übergehen. Ein Freund war zur Stelle, der mir half und (wenn man dies eine Rettung nennen kann) mich rettete, doch erst während der letzten drei Tage war ich in die Lage versetzt, mich zu erinnern, was in der traurigen Zwischenzeit geschehen war. Anscheinend wurde ich, als der Magen das Laudanum von sich gegeben hatte, wieder ruhig und – in den Augen eines oberflächlichen Betrachters, geistig gesund ... [XVII, 312–314]

Wahrscheinlich muß man mit Marie Bonaparte annehmen, daß Poe seinen Opiumkonsum zu verschleiern suchte, und wenn er hier ausnahmsweise sein Schweigen bricht, so liegt der Grund dafür wohl in dem Bedürfnis, Mitleid zu erregen, denn die Theatralik des Briefes ist leicht zu durchschauen. Es soll nicht bezweifelt werden, daß Poe in der geschilderten Situation wirklich Laudanum einnahm – daß er dies aber in der ernsthaften Absicht tat, sein Leben zu beenden, erscheint nicht sehr glaubhaft: Warum, so könnte man fragen, nahm er nur die Hälfte des erworbenen Laudanums ein, und wie konnte er hoffen, daß er im Fall einer wirklichen Vergiftung noch lange genug am Leben bleiben würde, um Annie an seinem Sterbebett zu empfangen? Wahrscheinlicher ist es doch, daß Poe das Erlebnis einer zufälligen Überdosierung nutzte, um den Bericht, angereichert mit einigem Theaterdonnern, zu einem Dokument seines Liebesleids umzugestalten. Wir sehen Romeo einen herzerweichenden Liebestod sterben, doch wenn der Vorhang gefallen ist, können wir gewiß sein, daß Mr. Poe dahinter wohlbehalten wieder aufsteht und sich den Staub von der Kleidung klopft. So äußert auch Hayter den Verdacht, daß die von Poe eingenommene Dosis vielleicht von vornherein darauf berechnet war, einen dramatischen Effekt ohne wirkliche Gefahr für Leib und Leben zu bewirken. „Wenn diese Geste Poes bewußt vollzogen wurde, so ließe sich hieraus auf eine einigermaßen routinierte Kenntnis der Wirkung unterschiedlich hoher Opiumdosen schließen."[41] Hayter argumentiert hier gegen das Fazit, zu dem Quinn in seiner Besprechung des Briefes gelangt:

> Poe war kein Drogensüchtiger. Tatsächlich besteht das beste Negativargument in der Tatsache, daß Poe mit der Wirkung des Laudanums so wenig vertraut war, daß er 1848 in Boston eine Unze der Droge nahm oder behauptete, genommen zu haben, die sein Magen sogleich wieder von sich gab. „Ich hatte nicht die Stärke des Laudanums bedacht", sind nicht die Worte eines Drogensüchtigen. In jenen Tagen wurde Opium häufig in kleinen Dosen zur Schmerzlinderung gegeben, und Poe mag es durchaus in dieser Form genommen haben.[42]

Quinn meint also, daß Poe kein routinierter Opiumkonsument gewesen sein könne, da ihm die höhere Dosis sonst keine Probleme bereitet hätte. Dem ist entgegenzuhalten, daß selbst nach langem Opiumkonsum schon kürzeste Unterbrechungen ausreichen können, um die Toleranz erheblich zu vermindern; daher rührt die hohe Gefahr der Überdosierung. Daß ein Drogenkenner, wie Quinn impliziert, sich in der Wirkung seiner Droge nie verschätzen könne, ist eine unsinnige Annahme. Vielmehr ist bekannt, daß der Anteil des Opiums in der Laudanumtinktur von Ort zu Ort, von Apotheke zu Apotheke, und sogar in ein und derselben Apotheke mitunter erheblich variierte und daß selbst ärztliche Dosierungsvorschriften die Gefahr der Überdosierung nie ausschließen konnten. Immerhin ist die Unzuverlässigkeit der Konzentration im 19. Jahrhundert der Hauptgrund für die oft tödlichen Opiumunfälle (vgl. Seite 25). Selbst ein De Quincey konnte sich zu keiner Zeit sicher sein, wie stark oder schwach die Wirkung der gewählten Dosis sein würde. Von dieser Schwierigkeit handelt auch der Beginn der ursprünglichen Fassung von „The Oval Portrait":

> Wenn man es rauchte, war es von geringer Bedeutung, *wieviel* man nahm. Ich füllte gewöhnlich die halbe Kugel der Houkah je zur Hälfte mit geschnittenem und untereinander vermischtem Opium und Tabak. Manchmal zeigte sich bei mir keine besondere Wirkung, selbst wenn ich die komplette Mixtur aufgebraucht hatte; dann wieder hatte ich die Pfeife noch nicht zur Hälfte oder zu zwei Dritteln aufgeraucht, als mich schon Symptome geistiger Verwirrung, die sogar erschreckend waren, dazu mahnten, aufzuhören. ... Hier lag der Fall aber anders. Ich hatte nie zuvor Opium *gegessen* ... Im Augenblick hatte ich nicht die leiseste Ahnung, daß, was ich für eine ausgesprochen kleine Dosis hielt, tatsächlich eine außergewöhnlich große sein könnte.[43]

Von den Zeitgenossen, die mit Poe persönlich bekannt waren, haben sich nur vier eindeutig positiv über den Drogenkonsum des Dichters geäußert: William Wallace, einer der New Yorker *Literati*, schreibt 1850 in einem Brief an John Neal über Poes Trinkgewohnheiten und spricht vom Alkohol als dem „Gift, das, abwechselnd mit Opium eingenommen, ihn sein halbes Leben im Wahnsinn verbringen ließ."[44] Schon Woodberry ist aber von der Stichhaltigkeit dieser Aussage nicht überzeugt, und in der Tat scheint sie, wenn nicht frei erfunden, so doch arg übertrieben zu sein. 1884 berichtet Amelia Poe, eine entfernte Verwandte des Dichters, Woodberry in zwei Briefen von Gesprächen mit Elizabeth Herring, einer Cousine und Jugendliebe Poes aus Baltimore. Miss Herring sei um 1840 mit ihrem Vater nach Philadelphia gezogen, wo sie eines Tages zu ihrem Erstaunen festgestellt habe, daß sie in unmittelbarer Nähe der Poes wohnte. „Danach", so zitiert Woodberry aus Miss Poes Brief, „besuchte sie sie häufig und hatte das Unglück, ihn oft in diesem traurigen Zustand zu sehen, den das Opium bewirkte. ... Während dieser Anfälle wurde er völlig ruhiggestellt, und sie unternahmen alles, um seine Fehler und Vergehen zu vertuschen. Nach der Genesung war seine Reue echt, doch er faßte gute Vorsätze nur, um sie wieder zu brechen." Und an anderer Stelle heißt es: „Sie erzählte mir, sie habe ihn oft selbst ein Glas Wein ablehnen sehen, sagt aber, daß die Phasen seiner Ausschweifung hauptsächlich durch reichlichen Opiumkonsum verursacht worden seien." Die dritte Zeugenaussage stammt von Poes Schwester Rosalie, derzufolge sie während eines Besuchs in Fordham im Juni 1846 gehört habe, wie Poe nach Morphin verlangte. Diese Aussage könnte die bereits erwähnte Hypothese von Bonaparte stützen, daß Poe, der sich zu jener Zeit ständig an Virginias Krankenbett aufhielt, den Anblick der Sterbenden nur unter der beruhigenden Wirkung von Opiaten ertragen konnte. Die vierte Aussage stammt von John Sartain, den Poe nach seinem kurzen Gefängnisaufenthalt im Juli 1849 in Philadelphia aufsuchte. Sartain, so berichtet Woodberry, habe erklärt, daß Poe ihn um Laudanum gebeten habe.[45] Indirekte Hinweise auf Poes Gebrauch von Drogen zur Beruhigung seines nervösen Leidens finden sich ferner im Briefwechsel zwischen Mrs. Clemm und Mrs. Marie Louise Shew Houghton, einer ausgebildeten Krankenschwester, die zunächst Virginia und schließlich auch Poe selbst betreute. Mrs. Shew nahm sich die Freiheit, dem leidenden Dichter eine Medizin nach ihrem Gutdünken zu verordnen, auf die sich Mrs. Clemm in einem Brief aus dem Februar 1847 bezieht: „Das Fieber stieg heute zu genau der Zeit, die Sie genannt haben, und ich gebe ihm nun die ‚Beruhigungsmischung'."[46] Vermutlich war wenigstens eine der Komponenten dieser Mixtur ein Opiat.

Es ist bemerkenswert, daß gegenüber diesen Aussagen alle Ärzte, die Poe persönlich kannten, den Gedanken einer Opiumerfahrung des Dichters kategorisch verneinen. Thomas Dunn English, der Poe im Sommer 1839 kennenlernte, meint: „Wäre Poe opiumsüchtig gewesen, als ich ihn kannte ..., so hätte ich dies sowohl in meiner Eigenschaft als Arzt wie auch als ein Mensch mit guter Beobachtung während seiner häufigen Besuche in meinen Räumen, meiner Besuche in seinem Haus und unserer Begegnungen anderswo entdeckt – Ich sah keine Anzeichen dafür und halte die Anschuldigung für eine üble Nachrede, die jeder Grundlage entbehrt."[47] In der kritischen Literatur wird dieser Aussage oft ein besonderes Gewicht beigelegt, da Dr. English als ein Feind Poes keine Neigung verspüren konnte, den Dichter wider besseres Wissen vom Verdacht einer „unmoralischen" Opiomanie freizusprechen. Wenn er Poes Opiumerfahrung dennoch bestreite, so müsse die Aussage daher wohl zutreffen. Dr. Carter, mit dem sich Poe in den letzten Monaten seines Lebens angefreundet hatte, unterstützt die Ansicht von English: „Mir ist kein Fall bekannt, in dem Poe Opiate genommen hat, und wenn es seine Gewohnheit gewesen wäre, so hätten wir dies sicher bemerkt, da er ein halbes Dutzend Ärzte zu seiner Bekanntschaft zählte. ... Ich habe niemals vorher eine entsprechende Andeutung vernommen, und wenn er süchtig gewesen wäre, so wäre er es auch noch in Richmond gewesen."[48] Auch von den anderen Ärzten, denen Poe im Lauf seines Lebens begegnete, hat keiner auch nur den Verdacht geäußert, daß Poe mehr oder weniger regelmäßig Opiate eingenommen haben könnte. Dr. James E. Snodgrass, Dr. Thomas H. Chivers, Dr. Valentine Mott, Dr. J.J. Moran – „sie alle", schreibt Zumbach, „wurden später zu diesem Thema befragt oder kamen von sich aus darauf zu sprechen. Keinem von ihnen waren jemals die für einen Mediziner leicht erkennbaren Anzeichen einer Abhängigkeit von Drogen wie Morphin oder Opium aufgefallen. Man kann daher Poe, trotz einiger gängiger, in seiner Biographie befestigter Klischeevorstellungen, schwerlich als Rauschgiftsüchtigen bezeichnen. Er kannte die Wirkung des Opiums und benützte es auch öfters, aber wohl mehr in seiner Eigenschaft als Sedativ."[49]

Das in der Poe-Forschung immer wieder bekundete Vertrauen in die Urteilskompetenz dieser Ärzte ehrt gewiß die ganze Zunft, doch es ist ein wenig übereilt. Tatsächlich waren nämlich zu Poes Zeiten die psychischen Entstehungsgründe süchtigen

Verhaltens ebenso wie die Einzelheiten der physischen Auswirkung noch weitgehend unbekannt oder Gegenstand einer mehr oder weniger phantasievollen Spekulation. Wie ein Drogensüchtiger zu behandeln sei, war den meisten Ärzten damals noch unklar, und es muß als überaus unwahrscheinlich gelten, daß ein Arzt um 1840 zufällig, d. h. ohne auf die Besonderheit des Leidens von vornherein hingewiesen zu sein, auch nur die einfachsten Symptome einer Drogenabhängigkeit erkannt hätte. Obwohl die Drogenforschung zu jener Zeit bereits einen guten Fundus wichtiger Erkenntnisse zusammengetragen hatte, waren die wenigsten praktizierenden Ärzte über sie unterrichtet.[50] Es ist ja gerade diese allgemeine Unkenntnis der Ärzteschaft, die Fitz Hugh Ludlow 1867 veranlaßte, in New York das erste Zentrum für Drogenberatung zu gründen (vgl. Seite 35 f.). Hätten die Ärzte Poe gezielt im Hinblick auf die Anzeichen einer Drogensucht untersucht, so wären sie möglicherweise doch fündig geworden. Allerdings ist es müßig, auf dieser unsicheren Grundlage über eine mögliche Drogenabhängigkeit Poes zu spekulieren. Schließlich ist auch zu bedenken, daß sich die Anzeichen des Opiumkonsums bei Poe mit Symptomen der Trunksucht vermischten, so daß die Ärzte etwaige sichtbare Anzeichen einer opiumbewirkten Schädigung übersehen mochten, indem sie diese dem Alkoholeinfluß zuschrieben.[51] Die an anderer Stelle durchgeführte Analyse ausgesuchter Texte Poes (vgl. Seite 341 ff.) hat demgegenüber gezeigt, daß ein grundsätzlicher Zweifel an Poes Drogenerfahrung nicht mehr zu rechtfertigen ist und daß diese nicht bloß flüchtig gewesen sein kann. Daß Poe indessen opiatabhängig war, ist angesichts seiner Trunksucht weniger wahrscheinlich; insofern ist Zumbachs Einschätzung wohl richtig.[52]

IV. Der Dichter und das Universum: Poes Weltbild

Wer den Beziehungen von Rausch und Erkenntnis im Werk Edgar Allan Poes auf die Spur zu kommen sucht, der stellt sich einer Problematik, die in diesen Schriften keinesfalls nur beiläufig relevant ist, sondern wahrscheinlich sogar die wichtigste Nervenbahn überhaupt darstellt, deren Verästelungen das ganze Œuvre durchdringen. Alle anderen Grundfragen, die Poe in den Erzählungen, Essays, Gedichten und Rezensionen umkreist, sind letztlich Ableger des einen Zentralproblems, wie eine Synthese von Rausch und Erkenntnis zur *Rauscherkenntnis* erfolgen kann. Poe suchte die Intuition und floh vor ihr, er sehnte sich nach einer durch und durch logisch aufgebauten Weltordnung und sprach doch der Mathematik wichtige Kompetenzen ab, er verehrte die Wissenschaft und bezeichnete sie doch als „Geier, dessen Schwingen dumpfe Wirklichkeiten sind" [992][53]. Schwärmerische Intuition und berechnende Logik – beides konnte je für sich den Dichter nicht befriedigen, so daß er in den siebzehn Bänden der Virginia-Edition seiner gesammelten Werke wie ein Springteufel mal zum einen und dann wieder zum anderen Extrem zu neigen scheint, ohne sich für eines entscheiden zu können. Die Polarität von Ratio und Gefühl, Logik und

Intuition, Wissenschaft und Poesie, diese Dualität der Erfahrung teilt sich bei Poe immer wieder als eine schmerzliche Zerrissenheit des Subjekts mit, die er zu überwinden hofft. Kann es einen gemeinsamen Nenner geben, der die auf die Anschauung des Schönen gerichtete Intuition und die Prinzipien der um Exaktheit bemühten wissenschaftlichen Wahrheitsfindung harmonisch vereint? In *Eureka*, jener großen Vision einer poetischen Wissenschaft bzw. einer exakten Traumdichtung, bemüht sich Poe um eine plausible Synthese des Widersprüchlichen.[54] Da die Rauschthematik untrennbar mit dem ganzen weltanschaulichen System Poes verflochten ist, kommt man also, bevor die eigentliche Frage nach der Rauscherkenntnis gestellt werden kann, nicht umhin, sich zunächst einen Überblick über Poes ästhetische und kosmologische Grundpositionen zu verschaffen. Nachfolgend ist daher zu erläutern, was das Schöne bei Poe eigentlich bedeutet und wie sich nach seiner Vorstellung die Weltaneignung durch das „Poetic Sentiment" bzw. die Methodik der „ratiocination" gestaltet. Im Anschluß daran wird Poes Kosmologie in einer Folge von Einzelbesprechungen diverser Texte etwas ausführlicher zu behandeln sein.

Das Schöne als Domäne der Poesie

Im berühmten „Preface" zur 2. Auflage der *Lyrical Ballads* (1800)[55] hatte William Wordsworth die Poesie als „das spontane Überfließen mächtiger Gefühle"[56] definiert und war damit der Auffassung begegnet, daß die Kunst auf einem mimetischen Interesse beruhe, also nachahmend auf etwas Äußeres reagiere. Seine Analogie zeigt den Dichter nicht als einen bloßen Spiegel, sondern als originale Quelle, genauer: als ein Gefäß, das sich aus sich selbst heraus füllt, bis die Flut der Empfindungen wie das Wasser in einer Brunnenschale überläuft. „Die Aufmerksamkeit", schreibt Abrams daher, „richtet sich nun auf den Künstler; im Zentrum des Interesses steht die Beziehung der Werkelemente zu seinem Bewußtsein, und man geht davon aus, wie das Wort ‚spontan' unterstreicht, daß die Dynamik des Übersprudelns im Dichter selbst ihren Ursprung findet und vielleicht seinem absichtsvollen Zugriff entzogen ist."[57] Coleridge sympathisierte mit dieser Auffassung, insofern sie den Ursprung der poetischen Inhalte im Bewußtsein des Dichters lokalisierte, doch er mißtraute der Wortwahl seines Freundes und befürchtete, dahinter könne sich die Überzeugung verbergen, daß der Dichter wenig mehr als ein Opfer seiner unwillkürlichen Inspiration sei. In der Tat spricht Wordsworth von der blinden Intuition des Dichters und meint, diese müsse, um von Nutzen zu sein, in die Bahnen einer vorüberlegten moralischen Unterweisung eingebracht werden; deshalb habe der Dichter in erster Linie eine didaktische Funktion: „Jeder große Dichter ist ein Lehrer: Ich möchte entweder als ein Lehrer angesehen werden oder als gar nichts."[58]

In seinem frühesten Essay, „Letter to B –" (1831), lehnt Poe diese Ansicht entschieden ab und macht sich mit juvenilem Eifer über den angesehenen Wordsworth lustig. Die Unterrichtung des Lesers, meint er, könne wohl ein sekundäres Ziel der

Poesie sein, aber ihr eigentlicher Endzweck bestehe vielmehr in der Erzeugung von Vergnügen (*pleasure*). Ein Gedicht muß demnach keinesfalls Wahrheit vermitteln, aber es muß in jedem Fall ein Wohlgefallen erzeugen, und Wohlgefallen, so setzt Poe voraus, ergibt sich nur in der Betrachtung des Schönen. Unter dem genauen, um Wahrheit bemühten Blick verliere ein Gegenstand jedoch seinen schönen Aspekt: Wer einen Stern mit großer Genauigkeit betrachte, der nehme ihn gewiß als Phänomen recht gut wahr, doch habe er kein Gefühl mehr für die Herrlichkeit seines Strahlens, „während derjenige, der ihn weniger scharf ins Auge faßt, sich all dessen bewußt ist, wodurch der Stern uns hier unten nützlich ist – durch sein Leuchten und seine Schönheit …" [VII, xxxix]. So gelangt Poe zu dem Fazit: „Meiner Ansicht nach ist ein Gedicht einem wissenschaftlichen Werk insofern entgegengesetzt, als sein unmittelbares Ziel Freude ist, nicht Wahrheit …" [VII, xliii].[59] Auch in der reiferen Theorie bleibt diese Definition der Poesie bestimmend. So erklärt Poe noch in dem 1849 entstandenen und ein Jahr später posthum veröffentlichten Essay „The Poetic Principle", daß, was wir als Geist („mind") bezeichnen, in drei Hauptfakultäten zu unterteilen sei, nämlich den auf die Ermittlung von Wahrheit gerichteten Reinen Intellekt („Pure Intellect"), das für die Beschreibung von Pflichten zuständige Moralempfinden („Moral Sense") und den mit dem Schönen befaßten Geschmack („Taste"), der zu den beiden anderen Fakultäten enge Beziehungen unterhalte und daher eine mittlere Stellung einnehme. Der Schönheitssinn, auf dem der Geschmack beruhe, sei ein „unsterblicher Instinkt" [893], also ein intuitiver Impulsgeber, der sich dem Bewußtsein ohne Beteiligung des Intellekts mitteile. Als nächstes konkretisiert Poe, von welcher Schönheit eigentlich die Rede ist. Nicht das Naturschöne, an dem wir uns in der sinnlichen Anschauung erfreuen, sei Gegenstand der Poesie, sondern die ihr zugrundeliegende *Idee* der Schönheit; Poe spricht von der „supernal Beauty". Nicht die Erscheinungen des Schönen, sondern das Schöne an sich ist also die Domäne der Poesie, weil der Mensch einen Eindruck von der ersehnten Unsterblichkeit – dem höchsten Ziel seines Strebens nach Glückseligkeit – nur in Anschauung von Ideen erhalten könne. Je mehr sich die Poesie vom Gegenständlichen zu lösen verstehe und, wie es in „Letter to B –" heißt, statt eines „bestimmten Wohlgefallens" ein „unbestimmtes Wohlgefallen" erzeuge, um so größer sei die fühlende Teilhabe am Universum und somit auch die Gewißheit der Unsterblichkeit. Daher wird die Musik (und gleich nach ihr die Lyrik) wegen des hohen Abstraktionsgrades ihrer „rhythmischen Erzeugung von Schönem" [894] als höchste Kunstform bewertet. Diese Überzeugung teilte Poe mit den Transzendentalisten; auch Emerson verkündet in seinem Essay „Nature" (1835): „Die Erzeugung von Schönem ist Kunst." [SE 47]

Entgegen der von Wordsworth vertretenen Dichtungsauffassung spricht Poe sich für eine von allen Nützlichkeitserwägungen befreite Poesie aus. Es liege doch auf der Hand, heißt es in „The Poetic Principle", „daß es unter der Sonne kein würdevolleres, kein edleres Werk gebe noch geben *könne*, als dieses Gedicht – dieses Gedicht *an sich* – dieses Gedicht, das ein Gedicht und sonst nichts ist – dieses

Gedicht, das nur um dieses Gedichts willen geschrieben wurde." [892/893] Damit schließt er sich jener internationalen Fraktion an, die Théophile Gautier 1835 im berühmten Vorwort seines Romans *Mademoiselle de Maupin*, dem ersten Manifest der *l'art pour l'art*, begründet hatte. „Es gibt nichts wahrhaft Schönes", heißt es dort, „außer demjenigen, was zu nichts nütze ist; alles was nützlich ist, ist häßlich, denn es ist der Ausdruck irgendeines Bedürfnisses, und die der Menschen sind, wie seine armselige und schwache Natur, unedel und abgeschmackt. Der nützlichste Ort eines Hauses ist der Abort."[60] Die Ermittlung von Wahrheit, meint Poe, erfordere vor allem Einfachheit, Präzision und logische Stringenz; der Wahrheitsforscher müsse kühl, ruhig und leidenschaftslos sein, eine blumige Sprache sei seinen Zwecken nicht zuträglich. Diese Qualitäten unterscheiden den um Wahrheit bemühten Wissenschaftler grundsätzlich von dem um Schönheit bemühten Dichter. „Der muß unheilbar theoriebesessen sein, der trotz all dieser Unterschiede immer noch darauf besteht, die entgegegengesetzten Öle und Wasser von Dichtung und Wahrheit miteinander zu versöhnen." [893] Dieselbe Ansicht vertritt Poe auch in dem 1846 erschienenen Essay „The Philosophy of Composition"[61], was allerdings im Widerspruch zum Hauptargument dieser Schrift zu stehen scheint, demzufolge die Effekte der Poesie grundsätzlich eine genaue Kalkulation erfordern und demnach also doch wesentlich dem auf die Ermittlung von „Truth" ausgerichteten Intellekt verpflichtet sind. Am Beispiel der angeblichen Entstehungsgeschichte des Gedichts „The Raven" will Poe demonstrieren, wie ein poetisches Werk auf der Grundlage einer Schritt für Schritt durchdachten Systematik entsteht. „Nichts ist einsichtiger", so erklärt er, „als daß jeder Vorwurf, der seinen Namen verdient, bis zu seinem *dénouement* ausgearbeitet sein muß, ehe man an etwas mit der Feder herangeht." [XIV 193; V 196] Und etwas später fügt er hinzu: „Meine Absicht ist, deutlich zu machen, daß sich kein einziger Punkt in [der] Komposition [des Gedichts ‚The Raven'] auf Zufall oder Intuition zurückführen läßt: daß das Werk Schritt um Schritt mit der Präzision und strengen Folgerichtigkeit eines mathematischen Problems seiner Vollendung entgegenging." [XIV 195; V 198] Mit anderen Worten: Obwohl das Hauptinteresse der Poesie Poe zufolge nicht in der Vermittlung intellektueller Wahrheiten besteht, sondern in der flüchtigen Veranschaulichung der höchsten Schönheit, wird eben diese Schönheit anscheinend nur auf der Grundlage einer disziplinierten rationalen Konsequenz darstellbar. Als ein Ziel der Poesie hat die rationale Welt des Intellekts nur eine sekundäre Bedeutung, als ein *Mittel* der Poesie ist sie hingegen unverzichtbar. Grundlage dieser Überlegung ist die Unterscheidung von *Fancy* und *Imagination*, die Coleridge im 13. Kapitel seiner *Biographia Literaria* entwickelt: Demnach ist *Fancy* eine wesentlich reproduktive Art der Phantasie oder Vorstellungskraft, die in Abhängigkeit von der sinnlichen Erfahrung operiert, also stets nur in Auswahl hervorbringen kann, was im Gedächtnis an Erfahrungen und Gedanken hinterlegt ist. *Imagination* ist dagegen eine kreative Art der Einbildungskraft und wird als ein zusammengesetztes Vermögen beschrieben: Sie besteht einerseits aus der „primären"

Variante, die als „lebendige Kraft und Hauptantrieb aller menschlichen Wahrnehmung"[62] charakterisiert wird, und andererseits aus der „sekundären" Variante, bei der sich der elementare Motor der Wahrnehmung mit der Willenskraft verbindet, um das Material der Anschauung zu demontieren und in eigenen Weltentwürfen neu zu organisieren. Die *Imagination* sei daher die Domäne des Poeten; sie äußert sich in den schöpferischen Akten einer willentlich beeinflußten Intuition.

Sehen wir nun, wie Poe in seinem Essay die dichterische Arbeit am Beispiel von „The Raven" charakterisiert. Die wichtigsten Forderungen an ein gutes Gedicht, die jeder handwerklich gewissenhafte Poet bedenken müsse, bevor er überhaupt die Feder ergreife, seien eine formale Einheit, die Einheit des Effekts und die Beobachtung einer Wirkungsskala, in welcher der Tod einer schönen Frau an oberster Stelle steht. Nun läßt Poe den Leser als Zeugen des poetischen Produktionsganges miterleben, wie er von Detail zu Detail vorwärtsschreitet, um zum Schluß triumphierend das fertige Werk vorzuweisen, dessen Länge stimmt, das eine „enge räumliche Begrenzung" [XIV, 204] aufweist, einen einheitlichen Effekt erzeugt und das den Tod einer schönen Frau beklagt: Fertig ist „The Raven". Kalkül war alles, von Intuition keine Spur. Ist es tatsächlich dies, was uns Poe hier mitteilen will: Daß der Mythos von Musenkuß und Inspirationsmoment eben nur ein Mythos sei, der die profane Wirklichkeit kühler Kalkulationen bemäntelt?

> Die meisten Verfasser – insbesondere die Poeten – möchten gern so verstanden sein, als arbeiteten sie in einer Art holden Wahnsinns – einer ekstatischen Intuition –, und sie würden entschieden davor zurückschaudern, die Öffentlichkeit einen Blick hinter die Kulissen tun zu lassen: auf die verschlungene und unschlüssige Unfertigkeit des Denkens – auf die erst im letzten Augenblick begriffene wahre Absicht – auf die unzähligen flüchtigen Gedanken, die nicht zu voller Erkenntnis reiften – auf die ausgereiften Ideen, die verzweifelt als nicht darstellbar verworfen werden – auf die vorsichtige Auswahl und Ablehnung – auf das mühsame Streichen und Einfügen …, die rote Farbe und die schwarzen Flicken, die in neunundneunzig von hundert Fällen die Requisiten des literarischen *Histrionen* ausmachen. [XIV 194/195; V 197/198]

Was Poe in diesem Essay verneint, ist nicht die Bedeutsamkeit jeglicher Intuition, sondern nur die Vorstellung, daß der Dichter, wie Wordsworth meinte, von einem „spontanen Überfließen" überwältigt werde und, wenn er sich nicht zuvor mit einem sicheren moralischen Gerüst umgeben habe, seiner selbst nicht mächtig, in einem ekstatischen Rausch wie unter einem Diktat rasch alles hinschreibe. Nur diese Art der Intuition, die Coleridges bloß reproduktiver *Fancy* entspricht, wird von Poe abgelehnt. Coleridges *Imagination* hingegen, als eine rational unterstützte Intuition, wird als das eigentliche dichterische Vermögen geschildert. Doch ist der Gedanke einer rational unterstützten Intuition nicht ein Widerspruch in sich selbst? Der Begriff der Intuition erhält doch seinen Sinn als etwas, was jenseits des Rationalen Gestalt annimmt; wie kann er dann also eine rationale Komponente aufweisen? Die Antwort auf diese Frage findet sich in Poes Ausführungen über jene halb intellektuell, halb intuitiv erfolgenden Operationen des Geistes, die er als *ratiocination* bezeichnet.

Poes „Ratiocination"

Der bekannteste *ratiocinator* in Poes Erzählungen ist der Meisterdetektiv Auguste C. Dupin, der mit Hilfe einer ungewöhnlichen Kombinatorik verzwickte Kriminalfälle klärt. Das Geheimnis seines Erfolges ist eine Denkweise, die Intuition und Logik verbindet. Wenn der Pariser Polizeipräfekt in allen Fällen nicht trotz, sondern gerade wegen seiner rein logischen Ermittlungsweise keine brauchbaren Ergebnisse erhält, so liegt dies daran, daß er den Gegenstand der Nachforschung aus zu großer Nähe betrachtet, so daß er die Strukturen seiner Umgebung in ihrer allein sinngebenden Ganzheit nicht mehr zu überschauen vermag. Schon im „Letter to B –" hatte Poe darauf hingewiesen, daß man über einen Stern am Himmel wesentlich mehr erfahre, wenn man ihn nicht direkt, sondern nur aus den Augenwinkeln oder blinzelnd betrachte. In der Erzählung „The Murders in the Rue Morgue" (1841) taucht dieses Bild mit Bezug auf den Pariser Polizeichef François Vidocq abermals auf:

> Vidocq zum Beispiel war ein guter Rater und ein beharrlicher Mann. Doch bei seinem Mangel an geschultem Denken ging er fortgesetzt in der Irre, und zwar eben aufgrund der verbohrten Beharrlichkeit seiner Nachforschungen. Er verstellte sich selbst den Blick, indem er sich zu nahe an der Sache hielt. Er mochte wohl ein oder zwei Punkte mit ungewöhnlicher Klarheit sehen, doch eben dabei verlor er notwendigerweise die Übersicht über das Ganze. ... Die Formen und Quellen solcher Art Irrtum sind treffend in der Betrachtung der Himmelskörper vorgebildet. Einen Stern mit einem Blick zu streifen – ja eigentlich an ihm vorbeizusehen, ... heißt den Stern genau wahrnehmen – heißt die beste Schätzung von seinem Schimmer zu gewinnen, einem Schimmer, welcher an Trübe grad in dem Maße zunimmt, in welchem wir unsere *volle* Sicht auf ihn wenden. Im letztern Falle treffen gewißlich eine größere Anzahl Strahlen aufs Auge, doch im erstern ist die Wahrnehmungsfähigkeit eine weitaus feinere. [152/153; II 263/264]

Wenn wir den Stern blinzelnd besser erkennen als mit weit geöffnetem Auge, so ist die Erkenntnis, von der hier die Rede ist, offensichtlich nicht rein rational, sondern vorwiegend intuitiv definiert. Betrachten wir den Stern mit offenen Augen, so erfahren wir lediglich, was Musil als „Seinesgleichen" bezeichnet hat, nämlich isolierte Fakten, die in keiner Beziehung zu unserem Selbst stehen und daher eigentlich ohne Relevanz sind. Betrachten wir den Stern hingegen mit halb geschlossenen Augen, so vermengt sich das äußerlich Wahrgenommene mit dem Inneren, also den individuellen psychischen Inhalten, zu einem Ganzen: im betrachteten Stern erfahren wir somit uns selbst. Indem Dupin als *ratiocinator* seine Augen nur halb öffnet, indem er sich also in sich selbst und dann in die Psyche seiner Mitmenschen hineinversetzt, macht er die Intuition zum Angelpunkt seiner rationalen Überlegung. Dadurch wird er im Unterschied zum reinen Logiker, der nur das beurteilen kann, was mit den axiomatischen Grundlagen seiner Wissenschaft im Einklang steht, in die Lage versetzt, in seinen rationalen Operationen auch das Außerlogische zu berücksichtigen. Poe gibt ein Beispiel dafür, indem er erläutert, wie ein *ratiocinator* beim Kartenspiel vorgehe. Es ist nicht das Spiel selbst, auf das er sich konzentriert, sondern das Bewußtsein des Gegners, in das er sich hineinversetzt.[63] Da er nicht wissen kann, wie dieses im Augenblick beschaffen sein mag, ist er hierin auf seine Intuition angewiesen, die durch äußere Beobachtungen beeinflußt wird. Erst auf dieser Grundlage beginnt die eigentliche Logik seines Kalküls, indem er aus der imaginierten geistigen Verfassung des Gegners schließt, welche Fehler er am ehesten begehen würde. „Sind gar dann die ersten zwei oder drei Runden ausgespielt", meint Poe, „so kennt er voll den Inhalt jeder Hand, und von da an spielt er seine Karten so unfehlbar zielsicher aus, als hätten ihm die übrigen Mitspieler offen ihr Blatt gezeigt." [143; II 245] Hoffman hat die irrational begründete Methodik dieser *ratiocination* so beschrieben: „Dupins Verstand *operiert assoziativ*. Seine *Methode* ist eine feinere Sache, ein scheinbar eher übersinnlicher Mechanismus als die gewöhnlichen Prozesse der rationalen Berechnung. Er bezieht das *Irrationale* mit ein und [vollzieht] daher die höchste Form des Raisonnierens, da er nicht in seinen eigenen Begriffen befangen bleibt. ... Sein Verstand, der auf dem Wege metaphorischer Analogien operiert, kombiniert poetische Intuition mit mathematischer Genauigkeit."[64] Diese Verbindung von Intuition und mathematischer Exaktheit ist aber genau das, was Poe unter dem Begriff von Coleridges *Imagination* versteht[65] – Dupin ist also ein Abbild des idealen Dichters, und seine kriminalistischen Beweisführungen sind demnach letztlich Varianten der exquisitesten Poesie. Wenn dies so ist, so muß man sich allerdings fragen, wo denn hier die Schönheit bleibt, die doch so emphatisch als „einzig legitime Domäne des Gedichts" bezeichnet wurde. So wie der Anblick der höchsten Schönheit ein Wohlgefallen erzeugt, so erzeugt auch das Raisonnieren bei Dupin und Seinesgleichen ein großes Vergnügen und wird als eine Quelle von „pleasure" identifiziert.[66] Die von Dupin und anderen Poe'schen *ratiocinators* ermittelte Wahrheit ist also nicht bloß wahr: sie ist auch schön, so wie die einzige Wahrheit über den mit halb geschlossenem Auge betrachteten Stern in der Schönheit seines Strahlens besteht. Die Erkenntnis von Wahrheit wäre für Poe demnach nicht als ein epistemologischer Gewinn, sondern allein als eine Hervorbringung von Schönheit relevant. „Auf der Suche nach Wahrheit", meint Hoffman daher, „entdeckt [Poe] das Schöne. Das Wahre und das Schöne sind eins."[67] In diesem Sinn entspricht Poes Position letzten Endes durchaus der auf anderem Wege ermittelten Aussage Emersons in „Nature", daß nur das Wahre schön und alles Schöne deshalb wahr sei: „Der wahre Philosoph und der wahre Dichter sind eins", schreibt Emerson, „und eine Schönheit, die Wahrheit ist, und eine Wahrheit, die Schönheit ist, ist beider Ziel." [SE 67]

Coleridges *Imagination*, die uns bei Poe in der Gestalt der eigentlich poetischen *ratiocination* begegnet, ist eine Intuition, die nicht wie die *Fancy* willenlos, passiv und bloß reproduktiv verfährt, sondern über eine eigene Ratio verfügt, durch die sie in die Lage versetzt wird, kreativ neue Ordnungen zu schaffen. Besonders anschaulich ist dieses intuitiv-rationale Spiel der Phantasie in den Landschaftsskizzen dargestellt, wo es mit dem Konzept des Pittoresken (vgl. Seite 182 ff.) in Verbindung gebracht wird. So könnte man behaupten, daß der Kern von Poes Dichtungs- und

Inspirationstheorie nirgends deutlicher zum Ausdruck komme als in dem Prosastück „The Domain of Arnheim", das die hohe Kunst des nach pittoresker Manier verfahrenden Landschaftsgärtners thematisiert. Poe läßt dort seinen Erzähler die Ansicht des Protagonisten Ellison wiedergeben, derzufolge der Landschaftsgarten die größten Chancen zur vollen Entfaltung des *Poetic Sentiment* biete.[68] Wichtig in diesem Kontext ist vor allem die Bemerkung, daß der vom *Poetic Sentiment* geleitete Künstler in der Natur eine Ordnung schaffe, die objektiven Kriterien vielleicht nicht entsprechen mag, aber in einem begrenzten Ausschnitt die ganze kosmische Ordnung analogisch so darstellt, daß sie für den Menschen nachvollziehbar wird. Vielleicht läßt ja die Natur, so überlegt Poe, vom erhöhten Standpunkt Gottes betrachtet eine wunderbar durchdachte Ordnung erkennen und ist gar nicht wirklich so chaotisch, wie sie dem Blick der in ihr lebenden Menschen erscheint.[69] Da der Mensch aber keine Möglichkeit hat, die Schöpfung aus einer solchen Vogelperspektive zu erkennen, muß er, um sich eine Vorstellung von jener höheren Ordnung zu machen, in kleinerem Maßstab etwas konstruieren, das ihm aus seiner Perspektive geordnet und regelmäßig erscheint. In den Inspirationsmomenten, wenn sich der Künstler durch die unwillkürliche Äußerung des *Poetic Sentiment* zur Inangriffnahme bestimmter Werke gedrängt fühlt, steht er gewissermaßen mit dem spirituellen Universum in Verbindung. Dadurch fällt ihm die Rolle eines Schamanen oder Propheten zu, d. h. er wird zum Sprachrohr höherer Instanzen und informiert seine Mitmenschen in analogischen Modellen über die Zusammenhänge der Welt.[70] Der Landschaftsgärtner kann nicht die allgemeine Ordnung des Universums nachbauen, da er sie als Mensch selbst nicht einsehen kann. Er ist aber in der Lage, etwas zu schaffen, was ihm und seinen Mitmenschen als eine Ordnung erscheint und kann dazu dasselbe Baumaterial verwenden, das auch dem Weltenschöpfer zur Verfügung stand, nämlich Erde, Wasser, Steine und Pflanzen. Zwar kann er sie nicht zu einem unendlichen Ganzen zusammenfügen, aber unter den Künstlern ist er doch derjenige, dem am meisten Raum zur Verfügung steht. Da nach Ellisons Überzeugung in den nur scheinbar zufälligen Formen der wilden Natur eine schöpferische Ordnung, ein künstlerisches Prinzip verborgen sei, das sich allerdings nicht unmittelbar dem Gefühl des Naturbetrachters mitteile, sondern nur dem raisonnierenden Verstand („reflection") erkennbar werde, muß der Landschaftsgärtner wie der Dichter als *ratiocinator*, d. h. mit intuitivem Kalkül zu Werke gehen: So beruhen seine wie von Gott geschaffenen Landschaften zwar auf der Grundlage der Verstandeserkenntnisse, die ihm aus der genauen Beobachtung der natürlichen Formen erwachsen, doch was dieser vernünftigen Bestandsaufnahme erst die Richtung weist, ist wiederum die intuitive, vom *Poetic Sentiment* geleitete Vorstellung des Ganzen.[71] Der Landschaftsgärtner erstellt also seine Anlagen mit der gleichen Mischung aus Intuition und logischem Kalkül, mit der Dupin seine Fälle löst und ein fiktiver Poe „The Raven" komponiert.

IV. Der Dichter und das Universum: Poes Weltbild

Poes Kosmologie

1. „Al Aaraaf"

Dieses Gedicht ist eine Jugendsünde Poes und war ihm später wohl schon darum peinlich, weil es über vierhundert Verse unterschiedlicher Provenienz umfaßt, deren Stil und Sujet vor allem spüren lassen, daß ihr Verfasser ein amerikanischer Milton werden wollte. „Dieses Gedicht", meint Hoffman daher, „liest sich, als handelte es sich um die ersten zwei von einem Dutzend oder zwanzig Cantos in einem Großen Gedicht Kosmologischer Offenbarungen. Doch Eddie ging der Sprit aus."[72] Dennoch ist das Gedicht von Interesse, insofern es bereits einige Überzeugungen formuliert, die für Poes späteres Werk bedeutsam werden sollten. – Der Schauplatz ist kein geringerer als das Universum; die „Personen" sind außer Gott selbst die Göttinnen Nesace und Ligeia, die sozusagen Delegierte des Weltenschöpfers mit verschiedenen Geschäftsbereichen sind; Angelo, der Geist eines verstorbenen Künstlers, und die Nymphe Ianthe, die mit Angelo in einem Liebesverhältnis steht. Der Titel des Gedichts bezieht sich, wie Poe in einer Anmerkung erläutert, auf einen Stern, der nur kurz im Blickfeld der Menschen war und dann für immer im Dunkel des Universums verschwand. Al Aaraaf ist also ein Prototyp jener fernen Region jenseits der Pforten der Wahrnehmung, in die es Poes Protagonisten immer wieder verschlägt.[73] Doch Poe wird noch etwas genauer, indem er in einer weiteren Anmerkung erklärt, daß Al Aaraaf einem arabischen Mythos zufolge eine Zwischenwelt sei, „... eine Mittelwelt zwischen Himmel und Hölle, wo die Menschen keine Strafe erleiden, aber doch auch nicht jene ruhige und gleichmütige Glückseligkeit erreichen, die sie als charakteristisch für die Freuden des Himmels ansehen." [1002] Das Paradies ist Al Aaraaf also nicht, aber es ist gewissermaßen ein Paradies auf Zeit. So wie der wunderbare Stern für die Menschen nur flüchtig sichtbar wurde, um dann unwiederbringlich in der Finsternis zu verschwinden, scheint er für eine Schönheit zu stehen, die nur eine vorübergehende, keine dauerhafte Glückseligkeit vermittelt. Die Bewohner des Sterns – die sich anscheinend in zwei Gruppen teilen: nämlich eine, die beschlossen hat, den höchsten Sinn ihres Daseins im Erwerb von „Knowledge" zu finden, und eine zweite, welche die objektbezogene Liebesleidenschaft zum einzigen Gegenstand ihres Strebens erhebt – haben sich dort niedergelassen, um auf die Realisierung ihrer Sehnsucht nie mehr zu verzichten; sie sagen also wie Goethes Faust zum glücklichen Moment: „Verweile doch, du bist so schön". Wer sich ganz dem Genuß hingibt und sich nicht mehr, wie es bei Goethe heißt, „strebend bemüht", der verwirkt seine Anwartschaft auf einen Platz im Paradies. In diesem Sinn haben sich auch die Bewohner von Al Aaraaf durch ihre Seßhaftigkeit in eine spirituelle Sackgasse begeben, denn ihre Entscheidung ist auch eine Entscheidung gegen den weiteren Weg, der sie ins wahre Paradies, zum Thron Gottes geführt hätte, oder anders gesagt: zur idealen Schönheit selbst, die auf Al Aaraaf nur mittelbar, nur in der Vereinzelung der Erscheinungen erkennbar wird. Nachdem sich die Bewohner von Al Aaraaf in fataler

Verblendung für Sekundäres und damit gegen das Allerhöchste entschieden haben, veranlaßt Gott, daß Nesace, als Botschafterin des Schönen, alle Geister der Sphären aufruft, den Bereich von Al Aaraaf zu verlassen, um sein Licht in andere Welten zu tragen. Auch Ligeia, die Verkörperung der universalen Harmonie, folgt dem Troß der abziehenden himmlischen Truppen, die das Licht Gottes mit sich führen. Bald wird es in der Ferne verlöschen und Al Aaraaf in ewiger Finsternis liegen. Doch nicht alle Geister sind dem Ruf dieser allgemeinen Mobilmachung gefolgt. Zwei von ihnen sind zurückgeblieben, Angelo und Ianthe, die nur Ohren für ihre eigene Liebe haben und sozusagen den lieben Gott einen guten Mann sein lassen. Daher müssen auch sie als ewig Verbannte auf Al Aaraaf bleiben: „They fell: for Heaven to them no hope imparts / Who hear not for the beating of their hearts." [1005] [„… Sie fielen: denn keine Hoffnung schenkt der Himmel jenen, / Die durch das Klopfen ihrer Herzen nichts vernehmen."] – Al Aaraaf ist eine Region, welche die Seele nur im Vorbeiflug streifen darf. Läßt sie sich dennoch dort nieder, um sich mit dem zu begnügen, was sie dort vorfindet, so fällt der begonnene Aufstieg zu Gott in sich zusammen, die Seele stürzt in die Stagnation des absoluten Nichts. Diese Konzeption des Todes, die es beim reiferen Poe nicht mehr geben wird[74], steht als eine Art Höllensturz jenem Tod gegenüber, der im romantischen Sinn als eine Geburt ins spirituelle Leben, also als ein Vorgang der Transzendenz eine positive Bedeutung erhält.

 Die theoretische Essenz von „Al Aaraaf" ist nun in etwa die folgende: Die vollkommene Harmonie, vertreten durch Ligeia, und das Schöne (das die Konzeption des Erhabenen mit einschließt)[75], vertreten durch Nesace, verbinden sich zur Idealschönheit als der höchsten göttlichen Emanation, die Poe später als „supernal Beauty" bezeichnen wird. Wahrheit, als Gegenstand des intellektuellen Erkenntnisdranges, und Liebe, als die Leidenschaft des Herzens, sind keine tauglichen Vehikel, um zur Anschauung dieser höchsten Schönheit zu gelangen. Nicht „Passion", als „excitement of the Heart", so wird es in „The Poetic Principle" heißen, sei die höchste aller Empfindungen, sondern die Erregung der Seele, „the excitement of the soul" [895] durch die momentane Vorstellung des Idealschönen. Der einzige irdische Conférencier, der diese kurze Bühnenshow veranstalten mag, ist nach Poe, wie er später erläutern wird, der Künstler und Dichter. Al Aaraaf ist also der Stern der Poesie, jenes achtbaren Gewerbes, das die „supernal Beauty" immer nur für einen kurzen Moment hinter den Erscheinungen hervortreten lassen kann.[76] In dieser Eigenschaft ist der geheimnisvolle Stern das Kostbarste, was die Seele erfahren darf, solange sie an ihren sterblichen Körper gebunden ist. Sobald sie aber von diesem befreit ist, kann und soll sie sich über diesen Stern hinaus erheben, um sich dauerhaft mit dem Element zu verbinden, das ihr im „Poetic Sentiment" nur flüchtig erfahrbar war. Fehlt der Seele jedoch die Bereitschaft zu diesem Weg, weil sie sich vom vergänglichen Glanz der Erscheinungen und Leidenschaften blenden läßt, so verwirkt sie die Chance auf ein ewiges Leben, wie es jene Lichtgestalten besitzen, die in den drei nachfolgend besprochenen Prosastücken weise Worte wechseln.

2. „The Conversation of Eiros and Charmion"

In diesem ersten von drei Prosadialogen, in denen jeweils zwei Seelen über die Geheimnisse des Universums plaudern, empfängt Charmion eine neu ins Geisterreich gekommene Seele, die den Namen Eiros erhält. Eiros berichtet seinem Mentor, wie die Erde durch einen brennenden Kometen zerstört wurde. Als der rote Himmelskörper zum ersten Mal von Astronomen gesichtet wurde, sei er noch in weiter Ferne gewesen. Zu jener Zeit hatte das Vertrauen in die Richtigkeit wissenschaftlicher Erkenntnisse seinen Höhepunkt erreicht, da sie jeden Zweifel ausräumten, daß die Erde jemals durch einen Kometen vernichtet werden könnte. Zwar rätselte man noch, was für eine Katastrophe in der biblischen Apokalypse gemeint sein könnte, wenn es hieß, daß die Erde am Jüngsten Tag durch Feuer verzehrt würde. Aber ein Komet, so glaubte man, konnte unmöglich der Auslöser der Katastrophe sein:

> Allgemein hatte sich die Auffassung durchgesetzt, daß diese Körper von sehr mäßiger Dichtigkeit seien ... Längst schon betrachteten wir diese Wanderer als neblichte Schöpfungen von unvorstellbarer Dünnigkeit und hielten es für gänzlich ausgeschlossen, daß sie unserem massiven Globus, selbst im Falle einer Berührung, irgend Schaden tun könnten. Doch solche Berührung stand nicht im mindesten Grade zu befürchten; denn die Elemente sämtlicher Kometen waren ja genau bekannt. Daß wir unter *ihnen* die Ursache für die angedrohte feuerliche Vernichtung würden zu suchen haben, hatte viele Jahre lang als eine unzulässige Idee gegolten. [454; II 93]

Was hier beschrieben wird, ist gewissermaßen ein fortgeschrittenes Stadium in der Prähistorie der reinen Vernunft. Denn das Wissen über die Kometen und das Universum ist immer noch von der unvollkommenen Vision des leiblichen Auges abhängig und steckt demzufolge voller Fehler. In dieser Phase taucht unerwartet der ganz neue Komet in der Ferne auf. Die sofort angestellten Berechnungen ergeben, daß dieser Körper in der Tat mit der Erde kollidieren könnte; alle vorigen Theorien sind damit überholt, und die Forscher tun ihr Bestes, um ihre vernünftige Welterkenntnis sogleich zu verbessern: „Sie suchten – sie lechzten nach der rechten Einsicht. Sehnlich verlangte es sie nach dem Besseren Wissen. Die *Wahrheit* stand auf in ihrer ganzen reinen Kraft und überwältigenden Majestät, und die Weisen beugten das Knie und beteten an." [454; II 94] Endlich seien diese Weisen zu dem Schluß gelangt, daß es sich bei dem Kometen nicht um den in der Apokalypse genannten Auslöser einer feurigen Weltzerstörung handeln könne, da Kometen ja bekanntlich „nicht aus feuriger Masse bestünden" [455; II 95]. Doch der Fortschritt ist nur scheinbar, da die Wissenschaftler erneut den alten Fehler begehen, der sich in Ansehung der menschlichen Gebundenheit an einen unvollkommenen Körper kaum vermeiden läßt; nämlich das, was die leiblichen Augen sehen und das, was die Gehirnmasse an Vorstellungen erzeugt, für das Abbild der Realität zu halten. Immer noch besteht unverändert das Dilemma des Logikers, der sich der reinen Vernunft nur durch die Vermittlung seiner hoffnungslos unzureichenden biologischen Strukturen annähern kann. Gewiß, die Vernunft eroberte nun in nie dagewesenem Ausmaß den Planeten, selbst die schwächsten Köpfe, erinnert sich Eiros, ließen sich nur noch durch sie leiten, und aller Aberglaube wurde endgültig ausgetrieben. Doch der vermeintliche Triumph der Wissenschaft ist trügerisch, denn obwohl diese alle Sorgen zerstreut haben sollte, werden die Menschen in dem Maß, in dem der nahende Komet vor ihren Augen größer und röter wird, zusehends blasser. Die heimliche Angst vor dem Kometen bricht endlich doch hervor, aber sie weicht schnell einer ganz neuen Empfindung: „Nicht länger konnten wir den fremdartigen Himmelskörper mit irgendwelchen *gewohnten* Gedanken in Einklang bringen. Seine *historischen* Attribute waren verschwunden. Er bedrückte uns durch eine schreckliche *Neuartigkeit* der Empfindung. Wir sahen ihn nicht länger als ein astronomisches Phänomen am Himmel an, sondern als einen Alpdruck auf unseren Herzen und einen Schatten auf unseren Hirnen." [455] Da ist er wieder, der „Aberglaube"; das Gefühl mischt sich in die Operationen des Intellekts: Der Mensch kommt doch nicht los von seiner Natur. Kurz vor der Katastrophe erkennen die Forscher, wie es zum Weltenbrand kommen wird: Der Sog des Kometen wird der Erdatmosphäre allen Stickstoff entziehen, worauf sich der ungebundene Sauerstoff sofort entzünden wird. Und so geschieht es. Poe verbrennt den Globus und mit ihm den lästigen menschlichen Körper. Übrig bleibt der reine Geist bzw. viele reine Geister, nämlich all die vom Körper befreiten unsterblichen Seelen. Daher schreibt auch Hoffman:

> Was erlöst wird, so erfahren wir in der Unterredung von Eiros und Charmion, ist die Seele, welche die Apokalypse überlebt, und zwar unabhängig davon, was sie in ihrer körperlichen Existenz an Gutem und Bösem, an Frömmigkeit und Unfrömmigkeit an den Tag gelegt hat. Die Seele überlebt ..., weil sie, solange sie im Körper war, zu leiden hatte; und was überlebt, ist ein vom Körper befreites Vernunftvermögen. Seele = reiner Geist.
>
> Damit der reine Geist ohne die Störung durch die Unreinheit des körperlichen Leidens tätig sein kann, muß Poe die ganze Welt auslöschen. Er muß sie mit Feuer verzehren und dann vergessen. Dann, und nur dann, wie die Logiker sagen, kann der reine Geist sein reines Vermögen zum reinen Denken anwenden. Und *dies* ist die Seligkeit des Himmels, die uns durch die Intensität unserer irdischen Kümmernisse garantiert wird.[77]

3. „The Colloquy of Monos and Una"

In diesem zweiten Dialog, in dem übrigens die opiatbeeinflußte Wahrnehmung eine Rolle zu spielen scheint (vgl. Seite 550 ff.), treffen Monos und Una nach dem Tode zusammen und besprechen die Unvollkommenheiten der irdischen Realität und das Sterben des Körpers, das sich für sie als Übergang in eine neue, geistige Wirklichkeit erwiesen hat. Monos beklagt zunächst gegenüber seiner Geliebten, wie sehr der Mensch sich unter dem Eindruck des zivilisatorischen Fortschritts von seiner Natur entfernte, die ihm ursprünglich mit dem Geschmack ein sicheres Vermögen zur Erkenntnis des Schönen gegeben hatte (vgl. Seite 214). Die Rede ist von der Natur als schöpferischer Kraft, also der *natura naturans*, einer geistigen Größe. (Dabei verweist Poe auch auf das in seinen poetologischen Schriften entwickelte Schema, nach dem der Geschmack eine Mittelposition zwischen dem Intellekt und dem Moralempfinden einnehme. Durch die Pervertierung des Geschmacks hat der Mensch gewissermaßen seine Mitte verloren; die Harmonie seines Wesens ist empfindlich gestört.) Dagegen bedeute die im Tod erfolgte Überwindung der geschaffenen Natur, also der körperlichen Gebundenheit, eine nötige Befreiung der Seele, die daraufhin als reiner Geist in den Äther des Universums zurückkehrt. In der zweiten Hälfte des Stücks schildert Monos, wie sich diese Wiedergeburt in das rein geistige Sein vollzog. Er beginnt an dem Punkt, wo sein Widerstand gegen die tödliche Krankheit zusammenbrach und verfolgt die Veränderung seiner Wahrnehmung bis zum Tod, beschreibt mit großer Präzision die allmähliche Etablierung einer neuen, geeinten Wahrnehmung, die sich über den körperlichen Verwesungsprozeß hinaus erstreckt und bald die Möglichkeiten eines rationalen Nachvollzugs überschreitet. Am Ende befinde sich in der Erde nur noch ein Etwas, das ein Nichts sei, keine Form, keine materielle Präsenz, keinen Gedanken, keine Wahrnehmung und auch keine Seele mehr habe. Das ist merkwürdig. Denn immerhin unterhalten sich die beiden Verstorbenen doch recht gut; sie denken, sie reden oder telepathieren, sie raisonnieren, sie fühlen, sie haben eine Erinnerung, befinden sich also im Besitz der Zeit, und sie haben eine Vorstellung von räumlicher Wahrnehmung. Der Widerspruch, den Poe in diesen letzten Zeilen sowohl im Hinblick auf das vorher Gesagte als auch auf seine allgemeine Kosmologie anlegt, ist fraglos ein nicht ganz ernst gemeinter Kunstgriff des literarischen Trickbetrügers, den Hoffman beinahe zärtlich „Hoaxiepoe" nennt. Denn wenn Poe die Metamorphose von Fleisch und Seele in einer rational nachvollziehbaren Weise geschildert hätte, wenn also seine Beschreibung der mysteriösen Welt jenseits der entferntesten Grenzen unserer Wahrnehmung seinen Lesern immer noch einsichtig bliebe, so müßte sich der Autor den Vorwurf gefallen lassen, daß seine Prosa nicht überzeuge. Die „verisimilitude", die Glaubwürdigkeit, verlangt, daß der Leser der seltsamen Chronik spätestens auf der letzten Seite nicht mehr folgen kann. Ein unauflösbarer Widerspruch ist wohl die beste Methode, diesen Effekt zu erreichen. In der Forschung wurde immer wieder darauf hingewiesen, daß Poe kaum jemals mit einiger Sicherheit vom Verdacht der Ironie freizusprechen sei und daß selbst die ernsthaftesten Gedankenvorträge stellenweise darauf angelegt sein mögen, den Leser aufs Glatteis zu führen. Diese oft sehr subtile Vermischung von Ironie und Aufrichtigkeit ist für einen Kritiker so ersprießlich wie ein Spaziergang im Minenfeld, doch er mag sich durch die Einsicht trösten, daß Poe seine heiligen Wahrheiten von seinen Fliegenfängern wohl selbst nicht immer so recht zu unterscheiden vermochte. Es ist daher nicht möglich, mit einiger Gewißheit zu entscheiden, wie der Leser die merkwürdige Schlußbemerkung der „Colloquy" verstehen soll, die doch anscheinend alles zunichte macht, was zuvor aufgebaut wurde. Es ist aber denkbar, daß der Grund für diese Unstimmigkeit darin besteht, daß Poe zu jener Zeit noch nicht zu fassen vermochte, was er in „Mesmeric Revelation" und schließlich in *Eureka* umso klarer entwickelt, nämlich die Überzeugung, daß der Geist nichts anderes als eine bestimmte Art von Materie sei und daß folglich ein absolutes Nicht-Sein, wie es hier angedeutet wird, undenkbar und daher unmöglich sei. Im dritten Dialog, „The Power of Words", der ein Jahr nach „Mesmeric Revelation", jener deutlichsten Formulierung der Poe'schen Kosmologie vor *Eureka*, erschien, wird der Zusammenhang von Gedanken und Materie schließlich klar formuliert.

4. „The Power of Words"

In diesem letzten Dialog sind es die Engel Oinos und Agathos, die Tiefgründiges über das spirituelle Universum zum Besten geben. Das Schema ist bekannt: Oinos erreicht nach der Zerstörung der Erde das himmlische Aidenn, wo ihn sein Mentor Agathos empfängt und ihn in seiner ersten Lektion über die Macht der Worte informiert. Doch zunächst geht es um „Knowledge", Erkenntnis. Der Erwerb von Wissen, erklärt Agathos seinem Schüler, bedeute glücklich zu sein. Glückseligkeit ist also, wie Poe schon in „Letter to B –" verkündet, das letzte Motiv des Erkenntnisstrebens. Doch nur das Erwerben, nicht der Besitz von Wissen, sei eine Quelle der Glückseligkeit. Alles zu wissen, sei nämlich ein Fluch, denn dies setze dem glücklichen Streben ein unwiderrufliches Ende, was einer Liquidierung der Seele gleichkomme. Selbst Gott, oder wie es hier heißt: „The Most High", könne noch nicht alles erkannt haben, weil er auch „The Most Happy" sei. „Es gibt keine Träume in Eden", erklärt Agathos, „ – doch geht ein Flüstern hier, es liege dieser Materienunendlichkeit *einziger* Zweck darin, der Seele unerschöpfliche Quellen zu schaffen, daran sie ihren *Wissensdurst* stillen mag, welcher auf ewig unstillbar in ihr ist – denn ihn löschen hieße der Seele Selbst auslöschen." [440; III 466/467] Die Überzeugung, daß das spirituelle Universum von unabhängigen Seelen oder Geistern bewohnt sei, war für Poe, sofern er sich noch an romantischen Vorstellungen orientierte, zunächst sicher enttäuschend, denn sie läuft darauf hinaus, daß es auch nach dem Tod (wenigstens vorläufig) keine allgemeine Wesenseinheit gibt, daß also die Hoffnung auf eine Zusammenfügung der atomistisch zersplitterten Welt im Sinn einer umfassenden Erkenntnis aller Dinge, die Wiederherstellung ihrer ursprünglichen harmonischen Ganzheit, in der jeder alles und alles jeden versteht, vergeblich ist. In der Tat ist dies die unabdingbare Voraussetzung eines unendlich fortdauernden Erkenntnisstrebens; für den stündlich klüger werdenden Himmelsbewohner muß es immer neue Hürden geben, die zu überwinden sind: „Selbst das geistige Schauen", meint Agathos, „wird ihm nicht allerorten Einhalt getan von den ununterbrochenen goldenen Mauern des Universums? – den Mauern aus Myriaden von strahlenden Körpern, welche die bloße Anzahl für den Blick hat zur Einheit verschmelzen lassen?" [440; III 466] Die Einheit des Universums wird nur scheinbar ersichtlich; in Wirklichkeit ist und bleibt der Kosmos eine Kombination unzähliger Einzelelemente. Diese Ausführungen dokumentieren eine Wende oder wenigstens eine nach langem Schwanken erfolgte Entscheidung in Poes kosmologischen Anschauungen, die erstmals in der Erzählung „Mesmeric Revelation" ausführlich erläutert wird.

IV. Der Dichter und das Universum: Poes Weltbild 535

Nur zu Anfang, erklärt Agathos, sei Gott als Schöpfer der Welt aufgetreten, indem er die Voraussetzungen dafür schuf, daß alle Dinge sich fortan in Kettenreaktionen aufgrund bestimmter Gesetzmäßigkeiten selbst hervorbringen und vermehren konnten. Gott ist mithin der Begründer der Physik, der Chemie, der Mathematik, der seit dem ersten Lebenshauch freudig verfolgt, wie diese sich zu einem logisch aufgebauten Netz von Wirkungen fügen und aus sich selbst heraus einen sich immer weiter verzweigenden, aber stets geordneten Kosmos erzeugen. In diesem Universum ist kein Ding ohne Wirkung, und jede Wirkung potenziert sich mathematisch unendlich, indem sie zusammen mit anderen Wirkungen wiederum neue Impulse gibt, die zusammen mit anderen Impulsen weitere Reaktionen bewirken usw. Es gibt also einen großen Zusammenhang; jedes Element, jedes Einzelwesen ist Zweigstück des großen Ganzen, das in seiner Einheit, da es sich laufend vergrößert und vermehrt, unüberschaubar bleibt. Das unendliche Zusammenspiel von Ursache und Wirkung bezieht sich aber nicht bloß auf materielle Prozesse, denn auch die Gedanken seien unvergänglich und würden, einmal gedacht, mit anderen Gedanken und Wesenheiten fortwährend neue Verbindungen eingehen. Agathos gibt ein Beispiel für die unendliche Potenzierung einer einzelnen Wirkungsursache: Wenn ein Mensch auf der Erde seine Hände bewege, so entstünden dadurch Schwingungen, die von ihrem Ausgangspunkt ewig fortstrebten und sich dabei wieder und wieder mit anderen Schwingungen kreuzten. Man muß sich dies so vorstellen, wie die Stelle, an der man einen Stein ins Wasser geworfen hat, die nun das Zentrum immer weiterer Kreise an der Oberfläche wird. Jede einzelne Bewegung und jeder Gedanke wirft solche Kreise, die sich an zahllosen Punkten überschneiden und durch dieses Zusammentreffen ein neues Zentrum erzeugen, um das sich wieder Kreise bilden. Diese Gesetzmäßigkeit habe die Mathematiker in die Lage versetzt, durch konsequentes Zurückrechnen den ursprünglichen ersten Impuls eines Phänomens zu ermitteln, d.h. wann, wo und wie er erfolgt sein mußte. Die erfolgreiche Anwendung dieser Berechnungen habe dann zu der Einsicht geführt, daß solche Beweisführungen unendlich fortgesetzt werden könnten, sofern derjenige, der sie anwende, über einen entsprechend leistungsfähigen Intellekt verfüge. Ein unbegrenzter Intellekt, der alle Geheimnisse der Algebra kenne, müsse daher in der Lage sein, alles durch alles zu erklären.[78]

Jede Bewegung ist also kreativ, und jede Kreation ist Resultat einer Bewegung. Das erklärt, wieso Poe in seinen poetologischen Ausführungen immer wieder großen Wert auf die rhythmische Struktur eines Gedichts legt; in „The Poetic Principle" wird er die Poesie ausdrücklich als die *rhythmische* Erzeugung von Schönheit definieren. Diese kreativen Bewegungen, so fährt Agathos nun fort, seien durch die Gedanken motiviert, deren *prima causa* wiederum die Gottheit sei. Es folgt die Pointe des Dialogs: Auch ein Wort gebe also einen Impuls, der sich in der Luft als Schwingung fortsetzt, so daß alles, was jemals gesprochen wurde, in seiner unendlich potenzierten Wirkung ewig fortbestehe. Die Macht der Worte äußert sich also auch physikalisch und kann materielle Welten begründen. An dieser Stelle des Gesprächs überfliegen die Engel einen Stern, den grünsten und gleichzeitig schrecklichsten, meint Oinos, den er je gesehen habe: „Seine leuchtenden Blumen wirken auf mich wie ein zaubrischer Traum – doch seine wilden Vulkane wie die Leidenschaften eines aufgewühlten Herzens." Agathos ist vom Anblick dieses Sterns zu Tränen gerührt, denn er erkennt ihn als das physikalische Resultat einer leidenschaftlichen Liebeserklärung, die er als Erdenmensch vor dreihundert Jahren ausgesprochen habe. Über dieses Schlußbild läßt sich kaum streiten; es ist handlich und es ist schlicht, und zwar so schlicht, daß Hoffman ärgerlich bemerkt: „Was für eine Flammenwolke von Klischees ist doch seine Beschreibung des Sterns! Wen kümmert es? Wen rührt sein Gedanke an? Poes Theorie befiehlt uns, von der ewig widerhallenden Flut der Macht seiner Worte überwältigt zu sein, aber seine Worte, die zum Ausdruck bringen, was nie jemand sah oder berührte ..., diese Worte haben nicht die geringste Macht."[79]

5. „Mesmeric Revelation"

In dieser Erzählung räumt Poe in aller Deutlichkeit mit seiner früheren Hoffnung und Überzeugung auf, daß die Seele sich nach dem Tod des Körpers mit dem Weltgeist wieder zum ursprünglichen Ganzen verbinde. Die verlorene Vision der All-Einheit wird jedoch durch eine neue ersetzt, nämlich die Vorstellung von einem logisch stringenten Kosmos, in dem sich das Viele wie die bunten Scherben eines Kaleidoskops in immer neuen Konstellationen zu einer dynamischen Ordnung organisiert, die nicht von oben her verfügt ist, sondern aus der Eigengesetzlichkeit der agierenden Kräfte resultiert. Die erzählte Handlung ist schnell wiedergegeben: Ein Magnetiseur versetzt einen todkranken Patienten auf dessen Wunsch in eine hypnotische Trance, um ihm dann einige Fragen zu stellen, aus deren eigener Beantwortung der Kranke Aufschluß darüber erhalten will, ob die Seele wirklich unsterblich sei. Der Patient, ein Mr. Vankirk („von der Kirche"), hat eine Glaubenskrise und will die brennende Ungewißheit noch vor seinem Tod oder wenigstens währenddessen ausräumen. Als der Trancezustand am Ende der Erzählung wieder aufgehoben wird, zeigt sich, daß Vankirk während seiner somnambulen Versenkung gestorben ist, so daß die Erzählung mit der Überlegung des Magnetiseurs ausklingt, ob die Mitteilungen Vankirks nicht vielleicht teilweise schon authentische Botschaften aus dem Jenseits gewesen sein könnten. Der mesmerisierte Vankirk wird somit zum Sprachrohr von Poes Kosmologie und „enthüllt" à la Swedenborg folgende Wahrheiten: Die Dichotomie von *matter* und *spirit* und alle darauf gründenden Dualismen seien bloße Sprachspielerei der Menschen; eine derartige Teilung gebe es nicht. Vielmehr sei das sogenannte „spirituelle" Universum durchaus materiell, allerdings sei der Stoff, aus dem die Seelen, Gott und das ganze Reich des Geistes bestehen, ein feinerer als der, aus dem sich die chemischen Elemente zusammensetzen. Genauer gesagt: Im Unterschied zu der uns bekannten Materie, die „particled" ist, d.h. aus molekularen Strukturen besteht, deren Zwischenräume zulassen, daß ein Gegenstand mehr oder weniger verformbar ist, sei jene andere Materie „unparticled", d.h. sie weise eine größtmögliche, also absolute Dichte auf. Solche Körper von größtmöglicher Dichte, erklärt Vankirk dem erstaunten Magnetiseur, seien unteilbare Einheiten und daher den physikalischen Gesetzen nur noch bedingt unterworfen:

> Die Atmosphäre zum Beispiel treibt das elektrische Prinzip, indessen das elektrische Prinzip die Atmosphäre durchdringt. Diese Gradationen der Materie nehmen an Dünn- oder Feinheit zu, bis wir schließlich zu einer *partikellosen* – das heißt, nicht mehr aus Teilchen bestehenden – unteilbaren – Materie kommen; und hier ist das Gesetz von Antrieb und Durchdringung modifiziert. Die letzte, nicht mehr in Teilchen auflösbare Materie durchdringt nicht nur alle Dinge, sondern ist auch aller Dinge Antrieb – und ist mithin das Alles in sich selbst. Diese Materie ist Gott. Was die Menschen mit dem Wort „Gedanke" zum Ausdruck bringen, ist diese Materie in Bewegung. [90/91; III 320]

„Dies ist eine durch und durch physikalische Metaphysik!"[80], beschwert sich Hoffman und zeigt Verständnis für jene Zeitgenossen Poes, die Schriften wie diese als blanke Blasphemie verurteilten. Untersucht man aber Poes Charakterisierung jener „absoluten Materie" genauer, so zeigt sich, daß er im Grunde das, was man sonst als „Geist" bezeichnet, einfach nur umgetauft hat, während das Bezeichnete selbst immer noch das alte ist und auch weiterhin über die immer schon angenommenen metaphysischen Qualitäten verfügt. Vankirk zufolge, ist Gott „unparticled matter", die alle Dinge gleichzeitig antreibe und durchdringe, die also alles, was sie aus sich hervorbringt, gleichzeitig auch selbst ist. Diese Materie ist Schöpfer und Schöpfung zugleich, oder anders formuliert: Sie ist und ist nicht Gott, beides in einem. Eine Materie, die gleichzeitig ist und nicht ist, kann es aber nicht geben, das widerspricht dem Begriff des Materiellen. Was hier als Materie bezeichnet wird, ist also durchaus keine solche, sondern entspricht genau dem, was man seit jeher als den Geist, das göttliche Fluidum oder die Weltseele bezeichnet hat. Was Poe hier präsentiert, ist eine Metaphysik, die sich bloß die Maske der Physik aufgesetzt hat, denn seine Gottesdefinition ist letztlich jener berühmten vergleichbar, derzufolge Gott ein Kreis mit einem allgegenwärtigen Zentrum und ohne Peripherie sei. Dennoch hat Hoffman mit seiner Kritik nicht ganz Unrecht, denn was Poe hier beschreibt, und wie er es beschreibt, stellt in seiner sachlichen Kälte und Sterilität durchaus keinen Lebensraum dar, in dem sich die menschliche Seele über ihre irdischen Leiden hinweg trösten könnte; es gibt in dieser Unendlichkeit keine Erlösung, keine Barmherzigkeit, keine Versöhnung und keine Liebe, also überhaupt keine ethischen Werte.

Im Zustand der Ruhe, so heißt es weiter, sei die als Gott identifizierte „unparticled matter" das, was die Menschen als „mind" bezeichnen, in der Bewegung aber, d.h. wenn der „mind" denkt und durch das Denken Neues kreiert, sei sie „thought", d.h. jene Kraft, die als ein von sich selbst unabhängiges Wollen alles inspiriert und durchdringt. Die Welt entstand also als göttlicher Gedanke (woran sich auch nichts ändert, wenn man ihn in pseudo-physikalischer Begrifflichkeit umschreibt), und sie ist, da sie schlechthin alles, also auch die von Menschen und Engeln in den Äther geschickten Gedanken, durchwirkt, auch noch im jetzigen Zustand eines autonomen Werdens maßgeblich an der *creatio continua* beteiligt. Die Basis dieser Überlegung ist weder unchristlich[81], noch ist sie neu, und zwar ebensowenig wie die Idee von der „Power of Words" blasphemisch zu nennen wäre, denn die Engel und andere spirituelle Wesen imitieren als Ebenbilder Gottes ja nur die Schöpfung durch den Logos. Als alles durchdringende Wirkung ist Gott in ihnen, also auch in ihren Worten, die damit sozusagen stets auch Spurenelemente des göttlichen Wortes mit sich tragen. „Alle geschaffenen Dinge", erklärt Vankirk daher, „sind nichts anderes als die Gedanken von Gott." [92] Hierauf befaßt sich Poe mit dem Problem, daß, wenn jeder Gedanke ewig fortbestehe, der Mensch nach seinem Tod den Körper doch eigentlich gar nicht ablegen könne, weil dies bedeutete, daß er als eine Idee Gottes eben doch vergänglich wäre. Vankirk erklärt daher, daß schon der irdische Mensch aus zwei Körpern bestehe, „the rudimental and the complete body." [93] Der Tod des Menschen sei ein Übergang wie die Verwandlung der Raupe in einen Schmetterling. Schon der irdische Mensch habe seinen „vollständigen", von Gott gedachten Körper in sich, vermöge ihn jedoch nicht wahrzunehmen, da seine Sinne nur „particled matter", also die gewöhnliche Materie registrieren können. Der organische Körper sei bloß eine Hülle, der den eigentlichen, „vollständigen" Körper umgebe und nach dem Tod abgestreift werde. Erst mit dem Tod wird also die göttliche Idee von der Existenz des Menschen realisiert, indem der Mensch dann seinen von allen Unreinheiten befreiten „Himmelskörper" erhält. Dieser Körper, obwohl er eine der irdischen Hülle weit überlegene Kreation darstellt, ist aber immer noch ein Körper und wird es auch ewig bleiben. Einen Körper zu haben, heißt aber auch, begrenzt zu sein; daher ist Gott als die „absolute Materie", die alles durchdringt, doch körperlos zu denken. Der Mensch, seine Seele, sein Geist bleibt dagegen an seinen Körper gebunden, vermag wohl wesentlich mehr als in der Zeit seines irdischen Lebens und ist auch unsterblich geworden, aber er bleibt doch ewig von Gott, jener höchsten substanzlosen Substanz, getrennt und verschieden. Könnte er sich seines Körpers entledigen, so müßte er selbst Gott werden, doch er kann es nicht, weil dies bedeuten würde, daß Gott sich somit zuletzt selbst erschaffen würde, was allerdings keinen Sinn ergebe (denn Gott ist ja als Gott keine Kreatur; er *ist* einfach, so wie er schon immer war und immer sein wird).[82] Wozu bedurfte es nun überhaupt eines „rudimental body", wieso kann der Mensch nicht gleich in seiner eigentlichen Existenzform Bestand erhalten? Kurz gesagt: Wozu ist das irdische Leben überhaupt gut, wenn es doch nur eine äußere Hülle ist, die es abzustreifen gilt? Vankirks Antwort: Weil die Seligkeit der überirdischen Existenz ohne den Kontrast mit ihrem Gegenteil nicht möglich wäre.

> Alle Dinge sind entweder gut oder böse erst durch Vergleichung. Eine hinreichende Analyse würde erweisen, daß Lust in allen Fällen nur der Gegensatz von Leid ist. Positive, absolute Lust ist eine bloße Idee. Um an irgend einem Punkte glücklich zu sein, müssen wir zuvor einmal an dem nämlichen gelitten haben. Niemals gelitten zu haben hieße auch niemals selig gewesen zu sein. Es ward gezeigt, daß es im anorganischen Leben Leid nicht geben kann; daher denn die Notwendigkeit des organischen. Das Leid dieses Lebens auf Erden ist die einzige Basis, auf welcher die Seligkeit jenes Lebens im Himmel gründet. [95; III 328]

6. „Eureka"

Heureka!, dieser freudige Ausruf, den Poe von Archimedes übernahm, gerät Literaturwissenschaftlern und ihren Studenten, wenn sie ihn nachsprechen müssen, in der Regel eher zu einem Seufzer, und die bescheidenen einhundertdreißig Seiten scheinen sich vor ihrem Blick zu einem unzugänglichen Gebirgsmassiv aufzutürmen. Tatsächlich beginnen die Schwierigkeiten schon mit dem allerersten Schritt, nämlich der einfachen Feststellung, um was für einen Text es sich hier eigentlich handelt. Auf dem Titelblatt wird das Werk als *A Prose Poem* angekündigt, während der Beginn des Textes mit dem Titel *Eureka: An Essay on the Material and Spiritual Universe* überschrieben ist. Gewidmet ist das Werk Alexander von Humboldt, also einem Vertreter der exakten Wissenschaften, doch im unmittelbar folgenden „Preface" wird es jenen zugeeignet, „die auf Träume als die einzigen Realitäten vertrauen." [XVI 183] Mit einer beinahe marktschreierischen Emphase wird darauf hingewiesen, daß *Eureka* ein Buch der Wahrheiten sei: „Was ich hier vorbringe, ist wahr", ruft Poe schon im Voraus den Kritikern zu, die das Werk mißverstehen oder verspotten werden. Wahrheit ist aber, wie Poe in seinen dichtungstheoretischen Schriften immer wieder betont hat, keine Domäne der Poesie, sondern der Prosa, und doch beschließt er das Vorwort mit dem Satz: „Dennoch wünsche ich, daß es allein als ein Gedicht beurteilt werde, wenn ich tot bin." An offenkundiger Poesie, d. h. einer rhythmisch gestalteten Anschauung der höchsten Schönheit, findet sich in dem Werk jedoch wenig; daß es sich um ein Prosagedicht handele, scheint der Autor selbst sehr schnell zu vergessen, da er bis zum Hals in wissenschaftlichen Papieren steckt – der Nebulartheorie des Astronomen Pierre Simon Laplace, Newtons Gravitationsgesetz und astrophysikalischen Berechnungen und Theorien von Kepler bis hin zu Humboldt, Mädler und Argelander –, so daß er sein Werk immer häufiger als „Discourse" und „Treatise" bezeichnet. Und nichts anderes scheint es zu sein: ein Traktat, das – wie der Name schon sagt – den Leser traktiert, indem es ihn mit der für diese literarische Gattung so typischen papierenen Sprödigkeit umgibt, die das *Poetic Sentiment* wohl nur zum Gähnen findet. Ist *Eureka* also ein „wahres" Traktat oder ein schönes Gedicht oder gar beides? In der Hoffnung, daß sich diese Frage am Ende der folgenden Ausführungen von selbst lösen mag, wollen wir sie vorerst vertagen, um erst einmal zu ermitteln, wovon in dieser sonderbaren Schrift eigentlich die Rede ist.

„Physical" ist das erste Adjektiv, das sich auf die Thematik bezieht, und „Spirit Divine" sind die letzten Worte. Damit ist die Spannweite dieser Schrift umrissen: es geht um alles, und nichts sonst. So erklärt Poe dem Leser in unverfrorener Deutlichkeit: „Ich habe mir zu reden vorgesetzt, *von dem Physischen, Metaphysischen, und Mathematischen – von dem Materiellen und Spirituellen Universum: – von seinem Wesen, seinem Ursprung, seiner Schöpfung, seinem gegenwärtigen Zustand, und seinem künftigen Geschick.*" [XVI 185; V 212] Hierauf beginnt er sein unbescheidenes Unternehmen mit der Problematisierung der Erkenntnisgrundlage und verweist darauf, daß die axiomatischen Voraussetzungen der empirischen Wissenschaften durchaus keinen Gültigkeitsanspruch erheben dürften: „Die Wahrheit ist schlicht diese: daß die Aristoteliker ihre Schlösser auf einem Fundament errichteten, weit weniger verläßlich als Luft; *denn nie hat etwas wie ‚Axiome' je existiert, noch kann es dergleichen überhaupt geben.* Dies nicht zu sehen, oder wenigstens doch zu argwöhnen, müssen sie in der Tat sehr blind gewesen sein …" [XVI 192; V 220] Wer ein Haus bauen will, muß jedoch über ein Grundstück verfügen; auch Poe kann nicht *ex nihilo* eine Welt erschaffen. Daher kommt er, obwohl er sich gegen jede Axiomatik verwahrt, nicht umhin, auch selbst wenigstens eine Vorannahme zu machen: „… Ich versichere nunmehr – daß eine gänzlich unwiderstehliche, wenn auch unbeschreibliche, Intuition mich zu der Schlußfolgerung zwingt, daß was Gott ursprünglich erschuf – daß diese Materie, die er zuallererst, durch seine Willenskraft, aus seinem Geist erzeugte, oder aus dem Nichts, nichts anderes sein *konnte* als Materie in ihrem äußersten vorstellbaren Zustand von – was? – von *Einfachheit!* / Dies ist, wie sich zeigen wird, die einzige absolute *Vorannahme* in meiner Abhandlung." [XVI 206] Als das Gegenteil eines differenzierten Zustandes ist „Einfachheit" hier ein Synonym für die ursprüngliche All-Einheit; „Unity" ist also das Alpha und, wie sich zeigen wird, auch das Omega des ganzen Kosmos. „*In der ursprünglichen Einheitlichkeit des Ersten Dinges*", heißt es daher schon zu Anfang, „*liegt beschlossen die Ursache aller sekundären Dinge, sowie der Keim zu deren unvermeidlichen Aufhebung.*". [XVI 185/186; V 213] Der Weltenschöpfer erzeugte aus seinem Willen heraus einen einheitlichen „particle", ein Samenkorn sozusagen oder den mythischen Klumpen Lehm, aus dem sich in neuen Verzweigungen die Vielfalt des Alls entwickelte; aus dem Einen wurde das Viele: „Diese Beschaffenheit [des Universums] wurde zuwege gebracht, indem das ursprünglich und daher normale *Eine* in den anormalen Zustand des *Vielen* gezwungen wurde. Eine Aktion dieser Art impliziert eine Reaktion. Eine Zerstreuung des Einheitlichen … schließt eine Tendenz mit ein, zur Einheit zurückzukehren – eine Tendenz, die solange unauslöschlich bleibt, bis ihr stattgegeben wird." [XVI 207] Derzeitig befindet sich der Kosmos in einem Zustand atomistischer Zerstreuung; alle Elemente bestehen als unabhängige Einheiten in einem Kräftefeld, das sich immer weiter ausdehnt. Dieses Kräftefeld wird durch die beiden Grundprinzipien *attraction* (Anziehung) und *repulsion* (Abstoßung) erzeugt, wobei das Prinzip der Abstoßung verhindere, daß eine „vorzeitige" Wiederherstellung der ursprünglichen All-Einheit erfolgt:

> Wir erkennen also, daß für die effektive und umfassende Vollendung des großen Planes eine Abstoßungskraft von begrenzter Wirksamkeit notwendig ist – ein separates *Etwas*, das, nach dem Rückzug der ausstreuenden Willenskraft, gleichzeitig die Annäherung der Atome gewähren und ihre Verschmelzung unterbinden soll, indem es ihnen eine unendliche Annäherung auferlegt, während es ihnen den positiven Kontakt verwehrt, in einem Wort: das die Macht besitzt – *bis zu einem gewissen Zeitpunkt* –, ihren Zusammenfall zu verhindern, aber nicht imstande ist, ihrer *lockeren Verbindung* in irgendeiner Weise oder irgendeinem Maße entgegenzuwirken. [XVI 210/211]

Anders gesagt: Nachdem sich Gott als Autor der Welt aus seiner Schöpfung zurückgezogen habe, damit sie sich, wie Poe bereits in „The Power of Words" erläutert hat, aus den ihr innewohnenden Gesetzmäßigkeiten selbständig entwickle und vermehre, habe eine physikalische Kraft dessen ordnende Rolle übernehmen müssen, um zu verhindern, daß der göttliche Weltenplan zu früh erfüllt werde. Diese Kraft ist es, die Poe *repulsion* nennt und in dem Phänomen der gegenseitigen Abstoßung gleichgeladener elektrischer Pole wiedererkennt, während das Prinzip der *attraction* physikalisch in Newtons Gravitationsgesetz, dem Gesetz der Schwerkraft, zutage trete. Erst auf einen göttlichen Wink, der in einer entfernten Epoche erfolgen mag, werde die Wirksamkeit der *repulsion* nachlassen, um den der *attraction* unterworfenen Atomen die Wiedervereinigung zu jenem ursprünglichen Partikel zu gestatten, mit dem die Geschichte des Alls begann. Das Verhältnis von *attraction* und *repulsion*, heißt es weiter, entspreche dem von Körper und Geist: „Die erste ist der Körper, die zweite die Seele; die eine das materielle, die andere das spirituelle Prinzip des Universums. *Es gibt keine anderen Prinzipien.* Alle Phänomene sind auf die eine oder die andere oder auf eine Verbindung von beiden zurückführbar." [XVI 213/214] Das Universum, in dem sich die Vielzahl der disparaten Atome zu größeren Einheiten zu verbinden sucht (soweit *repulsion* dies nicht verhindert), ist für Poe jedoch kein unendlich großer Raum mit einer definierten Mitte, nach der sich alles gleichermaßen hin orientiert, sondern es ist – ganz im Sinn der von Pascal übernommenen Gottesdefinition[83] – ein Raum ohne Zentrum, bzw. (was auf dasselbe hinausläuft) ein Raum, in dem jeder beliebige Punkt ein Zentrum ist oder sein kann. Die Atome, meint Poe, streben keineswegs ein und demselben Punkt entgegen, sondern drängen vielmehr expansiv in alle Richtungen, um sich mit dem ihnen jeweils nächstliegenden Element zu verbinden: „... denn die Tendenz zum Zentrum *ist* lediglich die Tendenz von jedem zu jedem, und gar nicht die Tendenz zu einem Zentrum als solchem." [220; V 253] Diese Überlegung ist für das Denken Poes charakteristisch und unterscheidet seine Kosmologie von ähnlichen Modellen der Romantik: Seiner Ansicht nach befindet sich die Welt in ihrem gegenwärtigen Zustand keineswegs in einer verborgenen Harmonie von Entsprechungen und Korrespondenzen, einer heimlichen Einheit, die sich dem inneren Auge in Traumvisionen erschließen mag. Ihre Anlage und Entwicklung folgt zwar einem Ordnungsprinzip, doch innerhalb des kolossalen Koordinatensystems existiert jedes Element, jeder Körper und jeder Geist isoliert für sich, und zwar solange, bis es Gott gefällt, das Viele wieder zum Einen zusammenzufügen. Ebenso argumentiert Poe an anderer Stelle, wo er vermutet, daß das Weltall aus einer unbegrenzten Vielzahl von Sonnensystemen besteht:

> *Falls* jedoch solche Haufen-aller-Haufen existieren sollten – *und sie tun es* – dann ist es mehr als klar, daß sie, die nicht Anteil an unserm Ursprung hatten, auch keinen Teil haben werden an unseren Gesetzen. Weder ziehen sie uns an, noch wir sie. Ihre Materie – ihr Geist – ist nicht der unsrige – ist nicht der, der in irgendeinem Teil unsres Universums vorwaltet. Sie könnten uns nicht beeindrucken; nicht unsre Sinne, nicht unsre Seelen. Zwischen ihnen und uns ... gibt es keinerlei gemeinsame Einflüsse. Jedwedes existiert,

abgesondert-für-sich & unabhängig, *im Busen seines eigenen & speziellen Gottes.* [XVI 276; V 316]

Nachdem Poe bis hierher den Ursprung und gegenwärtigen Zustand des Universums erläutert hat, begibt er sich daran, einen Blick in seine Zukunft, d.h. auf seine letzte Bestimmung zu werfen. Zu diesem Zweck bemüht er die Nebulartheorie von Laplace, die im wesentlichen besagt, daß der Kosmos, der zwar ungeheuer weit, aber doch endlich zu denken sei, sich durch die fortschreitende Verbindung von Himmelskörpern und versprengten Resten explodierter Sterne zu Wolken und Nebeln in einem einfachen Additionsvorgang allmählich immer mehr verdichte, das Disparate sich also zusehends zu einem Festkörper verbinde.

> Mit fortschreitender Dichte, in dem Maße, in dem der göttliche Plan erfüllt wird, wenn immer und immer weniger zu Erfüllendes übrigbleibt – im selben Maße ist ein beschleunigtes Nahen *des Endes* zu erwarten: – daher wird der philosophische Kopf leicht begreifen, daß der göttliche Plan zur Erschaffung der Sterne *mathematisch* seiner Erfüllung entgegengeht ... [XVI 291]

In einem fortgeschrittenen Stadium dieser Verdichtungstendenz wird die für die Bewahrung der Diversität verantwortliche *repulsion* endlich überwunden werden und alle Masse, allein von der Kraft der *attraction* getrieben, in einem gewaltigen Sturz in das ursprüngliche All-Eine zusammenfallen. Mit der Aufhebung des Spannungsfeldes von *attraction* und *repulsion* werden alle Strukturen zusammenbrechen; die Himmelskörper werden nicht mehr in ihren Umlaufbahnen gehalten und stürzen ab: „... [es] muß dann & zwar sofort, ein chaotisches bzw. scheinbar-chaotisches Abstürzen der Monde auf ihre Planeten einsetzen; der Planeten auf die Sonnen; der Sonnen in die Kerne ..." [XVI 307/308; V 351] Der nach dieser Katastrophe noch übrige Trümmerhaufen müßte also als einzige Insel in einer kolossalen Leere bestehen, so wie der Urpartikel, aus dem heraus das Viele ursprünglich entstanden war. Nun kann Materie nach Poe aber nur als Materie bestehen, wenn sie Gegenstand der Wechselwirkung von *attraction* und *repulsion* ist. Beide Kräfte sind nach diesem Zusammenfall aller Elemente in das Ur-Eine jedoch wirkungslos, so daß es folglich keine Materie im Sinn der Definition mehr geben kann. Was bleibt also übrig? Eine Materie, die keine Materie mehr ist – und das ist das absolute Nichts:

> ... wenn schließlich ... die Materie den Äther ausgetrieben haben und in die absolute Einheitlichkeit zurückgekehrt sein wird, – so wird sie (um es im Augenblick einmal paradox auszudrücken) Materie ohne Anziehungskraft und ohne Abstoßungskraft sein – mit anderen Worten: Materie ohne Materie – mit noch anderen Worten: *keine Materie mehr.* Indem sie in die Einheit eingeht, wird sie sogleich in jenes Nichts eintauchen, das, aller Endlichen Wahrnehmung zufolge, die Einheit sein muß – in jene materielle Nihilität, aus der sie nach unserer Vorstellung allein heraufbeschworen worden sein kann – *erschaffen* durch den Willensakt Gottes. [XVI 310/11; V 354]

Diese Vision der allumfassenden Vernichtung ist erschreckend, doch Poe spendet Trost: Denn das Nichts ist der reine göttliche Schöpfungswille, aus dem schließlich schon einmal eine Welt, nämlich die nun verlorene, hervorgegangen ist, so daß dieses Wollen ebenso auch neue Welten erzeugen mag:

> Lassen wir unsre Imagination leiten von jenem allbeherrschenden Gesetz aller Gesetze, dem Gesetz der Periodizität: sind wir dann in der Tat nicht mehr als berechtigt, den Glauben zu nähren – sagen wir doch gleich, in der Hoffnung zu schwelgen – daß die Prozesse, denen sinnend nachzugehen wir hier gewagt haben, Erneuerung erfahren werden für immer, und für immer, & für immer; daß ein neues Universum ins Dasein schwellen, und dann wieder einsinken werde in Nichthaftigkeiten, bei jeglichem Schlage des Göttlichen Herzens?
> Und nun – dies Göttliche Herz – was *ist* es? *Es ist unser eigenes.* [XVI 311; V 355]

Gott war am Anfang, Gott wird am Ende sein. Gegenwärtig, meint Poe, ist Gott in allen Elementen vorhanden. Auch in uns, die wir Gedanken Gottes sind, besteht die alles begründende Schöpfungskraft, ja wir sind sie selbst. Damit versichert uns Poe aber der Fähigkeit, unseren eigenen Tod und den unserer Welt zu überleben – der Schluß von *Eureka* endet also mit der erhebenden Vision unserer Unsterblichkeit.

Aufgrund dieser Erkenntnis können wir nun auch entscheiden, daß *Eureka* in der Tat ein Gedicht ist, denn das Werk erfüllt Poes wesentlichste Forderung an die Poesie: Es läßt uns in der Vision unserer ersehnten Unsterblichkeit die „supernal Beauty" erfahren, nicht über einhundertdreißig Seiten (das wäre wohl unerträglich), sondern in der befreienden Wendung, mit der diese beachtliche Schrift ausklingt. Nun bleibt noch zu klären, welchen Stellenwert hier die wissenschaftliche Gründlichkeit und die Beobachtung empirischer Wahrheiten hat, die in der Poesie doch eigentlich kein großes Gewicht erhalten sollen. Betrachten wir also die nur vermeintliche Wissenschaftlichkeit dieser Schrift etwas genauer. Schon zu Beginn wird als eine wichtige Größe nicht die empirische Genauigkeit, sondern die Intuition eingeführt. Die erste und einzige Vorannahme Poes, nämlich daß die Welt durch den göttlichen Willen aus dem Nichts erschaffen wurde, basiert auf einer „unwiderstehlichen" Intuition. Und so definiert Poe seinen Begriff der Intuition: „Sie ist nichts anderes als die Überzeugung, die aus jenen Induktionen oder Deduktionen erwächst, deren Abläufe so schattenhaft sind, daß sie unserem Bewußtsein entgehen, sich unserer Vernunft entziehen oder unser Ausdrucksvermögen übersteigen." [XVI 206] Intuition ist also ein Erkenntnisvermögen, das weiter reicht als die Sinne und die Vernunft; „es gibt keine mathematische Demonstration, die auch nur einen geringsten zusätzlichen *echten Beweis* der großen *Wahrheit* erbringen könnte, die ich dargelegt habe." [XVI 221], heißt es an anderer Stelle. Intuition ist also die Basis des Gedankenvortrags in *Eureka*; darauf aufbauend folgen logisch-rationale Operationen. Diese Verbindung von Intuition und Kalkül ist nichts anderes als jene poetische *ratiocination*, mit der Dupin seine Kriminalfälle löst. Wie jener, meint Hoffman daher sehr richtig, ist auch Poe als Autor von *Eureka* ein Entzifferer, „dessen Kräfte ... sich ... nun darauf konzentrieren, die große Chiffre der Erscheinungen zu knacken und das wahre Muster des größeren Lebens im Universum zu entdecken, für welches das menschliche Leben nur ein individuiertes und fragmentarisches Beispiel ist. Was Dupin im Hinblick auf das menschliche Handeln demonstriert, demonstriert Poe selbst, als Autor von *Eureka*, im Hinblick auf das gesamte Sein: den versteckten Rhythmus seiner Abläufe, dem der intuitive Gedanke selbst am nächsten kommt."[84] Auch auf Laplace verweist Poe im Sinn solcher *ratiocination*, indem er von dessen „geradezu wundersamem mathematischen Instinkt" [XVI 266] schreibt. Ebenso bemerkenswert findet er, daß Newton seine Gravitationslehre auf Keplers Gesetze stützte, die dieser erraten habe:

> … d.h. er *imaginierte* sie. Hätte man ihn aufgefordert, entweder den deduktiven oder den induktiven Weg aufzuzeigen, auf dem er sie ermittelte, so hätte seine Antwort sein mögen: „Ich kenne keine Wege – aber ich kenne die Maschinerie des Universums. Hier ist sie. Ich begriff sie mit meiner Seele – ich wurde ihrer durch bloße Intuition inne." [XVI 197]

Abschließend ist also festzuhalten, daß *Eureka* nicht das empirisch-wissenschaftliche Traktat ist, das es zu sein scheint. Empirie und Logik allein, so argumentiert Poe, können uns nichts über den Zustand der Welt verraten, sondern müssen sich, um zu Ergebnissen zu führen, mit der einzig verläßlichen menschlichen Fakultät, nämlich der Intuition, zu dem verbinden, was Coleridge *Imagination* nennt. Nur diese schöpferische Phantasie, in der sowohl die Neigungen als auch das Potential des *Poetic Sentiment* zum Ausdruck kommen, ist in der Lage, die Zusammenhänge der Welt zu erkennen, denn nur sie ist es, die sie überhaupt erschaffen hat. In diesem Sinn ist nicht nur *Eureka* ein poetisches Werk, sondern auch der Kosmos selbst, wie Wilbur bemerkt: „Poe verstand Gott als einen Dichter. Das Universum war daher ein Kunstwerk, ein von Gott komponiertes Gedicht. Wenn nun das Universum ein Gedicht ist, so folgt daraus, daß die ihm angemessene Betrachtungsweise eine ästhetische ist und daß Gottes Geschöpfe in dem Maße mit ihm im Einklang sind, in dem ihr Vorstellungsvermögen von der Schönheit und Harmonie seiner Schöpfung entzückt ist."[85] Das Schöne ist, als Kardinalthema der Poesie, daher auch das Kardinalthema von *Eureka*, wo nur das Schöne wahr und darum alles Wahre schön ist. (So wird z.B. die Nebulartheorie von Laplace nicht zufällig als „beautifully true" bezeichnet[86]). Wahrheit – und zwar die *empfundene*, nicht die empirische, die für Poe nur eine Karikatur der ersteren ist – und Poesie sind also endlich ein und dasselbe:

> Sie ist die poetische Essenz des Universums – *des Universums*, das in der Unübertroffenheit seiner Symmetrie nichts anderes ist als das erhabenste aller Gedichte. Nun sind Symmetrie und Folgerichtigkeit austauschbare Begriffe: – daher sind Poesie und Wahrheit eins. Ein Sachverhalt ist in dem Maße folgerichtig, in dem er wahr ist – wahr in dem Maße, in dem er folgerichtig ist. *Eine vollkommene Folgerichtigkeit, ich wiederhole es, kann nichts anderes sein als eine absolute Wahrheit.* Wir dürfen es daher als sicher erachten, daß der Mensch sich im Großen und Ganzen nicht irren kann, wenn er sich von seinem poetischen Instinkt leiten läßt, der, wie ich ausgeführt habe, mit seinem durch die Ausrichtung auf Symmetrien gekennzeichneten Wahrheitsinstinkt identisch ist. [XVI 302]

V. Rausch und Erkenntnis

„Ich habe keine Lust mehr zu leben, seit ich *Eureka* beendet habe. Ich könnte doch nichts mehr zuwege bringen", hatte Poe in einem Brief an Mrs. Clemm geschrieben. Dies ist nicht bloß eine von akuten Depressionen diktierte Äußerung, sondern eigentlich die Erkenntnis der einzigen Konsequenz, die sich aus der Entwicklung seines Schaffens ergibt. Im Grunde hätte Poe unmittelbar nach dem Abschluß des Manuskriptes von *Eureka* sterben oder wenigstens für immer die Feder aus der Hand legen müssen, so wie das Modell in „The Oval Portrait" mit dem letzten Pinselstrich seines perfekten Porträts den unvermeidlichen Tod der schönen Frau erleidet. Doch das Leben ist unvollkommen: Poe hatte geschrieben, was zu schreiben war und lebte dennoch weiter, war immer noch vom Drang zum Schreiben erfüllt. Einige nicht unwesentliche Nachgeburten folgten, „Hop-Frog" zum Beispiel oder „Annabel Lee" und „The Bells". Dadurch geriet ihm die Chronologie seiner Werkerfüllung ein wenig durcheinander; dennoch ist und bleibt *Eureka* thematisch sein unwiderruflich letzter Streich. Nachdem Poe immer wieder die Zerstörung der Bewußtseinswelt einzelner Protagonisten und zuweilen gar die Vernichtung der ganzen Erde ins Werk gesetzt hat, löst er in *Eureka* schließlich das ganze Universum in Nichts auf. Im kleinen Kosmos von Poes Gesamtwerk drängt also ebenso wie im großen Kosmos alles der eigenen Vernichtung entgegen, dem absoluten Nichts, das als die noch uneingelöste Möglichkeit eines neuen Werdens charakterisiert wird. Jener Trieb der Seele, der zur Wiedervereinigung mit dem Ganzen und zur Aufhebung der Individuation, also zur Geburt in das Vakuum der unbegrenzten Möglichkeiten drängt, der als Wille zum Nichts die psychische Entsprechung der kosmischen *attraction* ist, wird bei Poe als „Imp of the Perverse", als Kobold des Perversen, bezeichnet. Er äußert sich in uns als eine diabolische Verlockung, genau das zu tun, was unseren vitalen Interessen am meisten widerspricht. Wenn wir am Rand eines Abgrundes stehen, schaudern wir nicht so sehr wegen der bloßen Vorstellung eines tödlichen Sturzes, sondern weil wir beim Blick in die Tiefe gerade gegen das perverse Verlangen ankämpfen müssen, uns fallen zu lassen. Hoffman spricht in diesem Zusammenhang vom „perfekten Plan Gottes, daß alles Sein, das anorganische wie das organische, *seine eigene Zerstörung herbeiwünscht. Die Sehnsucht der Schöpfung nach ihrer eigenen Apokalypse!*"[87]

Auf der Grundlage der vorigen Ausführungen mag man sich nun fragen, welche Rolle dem Rausch bei Poe zukommt. An obiger Stelle wurde behauptet, daß die Synthese von Rausch und Erkenntnis zur *Rauscherkenntnis* in Poes Werk und Weltbild das große zentrale Problem sei, von dem alle anderen Aspekte seines Denkens abzweigen. Es bedarf keiner umständlichen Erklärung, um zu zeigen, daß die Begriffe der Rauscherkenntnis und der *ratiocination* bei Poe im wesentlichen als Synonyme zu verwenden sind, denn beide bezeichnen eine kuriose Kombination von rationalen und intuitiven Methoden einer kreativen Weltaneignung. Rauscherkenntnis kann bei Poe daher nichts anderes bedeuten als mit Vernunft zu träumen bzw. sich an und in der Vernunft zu berauschen. Daß Poe im Interesse einer nicht nur theoretischen, sondern auch praktischen Verbindung von Intuition und Logik ein besonderes Augenmerk auf all jene psychischen Ausnahmezustände werfen mußte, in denen die gewohnte Dominanz des rationalen Wachbewußtseins vorübergehend aufgehoben wird, zeigt schon eine Passage aus den *Marginalia*, wo er von seinem Traumtraining berichtet, das an ähnliche Versuche Jean Pauls und anderer Romantiker erinnert. Die Rede ist hier von *fancies*, die dem Träumer Einblicke in eine jenseitige Welt eröffnen und – ebenso wie der Komet in „The Conversation of Eiros and Charmion" – „etwas absolut Neuartiges" vermitteln: „Es ist, als ob die fünf Sinne durch fünf Myriaden andere ersetzt würden, die den Sterblichen fremd sind." [XVI 89] Es ist wohl kaum zu bezweifeln, daß diese *fancies* mit dem visionären Erleben des Drogenrausches identisch sind, auch wenn Poe sich hier *expressis verbis* nur auf den gewöhnlichen Dämmerzustand zwischen Schlaf und Wachen bezieht. Poe berichtet nun also:

> Mein Vertrauen in die *Macht der Worte* ist nun so vollkommen, daß ich es zuweilen für möglich gehalten habe, selbst die Flüchtigkeit solcher Phantasieeingebungen, wie ich sie zu beschreiben versucht habe, zum Ausdruck bringen zu können. In Versuchen mit diesem Ziel bin ich dahin gelangt, daß ich erstens eine Kontrolle ... über das Eintreten dieser Zustände ausüben kann: – das heißt, ich kann mir nun (sofern ich nicht krank bin) sicher sein, daß der Zustand zu dem bereits beschriebenen Zeitpunkt eintritt, wenn ich dies wünsche, während ich mir dessen bis vor kurzer Zeit selbst unter den günstigsten Umständen niemals sicher sein konnte. Ich will damit nur sagen, daß ich mir jetzt, wenn alle Umstände günstig sind, sicher sein kann, daß der Zustand eintreten wird, und ich spüre sogar die Fähigkeit, ihn herbeizuführen oder herbeizuzwingen ...
>
> Zweitens bin ich dahin gelangt, daß ich den Sprung von ... dem Punkt, wo Schlaf und Wachen zusammenkommen, in das Reich des Schlafes verhindern kann. Nicht, daß ich diesen Zustand *aufrechterhalten* kann – nicht, daß ich den Punkt zu mehr als einem Punkt machen kann –, doch ich kann mich von dem Punkt in den Wachzustand zurückversetzen – *und so den Punkt selbst in den Bereich des Gedächtnisses übertragen* –, seine Eindrücke vermitteln, und zwar so (wenn auch nur für kurze Zeit), daß ich sie aus einer rationalen Perspektive beurteilen kann.
>
> Aus diesen Gründen ... verzweifle ich nicht völlig in dem Bemühen, wenigstens genug von diesen fraglichen Phantasien in Worte zu kleiden, um Menschen von einer gewissen Verstandesebene einen schattenhaften Begriff von ihrem Wesen zu vermitteln. [XVI 89/90][88]

In diesem Zusammenhang ist abermals an Poes Überzeugung zu erinnern, daß wir einen Stern, seine Schönheit, sein Wesen, seine Bedeutung, d.h. seine *Wahrheit*, nur dann erkennen, wenn wir ihn mit halb geschlossenen Augen betrachten. Nicht halb geöffnet, sondern halb geschlossen müssen die Augen sein, d.h. unsere Kontemplation beruht auf einem inneren Vorgang, bei dem sich die Wahrnehmung der Sinne zugunsten einer „übersinnlichen" Wahrnehmung verringert. Durch den Schleier der Seele müsse der Künstler die Natur betrachten, schreibt Poe in den *Marginalia* und fügt hinzu: „Wir können jederzeit die wahre Schönheit einer Landschaft verdoppeln, indem wir unsere Augen während der Betrachtung halb schließen. Die nackten Sinne sehen manchmal zuwenig – doch andererseits sehen sie *immer* zuviel." [XVI 164][89]

Damit sich das rauschhafte Erleben von Visionen zu Erkenntnissen gestalten kann, müssen nach Poe folgende Voraussetzungen erfüllt sein: 1. die Tätigkeit der Sinne muß auf ein Minimum reduziert sein, um die Beobachtung nicht durch die ihnen gegebenen Interpretationsschemata zu behindern, 2. das Bewußtsein muß eine assoziative Freiheit gewähren, die es erlaubt, dem spontanen Verlauf von Intuitionen zu folgen, und 3. die Fähigkeit zu einer rational-kritischen Auswertung und Beurteilung des Gesehenen (Empfundenen) muß unmittelbar nach dem Visionsmoment wieder herstellbar sein, um die flüchtige Erinnerung in Bilder und sprachliche Zeichen umzusetzen, damit sie auf diese Weise dauerhaft gespeichert und wiederverwertbar wird. Jene psychische Verfassung, die alle drei Bedingungen erfüllt, entspricht im wesentlichen dem Prinzip der *ratiocination*. In ihrer herkömmlichen Bedeutung als ein bloß intellektuelles Raisonnieren ist die *ratiocination* zu jeder Art von höherer Erkenntnis jedoch untauglich, da sie keinen Austausch mit außersprachlichen Realitäten pflegt. Ein Beispiel hierfür bietet eine Passage in „The Rationale of Verse", wo Poe die Ansicht vertritt, daß es eine mathematische Formel der Schönheit geben müsse. So schreibt er mit Bezug auf das Wohlgefallen, das die Betrachtung eines regelmäßig gebildeten Kristalls bewirke: „Ich hege in der Tat keinen Zweifel, daß das empfundene Vergnügen, wenn es meßbar wäre, exakte mathematische Bezüge aufwiese ..." [913/914][90] Eine logische Formel für ein ästhetisches Phänomen zu liefern – diese Aufgabe übersteigt die Kompetenz des isolierten Intellekts. Die mathematischen Entsprechungen der Bedingungen von Schönheit wären allenfalls durch eine Logik ermittelbar, deren Urteile auf intuitiver Eingebung gründen, aber dann sind diese Entsprechungen gar nicht mehr im eigentlichen Sinn mathematische, sondern eben im Sinn der Poe'schen *ratiocination* intuitiv-poetische. Man kann Poes Äußerungen über die exakten Wissenschaften also drehen und wenden, wie man will – zuletzt ist doch immer nur, *by another name*, die poetische Phantasie gemeint, die allein imstande ist, auf ihrer Suche nach Wahrheit (der schönen Wahrheit und wahren Schönheit) hinter die Erscheinungen zu greifen. Nur unter dieser Voraussetzung konnte Poe die beiden Seelen in seiner Brust, den Visionär und den Logiker, miteinander versöhnen, und nur unter dieser Voraussetzung wurde es möglich, daß er *Truth* und *Beauty* in einem Atemzug nennen kann, ohne von seinem theoretischen Credo abzuweichen.

In der bereits besprochenen Erzählung „A Tale of the Ragged Mountains" (vgl. Seite 354 ff.) führt Poe dem Leser deutlich vor Augen, daß der Drogenrausch ebenso wie andere visionäre Erfahrungen geeignet sei, das *Poetic Sentiment* zu wecken und dem Individuum durch die weitgehende Befreiung seines Bewußtseins vom Diktat der Sinne einen Vorstoß in außerempirische Erkenntnisbereiche zu ermöglichen, so daß auch Hoffman über die Erzählung schreibt: „Sie konstatiert einfach, als sei dies erwiesen, daß die drogeninduzierte Trance die Seele von dieser Welt befreien kann, so daß sie ihr wahres Wesen erkennt, und daß die Natur ewig ist, da die Seele über die Zeit, die Umstände und Körperveränderungen hinweg weiterbesteht."[91] Ähnlich verhält es sich in „The Fall of the House of Usher", wo der Hausherr in seinem rauschhaften Wahnsinn über die tieferen Zusammenhänge des spirituellen Universums offensichtlich besser im Bilde ist als der herbeigerufene Freund und Erzähler in seiner (nur vermeintlich) „gesunden" Geistesverfassung. Hoffman hat sicher recht, wenn er die Konfrontation von Roderick Usher und dem Erzähler als metaphorische Gegenüberstellung des wahnsinnigen, berauschten, visionären und des gewöhnlichen, rationalen Wachbewußtseins deutet und in diesem Zusammenhang darauf hinweist, daß der Wahnsinnige den hoffnungslos begriffsstutzigen Vertreter des *common sense* als „madman" bezeichnet und damit sein tiefgründigeres Weltverständnis (bzw. seine Überzeugung, über ein solches zu verfügen) zum Ausdruck bringt:

> Die meisten Leser finden es merkwürdig, daß Usher, der ja völlig verrückt ist, den Erzähler einen Wahnsinnigen nennt. Aber dann, so verrückt er auch ist, weiß Usher doch mehr von der Wahrheit als der Erzähler mit all seinem gesunden Menschenverstand jemals erraten könnte. Und, da er sieht, daß der Erzähler *immer* noch keine Ahnung hat, was da vor sich geht, oder was geschehen *ist*, oder was geschehen *wird*, beschimpft Usher, aus der Ungeduld des Visionärs und aus dem Grauen des Hysterikers heraus, den Erzähler als „wahnsinnig".[92]

Hoffman interpretiert Roderick Usher und seinen Gast als die personifizierten Hälften einer gespaltenen Persönlichkeit und beschreitet damit einen von Poe sicher bewußt angelegten Weg zum Verständnis der Erzählung. Doch so wie das Motiv des Doppelgängers in der Literatur des 19. Jahrhunderts auf die doppelte Natur des Menschen verweist, wie sie jedem Individuum durch die Aufteilung der Psyche in das helle Bewußtsein und das dunkle Unbewußte mit seinen unheimlichen Trieben erfahrbar ist, so wird wohl auch hier nicht so sehr auf das Besondere des Pathologischen (z. B. die Erscheinungsformen der Schizophrenie) angespielt, sondern auf den ganz gewöhnlichen Dualismus der menschlichen Psyche. Überträgt man nun Poes theoretische Kategorien auf diese beiden Protagonisten, so zeigt sich, daß Usher ohne weiteres als eine Verkörperung des intuitionsberauschten *Poetic Sentiment* zu deuten ist, während der Erzähler für die intellektuelle Verwaltungsinstanz, die Ratio steht. Warum ließ Roderick Usher den Freund, mit dem ihn seit vielen Jahren nichts mehr verband, aus einer weit entfernten Region zu sich kommen? Weil er ein Künstler ist, der es nicht zulassen mag, daß die unerhörte Erfahrung seiner zunehmenden Bewußtseinsauflösung ihn in einen blinden Rausch versetzt, der keinen kreativen Sinn durch das ordnende Zutun eines funktionierenden Intellekts erhält. Deshalb mußte die Ratio des Erzählers aushelfen, der Rodericks Erfahrungen, soweit er es vermag, mitvollzieht und verarbeitet, um für die Welt jene Flaschenpost zu verfassen, die Poes Protagonisten immer wieder im letzten Moment über Bord zu werfen suchen. Nur die künstlerische Dokumentation macht die Qualen des Daseins und jede schmerzliche Grenzüberschreitung erleidenswert. Betrachtet man Usher und den Erzähler unter diesem Aspekt als zwei Fakultäten eines Geistes, so porträtiert die

Erzählung aber nichts anderes als eine vergrößerte Bewegungsaufnahme der künstlerischen *Imagination*. Erzählungen wie „The Murders in the Rue Morgue" zeigen den nach dem Prinzip der *ratiocination* verfahrenden Poeten von außen, Erzählungen wie „The Fall of the House of Usher" zeigen ihn von innen. „Poe", schreibt Hoffman, „scheint uns meiner Meinung nach mitteilen zu wollen, daß das Bewußtsein allein die unerbittliche Eingebung des Unbewußten nicht begreifen kann, aber auch, daß das Unbewußte, wenn ihm nicht das Bewußtsein zu Hilfe kommt, eben den Kräften zum Opfer fällt, in deren Mitte es angesiedelt ist."[93] Sicher wollte Poe neben der Abbildung der am künstlerischen Kreationsprozeß beteiligten Kräfte auch auf die Unzulänglichkeit des rationalen Wachbewußtseins hinweisen, das durch die visionären Ausschüttungen des Unbewußten, wie sie in Rausch und Wahnsinn erfolgen, eine wichtige Ergänzung erfährt, während es andererseits für die Erbringung von Erkenntnisleistungen aber unentbehrlich ist. Auch in „Berenice" sucht sich der wahnsinnige und opiumberauschte Erzähler unter dem Eindruck seiner Visionen wie Roderick Usher den Beistand seines Intellekts zu sichern, der in der Gestalt seiner Kusine Berenice personifiziert ist. Ihr Tod symbolisiert den Ruin seiner eigenen Verstandeskraft, den er rückgängig zu machen hofft. Da er in seinem Wahn die blendendweißen Zähne der Toten für die Quelle der intellektuellen Potenz hält, bricht er sie aus ihrem Kiefer und nimmt sie an sich:

> Von Mademoiselle Salle hat man treffend gesagt, *que toutes pas étaient des sentiments*, und bezüglich Berenice glaubte ich in ernsterem Sinn, *que tous ses dents étaient des idées*. *Des idées!* – ach, dies war der idiotische Gedanke, der mir zum Verderben wurde! *Des idées!* – ach, *darum* begehrte ich sie so wahnsinnig! Ich fühlte, daß ihr Besitz allein mir jemals wieder Ruhe verschaffen werde, indem er mich der Vernunft wiedergab. [647]

Wie Berenice ist auch Ligeia in der gleichnamigen Erzählung eine Personifizierung des Verstandes und der ordnenden Willenskraft, auf die der opiumberauschte Erzähler in seinem metaphysischen Erkenntnisinteresse nicht verzichten kann:

> Ihrer unendlichen Überlegenheit war ich mir ausreichend bewußt, um mich mit einem kindlichen Vertrauen ihrer Führung durch die chaotische Welt metaphysischer Erforschungen anzuvertrauen, mit denen ich mich in den früheren Jahren unserer Ehe eifrig befaßte. Mit welch enormem Triumphgefühl – mit welch lebhafter Wonne – mit welchem Ausmaß all dessen, was an Ätherischem in der Hoffnung enthalten ist, *empfand* ich, wenn sie sich bei kaum betriebenen und noch weniger verstandenen Studien über mich beugte, jene köstliche Aussicht, die sich allmählich vor mir entfaltete, auf deren langem, abgründigem und gänzlich unbetretenem Pfad ich schließlich fortschreiten würde, dem Ziel eines Wissens entgegen, das zu kostbar ist, um nicht verboten zu sein! [657]

Durch Ligeias Beistand erlangt der Erzähler anscheinend erst ein Bewußtsein seiner visionären Eingebungen; sie ist also die fixierende Ratio, die seine Rauscherfahrung zu Erkenntnissen kristallisiert. Daß Ligeia dem Erzähler vor allem aufgrund ihres Wissens und ihrer außerordentlichen Willenskraft bedeutsam ist, tritt in der Erzählung klar zutage und ist auch in der Kritik oft kommentiert worden, wobei das vorangestellte Motto, ein Zitat des englischen Mystikers Joseph Glanvill, als ein wichtiger

Schlüssel erkannt wurde.[94] So schreibt Basler mit Bezug auf dieses Zitat über den Erzähler: „Aus dieser übersinnlichen Formel leitet sich also der Größenwahn her, daß er durch die Willenskraft gottgleich werden könne ..."[95] Das Thema dieser Erzählung ist also eigentlich sehr einfach: Es geht um den menschlichen Erkenntnisdrang, der schon Adam und Eva zum Verhängnis wurde, da er in seiner letzten Konsequenz darauf ausgerichtet ist, eine göttliche Bewußtseinsfülle zu erreichen. Durch die Wirkung des Opiums sucht sich der Erzähler über die ihm auferlegten Bewußtseinsschranken hinwegzusetzen, doch um die im Rausch nur flüchtig erblickten Wahrheiten auch dauerhaft zu besitzen, muß er sich der außerordentlichen Willenskraft Ligeias versichern, ohne die es keine Erkenntnis geben kann. Die Inanspruchnahme von Ligeias Willenskraft zeigt, daß der Erzähler es ernst meint, daß er es wirklich darauf anlegt, den Thron Gottes zu usurpieren. Hierin besteht die Blasphemie seiner Grenzüberschreitung. Ligeias Augen sind für den Erzähler darum so faszinierend, weil nur sie, der wissende Blick des Intellekts, die vom Erzähler geschauten Mysterien verstehen können – in ihrer Tiefe äußert sich das Bewußtsein der ebenso herrlichen wie furchtbaren Bedeutung der Visionen. „Welch einen Blick hatte Ligeia!" ruft Hoffman, Poes Erzähler nachahmend, aus: „Quels yeux!"[96] Was immer Hoffman bewogen haben mag, an dieser Stelle seine Kenntnis des Französischen zu demonstrieren – sein Ausruf verweist sehr richtig auf Baudelaire, der von Poe gewissermaßen den Staffelstab der Rauscherkenntnis übernimmt und weiterträgt. So begegnen wir in seinem Prosagedicht „La Chambre double" einer Reinkarnation Ligeias als „Göttin" und „Herrin der Träume" [SP 234; VIII 127] Auch ihre Augen sind für den Sprecher die Quelle einer schaurig-schönen Faszination: „Ja, das sind diese Augen, deren Flamme die Dämmerung durchdringt; diese schlauen, sehr schrecklichen *Glitzäuglein*, die ich an ihrer Schalkheit und Arglist erkenne! Sie locken, sie unterjochen, sie verzehren den Blick des Unvorsichtigen, der sie betrachtet. Oftmals habe ich sie erforscht, diese schwarzen Sterne, die Neugier und Bewunderung fordern." (Vgl. Seite 259.)

So wie sich Opiateinflüsse auch in manchen Texten Poes nachweisen lassen, in denen die Droge überhaupt nicht erwähnt wird, so läßt sich gelegentlich auch dort eine Thematisierung des Zusammenhanges von Rausch und Erkenntnis feststellen, wo der Begriff des Rausches nicht explizit auftaucht. Ein Beispiel hierfür ist der zweite Teil der „Colloquy of Monos and Una", wo Monos recht detailliert seinen Weg vom Leben zum Tode und die anschließende Selbstauflösung schildert, wobei die Folge der beschriebenen Phänomene bis zu einem gewissen Stadium auffällige Ähnlichkeiten mit jenem Ablösungsprozeß im Bewußtsein aufweist, wie er im Opiumrausch erfolgt. Nachdem Monos auf dem Krankenlager den Kampf gegen sein Fieber aufgegeben habe, so berichtet er, seien bald „viele Tage trüben Deliriums voller Ekstase"gefolgt und schließlich „eine atem- und bewegungslose Starre" [447], was die Besucher des Krankenbetts veranlaßt habe, seinen Tod anzunehmen. Diese wenigen Bemerkungen enthalten bereits einige Schlüsselworte, die nicht nur bei Poe, sondern auch etwa bei De Quincey oft im Zusammenhang mit der Wirkung des Opiums genannt werden.

V. Rausch und Erkenntnis

Von einem Delirium ist die Rede, einem Geisteszustand, der für Poes Protagonisten charakteristisch ist. Daß dieses Delirium „dreary" (trübe) ist, mag zum einen an der Alliteration liegen, die hier eine stimmungskonstituierende Funktion übernimmt: Düster droht die dumpfe Dunkelheit dem Dichter. Doch „dreary" beinhaltet auch das Element des Trägen, Apathischen, das für den Opiumrausch typisch ist. Zwischen den Worten „dreary" und „delirium" besteht ein eigenartiges Spannungsverhältnis, denn während das erste Trübsinn, eine bleierne Schwere und nur sehr langsame Bewegung bis hin zur Stagnation suggeriert, verbindet sich mit dem zweiten eher die Vorstellung einer erregten Verfassung, eines Umherirrens im Labyrinth der Visionen, also einer sprunghaften Bewegung. So könnte man mit ein wenig Spitzfindigkeit aus der Kombination dieser beiden Wörter herauslesen, daß etwas stagniert, während etwas anderes sich zu regen beginnt. Diese Vermutung wird durch die nun folgende Feststellung bestätigt: „Mein Zustand raubte mir nicht das Empfindungsvermögen. Er ähnelte für mich ganz dem tiefen Ruhegefühl eines Menschen, der lange und fest geschlummert hat, nun reglos hingestreckt im Mittsommermittage liegt und langsam beginnt, sich ins Bewußtsein zurückzutasten – aus bloßer Schlafgenugsamkeit, und ohne von äußeren Störungen aufgeweckt zu sein. [447; II 330]" Die zuvor genannte „Starre" („torpor") ist also die Vorstufe eines Erwachens, wobei hypnagogische Visionen die Reaktivierung der Sinnestätigkeit ankündigen. – Als nächstes, erinnert sich Monos, habe er bemerkt, daß seine Willenskraft, obwohl noch vorhanden, gebunden war: „Volition had not departed, but was powerless." Diese Empfindung hat De Quincey in den *Confessions* sehr eindrucksvoll geschildert; „kraftlos wie ein Säugling" sei der Opiumberauschte, einem Gelähmten vergleichbar, der vom Bett aus zusehen muß, wie einem Gegenstand seiner Liebe großes Unrecht geschieht, während er sich gegen das Schreckliche nicht erheben und nicht einmal den Willen zu einer solchen Anstrengung aufbringen könne (vgl. Seite 289). – Hierauf, so fährt Monos fort, habe sich eine ungewöhnliche Hyperaktivität der Sinne eingestellt: „The senses were unusually active…" Es muß wohl nicht mehr besonders betont werden, daß diese Empfindung auch ein häufiges Merkmal der beginnenden Drogenwirkung ist. – Sodann habe die überbordende Intensität der einzelnen Sinnestätigkeiten zu Synästhesien geführt; Düfte seien so intensiv registriert worden, daß sie auch visuelle Gestalt annahmen, „der Geschmacks- und Geruchssinn waren unauflöslich vermengt". [448] Auch diese Vermischung der Sinne ist ein häufiges Merkmal der Rauscherfahrung. – Die geschlossenen Augenlider, erinnert Monos sich weiter, wurden „durchsichtig und blutlos", so daß sie die Sicht nicht mehr behinderten und „alle Gegenstände im Gesichtskreis" deutlich erkennbar waren. Diese Zeilen erinnern unwillkürlich an Emersons berühmten „transparent eyeball", jene Passage aus „Nature", wo der von seinen Egoismen befreite Naturbetrachter nur noch das sehende Organ ist, in dessen Vision sich die alles durchwirkende spirituelle Präsenz Gottes offenbart: „Auf dem blanken Boden stehend, … kommt mir jeglicher Egoismus abhanden. Ich werde ein durchsichtiger Augapfel; ich bin nichts; ich sehe alles; die

Ströme des Universalen Wesens fließen durch mich hindurch; ich bin ein Teil von Gott." [SE 39] Die von Monos erlebte klarere Sicht stellt einen Schritt auf dem Weg zu jener Aufhebung der Persönlichkeit dar, die Emerson hier beschreibt; als eine mystische Erfahrung muß sie nicht mit der Wirkung von Opium in Verbindung gebracht werden, doch der Zusammenhang läßt sich natürlich herstellen. Immerhin zählen die blassen Farben und der Eindruck, daß die Gegenstände eine seltsame Transparenz aufweisen, zu den typischen Phänomenen der opiumberauschten Wahrnehmung. – Das rationale Bewußtsein ist nun außer Kraft; die Wahrnehmung ist „rein sinnlich" und wird nicht mehr durch den Verstand („understanding") in eine spezifische Form gebracht. Auch das Moralempfinden, das die wahrgenommenen Gegenstände sonst einer kritischen Bewertung unterzieht, ist sanft entschlafen; die Tränen der Geliebten bewirken beim toten Monos kein Mitleid mehr, sondern „ließen bloß jede Faser meines Körpers in Ekstase erzittern." Monos, so scheint es, wird hier vom „Poetic Sentiment" erfüllt, dessen höchstes Glück in der Betrachtung jener Schönheit liegt, die sich eng mit dem Traurigen verbindet; die Tränen der Geliebten werden ihm zum ästhetischen Gegenstand. „Und dies", meint Monos, „war in Wahrheit der *Tod*, von dem diese Umstehenden ehrfürchtig sprachen ..." [447; II 332]

Die ersten Nächte, in denen Monos aufgebahrt im offenen Sarg liegt, bringen seinem Geist „eine drückende Beschwernis" [449]; die Dunkelheit lastet auf ihm „mit der Schwere eines dumpfen Gewichts". Diese Bedrückung steht in unmittelbarer Beziehung zur räumlichen Eingeschlossenheit und verweist auf die bei Poe so oft ausgeführte Thematik des Lebendig-Begraben-Seins, die veranschaulichen soll, wie die Seele im unerbittlichen Gefängnis der Materie eingeschlossen ist. Klaustrophobische Erfahrungen dieser Art zählen aber wiederum zu den häufigsten Varianten des drogeninduzierten „Horrortrips"; so hatte De Quincey unter dem Einfluß des Opiums das Gefühl, „in engen Kammern im Herzen ewiger Pyramiden" [CEO 321; 244] begraben zu sein, und er fügt hinzu: „Über jeder Form, jeder Drohung, jeder Bestrafung und jeder Einkerkerung in düstere, fensterlose Verliese brütete eine tödliche Ahnung von Ewigkeit und Grenzenlosigkeit" (vgl. auch Seite 256). – Der letzte Abschied von der trauernden Geliebten, so berichtet Monos weiter, habe in ihm etwas Ähnliches wie ein Gefühl ausgelöst, das jedoch nicht vom Herzen herrührte; nach dem Moralempfinden war nun also auch der Sitz der Leidenschaften verloren. Mit der folgenden Verwischung und schließlich dem Ruin der körperlichen Sinne habe sich ein ganz neuer sechster Sinn gebildet, der „all perfect" gewesen sei. Ein Mystiker, und mit ihm auch der Rauschvisionär, weiß zweifellos, was darunter zu verstehen ist, denn es ist ja gerade dieser geeinte All-Sinn, der sich im Moment der ekstatischen Vision konstituiert. Im Gehirn sei daraufhin etwas ganz Neues an die Stelle der gewohnten Gedankentätigkeit getreten, was sprachlich kaum zu beschreiben sei. Monos beschreibt es dennoch, und zwar als „a mental pendulous pulsation. It was the moral embodiment of man's abstract idea of Time." Die moralische Verkörperung der abstrakten Zeitvorstellung des Menschen? „Was um alles in der Welt soll das bedeuten?", wundert sich Hoffman, und gibt gleich selbst die Antwort: „Doch es bedeutet, was es *bedeutet*, es *ist* eine Vorstellung, die dem Menschen unbegreiflich ist. Wenn wir tot und glücklich sein werden, so wie Monos und Una, und ebenso vereint innerhalb des Wesens unserer entkörperlichten Intelligenz, dann werden wir es so wie sie verstehen."[97] In der Tat sind diese Worte nichts anderes als die weiße Wand des Schweigens, die den Leser am Ende von *Arthur Gordon Pym* konfrontiert. Doch ein wenig genauer wird Poe dann doch noch. So läßt er Monos berichten, daß ihm auf einmal die Unregelmäßigkeiten, die gestörte Harmonie menschlicher Artefakte aufgefallen sei; als Beispiel nennt er das mit der Zeit nicht wirklich synchron erfolgende Ticken der Uhren. Monos erreicht also einen jenseitigen Standpunkt, von dem aus sich das, was die Menschen für Ordnung halten, als chaotisch erweist, und man darf annehmen, daß er umgekehrt auch die sinnvolle Ordnung erkennt, die dem zugrunde liegt, was der Mensch als das Chaos der Natur empfindet. Dann sähe oder erahnte Monos bereits die sinnvolle Anlage des Universums, also jenen Plan, in dessen Unkenntnis die Menschen sich mit allegorischen Repräsentationen begnügen müssen, die im Kleinen andeuten sollen, wie sich das Große aus der göttlichen Perspektive zu einem umfassenden Sinn gestaltet. (Das ist es ja, was den Gartenbauer Ellison dazu treibt, seine nach menschlichen Maßstäben sehr großzügige pittoreske Kunstlandschaft zu entwerfen.) In den Texten der Mystik und der Rauschliteratur sind Formulierungen solcher und ähnlicher Einsichten über die geheime Ordnung des Universums an der Tagesordnung. – Im Grab beginnt schließlich die Verwesung, und so wie der Körper verrottet auch die Seele als ein vom Rest des Universums unterscheidbares Wesen. Bald fühlt sie sich immer weniger, die eigenen Vorstellungen von Raum und Zeit, jenen Dimensionen, auf denen das Selbstbewußtsein dieser Seele gründete, werden ihr zusehends entzogen. „Alles, was der Mensch als Sinn bezeichnet, verschmolz im einzigen Bewußtsein des Seins und in dem allein noch übrigen Zeitgefühl." [450] Die Bewußtheit des Seins wird wie ein allmählich verlöschendes Licht immer trüber, und zuletzt werden Grab und Begrabener eins.

Ist diese unpathetische Reduktion von Etwas zum Nichts, in der sich nicht nur der Körper, sondern endlich auch die Seele auflöst, jene *unio mystica*, von der uns die Visionäre mit so großem Enthusiasmus berichten? Unendliche Zeit ohne Gegenwart, Zukunft oder Vergangenheit, und allgegenwärtiger Raum – das ist die Ewigkeit, von der Monos berichtet. Nun könnte man angesichts dieser großen Enthüllung betroffen den Hut ziehen und in ein feierliches, ernstes Schweigen versinken. Doch Poe ist ein Autor, dem man niemals trauen darf; schon im nächsten Moment könnte er als „Hoaxiepoe" mit der Narrenkappe von irgendwoher auftauchen und uns auslachen. Heben wir also die feierliche Stimmung für andere Gelegenheiten auf, denn in der Tat zeigen sich im salbungsvollen Schluß dieses Stücks einige Ungereimtheiten (worauf sich natürlich erwidern ließe, daß es nur unser schwacher Verstand sei, der in der absoluten Ordnung dieser Zeilen Fehler zu entdecken glaubt). Wie kann es sein, daß Monos, nachdem sich doch sein ganzes Wesen in Nichts aufgelöst hat, immer noch eine Erinnerung an sein früheres Selbst besitzt? Da er sich offensichtlich recht deutlich von Una, seiner einstigen Geliebten, zu unterscheiden vermag, und da auch Una ihn als Monos erkennt, d. h. als etwas, das sich von allem, was nicht Monos ist, unterscheidet, ist er offensichtlich vom Geist des Universums nach wie vor deutlich getrennt. Ist er nur noch eine Idee, die substanzlos den Äther durchschwebt, so muß man sich wundern, wieso er im letzten Satz dieses Stücks immer noch ein Bewohner des Grabes ist, denn, so erfährt der Leser, „das Grab war noch immer eine Heimstatt." [451] Es mag sein, daß der Bericht des Monos auf Visionen zurückgeht, die Poe im Opiumrausch erfuhr. Doch hierauf mußte das Erwachen folgen, die Rückkehr in das rationale Wachbewußtsein des Autors, damit er sich hinsetzen konnte, um das Unerhörte aufzuschreiben. So mag Poe jenen Punkt erreicht haben, wo die Worte fehlten, um das Mysterium der spirituellen Existenz oder Nicht-Existenz begreiflich zu machen. Der Text war begonnen, und nun fehlte der Schluß. Poe schrieb ihn hin – ein Scherz, der doch konsequenter nicht sein könnte: denn der Schluß ist nicht mehr und nicht weniger als ein wortreiches Nichts.

Auch Poes einziger Roman, *The Narrative of Arthur Gordon Pym*, scheint zu den Werken zu zählen, in denen die Wahrnehmung des Drogenrausches keine Rolle spielt. Zwar wird an einer Stelle Opium erwähnt – es ist vom „dumpfen Opiumschlaf" die Rede [AGP 31] –, doch was mag diese eine Nennung in Anbetracht des Gesamtumfangs besagen? Immerhin wird die Droge auch einmal in Melvilles *Moby-Dick* erwähnt[98], ohne daß man deshalb auf den Gedanken käme, den Roman als ein Rauschdokument zu interpretieren. Nachdem wir durch die Lokalisierung diverser Opiumphänomene in einigen Werken Poes (vgl. Seite 341 ff.) aber eine genauere Vorstellung erhalten haben, worauf es zu achten gilt, mag uns allerdings manches auffallen, was der Aufmerksamkeit sonst wohl entgangen wäre. So können wir immerhin ermitteln, daß es neben der einen Erwähnung von Opium durchaus noch weitere Hinweise auf die Droge gibt. Besuchen wir den ebenso tapferen wie einfältigen Titelhelden im dunklen Laderaum der *Grampus*, wo er sich seit mehreren Tagen als blinder Passagier verborgen hält. Was zuvor noch als ein romantisches Versteck erschien, erweist sich allmählich als ein Gefängnis; die anhaltende Isolation erzeugt Angstzustände und eine zunehmende geistige Verwirrung. „Ich fühlte in meinem Geist eine sonderbare Verwirrung" [AGP 22], stellt Arthur fest, und der Leser wird bemerken, daß diese „Geistesunordnung" dem chaotischen Durcheinander im Laderaum ebenso entspricht wie der marode Zustand des Familiensitzes dem Wahn Roderick Ushers. In der Kritik ist dieser dunkle Laderaum zu Recht als ein Bild des Mutterleibes gedeutet worden, in dem sich Arthurs spirituelle Geburt vorbereitet, die am Ende des Romans mit seinem Eintritt ins weiße Nichts erfolgt. Die ersten Anzeichen einer Vernunfts- und Bewußtseinskrise, die Arthur hier Kopfschmerzen bereiten („Mein Kopf war von rasendem Schmerz erfüllt"), sind sozusagen die ersten Impulse des werdenden Lebens. Mit der Bemerkung: „Ich wurde von einer Vielzahl düsterer Empfindungen niedergedrückt" werden wieder jene lautmalerischen Signale

V. Rausch und Erkenntnis 555

ausgesendet, die auch in den Opiumerzählungen auffallen; ein opiumsüchtiger Leser könnte vielleicht schon allein durch diesen Satz hellhörig werden. Die düstere Stimmung wird begleitet von einer um Scharfsinnigkeit bemühten Auswertung der sinnlichen Wahrnehmungen, um zu ermitteln, wieso sein Freund ihn nicht endlich an Deck holt und ob das Schiff bereits die hohe See erreicht hat. Hierauf scheint Arthur einzuschlafen: „Während ich diesem Gedanken noch nachhing, verfiel ich jedoch, trotz jeden gegenteiligen Bemühens, in einen Zustand tiefen Schlafes oder vielmehr Stumpfsinns. Meine Träume waren von der schrecklichsten Art." [AGP 23] Die folgenden Traumschilderungen erinnern deutlich an ähnliche Berichte, in denen De Quincey und andere Opiomanen die Erlebnisse des Rausches beschreiben:

> Neben anderen Leidenserfahrungen wurde ich von überaus grausig und wild anzusehenden Dämonen zwischen gewaltigen Kissen zu Tode erstickt. Enorme Schlangen umwanden mich und sahen mir mit ihren furchtbar schimmernden Augen ernst ins Gesicht. Dann weiteten sich vor mir grenzenlose Wüsten von der trostlosesten und erschreckendsten Art. Enorm hohe Baumstämme, grau und blattlos, erhoben sich, so weit das Auge sah, in endloser Folge. Ihre Wurzeln waren in ausgedehnten Sümpfen verborgen, deren trauriges Wasser unter ihnen pechschwarz, unbewegt und schrecklich stand. Und die seltsamen Bäume schienen von einer menschlichen Lebendigkeit erfüllt und flehten, ihre Skelettarme hin und her schwenkend, die stummen Wasser um Gnade an, in den schrillen und durchdringenden Lauten der ärgsten Qual und Verzweiflung. Die Szene wandelte sich, und ich stand, nackt und allein, mitten in den brennendheißen Sandflächen der Sahara. Zu meinen Füßen lag zusammengekauert ein wilder Tropenlöwe. Plötzlich öffneten sich seine wilden Augen und richteten sich auf mich. [AGP 23/24]

Der zu Anfang erwähnte Erstickungstod ist gewiß eine Variante des klaustrophobischen „Horrortrips"; die Augen der Schlangen und zuletzt auch des Löwen sind Beispiele für die Rauschwahrnehmung des schrecklichen Gesichts; die mehrfach betonte Enormität der diversen Traumgestalten und die Endlosigkeit der Wüste deuten auf die im Drogenrausch erlebte ungeheure Ausdehnung des Raumes; die Sahara verweist auf die orientalische Ikonographie, die in Opiumvisionen so häufig vorkommt; die kahlen, grauen Bäume und das schwarze Wasser erinnern an die trostlose Umgebung des Hauses Usher, außerdem könnten diese Bäume, die wie belebte menschliche Skelette wirken, auf ein rauschinduziertes Transformationserlebnis verweisen. Von einem weiteren Traum berichtet Pym im 9. Kapitel, wo er mit seinen Kameraden auf einem Wrackteil sozusagen durch ein Meer des Bewußtseins treibt:

> Kurz darauf fiel ich in einen Zustand partieller Bewußtlosigkeit, während dem die schönsten Bilder meine Vorstellung durchströmten, wie zum Beispiel grüne Bäume, wogende Felder reifen Getreides, Prozessionen tanzender Mädchen, Kavallerietruppen und andere Phantasma. Ich erinnere mich nun, daß in allem, was vor dem Auge meines Geistes vorüberzog, *Bewegung* eine vorherrschende Idee war. So stellte ich mir nie ein statisches Objekt vor, wie zum Beispiel ein Haus, einen Berg oder irgendetwas dieser Art, sondern Windmühlen, Schiffe, große Vögel, Ballons, Leute zu Pferde, rasant fahrende Kutschen[99] und ähnliche bewegte Gegenstände erschienen in endloser Folge. [AGP 82/83]

Dieses Traum- oder Rauschuniversum, wo sich alles in ständiger Bewegung befindet und eine Vision die nächste ablöst, wird auch durch die unsachgemäß verstaute Ladung reflektiert, die sich mit jeder Bewegung des Schiffes plötzlich verändern kann, wie Pym feststellt, als er nach dem Erwachen aus seinem ersten Traum einen Ausweg aus dem Dunkel sucht. In einem späteren Kapitel kommt der Erzähler daher ausführlich auf die Notwendigkeit einer korrekten Verstauung der Ladung zu sprechen. Hinter diesen Erläuterungen verbirgt sich eine Aussage über den unsicheren Zusammenhalt unserer materiellen Welt, in der die Zuversicht unserer Ratio jederzeit durch plötzliche Einbrüche des „Anderen" erschüttert und zerstört werden kann. Der Laderaum der *Grampus* ist demnach wie ein Bewußtsein, in dem die Ordnungen der Vernunft durch irrationale Eingebungen (wie die Visionen des Drogenrausches) aus der Balance gebracht werden, und Pym selbst ist wiederum ein Bewußtsein, in dem sich ähnlich existenzbedrohende Prozesse abspielen mögen wie in diesem Laderaum. Die Täuschungsthematik, die trügerische Ordnungen als wirkliches Chaos entlarvt, hat im Roman daher eine leitmotivische Bedeutung. Es ist also nur konsequent, wenn man die Vielfalt der verschachtelten Bewußtseinsmetaphern in ein großes Sinnbild zusammensetzt und den ganzen Roman als Abbild eines zunehmend unvernünftiger werdenden, d.h. zunehmend berauschten Bewußtseins deutet.

Während Pym sich im Laderaum versteckt halten muß und sein rationales Wachbewußtsein einer harten Probe ausgesetzt wird, die es trotz aller zwischenzeitlichen Anzeichen einer Genesung nicht wirklich besteht (denn es löst sich im Verlauf der Reise zusehends auf, was mit dem Vorstoß zum Südpol durch die immer abstrakter werdende Reduktion der Umgebung zum Ausdruck kommt), verbraucht er auch die Vorräte an Alkoholika, die seine Situation jedoch keineswegs erträglicher machen:

> Während der ersten Zeit meiner Gefangenschaft hatte ich einen freizügigen Gebrauch von den Spirituosen gemacht, mit denen Augustus mich versorgt hatte, doch sie erzeugten nur ein Fieber, ohne im mindesten meinen Durst zu löschen. Ich hatte nun nur noch etwa einen Achtelliter übrig, und hierbei handelte es sich um eine Art starken Pfirsichlikörs, dem sich mein Magen verweigerte. ... Was zu meinen Nöten noch hinzukam, war, daß meine Kopfschmerzen sich gegenwärtig verstärkten, und mit ihnen dieses Delirium, das mich mehr oder weniger seit meinem ersten Einschlafen peinigte. [AGP 35]

Pym erklärt hier also, daß der Alkohol nicht die Hauptursache seiner Kopfschmerzen, sprich: seiner Bewußtseinsauflösung, sei, und er weist darauf hin, daß der Alkohol nicht in der Lage war, seinen Durst zu stillen. Man kann diese Feststellung durchaus auf den immer stärker hervorbrechenden Wissensdrang, also Pyms Erkenntnisdurst beziehen, da seine ganze Odyssee ihren tieferen Sinn als eine Reise zur letzten Erkenntnis erhält. Tatsächlich scheinen die Schilderungen seines Fiebers und seiner Träume eher auf andere Drogen als auf Alkohol zu verweisen. Möglicherweise war auch Rimbaud dieser Ansicht, als er Poes Werke gemeinsam mit Verlaine studierte, denn in seinem „Bateau ivre" wird ja gewissermaßen der Fortschritt des Rausches beschrieben (vgl. Seite 45 f.): Der Dichter beginnt dort seine Reise mit der Unter-

V. Rausch und Erkenntnis

stützung des Weines, geht dann zum mächtigeren Absinth über und schließlich zum noch mächtigeren Haschisch, wonach ihm vor der konsequenten nächsten Steigerung zur endgültigen Bewußtseinszerschlagung graut. Die Droge kann für Rimbaud also nicht das letzte Mittel zur Schaffung einer *tabula rasa* und zur Errichtung einer neuen Welt sein, doch sie kommt dem Ideal seiner Ansicht nach offenbar wesentlich näher als der Alkohol. Ähnliches mag Poe in *Pym* implizieren, indem er den Alkohol an dieser Stelle als Hilfsmittel disqualifiziert. In diesem Zusammenhang ist auch auffällig, daß Pym vor entscheidenden Erkenntnismomenten häufig eine apathische Lähmung registriert, die an die opiatinduzierte Trägheit erinnert. So ist nur wenige Zeilen, bevor Pym die Entzifferung der lebenswichtigen Botschaft von Augustus in Angriff nimmt, vom „dumpfen Opiumschlaf" die Rede, und kurz bevor er im letzten Kapitel die Grenze zur Welt des weißen Schweigens überquert, stellt er analog dazu fest: „Ich verspürte eine *Taubheit* an Körper und Geist – eine träumerische Art der Empfindung …" [AGP 193] Auch die Botschaft von Augustus, die Pym im Laderaum der *Grampus* mit Hilfe eines Phosphorstäubchens zu entziffern versucht, ist, da er zunächst die unbeschriebene Rückseite des Zettels beleuchtet, „eine trübe und unbefriedigende Leerstelle". [AGP 31] Hier wird bereits auf den notwendigen Schluß des Romans vorverwiesen, so daß auch die „Taubheit" und „träumerische Art der Empfindung" der vorletzten Seite auf die einzige Opiumerwähnung zurückbezogen werden kann. Was immer Poe tatsächlich von den Eigenschaften des Opiums gehalten haben mag – in diesem Roman stellt er die Droge in die unmittelbare Nachbarschaft der großen letzten Erkenntnis, die ihre Bedeutung jenseits unserer Vernunft entfaltet. Unter diesem Aspekt erscheint es nicht übertrieben, den Roman im Kern als die heimliche Chronik eines Opiumrausches zu identifizieren.

Eine ähnliche Vermutung äußert Wilbur in Bezug auf die Erzählung „MS. Found in a Bottle", in welcher der Leser nach dem Muster der obigen Beispiele wiederum diverse Hinweise auf die Wahrnehmung des Opiumrausches finden kann:

> Viele von Poes Erzählungen verdanken ihre Struktur dieser Abfolge geistiger Zustände: „MS. Found in a Bottle", um nur ein Beispiel zu geben, ist eine allegorische Darstellung der Reise des Bewußtseins von der wachen Welt in die Welt der Träume, wobei jede Hauptphase der Erzählung den Übergang des Bewußtseins von einem Traumzustand zum nächsten symbolisiert – vom Wachen zum Dämmerzustand, vom Dämmerzustand zum hypnagogischen Zustand, vom hypnagogischen Zustand zum tiefen Traum. Die Abreise des Erzählerschiffes von Batavia stellt den Rückzug des Bewußtseins aus der wachen Welt dar; das Ertrinken des Kapitäns und der ganzen Mannschaft bis auf einen stellt die wachsende Einsamkeit des Dämmerzustands dar; wenn es den Erzähler durch einen Zusammenstoß von einem wirklichen Schiff auf ein Geisterschiff verschlägt, so wird uns zu verstehen gegeben, daß er vom Dämmerzustand, einem Zustand, in dem Wirklichkeit und Traum in einer Art von Gleichgewicht stehen, in den hypnagogischen Zustand des freien Phantasierens übergegangen ist. Und wenn das Geisterschiff zuletzt in den Strudel hinabstürzt, so wird uns zu verstehen gegeben, daß das Bewußtsein des Erzählers die Schwelle des Schlafes überschritten hat und in die Träume hinabgetaucht ist.[100]

Daß es sich hier tatsächlich um eine Erkenntnisreise handelt, stellt der Erzähler nach seinem Wechsel auf das Geisterschiff selbst unmißverständlich fest: „Ein neuer Sinn – ein neues Wesen ist meiner Seele hinzugefügt" [122] und in einem folgenden Eintrag seines Flaschenpost-Journals ein Segel mit der Aufschrift „DISCOVERY" [123] erwähnt. „Es liegt auf der Hand", heißt es endlich, „daß wir uns rasch zu einer aufregenden Erkenntnis hinbewegen – einem niemals weiterzuvermittelnden Geheimnis, dessen Innewerden Vernichtung bedeutet." [125] Was der Erzähler hier erlebt, ist wie in *Pym* eine spirituelle Geburt ins Nichts[101]; die Aufzeichnungen sind sozusagen die letzten Einträge im Logbuch eines Embryos. Von dem Moment an, als es den Erzähler auf das Geisterschiff verschlägt, entzieht sich alles Wahrgenommene den Möglichkeiten einer sprachlichen Vermittlung. Schon das Schiff ist ein unbeschreibliches Phänomen: „Was es *nicht ist*, kann ich unschwer wahrnehmen – was es *ist*, wird, fürchte ich, unmöglich zu sagen sein." [123; I 94] Die Werkzeuge des Intellekts sind an Bord dieses Schiffes nicht mehr von Nutzen; daher verweist der Erzähler beharrlich auf die überall herumliegenden nautischen Geräte, Folianten und Karten, die Hoffman, unbeachtet verstauben. „Dies ist ein offenbartes Wissen", schreibt „dem uns weder die Mathematik noch die Naturwissenschaft zuführen kann."[102]

In den Texten der Rauschliteratur wird gelegentlich das Bedürfnis deutlich, die Entrückung des Visionsmomentes, in dem das Werk entstand oder durch den es geprägt wurde, unmittelbar auf den Leser zu übertragen, so daß er im Moment der Lektüre ebenso berauscht und von der Vision ergriffen sei, wie dies der Autor bei oder vor dem Verfassen des Textes war. In solchem Zusammenhang hat Hoffman eine interessante These über die beabsichtigte Wirkung der Metrik in Poes Gedichten:

> In diesen Traumgedichten [gemeint sind „Dream-Land" und „The City in the Sea"] besteht die Funktion der regelmäßigen Rhythmik hauptsächlich darin, beim Leser jene tranceartige Hilflosigkeit zu erzeugen, die Richard Wilbur den hypnagogischen Zustand genannt hat. Es ist genau derselbe Gebrauch der Metrik, den Yeats ein halbes Jahrhundert später in seinem Essay „The Symbolism of Poetry" (1900) beschreibt. Das zu diesem Zweck bevorzugte Versmaß ist das achthebige Reimpaar, vielleicht weil es so von Coleridge in „Pains of Sleep" benutzt wurde. Es ist ein Versmaß, welches das Bewußtsein durch seine metronomische Beharrlichkeit betäubt ... Wenn die Traumstimmung erst einmal heraufbeschworen ist, wenn der Leser mesmerisiert ist und seine rationalen Alltagsfunktionen aufgegeben hat, nimmt die Bildlichkeit des Gedichts sowohl das Bewußtsein des Träumers als auch des Lesers in Besitz ...[103]

Die Überlegung ist also, daß rhythmische und lautmalerische Monotonien das vernünftige Wachbewußtsein des Zuhörers (und Lesers) zur Ruhe betten sollen, damit das „mystische" Bewußtsein und mit ihm das *Poetic Sentiment* aktiviert werde. Durch solche rhythmischen Kreationen wird es dem Dichter möglich, das Unnennbare der visionären Erfahrung direkt zu vermitteln, so daß die inkompetente Wort- und Bildersprache in ihrer Funktion als Bedeutungsträger weitgehend vermieden wird. Betrachtet man Poes Gedichte aus dieser Perspektive, so ist man sicher geneigt, sie gnädiger zu beurteilen, als man es sonst tun würde. Denn dann sind nicht eigentlich die ausgewählten und (was in der Lyrik stets eine große Rolle spielt) die *nicht* ausgewählten Worte, sondern vor allem das rein klangliche Ensemble bedeutsam. Lautmalerische Gedichte wie „Ulalume" und „The Bells" erhalten so einen (neuen) Sinn, über den man allerdings kaum diskutieren kann. Betrachten wir als ein Beispiel für diese fast pure Poesie das Gedicht „The Bells".

An einem Sonntag im Frühjahr 1848, so erinnert sich die fürsorgliche Mrs. Shew, habe man im Wintergarten ihres Hauses Tee getrunken, als Poe erklärte, er müsse ein Gedicht schreiben, zu dem ihm jedoch die Inspiration fehle. Mrs. Shew habe sich hierauf erboten, ihm behilflich zu sein und gleich alle nötigen Schreibutensilien herbeigeholt. In dem Moment hätten Kirchenglocken in der Nachbarschaft zu läuten begonnen, was bei Poe einen heftigen Unwillen erzeugt habe. Das Geräusch der Glocken sei ihm unerträglich, habe er gesagt, und er könne beim besten Willen nicht schreiben. Poe war an diesem Tag sehr nervös und reizempfindlich, doch Mrs. Shew beteuert, daß diese Verfassung nicht im Zusammenhang mit Alkohol stand, da Poe direkt von zu Hause, also ohne Umwege über irgendwelche Gasthäuser, zu ihr gekommen sei.[104] Mrs. Shew habe daraufhin, Poes Stil imitierend, den Beginn eines Gedichts über die Glocken niedergeschrieben, Poe habe die erste Strophe vervollständigt, sei dann aber wieder in einen Zustand der Apathie und gegen Abend gar in ein Koma gefallen, so daß ein Arzt gerufen werden mußte, der eine konstitutionelle Herzschwäche diagnostizierte. Wahrscheinlicher ist indessen, daß Poe an diesem Tag unter dem Einfluß von Opium stand.[105] Später überarbeitete Poe die harmlosen Verse von Mrs. Shew und schrieb die endgültige Fassung von „The Bells".

Es ist ein Gedicht, das manchen Kritiker zunächst ratlos die Stirn runzeln läßt. Es geht um Glocken, soviel ist sicher, und Poe unterscheidet vier Arten, wobei er jeder eine eigene Strophe widmet: In der ersten Strophe geht es um Schlittenglöckchen („Silver bells"), in der zweiten um Hochzeitsglocken („Golden bells"), in der dritten um Alarmglocken der Brandwache („Brazen bells"), und in der letzten um Sterbeglocken („Iron bells"). Hier wird in rudimentärer Form der Verlauf eines Menschenlebens auf ein klangliches Gerüst reduziert; die Glocken schlagen gewissermaßen den Rhythmus des Lebens und bezeichen in ihren diversen Tonlagen melodisch eine „world of merriment" [954], harmonisch eine „world of happiness", turbulent eine „tale of terror" [955] und wiederum melodisch eine „world of solemn thought" [956]. Während die erste Strophe von kurzen hellen Vokalen (wie in „tinkle") beherrscht wird, die eine Atmosphäre der Unbeschwertheit erzeugen, vermischen sich in der zweiten Strophe helle und dunkle Vokale (wie in „wedding", „ditty", „golden" und „moon") was einen gereifteren, ausgewogeneren Zustand verschiedener Stimmungslagen impliziert. In der dritten, der Katastrophenstrophe, dominieren dunklere Vokale (wie in „alarum", „clamorous", „horror", „roar" und „moon"), die durch das gelegentliche Aufblitzen heller Noten in eine dramatische Unruhe versetzt werden. In der vierten Strophe, die den Zuhörer ins Reich der „ghouls", der Kobolde und Geister entführt, wird der Tod nicht durch die finale Schwere von /a:/-, /o:/- oder /u:/-Lauten ausgedrückt, sondern durch die Dominanz des Diphtongs (wie in „moaning"), d. h. durch eine Mischform von Hell und Dunkel, aus der sich ablesen läßt, daß die düstere Note der irdischen Vergänglichkeit auch den Auftakt zu neuer Hoffnung auf eine erfreulichere andere Existenz darstellen mag. – Neben der klanglichen Struktur ist in diesem Gedicht vor allem der Rhythmus entscheidend, der beim konzentrierten Leser eine fast hypnotische Wirkung erzielen mag. Exemplarisch dafür sei hier die erste Strophe zitiert (es wird empfohlen, sie laut zu lesen):

> Hear the sledges with the bells –
> Silver bells!
> What a world of merriment their melody foretells!
> How they tinkle, tinkle, tinkle,
> In the icy air of night!
> While the stars that oversprinkle
> All the heavens seem to twinkle
> With a crystalline delight;
> Keeping time, time, time,
> In a sort of Runic rhyme
> To the tintinnabulation that so musically wells
> From the bells, bells, bells, bells,
> Bells, bells, bells –
> From the jingling and the tinkling of the bells.

[Wie das Schlittenglöckchen schellt – / silbern schellt! / Welche Welt von Heiterkeit sein Stimmchen doch enthält! / Wie es klingelt, klingelt, klingelt / in der Eisesluft der Nacht! / wo, vom Sternenreihn umringelt, / nun der Himmel, lichtumzingelt, / in kristallnen Lüsten lacht; / strikt im Takt, Takt, Takt / lacht, vom Runenreim gepackt, / zu der Klingklangklingelei er, die so musikalisch wellt / von den Glöckchen, das da schellt, schellt, / schellt, schellt, schellt – / zu dem schimmernden Geflimmer, das da schellt! (V 165)]

Das Klingen der Glocken wird hier wie in den anderen Strophen als „a sort of Runic rhyme" bezeichnet – damit bedeutet Poe dem Leser oder Zuhörer, daß es hier durchaus nicht darauf ankommt, die gebrauchten Worthülsen mit Hilfe des Verstandes auf ihre möglichen Implikationen hin zu untersuchen, sondern daß die eigentliche Bedeutung in den Reimen, d. h. in der puren Klanglichkeit liegt; es ist die Lautfolge und Melodie, die ihre Botschaft in einer hieroglyphischen bzw. Runensprache vermitteln. Doch was besagt diese Botschaft? Genau diese Frage dürfen wir nicht stellen, da die eigentliche Bedeutung des Gedichts jenseits der Sprache und jenseits intellektueller Zugriffsmöglichkeiten besteht. Durch den Versuch einer inhaltlichen Bestimmung dieses Gedichts nach herkömmlichen Analysekriterien würden wir nur die eigentliche Bedeutung hinter einer Mauer von Worten versiegeln, ohne sie wirklich zu verstehen. Das Gedicht ist daher wie ein Mantra: man kann und man soll es singen, weil es nur so seine Bedeutung entfaltet; doch es läßt sich nicht analytisch zerlegen. Es mag sein, daß es durch eine Opiumerfahrung beeinflußt oder inspiriert wurde, vielleicht aber auch nicht: Da die sprachliche Gestalt im vorliegenden Fall keine eigene Bedeutung hat, sondern nur Vehikel einer Bewegungsdarstellung ist,

V. Rausch und Erkenntnis

können wir sie auch nicht wie in anderen Texten nach Indizien absuchen, die für oder gegen eine Opiatbeeinflussung sprechen. Das Gedicht ist hier vielmehr deshalb von Interesse, weil es eine Möglichkeit demonstriert, die Erfahrung des „Anderen", wie sie sich im Opiumrausch und ähnlichen visionären Erlebnissen präsentiert, fast unmittelbar zu reproduzieren, wie es sonst nur noch die Musik vermag.

*****

Auf den vorigen Seiten wurde gezeigt, daß der Widerspruch, der in der Gleichzeitigkeit von Poes Neigung zur poetisch-intuitiven und zur rein rationalen Geistestätigkeit zu bestehen scheint, aufzulösen ist, indem man die angestrebte *ratiocination* als Mischform beider Vorgehensweisen versteht. Hierin entspricht sie jenem kreativen Vermögen, das Coleridge *Imagination* nennt und das, wie Abrams erläutert, die intuitive und die willentlich kalkulierte Weltaneignung vereint:

> Das Paradoxon, daß, was in der Dichtung natürlich ist, auch die Kunst einschließt und aus einer gegenseitigen Durchdringung von Spontaneität und willentlichem Bemühen entspringt, ist nicht bloß ein abstraktes Produkt aus dem Fundus von Coleridges philosophischem Hintergrund. Die Tatsache wird von den kreativen Dichtern aller Zeiten bestätigt, die – in unterschiedlicher Manier – feststellen, daß sie nach einem zuvor gefaßten Plan und auf der Grundlage einer durch mühsame Übung erworbenen Fähigkeit schreiben, aber daß die Leitidee zuweilen die Kontrolle übernimmt und sich in einer Weise entwickelt, die der ursprünglichen Absicht und gar dem ausdrücklichen Wollen zuwiderläuft, daß sich aber im Rückblick erweise, daß sie besser geschrieben haben, als sie dachten. ...
>
> ... Coleridge demonstriert, wie Dichtung natürlich und doch regelmäßig sein kann, gesetzmäßig ohne gezwungen zu sein, und sachlich rational erklärbar, obwohl sie im Moment ihrer Niederschrift intuitiv entstand, indem er den Gedanken der von außen auferlegten Regeln durch den Gedanken von den inhärenten Gesetzen des imaginativen Vorgangs ersetzt ...[106]

Coleridge zufolge hat die Poesie eine eigene Logik, die so streng wie die der Wissenschaft und noch schwieriger sei, weil sie subtiler und komplexer sei und von flüchtigeren Ursachen abhänge als jene[107]; sie ist demnach ebensowenig wie das Kalkül der Poe'schen *ratiocinators* mit den gewöhnlichen Operationen des Intellekts zu identifizieren. In Poes Konzept der *ratiocination* wird also wie in Coleridges *Imagination* das rationale Kalkül nicht bloß als scheuklappenbewehrtes „Vernünfteln" und die Intuition nicht bloß als blinder Schaffensrausch bedeutsam, sondern beides, Intuition und Ratio, verbinden sich zu einem Doppelvermögen. Aus dieser Verbindung, in der sozusagen die Logik ein Herz und die Intuition einen Verstand erhält, erwächst dem Dichter ein metaphysisches Erkenntnisvermögen, ohne das all sein Streben fruchtlos bliebe und auch die Erfahrung des Rausches nicht zu nutzen wäre. Dennoch ist die *ratiocination* nicht mehr als ein Kompromiß, der die Dualität von Intuition und Logik nicht vollends zu überspielen vermag. Die ersehnte Einheit bietet nur das absolute Nichts, das weiße Schweigen am Ende von *Pym*, das Vakuum, das auf die apokalyptische Vision von *Eureka* folgt. Einstweilen ist der Dichter jedoch weiterhin zum Leiden an seiner inneren Zerrissenheit verdammt, und in dieser Situation entwarf sich Poe ein Eldorado der Vernunft, von dem er wußte, daß es unmöglich ist. In „The Philosophy of Composition" begegnen wir einer solchen Märchenwelt, wo ein fiktiver Mr. Poe ohne Mühe sein Gedicht „The Raven" „mit der rigorosen Folgerichtigkeit eines mathematischen Problems" komponiert. Hinter dieser Vision steht der verzweifelte und unerfüllbare Wunsch nach einer einheitlichen Existenz (denn Existenz, das Dasein, ist ja gerade der Zustand des Geteiltseins, der Individuation. Daher schreibt auch Hoffman: „Das Dasein ist niemals Eins. Dazusein bedeutet, Teil eines Vorgangs zu sein."[108]) Poe wünschte sich die Welt als klar gegliederte logische Ordnung.[109] Also entwarf er sie in einigen seiner Schriften – als ein Spielzeugland für den von der Realität so enttäuschten Dichter und gleichzeitig als einen Spiegel, der nicht bloß den Menschen, sondern alle Formen des Daseins mit ihrer Unvollkommenheit konfrontiert. So zieht er sich aus der profanen Welt der Unzulänglichkeiten und unversöhnlichen Dualismen zurück. Bloß fort von hier, ruft auch sein „Bruder" Baudelaire, „n'importe où! pourvu que ce soit hors de ce monde!" Diese Traumwelt, ein künstliches Paradies, ist jenes Universum der Vernunft, wo sich wie in „The Power of Words" über den vollkommenen Intellekt reden läßt, der alle Regeln der Algebra im Sinn eines perfekten Welterklärungsmodells anwenden kann. Und genau hier kommt bei Poe die Droge ins Spiel, von deren Wirkungen ihn offensichtlich vor allem jene beeindruckte, die den Berauschten eine außerordentliche Klarheit der Wahrnehmung und eine übermenschliche Erkenntnisfähigkeit erfahren läßt. Unter dem Einfluß der Droge erhob sich Poe auf die Stufe seiner durchgeistigten Protagonisten und wurde gewissermaßen selbst – wie Eiros, Monos oder Agathos – „pure mind". Die Welt des Rausches war für Poe ein herrlicher Urlaubsort, von dem er in die Realität seiner kreativen Tätigkeit zurückkehren konnte, um als *ratiocinator* die dort erfahrene Schönheit nach besten Kräften zu reproduzieren und in der kreativen Gestaltung einen Weg der Erkenntnis zu beschreiben, dessen Ende er weder als Mensch noch als reiner Geist jemals erreichen kann, sondern erst dann, wenn es nichts mehr gibt, also auch kein Erkennendes und kein Erkanntes. Eine absolute, d.h. alles umfassende Erkenntnis ist folglich undenkbar, denn sie würde erst dann möglich, wenn es sie *per definitionem* nicht mehr geben kann – Empiriker, Logiker, Visionäre und allen voran die Künstler müssen sich mit unterschiedlichen Graden der Annäherung begnügen; Erkenntnis kann sich für sie nur als ein unablässiges Werden gestalten. Das weiße Schweigen am Ende von *Pym* markiert nur die Grenze der Sprache; jenseits der Nebelwand setzt sich der Weg des Geistes noch lange fort.

Moderne Blasphemien eines Moralisten:
Charles Baudelaire und die künstlichen Paradiese

I. Die Blumen des Bösen

Am 20. August 1857 erscheinen ein nicht mehr ganz junger Poet und seine beiden Verleger vor der 6. Strafkammer im Pariser Justizpalast, um sich für die Herstellung und Verbreitung eines angeblich unzüchtigen Gedichtbandes zu verantworten. Obwohl die Strafkammer sich vornehmlich mit Fällen von Prostitution und Zuhälterei befaßt, ist es für sie doch nicht der erste Fall solcher Art, denn im selben Jahr mußte sie schon einmal bei reger Anteilnahme der Öffentlichkeit über ein vermeintlich obszönes Werk befinden: Flauberts Roman *Madame Bovary*; der Prozeß endete mit einem Freispruch des Autors. In Kenntnis dieses Urteils sind die nun Angeklagten wohl etwas nervös, aber doch zuversichtlich, daß auch ihr Fall entsprechend entschieden wird. Durch seine Uniform des Nonkonformisten, die den Aspekt des Schlichten prahlerisch betont, ist der Dichter auf den ersten Blick als Dandy erkennbar, der sich den Anschein gibt, alles Modische zutiefst zu verachten, während er als Geist, der stets verneint, vom Zeitgeschmack doch in Wirklichkeit geradezu abhängig ist. Für den Müßiggänger dieses Schlages, der das Paradox des individuellen Stereotyps kultiviert, ist die Verhöhnung des Bourgeoisen eine Ehrensache. Unter diesem Aspekt muß es allerdings fraglich erscheinen, ob die bürgerlich gesinnten Richter die Talente des Angeklagten recht zu schätzen wissen. In der Tat läßt sich das Gericht durch die Argumente der Verteidigung nicht überzeugen. Der Prozeß endet mit einem Publikationsverbot für sechs Gedichte (das bis 1946, also fast ein Jahrhundert in Kraft bleiben wird), außerdem werden Autor und Verleger zu einer Geldstrafe verurteilt.

Begonnen hatte die peinliche Angelegenheit mit einer Rezension des Bandes, die am 5. Juli im *Figaro* erschienen war. Nichts könne einen Mann von über dreißig Jahren rechtfertigen, derartige Scheußlichkeiten zu veröffentlichen[1], so hatte sich der Rezensent empört und damit die Aufmerksamkeit der sittenstrengen Obrigkeit auf das Werk gelenkt. Die nach kurzer Ermittlung angeklagten Verleger waren die Herren Poulet-Malassis und De Broise, der Dichter war natürlich Baudelaire, und das schändliche Werk waren seine *Fleurs du Mal*. Während der Prozeß den Dichter zu einem „homme public"[2] machte, war er für ihn andererseits ein weiteres Glied in einer langen Kette empfundener Demütigungen.[3] Die Geldstrafe in Höhe von

300 Francs war für ihn keine Kleinigkeit, obwohl der ihm zustehende Anteil des Familienerbes ein Vermögen umfaßte, das ihn nach heutiger Kaufkraft annähernd zu einem Millionär machte. Da er diesen Reichtum aber ganz in den Dienst seines verschwenderischen Dandytums gestellt hatte, so daß die Familie befürchten mußte, daß auf diese Weise das ganze Vermögen in kürzester Zeit aufgezehrt würde, war er bereits 1844 der Vormundschaft eines Anwalts unterstellt worden, der seine finanziellen Belange mit großer Strenge verwaltete, so daß Baudelaire dennoch, wie er in einem Brief an die Kaiserin schreibt, unter der „sprichwörtlichen Armut der Dichter"[4] leiden mußte. Als ein Bittbrief, dessen Empfängerin ersucht wird, sich für die Herabsetzung der verhängten Geldstrafe einzusetzen, ist das Schreiben natürlich in einem demütigen Ton gehalten. So äußert sich der gekränkte Baudelaire über seine Richter und ihr Urteil in einer Weise, als seien sie nicht, wie er wirklich meint, die Handlanger eines staatlich verordneten bourgeoisen Stumpfsinns, sondern väterlich besorgte Literaturkritiker, denen es in ihrer Strenge nur um das Wohl des Poeten und seiner Kunst zu tun sei. Dennoch ist es interessant, was Baudelaire über die Motivation seiner Dichtung schreibt: „Ich hatte geglaubt, ein schönes und großes Werk vollbracht zu haben, ein klares Werk vor allem; die Richter fanden es dunkel genug, um mich dazu zu verurteilen, das Buch umzuarbeiten ..."[5] Klarheit und Schönheit waren also das oberste Ziel seiner dichterischen Bemühung. In diesem Satz spiegelt sich das elementare Anliegen, das Baudelaires Werk ebenso wie das von Poe oder Hoffmann motiviert: Es geht um die Verbindung des Schönen und Wahren. Auch die persönliche Präferenz des Dichters, die seine spätere Abwendung von den Drogen begründen wird, deutet sich hier bereits an, indem Baudelaire der Klarheit, also der vermittelten Erkenntnis, ein besonderes Gewicht beimißt. Für die Richter habe der unverzeihliche Mangel in der Unklarheit und Finsternis der kritisierten Gedichte bestanden. Das ist nicht ganz falsch, doch natürlich übersahen sie, daß das (nach damaligem Verständnis) Obszöne nicht wie in einem pornographischen Werk sich selbst genug, sondern mit Methode inszeniert war, um einen Blick in den Abgrund zu ermöglichen, der sich mit all seinen tabuisierten Inhalten im Herzen der modernen Gesellschaft befindet. Klarheit über die düsteren Inhalte des Unbewußten zu verschaffen, die Finsternis bei Licht zu besehen, das ist das Motiv der *Fleurs du Mal*, so wie später auch Cocteau schreibt: „Ich versuche, im Dunkeln hellzusehen ..." [O 123]

Die im Lauf der Jahre stetig vermehrte Gedichtsammlung erschien zunächst als eine Folge von achtzehn Gedichten in der *Revue des Deux Mondes* vom 1. Juni 1855, als Baudelaire sich bereits einen Ruf als Übersetzer von Poes Werken erworben hatte. 1857 erfolgte die erste selbständige Publikation der nunmehr rund hundert Gedichte umfassenden Sammlung, die der Reputation des Übersetzers das Stigma des *poète maudit* hinzufügte; nach dem Prozeß mußten die Seiten mit den verbotenen Gedichten aus allen Exemplaren herausgerissen werden. War der gerichtliche Vorgang mit dem Urteil vom 20. August abgeschlossen worden, so behielt die mißtrauische

Obrigkeit den Dichter doch weiterhin im Auge. Als 1861 die um fünfunddreißig Gedichte vermehrte zweite Auflage erschien, wurde sie im Auftrag des Innenministeriums sogleich gründlich geprüft. Da sich aber zeigte, daß die sechs verbotenen Gedichte nicht wieder abgedruckt waren und die neu hinzugekommenen zwar eine „bizarre, ungeordnete und schamlose Phantasie"[6] dokumentierten, aber insgesamt doch noch tolerierbar seien, sah man von einer erneuten Strafverfolgung des Dichters ab, zumal ein Gutachter des Justizministeriums davor warnte, daß eine solche Aktion bei zweifelhaften Erfolgschancen diesem Werk bloß eine „fâcheuse publicité"[7] bescheren würde. Eine dritte, wiederum vermehrte Auflage erschien 1868, also ein Jahr nach Baudelaires Tod. Baudelaire legte großen Wert auf die Feststellung, daß die Struktur der *Fleurs du Mal* gründlich durchdacht sei und eine einheitliche Entwicklung zeige. Im ersten Gedicht, „Bénédiction", wird der Dichter als ein von den Göttern privilegierter Geist beschworen, der von der Welt gehaßt und verspottet wird, weil der Schmerz die erste Voraussetzung der Kunst ist, durch die er sich seine unsichtbare „mystische Krone" [FdM 9] aus reinem Licht verdient. Hier nimmt der Dichter wie Christus die Sünden und das Leid der Welt auf sich; die gesellschaftliche Ächtung wird als Grundstein des wahren Künstlertums gedeutet, der Dichter ist also in dem Maße *poète*, in dem er *maudit* ist. Als „Segensspruch" markiert das Gedicht die Entlassung des Poeten in die düstere Welt der *Fleurs du Mal*, in deren Schrecknissen er wie Dante in der Hölle umherirrt, bis er zuletzt an der Schwelle des Todes anlangt. Dies zeigt das letzte Gedicht des Bandes, „Le Voyage", in dem die vom Lebensekel erfüllten Seelen begierig den Berichten weitgereister Abenteurer lauschen, um sich endlich an den Tod zu wenden, der ihre letzte Hoffnung darstellt, der Tristesse des Daseins zu entfliehen. Hier endet die traurige Existenz des Dichters, der am Ende seines qualvollen Lebensweges nur noch die Zerstreuung durch etwas Neues sucht, das auf der Welt nicht zu finden ist: „Plonger au fond du gouffre, Enfer ou Ciel qu'importe? / Au fond de l'Inconnu pour trouver du *nouveau*!" [FdM 127] [„... zur Tiefe des Abgrunds tauchen, Hölle oder Himmel, gleichviel! Zur Tiefe des Unbekannten, etwas *Neues* zu erfahren!" (III 339)] Diese Wandlung vom Dichter, der an seinem Dasein leidend die Geheimnisse in der Natur studiert, zum enttäuschten Pessimisten, der sich nur noch nach Ruhe sehnt, entspricht auch der eigenen geistigen Entwicklung Baudelaires, der weitgehend unbeachtet, hochverschuldet und schwer krank in seinen letzten Lebensjahren eine trostlose Bilanz zog.

Obwohl hier keine nähere Untersuchung der *Fleurs du Mal* erfolgen kann, sei wenigstens der Titel erläutert, der eine programmatische Bedeutung hat, wenn er auch nicht von Baudelaire selbst stammt, sondern nach langer Diskussion von einem Bekannten des Dichters, dem Kritiker und Romancier Hippolyte Babou, erfunden wurde.[8] Es ist naheliegend, den Titel mit der blauen Blume der Romantik und mit der pflanzlichen Herkunft von Opium und Haschisch in Verbindung zu bringen.[9] „Böse Blumen" faszinierten aber auch die – freilich durch Baudelaire inspirierten – Dichter der späteren Décadence, und zwar vorzugsweise in der konkreten Gestalt bizarrer exotischer Spezies, wobei fleischfressende Pflanzen oder giftige Blumen, die ihre Opfer durch betörende Düfte oder die Farbenpracht ihrer Blüten ins Verderben locken, besonders geschätzt wurden. So läßt sich Huysmans' Des Esseintes in *A rebours* staunend die sonderbarsten Blumenimporte aus fernen Ländern vorführen:

> Aber er betrachtete sie kaum, er wartete ungeduldig auf die Pflanzen, die ihn vor allem reizten: auf die fleischfressenden Pflanzen; auf den Fliegenfänger aus den Antillen mit faserigem Rand, der eine verdauungsfördernde Flüssigkeit absondert; mit krummen Dornen, die ineinandergreifen, sich gleich einem Gitterkorbe über dem gefangenen Insekt schließen; auf die Drosera der Moorebenen mit stacheligen, klebrigen Haaren bedeckt; auf die Sarracena, die Cephalothus, die gefräßige Hörner öffnet, fähig, wirkliches Fleisch zu verschlucken und zu verdauen; und schließlich auf die Nepenthes, deren phantastische Gestalt alle Grenzen exzentrischer Formen übersteigt. [10]

In unserer Vorstellung stehen Blumen für eine absichtslose, also reine Schönheit, sie sind Objekte eines ästhetischen Wohlgefallens. Wer eine Blume im Haar oder auch nur im Knopfloch trägt, scheint damit auf die Schönheit seiner Seele verweisen zu wollen; auch die Blumenkinder der Hippiezeit umgaben sich als *beautiful people* mit einer märchenhaften Unschuldsaura. Wenn Baudelaire von Blumen spricht, so meint natürlich auch er nicht die pflanzlichen Organismen, sondern das Schöne, für das sie als Sinnbild stehen. Im Deutschen wird das Wort „Blume" aber auch als Synonym für die Geschmacksnote von Weinen gebraucht. Die französische Entsprechung des Begriffs ist *bouquet* („Blumenstrauß"). So wie der Weinkenner einen edlen Tropfen goutiert, so läßt sich der Dichter hier gleichsam genießerisch das Böse auf der Zunge zergehen. Der Titel des Gedichtbandes bezieht sich also auf die Schönheit des Bösen, die seit dem 18. Jahrhundert immer mehr Bewunderer fand. Das Schöne aber, das nach Poe den stärksten Eindruck vermittelt, wenn es sich mit einem konträren Aspekt z. B. zum Melancholischen verbindet, war für den Amerikaner ebenso wie für Baudelaire die Domäne des Dichters[11]; allerdings kommt bei Baudelaire als zusätzliche Komponente noch das Bewußtsein der urbanen Modernität hinzu: seine künstliche Kristallwelt ist nicht zufällig ein „Rêve parisien". Obwohl auch Baudelaire einsame Landschaften schildert, steht selbst hinter den entlegensten pastoralen Idyllen stets der ebenso faszinierende wie bedrückende graue Kosmos der Metropole Paris – und wo läßt sich herrlicher von bunten Blumen träumen, als im steinernen Labyrinth der Straßenschluchten, Passagen und Boulevards? Es sind aber nicht die Blumen, die in den Parks oder an den Ständen der Blumenhändler zu sehen sind, die Baudelaire als Inbegriff des Schönen bewundert – für ihn sind die wahren Blumen die beweglichen Elemente der vom Willen beeinflußten Phantasie, wie es in dem Prosagedicht „Le Thyrse" heißt. Ein Thyrsos ist ein mit Efeu oder Weinblättern umwundener Stab, der bei den Zeremonien des Dionysoskultes benutzt wurde; Baudelaire überträgt die Bedeutung dieses Symbols auf die Poesie, die er im Sinn von Coleridges *Imagination* oder Poes *ratiocination* als das Zusammenspiel von Intellekt und Gefühl deutet:

I. Die Blumen des Bösen

> Der Stab, das ist Ihr Wille, gerade, fest und unerschütterlich; die Blumen sind die Windungen, mit denen Ihre Phantasie den Stab umspielt; sie sind das weibliche Element, das um das männliche seine betörenden Pirouetten ausführt. Die gerade Linie und die Arabeske, Absicht und Ausdruck, Strenge des Willens, Schmiegsamkeit des Wortes, Einheit des Zieles, Vielfalt der Mittel, allmächtiges und unzerlegbares Amalgam des Genies, welcher Zergliederer hätte die Vermessenheit, euch zu zerlegen und zu trennen? [SP 285; VIII 249]

Zweifellos ist diese Passage durch das bekannte Bild inspiriert, mit dem De Quincey zur Veranschaulichung seiner erzählerischen Methode die *Suspiria* einleitet:

> Der häßliche Stab – Hopfenstange, Rebe, Spalier, gleich was – ist nur zur Stützung da. Die Blumen sind nicht für den Stab, sondern der Stab ist für die Blumen da. Nach derselben Analogie betrachte man mich als einen ..., der Speere und Hellebarden ergrünen läßt und mit der Lebhaftigkeit von Blumen verschönert – Dinge, die in ihrem Ursprung Tod zum Ausdruck bringen (da sie aus toter Substanz gemacht sind, die einst in den Wäldern lebte), Dinge, die in ihrer Anwendung Verfall zum Ausdruck bringen. Der wahre Gegenstand meiner „Opiumbekenntnisse" ist nicht das nackte physiologische Thema, – im Gegenteil, *dies* ist der häßliche Stab, der mörderische Speer, die Hellebarde –, sondern jene abschweifenden musikalischen Variationen des Themas, – jene parasitären Gedanken, Gefühle, Exkurse, die sich mit Glocken und Blüten rund um den trockenen Pfahl emporwinden, gelegentlich vielleicht mit einer zu auswuchernden Üppigkeit von ihm fortstreuen, doch gleichzeitig – durch das beständige Interesse, das sich mit den *Gegenständen* dieser Abschweifungen verbindet –, und ohne Rücksicht auf die Realisierung, einen herrlichen Glanz über Begebenheiten ausbreiten, die für sich selbst weniger als gar nichts wären. [S 455]

Wie bei Baudelaire, so ist auch hier der Stab das Prinzip, das dem phantastischen Wuchern von Blättern und Blüten einen Halt bietet und den einheitlichen Bestand des Gewächses garantiert; er ist also nichts anderes als der Intellekt, der dem bunten Wirbel der Phantasie zwar weiten Spielraum gewährt, aber sie doch immer zu seiner elementaren Ordnung zurückkehren läßt, damit sie nicht über den Horizont hinauswuchert. Zwar zeigt De Quincey gegenüber diesem zentralen Ordnungsprinzip eine gewisse Kälte und sogar Verachtung, doch verdeutlicht seine Bildwahl, daß er den Stab, also die Willenskraft, als unverzichtbares Instrument des poetischen Schaffens versteht. Damit der Hopfen zur Kulturpflanze wird, bedarf er der Stange, die gewiß ein Zwangswerkzeug und daher brutal und gar „mörderisch" ist, aber nur durch diese gewaltsame Einwirkung auf das freie Spiel der Intuition kann sich die Vision zum Kunstwerk gestalten. Es mag sein, daß Baudelaire die bedeutsame Rolle der Willenskraft klarer erkannte als De Quincey und deshalb mit aller Entschiedenheit ihre Erhaltung forderte. Daß die Blumen nicht für den Stab, sondern der Stab für die Blumen da sei, würde Baudelaire mit solcher Bestimmtheit wohl nicht sagen, sondern vielmehr darauf hinweisen, daß Stab und Blumen jeweils für einander da seien, doch in der letzten Konsequenz formulieren beide Autoren die gleiche Überzeugung – daher ist es nicht erstaunlich, daß Baudelaire sich in seiner kommentierten „Übersetzung" der *Suspiria* gleich zweimal auf diese Stelle bezieht.[12]

Baudelaires Blumen sind also die Essenzen der Poesie[13], so wie es auch in „Le Soleil" heißt, wo die Sonne als Vorbild des Dichters gesehen wird: „Ce père nourricieux, ennemi des chloroses, / Éveille dans les champs les vers comme les roses ..." [FdM 79] [„Die Sonne, dieser Vater und Ernährer, der die Bleichsucht haßt, weckt in den Feldern Verse wie Rosen auf ..." (II 223)] Auch das Furchtbare kann unter der Hand des Dichters wie eine Rose aufblühen, indem es als ein Gegenstand der Poesie im rhythmischen Fluß der Metrik gefaßt wird, dessen Bewegung nicht anders als schön empfunden werden kann. Ebenso wurde bei Coleridge und Poe, wie überhaupt in der Ästhetik des 18. und beginnenden 19. Jahrhunderts, die Rhythmik als zentrales Element des Schönen identifiziert, da diese Bewegung, indem sie sich vom Gegenständlichen und Sinnlich-Konkreten am weitesten entfernt, im Menschen die größte Zuversicht inspiriert, daß er die Enge seines Horizontes und damit auch seine Sterblichkeit überwinden könne. Daher zitiert Baudelaire zu Beginn des Essays „Le Peintre de la vie moderne" Stendhals Aussage, „‚daß das Schöne nichts anderes ist als die Verheißung von Glückseligkeit'".[14] In seiner Würdigung Gautiers schreibt er emphatisch: „Niemand hat besser als er das Glück auszudrücken verstanden, das die Einbildungskraft beim Anblick eines schönen Kunstgegenstandes empfindet, und wäre er der schauerlichste und schrecklichste, den man ersinnen könnte." Und er fährt fort: „Es ist eines der wunderbaren Vorrechte der Kunst, daß das künstlerisch dargestellte Fürchterliche Schönheit wird und daß der rhythmisch abgemessene *Schmerz* das Gemüt mit einer stillen *Freude* erfüllt."[15] In der Poesie, in der Kunst wird das Schreckliche und das Böse geläutert; indem es zu einem ästhetischen Gegenstand wird, erheben wir uns über die Trostlosigkeit, den Schmerz und die existentielle Bedrohung, die uns zuvor unsere eigene Hilflosigkeit vor Augen stellte – die Ohnmacht der Kreatur, die als ein Spielball der Mächte entsteht und ebenso wieder zu Staub zerfallen wird. Durch die Poesie erhalten wir die Chance, aus unserem Dasein als Kreatur herauszutreten und uns dem Zugriff jeder fremden Willkür zu entziehen: In diesem Sinn ist die Poesie in der Tat eine Religion, etwas Heiliges, mit dem man nicht spielen darf, „quelque chose de *sacré* qui nous défend d'en faire un jeu de hasard."[16] Eben weil die Poesie heilig ist, verbietet sich nach Baudelaire jeder absichtslose Gebrauch der poetischen Sprache ebenso wie die völlige Hingabe des Dichters an die blinde Intuition, Coleridges *Fancy*, welche die hohe Aufgabe der menschlichen Erlösung vom Bösen dem bloßen Zufall überließe. Darum muß der Intellekt sich der Intuition annehmen und sie mit Besonnenheit leiten.[17]

Während die Poesie also als ein Instrument zur Befreiung des Menschen aus seiner kreatürlichen Ohnmacht bedeutsam wird, ist sie wie alle Kunst eben deshalb aber auch Zeugnis einer frevelhaften Abkehr von der Natur Gottes. Denn indem der Mensch in der Kunst nicht bloß eine mimetische Bestätigung der göttlichen Schöpfung sucht, sondern vielmehr, sozusagen als Herr seines eigenen Gartens, aus dieser heraustreten will, wendet er sich gegen Gott, der als allerhaltende Instanz diskreditiert wird. Die Landschaft, in der die *Fleurs du Mal* blühen und gedeihen, ist ja doch eine künstliche Welt, und zwar ebenso, wie die Paradiese des Rausches künstliche sind. Daher weist Brincourt darauf hin, daß „Kunstwerke ... nichts anderes [sind] als ein Verrat des Menschen an der Natur."[18] Baudelaire, der die Droge als „instrument satanique" [PA 380] erkennt, ist sich durchaus bewußt, daß auch sein Eintreten für die Kunst einen sündhaften Zug trägt, der unverzeihlich sein mag. Tatsächlich spielt der Gedanke der „péché", der Sünde, in seiner Dichtung und Weltanschauung eine große Rolle, und oft wird spürbar, wie Baudelaire bei seinen Aktionen als „architecte de mes féeries" selbst im höchsten Moment des Schaffensrausches besorgte Blicke über die eigene Schulter wirft. „Den festen Glauben Baudelaires an alles, was die Ursünde betrifft, zu ignorieren", schreibt Brincourt, „bedeutet, ihn völlig zu verkennen, seinen Satanismus (wie man es oft getan hat) auf einen bloßen ausschweifenden Mummenschanz zu reduzieren."[19] In der Tat ist die große Bedeutung, die Baudelaire immer wieder dem Thema der Sünde beimißt, eine Frucht seiner katholischen Erziehung, die der anti-bourgeoise Poet auch in seinen ungebärdigsten Phasen nicht abzuschütteln vermochte – zumal er an der Doktrin, die ihn quälte und ihm offensichtlich zuweilen wie ein Korsett die Luft zum Atmen raubte, doch gleichzeitig mit einer verzweifelten Ergebenheit festhielt. Auch unter diesem Aspekt ist seine letztliche Abwendung von der Droge zu sehen.[20] Was seine Situation als Mensch und als Dichter noch mehr kompliziert und jene Zerrissenheit zwischen Gut und Böse, die den echten Moralisten vom bloßen Moralapostel unterscheidet, noch schmerzlich verstärkt, das ist die Erkenntnis, daß auch das Gute, das Wahre und Schöne in sich Elemente der Verworfenheit birgt und daß jede mögliche Entscheidung Anlaß gibt, ihre Konsequenzen zu fürchten. Dieses Wissen, das uns heute in der banalen Formel „You can't win" geläufig ist, äußert sich bei Baudelaire schon früh als eine fast panische Angst, das unvermeidliche Falsche und Schlechte zu tun und liegt wohl auch den trivialeren Gewohnheiten seines Lebens, etwa dem häufigen Wohnungswechsel oder der ständigen Veränderung seiner Frisur, zugrunde. Auch seine Selbstinszenierung als Dandy wird unter diesem Gesichtspunkt verständlich, da er als dessen wichtigste Eigenschaft gerade das nennt, worüber er am wenigsten verfügte und verfügen konnte, nämlich Gelassenheit und eine gewisse Gefühlskälte.[21]

Als ein kreatives Erfassen von Wirklichkeit ist die Kunst wie jeder Erkenntnisakt, der auf die grundsätzliche Verschiedenheit von Erkanntem und Erkennendem und somit auf die verlorene All-Einheit verweist, ein Indikator der menschlichen Schuld, die ihn im Sündenfall von Gott und der Welt entzweite. Durch die Ursünde der Individuation ist jeder Mensch gezwungen, sich durch sein Reflexionsvermögen als Ich von allem zu unterscheiden, was nicht Ich ist, d. h. er ist verdammt, vom ersten Sinneseindruck und dem ersten gelernten Wort an *erkennend* die Welt zu erfahren. Dies bedeutet, daß sein ganzes Leben unweigerlich eine unausgesetzte Wiederholung und Fortsetzung des ersten frevelhaften Erkenntnisaktes ist, durch den Adam und Eva ihre Heimat im Paradies verloren. Was der Mensch auch immer tun und unterlassen mag – es wird stets mit dem Makel der Sünde behaftet sein. Dem Künstler, der als

Erkennender und als Erkenntnisvermittler in der menschlichen Gesellschaft an exponierter Stelle steht, wird seine Schuld in besonderem Maße bewußt[22], und die Last seines Frevels wird noch drückender dadurch, daß er seine Mitmenschen zum Erkennen ermutigt und anstiftet: Insofern ist er der direkte Nachkomme der Schlange, die zum Biß in die verbotene Frucht verführte, und jede Erleuchtung, die er in seinem Publikum entzündet, ist ein weiteres Stück aus diesem teuersten Apfel der menschlichen Geschichte. Die Kunst ist also *per definitionem* ein Werk des Satans, und jeder Feder-, jeder Pinselstrich, jede angeschlagene Saite und selbst das kleinste Scheibchen Blattgold aus einer frommen Ikone und jede gedruckte Letter der Bibel ist ein Zeichen der menschlichen Entfernung von Gott. Daher rührt das Mißtrauen der Heiligen und der Mystiker gegenüber der Kunst, ohne die sie als Menschen aber nicht sein können. Auch der Heilige ist zur Sünde gezwungen, und wenn der Mystiker seinem göttlichen Auftrag folgt, vom Wunderbaren zu künden, so kann er dies nicht anders als durch die Mittel der Kunst, die sämtlich Werkzeuge des Teufels sind. Wie Musils Mann ohne Eigenschaften, der von dem utopischen Wunsch geleitet wird, sich die ganze Fülle des Möglichen zu bewahren und nichts davon durch getroffene Entscheidungen zu realisieren, so scheint auch Baudelaire vor der Verwirklichung des Möglichen zurückzuschrecken, indem er Positionen einnimmt, die er gleich darauf wieder zu entwerten hofft.[23] Dies ist es wohl, was die zwiespältige Einschätzung von Sünde und Verdammnis in seinem Werk begründet, die ihn einmal veranlaßt, mit der gehässigen Gestalt in dem Prosagedicht „Le Mauvais Vitrier"[24] festzustellen: „Aber was kümmert die Ewigkeit der Höllenstrafen den, der eine Sekunde lang die Unendlichkeit der Lust erfahren hat?" [SP 240; VIII 141], während er im nächsten Moment vor der leichtfüßigen Philosophie des Hier und Jetzt warnt, indem er fragt: „Was ist das für ein Paradies, das man um den Preis seines ewigen Heils erkauft?" [PA 386; VI 102][25] – Die Poesie, die künstliche Welt der Vorstellung, die sie erzeugt, ist also ebenso wie die Droge und das durch sie hervorgebrachte künstliche Paradies des Rausches ein herrliches Satanswerkzeug; so wie sie dem Bösen etwas Gutes abgewinnt, indem sie die ihm eigene Schönheit herausfiltert und kultiviert, so ist das Schöne der Poesie auch immer ein Spiegel des Bösen, der Sünde. Dies ist die eigentliche Bedeutung des Titels *Les Fleurs du Mal* – die Poesie in ihrer verruchten Schönheit und schönen Verruchtheit ist selbst eine Blume des Bösen.

II. Das Verwischen der Grenze: Zur Strategie des Paradoxen

So wie der Titel der *Fleurs du Mal* als Formel einer gedanklichen Hauptlinie in der Weltanschauung Baudelaires aufgefaßt werden kann, so ist auch der Titel seiner zusammengefaßten Schriften über Drogen und Rausch, *Les Paradies artificiels*, als komprimierte Version elementarer Gedankenkomplexe des Dichters zu lesen, ja vielleicht könnte man sogar sagen, daß in diesen zwei Worten überhaupt das Ganze

II. Das Verwischen der Grenze: Zur Strategie des Paradoxen 571

seines Weltbildes auf den kürzesten Nenner gebracht ist. Wie bei Poe, Hoffmann und vielen Romantikern hat das dualistische Denken, die Pointierung von Kontrasten, auch bei Baudelaire Methode: Durch die Konfrontation von Gegensätzlichem wird beim Leser ein Grenzgefühl erzeugt, denn dort, wo das Heterogene aufeinanderprallt, wo Schwarz und Weiß einander begegnen, wird für einen Augenblick eine Trennlinie sichtbar, die wie eine Wasserscheide markiert, wo das Weiße aufhört und das Schwarze beginnt. Da aber jede Grenzlinie zur Überschreitung herausfordert – ein Impuls, dem man nachgibt oder widersteht –, gibt die minutiöse Darstellung des Separaten gleichzeitig den Anlaß für die Vorstellung, daß es sich zu einem Ganzen vereinen könnte. Auf dieser Vorstellung gründet die Wirkung des *chiaroscuro*, jenes Spiels mit Hell-Dunkel-Beziehungen, das in Rembrandt einen seiner größten Meister fand und in der romantischen Bewunderung von Piranesis Licht- und Schatteneffekten oder in der Faszination vom Gedanken einer wissenschaftlichen Erhellung der Nachtseite der Natur einen Höhepunkt seiner Popularität erreichte. Licht und Dunkel erscheinen in schroffen Kontrasten und führen doch gleichzeitig zur paradoxen Vorstellung von dunkler Helligkeit oder einer erhellten Finsternis. So schreibt Baudelaire in „La Chambre double": „Hier hat alles die genügende Helle und das köstliche Dunkel der Harmonie." [SP 234; VIII 127] Auch der Titel von Hoffmanns *Nachtstücken* verweist auf die speziellen Beleuchtungseffekte, jenes Zwielicht, das die Grenzverwischung zwischen der Realität des Traumes und jener des Alltagslebens anzeigt. Die Bezeichnung stammt ursprünglich aus der Malerei, wo sie sich auf Darstellungen bezieht, in denen die Gegenstände durch Mondschein oder durch künstliche Lichtquellen beleuchtet werden. „Das Licht funktioniert in diesen Räumen", so schreibt Vogt-Göknil über Piranesis *Carceri*-Radierungen, „primär als schattenerzeugendes Element"[26] – dasselbe läßt sich vom Genre der Nachtstücke sagen, das als *Nocturne* oder *Notturno* übrigens auch in der Musik seinen Ort fand. In diesem Kontext ist die von Baudelaire so oft benutzte Bildlichkeit der Dämmerung zu sehen.[27]

Die Darstellung unserer dualistischen Welt, etwa durch die Kontrastierung von Licht und Dunkelheit, ist die notwendige Voraussetzung für die oben genannte Einheitsvision, denn ohne ein vorheriges Bewußtsein der Teilung könnten wir nicht ermessen, was es bedeutet, wenn sich etwas vereint. Versuchen wir einmal, uns wie in Zeitlupe die einzelnen Phasen der Lektüre des Titels *Les Fleurs du Mal* vorzustellen: Zunächst unterscheidet der Leser wohl „Fleurs" als das links stehende erste Substantiv von „Mal", dem rechts stehenden zweiten Substantiv. Als nächstes stellt er vielleicht fest, daß das erstere ein konkretes Ding, das zweite aber etwas Abstraktes bezeichnet. Indem er nun nach der Basis sucht, die eine Verbindung zwischen diesen Worten ermöglicht, erkennt er die Blume als ein Bild; auch dieses Wort, so begreift er nun, bezeichnet etwas Abstraktes, nämlich das Schöne. Nun tritt der Leser innerlich zwei Schritte zurück, um das Resultat seiner Deutung im Ganzen zu übersehen, wobei er bemerkt, daß er es nicht eigentlich mit zwei Begriffen zu tun hat, sondern mit einem zusammengesetzten, der aber paradox ist. Im nächsten Augenblick realisiert das Bewußtsein, daß der Widerspruch eine literarische Figur ist und erkennt die Pointe des Titels. Es ist der blitzartige Moment unseres Stockens – wenn die von uns konstatierte Ordnung des Gegensatzpaares zusammenbricht und die Installation einer neuen Ordnung durch die Erkenntnis der absichtsvollen Paradoxie noch nicht erfolgt ist –, in dem die Grenzlinie plötzlich verschwindet. Im Drogenrausch gestaltet sich diese Erfahrung langsamer; der Berauschte sieht zu, wie die Konturen der Gegenstände sich auflösen, so wie die Unterscheidung seiner eigenen Sinne immer undeutlicher wird, bis das Wahrgenommene und das Wahrnehmende jeweils ein verschwommenes Ganzes ist und schließlich auch der letzte, elementarste Dualismus von Ich und Nicht-Ich aufgehoben ist. Wenn Hoffmann, Poe und Baudelaire das Gegensätzliche suchen, um es in möglichst krasser Konfrontation zu betonen, so ist dies durch die Absicht motiviert, die Verwirrung beim Leser so zu verstärken, daß die Einordnung des Paradoxen in eine sinnstiftende Ordnung verzögert wird und der „schwebende" Moment, in dem durch die Aufhebung der Grenze eine mysteriöse Einheit erlebt wird, immerhin lange genug dauern mag, daß er uns wenigstens als eine Ahnung erfahrbar wird. Was wir als eine plötzliche Verwirrung registrieren, die unseren Lesefluß unterbricht, ist (denn wir wissen ja mit William James, daß der Bewußtseinsstrom unentwegt weiterfließt) in Wirklichkeit eine *Verlangsamung* des Denkens; das Bewußtsein operiert sozusagen auf einer ungewohnten, niedrigeren Frequenz. Dies ist es, was Cocteau meint, wenn er schreibt, daß der Opiumberauschte in eine andere Lebensgeschwindigkeit umsteigt, die ihn das geheime Leben der Pflanzen oder das der nur scheinbar unbeweglichen Minerale erleben läßt: „Alles ist eine Frage der Geschwindigkeit." (Vgl. Seite 435 f.)[28]

Eine solche Paradoxie bietet auch der Titel *Les Paradis artificiels*. Als merkwürdig mag dem Leser zunächst die Verwendung des Plurals erscheinen. Wieviele Paradiese gibt es denn? Eigentlich sollte der Vorzug des Paradieses doch gerade darin bestehen, daß es einzigartig ist. Zwar sagt man von seinen seligen Bewohnern, sie befänden sich „im Besitz" des Paradieses, doch diese Redewendung bedeutet nicht etwa, daß das Paradies, da es im Herzen jedes Gläubigen liegt, als eine spirituelle Massenware milliardenfach vorhanden sei, sondern verweist auf die logisch nicht nachvollziehbare Existenz des Göttlichen, das in der Vielheit zugleich doch immer das Eine bleibt. Aus diesem Grund ist es im Kontext des Christentums nicht üblich, vom Paradies im Plural zu sprechen; Gott ist in jedem einzelnen ganz vorhanden und dennoch ein Unteilbares, also muß dasselbe auch für das Paradies gelten, das nach der christlichen Lehre ja nichts anderes ist als ein Sein in Gott. Anscheinend markiert Baudelaires Plural also einen Paradiesbegriff, der sich vom traditionellen christlichen Verständnis entfernt, ja er impliziert den blasphemischen Gedanken, daß der Mensch auf das Paradies Gottes möglicherweise nicht angewiesen sei, da ihm andere Alternativen zur Auswahl stehen. Und was wären diese Alternativen? „Künstliche" Paradiese, antwortet Baudelaire, also Gärten der Seligkeit, die der Mensch selbst entworfen hat. Hier erscheinen wiederum die Kunst und das Künstliche als satanische Erwiderung auf die Natur Gottes. Aber Baudelaire geht noch weiter, denn für ihn sind die künstlichen Paradiese nur deshalb paradiesisch, *weil* sie künstlich, also nicht natürlich sind – das Künstliche ist hier die Bedingung des Paradiesischen; in den Idyllen seiner Phantasie hat das Natürliche keinen Platz, da er es nur als Quelle des Ennui erfahren hat und deshalb aus tiefstem Herzen verabscheut. In diesem Sinn wird sich auch noch achtzig Jahre später der Surrealist Louis Aragon äußern: „Man muß gegen das Wort von den künstlichen Paradiesen Einspruch erheben. Das ist ein Pleonasmus. Es gibt keine natürlichen Paradiese …"[29]

III. Vom „Heiligen Gemüse" zur „Reine des Facultés"

Es ist nicht leicht, Baudelaire zu verstehen, zumindest sofern es um die Systematik seiner Weltanschauung geht. Obwohl die Kritik viele Erklärungsversuche geliefert hat, scheint sich aus der Vielfalt dieser Bemühungen ebenso wie aus Baudelaires eigenen begrifflichen Ansätzen kein rechtes Ganzes zu bilden, die Sprünge bleiben. Gibt es überhaupt ein durchgängiges System bei Baudelaire? Glaubte dieser überaus katholische *poète maudit*, der anti-bourgeoise Moralist, der arbeitsame Müßiggänger, dieser blasphemische Künstler, der sich in seinen *Journaux intimes* zum regelmäßigen Gebet ermahnt, glaubte er also, ein solches System entwickelt zu haben oder starb er vielleicht, noch bevor er seine reiche Sammlung von Bindfäden verknüpfen und zu einem ordentlichen Knäuel aufwickeln konnte? Im Vorwort zu Georges Blins Studie über Baudelaire schreibt der Biograph des Dichters und Herausgeber der *Œuvres complètes*, Jacques Crépet: „Es versteht sich von selbst, daß der Leser in seinen Ansichten hier und dort nicht gänzlich mit Herrn Blin übereinstimmen wird. Zum Beispiel neige ich zu der Ansicht, daß unser Philosoph den Zusammenhang bei Baudelaire ein wenig forciert hat."[30] Das Problem ist nicht einfach dadurch zu lösen, daß man Widersprüche in seinem Denken auf die weltanschauliche Entwicklung des Dichters zurückführt, der gelegentlich eine alte Haut abstreifte, um eine neue hervorscheinen zu lassen, denn zuweilen taucht die alte Haut, die man für längst verrottet hielt, wieder auf und verbindet sich gar in mysteriöser Eintracht mit demjenigen, durch das sie doch abgelöst wurde. Dennoch soll nachfolgend versucht werden, soweit dies vertretbar erscheint, eine Kohärenz in der Entwicklung von Baudelaires Naturbild aufzuzeigen, aus der sein Interesse am „Idéal artificiel" und damit auch an den künstlichen Paradiesen des Drogenrausches entsprang.

Als der Schriftsteller Fernand Desnoyers im Juni 1855 Baudelaire fragte, ob er sich nicht an einem Lyrikband über die Landschaft von Fontainebleau beteiligen wolle, erhielt er vom Dichter die folgende Absage, die deutlich zeigt, was er von jenen Naturfreunden hielt, die er an anderer Stelle als „soi-disant réalistes"[31] bezeichnet:

Mein lieber Desnoyers, Sie bitten mich um Verse für Ihren kleinen Band, Verse über die *Natur*, nicht wahr? über die Wälder, die großen Eichen, das Grüne, die Insekten – die

Sonne vermutlich? Aber Sie wissen doch, daß ich außerstande bin, über die Vegetabilien in Rührung zu geraten, daß meine Seele dieser sonderbaren neuen Religion widerstrebt, die, wie mir scheint, jedem *geistigen* Menschen immer etwas *shocking* vorkommen wird. Ich werde niemals glauben, daß *die Seele der Götter in den Pflanzen wohnt*, und selbst wenn sie dort wohnen sollte, kümmerte mich das wenig, und ich würde meine eigene für ein sehr viel höheres Gut halten als jene der geheiligten Gemüse. Ich war sogar immer der Ansicht, daß die *Natur*, in ihrem Blühen, ihrem Sicherneuern etwas Trauriges, Hartes, Grausames an sich hat, fast etwas Schamloses.

Angesichts der Unmöglichkeit, Sie nach den genauen Bedingungen des Programms völlig zufriedenzustellen, schicke ich Ihnen zwei Gedichte, die ungefähr die Geisteshaltung der Träumereien vermitteln, die mich um die Stunden der Dämmerung überfallen. Am Grunde der Wälder, eingeschlossen unter jenen Wölbungen, die denen der Sakristeien und Kathedralen gleichen, denke ich an unsere erstaunlichen Städte, und die gewaltige Musik, die über den Wipfeln brandet, kommt mir wie die Übersetzung der menschlichen Klagen vor.[32]

Hätte sich Desnoyers mit seinem Projekt zehn Jahre früher an Baudelaire gewendet, so wäre die Antwort des Dichters sicher gnädiger ausgefallen. In der frühesten Phase seines künstlerischen Schaffens war Baudelaire nämlich selbst ein Freund von „heiligem Gemüse" und praktizierte, wie Leakey schreibt, „einen ‚Naturkult' oder eine ‚Naturreligion', die zuweilen beinahe wie eine naturalistische *Gegenethik* erscheint und manches von den philosophischen ‚Modellen' des 18. Jahrhunderts übernimmt."[33] In seiner ersten größeren Veröffentlichung, dem *Salon de 1845*, erweist er sich als scharfzüngiger Kritiker des „rococo du romantisme"[34], also jener zeitgenössischen Epigonen der Romantik, die nur das äußere Erscheinungsbild der romantischen Landschaft kopieren und bloß mit leeren Formen hantieren, und er verurteilt die als positivistisch bezeichneten Vertreter einer exakten Mimesis. Für Baudelaire muß hier die künstlerische Auseinandersetzung mit der Natur von einer ursprünglichen Naivität geleitet werden, die sich gegen mikroskopische Genauigkeit und technisches Raffinement behauptet. So begründet er sein lobendes Urteil über die Darstellung einer Yucca-Pflanze im Park von Neuilly folgendermaßen:

> Alle diejenigen, die sich an die mikroskopische Wahrheit klammern und sich für Maler halten, sollten dieses kleine Bild sehen, und dann sollte man ihnen die folgenden kleinen Überlegungen durch ein Hörrohr einblasen: Dies ist ein sehr gutes Bild, nicht, weil alles darauf zu sehen ist und man die Blätter zählen kann, sondern weil es gleichzeitig den allgemeinen Charakter der Natur zeigt – ... weil es mit einer tiefeingewurzelten Naivität gemalt ist – während ihr andern euch zu sehr als ... Künstler aufspielt.[35]

Das Naive wird als eine Kardinaltugend des Künstlers identifiziert, die ihn vor dem Gekünstelten, der mechanistischen Versammlung komplexer Formen zu einem bloß beschreibenden Tableau bewahrt. Der Künstler bahnt sich sozusagen im Dickicht der Zivilisation einen Weg zurück zur stillen Einfalt der edlen Wilden – hier sieht unter dem Mantel des jungen Kritikers ein Rockzipfel von Rousseau hervor. Ein Jahr später, im *Salon de 1846*, formuliert Baudelaire ein ästhetisches Credo, das den moralischen Anspruch der künstlerischen Naturdarstellung hervorhebt:

III. Vom „Heiligen Gemüse" zur „Reine des Facultés"

> Stendhal hat irgendwo gesagt: „Die Malerei ist nichts als formgewordene Moral!" – Man mag das Wort Moral nun mehr oder weniger großzügig auslegen, ein Gleiches läßt sich von allen Künsten sagen. Da sie stets das Schöne als Ausdruck der Empfindung, der Leidenschaft und der Träumerei eines jeden sind, das heißt die Vielfalt in der Einheit, oder die verschiedenen Seiten des Absoluten, – so rührt die Kritik jeden Augenblick an die Metaphysik. [...] Wer Romantik sagt, sagt moderne Kunst, – das heißt Innerlichkeit, Spiritualität, Farbe, Streben nach dem Unendlichen, ausgedrückt mit allen Mitteln, die die Künste enthalten.[36]

In diesem letzten Satz kündigt sich ein gedanklicher Umbruch an: Es wird deutlich, daß Baudelaire sich keineswegs einem Kulturpessimismus nach der Art Rousseaus verpflichtet, sondern das Moderne als wesentliche Qualität der Kunst begreift, die jeweils ihre eigene, subjektive Wirklichkeit schafft:

> Das Ideal ist demnach nicht jener blasse Dunst, jenes öde, ungreifbare Schemen, das an der Decke der Akademien schwebt; ein Ideal ist das durch das Individuum wiederhergestellte, wiederausgestaltete und durch Pinsel und Meißel in die strahlende Wahrheit seiner ursprünglichen Harmonie wiedererstattete Individuum.[37]

In diesem Zusammenhang ist auf den Begriff der *correspondances* hinzuweisen, den Baudelaire von Swedenborg übernahm und im Lauf seiner weltanschaulichen Entwicklung mit einem eigenen Sinn versah, der durchaus nicht mehr swedenborgianisch ist. In dem vieldiskutierten Gedicht „Correspondances" steht das Wort nur scheinbar im traditionellen Kontext des Zwiegesprächs zwischen Mensch und Natur: „La Nature est un temple où de vivants piliers / Laissent parfois sortir de confuses paroles; / L'homme y passe à travers des forêts de symboles / Qui l'observent avec des regards familiers." [FdM 11] [„Die Natur ist ein Tempel, wo aus lebendigen Pfeilern zuweilen wirre Worte dringen; der Mensch geht dort durch Wälder von Symbolen, die mit vertrauten Blicken ihn beobachten." (III 69)] Auf den ersten Blick wird hier der Eindruck erweckt, als ob die Natur eine Muse des Dichters sei – ein unabhängiges Wesen, das sich dem Betrachter in geheimnisvollen Zeichen mitteilt und ihm in dieser Funktion als raunendes Orakel heilig ist; deshalb wohl wird die Natur als ein Tempel bezeichnet, was eindeutig auf den romantischen Topos zurückverweist, nach dem die Gebilde der Natur als analogische Vorbildung der Formen von Gotteshäusern, besonders Kathedralen, gedeutet werden. Und doch besingt der Dichter hier keineswegs das heilige Gemüse, um das sich Baudelaire selbst dann kaum kümmern würde, wenn es erwiesenermaßen vom göttlichen Prinzip beseelt wäre. Weder die Natur noch das Natürliche sind der eigentliche Gegenstand dieses Gedichts, sondern die *correspondances*. Nicht den organischen Formen und Schauplätzen gilt die Aufmerksamkeit, sondern den „forêts des symboles". In dieser Formulierung äußert sich die wichtige Erkenntnis, daß die Natur und alle ihre Elemente tatsächlich ohne eigenen Wert sind, solange sie nicht von einem betrachtenden Subjekt wahrgenommen und interpretiert werden. Erst der Mensch verleiht den toten Formen der Natur eine Bedeutung, indem er sie zu Symbolen macht. Für sich allein ist die Natur also ohne jedes Interesse und wird erst dann von einem Wesen durchdrungen, wenn der

Betrachter es in das dumme Ensemble ihres Wildwuchses hineinprojiziert. Der Geist der Natur, der sich in all ihren Erscheinungen äußert, so daß diese zu Hieroglyphen werden, ist nur eine Übertragung aus der dunklen Psyche des Subjekts, das sich in der Landschaft selbst bespiegelt; es ist kein Wunder, daß der Dichter hier „des regards familiers" bemerkt. Durch den Hinweis auf die abstrakten „forêts de symboles" gibt Baudelaire zu erkennen, daß er unter *correspondances* nichts anderes versteht als die nach außen projizierten Aspekte seiner eigenen Seele. Daher werden ihm die Bäume, die er sieht, in seiner Vorstellung als lebende Tempelpfeiler bedeutsam; sobald er jedoch die Bühne dieser Landschaft verläßt, wird die zurückbleibende Vegetation wieder nur das taube Gehölz sein, das sie zweifellos auch schon vorher war.

Als ein Produkt der subjektiven Vorstellung füllt die Landschaft folglich einen inneren Raum aus, für den es in der äußeren Natur keine Entsprechung gibt.[38] Damit bringt Baudelaire zum Ausdruck, daß Wahrheit nicht als etwas von vornherein Gegebenes besteht, sondern fortwährend *konstruiert* wird – der Mensch ist nicht mehr eine in der göttlichen Schöpfung lebende Kreatur, sondern er ist durch seine Subjektivität selbst der Autor und Schöpfer seiner Welt. Es versteht sich, daß unter diesen Umständen die Kunst und das Künstliche als charakteristische Domäne des modernen Individuums eine zentrale Bedeutung erhalten, denn hier, und nur hier, wird der unentwegt stattfindende Prozeß der Konstruktion von Sinnzusammenhängen bewußt gemacht: Nur in den Offenbarungen der Kunst kann der Mensch ein Verständnis jener Kräfte erhalten, die dem tiefsten Grund der Seele entspringen und alles Werden begründen. Mit besonderer Deutlichkeit werden Baudelaires Überlegungen schließlich in seiner dritten Ausstellungskritik, dem *Salon de 1859*, vorgetragen:

> Das ganze sichtbare Universum ist nur eine Vorratskammer von Bildern und Zeichen, denen die Einbildungskraft eine Stelle anweist und einen relativen Wert verleiht; es ist eine Art Nahrung, welche die Einbildungskraft verdauen und verwandeln muß.[39]

Die Wirklichkeit der Kunst, die eine durch die *imagination* gesteuerte Wirklichkeit des Subjekts ist, nennt Baudelaire „le surnaturel", das Übernatürliche, das über der Natur steht, weil es als Produkt eines kreativen Vorgangs bedeutsam ist. Leakey irrt, wenn er meint, die Bereiche des „surnaturel" seien „nicht im eigentlichen Sinn ‚mystisch' oder transzendent"[40], denn sie sind in der Tat die charakteristische Domäne des Rauschkünstlers, der die moderne Form der westlichen Mystik praktiziert und im Streben nach der *unio mystica* nicht aus sich herauszugehen versucht, um mit einem außerhalb seiner selbst befindlichen Wesen zu verschmelzen, sondern vielmehr in sein inneres Selbst einzudringen hofft; für ihn kann die Vereinigung mit Gott und dem Kosmos nur als eine Vereinigung mit sich selbst erfolgen – Baudelaires „infini", von dem noch die Rede sein wird, ist als Möglichkeit und Ideal nur in ihm selbst gegeben. Daß die Bereiche des „surnaturel" also tatsächlich der Ort der modernen Transzendenzerfahrung sind, geht schon aus Leakeys eigener Erläuterung des Begriffs hervor, die deutliche Parallelen zur typischen Rauscherfahrung aufweist:

III. Vom „Heiligen Gemüse" zur „Reine des Facultés"

Der „übernatürliche" Bewußtseinszustand ... ist in erster Linie durch eine außerordentliche Präzision und Lebhaftigkeit der physischen Eindrücke gekennzeichnet – jeder Ton, jede Farbe, jeder Duft erhalten, so scheint es, eine neue Schärfe und Ausprägung, eine neue Schwingungskraft, eine neue Entrückungsintensität. Außerdem aber verleiht die Intensität dieser Empfindungen den Dingen ... eine eigene Qualität: sie scheinen gegenüber dem Menschen eine bestimmte „Haltung" einzunehmen, durch ihre Farben und Düfte mit ihm zu „sprechen" und eine ganze Gedankenwelt zu verkörpern.[41]

Daß der Drogenrausch eine Erfahrung des „surnaturel" darstellt, zeigt auch die folgende Passage aus dem „Poëme du Haschisch":

Unterdessen entwickelt sich jener geheimnisvolle zeitweilige Geisteszustand, in welchem die Tiefe des Lebens, von vielfältigen Problemen starrend, sich gänzlich enthüllt in dem Schauspiel, es mag noch so natürlich und trivial sein, das man vor Augen hat, – in welchem der erstbeste Gegenstand ein sprechendes Symbol wird. Fourier und Swedenborg, der eine mit seinen *analogies*, der andere mit seinen *correspondentia*, haben sich in der Pflanze oder dem Tier, das einem in den Blick fällt, verkörpert, und statt mit ihrer Stimme belehren sie uns durch Form und Farbe. Wir verstehen die Allegorien in einem bisher unbekannten Ausmaße. Im Vorbeigehn sei angemerkt, daß die Allegorie, dieses so *geistreiche* Genre, das unbeholfene Maler uns zu verachten gewöhnt haben, das aber in Wahrheit eine der ursprünglichsten, natürlichsten Formen der Poesie ist, in der vom Rausch erleuchteten Intelligenz ihre rechtmäßige Herrschaft zurückgewinnt. Das Haschisch überzieht dann das ganze Leben wie mit einem magischen Firnis; er verleiht ihm feierliche Farben und erhellt es in seiner ganzen Tiefe. [PA 375/376; VI 89]

Das Vermögen, das die Erfahrung des „surnaturel" und die Erzeugung, Ordnung und Analyse der *correspondances* steuert, ist die *imagination*. „Welch seltsame Fähigkeit, diese Königin der Fähigkeiten!" ruft Baudelaire im *Salon de 1859* aus:

Sie steht mit allen anderen in Verbindung; sie spornt sie an, schickt sie in den Streit. Sie gleicht ihnen manchmal so sehr, daß sie mit ihnen verschmilzt, und ist doch immer sie selbst, und die Menschen, die ohne sie auskommen müssen, sind leicht erkennbar an ich weiß nicht welchem Fluch, der ihre Hervorbringungen ausdörrt wie den Feigenbaum im Evangelium. [...] Die Einbildungskraft (*imagination*) hat den Menschen die sittliche Bedeutung der Farbe, des Umrisses, der Klänge und Düfte gelehrt. Sie hat, am Anfang der Welt, die Analogie und die Metapher geschaffen. Sie zerlegt die ganze Schöpfung, und mit den angehäuften Materialien, die sie nach Regeln anordnet, deren Ursprung in den tiefsten Tiefen der Seele zu suchen ist, schafft sie eine neue Welt, ruft sie die Empfindung des Neuen hervor. Da sie die Welt geschaffen hat (man kann das wohl sagen, glaube ich, sogar in einem religiösen Verstande), so ist es nur gerecht, daß sie die Welt regiert. ... Die Einbildungskraft ist die Königin des Wahren, und das *Mögliche* ist eine der Provinzen des Wahren. Sie ist in der Tat mit dem Unendlichen verwandt.[42]

Diese Passage bietet einen wichtigen Schlüssel zum Verständnis der zentralen Rolle, die der Poesie in Baudelaires Weltbild zukommt. Die Poesie als Äußerung der *imagination* ist wie diese selbst der Anfang und das Ende, der Ursprung und das letzte Ziel des Universums. Die Gesetze, auf denen die Operationen der *imagination* basieren, sind im tiefsten Grund der Seele niedergelegt, dies ist aber der traditionelle Ort des göttlichen Mysteriums. Innerhalb des künstlichen Universums, das der menschliche

Geist erzeugt, ist die *imagination* also genau das, was Gott in der sichtbaren Welt der Natur ist. Für Baudelaire, der seine Modernität mit einem überraschend rigoros vertretenen Katholizismus verbindet, erhält das Ideal des Künstlichen damit aber auch eine blasphemische Bedeutung, so daß der Dichter seine Parolen oft in defensiv geduckter Haltung auszugeben scheint. Die Blasphemie, die in seinem Kult um das „Idéal artificiel" zum Ausdruck kommt, besteht darin, daß der Mensch in den künstlichen Welten seiner Vorstellung auf den Beistand Gottes verzichtet und diesem bedeutet, daß er dort nichts verloren habe, da der Thron des Herrschers bereits besetzt ist. Ein derartig in seine Schranken gewiesener Gott kann aber nicht mehr *der* Gott sein, da er als solcher omnipräsent sein müßte. Die Kunst als das Reich der *imagination* ist also ein satanisches Reich und dessen Gott ein satanischer Gott, dessen Verehrung die ewige Verdammnis garantiert – womit sich für uns der Kreis schließt, indem wir abermals auf das Problem der *péché* zurückgeworfen werden.

Dennoch bleibt noch Einiges nachzutragen. Am Tag nach der Absendung der Sektion mit der oben zitierten Passage an den Herausgeber der *Revue française* (der *Salon* erschien in vier Ausgaben dieser Zeitschrift) bekräftigte Baudelaire seine Darstellung durch ein Zitat aus Catherine Crowes *The Night Side of Nature*, das eindeutig auf Coleridges Unterscheidung von *Fancy* und *Imagination* zurückverweist:

> Gestern abend, nachdem ich die letzten Seiten meines Briefes abgeschickt hatte, wo ich, nicht ohne eine leichte Bangigkeit, geschrieben hatte: „*Wie die Einbildungskraft die Welt erschaffen hat, so regiert sie diese auch*", blätterte ich in der „*Nachtseite der Natur*" und stieß dort auf folgende Zeilen, die ich nur deshalb zitiere, weil, was sie umschreiben, die Rechtfertigung des Satzes liefert, der mich beunruhigte: ... „Mit *imagination* will ich nicht lediglich die mit diesem so häufig mißbrauchten Wort verbundene Vorstellung ausdrücken, welche einfach *Phantasie* ist, sondern vielmehr die *schöpferische* Einbildungskraft, die eine sehr viel höhere Funktion darstellt, und die, insofern der Mensch nach dem Gleichnis Gottes geschaffen ist, eine entfernte Verbindung mit jener erhabenen Macht behält, durch welche der Schöpfer sein Universum entwirft, erschafft und erhält." Ich bin keineswegs beschämt, sondern im Gegenteil sehr glücklich, mit dieser vortrefflichen Mrs. Crowe übereinzustimmen, deren Fähigkeit zu glauben ich immer bewundert habe, welche bei ihr so kräftig entwickelt ist wie bei anderen das Mißtrauen.[43]

Wie Coleridge und Hoffmann hütet sich Baudelaire vor einer völligen Hingabe an die Intuition, die *Fancy*, den Rausch. Schon in seinem ersten *Salon* äußert er sich mißbilligend über die Vertreter einer allzu schwärmerischen Romantik: „Das sind die letzten Überreste der ehemaligen Romantik – das kommt davon, wenn man in eine Zeit gerät, da jedermann glaubt, die Inspiration allein genüge und ersetze alles Übrige ..."[44] „J'ai peur du sommeil comme on a peur d'un grand trou, / Tout plein de vague horreur, menant on ne sait où, / Je ne vois qu'infini par toutes les fenêtres ..." [„Ich fürchte vor dem Schlaf mich, wie man vor einem großen Loch sich fürchtet, voll vagen Schreckens, das ins Ungewisse führt; ich sehe nur Unendlichkeit aus allen Fenstern ..." (IV 97)], heißt es auch im Gedicht „Le Gouffre", so daß Blin feststellt:

Baudelaire mag es nicht, wie ein Blinder vorangeschubst zu werden. Er fühlt sich „durch das Mysterium und die Absurdität verletzt". Er zieht, wie im Grunde auch Novalis oder Lautréamont, die Sicherheit des Wachens vor. Er erträgt eher den Despotismus der Wirklichkeit als die Tyrannei der Phantome. [...] Es widerstrebt ihm, den Traum als höchstes spirituelles Prinzip darzustellen, wie die Transzendenz selbst, wie das Überindividuelle. Er wendet sich gegen die Naturphilosophen, die das Zeitlose nicht in einem Akt der Intelligenz, sondern in nächtlichen Abstürzen suchen ...[45]

Es ist der die Inspiration verwaltende Intellekt, der nach Baudelaire den Dichter zum Dichter macht; wer das eine oder andere dieser Grundelemente der *imagination* aufgibt, ist entweder verloren (sei es im Wahnsinn, im Tod oder auch nur in haltlosem Schwärmertum) oder ausgesprochen langweilig – und in jedem Fall als Künstler ruiniert.

IV. Die Künstlichen Paradiese

Solange Baudelaire sich mit den vitalen Interessen seiner Kunst befaßte, solange pflegte er auch einen mehr oder weniger intensiven Umgang mit Rauschmitteln. Obwohl beide Gewohnheiten, die ihm jeweils im doppelten Sinn des Wortes zur Leidenschaft wurden, unabhängig voneinander entstanden sein mögen, mußten sie sich doch bald in seinem Bewußtsein wie zwei Nachbarn begegnen, die feststellen, daß sie anscheinend manches gemeinsam haben. So gingen das Interesse am Drogenrausch und das nach einem krisensicheren Weltbild forschende künstlerische Engagement Baudelaires eine Zeit lang in fröhlicher Eintracht zusammen, „glücklich wie Kröten in einem Gewitter" [UV 302], wie es bei Lowry heißt, bis die ersten Zweifel auftraten, worauf die bittere Einsicht folgte, daß die Droge ein ruinöser Partner der Kunst und daher zu meiden sei. Als Baudelaire seinen ersten Essay über Rauschmittel schrieb, der unter dem Titel „Du Vin et du Hachish" am 7., 8., 11. und 12. März 1851 in der Zeitschrift *Le Messager de l'Assemblée* erschien, war die ungetrübte *Honeymoon*-Phase dieser unheiligen Allianz bereits vorüber oder zumindest war ihr baldiges Ende schon absehbar. Im Sommer 1857 nahm Baudelaire sich die Studie noch einmal vor und befand sie für so korrekturbedürftig, daß er eine zweite, grundlegend veränderte Fassung schrieb. Sein Lobgesang auf den Wein wurde ersatzlos gestrichen, die Ausführungen über Haschisch wurden erheblich vermehrt und modifiziert. Unter dem Titel „De l'Idéal artificiel – Le Haschisch" erschien die Neufassung am 30. September 1858 in der *Revue contemporaine* als erste Folge des dreiteiligen Werks „Les Paradis artificiels. Opium et Haschisch". Die beiden anderen Folgen enthielten die mit sporadischen Kommentaren versehene selektive Übersetzung von De Quinceys *Confessions* und *Suspiria* und erschienen am 15. und 31. Januar 1860 unter dem Titel „Enchantements et Tortures d'un Mangeur d'opium".[46] Noch im selben Jahr wurden diese drei Folgen in Buchform veröffentlicht. Nach Baudelaires Tod beschlossen die Herausgeber seiner gesammelten Werke (1869), den ersten Text über

Wein und Haschisch trotz der dadurch gegebenen Wiederholungen den *Paradis artificiels* als integralen Bestandteil voranzustellen, so daß der Titel sich heute auf alle Rauschtexte bezieht: „Du Vin et du Hachish", das noch von Baudelaire umbenannte „Poëme du Haschisch" und „Un Mangeur d'opium". – Die folgende Darstellung wird sich auf die ersten beiden Teile der *Paradis artificiels* konzentrieren.

„Du Vin et du Hachish" besteht aus zwei Teilen, „Le Vin" und „Le Hachish", die wiederum in insgesamt sieben Sektionen unterteilt sind. „Le Vin" beginnt mit der Gegenüberstellung einer Definition des Weines in Anthelme Brillat-Savarins *Physiologie du goût* (1825), von dessen Lektüre Baudelaire dringend abrät, und der bekannten Passage aus den „Kreisleriana", wo Hoffmann einen kleinen Katalog von Weinsorten zusammenstellt, die vom Komponisten als Inspirationshilfe zu bevorzugen seien (vgl. Seite 325). Die zweite Sektion enthält einige Anekdoten über die herrliche Macht des Weines, und in der dritten Sektion erläutert Baudelaire seine Überzeugung, daß die Verbindung von Wein und dem menschlichen Geist eine Vision von der Beschaffenheit des idealen Menschen erzeuge: „Gewisse Getränke bergen in sich die Möglichkeit, die Persönlichkeit eines denkenden Wesens über jedes Maß hinaus zu erhöhen und sozusagen in einer mystischen Operation eine dritte Person zu erschaffen, wobei der natürliche Mensch und der Wein, der animalische Gott und der vegetarische Gott, in dieser Trinität die Rolle des Vaters und des Sohnes übernehmen; sie erzeugen einen Heiligen Geist, welcher der bessere Mensch ist, der aus beiden gleichermaßen hervorgeht." [PA 333] Hier deutet sich wieder die alchemistische Suche nach dem neuen Menschen und nach der Wiederherstellung des Adam Kadmon an, von der auch im Zusammenhang mit Hoffmann die Rede war (vgl. Seite 480 f.) – eine Überlegung, die unter dem Oberbegriff des „Idéal artificiel", des künstlichen Weltentwurfs, bei Baudelaire eine wichtige Rolle spielt. Nahezu vorbehaltlos wird der Wein hier als leiblicher und spiritueller Wohltäter der Menschheit gefeiert.

Dagegen wird das Haschisch hier bereits als anti-soziales Satanswerkzeug vorgestellt. Der zweite Teil, „Le Hachish", beginnt mit Sektion IV, in der Baudelaire die Droge (Dawamesc), ihre Zubereitung, die erforderlichen Rücksichten auf *set* und *setting* und schließlich das in drei Phasen verlaufende Rauscherleben beschreibt. Die Sektion endet mit der Beschreibung der Nachwirkungen am nächsten Morgen:

> Sieht man am nächsten Morgen den Tag, der sich im Zimmer eingerichtet hat, so ist die erste Empfindung ein großes Erstaunen. Die Zeit war völlig verschwunden. Gerade noch war es Nacht, jetzt ist es Tag. ...
>
> Es erscheint einem, als ob man ein Wohlsein und eine wunderbare Leichtigkeit des Geistes verspüre, keine Müdigkeit. Aber kaum ist man aufgestanden, so macht sich ein alter Rest der Trunkenheit bemerkbar. Die schwachen Beine tragen einen nur zaghaft, man befürchtet, sich wie ein fragiles Objekt zu zerbrechen. Eine große Trägheit, die nicht ohne Charme ist, bemächtigt sich des Geistes. Man ist unfähig zur Arbeit und zur Aufwendung von Energie in Handlungen.

IV. Die Künstlichen Paradiese

Das ist die verdiente Strafe für die frevelhafte Verschwendung, mit der man eine so große Verausgabung von Nervensäften betrieben hat. Man hat seine Persönlichkeit in die vier Winde des Himmels geworfen, und jetzt ist es mühsam, sie wieder zusammenzusetzen und zu konzentrieren. [PA 340/341]

Ein solcher „Kater", mag der Leser denken, ist wohl erträglich; der Preis für die Wonnen des Rausches scheint nicht zu hoch zu sein, zumal die Unpäßlichkeit doch sogar einen gewissen Charme habe. Doch warten wir ab, wie Baudelaire die gleiche Situation in der überarbeiteten Fassung dieses Essays beschreiben wird! – Nach der fünften Sektion, die kaum eine Seite ausfüllt und nur die Bemerkung enthält, daß die Wunderwirkungen des Haschisch sich keineswegs zwangsläufig bei jeder Person einstellen, formulieren die letzten beiden Sektionen das Fazit, daß Haschisch im Unterschied zu Wein eine verdammungswürdige Lethargie erzeuge: „Der Wein steigert die Willenskraft, das Haschisch zerstört sie. Der Wein bietet eine physische Stärkung, das Haschisch ist eine Waffe zum Selbstmord. Der Wein macht gut und gesellig. Das Haschisch isoliert. Der eine ist sozusagen arbeitsam, das andere im wesentlichen träge." [PA 342/343] Schon hier wird die Willenskraft als das kostbarste Vermögen des Menschen identifiziert, denn nur aufgrund willentlicher Anstrengung (und nur durch das bewußt ertragene Leiden) könne der Mensch sich dem Himmel annähern und seine Erlösung erhoffen: „Doch die Willenskraft wird angegriffen, und das ist das wertvollste Organ. Ein Mensch, der sich mit einem Löffel Konfitüre augenblicklich alle Güter des Himmels und der Erde verschaffen kann, wird sich nie auch nur den tausendsten Teil davon durch Arbeit erwerben. Man muß aber vor allem leben und arbeiten." [PA 342] Daher beschließt Baudelaire den Essay mit einem Zitat des Musikkritikers Auguste Barbereau, demzufolge der Mensch auf Rauschmittel nicht angewiesen sei, da die Begeisterung und die Willenskraft genügen, um eine übernatürliche Existenz zu ermöglichen (vgl. PA 343).

Im „Poëme du Haschisch" wird die Verurteilung der Droge aufgrund ihrer Beeinträchtigung des freien Willens zum beherrschenden Thema. In der Einleitung vergleicht Baudelaire das Haschisch mit der Frau, die er aus einer politisch durchaus unkorrekten Perspektive als die „ordinärste Quelle der natürlichsten Wonnen" [PA 345] bezeichnet und als eine „natürliche" Droge versteht. Die hierauf beginnende erste Sektion ist mit dem Titel „Le Goût de l'infini" überschrieben. Baudelaire stellt fest, daß jene wunderbaren Momente einer plötzlichen visionären Klarheit, die unvermittelt und ohne Rücksicht auf die spirituelle Vorbereitung der Person erfolgen (der *raptus* der Mystiker), aufgrund ihrer Unberechenbarkeit und ihrer Spontaneität als ein reiner Gnadenerweis zu verstehen seien: „Deshalb will ich dieses ungewöhnliche Befinden des Geistes lieber für eine wirkliche *Gnade* halten, für einen Zauberspiegel, der den Menschen einlädt, sich in Schönheit zu sehen, das heißt so, wie er sein sollte und könnte; eine Art Ermahnung, wie von einem Engel, ein Ruf zur Ordnung in Gestalt eines Kompliments." [PA 348; VI 58] Da die Seltenheit solcher Gnadenerweise in einem argen Mißverhältnis zum allgemeinmenschlichen spirituellen Drang, dem „goût de l'infini", stehe, sei die Versuchung naturgemäß groß, die Wartezeit auf die Erleuchtung eigenmächtig zu verkürzen und so auch die quälende Ungewißheit auszuräumen, ob einem überhaupt jemals diese Gnade erwiesen wird. Hier liege die große Chance des Widersachers, durch das verlockende Angebot von Werkzeugen zur Aneignung des Unendlichen viele Seelen in seinen Besitz zu bringen. Indem sich der Mensch dazu hinreißen lasse, das teuflische Angebot anzunehmen, verkaufe er seine Seele an den Satan: „Der Geist des Menschen ... vergißt ..., daß er sich gegen einen Klügeren und Stärkeren aufs Spiel setzt, und daß der Geist des Bösen, wenn man ihm auch nur ein Haar überläßt, sich bald des ganzen Kopfes bemächtigen wird. Durch Apothekerkünste, mittels gegorener Getränke hat dieser sichtbare Herr über die sichtbare Natur (ich rede von dem Menschen) das Paradies erschaffen wollen ..." [PA 349; VI 59] Opium und Haschisch, meint er, seien „die geeignetsten Drogen", um dieses Paradies zu errichten, das natürlich ein künstliches ist – Baudelaire spricht hier vom „Idéal artificiel". „Die Untersuchung der geheimnisvollen Wirkungen und der krankhaften Genüsse, welche diese Drogen hervorrufen können, der unausweichlichen Strafen, die ihr fortgesetzter Gebrauch nach sich zieht, und schließlich der sittlichen Verfehlung selbst, die in dieser Jagd nach einem falschen Ideal liegt, bildet den Gegenstand dieser Studie." [PA 349; VI 60]

Die zweite Sektion, „Qu'est-ce que le Haschisch?", beginnt mit Hinweisen auf die zuerst von Marco Polo und zu Beginn des 19. Jahrhunderts von Hammer-Purgstall und de Sacy beschriebene Herrschaft des Alten vom Berge, der seine Assassinen mit Haschisch gefügig machte, auch Herodots Bericht über den kultischen Haschischgebrauch der Skythen wird erwähnt (vgl. hierzu Seite 14 und 17 ff.). Sodann wird abermals das Haschisch nach seiner Herkunft und Wirkung beschrieben und die Zubereitung des Dawamesc erläutert. Die dritte Sektion, „Le Théâtre de Séraphin", beginnt mit einer Darstellung der naiven Unschuld jener, die das Haschisch nicht aus eigener Erfahrung kennen und daher den Connaisseur als einen Einäugigen unter Blinden mit ängstlich-faszinierten Fragen bedrängen; die geschilderte Situation entspricht derjenigen in „Le Voyage", dem Schlußgedicht der *Fleurs du Mal*:

> Was empfindet man? was sieht man? Wunderdinge, nicht wahr? außerordentliche Schauspiele? Ist es herrlich? und schrecklich? und sehr gefährlich? – Solche Fragen stellen die Unwissenden, in deren Neugier sich Furcht mischt, gewöhnlich an die Adepten. Als treibe sie eine kindliche Wißbegierde, wie sie bei Leuten auftritt, die niemals hinterm Ofen hervorgekommen sind, wenn sie auf einen Menschen treffen, der aus fernen unbekannten Ländern heimkehrt. Sie stellen sich den Haschischrausch wie ein Wunderland vor, ein ungeheures Theater voller Zauber- und Gauklerkünste, wo alles unerhört und unvorhergesehen ist. [PA 353/354; VI 64]

Um was für ein fernes Reich es sich bei den Paradiesen des Rausches handelt, erläutert Baudelaire, indem er zwei Arten von Träumen unterscheidet. Während die eine Art sich ganz aus den alltäglichen Begebenheiten und Lebensumständen des Träumers zusammensetze – Baudelaire spricht hier vom „rêve naturel" –, sei die andere

Art durch Elemente gekennzeichnet, für die es in der Realität unserer Sinne keine Entsprechungen gebe, weshalb sie oft als Eingebungen höherer Mächte gedeutet worden seien. Diese Art des Traums nennt Baudelaire „hiéroglyphique"; er ist mithin ein Sammelplatz von *correspondances*, die auf eine jenseitige spirituelle Realität verweisen: „Das ist ein Wörterbuch, das es zu studieren gilt, eine Sprache, zu der die Weisen den Schlüssel finden können." [PA 354; VI 65] Diese Unterscheidung erscheint in ihrem Kontext recht sonderbar. Die „natürlichen" Träume sind für ihn das, was Coleridge *Fancy* nennt, d. h. unwillkürlich entstehende Impressionen, die nur das ungeformte bildliche Rohmaterial der natürlichen Erscheinungen enthalten und die, um Bedeutung zu erhalten, erst durch den Intellekt interpretiert und geordnet werden müßten. Der natürliche Traum – hier bleibt Baudelaire konsequent – ist für ihn also ebenso uninteressant wie die Natur selbst. Doch wie ist es um die anderen Träume bestellt? Hier wird behauptet, daß sie Inhalte spiegeln, die außerhalb aller Erfahrung liegen. Sie verweisen also auf eine mystische Realität, einen Bereich, der von einer höheren Macht verwaltet wird und unabhängig von der kreativen Imagination des menschlichen Subjekts besteht. Dies steht allerdings im Widerspruch zu den Grundannahmen seines künstlerischen Credos, auf dem doch seine ganze Modernität beruht und würde die Interpretation der *correspondances* als Indikatoren eines konstruierten Sinns zugunsten der traditionellen swedenborgianischen Bedeutung wieder zurücknehmen. Baudelaire identifiziert nun den Haschischrausch, da er stets nur die vorgefundenen Bewußtseinsinhalte neu akzentuiere, als eine Variante des „rêve naturel" und somit als ein Sehen von minderer Qualität:

> Nichts dergleichen im Haschischrausch. Nirgends verlassen wir den natürlichen Traum. Freilich wird der Rausch, solange er dauert, dank der Intensität der Farben und der Schnelligkeit der Vorstellungen ein ungeheurer Traum sein; aber er wird immer die dem Betreffenden eigentümliche Stimmung behalten. Der Mensch hat träumen wollen, der Traum wird den Menschen beherrschen; aber dieser Traum wird in allem der Sohn seines Vaters sein. Der Müßiggänger ist darauf verfallen, dem Übernatürlichen auf einem künstlichen Wege Einlaß in sein Leben und in sein Gemüt zu gewähren; aber er bleibt doch schließlich, trotz der gelegentlichen Stärke seiner Empfindungen, auch gesteigert derselbe Mensch, dieselbe zu sehr hoher Potenz erhobene Zahl. Er ist bezwungen; zu seinem Unglück jedoch nur durch sich selbst, das heißt durch den ihn selber schon beherrschenden Teil; *er hat zum Engel werden wollen, und er ist ein Tier geworden*, ein im Augenblick sehr mächtiges, wenn anders eine übersteigerte Empfänglichkeit, die durch nichts zu mäßigen ist, aus der nichts einen Gewinn zieht, Macht genannt zu werden verdient. [PA 354/355; VI 65/66]

Was Baudelaire am Haschischrausch auszusetzen hat, ist also, daß er nicht in der Lage ist, den Menschen über seine stumpfe Natur zu erheben und ihm so seine eigentliche, vorindividuelle Gestalt zurückzugeben, in der er die ganze Fülle seiner geistigen Möglichkeiten nutzen könnte, ohne durch irgendwelche körperlichen Zwänge behindert zu werden. „Schreckliche Vermählung des Menschen mit sich selbst!" [PA 372], ruft er daher an anderer Stelle aus: Die Droge wirft das Individuum nur mit noch größerer Härte auf seine verhaßte Endlichkeit und das Leiden in der Zeit zurück.

In der Sucht zeigt sich für Baudelaire schließlich vollends, daß die Droge den Menschen nur noch fester an seine Körperlichkeit bindet als er es vorher schon war. Der Süchtige verliert die Freiheit seines Willens und sinkt auf einen rein tierischen Status zurück, während Satan triumphiert. Um dies zu verdeutlichen, spielt Baudelaire zu Beginn der vierten Sektion, „L'Homme-Dieu", auf De Quinceys Opiumsucht an und zitiert aus Poes Erzählungen „Berenice" und „A Tale of the Ragged Mountains". Was für das Opium gelte, meint er, treffe auch auf das Haschisch zu.

> Hatte ich unrecht, als ich die Behauptung aufstellte, das Haschisch erscheine einem wahrhaft philosophischen Kopf als ein vollkommenes Werkzeug des Satans? Die Reue, ein seltsames Ingredienz der Lust, wird bald ertränkt in der genießerischen Betrachtung der Reue, in einer Art wollüstiger Zergliederung; und diese Zergliederung geht so schnell vor sich, daß der Mensch, dieser natürliche Teufel, um wie die Swedenborgianer zu reden, nicht gewahr wird, wie sehr sie seinem Willen entzogen bleibt und mit welcher Geschwindigkeit er sich, von Sekunde zu Sekunde, der vollkommenen Teufelei nähert. Er *bewundert* seine Gewissensbisse, und er preist sich, während er im Begriff steht, seine Freiheit zu verlieren. [PA 380; VI 94]

Auch diese Passage gibt Anlaß zur kritischen Überprüfung. Will Baudelaire hier den Eindruck erwecken, als sei ihm die wollüstige Freude an der eigenen Gewissensqual, die in seinen Werken oft sehr deutlich zutage tritt, nun völlig zuwider? Ist er ein reuiger Sünder, der von einem gefährlichen Irrweg in den Hafen des sprichwörtlichen gesunden Menschenverstandes zurückgefunden hat und sich nun zur Demonstration seiner Genesung vor dem Leser für vergangene Ausschweifungen selbst bezichtigt? In den ein Jahr zuvor erschienenen *Fleurs du Mal* hat die Freude am eigenen Leid als ein Aspekt der Ästhetik des Bösen doch einen programmatischen Stellenwert. Ist sein Wohlgefallen an allem, was der göttlichen Natur zuwider ist, seine diebische Freude am *Esprit du Mal*, die durch das Bewußtsein ihrer Unverzeihlichkeit nur gesteigert wird, auf einmal nur noch eine Torheit von gestern? Wenn die Lust am eigenen Leid, „la délicieuse contemplation du remords", nur ein Symptom der reduzierten Freiheit zur Selbstbestimmung wäre, dann hieße dies, daß Baudelaire den überwiegenden Teil seiner eigenen Dichtung, in dem diese Lust prägend ist, nicht aus Koketterie, sondern wirklich und in bitterem Ernst verdammt. Dies kann aber nicht die Absicht des Dichters gewesen sein, der auch in den Versen der folgenden Jahre weiterhin die Ästhetik des Bösen feiert. „Man mag diese Art zu reden für eine übertreibende Metapher halten", so heißt es in derselben Sektion des „Poëme du Haschisch", „ich muß jedoch gestehen, daß ich die berauschenden Gifte nicht nur für eines der schrecklichsten und sichersten Mittel halte, über die der Geist der Finsternis verfügt, um die bedauernswerte Menschheit zu umgarnen und zu knechten, sondern sogar für eine seiner vollkommensten Verkörperungen." [PA 374; VI 87] Hier äußert sich bei allem Widerwillen, den die Drogen beim Dichter erzeugen, doch auch eine gewisse Faszination: Als einer der perfektesten Verkörperungen des Satans wird der

Droge und ihrer Wirkung ein hoher ästhetischer Reiz bescheinigt, und so kommt sie immerhin dem Ideal der Vollkommenheit sehr nahe, wobei es keine Rolle spielt, daß es sich hier um die Vollkommenheit des Bösen handelt. Das Vollkommene, „l'Idéal", ist bei Baudelaire das große utopische Fernziel der Kunst, so daß alles, was diesem Ziel nahekommt – „Ciel ou Enfer, qu'importe" –, für den Dichter höchste Bedeutung hat. Die Droge und ihr böser Geist ist daher urpoetisch zu nennen, allerdings wendet sie sich gleichzeitig auch gegen die Poesie, so daß sie „somit ... eines Teils gewährt, was [sie] anderen Teils zurücknimmt." [PA 386] Baudelaires Ablehnung der Droge als ein Hilfsmittel des Dichters ist ernst gemeint; der entscheidende Grund hierfür ist ihre Zerstörung der Willenskraft. Dennoch bleiben wichtige Elemente der Rauscherfahrung, die in ihrer Ästhetik den höchsten Anforderungen der Poesie entsprechen, für ihn weiterhin von Bedeutung. In der Poesie, dem kreativen Wirken der *imagination*, muß er daher nach jenen charakteristischen Vorzügen des Rausches suchen, auf die er *nicht* verzichten will; sie wird ihm zur idealen Droge ohne schädliche Nebenwirkung. Dennoch bleibt auch die *imagination* wie das Haschisch ein Teufelswerkzeug, da sie aus der Abhängigkeit von der göttlichen Gnade herausführt und sich in ihren Weltentwürfen ein eigenes Paradies zu errichten trachtet.

Die Argumentation des „Poëme du Haschisch" drängt von Anfang an auf die zentrale Frage der fünften Sektion mit dem Titel „Morale". Das Haschisch ist, nicht im Sinn eines engstirnigen Philistertums[47], sondern im Hinblick auf die Menschlichkeit, unmoralisch. Diese Unmoral besteht darin, daß die Droge den Menschen von seinen spirituellen Möglichkeiten, seinem Wesen noch weiter entfremdet, anstatt ihm zu helfen, sich über seine organische Existenz zu erheben und dem anzunähern, was Poe als „pure Mind" bezeichnet. Das Haschisch wird also in dem Sinn als unmoralisch erkannt, in dem auch das Philistertum oder der Positivismus als eine Schule der Unterdrückung des Spirituellen für unmoralisch befunden wird; die Anklage lautet auf Freiheitsberaubung durch vorsätzlichen Stumpfsinn. „Man sagt", schreibt Baudelaire, „und das stimmt auch fast, das Haschisch verursache keinerlei körperliche Schäden, zumindest keine schweren. Aber kann man behaupten, ein Mensch, der zur Untätigkeit verurteilt ist und der nur noch zum Träumen taugt, sei wirklich gesund, auch wenn keines seiner Glieder beschädigt ist?" [PA 383; VI 98] Erinnern wir uns, daß Baudelaire den „Haschisch-Kater" als eine Unpäßlichkeit beschrieb, die „nicht ohne Charme" sei. Ganz anders wird er nun dargestellt:

> Aber der Morgen! der schreckliche Morgen des anderen Tages! wenn alle Organe erschöpft und erschlafft, die Nerven abgespannt sind. Dann belehren das juckende Bedürfnis zu weinen, die Unmöglichkeit, sich einer folgerechten Arbeit zu widmen, uns grausam, daß wir ein verbotenes Spiel gespielt haben. Ihres gestrigen Glanzes beraubt, gleicht die häßliche Natur den traurigen Überresten eines Festes. Die Willenskraft vor allem ist angegriffen, von allen Fähigkeiten die kostbarste.

Dies ist dasselbe Grauen, das sich auch in Gedichten wie „Rêve parisien" mitteilt; es ist das Entsetzen, sich nach einem herrlichen Traum vom reinen Geist wieder ganz in die Realität des Körperlichen eingebunden zu sehen. Apathisch findet sich der ernüchterte Drogenkonsument in seiner Elendskammer wieder; was ihm an Rauscherinnerungen geblieben ist – er könnte es aufschreiben, zum Nutzen für sich selbst und für seine Mitmenschen, aber seine Glieder sind schlaff, seine Wille ist schwach und seine Seele kann nicht anders als in Selbstmitleid zerfließen. Diese beklagenswerte Gestalt ist nach Baudelaire der Dichter, der auszog, um in den künstlichen Paradiesen des Rausches sein besseres Selbst zu finden. Wer es zuläßt, sich durch die Wirkung der Droge von einem willensstarken Subjekt in eine solche erbärmliche Kreatur zu verwandeln, der handelt in der Tat im höchsten Maße unmoralisch. Von hier aus gelangt Baudelaire nun zu seiner Überzeugung, was allein in der Lage sei, dem Menschen zur allmählich fortschreitenden Realisierung seiner geistigen Möglichkeiten zu verhelfen, nämlich die bewußte Entscheidung für Mühsal und Leiden: „Trotz der wunderbaren Dienste, die Äther und Chloroform geleistet haben, bin ich vom Standpunkt einer spiritualistischen Philosophie aus der Meinung, der nämliche Makel hafte allen modernen Erfindungen an, die danach trachten, die menschliche Freiheit und den unerläßlichen Schmerz zu verringern." [PA 384; VI 99] Das Leiden ist also der korrekte Weg, der Weg der Tugend, und daher auch die erste Voraussetzung der Poesie. Dieser Gedanke ist in den Schriften Baudelaires durchgängig klar formuliert, wie schon die Besprechung des Gedichts „Bénédiction" zeigte, das am Anfang jener *Via dolorosa* steht, die der Dichter und seine Leser auf dem Weg durch die *Fleurs du Mal* beschreiten. Gemeint ist das Leiden, das den Menschen zur Überwindung seiner Körperlichkeit anhält und das sich folglich vom phlegmatischen Selbstmitleid des Drogenabhängigen fundamental unterscheidet. Vor den Augen seines Publikums enthüllt Baudelaire nun als feierliches Schlußtableau ein Bild vom disziplinierten Dichter, der am Fuß des Olymp lagert und jene Verblendeten bedauert, die die Frucht seiner Mühe durch die bequeme Magie der Droge erhalten wollten:

> „Diese Unglücklichen, die niemals gefastet, die niemals gebetet, die die Erlösung durch die Arbeit von sich gewiesen haben, wollen mit Hilfe der schwarzen Magie die Mittel erlangen, sich mit einem Schlag über die Natur hinauszuversetzen. Die Magie aber täuscht sie, sie spiegelt ihnen ein falsches Glück vor und entzündet ein falsches Licht; während wir Dichter und Philosophen unsere Seelen zu einem neuen Leben erweckt haben durch anhaltende Arbeit und Betrachtung; durch die beharrliche Übung des Willens und den steten Adel der Gesinnung haben wir uns einen Garten der wahren Schönheit erschaffen. Im Vertrauen auf das Wort, welches da sagt, daß der Glaube Berge versetzt, haben wir das einzige Wunder vollbracht, zu dem Gott uns ermächtigt hat!" [PA 387; VI 102]

Doch was ist dies für ein Dichter, der uns hier im Vollbesitz seiner Weisheit erscheint, und was ist das für eine Kunst, die in ihrer höchsten Vollendung nicht nur gottgefällig, sondern sogar gottgewollt ist? Was Baudelaire uns hier präsentiert, ist eine Quadratur des Kreises. Schon die Formulierung, daß der wundervolle Garten der Poesie „à notre usage" geschaffen sei, verweist auf die Umfriedung jenes *hortus conclusus*, deren einziger Zweck darin besteht, Gott aus dem eigenständigen Universum der *imagination* fernzuhalten. Die Kunst ist und bleibt ein blasphemisches, gegen die göttliche Natur gerichtetes Unterfangen; daß es mit Gottes Vollmacht erfolge, ist nur ein frommer Wunsch des Dichters, der sich, von den Drogen enttäuscht, in eine neue Fiktion flüchtet. Vor Gott kann sich keine Kunst legitimieren, denn als Resultat eines kreativen Aktes und als ein Produkt des Menschen, der als Individuum notwendig im Zustand der Sünde verharrt, ist das Kunstwerk – die verwegenste Dichtung ebenso wie das frömmste Kirchenlied – ein Dokument der Entfernung von Gott.

V. „Le Goût de l'Infini"

Im Mai und Juni 1864 bestreitet Baudelaire eine fünfteilige Vortragsreihe im Brüsseler *Cercle littéraire et artistique*. Die ersten beiden Vorträge befassen sich mit Delacroix und Gautier, die letzten drei sind den *Paradis artificiels* gewidmet. In der Vorbemerkung zur Thematik der künstlichen Paradiese erläutert Baudelaire die Intention des Werkes so: „Vieles diese Mittel Betreffende ist Angelegenheit der Ärzte. Was mir vorschwebt, ist ein Buch, in dem es nicht nur um physiologische, sondern vor allem um moralische Fragen geht. Ich möchte beweisen, daß die Sucher nach einem Paradies sich ihre Hölle erschaffen, und daß es sie vielleicht entsetzen würde, wenn sie sähen, wie erfolgreich sie diese Hölle sich zubereiten und ausschürfen." [PA 463; VI 188] Hätte Baudelaire bereits am Anfang seiner langjährigen Auseinandersetzung mit Drogen und Rausch vorausgeahnt, zu welchem Ergebnis ihn seine Bemühungen führen würden, so wäre vielleicht auch er selbst davor zurückgeschreckt, sich auf die Erprobung jener künstlichen Paradiese einzulassen. Die Erkenntnis, die im Lauf seiner Suche immer deutlichere Konturen gewann, war die der Moral als eines notwendigen Stachels, ohne den der Mensch als taube Gliederpuppe aus Fleisch und Haut und Knochen in eine heillose Apathie versinken müßte. Dieses Ergebnis ist kein geringes, und die Beharrlichkeit, mit der es von Baudelaire bis zuletzt thematisiert wird, zeigt, wie wichtig er es nahm, aber es ist doch nicht der Stein der Weisen, den er zu Beginn seiner dichterischen Laufbahn vor Augen hatte. Was ihn ursprünglich zum Experiment mit den Drogen bewog, war die poetische Qualität des Rausches: „Ich hatte die Idee, in ein und demselben Aufsatz vom Wein und vom Haschisch zu sprechen", heißt es in „Du Vin et du Hachish", „weil sie tatsächlich etwas Gemeinsames in sich bergen: die außerordentliche poetische Entwicklung des Menschen. Der rasende Drang des Menschen nach allen Substanzen, gesunden und gefährlichen, die seine Persönlichkeit erheben, beweist seine Größe. Immer strebt er danach, seine Hoffnungen erneut zu entzünden und sich zum Unendlichen zu erheben." [PA 342] Die menschliche Sehnsucht nach dem Unendlichen – Baudelaire spricht vom „goût de l'infini" – wird als ein Beweis für seine höhere Bestimmung gedeutet, der er in der Gebundenheit an Bewußtsein und Körper nicht gerecht wird. Nach Baudelaires Überzeugung ist der menschliche Geist potentiell befähigt, sich das Absolute verstehend anzueignen, und könnte diese Möglichkeit realisieren, wenn er nur über die dazu nötige Freiheit verfügte; da ihm aber die schwache Natur wie die Eisenkugel eines Sträflings anhängt, ist es ihm im Lauf seines irdischen Daseins unmöglich, sich zum Unendlichen emporzuschwingen. In seiner unauslöschlichen Sehnsucht nach dem „infini" drängt der Geist daher das Individuum, immer neue Mittel und Wege zu erproben, wie er sich wenigstens ein Stück weit über den erbärmlichen *status quo* erheben könnte. Ein Mittel zu diesem Zweck ist die Poesie, ein anderes könnte die Droge sein, beide zusammen könnten vielleicht ein optimales Ergebnis erzielen. Wie die Poesie, schreibt Baudelaire im „Poëme du Haschisch", so könne auch die Droge die Welt in einem neuen Licht zeigen; wie jene überziehe sie alle Gegenstände der Wahrnehmung mit einem „magischen Firnis" (vgl. Seite 577). Ohne Hilfsmittel bleibt der nach dem „infini" dürstende Mensch auf den Tod angewiesen, der ihn von seinem endlichen Organismus befreit (dies ist ja auch eine grundlegende Überlegung bei Poe, vgl. etwa „The Colloquy of Monos and Una"). Da also der Tod die einzige Pforte zum Unendlichen darstellt, müßte ein Mensch sich zur Erreichung seines Ziels das Leben nehmen, was mit der Ethik Baudelaires unvereinbar ist (obgleich er als Vierundzwanzigjähriger einmal einen Selbstmordversuch unternahm). Anderenfalls verbringt er sein Dasein in einer ständigen Todessehnsucht, die in der Tat in vielen Gedichten Baudelaires sehr deutlich zum Ausdruck kommt, so z. B. in „Le Voyage", wo der Tod als „alter Kapitän" von einer heimatverdrossenen Schar aufgefordert wird, sie auf der nächsten Reise ins Unbekannte mitzunehmen, oder in „Le Goût du Néant", wo der Sprecher eine Lawine anfleht, ihn ins Nichts mitzureißen, und natürlich in den Todesbeschwörungen des letzten Teils der *Fleurs du Mal* („La Mort"), wo es u. a. heißt: „C'est la Mort qui console, hélas! et qui fait vivre; / C'est le but de la vie, et c'est le seul espoir / Qui, comme un elixir, nous monte et nous enivre …"[FdM 119] [„Der Tod ist's, der uns tröstet, ach! und der uns leben macht; er ist des Lebens Ziel, und ist die einzige Hoffnung, die wie ein Zaubertrank uns stärkt und uns berauscht …" (III 323)] Der letzte Vers deutet an, wieso Baudelaire sich so gründlich mit den künstlichen Paradiesen befaßte. Denn wenn ihm der vorzeitige wahre Tod auch versagt war, so mochte sich der Rausch als ein kleiner Tod erweisen und ihm immerhin vom „Infini que j'aime et n'ai jamais connue" [FdM 24], dem „Unendlichen, das ich liebe und nie gekannt habe", einen ersten Eindruck vermitteln.

Dies ist nun die ursprüngliche Idee, die Baudelaire zum poetischen Experiment mit den Drogen veranlaßte: Der Rausch sollte, wie es in einem Essay über Poe heißt, als „méthode de travail" kultiviert werden; die mystischen Offenbarungen, in denen er die spirituelle Struktur des Universums und die Beschaffenheit seiner einzelnen Bauteile enthüllt, sollten der schöpferischen *imagination* als ein Steinbruch zur Verfügung stehen, wo diese das Vorgefundene nach ihrem Gutdünken demontieren und zu etwas Neuem zusammensetzen konnte. Das Ergebnis einer solchen kreativen Neugestaltung spiritueller Inhalte wäre dann ein künstlicher Kosmos, der sich – allein vom „architecte de mes féeries" konstruiert – ganz in der Verfügungsgewalt des Subjekts befände. So wie der pittoreske Landschaftsgärtner bei Poe die göttliche Weltordnung im verkleinerten Maßstab der Gartenanlage analogisch darzustellen versucht, so hoffte auch Baudelaire, auf diese Weise „l'Infini dans le fini"[48] zu errichten. Voraussetzung für das Funktionieren dieses Rauschkünstlertums ist allerdings, daß die treibende Kraft der *imagination*, nämlich der Wille zur kreativen Gestaltung, erhalten bleibt. Genau diese Bedingung werde aber, wie Baudelaire meint, im Rausch nicht mehr erfüllt. Daher rührt schließlich seine vehemente Ablehnung der Droge: Die Droge liefert dem Berauschten nur exakte Spiegelbilder des Vorhandenen, während sie die Möglichkeit, aus diesem Bestand etwas Neues zu gestalten, unterbindet.[49] Die Unmoral des Haschisch besteht also darin, daß es den Menschen seiner Freiheit beraubt und den Künstler daran hindert, seiner Verpflichtung zur kreativen Weltgestaltung nachzukommen (denn für den modernen Künstler ist die unablässige Arbeit zur Erzeugung von Neuem nicht bloß eine Kür, sondern Pflicht; deshalb ist in der letzten Konsequenz auch jeder Künstler, der sich dem Weg der Moderne verweigert, indem er an überkommenen Positionen festhält, wie z.B. dem Grundsatz der Naturnachahmung, im Sinne Baudelaires ebenso unmoralisch zu nennen wie jene „elenden Müßiggänger" [PA 343], die sich in der fatalen Bequemlichkeit des Rausches verlieren). Indem der Berauschte ganz von seinem sinnlichen Schwelgen vereinnahmt wird, wird die Fessel, die ihn an die Natur und das Endliche bindet, noch fester angezogen als zuvor, so daß er im Rausch nichts anderes mehr findet als ein von allen spirituellen Inhalten entledigtes Panoptikum irdischer Formen; „die Suche nach der reinen Ekstase", meint Inoue daher, „endet mit einer bitteren Enttäuschung; dies ist das Ergebnis des auf die irdischen Dinge *fehlgeleiteten* Verlangens nach dem Unendlichen, was letzten Endes nichts anderes ist als ein Abstieg zur Hölle."[50]

Baudelaires künstlerische Motivation für die Auseinandersetzung mit den Rauschmitteln klingt bereits im vollständigen Titel seines ersten Drogenessays an: Wein und Haschisch sollen „als Mittel zur Vermehrung der Individualität" untersucht werden. Gesucht wird eine gesteigerte Ausschöpfung der geistigen Möglichkeiten, die dem Individuum zur Verfügung stehen. Hierzu müßten die Grenzen seines Bewußtseins durchlässiger und das Gewicht des Körpers wenigstens beträchtlich verringert werden. Das Leitbild ist hierbei der Mensch, der noch in seinem weltlichen Dasein im Vollbesitz seines geistigen Potentials steht, eine Art erdgebundener Adam Kadmon. Daher hofft Baudelaire, daß der Weintrinker sich in einer „mystischen Operation" mit dem Rauschmittel vereine und aus dieser Vereinigung sich selbst als ein vollkommeneres Geschöpf neu erschaffe: Das im Rausch von seiner Körperlichkeit weitgehend entbundene Individuum, „eine dritte Person", wäre dann der neue Mensch; Mensch und Wein, so heißt es, „zeugen einen Heiligen Geist, welcher der bessere Mensch ist, der zu gleichen Teilen aus beiden hervorgeht." Unter dieser Voraussetzung mußte die Einsicht, daß die Droge zu diesem Dialog durchaus nichts Eigenes beiträgt, sondern ausschließlich das widerspiegelt, was sie in der Person vorfindet, für Baudelaire eine niederschmetternde Enttäuschung sein. Da stand er wie ein Alchemist in seinem vorbildlich ausgerüsteten Labor und mußte feststellen, daß ihm zur Durchführung des großen Verwandlungsprozesses eine Hauptzutat fehlte. Vergleichen wir mit diesem Befund die Verse des Gedichts „L'Alchimie de la Douleur", so zeigt sich, daß das Problem der Unvereinbarkeit von spiritueller Erkenntnis und seiner kreativen Realisierung aber durchaus komplexer ist. Dort beklagt sich nämlich der alchemistische Künstler bei seinem Patron Hermes Trismegistos: „Tu me rends l'égal de Midas, / Le plus triste des alchimistes; // Par toi je change l'or en fer, / Et le paradis en enfer …" [FdM 73] [„… du machst mich dem Midas gleich, dem kläglichsten der Alchimisten; Durch dich verwandle ich Gold in Eisen und das Paradies zur Hölle …" (III, 209)]

Der Dichter hantiert also nicht nur mit dem unedlen Blei des Natürlichen, das er als Alchemist in Gold verwandeln will, sondern er erhält vorübergehend auch das Edelmetall, das sich unter seinen Händen allerdings in Blei verwandelt. Mit anderen Worten: Das künstlerische Subjekt enthält im Tiefsten seiner Seele durchaus die gesuchte spirituelle Wahrheit des universalen Zusammenhangs, die folglich auch durch den Drogenrausch, der ja das ganze Subjekt spiegelt, hervorgehoben werden kann. Im Drogenrausch findet der Künstler also ebenso wie im Rausch der poetischen Intuition, der *Fancy*, die gesuchten Essenzen, die er zur Durchführung seiner alchemistischen Operation benötigt. Doch seine kreativen Möglichkeiten, die Macht der *imagination*, reichen nicht aus, um den flüchtigen Glanz des gefundenen Goldes zu erhalten; mit dem Versuch seiner kreativen Fixierung verwandelt sich das edle Metall unversehens in Blei. Das ist auch der tiefere Sinn der Bemerkung, „daß die Sucher nach dem Paradies ihre Hölle erzeugen." Die herrlichen Wahrheiten der Rauschvision erstarren mit dem Erwachen in der gewohnten Welt des Wachbewußtseins zu einem Bild, das nicht mehr strahlt, sondern dem Subjekt die Unerträglichkeit des Materiellen nur umso deutlicher vor Augen führt. Hat der Dichter erst einmal im Rausch das Paradies gesehen, so wird ihm die gewöhnliche Wirklichkeit, in der er nun einmal leben muß, zu einer einzigen infernalischen Zumutung. Am Beispiel der eingangs erörterten rhetorischen Strategie der Titel Les Fleurs du Mal und Les Paradis artificiels wird deutlich, inwiefern die Rauschvision die Möglichkeiten der Poesie übersteigt: Sie zeigt das Mysteriöse wie unter einem Mikroskop, dessen Vergrößerungsleistung die der *imagination* deutlich übertrifft; was in der Poesie nur als subtiler Hinweis auftreten mag, wird im stark verlangsamten Bildlauf des Rauscherlebens wesentlich klarer hervorgehoben, nämlich das Erlebnis und die Bedeutung der wiedererlangten All-Einheit. Unter dem Einfluß der Droge erfährt der Dichter viel gründlicher als im Erlebnis seines kreativen Schaffens den Zusammenbruch der dualistischen Gespaltenheit; im Rausch kommt er seinem Wunsch, sich als neuer Mensch zu konstituieren, am nächsten. Obwohl diese Erfahrung sprachlich nicht zu vermitteln ist, kann er sie annäherungsweise umschreiben, indem er in seiner Kunst Leerstellen schafft, die beim aufmerksamen Leser ein spontanes Aussetzen seiner bewußten Gedankentätigkeit bewirken, das ein entferntes Echo des im Rausch erfahrenen mystischen Einheitserlebnisses darstellt. Mit diesem subtilen Resultat kann

V. „Le Goût de l'Infini" 591

der Künstler, der einen starken Eindruck bewirken will, aber nicht zufrieden sein. So erweist sich die Droge für ihn in doppelter Hinsicht als untauglich: Entweder reflektiert sie dem Künstler nur die Züge seiner animalischen Natur, über die er sich doch erheben will, oder sie zeigt ihm seine spirituellen Wurzeln und beeinträchtigt gleichzeitig sein Vermögen, den erhaltenen Einblick mit ähnlicher Deutlichkeit in die Sprache zu übertragen. Unter diesen Umständen kann er getrost auf den Rausch verzichten, denn er verschafft ihm keine Resultate, die über das hinausweisen, was er auch ohne die mystische Rauscherfahrung formulieren kann. Während die Droge sich im wahrscheinlichen schlimmsten Fall als ein Satanswerkzeug erweist, das den Berauschten von seiner höheren Menschlichkeit entfernt und ihn auf den Status einer rein animalischen Kreatur zurückwirft, kann ihm der Drogenrausch im besten Fall, wie es bei Huxley heißt, als „gratuitous grace" erscheinen, als eine Gnade, die sich für ihn selbst in bescheidenem Maß als hilfreich erweisen kann, aber für die Entwicklung seiner spirituellen und künstlerischen Suche durchaus entbehrlich ist.[51]

Abschließend ist nun noch ein letzter Punkt zu erörtern: Warum entschied sich Baudelaire, das tragende Mittelstück seiner essayistischen Auseinandersetzung mit dem Drogenrausch als „Poëme du Haschisch", also als ein Gedicht zu bezeichnen? Die Parallele zu Poes *Eureka*, das nur scheinbar eine wissenschaftliche Abhandlung und in Wahrheit ein in Prosaform verkleidetes Gedicht ist, ist unübersehbar. Tatsächlich könnte ein Leser den leidenschaftlichen Gedankenvortrag in den *Fleurs du Mal* und die kühle Distanz, die in den *Paradis artificiels* dominiert, als Äußerungen zweier grundverschiedener Temperamente deuten. Wirkt der als ein Gedicht ausgewiesene Text über die künstlichen Paradiese nicht eher wie der Abschlußbericht einer Untersuchungskommission? Eine Antwort geben die *Petits Poèmes en Prose*, die 1869 unter dem Titel *Le Spleen de Paris* erschienen. Hierbei handelt es sich größtenteils um Prosafassungen der Gedichte aus den *Fleurs du Mal*. Offensichtlich glaubte Baudelaire, daß er seinen metrischen Dichtungen durch die Umwandlung in kurze Prosatexte eine tiefere Bedeutung geben könnte. So erklärt er:

> Wer von uns hätte nicht, in den Tagen seines Ehrgeizes, von dem Wunder einer poetischen Prosa geträumt, einer musikalischen Prosa ohne Rhythmus und ohne Reim, schmiegsam genug, doch auch uneben und rauh genug, um sich den lyrischen Regungen der Seele anzupassen, den Wellenbewegungen der Träumerei, den jähen Ängsten des Gewissens?
>
> Vor allem der Aufenthalt in den riesigen Weltstädten, wo unzählige Beziehungen sich kreuzen, läßt dieses quälende Ideal entstehen. [SP 229; VIII 115]

Die Prosa wird also als diejenige Ausdrucksform angesehen, die dem Modernen am angemessensten sei. Erinnern wir uns, daß Baudelaire das Unendliche, „l'infini", in die endliche Gegenwart, „le fini", übertragen wollte, so liegt auf der Hand, daß eine solche Operation dem „infini" eine zeitgemäße, d. h. eine „endlichkeitstaugliche" Form geben müßte. Der von Baudelaire gesuchte neue Mensch müßte folglich ein Stadtmensch sein, ein Wesen, dessen spirituelle Präsenz mit der modernen Vielfalt und Hektik korrespondieren könnte. Aus dieser Überlegung ließe sich argumentieren, daß die *Paradis artificiels* nicht bloß ein Kommentar zur Auslegung der *Fleurs du Mal*, sondern vielmehr eine Weiterentwicklung dieses Gedichtbandes seien und daß ihr pseudowissenschaftlicher Prosastil die logische Konsequenz der Überzeugung darstellt, daß die poetische Imagination „das wissenschaftlichste Vermögen" sei.[52] Doch wenn Baudelaire die *Paradis artificiels* mit diesem Anspruch verfaßte, so werden sie ihm nicht gerecht und erhalten nur den Stellenwert eines später verbesserten Prototyps der modernen Poesie. Denn Baudelaire nimmt in diesen Texten nicht bloß eine formale Korrektur der *Fleurs du Mal*, sondern auch eine inhaltliche Reduktion vor, die wohl dem Ideal des Abstrakten entspricht, aber versehentlich auch die Seele und ihren kostbarsten Besitz, das Schöne opfert – was übrig bleibt, ist eben doch nur ein Traktat über die Moral, der Baudelaire ebenso wie Poe in der vornehmlich um das Schöne bemühten Poesie bestenfalls eine untergeordnete Rolle zugestand. So sind die *Paradis artificiels* in doppelter Hinsicht das Dokument eines künstlerischen Scheiterns, nämlich einmal im Hinblick auf die poetisch nicht hinreichend zu nutzende Erfahrung des Drogenrausches und zum anderen im Hinblick auf die dem modernen Zeitgeist angemessene Form. Hätte Baudelaire nur einige Jahre länger gelebt, so wäre ihm vielleicht mit der gründlichen Überarbeitung der *Petits Poèmes en Prose* eine ebensolche finale Synthese gelungen, wie sie Poe in *Eureka* formuliert: ein wirkliches Prosagedicht, das die schöne Wahrheit und die wahre Schönheit in modernen Kreationen von Neuem blitzlichtartig beleuchten kann. Diese notwendig flüchtigen, aber doch ungemein tröstlichen Ausblicke auf die Unsterblichkeit des Geistes, die unsere traurige Welt des Ennui vorübergehend in jenen „Garten von wahrer Schönheit" verwandeln, von dem der Dichter am Schluß des „Poëme du Haschisch" träumt, wären das Äußerste, wozu der Mensch und Künstler befähigt ist. Allerdings wußte Baudelaire wohl sehr gut, daß auch die Poesie nicht imstande sein kann, den Menschen völlig vom „mal terrestre" zu befreien; das „infini", das in den Visionen des Drogenrausches erblickt, aber nur teilweise realisiert, und in der Poesie realisiert, aber nur teilweise erblickt werden kann, bleibt dem Menschen in dieser Welt weitgehend vorenthalten. Daher muß uns Baudelaires Poesie, indem sie analogisch eine flüchtige Ahnung von der Herrlichkeit des All-Einen gestattet, schon im nächsten Augenblick wieder in das Elend unseres irdischen Daseins zurückstoßen. Der Wunsch, ein Unendliches menschlicher Prägung im Endlichen zu verankern, kann nicht erfüllt werden; als ein eigenmächtiger Vorgriff auf das, wovor Gott den Tod gesetzt hat, ist die Inangriffnahme dieses Unmöglichen – mit oder ohne Droge – ein blasphemisches Unternehmen, das Baudelaires Hoffnung auf eine posthume Entschädigung für die erlittene Mühe und einen Platz „in den glückseligen Reihen der heiligen Heerscharen" [FdM 9] recht abwegig erscheinen läßt.[53]

„Something New about Hell Fire":
Rausch und Erkenntnis im Werk Malcolm Lowrys

Wenn man davon ausgeht, daß ein Künstler durch die Unzufriedenheit mit der Realität dazu getrieben wird, sich andere Möglichkeiten der Existenz zu erfinden oder seine Probleme schöpferisch in eine fiktive Welt zu verlagern und dort zu versiegeln, dann war Malcolm Lowry (1909–1957) ein Künstler par excellence.[1] Seine Person und sein Werk waren für ihn ein untrennbares Ganzes: Alles, was er tat und dachte, was ihn umtrieb und ihm zustieß, floß direkt in seine Werke ein[2], während die Gegenstände seiner Romane und Erzählungen sich von den Manuskriptseiten abzulösen schienen, um ihm selbst wiederum in verblüffenden Zufällen und seltsamen, symbolhaften Ereignissen zu begegnen, so daß er sich von den Gestalten seiner Werke ebenso wie von den Agenten einer mysteriösen Verschwörung verfolgt fühlte.[3] In der solipsistischen Beschränkung seiner Wahrnehmung registrierte er nur jene Gegenstände seiner Umgebung, die auf geheimnisvolle Art mit seiner Person verbunden schienen. „Es war", so heißt es über den Konsul Geoffrey Firmin in *Under the Volcano*, „als wäre jede Kreatur durch hochempfindliche Drähte mit seinen Nerven verbunden." [76; 84][4] „Von Zeit zu Zeit", schreibt der Lowry-Biograph Douglas Day, „versuchte er mit Macht, sich auf etwas außerhalb seiner selbst zu konzentrieren ... und hoffte, daß ihm der Alkohol half, solche Abenteuer zu überstehen. Aber natürlich verhalf er ihm nur dazu, sich in sich selbst zurückzuziehen, wo ein innerer Malcolm Lowry sein brillantes, unfähiges äußeres Selbst abwechselnd auslachte und bemitleidete. Ein solcher Mensch konnte nur über sich selbst schreiben, und das ist genau das, was Lowry tat."[5]

Lowrys mittlere Jahre am Rande der kanadischen Wildnis waren zweifellos die glücklichste Zeit seines Lebens. Davor, danach und dazwischen aber lagen Erfahrungen eines von Ängsten und Krisen geprägten Daseins, dessen Freudlosigkeit besonders in dem Roman *Dark as the Grave* spürbar wird. Eine entscheidende Ursache von Lowrys Verzweiflung an der Last der Existenz war die nervliche Zerrüttung durch den steten Wechsel enthusiastischer, produktiver Hochstimmungen und manisch-depressiver Phasen. Diese unablässige Folge konträrer Stimmungen ist typisch für den Dipsomanen; je höher die Stimmung der nüchternen Phase, umso tiefer der unvermeidliche Sturz in die nächste Psychose, die unmittelbar zurück zur Flasche führt. Dazu kam Lowrys stete Angst, auf den verschiedensten Gebieten zu versagen; selbst das Schreiben als einzig anerkannter Lebensinhalt war keine Domäne, in der er sich behaglich einrichten konnte und noch viel weniger eine Burg, die ihm in Krisenmomenten Zuflucht gewährte. Als eine Form der Auseinandersetzung mit sich selbst war es ganz im Gegenteil wie ein Minenfeld, auf dem Selbstvorwürfe wie die des Plagiarismus und der literarischen Unfähigkeit sich jederzeit explosionsartig materialisieren konnten. So erwies sich das Schreiben für Lowry oft als ein Spiegel, der ihn mit unangenehmen Aspekten seiner Person konfrontierte. In solchen Situationen sollte die fragwürdige Magie des Alkohols alle Wogen glätten. „Sie sagen, er sei nur ein ‚sekundärer Alkoholiker'", berichtet seine Frau Margerie in einem Brief über das Urteil der um Lowrys Alkoholentwöhnung bemühten Londoner Ärzte, „was ich Ihnen natürlich auch selbst hätte sagen können, und daß das Problem in seinem Kopf sei – was mir schon seit Jahren klar ist."[6] So sehr es Lowry zum Schreiben drängte, so sehr schreckte er andererseits davor zurück. „Lowry fürchtete sich vor dem Schreiben", heißt es bei Day, „oder fürchtete sich davor, beim Schreiben zu versagen, und die Trunkenheit bot ihm eine sehr gute Entschuldigung, um nicht zu schreiben und somit auch nicht beim Schreiben zu versagen. ... Lowry trank, um das Schreiben zu vermeiden, wurde nüchtern, um zu schreiben und trank dann wieder, um das Schreiben zu vermeiden – usw."[7] Dabei bot auch die Trunksucht keineswegs eine bequeme Zuflucht vor den Schrecken des Bewußtseins, sondern fügte ihnen vielmehr weitere hinzu. So stand Lowry noch als erwachsener Mann unter dem Eindruck seiner methodistischen Erziehung und trank in dem Bewußtsein, durch seine Zügellosigkeit eine große moralische Schuld auf sich zu laden.[8]

I. Biographie eines Trinkers

Wieso wurde Lowry überhaupt ein Alkoholiker? Dies ist, wie Hill schreibt, eine Frage, wie sie nur ein Nicht-Alkoholiker stellen kann: „Wer kein zwanghafter Trinker ist, neigt dazu, Erklärungen dafür zu suchen, wieso andere es sind ... Die Tatsache ist, daß die überwiegende Mehrheit der Alkoholiker nicht weiß, warum sie trinkt."[9] Wenn auch die tieferen Beweggründe für Lowrys Alkoholismus im Dunkeln liegen, so ist es doch im Hinblick auf die enge Beziehung von Werk und Biographie dieses Autors recht aufschlußreich, in einem Überblick die Stationen seiner wachsenden Abhängigkeit vom Alkohol nachzuzeichnen. – Die trinkfesten Taskersons in *Under the Volcano* sind wahrscheinlich ein Abbild von Lowrys Wunschfamilie; in seinem wahren Elternhaus, das der Vater, ein wohlhabender Geschäftsmann, mit methodistischer Strenge regierte, war dagegen Abstinenz ein eisernes Prinzip. So wurde der Alkohol für den jungen Lowry ein Bestandteil jener anderen Welt der Abenteuer, die sich jenseits der Familientristesse erstreckte und in die ihn Jack London, Joseph Conrad und wohl auch Captain Marryat oder Robert Louis Stevenson entführten. Nach der Beendigung seiner Schulzeit trotzte Malcolm seinem Vater daher die Erlaubnis

I. Biographie eines Trinkers 595

ab, vor dem Beginn des obligaten Studiums in Cambridge erst einmal Abenteuer auf hoher See zu bestehen, und so befuhr er 1927 an Bord eines Frachters für mehrere Monate asiatische Gewässer. Es versteht sich von selbst, daß Lowry diese Reise in der Erwartung antrat, in die rauhe Welt seiner Romanhelden initiiert zu werden, doch die Realität blieb weit hinter seiner Vorstellung zurück. Von Raub, Mord und Hurerei keine Spur, auch um das Fluchen und Saufen war es schlecht bestellt; statt dessen traf sich die Mannschaft zu seiner maßlosen Enttäuschung regelmäßig zum Nachmittagstee, bei dem Gebäck gereicht wurde. Die enttäuschende und gleichwohl prägende Erfahrung[10] ließ seine romantische Vorstellung aber weitgehend intakt. Nach Hause zurückgekehrt, gefiel er sich trotz allem in der Pose des erfahrenen Seemanns, der grölend durch die Straßen zog, fluchte, auf den Boden spuckte und – trank. Daß er wirklich häufig so betrunken war, wie er vorgab, ist aber zweifelhaft, zumal viele Freunde und Bekannte seine Neigung zur Selbstinszenierung bezeugen.

Um die Vorlieben dieser pubertären Phase zu zementieren, bedurfte es eines starken Vorbildes, das dieselben Interessen pflegte und damit für ihre Richtigkeit einstand. Vielleicht wäre Lowry kein Alkoholiker geworden, vielleicht hätten seine Beziehungsängste sich im Kreis gleichaltriger Freunde allmählich verloren, wenn ein solches Vorbild nie an seinem Horizont erschienen wäre. Doch es kam, wie ein *deus ex machina*, und zwar in Gestalt des amerikanischen Schriftstellers Conrad Aiken, der sich nicht nur erbot, Lowrys literarisches Talent zu pflegen und auszubilden, sondern überdies großen Gefallen daran fand, sich mit Lowry zu prügeln und zu betrinken. Nachdem Lowry ein halbes Jahr in Aikens Haus in Massachusetts verbracht hatte, kehrte er im Herbst 1929 nach England zurück, um pflichtgemäß sein Studium zu beginnen. Doch der akademische Betrieb reizte ihn wenig; die Gesellschaften in den Pubs und trinkfreudigen literarischen Zirkeln waren weitaus verlockender. Wenn die Flasche zunächst nur Requisite eines täglich neu aufgeführten Bühnenstücks war, so wurde sie im Lauf der nächsten Jahre zu einem unverzichtbaren Bestandteil seines Lebens. Nach dem Abschluß des Studiums, als Lowry in London wohnte, wurde die als Treffpunkt der Bohème angesehene „Fitzroy Tavern" ein zweites Zuhause, wo er u. a. den jungen Dylan Thomas kennenlernte, der ebenfalls ein starker Trinker war. In dieser Zeit, meint Day, gab es die ersten Anzeichen, „daß seine Vorliebe für den Alkohol außer Kontrolle geriet".[11] 1934, als Lowry mit den Aikens nach Spanien reiste, war sein Körper aufgedunsen und sein Alkoholkonsum ein echtes Problem: „In Granada war er schon nach wenigen Tagen in der ganzen Stadt als *‚el borracho inglés'* bekannt, und die Leute machten sich in aller Offenheit über ihn lustig."[12] Eine Infektionskrankheit, die durch den Alkohol verschlimmert wurde, zwang Lowry bei seiner Rückkehr nach England zu einem Klinik-Aufenthalt; in diesem Zusammenhang ist erstmals von „Alkoholismus" die Rede.[13]

Nicht jeder Mensch, der viel und oft trinkt, muß deswegen ein Alkoholiker sein. Lowry aber trank nicht nur viel und oft, sondern war im Alter von fünfundzwanzig Jahren kaum noch imstande, ohne Alkohol auszukommen. Aus der anfänglichen

Pose war eine Leidenschaft erwachsen, die nun alle Züge einer ernsthaften Krankheit annahm. In Spanien hatte Lowry Jan Gabrial kennengelernt, die er kurz danach in Paris heiratete. Doch auch die Ehe tat seiner Trunksucht keinen Abbruch. Was als Romanze begonnen hatte, wurde bald eine Quelle des Überdrusses, besonders für die ehrgeizige Jan, die ärgerlich zusah, wie Lowry seine Zeit in Pariser Bistros und Bars vergeudete, anstatt zu arbeiten und rasch ein berühmter Schriftsteller zu werden. Zuletzt trennte sie sich von dem unbelehrbaren Trinker und ging nach New York. Lowry reiste ihr nach, es folgte eine Versöhnung auf tönernen Füßen, bis häufige Eifersuchtsszenen zu neuen Trinkexzessen führten und Jan ihren Mann abermals verließ, nachdem er für eine Entziehungskur in das New Yorker Bellevue Hospital eingeliefert worden war.[14] Vielleicht hätte Lowrys Trunksucht hier kuriert werden können; da man aber keine Ausländer von amerikanischen Steuergeldern pflegen wollte, wurde die Behandlung abgebrochen. Abermals folgte er Jan, diesmal nach Los Angeles, wieder folgte eine Versöhnung, und das junge Paar zog 1936 in das südlich von Mexico City gelegene Cuernavaca.

Die von vielen Reisenden als berauschend geschilderte Atmosphäre Mexikos machte einen großen Eindruck auf Lowry und brachte ihn dazu, wieder zu schreiben. Doch die begründete Angst, seine Frau endgültig zu verlieren und die quälenden Zweifel, ob die Arbeit an der aus einer Kurzgeschichte hervorgegangenen ersten Romanfassung von *Under the Volcano* sich überhaupt lohne, bewirkten schon bald, daß der Alkohol wieder die Regie übernahm und aus Lowry ein hilfloses Kind werden ließ. Er konnte sich nicht mehr selbst rasieren, nicht mit Messer und Gabel essen, konnte seine Schuhe nicht selber zuschnüren und trug statt eines Gürtels eine zusammengeknotete Krawatte. Jan verließ ihn abermals, kehrte aber bald zu ihm zurück. Es folgte ein ernsthafter Versuch Lowrys, dem Alkohol zu entsagen, doch der Besuch zweier uneinfühlsamer Freunde, die darauf bestanden, mit Lowry einen Drink zu nehmen, nur einen kleinen, ruinierte alles mühsam Erreichte mit einem Schlag. Jan trennte sich nun endgültig von Malcolm und überließ den von Selbstvorwürfen zerfressenen Alkoholiker seinem Schicksal. Nach einigen alptraumartigen Monaten der Einsamkeit in Mexiko wurde Lowry von einem Agenten des Vaters nach Los Angeles geholt und dessen Vormundschaft unterstellt. Das schmale Taschengeld, das er erhielt, reichte nicht aus, um im alten Stil weiterzutrinken und Lowry wurde, ob es ihm paßte oder nicht, allmählich wieder ein beinahe nüchterner Mensch. So lernte er das Starlet Margerie Bonner kennen. Sein Vater, der inzwischen die Scheidung von Jan und Malcolm eingeleitet hatte, schickte den unsteten Sprößling nach Vancouver, um die neue Romanze im Keim zu ersticken, doch Margerie folgte Malcolm; zunächst lebten sie in der Stadt, bis sich die Möglichkeit bot, eine Hütte in einer der vielen Buchten der Vancouver Bay zu beziehen. Im irdischen Paradies am Burrard Inlet bei Dollarton entdeckte Lowry, der Margerie heimlich geheiratet hatte, die Vorzüge eines gesunden Lebens in der Natur, wo der Alkohol keine Rolle spielte: das Licht am Ende des Tunnels schien endlich erreicht. „Du wirst froh sein zu hören", schreibt er an seinen mexikanischen Freund Juan Fernando Márquez, „daß ich das Trinken bis auf die notwendigen Drinks aufgegeben habe, daß ich gesund und kräftig bin und den Teil meiner Seele fortgeworfen habe, den man fortwerfen sollte."[15]

Der paradiesische Zustand hielt immerhin vier Jahre an. Als aber am 7. Juni 1944 Flammen aus dem Dach der Hütte schlugen und die Lowrys mitansehen mußten, wie ihr Heim mit all ihrer Habe und einem über tausend Seiten starken Manuskript[16] verbrannte, versank auch der Vorsatz der Nüchternheit mit in der Asche. Ein Jahr später brauchte Lowry schon wieder sein tägliches Quantum Alkohol. Wegen des nicht rechtzeitig zu beendenden Wiederaufbaues der Hütte beschlossen die Lowrys, den Winter 1945/46 in Mexiko zu verbringen, wo Malcolm seiner Frau die Schauplätze des Romans zeigen wollte. Diese Reise in die Vergangenheit, voller Enttäuschungen und Strapazen, endete im Mai 1946 mit ihrer Ausweisung.[17] In dieser Situation erreichte sie die Zusage zweier Verlage, *Under the Volcano* zu veröffentlichen, so daß der Roman, nachdem Lowry mehr als ein Dutzend Absagen hatte hinnehmen müssen, 1947 in New York und London erschien. – *Under the Volcano* wurde mit großem Enthusiasmus begrüßt, und man sollte denken, daß Lowrys Leid als verkannter Autor damit zu Ende gewesen wäre. Statt dessen traf ihn der plötzliche Erfolg wie ein Faustschlag. „Erfolg ist wie eine schreckliche Katastrophe, / Schlimmer, als wenn dein Haus brennt", heißt es in dem Gedicht „After Publication of *Under the Volcano*"[18] Da Lowry sich unter diesem Eindruck vollends in den Rausch zurückzog und auch nicht mehr fähig war, an seinem neuen Projekt, *Dark as the Grave*, weiterzuarbeiten, begannen die Lowrys im November 1947 eine längere Europareise. Doch Lowrys Trunksucht verschlimmerte sich von Woche zu Woche. In Paris verschwand er mehrfach für einige Tage, während derer er sich mit alten und neuen Kumpanen betrank. Im März 1948 verbrachte er zwei erfolglose Wochen in einem französischen Krankenhaus. Schon kurz danach zeigte er eine wachsende Neigung zu Gewalttätigkeit und versuchte zweimal im Affekt, seine Frau zu töten. Zu diesem Zeitpunkt hoffte Margerie, daß eine Psychoanalyse die Hintergründe von Lowrys Trunksucht ans Licht bringen und somit eine Handhabe bieten könnte, um das Übel an der Wurzel zu packen. Sie korrespondierte mit einem Zürcher Spezialisten, doch Lowrys Zustand erwies sich für eine langfristige Therapie als zu gravierend, so daß er schließlich erneut in ein Krankenhaus eingewiesen wurde. Dort blieb er wieder nur zwei Wochen, da die Ärzte sich durch die äußerlichen Anzeichen einer raschen Gesundung des Patienten täuschen ließen. Das nächste Krankenhaus, das Lowry aufnahm, lag am Stadtrand von Rom. Abermals wurden die Ärzte durch seine trügerische Robustheit irregeführt. Sein Alkoholkonsum war in dieser Zeit immens:

> Im letzten Jahr trank ich im Durchschnitt wenigstens 2½ bis 3 Liter Rotwein täglich, ganz zu schweigen von den anderen Drinks in Bars, und während meiner letzten 2 Monate in Paris hatte dies so zugenommen, daß ich täglich ungefähr 2 Liter Rum trank. Selbst, wenn das darauf hinauslief, daß ich völlig besinnungslos wurde, wollte ich doch nicht ohne große Mengen von Alkohol handeln oder denken. Nur ein paar Stunden darauf zu verzichten, war bereits eine unvorstellbare Qual.[19]

Die Rückkehr nach Dollarton erwies sich in dieser Lage als einzige Rettung. So nahm Lowry im Januar 1949 seine Arbeit endlich wieder auf und widmete sich neben *Dark as the Grave* auch seinem neuen Roman *October Ferry to Gabriola*. Obwohl der Alkoholkonsum vorübergehend begrenzt werden konnte, gelang es ihm nicht, auch nur eines seiner Projekte zu beenden, so daß sein Verlag 1954 den Werkvertrag, der ihn zur Lieferung mehrerer Manuskripte verpflichtete, kündigte. Als die Stadt Vancouver dann auch noch ihre alte Drohung wahrmachte, das Burrard Inlet räumen zu lassen, und den Lowrys nichts übrigblieb, als ihre Hütte aufzugeben und eine zweite Europareise anzutreten, hatte die Stimmung wieder einen Tiefstpunkt erreicht, der Lowry den besten Vorwand bot, sich abermals dem erprobten Seelentröster anzuvertrauen. Damit begann wieder die alte Routine: In Mailand wurde Malcolm schon nach kurzer Zeit in ein Krankenhaus gebracht und wiederum zu früh entlassen. Von Mailand reiste man nach Sizilien, in der Hoffnung, daß die Nähe des Ätna den vulkanbegeisterten Lowry auf andere Gedanken bringen würde. Doch sein Zustand verschlechterte sich rapide, nachdem er sich angewöhnt hatte, seinen enormen Alkoholkonsum mit der Einnahme starker Schlafmittel zu kombinieren.

Mit dem Umzug nach England im Sommer 1955 begann der Schlußakt des Alkoholdramas. Lowry setzte sich mit einem Neurochirurgen in Verbindung, der ihm dringend riet, sich einer Selbsthilfegruppe der Anonymen Alkoholiker anzuschließen. Doch Lowry verfügte kaum noch über die dazu nötige Willenskraft, so daß als nächstes die Möglichkeit einer Lobotomie erörtert wurde, die möglicherweise seiner Trunksucht, aber ganz gewiß seinem kreativen Vermögen ein unwiderrufliches Ende bereitet hätte. Der chirurgische Eingriff fand nicht statt, aber Lowry verbrachte einen Monat in einer Londoner Klinik, bis herauskam, daß er die Anstalt eines Nachts heimlich verlassen hatte, um sich in der Stadt zu betrinken. Ein neuer Spezialist übernahm Lowrys Fall und veranlaßte, daß er in der psychiatrischen Abteilung eines Krankenhauses in Wimbledon aufgenommen wurde, wo man ihn im Lauf eines knappen Vierteljahres nach allen damals bekannten Regeln der Kunst vom Alkohol zu entwöhnen versuchte, und tatsächlich schien sich ein gewisser Erfolg einzustellen. Lowry wurde entlassen und verbrachte sechs relativ friedliche und arbeitsame Monate in einem gemieteten Häuschen im südenglischen Ripe, bis ein erneuter Rückfall eine Aufnahme im Hospital erforderlich machte. Zwei Monate später waren die Ärzte mit ihrem Latein am Ende und entließen Lowry als einen hoffnungslosen Fall. Im folgenden Jahr, seinem letzten, trank er zwar nur noch mäßig, doch der Alkohol hatte sein zerstörerisches Werk getan. Als Lowry am 5. Juli 1957 an der kombinierten Wirkung von Gin und dem Inhalt eines Röhrchens mit Schlaftabletten starb, wurde als Todesursache „Death by Misadventure" angegeben – eine Formulierung, die vielleicht das treffendste Fazit dieses durch Mißgeschicke ausgezehrten Lebens ist.

Daß Lowrys Alkoholismus auch sein Werk nachhaltig prägte, versteht sich beinahe von selbst. Lowry war sich bewußt, daß die Trunksucht einen Schriftsteller in den Augen der meisten Zeitgenossen nur adeln konnte und als Schlüssel zu alternativen

I. Biographie eines Trinkers

Bewußtseinsarten und damit als ein bedeutendes Instrument der modernen Literatur angesehen wurde. So entging ihm, der neben seinem Bett eine Ausgabe der *Varieties of Religious Experience* aufbewahrte, keineswegs jene Feststellung von William James, die durch ihre Rehabilitierung des Rausches jedem Trinker willkommen sein muß und auf die er sich daher auch in *Dark as the Grave* bezieht:

> Aber es war durchaus nicht Vergessen, was er während der meisten Zeit gesucht hatte: die Wahrheit oder ein Teil der Wahrheit über sein eigenes Trinken war im wesentlichen bei William James zu finden. ‚Es erhöhe das metaphysische Bewußtsein des Menschen', meinte er. Was immer das war – undeutlich glaubte er nun, solch eine Wirkung zu erfahren, und wollte, daß sie länger und intensiver anhalte. Und hatte James nicht auch irgendwo gesagt, daß es die Symphonie des armen Mannes sei? Sigbjørn war dieser arme Mann. [DAG 46][20]

Diese Passage zeigt deutlich das Bemühen des Alkoholikers, in dem fremden Urteil eine Entschuldigung der eigenen Trunksucht zu finden. Wilderness weiß gar nicht so recht, was James mit dem Begriff des „metaphysischen Bewußtseins" wohl meinen könnte, doch wofür das Wort auch immer stehen mag, er hofft, er glaubt, er ist sich sicher, daß es genau auf ihn zutrifft. Hat er nicht stets aus einem eigentlich ehrbaren Grund zur Flasche gegriffen, und ist es nicht ein im weitesten Sinn kulturelles Interesse gewesen, das ihn zum Trinken bewog? Der Strohhalm, den James hier zu bieten scheint, ist eine zu verlockende Chance, die aus den Fugen geratene Welt wieder zurecht zu rücken, und so stellen einige kosmetische Federstriche die zerstörte Selbstachtung des Trinkers schnell wieder her. Dies ist eine der klassischen Situationen, aus denen die Lüge als ein wesentliches Element des Trinkerdaseins erwächst.[21] Unwiderstehlich für den trinkenden Schriftsteller ist auch der Gedanke, sich mit dem eigenen Laster in bester Gesellschaft zu befinden. Selbst wenn die trunksüchtigen großen Denker und Künstler keine guten Argumente zur Rechtfertigung des Trinkens bieten, selbst wenn sie sich irgendwann von ihrer Sucht befreien oder durch sie elend zugrunde gingen, so bleiben sie doch immer noch klingende Namen, deren Schicksal zu teilen etwas Erhebendes hat. Waren sie nicht großartig: O'Neill, dessen *Iceman* von Sigbjørn Wilderness in der Erzählung „Through the Panama" bewundert wird[22], oder „mein Swinburne" [61], mit dem sich Geoffrey in *Under the Volcano* vergleicht, oder Hemingway, zu dem er sich ebenfalls gern in Beziehung setzt, indem er sich wie jener als „Papa" anreden läßt[23] und sein *Delirium tremens* nach der Gewohnheit des großen Vorbilds als „rajah shakes" [173] bezeichnet, oder Poe, dem Lowry und seine Protagonisten immer wieder nachzueifern trachten?[24]

Die Feststellung, daß der Alkoholismus ein zentrales Thema in *Under the Volcano* ist, erfordert keine umständliche Beweisführung. Dennoch stellt sich die Frage, inwiefern die literarische Imagination des Autors durch bestimmte, für den Alkoholismus typische Denkmuster geprägt ist. Nachfolgend ist daher die Beziehung einiger Aspekte des Romans zu belegten Verhaltensmerkmalen des Alkoholikers aufzuzeigen. Im Anschluß folgt eine Analyse des Schuldmotivs in *Under the Volcano*, die exemplarisch zeigen soll, wie das durch die Trunksucht geprägte Daseinsgefühl den Roman auf unterschiedlichsten Bedeutungsebenen prägt.

II. Die Realität des Alkohols

Die Verbindung von Widersprüchlichem zählt zu den typischen Neigungen des Alkoholikers. Obwohl er weiß, wie demütigend die Trunksucht sein kann und vielleicht gerade selbst von Schuldgefühlen geplagt wird, da er die Ruinen seines nüchternen Lebens vor sich sieht, kann der Trinker stolz von der „Großen Brüderschaft des Alkohols" [139] schwärmen. Verantwortlich für dieses Nebeneinander ist die Verringerung der Willenskraft, die dem körperlich-geistigen Verfall nicht mehr viel Widerstand entgegensetzen kann. Der Alkoholiker versucht daher oft, unangenehmen Einsichten auszuweichen, indem er offenkundige Gegensätze so betrachtet, als seien sie keineswegs widersprüchlich. So schreibt Lowry im unveröffentlichten Manuskript von *La Mordida* über die Anzeichen eines drohenden Nervenzusammenbruchs:

> Die Symptome hatten sich vor einiger Zeit eingestellt. Alkohol war teilweise der Grund dafür, aber Alkohol war auch das Heilmittel. Es war ein Kreis, die Abhängigkeit vom Alkohol war da: aber der Kreis war nicht unbedingt ein Teufelskreis. Er war verdammt gefährlich: er war vielleicht unmoralisch und ganz falsch, aber er war da. An einem bestimmten Zeitpunkt hatte er den Mut aufbringen müssen, den Alkohol aufzugeben. Nun mußte er den Mut aufbringen, feige genug zu sein, um sich ihm zu ergeben.[25]

Ein anderes Beispiel für die Lügenlogik des Alkoholikers gibt das 10. Kapitel von *Under the Volcano*. Geoffrey ist nach längerem Aufenthalt in der steinernen Toilette des Salón Ofélia an den Tisch zu Hugh und Yvonne zurückgekehrt und bemerkt verunsichert: „Irgendetwas stimmte nicht, stimmte ganz und gar nicht. Vor allem schienen Hugh und Yvonne ganz erstaunlich beschwipst zu sein." [302; 317] Beunruhigt sucht er nach einer Erklärung für die vorwurfsvollen Gesichter seiner Begleiter und versichert sich rasch, daß er selbst nicht die Ursache ihrer Verstimmung sein könne:

> Die Trinksituation war jetzt folgende, war folgende: dieses Bier hatte auf ihn gewartet, und er hatte es noch nicht ganz ausgetrunken. Andererseits hatte bis vor kurzem draußen in einer Limonadenflasche ein gewisses Quantum Mescal (warum nicht? das Wort konnte ihn nicht einschüchtern!) auf ihn gewartet, das er sowohl getrunken als auch nicht getrunken hatte: de facto getrunken und in bezug auf die anderen nicht getrunken. Und vorher zwei Mescals, die er hätte trinken und auch nicht trinken sollen. Ahnten sie etwas? Er hatte Cervantes zum Stillschweigen verpflichtet; hatte der Tlaxcaltecaner den Mund nicht halten können und ihn verraten? [303; 318]

Art Hill, der die Logik des Alkoholikers aus eigener Erfahrung kennt, erläutert die Hintergründe von Geoffreys Überlegungen: Während seiner Abwesenheit hat er in der Tat reichlich getrunken, die Erinnerung an die Mescals ist ihm nicht entfallen. Doch da er diese Drinks in aller Heimlichkeit zu sich genommen hat und folglich weder Hugh noch Yvonne etwas davon bemerken konnten, zählen sie nicht und sind, aus ihrer Perspektive, sozusagen nicht getrunken worden. Daß Geoffrey sich allein durch seinen Zustand verrät, kommt ihm nicht in den Sinn, zumal er überzeugt ist, den Effekt des Alkohols mit größter Schläue und Diskretion zu vertuschen. Außerdem fühlt er sich selbst sehr nüchtern, jedenfalls nüchtern genug, um, wie er meint, zu erkennen, daß Hugh und Yvonne wohl recht betrunken seien. Doch Geoffreys Versuch, die Rollen zu tauschen, indem er selbst als der Nüchterne auftritt, der die Trunkenheit seiner Gefährten erkennt, bleibt ohne Erfolg. Offenbar haben Hugh und Yvonne trotz seiner meisterlichen Verstellung von seinen heimlichen Drinks erfahren, was nur auf Verrat beruhen kann. Schließlich ist sein einziger Mitwisser, der Wirt Cervantes, ein Nachkomme des verräterischen Volkes von Tlaxcala, das mit Cortez kollaborierte und so den Untergang der Azteken besiegelte.[26] Das 10. Kapitel beginnt mit den folgenden Sätzen: „‚Mescal‘, sagte der Konsul fast geistesabwesend. Was hatte er gesagt? Egal. Etwas Schwächeres als Mescal würde nichts nützen. Aber es brauchte kein ernsthafter Mescal zu sein, redete er sich ein. ‚No, señor Cervantes‘, flüsterte er, ‚mescal, poquito.'" [281; 294] Schon hier wird, wie Hill zeigt, die auf eine Selbsttäuschung angelegte Logik des Trinkers deutlich:

> Diese kurze Passage stellt einige grundlegende Konzepte des Alkoholikers vor. Erstens hat der Konsul den tödlichen Mescal (anstatt etwas „Gefahrloses" wie Tequila oder Whiskey) scheinbar völlig zufällig bestellt. Tja, da er das nun getan hat, kann er ihn auch ebensogut trinken … Zweitens ist da die Idee vom „ernsthaften" Drink. Der Alkoholiker findet es beruhigend zu glauben, daß er nicht betrunken werde, es sei denn, er *wolle* es. Während dies beim maßvollen Trinker zutreffen mag, der aufhören kann, wenn sich ein Gefühl der „Wirkung" einstellt, ist es im Hinblick auf den Alkoholiker, der immer schneller trinkt, während jeder Drink sein Schuldbewußtsein verschwimmen läßt, nicht im mindesten zutreffend. Der Alkoholiker weigert sich, die Unterscheidung zu vollziehen, so wie er selbst in Abrede stellt, daß sein Trinken abnorm sei. Drittens sagt er zum Wirt: „Poquito" – nur einen Kleinen. Es versteht sich von selbst, daß der Drink das gewöhnliche Quantum sein wird, andernfalls würde der Wirt rasch darauf aufmerksam gemacht. Doch die Vorstellung vom „kleinen" Drink ist dem Alkoholiker, für den jeder Drink zu groß ist, lieb und teuer.[27]

Ein letztes Beispiel für die Selbsttäuschung des Alkoholikers ist Geoffreys Angewohnheit, einen Drink zunächst unberührt stehen zu lassen. Dadurch verschafft er sich die Illusion, noch Herr der Lage zu sein: „Erhält der Alkoholiker nach einer Phase der Abstinenz … einen Drink, so zögert er das Trinken einfach hinaus. Das ist schon alles, und es ist sinnlos, aber er fühlt sich wie ein Held. Da der Alkoholismus in erster Linie ein emotionales Leiden ist, wirkt die bloße Gegenwart des Drinks beruhigend. Das Hinauszögern des Trinkens unterstützt den Glauben, daß es willentlich erfolgen werde. Dies ist ein Ritual, das so unwandelbar ist wie die Balz des Brachvogels, und der Vollzug ist sogar noch gewisser: Er wird den Drink trinken."[28]

Die Erkenntnis, daß ein Trinker zu Lebenslügen neigt, kann allein nicht ausreichen, um einem Verständnis von Lowrys Vorstellungswelt als der eines Alkoholikers näherzukommen. Schon der bloße Begriff der „Lüge" ist irreführend, da er einen

Fortbestand von Kategorien wie „Wahr" und „Falsch" impliziert, auf deren Grundlage ein mehr oder weniger bewußt vollzogener Täuschungsakt erfolge. Für Lowry und den Konsul ist es dagegen wie für viele Alkoholiker kennzeichnend, daß Realitäten und Möglichkeiten, Fakten und Wünsche, Gedanken und Aktionen nicht mehr klar voneinander zu trennen sind. So fragt sich Geoffrey im Roman oft genug, ob er diesen oder jenen Satz tatsächlich gesagt habe oder nur habe sagen wollen, ob diese oder jene Konversation tatsächlich stattfindet oder nur hätte stattfinden können. Seine wachsende Verwirrung markiert den Rückzug aus der Welt in das Labyrinth seines Bewußtseins. Die Funktionen der einzelnen Sinne lösen sich immer mehr auf und verschmelzen zu einem Ganzen, das als ein synästhetisches Chaos erlebt wird.[29] Der Bewußtseinsstrom wird oft als ein Durcheinanderreden verschiedener Stimmen erlebt, die Geoffrey als Dämonen, als mahnende Instanzen seines Gewissens oder als „familiars"[30], vertraute Geister, identifiziert. So entsteht, nachdem Yvonne Geoffreys Einladung ausgeschlagen hat, mit ihm einen Whiskey zu trinken, eine Konfusion empörter und beschwichtigender Stimmen (die von mir eingefügten Punkte markieren den Wechsel der jeweils sprechenden Bewußtseinsstimme):

> „– Sie hätte doch einmal Ja sagen können", sprach in diesem Moment eine Stimme mit unglaublicher Schnelligkeit ins Ohr des Konsuls, „denn jetzt willst du armer Kerl dich natürlich wieder hemmungslos besaufen nicht wahr wobei der ganze Ärger nach unserem Verständnis darin besteht daß Yvonnes lang erträumte Ankunft · ach je, aber laß die Sorgen beiseite mein Junge das bringt nichts", plapperte die Stimme fort, · „selbst die bedeutsamste Situation in deinem Leben geschaffen hat · außer einer, nämlich der weitaus bedeutsameren Situation, die ihrerseits daraus entsteht, daß du fünfhundert Drinks nehmen mußt, um damit zurechtzukommen", er erkannte die Stimme als die eines freundlichen und impertinenten Vertrauten, vielleicht gehörnt, Meister der Verkleidung, ein Spezialist in Kasuistik, · und die eindringlich hinzufügte: „Doch bist du der Mann, der in dieser kritischen Stunde schwach wird und einen Drink zu sich nimmt, Geoffrey Firmin, das bist du nicht, du wirst diese Versuchung bekämpfen hast sie schon bekämpft nicht wahr · hast du nicht · dann muß ich dich erinnern: hast du nicht letzte Nacht einen Drink nach dem andern abgelehnt und dich nach einem schönen kleinen Schläfchen wieder ganz ernüchtert · hast du nicht · hast du doch · hast du nicht · hast du doch, wir wissen, danach hast du es, du hast nur gerade genug getrunken, um dein Zittern zu korrigieren eine meisterhafte Selbstkontrolle die sie nicht anerkennt und anerkennen kann!" [68/69]

Oft vermischt sich das Stimmengewirr in Geoffreys Kopf mit den Äußerungen, die ihn aus seiner materiellen Umgebung erreichen, so daß er nur unter großen Mühen, wenn überhaupt, tatsächliche und eingebildete Wahrnehmungen unterscheiden kann:

> Aber das Lokal war nicht stumm. Es war erfüllt von diesem Ticken – dem Ticken seiner Uhr, seines Herzens, seines Gewissens, einer Wanduhr irgendwo. Dazu kam ein fernes Geräusch aus der Tiefe, wie rauschendes Wasser, wie ein unterirdischer Einsturz, und außerdem hörte er sie noch immer, die bitter verwundenden Anklagen, die er gegen sein eigenes Elend geschleudert hatte, streitende Stimmen, aus denen die seine sich hervorhob und die sich jetzt mit jenen anderen fern klagenden, schmerzlichen Stimmen mischten: „Borracho, Borrachón, Borraaaacho!"

II. Die Realität des Alkohols 603

Aber eine dieser Stimmen klang flehend wie Yvonnes Stimme. ... Er schob mit Bedacht alle Gedanken an Yvonne von sich und trank rasch hintereinander zwei Mescals: die Stimmen verstummten. [337; 353]

Das Durcheinander äußerer und innerer Wahrnehmungen verwirrt den Konsul: Ist es seine Taschenuhr, die er ticken hört oder ist es die ablaufende Uhr seines Lebens oder vielleicht sein Gewissen, das wie ein mechanisches Zählwerk seine Versäumnisse und Vergehen addiert? Oder ist es doch nur eine Uhr, die sich irgendwo im Raum befindet? Geoffrey ist außerstande, eine Ordnung in das gedankliche Chaos zu bringen und sucht nach Anhaltspunkten, die als vertrauenswürdige Fakten erkennbar sind und eine Reorientierung ermöglichen: „An einer Limone lutschend machte er Bestandsaufnahme von seiner Umgebung."

Daß manche „familiars" gelegentlich die Züge einer anderen Handlungsperson annehmen, macht alles noch komplizierter. So meldet sich mehrfach eine innere Stimme zu Wort, die aus Yvonnes Perspektive spricht: „‚Ich glaube auch nicht an das Strychnin, du wirst mich immer wieder zum Heulen bringen, Geoffrey Firmin, du blöder Hund, ich schlag dir die Fresse ein, du Idiot!'" [69; 77] Die folgende Passage beginnt mit der vorwurfsvollen Äußerung einer Stimme aus der anti-alkoholischen Liga und mündet unvermittelt in ein Argument der alkoholsüchtigen Gegenseite:

Aber merkst du denn nicht du cabrón daß sie denkt dein erster Gedanke nach ihrer Heimkehr ist ein Drink wenn es auch nur Strychnin ist dessen Harmlosigkeit durch die gleichzeitige aufdringliche Sehnsucht danach paralysiert wird du siehst also du könntest angesichts dieser Feindseligkeit ebenso gut jetzt mit dem Whisky anfangen wie später nicht mit dem Tequila ... [69/70; 77]

Wie betäubt entsteigt Geoffrey der Kakophonie seines Bewußtseins und sucht nach einem Halt in der aktuellen Umgebung: Hatte Yvonne gerade zu ihm gesprochen?

„Was sagtest du?" fragte er Yvonne.
„Ich habe dreimal gesagt", lachte Yvonne, „nimm dir um Himmels willen etwas Anständiges zu trinken. ..."
„Was?" [70; 78]

Der Konsul hat immer noch nicht verstanden, obwohl Yvonne ihre Worte bereits zum dritten Mal wiederholt hat. Nun sucht er in seiner Umgebung einen Hinweis, der ihm zurück auf den Boden der Tatsachen helfen könnte:

Sie saß auf der Brüstung und blickte über das Tal, alles an ihr sprach von freudigem Interesse. Im Garten war es totenstill. Aber der Wind mußte sich plötzlich gedreht haben: der Ixta war verschwunden, und der Popocatepetl war fast ganz von schwarzen horizontalen Wolkenbänken verhüllt, als zöge der Rauch von mehreren parallelfahrenden Zügen an ihm entlang. [70; 78]

Seine Verwirrung bleibt bestehen. Nur die Tatsache, daß der Vulkan völlig von Wolken verborgen wird, reflektiert seine eigene Umnebelung. Er muß erneut nachfragen und ist sich bewußt, daß seine Begriffsstutzigkeit allmählich ein Ärgernis wird: „‚Willst du das noch einmal sagen?' Der Konsul nahm ihre Hand."

Es ist kennzeichnend für die Stimmenvielfalt in Geoffreys Bewußtsein, daß keine lineare Gesprächsentwicklung erfolgt, sondern daß immer gleiche Positionen und Gegenpositionen in stetem Wechsel aufeinander folgen. Wenn im Bewußtsein unbeirrbar stets nur dieselben Auffassungen kursieren, wenn also keine Prozesse stattfinden, die zu Entscheidungen führen, dann resultiert daraus auch die Unerheblichkeit des Handelns. So ist der Konsul in der festgefügten Welt seines solipsistischen Bewußtseins ebenso gefangen wie Dantes Luzifer im ewigen Eis der Hölle. In dieser festgefahrenen Situation wird das Bewußtsein zu einem Raum, wo es keine zeitlichen Perspektiven mehr gibt. Alle Möglichkeiten, die einmal bestanden haben mögen, sind erschöpft oder unwiderruflich versäumt. Was gestern geschah oder hätte geschehen können, ist vorbei, und ein Morgen wird es nicht mehr geben. Auf der Toilette des Salón Ofélia begreift Geoffrey seine aussichtslose Lage:

> Der Konsul saß völlig angezogen und regte keinen Muskel. Warum war er hier? Warum war er mehr oder weniger immer hier? Er hätte gern einen Spiegel gehabt, um sich diese Frage zu stellen. Aber hier war kein Spiegel. Nichts als Stein. Vielleicht gab es in dieser steinernen Klause auch keine Zeit. Vielleicht war dies die Ewigkeit, um die er so viel Gewese gemacht hatte … [294; 308]

„Warum bin ich hier …?" [341], heißt es auch noch im letzten Kapitel, kurz bevor die letzte Bewegung im Leben des Konsuls erfolgt. Anders als die um seine Reorientierung bemühten Fragen, die er sich nach einem Blackout stellt, ist dies eine Frage, die keiner Antwort bedarf, weil diese, durch wiederholte Menetekel angekündigt[31], längst bekannt ist. Sie ist vielmehr ein Aufschrei und gilt der furchtbaren Erkenntnis, daß ihm nichts mehr zu tun bleibt und daß er auf seinem abgründigen Weg einen Punkt erreicht hat, wo ihn nur noch tote Materie umgibt und die Zeit nicht mehr existiert: „Seine Willenskraft und die Zeit waren gleichermaßen gelähmt" [369], heißt es kurz bevor Geoffrey erschossen wird, und: „Die Zeit umströmte ihn …" [364] Geoffrey empfindet die Zeit wie ein Element, das ihn nicht mehr trägt, sondern um ihn herumfließt, als sei er ein Fels in einem Strom. Oder, um ein anderes Bild aufzugreifen: Sie zieht an ihm vorbei wie jene Züge im Wachtraum zu Beginn des 10. Kapitels. Schon auf den ersten Seiten des Romans, die, wenn man seine zyklische Struktur beachtet[32], auch seine letzten sind, erscheint der Bahnhof völlig verlassen:

> Der Bahnsteig lag in tiefem Schlaf. Die Gleise waren leer, die Signale gezogen. Kaum etwas deutete darauf hin, daß hier jemals ein Zug ankam, geschweige denn abfuhr.

[7; 13] Der in einem Kasten eingeschlossene Ortsname verdeutlicht graphisch die ausweglose Isolation des Konsuls: Quauhnahuac ist das Zentrum der Hölle. „Es ist natürlich nicht Mexiko, sondern im Herzen" [36], heißt es in Geoffreys Brief an Yvonne. So ist auch hier natürlich nicht das geographische Quauhnahuac gemeint,

II. Die Realität des Alkohols

sondern jenes, das sich im Bewußtsein des Konsuls befindet. Im 8. Kapitel taucht das Stationsschild noch einmal auf. Abermals wird die Verlassenheit des Bahnhofs betont: „Er war geschlossen wie ein Buch." [235] Das offene Buch der Natur (wie die Romantiker sagen) hat sich vor Geoffrey unwiderruflich geschlossen. Indem damit jede Möglichkeit der Erkenntnis entfällt, sind alle Türen zugeschlagen, durch die er seinem Gefängnis entfliehen könnte. Wo es nichts mehr zu tun und zu suchen gibt, hört aber auch die Zeit auf zu bestehen, und ohne die nur in der Zeit mögliche Bewegung, ohne das strebende Bemühen, das Goethes Faust vor der Verdammnis bewahrt[33], kann es keine Erlösung geben. So ist die ganz aus Stein erbaute Toilette des Salón Ofélia Inbegriff materieller Verdichtung und bezeichnet einen Zustand, der in genauer Opposition zur ersehnten Transzendenz steht.

Daß die Zeit- und Raumproblematik in Lowrys Weltbild überhaupt an zentraler Stelle steht, zeigt Sherrill Grace: „Den Raum, von der Zeit isoliert, versteht er immer wieder negativ als Zeitlosigkeit oder Stagnation; Stagnation wird die Hölle oder der Tod, ein Zustand räumlicher Abgeschlossenheit, des Erstickens, der Gefangenschaft. Es ist das Anliegen von Lowrys Werk, den Raum als Stagnation zu überwinden und innerhalb des Stroms der Zeit zu leben."[34] Im Fluß der Zeit leben, d. h. ein Dasein führen, das sich in unaufhörlicher Bewegung befindet, die kein bloßes Mittel zum Zweck ist, sondern „die epistemologische Antwort auf metaphysische und ästhetische Fragen"[35], das ist die Grundidee des Taoismus, die den Weg selbst als das Ziel erkennt. Lowrys Erzählung „The Forest Path to the Spring" endet mit der hoffnungsvollen Vision eines solchen sich stets erneuernden Lebensflusses:

> Jeder Tropfen, der ins Meer fällt, ist wie ein Leben, dachte ich, jeder im Ozean einen neuen Kreis erzeugend, oder der Stoff des Lebens selbst, und sich ins Unendliche ausweitend … Jeder ist verkettet mit anderen Kreisen, die um ihn her niederfallen; manche sind größere Kreise, die sich weit ausbreiten und andere umschlingen, manche sind schwächere, kleinere Kreise, die nur eine kurze Zeit zu bestehen scheinen …
>
> Aber letzte Nacht habe ich etwas Neues gesehen … Da sahen wir, daß das ganze dunkle Wasser von phosphoreszierenden, sich ausweitenden Kreisen bedeckt war. Erst, als meine Frau den warmen milden Regen auf ihrer nackten Schulter spürte, merkte sie, daß es regnete … Und der Regen kam selbst aus dem Meer, … zum Himmel erhoben durch die Sonne, in Wolken verwandelt und wiederum ins Meer fallend. Während die Gezeiten und Strömungen in der Bucht selbst ins Meer zurückkehrten, sich entfernten und, sich entfernend, wie das, was man das Tao nennt, zurückkehrten, wie wir selbst es getan hatten. [HU 285/286]

Die Kreismetaphorik erhält hier einen positiven Sinn wie bei Emerson, der in seinem Essay „Circles" schreibt: „Unser Leben ist eine Lehrzeit im Blick auf die Wahrheit, daß um jeden Kreis ein weiterer gezogen werden kann, daß es in der Natur kein Ende gibt, sondern daß jedes Ende ein Anfang ist …" [SE 225] Auch Lowry sah das Dasein als eine unendliche Bewegung, die mit jeder Vollendung eines Zirkels gleich einen neuen beginnt. Wenn der Konsul dennoch an einen toten Punkt gelangt ist, so deshalb, weil er den natürlichen Strom des Daseins verlassen hat und sozusagen aus dem Ensemble der Schöpfung herausgetreten ist.[36] Als Sinnbild fruchtbarer Erneuerung ist das Kreismotiv in *Under the Volcano*[37] nur noch die vorwurfsvolle Projektion dessen, was er in seinem Egoismus verspielt hat.[38] Im Universum seines Bewußtseins ist die Möglichkeit des zyklischen Fortschreitens nicht mehr gegeben, da der Solipsismus des Alkoholikers ein Gefängnis errichtet, in dem sich das Ich nur noch um die eigene Achse drehen kann. Diese letzte mögliche Bewegung hat statischen Charakter, weshalb Grace von einer „Verräumlichung der Zeit"[39] spricht: Der Kreis, in dem sich Geoffrey bewegt, ist ein Teufelskreis und Symbol der Stagnation.

Der solipsistische Rückzug ins Ich wurde oft mit einem spiralförmigen Abstieg verglichen, also einer Folge von Kreisbewegungen, deren Radius sich immer mehr verengt, bis der letzte Kreis mit einem Punkt der Erstarrung zusammenfällt. Das Bild, das bei den französischen Romantikern in Anknüpfung an die sinnlosen Schwindeltreppen in Piranesis imaginären Kerkern sehr beliebt war[40], wird auch von Lowry benutzt, um den letzten Tag im Leben des Konsuls als unvermeidliche Konsequenz einer deterministischen Bestimmung zu kennzeichnen.[41] Ausgehend von Cocteaus Bühnenstück *La Machine infernale*, gestaltet er den Fall des Konsuls als Folge seiner zunehmenden Schuld, die von einem gewissen Punkt an nicht mehr verziehen werden kann. Indem der Konsul diesen Punkt erreicht, wird eine nicht mehr aufzuhaltende Automatik der Verdammnis in Gang gesetzt. Die nun vorgegebene Richtung ist „Abwärts …" [231], womit Lowry wohl auch auf den berühmten Vers anspielt, mit dem Baudelaire die *Fleurs du Mal* einleitet: „Chaque jour vers l'Enfer nous descendons d'un pas". [FdM 5] [„… mit jedem Tage tun wir höllenab einen weitern Schritt …" (III 55)] Für den Konsul ist die höllische *cantina* „El Farolito" der letzte Zirkel der abgründigen Spirale.[42] Von dort aus blickt er auf seinen langen Weg zurück, den er mit dem Lauf der *Barranca*, einer vulkanischen Erdspalte, vergleicht: „In Gedanken verfolgte er den abgrundtiefen, gewundenen Weg der Barranca durch das Land, durch verfallene Bergwerke bis zu seinem Garten. Dann sah er sich wieder mit Yvonne heute morgen vor dem Druckereischaufenster stehen und das Bild von dem anderen Felsen, *La Despedida*, anstarren, … und dahinter das rotierende Schwungrad. So lange schien das her zu sein, so seltsam, so traurig und fern wie die Erinnerung an erste Liebe …" [339; 355] Im Farolito mit seinen verschachtelten und immer kleiner werdenden Räumen („little glass-paned rooms, that grew smaller and smaller, darker and darker" [347]) wird der finale Punkt erreicht, wo Geoffrey ringsum von dichter Materie eingeschlossen ist, die keine weitere Bewegung zuläßt.

III. Das Schuldmotiv in „Under the Volcano"

Im Bewußtsein des Alkoholikers spielen Schuldgefühle eine prominente Rolle, und zwar nicht nur als Eingeständnis der Schwäche, die Lösung von Konflikten durch die Flucht in den Rausch zu umgehen, sondern auch als willkommener Vorwand zur Rechtfertigung des Trinkens. So überlegt Hill, daß Geoffrey viel zu jung ist, um im Ersten Weltkrieg Kommandant eines Schiffes gewesen zu sein und so die Verantwortung für die an Bord erfolgte Ermordung deutscher Offiziere zu tragen:

> Die naheliegende Wahrscheinlichkeit ist, daß Lowry diese Phase in der Vergangenheit des Konsuls absichtsvoll verschleierte. Er erzeugte die Möglichkeit eines beschämenden Geheimnisses und mit ihr die Wahrscheinlichkeit, daß es ein solches nie gab. Es sind solche Sachen, an die sich ein Alkoholiker klammert: Ein so schrecklicher Grund zum Trinken, daß er nur angedeutet werden kann, wovon er sich aber dennoch leicht befreien kann, sollte er jemals ernsthaft dafür zur Rechenschaft gezogen werden.[43]

Wer feststellt, daß die typischen Schuldgefühle des Alkoholikers auch Lowry nicht fremd waren, untertreibt. Wie Gewitterwolken überschatteten sie seinen Horizont und den seiner unglücklichen Protagonisten. Wohin sich der Konsul auch wenden mag, in allen Dingen seiner Umgebung, in jedem Gedanken spiegelt sich der vorwurfsvolle Blick eines Gottes, dessen Gnade über das zulässige Maß hinaus beansprucht wurde. Die Erkenntnis seiner enormen Schuld ist ebenso unentrinnbar wie die Gewißheit, für das lange Register seiner Sünden bestraft zu werden. Nachdem das 9. Kapitel noch einmal die vergebliche Hoffnung auf ein neues Leben im Paradies der kanadischen Wälder heraufbeschwor, ist sich der Konsul zu Beginn des 10. Kapitels endgültig darüber im Klaren, daß er seinem düsteren Schicksal nicht entrinnen wird. Im Delirium erscheint ihm die Gestalt eines Schwachsinnigen, der zornig ausruft: „‚Ich beobachte Sie.‘ ‚Ich kann Sie sehen …‘ ‚Sie entkommen mir nicht.‘" [283; 296] – ein drohender Hinweis, der an Adams und Evas sinnlosen Versuch erinnert, sich nach dem Sündenfall vor Gott zu verbergen.[44]

Die ständige Observierung wird zunächst vor dem Hintergrund der politischen Situation spürbar, die durch ein Klima des Mißtrauens geprägt ist. Ein augenfälliges Symbol der Kontrolle des Landes durch Polizei und Militär ist der fast omnipräsente Wachturm des Gefängnisses: „Die Welt war immer in Reichweite der Polizeiferngläser." [106][45] Überall sind zudem die Spitzel diverser Interessengruppen, wie der Mann mit der Sonnenbrille, der den Konsul beschattet, weil dieser seinerseits für einen Spion gehalten wird.[46] Die Tatsache, daß jede Person, der Geoffrey begegnet, ein heimlicher Informant sein könnte, verstärkt seinen ohnehin schon ausgeprägten Verfolgungswahn, so daß auch Freunde wie Dr. Vigil seinen Argwohn erregen:

> Quincey war zweifellos Vigils Patient. Aber warum war der Arzt dann nicht im Haus? Warum schlich er heimlich im Garten herum? Das konnte nur eines bedeuten: Vigils Besuch war irgendwie so abgepaßt, daß er mit dem vorauszusehenden Besuch des Konsuls bei der Tequilaflasche zusammentreffen mußte … und hatte natürlich den Zweck, ihn auszuspionieren … [136/137; 145][47]

Selbst die auf einem Fresko von Diego Rivera dargestellten Indianer nehmen in der Vorstellung des Konsuls eine bedrohliche Haltung an:

> Er betrachtete den Teil der Wandgemälde, die, wie er wußte, die Tlahuicaner darstellten. Sie waren für dieses Tal, in dem er lebte, gestorben. … Während er sie ansah, schienen

diese Gestalten sich schweigend zusammenzurotten. Jetzt waren sie zu einer Gestalt geworden, zu einem riesigen, bösartigen Wesen, das ihn anstarrte. Plötzlich schien dieses Wesen mit einer heftigen Bewegung auf ihn zuzukommen. Vielleicht – nein, unverkennbar – befahl es ihm, wegzugehen. [212; 223]

Auch die Nachbarn scheinen Geoffrey mit ihren bohrenden Blicken zu verfolgen. Als das Verlangen nach einer im Gebüsch verborgenen Flasche Tequila ihm den mühsam bewahrten Rest an Kontenance nimmt und ihn in höchster Not durch den Garten rennen läßt, erschreckt ihn die Vorstellung, von seinen Nachbarn beobachtet zu werden [vgl. 126], und tatsächlich begegnet er Quincey, seinem Nachbarn, dessen unbarmherziger Blick jeden Versuch einer Selbsttäuschung im Keim erstickt: „Er fühlte sich eingekreist. Aus war es mit dem unehrlichen kleinen Bild der Ordnung." [129; 138] Dabei erscheint der pensionierte Walnußpflanzer dem Konsul wie Gott persönlich, der mit ungehaltener Miene sein Treiben verfolgt: „Mr. Quincey sah ihn über die Gießkanne hinweg an, als wollte er sagen: ich habe alles verfolgt; ich weiß alles, weil ich Gott bin ..." [132; 141], während Geoffrey wie Adam nach dem Sündenfall versucht, sich vor dem strengen Blick des vermeintlichen Gottes zu verbergen: „Der Konsul ... trat hinter einen knorrigen Obstbaum ... Während er sich, den Atem anhaltend, an den Baum lehnte, wähnte er sich merkwürdigerweise unsichtbar für Mr. Quincey ..." [131; 140] Natürlich ist Quincey trotz oder vielleicht gerade wegen seines lobenswerten Grundsatzes, nie vor dem Frühstück zu trinken, nur die Karikatur eines Gottes, denn das, woran sein „Realpolitik-Auge" [134] Anstoß nimmt, ist nicht der Sündenfall des Konsuls, sondern dessen offener Hosenschlitz.

Es sind aber nicht nur die Menschen, die den Konsul mit ihren vorwurfsvollen Blicken verfolgen, sondern es ist die ganze Natur, die ihm in unversöhnlicher Feindschaft gegenübersteht, als habe er allen Dingen und Lebewesen einen irreparablen und unverzeihlichen Schaden zugefügt. So sieht er alle chemischen Elemente gegen sich gerichtet[48], und auch die Flora, die einem schleichenden Verfall ausgesetzt ist, hat in seinen Augen etwas Anklagendes, als ob er allein für ihren Ruin verantwortlich sei. Ein Beispiel hierfür ist die Sonnenblume in seinem Garten, die fortwährend zum Fenster hereinschaut. Geoffrey erwähnt diesen „Feind" gegenüber Dr. Vigil:

> „Ich habe ... da hinten noch einen Feind, den Sie nicht sehen können. Eine Sonnenblume. Ich weiß, sie beobachtet mich, und ich weiß, daß sie mich haßt." – „*Exactamente*", sagte Dr. Vigil, „sehr möglich, sie wird Sie vielleicht ein bißchen weniger hassen, wenn Sie aufhören, Tequila zu trinken." [144; 153]

Natürlich versteht der Doktor den Haß der Sonnenblume als eine durch den Alkohol bewirkte Illusion, die den Konsul nicht länger plagen würde, wenn er durch den Verzicht aufs Trinken zu einer normalisierten, d.h. angstfreien, Betrachtungsweise zurückfände. Auf einer symbolischen Ebene des Romans ist seine Bemerkung aber auch wörtlich zu nehmen, da, wie noch zu zeigen sein wird, der Alkoholismus des Konsuls eine der Ursachen für die Misere des einstigen Paradiesgartens ist.

III. Das Schuldmotiv in „Under the Volcano"

Die Fauna ist dem Konsul kaum weniger feindlich gesonnen als die Flora, die chemischen Elemente und die Menschen. So begegnet er im Salón Ofélia den „wilden gelben Augen" [286] eines Kampfhahnes, welche die Dunkelheit zu durchbohren scheinen. Dieser fürchterliche Blick gestaltet sich im Roman zu einem Motiv, das die Ermordung des Konsuls vorausdeutet. Man begegnet ihm in dem als „sinnlos befremdliches Einauge" [282] beschriebenen Scheinwerferlicht eines imaginären Zuges, dann im Polarstern, der wie ein „großes kaltes Auge" [335] leuchtet. Ebenso finster scheint den Konsul im 12. Kapitel eine Militärbaracke anzublicken: „Das Gebäude starrte ihn finster aus einem Auge an ..." [339; 356][49] Zuletzt begegnet Geoffrey dem haßerfüllten Blick an der Theke des Farolito: „Als er sich umsah ..., begegnete er den harten, kleinen grausamen Augen des Chefs der Stadtverwaltung, den er erkannte." [363] Dieser ist stellvertretender Anführer einer faschistischen Miliz, die nicht ohne Grund dem „Chief of Gardens" mit dem Namen Fructuoso Sanabria[50] unterstellt ist und den Konsul wenig später erschießen wird. Über die Symbolik des feindlichen Blicks erschließt sich damit die Gemeinsamkeit, die zwischen den Menschen, den Elementen, den Sternen, der Flora und der Fauna mit den Mördern des Konsuls besteht: Fructuoso Sanabria ist letztlich der Vollstrecker eines Vergeltungsaktes im Namen der ganzen Natur und des Universums. Er ist die Verkörperung jenes Gläubigers, der den Alkoholiker, wie Geoffrey meint, stets hinter der nächsten Ecke mit seinem „vernichtenden Blick" [341]erwartet. Dieser Gläubiger ist niemand anderes als Gott selbst, der Herr des Gartens.[51]

Nach diesen Überlegungen wird verständlich, wieso der Konsul meint, daß der Blick der Sonnenblume wie derjenige Gottes sei[52], denn es *ist* Gott, der ihm aus den Gesichtern der Kreaturen und aus allen Dingen zornig entgegenblickt. Der Konsul ist sich darüber im Klaren, daß er eine Schuld auf sich geladen hat, die zu groß ist, um vergeben zu werden. Im Bewußtsein dieser Schuld vermag er seiner Umwelt nicht mehr aufrecht zu begegnen: Nach dem vergeblichen Versuch, mit Yvonne zu schlafen, fühlt er sich außerstande, ihr ohne einen ermutigenden Drink in die Augen zu sehen[53]; in Anbetracht seiner Schuld gegenüber der Natur können ihm nicht einmal seine esoterischen Bücher einen Weg weisen, „wie man einem Gänseblümchen ins Auge sehen kann" [207], und der Sonne darf er sich erst recht nicht mehr zeigen: „Der Konsul sah nach der Sonne. Aber die Sonne war verloren – es war nicht seine Sonne. Es war nahezu unmöglich, ihr ins Gesicht zu sehen, genau wie bei der Wahrheit; er verspürte keine Lust, ihr nahezukommen, am wenigsten sich von ihr bescheinen zu lassen, ihr ins Antlitz zu sehen." [205; 216]

Worin aber besteht nun eigentlich diese kolossale Schuld des Konsuls; was hat er getan, um den Zorn Gottes und des ganzen Universums auf sich zu ziehen? Eine seiner gravierendsten Sünden ist sein Mangel an Liebe, gegen den er genauso wenig auszurichten vermag wie gegen seine Trunksucht. So macht er aus der Not eine Tugend und propagiert die recht zweifelhaften Freuden der Hölle, die ihm diesen Verlust ersetzen sollen: „Ich liebe die Hölle. Ich kann es nicht erwarten, dorthin zurückzukehren." [314] Eros und Agape, das unmittelbar auf ein Objekt oder eine Person bezogene Begehren und die umfassende Liebe, wie sie Gott der Menschheit entgegenbringt und die als Nächstenliebe (*caritas*) auch vom Menschen gefordert wird, sind dem Konsul gleichermaßen abhanden gekommen. In seiner solipsistischen Isolation ist er nicht in der Lage, sich für seine Mitmenschen zu interessieren, geschweige denn ihnen behilflich zu sein. „Warum sollte jemand in die Angelegenheiten von jemand anders eingreifen?" [309] ist die Devise, die aus seinem allzu bequemen deterministischen Weltbild resultiert.[54] Mit diesem Credo begründet er die unterlassene Hilfeleistung gegenüber einem sterbenden Indianer, der als Geldbote der Genossenschaftsbank von faschistischen Milizionären überfallen wurde. Sein Versagen in dieser Situation spiegelt sein allgemeines Versagen gegenüber der Umwelt und brandmarkt ihn als asozialen Einzelgänger, der wie Ebenezer Scrooge in Charles Dickens' *Christmas Carol* niemanden liebt und auch von niemand geliebt werden will.[55] In diesem Kontext ist die leitmotivische Verwendung des Wortes „verlassen" („abandoned") zu sehen, die daran erinnert, daß Geoffrey sich von der Welt abgewandt und sie im Stich gelassen hat: „Verlassen" sind die Ballspielplätze der vernichteten indianischen Hochkulturen [5] und, als Symbol der modernen Conquista, einige amerikanische Autowracks [317]; „Ein verlassener Pflug …, die Arme in stummem Gebet emporgereckt …" [9/10; 16]; als Yvonne vor einem Laden auf Geoffrey wartet, fühlt sie sich „verlassen und brüskiert" [56], während ihr später selbst vorgeworfen wird, Geoffrey verlassen zu haben [74]; die Pläne für eine große Zukunft der Stadt Tlaxcala „wurden schwefelteuflisch aufgegeben" („abandoned sulphurously") [285], und schließlich bemerkt Geoffrey, daß der Trinker seinerseits verlassen wird: „Verlassen von seinen Freunden wie sie von ihm …" [341]

Die Gleichgültigkeit, die Geoffrey der Natur entgegenbringt, hat ihre Folgen. Die Landschaft verliert ihren paradiesischen Charakter und verwandelt sich in ein *Waste Land*, in dem Tod und Obszönität als infernalische Alternativen zur Liebe bestimmend sind. Zwar erkennt Geoffrey seine Entfremdung von der Umwelt, doch steht er dem Dilemma machtlos gegenüber:

> Berühre diesen Baum, der einst dein Freund war: ach, daß etwas, daß dir bis ins Blut hinein bekannt war, jemals so fremd werden kann! … Betrachte den Todeskampf der Rosen. … Sieh dir die Pisangstauden an mit ihren vertrauten sonderbaren Blüten, einst ein Symbol des Lebens, jetzt das Symbol eines bösen phallischen Todes. Du verstehst nicht mehr, diese Dinge zu lieben. [65; 73]

Darüber hinaus verzerrt sich das Gesicht der Landschaft in Geoffreys alkoholberauschter Wahrnehmung zu einer Grimasse und erscheint als eine trügerische Welt voller Abgründe. Ist sie das wirklich oder ist es nicht Geoffrey, der sie erst dazu macht? Erinnern wir uns, daß Landschaft nie objektiv gegeben ist, sondern sich nur innerhalb des subjektiven Bewußtseins konstituiert[56], so ist es Geoffrey selbst, der durch den bewußtseinsverändernden Alkoholkonsum die Landschaft, die durchaus ein friedvoller Paradiesgarten sein könnte, dazu verdammt, eine trostlose Einöde zu werden. Indem er sie durch seine Imagination in häßliche Konstellationen zwingt, schändet der Konsul gewissermaßen die Natur.[57] Lowry dachte hier gewiß auch an den nordischen Fruchtbarkeitsmythos vom Fischerkönig, den T.S. Eliot nach der Beschreibung in Jessie L. Westons Buch über die Gralslegende, *From Ritual to Romance* (1920), als Bild für den modernen Werteverfall in *The Waste Land* aufgriff. Lowry, der sich von Eliots Gedicht inspirieren ließ, weist dem Konsul durch seine Verantwortung für den Ruin der Landschaft die Rolle des Fischerkönigs zu, dessen Krankheit oder Impotenz sich in der Verödung seines Reiches spiegelt.[58]

Die verlorene Liebe überschattet aber vor allem Geoffreys Beziehung zu Yvonne. Wehmütig erinnert er sich an frühere Zeiten, als es die Liebe noch gab: „Ach, in wie vielen Zimmern, auf wie vielen Ateliercouches, zwischen wie vielen Büchern hatten sie ihre Liebe, ihre Ehe, ihr gemeinsames Leben gefunden ..." [201; 212] Das ist vorbei, und seine Liebe gilt nun nur noch dem Alkohol: „Deine ganze Liebe gehört jetzt den Cantinas – das schwächliche Überbleibsel einer Liebe zum Leben, die jetzt zu Gift ... geworden ist ..." [65; 73] Was für eine mächtige Rivalin Yvonnes die Flasche ist, zeigt sich nirgends so deutlich wie im 3. Kapitel. Mit einer grimmigen Entschlossenheit, als ginge er zu seiner Hinrichtung, begibt sich der Konsul ins Schlafzimmer, um den obligaten und furchtsam erwarteten Versuch hinter sich zu bringen, mit Yvonne zu schlafen. Doch sein Mut bricht jäh zusammen, als Yvonne in aller Unschuld feststellt, daß er betrunken sei. Natürlich ist er betrunken, doch die Bemerkung wirkt auf ihn wie eine ungeheure Beleidigung [vgl. 84/85; 93]. Noch im vorigen Moment hätte Geoffrey sich ohne weiteres imstande gefühlt, Yvonne zu lieben, da er an ihr Versprechen dachte, vielleicht später mit ihm ein Glas zu trinken. Aber nun (so überlegt er, um im Fall eines Versagens auf eine gute Rechtfertigung zurückgreifen zu können) ist die schöne Gelegenheit verdorben. Geoffrey kann jedoch nicht mehr zurück und so spielt er noch halbherziger als zuvor seine Rolle als Romeo weiter, während seine Gedanken sich ganz auf eine Whiskyflasche konzentrieren, die ihn auf der Veranda erwartet: „Aber die Tür war noch immer eine Tür, und zwar eine geschlossene Tür; und jetzt stand sie halb offen, und er sah auf der Terrasse einsam und allein die Whiskyflasche stehen ..." [86; 94] Die Einsamkeit der Whiskyflasche betrübt den Konsul, und es drängt ihn, ihr Gesellschaft zu leisten. Gerade ist er vom Bettrand aufgesprungen, um dem Drängen nachzugeben, doch er bezwingt sich und öffnet lediglich die Tür zur Veranda, damit er die Flasche sehen kann: „... er hatte [Yvonne] ungerecht behandelt. Aber war das ein Grund, auch die Flasche ungerecht zu behandeln? ... Aber er konnte warten; ja, manchmal wußte er, wann er es lassen mußte." Eine unwillkürliche Bewegung Yvonnes erinnert ihn an den früheren Austausch von Zärtlichkeiten. Er ist zu Tränen gerührt, doch die Gegenwart holt ihn schnell wieder ein: „Er ging zur Tür und blickte hinaus. Die Whiskyflasche war noch da." [87; 95] Abermals bezwingt er sein Verlangen und kehrt zu Yvonne zurück. Was sein muß, muß sein: Er beginnt, seine Frau sexuell zu stimulieren, während in seinem Bewußtsein das herrliche Bild einer *cantina* aufsteigt, deren Pforten sich in den frühen Morgenstunden öffnen: „Ach, niemand außer ihm wußte, wie schön das alles war, wenn der Sonnenschein, Sonnenschein, Sonnenschein die Theke von ‚El Puerto del Sol', die Schalen mit Brunnenkresse und Orangen überflutete oder – wie bei der Empfängnis eines Gottes – in einem einzigen goldenen, lanzenschlanken Strahl auf einen Eisblock fiel …" [90; 99][59] Zu stark ist diese Vision und zu schwach die Willenskraft des Konsuls: „‚Entschuldige, es hat keinen Zweck, fürchte ich.' Der Konsul schloß die Tür hinter sich … Und dann die Whiskyflasche: er trank in wilder Verzweiflung." Daß er sich nebenher auch ein Glas seiner Medizin einschenkt, die wie ein Aphrodisiakum wirke und ihm daher einen zweiten Versuch mit Yvonne ermöglichen könnte, kann schwerlich als Geste des guten Willens gelten, denn seine wahre Leidenschaft gilt nur dem Alkohol: „Ich liebe dich, murmelte er, während er die Flasche mit beiden Händen wieder auf das Tablett stellte." [91; 99] Auf die Flasche bezogen, ist diese Liebeserklärung, die er vor Yvonne nicht aussprechen kann, etwas ganz Natürliches und fällt ihm durchaus nicht schwer. – Es ist nicht Yvonne, der die Sehnsucht des Konsuls gilt, sondern allenfalls die verlorene Liebe zu ihr, die ihm unwiederbringlich erscheint, zumal ein echter Versuch, sie wieder aufleben zu lassen, die Absage an den Alkohol erfordert. Dazu kann er sich aber nicht entschließen, und auf seine Frage: „Könnte man sowohl Yvonne als auch dem Farolito die Treue halten?" [201] kann es nur eine negative Antwort geben. Unter dieser Voraussetzung treibt ihn die Sucht zum Verzicht auf Yvonne und die Liebe; er entscheidet sich für die ruinöse, aber bequeme Alternative, wie jene eine Hälfte des gespaltenen Felsens La Despedida, die Yvonne mit dem Konsul identifiziert und die trotzig zu verkünden scheint: „Ich will zerfallen, wie es mir beliebt!" [55] Daher geht Geoffrey zuletzt auf dem kürzesten Weg zum Farolito, „dem Paradies seiner Verzweiflung" [338], wo er durch den Beischlaf mit einer Prostituierten das Ende der Liebe besiegelt.

Geoffreys Zerstörung der Liebe wird im Roman mit einem Mord gleichgesetzt: Seine Ehe erscheint ihm selbst „willentlich hingeschlachtet" [76], an anderer Stelle wirkt er so unschuldig wie jemand, „der als passiver Mitspieler einer Bridgerunde einen Mord begangen hat" [81], dann heißt es in Anspielung auf den Königsmörder Macbeth: „Warte nur eine Ewigkeit, bis Jacques und ich es vollbracht haben, den Schlaf zu morden!" [136], die sterbende Yvonne sieht in einer Vision die Statue von Huerta, „dem Trinker, dem Mörder" [336], den sie mit dem Konsul identifiziert, und tatsächlich ist Geoffrey gewissermaßen ihr Mörder, da sie durch das Pferd, das er kurz zuvor befreit hat, den Tod findet. Auch die Verbindung, die zwischen Geoffrey und den Conquistadoren hergestellt wird, weist ihn als einen Schuldigen aus, an dessen Händen Blut klebt wie an denen des wahnsinnigen Mörders in dem Film *Las Manos de Orlac* oder jenen des *pelado*, der den sterbenden Indianer beraubt hat. Zweifellos unterhält der Konsul nämlich diverse obskure Beziehungen zu ausländischen Geschäftsleuten, denen er hilft, die Enteignungsgesetze der sozialistischen Regierung von Präsident Cárdenas zu umgehen[60], und stellt sich damit auf die Seite derer, die durch die gewissenlose Unterdrückung der Indianer (erst durch den spanischen Katholizismus und dann im Zeichen des Dollars) zu Macht und Wohlstand kamen. Warum er sich mit den Unterdrückern arrangiert, obwohl er längst kein amtierender Konsul mehr ist, bleibt ein Rätsel, zumal er sonst für die Indianer plädiert und überlegt, ob nicht vielleicht die Sünde des Grundbesitzes der eigentliche Anlaß für Adams Vertreibung aus dem Paradies gewesen sein mag.[61] Tatsächlich ist Geoffrey Opfer und Täter zugleich, wie der Schluß des Romans zeigt, wo er sich im Moment seines Todes sowohl mit dem skrupellosen *pelado* als auch mit dem ausgeraubten Indianer identifiziert.[62] Als einen Mörder sieht sich Geoffrey schließlich auch im Hinblick auf die *Samaritan*-Affäre, bei der er als Kommandant für die Ermordung gefangener deutscher Offiziere verantwortlich gewesen sei. So mahnt ihn, als er sich in Gedanken über die Blutrünstigkeit der Menschen beschwert, eine innere Stimme: „Blutrünstig, habe ich dich blutrünstig sagen hören, Kapitän Firmin?" [85]

Eine weitere schwerwiegende Schuld des Konsuls verbindet sich mit seinem mystischen Erkenntnisinteresse. Die esoterischen Bücher in seiner Bibliothek und seine (nur scheinbar) sehr guten Kenntnisse der Kabbala weisen ihn als einen Eingeweihten verschiedener Geheimlehren aus. Da er sein erworbenes Wissen jedoch nicht zu positiven Zwecken nutzt, sondern seiner Umwelt, wie zu zeigen war, erheblichen Schaden zufügt, sich von Gott abgewandt hat und der Hölle entgegenstrebt, hat er die Mysterien „betrogen"[63] und ist ein Schwarzmagier geworden. Als ein Schüler der Kabbala hat er nicht nur durch seine Trunksucht[64], sondern auch durch die Trennung von seiner Frau und durch seine Kinderlosigkeit einen Verstoß gegen fundamentale Grundregeln des geltenden Ehrenkodexes begangen. Wohl bedauert er in klaren Momenten seine Schuld, doch da er keine aufrichtige, also dauerhafte Reue zeigt und nicht einmal so recht weiß, was sich eigentlich ändern sollte, muß sein Gebet, das er im Salón Ofélia an die Madonna der Einsamen richtet, fruchtlos bleiben:

> „Bitte, ... befreie mich von dieser furchtbaren Selbsttyrannei. Ich bin tief gesunken. Laß mich noch tiefer sinken, auf daß ich die Wahrheit erkenne. Lehre mich, wieder lieben, das Leben lieben." Auch das genügte nicht ... „Wo ist die Liebe? Laß mich ehrlich leiden. Gib mir meine Reinheit zurück, das Wissen um die Mysterien, die ich verraten und verloren habe." [289; 302]

In dem zu Übertreibungen neigenden Bewußtsein des Alkoholikers wird Geoffreys Schuld noch gewaltiger als sie wirklich sein mag, doch gerade dies führt ihn zu einer weiteren und noch schwereren Sünde blasphemischer Art. „‚Firmin unschuldig, trägt aber Schuld der Welt auf Schultern'" [137], so lautet eine imaginäre Zeitungsschlagzeile. Geoffrey sieht sich als Christus, der, selbst unschuldig, die Sünden der Welt auf sich nahm und für die Menschheit am Kreuz gestorben ist. Das Motiv der Kreuzigung durchzieht daher den ganzen Roman wie ein roter Faden. So hält der Konsul seine Lage, als er sich kopfüber in einer Gondel der *Máquina Infernal* befindet, für sehr symbolisch: „Und es war schwerlich eine würdige Situation für einen ehemaligen Vertreter von Seiner Majestät Regierung, aber es war symbolisch – wofür, wollte ihm nicht einfallen –, aber symbolisch war es zweifellos. Jesus." [222] Das Leben des Konsuls und der Weg, den er im Lauf des Romans zurücklegt, wird wiederholt mit der Via Dolorosa, dem Leidensweg Christi, identifiziert[65]; an einer Stelle erinnert er sich sogar, daß ein betrunkener Bettler ihn einmal für Christus gehalten hat [vgl. 200; 211], und wenn er zu einem der streunenden Hunde spricht: „‚Und doch noch heute, mein Kleiner, wirst du mit mir sein im –‘" [229], so ist dies ein fast wörtliches Echo von Lukas 23:43: „Und Jesus sprach zu ihm: Wahrlich, ich sage dir: Heute wirst du mit mir im Paradies sein." Als er im Farolito eine zornige Rede für Gerechtigkeit und gegen die faschistische Machtwillkür hält, scheint er endlich mit seiner bequemen Politik der Nichteinmischung zu brechen:

> „Ihr Drecksäcke. Ihr Arschlöcher.[66] Ihr habt diesen Indio umgebracht. Ihr habt ihn getötet und versucht, es als Unfall zu frisieren ... Ihr steckt alle unter einer Decke. Und dann haben andere von euch sein Pferd geholt. [...] Nur die Armen, nur durch Gott, nur die Leute, an denen ihr euch die Füße abwischt, die geistig Armen, alte Männer, die ihre Väter schleppen, und Philosophen, die weinend im Staub liegen, vielleicht Amerika, Don Quijote ... wenn ihr nur aufhören würdet, euch einzumischen, im Schlaf zu wandeln, mit meiner Frau zu schlafen, nur die Bettler und die Verfluchten. ... Ihr habt das Pferd gestohlen ..." [372; 388/389]

Dies ist Geoffreys Version der Bergpredigt, wie der Hinweis auf „die geistig Armen" (Matthäus 5:3) oder die Anklage des Ehebruchs (Matthäus 5:27–28) zeigen. Doch die Initiative kommt zu spät und kann die schwere Unterlassungssünde des Konsuls, seine gottlose Trägheit, nur noch verdeutlichen.

Die Schuld des Konsuls erwächst für ihn aus dem Gefühl, als vermeintlicher Erlöser der Welt versagt zu haben, während sie andererseits schon durch die Blasphemie des bloßen Identifikationsversuches mit Christus gegeben ist. Tatsächlich erweist sich Geoffrey überdies, da er seine Umgebung durch Gleichgültigkeit und mangelnde Liebe zugrunde richtet, als eine Umkehrung des Erlösers: Die faschistischen Milizionäre verdächtigen ihn also durchaus zu recht, ein „antichrista prik" [370] zu sein. So hat Geoffrey in der *Máquina Infernal* keinen Grund, sich mit dem gekreuzigten Christus zu vergleichen, da er mit dem Kopf nach unten hängt. Lowry spielt hier auf die kabbalistisch inspirierte Tarot-Karte mit der Darstellung des Gehängten an, dessen merkwürdige Haltung der Beine die Form eines Kreuzes nachahmt. Da der Kopf des Gehängten aber nach unten weist, wird eine dem Göttlichen genau entgegengesetzte Bedeutung impliziert.[67] Schließlich wurde Christus auf dem Berg Golgotha gekreuzigt, während das Golgotha des Konsuls ein Abgrund ist, das in ironischer Verbindung mit dem „Hell Bunker"[68] genannten Teil eines Golfplatzes als „Golgotha-Loch" [202] bezeichnet wird. Geoffrey trägt also die Züge des ärgsten Feindes der Schöpfung – er ist „das Tier" aus der Apokalypse, dessen Schreckensherrschaft dem Jüngsten Gericht vorausgehen soll und dessen Zeichen 666 im Roman in sarkastischer Verkehrung als Rettungsnotruf 999 auftaucht und die Unmöglichkeit von Geoffreys Erlösung symbolisiert.

Obwohl auch Yvonne, Hugh und Laruelle nicht ohne Schuld sind (schließlich haben alle drei den Konsul betrogen), sieht sich Geoffrey doch wie der Sprecher des Bunyan-Mottos, das dem Roman vorangestellt ist, als „Haupt der Sünder". Jene dürfen wohl auf Gottes „Gnadenüberlast" hoffen – doch für ihn, den Schlimmsten von allen, kann es kein Pardon geben. In diesem Beharren des Konsuls zeigt sich wieder das typische Kalkül des Alkoholikers: Wenn seine Schuld nämlich ohnehin nicht wiedergutzumachen ist, so kann er sich jeden mühsamen Versuch der Besserung sparen. Dann steht ihm nach seiner allzu leicht durchschaubaren Logik nur noch eine Perspektive offen: die gerechte Strafe demütig zu erwarten und das Gewissen bis dahin durch weitere Drinks zu betäuben. Solange Geoffrey nur gegenüber einzelnen Personen schuldig wurde, besteht das Risiko, daß ihm trotz allem verziehen wird. Um wirklich auf ewig verdammt zu sein (und unbehelligt weiter trinken zu können), muß er ein Prinzip verkörpern, das unter keinen Umständen tolerierbar ist. So entsteht aus dem ganzen mystisch-religiösen Gebäude seiner Schuldzuweisungen der ideale Vorwand, gegen den niemand Einspruch erheben kann.[69] In diesem Sinn meint auch Hill: „[Der Konsul] zieht es vor, in der Hölle zu leben. So schockierend endgültig sich das anhören mag, so ist es doch keineswegs wirklich eine wichtige Entscheidung. Es ist ein Beschluß, wie ihn Alkoholiker häufig fassen, wenn sie zum Zeitpunkt ihrer niedrigsten Widerstandskraft mit dem Problem konfrontiert werden. Das Paradies ist so qualvoll fern, und die Hölle ist so bequem erreichbar."[70]

IV. Alkohol und Erkenntnis

Am Flughafen von Los Angeles steht gedankenverloren ein Mann in der Warteschlange für den Flug nach Mexico City und hat eine plötzliche Eingebung:

> ... plötzlich erblickte er ein Strömen wie von einem ewigen Fluß; er glaubte zu erkennen, wie das Leben in die Kunst einfloß: wie die Kunst dem Leben eine Form und einen Sinn gibt und weiter ins Leben einfließt, doch das Leben ist nicht stehengeblieben; das war, was man immer vergaß: wie das durch die Kunst verwandelte Leben eine weitere Bedeutung durch die vom Leben verwandelte Kunst suchte, und nun war es, als ob dieses Strömen ... sich änderte, ohne den Anschein der Änderung zu haben, ein Strömen von Bewußtsein, von Geist wurde, so daß auch für sie, für Primrose und ihn, gleich hinter dieser Schwelle ein Sinn zu liegen schien, oder der Schlüssel zu einem Geheimnis, das ihren irdischen Wegen einen Sinn geben würde: es war, als stehe er an der Schwelle einer Erleuchtung, in unmittelbarer Nähe von etwas Gewaltigem, das jenseits, in dieser Mitternachtsfinsternis, erklärt werden würde ... [DAG 60/61]

Es ist der Schriftsteller Sigbjørn Wilderness, Protagonist in *Dark As the Grave* und eines von Malcolm Lowrys *alter egos*, der hier über die Frage nach dem verborgenen Sinn des Daseins reflektiert, der irgendwo in der Grauzone zwischen Fiktion und Realität, zwischen Kunst und der praktischen Lebenserfahrung wenigstens flüchtig aufleuchten müsse. Diese Frage wird von der Einsicht getragen, daß der erhoffte Sinn sich nicht in einer einmaligen Erkenntnis enthüllen kann, sondern immer neu gesucht und gefunden werden muß, denn das Leben ist ein dynamischer Prozeß, dessen unentwegter Wandel auch die zu stellenden Fragen und die zu suchende Antwort kontinuierlich verändert.[71] Malcolm Lowry alias Wilderness gibt sich hier als ein moderner Suchender nach der blauen Blume zu erkennen, für den Leben und Kunst ein ständiges Werden, ständige Annäherung, ein unaufhörliches Strömen ist. Er ist aber auch ein Gratwanderer, ein Nachkomme Poes, der am Rand eines Abgrunds, „an der Schwelle einer Erleuchtung" steht, wobei er fasziniert und schaudernd zugleich an die in der Tiefe liegenden Wunder denkt, die er nur um den Preis der völligen Selbstaufgabe sehen und verstehen könnte. Das fremde Land jenseits der Grenze („Es ist natürlich nicht Mexiko, sondern im Herzen" [36]), wo das Mysterium offenbart werden könnte, erhält in der Vorstellung von Wilderness einen ähnlichen Stellenwert wie das „ultimate dim Thule", aus dem das lyrische Ich in Poes Gedicht „Dream-Land" sprachlos zurückgekehrt ist, und so kann es auch nicht überraschen, daß Wilderness/Lowry die Arbeit an seinem großen Roman (*The Valley of the Shadow of Death* bzw. *Under the Volcano*) als Errichtung einer *terra nova* bezeichnet, „in der Art eines Ultima Thule des Geistes." [DAG 41] Wilderness hofft auf einen Funken der Erkenntnis, der das „Mitternachtsdunkel" des Wachbewußtseins erhellt. Wie die Kreaturen in Poes „Dream-Land" die Mysterien nie unmittelbar, sondern stets nur durch „dunkle Brillen" [CTP 969] anschauen dürfen, so fühlt auch er sich von der erkennenden Anteilnahme am göttlichen Kern des Universums ausgeschlossen und sehnt sich danach, daß der dunkle Schleier von seinen Augen genommen wird. Die gleiche Bildlichkeit erscheint in *Under the Volcano* unter umgekehrten Vorzeichen, wo der eigentlich eingeweihte, sehende Konsul seine Abwendung von Gott und den Mysterien immer wieder zum Ausdruck bringt, indem er seinen Blick durch eine Sonnenbrille verdunkelt.[72] So wird der größte Teil des 3. Kapitels, wo der Ruin des mexikanischen Paradiesgartens besonders eindringlich geschildert wird, durch die dunkle Brille des Konsuls gesehen, denn schon der erste Satz erweist, daß die Landschaft nur aus dieser unseligen Perspektive ihren obszönen und fruchtlosen Aspekt erhält; die Rede ist von „großen exotischen Pflanzen, blau und sonnenuntergangsfarben durch seine dunkle Brille, die allenthalben zugrunde gingen …" [65] Im letzten Kapitel liest der Konsul Yvonnes Briefe und stellt fest: „Durch die dunkle Brille erschienen sie aus irgendeinem Grunde klarer." [364; 381] Ohne Zweifel ist er sich darüber im Klaren, daß die Sonnenbrille seine Vision nur trüben kann. Wenn er es dennoch vorzieht, das Universum nicht ohne sie zu betrachten, wenn er das Licht der göttlichen Präsenz nicht ertragen kann (vgl. Seite 609), dann zeigt sich gerade hierin sein sündhafter Verrat an den Mysterien, seine gottlose Bequemlichkeit und Lethargie. Das Licht der Erkenntnis ist ihm, „mescal-drugged", gegeben, doch er weigert sich, hinzusehen und sein Leben nach dieser Erkenntnis auszurichten.

Die Erkenntnisreise von Sigbjørn und Primrose Wilderness in *Dark As the Grave* führt nicht bloß durch Mexiko, sondern auch in Sigbjørns Bewußtsein, seine Vergangenheit, seinen Roman, und vollzieht sich somit auf mehreren Ebenen, die miteinander korrespondieren und sich gegenseitig durchdringen. Schon der vordergründige Zweck der Reise, eine nostalgische Besichtigung der Stätten von Sigbjørns früherem Leiden und der Originalschauplätze seines Romans (Lowry selbst hatte diese Reise 1945/46 mit Margerie unternommen), beschwört jene Verbindung von Fiktion und Realität, aus der Selbsterkenntnis und damit auch eine Erkenntnis universaler Zusammenhänge erwachsen könnte. Allerdings geht Sigbjørn in den sich durchdringenden Labyrinthen seiner inneren und äußeren Lebenswelten verloren; die Hoffnung, daß die geplante Bestandsaufnahme eine klarere Sicht der Dinge ermöglicht, „die ihren Wegen auf Erden einen Sinn geben würde", erfüllt sich nicht, die dunkle Brille wird ihm nicht abgenommen. Ist der Bericht dieser Reise daher das Dokument eines Scheiterns? So sehr man geneigt sein mag, diese Frage zu bejahen, kann man die Reise aber auch als eine sehr fruchtbare Erfahrung verstehen. Gewiß, einerseits findet Sigbjørn nicht das, was er sucht und steht auf der letzten Seite des Romans ebenso da wie auf der ersten, wenngleich nicht verzweifelt, sondern weiterhin hoffend. Den Konsul ereilt sein nach mehreren ungenutzten Chancen zur Umkehr unvermeidlich gewordenes Ende in der *Barranca*, wo der Tod kein spirituelles Erwachen, sondern ein bloßes körperliches Verrotten zwischen Abfall und Hundeskeletten ist. Und auch Lowry selbst fand womöglich zuletzt, als er zwischen den Scherben einer Ginflasche starb, nicht mehr zur erlösenden Lichtquelle, von der Geoffrey zu Beginn des 10. Kapitels träumt. Wenn Sigbjørn, Geoffrey und vielleicht auch Lowry letztendlich keine Erkenntnis des Göttlichen vermitteln und im Sinn der weißen Magie fruchtbringend anwenden können, so gibt es aber immer noch einen anderen Bereich, den sie umso scharfsinniger durchdringen: jenes „Mitternachtsdunkel" selbst, die Finsternis der Hölle, die unsere eigene Blindheit ist. In einem Brief an Yvonne schreibt der Konsul den in der Lowry-Kritik sicher meistzitierten Satz: „Und zuweilen sehe ich mich als einen großen Forscher, der ein außerordentliches Land entdeckt hat, aus dem er niemals zurückkehren kann, um der Welt seine Entdeckung zu berichten; aber der Name dieses Landes ist Hölle." [36; 43] Nur für einen Uneingeweihten ist diese Dunkelheit einfach nur schwarz. Jene dagegen, die sie aus bitterer eigener Erfahrung gründlich kennengelernt haben – und das trifft auf nahezu alle von Lowrys Protagonisten zu –, wissen, daß sich in ihr ein eigener Kosmos verbirgt, dessen zeitliche Stagnation als infernalische Antithese der göttlichen Heilsgeschichte und dessen räumliche Labyrinthe als Gegenbild des Paradieses gedeutet werden mögen. „Aber sieh mal", sagt der Konsul in den Gedanken Yvonnes zu Beginn des 2. Kapitels, „... du mißverstehst mich, wenn du glaubst, daß ich nichts als Dunkelheit sehe ..." [50]

Der überwältigenden Schönheit der mystischen Erfahrung wird die eigenwillige Ästhetik der dunklen *Cantinas* entgegengesetzt: „Welche Schönheit ist der einer Cantina am frühen Morgen vergleichbar?" Die übelsten Kneipen sind die besten; solche wie das Farolito, wo der Konsul zuletzt den Tod findet, „... all die ... zum Verrücktwerden schrecklichen, ... denn selbst die zu meinem Empfang weit geöffneten Himmelspforten könnten mich nicht mit so himmlischer, komplizierter, hoffnungsloser Freude erfüllen wie das scheppernde Hochrollen der eisernen Rolladen, wie die klapperige Jalousietür, die, endlich entriegelt, diejenigen einläßt, deren Seelen nach dem Glase zittern, das sie mit zitternder Hand zum Munde führen. Alle Geheimnisse, alle Hoffnung und Enttäuschung, ja, alles Unheil ist hinter diesen aufschwingenden Türen." [50; 58] Lowry und der Konsul wissen, wovon sie sprechen, doch sie wissen auch, daß niemand, der nicht dieselben Erfahrungen gemacht hat wie sie, verstehen wird, wovon die Rede ist. „Übrigens", so fährt die von Yvonne imaginierte Stimme des Konsuls fort, „siehst du diese alte Frau aus Tarasco in der Ecke sitzen …? … Wie kannst du, wenn du nicht so trinkst wie ich, auch nur hoffen, die Schönheit einer alten Frau aus Tarasco zu verstehen, die um sieben Uhr früh Domino spielt?" Analog heißt es im 3. Kapitel: „Ach, eine Frau konnte die Gefahren nicht kennen, die Komplikationen, ja, die *Bedeutsamkeit* eines Trinkerlebens!" [85] So befindet sich ein Trinker wie der Konsul, der die Geheimnisse der Flasche ergründet hat, in der gleichen ohnmächtigen Lage wie der Mystiker, dem sich Gott offenbarte: Er weiß, was er weiß, doch er wird es nie mitteilen können.

Die fatale Schönheit der Verdammnis ist der Ersatz, mit dem der Süchtige und Solipsist seinen Verlust der Welt auszugleichen sucht. Dieses sonderbare, von Lowry als Hölle, vom Konsul als „Paradies seiner Verzweiflung" [338] bezeichnete Gegen-Universum wird, so paradox es scheinen mag, als Illusion durchschaut und doch gleichzeitig in seiner Funktion als letzter greifbarer Strohhalm mit einer geradezu fanatischen Vehemenz geglaubt. Mit rationalen Urteilskriterien kommt man hier nicht weit, denn es geht nicht um ein „Wahr" oder „Falsch" – alles ist immer wahr und gleichzeitig immer falsch. Als Alkoholiker und Solipsist steht der Konsul mit einem Bein in der Welt des Scheins, mit dem anderen in der Realität, doch was nun real und was bloßes Trugbild sei, vermag er nicht zu entscheiden. Anders gesagt: In der Erlebniswelt des Konsuls ist das dualistische Prinzip als Grundlage all unserer begrifflichen Orientierungen aufgehoben; Ich und Nicht-Ich sind ein und dasselbe, die Zeit steht fließend still, der Raum ist unermeßlich und hat die Größe eines Sandkorns, Wachen ist Schlaf und Schlaf ist Wachen. Handelt es sich hier um eine *unio mystica*, das Erlebnis des harmonischen Urzustandes? Bis hierher schon, doch nun kommt der Aspekt hinzu, der diese Erfahrung zur reinen Tortur werden läßt, ähnlich derjenigen, die Michaux in seinen Meskalinschriften beschrieben hat: Denn von allem gilt uneingeschränkt auch das Gegenteil. Ich und Nicht-Ich sind nicht identisch, die Zeit steht entweder still oder nicht, Wachen ist Wachen und Schlaf ist Schlaf. Was sich im ersten Moment wie eine geistige Erhebung ausnahm, kann sich schon im nächsten als Chimäre erweisen. Vielleicht stellt aber gerade diese paradoxe Erfahrung eines regungslosen Oszillierens zwischen Gegensätzen, die gleichzeitig gar keine Gegensätze sind, die höchste Stufe menschlicher Erkenntnis dar, jene Stufe, die das Bewußtsein nicht heil überstehen kann und von der es keine Rückkehr in die sinnlich-rationale Welt mehr geben kann. So findet der Konsul nicht mehr zurück in unsere alltägliche Realität, so wie auch Arthur Gordon Pym oder der Erzähler in „MS. Found in a Bottle" nicht eigentlich zu uns zurückkehren können, nämlich als Mitmenschen, die unsere Sprache sprechen und von uns verstanden werden. Die Anatomie dieser kaum vorstellbaren Bewußtseinswelt als eine mögliche Grundformel des geistigen Universums im Detail zu erleben und anzuschauen: das ist die Erkenntnis, die Lowry und seinen Protagonisten zuteil wird, und sie erfolgt in direktem Zusammenhang mit der Wahrnehmung des Alkohol- und Drogenrausches.

Nun könnte man einwenden, daß es für uns, die Leser, doch gar nicht interessant sei, welche Wunder ein Dichter anschaut, wenn er sie nicht zu vermitteln weiß. Was nützt uns eine Erkenntnis, die wir nicht nachvollziehen, nicht realisieren können, weil sie nur über sprachliche Leerstellen vermittelbar ist? Was sollen wir anfangen mit Symbolen wie der weißen Gestalt in *Arthur Gordon Pym*, die nur sich selbst oder (was für uns auf dasselbe hinausläuft) etwas radikal Anderes symbolisieren, das nur außerhalb unserer Vorstellungswelt zu begreifen ist? Das grundsätzliche Mitteilungsbedürfnis ist bei Lowry wie bei De Quincey, Poe oder Baudelaire eindeutig vorhanden, und es konnte nicht in ihrem Interesse sein, das Gewicht ihrer Erkenntnis in einer exklusiven Geheimsprache zu verschlüsseln. Daß eine Chiffre wie die weiße Gestalt sprachlich nicht, jedenfalls nicht anders realisierbar ist, daran können diese Autoren nichts ändern. Sie können aber die Erfahrung des Anderen benutzen, um das zu bespiegeln, das sehr wohl sprachlich zu fassen ist, nämlich alles, was wir als „Realität" erfahren können. In diesem Sinn wird die mystische Erfahrung des Rausches auch bei Lowry zur durchaus fruchtbaren Methode im Dienst seiner Kunst.

In der Erzählung „Through the Panama" wird als entscheidender Grund für den Alkoholismus die unerträgliche Häßlichkeit der materiellen Welt genannt, jenes bekannte Argument, das auch bei Baudelaire zur Maxime des „Enivrez-vous!" führte.[73] Analog dazu heißt es in *Under the Volcano*: „Wie scheußlich, wie unglaublich scheußlich war die Wirklichkeit." [207; 218], während an anderen Stellen von „kalter häßlicher Nüchternheit" [74] und „dem Grauen einer unerträglichen Realität" [75] die Rede ist. Nur im Rausch kann der Konsul der Realität entfliehen, nur dort findet er Geborgenheit, indem er durch einen „schützenden Schirm von Dämonen" [126] vor ihrem Anblick bewahrt wird. Sobald die Wirkung des Alkohols nachläßt, umgibt ihn aber wieder das Elend der Existenz: „‚Ich bin zu nüchtern. Ich habe meine Vertrauten, meine Schutzengel verloren.'" [92] Solche Äußerungen scheinen den Alkoholismus des Konsuls auf ein rein eskapistisches Motiv zurückzuführen. Dennoch verbindet sich mit der Erfahrung des Alkoholrausches eine Erkenntnis, die diese Tendenz überhaupt erst bestimmend werden läßt: Es ist die kontrastive Realität des Rausches, die Geoffrey in die Lage versetzt, die materielle Realität gewissermaßen von außen zu beurteilen. „Alkohol, den [Geoffrey] im Farolito erhält, schenkt ihm die Erkenntnis der Gewalt, der Unmenschlichkeit und der Schuld, der er zu entkommen wünscht ..."[74], schreibt Considine, dessen Ansicht von Silverman unterstützt wird: „... es ist die durch [Geoffreys] Alkoholismus bewirkte Isolation, die ihm ein echtes Verständnis der wirklichen Welt vermittelt."[75] Dem berauschten Blick des

Konsuls offenbart sich der chaotische Zustand der Welt, oder, wie Lowry im Brief an Cape schreibt, die „universale Trunkenheit der Menschheit während des Krieges." [SL 66][76] Aus einer anderen als der militant-rationalistischen Perspektive, die Hill vertritt, wenn er die Idee eines Erkenntnisgewinns durch Rauschmittel pauschal als „völlig lächerlich"[77] bezeichnet, erweist sich der Alkohol für den Konsul durchaus als ein brauchbares Medium der Erkenntnis, da er ihm die Durchdringung jenes Bewußtseins ermöglicht, das nur die Trostlosigkeit der körperlichen Welt registriert. Dorosz, der selbst überzeugt ist, daß Alkohol bestenfalls die Ekstase, aber nicht die Erleuchtung eines mystischen Erkenntnismomentes vermitteln könne[78], bemerkt dennoch, daß der Alkohol für den Konsul „ein bewußtseinserweiterndes Mittel" sei, „das mit Betrunkenheit, die der Konsul sehr mißbilligt, wenig zu schaffen hat."[79] In der Tat unterscheidet der Konsul, wenn er sich etwa als „trunkenhaft nüchtern unbetrunken" [293] bezeichnet, zwei verschiedene Arten der Trunkenheit. Jene, die aus ihm einen torkelnden Narren macht, ohne mit der Beeinträchtigung des Koordinationszentrums gleichzeitig die Erhellung eines anderen Bewußtseinsbereiches einhergehen zu lassen („the tightness of impending unconsciousness, of seasickness" [293]), ist für ihn unerträglich, da sie, anstatt ihm zur ersehnten Transzendenz der häßlichen Welt der Materie zu verhelfen, seine Körperlichkeit betont und zu verdichten scheint. Um dieser dummen Variante der Betrunkenheit ein Ende zu machen, glaubt Geoffrey, noch mehr trinken zu müssen, bis sein Körper und das Wachbewußtsein ihm völlig abhanden kommen: „Und um wieder nüchtern zu werden, hatte er heimlich diese Mescalitos getrunken ..." [293; 306] Diese Auslöschung des Wachbewußtseins wird wie bei den Romantikern als ein Erwachen gedeutet, wobei die Seele sich in ihren unendlichen Dimensionen entfaltet und sich mit dem Kosmos zu einem Ganzen vereint. „Und das Notwendige war nicht, wieder nüchtern zu werden, sondern noch einmal daraus aufzuwachen ..." [293; 307] Hier zeigt sich, daß es nicht die gewöhnliche Nüchternheit ist, die dem Konsul erstrebenswert scheint, sondern eine Klarsichtigkeit, die die Möglichkeiten der sinnlich-rationalen Erfahrung weit übertrifft. Nur in völliger Trunkenheit, wenn er sich von den Dingen am weitesten entfernt fühlt, erreicht er „dieses heikle, kostbare Stadium des Betrunkenseins, das so schwer zu bewahren war, das einzige Stadium, in dem er nüchtern war!" [85; 93]

Die Überzeugung des Konsuls, im Rausch ein von seiner sinnlichen Wahrnehmung grundverschiedenes „klares Sehen" zu erleben, verweist auf einen Autor, den Lowry oft zum Vorbild nahm, nämlich Rimbaud, dessen *Voyant*-Briefe zu den berühmtesten Äußerungen über die poetische Vision zählen. Dort heißt es:

> Der Dichter macht sich *sehend* durch eine lange, gewaltige und überlegte *Entregelung aller Sinne*. Alle Formen von Liebe, Leiden, Wahnsinn; er sucht sich selbst, er erschöpft alle Giftwirkungen in sich, um nur den innersten Kern davon zu bewahren. Unsägliche Qual, wo er des vollen Vertrauens, der gesammelten übermenschlichen Kraft bedarf, wo er unter allen der große Kranke, der große Gesetzbrecher, der große Verdammte wird, – und der höchste Wissende! – Denn er kommt an beim *Unbekannten!* [BD 24; 25]

IV. Alkohol und Erkenntnis

Wirkt der Konsul, der große Kranke und Sünder, nicht wie das genaue Abbild dieses sehenden Dichters? Ganz im Sinn Rimbauds ist er ein sich selbst nicht schonender Erforscher des Unbekannten, „ein großer Forscher, der ein außergewöhnliches Land entdeckt hat, von dem er niemals zurückkehren kann, um sein Wissen der Welt mitzuteilen ..." [36] Laruelle, ein ehemaliger Freund des Konsuls, kommentiert dessen berauschte Erkenntnissuche und erweist sich dabei als eine Art Anti-Rimbaud:

> ... die Wahrheit ist wohl, daß man manchmal klarer sieht, wenn man das Quantum genau berechnet hat ... Aber bestimmt nicht die Dinge, die für uns, die verachteten Nüchternen, so wichtig sind und von denen das Gleichgewicht in jeder menschlichen Situation abhängt. Gerade deine Unfähigkeit, sie zu sehen, Geoffrey, verwandelt sie ja in Werkzeuge deines selbstgeschaffenen Unglücks. Dein Ben Jonson zum Beispiel, ... der sah den Kampf der Karthager auf dem Nagel seiner großen Zehe. Das ist die Art von klarem Sehen, in der du zu schwelgen pflegst. Alles scheint völlig klar, weil es in bezug auf den Zehennagel ja wirklich völlig klar ist. ... Ich gebe die Wirksamkeit deines Tequila zu – aber ist dir eigentlich klar, ... während das Mystische in dir frei wird ... – ist dir klar, welche außerordentliche Nachsicht die Welt üben muß, um mit dir fertig zu werden ...? [217/218; 228/229]

Laruelle wirft Geoffrey vor, daß er in seinem Drang nach Erkenntnis sein Gesichtsfeld viel zu sehr eingeengt habe und den größten Teil seiner Umwelt nicht mehr wahrnehme. Die Kritik ist angebracht, doch der Konsul weiß mit Rimbaud, daß das wahre Sehen nicht die ganze Mannigfaltigkeit der Erscheinungen einschließen kann, sondern alle Hülsen abstreifen muß, um nur die Quintessenzen zurückzubehalten. Damit wird Geoffrey aber wie Rimbauds Dichter ein „grand criminel", der auf seiner Erkenntnisreise über Leichen geht und alles aufgibt, was ihm vorher heilig war.[80]

Daß Lowry sich ganz bewußt in die Tradition jener *enfants terribles* einreihte, die im Interesse ihrer Kunst mit Drogen experimentierten und daß man in der Tat guten Grund hat, ihn als *voyant* und als *poète maudit* zu identifizieren[81], zeigt die in seinen Werken vielfach nachzuweisende Beeinflussung durch solche Autoren. Rimbaud, der mit den Worten „Voici le temps des ASSASSINS" die Zeit der Haschischesser proklamierte, wurde bereits genannt. Auch Baudelaire gehört zu den Vorbildern Lowrys. Obwohl er sich nirgends auf dessen *Paradis artificiels* bezieht, finden sich in seinem Werk umso deutlichere Anhaltspunkte für Anleihen aus dem Weltbild Baudelaires, das wenigstens teilweise von der Ansicht getragen war, daß der Drogenrausch ein brauchbares Mittel zur Transzendenz und damit auch ein Werkzeug der dichterischen Inspiration sein könne. Wie Baudelaire sehnt sich der Konsul nach der Zerstörung des körperlichen Gehäuses, in dem seine Seele gefangen ist, und wie jener erhofft er sich das Glück der Existenz in einer Art Nirvana, das Baudelaire als *Néant* bezeichnet. Aus diesem Grund wird in *Under the Volcano* mit der Umschreibung des Schicksals als „drohender Lawine" [323] mehrfach auf das Gedicht „Le Goût du Néant" angespielt, das mit der flehenden Bitte des Dichters endet: „Lawine, willst du mich mitnehmen in deinem Sturz?" [FdM 72] In dem Traum, mit dem das 10. Kapitel von *Under the Volcano* beginnt, sieht sich der Konsul „leichtfüßig und benebelt ..., in jenem Daseinszustand, in dem Baudelaires Engel wacht." [281; 294], was als ein Hinweis auf Baudelaires Gedicht „Bénédiction" gedeutet wurde[82], in dem sich ein Kind unter der Aufsicht eines Engels am Sonnenlicht berauscht. Der verzweifelte Wunsch des Konsuls, in der anderen Welt des kanadischen Paradieses mit Yvonne ein neues Leben zu beginnen, entspricht der Sehnsucht des Dichters in Baudelaires Prosagedicht „Any Where Out of the World – N'Importe où hors du monde", ein Land zu finden, in dem seine empfindliche Seele bestehen kann. Wie die Seele, die einen Haß auf alles Natürliche entwickelt hat und dem Dichter mitteilt, daß ihr jeder Ort recht sei, „wenn es nur außer der Welt ist" [SP 304; 295], ruft auch der Konsul aus: „Laß uns wieder irgendwo glücklich werden, wenn wir nur zusammen sind, wenn wir nur weg sind aus dieser schrecklichen Welt. Zerstöre die Welt!" [289; 302][83] In einer später gestrichenen Passage des 12. Kapitels erkennt Lowry die Welt unter dem Hinweis auf Baudelaire als einen „Wald von Symbolen" und deutet an, daß ein Rauschmittel wie der Alkohol dem Bewußtsein helfen soll, sich in der verwirrenden Vielfalt zurecht zu finden.[84]

Unter den vielen Autoren, deren Einfluß sich in *Under the Volcano* manifestiert, ist mit Coleridge, De Quincey und Poe auch die Prominenz der englischsprachigen Rauschliteratur vertreten. Da die häufigen Bezüge auf Coleridge und Poe aber nicht unbedingt im Zusammenhang mit ihren Rauscherfahrungen zu stehen[85], mag es hier genügen, Lowrys Auseinandersetzung mit De Quincey zu untersuchen. Wie sehr er sich mit den Schriften des englischen Opiumessers befaßte, zeigen, wie Bock nachgewiesen hat, vor allem die mit vielen Randnotizen versehenen frühen Fassungen seiner Werke, die sich heute in der Manuskriptsammlung der University of British Columbia befinden. Diese Blätter zeigen deutlich Lowrys Kompositionsmethode, die ihn mit oft sehr langen Exzerpten aus den Schriften anderer Autoren beginnen ließ, die er im Zuge einer fortschreitenden Verdichtung immer unkenntlicher machte, bis sie mit dem umgebenden Text zu einem untrennbaren Ganzen verschmolzen, so daß dem Leser die ursprüngliche Quelle eines Gedankens daher oft verborgen bleibt.[86]

Obgleich ein Großteil von Lowrys De Quincey-Bezügen nur noch aus den frühen Fassungen ersichtlich ist[87], sind auch noch in den letzten Versionen etliche Hinweise auf De Quincey zu finden. Der deutlichste ist jene Stelle in *Under the Volcano*, wo sich der Konsul mit seinem amerikanischen Nachbarn unterhält. Mr. Quincey, Inbegriff materialistischer Ignoranz und Arroganz, beobachtet Geoffrey mit stechendem Blick über den Rand seiner Gießkanne hinweg und erweist sich in seiner Prinzipiengläubigkeit als eine Witzfigur, die auch mit „dem echten De Quincey (jenem bloßen Drogenteufel) ..." [136] verglichen wird. Was wie eine abfällige Einschätzung wirkt und an Poes ironischen Verriß der *Confessions* erinnern mag, ist aber nur eine flüchtige Eingebung des Konsuls, der den Walnußpflanzer schon vorher als bloße Karikatur seines berühmten Namensvetters erkannt hat [vgl. 135]. „Es ist unmöglich", kommentiert Bock, „mit absoluter Gewißheit zu ermitteln, auf wen sich der Konsul im Kontext bezieht: William Blackstone, seinen Nachbarn Quincey, den

‚alten De Quincey' oder gar auf sich selbst. Die Verschleierung ist ein listiger, vorgetäuschter Versuch, das zu verdecken, was im ‚Quincey'-Kapitel an sehr deutlichen literarischen Spuren besteht, die zurück nach Manchester/England führen."[88] Bemerkenswert ist auch, daß die Gestalt des Mr. Quincey in den früheren Fassungen sympathischere Züge trug, die mit dem Temperament des Opiumessers durchaus übereinstimmen: „In der frühen Fassung wird der Konsul so dargestellt, daß er sich in Gegenwart seines Nachbarn wohlfühle, denn ‚Quincey hörte dem, was [der Konsul] sagte, nie aufmerksam zu, so daß er den angenehmen Eindruck hatte, mit sich selbst zu sprechen, und teilweise, weil er in ihm eine verwandte Seele ahnte.' Das frühe maschinenschriftliche Romanmanuskript legt also eindeutig eine Entsprechung der Persönlichkeit Quinceys und des Konsuls an, Charaktere, die biographisch und autobiographisch auf De Quincey und auf Lowry selbst zurückgehen."[89]

„I am telling you something new about hell fire" [SL 80], schrieb Lowry in seinem Brief an Cape. Kein Leser würde mit dem Konsul tauschen wollen, denn sein Dasein ist eine einzige Folge höllischer Qualen, das ist gewiß – aber wo genau liegt das Neuartige? Haben nicht schon Hoffmann und Poe die Schrecken einer aus den Fugen geratenen Bewußtseinswelt dargestellt? In *Dark as the Grave* erklärt Sigbjørn Wilderness alias Malcolm Lowry, welches das Neuland ist, das sein Roman *The Valley of the Shadow of Death* (gemeint ist *Under the Volcano*) erschließen sollte:

> Das Schreiben von *Das Tal des Todesschattens* hatte ihm alles bedeutet; das Gefühl, seine größte Schwäche ... in seine größte Stärke zu verwandeln, und ... das Gefühl, daß er ... seine Zähne in dieses erschreckende Thema vergraben hatte, daß er nicht bloß Neuland eroberte, sondern eine *terra nova* schuf, daß er etwas zuwege brachte, das einmalig war, in der Art eines Ultima Thule des Geistes. [DAG 41]

„Dieses erschreckende Thema", dessen Wirksamkeit er durch das Erscheinen des Romans *Drunkard's Rigadoon*[90] geschmälert glaubt, ist der Alkoholismus, ein Thema, das Hill fragen läßt: „War es neu? Für Millionen von Alkoholikern war es eine alte Geschichte. Aber keiner von ihnen war jemals in der Lage gewesen, sie zu Papier zu bringen. Malcolm Lowry tat es. Und das war neu."[91] Es ist nicht ganz korrekt, wenn Hill in Lowry den ersten Alkoholiker sieht, dem es gelang, seine Erfahrungen zu Papier zu bringen; so ist Jack London immerhin schon dreißig Jahre vor *Under the Volcano* mit *John Barleycorn* eine eindrucksvolle Schilderung der Trunksucht gelungen. Welchen Stellenwert hat hier etwa Jacksons *Lost Weekend*, das in Lowrys Augen eine bittere Konkurrenz darstellte? Jacksons Bestseller kann dem Vergleich mit Lowrys Werk nicht standhalten; er ist heute nur noch ein Roman von gestern, *Under the Volcano* dagegen ein Stück Weltliteratur. Dabei beschreibt auch Jackson recht eindringlich die Teufelskreise eines Bewußtseins, das ganz von der Trunksucht beherrscht wird. Was ist also das Neue, jene besondere Qualität, die *Under the Volcano* von einem Roman wie *The Lost Weekend* unterscheidet?

Es ist die besondere Funktion des Alkohols, die man mit der Wirkung jener Quecksilberdämpfe vergleichen könnte, durch die es Jacques Louis Daguerre 1837 gelang, einen für das Auge unsichtbaren Bildabdruck auf einer lichtempfindlichen Oberfläche sichtbar zu machen. Als eine Art Entwicklerlösung, die Verborgenes zum Vorschein bringt, benutzt Lowry hier den Alkohol, der gleichsam wie eine Säure in das Bewußtsein eindringt, es zerfrißt und dadurch verborgene Bereiche der Psyche freilegt und gefährliche Triebe entfesselt. So wird durch den Alkoholismus des Konsuls der Abgrund sichtbar gemacht, den jeder Mensch in sich trägt[92], oder, wie es im Brief an Cape heißt, „die Kräfte im Menschen, die ihn vor sich selbst grausen lassen". [SL 66] Anders als *John Barleycorn* oder *The Lost Weekend* ist *Under the Volcano* nicht nur eine kraftvolle Schilderung der Leiden eines Alkoholikers, sondern eine erschreckend konkrete Darstellung psychischer Energien von ungeheurer Zerstörungskraft, die in uns allen latent vorhanden sind. Als eine nur vermeintlich pathologische Erscheinung wird hier ein brisantes Potential aufgedeckt, das in Wahrheit unsere ganz normale Veranlagung zu Wahnsinn und Selbstzerstörung ist, aus dem aber auch unsere Fähigkeit zur Transzendenz erwächst. – Der Alkoholismus in *Under the Volcano* ist mehr als ein bloß autobiographisch begründetes Thema; er ist auch eine *Methode* zur Abbildung von Wirklichkeit. Lowry macht sich die alkoholistische Entgrenzung der Wahrnehmung zunutze, um sein vorrangiges Anliegen, eine erforschende Darstellung des Bewußtseins, umso deutlicher zu realisieren. William James verstand das Bewußtsein nicht als etwas Zuständliches, sondern als einen Prozeß und prägte daher den Begriff des *stream of consciousness*. In der ganzen Fülle der sich gegenseitig durchdringenden symbolischen, assoziativen, reflektiven und sinnlichen Ebenen ist *Under the Volcano* als ein solcher Bewußtseinsstrom zu lesen. Die Veränderung der Wahrnehmung durch den Alkohol hat hier in der Tat eine befreiende Funktion, denn sie hebt das dualistische Prinzip unserer Welterkenntnis auf und bewirkt, daß es kein vom wahrnehmenden Subjekt losgelöstes Äußeres mehr gibt. So ist *Under the Volcano* ein einziger alkoholberauschter Bewußtseinsstrom. Wenn es heißt, daß dem Berauschten die gedankliche Beständigkeit fehle, daß Alkohol und Drogen ihm die Fähigkeit zur konsequenten Handlung nehmen, weil seine Aufmerksamkeit auf keinem Gegenstand verweilen kann, so ist gerade dies der Vorteil, den Lowry nutzt, um den Bewußtseinsstrom in weitgehender Unabhängigkeit von rationalen Verfälschungen zu präsentieren. Dies zeigt etwa die Landschaft des Romans, die sich in Abhängigkeit von den Stimmungen und Gedanken der wahrnehmenden Person laufend verändert und neu definiert.[93] So erweist sich der Rausch, der angeblich die Wirklichkeit verzerrt und den Blick auf die Dinge trübt, hier als Medium eines klareren Sehens.

Ansichten eines modernen Heiligen:
Aldous Huxley und die Droge

I. Pragmatische Mystik und die Suche nach der idealen Droge

Unter den hier besprochenen Schriftstellern, die im Drogenrausch eine Erkenntnis der geheimen Zusammenhänge des Universums suchten, ist Aldous Huxley wohl der einzige, dessen Werk dem Grundsatz Meister Eckharts nachkommt, „daß, was durch die Versenkung empfangen wurde, in Liebe wieder ausgegeben werden soll."[1] Fern vom Ennui der *poètes maudits*[2] und ihrer künstlerisch kultivierten Daseinsqual, stellte er sein Schaffen in den Dienst einer pragmatischen Zivilisationskritik und suchte nach allgemein zugänglichen Auswegen aus der bedrückenden Enge unseres Alltags. Mit seinen begeisterten Äußerungen über das Erlebnis des Meskalin- und LSD-Rausches geriet er in der westlichen Gesellschaft jedoch an ein Publikum, das Erleuchtungen aller Art mit großem Mißtrauen begegnet. Was Huxley zu sagen hatte, wurde als skandalös empfunden, dabei meinte er es doch nur gut. Nicht so sehr Originalität, sondern Beharrlichkeit wurde unter dieser Bedingung seine vornehmste Tugend. Unbeirrt von der oft recht harschen zeitgenössischen Kritik[3] blieb Huxley Fürsprecher einer spirituellen Bewußtwerdung, die er als Korrektiv und unerläßliche Ergänzung unseres materiellen Weltbildes empfand, und forschte weiter nach praktikablen Möglichkeiten einer harmonischen Verbindung von kosmischer und alltäglicher Erfahrung. Ein wohlmeinender Kritiker meinte daher, Huxley sei in erster Linie ein moderner Heiliger, und erst in zweiter Linie ein schreibender Künstler.[4]

Aldous Leonard Huxley entstammte einer Familie, die viele berühmte Gelehrte hervorgebracht hatte. Nach der Schulzeit in Eton und einem Studium in Oxford begann er zunächst eine journalistische Laufbahn und veröffentlichte ab 1916 diverse Gedichte und Erzählungen, bis er durch seinen ersten Roman, *Crome Yellow* (1921), bekannt wurde. 1923 verließ er England und verbrachte die folgenden vierzehn Jahre in Südfrankreich und Italien. Zur Behandlung eines Augenleidens, das ihn seit seiner Jugend plagte, reiste er 1937 nach Kalifornien, wo er bis zu seinem Tod im Jahre 1963 blieb. Mit den Romanen *Point Counter Point* (1928) und *Brave New World* (1932) hatte Huxleys Popularität in relativ geringer Zeit ihren Höhepunkt erreicht. Der 1936 veröffentlichte Roman *Eyeless in Gaza* markiert jedoch einen Richtungswechsel in der künstlerischen Entwicklung des Autors, dessen folgenden

Schriften daher, und sehr zu Unrecht, eine deutlich geringere Aufmerksamkeit entgegengebracht wurde. Der von Huxley als Summe seines Schaffens verstandene letzte Roman *Island* (1962) erzeugte bei den Kritikern schließlich kaum mehr als ein teilnahmsloses Achselzucken. Der neue Gestus seiner Schriften war aber nicht so sehr Indiz eines erschöpften Talents, sondern vielmehr eine Folge seiner Konzentration auf die Leitideen zur Reformation der modernen westlichen Gesellschaft, wodurch stilistische und formale Rücksichten in den Hintergrund gedrängt wurden. So benutzte Huxley die Form des Romans zuletzt als ein Vehikel für essayistische Zwecke (in einem früheren Jahrhundert hätte er wahrscheinlich Predigten geschrieben), weshalb Romane wie *Island* sehr treffend als „Ideenromane" bezeichnet wurden.[5] Was den Lesern so mißfiel, war aber nicht nur Huxleys nonchalanter Umgang mit literarischen Prinzipien, sondern sicher auch die vorgetragene Weltanschauung, deren antimaterialistische Tendenz in einer Zeit, als man nach den Zerstörungen des Krieges allmählich beginnen konnte, die Früchte eines zähen Wiederaufbaues zu genießen, begreiflicherweise wenig Verständnis fand.

Symptomatisch für Huxleys gedankliche Entwicklung, die aus einem ironischen Ankläger gesellschaftlicher Mißstände einen wohlwollenden Ratgeber der Menschheit werden ließ, der sich gerade heraus und ohne literarische Schnörkel zur Sache äußert, ist seine Einschätzung von Drogen. Seit er sich 1931 durch die Lektüre von Louis Lewins pharmakologischem Standardwerk *Phantastica* zu seinem noch im selben Jahr erschienenen ersten Drogen-Essay „A Treatise on Drugs" inspirieren ließ, befaßte er sich kontinuierlich mit der Frage nach der „idealen" Droge, die es der Menschheit ermöglichen könnte, den Zwängen ihrer modernen Realität vorübergehend zu entrinnen, um neue Kraft für ein Dasein in einiger Zuversicht und Gelassenheit zu schöpfen. Die Notwendigkeit eines täglich verfügbaren Kurzurlaubs von den Streßsituationen des Alltags, die Huxley immer wieder betont, wird auch vom totalitären Regime in *Brave New World* erkannt und im Interesse einer allgemeinen Entmündigung ausgenutzt; so wird die Bevölkerung durch ein erbarmungslos dichtes Angebot von Freizeitvergnügungen (etwa die an die heutige Cyberspace-Technik erinnernden „Feelies") und durch die Verbreitung der imaginären Droge „Soma" gefügig macht, deren Unmöglichkeit Huxley später auf der Basis seiner eigenen Rauscherfahrungen erkannte: „Soma ist eine erfundene Droge, mit drei verschiedenen Wirkungsweisen – euphorisierend, Halluzinationen bewirkend oder beruhigend – eine unmögliche Kombination." [221] Hier gerät die Verantwortung für die Befriedigung eines modernen Grundbedürfnisses sozusagen in falsche Hände. Während Huxley zunächst noch in ungerechtfertigter Pauschalisierung vor der Anwendung von Rauschmitteln wie Alkohol, Morphin oder Kokain warnte [vgl. M 27], hielt er doch unbeirrbar an der Vorstellung fest, daß es eine gänzlich neuartige Droge geben müsse, die den Bedürfnissen des modernen Menschen in besonderer Weise gerecht werde und alle Vorteile der gängigen Rauschmittel ohne ihre schädlichen Nebenwirkungen aufweise. So argumentiert er in dem Essay „Wanted, a New Pleasure"

(1931), daß herkömmliche Vergnügungen in der modernen Welt mit ihrer konstanten Reizüberflutung und dem Zusammenspiel unzähliger Streßfaktoren nicht mehr ausreichten, um die gewünschte Erholung zu gewährleisten, sofern sie nicht sehr häufig wiederholt würden. Leider habe aber jede der traditionellen Vergnügungen im Übermaß irgendwelche nachteiligen Nebeneffekte. Als Beispiel hierfür nennt Huxley den Geschwindigkeitsrausch, wie er auf dem Rücken eines galoppierenden Pferdes oder in einem sehr schnell fahrenden Auto entstehen mag. Dieser ekstatischen Empfindung wird, eben weil sie einen Rausch erzeugt, eine quasi-mystische Bedeutung zugesprochen, deren befreiende Wirkung jedoch oberhalb einer bestimmten Geschwindigkeit in Schmerz umschlage: „Dreihundert Stundenkilometer", meint Huxley, „müssen eine absolute Tortur sein." [32] Die einzige große Hoffnung für die Zukunft sieht Huxley daher in der Entwicklung einer ganz neuen Droge:

> Soweit ich sehe, wäre das einzig denkbare neue Vergnügen eines, das auf die Erfindung einer neuen Droge zurückgeht – eines effizienteren und weniger schädlichen Ersatzes für Alkohol und Kokain. Wäre ich ein Millionär, so würde ich eine Schar von Wissenschaftlern damit beauftragen, nach dem idealen Rauschmittel zu suchen. Wenn wir etwas schnüffeln oder schlucken könnten, das für fünf oder sechs Stunden täglich unsere individuelle Einsamkeit aufheben würde und uns mit unseren Mitmenschen in einer glühenden Gefühlserhebung einig werden und das Leben in all seinen Aspekten nicht nur lebenswert, sondern als himmlisch Schönes und Bedeutsames erscheinen ließe, und wenn diese himmlische, weltdurchdringende Droge von solcher Art wäre, daß wir am nächsten Morgen mit klarem Kopf und in unversehrtem Zustand aufwachen könnten – dann, so scheint mir, wären all unsere Probleme (und nicht bloß das kleine Problem, ein neues Vergnügen zu entdecken) gänzlich gelöst und die Erde würde ein Paradies. [31/32]

Diese Überlegung ist keineswegs als Plädoyer für einen billigen Eskapismus aufzufassen; die Hoffnung auf die ideale Droge, die einen risikolosen „Urlaub vom Alltag" ermöglicht, steht vielmehr im unmittelbaren Zusammenhang mit dem Bedürfnis, der von Huxley diagnostizierten spirituellen Armut unserer Gesellschaft entgegenzuwirken. Das Dilemma unserer Zeit besteht seiner Ansicht nach – und darin folgt er anderen zeitgenössischen Autoren wie D. H. Lawrence oder T. S. Eliot – nämlich darin, daß die Zivilisationserfahrung auf eine weitgehend materialistische Ebene eingegrenzt wurde, während das Religiöse immer mehr in einen Randbereich des alltäglichen Lebens abgedrängt worden sei. Für Huxley ist es unerläßlich, daß der Mensch durch Erfahrungen der Transzendenz den verlorenen persönlichen Kontakt mit dem Spirituellen wiederaufnimmt; d. h. er soll sich etwa von liturgischen Konventionen befreien, sofern sie zur bloßen Form erstarrt sind und zu einer Lebensweise finden, die das Religiöse nicht länger in gesellschaftliche Reservate verbannt, sondern aus der monopolistisch organisierten Verfügung der Kirchen herauslöst und als eine nützliche Erweiterung des Bewußtseins integriert.[6] Da der Mensch sich im Zuge der fortschreitenden Systematisierung aller gesellschaftlichen Prozesse von einem Universalisten zu einem Spezialisten mit eng eingegrenztem Gesichtsfeld entwickelt hat, mag das Bemühen, diese Entfremdung vom Ganzen allmählich wieder rückgängig zu machen, durch gewisse Hilfsmittel ermutigt und unterstützt werden. Eines dieser Hilfsmittel (gewiß nicht das einzig denkbare) könnte eine solche ideale Droge sein, die dem Individuum nicht die pure Bequemlichkeit bietet, sondern die Möglichkeit zur Entspannung und damit gleichzeitig neue Kraft und Entschlossenheit zur Fortsetzung seiner Bemühung um die spirituelle und geistig-körperliche Rekonvaleszenz.

Während also die moderne westliche Gesellschaft im Unterschied zu früheren Gesellschaften, wo das Religiöse in allen Dingen des täglichen Lebens ein wichtiger Bezugspunkt war, die spirituelle Erfahrung aus dem öffentlichen Leben weitgehend ausschließt und an einen bestimmten Personenkreis (Priester, Pfarrer, Missionare, Seelsorger) delegiert, besteht für Huxley das entscheidende Moment der Religiosität in der unmittelbaren Anteilnahme des einzelnen an dem, was er „divine Ground" nennt, also in der Erfahrung der Transzendenz, wie sie auch von den Mystikern gesucht wurde. In diesem Sinn meint auch Bowering: „Huxley war nie gewillt, sich der ‚populären Beziehung' zur Religion durch den Glauben anzuschließen – nicht, daß er die echte Tugend des Glaubens geleugnet hätte. Letztlich, so glaubte er, kann der Mensch nur durch seine eigene Anstrengung erlöst werden: die Erlösung ist keine Frage des Glaubens oder ‚guter Taten', sondern der direkten Erkenntnis der großen religiösen Wahrheiten."[7] Die Grundlage dieser Überzeugung ist die Annahme, daß jeder Mensch sich mit dem göttlichen Urgrund erkennend vereinigen könne:

> Im tiefsten Grund von Huxleys Ansichten lagen die Grundannahmen der ewigen Philosophie: daß es einen Gott oder göttlichen Urgrund gebe, der in allen Dingen enthalten sei; daß es allen menschlichen Wesen möglich sei, sich mit diesem Grund zu vereinigen, und daß die Erreichung dieser vereinenden Erkenntnis der letzte Sinn und Zweck des menschlichen Daseins sei. Das Erreichen der vereinenden Erkenntnis des Grundes erfordert ein Absterben des Selbst, denn je weniger vom ‚Ich' vorhanden ist, umso mehr ist von Gott vorhanden. All die spirituellen Techniken, die in den Romanen geschildert werden, ... sind auf dieses gemeinsame Ziel ausgerichtet – die Befreiung von den Fesseln des Ich.[8]

Ein Mittel zur wenigstens temporären Befreiung vom Ich könnte also die Droge sein. Schließlich, so argumentiert Huxley, haben frühere Gesellschaften die Rauschmittel oft als Gottheiten verehrt und dadurch ihre Überzeugung zum Ausdruck gebracht, daß die Erfahrung des Rausches, selbst wenn sie von unangenehmen Empfindungen begleitet wurde, als gültige Manifestation des Göttlichen akzeptiert werden könne: „Die Grenzen des isolierten Ich zu überschreiten, das ist eine solche Befreiung, daß die drogeninduzierte Erfahrung, selbst wenn die Selbsttranszendenz von Übelkeit zu Irrsinn führt, von Krämpfen zu Halluzinationen und Koma, von Primitiven und sogar den Angehörigen von Hochkulturen als wahrhaft göttliche angesehen wurden."[48][9] Huxley zufolge erlebt das Individuum in der Befreiung vom Ich die auf verschiedenen Ebenen angelegte ganze Bandbreite seiner Nicht-Ichs. In dem Essay „The Education of an Amphibian" beschreibt er den Menschen als ein amphibisches Wesen, das in diversen, von einander abgegrenzten Bereichen lebe. Das durch unser Wachbewußtsein erfahrene Ich („self") ist nur einer dieser Bereiche, neben dem sodann „fünf oder sechs einander überschneidende, aber klar unterscheidbare Nicht-Ichs" bestünden. [EA 17] So unterscheidet er zunächst (1) das „Nicht-Ich der Gewohnheiten und konditionierten Reflexe", das alle erworbenen Verhaltensregeln beinhaltet, die dem Wachbewußtsein entfallen sind, und (2) das Nicht-Ich, das organische Prozesse steuert und die vegetative Persönlichkeitsstruktur umfaßt. Das Ich des Wachbewußtseins wird nun als ein Zulieferer des ersten Nicht-Ich beschrieben: In der täglichen Auseinandersetzung mit der Umwelt erlebt das Ich immer wieder Konfliktsituationen, die es nicht auflösen kann oder will. Um mit diesem Unverdauten nicht ständig konfrontiert zu sein, wird es gewissermaßen in einer dunklen Asservatenkammer zwischengelagert, wo mitunter Gärungsprozesse einsetzen mögen, die das Verdrängte explosiv aufladen und unterschwellige Ängste erzeugen, die von Zeit zu Zeit hervorbrechen und das Wachbewußtsein dadurch z.B. zu zwangsneurotischen Handlungen drängen: „In solcher Verzerrung reagiert das persönliche Nicht-Ich auf das bewußte Ich und zwingt es, sich sogar noch unangemessener als zuvor zu verhalten." [EA 18] Diese Reaktionen äußern sich dann in den bekannten psychopathologischen Phänomenen, wobei auch das zweite, das vegetative Nicht-Ich durch den fatalen Austausch zwischen diesen beiden Bereichen häufig in Mitleidenschaft gezogen wird, was sich durch psychosomatische Erkrankungen äußert.

Die drei weiteren Nicht-Ichs liegen auf Ebenen, die durch diese Vorgänge nicht unmittelbar angegriffen werden. Allerdings können das Ich und das „personale Nicht-Ich" in ihrem Umgang mit Ängsten eine Mauer errichten, hinter der diese drei höheren Nicht-Ichs verschwinden. Was der Mystiker als Erleuchtung bezeichnet, ist nichts anderes als die Entfernung dieser Barriere. Gelingt der Durchbruch, so werden laut Huxley die folgenden Nicht-Ichs erfahrbar: (3) das Nicht-Ich, das C.G. Jungs „kollektivem Unbewußten" entspricht und Erkenntnisbereiche enthält, die sich durch Archetypen, d.h. durch allgemein erfahrbare Ursymbole vermitteln; (4) das Nicht-Ich, das im visionären Erleben aktiviert wird und sich nicht wie das Vorige über „gemeinsame menschliche Symbole", sondern über „gemeinsame nicht-menschliche Fakten" mitteilt, also auf einer metaphysischen Frequenz operiert, und schließlich, auf der höchsten Stufe, (5) das „universale Nicht-Ich, das man als Heiligen Geist, das Atman-Brahman, das Klare Licht oder Istigkeit bezeichnet hat." [EA 18]

Die Entindividualisierung, die Sprengung der Grenzen des Ich, läuft auf eine Vereinigung mit jenem hinaus, was zuvor die Summe der Nicht-Ichs war. In früheren Zivilisationen wurde diese Erkenntnis der verborgenen Dimensionen des Ich als eine Offenbarung verstanden, die nur durch göttliches Zutun möglich sein konnte. Dabei, so Huxley, sei es entscheidend, daß man derartige Erfahrungen der Transzendenz nicht als bloße Kuriosa am Rande des Alltags begreift, sondern daß man sie *sucht* und als gültige, ja unverzichtbare Ergänzung der sinnlich-rationalen Wahrnehmung akzeptiert. Unter dieser Voraussetzung ist es nicht verwunderlich, daß eine Gesellschaft, die dem Mirakulösen ebenso wie dem Universalen ausgesprochen skeptisch gegenübersteht, solche Erleuchtungen kaum noch kennt. In ihr werden Drogen oft aus rein eskapistischen Motiven benutzt und erweisen sich in dieser Profanation, so Huxley, als äußerst gefährlich, da die drogeninduzierte Selbsttranszenden geradewegs in einen Abgrund führe, in dem die Wahrnehmung des Berauschten noch trüber sei als gewöhnlich.[10] Die Droge wird mithin als ein Transportmittel gesehen, das in die falsche Richtung fahre und sich von dem Ziel einer spirituellen Erleuchtung weit entferne. Und doch hält Huxley nicht für ausgeschlossen, daß diese „downward transcendence" einen flüchtigen Anblick des Spirituellen ermöglichen kann:

> In welchem Maße und unter welchen Umständen ist es dem Menschen möglich, diesen abgründigen Weg als einen Weg zur spirituellen Selbsttranszendenz zu nutzen? Auf den ersten Blick erscheint es offensichtlich, daß der Weg nach unten nicht der Weg nach oben ist und niemals sein kann. Doch im Reich des Seins sind die Dinge nicht ganz so einfach wie sie es in unserer herrlich ordentlichen Welt der Worte sind. Im tatsächlichen Leben kann eine Abstiegsbewegung manchmal in den Beginn eines Aufstiegs verkehrt werden. Wenn die Hülle des Ich geknackt ist und ein Bewußtsein der unterschwelligen und physiologischen Andersartigkeiten entsteht, die der Persönlichkeit zugrundeliegen, dann geschieht es manchmal, daß wir einen flüchtigen, aber apokalyptischen Einblick in jene andere Andersartigkeit erhalten, die Grund alles Seins ist. Solange wir in unserem isolierten Selbst gefangen sind, werden wir uns der verschiedenen Nicht-Ichs, mit denen wir verbunden sind, nicht bewußt – des organischen Nicht-Ich, des unterbewußten Nicht-Ich, des kollektiven Nicht-Ich des psychischen Mediums, in dem all unsere Gedanken und Gefühle bestehen, und des immanenten und transzendenten Nicht-Ich des Geistes. Jede Flucht aus einem isolierten Ich, selbst auf einem abwärtsführenden Weg, ermöglicht zumindest ein augenblickliches Gewahrwerden des Nicht-Ich auf jeder Ebene, einschließlich der höchsten. [49]

Solche flüchtigen Einblicke seien aber den hohen Preis, den die Droge fordert, nämlich ein Ende in Stumpfsinn und körperlichem Dahinvegetieren, nicht wert:

> In seinen *Varieties of Religious Experience* nennt William James Beispiele für „narkotische Offenbarungen", die der Einatmung von Lachgas folgten. Ähnliche Gottesoffenbarungen werden manchmal von Alkoholikern erfahren, und es gibt wahrscheinlich Momente im Lauf des durch nahezu jede Droge bewirkten Rausches, wo das Gewahrwerden eines dem spaltenden Ich überlegenen Nicht-Ich kurzfristig möglich wird. Aber diese gelegentlichen Offenbarungsblitze werden zu einem enormen Preis erkauft. Für den Drogenkonsumenten weicht der Moment des spirituellen Bewußtseins (wenn er sich überhaupt einstellt) sehr bald einem Stumpfsinn, Irrsinn oder einem Halluzinieren unterhalb des menschlichen Niveaus , dem ein übler Kater folgt und, letzten Endes, eine dauerhafte und fatale Beeinträchtigung der körperlichen Gesundheit und Geisteskraft. Sehr selten mag eine einzelne „narkotische Offenbarung", wie jede andere Gottesoffenbarung, dazu führen, daß die betroffene Person einen Versuch der Selbstverwandlung und aufwärts gerichteten Selbsttranszendenz unternimmt. Aber die Tatsache, daß so etwas geschieht, kann die Anwendung chemischer Methoden der Selbsttranszendenz niemals rechtfertigen. Dies ist eine abwärtsführende Straße, und die meisten von denen, die sie beschreiten, werden einen Zustand des Verfalls erreichen, wo Phasen einer unterhalb des Menschlichen anzusiedelnden Ekstase mit Phasen der bewußten Selbsterfahrung abwechseln, die so elend sind, daß jede Flucht, selbst in den langsamen Selbstmord durch die Drogensucht, besser erscheint als eine Person zu sein. [49/50]

II. Die Pforten der Wahrnehmung

Im Januar 1953 erschien im *Hibbert Journal*[11] ein Aufsatz zweier kanadischer Psychiater über Schizophrenie, den Huxley mit großem Interesse las. Er entschloß sich, einem der Autoren, Dr. Humphry Osmond, einen enthusiastischen Brief zu schreiben, der sich für sein weiteres Leben und Werk als äußerst folgenreich erweisen sollte. Nach einer kurzen Korrespondenz ergab sich die Gelegenheit eines Besuches. Huxley und seine Frau waren zunächst skeptisch, ob sie mit dem fremden Gast aus Kanada auskommen würden; dieser wiederum machte sich Sorgen, ob er in seiner literarischen Unkenntnis den sicher sehr hohen Ansprüchen des berühmten Schriftstellers genügen würde. Ihre erste Begegnung zerstreute jedoch alle Bedenken. Huxley dachte gar nicht daran, den Besucher zu literarischen Gesprächen zu nötigen, sondern war im Gegenteil sehr begierig, Näheres über Osmonds wissenschaftliche Arbeit zu erfahren, denn Osmond experimentierte in jener Zeit mit Meskalin.[12] „Trotz der siebzig Jahre lang betriebenen Meskalinforschung", schreibt Huxley rückblickend, „war das psychologische Material, das [Osmond] zur Verfügung stand, noch immer in höchstem Maße unzulänglich, und er unternahm den Versuch, es zu erweitern. Ich war zur Stelle und bereit, ja begierig, Versuchskaninchen zu sein. So kam es, daß ich an einem schönen Maimorgen vier Zehntelgramm Meskalin, in einem halben Glas Wasser aufgelöst, schluckte und mich dann hinsetzte, um die Wirkung abzuwarten." [DP 11; 11] Obwohl Huxley sich selbst als einen nicht-visionär veranlagten Menschen bezeichnet hat, wurde das Experiment mit der Droge für ihn ein Schlüsselerlebnis. Seine zahlreichen Briefe aus den folgenden Wochen und Monaten stehen ganz unter dem Eindruck der Rauscherfahrung. „Sie haben wohl schon Berichte über die Meskalinerfahrung gelesen", schreibt Huxley am 21. Juni 1953 an seinen Verleger:

> … Ohne Frage ist sie die außergewöhnlichste und bedeutsamste Erfahrung, die den Menschen diesseits der Vision des Heils offensteht, und sie löst eine Vielzahl philosophischer Probleme, erhellt ganz intensiv die Bereiche der Ästhetik, Religion und Erkenntnistheorie und wirft diesbezüglich allerlei Fragen auf. Die bemerkenswerteste Eigenschaft des Meskalin … ist, daß es fast gar nicht toxisch ist. Keine unangenehmen körperlichen Auswirkungen außer einem leichten Gefühl der Übelkeit zu Anfang, keine Verminderung des intellektuellen Leistungsvermögens und überhaupt kein Kater – nur eine Bewußtseinsveränderung, so daß man genau versteht, was Blake meinte, als er sagte: „Wenn die Pforten der Wahrnehmung gereinigt würden, so würde alles so erscheinen, wie es ist, unendlich und heilig." [67/68][13]

Allen, die es hören wollten und auch manchen anderen berichtete der Schriftsteller überschwenglich vom Wunder des Meskalinrausches, und schließlich drängte es ihn, dieses eine unvergeßliche Erlebnis auf der Grundlage eines von Dr. Osmond angefertigten Versuchsprotokolls in einem Essay zu schildern, der ein Jahr darauf in Anspielung auf den bewunderten Visionär und Dichter William Blake unter dem Titel „The Doors of Perception" erschien. „Das Erscheinen dieses schmalen Bändchens inmitten des psychischen und intellektuellen Ödlands der Eisenhower-Zeit und der McCarthy-Befragungen", schreiben die Herausgeber von Huxleys Schriften über die visionäre Erfahrung, „hatte eine tiefgreifende kulturelle Auswirkung." [21] Mit anderen Worten: das Werk war ein Skandal, und wie jeder Skandal verkaufte es sich blendend. Die meisten Übersetzungen erschienen noch im selben Jahr. Die Kolumnen der großen Zeitungen standen Huxley noch mehr als zuvor zur Verfügung. Man suchte ihn als Interviewpartner für Rundfunk- und Fernsehsendungen. Er wurde zu Kongressen eingeladen und sprach als Laie vor einem Fachpublikum. Einer der schärfsten Kritiker des Meskalin-Essays war Thomas Mann, der sein Mißfallen bereits unmittelbar nach dem Erscheinen der Schrift mit harten Worten zum Ausdruck brachte. So schreibt er in einem Brief an Ida Herz vom 21. März 1954:

> Liebe Ida,
> für The Doors of Perception danke ich vielmals, kann mich aber nicht in den Enthusiasmus finden, den Ihnen das Buch erregt hat. Es stellt die letzte und, ich möchte fast sagen, dreisteste Ausbildung von Huxley's escapism dar, der mir nie an diesem Schriftsteller gefallen wollte. Die Mystik als Mittel dazu war noch einigermaßen ehrbar. Aber daß er nun bei der Droge angelangt ist, finde ich eher skandalös. Ich habe schon ein schlechtes Gewissen, weil ich abends ein bißchen Seconal oder Phanodorm nehme, um besser zu schlafen. Aber mich am Tage in einen Zustand zu versetzen, in dem alles Menschliche mir gleichgültig wird und ich gewissenlosem ästhetischen Selbstgenuß verfalle, wäre mir widerwärtig. Das aber empfiehlt er aller Welt, weil sonst bestenfalls Stumpfsinn und schlimmstenfalls Leiden ihr Teil sei. Was für ein Gebrauch von „bestens" und „schlimmstens"! Seine Mystiker hätten ihn lehren sollen, daß „Leiden das schnellste Tier ist, das uns trägt zur Vollkommenheit" was man vom Doping nicht sagen kann; und das Versunkensein in das Daseinswunder eines Stuhles und in allerlei entzückende Farbgaukeleien hat mit Stumpfsinn mehr zu tun als er denkt.
> Der Hamburger Arzt Frederking warnt, daß den Erregungszuständen des Mescalin-Rausches nur der psychotherapeutisch sehr Erfahrene gewachsen sei. (Und Huxley ist kein Erfahrener, sondern ein Dilettant.) Die Indikation für den Mescalinrausch müsse streng und begrenzt sein. Auch könne man garnicht voraussagen, ob das Ergebnis eines Mescalin-Versuches sich überhaupt lohnen wird. Nun, auf die beredte Empfehlung des berühmten Schriftstellers hin werden viele junge Engländer und besonders Amerikaner den Versuch anstellen. Das Buch geht ja reißend ab. Es ist aber ein durchaus – ich mag nicht sagen unmoralisches, aber man muß sagen: verantwortungsloses Buch, das nur zur Verdummung der Welt und zu ihrer Unfähigkeit beitragen kann, den todernsten Fragen der Zeit mit Verstand zu begegnen. ...[14]

Thomas Mann hat gewiß recht, wenn er auf die Gefahr hinweist, daß ein Text wie „The Doors of Perception" zu unbedachter Nachahmung verleiten könne – ein Problem, mit dem sich schon De Quincey nach der Veröffentlichung der *Confessions* konfrontiert sah und dem Huxley später selbst zu begegnen suchte, indem er vorschlug, daß derartige Erlebnisberichte wenigstens vorerst „in der relativen Intimität von Fachjournalen"[15] veröffentlicht werden sollten. Ein wichtiger Einwand Thomas Manns ist auch der Hinweis auf die Bedeutsamkeit des Leidens, das die unentbehrliche Grundlage des menschlichen Strebens nach Vervollkommnung und damit auch jeglicher Mystik ist. Da Huxley erklärtermaßen davon träumt, die Menschen von der

Qual ihres alltäglichen Daseins zu erlösen, scheint er auf den ersten Blick auch die fundamentale Voraussetzung jeglicher Mystik abschaffen zu wollen. Dem ist jedoch entgegenzuhalten, daß hier durchaus zwei Arten des Leidens zu unterscheiden sind, nämlich das Leiden, das uns in unserem Alltag unnötigerweise aus einer mangelhaften Beherrschung unserer Fähigkeiten erwächst – dieses ist es, gegen das er vorläufig die Hilfe einer idealen Droge sucht und das in letzter Instanz durch eine umfassendere Ausbildung des *mind-body* auf ein Minimum reduzierbar werden soll –, und das Leiden, das eine Grundbefindlichkeit des Menschen ist und bleiben muß, gegen das in der Tat kein Kraut gewachsen sein kann. Diese letztere Art des Leidens entspringt der Erkenntnis unserer Unvollkommenheit, die wiederum auf unserer individuellen Abgespaltenheit vom Rest der Schöpfung beruht, mit der die Seele sich doch wieder vereinen will. Dieses Leiden, das den Mystiker ebenso wie den Künstler beflügelt, wird auch von Huxley respektiert und als unverzichtbare Erfahrung des Menschseins erkannt. Thomas Manns Einschätzung von Huxleys Anliegen und Kompetenz sowie überhaupt die Bewertung des Drogenrausches wird den Tatsachen nicht gerecht; wie die meisten Menschen erlag dieser aufrechte Hanseat der Verlockung, sich ganz unbelastet von gründlicher Sachkenntnis über das Reizthema zu äußern. Trotz der Skandale war Huxley aber nicht der *poète maudit*, für den man ihn hielt. Er kämpfte nicht gegen die Bourgeoisie, sondern für den besseren Menschen, was zuletzt dazu führte, daß professionelle Kritiker seine Äußerungen nicht mehr als empörend, sondern nur noch als fade empfanden. Huxley selbst schien ihnen in dieser Ansicht beizupflichten, wenn er etwa vom hohen Ziel der Überwindung des dualistischen Denkens schreibt: „Dualismus ... Ohne ihn kann es schwerlich gute Literatur geben. Mit ihm kann man wohl gewiß kein gutes Leben führen."[16]

Spätestens seit den dreißiger Jahren hatte Huxley sich bereits intensiv mit der Frage befaßt, inwiefern die neuen Erkenntnisse der Naturwissenschaften in Einklang mit spirituellen Zielen zu bringen seien, um dem Menschen ein seelisch ausgeglichenes, aufrichtiges, moralisches und von religiöser Erkenntnis geprägtes Leben zu ermöglichen. Da er einer Familie eminenter Naturwissenschaftler entstammte, lag ihm der Gedanke von vornherein nahe, die Ergebnisse der Forschung ernst zu nehmen und sie auf ihre etwaige philosophische und pädagogische Relevanz hin zu untersuchen. Die schönen Künste, meinte er, dürften nicht länger hinter den zeitgenössischen Entwicklungen zurückbleiben und müßten sich zusehends an den Naturwissenschaften orientieren. Neben Kunst, Literatur und Philosophie studierte er daher auch eingehend medizinisch-naturwissenschaftliche Fachjournale, deren Inhalte er sich teils von kompetenten Freunden und Verwandten erläutern ließ und teils auf der Basis seines „common sense" interpretierte. Sein erster Selbstversuch mit Meskalin führte ihn dann auch gleich in den experimentellen Bereich der Forschung. Gewiß, der Begriff des „Selbstversuchs" ist gerade im Zusammenhang mit Drogen in ein Zwielicht geraten – in der Drogenszene der sechziger und siebziger Jahre wurde er immer wieder als blanker Euphemismus für das pure Vergnügen an oder die Abhängigkeit von

Rauschmitteln benutzt, und wer möchte nicht lieber einen Experimentator im Dienste der Menschheit verkörpern als nur ein armer Junkie zu sein? Doch in Huxleys Fall ist das experimentelle Interesse keineswegs eine Pose. Er war nie in Gefahr, von einer Droge abhängig zu werden, und nahm sie dafür auch viel zu selten ein. Seine Versuche wurden stets protokolliert und ausgewertet, und gelegentlich wurde er auch von wissenschaftlicher Seite um die Durchführung von Experimenten gebeten.

1955 starb Maria Huxley, die ihren Mann in seinen mystisch-religiösen Interessen stets unterstützt und auch selbst mit Drogen wie Meskalin und Ololiuqui sowie anderen Methoden zur Stimulation visionärer Erlebnisse (z.B. Hypnose) experimentiert hatte. Während der letzten Stunden ihres Lebens hatte Aldous an ihrem Bett gesessen und ihr aus dem Tibetischen Totenbuch[17] vorgelesen, das ihn in dieser Zeit stark beeinflußte und das sich auch für den 1956 veröffentlichten Essay „Heaven and Hell" als prägend erwies. Der Titel dieser Schrift verweist abermals auf den von Huxley so bewunderten William Blake und bezieht sich auf dessen Prosatext „The Marriage of Heaven and Hell" (1790). Während „The Doors of Perception" vor allem Huxleys erste Erfahrung des Meskalinrausches schildert, geht es in „Heaven and Hell" wie in dem späteren Essay „Visionary Experience" (1961) nicht in erster Linie um Drogen, sondern mehr um die allgemeinen Bedingungen des visionären Erlebens. Dem ekstatischen Erleben der „Entpersönlichung", wie es von den christlichen Mystikern und erleuchteten buddhistischen Mönchen beschrieben und wie es unter Hypnose und auch im Halluzinogenrausch erfahren wird, stellt Huxley die infernalische Erfahrung entgegen: „Wenn das visionäre Erlebnis schrecklich und die Welt zum Schlechteren hin verändert ist, wird die Individualisierung verstärkt, und der negative Visionär sieht sich mit einem Körper verbunden, der immer undurchdringlicher zu werden scheint, sich immer praller füllt, bis er sich schließlich darauf reduziert fühlt, das gequälte Bewußtsein eines verdichteten Klumpens Materie zu sein, nicht größer als ein Stein, den man in den Händen halten kann." [HH 108; 102/103]

Wie bringt Huxley nun die eigene Drogenerfahrung mit seiner spirituellen Weltanschauung und der Vision einer besseren Gesellschaft zusammen? In dem Essay „The Education of an Amphibian" erläutert Huxley seine Vorstellung vom Ich und den auf verschiedenen Ebenen bestehenden Nicht-Ichs. Aufbauend auf diesen Überlegungen ergibt sich für ihn in der Anknüpfung an die pädagogischen Ziele John Deweys und F.M. Alexanders die Forderung einer ganzheitlichen Ausbildung des Menschen, die jede übertriebene Spezialisierung vermeiden soll. In Huxleys Roman *Island* sagt Chandra Menon, der stellvertretende Staatssekretär des palanesischen Erziehungsministeriums, daher zum Protagonisten Will Farnaby:

> Keine Spezialisierung – keine Zivilisation. Und wenn man den ganzen Geist-Körper zusammen mit dem abstrahierenden Intellekt erzieht, so wird diese Spezialisierung keinen großen Schaden bewirken. Aber ihr erzieht nicht den Geist-Körper. Euer Kurieren von zu großer wissenschaftlicher Spezialisierung besteht darin, ein paar mehr Kurse aus dem Gebiet der „Humanities" [Geisteswissenschaften] zu geben. Aber lassen wir uns durch den Namen nicht irreführen. Für sich allein humanisieren die „Humanities" keineswegs.

Sie sind lediglich eine andere Art von Spezialisierung auf einer abstrakten Ebene. Plato lesen oder einen Vortrag über T.S. Eliot hören, das bildet nicht den ganzen Menschen; wie Kurse in Physik oder Chemie bildet dies nur die Fähigkeit zur symbolischen Abstraktion und beläßt den Rest des lebendigen Geist-Körpers in seinem ursprünglichen Zustand der Unwissenheit und Unfähigkeit. [I 209]

Was die herkömmlichen Erziehungsmethoden so unbefriedigend mache, sei ihre Beschränkung auf die sprachlich zugängliche Ebene der Person, während das weitaus größere Feld der nicht-sprachlichen Ebenen völlig unberücksichtigt bleibe. Huxley räumt ein, daß die Vertreter einer „Progressive Education" diesem Mangel wenigstens ansatzweise bereits zu begegnen suchten, indem sie nach Deweys Prinzip des „learning by doing" etwa im Geschichtsunterricht Projekte durchführen ließen wie eine Rekonstruktion der Kultstätten von Stonehenge oder die kreative Nachahmung des mittelalterlichen Lebens. Doch solche Aktionen seien letztlich immer noch sehr unvollkommen: „So weit es sie betrifft, ist das Tun eben das Tun; da gibt es keine Auswahl zwischen einer Art des Tuns und einer anderen. John Dewey selbst wußte dies besser, aber seine Anhänger haben beschlossen, seine nähere Bestimmung der Lehre des ‚Learning-by-doing' zu ignorieren und sich kopfüber, in unhinterfragtem Enthusiasmus, in ihre Sandkastenkreationen zu vertiefen." [EA 16] „Learning by doing" sei eben nur dann ein erfolgversprechendes Konzept, „wenn das Tun ein gutes Tun ist. Wenn es ein schlechtes Tun ist ..., dann ist ‚learning by doing' ein hoffnungslos unsicheres Unterfangen." [EA 21] Huxley bezieht sich hier auf das Dilemma, daß ein Lehrer, der eine verkorkste Erziehung erfahren habe, kaum in der Lage sei, die selbst erfahrenen Fehler als Pädagoge zu vermeiden.[18] Einer dieser häufig gar nicht mehr bewußt wahrgenommenen Fehler sei die Fixierung auf bestimmte Zwecke und Ziele, die oft so stark sei, daß die Wahl der Mittel gar nicht mehr bedacht werde: „Soweit es uns betrifft, ist jedes Mittel recht. Aber das Wesen der Natur ist so beschaffen, daß der Zweck niemals die Mittel heiligen kann. Im Gegenteil, die Mittel bestimmen immer den Zweck." [EA 22] Huxley gibt ein Beispiel:

> Im Bildungsbereich, zum Beispiel, wird einem Kind ein Projekt zugewiesen. Das Lernziel beinhaltet eine Reihe von Fakten und den Erwerb gewisser Fertigkeiten und gewisser moralisch wünschenswerter Einstellungen. Aber unter den Mitteln zur Erreichung dieses Ziels ist auch der psychisch-physische Apparat des Kindes. Wenn (was wahrscheinlich der Fall sein wird) dieser psychisch-physische Apparat seinen Standard des körperlich Richtigen und Falschen verloren hat und ein Opfer schlechter Gewohnheiten ist, und wenn (was so gut wie sicher ist) nichts Wirksames unternommen wird, um diesen Standard wiederherzustellen und die schlechten Gewohnheiten auszumerzen, so wird das von wohlmeinenden Erziehern ins Auge gefaßte Lernziel nicht gänzlich erreicht werden. Diese Unterlassung eines effektiven Einwirkens auf den psychisch-physischen Apparat ist gewiß einer der Gründe, wieso die Erziehung den Hoffnungen der Idealisten und Reformer nie gerecht wurde. [EA 22/23]

Die Verschiebung der moralischen Standardwerte durch die Übernahme schlechter Gewohnheiten erzeugt ein psychisch-physisches Ungleichgewicht und verhindert einen optimalen Zugang zu den höheren Nicht-Ichs, durch die der Mensch sich selbst, seine unmittelbare Umgebung und das spirituelle Universum zu erkennen vermag. Um diese Standards wieder in ihren ursprünglichen ausgeglichenen Zustand zurückzuführen, gelte es, eine maximale Aktionsfähigkeit des vegetativen Systems und der höheren Nicht-Ichs sowie eine maximale Entspannung des Ego und des „personalen Unbewußten" zu bewirken. Der angestrebte Effekt ist der einer Droge sehr ähnlich: Das regierende Wachbewußtsein und seine angeschlossenen Inhalte sollen ruhiggestellt, die „mystischen" Bewußtseinsbereiche aber aktiviert werden. Huxley spricht hier allerdings von einer Entspannung, nicht von einer Betäubung oder gar Zerstörung des Wachbewußtseins, so daß in seinen Überlegungen gleichzeitig auch die Vorbehalte anklingen, die man den herkömmlichen Drogen entgegenbringen muß: Es geht ihm ja gerade nicht darum, eine Bewußtseinsdiktatur durch eine andere zu ersetzen, sondern eine größtmögliche Harmonie aller Bewußtseinsbereiche durchzusetzen. „Unsere Aufgabe als Erzieher ist es", schreibt er daher, „herauszufinden, wie die Menschen aus beiden Welten das Beste machen können – aus der Welt der selbstbewußten, verbalisierten Intelligenz und der im Geist-Körper vorhandenen Welt der unbewußten Intelligenzen, die stets bereit sind, wenn wir ihnen nur eine Chance geben, das zu tun, was dem Ich ohne Hilfestellung unmöglich ist." [EA 26][19]

Das hier beschriebene Ziel einer umfassenden Bewußtwerdung des Menschen und seiner Harmonie mit allen ihm innewohnenden Prinzipien, die ihn ein Teil des Universums und das Universum ein Teil seiner selbst sein lassen, dieses Ziel soll langfristig auf dem Weg einer einsichtigen und sorgsamen Erziehung erreicht werden. Für Huxley kann die Droge daher kein Endzweck, sondern nur ein Provisorium sein, das augenblicksweise veranschaulichen soll, was der durch eine lange und konsequente meditative Praxis geschulte Geist aus sich selbst heraus erfahren kann. So schreibt Hofmann, indem er aus einem an ihn gerichteten Brief Huxleys zitiert:

> Nach Huxleys Ansicht sollte der Gebrauch von Psychedelica Teil einer Methode von „angewandter Mystik" sein, die er mir in einem Brief vom 29. Februar 1962 beschrieb als „eine Methode, um Individuen zu helfen, ihre transzendentale Erfahrung weitestgehend zu nutzen und ihre Einsichten aus der ‚anderen Welt' im Hinblick auf die Angelegenheiten ‚dieser Welt' anzuwenden. Meister Eckhart schreibt, daß, ‚was durch die Versenkung empfangen wurde, in Liebe wieder ausgegeben werden soll'. Das ist es im wesentlichen, was es zu entwickeln gilt – die Kunst, in Liebe und Intelligenz auszugeben, was durch die Vision und die Erfahrung der Selbst-Transzendenz und Solidarität mit dem Universum empfangen wurde."[20]

Huxleys Überzeugung, daß die Visionen des Drogenrausches keine bloßen Phantome, sondern ernst zu nehmende Erkenntnismomente sind, gründet sich auf ein Verständnis des Bewußtseins, das den Theorien von William James und Henri Bergson verpflichtet ist. So schildert Huxley das Bewußtsein in „The Doors of Perception" als einen von einer Kontrollinstanz verwalteten Ausschnitt, dessen enge Begrenzung den Menschen vor der ihm eigentlich möglichen Allwissenheit bewahren solle:

II. Die Pforten der Wahrnehmung

Wenn ich über mein Erlebnis nachdenke, muß ich den Philosophen C.D. Broad in Cambridge beipflichten, „daß wir gut daran täten, viel ernsthafter, als wir das bisher zu tun geneigt waren, die Theorie zu erwägen, die Bergson im Zusammenhang mit dem Gedächtnis und den Sinneswahrnehmungen aufstellte, daß nämlich die Funktionen des Gehirns, des Nervensystems und der Sinnesorgane hauptsächlich *eliminierend* arbeiten und keineswegs produktiv sind. Jeder Mensch ist in jedem Augenblick fähig, sich all dessen zu erinnern, was ihm je widerfahren ist, und alles wahrzunehmen, was irgendwo im Universum geschieht. Es ist die Aufgabe des Gehirns und des Nervensystems, uns davor zu schützen, von dieser Menge größtenteils unnützen und belanglosen Wissens überwältigt und verwirrt zu werden, und sie erfüllen diese Aufgabe, indem sie den größten Teil der Informationen, die wir in jedem Augenblick aufnehmen oder an die wir uns erinnern würden, ausschließen und nur die sehr kleine und sorgfältig getroffene Auswahl übriglassen, die wahrscheinlich von praktischem Nutzen ist." Gemäß einer solchen Theorie verfügt potentiell jeder von uns über das größtmögliche Bewußtsein. ... Um ein biologisches Überleben zu ermöglichen, muß [aber] das größtmögliche Bewußtsein durch den Reduktionsfilter des Gehirns und des Nervensystems hindurchfließen. ... Um die Inhalte des auf diese Weise reduzierten Bewußtseins begrifflich zu fassen und auszudrücken, hat der Mensch Symbolsysteme ... erfunden ..., welche wir Sprachen nennen. Jeder Mensch ist zugleich der Nutznießer und das Opfer der sprachlichen Tradition, in die er hineingeboren wurde – der Nutznießer insofern, als die Sprache Zugang zu den gespeicherten Informationen über die Erfahrungen anderer Menschen gewährt; das Opfer insofern, als sie ihn in dem Glauben, dieses reduzierte Bewußtsein sei das einzig mögliche Bewußtsein, bestärkt und seinen Wirklichkeitssinn verwirrt, so daß er nur allzu bereit ist, seine Begriffssysteme für gegebene Tatbestände, seine Bezeichnungen für die Dinge selbst zu halten. ... Manche Menschen jedoch scheinen mit einer Art von Umgehungsvorrichtung geboren worden zu sein, welche den Reduktionsfilter ausschaltet. Andere vermögen zeitweilig Umgehungsvorrichtungen entweder spontan oder als Ergebnis bewußt durchgeführter „geistiger Übungen", mittels Hypnose oder eines Rauschmittels zu erwerben. Durch diese ständig vorhandenen oder zeitweilig erworbenen Umgehungsleitungen fließt dann freilich nicht die Wahrnehmung all dessen, „was irgendwo im Universum geschieht" ..., aber doch die Wahrnehmung von etwas mehr und vor allem von etwas, das verschieden ist von dem Material, das sorgfältig nach seiner Nützlichkeit ausgewählt wurde und das unser verengter, vereinzelter Geist für ein vollständiges oder zumindest ausreichendes Abbild der Wirklichkeit hält. [DP 19–22; 19–21]

Auf der Grundlage dieser Ausführungen wird verständlich, welche Rolle die Droge bei Huxley spielen kann. Sie kann einen Einblick in ein anderes als das gewohnte Bewußtsein gewähren, wobei das letztere entsprechend getrübt oder verdrängt wird. Da es ihm nun nicht darum geht, ein herrschendes Bewußtsein durch ein anderes zu ersetzen, sondern vielmehr ganz allgemein den Horizont des Wachbewußtseins zu erweitern, kann die Droge nicht am Ende seiner Überlegungen stehen. Hier kommt statt dessen der pädagogische Gedanke ins Spiel, der unter Berücksichtigung der psychischen *und* physischen Gegebenheiten darauf abzielt, durch ein ebenso behutsames wie beharrliches Training die Kapazität des „Reduktionsfilters" zu vergrößern, so daß schließlich „das Beste aus allen Welten" im Wachbewußtsein Platz finden kann, ohne irgendwelche Belastungsschäden im Organismus zu erzeugen. Die Idee ist so einfach wie die, daß ein Gewichtheber, wenn er nur fleißig übt, sein Stemmvermögen um ein Vielfaches steigern kann. Wenn also auf lange Sicht nur die Erziehung eine solche Bewußtseinserweiterung hervorbringen mag, wozu braucht man dann noch die Droge? Man braucht sie eigentlich gar nicht, aber sie kann nützlich sein, weil sie dem Lernenden als Ansporn dienen mag, indem sie ihm einen flüchtigen Einblick in jene Erkenntnisbereiche gewährt, die er durch beharrliche Übung als Teil seines permanenten Bewußtseins erschließen soll. In diesem Sinn ergibt sich in dem Roman *Island* das folgende Gespräch zwischen dem Protagonisten Will Farnaby und Vertretern der utopischen Gesellschaft von Pala, die Meditation, behutsame Pädagogik und eine *Moksha* genannte Droge auf sehr fruchtbare Art kombiniert:

> „Gibt es irgendeinen Zusammenhang", fragte Will, „zwischen dem, wovon Sie gerade sprachen und dem, was ich dort oben im Shiva-Tempel gesehen habe?"
> „Natürlich gibt es den", erwiderte [Mrs. Rao]. „Die *Moksha*-Medizin bringt einen genau dorthin, wohin man durch Meditation gelangt."
> „Warum sollte man sich dann die Mühe machen, zu meditieren?"
> „Sie könnten genausogut fragen: Warum sollte man sich die Mühe machen, sein Essen einzunehmen?"
> „Aber Ihnen zufolge *ist* die *Moksha*-Medizin doch das Essen."
> „Sie ist ein Festessen", sagte sie eindringlich. „Und genau deshalb muß es Meditation geben. Man kann nicht jeden Tag ein Festessen haben. Sie sind zu üppig und dauern zu lange. Außerdem werden Festessen von einem Traiteur geliefert; Sie selbst haben an der Zubereitung keinen Anteil. Für Ihre alltägliche Ernährung müssen Sie schon selbst kochen. Die *Moksha*-Medizin ist eine Extragabe, die man sich nur gelegentlich gönnt."
> „Theologisch gesprochen", sagte Vijaya, „bereitet einen die *Moksha*-Medizin auf den Empfang von ‚Gnadengeschenken' vor – quasi-mystische Visionen oder auch die vollständigen mystischen Erfahrungen. Meditation ist eine der Methoden, die solche Gnadengeschenke unterstützen."
> „Wie?"
> „Indem sie den Geisteszustand kultivieren, der es ermöglicht, daß die blendenden ekstatischen Einsichten dauerhafte und gewohnheitsmäßige Erleuchtungen werden. Indem man sich bis zu dem Punkt kennenlernt, an dem man nicht mehr durch sein Unbewußtes gezwungen wird, all die häßlichen, absurden, das Ich abstumpfenden Dinge zu tun, die man so oft tut."
> „Sie meinen, sie hilft einem, intelligenter zu sein?"
> „Nicht intelligenter im Hinblick auf Wissenschaft oder logisches Argumentieren – intelligenter auf einer tieferliegenden Ebene konkreter Erfahrungen und persönlicher Beziehungen." [I 184]

Nicht immer gelang es Huxley, seine keineswegs vorbehaltlose Meinung zu „bewußtseinsverändernden Drogen" so dezidiert vorzutragen, daß ihre transitorische Funktion innerhalb der geistig-körperlichen Ausbildung des Individuums deutlich wird, und manche im Übereifer zu drastisch formulierte Äußerung gibt Anlaß zu unnötigen Mißverständnissen. In dem Essay „Drugs That Shape Men's Minds" (1958) beklagt Huxley, daß der Mensch in der modernen westlichen Gesellschaft einen viel zu geringen Anteil seiner körperlich-geistigen Fähigkeiten nutze und stellt sich die Frage,

II. Die Pforten der Wahrnehmung 639

wie das brachliegende Potential in größerem Umfang urbar zu machen sei: „Die meisten von uns nutzen nur 15% ihrer Fähigkeiten. Wie kann man diese beklagenswert niedrige Effizienz steigern?" Dies ist seine Antwort:

> Es gibt zwei Methoden – die erzieherische und die biochemische. Wir können Erwachsene und Kinder so nehmen, wie sie sind und ihnen eine viel bessere Ausbildung zuteil werden lassen, als sie derzeit erhalten. Oder wir können sie, durch adäquate biochemische Methoden, in höhere Individuen umwandeln. Wenn diese höheren Individuen eine bessere Erziehung erhalten, so werden die Ergebnisse revolutionär sein. Sie werden selbst dann noch erstaunlich sein, wenn wir sie weiterhin den ziemlich armseligen Erziehungsmethoden unterwerfen, die zur Zeit so modern sind. [D 342]

Mit anderen Worten: Drogen erzielen letztlich dasselbe Resultat wie eine fundierte Erziehung des Menschen und könnten sich auch ohne begleitende pädagogische Maßnahmen als fruchtbar erweisen, wenngleich die Kombination von Drogenerkenntnis und ganzheitlichen Erziehungsmethoden als vorteilhafter anzusehen sei. Dies ist eine mehr als gewagte Theorie, die Huxley nicht überzeugend zu stützen vermag, zumal sie seinen sonstigen Äußerungen widerspricht. „Wird es tatsächlich möglich sein, durch biochemische Mittel höhere Individuen zu erzeugen?" Huxley bemüht sich um eine Antwort, indem er auf Forschungsprojekte verweist, die anzudeuten scheinen, daß die Verabreichung von hochdosierten Vitaminen und anderen chemischen Substanzen gelegentlich „eine gewisse Erhöhung der psychischen Energie" zur Folge habe. Er bezieht sich auf einen sowjetischen Fünfjahresplan zur Entwicklung pharmazeutischer Substanzen, die eine gesteigerte Aktivität des Nervensystems zum Standard machen und die Arbeitsfähigkeit steigern. Er bezieht sich weiterhin auf Ergebnisse der Enzymforschung und nennt diverse neu entwickelte Psychopharmaka, die er für Meilensteine auf dem richtigen Wege hält. Nach diesen dürftigen Ausführungen gelangt er zur allzu optimistischen Hoffnung, daß wir innerhalb weniger Jahre in der Lage sein könnten, uns auf biochemischem Weg selbst zu helfen. Passagen wie diese sind für seine Kritiker natürlich ein gefundenes Fressen und fügen seinen eigentlich gar nicht so abwegigen Anliegen großen Schaden zu.

Schon im nächsten Absatz charakterisiert Huxley die Rauscherfahrung dann aber wieder als ein zwar echtes und profundes, aber entbehrliches religiöses Erlebnis, das ein „erarbeitetes", d. h. permanentes spirituelles Bewußtsein nicht ersetzen könne:

> Wenn sie im rechten psychologischen Umfeld angewandt werden, ermöglichen diese chemischen Bewußtseinsveränderer eine echte religiöse Erfahrung. So kann eine Person, die LSD oder Meskalin nimmt, plötzlich verstehen – nicht bloß intellektuell, sondern körperlich, in eigener Erfahrung –, was so gewichtige religiöse Aussagen wie „Gott ist Liebe" oder „Schlägt er mich auch, so will ich doch auf ihn bauen" bedeuten.
>
> Es versteht sich von selbst, daß diese Art der vorübergehenden Selbsttranszendenz keine dauerhafte Erleuchtung oder eine anhaltende Verhaltensverbesserung garantiert. Sie ist ein „Gnadengeschenk", das für die Erlösung weder notwendig noch ausreichend ist, das aber bei rechter Anwendung denen, die es empfangen haben, außerordentlich hilfreich sein kann. Und das trifft auf alle Erfahrungen dieser Art zu, ob sie nun spontan erfolgen

oder weil man die richtige Sorte von chemischem Bewußtseinsveränderer geschluckt hat oder nachdem man sich zu „spirituellen Übungen" oder der Auslöschung des Körpers hat ausbilden lassen. [D 343/344][21]

Drogen wie Meskalin und LSD sind nach Huxleys Ansicht zwar besonders wirksame Vermittler solcher „gratuitous graces", aber sie sind keineswegs die einzigen. So weist er wie hier immer wieder darauf hin, daß Fasten, Hypnose, Schlafentzug, Atemtechniken, oder die Selbstgeißelung[22] ähnliche visionäre Resultate hervorbringen könnten, was er darauf zurückführt, daß solche Methoden ebenso wie die Einnahme von Rauschmitteln bestimmte chemische Veränderungen im Organismus erzeugten, die visionäre Erfahrungen besonders begünstigen. In „Drugs That Shape Men's Minds" verweist Huxley auf solche Praktiken zur Erlangung mystischer Bewußtseinszustände, um deutlich zu machen, daß die oft unreflektierte gesellschaftliche Polemik gegen die Droge viel „unnatürlicher" ist als diese selbst:

> Wer den Gedanken, daß das Schlucken einer Pille zum Erhalt einer echten religiösen Erfahrung beitragen kann, empörend findet, sollte bedenken, daß all die traditionellen Arten der Überwindung des Körpers – Fasten, freiwilliger Schlafentzug und Selbstgeißelung –, denen sich die Asketen jeder Religion unterzogen, um tugendhaft zu sein, ebenso mächtige Mittel zur Veränderung der Chemie des Körpers im allgemeinen und des Nervensystems im besonderen sind wie die bewußtseinsverändernden Drogen. Oder man bedenke die Prozeduren, die allgemein als spirituelle Übungen bekannt sind. Die Atemtechniken, die von den Yogis in Indien gelehrt werden, führen zu einer erhöhten Konzentration von Kohlendioxid im Blut, und die psychologische Folge davon ist eine Veränderung der Bewußtseinsqualität. Ferner bewirken Meditationen, die eine lange, intensive Konzentration auf eine einzige Idee oder Abbildung erfordern – aus neurologischen Gründen, von denen ich nichts verstehe – eine Verlangsamung der Atmung und sogar längere Phasen von Atemstillstand. [D 344]

III. „Island"

In *Island* präsentiert Huxley mit der Schilderung der palanesischen Idealgesellschaft eine beeindruckende Synthese seiner pädagogischen und psychedelischen Überzeugungen. Pala ist eine kleine Insel des indonesischen Archipels und befindet sich als ein weißer Fleck auf der politischen Weltkarte. Seit der Arzt Dr. Andrew MacPhail 1843 nach Pala kam, um den erkrankten Radscha zu heilen und zusammen mit dem genesenen Fürsten auf der Grundlage einer Verbindung westlicher Technik und östlicher Religion ein völlig neues Gesellschaftssystem entwickelte, blüht auf der Insel eine vom Unfrieden der Welt unberührte glückliche Kultur. Als der Protagonist Will Farnaby in unserer Zeit durch ein Schiffsunglück auf die Insel verschlagen wird und staunend das fremde System kennenlernt, sind die Tage der palanesischen Gemeinschaft aber bereits gezählt, denn ergiebige Ölfunde veranlassen die Großkonzerne der Welt zum Sturm und zur Vernichtung der Idylle. Der palanesische Staat hofft zwar, sich notfalls durch einen Appell an die UNO vor dem fremden Zugriff zu wehren, doch die Katastrophe bleibt unvermeidlich. Bis zu dem Zeitpunkt seiner Zerstörung am Ende des Romans betreibt Pala in bescheidenem Umfang den Abbau und Export von Bodenschätzen; ansonsten werden die Prinzipien der kapitalistischen Wirtschaft jedoch abgelehnt. Die Einkommen seiner Einwohner, die im Rahmen eines genossenschaftlichen Systems erwirtschaftet werden, dürfen einen festgesetzten Betrag nicht überschreiten, um der Konzentration von Geld und Macht Vorschub zu leisten. Die Gesetzgebung verzichtet auf Bestrafung, Übeltäter werden von der Gesellschaft behutsam auf den rechten Weg zurückgeführt. Gefängnisse gibt es ebensowenig wie eine Armee. Die Familie als eine Keimstätte egoistischer und nationalistischer Bestrebungen ist durch einen lockeren Verband ersetzt, der jedem Kind und jedem Gatten eine größtmögliche Bewegungsfreiheit gestattet.[23] Der gesellschaftliche Diskurs ist freizügig und ohne Tabus und wird von den spirituellen Zielen des im 7. Jahrhundert aus Tibet und Bengalen nach Pala gelangten Mahayana-Buddhismus getragen. Der palanesische Buddhismus vereinigt in sich Elemente des Tantra, des Shiva-Kultes sowie verschiedener Formen des Zen und Yoga, stellt also ein Kompendium der meisten von Huxley absorbierten östlichen Religionslehren dar.

Eine besondere Bedeutung erhält die ganzheitliche Erziehung, die in Verbindung mit der gezielten Anwendung einer Droge, des „Moksha", ein ausgeglichenes Leben ermöglichen und das Streben nach höchster meditativer Erkenntnis fördern soll. Das Hauptinteresse der Erziehung gilt der Ausbildung des „Geist-Körpers". So erfährt Will, daß alle Kinder neunzig Minuten täglich zu körperlicher Arbeit herangezogen werden. Solche Arbeiten seien durch die Verbindung einer minimalen Anstrengung mit einem Maximum an Bewußtheit eine Quelle des Vergnügens:

Will verzog das Gesicht. „*Ich* hätte keinen Spaß daran."

„Das ist, weil Sie nicht dazu erzogen wurden, Ihren Geist-Körper auf die rechte Art zu gebrauchen", erklärte Vijaya. „Wenn man Ihnen gezeigt hätte, wie Sie etwas mit einem Minimum an Aufwand und einem Maximum an Bewußtheit tun können, dann würde Ihnen sogar ehrliche Schufterei Spaß machen."

„Ich nehme an, Ihre Kinder erhalten diese Art von Ausbildung."

„Vom ersten Moment an, wenn sie beginnen, etwas aus eigenem Antrieb zu tun. Wie soll man sich zum Beispiel körperlich am besten verhalten, wenn man seine Kleidung zuknöpft? ... Wir beantworten die Frage, indem wir wirklich ihre Köpfe und Hände in die physiologisch beste Position rücken. Und wir ermutigen sie gleichzeitig, aufzumerken, wie es sich anfühlt, eine physiologisch beste Haltung einzunehmen, sich bewußt zu sein, aus was für Griffen und Berührungen und Muskelregungen sich der Vorgang des Zuknöpfens zusammensetzt. Wenn sie vierzehn sind, haben sie subjektiv und objektiv gelernt, wie sie aus jeder Handlung, die sie ausführen mögen, das Beste machen können. Und dann sind sie so weit, daß wir ihnen Arbeit geben."

„Zurück zur guten alten Kinderarbeit!"

„Oder vielmehr", sagte Dr. Robert, „fort von der schlechten neuen Kindermüßigkeit. Sie erlauben ihren Teenagern nicht, zu arbeiten, also müssen sie durch Straftaten Dampf ablassen oder aber alles in sich aufstauen, bis sie gezähmte Stubenhocker sind." [I 143]

Nach dem Abschluß der Grundschulausbildung unterziehen sich die Kinder einem sogenannten „Post-Elementary Test", der als ein Initiationsritus eher mit unserer Konfirmation oder Kommunion vergleichbar ist als mit herkömmlichen Schuleignungsprüfungen. Dieser Test besteht zunächst aus einer Aufgabe, die körperliche Geschicklichkeit erfordert (bei der Zeremonie, der Farnaby beiwohnt, sollen die Initianden einen Berg besteigen) und „die ihnen hilft, die Welt zu verstehen, in der sie werden leben müssen, ihnen hilft, die Allgegenwart des Todes zu erkennen, die essentielle Gefährdung allen Seins. Aber nach der Mutprobe kommt die Offenbarung." [I 159] Dieses ist der zweite, entscheidende Teil der Initiation: Die Kinder nehmen im Rahmen einer religiösen Zeremonie zum ersten Mal das „Moksha". „‚Wir bringen unseren Kindern keine Glaubenssätze bei oder bedrängen sie mit gefühlsbehafteten Symbolen'", wird Farnaby erklärt. „‚Wenn es für sie Zeit ist, die tiefsten Wahrheiten der Religion zu erlernen, lassen wir sie einen steilen Abhang emporklettern und geben ihnen dann vierhundert Milligramm Offenbarung. Zwei unmittelbare Erfahrungen von Wirklichkeit, wodurch alle einigermaßen intelligenten Jungen und Mädchen eine sehr gute Vorstellung davon ableiten können, was was ist.'" [I 159/160]

Das von Huxley erfundene Moksha ist eine halluzinogene Droge, die wie das Psilocybin aus Pilzen gewonnen wird und in ähnlichen Dosierungen wie Meskalin einzunehmen ist, dem es in seiner Wirkung auch weitgehend entspricht:

> Will erkannte plötzlich, daß er einen kleinen rechteckigen Tisch ansah, und hinter dem Tisch einen Schaukelstuhl, und hinter dem Schaukelstuhl eine leere Wand mit weißem Putz. Die Erklärung war beruhigend, denn in der Ewigkeit, die er zwischen dem Öffnen seiner Augen und der dämmernden Erkenntnis dessen, was er ansah, erlebt hatte, hatte sich das Mysterium, das ihn konfrontierte, von einer unerklärlichen Schönheit zum Vollzug einer gleißenden Fremdartigkeit vertieft, die ihn, während er hinsah, mit einer Art von metaphysischem Grauen erfüllte. Nun, dieses erschreckende Mysterium bestand aus nichts anderem als zwei Möbelstücken und einer Wandfläche. Die Angst legte sich, aber das Staunen wuchs. Wie war es möglich, daß so vertraute und alltägliche Dinge *dies* sein konnten? Augenscheinlich war es nicht möglich, und doch war es da, es war da. [I 270]

Wie bei Huxleys erstem Versuch mit Meskalin, den er in „The Doors of Perception" beschreibt, erscheinen die Einrichtungsgegenstände in einem übernatürlichen Glanz und wirken seltsam lebendig, geheimnisvoll und bedeutsam. Die Wand wird als ein „lebendiger Vorgang" mit der strahlenden Haut eines göttlichen Körpers identifiziert, und über einen einfachen Tisch heißt es: „Diese atmende Apokalypse, ‚Tisch' genannt, könnte man für ein Bild eines mystischen Kubisten halten, eines inspirierten Juan Gris mit der Seele eines Traherne und der Begabung, mit bewußten Gemmen und der veränderlichen Stimmung von Wasserlilienblättern Wunder zu malen." Auch in „The Doors of Perception" wirken Tisch und Stühle wie das kubistische Formenspiel bei Braque oder Juan Gris[24], und über einen einzelnen Stuhl heißt es: „Einem Liegestuhl gegenüber, der aussah wie das Jüngste Gericht – oder, genauer gesagt, einem Jüngsten Gericht gegenüber, das ich nach langer Zeit und mit beträchtlicher Schwierigkeit als einen Liegestuhl erkannte –, merkte ich plötzlich, daß ich mich

III. „Island" 643

auf der Schwelle zur Panik befand." [DP 45; 43] Im Meskalin-Essay scheinen die Bücherregale mit bedeutungsvoll gleißenden Edelsteinen angefüllt zu sein.[25] Auch in Farnabys Moksha-Vision werden Bücher zu Juwelen: „Als er seinen Kopf etwas weiter nach links wandte, erschreckte ihn ein Gleißen von Juwelen. Und was für seltsame Juwelen! Schmale Scheiben aus Smaragd und Topas, aus Rubin und Saphir und Lapislazuli, gleißend, Reihe über Reihe, wie die zahllosen Ziegelsteine in der Mauer des Neuen Jerusalem. Dann – am Ende, nicht am Anfang – kam das Wort. Am Anfang waren die Juwelen, die getönten Glasfenster, die Mauern des Paradieses. Erst jetzt, zuletzt, bot sich das Wort ‚Bücherschrank' zur Erwägung an." [I 270] Die durch das Moksha eingeleitete Befreiung vom Ich, die als höchste Glückseligkeit erlebt wird, trägt schließlich dieselben Züge wie die Ekstase-Beschreibungen bei den Mystikern oder die visionären Höhepunkte des Halluzinogenrausches:

> „Leuchtende Seligkeit." Aus den Untiefen seines Geistes stiegen die Worte wie Blasen auf, kamen an die Oberfläche und entschwanden in die unendlichen Räume lebendigen Lichts, das nun hinter seinen geschlossenen Augenlidern pulsierte und atmete. „Leuchtende Seligkeit." Treffender war es nicht zu beschreiben. Aber *es* – dieser zeitlose und doch unentwegt sich verändernde Vorgang – war etwas, das Worte nur verzerren und herabsetzen, aber niemals vermitteln konnten. *Es* war nicht bloß Seligkeit, *es* war auch Verstehen. Ein Verstehen von allem, aber ohne ein Wissen von irgendetwas. Wissen setzte einen Wissenden voraus und die ganze unendliche Verschiedenheit gewußter und zu wissender Dinge. Aber hier, hinter seinen geschlossenen Lidern, gab es weder Schauspiel noch Zuschauer. Da war nur diese erlebte Tatsache des beseligenden Einsseins mit dem Einen. [I 263]

Murugan, der junge Kronprinz des Landes, der lieber ausländische Warenhauskataloge als seine Schulbücher studiert und den spirituellen Prinzipien der palanesischen Gesellschaft ablehnend gegenübersteht, äußert sich verächtlich über den verbreiteten Gebrauch der Moksha-Pilze [vgl. I 135]. Dr. Robert MacPhail, ein Arzt im Ruhestand, der in einer landwirtschaftlichen Versuchsabteilung arbeitet, reagiert darauf jedoch mit Gelassenheit und führt diese Haltung darauf zurück, daß der Kronprinz „das Pech hatte, in Europa aufzuwachsen" [I 136]. An diesen unversöhnlichen Positionen entzündet sich eine Diskussion, in deren Verlauf Vijaya, ein Mitarbeiter Dr. Roberts, die mystische Wirkung des Moksha physiologisch zu erläutern versucht:

> „Engel und Neue Jerusalems und Madonnen und Künftige Buddhas – sie stehen alle in Beziehung mit einer ungewöhnlichen Stimulierung der Gehirnbereiche, die für Primärprojektionen zuständig sind – die visuelle Hirnrinde zum Beispiel. Wie genau die *Moksha*-Medizin diese ungewöhnlichen Reize erzeugt, haben wir noch nicht herausgefunden. Das Wichtige ist, *daß* sie sie irgendwie erzeugt. Und irgendwie wirkt sie auch ungewöhnlich auf die stummen Bereiche des Gehirns, die Bereiche, die nicht in erster Linie für die Wahrnehmung, die Bewegung oder das Empfinden zuständig sind."
> „Und wie reagieren die stummen Bereiche?" fragte Will.
> „Sagen wir zunächst einmal, worauf sie *nicht* reagieren. Sie reagieren nicht auf Visionen oder Gehörtes, sie reagieren nicht auf Telepathie oder Hellsichtigkeit oder jede andere Art von parapsychologischer Aktivität. Nichts von diesem amüsanten quasi-mystischen

Zeugs. Ihre Reaktion ist die vollständige mystische Erfahrung. Sie wissen schon: Eines in allem und Alles in einem. Die grundlegende Erfahrung mit ihren Begleitumständen: grenzenloses Mitgefühl, unergründliche Geheimnisse und Bedeutsamkeit."

„Nicht zu vergessen Freude", sagte Dr. Robert, „unsagbare Freude."

„Und der ganze Kram ist im Schädel drin", sagte Will.

„Streng privat. Keinen Bezug auf irgendetwas Äußeres außer einem Giftpilz."

„Nicht wirklich", fiel Murugan ein. „Das ist genau das, was ich zu sagen versucht habe."

„Du nimmst an", sagte Dr. Robert, „daß das Gehirn Bewußtsein *produziert*. Ich nehme an, daß es Bewußtsein durchläßt. Und meine Erklärung ist nicht abwegiger als deine. Wie um alles in der Welt kann eine Folge von Ereignissen, die einer Ordnung angehören, als eine Folge von Ereignissen begriffen werden, die einer völlig anderen und unvereinbaren Ordnung angehören? Niemand hat die leiseste Ahnung. Alles was man tun kann, ist, die Tatsachen zu akzeptieren und Hypothesen aufzustellen. Und eine Hypothese ist, philosophisch gesprochen, wohl ebenso gut wie eine andere. Du sagst, daß die *Moksha*-Medizin in einer Weise auf die stummen Bereiche des Gehirns einwirkt, die sie veranlaßt, eine Folge von subjektiven Erlebnissen zu produzieren, die man als ‚mystische Erfahrung' bezeichnet hat. *Ich* sage, daß die *Moksha*-Medizin in einer Weise auf die stummen Bereiche des Gehirns einwirkt, die gewissermaßen eine neurologische Schleuse öffnet und so ermöglicht, daß ein größerer Teil des Geistes, ‚Mind' mit einem großen ‚M', in deinen Geist, ‚mind' mit einem kleinen ‚m', einfließt. Du kannst das Zutreffen deiner Hypothese nicht beweisen, und ich kann das Zutreffen der meinigen nicht beweisen. Und selbst wenn du beweisen könntest, daß ich unrecht habe, würde das irgendeinen praktischen Unterschied ausmachen?"

„Ich hätte gedacht, das würde den ganzen Unterschied ausmachen", sagte Will.

„Mögen Sie Musik?", sagte Dr. Robert.

„Mehr als die meisten Dinge."

„Und worauf, wenn ich fragen darf, bezieht sich Mozarts G-Moll-Quintett? Bezieht es sich auf Allah? Oder das Tao? Oder die zweite Person der Trinität? Oder das Atman-Brahman?"

Will lachte. „Hoffentlich nicht."

„Aber deshalb wird die Erfahrung des G-Moll-Quintetts nicht weniger lohnend. Nun, ebenso verhält es sich mit der Erfahrung, die man durch die *Moksha*-Medizin erhält oder durch Beten und Fasten und spirituelle Übungen. Selbst wenn es sich auf nichts außerhalb seiner selbst bezieht, ist es doch das Wichtigste, was Ihnen je passiert ist. Wie die Musik, nur in unvergleichlich größerem Maße. Und wenn Sie der Erfahrung eine Chance geben, wenn Sie bereit sind, mitzumachen, so wird dies eine unvergleichlich größere und umgestaltendere Wirkung haben. Vielleicht passiert das alles nur innerhalb des Schädels. Vielleicht *ist* es privat und es gibt kein einendes Wissen von irgendetwas außer der eigenen Physiologie. Was macht's? Die Tatsache bleibt, daß die Erfahrung einem die Augen öffnen kann und einen glücklich machen und das ganze Leben verändern kann."
[I 137–139]

Dr. Robert wirft Murugan vor, daß seine Ablehnung der Droge auf Prinzipien gründet, die durch keine eigene Erfahrung gestützt werden. Viel entscheidender ist aber Murugans fälschliche Unterstellung, daß das Moksha den Konsumenten nur der Unbequemlichkeit einer aktiven Lebensgestaltung entheben solle. Dabei wird die Droge von ihren Befürwortern ausdrücklich als Impulsgeber für eine bewußtere Lebensführung empfohlen. Auch in Pala ist die durch Moksha bewirkte Transzendenzerfahrung nur eine „gratuitous grace":

> „Eine Befreiung", sagte Dr. Robert, „das Ende des Leidens, ihr hört auf, das zu sein, was ihr in eurer Unwissenheit zu sein glaubt, und werdet das, was ihr tatsächlich seid. Durch die *Moksha*-Medizin werdet ihr für eine kurze Spanne wissen, wie es ist, das zu sein, was ihr tatsächlich seid, was ihr tatsächlich schon immer gewesen seid. Welch ein zeitloses Glück! Aber diese Zeitlosigkeit ist wie alles andere vorübergehend. Wie alles andere wird sie vergehen. Und wenn sie vergangen ist, was werdet ihr dann mit dieser Erfahrung anfangen? Was werdet ihr mit all den anderen ähnlichen Erfahrungen anfangen, die die *Moksha*-Medizin euch in den kommenden Jahren bringen wird? Werdet ihr euch an ihnen bloß erfreuen, wie ihr euch bei einem Puppentheater erfreut, und dann wieder zum gewohnten Alltag übergehen …? Oder werdet ihr nach dem Einblick euer Leben einem Alltag widmen, der ganz und gar nicht wie gewohnt ist, indem ihr euer tatsächliches Selbst sein werdet? Alles, was wir Älteren mit unserer Lehre bewirken können, alles was Pala mit seinen sozialen Einrichtungen für euch tun kann, ist, euch mit Methoden und Möglichkeiten auszustatten. Und alles, was die *Moksha*-Medizin tun kann, ist, euch eine Folge von beglückenden Einblicken zu schenken, ab und zu ein oder zwei Stunden erleuchtender und befreiender Gnade. Es bleibt euch überlassen, zu entscheiden, ob ihr euch auf die Gnade einlassen und diese Gelegenheiten nutzen wollt." [I 169]

„Moksha" ist eine Ableitung aus dem Sanskrit-Wort für „Befreiung". Mit dieser Bezeichnung wird die Droge als ein Instrument zur Sprengung des engen Wachbewußtseins charakterisiert, was in der Tat eine Befreiung von den Zwängen der Person bedeutet und im Zustand der „egolessness" einen mystischen Zusammenfall des Ichs mit allen Nicht-Ichs und den darin enthaltenen Teilen des Universums ermöglicht. In einer frühen Rezension von *Island* schreibt der Kritiker Frank Kermode: „*Island* fordert den Vergleich mit *Brave New World* heraus und verwirft ihn dann. Das *Soma*, das einst als ein billiges Fluchtmittel vor den Härten der Realität verdammt wurde, ist nun für die soziale Gesundheit von entscheidender Bedeutung; daraus ergibt sich, daß Huxleys energischer Abscheu, der seiner Prosa, wenn auch nicht der Seele, gut tat, verloren ging."[26] Diese Identifikation von Moksha und Soma zeigt, daß Kermode den Unterschied der Weltentwürfe in den beiden Romanen nicht verstanden hat. Wie Murugan scheint er davon auszugehen, daß alle Drogen unterschiedslos als „dope", d.h. als Mittel einer fatalen Blendung zu bewerten seien. Moksha und Soma sind keineswegs ein und dasselbe, sondern befinden sich in krasser Opposition. So stammt der Begriff „Soma" zwar ebenfalls aus dem Sanskrit, stimmt aber gleichfalls mit dem griechischen Wort für „Körper" überein und bezeichnet damit also genau jenes, wovon das Moksha die Seele wenigstens vorübergehend erlösen soll. Mit dem sagenhaften indischen Soma, einer bis heute nicht mit Sicherheit identifizierten Pflanzendroge, die in den vedischen Schriften erwähnt wird, hat das Soma in *Brave New World* ebenfalls wenig gemeinsam. Der Unterschied betrifft nicht die Wirkungsweise der Drogen[27], sondern ihre jeweilige Einbettung in den kulturellen Zusammenhang. Für die arischen Eroberer Indiens stand die Droge im Zentrum religiöser Zeremonien, während sie in *Brave New World* einem sinnentleerten Lustprinzip dient – hier ist das Soma in der Tat nur ein Mittel, das den Willen und das eigenständige Denken in einem Nebel orgiastischer Impressionen erstickt und einem totalitären Staatsapparat zur Entmündigung des einzelnen dient. Während Huxley sowjetische Experimente mit Drogen zitierte, um seine These zu unterstützen, daß die Entwicklung einer idealen Droge zum Besten der Menschheit keine bloße Illusion sein müsse, sah er sich doch durch die Nachrichten über den rücksichtslosen Einsatz von Psychopharmaka jenseits des Eisernen Vorhangs in seiner frühen Warnung bestätigt, daß jede Droge, mag sie sonst auch noch so segensreich sein, in den falschen Händen eine Gefahr darstelle, indem sie etwa zu politischen Zwecken mißbraucht werden könne. Eine euphorisierende Substanz, die depressive Zustände überbrückt, aber gerade dadurch auch eine unkritisch-passive Geisteshaltung erzeugt, erscheint unter diesen Umständen stets in einem Zwielicht. Auch wenn die Eigenschaften einer solchen Substanz über alle Zweifel erhaben sein sollten, kann man ihren, wie auch immer erfolgenden, Mißbrauch niemals ausschließen. Natürlich kann dies kein Argument gegen die Nutzung und Entwicklung von Drogen sein, da man sonst wohl die meisten Dinge des täglichen Lebens in Frage stellen müßte. So ist eine Rohrzange gewiß ein nützliches Gerät, aber man kann auch damit erschlagen werden. Dennoch übersieht Huxley diese potentielle Schattenseite der Drogennutzung auch unter dem Eindruck seiner beglückenden Rauscherfahrungen nicht:

> Nun lassen Sie uns über eine andere Art von Droge nachdenken, die noch unentdeckt ist, aber vielleicht hinter der nächsten Ecke schon zu finden ist – eine Droge, die in der Lage ist, die Menschen in Situationen, in denen sie sich normalerweise elend fühlen würden, glücklich zu machen. Solch eine Droge wäre ein Segen, aber ein Segen, der erhebliche politische Gefahren mit sich brächte. Ein Diktator könnte, indem er die harmlose chemische Ekstase frei zugänglich machen würde, eine ganze Bevölkerung mit Verhältnissen aussöhnen, mit denen sich kein Mensch mit Selbstachtung aussöhnen sollte. Tyrannen hielten es stets für nötig, die Macht durch politische oder religiöse Propaganda zu unterstützen. In diesem Sinn ist die Feder mächtiger als das Schwert. Aber mächtiger als die Feder und das Schwert ist die Pille. In Nervenheilanstalten hat sich gezeigt, daß die chemische Ruhigstellung weitaus wirkungsvoller ist als die Zwangsjacke oder die Psychiatrie. Die Diktaturen von morgen werden die Menschen ihrer Freiheit berauben, aber ihnen zum Ausgleich eine Glückseligkeit geben, die chemisch erzeugt, aber darum doch um nichts weniger wirklich ist. Die Verfolgung der Glückseligkeit ist eines der traditionellen Menschenrechte; unglücklicherweise kann aber das Erreichen von Glückseligkeit mit einem anderen Menschenrecht unvereinbar sein, nämlich der Freiheit.
>
> Es ist aber durchaus möglich, daß die Pharmakologie mit der einen Hand zurückgibt, was sie zuvor mit der anderen nahm. Chemisch erzeugte Euphorie könnte leicht die Freiheit des Menschen gefährden, aber chemisch erzeugte Stärke und chemisch erhöhte Intelligenz könnten leicht das stärkste Bollwerk der Freiheit sein. [D 341/342]

Das Moksha besitzt alle positiven psychedelischen Eigenschaften des Soma, wird aber im Unterschied zu der manipulativen Drogenpolitik in *Brave New World*[28] zur Bekräftigung eines demokratischen Gemeinwesens herangezogen. Die drogeninduzierten visionären Erlebnisse sollen den gemeinschaftlich erzogenen und ausgebildeten einzelnen zu einer bewußteren Lebensführung anregen, durch die er gleichzeitig ein mündiges Mitglied der Gesellschaft wird und seinen Weg der Erleuchtung mit dem Ziel einer friedlichen und harmonischen Koexistenz verbindet. Dennoch ist das Moksha, wiederum in Analogie zu Huxleys Bewertung des Meskalin, noch nicht die ideale Droge. Bei ungefähr 15% der Palanesen, nämlich jenen, „deren EEG in der Entspannung keine Aktivität der Alphawellen aufweist" [I 137], ist die Droge nicht wirksam, so daß diese Gruppe der Gesellschaft von einem Teil des mystischen Erlebens ausgeschlossen bleibt. Aus diesem Grund wird in den staatlichen Laboratorien von Pala weiterhin nach der idealen Droge geforscht. Erste Versuche mit isolierten Wirkstoffen von aus Mexiko importierten Samen der Trichterwinde (Ololiuqui), meint Dr. Robert, seien bereits recht vielversprechend verlaufen [vgl. I 171].

Gelegentlich kann das visionäre Erleben unter dem Einfluß von Moksha auch in Horrorvisionen und psychotische Erfahrungen umschlagen. Auch Will erlebt im Lauf eines Moksha-Rausches eine solche Horrorvision:

> Plötzlich erhaschte er aus dem Augenwinkel die kurze Wahrnehmung einer schnellen, sprunghaften Bewegung. Offenheit für Glück und Verstehen war auch, so erkannte er, eine Offenheit für Schrecken, für völliges Unverständnis. Wie eine fremdartige Kreatur, die sich in seiner Brust eingenistet hatte und in panischer Angst zappelte, begann sein Herz mit einer Heftigkeit zu schlagen, die ihn erzittern ließ. In der schrecklichen Gewißheit, daß er sogleich der Essenz des Grauens begegnen werde, wandte Will seinen Kopf um und sah hin.
> „Es ist eine von Tom Krishnas zahmen Eidechsen", sagte [Susila] beruhigend. Das Licht war so hell wie immer, aber die Helligkeit stand unter einem anderen Zeichen. Ein Glühen des reinen Bösen strahlte von jeder graugrünen Rückenschuppe der Kreatur aus, von ihren Obsidianaugen und dem Pulsieren ihrer roten Kehle, von den bewehrten Kanten ihrer Nüstern und ihrem schlitzartigen Maul. Er wandte sich ab. Vergebens. Die Essenz des Grauens starrte ihn aus allem, was er ansah, entgegen. Diese Kompositionen des mystischen Kubisten – sie hatten sich in komplizierte Maschinerien verwandelt, deren Zweck es war, in boshafter Manier nichts zu tun. Diese tropische Landschaft, in der er die Vereinigung seines eigenen Wesens mit Gott erlebt hatte – sie war nun zugleich ein entsetzlich abgeschmacktes viktorianisches Ölbild und der Inbegriff der Hölle. Auf ihren Regalen strahlten die Reihen der Buchjuwelen mit tausend Watt sichtbarer Finsternis. Und wie billig diese Gemmen des Abgrunds geworden waren, wie unbeschreiblich vulgär! ... Alles pulsierte immer noch mit Leben, aber mit dem Leben einer unbeschreiblich finsteren Billigwarenabteilung. Und das, so bestätigte jetzt die Musik, das war es, was die Allmacht fortwährend schuf – ein kosmisches Woolworth, vollgestopft mit einer Massenproduktion des Grauens. Grauen der Vulgarität und Grauen des Schmerzes, der Grausamkeit und Geschmacklosigkeit, der Idiotie und absichtsvollen Bosheit. [I 272]

Derartige Horrorvisionen sind aber letztlich nicht auf die spezifische Wirkung der Droge, sondern auf die psychischen Strukturen des Konsumenten zurückzuführen. So verweist Bowering auf eine Passage in „Heaven and Hell", in der Huxley die mystische und die visionäre Erfahrung als zwei verschiedene Erkenntnisebenen unterscheidet: Während die mystische Erfahrung erst auf der Basis einer Sichtweise einsetze, die alles als ein untrennbares Ganzes begreift, vollziehe sich die visionäre Erfahrung noch innerhalb unserer dualistischen Wahrnehmung. Für den Mystiker habe die „infernalische" ebenso wie die „himmlische" Erfahrung daher fast denselben Befreiungswert: „Visionäres Erleben ist nicht dasselbe wie mystisches Erleben. Mystisches Erleben liegt jenseits des Bereichs der Gegensätze. Visionäres Erleben spielt sich noch immer innerhalb dieses Bereichs ab. Der Himmel bedingt die Hölle, und ‚in den Himmel zu kommen' ist ebensowenig Befreiung wie der Abstieg ins Grauenhafte. Der Himmel ist bloß ein Aussichtspunkt, von dem aus man einen klareren Blick auf den göttlichen Urgrund hat als von der Ebene einer gewöhnlichen individualisierten Existenz." [HH 110; 104] Die psychotische Erfahrung, die Huxley bereits in den dreißiger Jahren als „downward transcendence" bezeichnete, bewirkt ebenso wie die himmlische Ekstase eine Befreiung von der Bindung an das Ich und ermöglicht damit, wenigstens im ersten Moment, eine Anschauung aller verborgenen Nicht-Ichs, also auch der göttlichen Präsenz. Dann allerdings gestaltet sich das infernalische Erleben zu einem Absturz in die trostlose Finsternis einer ultramaterialistischen Welt, in der es überhaupt keinen Geist mehr gibt und in der sich der Berauschte zu einer seelenlosen, kompakten Masse zu verdichten scheint. Dieser Alptraum einer universalen Bedeutungs- und Gehaltlosigkeit läßt auch Farnaby in seinem Rausch den Kosmos als ein abstoßendes Ensemble häßlicher Platitüden empfinden; voller Entsetzen glaubt er zu erkennen, daß die von Gott geschaffene Welt keine Wunder und Geheimnisse birgt, sondern nur ein unaussprechlich vulgärer Supermarkt des Oberflächlichen ist. Eine derartige „downward transcendence" kann nur dann erfolgen, wenn der Geist des Berauschten sich noch nicht wie der eines meditativ fortgeschrittenen Visionärs von den erlernten Dualismen gelöst hat, die unser Sehen in feste Bahnen zwingen.[29]

Im Zentrum der utopischen Idealgesellschaft von Pala steht daher nicht das Moksha, sondern der dem palanesischen Erziehungsmodell zugrundeliegende Mahayana-Buddhismus mit seiner Überwindung des dualistischen Denkens.[30] Auch Huxley selbst warf die dualistischen Prinzipien der westlichen Philosophie über Bord und entschied sich für die einheitliche Wahrnehmung östlicher Prägung. Eine der unmittelbaren Folgen dieser gedanklichen Wende ist, wie Bowering ausführt, Huxleys Verzicht auf seine vielgelobte ironische Begabung: „Es ist unmöglich, ironisch zu sein, ohne gleichzeitig ein Dualist zu sein; die Ironie hängt in ihrer Wirksamkeit von der Koexistenz zweier unvereinbarer Gedankengruppen ab, und dies ist dem ganzen Konzept des buddhistischen Denkens entgegengesetzt. Es lohnt sich, auf diesen Punkt besonders hinzuweisen, weil diese Art der Versöhnung im westlichen Denken selten vorkommt; in der Tat ist der Dualismus die Basis der westlichen Kultur, und Huxley hat innerhalb dieses Rahmens einer dualistischen Philosophie sein Hauptwerk geschaffen. Schließlich war es eher die eigenwillige Art von Huxleys letzten Überzeugungen als diese Überzeugungen selbst, was seine Stellung als Romanschriftsteller unterminierte."

Schlußwort

Im Lauf dieser Untersuchung wurde deutlich, daß keiner der besprochenen Rauschkünstler sich durch seine persönliche Drogenerfahrung und ihre Einbindung in den jeweiligen weltanschaulichen Zusammenhang dazu veranlaßt sah, den Rausch als eine bessere Alternative zur sinnlich-rationalen Lebenswirklichkeit des Alltags zu empfehlen; allerdings wird er auch nicht mit aller Konsequenz pauschal verdammt. Während der Drogenrausch in allen Fällen als eine Erfahrung gedeutet wird, die dem Individuum auf dem Weg der Selbsterkenntnis auch ein tieferes Verständnis der Weltzusammenhänge ermöglichen und durch das Erlebnis der Transzendenz auch eine wichtige Zusatzperspektive im Hinblick auf unsere Einschätzung von Realität bieten könne, wird andererseits auch auf die mitunter beträchtliche Gefahr eines irreversiblen Kontrollverlusts hingewiesen, der das Individuum seiner Freiheit zur aktiven Weltgestaltung beraubt, wenn es sich ganz von den Bequemlichkeiten des Rausches vereinnahmen läßt. E.T.A. Hoffmann interessierte sich leidenschaftlich für die Erfahrungen des Anderen, wie sie im Rausch, im Somnambulismus oder im Wahnsinn gemacht werden und sah in ihnen einerseits aufschlußreiche Informationsquellen über die Funktionen der menschlichen Psyche, während er sie teilweise ebenso als Manifestationen eines höheren spirituellen Prinzips verstand, das dem gewöhnlichen Wachbewußtsein nur eingeschränkt spürbar ist. In dieser Hinsicht erweisen sie sich nach seiner Ansicht für den Menschen im allgemeinen und den Künstler im besonderen als eine faszinierende Bereicherung, solange der Vorsatz zur Rückkehr in die gewohnte Lebenswirklichkeit nicht gefährdet ist und die Bereitschaft zu einer verantwortungsvollen kreativen Mitgestaltung der gesellschaftlichen Realität fortbesteht. Thomas De Quincey blieb bis zuletzt überzeugt, im Opium ein wertvolles Instrument zur Ergründung der eigenen Psyche gefunden zu haben, das die Bilder des Traumes als Träger des kosmischen Geheimnisses in besonderer Schärfe vor sein inneres Auge rückte. Während er den Einfluß der Droge im Interesse einer *écriture automatique*, wie sie im sprunghaft-assoziativen, aber gleichwohl oft gründlich überarbeiteten Stückwerk seiner „impassioned prose" zum Ausdruck kommt, für sehr nützlich hielt, erkannte er allerdings nicht ohne Bitterkeit, daß andererseits seine Fähigkeit zur konzentrierten Darstellung großer Zusammenhänge im Laudanumnebel verlorenging, so daß er nicht mehr imstande war, das geplante Theoriewerk *De emendatione humani intellectus* als eine Quintessenz aus all seinen disparaten Träumen und Ideen zu schreiben. Bei Edgar Allan Poe, dessen Leben durch seine Trunksucht und gelegentliche Phasen der Laudanumeinnahme überschattet wurde, erweist sich der Rausch als ein Zuträger von Erkenntnissen über die herrlichen und furchtbaren Abgründe der Seele, aus denen ihm eine machtvolle Vision über den Bestand und die Bestimmung des spirituellen Universums erwuchs. Während sein Beitrag zur ästhetischen und erkenntnisorientierten Standortbestimmung des Individuums für die moderne Gesellschaft einen beachtlichen Gewinn darstellt, mußte er selbst die errungenen Einsichten teuer bezahlen und läßt keinen Zweifel daran, daß er niemandem zum unbedenklichen Gebrauch von Rauschmitteln zuraten würde. Das Leiden des Künstlers, das die außerordentliche Klarheit von Poes Visionen begründete und an dem er als Mensch schließlich zerbrach, wird vor allem von Charles Baudelaire als unverzichtbare Bedingung der *humanitas* erkannt, die nach seiner Ansicht durch den Einfluß von Drogen – die Bequemlichkeit des Rausches und die damit verbundene Auflösung der Willenskraft – erheblich gefährdet wird. Obwohl er einräumt, daß das Individuum im Rausch den ersehnten „état paradisiaque" des „infini" erfahren könne, verwirft er als Moralist doch zuletzt diesen für satanisch befundenen Ausstieg aus der Realität des Wachbewußtseins als eine unpraktikable Methode zur erweiterten Nutzung jenes geistigen Potentials, das der Mensch in seiner körperlichen Befangenheit nur zum kleinsten Teil zu nutzen versteht. Ebenfalls im Zusammenhang dieser Tradition stehend, entwirft Malcolm Lowry nicht nur in seinen Werken, sondern auch durch das Beispiel seiner eigenen Biographie eine erschreckend klare Topographie der Hölle. Sein Leiden als Künstler und Alkoholiker, das im Konsul Geoffrey Firmin als einer der mächtigsten Kreationen der Weltliteratur besonders eindrucksvoll verkörpert ist, erweist sich gleichermaßen als eine Quelle tiefer Einblicke in das spirituelle Universum, in dem das moderne Subjekt wie Rimbauds „bateau ivre" umhertreibt, und als Ausdruck der hoffnungslosen Gefangenschaft des Solipsisten – wie sein Konsul so war auch Lowry selbst einer jener unglücklichen Entdecker, die sich zu weit ins Unbekannte vorgewagt haben, um jemals wieder in die gewohnte Wirklichkeit zurückzufinden. Sein eigenes Schicksal und das der meisten seiner Protagonisten zeigen in aller Deutlichkeit sowohl die Faszination der Rauschmysterien als auch die beträchtliche Gefahr der Sucht, die das Individuum allzu leicht ruinieren mag.

Auch Aldous Huxley sind die Abgründe, die sich in den Schriften von Hoffmann, De Quincey, Poe, Baudelaire und Lowry eröffnen, nicht fremd; auch er erkennt wie jene die Gefahren der künstlichen Paradiese. Und doch tritt die leidvolle Erfahrung, die seelische Anstrengung, die aus der Konfrontation verschiedener Bewußtseinswelten und den häufigen Akklimatisierungsprozessen nach jedem Wechsel von einer Realität in die andere erwächst, hinter einer überaus optimistischen Zukunftsvision zurück. Dabei hat Huxley dem Drogenkundigen kaum neue Erkenntnisse über die Rauschmittel und ihre Wirkung oder über die durch sie vermittelten Transzendenzerfahrungen zu bieten; beachtlich ist vielmehr, daß er einen Weg findet, die Drogenerfahrung in ein konstruktives soziales Modell einzubringen, und zwar nicht als

Allheilmittel, sondern als ein Werkzeug, das in seiner verantwortlichen Anwendung eine Vorausschau auf die Qualitäten und Bedingungen einer besseren Gesellschaft ermöglicht, die, wenn sie eines Tages realisiert sein sollte, aus dem besten aller Gründe auf die Droge verzichten kann: weil sie keine eskapistischen Bedürfnisse mehr kennt und auf künstliche Paradiese, gleich welcher Art, nicht mehr angewiesen ist. Was Huxley in seinen Schriften zur psychedelischen und zur religiös-visionären Erfahrung, in seinen pädagogischen Überlegungen und schließlich zusammenfassend in dem Roman *Island* entwickelt, ist gewiß eine utopische Vorstellung, doch es ist eine Utopie, die es verdient, ernst genommen zu werden und über die man nachdenken sollte. Ein wichtiger Grundsatz, dessen anhaltende Ignoranz dazu führt, daß die Unternehmungen der internationalen Drogenpolitik stets nur mehr oder weniger effektvolle Symptomkuren sein können, ist die Tatsache, daß keine Droge aus sich selbst heraus, sondern nur durch ihre unsachgemäße Anwendung gefährlich werden kann. Statt immer neuer Verbote ist daher langfristig vor allem eine gezielte Erziehung zu einem sinnvollen Umgang mit Rauschmitteln nötig, die freilich nur dann erfolgreich sein kann, wenn sie in ein umfassendes Bildungsprogramm eingebettet ist, das von der bloßen Anhäufung toten Wissens zur Vermittlung von ganzheitlichen Zusammenhängen übergeht. Nur auf dieser Grundlage werden künftige Generationen über die Mittel zu einer selbständigen und weitgehend friedlichen Problembewältigung verfügen können. Dies ist die wichtige Einsicht Huxleys, die seine Thematisierung der entbehrlichen, aber instruktiven positiven Rauscherfahrung zutiefst begründet. Auch mit Huxleys Vision verschwindet das Leid nicht aus der Welt, aber indem es akzeptiert und in ein harmonisches Weltbild integriert wird, verliert es seinen Schrecken und wird zu einer Erfahrung, mit der sich gut leben läßt.

Anmerkungen

Einleitung

[1] Bierce (1993), p. 88. – Fremdsprachige Zitate werden in diesem Buch mit Rücksicht auf einen breiteren Leserkreis weitgehend in deutscher Übersetzung wiedergegeben. Informationen über die benutzten Übersetzungsausgaben sind dem Literaturverzeichnis zu entnehmen. Bei den Quellenangaben wird erst die Seitenzahl des Originals und dann die der deutschen Ausgabe genannt. Bei Zitaten, die ich selbst übersetzt habe, ist nur die Seitenzahl des Originals angegeben. – Zu dem Zitat von Bierce vgl. auch Kesting (1973), pp. 17 ff. Kesting nimmt die Definition zum Anlaß, auf Piranesi und de Sade hinzuweisen, die als erste „dieses Thema der unendlichen Projektion im Gefängnis des Ich in traumhaften Phantasmagorien formulierten."

[2] Ähnlich äußert sich der Psychologe Ronald D. Laing unter dem Hinweis auf Herbert Marcuses Schrift *Der eindimensionale Mensch* (1967): „Unsere Zivilisation unterdrückt nicht nur die ‚Triebe‘, nicht nur die Sexualität, sondern jede Form der Transzendenz. Unter eindimensionalen Menschen überrascht es nicht, daß jemand mit der eindringlichen Erfahrung anderer Dimensionen, die er nicht völlig leugnen oder vergessen kann, das Risiko eingeht, entweder von den anderen vernichtet zu werden oder das, was er weiß, zu verraten." (Laing [1972], p. 11.)

[3] Jünger, Ernst: *Annäherungen. Drogen und Rausch* [A], p. 48. – „Der Raub an der Gesellschaft wird nun spürbar, den wir mit solchem Exzeß begehen", schreibt Jünger auch an anderer Stelle. „‚Excedo‘ – ich gehe hinaus, ich entferne mich, und zwar sowohl aus der eigenen Begrenzung wie aus dem sozialen Geheg. Excessus ist die Ausschreitung. Damit droht früher oder später exclusio, die Ausschließung." [A 208]

[4] Schneider (1964), p. 147. – Über das Fantastische schreibt Jackson: „In einer Kultur, die das ‚Wirkliche‘ mit dem ‚Sichtbaren‘ gleichsetzt und dem Auge eine Vorherrschaft über alle anderen Sinnesorgane zuspricht, ist das Un-Wirkliche das, was un-sichtbar ist. Was nicht sichtbar ist oder sich dem Blick zu entziehen droht, kann innerhalb eines epistemologischen und metaphysischen Systems, das ‚Ich sehe‘ als ein Synonym von ‚Ich verstehe‘ definiert, nur eine subversive Funktion übernehmen. Erkenntnis, Wissen, Vernunft werden durch das Vermögen des *Blickes*, durch das ‚Auge‘ und das ‚Ich‘ des menschlichen Subjekts begründet, dessen Beziehung zu den Gegenständen durch sein Gesichtsfeld geprägt ist. In der fantastischen Kunst können die Gegenstände nicht ohne weiteres durch den Blick erfaßt werden: die Dinge entziehen sich dem Auge und Ich, das sie sich aneignen will und erscheinen darum verzerrt, in Auflösung begriffen, fragmentarisch und tauchen ab ins Unsichtbare." (Jackson [1981], pp. 45/46)

[5] Klages (1981), p. 69.

[6] Dabei wurde aber empfohlen, Besitzern einer bloß geringen Drogenmenge, sofern die Absicht des Weiterverkaufs auszuschließen sei, die Strafverfolgung zu ersparen. Was indessen unter einer „geringen" Menge zu verstehen ist, wurde auch durch das jüngste Cannabis-Urteil des Lübecker Landgerichts nicht definitiv geklärt; dort gilt zwar eine Menge von bis zu drei Kilogramm der Droge (sofern sie nach ihrem THC-Gehalt von „mittlerer" Qualität ist) als gering, dennoch bleibt die Entscheidung dieser Frage auch weiterhin dem jeweiligen Ermessen der Gerichte überlassen. (Vgl. u. a. Drieschner [1994], p. 90.) In der Öffentlichkeit wurde die Entscheidung

des Bundesverfassungsgerichts vielfach als eine Legalisierung von Cannabisprodukten mißverstanden. Tatsächlich ist der Besitz von Haschisch und Marihuana in der Bundesrepublik aber nach wie vor strafbar.

[7] Vgl. die kritische Haltung zum „Recht auf den Rausch" in Täschner (1994), pp. 49 ff.

[8] Schweppenhäuser (1979), pp. 14/15.

[9] Das Wort ist hier mit Bedacht gewählt: De Quincey führte den Begriff des „Pariah", des Angehörigen der niedrigsten Stufe im indischen Kastensystem, als ein Synonym für das isolierte Individuum ein; in diesem Sinn wurde er u.a. von Baudelaire und Lowry aufgegriffen. – Über Verlaines Essayband vgl. Burch (1961).

[10] Abrams (1976), p. 103. – Weniger glücklich ist dagegen die Auffassung von Mario Praz, der den Begriff des *poète maudit* als eine Synonymbezeichnung für die Vertreter der literarischen *Décadence* versteht (vgl. Praz [1969], p. 76). Tatsächlich waren doch viele Autoren jener ästhetischen Schule des *Fin de siècle* bloß *claqueurs*, die keineswegs, wie es bei Huysmans heißt, *a rebours* („gegen den Strich") lebten und dachten, sondern mit dem Strom schwammen und die gefeierten Vorbilder nur in den äußerlichen Details kopierten: Diese mit Baudelaire oder Rimbaud unter dem gemeinsamen Etikett des *poète maudit* zu führen, würde den echten Leiden und der Originalität jener Letzteren sicher nicht gerecht, zumal derjenige, der dem jeweils Modischen folgt, einen Weg des geringen Widerstandes geht und somit die Leidensbereitschaft nicht, wie der *poète maudit*, als *Conditio sine qua non* der Poesie anerkennt.

[11] Huxley, Aldous: *Island* [I], p. 129.

[12] Wenn es Wirklichkeitssinn gibt, so läßt Robert Musil seinen Protagonisten in dem Roman *Der Mann ohne Eigenschaften* überlegen, dann muß es auch einen Möglichkeitssinn geben, der das gestattet, was unserem gewöhnlichen Wirklichkeitsverständnis wie eine Quadratur des Kreises erscheint: eine Seinsform, die darauf gründet, daß das Mystische, das Unsagbare, das Unbewußte mit klarem Verstand und vollem Bewußtsein erkannt und erfahren wird. Das ungeschmälerte ekstatische Einheitserleben der *unio mystica*, gepaart mit einer ebenfalls uneingeschränkt operierenden Vernunft, die ihm durch den bewußten Erkenntnisakt Dauer verleiht – dies ist Musils Utopie des „anderen Zustands". Diesem Ideal im menschlichen Dasein so nahe wie möglich zu kommen, also eine fast absolute Wirklichkeit zu erschaffen (oder doch wenigstens eine bessere als die herkömmliche ist), ist das sehnsüchtige Anliegen, das die Rauschautoren mit dem allgemeinen Streben der Moderne verbindet. Ein Beispiel für diese Gemeinsamkeit zeigt das Werk Ingeborg Bachmanns, das u.a. deutlich durch die Lektüre Wittgensteins und Musils geprägt ist. So gibt das große Ziel von Bachmanns Prosa – die Begründung einer neuen Sprache, die eine neue Wirklichkeit konstituieren mag – der Autorin in ihrem Roman *Malina* (1971) mehrfach Anlaß, die „andere" Erfahrung des Drogenrausches als *Tertium comparationis* heranzuziehen: Das Reich der Phantasie, in dem die herrliche neue Wirklichkeit regieren soll, wird etwa als „trunkenes Land" beschrieben, die Ich-Erzählerin bezeichnet die Lebenskraft, die ihr aus einer Liebesbeziehung erwächst, als „Injektionen von Wirklichkeit" und vergleicht deren Wirkung mit der des Yage: „Meine Fantasie, reicher als die Yagefantasie, wird endlich durch Ivan in Bewegung gesetzt, etwas Immenses ist durch ihn in mich gekommen und strahlt nun aus mir, immerzu bestrahle ich die Welt, die es nötig hat …" Analog dazu wird der Geliebte wie eine Droge betrachtet: „Sein Name ist ein Genußmittel für mich geworden, ein unentbehrlicher Luxus in meinem armseligen Leben …" An einer späteren Stelle heißt es zwar beschwichtigend: „Nein, ich nehme keine Drogen, ich nehme Bücher zu mir", doch haben einige Tagträume der Ich-Gestalt eine unübersehbare psychedelische Qualität (z. B. wenn sie sich von „Farben, leuchtend, knallig, rasend" übergossen fühlt oder wenn sie in Gedanken ausruft: „Mein Blau, mein herrliches Blau, in dem die Pfauen spazieren, und mein Blau der Fernen, mein blauer Zufall am Horizont! Das Blau greift tiefer in mich hinein …") Das letzte Kapitel, in dem nur noch bildlich von einer „Morphiuminjektion" die Rede ist, gestaltet sich in diesem Zusammenhang wie eine schmerzliche Entzugserfahrung, an der die sehnsüchtig empfindende Ich-Figur zugrunde geht;

sie verschwindet in einem Riß in der Wand, übrig bleibt nur die in der Gestalt von Malina dargestellte kalte Sachlichkeit und Vernunft. (Die Zitate stammen der Reihe nach von den Seiten 26, 76, 87, 94, 183, 184 und 240 in Bachmann, Ingeborg: *Malina*, Frankfurt a.M. ³1981.)

[13] „Coleridges Opiumvisionen und Alpträume beeinflußten den größten Teil seiner Dichtung nur in geringem Maße, und durchaus nicht positiv." Allerdings habe die Opiumerfahrung einigen Einfluß auf seine „Feststellungen über den Sehmechanismus, besonders die Wahrnehmung von Flammen und Lichtmustern" gehabt. (Hayter, p. 210; vgl. auch p. 197, sowie Schneider [1953], p. 71.)

[14] Kant (1983), p. 52 [139].

[15] Wittgenstein (1963). Im vorhergehenden Satz 6.522 weist Wittgenstein außerdem darauf hin, daß das Unaussprechliche nur zeichenhaft erfahrbar sei: „Es gibt allerdings Unaussprechliches. Dies *zeigt* sich, es ist das Mystische."

[16] Thiel (1993), p. 125.

[17] Kleber (1993), p. 131.

Erster Teil
Kulturgeschichte der Drogen im Überblick

[1] Drogenverbote, oft aus machtpolitischen Gründen verhängt, oder ein schlechtes gesellschaftliches Ansehen von Rauschmittelkonsumenten hat es indessen seit den frühen Zivilisationen immer wieder gegeben; so wurde schon im alten Ägypten zeitweise eine Alkoholprohibition ausgesprochen, und in China war sogar während der ganzen Chou-Dynastie, die fast achthundert Jahre lang (1027–256 v.Chr.) bestand, ein Weinverbot in Kraft.

[2] Für eine ausführlichere Darstellung zur Kulturgeschichte der Drogen vgl. meine Ausführungen in *Göttliche Gifte. Kleine Kulturgeschichte des Rausches seit dem Garten Eden*, Stuttgart 1996.

[3] Vgl. James, Henry: „Preface", in: *The Portrait of a Lady* (1981), p. ix.

[4] Chatelain deutet die Konstellation von Schlange, Frau und Baum des Lebens als Substrat diverser Mythen um Wein und Trunkenheit und weist darauf hin, daß die Blätter des Baumes, obwohl sie in der Bibel als Feigenblätter bezeichnet werden, in der christlichen Ikonographie oft als Weinblätter dargestellt werden. Außerdem erinnert sie daran, daß die Bibel selbst einen Bezug zwischen Wein und Schlange herstellt. Vgl. Chatelain, Martine: „Berichte über Drogenkonsum im Alten und Neuen Testament", p. 502; in: Völger/von Welck, Bd. 2, pp. 499–506.

[5] Vgl. etwa Creighton, C.: „On Indications of the Hachish-Vice in the Old Testament", *Janus*, VIII (Amsterdam, 1903), pp. 241 u. 297, sowie die Anmerkung auf Seite 657.

[6] Vgl. hierzu meine Ausführungen in *Göttliche Gifte*, pp. 10 f.

[7] Als *Tertium comparationis* des Göttlichen taucht der Wein später sehr oft bei den christlichen Mystikern auf. Vgl. hierzu auch Huxleys Ausführungen in M 156/157.

[8] Vgl. Seefelder (1990), p. 11, sowie Farber, Walter: „Drogen im alten Mesopotamien – Sumerer und Akkader", in: Völger/von Welck, Bd. 2, pp. 488–498.

[9] Zur Geschichte der Rauschmittel in Ägypten vgl. Cranach, Diana von: „Drogen im alten Ägypten", in: Völger/von Welck, Bd. 2, pp. 480–487. Vgl. auch Seefelder, pp. 11–13.

[10] Die Stadt Mekone, die früher Sikyon genannt wurde, lag westlich von Korinth und war über viele Jahrhunderte das Zentrum des griechischen Mohnanbaues. Das Wort „Mohn" leitet sich daher etymologisch wahrscheinlich aus dem Namen dieser Stadt her. So bezeichnet z.B. der Arzt Hippokrates (um 460–375 v.Chr.) das Opium als „Mekonion". Analog dazu war die im heutigen Westanatolien gelegene Stadt Afyon, aus deren Namen sich das Wort „Opium" herleitet, das kleinasiatische Zentrum des Opiumhandels.

[11] Vgl. Jettmar, Karl: „Skythen und Haschisch", in: Völger/von Welck, Bd. 2, pp. 530–536.

[12] Meine Ausführungen basieren auf Preiser, Gert: „Wein im Urteil der griechischen Antike", in: Völger/von Welck, Bd. 2, pp. 506–520.

[13] Zit. nach Preiser, p. 512.
[14] Meine Ausführungen über Wein folgen weitgehend dem Aufsatz von Gert Preiser: „Wein im Urteil der Römer", in: Völger/von Welck, Bd. 2, pp. 521–529; jene über Opium basieren auf Seefelder, pp. 39 ff.
[15] Vgl. Seefelder, p. 46.
[16] Der Begriff wird erstmals von dem um 200 v. Chr. geborenen lydischen Arzt Nikandros gebraucht und bezeichnet anscheinend alle Universalheilmittel, die aus mehreren Grundsubstanzen zusammengestellt sind. Im engeren Sinn versteht man darunter jedoch ein Gegengift. Im Orient hat sich der Begriff *teryâk* als eine Bezeichnung für Opium bis heute erhalten (vgl. Gelpke [1966], p. 50). Theriaka variierender Rezepturen blieben bis ins 18. Jahrhundert gebräuchlich.
[17] Vgl. Seefelder, pp. 50/51.
[18] Vgl. op. cit., p. 47 und 55.
[19] Der Islam gründet auf vier Haupttexten, nämlich den beiden Heiligen Schriften *Koran* und *Sunna*, der *Idjma* genannten „einmütigen Lehre" und dem *Kijas*, in dem rechtliche Grundsätze auf der Basis von Analogieschlüssen formuliert werden. In diesem letzten Text wird das Verbot des Weines auf alle alkoholischen Getränke ausgedehnt.
[20] Gelpke schreibt hierzu: „Dazu kommt, daß das Haschisch von jeher im Ruf stand, sowohl mysteriös wie auch gefährlich zu sein. Das spiegelt sich schon in den Namen, die man ihm gab ... Man wußte früh schon, daß Haschisch, im Übermaß genossen, zu Wahnsinn oder Verblödung führt; während er, in kleinen Dosen eingenommen, als ‚Hefe des Denkens' wirkt und als Symbol des Propheten Chezr gilt, der dem Verirrten erscheint und ihn heimführt..." (p. 85) – Daß der Gebrauch von Haschisch im Orient auch heute noch einen ähnlichen Stellenwert hat wie der Alkohol im Abendland, zeigt der Erzählungsband *M'haschisch* (1969) des amerikanischen Schriftstellers Paul Bowles sehr deutlich. Bowles hat die Geschichten dieses Bandes nicht selbst erfunden; es sind Erzählungen aus dem Repertoire des marokkanischen Geschichtenerzählers Mohammed Mrabet, die zuvor nur in der mündlichen Tradition existierten. Obwohl der Titel des Bandes, der übersetzt soviel wie „voll von Haschisch" bedeutet, die Droge ins Zentrum der Aufmerksamkeit stellt, befassen sich die Geschichten doch mehr mit anekdotenhaften Gesellschaftsporträts. Immerhin wird aber deutlich, daß der Gebrauch von Haschisch in dieser Gesellschaft grundsätzlich toleriert wird. So ist es bezeichnend, daß die Frau eines Haschisch-Rauchers in einer der Geschichten ihren Mann nicht wegen seines Drogengenusses überhaupt beschimpft, sondern weil er sich bereits morgens berauscht, anstatt damit bis zum Nachmittag zu warten, wenn sein Tagewerk getan ist.
[21] Vgl. meine Ausführungen in *Göttliche Gifte*, p. 16, sowie Gelpke, pp. 64 ff. und Bürgel, Johann Christoph: „Eine Reise in den Orient. Der Wein in der islamischen Dichtung", *du*, 12 (Dezember 1994) 64–65.
[22] Vgl. Seefelder, p. 66.
[23] Vgl. Gelpke, pp. 50 und 79/80.
[24] 1704–1717 erschien in vier Bänden die französische Übertragung eines von Jean-Antoine Galland erworbenen Fragments, das die Erzählungen der ersten 280 Nächte enthält.
[25] Vgl. hierzu etwa Jacob (1923), p. 77 ff.
[26] Taylor (1986), p. 57.
[27] Vgl. HE 15; ix–x.
[28] Eine ausführliche Darstellung findet sich bei Gelpke, pp. 105–134.
[29] Es scheint, daß abendländische Wissenschaftler zunächst keine Erklärung für den Namen der Assassinen fanden, da ihnen das Haschisch noch unbekannt war (vgl. Gelpke, p. 279), bis der französische Orientalist Silvestre de Sacy 1809 seine Schrift *Sur la dynastie des Assassins et sur l'origine de leur nom* veröffentlichte, in der er auf den Zusammenhang mit der Droge hinwies. Ein anderer Orientalist, Joseph von Hammer-Purgstall, vertrat dieselbe Ansicht zehn Jahre später, wobei er jedoch dem Irrtum erlag, daß Haschisch, Bilsenkraut und Opium ein und dieselbe Droge seien. Jacques Joseph Moreau de Tours, der die französischen Künstler des *Club*

des Hachichins mit der Haschischpaste Dawamesc versorgte, war als Kenner der Droge natürlich überzeugt, daß die Assassinen Haschisch benutzt haben müßten. (Vgl. Moreau [1845], pp. 10/11.) Robert Southey, der als einer der englischen *Lake Poets* mit dem opiumsüchtigen Coleridge befreundet war, nahm in einem Brief vom Oktober 1799 dagegen fälschlich an, daß die Assassinen „after an opium dose" in die Paradiesgärten des Alten vom Berge versetzt wurden. (Vgl. Hayter, p. 21) Diese Vorstellung mag einerseits dadurch begründet sein, daß Southey keine Kenntnis von Haschisch hatte. Andererseits könnte sie aber auch darauf hindeuten, daß Coleridge ihm vielleicht persönlich mitgeteilt hat, was die Öffentlichkeit erst aus einem siebzehn Jahre später veröffentlichten Bericht erfahren sollte – daß nämlich sein Gedicht „Kubla Khan" auf einer Traumvision gründe, die einerseits durch den Einfluß eines „Schmerzmittels" (natürlich Opium, wie die Gedicht-Variante des erst 1934 entdeckten Crewe-Manuskriptes zeigt, wo statt des Wortes „anodyne" von „two grains of Opium" die Rede ist [vgl. Schneider, p. 25]) und andererseits durch eine unmittelbar vor dem Traum abgebrochene Lektüre entstanden sei. Das Buch, über dem Coleridge in seine Träumerei verfiel, war eine Reisebeschreibung aus dem 17. Jahrhundert, die fast wörtlich Marco Polos Kapitel über die Assassinen wiedergibt. John Livingston Lowes hat in einer detaillierten Untersuchung nachgewiesen, daß die Bildlichkeit des Gedichts in der Tat auffällig viele Übereinstimmungen mit jenem Text aufweist. (Vgl. *The Road to Xanadu* [1959], pp. 324–332. – Bei Coleridges Lektüre handelte es sich entweder um das von Samuel Purchas verfaßte Werk *Purchas His Pilgrimage* [1617] oder um die erweiterte Fassung *Purchas His Pilgrimes* [1625]. In beiden Versionen wird der Assassinenstoff erwähnt.) – Interessant ist auch eine Bemerkung bei Kant, die auf eine entstellte Information über die Assassinen und ihre legendäre Drogenbeeinflussung zurückgehen mag. In seiner späten Schrift *Anthropologie in pragmatischer Hinsicht* (1798) heißt es nämlich im Kapitel über Furchtsamkeit und Tapferkeit: „Die Türken nennen ihre Braven (vielleicht durch Opium) Tolle." (p. 198 [256])

[30] Op. cit., pp. 107/108.
[31] Vgl. Gelpke, pp. 110/111.
[32] Op. cit., pp. 130 und 52/53. – In diesem Zusammenhang meint Gelpke: „Das apokalyptische Grauen, das Orient und Okzident vor den Assassinen empfanden, rührte letztlich von der Ahnung her, daß hier Mystiker nach der Macht strebten, daß Wissende sich des Mordes als eines politischen Mittels zum Zweck bedienten. Das allein – und nicht die Taten oder Untaten als solche – war dämonisch. Es bedeutet Schuld nicht aus der moralischen, sondern aus der metaphysischen Perspektive. Und *so* gedeutet dürfte die Legende Wirklichkeit sein." (p. 134)
[33] Ein möglicher Grund für dieses Schweigen ist in der drogenfeindlichen Haltung der Kirche zu sehen. Vgl. Seefelder, pp. 96–117. – Die kirchliche Ablehnung von Drogen kann durchaus im Einklang mit dem Neuen Testament gesehen werden: So gibt es eine Theorie im Zusammenhang mit der Kreuzigung Christi, derzufolge der Schwamm, den ein römischer Legionär an einer Lanzenspitze zu Christus emporreicht, mit einer Opiumlösung getränkt gewesen sein könnte: „Unter Wissenschaftlern gibt es einen Disput über die Stelle des Matthäus-Evangeliums (24, 34), die über die Sterbehilfe berichtet, die man Jesus am Kreuz zukommen ließ: ‚Dort reichten sie ihm Wein mit Galle gemischt. Er kostete davon, wollte aber nicht trinken', so die heutige Textdeutung. Aber das althebräische Wort für Galle, ‚rosh', bezeichnet auch Opium. Was meint nun der Text bei Matthäus? Opium könnte eine Hilfe gewesen sein, die Pilatus ... dem Opfer seines Richterspruchs nach römischem Brauch zukommen ließ. Jesus berührte den Trank, der ihm die Qualen lindern helfen sollte, nur mit den Lippen und wies ihn zurück. Er wollte bei vollem Bewußtsein leiden und sterben." (Seefelder, p. 47) Demgegenüber weist Shapiro etwas vage darauf hin, daß die Reggae-Musiker der jamaikanischen Rastafari-Bewegung „aufgrund einiger Stellen aus der Schöpfungsgeschichte, der Offenbarung und den Psalmen", in denen ein „wohltätiges Kraut" erwähnt werde, zur Überzeugung gelangt seien, daß damit Marihuana gemeint sein müsse, das sie folglich als „Sakrament" verehrten. (Shapiro [1989], p. 205.)
[34] Seefelder, p. 115.
[35] Zit. n. Schmitz, Rudolf: „Opium als Heilmittel", p. 652; in: Völger/von Welck, Bd. 2, pp. 650–661.

[36] Zit. nach Mickel (1969), p. 43. Vgl. auch Seefelder, p. 126.
[37] Vgl. Austin, Gregory: „Die europäische Drogenkrise des 16. und 17. Jahrhunderts", p. 117; in: Völger/von Welck, Bd. 1, pp. 115–132. – Meine Ausführungen basieren außerdem auf den nachstehend genannten Aufsätzen, die alle in Völger/von Welck, Bd. 1, enthalten sind: Legnaro, Aldo: „Alkoholkonsum und Verhaltenskontrolle", pp. 153–175; Stolleis, Michael: „‚Von dem grewlichen Laster der Truncken heit' – Trinkverbote im 16. und 17. Jahrhundert", pp. 176–191, und Coffey, Timothy G.: „Beer Street – Gin Lane – Aspekte des Trinkens im 18. Jahrhundert", pp. 192–201. – Vgl. ferner Spode, Hasso: *Alkohol und Zivilisation*, Berlin 1991.
[38] Legnaro, p. 156.
[39] Stolleis, pp. 188/189.
[40] Zit. nach Austin, p. 118.
[41] Zit. nach Stolleis, p. 184. – Stolleis zitiert ferner aus Luthers 1534 verfaßter Auslegung des 101. Psalms: „Es muß ein jeglich Land seinen eigenen Teufel haben, unser deutscher Teufel wird ein guter Weinschlauch sein und muß Sauf heißen, daß er so dürstig und hellig ist, der mit so großem Saufen Weins und Biers nicht kann gekühlet werden. Und wird solch ewiger Durst und Deutschlands Plage bleiben ... bis an den jüngsten Tag." (pp. 183/184)
[42] Zit. nach Legnaro, p. 166.
[43] Während das Trinken von Alkohol oft als unveräußerliches Grundrecht im Sinne des durch die Verfassung garantierten individuellen Strebens nach Glückseligkeit verstanden wurde, entstanden zu Beginn des 19. Jahrhunderts große Mäßigkeitsvereine, denen nach kurzer Zeit bereits mehrere Millionen Mitglieder angehörten. Der größte Erfolg dieser Bewegung, die Durchsetzung eines bundesweiten Alkoholverbots, das von 1919 bis 1933 in Kraft blieb, erwies sich jedoch als ein Pyrrhussieg, da im Lauf dieses „edlen Experiments" viele zentrale Thesen der Bewegung widerlegt wurden und eine deutliche Mehrheit endlich die Wiederaufhebung der Prohibition durchsetzte. (Vgl. hierzu *Göttliche Gifte*, pp. 283 ff.)
[44] Vgl. Fahrenkrug (1984), pp. 45.
[45] Vgl. Stolleis, p. 179.
[46] Legnaro, p. 157.
[47] Vgl. op. cit., p. 161.
[48] Schivelbusch (1980), pp. 168 und 170.
[49] Legnaro, p. 165.
[50] Vgl. Matheson (1986), p. 70.
[51] Vgl. hierzu Levine, Harry Gene: „Die Entdeckung der Sucht – Wandel der Vorstellungen über Trunkenheit in Nordamerika", p. 216; in: Völger/von Welck, Bd. 1, pp. 212–224.
[52] Spode, p. 181.
[53] Logan (1974), p. 92.
[54] „Nach dem Bürgerkrieg", schreibt Logan etwa, „wurde die Zahl der amerikanischen Drogenabhängigen auf 400.000 geschätzt – etwa 1 % der Bevölkerung; die Morphinsucht wurde als ‚Armeekrankheit' bekannt." (p. 89)
[55] Vgl. Bieker, p. 17.
[56] Das indische Opium war unter dem britischen Generalgouvernement fast ausschließlich für den Export nach China bestimmt. Großbritannien hatte das Reich der Mitte in den sog. Opiumkriegen mit französischer Unterstützung zur Duldung des lukrativen Opiumhandels gezwungen, was bewirkte, daß ein großer Teil der chinesischen Bevölkerung süchtig wurde (vgl. *Göttliche Gifte*, pp. 23 ff.). – Thomas De Quincey hatte die militärische Intervention seines Landes in China begrüßt, obwohl er wußte, wie gefährlich die Droge sein konnte. Der Grund für diese Haltung lag, wie Lindop erläutert, hauptsächlich in seiner panischen Furcht vor der „gelben Gefahr", zumal das Bild des Chinesen sich in seinen Opiumträumen oft als Inbegriff des Schrecklichen erwiesen hatte: „De Quincey ersparte sich eine Diskussion über das Für und Wider des Opiumkonsums und bezog eine vehement antichinesische Position auf der Grundlage seiner Überzeugung, daß die Chinesen primitive Barbaren seien. Ihre einzige Hoffnung, sich zu verbessern, bestünde im Kontakt mit dem westlichen – und besonders dem britischen – Zivilisierungspotential, und ein

solcher Kontakt müsse (da die Chinesen von Natur aus verschlagen seien) nach den Bedingungen des Westens erfolgen, also unter dem Schutz militärischer Gewalt als der einzigen Maßnahme, die ein Chinese verstehe. Die Grundlage dieser Haltung war ein Vorurteil: De Quincey hatte die Idee des Chinesischen von jeher verabscheut, und er war nicht gewillt, die Angelegenheit unvoreingenommen zu betrachten, zumal die Kriegsgegner in Großbritannien das Opium mit Nachdruck als eine verderbenbringende Droge verurteilten." (Lindop [1981], pp. 338/339.)

[57] Vgl. Berridge (1978), p. 440.
[58] Berridge, p. 441.
[59] Vgl. op. cit., p. 448.
[60] In seiner Fassung von 1929 behielt das „Opiumgesetz" seine Gültigkeit bis 1971, als das „Betäubungsmittelgesetz" (BmtG) verabschiedet wurde. Die Anwendung dieses Gesetzes durch Ärzte und Apotheker ist durch die sogenannte „Verschreibungsverordnung" geregelt, welche die Bedingungen für die Abgabe und Anwendung bestimmter Drogen festhält, während Herstellung, Vertrieb und Gebrauch anderer Rauschmittel, deren medizinische Anwendung für verzichtbar gehalten wird (z.B. Kokain, Heroin und LSD) durchweg verboten sind. Das Betäubungsmittelgesetz wurde 1981 durch das „Gesetz zur Neuordnung des Betäubungsmittelrechts" modifiziert. Grundlage des deutschen Betäubungsmittelrechts ist die weitgehende Orientierung an internationalen Abkommen. So wurden die Beschlüsse der *Single Convention on Narcotic Drugs* vom 30. März 1961 am 4. September 1971 in der Bundesrepublik per Gesetz ratifiziert. Nur bedingten Einfluß auf die deutsche Gesetzgebung hatten dagegen die Beschlüsse der *Convention on Psychotropic Substances* von 1971, die u.a. festhalten, daß der Besitz von Drogen zum Eigengebrauch nicht notwendig strafbar sei, da der Hauptzweck der Drogengesetzgebung in der Bekämpfung des Drogenhandels bestehe, daher werden auch Behandlungs- und Betreuungsmaßnahmen als mögliche Alternativen zur Bestrafung hervorgehoben. (Zur näheren Information über die deutsche und internationale Drogengesetzgebung vgl. Dünkel, Frieder: „Strafrechtliche Drogengesetzgebung im internationalen Vergleich", und Kreuzer, Arthur: „Drogenpolitik und strafrechtliche Drogenkontrolle in der Bundesrepublik Deutschland", beide in: Völger/von Welck, Bd. 3, pp. 1179–1199 bzw. pp. 1166–1178.)
[61] Vgl. Zackon, p. 25.
[62] Vgl. op. cit., p. 30.
[63] Vgl. op. cit., p. 25. – Allerdings konnten diese Süchtigen statt des Morphins das noch legal erhältliche Heroin benutzen, dessen Besitz und Konsum erst 1924 verboten wurde.
[64] Vgl. Lindop, p. 249.
[65] De Quincey hatte ursprünglich geplant, im Anhang der *Confessions* mehrere solcher Rauschtexte zu versammeln, doch der achtlose Umgang mit einer Kerze hatte bewirkt, daß alle Texte, bis auf diesen, bei einem Schreibtischbrand vernichtet wurden.
[66] Vgl. Hayter, pp. 228/229.
[67] Allerdings gibt Lindop zu bedenken, daß dieses Gespräch vielleicht niemals geführt wurde oder möglicherweise erst zu einem späteren Zeitpunkt, als De Quincey dem an den Folgen des Opiumentzugs leidenden Coleridge half, einen Vortrag in London auszuarbeiten. „Es scheint", schreibt Lindop, „daß De Quincey seine Opiumeinnahme immer noch geheimhielt, aber er mag genug gesehen haben, um einen Schrecken zu bekommen, denn Coleridge litt an Anfällen von Brechdurchfall; über mehrere Stunden hinweg hatte er Schweißausbrüche, bis seine Kleidung durchtränkt war; manchmal konnte er tagelang nicht zusammenhängend arbeiten oder denken." (p. 157) De Quincey selbst fügt an der zitierten Stelle eine Anmerkung ein, in der er auf den Coleridge-Biographen Gillman hinweist, der den folgenden Satz aus Coleridges Notizbuch (Eintragung vom 7. Januar 1830) zitiere: „‚Oh, mag der Gott, von dem ich durch Christus Vergebung erwarte, dem Autor der ‚Confessions of an Opium Eater' Milde walten lassen, ... sogar unter strömenden Tränen beschwor ich den Autor dieses Werkes, und mit nachdrücklicher Warnung vor dem Kommenden. Er wies dies gänzlich von sich, doch fürchte ich, daß ich ihn schon damals eher zur *Umkehr hätte bewegen sollen* als ihn vorsorglich warnen.'"
[68] Zur Entwicklung von Coleridges Opiatabhängigkeit vgl. Hayter, pp. 191 ff.

[69] Vgl. u. a. die Überlegungen zur Opiatbeeinflussung von „Kubla Khan" in Lowes (1959), pp. 377 ff. Vgl. auch Seite 657 und Seite 472 ff.

[70] Vgl. Lefebure, pp. 57 und 68.

[71] Hayter, p. 209. – Über den vielerörterten drogenbewirkten Ruin von Coleridges poetischem Vermögen vgl. auch Dupouy (1912), pp. 238 ff.

[72] Abrams (1970), p. xi.

[73] Vgl. Dieckhoff, p. 708.

[74] Vgl. hierzu die Liste der amerikanischen Editionen von De Quinceys Werken in Stäuble (1976), pp. 490/491.

[75] Zit. nach Lindop, p. 368.

[76] So schreibt er in „The Poet": „Es ist ein Geheimnis, das jeder intellektuelle Mensch rasch begreift, daß er jenseits der Energie seines kontrollierten und bewußten Intellekts den Zugriff auf eine neue Energie haben kann …, indem er sich dem Wesen der Dinge hingibt; daß es neben seiner persönlichen Kraft als individueller Mensch eine große öffentliche Kraft gibt, auf die er bauen kann, indem er, bei allen Risiken, seine menschlichen Pforten öffnet und die ätherischen Fluten durch sich hindurch wallen und zirkulieren läßt. Dann geht er in das Leben des Universums ein, seine Rede ist Donner, seine Gedanken sind Gesetz und seine Worte sind so allgemeinverständlich wie die Pflanzen und Tiere. Der Dichter weiß, daß er angemessen nur spricht, wenn er er ein wenig wild redet, oder ‚mit der Blume des Geistes', nicht mit dem Intellekt, der wie ein Organ benutzt wird, sondern mit dem Intellekt, der von jener Dienstbarkeit entbunden ist und sich in seiner Ausrichtung von seinem himmlischen Leben leiten läßt, oder, wie die Alten sich auszudrücken pflegten, nicht mit dem Intellekt allein, sondern mit dem von Nektar berauschten Intellekt … Dies ist der Grund, wieso Barden Wein, Met, Rauschmittel, Kaffee, Tee, Opium, Sandelholz und Tabak lieben …" [SE 274/275]

[77] Diese Äußerung stimmt mit Emersons Schlußbemerkung in „Circles" überein: „Träume und Trunkenheit, der Gebrauch von Opium und Alkohol sind die Scheinentsprechung und Fälschung dieser prophetischen Genialität, daher ihre gefährliche Attraktivität für die Menschen. Aus dem gleichen Grund erbitten sie die Hilfe wilder Leidenschaften, wie beim Spiel und im Krieg, um auf irgendeine Art diese Flammen und Freigiebigkeiten des Herzens nachzuäffen." [SE 238]

[78] Vgl. Warner (1986), p. 58.

[79] Warner, p. 63.

[80] An Thomas White. (*The Letters of Edgar Allan Poe*, hg. v. John Ward Ostrom, Bd. I, p. 58).

[81] Das Zitat stammt aus De Quinceys *Confessions*, wo es heißt: „… damals konnte ich es mir nicht erlauben, jeden Tag ‚ein Glas Laudanum-Glühwein, heiß und ohne Zucker' zu bestellen (wie ich es später tat)." [CEO 269; 190].

[82] Über diese Rolle und die Beeinflussung Poes durch das Werk E. T. A. Hoffmanns vgl. u. a. Varma (1966), p. 204; Tate (1967), p. 48; Mayer (1959), p. 242, sowie Cobb (1908) und die unplausiblen Gegenpositionen in Vleuten (1903), p. 189 und Lippe (1977), p. 534. Über De Quincey als Wegbereiter einer neuen, psychologischen Schauerliteratur vgl. Mickel, p. 67.

[83] Von den Literaturkritikern wurde Ludlow bislang zu Unrecht ignoriert. Dem *Dictionary of American Biography* (hg. v. Dumas Malone, New York 1933; Bd. 11, p. 491) ist zu entnehmen, daß in der Bibliothek der University of Chicago ein offenbar unveröffentlichtes Dissertationsmanuskript über Ludlows Leben und Werk vorliegt (Sebastian, Hugh: *A Biographical and Critical Study of Fitz Hugh Ludlow*); davon abgesehen wurden in den 125 Jahren seit seinem Tod allem Anschein nach kaum mehr als ein Dutzend Aufsätze über Ludlow veröffentlicht; dennoch gibt es in San Francisco eine zweifellos sehr übersichtliche *Fitz Hugh Ludlow Memorial Library*, deren Direktor Michael Horowitz auch Mitherausgeber von Huxleys psychedelischen Schriften ist. 1903 erfolgte ein Neudruck des *Hasheesh Eater* bei einem, wie Horowitz in der deutschen Übersetzung des Buches schreibt, „ansonsten unbekannten New Yorker Verleger, S. G. Rains". („Der Haschisch-Esser. Eine bibliographische Notiz", p. 191.) Es mag die Obskurität dieses Werkes gewesen sein, die den selbst mit Drogen experimentierenden Magier und Schriftsteller Aleister Crowley auf das Buch aufmerksam machte, das er in Auszügen in seiner okkultistischen

Zeitschrift *The Equinox* (IV, 1910) abdruckte. Eine breitere Aufmerksamkeit fand es aber erst im Zuge der psychedelischen Bewegung, als es, wenn nicht zu einem Kultbuch, so doch zu einer geläufigen „Szene"-Lektüre avancierte, nachdem mehrere Neuauflagen sowie einige selektive Veröffentlichungen in Zeitschriften erschienen waren. Auch der an den berühmten *City Lights Book Store* angeschlossene Verlag Lawrence Ferlinghettis, in dem viele Werke der *Beat Generation* erstveröffentlicht wurden, publizierte eine Ausgabe des *Hasheesh Eater*. Robert de Ropp befaßt sich relativ ausführlich mit Ludlow (vgl. pp. 70 ff.), dessen *Hasheesh Eater* er für gelungener hält als De Quinceys *Confessions*: „[Das Buch] bietet (zumindest nach meiner Ansicht) lebendigeren und bunteren Lesestoff als die erheblich überschätzten Geständnisse des ,englischen Opiumessers' Thomas de Quincey." (p. 71) Auch Henri Michaux war mit Ludlows Schrift vertraut: „Einer der ersten ,Erforscher' des Haschisch bemerkt, daß während eines Rausches, der zehn Stunden und mehr dauern kann, jedes Bild nur einmal erscheint und nicht wiederkehrt, sich nie wiederholt (man könnte dies ein Gesetz nennen, das Ludlowsche Gesetz, so zutreffend und gut beobachtet und allgemein ist diese Bemerkung.)" (*Les Grandes Épreuves de l'esprit et les innombrables petites* [GE]; p. 181)

[84] Ludlow, Fitz Hugh: „What Shall They Do to be Saved?", p. 387; *Harpers New Monthly Magazine*, August 1867; pp. 377–387.

[85] Über den Einfluß von Bloods *Anaesthetic Revelation* auf James vgl. Boren (1983).

[86] Auch die graphischen Eigenarten sowie die beharrliche Wiederholung bestimmter Worte sind ein charakteristisches Merkmal von Texten, die unter dem Einfluß vor allem des Halluzinogenrausches entstanden sind. In diesem Zusammenhang ist darauf hinzuweisen, daß James auch einen Selbstversuch mit Meskalin durchführte, wie aus einem Brief vom 11. Juni 1896 an seinen Bruder Henry hervorgeht: „Zwei Tage habe ich mir durch ein psychologisches Experiment mit Mescal verdorben, einem Rauschmittel, das von einigen Indianern unseres Südwestens in ihren religiösen Zeremonien benutzt wird, eine Art Kaktusknolle, wovon die US-Regierung einen Vorrat an Mediziner verteilen ließ, darunter auch an Weir Mitchell, der mir etwas zum Probieren schickte. Er ist auch selbst ,im Märchenland' gewesen. Die Droge bewirkt die großartigsten Farbvisionen – jeder Gegenstand der Gedanken erscheint in einer juwelenartigen Pracht, die in der natürlichen Welt kein Gleiches findet. Sie bewirkt ein wenig Aufruhr im Magen, doch sei dies, W.M. zufolge, ein billiger Preis usw. Vor drei Tagen nahm ich eine Knolle, 24 Stunden lang war mir übel, und es zeigte sich kein anderes Symptom als dieses und der *Katzenjammer* am nächsten Tag. Aber ich will einmal annehmen, daß sie wirklich Visionen bewirken kann." (*The Letters of William James*, hg. v. seinem Sohn Henry James, Boston 1926; Bd. 2, p. 37.) Der Herausgeber merkt jedoch an, daß „die Wirkung einer Dosis, jedenfalls eine gewisse Zeit lang, durchaus erschreckender war, als dieser Brief zu verstehen gibt." (Op. cit., p. 35)

[87] James, William: *The Varieties of Religious Experience* [V]; p. 387.

[88] Vgl. Inoue (1977), p. 61, sowie Bieker, p. 35.

[89] Inoue, p. 61.

[90] Diese übersetzten Auszüge erschienen in den Ausgaben vom 29. und 30. September unter dem wortgetreuen Titel „Confessions d'un Anglais mangeur d'opium".

[91] Vgl. Mickel, p. 67.

[92] Obwohl Balzac von den sonderbaren Welten des Rausches fasziniert war, wendet er sich in „L'Opium" ebenso wie in dem von Alkohol, Zucker, Tee, Kaffee und Tabak handelnden „Traité des excitants modernes" (1839) gegen den Gebrauch von Rauschmitteln.

[93] Heute hält man einen gewissen Edouard Puycoussin für den wahren Verfasser der Erzählung. Vgl. Mickel, pp. 90–92.

[94] Vgl. hierzu Mickel, pp. 120 ff.

[95] Vgl. Prod'homme, J.G.: „Berlioz, Musset et Thomas de Quincey", übersetzt von Abram Loft, *Musical Quarterly* 32, no. 1, pp. 98–106.

[96] Mickel, p. 63.

⁹⁷ Moreau definiert die *aliénation mentale* als einen Zustand, in dem sich die eigentlich unvereinbaren „äußeren" und „inneren" Wahrnehmungswelten durchdringen: „Der Schlaf ist wie eine Barriere zwischen beiden, der physiologische Punkt, wo das äußere Leben endet und das innere Leben beginnt. / Soweit es sich so verhält, besteht eine völlige *geistige Gesundheit*, d.h. eine Regelmäßigkeit der intellektuellen Funktionen innerhalb der Grenzen, die jedem von uns vorgegeben sind. Doch es geschieht aus verschiedenen Ursachen, physischen wie moralischen, daß diese beiden Lebensarten dazu neigen, sich zu vermischen und die Phänomene der einen denen der anderen anzunähern und sich in der einfachen und unteilbaren Aktion des persönlichen Bewußtseins oder des *Ich* zu vereinen. Es erfolgt eine unvollkommene Verbindung, so daß das Individuum, ohne sich gänzlich aus dem realen Leben entfernt zu haben, in mehrfacher Hinsicht der Gedankenwelt angehört, wie anhand von verschiedenen Vernunftbeobachtungen, Sinnestäuschungen, irrigen Annahmen usw. deutlich wird." (Moreau [1845], p. 42.)

⁹⁸ „Überdies", schrieb Moreau später über die Wirkungen des Haschisch, „gibt es nur eine Art, sie zu studieren: In solchen Fällen erzielt die Beobachtung, sofern sie sich auf andere als uns selbst erstreckt, nur Eindrücke, aus denen wir durchaus nichts lernen oder die uns zu den größten Irrtümern verleiten können. / Ein für alle Mal und von Anfang an habe ich auf diesen Sachverhalt hingewiesen, dessen Zutreffen durch nichts in Frage gestellt wird. Die persönliche Erfahrung ist hier das *Kriterium* der Wahrheit. Ich spreche jedem, der nicht in seinem eigenen Namen redet und auch nicht auf eine hinreichend wiederholte Anwendung zurückblickt, das Recht ab, sich über die Wirkung des Haschisch zu verbreiten." (Moreau, p. 4.)

⁹⁹ Gautier, Théophile: „Le Hachich", p. 47; *Œuvres complètes*; Bd. II, pp. 47–56.

¹⁰⁰ Vgl. Stäuble (1976), p. 48.

¹⁰¹ Ebenfalls 1845 veröffentlicht Moreaus Kollege Alexandre Jacques-François Brierre de Boismont seine Schrift *Des Hallucinations*, während Alphonse Esquiros in der *Revue des Deux Mondes* über „l'Hallucination et des hallucinés" berichtet; der Arzt Louis Aubert-Roche befaßt sich in seiner 1840 erschienenen Untersuchung über Pest und Typhus im Orient auch ausführlich mit dem Haschisch, und die Ausgaben der *Annales médico-psychologiques* befassen sich besonders konzentriert zwischen 1850 und 1855 mit drogeninduzierten Formen der *aliénation mentale*. Vgl. hierzu Jeanneret, Michel: „La folie est un rêve: Nerval et le docteur Moreau de Tours", *Romantisme*, 27 (1980) 59–75; bes. pp. 60 ff., sowie Liedekerke (1984), pp. 32 ff. 1848 erschien außerdem die vom Haschisch handelnde Studie *Sanctuaire du spiritualisme* des Arztes Alphonse Cahagnet (vgl. hierzu Mickel, pp. 73 ff.).

¹⁰² Vgl. hierzu u.a. die Besprechung in Bieker, pp. 54 ff.

¹⁰³ Vgl. op. cit., pp. 92–94. – Mit der Legende des Alten vom Berge befaßte sich übrigens auch Gautier recht ausführlich; 1845 schloß er sogar einen Werkvertrag über eine Schrift mit dem Titel *Le Vieux de la Montagne* ab, der jedoch nie erfüllt wurde. (Vgl. Brie [1920], p. 49)

¹⁰⁴ Gautier, Théophile: „Les Contes d'Hoffmann" (1836), in: *Œuvres complètes*, Bd. VIII, p. 43.

¹⁰⁵ Mickel, p. 95.

¹⁰⁶ Vgl. op. cit., p. 103.

¹⁰⁷ Zit. nach Mickel, p. 86.

¹⁰⁸ 1860, als Baudelaires *Paradis artificiels* gerade erschienen waren, schrieb Flaubert dem Dichter: „Es scheint mir, daß Sie in einer so hochrangigen Abhandlung, in einer Arbeit, die am Anfang einer Wissenschaft steht …, mehrfach zu sehr (?) auf *den Geist des Bösen* verwiesen haben … Es wäre mir lieber, wenn Sie das Haschisch, das Opium, die Ausschweifung nicht so verurteilen würden. Weiß man denn, wohin das später führen mag?" (Ibid.)

¹⁰⁹ Dieser Enthusiasmus Flauberts ging so weit, daß er seit 1852, trotz seines Mangels an persönlicher Rauscherfahrung, ein Buch über Drogen plante, einen „metaphysischen Roman mit Erscheinungen" (Op. cit., p. 87), der *La Spirale* heißen sollte. Seine Entwürfe sahen vor, daß der Protagonist eine den Stadien des Haschischrausches entsprechende spirituelle Entwicklung durchmachen sollte, bis er zuletzt die Gewißheit erhalte, Gott zu sein. Das Projekt kam jedoch nie über erste flüchtige Skizzen hinaus. (Vgl. hierzu Bieker, pp. 182 ff.)

¹¹⁰ So erinnert sich Baudelaire: „Balzac war gewiß der Ansicht, es gebe für den Menschen keine größere Schande und kein heftigeres Leiden, als dem eigenen Willen zu entsagen. Ich habe ihn einmal in einer Gesellschaft gesehen, wo von der wunderbaren Wirkung des Haschisch die Rede war. Er lauschte und fragte, mit ergötzlicher Aufmerksamkeit und Lebhaftigkeit. Wer ihn gekannt hat, errät, daß der Gegenstand ihn interessierte. Doch die Vorstellung, wider seinen Willen zu denken, war ihm zutiefst zuwider. Man bot ihm Dawamesk an; prüfend betrachtete er es, roch daran, dann gab er es zurück, ohne davon zu nehmen. Der Widerstreit zwischen seiner fast kindlichen Neugier und dem Abscheu vor der Abdankung seines Willens verriet sich höchst ausdrucksvoll in dem lebhaften Mienenspiel seines Gesichtes. Die Liebe zur Würde trug den Sieg davon. Es fällt einem in der Tat nicht leicht, sich vorzustellen, der Theoretiker des *Willens*, dieser geistige Zwillingsbruder Louis Lamberts, könnte seine Zustimmung dazu geben, auch nur ein kleines Teilchen dieser kostbaren *Substanz* einzubüßen." [PA 384; VI 98/99]

¹¹¹ Zit. n. Mickel, p. 83. – Zu Balzacs Drogeninteresse vgl. auch Bieker, pp. 40 ff.

¹¹² Vgl. *Göttliche Gifte*, p. 336.

¹¹³ Baudelaire, Charles: „Le Peintre de la vie moderne" (1863), p. 1179; in: *Œuvres complètes*, 1961.

¹¹⁴ Nach 1851 kam dem Dichter seine Solidarität mit dem Proletariat unversehens abhanden, und es gibt keine Anzeichen, daß er diesen ideologischen Verlust bedauerte oder überhaupt bemerkte.

¹¹⁵ Vgl. hierzu das erste Kapitel in Inoue.

¹¹⁶ Baudelaire, Charles: „Projets de Préface pour *Les Fleurs du Mal*", p. 189; IV 120/121.

¹¹⁷ Rimbaud, Arthur: *Briefe. Dokumente* [BD], p. 18. (Die *voyant*-Briefe sind in dieser Ausgabe sowohl im Original als auch in deutscher Übersetzung enthalten). Übers. von Curd Ochwadt, pp. 19/21. Vgl. das Zitat des zweiten *voyant*-Briefes auf Seite 620.

¹¹⁸ Rimbaud, Arthur: *Sämtliche Dichtungen* [SD], pp. 204/205.

¹¹⁹ Vgl. BD 179 und 225.

¹²⁰ Zit. nach Yuasa (1982), p. 239.

¹²¹ Vgl. Peschel (1974), p. 70.

¹²² Daß Rimbaud sich hier durchaus nicht von den Drogen abwendet, zeigen viele der später entstandenen Gedichte, in denen der Rausch immer noch eine zentrale Rolle spielt. Ein Beispiel ist „Matinée d'ivresse" aus den *Illuminations* (1872/73), in dem die Zeit der Haschischesser verkündet wird und wo es heißt: „Petite veille d'ivresse, sainte! quand ce ne serait que pour le masque dont tu nous as gratifié. Nous t'affirmons, méthode! Nous n'oublions pas que tu as glorifié hier chacun de nos âges. Nous avons foi au poison. Nous savons donner notre vie tout entière tous les jours." [SD 204] [„Kurze Nachtwache der Trunkenheit, heilige! Und wäre es nur wegen der Maske, mit der du mich beschenkt hast. Ich bejahe dich, Methode! Ich vergesse nicht, daß du gestern mein ganzes Leben verklärt hast. Ich setze mein Vertrauen auf das Gift. Ich bin imstande mein Leben hinzugeben bis zum letzten Blutstropfen, alle Tage." (SD 205)] – Ein anderes Beispiel ist das in derselben Sammlung enthaltene Gedicht „H.", das höchstwahrscheinlich auf Haschisch Bezug nimmt und dessen Protagonistin Hortense als lautliche Entsprechung von „Hors-temps" (d.h. außerhalb der Zeit) Bedeutung erhält: „Qui est Hortense? C'est un être ,Hors-temps', quelqu'un d'intemporel, et en même temps, c'est ,H', le haschisch, force qui peut libérer l'homme des ,honnêtetés tyranniques'." [„Wer ist Hortense? Sie ist ein Wesen ,außerhalb der Zeit', jemand Zeitloses, und gleichzeitig ist sie ,H', das Haschisch, eine Macht, die den Menschen von den ,tyrannischen Schicklichkeiten' befreien kann."] (Yuasa, p. 243)

¹²³ Vgl. Liedekerke (1980), p. 53.

¹²⁴ Vgl. die ausführlichere Darstellung in Liedekerke (1984).

¹²⁵ „In dem Maße, in dem sich bei vielen das Gefühl einstellt, die letzten Momente einer untergehenden Zivilisation mitzuerleben, und in dem Maße, in dem der Gedanke der Dekadenz aufkommt und in dem Kunst und Literatur vielfach auf das Rom von Heliogabal und auf Byzanz Bezug nehmen, verbreitet sich der Rückgriff auf Drogen in symptomatischer Manier." (Liedekerke, p. 53.) – Vgl. auch Praz (1981), pp. 345/346.

¹²⁶ Zit. nach Liedekerke, pp. 55/56.

[127] Eine Ausnahme ist aber z. B. der Dramatiker Christian Dietrich Grabbe (1801–1836), der an seiner Trunksucht zugrunde ging.

[128] So handelt es sich bei dem Gift, durch das Goethes Faust zu Beginn der Tragödie sein Leben beenden will und das Mephistopheles später als „einen braunen Saft" bezeichnet, zweifellos um Laudanum: „Ich grüße dich, du einzige Phiole! / Die ich mit Andacht nun herunterhole, / In dir verehr ich Menschenwitz und Kunst. / Du Inbegriff der holden Schlummersäfte, / Du Auszug aller tödlich feinen Kräfte, / Erweise deinem Meister deine Gunst!" (*Faust. Der Tragödie erster Teil*, p. 22) Das zeitgenössische Publikum dürfte auch ohne nähere Erläuterung erraten haben, wovon hier die Rede ist.

[129] Zit. nach der Ausgabe der *Zeit* Nr. 4 vom 21. Januar 1994, p. 59, die den vollständigen Wortlaut enthält. (Der erste Abdruck des Textes erfolgte in der *Zürcher Wochenzeitung*).

[130] Schiller dürfte mit diesen Versen aber recht zufrieden gewesen sein, denn sie bilden den Auftakt zu seinem späteren Gedicht „Der Gang nach dem Eisenhammer", das allerdings keine auffälligen Hinweise auf die Wahrnehmung des Haschischrausches enthält.

[131] Novalis: *Schriften* [N], Bd. I, pp. 130 u. 132.

[132] Vgl. Dieckhoff, pp. 698/699.

[133] Vgl. Behr (1985), p. 129, und *Göttliche Gifte*, p. 131.

[134] In England erschienen Hoffmann-Übersetzungen, u. a. in *Blackwood's Magazine*, schon seit den 1820er Jahren (vgl. Cobb, pp. 15/16), doch hielt sich das Interesse an diesem Autor in engen Grenzen: „Hoffmanns phantasievolle Gedankenflüge wurden von den englischen Kritikern allgemein verurteilt, die die extravaganten Begebenheiten in seinen Erzählungen für den englischen Geschmack viel zu abwegig fanden. Sogar Carlyle, der Hoffmanns Genie erkannte, sah ‚zu wenig Bedeutsamkeit in [seiner] grellen Extravaganz' …" (Ringe [1982], p. 70.) Der einflußreichste englische Gegner Hoffmanns war Sir Walter Scott. In seinem Essay „On the Supernatural in Fictitious Composition; and particularly on the Works of Ernest Theodore William Hoffmann" (1827) schreibt er über ihn: „Er scheint ein Mann von seltenem Talent gewesen zu sein, – ein Dichter, ein Künstler und ein Musiker, jedoch unglücklicherweise von einer hypochondrischen und launischen Art, die ihn in all seinen Unternehmungen zum Extremen führte. So wurde seine Musik kapriziös, seine Zeichnungen Karikaturen, und seine Erzählungen, wie er sie selbst nannte, phantastische Extravaganzen." (Scott [1968], p. 327.) – In Frankreich, wo die deutsche Schauerliteratur zweitklassiger Schriftsteller wie Spieß, Zschokke oder Grosse stets ein lebhaftes Interesse gefunden hatte, begann mit dem ersten Erscheinen französischer Hoffmann-Übertragungen in den frühen 1830er Jahren eine beispiellose Vogue des Phantastischen Hoffmann'scher Prägung, die mehrere Jahrzehnte unvermindert anhielt. (Vgl. die ausführlichen Informationen in Lloyd [1979].)

[135] Zit. nach Wetzel (1981), p. 93.

[136] Heine, Heinrich: *Die romantische Schule*, p. 126.

[137] Scott (1827), p. 352.

[138] Martens, p. vii.

[139] Andler [1947], p. 153.

[140] Ibid.

[141] Ibid. – Vgl. hierzu die weiteren Ausführungen in *Göttliche Gifte*, pp. 151 f.

[142] Vgl. Kühnelt (1959), pp. 195–224.

[143] Appell (1859), p. 2.

[144] Op. cit., p. 78.

[145] Vgl. hierzu Althaus, pp. 590/591.

[146] Vgl. Pikulik (1979).

[147] Vgl. Mickel, p. 63.

[148] So meint auch Mickel: „Man muß das große Interesse am Orient bedenken, das sich … im 17. und 18. Jahrhundert entwickelte, denn in der Faszination durch den Orient und alles Exotische kann man die engste Verbindung von Opium und Haschisch mit der romantischen Literatur des 19. Jahrhunderts erkennen." (pp. 58/59)

149 In den vierziger Jahren des 19. Jahrhunderts, als das Drogeninteresse der französischen Autoren seinen ersten Höhepunkt erreichte, begann in Frankreich auch die Blütezeit der orientalistischen Malerei, die bis zum *fin de siècle* andauern sollte. Die Gleichzeitigkeit dieser beiden Entwicklungen verweist auf eine gemeinsame Ursache, nämlich das Unbehagen in der modernen bürgerlichen Gesellschaft. Während die in der Literatur beschriebenen Welten des Rausches eine Alternative zur Realität des Alltags und zu einer als stumpfsinnig empfundenen rationalistischen Perspektive darstellen sollten, war das Aufbegehren gegen die Trostlosigkeit des industriellen Zeitalters auch das Grundmotiv der orientalistischen Weltentwürfe: So suchte Ingres mit seinen sinnlichen Odalisken (= weiße Haremsdamen) aus der rigorosen Prüderie seiner Zeit auszubrechen; Delacroix fand in den Gestalten des Orients die Helden, die, wie er meinte, das saturierte Europa nicht mehr hervorbringen könne; Gérôme begegnete mit seinen minutiös ausgeführten Abbildungen orientalischer Handwerkskunst der Realität industrieller Massenfertigung, und andere orientalistische Maler wie Guillaumet, Fromentin, Belly und Lecomte-du-Nouÿ, aber auch Gustave Moreau und der von den Romantikern so bewunderte englische Maler John Martin wurden gewiß von ähnlichen Motiven getrieben. Vgl. Pieper (1986), p. 137, sowie Bries Untersuchung über den *Exotismus der Sinne*.

150 Ähnlich äußert sich auch Foucault, wenn bei ihm die Rede ist von der „Schwelle einer Modernität, aus der wir noch nicht herausgekommen sind." (Foucault [1980], p. 27)

151 Für eine ausführlichere Darstellung über trunksüchtige Schriftsteller in Europa und den USA vgl. meine Ausführungen in *Göttliche Gifte*, pp. 247 ff.

152 Bereits seit etwa 1890 war das Kokain in den Slums der amerikanischen Großstädte und unter schwarzen Landarbeitern sehr verbreitet, wie aus vielen Anekdoten, Erzählungen und Liedern hervorgeht (vgl. Urban, pp. 189/190 und Springer 173 ff.); einen gewissen Bekanntheitsgrad erlangte die Droge zudem unter den Lesern der von Sir Arthur Conan Doyle verfaßten Zeitungs-Abenteuer des Meisterdetektivs Sherlock Holmes, der seine messerscharfe Kombinationsgabe durch die regelmäßige Einnahme von Kokain bestärkte (vgl. Roger Dadoun: „Un ‚Sublime Amour' de Sherlock Holmes et de Sigmund Freud", *Littérature*, 49 [1983] 68–76).

153 Über die Kokainmode im Frankreich der zwanziger Jahre vgl. Liedekerke, Arnould de: *La belle époque de l'opium*, pp. 177 ff.

154 Das Gedicht stammt von Fritz von Ostini. Vgl. Springer, p. 81.

155 Vgl. Springer, 166.

156 Obwohl es Spekulationen gibt, daß sich hinter dem Pseudonym Vladimir Nabokov verberge (vgl. den Bericht des *Spiegel* Nr. 20 vom 12. Mai 1986, pp. 241–244), scheint es sich vermutlich eher um einen anderen russischen Autor namens Mark Levi zu handeln. Die Hintergründe der Entstehung und selbst der Wiederentdeckung dieses in einer russischsprachigen Pariser Emigrantenzeitschrift veröffentlichten Romans sind bis heute immer noch recht unklar.

157 Breton (1962), pp. 50/51.

158 Der Begriff geht auf eine Formulierung Wilhelm Worringers aus dem Jahre 1911 zurück.

159 Vgl. Basil (1978), p. 15. – *Veronal* ist der Markenname des ersten handelsüblichen Barbiturates und wurde lange als Schlafmittel und zuweilen auch heute noch zur Narkose verwendet. Trakl erwähnt Veronal in einem Brief vom 11. November 1913 (an Ludwig von Ficker): „Ich habe jetzt 2 Tage und Nächte geschlafen und habe heute noch eine recht arge Veronalvergiftung. In meiner Wirrnis und all' der Verzweiflung der letzten Zeit weiß ich nun gar nicht mehr, wie ich noch leben soll." [DB 526]

160 „Ich habe in der letzten Zeit ein Meer von Wein verschlungen, Schnaps und Bier", schreibt er am 12. November 1913 an Ludwig von Ficker, und zwei Monate später heißt es: „Zwischen Trübsinn und Trunkenheit verloren, fehlt mir die Kraft und Lust eine Lage zu verändern, die sich täglich unheilvoller gestaltet…" [DB 527 u. 532] Basil ist der Ansicht, daß Trakl nicht nur drogensüchtig, sondern auch ein Alkoholiker gewesen sei und weist darauf hin, daß der Alkoholkonsum des Dichters nach 1911 beträchtlich zugenommen habe (vgl. Basil, pp. 103/104).

161 Vgl. DB 469.

162 Zit. nach Basil, p. 160.

[163] Vgl. Basil, p. 49.
[164] Vgl. etwa DB 215, 220, 221, 238 und 248.
[165] Die Zitate stammen in der genannten Reihenfolge aus den Gedichten „Die Raben", „Die Bauern", „Jahr", „Die junge Magd", „Drei Blicke in einen Opal", „Spaziergang", „Ein Herbstabend" und „Kindheit".
[166] Vgl. Benn, Gottfried: „Epilog und Lyrisches Ich" (1927), in: *Gesammelte Werke in der Fassung der Erstdrucke*, Bd. 2; p. 269.
[167] Zit. nach Rübe, p. 136.
[168] Vgl. Koch (1986), p. 64.
[169] Vgl. Op. cit., p. 34, sowie Rübe, pp. 143 und 151.
[170] Vgl. Rübe, p. 137.
[171] Benn, Gottfried: *Gesammelte Werke in der Fassung der Erstdrucke*, Bd. 1, pp. 161 und 165.
[172] Benn, Gottfried: „Proviziertes Leben", in: *Gesammelte Werke*; Bd. I, p. 341.
[173] Der Begriff „automatisches Schreiben" war indessen schon in der zweiten Hälfte des vorigen Jahrhunderts, wenn auch in völlig anderem Zusammenhang, ein geläufiges Wort: Im Zuge der in den USA entstandenen Spiritismus-Mode machten mehrere Künstler von sich reden, die Romane, Gedichte oder auch Zeichnungen angeblich von den Geistern verstorbener Personen diktiert bekommen hatten. Vgl. Ellenberger (1985), pp. 239 ff.
[174] Vgl. Balakian (1974), pp. 98/99.
[175] Vgl. Balakian, p. 96.
[176] Lyons (1974), p. 126. – Artauds Umgang mit Peyote erfolgte 1936 in Mexiko, wo er einige Zeit bei den Tarahumara-Indianern lebte, um ihre kultische Verwendung des Pilzes zu studieren.
[177] In einem Brief vom 15. September 1947 schildert Artaud den Beginn seiner Abhängigkeit (wobei er im Gegensatz zu früheren Äußerungen vorgibt, erst 1920 süchtig geworden zu sein): „1915 habe ich / zum ersten Mal das *FEHLEN* / von Opium gespürt. Und damals / hatte ich es noch nie / genommen. Aber ein Loch / der Leere ohne Namen / hat sich mir / hinten im Gehirn eingenistet, / eine Leere, die durch nichts auszufüllen war – und ich mußte es / fünf Jahre lang suchen: / von 1915 bis 1920, / das Allheilmittel, das mein ganzes Ich füllen, / verdichten und / endlich dopen konnte. / Dieses Allheilmittel, / für die anderen dem Brot oder dem Wasser vergleichbar, / mußte ich fünf Jahre lang / suchen, bis / 1920, als mir / durch einen seltsamen Zufall / ein Doktor / jeden Morgen / *40 TROPFEN* Laudanum gab. / Ich hätte mich an diese / Dosis gehalten, wenn das Laudanum / stets das gleiche und / von der gleichen Qualität gewesen wäre, aber das / war nicht der Fall – / und außerdem gibt es einen *PRÄZEDENZFALL*, / den von Coleridge / und anderen Lakisten / die bei 8000, / ich sage acht TAUSEND Laudanumtropfen / täglich / angelangt waren ..." (Zit. nach Prevel [1974], pp. 176/177.)
[178] Zit. nach Kapralik, p. 63.
[179] Aus einem Brief vom 7. Oktober 1931 an Jean Paulhan. In: Artaud, Antonin: *Œuvres complètes*, Ergänzungs-Band I, Paris 1970; p. 122.
[180] Zit. nach Prevel, p. 139.
[181] Ibid.
[182] Diese Ansicht wird durch die heutige Forschung bestätigt. So heißt es etwa in der Vorbemerkung der von Alexander Schuller und Jutta Anna Kleber herausgegebenen Essaysammlung *Gier*: „Bei geglückter Entwöhnung steigt der Entzogene bestenfalls auf eine andere Sucht um ... Nicht mehr süchtig zu sein, käme im Kontext der süchtigen Gesellschaft der Anarchie gleich." (p. 8)
[183] Vgl. SÜ 297.
[184] So ist im Versuchsprotokoll vom 7. März 1931 vermerkt, daß Benjamin neben einer Haschischdosis auch eine Injektion des Opiats Eukodal erhalten habe (vgl. p. 114).
[185] Weitere erhaltene Protokolle seiner Haschisch-Versuche stammen vom 15. Januar, 11. Mai und 29. September 1928, von „Anfang März" und vom 7./8. Juni 1930, vom 7. März sowie vom 12. und vom 18. April 1931. Am 22. Mai 1934 unternahm Benjamin einen Selbstversuch mit Meskalin, wobei er, ähnlich wie später Henri Michaux, im akuten Rausch mehrere Schriftzeichnungen anfertigte.

[186] Joël und Fränkel hatten bereits 1926 in einem Fachjournal über den Haschisch-Rausch berichtet.
[187] Vgl. hierzu Schweppenhäuser, p. 28 (Anm.).
[188] Manthey (1989), p. 47.
[189] Op. cit., p. 59.
[190] Auch Klaus Mann kannte diese Routine des lebensnotwendigen Betruges aus eigener Erfahrung. So notiert er am 14. Juli 1933 in seinem Tagebuch: „... wieder Euka-Tabletten in einer Apotheke bekommen, durch schöne Blödheit der Apothekerin." (*Tagebücher 1931 bis 1933*, p. 156)
[191] Neben den Opiaten kannte Klaus Mann aus eigener Erfahrung die Wirkung von Äther, Haschisch, Kokain, und diversen Barbituraten. Einen großen Eindruck machte sein erster (und vielleicht einziger) Haschischversuch, den er gemeinsam mit seiner Schwester Erika 1930 in Marokko unternahm. Da die Geschwister in ihrer Unkenntnis der Droge eine viel zu hohe Dosis einnahmen, erhielt die Erfahrung eine unerträgliche Intensität (auf die Albernheit, die üblicherweise die beginnende Haschischwirkung anzeigt, folgte das als *Depersonalisation* bekannte Erlebnis der Loslösung vom eigenen Ich), die Mann so beeindruckte, daß er das Erlebnis in dem Roman *Treffpunkt im Unendlichen* (1932) beschrieb (vgl. p. 228). Was der Leser des Romans zunächst für eine fiktive Begebenheit halten mochte, wurde in der autobiographischen Schrift *The Turning Point. Thirtyfive Years in this Century* (1942), die erst zehn Jahre später in einer erweiterten deutschsprachigen Fassung unter dem Titel *Der Wendepunkt. Ein Lebensbericht* erschien, als ein authentisches Erlebnis vorgestellt (vgl. pp. 257–261).
[192] In seinem Tagebuch notierte er am 28. Mai 1937: „Klopstock fragt mich, warum ich eigentlich Morphine genommen habe. Ich antworte einfach: ‚Weil ich gerne sterben möchte.'" (*Tagebücher 1936 bis 1937*, p. 136.)
[193] Laemmle (1989), p. 202.
[194] Der Essay „Thomas De Quincey", den Mann für seinen „schönsten Aufsatz" hielt (vgl. *Tagebücher 1934 bis 1935*, p. 32), erschien im Mai 1934 in *Die Sammlung*, I/9.
[195] Mann, Klaus: *Tagebücher 1931 bis 1933*, p. 152.
[196] Op. cit., p. 39.
[197] Op. cit., p. 114. (Eintrag vom 1. Februar 1933.)
[198] Op. cit., p. 129.
[199] Mann, Klaus: *Tagebücher 1934 bis 1935*, p. 146.
[200] Op. cit., p. 63. (Eintrag vom 3. Oktober 1934)
[201] Op. cit., p. 82. (Eintrag vom 28. Dezember 1934)
[202] Op. cit., p. 136. (Eintrag vom 11. Oktober 1935)
[203] Op. cit., p. 139. (Eintrag vom 26. Oktober 1935)
[204] Op. cit., p. 140. (Eintrag vom 28. Oktober 1935)
[205] Mann, Klaus: *Tagebücher 1936 bis 1937*, p. 34.
[206] Op. cit., p. 74. (Eintrag vom 18. September 1936)
[207] Op. cit., p. 109. (Eintrag vom 22. Februar 1937)
[208] Vgl. op. cit., p. 135. (Eintrag vom 27. Mai 1937)
[209] Cocteau, Jean: „Lettre à Jacques Maritain", p. 293.
[210] Vgl. die Gedichtinterpretationen in Knapp, pp. 98 ff.
[211] Vgl. O 104.
[212] Vgl. Kuhn (1974), p. 132.
[213] Op. cit., p. 133.
[214] Für sehr gelungen hielt er etwa einige der psychedelischen Szenen in dem Film *Easy Rider*, den Dennis Hopper 1969 mit Peter Fonda und Jack Nicholson drehte (vgl. Kuhn, p. 134).
[215] Kuhn, p. 134.
[216] Vgl. Bohrer (1978).
[217] Vgl. A 21.

218 Der von dem Psychiater Humphry Osmond geprägte Begriff, der sich aus den griechischen Wörtern *psyche* (Seele) und *delosis* (Offenbarung) zusammensetzt, bezeichnet die visionäre Erfahrung des Drogenrausches und wird seit seiner Verwendung durch Timothy Leary in bezug auf die halluzinogenen Drogen benutzt.

219 Der Begriff leitet sich ursprünglich wahrscheinlich aus dem adjektivischen „beaten" im Sinn von „niedergeschlagen" her. Später überlegte Kerouac jedoch, daß der Begriff als eine Ableitung von „beatific" und „beatitude" auch eine religiöse Konnotation anzeige. (Vgl. Charters [1980], p. 189 u. 273) Mit der erst später aufgekommenen Beat-Musik hat der Begriff nichts zu tun.

220 Vgl. Burroughs, William S.: *Junky. With an Introduction by Allen Ginsberg* [J], p. 7. Der Titel der benutzten Ausgabe unterscheidet sich von dem der Originalausgabe (*Junkie. Confessions of an Unredeemed Drug Addict*) in der Schreibweise und durch die Streichung des Untertitels.

221 Vgl. hierzu die Feststellung von Zackon: „Heroin kann bei Erstkonsumenten eine ausgesprochen unerfreuliche Wirkung haben. Die unmittelbare Injektion in eine Vene bewirkt bei Anfängern oft, daß sie sich übergeben müssen; und viele andere finden die Wirkung verwirrend und körperlich unangenehm. Leider hält dies die Probanden nicht immer davon ab, die Droge erneut zu probieren und so das Risiko der Sucht einzugehen." (p. 60)

222 Barbiturate sind Wirkstoffe, die zur Gruppe der Schlafmittel gehören, heute aber weitgehend durch Benzodiazepine wie Valium ersetzt werden.

223 Vgl. Ginsberg, Allen: „Introduction", pp. vii/viii; in: Burroughs, William S.: *Junky*. Übersetzung v. Carl Weissner, pp. 12/13.

224 Die gesammelten Briefe wurden 1963 in Ferlinghettis *City Lights*-Verlag unter dem Titel *The Yage Letters* veröffentlicht.

225 Burroughs, William und Allen Ginsberg: *The Yage Letters*, p. 26; p. 232.

226 In einem seiner Yage-Briefe an Ginsberg erläutert Burroughs diese Methode und fügt hinzu: „Und denk immer daran: ‚Nichts ist wahr. Alles ist erlaubt.' Letzte Worte von Hassan Sabbah, dem Alten Mann Aus Den Bergen." [Y 60; 280/281]

227 Vgl. Charters, p. 154.

228 Charters, p. 48.

229 „Das Benzedrin gab ihm das Gefühl, stärker und selbstbewußter zu sein, als wenn er nüchtern war, und er war stolz darauf, es in so enormer Dosierung zu vertragen. Jack meinte, er sei so vollgedröhnt, daß er echte Erkenntnisse und echte Schrecken erlebe. Mit Hilfe des Benzedrins glaubte er sich auf einen Weg der Selbsterkenntnis zu begeben, auf dem er, seinen Eingebungen folgend, von einer Ebene zur nächsten emporstieg. Benzedrin, so erzählte er Allen, schärfe seine Wahrnehmung und gebe ihm das Gefühl, klüger zu sein." (Op. cit., pp. 51/52.)

230 Vgl. op. cit., p. 147 ff.

231 Morgan, p. 364.

232 Miles (1989), pp. 246/247.

233 Aus einem Brief an seinen Vater. Zit. nach Miles, p. 260.

234 Vgl. Amendt, pp. 69/70.

235 Bereits kurz nach der Eröffnung des Instituts wurden die Wissenschaftler des Landes verwiesen und kehrten in die USA zurück, wo sie ihre Untersuchungen unter der Obhut eines New Yorker Mäzens und unter häufigen polizeilichen Eingriffen fortführten.

236 Charters, p. 338. Vgl. auch p. 349. Auch Burroughs, den Ginsberg ebenfalls zur Teilnahme an Learys Versuchen überredet hatte, zeigte sich enttäuscht.

237 Vgl. Miles, pp. 304/305.

238 *Acid heads*: LSD-Benutzer. *Acid* ist im Szenejargon die gängigste Bezeichnung für LSD.

239 „Sie hatten keine spezielle Philosophie, bestenfalls ein paar Überbleibsel Buddhismus oder Hinduismus aus der *Beat-Ära*, und natürlich Huxleys Theorie vom Öffnen der Türen im Kopf; sie hatten ... keinen erkennbaren Lebensstil ... Sie waren ... na ja ... *Dufte Leute!*" [EK 123; 154]

[240] Der englische Schriftsteller, Maler und Magier Aleister Crowley (1875–1947) war als eine der schillerndsten Persönlichkeiten des 20. Jahrhunderts auf ähnliche Weise berühmt-berüchtigt wie der 150 Jahre früher geborene Graf Cagliostro. Nachdem er um 1899 erstmals mit Drogen in Berührung gekommen war und in den folgenden Jahren zahlreiche Versuche mit Haschisch, Peyote, Äther und Lachgas unternommen hatte, wurde er 1919 heroinabhängig. Seine Sucht inspirierte ihn zu dem Roman *The Diary of a Drug Fiend* (1922), doch hatte er schon vorher einen Essay über das Haschisch („The Psychology of Hashish", 1909) und einen satirischen Aufsatz veröffentlicht, indem er für die Legalisierung des Kokain eintritt. 1925 gelang es ihm, seine Sucht kurzfristig zu überwinden, doch da sich das Heroin als einzig wirksames Mittel zur Linderung seines Asthmas erwiesen hatte, begann er es seit den dreißiger Jahren erneut zu nehmen und starb vermutlich an den Folgen der ärztlich verordneten Halbierung seines Heroinverbrauchs, die sein auf die Droge angewiesener Organismus nicht verkraftete. (Vgl. hierzu Tegtmeier [1989], p. 194.) „Im Gegensatz zu den Hippies der sechziger Jahre, die Crowley zu einem ihrer Vorväter ernannten, legte der Meister Therion allergrößten Wert auf harte Selbstdisziplin und akribische Selbstbeobachtung beim Gebrauch von Drogen. Sie dienten ihm vor allem als Vehikel zur Transzendenz." (Op.cit., p. 197) Nachdem er auch die Schattenseiten der Drogenwirkung kennengelernt hatte, vertrat er den Standpunkt, daß Rauschmittel die Meditation und andere Übungen zur Öffnung des spirituellen Bewußtseins keinesfalls ersetzen, aber doch unterstützen könnten. (Huxley äußerte sich später sehr ähnlich, indem er die Drogen als Vermittler von „gratuitous graces" bezeichnete).

[241] Zit. nach EK 44; 54.

[242] So wie Timothy Leary mit freundlicher Unterstützung der Firma Sandoz von Harvard aus die amerikanische Ostküste mit LSD versorgte, so belieferte der Chemiker Augustus Owsley die ganze Westküste mit seinen qualitativ sehr hochwertigen LSD-Tabletten, die ihm in den internationalen *user*-Szenen ein hohes Ansehen und großen Reichtum eintrugen (die bekannteste Variante, die Owsley ursprünglich eigens für den Rockmusiker Jimi Hendrix kreierte, erhielt die Bezeichnung *Purple Haze*). Owsley hatte mit der Herstellung von LSD begonnen, als der Vertrieb noch legal war, stellte seine Produktion nach 1966 aber nicht ein. Dennoch war er durchaus kein „white collar"-Dealer der üblichen Sorte, sondern nahm die Droge auch selbst und verschenkte sie auf den Parties der mit ihm befreundeten *acid heads* in großen Mengen: Als Dealerbanden in San Francisco 1967 ein LSD-Monopol etablieren wollten, nutzte er die Gelegenheit eines Be-ins, um aus einem Ballon heraus 100.000 LSD-Tabletten über dem Golden Gate Park abzuwerfen und zerstörte damit kurzfristig den Markt. (Vgl. Shapiro [1989], p. 146.)

[243] Zur psychedelischen Kunst der sechziger Jahre vgl. *Göttliche Gifte*, pp. 238 ff.

[244] Warhols 1963 gegründete *Factory* war in der Tat eine Fabrik für psychedelische Kunst und Erfahrung. Unter dem Einfluß von Drogen wurden täglich Filme wie *Sleep*, *Eating* oder *Blow Job* gedreht, die das Alltägliche oft in bizarrer Verfremdung präsentierten, so daß das gewählte Thema bestenfalls von sekundärer Bedeutung war. Dabei nahmen die als „Superstars" bezeichneten Künstler jedoch weniger Halluzinogene wie LSD, sondern vor allem Amphetamine, weshalb Ginsberg sich nicht so recht anfreunden mochte (vgl. Miles, pp. 335/336).

[245] Ein Beispiel für das fehlende politische Bewußtsein dieser Szene ist die unbekümmerte Entscheidung der Pranksters, einen ihrer fast ausschließlich von Weißen besuchten *Acid Tests* ausgerechnet in Watts zu veranstalten, einem Stadtteil von Los Angeles, in dem erst einige Monate zuvor (im August 1965) ein sechstägiger blutiger Aufstand der schwarzen Einwohner stattgefunden hatte. Vgl. hierzu EK 241.

[246] Obwohl Ginsberg bemerkte, daß ein großer Teil der Hippie-Bewegung über kein sehr differenziertes Weltbild verfügte, sah er in ihr doch einen Grund zur Hoffnung: „Allen erkannte die Hippies als unmittelbare Nachfolger der Beats und sah sie als die Hoffnung Amerikas. Er glaubte, sie würden die Gesellschaft verändern, Walt Whitmans Prophezeiung erfüllen und der Nation eine neue Spiritualität und eine neue Sexualität geben. Er identifizierte sich mit ihrer freien, unkomplizierten Sexualität, ihrem Gebrauch von psychedelischen und weichen Drogen, ihrem Mystizismus und ihrer Ablehnung der bürgerlichen Moral …" (Miles, p. 393)

²⁴⁷ So inspirierte die legendäre Reise der Pranksters die Beatles 1967 zu ihrer *Magical Mystery Tour*, die sie zwei Wochen lang durch Südengland führte, während sie unter dem Einfluß psychedelischer Drogen einen Film drehten, der die Fans jedoch enttäuschte und von der Kritik als „trauriger und krasser Blödsinn" bezeichnet wurde. (Zit. nach Corbin [1984], p. 70.) Das gleichzeitig erschienene Album *Magical Mystery Tour* ist, abgesehen von einzelnen Titeln wie „Fool on the Hill" und „I am the Walrus", qualitativ kaum höher zu bewerten. – Ein Jahr später knüpften auch The Who an das Abenteuer der Pranksters an, indem sie ein nur in den USA veröffentlichtes Album *Magic Bus – The Who On Tour* nannten (das Originalcover zeigt einen in psychedelischen Farben bemalten Londoner Doppeldecker-Bus).

²⁴⁸ Corbin, p. 56.

²⁴⁹ Berühmte Jazzmusiker wie Louis Armstrong, Charlie „Bird" Parker, Cab Calloway, Mezz Mezzrow, Gene Krupa oder die Sängerin Billie Holiday waren für ihren Drogengebrauch (wobei es sich meistens um Marihuana oder Kokain handelte) bekannt (vgl. Shapiro, pp. 15–102). Über Kokain in der Rock- und Popmusik vgl. auch Springer, pp. 173 ff. und Urban, pp. 189/190.

²⁵⁰ Der Name bezieht sich auf Huxleys „Doors of Perception" (vgl. Schmidt-Joos/Graves [1975], pp. 119/120).

²⁵¹ Band-Statement, zit. nach Schmidt-Joos, p. 347. In einer Public Relations-Notiz wird ihre Musik auch als „akustisches LSD" bezeichnet. (Ibid.)

²⁵² Anon. (1993), p. 26.

²⁵³ Das Wort, das soviel wie „wertlos" oder „schäbig" bedeutet, war nicht neu; so wurde die Bezeichnung *Punk Rock* mitunter auch als ein Synonym für den aus der Hippie-Bewegung hervorgegangenen *Acid Rock* benutzt.

²⁵⁴ Morgan, p. 538.

²⁵⁵ Vgl. Rockwell (1976), pp. 322–327.

²⁵⁶ Vgl. Obst (1993), p. 1.

²⁵⁷ inHülsen (1982), p. 40. – Vgl. hierzu Seite 435 und 570.

²⁵⁸ Anon.: „Pink Floyd and The Orb: Spaced odyssey", p. 25.

²⁵⁹ Vgl. Anon. (1990), p. 48.

²⁶⁰ Ibid.

²⁶¹ Vgl. Böpple, Friedhelm und Ralf Knüfer: *Generation XTC. Techno und Ekstase*, Berlin 1996.

²⁶² Anon. (1990), p. 48.

Rausch und Realität in der Romantik: Zur Anatomie einer geistesgeschichtlichen Wende

¹ Wichtige Werke dieser Bewegung waren in England z.B. die Romane Samuel Richardsons und Laurence Sternes, der die *sentimentality* aus ironischer Distanz thematisierte, aber gleichwohl selbst einer ihrer Vertreter war. In Deutschland gehören Johann Gottfried Schnabels Roman *Die Insel Felsenburg* (1731–43) und die durch den Pietismus inspirierten Werke, vor allem die Dichtungen Friedrich Gottlieb Klopstocks (z.B. *Der Messias*, 1748–73) zu den wichtigsten Schriften der Empfindsamkeit.

² Als ein solcher Nachfolger wäre etwa Malcolm Lowry anzusehen.

³ Bousquet (1964), p. 67.

⁴ Ibid.

⁵ Ibid.

⁶ Bousquet, pp. 67/68. – Ähnlich äußert sich Todorov, indem er die aus den irrationalistischen Strömungen hervorgegangene *littérature fantastique* als das „schlechte Gewissen" des positivistischen 19. Jahrhunderts bezeichnet (p. 176). – Dementsprechend schreibt auch Liedekerke über die Bedeutung der Droge im 19. Jahrhundert: „Die Droge bedeutete Vergessen, die Möglichkeit anders zu leben. Außerdem entsprach sie überaus realen Neigungen zum Selbstmord: Bevor man am Ennui zugrundeging, war es doch besser, sich in die Arme von Circe zu werfen. Die Droge

war ein Vergeltungswerkzeug gegenüber der Gesellschaft des Herrn Taine, sie verkörperte eine Rache am Leben." (*La belle époque de l'opium*, p. 82.)

[7] So gab er z. B. 1759 von Göteborg aus eine detaillierte und korrekte Beschreibung eines Großbrandes, der zur selben Zeit im 400 km entfernten Stockholm ausgebrochen war.

[8] „Die ganze natürliche Welt entspricht der geistigen, und zwar nicht nur im allgemeinen, sondern auch im einzelnen. Deshalb heißt alles, was in der natürlichen Welt aus der geistigen heraus entsteht, Entsprechendes. Man muß wissen, daß die natürliche Welt aus der geistigen entsteht und besteht, ganz wie die Wirkung aus ihrer Wirkursache. Zur natürlichen Welt gehört alles räumlich Ausgedehnte, das unter der Sonne ist und aus ihr Wärme und Licht empfängt, und zu dieser Welt gehört auch alles, was von jener aus besteht. Die geistige Welt aber ist der Himmel, und es gehört alles zu ihr, was in den Himmeln ist. / Weil der Mensch ein Himmel und auch eine Welt in kleinster Gestalt ist, nach dem Bilde des größten, darum findet sich bei ihm sowohl die geistige als auch die natürliche Welt: die innerlicheren Bereiche, die zu seinem Gemüt gehören und sich auf Verstand und Wille beziehen, bilden seine geistige Welt, die äußerlichen aber, die seinem Körper angehören und sich auf dessen Sinne und Handlungen beziehen, stellen seine natürliche Welt dar ... / Das Wesen der Entsprechung kann man beim Menschen an seinem Angesicht erkennen ... Was immer also im Körper vorgeht, sei es im Gesicht, sei es in der Rede, sei es in den Gebärden, heißt Entsprechendes." (Swedenborg, Emanuel: *Himmel und Hölle*, p. 69 [§§ 89 ff.]) – Die Theorie der Entsprechung von Mikro- und Makrokosmos findet sich indessen schon bei Plato und spielte in der abendländischen Philosophie immer wieder eine Rolle (z. B. bei den deutschen Theosophen des 16. Jahrhunderts wie Jakob Böhme oder Paracelsus). – Über den Großhimmelsmenschen, d. h. die Erkenntnis, „daß der Himmel in seinem Gesamtumfang einen einzigen Menschen darstellt", vgl. op. cit., p. 47 ff. [§§ 59 ff.].

[9] Op. cit., p. 83 [§ 115].

[10] Swedenborg, p. 396 [§ 532].

[11] Kant, Immanuel: „Träume eines Geistersehers", p. 924.

[12] Die Vernunft, so kann man hinzufügen, „erhält" Erkenntnisse im doppelten Sinn des Wortes: sie *empfängt* sie durch Sinneseindrücke, und sie *konserviert* sie durch logische Zuordnungen und macht sie damit der Allgemeinheit zugänglich.

[13] „Der andre Vorteil ist der Natur des menschlichen Verstandes mehr angemessen und besteht darin: einzusehen, ob die Aufgabe aus demjenigen, was man wissen kann, auch bestimmt sei und welches Verhältnis die Frage zu denen Erfahrungsbegriffen habe, darauf sich alle unsre Urteile jederzeit stützen müssen. In so ferne ist die Metaphysik eine Wissenschaft von den *Grenzen der menschlichen Vernunft*, und da ein kleines Land jederzeit viel Grenze hat, überhaupt auch mehr daran liegt, seine Besitzungen wohl zu kennen und zu behaupten, als blindlings auf Eroberungen auszugehen, so ist dieser Nutze der erwähnten Wissenschaft der unbekannteste und zugleich der wichtigste, wie er denn auch nur ziemlich spät und nach langer Erfahrung erreichet wird." („Träume eines Geistersehers", pp. 982/983.)

[14] Op. cit., pp. 959/960. – *Hudibras* ist eine 1663–1678 verfaßte dreiteilige Verssatire von Samuel Butler (1612–1680).

[15] Es handelt sich hierbei um eine Sammlung strafrechtlicher Fälle, die 1734 von dem französischen Juristen François Gayot de Pitaval begonnen wurde und seither in immer neuen Auflagen als frühe Vorform der Kriminalliteratur Verbreitung fand.

[16] Vgl. hierzu die ausführlichen Darstellungen in Viatte (1927).

[17] Auch Goethe nahm die schillernde Gestalt des Grafen Cagliostro in seinem Lustspiel *Der Großkophta* (1791) zum Anlaß einer ironischen Bloßstellung okkultistischer Schwindler. „Großkophta" ist der höchste Rang der von Cagliostro gegründeten ägyptischen Loge.

[18] Koopmann (1977), p. 72.

[19] Béguin (1972), p. 74. – „Homme de désir" ist der Titel einer 1790 erschienenen Schrift Saint-Martins.

[20] Vgl. Starobinski (1988), p. 136, sowie Baltrusaitis (1984). – Es liegt auf der Hand, daß Lavaters Überlegungen, die doch eigentlich auf ein mystisches Interesse zurückgehen, später einen willkommenen Angriffspunkt für die positivistische Naturforschung darstellten; ein Beispiel hierfür ist die von Gall begründete *Phrenologie*, die Baudelaire zu der bissigen Bemerkung veranlaßte: „Ähnliche Experimente hat man mit den Köpfen von Jesus und Apoll angestellt, und wenn ich mich nicht täusche, gelang es, einen von beiden dem Kopf einer Kröte anzunähern." (*Œuvres complètes* [1961], p. 1000; I 313.)
[21] Ellenberger, p. 102.
[22] Op. cit., p. 103.
[23] Op. cit., p. 115.
[24] Lersch (1923), p. 29.
[25] Ellenberger, p. 121.
[26] Vgl. hierzu Ellenberger, pp. 128–130.
[27] Vgl. Ellenberger, p. 132.
[28] Vgl. hierzu Ringe, pp. 6 ff.
[29] Aus seiner Rezension von Friedrich de la Motte Fouqués *Undine*. In: Poe, Edgar Allan: *The Complete Works* [Virginia-Edition: VE], Bd. X, p. 30.
[30] „Während der Mesmerismus bequem in die Schauerliteratur eines Poe oder Hawthorne eingebracht werden konnte, erwiesen sich neue Tendenzen der populären Kultur in dieser Hinsicht als unbrauchbar. Das Aufkommen des Tischerückens in den späten 1840ern und die allgemeine Verbreitung des Spiritismus im folgenden Jahrzehnt konnten der Schauerliteratur nur schaden. Die Geister der Toten, die in der Literatur so lange ein Quell übernatürlicher Schrecken gewesen waren, wurden gewissermaßen gezähmt. Indem sie durch ein Medium willkürlich zur Teilnahme an einer Séance veranlaßt werden konnten, verloren sie einen guten Teil ihres Schreckenspotentials. Das Ergebnis war eine Trivialisierung des Übernatürlichen, besonders wenn die angeblichen Geister dümmliche Tricks vorführen oder geistlose Fragen beantworten sollten. Der Spiritismus wurde auch mit einer wissenschaftlichen Aura versehen, indem Spiritismusforscher versuchten, empirische Beweise für die Existenz eines Lebens nach dem Tode zu liefern und ihre Aktionen in einer pseudo-wissenschaftlichen Sprache beschrieben. Natürlich war beim Spiritismus viel Schwindel im Spiel, und im Lauf der Zeit wurden viele Betrüger entlarvt. Unterdessen hatte er aber dem Kult des Schaurigen einigen Abbruch getan, so daß dieser in dem intellektuellen Klima, das die spiritistische Bewegung erzeugt hatte, sich nicht mehr lange halten konnte." (Ringe, pp. 180/181)
[31] Die Salpêtrière ist eines der berühmtesten französischen Krankenhäuser und besteht auch noch heute. Von Ludwig XIII. zunächst als Pulverfabrik errichtet (daher der Name), diente sie ab 1656 als Hospital vor allem für Frauen und Geisteskranke. Die beiden bekanntesten Ärzte, die dort tätig waren, sind Philippe Pinel und Jean Martin Charcot, ein Lehrer Freuds.
[32] Vgl. hierzu Ellenberger, pp. 125/126.
[33] So schreibt Kant noch 1798 unter der Überschrift „Von dem künstlichen Spiel mit dem Sinnenschein": „Gröber, wenigstens schädlicher war der Betrug, den die *Bauchredner*, die Gaßnere, die *Mesmerianer* u. d. g. vermeinte Schwarzkünstler übten." (*Anthropologie*, p. 66 [150])
[34] Demgegenüber ist allerdings anzumerken, daß der Rationalismus seither in geringfügig wechselnder Kostümierung immer wieder federführend wurde. Überhaupt scheint die Neuzeit durch einen steten Wechsel von Phasen der Vernunft und Phasen der Phantasie geprägt zu sein. Unsere hektische Gegenwart, die von neueren Theoretikern wie Jean-François Lyotard nicht grundlos als eine Zeit der Erschlaffung bezeichnet wurde (wäre es denkbar, daß eine Gesellschaft viel Geräusch erzeugt, damit man sie nicht gähnen hört?), wäre demnach, da man zur Zeit mit großer Befriedigung die ersten Gesteinsproben vom Mars untersucht, wohl als eine solche rationalistische Phase zu bezeichnen.
[35] *Die Geschichte der Seele*, Bd. 2, p. 35. – Zit. nach Lechner (1911), pp. 16/17. An einer anderen Stelle derselben Schrift schreibt Schubert: „Welche Wirkung die Entdeckung des sogenannten animalischen Magnetismus und aller ihm verbundenen Erscheinungen in ihrer Zeit gehabt, das

werden die leicht begreifen, welche den verarmten, trostlosen Zustand des Menschenalters und der Völker kennen, für welche jene Entdeckung gemacht war." (Zit. nach Lersch, p. 29)

[36] So beruht seine ganze Ethik auf vernunftgegebenen Gesetzen, deren oberstes der berühmte kategorische Imperativ ist: „Handle so, daß die Maxime deines Willens jederzeit zugleich als Prinzip einer allgemeinen Gesetzgebung gelten könnte." (Kant erläuterte diese elementare Regel in seiner *Grundlegung zur Metaphysik der Sitten* [1785] und in der *Kritik der praktischen Vernunft* [1788]). Alle Moral, meint Kant, müsse rational begründet sein. Auch noch seine letzte große Schrift, die 1798 erschienene *Anthropologie in pragmatischer Hinsicht*, trägt den unübersehbaren Stempel des aufklärerischen Menschenbildes.

[37] Schultz (1992), p. 81.

[38] Zit. nach Schultz, p. 88.

[39] Der Titel ist, wie Schultz bemerkt (p. 92), doppeldeutig, indem er einerseits eine Erörterung des kritischen Vermögens der Vernunft annonciert und andererseits ankündigt, daß auch die Vernunft selbst (wie die ganze Aufklärung) einer kritischen Prüfung unterzogen wird.

[40] So erläutert Kant in der ersten Vorrede seiner Schrift, daß er unter dem Begriff „Kritik der reinen Vernunft" „nicht eine Kritik der Bücher und Systeme" verstehe, „sondern die des Vernunftvermögens überhaupt in Ansehung aller Erkenntnisse, zu denen sie *unabhängig von aller Erfahrung* streben mag, mithin die Entscheidung der Möglichkeit oder Unmöglichkeit einer Metaphysik überhaupt und die Bestimmung sowohl der Quellen als des Umfanges und der Grenzen derselben, alles aber aus Principien." (Kant, Immanuel: *Kritik der reinen Vernunft*, p. 8 [VI])

[41] Jaspers (1975), p. 34.

[42] Schultz, p. 94.

[43] Jaspers, p. 43.

[44] *Kritik der reinen Vernunft*, p. 21 [XVI].

[45] Jaspers, p. 44.

[46] *Kritik der reinen Vernunft*, p. 22 [XVIII].

[47] Op. cit., p. 23 [XIX/XX].

[48] Schultz, p. 98.

[49] *Kritik der reinen Vernunft*, pp. 27/28 [p. XXVI].

[50] Op. cit., p. 531 [661].

[51] Op. cit., pp. 693/694 [879].

[52] Op. cit., p. 677 [857].

[53] Über die romantisch-idealistische Deutung (und Mißdeutung) der Kantischen Philosophie vgl. Jaspers, pp. 196 ff.

[54] Aus dieser empfundenen Enge der auf das Empirische reduzierten bürgerlichen Lebenswelt erwächst nach Pikulik das „romantische Ungenügen an der Normalität": „Wenn alles gewöhnlich ist, alles sich wiederholt, und überall die Norm regiert, so ist auch alles bekannt oder zumindest vorhersehbar. Weder bleibt irgendwo ein unerklärliches Dunkel noch Raum für Überraschungen. Diese totale Umwandlung in das aktuell oder potentiell Bekannte, wie sie bereits im Zuge der Aufklärung erfolgt, macht die ganze Welt zu einem Gegenstand des Wissens und der kalkulierenden Erwartung, alles Geheimnisvolle aber, da es keinen Ort mehr besitzt, zu einem Gegenstand der Skepsis. Zwar blieb wenigstens Gott für den Rationalismus ‚ein letztes Tabu, das nur wenige verwegene Geister anzutasten wagten', aber seine Rolle wurde, nachdem er die Welt einmal geschaffen hatte, als ausgespielt betrachtet und sein Amt – ähnlich wie in der konstitutionellen Monarchie das des Königs – eingeschränkt auf die repräsentativen Funktionen. / Selbst dieser letzte Rest von Metaphysik wird beseitigt, wenn der empfindsame Subjektivismus in seiner letzten Konsequenz das Ich absolut setzt und damit der Entmachtung die Abschaffung Gottes folgen läßt. Auch in dieser Hinsicht vollendet die Gefühlskultur ohne bewußte und gewollte Anknüpfung die Tendenzen der Verstandeskultur. Übrig bleibt eine Welt, die, wenn sie überhaupt noch etwas anderes ist als leer, weder Tiefe noch Hintergrund, weder Unzugänglichkeit noch Jenseitigkeit besitzt. An dem kosmischen Wechsel von Tag und Nacht hat sich nichts geändert,

aber dem Erleben wird das Element des Nächtlichen entzogen. Mit dem ewigen Einerlei ist ein ewiger, wenn auch glanzloser und grauer Tag angebrochen." (Pikulik, pp. 240/241.)

55 Vgl. hierzu etwa die Schrift „Über das Marionettentheater" (1810).
56 Lindop, p. 132. – Mit Coleridge, der die zeitgenössische deutsche Philosophie gründlich studierte, diskutierte De Quincey jedoch weiterhin über Kant und auch über Fichte, Schelling und Spinoza. Letzterer inspirierte ihn durch den Titel seiner Schrift *Tractatus de Intellectus Emendatione* zur Planung eines philosophischen Monumentalwerkes, *De Emendatione Humani Intellectus*, das ihm – „Kant den Rang ablaufend, indem er das ganze Thema auf eine neue Basis stellte", wie Lindop schreibt – einen Ruf als „der erste Begründer einer wahren Philosophie" sichern sollte. (Op. cit., p. 189) Dieses Werk der Werke wurde aber niemals geschrieben, dafür sorgte das Laudanum, unter dessen ständigem Einfluß De Quincey wohl seine aus vielen gedanklichen Impromptus bestehende Prosa schreiben konnte, aber doch nicht, wie er selbst erkannte [vgl. S 503], ein großes, zusammenhängendes Theoriewerk, das zudem die Kantischen Kritiken in den Schatten stellen sollte. Schon die bloße Lektüre der kritischen Schriften wurde ihm durch die Opiumsucht bald unmöglich; als er es einmal schaffte, seine tägliche Laudanumdosis auf „nur" 1.000 Tropfen zu reduzieren (das ist mehr als das Zehnfache der Dosis, die einen nichthabituierten Erwachsenen töten könnte), notierte er daher freudig: „Mein Geist führte seine Funktionen so gesund wie je zuvor aus. Ich las wieder Kant; und ich verstand ihn wieder oder bildete mir ein, es zu tun." [CEO 282/283; 204]
57 So schreibt Sauder über Schuberts *Symbolik des Traumes* (1814): „Eines vor allem unterscheidet die ‚Symbolik' von den poetologischen Reflexionen Hardenbergs oder Friedrich Schlegels: der Verzicht auf die Denkmuster des transzendentalen Idealismus. Die Unmittelbarkeit mystisch-illuminatischer Gewißheit verzichtete auf die Steigerung des Ich ins Transzendentale. Bereits der 18jährige Schubert formulierte Thesen gegen den ‚Kantisch-Fichtischen Egoismus, den ich hasse.'" (Sauder [1968], p. xi) – Schubert war überdies ein Bewunderer Herders, dessen Philosophie ihn stark beeinflußte.
58 Schopenhauer hielt Schuberts *Symbolik des Traumes* für ein Werk, „an welchem nichts taugt, als bloß der Titel." („Versuch über das Geistersehn", in: *Sämtliche Werke*, Bd. 5, p. 272)
59 „Hoffmann war ein enthusiastischer Schubert-Leser. Er lobte und zitierte die ‚Ansichten'; die ‚Symbolik' gilt neuerdings ‚geradezu als das Rezeptbuch für Hoffmanns Traumdarstellungen und darüberhinaus als eine der wesentlichsten Anregungen für seine Ästhetik der Groteske.'" (Sauder, p. xxiv. – Sauder zitiert aus Cramer [1966], p. 128).
60 Ein Beispiel hierfür ist Catherine Crowe, die sich im Vorwort ihrer noch von Baudelaire geschätzten Schrift *The Night Side of Nature* (1845) auf Schubert bezieht: „Es gibt zwei oder drei Bücher von deutschen Autoren, die mit dem Titel ‚Die Nachtseite' oder ‚Das Nachtreich der Natur' überschrieben sind, die sich mit Themen befassen, die den meinigen mehr oder weniger entsprechen. Davon ist Heinrich Schuberts [Buch] das angesehenste; es ist eine Art Kosmologie und in einem mystisch-philosophischen Tenor gehalten, der englischen Lesern im allgemeinen mißfällt." (Crowe, [1852], p. v.) Obwohl niemand behaupten wird, daß die Stilistik deutscher Philosophen nachahmenswert sei (es gibt aber auch einige glückliche Ausnahmen von dieser Regel), wurden jene Werke im 19. Jahrhundert trotz aller sprachlichen Schrecken in England und besonders in den USA mit großem Interesse gelesen (manche Enthusiasten bemühten sich sogar um Kenntnisse der deutschen Sprache, um die deutschen Philosophen im Original zu studieren). Bei der von Crowe angesprochenen Leserschaft, der Schuberts „mystisch-philosophischer" Stil mißfiel, handelte es sich daher wohl vornehmlich um ein breiteres Publikum, das weniger an intellektuellen Höhenflügen, sondern vielmehr am unterhaltsamen Nervenkitzel schauriger Anekdoten interessiert war und dadurch den Markt für die bekannte Tradition der britischen Spukgeschichten bereitete.
61 Die Nachtseite des Bewußtseins wurde, wenn auch mit einiger Ironie, schon in den 1804 und 1805 erschienenen anonymen *Nachtwachen von Bonaventura* thematisiert.
62 In ähnlichem Kontext weist Conrad (1974) darauf hin, daß sich gerade der zivilisatorische Fortschritt bei Hoffmann als eine Quelle der Angst erweise (vgl. p. 100).

⁶³ „Alle Hieroglyphen voll ernster Bedeutung", schreibt Schubert, „sind es, die dich aus der hohen Pyramide der Natur anblicken. Damit du nicht, ohne sie nur zu bemerken, daran vorüber gehest; sondern sie recht ins Auge fassest, soll in den nachstehenden Blättern der Wanderer, dessen Weg hier dem deinigen begegnet, dir von Zeit zu Zeit auf die alten Züge hindeuten. Denn diese Züge haben es in der Art, daß sie in dem Wanderer, der sie recht betrachtet, eine Sehnsucht nach dem Verständniß erregen, das ihm, wenn nur einmal die Sehnsucht da ist, nicht fern liegt. Einst mag dem Betrachter jener Hieroglyphen wohl das Verständniß näher, und in ihnen selbst gelegen seyn; aber durch eine alte Umwälzung, wurde die Tagseite zur Nachtseite ..." (Schubert, Gotthilf Heinrich: *Ansichten von der Nachtseite der Naturwissenschaft*, p. 22)

⁶⁴ Lechner, p. 17. – Meine Hervorhebung. – Auch Poe bezieht sich in *Eureka* auf die Nachtseite des Mondes, jene mysteriöse Hemisphäre, die den Teleskopen der Menschheit ewig unerreichbar sei („... that mysterious hemisphere which has always avoided, and must perpetually avoid, the telescopic scrutiny of mankind." [VE, XVI, 254]), und die daher allenfalls durch die poetische Intuition zu erkunden ist.

⁶⁵ Schubert, Gotthilf Heinrich: *Ansichten von der Nachtseite der Naturwissenschaft*, p. 3.

⁶⁶ Busch weist aber darauf hin, daß Schubert wie Schelling und Herder „ein viel zu sprunghafter Geist" gewesen sei, um sich konsequent an ein System zu halten (vgl. p. 316).

⁶⁷ Es ist die gleiche Vorstellung, die sich auch bei Schelling findet und die auch Kleist vor seiner Kant-Krise zu unermüdlicher Bildung antrieb.

⁶⁸ „[B]ei Schubert können zwar Liebe und dichterische Schau die Harmonie vorwegnehmen in Augenblicken höchster Erhebung: ‚Wir nennen noch jetzt jene Augenblicke, wo sich unser Wesen im innersten Einklang mit der ganzen äußeren Natur befindet, die der höchsten Lust, des höchsten Wohlseyns'; aber sie vermögen diese Harmonie nicht festzuhalten, während die endgültige, bleibende, gewissermaßen systematische Eroberung der Harmonie bei ihm eine wesentlich *ethisch-religiöse* Färbung annimmt: ‚Hierauf soll in aller Naturwissenschaft derselbe ewige Bund, dieselbe ewige Beziehung der Einzelnen auf das Ganze wiedergefunden werden, und wenn sich hierdurch auch einen Moment der allgemeine Sinn und Geist der Natur vor der Seele verklärt, möge das Gemüth lernen, daß die Kräfte des Einzelnen nur für das Ganze, nur in Harmonie mit diesem sind, und daß es das höchste Ziel, der höchste Beruf des Lebens sey, daß das Einzelne sich selber und sein ganzes Streben, dem allgemeinen, heiligen Werk des Guten und Wahren zum Opfer bringe'." (Dahmen [1926], pp. 72/73. – Dahmen zitiert von Seite 7 und 23 der *Ansichten*.)

⁶⁹ Das erwähnte Beispiel bezieht sich auf die Symbolik des Weines: „... aus den Symbolen der allerschaffenden Gottheit, deren sinnlich offenbartes Wort die sichtbare Natur ist, wurden Werkzeuge thierischer Wollust, der Weinkelch, der in den ältesten wie in den neueren Mysterien eine hohe Bedeutung hatte, ist zum Taumelkelch sinnloser Dumpfheit und verkehrter Mißverständnisse geworden." [ST 73]

⁷⁰ Im 6. Kapitel der *Symbolik* versucht Schubert z. B., Phänomene wie Somnambulismus oder Hellseherei physiologisch zu begründen, indem er etwa auf die besondere Funktion des Gangliensystems oder der Leber hinweist.

⁷¹ Béguin, p. 100.

⁷² Vgl. etwa das gleichnamige Werk Ellenbergers oder den von Lütkehaus herausgegebenen Band „*Dieses wahre innere Afrika*". *Texte zur Entdeckung des Unbewußten vor Freud*.

⁷³ Vgl. hierzu Lütkehaus, pp. 14/15.

⁷⁴ „Denn das Ich bin ist eben nur der Ausdruck des zu-sich-Kommens selber – also dieses zu-sich-Kommen, das im Ich bin sich ausspricht, setzt ein *außer-* und *von-sich-Gewesenseyn* voraus. Denn nur das kann zu *sich* kommen, was zuvor *außer* sich war. Der erste Zustand des Ichs ist also ein außer-sich-Seyn." (Schelling, Friedrich Wilhelm Joseph: *Zur Geschichte der neueren Philosophie*, p. 164)

⁷⁵ Vgl. Fichte, Immanuel Hermann: *Psychologie. Die Lehre vom bewussten Geiste des Menschen, oder Entwicklungsgeschichte des Bewusstseins, begründet auf Anthropologie und innerer Erfahrung*, Leipzig 1864, § 68.

76 Moritz, Karl Philipp: *Anton Reiser. Ein psychologischer Roman*, p. 107.
77 Op. cit., p. 331. – Aus der 1790 verfaßten Vorrede zum vierten Band.
78 Zit. nach Béguin, p. 45.
79 Zit. nach Béguin, p. 45.
80 Vgl. hierzu auch Emersons späteres Konzept der *Over-Soul*.
81 Schelling, Friedrich Wilhelm Joseph: *Zur Geschichte der neueren Philosophie*, p. 165.
82 Schelling, Friedrich Wilhelm Joseph: *System des transcendentalen Idealismus*, p. 596.
83 Op. cit., p. 597.
84 Op. cit., p. 603.
85 Op. cit., p. 616.
86 Op. cit., pp. 616–618.
87 Op. cit., p. 625.
88 Op. cit., p. 628.
89 Dies gilt insbesondere für jene Elemente in Schellings Philosophie, die nicht mehr im Gefolge von Fichtes Lehren zu sehen sind. Schopenhauer hatte 1811 in Berlin einige Vorlesungen Fichtes besucht, die ihn nicht sehr beeindruckten.
90 Ellenberger, p. 294. – Erst in den 1880er Jahren wurde die umfangreiche Schrift als ein Meisterwerk der deutschen Philosophie anerkannt.
91 Ueberweg (1951), p. 137.
92 Schenk kommentiert diese nihilistische Haltung so: „Wenn die Nihilisten auch an gar nichts sonst glauben mochten, so glaubten sie doch fest an das Nichts. Wenn sie auch auf nichts sonst mehr hofften, so hofften sie doch immer noch auf die völlige Vernichtung. Ihr Vertrauen und ihre Hoffnung, die sich nicht mehr auf das Leben in dieser oder der nächsten Welt richten konnten, richteten sich auf den Tod, oder genauer gesagt: auf den Tod als eine Negierung aller Lebensformen. Wenn schon der flüchtige Schlaf gepriesen wurde, … so glaubte man vertrauensvoll, daß der Tod nichts als ein ewiger Schlaf, eine dauerhafte Vollnarkose, eine Unempfindlichkeit für alle Arten von Schmerz und Leiden sein werde. Der so aufgefaßte Tod erschien also als einzige Erlösung für jene, die am *Weltschmerz* litten." (Schenk [1979], p. 63)
93 Hogrebe (1987), p. 22.
94 Op. cit., p. 26.
95 Schopenhauer, Arthur: *Parerga und Paralipomena* [§ 40], Bd. VI, p. 59.
96 So mußte sich Freud, wie Lütkehaus schreibt, „später in der Wiener Psychoanalytischen Vereinigung darauf hinweisen lassen …, daß sein Konzept des freien bzw. behinderten innerseelischen Verkehrs als des maßgeblichen Kriteriums für Gesundheit und Krankheit in seinen Grundzügen bei Schopenhauer vorgebildet ist." (p. 33) – Unter den Denkern des 20. Jahrhunderts haben Max Scheler, Ernst Cassirer und Thomas Mann auf die gedankliche Nähe von Freud und Schopenhauer hingewiesen. (Vgl. Ellenberger, p. 295)
97 Lütkehaus, p. 34.
98 Fechners Schrift *Elemente der Psychophysik* erschien erst 1860, knüpft aber dennoch unmittelbar an Herbarts Theorien an.
99 Carus, Carl Gustav: *Psyche. Zur Entwicklungsgeschichte der Seele* [P], p. 1.
100 Béguin weist darauf hin, daß diese Kategorien trotz gewisser konzeptioneller Unterschiede „fast wörtlich" mit der Unterscheidung eines „persönlichen" und eines „unpersönlichen" oder „kollektiven Unbewußten" bei C. G. Jung übereinstimmen. (Vgl. p. 169)
101 Das hier von Carus gebrauchte Bild scheint auf Emerson hinzudeuten (vgl. den Essay „Circles" aus der ersten Essayserie von 1841.)
102 „Was das absolute … Unbewußte der Seele während der embryonischen Bildungsperiode betrifft, d. h. jenes wunderbare Leben, wo die Idee als göttlicher Grundgedanke einer ganzen menschlichen Existenz, so geheimnisvoll und verschlossen in sich ruhend, doch prometheïsch das ganze merkwürdige Gebilde des Organismus entfaltet, in dem späterhin der bewußte Geist sich regen und entwickeln soll, so ruht auf ihm recht eigentlich der *Schleier der Isis*, der dem Bewußtsein sich nie wahrhaft heben kann; nichts desto weniger jedoch führt uns Analogie und

Vergleichung auch in dieser Beziehung *dahin*, wissen zu können, daß *eine und dieselbe* Intelligenz dort wie hier waltet, und zwar waltet als ein wahrhaft ‚*unbewußtes Denken*'." [P 72]

[103] Das im nachstehenden Zitat gegebene Bild der Kathedrale hatte bei den Romantikern eine große Bedeutung. Vgl. hierzu Tiecks Eloge auf die deutsche Kathedrale, „dieses Denkmal deutscher Kunst und Seelenhoheit." (Tieck, Ludwig: *Franz Sternbalds Wanderungen*, p. 154.)

[104] Im Kapitel „The Stream of Thought" der *Principles of Psychology*, die 1890 in zwei Bänden erschienen, erläutert James seine Vorstellung vom Bewußtsein, das ein unaufhörliches Strömen sei: „Die traditionelle Psychologie argumentiert wie jemand, der sagt, daß ein Fluß aus nichts anderem als Füllungen von Eimern, Löffeln, Quarteimern, Fässern und anderen bezifferten Wassermaßen bestehe. Selbst wenn die Eimer und Töpfe tatsächlich im Flußbett stünden, so würde aber das freie Wasser weiterhin fließen. Es ist eben dieses freie Wasser des Bewußtseins, das die Psychologen beharrlich ignorieren. Jedes bestimmte Bild des Geistes ist von dem freien Wasser, das um es herumströmt, durchtränkt und getönt. Dieser Strom befördert das Bewußtsein seiner weiteren und engeren Relationen, das verhallende Echo seiner Entstehung und die heraufdämmernde Ahnung seines künftigen Werdens." (Bd. I, p. 255) Vgl. auch den 1904 erschienenen Essay „Does ‚Consciousness' Exist?", in: *The Writings of William James*, bes. pp. 169/170.

[105] Ellenberger, p. 322.

[106] „Um 1900 versteht sich die Psychiatrie mit unreflektierter Selbstverständlichkeit als naturwissenschaftliche Aufklärung, als Kampf gegen dämonologischen und sonstigen Aberglauben in der Gesellschaft und für die Menschenrechte der Geisteskranken, als Kampf, der bald gegen, bald im Bündnis mit den staatlichen Behörden und insonderheit auch gegen religiöse Ansichten und Einrichtungen geführt wird. Kurz, sie ist positivistisch blind geworden für Sinn und Folgen dessen, was sie denkt und tut – und dies auf dem mit Kraepelin erreichten Höhepunkt ihrer Anerkennung als Wissenschaft." (Dörner [1984], p. 331) So behauptete etwa der Psychologe Theodor Lipps (1851–1914) in seinem Vortrag „Über den Begriff des Unbewussten in der Psychologie", den er 1896 auf dem dritten psychologischen Weltkongreß hielt: „Psychologie ist eine Erfahrungswissenschaft, und darf als solche keine metaphysischen Voraussetzungen machen." (Zit. n. Lütkehaus, p. 249) – Diese auf die *Psychologie ohne Seele* zurückgreifende positivistische Psychiatrie erhielt im 20. Jahrhundert, ausgehend von John B. Watsons Aufsatz „Psychology as the Behaviorist Views it" (1913), im *Behaviorismus* weiteren Auftrieb. Psychologen dieser Schule, wie z. B. Iwan Petrowitsch Pawlow und B. F. Skinner, sahen in einer vermeintlich „objektiven" Verhaltensbeobachtung, die vor allem der Lernpsychologie eine besondere Rolle zuweist, die einzig legitime wissenschaftliche Methode zur Beurteilung der Psyche.

[107] Wenn De Quincey „das große Licht des majestätischen Intellekts" [CEO 265] preist, das alle Wahrnehmungen des Opiumrausches beleuchte, dann scheint er damit der romantischen Einschätzung des Traumes als einer besseren Alternative zur rationalen Welt der Vernunft zu widersprechen. Tatsächlich ist der Begriff bei De Quincey aber nicht klar definiert. Aus dem Kontext wird allerdings deutlich, daß hier nicht wirklich von der Vernunft der Aufklärer die Rede ist – wie die sicher bewußt gewählte Kombination von „intellect" und „light" (wie in „enlightenment") nahelegt. Vielmehr soll hier zum Ausdruck gebracht werden, daß die berauschte Persönlichkeit als eine nicht näher definierte Größe dem Vermögen des vernunftbestimmten rationalen Bewußtseins auf eine sonderbare Weise weit überlegen sei.

[108] Diese abschätzige Bewertung des Traums hat auch eine lange sprachgeschichtliche Tradition: So geht das deutsche Wort „Traum" ebenso wie das englische „dream" auf die indogermanische Wurzel **dhreugh-* („trügen") zurück.

[109] *REM* ist die Abkürzung für „Rapid Eye Movement"; der Begriff bezieht sich auf die raschen Augenbewegungen, die für diese Phase des Schlafes kennzeichnend sind. REM-Phasen wechseln sich während eines Schlafes von normaler Dauer und Intensität mehrfach mit den ruhiger verlaufenden NREM-Phasen ab. Nach den Erkenntnissen der modernen Traumforschung können Träume zwar prinzipiell in jeder Phase des Schlafes auftreten, doch sind die Erlebnisse während der REM-Phasen besonders intensiv und können nach dem Erwachen daher auch leichter erinnert werden.

[110] Begley (1989), p. 40. – Als Beweis dafür verwiesen die beiden Forscher auf ein Experiment, bei dem Drogen, welche die Zusammensetzung des Acetylcholin imitieren, in den Hirnstamm von Katzen injiziert wurden. Daraufhin seien die Tiere unverzüglich in die REM-Phase des Schlafes eingetreten. Drogen, die eine verstärkte Freisetzung von Acetylcholin bewirken, leiteten somit die REM-Phase und damit auch das Träumen ein.

[111] Sauder, p. x. – Ein Beispiel für diese rationalistische Denkart ist Goyas berühmte Radierung „El sueño de la razon produce monstruos" („Der Schlaf der Vernunft gebiert Ungeheuer") aus den 1803 erstmals veröffentlichten *Caprichos*. Im Vorwort zu einer Ausgabe von Goyas Radierungen zitiert Aldous Huxley den auf dieses Blatt bezogenen Kommentar des Künstlers: „Die von der Vernunft verlassene Einbildungskraft erzeugt unmögliche, nutzlose Gedanken. In Verbindung mit der Vernunft ist sie die Mutter aller Künste und der Quell all ihrer Schönheit." (Huxley [1943], p. 19) Vgl. hierzu auch Heise (1989), pp. 24 ff.

[112] Kant, Immanuel: *Anthropologie*, p. 98 [175/176].

[113] Bousquet, p. 36.

[114] N, I 319. – Der Vers aus dem Gedicht „Astralis", das den zweiten Teil des Romans *Heinrich von Ofterdingen* einleitet, verdeutlicht den geplanten Übergang in eine andere Erlebenswelt. Der unvollendete zweite Teil sollte als „Erfüllung" der „Erwartung" des ersten Teils folgen.

[115] Coleridge, Samuel Taylor: *Poetical Works* [PW], p. 367.

[116] Eddings (1975), p. 6.

[117] Levin (1960), p. 163)

[118] So stellt auch Schubert fest: „Viele Wahnsinnige, wenn sie im Stande sind, ihren jetzigen Zustand mit dem frühern, gesunden zu vergleichen, sprechen von dem Moment des Ausbruchs ihres Leidens wie von einem Tode; sie behaupten, daß sie damals gestorben wären und daß dann erst ihr jetziges Leben, welches manche von ihnen für ein höheres, besseres halten, als das vorige war, seinen Anfang genommen habe." (Schubert, Gotthilf Heinrich: *Die Krankheiten und Störungen der menschlichen Seele*, pp. 264/265)

[119] Lersch, p. 12.

[120] Bousquet, p. 27.

[121] Zit. nach Béguin, p. 217.

[122] Béguin, p. 217.

[123] Op. cit., p. 224.

[124] Op. cit., p. 225.

[125] Vgl. Béguin, pp. 225/226.

[126] Hayter, p. 75.

[127] Hoffmann, E. T. A.: *Werke* [HW], I, p. 143.

[128] Bousquet, p. 40.

[129] Die Formulierung wird fast wörtlich auch in den *Elixieren* verwendet. Vgl. ET, 286.

[130] Hoffmann, E. T. A.: „Kreisleriana" [K], pp. 29/30. – Das Zitat stammt aus einer Passage mit dem Titel „Höchst zerstreute Gedanken". – „Kreisleriana" ist der Titel einer Gruppe von Texten, die unter dem Titel *Fantasiestücke in Callots Manier* erschien.

[131] Op. cit., pp. 88/89.

[132] Moreau, pp. 225/225.

[133] Eines von vielen möglichen Beispielen gibt das Gedicht „L'Invitation au Voyage", wo feuchte Sonnen in nebligen Himmeln „Les soleils mouillés / De ces ciels brouillés" [FdM 51], den Dichter mit ihren „charmes / Si mystérieux" entzücken.

[134] Baudelaire, Charles: *Les Épaves* (1866); in: *Œuvres complètes* (1961), p. 133.

[135] Vgl. auch die Passage in Lowrys *Under the Volcano*, wo vom „Fiebertraum der endlosen, öden Kaktusebene" [UV 39; 46] die Rede ist.

[136] Vgl. hierzu etwa Starobinski, pp. 102 f.

[137] Vgl. Ellenberger, p. 278.

[138] Ellenberger, p. 278. – Der Autor verweist beispielhaft auf Kant: „Kant selbst schrieb in einem seiner Werke ein Kapitel mit der Überschrift: ‚Von der Macht des Gemüths, durch den bloßen Vorsatz seiner krankhaften Gefühle Meister zu sein', in dem er Anweisungen gibt, wie man Schlaflosigkeit, Hypochondrie und verschiedene körperliche Leiden durch richtige Ernährung, richtige Atmung und besonders durch systematische Arbeit, unterbrochen von Perioden völliger Entspannung, und die Bildung fester Gewohnheiten überwinden kann; die wichtigste dieser Gewohnheiten besteht darin, häufig und bewußt Willensakte zu vollbringen." (pp. 278/279)
[139] Ich übernehme den Begriff von Klaus Dörner.
[140] Vgl. Dörner, p. 40.
[141] Dörner, p. 48.
[142] Zit. nach Dörner, pp. 50/51.
[143] Über den Einfluß Cullens auf die europäische und amerikanische Psychiatrie (Pinel, Chiarugi, Rush u. a.) vgl. Dörner, p. 55.
[144] Die Rolle Pinels als großer Befreier der Irren ist heute sehr umstritten. So wird er etwa in Foucaults *Histoire de la Folie* (1961) ganz im Gegenteil als eine Art Kerkermeister gesehen. Die Beziehungen zwischen den Welten des Wahns und der „Normalität" hätten sich, wie Foucault meint, bis zur Renaissance als ein offenes Gespräch gestaltet und wären dann während der Aufklärung zu einem bloßen Monolog der moralisierenden Vernunft verkommen, in dem der Wahnsinn nur noch ein von außen zu Korrigierendes darstellte. Mit Pinel und dem Beginn des neueren Anstaltswesens sei die Welt des Wahnsinns dagegen gleichsam aus unserer Mitte entfernt und auf eine Insel des Schweigens verbannt worden. Wenn diese Überlegung, wie Dörner meint (vgl. p. 336), auch auf einer einseitigen Konstruktion der kulturgeschichtlichen Problematik gründet, so gibt sie doch auch noch im Blick auf die heutige gesellschaftliche Ausgrenzung des Anderen zu denken. – In der Tat erweist sich der Arzt nach dem Vorbild Pinels auch als ein selbstherrlicher Richter, der die Einhaltung der bürgerlichen Verhaltensnormen notfalls mit Gewalt erzwingt. So wurden etwa jene Patienten vom Genuß der humanen Behandlung ausgeschlossen und mit Dunkelhaft bestraft, die nicht arbeiten wollten, die Aufruhr stifteten oder andere Patienten bestahlen, während religiöse Eiferer, die das Gebot Gottes über die Autorität des Staates stellten, gar nicht erst aufgenommen wurden. (Vgl. Dörner, pp. 152 f.)
[145] Pinel (1801), pp. 149, 155, 160, 165/166, 174 ff.
[146] Moreau, p. 350.
[147] Für Moreau ist der Traum ein wichtiges *Tertium comparationis* psychotischer Phänomene. So schreibt er etwa: „Die perfekte Halluzination ist *der Traum der äußeren Sinne*, so wie fixe Ideen und Wahnvorstellungen der *Traum der Vernunft* sind." (p. 252)
[148] Allerdings hatte Novalis bereits im Winter 1798/99 festgestellt: „Der Rausch und das Fasten ... sind *populare Phaenomène* für den Arzt. Man kann an ihnen die ganze medicinische Theorie entwickeln" [N, III, 323/324], während Kant in der *Anthropologie* über den Zusammenhang von Rausch und Wahnsinn schreibt: „Dagegen zeigt der Versuch, sich selbst durch physische Mittel in einem Zustande, welcher der Verrückung nahekommt, und in dem man sich willkürlich versetzt, zu beobachten, wie durch diese Beobachtung auch den unwillkürlichen Erscheinungen, Vernunft genug, den Ursachen der Erscheinungen nachzuforschen. Aber es ist gefährlich, mit dem Gemüt Experimente und es in gewissem Grade krank zu machen, um es zu beobachten und durch Erscheinungen, die sich da vorfinden möchten, seine Natur zu erforschen. – So will *Helmont* nach Einnehmung einer gewissen Dosis Napell (einer Giftwurzel) [= Eisenhut] eine Empfindung wahrgenommen haben, als ob er *im Magen dächte*. Ein anderer Arzt vergrößerte nach und nach die Gabe Kampfer, bis es ihm vorkam, als ob alles auf der Straße in großem Tumult wäre. Mehrere haben mit dem Opium so lange an sich experimentiert, bis sie in Gemütsschwäche fielen, wenn sie nachließen, dieses Hülfsmittel der Gedankenbelebung ferner zu gebrauchen. – Ein gekünstelter Wahnsinn könnte leicht ein wahrer werden." (*Anthropologie*, p. 150 [216/217]) – In unseren fünfziger Jahren experimentierten Psychologen wie Hanscarl Leuner mit experimentellen Psychosen (auch *Modellpsychosen* genannt), wobei vor allem Meskalin, LSD und Psilocybin verwendet wurden. Unter dem Eindruck des verbreiteten Drogenkonsums

wurden diese Experimente aber gesetzlich verboten. In den letzten Jahren machten das Bundesgesundheitsamt und die entsprechende schweizerische Behörde wieder Ausnahmen möglich; erste Versuchsresultate, die über die Eigenarten der Schizophrenie Auskunft geben sollen, wurden bereits publiziert. (Vgl. Hagen, Giselher: „Erregungsstau im Großhirn. Akute Schizophrenie mit Drogen nachgeahmt / Unterschiede bei den Hemisphären", *Frankfurter Allgemeine Zeitung*, 154 [7. Juli 1993], p. N 4)

[149] Schubert, G.H.: *Die Krankheiten und Störungen der menschlichen Seele*, p. 316.

[150] Vgl. Huch (1951), p. 408.

[151] Moreau, p. 122.

[152] In diesem Zusammenhang ist allerdings mit Nachdruck auf einen konzeptionellen Widerspruch bei vielen zur Zeit der Romantik praktizierenden Psychiatern hinzuweisen, der schwerlich verständlich gemacht werden kann: Tatsächlich standen nämlich viele Irrenärzte und mit ihnen das deutsche Anstaltswesen jener Zeit überhaupt im durchaus verdienten Ruf unüberbietbarer Grausamkeit, was bei ausländischen Kollegen nicht selten zu Äußerungen des Abscheus führte. „Die Deutschen", so zitiert Dörner die Aussage eines britischen Psychiatriehistorikers, „scheinen alle anderen Nationen hinsichtlich der Erfindung von Foltermethoden, denen sie ihre Patienten unterwerfen, zu übertreffen." (Zit. nach Dörner, p. 223) Mit einer menschenverachtenden Rigorosität und der sprichwörtlichen deutschen Gründlichkeit gingen Ärzte von hervorragendem Ruf mit den Methoden der spanischen Inquisition wie die Scheusale bei de Sade gegen ihre Patienten vor, ja die ersten beiden Foltergrade waren eine anerkannte „Behandlungsmethode". Viele von ihnen widmeten einen großen Teil ihrer Zeit der Erfindung und Konstruktion neuer Foltermaschinen. Immerhin mußte sich aber wenigstens der Psychiater Ernst Horn vor Gericht verantworten und seine Stellung als Anstaltsleiter aufgeben, nachdem ein Patient in dem zur „Beruhigung" unbotmäßiger Anstaltsinsassen entwickelten „Hornschen Sack" erstickt war. (Vgl. Dörner, p. 243) Dieser zeitgenössische Umgang mit Geisteskranken stellt wohl die finsterste, und daher oft verschwiegene, Seite des romantischen Alltags dar. (Vgl. hierzu Dörner, pp. 222 ff.)

[153] Huch, p. 448. – Auch in unserer Zeit wird von manchen Psychologen die Möglichkeit erwogen, daß der sogenannte „Wahnsinn" eine dem rationalen Wachbewußtsein überlegene Klarsichtigkeit sei. So meint Ronald D. Laing: „Ich bin mir bewußt, daß der Mann, von dem man sagt, er sei wahnsinnig, mir vielleicht in seinem Wahn die Wahrheit erzählt, und das nicht im zweideutigen oder metaphysischen Sinn, sondern ziemlich wortgetreu, und daß der gespaltene Geist des Schizophrenen vielleicht Licht einläßt, das nicht in den intakten Geist vieler gesunder Leute eindringen kann, deren Geist verschlossen ist. Hesekiel war nach Jaspers Ansicht ein Schizophrener." (pp. 32/33)

[154] Reber (1964), p. 210.

[155] Schopenhauer, Arthur: „Versuch über das Geistersehn", p. 241.

[156] So veranschauliche die Baukunst die niedersten Ideen, „nämlich Schwere, Kohäsion, Starrheit, Härte, diese allgemeinen Eigenschaften des Steines, die ersten, einfachsten, dumpfesten Sichtbarkeiten des Willens, Grundbaßtöne der Natur" [WW, I, 252], während Historienmalerei und Skulptur einerseits und die Poesie andererseits die höchsten Ideen veranschauliche. Dabei verhalte sich die Geschichte zur Poesie wie die Porträtmalerei zur Historienmalerei: „jene giebt das im Einzelnen, diese das im Allgemeinen Wahre; jene hat die Wahrheit der Erscheinung und kann sie aus derselben beurkunden, diese hat die Wahrheit der Idee, die in keiner einzelnen Erscheinung zu finden, dennoch aus allen spricht." [WW, I, 288] Die höchste Kunst aber, die nicht nur Ideen, sondern den Willen selbst abbilde, sei die Musik: „Die Musik ist nämlich eine *so unmittelbare* Objektivation und Abbild des ganzen *Willens*, wie die Welt selbst es ist, ja wie die Ideen es sind, deren vervielfältigte Erscheinung die Welt der einzelnen Dinge ausmacht. Die Musik ist also keineswegs, gleich den anderen Künsten, das Abbild der Ideen; sondern *Abbild des Willens selbst*, dessen Objektität auch die Ideen sind; deshalb eben ist die Wirkung der Musik so sehr viel mächtiger und eindringlicher, als die der andern Künste …" [WW, I, 304] Die Bewertung der Musik als höchste der Künste ist ein romantischer Topos (vgl. Abrams [1976], p. 50).

[157] Schopenhauer, Arthur: „Versuch über das Geistersehn", p. 283.
[158] Op. cit., pp. 243/244.
[159] Op. cit., p. 282.
[160] Op. cit., p. 246.
[161] Op. cit., p. 285. – Zur Klarstellung seiner Zukunftsvision fügt Schopenhauer allerdings hinzu: „Nur denke man hiebei nicht an die metaphysischen Aussagen und Lehren der Somnambulen: diese sind meistens armsälige Ansichten, entsprungen aus den von der Somnambule erlernten Dogmen und deren Mischung mit Dem, was sie im Kopf ihres Magnetiseurs vorfindet; daher keiner Beachtung werth." (285/286)
[162] Busch, p. 330. – Diese Ansicht findet sich auch bei Hoffmann. So schreibt Reber in ihrer Analyse der *Elixiere*: „Träume und Visionen sind als Äußerungen des Unbewußten ... mehr als bloße Ausgeburten einer krankhaften Phantasie, sie erschließen vielmehr eine symbolische Erkenntnis des geheimen Fadens alles Geschehens; es kommt ihnen eine teleologische Bedeutung zu als Wegweiser ins Innere des eigenen Ich." (p. 146)
[163] Op. cit., p. 331.
[164] Schubert, G. H.: *Die Krankheiten und Störungen der menschlichen Seele*, p. 76.
[165] Op. cit., pp. 68/69.
[166] Op. cit., p. 265.
[167] Vgl. Gäde (1974), p. 84.
[168] Die Erzählung wurde vermutlich im Winter 1798/99 geschrieben und erschien erstmals posthum in dem 1802 veröffentlichten ersten Band seiner Schriften, der von Ludwig Tieck und Friedrich Schlegel herausgegeben wurde.
[169] Hardenberg plante ein wahrhaft monströses enzyklopädisches Werk, das die Welt nach dem Vorbild der aufklärerischen *Encyclopédie* Diderots, jedoch aus romantischer Perspektive, erklären sollte. Die im *Allgemeinen Brouillon* enthaltenen Fragmente zeigen, daß Novalis mit einer unerhörten Gründlichkeit zu Werke gehen wollte, bei der fast jeder Stichwort-Artikel, wäre er wie geplant ausgeführt worden, die Länge eines abgeschlossenen Buches erhalten hätte. Es erscheint daher nicht abwegig, den mangelnden Blick für die Grenzen des Realisierbaren im Sinne meiner Ausführungen auf Seite 254 ff. und 296 ff. mit Hardenbergs Laudanumkonsum in Verbindung zu bringen.
[170] So meinte auch Schubert fast fünfzig Jahre später: „Bei der sogenannten Hirnentzündung oder *Phrenesie*, so wie im nervösen Fieber sind die Gefäße des Hirns mit Blut ganz überfüllt, ... so daß die Überfülle des Blutes, gleich einer unverdaulichen Speise im Magen, nur Schmerz und Beschwerde macht, oder diese Stoffbildung ist eine abnorme, mit der eigentlichen Beschaffenheit und Bestimmung des Gehirns im Widerspruch stehende."(*Die Krankheiten und Störungen der menschlichen Seele*, p. 68.)
[171] Auch Kant hatte, als er in seiner vorkritischen Zeit noch fleißig selbst an vernünftelnden Theorien über Sinn und Zweck der Metaphysik bastelte, der teleologischen Idee von einer graduellen Vervollkommung der menschlichen Gattung (nicht jedoch des einzelnen Individuums!) einige Aufmerksamkeit gewidmet. So behauptet er in seiner *Theorie des Himmels* (1755), wie Schultz darlegt, die Menschheit habe ebenso wie die Erde ein mittleres Alter erreicht und „den halben Weg zur Vollkommenheit bereits zurückgelegt, sei zwar noch dem Irrtum verhaftet, aber zugleich zur Tugend und Vollkommenheit fähig." (Schultz, p. 74)
[172] Breuer (1980), p. 46.
[173] Brief vom 1. Dezember 1802 an Ludwig Tieck. Zit. n. Bätschmann (1989), p. 302.
[174] Baudelaire, Charles: „Morale du Joujou" (1853), pp. 524 und 525; in: *Œuvres complètes* (1961); II 198.
[175] Tieck, Ludwig: *Franz Sternbalds Wanderungen*, p. 151.
[176] Inoue, p. 71.
[177] Op. cit., p. 72.

[178] Vgl. Lloyd, p. 90 f. – Vgl. auch Köhler (1979), wo auf die durch Schuberts Lehre von den drei Weltaltern geprägte Sehnsucht Hoffmanns nach der Wiederbringung des Goldenen Zeitalters hingewiesen wird. „Die Kindheit", so heißt es dort, „kann als ein Nachhall dieses verlorenen Paradieses aufgefaßt werden." (p. 130)

[179] S 510. – Die gleiche Beobachtung machte Freud rund achtzig Jahre später in seiner Schrift *Die Traumdeutung*. (Vgl. *Gesammelte Werke*, Bd. 2, pp. 46/47.)

[180] Vgl. Proudfit (1985), pp. 88 ff.

[181] Vgl. Hoffman (1972), pp. 300/301.

[182] Huch, pp. 402/403.

[183] Op. cit., p. 409.

[184] Hier ist z. B. der deutsche Gelehrte Athanasius Kircher (1602–1680) zu nennen.

[185] *Voyage dans la Basse et la Haute Égypte pendant les campagnes du Général Bonaparte.*

[186] „Die *ägyptischen Priester*, die ersten Traumdeuter, bezogen ihre Regeln für diese Art der PROPHEZEIUNG aus ihren *symbolischen* Rätseln, in denen sie so bewandert waren: eine Deutungsgrundlage, die der Kunst höchste Relevanz beimaß und die den Seher und seinen Klienten gleichermaßen befriedigte. Denn in jener Zeit wurde allgemein angenommen, daß ihre Götter ihnen die *Hieroglyphenschrift* gegeben hatten. So daß nichts natürlicher war als die Vorstellung, daß diese Götter, die ihrer Ansicht nach ebenso die Träume gaben, in beiden Offenbarungsarten die gleiche Art des Ausdrucks benutzten. Dies, so meine ich, war der wahre Ursprung der *Traumdeutung*, d. h. der Auslegung jener Träume, die man allegorisch nennt bzw. von allen Träumen überhaupt. ... Die *Traumdeuter* übernahmen ihre Entschlüsselungskunst vom Bereich der symbolischen Hieroglyphen." (Zit. nach Irwin [1980], p. 213)

[187] So meint auch Kant: „Aber überhaupt ist auch ein gewisser Grad des Rätselhaften in einer Schrift dem Leser nicht unwillkommen: weil ihm dadurch seine eigene Scharfsinnigkeit fühlbar wird, das Dunkele in klare Begriffe aufzulösen." (*Anthropologie*, p. 50 [137])

[188] Vgl. CTP 68.

[189] Thoreau, Henry David: „Walking", in: *The Works of Thoreau*, pp. 684 f.

[190] Tieck, Ludwig: „Der Runenberg", p. 33.

[191] Tieck, Ludwig: *Franz Sternbalds Wanderungen*, p. 194.

[192] *System des transcendentalen Idealismus*, p. 628.

[193] Zit. nach Sauder, p. xiii.

[194] Sauder, p. xii. – Die längeren Zitate entstammen Schuberts Saint-Martin-Übersetzung.

[195] Baudelaire, Charles: *Œuvres complètes – Juvenilia, Œuvres posthumes, Reliquiae* I, hg. von Jacques Crépet, Paris 1939; p. 299.

[196] Béguin verweist auf einen Brief, den Pascal am 1. April 1648 an seine Schwester schrieb: „ ‚Die körperlichen Dinge sind nichts als ein Bild der geistigen, und Gott hat das Unsichtbare im Sichtbaren dargestellt. Dieser Gedanke ist so allgemein gültig und nützlich, daß man keine größere Zeitspanne verstreichen lassen sollte, ohne mit Aufmerksamkeit darüber nachzudenken.' Pascal spricht in diesem Brief von den Gefühlen natürlicher Zuneigung und von der Möglichkeit, in ihnen einen über das Naturhafte hinausgehenden Sinn zu entdecken. Doch wird er in der Hl. Schrift und in der Geschichte Israels die gleiche Symbolik wahrnehmen, von der dasselbe gilt, was er später über die permanente Seinsverfassung des Menschen schrieb: ‚Wir müssen uns als Sträflinge in einem Gefängnis betrachten, das ganz mit Sinnbildern unseres Befreiers angefüllt ist... doch muß man bekennen, daß man diese heiligen Zeichen nicht ohne übernatürliche Erleuchtung erkennen kann; denn wie alle Dinge denjenigen von Gott künden, welche ihn kennen, und Gott denen enthüllen, die ihn lieben, verbergen dieselben Dinge Gott vor denen, die ihn nicht kennen.' " (Béguin, Albert: *Blaise Pascal*, pp. 85/86)

[197] Baudelaire, Charles: „Réflexions sur quelques-uns de mes contemporains", pp. 704/705; in: *Œuvres complètes* (1961); VII 141.

[198] Baudelaire, Charles: *Correspondance générale* (1947), Bd. I, p. 368; III 371. – Das Zitat stammt aus einem Brief vom 21. Januar 1856 an Alphonse Toussenel.

[199] Ein weiteres berühmtes Beispiel für die Thematisierung der natürlichen Hieroglyphe in der amerikanischen Literatur ist Melvilles *Moby-Dick* (1851). So geht es in dem Kapitel „Die Speckdecke" um die Haut des Wals, deren Strukturen mit der Linienführung italienischer Radierungen verglichen werden. Moore schreibt hierzu: „Indem es das von Ishmael gesuchte Mysterium als letztlich unergründlich darstellt, erweist sich ‚The Blanket' als ein bemerkenswerter Indikator von Melvilles Kenntnis und Verständnis des Erhabenen. Hinter dem Bezug auf die ‚feinsten italienischen Liniengravuren', die dem hieroglyphischen Labyrinth von Markierungen auf dem Wal ähneln, mögen durchaus die Stiche von Giovanni Battista Piranesi stehen …" (Moore [1982], p. 148). Vgl. auch meine Ausführungen in *Piranesis Carceri*, pp. 126 f.

[200] Thoreau, Henry David: „Walking", p. 672.

[201] Op. cit., p. 673.

[202] Op. cit.; pp. 673/674. – Meine Hervorhebung.

[203] Auch Schiller läßt seinen Franz Moor, den eigentlichen Bösewicht in dem frühen Drama *Die Räuber* (1781), verkünden: „… der Mensch entstehet aus Morast, und watet eine Weile im Morast, und macht Morast, und gärt wieder zusammen in Morast, bis er zuletzt an den Schuhsohlen seines Urenkels unflätig anklebt." (IV. Akt, 2. Szene) Trotz dieser scheinbaren Übereinstimmung liegen Welten zwischen Franz und Thoreau, da der Schurke, ein gottloser Freigeist, dem nichts heilig ist, den Morast durchaus nicht als *sanctum sanctorum*, sondern schlicht als Dreck versteht. Schiller selbst hätten die Ideen Thoreaus sicher sehr befremdet.

[204] Op. cit., pp. 674/675.

[205] Vgl. hierzu die ähnliche Überlegung bei Carus.

[206] Thoreau, Henry David: *Walden; or, Life in the Woods*, pp. 254/255; 297.

[207] Op. cit., pp. 255/256; 298.

[208] Op. cit., p. 257; 299.

[209] Op. cit., p. 257; 300.

[210] Op. cit., pp. 257/258; 300/301.

[211] Es ist kein Zufall, daß sich der Zeitraum der Reise über neun Monate erstreckt; auch ist Pyms Unterbringung im dunklen Schiffsladeraum als Anspielung auf die Situation des Embryos im Mutterleib zu verstehen. Während Pyms physisches Dasein zusehends ausgelöscht wird, erweist sich das Nichts, der Tod des Bewußtseins, als eine spirituelle Geburt.

[212] Streng genommen steht ein solcher Symbolgehalt im Widerspruch zum Charakter der Hieroglyphe, die ja gerade nicht auf vernünftig zu erfassende Bedeutungsebenen weiterverweist. Anscheinend hat Poe also, wenn er dem Leser hier tatsächlich einen Hinweis auf das biblische Menetekel vermitteln wollte, und das ist mehr als nur wahrscheinlich, sein zentrales Anliegen in einem unbesonnenen Moment aus den Augen verloren.

[213] Kritiker haben darauf hingewiesen, daß es sich hierbei um die verdrehten Buchstaben von Poes Namen oder seine Initialen E. A. P. handele, was leicht nachzuprüfen ist. Interessant ist dann vor allem der ins Nichts weisende Doppelpunkt als Bestandteil der letzten Figur.

[214] Es ist ein Paradoxon, daß Pym einerseits darauf hinweist, daß die Gestalt verhüllt sei, andererseits jedoch in der Lage ist, die Farbe ihrer Haut zu erkennen. Es erscheint nicht allzu abwegig, hierin den Zusammenfall von Innen und Außen zu sehen, in dem sich die mystische Erfahrung konstituiert; der Schleier als das Äußere, die Haut als das eigentlich darunter befindlich zu denkende Innere sind auf eine seltsame Art ein und dasselbe.

[215] Irwin, p. 198.

[216] Irwin bezieht sich in anderem Zusammenhang selbst auf dieses Prosastück, ohne indessen die Ironisierung des nur vermeintlich Bedeutsamen zur Kenntnis zu nehmen.

[217] Kaplan (1979), p. xxii.

[218] Vgl. Irwin, pp. 231 ff.

[219] Tieck, Ludwig: *Franz Sternbalds Wanderungen*, p. 193.

[220] Kaplan, p. xxii.

[221] Irwin, p. 227. – In diesem Zusammenhang erhält auch der aus Pyms Zeichnungen herauszulesende Name Poes seine Bedeutung.

222 Irwin, p. 230.
223 Lobsien (1981), p. 7.
224 „Landschaft", schreibt Lobsien daher, „ist uns nicht einfach naturwüchsig vorgegeben, sie ist vielmehr gemacht, entstanden, sie ist das Produkt eines historischen Prozesses" (p. 2). Noch deutlicher wird dies von Lucius Burckhardt formuliert: „Nicht in der Natur der Dinge, sondern in unserem Kopf ist die ‚Landschaft' zu suchen; sie ist ein Konstrukt ..." (zit. nach op. cit., p. 4.)
225 „Landschaft bietet die Welt in einer solchen Weise, daß das Subjekt seiner selbst ansichtig wird, sich seiner zu versichern vermag, ehe es die Bedeutung der Welt außerhalb seiner zu gewärtigen oder hinzunehmen oder zu konstruieren hat." (Lobsien, p. 8)
226 Vgl. hierzu Lobsien, pp. 10 ff.
227 Lobsien, p. 38.
228 Zit. nach Bätschmann, p. 21. – Die *Histoire de la Nature* erschien zwischen 1749 und 1804 in 44 Folio-Bänden. Das Zitat stammt aus dem Essay „De la Nature", der Band 12 einleitet.
229 Zit. nach Bätschmann, p. 270.
230 Op. cit., pp. 270/271.
231 Op. cit., p. 271.
232 Rousseau, Jean-Jacques: *Les Confessions*, Bd. I, pp. 264/265. – Vgl. hierzu auch etwa Alewyn (1974), pp. 315 ff.
233 Zit. nach Bätschmann, pp. 279/280.
234 Zur ausführlicheren Information über die Entwicklung der Landschaft von der Mode des Pittoresken bis zur Décadence vgl. Garber (1982).
235 Über die Theorie des Pittoresken vgl. Hipple (1957).
236 „Das Pittoreske ... regt im wesentlichen das 'bildnerische' Sehen des Betrachters an. Das Pittoreske stützt sich auf das Kompositorische und betont die Manipulation von Farbe, Stoff und Licht." (Ljungquist [1984], pp. 35/36)
237 Ljungquist, p. 42.
238 Ljungquist schreibt über den Einfluß des Pittoresken: „Mit dem Einfluß des Pittoresken in Amerika wurde die Schaffung eines Gleichgewichts zwischen verschiedenen Objektgruppen ein wichtiges ästhetisches Prinzip in der Kurzprosa. Das Pittoreske wurde eine Methode, um einer sich beständig verändernden Landschaft eine Einheit zu geben. Schattierungen und Lichtreflexe wurden in der Literatur ebenso wichtig wie in der Malerei. Die Analogie zwischen den Lichteffekten in der Malerei und der charakteristischen meditativen Stimmung der Kurzprosa verstärkte die Affinität der beiden Medien. In seiner subtileren Bedeutung wurde das Pittoreske eine ausgewogenere Variante des Erhabenen. Anstatt einen erhabenen Bezug zwischen einer einzigartigen Landschaft und der Größe der Nation herzustellen, verlegte das Pittoreske den ästhetischen Ort eher in die psychischen Vorgänge der Erinnerung und der damit verbundenen Assoziationsreihen ... Man kann daher sagen, daß das Pittoreske als eine beinahe logische Weiterentwicklung aus dem Erhabenen Gestalt annahm. Die wachsende Vorliebe für das Pittoreske ergab sich auch aus der fortschreitenden Kultivierung der 'frontier'. In dem Maße, in dem die Wildnis allmählich die Strukturen und Gegensätze einer Gesellschaft übernahm, erhielt die erhabene 'frontier' zusehends die Eigenschaften der pittoresken Mittellandschaft." (p. 43)
239 Es handelt sich hierbei um eines von drei „Prosagedichten", die nach heutiger Ansicht eine thematische Gruppe bilden. Die anderen beiden Texte, die ebenfalls das Pittoreske in den Mittelpunkt des Interesses stellen, sind „The Island of the Fay" (1841) und „Landor's Cottage" (1849), das im Untertitel als Pendant zu „The Domain of Arnheim" ausgewiesen wird. – Zur näheren Deutung dieser Texte vgl. Friedl (1973), und Furrow, „Psyche and Setting" (1973).
240 Vgl. CTP 611.
241 Pikulik, *Romantik als Ungenügen an der Normalität*, pp. 501/502.
242 Thalmann (1967), p. 42.
243 Vgl. hierzu meine Ausführungen in „Kinematische Kerker: Zur Rezeption von Piranesis *Carceri* im Film und im Comic Strip", in: *Piranesi. Faszination und Ausstrahlung*, hg. v. Grassimuseum Leipzig, Leipzig 1994; Bd. II, pp. 66–89.

244 Busch, p. 327.
245 Zit. nach Eimer (1974), pp. 32 und 38.
246 Vgl. Bätschmann, pp. 310 ff.
247 Zit. nach Bätschmann, p. 314.
248 Op. cit., p. 315.
249 Vgl. Praz (1981), p. 99.
250 Der 1760 verfaßte Roman wurde erst 1796, zwölf Jahre nach Diderots Tod, veröffentlicht.
251 Sade, D. A. F., Marquis de: *La Nouvelle Justine*, in: *Œuvres* (1973); Bd. VII, p. 46.
252 Der Roman erschien anonym, angeblich in den Niederlanden, und Sade hat seine Urheberschaft, über die heute kein Zweifel besteht, mehrfach abgestritten. Noch im selben Jahr folgte der *Justine* das sechsbändige Werk *La Nouvelle Justine, ou les Malheurs de la vertu. Suivie de l'Histoire de Juliette, sa sœur* [*ou les Prospérités du vice*].
253 Praz (1968), p. 13.
254 Lennig (1984), p. 8.
255 Zit. nach Lennig, p. 134.
256 *Liebe, Tod und Teufel*, p. 17.
257 Der Roman *Schwester Monika* erschien 1815 anonym bei einem Posener Verlag, der bereits andere Werke Hoffmanns gedruckt hatte. Stilistische Eigenarten, das auffällige musikalische Fachvokabular und schließlich die Tatsache, daß Hoffmann in der fraglichen Zeit aus finanzieller Not gezwungen war, sich um literarische Brotarbeit zu bemühen, lassen heute eigentlich kaum noch Zweifel an seiner Urheberschaft zu.
258 *La Nouvelle Justine*, in: *Œuvres complètes du Marquis de Sade*, Bd. VII, p. 229.
259 Vgl. Baudelaire, Charles: *Les Épaves*; in: *Œuvres complètes* (1961), p. 141; IV 27.
260 *Le Peintre de la vie moderne*, in: *Œuvres complètes* (1961), p. 1183. Vgl. *Liebe, Tod und Teufel*, p. 149; V 247/248.)
261 Op. cit., p. 521; VI 278.
262 Sartre (1953), p. 155.
263 Erste Anzeichen der Enttäuschung des Menschen durch die Natur sieht Starobinski schon im 18. Jahrhundert. So verweist er auf die Diskrepanz zwischen der ländlichen Idylle und dem Anblick des realen zeitgenössischen Landlebens: „Die ländliche Wirklichkeit im 18. Jahrhundert bietet Anlaß zu einem unerschöpflichen Inventar von Elend, das zu sehr schmerzt, um nicht mit dem allerreizendsten Dekor zu kontrastieren ... Nun muß man das ‚Malerische' ... jenseits der Gegenden aufsuchen, in denen sich die Industrie festsetzt. Denn der Eroberungsdrang des Menschen, seine Schmieden, seine Maschinen verwunden und entstellen die natürliche Landschaft. Der traditionelle Ort der Idylle wird von einem Schauplatz der Harmonie zu dem des Konflikts. Der Rauch der Manufakturen zeigt an, daß der Mensch gegen die Natur Krieg führt." (p. 160)
264 Vgl. *Œuvres complètes* (1961), p. 1080.
265 *Liebe, Tod und Teufel*, p. 271.
266 Op. cit., p. 272.
267 Zit. nach op. cit., p. 272.
268 Zit. nach Poenicke (1972), p. 31.
269 „Bewundert man den Mut", schreibt Poenicke, „mit dem Addison – hierin Wegbereiter der Romantik – an einer Stelle einen Deich gegen die Fluten des Irrationalen niederreißt, so ist es doch ebenso wichtig zu beobachten, wie er an anderer Stelle längst einen umso höheren Auffangdamm errichtet hat." (Poenicke, *Dark Sublime*, p. 30)
270 Burke, *Enquiry* (1958), p. 21. – Burke gelangt von dieser Feststellung dann zum dritten Vermögen, der Urteilskraft.
271 *Enquiry*, p. 91.
272 Op. cit., p. 124.

273 Die zentrale Schwäche der Schrift, meint daher auch Boulton, sei ihre bloße Fundierung auf persönliche Urteile und Erfahrungen: „... sie beruht völlig auf eigenmächtigen Urteilen, auf der individuellen Bewertung der persönlichen Sinneserfahrung, und es können keine allgemeinen Gesetze formuliert werden." (p. cxxvii) – Auch die Romantiker hatten keine hohe Meinung von Burkes sensualistischer Theorie, vgl. hierzu Boulton, p. cii.

274 Vgl. Boulton, pp. xv–cxxvii.

275 Kant, Immanuel: *Beobachtungen über das Gefühl des Schönen und Erhabenen*. Zit. nach Klein (1975), p. 109.

276 Kant, Immanuel: *Kritik der Urteilskraft*, p. 120. [61]

277 Op. cit., p. 79 [16].

278 Jaspers, p. 113.

279 Op. cit., pp. 113/114.

280 *Kritik der Urteilskraft*, p. 136. [77]

281 Op. cit., p. 156. [99]

282 Op. cit., p. 143. [84]

283 „Vom Erhabenen (Zur weiteren Ausführung einiger Kantischen Ideen)". Zit. nach Poenicke, *Dark Sublime*, pp. 39/40.

284 Poenicke, *Dark Sublime*, p. 40.

285 Schiller, Friedrich: „Über das Erhabene". Zit. n. Poenicke, *Dark Sublime*, p. 41.

286 Poenicke, *Dark Sublime*, p. 41.

287 Vgl. Varma, pp. 28/29.

288 Über die Konnotationen, die sich im 18. Jahrhundert mit dem Wort *Gothic* verbanden, vgl. etwa Thompson (1972), pp. 31/32.

289 Es treten z. B. Geister auf und geben den Protagonisten Anweisungen; der riesige Helm einer Statue setzt unmißverständliche Zeichen, indem er auf einen Bösewicht herabstürzt und den Helden zu Beginn der letzten Prüfung durch freudiges Wackeln ermuntert; in einem kritischen Moment fallen drei Blutstropfen aus der Statue; eine riesige Hand in stählernem Handschuh erscheint mahnend auf der Treppe.

290 Conrad, p. 33.

291 „In der Tragödie galt das Hauptinteresse des Zuschauers der Beobachtung der psychologischen Verhaltensweisen des Helden unter dem Eindruck eines übermächtigen Geschehens. Im Schauerroman dagegen erhalten die mysteriösen Ereignisketten ein derartiges Primat, daß die Figuren psychologische Kontur nur insoweit bekommen, als es zur Konstruktion der Handlung unerläßlich ist. Der Leser eines Schauerromans erwartet daher die unkomplizierten Verhaltensmuster eines ‚flat character'. Lewis wird es in einer zeitgenössischen Kritik als schwerer Kunstfehler angelastet, daß er einer ‚villain'-Figur gleichzeitig ‚noble, generous, and heroic feelings' zubilligt." (Op. cit., p. 17.)

292 Vgl. hierzu auch die Einleitung des Herausgebers in Thompson (1974). Eine differenziertere Einteilung bietet Raneri (1973), pp. 37/38.

293 Vgl. Killen (1913), pp. 92/93.

294 Köhler weist auch darauf hin, daß Baudelaire den Schauerroman *The Monk* von M. G. Lewis mit großer Begeisterung gelesen habe. (Vgl. p. 179)

295 Eine ausführliche Darstellung zur deutschen Schauerliteratur findet sich in Zacharias-Langhans (1968).

296 Kant, Immanuel: „Versuch über die Krankheiten des Kopfes" (1764), p. 267.

297 Poe, Edgar Allan: „Preface for *Tales of the Grotesque and Arabesque*", in: Mabbott, Bd. II, p. 473.

298 So zitiert Varma den Kritiker Bertrand Evans, der in seiner Studie über *Gothic Drama from Walpole to Shelley* (1947) schreibt: „Bis 1798 verlief die Strömung der Einflußnahme eher von England nach Deutschland als von Deutschland nach England. Als die Strömung sich umkehrte, brachte sie sowohl das ursprünglich Übernommene als auch diverse Zugaben von

fremder Herkunft mit sich. Sie erreichte England mit einer Welle dramatischer Adaptationen, Übersetzungen und Entlehnungen." (p. 33)

[299] Ein Beispiel für diese Grenzverwischung ist der Traum, in dem Medardus ein wahnsinniger Kapuzinermönch erscheint, bei dem es sich um sein bedrohliches *alter ego* handelt. Hat der Traum etwas zu bedeuten, nimmt er nicht allzu konkret Bezug auf die Rätsel der Wirklichkeit? Bei seinem Erwachen steht derselbe Kapuziner als reale Gestalt in seinem Zimmer. Die Verwirrung wird noch größer durch die anfängliche Bemerkung des Medardus, daß er seinen Traum im Traum geträumt habe. Vgl. ET 114/115.

[300] So schreibt Conrad im Blick auf Hoffmanns schauerliche Erzählung „Der Sandmann": „Die Angst im Leser erwächst nicht mehr, wie im Schauerroman, aus der dargestellten Wirklichkeit extrovertierter Erscheinungen des Schauers, geht nicht mehr von einer ingeniösen ‚gotischen Ausdruckskulisse' aus, sondern entspringt der Tatsache, daß eine auf Ratio und Meßbarkeit bauende Wirklichkeitsauffassung um ihre Zuverlässigkeit gebracht ist. Das Unheimliche siedelt sich in eben der Bildungsschicht an, in der man aus dem Gefühl der Sekurität heraus Angst genießen konnte. Das Schreckliche verlagert sich von verdinglichten Darstellungsformen des Schauers auf die aufgeklärte Bürgerlichkeit selbst …" (Conrad, p. 77.) – Auch die Organe des Staates erweisen sich in den *Elixieren* oder auch im *Fräulein von Scuderi* als unfähig, die Sicherheit des Bürgers zu garantieren, da sie oft völlig unempfindlich für verborgene Mechanismen des Bösen sind und ihm dadurch nicht wirksam begegnen können. (Vgl. Conrad, p. 100.) Ebenso verhält es sich in jenen Erzählungen Poes, wo die Polizei bei der Aufklärung von Verbrechen versagt, bis der Detektiv Auguste Dupin sie auf dem Wege konsequenter *ratiocination* erklärt. Es versteht sich, daß Hoffmann unter diesen Bedingungen von einem anderen Kunstgriff des Schauerromans, nämlich dem *explained supernatural*, keine hohe Meinung haben konnte. Pikulik belegt dies durch den Hinweis auf eine Passage in Hoffmanns *Lebens-Ansichten des Katers Murr* (1819–21): „Wie [Hoffmann] … über das ‚Explained Supernatural' dachte …, läßt u. a. eine Episode aus Kater Murr erkennen. In der Nähe der Wohnung Meister Abrahams nimmt Kreisler einmal, zu Tode erschrocken, seinen Doppelgänger wahr. Als er freilich bemerkt, daß die Erscheinung nur die Wirkung eines verborgenen Hohlspiegels ist, ärgert er sich, ‚wie jeder, dem das Wunderbare, woran er geglaubt, zu Wasser gemacht wird. Dem Menschen behagt das tiefste Entsetzen mehr, als die natürliche Aufklärung dessen, was ihm gespenstisch erschienen, er will sich durchaus nicht mit dieser Welt abfinden lassen; er verlangt etwas zu sehen aus einer andern, die des Körpers nicht bedarf, um sich ihm zu offenbaren.'" (1975, p. 313.)

[301] Über die frühe amerikanische Rezeption der englischen und deutschen Schauerliteratur vgl. Ringe, pp. 13 ff.

[302] Ringe, p. 118. – Allerdings werden seine psychologischen Darstellungen gelegentlich immer noch von einer rationalistischen Unterströmung begleitet, etwa wenn der dem Wahn erliegende Wieland in der Gestalt seiner emanzipierten und auf gewissenhafte Selbstanalyse bedachten Schwester eine positive Kontrastfigur erhält, die allen Anfechtungen des Irrationalen widersteht oder wenn, ebenfalls in *Wieland*, das Mittel des *explained supernatural* doch noch zur Anwendung kommt. Vgl. Raneri, p. 125.

[303] Über Poes Kenntnis der englischen und deutschen Schauerliteratur vgl. Ringe, p. 128 ff.

[304] Ringe, p. 151.

[305] Kuhn (1976), pp. 6/7.

[306] Op. cit., pp. 12/13.

[307] Vgl. Klibansky/Panofsky/Saxl (1990) und Kuhn (1976).

[308] Vgl. Kuhn, p. 55.

[309] Pascal, Blaise: *Pensées*, Bd. I, p. 129. [Fragment 138]

[310] Vgl. Kuhn, p. 97.

[311] *Pensées*, Bd. II, p. 122. [Fragment 529]

[312] Kuhn, p. 108.

[313] Vgl. op. cit., p. 114.

314 In früheren englischen Schriften über die Schwermut wurde der Begriff der Melancholie benutzt (vgl. etwa Timothy Brights *A Treatise on Melancholie* [1586] und Robert Burtons *Anatomy of Melancholy* [1621]).
315 „Das Gemüt der Einwohner Britanniens ist sehr launisch, was auf den Spleen zurückgeht, einen Bestandteil ihres Wesens, der, wenigstens in solcher Ausprägung, wohl nur auf dieser Insel zu finden ist. Hieraus ergibt sich die Vielfalt von Meinungen und genialer Veranlagung, die diesen Boden so fruchtbar macht. Unsere Nachbarn sind ärmer an Humor und verfügen über wenige Originale als wir." (Zit. nach Dörner, p. 36.)
316 Zit. nach Kuhn, pp. 129/130.
317 Dörner, p. 36.
318 Kuhn, p. 139.
319 Pope, Alexander: *The Poetical Works*, p. 82.
320 Vgl. Kuhn, p. 134.
321 Vgl. op. cit., p. 137.
322 So wird bei Klibansky, Panofsky und Saxl auf „das Melanchthonwort über die ‚melancholia generosissima Dureri'" hingewiesen und außerdem festgestellt, daß „Dürer an einer Krankheit litt, die die Ärzte seiner Zeit eindeutig den ‚morbi melancholici' zurechneten: die berühmte Bremer Zeichnung L 130 mit der Aufschrift ‚Do der gelb fleck ist vnd mit dem finger drawff dewt, do ist mir we' verweist auf eine Milz-Affektion". (p. 508)
323 *Anthropologie*, p. 170. [233]
324 „Alles Behagen am Leben ist auf eine regelmäßige Wiederkehr der äußeren Dinge gegründet. ... Je offener wir für diese Genüsse sind, desto glücklicher fühlen wir uns; wälzt sich aber die Verschiedenheit dieser Erscheinungen vor uns auf und nieder, ohne daß wir daran Teil nehmen, ... dann tritt das größte Übel, die schwerste Krankheit ein: man betrachtet das Leben als eine ekelhafte Last. Von einem Engländer wird erzählt, er habe sich aufgehangen, um nicht mehr täglich sich aus- und anzuziehn ... Dieses sind eigentlich die Symptome des Lebensüberdrusses, der nicht selten im Selbstmord ausläuft, und bei denkenden, in sich gekehrten Menschen häufiger war, als man glauben kann." (Goethe, Johann Wolfgang von: *Aus meinem Leben. Dichtung und Wahrheit*, in: *Sämtliche Werke*, Bd. 16, pp. 611/612.)
325 Op. cit., p. 613.
326 Goethe, Johann Wolfgang von: *Die Leiden des jungen Werthers*, p. 97. – Vgl. hierzu auch Kuhn, p. 175: „Daß die Liebe in der Lage sei, die Leere auszufüllen, ist nichts als eine Illusion, was Werther durchaus klar erkennt. Wie er in einem anderen Brief ausführt, entstand die Leere, als Gott sich von ihm abwandte. Die Leere, die durch das Fehlen der göttlichen Liebe entstanden ist, ist zu groß, um durch die Dürftigkeit der irdischen Liebe ausgefüllt zu werden. Werther hat kein Gottvertrauen mehr und kann daher auch nicht mehr auf die Liebe vertrauen."
327 So weiß Kuhn zu berichten: „In einem seiner aufrichtigen Momente gestand er Mme Du Deffand vertraulich, was seine eigentliches Spezialgebiet sei: ‚Möchten Sie, daß ich aufrichtig spreche, Madame? Mein wahres Fachgebiet ist der Abgrund des ewigen Nichts.' (26. Nov. 1775). ... Ohne an den Nutzen seines Bemühens zu glauben, widmete Voltaire sein ganzes Leben dem hoffnungslosen Versuch, den Ennui abzuwehren. Da es ihm nicht gelang, ihn fernzuhalten, bediente er sich seiner. Das Ergebnis ist eine Anzahl hervorragender Werke, deren Stoff aus Langeweile gewoben ist. Voltaire ist der erste Ästhetiker des Ennui." (p. 152) Und über Rousseau schreibt Kuhn: „Rousseau war der Erforscher des Abgrunds, über dem Voltaire tanzte. Er ist der Höhlenforscher in der ‚Cave of Spleen'. Die Ergebnisse seiner Erforschung, seine Gedanken über den Ennui, sind ein wesentlicher Teil seines Gesamtwerks." (pp. 152/153)
328 Baudelaire, Charles: *Pauvre Belgique*, in: *Œuvres complètes* (1961), p. 1317.
329 „Frankreich sieht recht barbarisch aus, wenn man es aus der Nähe betrachtet", stellte er fest. „Doch man gehe nur nach Belgien, und schon sieht man sein Vaterland mit milderen Blicken." [1317; VII 309] Alles in diesem Land sei derb und unkultiviert, man mache sich einen Spaß daraus, Hunde lebendig zu braten und zu verzehren. „Keine Galanterie, keine Schamhaftigkeit", klagt Baudelaire und empört sich über das „... Pinkeln und Scheißen der belgischen Damen."

[1337; VII 319] So wie man seine Notdurft gern in Gesellschaft verrichte, sei auch in allen anderen Bereichen des Lebens eine furchtbare Konformität die Regel: „Man denkt in Gruppen. Das heißt, man denkt gar nicht." [1356] Über die belgischen Katholiken heißt es: „Ich halte sie für ebenso dumm, für ebenso bösartig, und vor allem für ebenso träge wie die atheistischen Belgier." [1355; VII 328] Und die Kunst? – „In Belgien", heißt es knapp, „keine Kunst; die Kunst hat sich aus dem Land zurückgezogen." [1427; VII 351] Die Literatur? – „Haß auf die Poesie. Man lernt, wie man Ingenieur oder Bankier wird. Keine Metaphysik." [1369; VII 336] „Nirgends etwas Mysteriöses" [1364], schreibt er weiter, und: „Haß auf die Schönheit" [1365]. – Die Seitenzahlen verweisen auf die genannte Ausgabe der Werke Baudelaires.

[330] Op. cit., p. 1347.

[331] „... Reisen ist für den Dichter kein Mittel, dem *Spleen* zu entrinnen. Schon die nicht vollendete Jugendreise nach Indien war ein Zwang. Baudelaire hat davon keine Reisesehnsucht behalten im Sinne eines quälenden, nicht erfüllbaren konkreten Wunsches, sondern nur Bilder der Fahrt umgestaltet zu Wunschträumen der fortstrebenden Seele. Sie sprechen das moderne Gemüt, das bereit ist, die Realität des Traums der Wirklichkeit vorzuziehen, mit der Kraft ihrer Suggestion mächtiger und dauernder an als Reiseberichte: ‚Pourquoi contraindre mon corps à changer de place, puisque mon âme voyage si lentement?'" (Hess [1954], p. 51; das Zitat stammt aus den „Projets" des *Spleen de Paris*.) – Vgl. hiermit auch die transzendentalistische Absage an das geographische Reisen, wie sie etwa bei Thoreau formuliert wird.

[332] Vgl. hierzu auch Auerbach (1951), p. 152.

[333] Kuhn, p. 309.

[334] Zur ausführlicheren Information über die Mode der *femme fatale* und die Algolagnie des *fin de siècle* vgl. Praz, Mario: *Liebe, Tod und Teufel*.

[335] Lowry exorzierte seinen Ennui, indem er ihn in einem quasi-magischen Akt von sich selbst auf das *alter ego* seiner Protagonisten übertrug (vgl. Seite 731 f.). Ein Sinnbild seiner eigenen existentiellen Verzweiflung ist das Motiv des Skorpions, das er in *Under the Volcano* dem aus gutem Grund mit einer Schreibblockade belegten Konsul Geoffrey Firmin zuordnet. Lowry übernahm das Bild wohl zunächst aus dem letzten Buch der Bibel, der Apokalypse (vgl. Offenb. 9, 3–6). Besonders faszinierte Lowry zudem der Volksglaube, daß ein Skorpion, ringsum von Feuer eingeschlossen und der Ausweglosigkeit seiner Lage realisierend, sich selbst zu Tode steche. Im Roman wird Geoffrey daher laufend mit diesem selbstmörderischen Tier verglichen, zumal auch Baudelaire, den Lowry in mancher Hinsicht zum Vorbild nahm, das Motiv in seinen Dichtungen öfters benutzt und im *Salon de 1859* vom „unaufhörlich erneuerten Selbstmord" des zivilisatorischen Fortschritts spricht: „eingeschlossen im Feuerzirkel der göttlichen Logik", erinnert er ihn an den sprichwörtlichen Skorpion, „der sich mit seinem schrecklichen Schwanz selber sticht ..." (Baudelaire, Charles: *Œuvres complètes* [1961], p. 959. – Lowry hatte dieses Motiv aber auch in James Boswells *Life of Samuel Johnson* [1791] gefunden, vgl. u. a. UV 338 sowie Ackerley/Clipper, p. 418). – Auf ähnliche Art verbindet auch Klossowski im Vorwort zu Sades *Crimes de l'Amour* das apokalyptische Bild des Skorpions und die Prophezeiung der menschlichen Todessehnsucht mit der Situation der vom Ennui geplagten Seele: „Der Begriff der *delectatio morosa*, den die Doktoren der mittelalterlichen Geistlichkeit begründet haben, drückt in einzigartiger Manier diesen Zustand aus, der für die Generationen typisch ist, die nach den Jahrhunderten des Glaubens kamen, als ob jene tiefen Kenner des menschlichen Herzens das Leid der modernen Zeit vorausgesehen hätten, von dem es in der Apokalypse heißt, es sei *der Schmerz, den der Skorpion verursacht, wenn er einen Menschen sticht. ...* Denn in ihrem Ennui sucht die Seele sich selbst den Tod zu geben: von Gott getrennt, hat sich ihre Unsterblichkeit in Bitterkeit gewandelt. / Das Leiden der Seele, die der im Ennui lange erlittenen Zeit zum Opfer fällt, wenn die Seele das ganze Gewicht ihrer eigenen Unsterblichkeit fühlt, die ihr selbst fremd geworden ist, die Wonne, mit der sie ihr eigener Wahn als Befreier vom Ennui erfüllt, das ist es, was die *Delectatio morosa* kennzeichnet, welche die übliche Regung der Seele bei Sade ist, die während der langen Jahre der Gefangenschaft in den Staatsgefängnissen zur Gewohnheit wurde." (Klossowski [1967], pp. xlix–l.) Das Phantasieren über den eigenen Lebensüberdruß, meint

Klossowski also, verkürze dem Leidenden die Zeit der Qual; das Ausmalen des Todeswunsches, der durch den Ennui, jenen schmerzhaften Stich des Skorpions, erzeugt wird, verschaffe also eine gewisse Erleichterung und damit ein Wohlgefallen.

[336] Baudelaire, Charles: Œuvres complètes (1961), p. 806.
[337] Vgl. hierzu Kindermann, Wolf: Man Unknown to Himself. Kritische Reflexion der amerikanischen Aufklärung: Crèvecœur – Benjamin Rush – Charles Brockden Brown, Tübingen 1993.
[338] In diesem Sinn schreibt Hess auch über die künstlerische Bedeutung des Unschönen im Denken Baudelaires: „Aber auch die Disharmonie der Welt, das Chaos des *Ennui*, das tägliche und so gewöhnliche Dasein in der Erfahrung seines Wesens als Verlorenheit, auch sie können im Wort ihre Schönheit finden, wenn der Dichter das ‚alchimistische‘ Verfahren übt, ‚le sort des plus viles choses‘ zu veredeln… / Auerbach hat die hieraus folgende ‚extrem realistische Wirkung‘ der ‚Fleurs du Mal‘ durch die eigentümlich ‚perverse‘ Verwendung des erhabenen Stils erklärt. Für Baudelaire ist dieses Verfahren gerechtfertigt durch die Überzeugung, daß die grausigen Symbole und Allegorien überwirklicher, spiritueller Natur und damit schön sind: ‚C'est un des priviléges prodigieux de l'Art que l'horrible, artistement exprimé, devienne beauté, et que la *douleur* rhythmée et cadencée remplisse l'esprit d'une *joie* calme‘. Indem die Kunst ‚la beauté particulière du mal, le beau dans l'horrible‘ auszudrücken vermag, ist sie rein. Durch ihre Fähigkeit, das Schreckliche, das Böse zu läutern, erhält sie eine religiöse Funktion." (pp. 90/91)
[339] Hoffman (1972), p. 46.
[340] So verweist Kuhn auf Guy de Maupassant (1850–1893), der in seinen Briefen berichtet, wie sehr ihn die Welt und seine eigene Person langweile und daß er dem Ennui dieses Daseins nur noch durch die Kunst entfliehen könne. „Einzig der künstlerische Akt", schreibt Kuhn, „konnte ihn ablenken, so daß seine brillanten Kurzgeschichten und drei Romane gewissermaßen Erzeugnisse des Ennui sind, wenngleich das Thema selbst nur selten behandelt wird." (pp. 326/327)
[341] Vgl. Kuhn, p. 60.
[342] Vgl. hierzu die ausführlichere Darstellung in Kuhn, pp. 221 ff.
[343] Hölderlin, Friedrich: *Hyperion*, p. 21. – Hyperion sehnt sich danach, „Eines zu sein mit allem, was lebt, in seliger Selbstvergessenheit wiederzukehren ins All der Natur" (p. 23), und findet sich „mit allen Schmerzen der Sterblichkeit" von dem zur Vollkommenheit führenden tieferen Verständnis der Natur ausgeschlossen.
[344] *Hyperion*, p. 54.
[345] Op. cit., p. 157.
[346] Martens (1976), p. 110.
[347] Zit. nach Martens, p. 110.
[348] Martens, p. 112.
[349] Byron, Lord: *The Complete Poetical Works*, Bd. IV, p. 61. [Act I, Sc. I, Zeile 248]
[350] Zit. nach Martens, p. 113.
[351] Musset, Alfred de: *Œuvres complètes*, Bd. 2, p. 51.
[352] Vgl. WW, I 376 ff. (Viertes Buch, § 58)
[353] Vgl. Kuhn, p. 290.

Zweiter Teil

Rauschmittel im Urteil der modernen Drogenforschung

[1] Hill (1974), p. 34.
[2] Ein Kunstwerk entsteht als Kunstwerk erst in der Reflexion des Betrachters, der es durch seine eigene, interpretierende Vorstellungskraft immer neu erschaffen muß. In diesem Sinn ist der Autor selbst nur der erste und keineswegs zwangsläufig auch der kompetenteste Betrachter seiner Werke. In einem geistlosen Vakuum, wenn es ein solches denn irgendwo geben mag, vielleicht auf dem Mars oder auf einer einsamen Insel, wären Laokoon oder die Mona Lisa

oder die gesammelten Werke Shakespeares bloß bedeutungslose Materie, da sie dort keinen Rezipienten finden, bei dem sie Affekte erregen, einen Eindruck bewirken und dadurch sich als Bedeutendes konstituieren könnten.

[3] Aus der Fülle der möglichen Beispiele sei hier stellvertretend auf zwei gegensätzliche Positionen hingewiesen. In einem britischen Fachjournal vertritt der Mediziner Linford Rees, offenbar in völliger Ignoranz der zeitgenössischen Forschungsergebnisse, die Ansicht, daß kein Rauschmittel in der Lage sei, das kreative Schaffen des Künstlers positiv zu beeinflussen. So schreibt er über das Morphin: „Morphin erzeugt gewöhnlich einen Dämmerzustand, Konzentrations- und Denkschwierigkeiten, Apathie, Lethargie und bei manchen Menschen eine ausgeprägte Phobie, Angst und Vorahnungen, so daß es zur Beförderung des literarischen Schaffens ohne Wert ist." (p.5) Da hiermit anscheinend alles gesagt ist, was sich zu sagen lohnt, wendet er sich gleich der nächsten Droge zu und schreibt über das Haschisch: „... abgesehen davon, daß es einige anormale oder ungewöhnliche Sinneserfahrungen hervorruft, die einen Stoff zum Schreiben abgeben mögen, hat es im Hinblick auf die Förderung der literarischen Arbeit keinen besonderen Nutzen." Überhaupt sind die Halluzinogene bei Rees zur Förderung kreativer Impulse denkbar ungeeignet: „Halluzinogene begünstigen das literarische Talent und die Produktivität in keiner Weise." (p.9) – Andere Wissenschaftler beziehen mit der gleichen Nonchalance die Gegenposition. So wagt Alexandre Walter die in ihrer Pauschalität kaum akzeptable Behauptung: „Die Originalität, die sich in manchen Werken großer rauschgiftsüchtiger Schriftsteller zeigt, beruht vor allem auf den besonderen Impressionen, die sie dem Drogengebrauch verdanken und die sie nutzten." (p.47) Obwohl diese Äußerung vor mittlerweile fast siebzig Jahren gemacht wurde, belegt auch sie eine unverständliche Mißachtung des zeitgenössischen Forschungsstandes, der schon damals in zahlreichen Studien reflektiert wurde, und eine groteske Vorstellung von den Bedingungen des kreativen Schaffens. Originalität aus der Flasche, dies weiß schon Baudelaire, kann es nicht geben.

[4] Abrams (1970), p.xv. Abrams zitiert aus Lewin, Louis: *Phantastica*, London 1931.

[5] Schneider, E., pp.27/28.

[6] Vgl. den Brief an Dr. Humphry Osmond vom 22. Juli 1956. [M 144].

[7] Ein Beispiel hierfür ist die Dokumentation, die Armin H. Neliba für den Wiesbadener Verlag Das Junge Wort am 30. Mai 1990 in seiner Reihe „Exclusiv-Bericht" herausgab. Das für die meisten Benutzer sicher wichtigste Kapitel dieser Schrift, nämlich ein Glossar, das grundsätzliche Informationen über die verschiedenen Rauschmittel bieten soll, ist erstens sehr lückenhaft (Meskalin und die ganze Bandbreite der Pilzdrogen bleiben unberücksichtigt, von neu auf den Markt gekommenen Substanzen wie der Kokainvariante „Crack" oder dem Amphetaminderivat „Ice" ganz zu schweigen) und basiert zweitens auf einem weitgehend veralteten Forschungsstand: So werden unter dem Stichwort „Opium" als hauptsächliche Informationsquelle immer noch De Quinceys *Bekenntnisse eines englischen Opiumessers* genannt, während unter dem Stichwort „Rausch" auf Huxleys *Schöne neue Welt* verwiesen wird, wo tatsächlich nur die erfundene und mit realen Halluzinogenen wie LSD oder Meskalin nicht vergleichbare Droge „Soma" vorgestellt wird), während die Vielzahl von Huxleys informativeren Schriften über die Erfahrung mit Halluzinogenen und anderen Rauschmitteln unerwähnt bleibt.

[8] Heute wird im allgemeinen wieder die Bezeichnung „Morphin" vorgezogen.

[9] Dennoch wurde das Heroin in Deutschland noch bis 1958 als verschreibungspflichtiges Medikament hergestellt.

[10] „Gegenwärtiger Stand der Haschischforschung", p.1397; in: Völger/von Welck, Bd.3, pp.1397–1401.

[11] Vgl. Neliba, p.VIII-4.

[12] Die einzige Verbindung zwischen Marihuana und Opiaten, schreibt Cohen, „besteht darin, daß Marihuana gewöhnlich die erste verbotene Droge ist und dementsprechend andere verbotene Drogen mit größerer Wahrscheinlichkeit probiert werden" (p.1394). Erhebungen zeigen jedoch, daß nur ein sehr geringer Anteil der Cannabiskonsumenten später auch zu Opiaten greift, und

es steht außer Frage, daß die spezifische Wirkung von Cannabis durchaus kein Verlangen nach Opiaten erweckt. Vgl. auch Leonhardt, p. 1322.

[13] Cohen, p. 1391.

[14] *Sulle virtù igieniche e medicinali della coca*, Mailand 1859.

[15] Der Gebrauch von Coca verbreitete sich schon lange vor der Inkaherrschaft, wahrscheinlich im 3. vorchristlichen Jahrtausend, von Ecuador aus über weite Teile des südamerikanischen Kontinents und wird in den Texten der weißen Eroberer erstmals 1499 von einem dominikanischen Missionar erwähnt. Hierauf wurde Coca zusehends für fehlgeschlagene Missionierungsversuche verantwortlich gemacht, so daß sein Anbau und Genuß 1551 durch das Konzil von Lima verboten wurden. (Vgl. Springer [1989], pp. 15 ff.)

[16] Das Schnupfen von Kokain wurde in Europa erst zu Beginn des 20. Jahrhunderts üblich, nachdem erste Berichte über diese Praxis schwarzer Landarbeiter im Süden der Vereinigten Staaten bekannt geworden waren. (Vgl. Springer, pp. 42 und 123.)

[17] Freud, Sigmund: „Über Coca", *Centralblatt für die gesamte Therapie*, Nr. 2, 1884. – Freud empfahl das Kokain zur therapeutischen Behandlung von Hysterie und Neurasthenie und zur Durchführung von Morphin- und Alkoholentziehungskuren, sowie als Stärkungsmittel, als Mittel gegen Asthma, als Betäubungsmittel für die Narkose und schließlich auch als Aphrodisiakum. Später wandte er sich von seiner anfänglich recht hemmungslosen Propaganda für die Droge zusehends ab (vgl. hierzu Stingelin [1993]).

[18] Vgl. hierzu Ray Shells Roman *Iced* (London 1993, dt.: *Vereist. Tagebuch eines Crack-Abhängigen*, München 1994).

[19] Über Crack und seine Wirkung vgl. Springer, pp. 190 ff.

[20] Vgl. Springer, p. 121.

[21] Vgl. Spotts/Shontz, in: Völger/von Welck, Bd. 3, pp. 1402–1409.

[22] Vgl. Furst, Peter T.: „Pflanzenhalluzinogene in frühen amerikanischen Kulturen – Mesoamerika und die Anden", in: Völger/von Welck, Bd. 2, pp. 567–583.

[23] „Peyote macht erwiesenermaßen nicht süchtig und hat keinerlei Nachwirkungen außer denen, die nicht auch einer schlaflosen Nacht zugeschrieben werden könnten." (La Barre, p. 820.)

[24] Huxley äußerte sich 1953 enthusiastisch über das Meskalin und lobte seine Vorzüge gegenüber herkömmlichen Drogen (vgl. Seite 631). Später wird sein Lob der Droge dann aber doch etwas verhaltener.

[25] Eine rätselhafte Seuche, die seit dem frühen Mittelalter als „Antoniusfeuer" bekannt war, beruhte, wie erst im Lauf des 18. Jahrhunderts ermittelt wurde, auf der Verunreinigung von Roggenmehl durch Bestandteile dieses Pilzes. Seine gefäßverengende Wirkung ließ die Extremitäten absterben und führte zu einem qualvollen Tod, der als eine Strafe Gottes angesehen wurde, zumal die Kranken auch von auffälligen Visionen heimgesucht wurden.

[26] Hofmann, Albert: „LSD – Seine Erfindung und Stellung innerhalb der Psychodrogen", p. 1124.

[27] In seinem Vorwort zur Ausgabe der gesammelten psychedelischen Schriften Aldous Huxleys schreibt Hofmann: „Obwohl das LSD ... eine halbsynthetische Substanz ist, die ich im Labor aus der in Ergot, einem Roggenpilz, enthaltenen Lysergsäure herstellte, gehört es sowohl nach seiner chemischen Zusammensetzung als auch im Hinblick auf die psychotrope Wirkungsweise zur Gruppe der mexikanischen Opferdrogen. Diese Einordnung wird ferner dadurch gerechtfertigt, daß wir in einer anderen mexikanischen Opferdroge, *Ololiuqui*, als aktive Substanzen Lysergsäureamid und Lysergsäurehydroxyäthylamid gefunden haben, die dem Lysergsäurediäthylamid sehr nahe verwandt sind." („Preface", p. 14; in: M 13–15. Vgl. auch M 166.)

[28] Zit. nach Kotschenreuther, pp. 80/81.

[29] Vgl. hierzu den Bericht im *Spiegel* Nr. 39 (25. Sept. 1989): „Alptraum vom Himmel. Eine neue Super- (und Horror-) droge hat das amerikanische Festland erreicht: ‚Ice'", p. 291.

[30] DOM steht für die Bezeichnung Dimethoxymethylamphetamin, während STP als Zusammensetzung der Anfangsbuchstaben von *Serenity*, *Tranquillity* und *Peace* die vermeintlichen Vorzüge der Droge benennt. Mit LSD haben diese Substanzen jedoch nichts zu tun.

[31] Vgl. Hill (1993), p. 62. Zur weiteren Information über Designerdrogen und ihren Gebrauch in der Szene vgl. Nasmyth, Dudley (1990) und Gottschling (1996).

[32] Vgl. hierzu Kotschenreuther, p. 123.

[33] Kotschenreuther (1978), p. 125.

[34] Bittmann (1987), p. 8.

[35] Goodwin (1990), pp. 91/92. – Goodwin bezieht sich auf die 1987 von der American Psychiatric Association in Washington, D. C. herausgegebene dritte, verbesserte, Auflage der Schrift *Diagnostic and Statistical Manual of Mental Disorders*.

[36] Vgl. Richard Evans Schultes: „Einführung in die Botanik der wichtigsten pflanzlichen Drogen", in: Völger/von Welck, Bd. 1; pp. 46-73.

[37] Jaffé (1983), p. 79.

[38] Jung im April 1954; zit. nach Jaffé, p. 85.

[39] So schlägt Heigl vor, den Begriff „bewußtseinserweiternd" durch „bewußtseinsintensivierend" zu ersetzen, weil diese Bezeichnung „besser und genauer" sei (vgl. Heigl [1980], p. 111), während Kaehler zwar ebenfalls meint, daß man „völlig zu Unrecht" von „bewußtseinserweiternden" Drogen spreche, aber die Bezeichnung „bewußtseinsspaltend" oder „bewußtseinsverändernd" für die beste Lösung hält (p. 152).

[40] Ammon et al. (1971), p. 4.

[41] Jaeckle (1973), p. 26.

[42] Leuner (1962), p. 34. – Den gleichen Vorgang bezeichnen Ammon und Götte etwas unglücklich als ein Erschließen „fremder Seelenbereiche". (Ammon et al. [1971], p. 40.)

[43] „Die beiden chemischen Stoffe, die zur Herbeiführung einer Bewußtseinsveränderung im Sinn einer spirituellen Erfahrung am geeignetsten sind, sind Meskalin und Lysergsäurediäthylamid (kurz als LSD bekannt)." (Watts [1961], p. 130.)

[44] Watts, Alan W.: „The New Alchemy", pp. 130/131.

[45] Zit. nach Seefelder, p. 124.

[46] Vgl. Shapiro, p. 256.

[47] Täschner, „Drogenkonsum – Stand der Forschung aus medizinischer Sicht", pp. 1428/1429. – Der *Qattyp* nimmt Bezug auf Qat, einen Strauch, dessen Blätter im Orient als Genußmittel aufbereitet werden.

[48] Erst kürzlich entdeckte übrigens der Molekularbiologe Sean Munro im englischen Cambridge auch einen THC-Rezeptor außerhalb des Gehirns, nämlich in der Milz, der gewisse Funktionen bei der Steuerung von Abwehrreaktionen des Immunsystems zu übernehmen scheint. Die Forschungsbemühungen gelten nun der Suche nach einem Wirkstoff im Marihuana, der sich nur an diesen Rezeptor bindet, also schmerzstillend oder entzündungshemmend wirkt, ohne gleichzeitig den schon länger bekannten Rezeptor im Gehirn anzusprechen (vgl. Munros Bericht in *Nature*, Bd. 365 [1993], p. 61).

[49] „Zwei Säfte gehen ineinander ein, der zerebrale und der der Mohnkapsel" [A 227], hatte Ernst Jünger schon einige Jahre vor der Entdeckung der Endorphine geschrieben, wobei er wohl kaum geahnt haben mag, wie recht er mit dieser Feststellung hatte.

[50] Snyder (1988), p. 55.

[51] Zehentbauer (1993), p. 36.

[52] Snyder, p. 65.

[53] Zehentbauer, p. 46.

[54] Op. cit., pp. 176/177.

[55] So berichtete die *International Herald Tribune* im Juni 1990 über Forschungsergebnisse amerikanischer Wissenschaftler, die vermuten lassen, daß bei manchen Drogensüchtigen gewisse „Unausgewogenheiten in der Chemie des Gehirns" für Depressionen oder eine gesteigerte Unruhe verantwortlich sind, die mit dem Konsum einer bestimmten Droge ausgeglichen werden: „Für solche Menschen wird die Sucht gewissermaßen zu einer medikamentösen Eigentherapie, bei der die Droge das chemische Ungleichgewicht korrigiert und so eine gewisse Besserung verschafft." (Goleman [1990], p. 8) So wäre etwa denkbar, daß viele Kokainsüchtige an einem

Depressionen erzeugenden Dopamin-Mangel leiden, der durch die Einnahme der Droge ausgeglichen wird: die Kokain-Euphorie wird nämlich durch einen Dopamin-Überschuß im Gehirn bewirkt. Ebenso wird vermutet, daß ein Mangel an Opioiden im Gehirn eine chronische Reizbarkeit und die Neigung zu cholerischen Anfällen zur Folge habe, die der Süchtige durch die Einnahme von Opiaten unter Kontrolle bringt.

56 Der Psychotherapeut Victor-Emil von Gebsattel schreibt über die Sucht: „Genau so wie für den Psychopathologen der Begriff der neurose-artigen Struktur viel weiter ist als für den Kliniker, genau so verhält es sich auch mit dem Begriff der *Sucht*. Es gibt kaum eine Richtung menschlichen Interesses und menschlichen Verhaltens, das nicht süchtig entarten kann. So der Kult des Schönen, aber auch die Moral, die Arbeit, der Bildungstrieb, der gesellschaftliche oder professionelle Ehrgeiz, das sexuelle Verhalten (z.B. enthalten alle Perversionen ein süchtiges Moment), das Sammlertum, der Erwerbstrieb, das Machtstreben. Sogar das Fühlen kann süchtig werden, wie die Sentimentalität lehrt. Die Toxikomanie ist nur ein extremer, klinisch besonders in die Augen springender Fall der universellen Süchtigkeit, welcher der entscheidungsgehemmte Mensch verfällt." (p. 133)

57 Ich beziehe mich hier auf ein Untersuchungsergebnis von Anne Wilson Schaef (zit. in: Schuller/Kleber, p. 7.)

58 Vgl. Gelpke, p. 184.

59 Gebsattel, pp. 130/131.

60 Op. cit., pp. 226/227.

61 Ich paraphrasiere hier seine Darstellung, wie sie dem Kapitel IV seines Essays „Du Vin et du Hachish" (1851) und dessen Überarbeitung in „Le Poëme du Haschisch" zu entnehmen ist.

62 Im ersten Kapitel der 1845 in Paris erschienenen Studie *Du Hachisch et de l'aliénation mentale* beschreibt Moreau den Verlauf des Haschischrausches: Zunächst mache sich die beginnende Wirkung physisch bemerkbar (ein leichter Druck auf Stirn und Schläfen, Verlangsamung der Atmung, Beschleunigung und gleichzeitige Schwächung des Pulses, ein angenehmes Wärmegefühl, einsetzende Schwere der Glieder und leichte Muskelspannungen, nervöse Auswirkungen wie plötzliche Hitzewellen und leichte spasmische Zuckungen). Die psychischen Auswirkungen beginnen mit einem unbegründeten Glücksgefühl, das sich zu einer „gaieté folle" steigere und mündeten allmählich in eine nervöse Wachheit der Sinne, deren unvermittelte Hypersensibilität bei irritierenden Geräuschen zu heftigen Reaktionen bis hin zur Tobsucht führen könne. Gleichzeitig mache sich eine fortschreitende Schwächung des Körpers und endlich auch der Willenskraft bemerkbar. Als nächstes zeige sich eine erhebliche Beeinträchtigung des Raum- und Zeitempfindens (vgl. pp. 68/69). Sodann stellten sich synästhetische Phänomene ein, denen „idées fixes" folgten, die denen des „délire partiel" ähnlich seien. Hierauf komme es zu „impulsions irrésistibles", Eingebungen wie etwa der Überzeugung, man könne fliegen wie ein Vogel. Schließlich begännen die eigentlichen Halluzinationen, deren Zustandekommen Moreau durch die Aktivierung eines latent vorhandenen Potentials erklärt: „Wie alle anderen Phänomene einer morbiden Geisteshaltung (Zwangsvorstellungen, unwiderstehliche Antriebe, usw. usw.) sind die Illusionen in einem erregten Gehirn sozusagen latent vorhanden. Potentiell sind sie alle dort schon angelegt, und die verschiedensten Anlässe können sie zum Vorschein bringen." (p. 155).

63 Aus Joël und Fränkel: „Der Haschischrausch", *Klinische Wochenschrift*, 1926, V, p. 37; zitiert in: Benjamin, Walter: *Über Haschisch*, pp. 45/46.

64 Vgl. auch die Tabellen über den typischen und atypischen Rauschverlauf bei einmaligem Konsum von Haschisch in Täschner, Karl-Ludwig: „Drogenkonsum – Stand der Forschung aus medizinischer Sicht", p. 1434.

65 Ammon, Günter: „Bewußtseinserweiternde oder bewußtseinszerstörende Drogen?", p. 12.

66 Leuner, Hanscarl: „Tiefenpsychologische Aspekte der Drogenerfahrung", pp. 1130/1131.

67 So heißt es etwa in Aldous Huxleys „Mescaline and the ‚Other World'" (1955): „Wie Klüver in seinem Buch über Peyote gezeigt hat, gehören visionäre Erfahrungen, auch wenn sie von Individuum zu Individuum variieren, dennoch zu ein und derselben Familie. Meskalinerfahrungen der klassischen Art weisen gewisse markante Merkmale auf." [M 89]. Huxley bezieht sich auf

Heinrich Klüvers *Mescal: The ‚Divine' Plant and Its Psychological Effects*, London 1928. – Erste Andeutungen zur Unterscheidung diverser Rauschphänomene im Zusammenhang mit der Interpretation literarischer Texte finden sich bereits in Brie (1920), vgl. p. 13 f.

[68] Vgl. den Bericht des Oxforder Religionsprofessors R. C. Zaehner: „Ein Universum der Farce", pp. 112 ff.; in: Reavis, pp. 110–120.

[69] Vgl. etwa die Äußerungen Harry Hallers in Hermann Hesses Roman *Der Steppenwolf* (p. 371; in: *Gesammelte Dichtungen*, Bd. 14).

[70] Vgl. den Bericht Albert Hofmanns, in dem ein „Lachreiz" erwähnt wird („LSD – Seine Erfindung und Stellung innerhalb der Psychodrogen", p. 1122).

[71] „Lachen. Üblich bei allen Halluzinogenen. Das endlose Gelächter, das der Hanf bewirkt, ist berühmt und leicht erkennbar." [CPG 24] – In einer Fußnote fügt Michaux hinzu: „Unter dem Einfluß von Peyotl oder Meskalin lachen manche Tränen. Francisco Hernandez, den Professor Heim zitiert, spricht von ‚Champignons', die Teyhuinti genannt werden und nach dem Verzehr nicht den Tod, sondern eine Art von Wahnsinn herbeiführen, der zuweilen dauerhaft ist und dessen Kennzeichen ein unvermeidliches Gelächter ist. *De historia plantarum Nova Hispaniae*, p. 357."

[72] Hayter, pp. 42/43.

[73] Op. cit., p. 43.

[74] So ist gelegentlich von Rauschenthusiasten zu hören, ihre Aufmerksamkeit sei nie so klar wie unter dem Einfluß der Droge, weshalb etwa ihre Fähigkeit, ein Auto zu steuern, nicht nur nicht beeinträchtigt, sondern sogar bedeutend gesteigert werde. Zwar haben jüngste Untersuchungen der Universität Limburg in Maastricht gezeigt, daß Cannabis das Fahrvermögen oft kaum oder gar nicht beeinträchtigt und manchmal tatsächlich eine gesteigerte Konzentrationsfähigkeit und ein umsichtigeres Verkehrsverhalten bewirkt. Dennoch hält das deutsche Bundesverkehrsministerium nicht grundlos an der Überzeugung fest, daß Haschisch am Steuer ein unnötiges Risiko schaffe. Schließlich ließen auch die holländischen Forscher vorsichtshalber nur jene Testpersonen, die nicht mehr als eine Marihuanazigarette geraucht hatten, mit Fahrschulautos am öffentlichen Verkehr teilnehmen. „Die stärker berauschten Probanden loszuschicken", so referiert Wolfgang Blum, „das trauten sich die Forscher nicht." („High am Steuer", *Die Zeit*, Nr. 43 [21. Oktober 1994], p. 54). Tatsächlich sind u. a. folgende cannabisinduzierte Wirkungen denkbar, die sich im Straßenverkehr als ungünstig oder gefährlich erweisen mögen: 1. Die wache Aufmerksamkeit kann sich bei gleichzeitiger Trübung des Umfeldes auf einen bestimmten Gegenstand konzentrieren. 2. Die Fähigkeit zur Selbsteinschätzung unter Drogeneinfluß kann erheblich reduziert sein. 3. Die Reaktionsfähigkeit und die zur Ausführung einer Handlung benötigte Willenskraft und Körperbeherrschung kann mitunter erheblich geschwächt sein.

[75] Vgl. Gelpke, p. 242.

[76] Taylor, p. 54.

[77] Gautier, Théophile: „Le Club des Hachichins", p. 226; in: *Récits fantastiques*.

[78] „Le sommeil et le rêve, obscurs paradis bleus / Où sourit on ne sait quel azur nébuleux!" (Zit. nach Béguin, *Traumwelt und Romantik*, p. 449).

[79] Vgl. Witschel (1968), p. 87.

[80] Fackert (1974), p. 67.

[81] Witschel, p. 115.

[82] Benjamin, Walter: *Über Haschisch*, pp. 58/59.

[83] Ellis, p. 541.

[84] Gebsattel, pp. 133/134.

[85] „Haschisch-Visionen", in: Reavis, pp. 57/58.

[86] Kaehler, p. 253.

[87] *Récits fantastiques*, p. 218 ff.

[88] Hayter, p. 55.

[89] Benjamin, Walter: *Über Haschisch*, p. 67.

[90] Moreau, p. 25.

[91] „Greene (1968) hat eine bestimmte Wirkung, die sowohl spontan als auch durch Drogengenuß hervorgerufen werden kann, eine außerkörperliche Erfahrung oder Reise in der Luft, den ‚ökosomatischen Effekt' genannt. Sie beschreibt die ökosomatische Wirkung so, daß ein Beobachter die wahrgenommenen Objekte aus einem anderen Blickwinkel als dem seines physischen Körpers betrachtet. Diese Erfahrung wird auch der Entpersönlichungseffekt genannt (Ludwig 1969). Barber (1970) faßt verschiedene klinische Studien über LSD und andere bewußtseinsverändernde Drogen zusammen und berichtet, daß fast alle Versuchspersonen ein „komisches Gefühl" beschreiben. Bei höheren Dosen „verschmilzt der Körper mit der Umwelt oder schwebt im All"." (Dobkin de Rios, p.593.) – Ähnlich äußerte sich Aldous Huxley, der bei der Jahrestagung der American Psychiatric Association 1955 feststellte, daß der Meskalinrausch meistens sehr unpersönlich sei. Die Ausführungen seiner Vorredner, so heißt es, hätten sich auf Erfahrungen beschränkt, die durch Angstzustände hervorgerufen oder geprägt werden: „Überdies enthalten sie zahlreiche Bezüge auf die persönlichen Erinnerungen und traumatischen Erfahrungen in der Kindheit des Probanden. Wie anders ist die klassische Meskalinerfahrung! Hier ist das beeindruckendste Merkmal, was von allen, die die Erfahrung gemacht haben, hervorgehoben wird, seine grundlegende Unpersönlichkeit. Die klassische Meskalinerfahrung besteht nicht aus bewußt oder unbewußt erinnerten Begebenheiten, befaßt sich nicht mit frühen Traumata und ist in den meisten Fällen nicht von Furcht und Angst geprägt." [M 87/88]

[92] Taylor, pp. 58/59.

[93] Op. cit., p. 57.

[94] Dupouy, pp. 97/98.

[95] Die zitierte Passage ist im Original mit der Marginalie „Très Très Très Très Très" versehen.

[96] Leuner, Hanscarl: *Die experimentelle Psychose*, p. 25.

[97] Etwa in der Erzählung „The Premature Burial" oder in „The Fall of the House of Usher", aber auch indirekt wie z.B. im Fall des Erzählers in „Ligeia", der in seinem Arbeitszimmer gleichsam lebendig begraben ist: „Begraben in Studien von einer Art, die mehr als alles andere dazu angetan waren, die Eindrücke von der Außenwelt abzutöten …" [CTP 654]

[98] Kaehler, p. 102. – Kaehler bezieht sich auf eine Opiumvision Baudelaires, in der er sich eingemauert glaube (in Nadars *Baudelaire intime. Le poète vierge*, Paris 1911, p. 136).

[99] Gelpke, p. 61.

[100] Der Steppenwolf, pp. 372/373; in: *Gesammelte Dichtungen*, Bd. 14.

[101] Vgl. Pia (1985), p. 152.

[102] Baudelaire, Charles: *Pauvre Belgique*, p. 1365; VII 333. – Analog dazu heißt es in dem Prosagedicht „A une heure du matin": „Endlich! verschwunden ist die Tyrannei der Menschengesichter …" [SP 240; VIII 143]

[103] Höfele (1988), p. 64.

[104] Abrams, *The Milk of Paradise*, p. 44. – Es versteht sich, daß der furchtbare Blick, dem der Berauschte in seiner Vision begegnet, gerade in der Literatur des 19. Jahrhunderts, in der das unheimliche Auge als beliebtes Motiv erscheint (Vgl. Seite 407 ff. und 479 ff.), ein besonderes Interesse finden mußte: Man denke etwa an E.T.A. Hoffmanns *Elixiere des Teufels*, wo der Mönch Medardus mit Grausen dem stieren Blick des fremden Malers und dem irren Ausdruck seines Doppelgängers begegnet, oder auch an das in seinem „Sandmann" ausgeführte Thema von Augen und Augenverlust; in Mary Shelleys *Frankenstein, or The Modern Prometheus* (1818) flieht der Held vor dem Anblick der Augen seines Monsters; in Charles Robert Maturins *Melmoth the Wanderer* (1820) ist die Hauptfigur gar mit einer diabolischen Magie der Augen ausgestattet. Demgegenüber ist zu beachten, daß viele dieser Autoren über eine gewisse Drogenerfahrung verfügten; so hat William Beckford sicherlich in Opiumphantasien geschwelgt, und auch der Kreis um Lord Byron, dem Mary Shelley angehörte, war mit der Wirkung dieser Romantikerdroge vertraut (vgl. etwa Hayter, p. 30 f. und Dieckhoff, p. 707). Ob das Motiv des furchtbaren Blicks nun aber in erster Linie als ein literarischer Gemeinplatz bestand und daher auch im Rauscherleben der Zeitgenossen seinen Niederschlag fand, oder ob

nicht vielmehr die typische Rauscherfahrung den Zeitgeschmack ansprach und deshalb in das Repertoire literarischer Motive einging, ist heute nicht mehr zu entscheiden.

[105] In einer Anmerkung erklärt Michaux: „Die Verzerrung der Linien, die hier ein gewöhnliches Phänomen ist, erklärt zum Teil das Monströse, Grimassierende, die ‚Drachen'-Formen, aber nicht den starren Haß." (p. 118)

[106] Dies wird durch eine von Tom Wolfe beschriebene Meskalin-Vision Ken Keseys bestätigt, die jedoch anscheinend nicht unangenehm war: „... Visionen von / Gesichtern / Gesichtern / Gesichtern / Gesichtern / Gesichtern / Gesichtern / Gesichtern / so vielen Gesichtern, die ihm hinter den Augenlidern heruntergekurbelt werden, Gesichter, die er nie zuvor gesehen hatte, komplett mit Spektralwangenknochen und schwangeren Augen, flechsigen Bärten ... Kesey fängt an, Augenlidfilme von Gesichtern zu kriegen, ganze Galerien von unheimlichen Gesichtern schäumen hinter seinen Augenlidern vorbei, Gesichter direkt aus dem Nichts." [EK 47; 57/58]

[107] „Vision von Grimassen. Tausende von Menschen haben sie in innerer Vision erblickt, nachdem sie Meskalin, Haschisch, *Opuntia cylindrica* oder LSD nahmen: so erschreckende Gestalten, daß sie nicht im Traum daran dachten, das zu beobachten, was in dieser Grimasse etwas ganz anderes und noch vor jedem Rhythmus ist. / Hunderte oder Dutzende von grimassierenden Gesichtern also. Oft von vorn. Sie sind alle in einer spürbar ähnlichen Bewegung, wiederholen sich. Keines löst sich von den anderen ab. Keines ragt heraus, keines sondert sich ab oder macht eine andere Grimasse. Sie gehorchen alle demselben Rhythmus von Drehung und Wellenbewegung, der nicht langsamer wird noch anhält. Wenn es gelingt, sich von diesem grausigen Ausdruck abzuwenden ..., sieht man diese Münder, wie in einer Art von eintönigem Kauen begriffen, und ihre Muskeln beherrscht von einem unerfindlichen automatischen Kaumechanismus. Auf dem Höhepunkt dieser Erscheinung geht die Verdrehungsbewegung des Mundes weit über das hinaus, was das Gesicht des unartikuliertesten Menschen produzieren mag. Die Intensität der Grimasse korrespondiert mit der Stärke des Rausches. Am Grad der Desartikulation der grimassierenden Gesichter konnte ich stets ablesen, ohne mich je getäuscht zu haben, an welchem Punkt des Rauschverlaufes ich mich befand. Der Rest ist Psychologie und außerordentlich komplex. Die Gesichter, denen man sich gegenüber sieht, verfolgen das verfremdete Thema durch ihre unmenschlichen Drehbewegungen, im Einklang mit seiner Schwierigkeit, die Situation zu beherrschen und sich wieder zu etablieren. Allein der Ausdruck des Blickes ist der eines Teufels, der die Angst des Berauschten sieht und sich daran erfreut, oder eines Doppelgängers, der ihn haßt ..." [CPG 18/19]

[108] Schon in den frühesten Zivilisationen wurden Rauschmittel häufig nicht nur als Himmelsgaben, sondern als lebende Gottheiten verehrt und personifiziert. Vgl. hierzu die Beispiele, die Aldous Huxley in „The History of Tension" (1956) aufzählt [M 157].

[109] Der deutsche Übersetzungstitel des Romans *John Barleycorn* ist daher auch treffenderweise *König Alkohol*. – Die Personifizierung des Alkohols als „John Barleycorn" ist keine Erfindung Jack Londons, sondern geht offenbar auf die Tradition der englischen Folk-Songs zurück: „Einer der bekanntesten englischen Folk-Songs ist die mysteriöse Ballade vom Kampf gegen einen gewissen Sir John Barleycorn. *John Barleycorn*, von dem eine gedruckte Version aus der Zeit James' I. [d.i. 1603–1625, Anm. d. Vf.] überliefert ist und von dem der schottische Dichter und Balladensammler Robert Burns im 18. Jahrhundert eine eigene Fassung geschrieben hat, ist so geheimnisvoll, weil es Elemente eines alten Mythos vom Tod und der Auferstehung des Korngottes enthält und gleichzeitig in der Personifizierung ‚Ritters Hans Gerstenkorn' den Kampf gegen den Alkohol symbolisiert." (Urban [1979], p. 187).

[110] Vgl. etwa den Tagebucheintrag vom 16. Januar 1932 und die darauf Bezug nehmende Anmerkung der Herausgeber. (Mann, Klaus: *Tagebücher 1931 bis 1933*, p. 32)

[111] Fallada, Hans: *Der Trinker* (posthum 1959), p. 8.

[112] Vgl. op. cit., p. 38.

[113] Op. cit., p. 30.

[114] Op. cit., p. 29.

115 „Nur ein einziger Gegenstand, in dieser engen, doch von Ekel erfüllten Welt, lächelt mir zu: die Laudanum-Flasche; eine alte, schreckliche Geliebte; wie alle Geliebten, ach! fruchtbar an Liebkosungen und Treulosigkeiten." [SP 235; VIII 129]

116 Vgl. UV 91.

117 Auf die unterschiedliche Situation der romantischen und der heutigen Drogenkonsumenten verweist auch Hayter: „Niemand, der an die Opiumsüchtigen des frühen 19. Jahrhunderts im Sinn der Situation denkt, in der sie sich heute befänden – gezwungen, zögerliche Ärzte täglich um eine kaum ausreichende Dosis anzubetteln oder große Beträge für illegale Bestände zu zahlen, von gesetzlicher Verfolgung und Erpressung bedroht –, wird die Geisteshaltung von jemand wie Coleridge verstehen, der zwischen sich und der Droge kein anderes Hindernis hatte als sein eigenes Gewissen und die Vorwürfe seines engeren Familienkreises und der engsten Freunde; keine Schwierigkeiten und ein geringer Kostenaufwand bei der Beschaffung von Nachschub, keine öffentliche Schande, keine Gefahr der Strafverfolgung, unter den Ärzten eine geteilte Meinung über die Verdienste und Gefahren der Droge, und etliche vielgelesene Reisebücher über die Opiumesser des Ostens zur Beflügelung der Neugier und Experimentierfreude." (p. 28)

118 Gelpke, pp. 88/89.

119 Ellis, p. 547.

Rausch und Kreativität:
Vom künstlerischen Nutzen der Droge

1 Kant, Immanuel: *Anthropologie*, pp. 90/91 [169/170].

2 Nietzsche, Friedrich: *Die Geburt der Tragödie*, p. 56 (1. Kapitel).

3 *Die Geburt der Tragödie*, p. 88 (7. Kapitel).

4 Op. cit., p. 93 (8. Kapitel).

5 Vgl. op. cit., pp. 56/57 (1. Kapitel): „Der Mensch ist nicht mehr Künstler, er ist Kunstwerk geworden: die Kunstgewalt der ganzen Natur, zur höchsten Wonnebefriedigung des Ur-Einen, offenbart sich hier unter den Schauern des Rausches." Ähnlich äußern sich manche Drogenschriftsteller, wie z. B. Cocteau: „Es geschieht dem Raucher, daß er ein Meisterwerk wird. Ein Meisterwerk, das sich nicht in Frage stellt. Ein perfektes Meisterwerk, weil flüchtig, ohne Form und ohne Richter." [O 119]

6 *Die Geburt der Tragödie*, p. 57 (2. Kapitel).

7 Op. cit., p. 93 (8. Kapitel).

8 Op. cit., p. 106 (10. Kapitel).

9 Op. cit., p. 61 (2. Kapitel).

10 Legnaro, pp. 94/95. – *Satori* („Erfahrung") und *Samadhi* („Sammlung") sind Stadien der meditativen Versenkung, in denen die höchste Stufe der Erleuchtung erreicht wird.

11 Legnaro merkt hier in einer Fußnote an: „Neuere neurophysiologische Untersuchungen legen den Schluß nahe, daß abstrakte logische Denkweisen eine Funktion der linken, poetische und musikalische ‚ganzheitliche' Denkweisen eine Funktion der rechten Gehirnhälfte sind. Diese Funktionen sind propositional und appositional genannt worden" (Op. cit., p. 113).

12 Op. cit., p. 102.

13 Vgl. Saleh, in: Völger/von Welck, Bd. 2, p. 841; und Gelpke, p. 93.

14 Gelpke, p. 93.

15 Burroughs, William S.: „Points of Distinction …", pp. 445/446.

16 Vgl. Abrams [1970], p. 21.

17 Hayter, p. 259.

[18] So räumt Hayter ein, daß die anfängliche Begünstigung von Collins' kreativem Potential durch die Einnahme von Laudanum schon bald durch den Ruin seines Talentes abgelöst wurde: „Der offenkundigste schädliche Einfluß, den die Opiumsucht auf seine literarische Leistung ausübte, war die Behinderung der kontinuierlichen Konzentrationsfähigkeit, wie sie für dicht geknüpfte Fabeln erforderlich ist, die seine Spezialität waren. Seine späteren Romane sind nicht so zusammenhängend wie die besten Werke aus den 1860ern. Er arbeitete an seinen Romanen so hart wie zuvor, aber das Ergebnis war zweitklassig, und dieselbe Ursache, die sie zweitklassig werden ließ, schwächte auch seine Fähigkeit zur Selbstkritik, so daß er nicht erkannte, woran es haperte und etwas dagegen unternehmen konnte. Er glaubte, das Laudanum wirke anregend auf sein Gehirn und beruhige seine Nerven. Es milderte seine nervöse Erregbarkeit in der Tat, doch zuletzt lähmte es ihn." (p. 270.)

[19] Vgl. op. cit., p. 276.

[20] Zit. nach Hayter, p. 277.

[21] Hayter, p. 277.

[22] Scheidt, in: Völger/von Welck, Bd. 2, pp. 686.

[23] Op. cit., pp. 687/688.

[24] Benn, Gottfried: Gesammelte Werke in vier Bänden, Bd. III, p. 52.

[25] Was das „Ur" bei Benn bedeutet, geht aus seinem Aufsatz „Der Aufbau der Persönlichkeit. Die Geologie des Ich" (1930) deutlich hervor, über den Jürgen Fackert schreibt: „Benns Schrift über den Aufbau der Persönlichkeit hat unzweifelhaft exegetischen Charakter. Traum, Ekstase oder auch Geisteskrankheit sind nur Symptome des gleichen Phänomens, nämlich der Reduktion des Ichs auf seine archaische Urform. Im Zerfall des Bewußtseins lösen sich aus den primitiveren Zentren des Gehirnes Bilder, „vormondalte Bestände" – wie Benn 1930 formuliert –, die eine neue Wirklichkeit konstituieren." („Nachwort", pp. 61/62; in: Benn, Gottfried: *Gehirne*.)

[26] Fackert, p. 60. – Meine Hervorhebung.

[27] Arend (1987), p. 107.

[28] Benn, Gottfried: „Probleme der Lyrik"; in: *Gesammelte Werke*; Bd. I, p. 511.

[29] „Immer wartet [das lyrische Ich] auf seine Stunde, in der es sich für Augenblicke erwärmt, wartet auf seine südlichen Komplexe mit ihrem ‚Wallungswert', nämlich Rauschwert, in dem die Zusammenhangsdurchstoßung, das heißt die Wirklichkeitszertrümmerung, vollzogen werden kann, die Freiheit schafft für das Gedicht – durch Worte." (Op. cit., p. 512)

[30] Arend, p. 109.

[31] Fackert, p. 82.

[32] Benn, Gottfried: „Provoziertes Leben"; in: *Gesammelte Werke*; Bd. I, p. 339.

[33] Arend, p. 112.

[34] Bousquet, p. 49.

[35] Vgl. hierzu Kuhn, pp. 136/137.

[36] Gelpke, p. 87.

[37] Fairlie (1952), p. 129. Vgl. auch p. 133.

[38] Baudelaire, Charles: „Edgar Poe, sa vie et ses œuvres" (1856), pp. 1044/1045; II 336

[39] Taylor, pp. 64/65.

[40] Diese Feststellung wird durch die heutige Drogenforschung bestätigt. So wurde zuletzt auf einer Münchner Anhörung von Drogenexperten im September 1992 aus Anlaß der gegenwärtigen Diskussion um die Legalisierung sogenannter „weicher" Drogen auf das Phänomen des „Echorausches" hingewiesen, der auf bestimmte, durch die Drogeneinnahme erlernte, Wahrnehmungsmuster verweist. So können externe Stimuli wie z. B. Musikstücke trotz längerer Drogenenthaltsamkeit der Person erneut rauschartige Zustände auslösen, wie sie zuvor unter dem Einfluß eines Rauschmittels erlebt wurden. (Vgl. hierzu Behrends [1992], p. 12.)

[41] Burroughs, William: „Points of Distinction …", p. 443.

[42] Op. cit., pp. 443/444.

[43] Op. cit., pp. 446.

44 Diese Beobachtung wurde auch bei der Münchner Anhörung von Drogenexperten im September 1992 gemacht, derzufolge der Körper eine Cannabis-Dosis erst nach drei bis sechs Tagen zur Hälfte abgebaut habe. In Einzelfällen seien Spuren der Droge auch noch nach drei Monaten im Urin von Testpersonen nachweisbar gewesen. (Vgl. Behrends, p. 12)

45 Wissenschaftliche Untersuchungen bestätigen die Beeinträchtigung der Schrift unter unmittelbarer Einwirkung von Halluzinogenen: „Sie wird fahrig und unsicher", meint Leuner (*Die experimentelle Psychose*, p. 23). Havelock Ellis vermochte sich im Peyote-Rausch nur unter großen Anstrengungen zum Schreiben zu zwingen. Da er seine Selbstversuche mit der Droge aber von vornherein in der Absicht durchführte, der Fachwelt über seine Erfahrungen detailliert zu berichten, war seine Motivation zur Überwindung dieser Schwierigkeit natürlich besonders stark. Es ist also kaum verwunderlich, wenn er darauf hinweist, daß er seinen Willen stets habe durchsetzen können: „... alle Unannehmlichkeiten waren verschwunden, außer einem leichten Schwächegefühl und Zittern der Hände, das es später beinahe unmöglich machte, einen Füllfederhalter zu führen, als ich mir Notizen über den Versuch machen wollte; es war jedoch, mit einiger Mühe, immer möglich, mit einem Bleistift zu schreiben." (p. 539) Allerdings ist zu berücksichtigen, daß die Wirkung des reinen Meskalins stärker ist als die des von Ellis benutzten Peyotl.

46 Zit. nach Schafroth, Heinz F.: „Nachwort", in: Muschg (1978), p. 81.

47 Ibid.

48 Brief an Victoria Ocampo vom 19. Juli 1956. [M 143]

49 „Dennoch habe ich im Haschisch ein bewundernswertes Gespür gefunden. Einige der großen Autoren in Literatur und Mystik haben seinem ‚Durchschauungsvermögen' nicht eine Minute widerstanden. Man vernimmt die Autoren also persönlich und ohne die geringsten Posen. Man begegnet ihnen und beurteilt, bewertet sie wie es gewisse kaltblütige Menschen getan hätten, wenn sie ihnen zu Lebzeiten begegnet wären. Man hat sie ganz natürlich vor sich. Die Worte spielen nicht mehr herum. Der Mensch, der sich hinter ihnen verbarg, tritt nach vorne. Schnell erkennt man seinen grenzenlosen Konformismus, seine Lauheit und seine kleinen Frechheiten, seine Vorsicht, seinen Mangel an Draufgängertum, das enorme Ausmaß seiner Ignoranz, die von einer dünnen Haut aus Persönlichkeit und eigenen Gedanken überdeckt ist. Alles oder fast alles beim Menschen ist Unbewußtes, trotz der oberflächlichen Anstrengungen und Zufriedenheit." [CPG 172/173]

50 Inoue, p. 47.

51 Es ist sicher kein zufälliges Bild, wenn De Quincey das Erlebnis des Opiumrausches wie ein Bühnenstück empfindet: „... ein Theater schien plötzlich in meinem Gehirn eröffnet und beleuchtet zu werden, das nächtliche Schauspiele von mehr als überirdischem Glanz bot." [CEO 313; 236]. Möglicherweise hängt dies auch mit seiner Vorliebe zusammen, nach der Einnahme von Laudanum die Vorstellungen der Londoner Oper zu besuchen (vgl. CEO 269 ff.).

52 Hayter, pp. 335/336.

53 „Es ergeben sich auch Schwierigkeiten, die auf dem Mangel an Willenskraft beruhen ..., dem Mangel an Entschlußkraft, den viele Menschen in gemäßigter Gestalt als Neurose kennen. Zwischen dem Ja und dem Nein kann die Willenskraft die Wahl weder zur einen noch zur anderen Seite hinwenden. Von Skrupeln erfüllt, leidend, bleiben sie unentschlossen, in einer Unentschlossenheit, die kein Ende findet, die sie nicht modifizieren können. Dennoch denken sie nach, vergleichen. Der Berauschte erkennt manchmal eine Unentschiedenheit, die sowohl das eine als auch das andere ist. Er befindet sich nicht mehr zwischen zwei möglichen Lösungen, sondern in einem Oszillationsmechanismus. In einer Minute kann er hundertmal erst die eine Möglichkeit, dann die andere erwägen, in einer rigoros durchgehaltenen Geschwindigkeit, ohne daß er auch nur ansatzweise tastend der „Aufklärung" zuarbeiten könnte oder sich nur für einen Moment einen Kompromiß zwischen diesen beiden getrennten und kategorisch entgegengesetzten Formen vorzustellen, eine Ambivalenz ohne Ende, wo jeder Beschluß unmöglich ist. Wer das kennt, weiß genau, daß es sich hier nicht mehr um ein Zögern des Gewissens handelt. Es ist die Unmöglichkeit selbst des Zögerns, die zum Phänomen wird, es gibt kein Abwägen der angeschauten Elemente mehr. Ja, Nein, Ja, Nein, Ja, Nein, Ja, Nein, Ja, Nein kommen und

gehen in einem Fluß, endlos wiederholt im Inneren oder in einer beeindruckend monotonen lauten Stimme. Ohnmacht, Ohnmacht bewirkt dieses infernalische Hin und Her. Zuweilen führt die Ohnmacht auch zur Wiederholung einer einzigen Idee, eines einzigen Wortes, eines Einzigen, das nicht mehr aufhört, das einzige Leben in der trunkenen Wüste des Wahnsinns." [CPG 231/232]

[54] Taylor, p. 63.
[55] Op. cit., p. 65.
[56] Fairlie, p. 144.
[57] Zit. n. Butor (1985), p. 148.
[58] Kuhn übernimmt diese Formulierung aus Huxleys *Doors of Perception* (p. 58).
[59] Kuhn, pp. 138/139. – Die Michaux-Zitate stammen aus *Misérable Miracle* (p. 21 bzw. p. 17).
[60] Dupouy, pp. 102/103. – Die Formulierung ist ein Zitat aus Michaut: „Note sur l'intoxication morphinique par la fumée d'opium; opiomanie; état mental des fumeurs", *Bulletin général de thérapie médical et chirurgique*, 1893, p. 462.
[61] Allerdings sind die meisten Erzählungen posthum erschienen und wurden von Lowry offenbar als noch nicht abgeschlossen angesehen. Wenn man aber die zu seinen Lebzeiten zur Veröffentlichung freigegebenen Erzählungen ansieht (z. B. „The Bravest Boat", 1954), so wird man keinen großen Unterschied in der künstlerischen Entwicklung dieser Impromptus feststellen.
[62] Dupouy, p. 101.
[63] *The Letters of Edgar Allan Poe*, Bd. II, p. 452.
[64] Zit. nach Day, p. 426.
[65] Day, p. 426.)
[66] Vgl. Day, pp. 29/30.
[67] Zit. nach Day, p. 16.
[68] Woodcock (1971), p. 70.
[69] Dardis, p. 247.
[70] Goodwin, p. 126.
[71] Hayter, pp. 51/52.
[72] Hayter, p. 52.
[73] Zit. nach Snyder, Robert Lance: „Editor's Introduction", p. xix; in: Snyder (1985).
[74] Snyder, p. xix.
[75] De Quincey bezieht sich auf das Jahr 1817, als er bereits seit vier Jahren opiumabhängig war.
[76] In der ersten Fassung der *Confessions* folgt hierauf der später gestrichene Satz: „Ich hoffe, man wird daran nicht den Duft von Opium wahrnehmen …" [CEO 233/234]
[77] Huxley, Aldous: „Drugs That Shape Men's Minds" [D], p. 339.
[78] Ähnlich argumentiert auch Huxley, der in seinem Essay „Culture and the Individual" (1963) schreibt: „Sprache ist ein Werkzeug, um der Wirklichkeit ihr Geheimnis zu nehmen und sie dem menschlichen Verständnis und der Manipulation zugänglich zu machen." [M 301]
[79] Jeder Künstler hat eine Moral, ganz gleich ob ihm dies behagt oder nicht oder ob sie ihm überhaupt als solche bewußt ist. Diese Moral des Künstlers ist rigoroser und unerbittlicher als jede andere, denn sie verfolgt ihn bis in die intimsten Winkel seiner Persönlichkeit, in die er sich zurückziehen mag. Sie äußert sich als ein unwiderstehlicher Drang zur Kreativität, der vor allen anderen Interessen der Person absolute Priorität beansprucht. Von diesem Willen zur Kunst ist die Rede, wenn Schriftsteller immer wieder berichten, daß nicht eigentlich sie selbst, sondern „etwas" in ihnen das Schreiben besorge, als seien sie nur das Werkzeug, das ein unsichtbarer Dritter benutzt. Entgegen den populären Vorstellungen kann der Künstler durchaus nicht tun und lassen, was er will, sondern ist der strengen Verpflichtung zur kreativen Mühe unterworfen.
[80] Ebenso verhält es sich mit dem magischen Theater in Hermann Hesses *Steppenwolf*, dem der Protagonist Harry Haller zu entfliehen sucht: „Entsetzt floh ich durch die Tür hinaus. Dieses magische Theater, sah ich, war kein reines Paradies, alle Höllen lagen unter seiner hübschen Oberfläche" (pp. 391/392).
[81] Vgl. Mickel (1969), pp. 129/130, und Kaehler, p. 331.

[82] Vgl. hierzu die Ausführungen in Köhler, p. 165.
[83] Butor (1959), p. 15.
[84] Op. cit.; p. 12.
[85] Vgl. Cockerham, p. 50.
[86] Ibid.
[87] Op. cit., p. 53.
[88] So weist Ludwig Klages darauf hin, daß sich bereits bei Aristoteles die Überzeugung finde, daß die angestrebte Ekstase, die dem kreativen Moment ebenso zugrunde liegt wie der mystischen Einswerdung mit dem Universum, nicht erlernt, sondern erlitten werde (vgl. p. 66).
[89] Das Zitat stammt aus dem Fragment 384 der *Pensées* (Bd. I, p. 241).
[90] Kant, Immanuel: *Anthropologie*, p. 172 [235].
[91] Bilsland (1975), p. 428/429. – Bilsland zitiert aus „The Dark Interpreter", *Suspiria de Profundis, Posthumous Works*, Vol. 1, p. 7, und aus Bd. III der Werkausgabe von Masson (p. 443).
[92] De Quincey, Thomas: *The Posthumous Works*, p. 12.
[93] Gautier, Théophile: „Charles Baudelaire", p. 205.
[94] Jackson, Charles: *The Lost Weekend*, New York 1944; pp. 201/202.
[95] Loreau (1986), p. 117.
[96] Op. cit., p. 119.
[97] Op. cit., p. 117.
[98] Vgl. etwa GE 15.
[99] Loreau, p. 120.
[100] Op. cit., p. 122. Loreau zitiert aus Michaux' *Misérable Miracle*, p. 181.
[101] Op. cit., p. 123.
[102] Op. cit., pp. 125/126. – Die Schlußzitate stammen aus Michaux' Schriften *Chemins cherchés. Chemins perdus. Transgressions* (1982) und *Moments* (1973).
[103] Diese Ansicht war unter den amerikanischen Autoren der ersten Hälfte des 20. Jahrhunderts besonders verbreitet. Zur ausführlicheren Information über Alkohol und Alkoholismus in der Literatur vgl. meine Ausführungen im letzten Kapitel von *Göttliche Gifte*.
[104] Feuerlein, p. 1381.
[105] Forseth (1985), p. 584.
[106] Vgl. Gilmore, p. 5.
[107] *Der Trinker*, p. 46.
[108] Zit. nach Day, p. 59.
[109] „Doch das Paradies ist verriegelt und der Cherub hinter uns; wir müssen die Reise um die Welt machen, und sehen, ob es vielleicht von hinten irgendwo wieder offen ist." („Über das Marionettentheater", p. 342; in: Kleist, Heinrich von: *Sämtliche Werke und Briefe*, Bd. 2, pp. 338–345.)
[110] Auch van Gogh äußerte sich entsprechend. In einem seiner Briefe heißt es etwa: „Victor Hugo sagt, Gott ist ein Leuchtturm in der Finsternis. Sicher gehen wir jetzt durch die Finsternis. Ich wünschte nur, man fände etwas, das uns Ruhe gäbe und uns tröstete, damit wir uns nicht mehr schuldig und unglücklich fühlen." (Nizon, Paul [1977], p. 254).
[111] *Der Trinker*, p. 24.
[112] Vgl. Jackson, Charles R.: *The Lost Weekend*, pp. 242/243.
[113] *Der Trinker*, p. 28.
[114] Vgl. hierzu die weiteren Ausführungen auf Seite 259 und 608.
[115] Gilmore (1982), p. 301.
[116] Hill, p. 44.

117 Auch Douglas Day schreibt in seiner Biographie des Schriftstellers: „Für ihn war der Alkoholismus, wenigstens in intellektueller Hinsicht, nicht zwangsläufig nur eine Schwäche oder Krankheit: er konnte auch eine Quelle spiritueller Kraft oder gar mystischer Erkenntnis sein, ein positiver Antrieb, auf den jedermann stolz sein konnte" (p.25). Tatsächlich ist keine Äußerung Lowrys überliefert, die eindeutig seine Überzeugung belegt, daß der Alkohol eine wichtige Quelle seiner kreativen Tätigkeit sei, obgleich es natürlich zahlreiche Hinweise gibt, die eine solche Überzeugung zumindest vermuten lassen (vgl. Seite 330).

118 Erst ein oder zwei Tage vor der Preisverleihung unterbrach er seinen Alkoholkonsum und ließ die Feierlichkeiten schlechtgelaunt über sich ergehen, um sich gleich anschließend wieder zu betrinken. Vgl. Goodwin, pp.108/109.

119 Tom Dardis schreibt über die Trinkgewohnheiten amerikanischer Schriftsteller: „Anders als Jack London und Scott Fitzgerald, die zuletzt herausfanden, daß sie nur dann schreiben konnten, wenn sie tranken, trank Faulkner beim Schreiben schon von Anfang an. Dank seiner außergewöhnlichen Alkoholtoleranz konnte er über ein Jahrzehnt oder noch länger hervorragend schreiben, eine Fähigkeit, die er mit zwei seiner Zeitgenossen, nämlich Eugene O'Neill und Hart Crane, gemeinsam hatte. Anders verhielt es sich mit Hemingway und Fitzgerald in ihren früheren Schriftstellerjahren: Fitzgerald wurde selbst von kleinsten Alkoholdosen betrunken, während Hemingway stets glaubte, daß er seine Trink- und Schreibzeiten auseinander halten konnte und sollte. Faulkner aber hatte, während er die Seiten mit seiner winzigen Schrift füllte, stets eine unbestimmte Mischung von Alkohol und Wasser neben sich stehen, von der er, wenigstens bis in die Mitte seiner dreißiger Jahre, nicht betrunken wurde. Er trank gerade genug, so scheint es, um die Stimmung oder Perspektive heraufzubeschwören, die er zum Schreiben für nötig hielt. Die Fähigkeit, gleichzeitig zu trinken und Brauchbares zu schreiben, verließ Faulkner bald. In seinen späteren Jahren erging es ihm ähnlich wie Jack London und Fitzgerald; Alkohol wurde der unentbehrliche Treibstoff, um den Motor seiner Kreativität in Gang zu setzen." (pp.43/44)

120 Van Gogh war überzeugt, daß jede Farbe, noch ungemischt und noch bevor sie in irgendeinen konkreten Zusammenhang eingebracht wird, bereits eine geheime Bedeutung enthalte: „Er war durchaus der Meinung, daß die Farbe für sich etwas aussagt. Deshalb glaubte er, daß der Maler, der diese Aussage zu entschlüsseln vermochte, imstand sein müßte, sich unmittelbar anderen Menschen mitzuteilen." (Lassaigne [1973], p.57) Es gibt demnach eine geheime Botschaft der Farben, die sprachlich nicht dingfest zu machen ist, sondern immer nur unmittelbar, nur im individuellen Erlebnis erfahrbar wird. Wenn es van Gogh also gelungen ist, diese Botschaft für sich zu „entschlüsseln", so hat er sie doch seinerseits wiederum nur in neu verschlüsselter Form auf die Leinwand bringen können, und so spürt der Betrachter seiner Bilder häufig, daß da „etwas" ist, ohne es mit seinem Verstand näher bestimmen zu können.

121 Eckermann, p.155. – Aus dem Eintrag vom 21. Januar 1827.

122 Jennings (1981), pp.182/183.

123 Op. cit., p.190.

124 Zit. nach Dardis, p.45.

125 Op. cit., p.10.

126 Im IV. Akt. Edmund hat eine längere Auseinandersetzung mit seinem Vater über seine Vorliebe für die maroden Dichter des *fin de siècle*.

127 Berryman, John: *His Toy, His Dream, His Rest: 308 Dream Songs*, p.194. – Dieser Band ist die Fortsetzung der 1964 erschienenen *77 Dream Songs*.

128 Vgl. Berryman, John: *Collected Poems 1937–1971*, p.206.

129 Berryman, John: *His Toy, His Dream, His Rest*, p.243.

130 „Dream Song 121", in: Op. cit., p.48.

131 Thornbury (1971), p.xxv.

132 Gilmore, p.132.

¹³³ So zitiert er verschiedene Kritiker, die den Dichter persönlich kannten: „William Heyen ... meint: ‚Ich vermute, daß Berryman ... glaubte ..., daß intensives Leiden zur größten Poesie führe.' Haffenden macht diese Verbindung mit geringerer Zurückhaltung: ‚Bis zum April 1970 war der Alkohol für Berryman ein Lebenssaft, die Antriebskraft seines dichterischen Vermögens.' Da *The Maze*, von Eileen Simpson, ein Roman ist, sollte man die männliche Hauptfigur, den Trinker Benjamin Bold, nicht einfach mit Berryman identifizieren; dennoch beleuchtet eine von seiner Frau gemachte Bemerkung über Bold die Verbindung zwischen Leiden und Kunst: ‚Benjamin hofiert das Verderben und arbeitet ihm sogar zu. Sein Aufnahmevermögen fürs Glücklichsein ist sehr begrenzt. Manchmal denke ich, daß er, wenn er einmal das Gefühl haben sollte, keinen ausreichend hohen Preis für seine Gabe zu zahlen, in Panik geraten würde, aus Angst, daß sein Talent verkümmern könnte.' Daß diese Verbindung auch anderen trunksüchtigen Autoren geläufig ist und daß sie Angst haben, mit der Nüchternheit einen Inspirationsverlust zu erleiden, bestätigt Jill Robinson, die Autorin von *Perdido* und *Bed / Time / Story*: ‚Die Angst, die einen Schriftsteller beim Gedanken der Nüchternheit befällt, ist die: „Mein Gott, ich werde all das verlieren. Ich werde diese Träume und Alpträume verlieren, und diese ganze Empfindlichkeit, die düstere Einstellung."' Für jeden Alkoholiker ist die Ernüchterung furchterregend: sie nimmt ihm seine alten Requisiten, erfordert eine radikale Änderung seiner Denkweise und Ansichten ... Weil der Ruhm und sein Ansehen unter den zeitgenössischen Dichtern für Berryman von größter Bedeutung waren, und weil die Angst – darunter gewiß auch die Angst vor einem dichterischen Versagen – für ihn nicht minder bedeutsam war, muß er sich überlegt haben, daß die Entfernung des Alkohols aus seinem Leben ein verheerendes Versiegen der Quelle seiner charakteristischen Inspiration bewirken könnte." (Op. cit., pp. 132/133.) – Der Titel des 1975 erschienenen Romans *The Maze* bezieht sich offensichtlich auf die erste Zeile des „Dream Song 339": „A maze of drink said: I will help you through the world." (Berryman, John: *His Toy, His Dream, His Rest*, p. 271) [„Ein Labyrinth von Drinks sprach: Ich will dich bei deinem Gang durch die Welt unterstützen."]

¹³⁴ Day, pp. 24/25.

¹³⁵ Zit. nach Dardis, p. 46.

¹³⁶ Zit. nach Dardis, p. 50.

¹³⁷ Gilmore, pp. 171/172.

¹³⁸ Zit. nach Dardis, p. 44.

¹³⁹ Zit. nach Goodwin, p. 208.

¹⁴⁰ Newlove, p. 112.

¹⁴¹ Op. cit., p. 95.

¹⁴² Zit. nach Goodwin, p. 96.

¹⁴³ Zit. nach Goodwin, p. 96.

¹⁴⁴ Goodwin, p. 96/97.

¹⁴⁵ „Diese Schwermut ist der Ausdruck dafür, daß der Mensch innerhalb der Zeit hinter seiner eigenen Vollendung zurückbleibt. Das Zurückbleiben hinter seinen eigenen höheren oder besseren Möglichkeiten ist keine rein statische Angelegenheit. Die Dynamik des Werdens bestimmt die gehemmte Selbstgestaltung über die bloße ‚Hemmung' hinaus als Absinken von einer geforderten Höhe, als Gestaltverlust, als Werteinbuße, genauer als eine Tendenz zur Selbstzerstörung. Das ist der Ernst der existentiellen Schwermut. Das ist der Ernst der Tatsache, daß das personale Leben sich in der Zeit abspielt. Denn die Zeit läßt nicht mit sich spaßen. Entweder sie wird genützt, oder sie wird versäumt. Entweder ist sie das Medium unseres Aufbaues oder unseres Abbaues, das unseres Fortschrittes oder unseres Rückschrittes, unserer Erhebung oder unseres Absinkens. / Dieses alles und noch viel mehr wird der Entscheidungsgehemmte in seiner Schwermut dunkel inne. Weil er aber die Schwermut nicht ertragen kann, flüchtet er in die Sucht." (Gebsattel, p. 133)

¹⁴⁶ *Correspondance*, I 91/92; II 10.

¹⁴⁷ Goodwin, p. 48.

¹⁴⁸ „Dieses Verhältnis der Dominanz des starken Kindes über das schwache prägte De Quincey auch noch als Teenager, und noch standen ihm die unglückliche Zeit in der Manchester Grammar School, die schwere Zeit in Wales, die Erfahrung von Hunger und Krankheit in London und sein Verlust von Ann, dem Mädchen von der Oxford Street, bevor. Als er zum ersten Mal Laudanum nahm, war er daher in hohem Maße ein Suchtkandidat und fand auch in seinen ersten Erfahrungen weit mehr als nur die Linderung seiner Zahnschmerzen: Er fand einen Ausweg aus all den Schwierigkeiten und Sorgen, die seine Stimmung aufgrund seines bisherigen Lebenslaufes niederdrückten. Die opiuminduzierte Euphorie folgte auf den Kummer des Alltagslebens." (Bilsland, p. 422.)
¹⁴⁹ Hesse, Hermann: *Der Steppenwolf*, pp. 256/257.
¹⁵⁰ Cocteau, Jean: „Lettre à Jacques Maritain", p. 279.
¹⁵¹ Goodwin, pp. 65/66.

Spurensuche: Zur Ermittlung von Drogeneinflüssen in literarischen Texten

¹ Vgl. den Überblick über wichtige Werke der Poe-Forschung auf Seite 506 f.
² Abrams (1970), pp. xvi/xvii.
³ Barine (1898), p. 252.
⁴ Vgl. etwa Hayter, p. 135, wo mit Bezug auf die nachfolgend zitierte Äußerung von Francis Thompson eben diese Einschränkung gemacht wird.
⁵ Thompson, Francis: „A Dream of Things Impossible", *Academy* (28. Sept. 1901), zit. nach Hayter, p. 135.
⁶ Aus der Schilderung der „Hauptzüge der ersten Haschisch-Impression" (geschrieben am 18. Dezember 1927). In: *Über Haschisch*, pp. 66/67. – Auch der Schriftsteller Howard Phillips Lovecraft (1890–1937) meinte: „Poe konnte, wenn er wollte, seiner Prosa eine satte poetische Prägung geben und sich jenes archaischen und orientalisierten Stils von funkelnden Wendungen, gleichsam biblischen Wiederholungen und refrainartigem Grundton bedienen, wie ihn spätere Autoren wie Oscar Wilde und Lord Dunsany so wirkungsvoll einzusetzen wußten; und in den Fällen, wo er das getan hat, entstand eine Wirkung lyrischer Phantasie, die ihrem Wesen nach nahezu narkotisierend ist – ein Opiumgepränge des Traumes in der Sprache des Traumes, darin jede unnatürliche Farbe und jedes groteske Bild in einer Symphonie korrespondierender Klänge Gestalt annimmt." (Lovecraft [1973], p. 57; 61/62.)
⁷ *Complete Tales and Poems*, p. 118. – In diesem Kapitel werden Zitate aus der sonst als „CTP" zitierten Ausgabe nur durch Seitenangaben in eckigen Klammern bezeichnet.
⁸ Vgl. Woodberry (1909), Bd. II, sowie Mankowitz (1978), p. 82. – Über die Opiumbeeinflussung von Poes Werken vgl. auch pp. 99 ff. und 177 f.
⁹ Die Opiumsucht des Erzählers steht außer Frage. „Ein Sklave, von den Fesseln des Opiums gebunden, war ich geworden" [660], heißt es in einer vermutlich von De Quincey übernommenen Bildlichkeit, die auch Baudelaire in den *Paradis artificiels* kommentiert hat. (Vgl. Seite 257) – „In der Ekstase meiner Opiumträume", heißt es an anderer Stelle, „(denn ich war durch Gewohnheit in den Fesseln der Droge gefangen) rief ich laut ihren Namen aus …"[661] Und kurz darauf heißt es: „Doch ich war aufgewühlt durch die Erregung von einer maßlosen Opiumdosis", und: „Wilde Visionen, erzeugt durch das Opium, huschten schattenhaft vor mir dahin." [663]
¹⁰ Vgl. die Aussagen De Quinceys und Baudelaires in CEO 275 und PA 416.
¹¹ Vgl. *Collected Works of Edgar Allan Poe*, hg. v. Thomas O. Mabbott, Bd. II, p. 211.
¹² Vgl. Hayter, p. 137.
¹³ Mabbott, Bd. II, p. 77.
¹⁴ Op. cit., p. 78.
¹⁵ Vgl. op. cit., p. 79.
¹⁶ Op. cit., pp. 79/80.

17 Op. cit., p. 80.
18 Op. cit., p. 81.
19 Vgl. Bonaparte (1971), p. 391 ff.
20 Minimale Andeutungen dieser eigentümlichen Stimmung, die ein Opiomane gewiß auf den ersten Blick versteht, sind Poes häufige Hinweise auf bleierne, „herabhängende" Himmel und schwere Vorhänge vor den Fenstern seiner Herrenhäuser; schon das Wort „gloomy" – d.h. „trübe", „düster" – scheint eine lautmalerische Signalwirkung zu haben, in der sich die eigentümliche Mattigkeit der opiumberauschten Seele ausdrückt (vgl. Seite 707).
21 Vgl. hierzu auch Pollak (1928), pp. 31/32.
22 Vgl. etwa die Einrichtung des Gemachs von Lady Rowena in „Ligeia". Daß dieser dekorative Stil durchaus nicht Poes persönlichem Geschmack entsprach, zeigt sein Essay „The Philosophy of Furniture". Hierauf hat auch Zumbach hingewiesen (vgl. pp. 362/363).
23 So bemerkt schon ein früher Poe-Kritiker: „Von den Novellen will ich nur noch eine erwähnen, die den Titel trägt: ‚In den Bergen.' Auch sie ist das Ergebniß eines delirösen Zustandes; doch zeigen Szene, Ereignisse und Vortragsart so merkwürdige Eigenheiten, daß ich vermuthen möchte, Poe habe, wie es auch bei anderen Dipsomanen vorkommt und wie er selbst in der Geschichte andeutet, statt des Alkohols, für eine Weile das Laudanum, die Opiumtinktur genommen. Die Grundzüge des epileptischen Deliriums, Angstaffekt und schreckliche Sinnestäuschungen, sind vorhanden, daneben aber Merkmale, die sicher aus dem Opium stammen, besonders das Gefühl der Körperlosigkeit und die Architekturvisionen, die ja auch für die Opiumkunst De Quinnceys und Coleridges charakteristisch sind." (Vleuten, p. 188.)
24 „Seine Augen", heißt es über Bedloe, „waren abnorm groß, und rund wie die einer Katze. ... In Augenblicken der Erregung trat in sie ein schier unfaßlicher Glanz: da schien ein Sonnenstrahl von ihnen auszugehen, nicht reflektiertes, sondern Eigenlicht, wie eine Kerze oder die Sonne es entsendet; doch gewöhnlich blickten sie so schal, verschleiert und stumpf, daß einem unwillkürlich der Gedanke an die Augen eines lang begrabnen Leichnams kam." [679; III 226/227]
25 Zumbach, p. 229.
26 Reece (1975), p. 24.
27 Goodwin, pp. 26 und 28.
28 Vgl. Barine, p. 209 (Anm.).
29 Zu diesem Schluß gelangt schon Dupouy in seiner klinischen Studie über die Opiomanen: „Kann man trotz allem, wie es manche wollen, die These akzeptieren, daß Poe sich mit der theoretischen Dokumentation der Opiumwirkung begnügte, die er den Berichten von Quincey und Coleridge, den Bekenntnissen des einen und den Klagen des anderen, entnahm? In vielen eindringlichen Passagen sind seine Eindrücke zu wahr und zu präzise, um nicht auf eigener Erfahrung zu gründen. Und bedenkt man Poes Neigung, sich selbst zu beobachten und in solcher Art als ‚ein stets nachsichtiger Porträtist seiner morbiden Seele' aufzutreten, daß jede seiner Gestalten ein Teil seiner selbst ist und daß sein Gesamtwerk das Kryptogramm einer kompletten Autobiographie enthält, so kann man daran keinen Zweifel haben. Poe hat den lähmenden und dumpfen Opiumrausch wirklich gekannt ..." (Dupouy, p. 262.)
30 So scheint das Bild der nicht anhaltenden Züge, die explizit als „expresses" [282] ausgewiesen werden und die verpaßten Chancen des Konsuls symbolisieren, eine direkte Übernahme von Cocteau zu sein, der in *Opium* schreibt: „Alles was man im Leben tut, selbst die Liebe, tut man im Schnellzug, der auf den Tod zufährt. Opium rauchen, das heißt: den Zug während der Fahrt zu verlassen, es heißt, sich mit anderem zu befassen als dem Leben, dem Tod." [O 48] Im 2. Kapitel von *Under the Volcano* läßt Lowry den Konsul einige Mohnblumen köpfen (vgl. UV 61) und bezieht sich damit auf die Sage, derzufolge der römische König Tarquinius Superbus einem Boten bedeutet habe, daß die Anführer eines gegen ihn gerichteten Aufstandes hinzurichten seien, indem er von den größten Mohnblumen in seinem Garten die Köpfe abhieb. „Tarquinius Superbus köpft die Mohnblumen", heißt es auch in Cocteaus Tagebuch, wobei die Mohnblumen als „Symbol der Aktivität" [O 46] (nämlich als Sinnbild der Revolution) mit dem Opium verglichen werden, dessen Entzug als eine wahrhaft tarquinische Unterdrückung dynamisch-kreativer

Neuerungen empfunden wird. Anders gesagt: die Diktatur der Vernunft, der sich Cocteau ergeben hat, indem er sich zu einer Entziehungskur entschloß, zerschlägt das revolutionäre Potential der Droge. Nicht anders denkt der Konsul, der sich den Alkohol als vermeintliches Mittel zu einem Durchbruch in andere Realitäten nicht nehmen lassen will. Im Unterschied zu Cocteau gibt er dem Drängen der auf seine Selbsterhaltung fixierten Vernunft aber nicht nach. Wenn das revolutionäre Potential der Droge bei ihm dennoch nicht zur Entfaltung kommt, so deshalb, weil der Konsul mit den gewonnenen Einsichten nicht kooperiert, sie als Vorwand zur Verschleierung seiner Trägheit benutzt und auf diese Weise die Mysterien betrügt. Die geistige Erstarrung, die sich in seinem deterministischen Weltbild spiegelt, ist der entscheidende Grund dafür, daß Geoffrey nicht in der Pose des revolutionären Neuerers, sondern in der des konservativen Tarquinius gezeigt wird. – Auf einer anderen Bedeutungsebene ist der Tarquinius-Bezug aber auch eine Anspielung auf Shakespeares *Macbeth* (vgl. UV 198 und Ackerley/Clipper, p. 275). Hier ist jedoch nicht der oben genannte Tarquinius Superbus gemeint, sondern dessen Sohn Tarquinius Sextus, der durch seine Vergewaltigung der Lukrezia auch ihren Selbstmord verantwortete. Dieser Verweis deutet auf den Ehebruch, durch den Laruelle ein Mörder der Liebe wurde.

[31] Bock (1987), p. 241.

[32] Ibid. – Obwohl entomophobische Sensationen, wie Bock schreibt, ein häufiges Phänomen des Opiumrausches sein mögen, ist doch korrekterweise anzumerken, daß in De Quinceys „Pains of Opium" kein Beispiel für diese Phobie genannt wird. Allerdings werden zahlreiche andere Kreaturen aufgezählt, die sich durch ihr insektenartiges Wimmeln als dem gleichen Visionstypus zugehörig erweisen: „In dem Gefühl von tropischer Hitze und senkrechtem Sonnenlicht brachte ich alle Geschöpfe, Vögel, Raubtiere und Reptilien …, die sich überhaupt in tropischen Regionen finden, … zusammen … Von Affen, von Sittichen und von Kakadus wurde ich angestarrt, verhöhnt und angeschnattert. … Vorher hatte es nur moralischen und geistigen Schrecken gegeben. Aber jetzt waren die Hauptakteure häßliche Vögel, Schlangen oder vor allem Krokodile." [CEO 320/321; 244/245] – Jene „häßlichen Vögel" in De Quinceys Aufzählung tauchen übrigens wörtlich in *Under the Volcano* auf, wo sie mit Insekten verglichen werden: „Von Südosten kam ein Vogelschwarm – häßliche, schwarze kleine Vögel, die irgendwie zu lang geraten schienen, halb wie monströse Insekten …" [13; 20] Vgl. auch p. 323, wo von „körperlosen schwarzen Vögeln, eher wie Vogelskelette" die Rede ist.

[33] Zitate aus *Under the Volcano* sind in diesem Kapitel durch Seitenangaben in eckigen Klammern markiert.

[34] „The Fall of the House of Usher" beginnt mit den Worten „Während eines ganzen trüben, dunklen und tonlosen Tages im Herbst des Jahres, als die Wolken bedrückend niedrig am Himmel hingen …" [CTP 231] In „A Tale of the Ragged Mountains" schildert Augustus Bedloe einen morphinberauschten Spaziergang und beginnt mit den Worten: „‚Der dicke und eigentümliche Nebel oder Dunst, der den Indianischen Sommer auszeichnet und der nun schwer über allen Dingen hing, bewirkte zweifellos eine Verstärkung der vagen Eindrücke, die diese Dinge erzeugten.'" [CTP 681] (Vgl. Seite 355.) In „The Masque of the Red Death" sind die künstlich angestrahlten Fenster, die wegen der radikalen Abgeschlossenheit von der Außenwelt an die Stelle eines taghellen Himmels treten, von verschiedenfarbigen Vorhängen verhüllt („hung, for example, in blue…" [CTP 270]) Analog dazu sind die hohen Wände des Schlosses, die in „The Oval Portrait" das Himmelsgewölbe ersetzen, „hung with tapestries". [CTP 290] Auch die Verse „Resignedly beneath the sky / The melancholy waters lie" [CTP 964] in dem Gedicht „The City in the Sea" erzielen den gleichen Eindruck von Abgeschlossenheit. Schließlich bietet „The Pit and the Pendulum" mit der von der Decke immer weiter heruntersinkenden Klinge das wohl bekannteste Beispiel für ein Verhängnis, also ein von oben her Verhängtes, vor dem es (beinahe) kein Entrinnen gibt.

[35] So nennt Hayter zwei Verse aus Shelleys Gedicht „The Revolt of Islam", die De Quincey in den *Confessions* zitiert: „[Shelley] bezog sich gewiß auf John Martin, als er von einem ‚Farbton' schrieb, ‚wie dem, wenn ein großer Maler seinen Pinsel in die Düsternis von Erdbeben und Sonnenfinsternis eintaucht'. De Quincey benutzte diese Zeilen als Motto für seine Beschreibung der

Leiden des Opiums in den *Bekenntnissen eines englischen Opiumessers*." (p. 92) Hayter verweist weiterhin auf Baudelaire, der die in diesen Versen beschriebene Atmosphäre als charakteristisch für die Welt des Opiumrausches bezeichnet: „Diese feierlichen Verse Shelleys, von einer wahrhaft Milton'schen Prägung, vermitteln etwas von der Atmosphäre, die über einer Landschaft des Opiums, wenn man mir diesen Ausdruck einmal durchgehen läßt, lagert; so düstert der Himmel über einem vom Opium geknechteten Gehirn, so umschließt es ein undurchdringlicher Horizont." [PA 422; VI 141]

36 Die wenigen Beispiele für eine Bildlichkeit, die an die Wahrnehmung im Opiumrausch erinnern mag, finden sich vor allem im Zusammenhang mit der von Lowry oft benutzten Seemetaphorik. Während der Konsul mit der Prostituierten María schläft, erscheint ihm ihr Körper wie ein Ozean, „… sie war zum Meer geworden, zu einem trostlosen Horizont mit einem riesigen schwarzen Segelschiff, das, den Rumpf unter Wasser, in den Sonnenuntergang hineinsegelte." [349; 365] Vgl. auch ähnliche Passagen auf den Seiten 83, 360, 231 und 293. Die Opiumbildlichkeit scheint deutlich ausgeprägt zu sein, doch das immer wieder erwähnte Schiff am Horizont ist in erster Linie eine Anspielung auf Wagners *Tristan und Isolde* sowie auf T.S. Eliots *The Waste Land*, in dem das Bild mit dem Zitat der Zeile „Oed und leer das Meer" schon einmal übernommen wurde. In diesem Kontext verweist es auf die vergebliche Hoffnung des Konsuls, die verlorene Liebe zu Yvonne wiederzufinden.

37 Bock, p. 240.

38 Zit. nach Bock, p. 240. – Sue Vice bezieht sich auf die Passage aus dem vorangegangenen Kapitel des Manuskriptes, in welcher der Konsul das Marihuana nimmt: „In den früheren Fassungen von *Under the Volcano* nahm der Konsul tatsächlich eine Droge – bei Señora Gregorio ‚saß [er] lange mit seinem Drink und rauchte Marihuana …"(Vice [1987], p. 201. Vgl. auch Day, p. 265).

39 Ackerley und Clipper zitieren eine Stelle aus einer früheren Manuskriptversion, wo sich der Konsul auf das legendäre Soma und auf Amrita bezieht: „Ja, sogar die Indo-Arier, bevor sie sich von den Iranern trennten, wußten alles über Soma. An den Berghängen wuchs die Pflanze, aus der sie sie herstellten, und was sie herstellten, war natürlich Amrita, der Nektar der Unsterblichkeit. Ein ganzes Buch des Rig-Veda preist ihn; ein Trunk davon, sine mora, und man war an den Pforten des Himmels." (Zit. p. 378.)

40 In der deutschen Übersetzung wird das Wort „Bhang", das natürlich eine Bezeichnung für Haschisch ist, als lautmalerischer Einwurf „peng!" mißverstanden.

41 Vgl. etwa Days Biographie, p. 227, und Gilmore (1982), p. 287.

42 In dem Brief an Jonathan Cape schreibt er etwa: „Der Konsul hat die ganze Sache hier natürlich auf wunderbare und betrunkene Art durcheinandergebracht: In Mexiko ist Mescal ein Höllentrunk, aber man kann ihn doch immer noch in jeder Cantina bekommen … Mescal ist aber auch eine Droge, die in Gestalt von Knollen eingenommen wird, und ihre transzendierende Wirkung gehört zu den wohlbekannten Feuerproben, denen sich Okkultisten unterziehen müssen. Es scheint, daß der Konsul dies beides in seiner Benebelung verwechselt, und vielleicht hat er damit gar nicht so unrecht." [SL 71] Lowry fügt zwar hinzu, daß diese Verwechslung im Kern vielleicht gar nicht so falsch sei (was sie ist!) und impliziert damit, daß Mescal über Qualitäten verfüge, die über die gewöhnliche Wirkung des Alkohols hinausweisen, doch er demonstriert hier seine Kenntnis der Tatsache, daß Mescal und Meskalin verschiedene Substanzen sind.

43 „Jedem, der mit dem angenehmen, kaktusartigen scharfen Geruch des Tequila vertraut ist, wird die praktisch geschmackfreie, aber zweifellos kräftige Art anderer Mescals unheimlich erscheinen.", schreibt Edmonds. („Mescallusions", p. 280) Der unterschiedliche Geschmack der Mescals wird auch dadurch belegt, daß Lowry Pulque im Unterschied zu Tequila und dem Mescal aus Oaxaca nicht mochte: „Pulque ist ein ziemlich dickflüssiges, gegorenes Erzeugnis aus der Agave. Lowry schätzte es nicht sehr, da er behauptete, es ‚gäre in den Gedärmen weiter' und zog statt dessen entweder Tequila oder den stärkeren Mescal vor." (Day [1984], p. 227)

44 „‚Bei mir ist es Mescal … Tequila, nein, der ist gesund … und köstlich. Genau wie Bier. Kann dir nur guttun. Aber wenn ich je wieder mit Mescal anfange, ja, das wäre das Ende, fürchte ich', sagte der Konsul verträumt." [216; 227]

⁴⁵ Vgl. Markson (1963), p. 342.
⁴⁶ Vice, p. 201. – Kurz vorher schreibt sie unter Bezug auf eine frühe Romanfassung: „Die gleiche Verwechslung besteht hier im Bewußtsein des Konsuls bezüglich dessen, was Alkohol und was die Droge ist – ‚Den ersten Drink, den ich je zu mir nahm, gab mir Vater heimlich … unser Alter nannte es immer nur Soma. Das Merkwürdige dabei ist, daß es genauso ist wie dieser Mescal hier, das könnte ich schwören', doch er ist verständiger, wenn er in der publizierten Fassung sich nur vorstellt, eine psychedelische Droge genommen zu haben bzw. sich mit jemandem vergleicht, der dies getan hat."
⁴⁷ Vice, p. 199. – Vice bezieht sich auf Lingeman, Richard R.: *Drugs From A to Z*, New York 1974.
⁴⁸ Op. cit., p. 200.
⁴⁹ Gilmore, p. 288.
⁵⁰ Die Vergegenständlichung abstrakter Visionen klingt auch an anderen Stellen des Romans an, z. B. in der Formulierung „Gedanken stürmen los" [145], die sich später in der bildlichen Konkretisierung „zweihundert losstürmende Pferde" [260] wiederfindet. Eine zweifellos psychedelische Vision ist Yvonnes Vorstellung, von „Myriaden" bzw. einem „Wirbelsturm wunderschöner Schmetterlinge" [335] umgeben zu sein: Auch hier wird die abstrakte Vision eines überwältigenden farblich-dynamischen Spektakels in eine nachvollziehbare bildliche Form gebracht. Interessanterweise findet sich dieses Bild auch in einer Beschreibung des Haschischrausches bei Gautier: „In der verwirrend gleißenden Luft flatterten in ständigem Gewimmel Milliarden von Schmetterlingen, deren Flügel wie Fächer rauschten." („Le Hachich", p. 51)
⁵¹ Vgl. MM 91.
⁵² David Markson hat bereits darauf hingewiesen (1978; p. 139), daß diese Passage eine große Ähnlichkeit mit der Beschreibung des Meskalinrausches in dem 1898 veröffentlichten Bericht von Havelock Ellis aufweist, wo es heißt: „… die ersten Visionen bestanden zumeist aus wilden Folgen bunter Arabesken, die aus allen möglichen Richtungen ins Gesichtsfeld stiegen oder fielen oder glitten. Es wäre ebenso schwierig, den Strudel am Grund eines Wasserfalls zu beschreiben, wie das Chaos der Farben und Formen zu schildern, das diese Phase prägte." (Zit. nach Ackerley/Clipper, p. 348).
⁵³ Vgl. UV 9, 279 und 292.

Kritik der Rauschkritik:
Zum empirischen Realitätsverständnis

¹ Zehentbauer, p. 11.
² Rees (1961), p. 4.
³ Fackert, p. 84.
⁴ Masters (1969), p. 123.
⁵ In ähnlichem Kontext schreibt Begley anläßlich der von Hobson und McCarley publizierten biochemischen Begründung des Träumens: „Träume erscheinen nie mächtiger als wenn sie ein Problem lösen. … Als Elias Howe versuchte, eine Maschine zu erfinden, die nähen konnte, träumte er angeblich, er sei von Wilden gefangengenommen, die Speere mit Löchern in den Spitzen trugen. Beim Erwachen erkannte Howe, daß er das Loch für den Faden ans Ende der Nadel verlegen müsse, nicht in die Mitte. Solche Inspirationen erscheinen wahrhaftig wie Göttergeschenke, und bloße Biochemie kann die Kreativität von Träumen nicht erklären." (pp. 37/38)
⁶ Schmidbauer, Wolfgang und Jürgen vom Scheidt: *Handbuch der Rauschdrogen*, p. 34.
⁷ Dupouy, pp. 102/103. – Die wiedergegebene Passage ist ein Zitat aus Michaut: „Note sur l'intoxication morphinique par la fumée d'opium; opiomanie; état mental des fumeurs", *Bulletin général de thérapie médical et chirurgical*, 1893, p. 462.
⁸ Ropp [1964], p. 132.
⁹ Spode, p. 183.
¹⁰ Zit. nach Day, p. 418.

Dritter Teil

Das dritte Auge des Dichters: Rausch und Erkenntnis in der Literatur

1 James scheint sich hier auf ein Bild zu beziehen, das sein Bruder Henry zur Veranschaulichung seiner Erzähltechnik benutzte. (Vgl. Seite 12 f.).
2 So heißt es in den *Reden der Unterweisung* des Meister Eckhart: „Der Mensch soll zu allen seinen Werken und bei allen Dingen seine Vernunft aufmerkend gebrauchen und bei allem ein einsichtiges Bewußtsein von sich selbst und seiner Innerlichkeit haben und *in allen Dingen Gott ergreifen* in der höchsten Weise, wie es möglich ist ..." (Zit. nach Wehr [1991], p. 22)
3 Auch Luther, der sich manche Elemente der Mystik zu eigen machte, ohne selbst ein Mystiker zu sein, verkündet die Maxime: „Experientia fit theologus", und an anderer Stelle heißt es: „Der Glaube ist eine experimentelle Erkenntnis und findet Ausdruck in dem Wörtchen: „Adam erkannte sein Weib", das heißt in der Erfahrung erkannte er sie als sein Weib, nicht spekulativ und historisch, sondern experimentaliter." (Zit. nach Wehr, pp. 178 und 197) In diesem Sinn weist Wehr darauf hin, daß „der Vorrang der Eigenerfahrung *(experientia)* vor der Lehre oder Belehrung *(doctrina)* für den Mystiker unumstritten" sei. (p. 149)
4 Zit. nach Wehr, p. 207.
5 Die Überzeugung wird in den Texten der Mystik und der christlichen Theologie überhaupt immer wieder betont. „Dieser Hinweis", schreibt Wehr daher, „ist insofern von entscheidender Bedeutung – einst und heute –, als damit dem immer wieder anzutreffenden Mißverständnis entgegengetreten wird, die mystische Erfahrung der Gottesbegegnung und -vereinigung *(communio mystica)* sei in die Verfügungsgewalt des Menschen gestellt, also beliebig machbar. Man müsse nur bestimmte meditative Methoden anwenden, dann komme man gleichsam automatisch zum gewünschten Ziel. Das ist ein großer Trugschluß, vor dem westliche als auch östliche Esoteriker und Kenner des spirituellen Wegs mit Recht warnen, indem sie auf die Gefahren eines „spirituellen Materialismus" hinweisen." (p. 144) Auch die Autoren der Rauschliteratur sehen sich ja immer wieder zu einer solchen Richtigstellung genötigt.
6 Meine Ausführungen folgen hier denen von Wehr, pp. 33 ff.
7 Zit. nach Wehr, p. 107.
8 Kleber, „Ver/Blendung", pp. 140/141.
9 Op. cit., p. 141.
10 Vgl. op. cit., pp. 142 f.
11 Vgl. Wehr, pp. 228/229.
12 Busch, p. 322.
13 Wehr, p. 121.
14 Busch, p. 323.
15 Wehr, p. 48.
16 Zit. nach Wehr, p. 248.
17 Vor dem Hintergrund unserer Konsumgesellschaft, in der die Suche nach künstlichen Paradiesen vorwiegend durch eine Verbrauchermentalität motiviert ist, deutet Wehr auf diese wichtige Tatsache: „Imaginationen, Visionen oder Auditionen (innere Gehörwahrnehmungen) sind nicht selten geeignet, vom Eigentlichen der Gotteserfahrung *abzulenken*. In der Übung des Zazen sind derlei Wahrnehmungen als täuschende Erscheinungen oder Empfindungen, als diabolische Phänomene *(makyo)* bekannt. Diese verschwinden wieder, wenn man ihnen keine weitere Beachtung schenkt. So darf sich auch im Prozeß der mystischen Erfahrung des Christen kein Bild, sei es verlockend oder drohend, zwischen den Mystiker und Christus stellen!" (p. 33) Und an anderer Stelle heißt es: „Wird unter spiritueller Erfahrung nicht vielfach alles das verstanden, was von einem wohligen Herausgehobensein aus der Alltäglichkeit begleitet ist, was mit Zuständen

des Enthusiasmus und der Begeisterung, mit ‚High'-Zuständen zu tun hat? Dieser Eindruck wird von den mystisch Erfahrenen nicht erweckt, auch nicht in der östlichen Mystik." (pp. 99/100)

[18] Wehr, p. 246.

[19] Zit. nach Wehr, p. 56.

[20] Der Gnadenstreit, der gegen Ende des 16. Jahrhunderts zwischen zwei Hauptlagern, den Thomisten und Molinisten, ausgetragen wurde, hatte vor allem die Frage zum Gegenstand, ob die göttliche Gnade grundsätzlich jedem Menschen oder aufgrund einer Vorherbestimmung (Prädestination) nur einigen Auserwählten erhältlich sei.

[21] Vgl. Béguin, *Blaise Pascal*, p. 85.

[22] Op. cit., p. 48.

[23] *Pensées*, II, pp. 18/19. [Fragment 398]

[24] Vgl. Béguin, *Blaise Pascal*, p. 41, sowie Seite 203 ff.

[25] Vgl. *Pensées*, Fragment 41.

[26] *Pensées*, I, p. 115. [Fragment 122]

[27] *Pensées*, I, pp. 104/105. [Fragment 101]

[28] Kant, Immanuel: *Kritik der praktischen Vernunft*, pp. 192/193 [217/218].

[29] *Anthropologie*, p. 149 [215/216].

[30] Dörner, p. 244.

[31] Vgl. hierzu etwa Busch, p. 323.

[32] Gegenüber Schopenhauer und der idealistischen Philosophie nimmt Carus eine distanzierte, aber nicht völlig abgeneigte Haltung ein. (Vgl. hierzu etwa die Anmerkung in P 361/362). Während er dem Schopenhauerschen Pessimismus nicht beipflichtet, stimmen doch viele der in *Psyche* formulierten Ansichten mit denen des Philosophen überein. Zwar kritisiert er die Setzungen der idealistischen Schule als methodische Gewaltakte, die dem naturwissenschaftlichen Blick nicht dienlich seien, doch auch seine eigene Argumentation basiert auf einer Fülle von Postulaten und überrascht mitunter durch die Arglosigkeit, mit der manches weltanschauliche Detail als selbstverständlich und über jeden Zweifel erhaben vorausgesetzt wird.

[33] Beispiele solcher Vorurteile sind die Überzeugung von der geistigen Inferiorität der Frauen gegenüber den Männern (Da die Frau naturgemäß eine geringere Intelligenz als der Mann besitze, gehe „das Weib ... in seinem vorwaltenden Unbewußtsein mit der Wünschelruthe des Gefühls durchs Leben" [P 314]) oder der Schwarzen gegenüber den Angehörigen anderer Rassen: „Was die Stämme der Menschheit betrifft, welche nach den vier stetig um die Erde kreisenden Zuständen des Planeten, nach Tag und Nacht, Morgen- und Abenddämmerung, in die vier großen Abtheilungen der Tagvölker, Nachtvölker und östlichen und westlichen Dämmerungsvölker zerfallen, so sind es natürlich die Tagvölker, in welchen auch der Tag der Seele – das Bewußtsein – am vollkommensten sich erschließt, und darum weichen auch unter ihnen die Eigenthümlichkeiten der Individuen am stärksten auseinander, während sie in den Nachtvölkern (Negern) schon in den ursprünglichsten Anlagen der Seele entschieden einförmiger gegeben sind." [P 68] Mit anderen Worten: Die Unterschiede zwischen schwarzen Individuen seien gar nicht so groß; ein „Neger" gleiche dem anderen.

[34] So lautet die Überschrift des letzten Kapitels in *Psyche*.

[35] Carus räumt daraufhin ein, daß allerdings, sonderbarerweise, das Auftreten von Geisteskrankheiten anscheinend ein gewisses Minimum an Kultur zur Bedingung habe.

[36] Carus bezieht sich hier wohl auf die physische Nachwirkung des Rausches, den „Kater".

[37] Ähnlich argumentiert William James, indem er schreibt: „Die bloße Tatsache, daß etwas als ein Gegenstand erscheint, genügt nicht, um Realität zu schaffen. Das mag metaphysische Realität sein, eine Realität für Gott; was wir aber brauchen, ist praktische Realität, Realität für uns selbst, und um die zu haben, muß ein Gegenstand nicht nur erscheinen, sondern er muß sowohl *interessant* als auch *bedeutsam* erscheinen. Die Welt, deren Gegenstände weder interessant noch bedeutsam sind, behandeln wir einfach ablehnend, wir stempeln sie als *ir*real ab. Relativ gesehen, in der Art, in der wir Wirklichkeit einfach mit *Un*wirklichkeit kontrastieren und in der man einem Gegenstand *mehr* Realität und Glaubwürdigkeit zuerkennt als einem anderen,

bedeutet Wirklichkeit einfach das Verhältnis in bezug auf unser emotionales und aktives Leben. Dies ist die einzige Bedeutung, die das Wort jeweils im Munde praktischer Menschen hat. *In diesem Sinn ist alles real, was unser Interesse erregt und beflügelt*; wenn ein Gegenstand uns so sehr anspricht, daß wir uns ihm zuwenden, ihn akzeptieren, ... so ist er in diesem Maße für uns real und wir glauben an ihn. Wenn wir ihn dagegen ignorieren, ihn nicht in Betracht ziehen oder nicht auf ihn reagieren, ihn geringschätzen, ablehnen, vergessen, so ist er in diesem Maße für uns unwirklich und unglaubhaft." (*The Principles of Psychology*, II, 295)

38 Diese Erkenntnis allein kann das Individuum aber noch nicht auf den Weg seiner Vervollkommnung führen. Zu diesem Zweck, meint Carus, müsse der Wille als eine gesonderte Instanz der Seele motivierend hinzutreten und das Individuum sozusagen von Erkenntnis zu Erkenntnis vorantreiben: „Wäre aber die zum Bewußtsein gekommene *Seele bloß* Gefühl und Erkenntniß, so müßte sie, in sich selbst versinkend, sich aufgeben und verlieren, denn keine Art von Bestimmung des Außern und Innern, kein Entschluß und keine That würde als Lebensresultat jemals hervortreten und eben dadurch auch alle Selbstentwicklung – alles Wachsthum des An-sich-seins der Idee – unmöglich werden. Das, was also im unbewußten Leben der Seele als eins und untheilbar ... erscheint, ... muß nun auch als ein Besonderes unterschieden werden, welches dem Gefühl und dem Erkennen als Wille und That gegenübertritt, und ... durchaus als eine eigenthümliche Strahlung des Seelenlebens sich darstellt. Dieser *Wille*, welcher zuerst als *Willkür* sich ankündigt und zuhöchst zur *Freiheit der That* erwächst, der wirkt am wenigsten im Bereiche des Gefühls, welches ... das in sich Nothwendige und Unwillkürliche aus der Nacht des absoluten Unbewußtseins mit herübernimmt, dagegen durchdringt und bestimmt er die Sphäre der Erkenntniß durch und durch." [P 289/290]

39 Über diese Erfahrung des reinen Nichts schreibt Stace: „Angenommen, man hat sich befreit von allen Empfindungen; man fährt fort, nunmehr alle bildhaften Vorstellungen vom Bewußtsein auszuschließen, danach alle abstrakten Gedanken, Denkprozesse, Willensakte und andere spezifisch geistige Inhalte; was an Bewußtsein wäre dann noch übrig? Es wäre keinerlei geistiger Inhalt mehr vorhanden, sondern nur noch Nichts, Vakuum, Leere. Man möchte a priori annehmen, daß das Bewußtsein in diesem Fall völlig entgleite, daß man einschläft oder das Bewußtsein verliert. Tausende von introvertierten Mystikern jedoch auf der ganzen Welt bezeugen einstimmig, daß sie diese völlige Leere von geistigen Inhalten erreicht, aber dann etwas ganz anderes erfahren haben als ein Abgleiten ins Unbewußte. Im Gegenteil: Es erscheint ein Zustand *reinen* Bewußtseins – ‚rein' in dem Sinn, daß es nicht das Bewußtsein *von* irgendeinem empirischen Inhalt ist. Es hat keinen Inhalt außer sich selbst ... Da diese Erfahrung keinen Inhalt hat, sprechen die Mystiker davon oft als ‚Leere' oder ‚Nichts', aber auch als ‚das Eine' und ‚das Unendliche'. Wenn man sagt, daß es in diesem Erlebnis keine einzelnen Gegenstände gibt, kann man genauso sagen, daß es keine Unterschiede in ihm gibt oder daß es eine undifferenzierte Einheit ist. Da es keine Vielheit darin gibt, ist es ‚das Eine'. Und da es keine Unterschiede gibt in ihm oder außer ihm, gibt es keine Grenzlinie zwischen zwei Dingen; deshalb ist es ‚das Grenzenlose' oder ‚das Unendliche'. ... Man könnte auch sagen: der Mystiker läßt sein empirisches Ego los, woraufhin das normalerweise verborgene Ego ans Licht kommt. Das empirische Ego ist der Strom des Bewußtseins. Das reine Ego ist die Einheit, die die Mannigfaltigkeit des Stromes zusammenhält. Diese *undifferenzierte Einheit* ist das wesentliche der introvertierten mystischen Erfahrung." (Stace, W. T.: *Mysticism and Philosophy*, London 1972, I, pp. 85 ff., zit. nach Heigl, pp. 52/53)

40 Heigl, p. 51.

41 Huch, p. 455. – Vgl. auch die sehr anschauliche Darstellung des romantischen Sehertums in Béguin, *Traumwelt und Romantik*, pp. 480 ff.

42 Béguin, *Traumwelt und Romantik*, p. 74.

43 Zit. nach Eimer, p. 32.

44 Eimer, p. 36.

45 Es handelt sich hierbei um ein bildrhetorisches Mittel, das für die Landschaften Friedrichs sehr typisch ist: „Die für den Bildsinn entscheidende Rückenfigur, die von jeher als Charakteristikum

für Friedrichs Kunst gegolten hat, wird erst mit dem Beginn der Ölmalerei um 1807 aufgenommen. Sie symbolisiert den Mittler im Identitätserlebnis, der Betrachter wird aufgefordert, ihre Stelle im Geist einzunehmen." (Eimer, p. 47)

[46] Zit. nach Béguin, *Traumwelt und Romantik*, p. 99. Auch Passavant, so zitiert Béguin weiter, habe sich bereits ähnlich geäußert: „‚*Der Dichter ist ursprünglich Seher*, die Dichtkunst Prophetie, ekstatisches Zurückschauen, Vorausschauen und Überschauen.' Rimbauds berühmter Brief", so kommentiert Béguin und meint natürlich den zweiten der beiden *voyant*-Briefe, „hat, wie wir sehen, seine Vorläufer in der Romantik."

[47] Vgl. Kaehler, p. 180.

[48] Doppler (1968), p. 12. – Im 5. Buch der *Bekenntnisse* (397/98) schreibt Augustinus dementsprechend: „Ein abgrundtiefes Geheimnis ist sich der Mensch." (Augustinus: *Bekenntnisse/Confessiones*, p. 175) – Vgl. auch Heigl, p. 56.

[49] Vgl. Doppler, p. 15.

[50] Hess, p. 57.

[51] Doppler, p. 14. – Über Hölderlins Deutung des Abgrunds als Bedrohung des Individuums sowie als Sinnbild der göttlichen Präsenz, vgl. Hess, p. 56 sowie den dort beprochenen Aufsatz von Walter Rehm: „Tiefe und Abgrund in Hölderlins Dichtung" (Tübingen 1943).

[52] Vgl. Doppler, p. 18. – Ähnlich hat sich der Psychologe Ronald D. Laing über die pathologische Erscheinungsform der Realitätsangst geäußert: „[Implosion] ist das stärkste Wort, das ich für die extreme Form dessen, was Winnicott das ‚Eindringen' der Realität nannte, finden kann. Eindringen vermittelt allerdings nicht den ganzen Schrecken, die Welt als etwas zu erfahren, das jeden Moment einstürzen kann und jede Identität vernichtet wie Gas, das in ein Vakuum einströmt. Das Individuum fühlt, daß es leer ist wie ein Vakuum. Aber diese Leere ist es selbst. Obwohl es andererseits ersehnt, daß diese Leere gefüllt werde, fürchtet es die Möglichkeit, daß dies passieren könnte, weil es zu fühlen begonnen hat, daß alles, was es je sein kann, dieses fürchterliche Nichts eben dieses Vakuums ist. Jeder ‚Kontakt' mit der Realität an sich wird dann erfahren als eine furchtbare Drohung, weil Realität, wie sie von dieser Position aus erfahren wird, notwendigerweise *implosiv* ist … / Realität als solche, Verschlungenwerden oder Implosion androhend, ist der Verfolger. / Tatsache ist, daß wir alle nur zwei oder drei Grad Fahrenheit von Erfahrungen dieser Art enfernt sind. Nur ein leichtes Fieber, und die ganze Welt kann plötzlich einen beängstigenden und bedrohlichen Aspekt bekommen." (Laing, pp. 55/56)

[53] Vgl. Cunen (1977).

[54] *Der Trinker*, p. 30.

[55] Bei Carroll erweist sich das Kaninchen als eine Art Cicerone durch die fremde Welt, und Lowry mag durch diesen Hinweis auf Dantes *Divina commedia* verweisen, auf die auch sonst sehr oft angespielt wird. Daß es dem Konsul nicht gelingt, mit dem Kaninchen Freundschaft zu schließen, deutet wohl darauf hin, daß er – anders als Alice und der von Vergil durch die Hölle geführte Dante – seine abgründige Reise ohne spirituelle Führung fortsetzen muß. Daß er keinen Begleiter an seiner Seite hat, zeigt wiederum an, daß der Fall in die *barranca* für ihn tatsächlich die ewige Verdammnis bedeutet.

[56] Wenn dieser Exotiker etwa von einem fernen Land der Palmen träumt, so bedeutet dies keineswegs, daß er seine Phantasie verwirklichen könnte, indem er sich einfach in tropische Länder begäbe, wo man die erträumte Vegetation realiter durchschreiten und berühren kann. Tatsächlich legt er es doch gar nicht darauf an, seinen Traum zu verwirklichen, denn sobald er unter einer echten Palme steht, wird sie ihm fade und er träumt von anderen Zielen. Der Grund hierfür besteht darin, daß z. B. die tropische Vegetation doch nur ein Bild des Anderen ist, das zwar als Möglichkeit besteht, aber – um „das Andere" zu bleiben – doch nie realisiert werden darf. Die Entfernung vom erträumten Paradies ist daher die unabdingbare Voraussetzung dafür, daß sein Reiz erhalten bleibt.

[57] Praz, Mario: *Liebe, Tod und Teufel*, pp. 178/179. – Praz verweist hier auf H. Bremonds *Histoire littéraire du sentiment religieux en France*.

[58] Baudelaire, Charles: Œuvres complètes – Juvenilia, Œuvres posthumes, Reliquiae I, hg. v. Jacques Crépet, Paris 1939; p. 299.
[59] Vgl. hierzu etwa Mickels Ausführungen in einer Werkbesprechung Flauberts, wo es u. a. heißt: „Flaubert meinte aber, daß ein Charakter, der nur in seiner Traumwelt lebt, für den Leser von geringem Interesse sei. Darum hielt er es für nötig, eine enge Verbindung zwischen dem Traum und der Wirklichkeit herzustellen, indem er das eine vom anderen abhängig machte. ... Auf diese Weise stellte Flaubert eine enge Verbindung zwischen der Traumwelt des Helden und der Welt der Wirklichkeit her. Um seine Haschischerfahrung genießen zu können, war es erforderlich, daß er auf eine gute Art aktiv am Leben teilnahm." (pp. 88/89)
[60] Heigl, pp. 154/155. – Die Zitate stammen aus Rauh, F.: *Theologische Grenzfragen zur Biologie und Anthropologie*, München 1973, p. 5, und Schmidbauer/vom Scheidt, p. 223.
[61] Gautier, Théophile: „Le Hachich", p. 48; in: *Œuvres complètes*, Paris 1877, Nachdruck Genf 1978; Bd. II, pp. 47–56.
[62] Op. cit., p. 56.
[63] Kaehler, p. 77.
[64] Balzac, Honoré de: *Louis Lambert*, in: *Œuvres complètes*, Paris 1961; Bd. 20, pp. 534/535.
[65] Gelpke, pp. 255/256.
[66] Watts, Alan: „Psychedelics and Religious Experience", pp. 79/80; in: *Does It Matter?* (1971).
[67] De Ropp berichtet von jenem Zustand innerer Ausgeglichenheit und Harmonie, den die Griechen *Ataraxia* nannten und fährt fort: „Früher gab es im wesentlichen zwei Methoden, durch die er sich finden ließ, nämlich durch ernst genommene Religion oder Philosophie. Da jedoch beides strenge Selbstzucht für lange Zeit erfordert, haben die Menschen von jeher nach einem ‚Kurzweg zum Glück' gesucht. Sie forschten in den Bereichen der Pharmazie nach einem Mittel, um in die ersehnte Verfassung durch eine Methode zu kommen, die nicht mehr Mühe macht als das Schlucken einer Pille." (p. 11)
[68] Watts, Alan: „The New Alchemy", pp. 127/128.
[69] Op. cit., p. 129.
[70] Op. cit., p. 153.
[71] Vgl. Keller (1966), p. 93.
[72] In ähnlichem Sinn schreibt Dieckhoff über den Verkündungsauftrag des Künstlers: „Der Dichter als Seher oder Visionär übernimmt die Aufgabe, Zeugnis abzulegen für die gemeinsame Angst aller, die Urangst der Kreatur, die in ihr zeitliches Dasein eingesperrt ist, und Sehnsucht zu wecken nach den Möglichkeiten des Glücks, die im Innern schlummern." (p. 697)
[73] Béguin, *Traumwelt und Romantik*, pp. 250/251.
[74] Vgl. hierzu die interessanten Ausführungen über „Menge und Einsamkeit" bei Baudelaire, De Quincey und Poe in Bieker, pp. 168 ff.
[75] Cooke (1974), p. 30.
[76] Hier wird auf den frühen Tod von De Quinceys Schwester Elizabeth angespielt.
[77] Bilsland, p. 427.
[78] De Ropp, p. 79.
[79] Cocteau, Jean: „Lettre à Jacques Maritain", p. 280.
[80] Vgl. Benjamin, Walter: „Haschisch in Marseille", in: *Über Haschisch*, p. 51.
[81] Diese Überlegung steht William James' Konzeption des Bewußtseinsstromes recht nahe, und Bergson hielt den amerikanischen Kollegen, mit dem er korrespondierte, für einen der wenigen Zeitgenossen, der sein Interesse mit einer vergleichbaren Gründlichkeit verfolgte. In der Literatur führten sowohl die Ansichten Bergsons als auch jene von James zu dem Versuch, das ewige Strömen der Zeit bzw. des Bewußtseins in Worten nachzustellen. In diesem Kontext schreibt Leon Edel: „Im Bewußtsein vermischen sich Vergangenheit und Gegenwart: Plötzlich erinnern wir uns an ein Ereignis aus der Kindheit, das chronologisch in weiter Vergangenheit liegt, doch in der Erinnerung wird es sogleich lebendig und im Moment des Erinnerns wiedererlebt. So fängt auch der Romanschriftsteller, indem er im Roman die Gedanken fixiert, wie sie dem Charakter durch den Kopf gehen, den gegenwärtigen Moment, und nichts sonst, ein und hält ihn

fest. Es war kein Zufall, daß Joyce in *Ulysses* einen einzigen Tag festzuhalten versuchte und daß Virginia Woolf sich stets mit ‚dem Moment' befaßt." (1964; p.29) Nachhaltig durch Bergson geprägt war Marcel Proust, der in seinem Roman *A la recherche du temps perdu* (1917–25) dem Erleben der „reinen Zeit" nachspürte. (Vgl. hierzu etwa Frank [1945], pp.235 ff.)

[82] Augustinus: *Bekenntnisse/Confessiones*, p.629.

[83] So schreibt Leszek Kolakowski in seinem Buch über Bergson: „Bergson war keineswegs der erste, der versucht hat, dieses Geheimnis der Zeit und deren mit dem Geist zusammenhängendes Wesen zu beschreiben. Der heilige Augustinus tat dies in dem berühmten Kapitel seiner *Confessiones*, und es ist seltsam, daß Bergson, der Platon, Aristoteles, Descartes, Spinoza, Leibniz und Kant des öfteren zitierte, auf diesen großartigen Text niemals hingewiesen hat, obwohl er seinem eigenen Ringen mit dem gleichen schwierigen Rätsel an den verschiedensten Punkten so nahe war. Der einzig vorstellbare Grund hierfür ist, daß Bergson ganz einfach nie etwas von den *Confessiones* gehört, geschweige denn sie gelesen hat." (1985, p.25)

[84] Vgl. hierzu die Ausführungen über Raum und Zeit in der *Kritik der reinen Vernunft*.

[85] Lersch, pp.17/18. – „Novalis", schreibt auch Béguin, „strebt immer und überall nach jener Epoche, wo die *Zeit* aufgehoben sein wird, und nach jener Synthese, worin Bewußtes und Unbewußtes, Notwendigkeit und Freiheit, vollkommener Zusammenhang und absolute Phantasie schließlich eins werden." (*Traumwelt und Romantik*, p.256) Vgl. auch Metzner (1976), p.134.

[86] Eddings, p.7. – Vgl. auch Links Analyse der allmählichen Auflösung von Zeit und Raum in „MS. Found in a Bottle" (p.273).

[87] Die Anspielung bezieht sich auf die folgende Passage: „Das Raumgefühl und schließlich auch das Zeitgefühl wurden stark in Mitleidenschaft gezogen. Gebäude, Landschaften und so weiter wurden in so riesigen Proportionen dargestellt, wie sie das Auge des menschlichen Körpers gar nicht erfassen kann. Der Raum schwoll an und wurde zu unaussprechlicher, sich immer wiederholender Unendlichkeit ausgedehnt. Diese Tatsache beunruhigte mich sehr viel weniger als die ungeheure Ausdehnung der Zeit. Manchmal schien ich in einer einzigen Nacht siebzig oder hundert Jahre lang gelebt zu haben, ja manchmal hatte ich das Gefühl, das einer Zeitdauer entspricht, die die Möglichkeit menschlicher Erfahrung weit übersteigt." [CEO 314; 237]

[88] Béguin, Albert: *Traumwelt und Romantik*, pp.482/483.

[89] Gautier, Théophile: *Récits fantastiques*, pp.232/233.

[90] Benjamin, Walter: „Haschisch in Marseille", in: *Über Haschisch*, pp.46/47.

[91] Op. cit., pp.66/67.

[92] Vgl. Peters (1948), p.2 f., sowie Cotter (1972), p.271.

[93] Dies zeigen z.B. die folgenden Verse aus dem Gedicht „No Worst, There is None" (1885): „O the mind, mind has mountains; cliffs of fall / Frightful, sheer, no-man-fathomed. Hold them cheap / Man who ne'er hung there." [„Oh der Geist, der Geist hat Berge; Absturzklippen, / Furchtbar, jäh, menschenunermessen. Halte sie nur für gering, Mensch, der du nie dort hingest."] (Zit. nach Bloom/Trilling [1979], p.686.) Vgl. Milward, p.84.

[94] Zit. nach Bloom/Trilling (1979), p.686.

[95] Joyce, James: *A Portrait of the Artist as a Young Man*, London 1980; p.151; 187.

[96] Op. cit., p.152; 188.

[97] Vgl. op. cit., p.154; 191.

[98] Op. cit., p.154; 190.

[99] Op. cit., p.157; 194.

[100] Op. cit., p.192; 239.

[101] Op. cit., pp.192/193; 239/240.

[102] Erzgräber (1984), p.382.

[103] Reichert (1981).

[104] Ernst Jünger nennt das Weiß „die Zuflucht der farbigen Welt". [A 18]

[105] Poenicke, p.205.

[106] Melville, Herman: *Moby-Dick; or, The Whale* (1851), pp.295/296; 174/175.

[107] Wie in *Moby-Dick*, so erscheint auch in Lowrys *Under the Volcano* das Weiße als Symbol des Unaussprechlichen. Im 10. Kapitel träumt der Konsul von einem Paradies der Trinker, das ein wenig an de Chirico erinnert. In diesem visionären Paradies gibt es keine gemessene Zeit, und alle Dinge sind durch eine weiße Eigenschaftslosigkeit gekennzeichnet, die nicht wie bei London als reine Leere, sondern als die noch unrealisierte Fülle aller Gestaltmöglichkeiten bedeutsam ist: „Eine schöne weiße Kathedralenstadt, nach der des Konsuls Seele sich sehnte …; nur schien sie … völlig menschenleer zu sein. Das war das Sonderbarste daran und zugleich das Schönste; es gab niemanden, … der sich in die Gelegenheiten des Trinkens einmischte … Das weiße Heiligtum der Kirche von Ocotlán … stieg vor ihnen auf: weiße Türme mit einer weißen Uhr, und weit und breit kein Mensch. Und die Uhr selbst war zeitlos. Sie gingen, weiße Flaschen in der Hand, … in dem herrlich reinen, besseren Klima, der reineren Luft, … durch den menschenleeren Park. … Nachts schliefen sie zwischen den weißen Flaschen auf kalten, weißen Laken im Hotel ‚Tlaxcala'. Es gab auch unzählige weiße Cantinas in der Stadt, in denen man ewig auf Kredit trinken konnte, wo die Türen offenstanden und der Wind hereinblies." [UV 302; 317]

[108] *Moby-Dick*, p. 685; 457.

[109] So schreibt Walter Pache im Hinblick auf *Arthur Gordon Pym*, *Moby-Dick* und Thomas Manns *Zauberberg*: „In jedem Fall wird die zu überschreitende Grenze durch eine gewaltige weiße Macht symbolisiert. Die Weißheit stellt also einen gewissen äußersten Gegenpol dar, eine letzte und unausweichliche Konfrontation. Weißheit signalisiert Täuschung, die das Individuum zugleich anzieht und bedroht; sie markiert den Beginn einer neuen Seinsform." (1979, p. 493. – Vgl. auch Tindall [1974], pp. 22–27.

[110] Vgl. Butor, Michel: „A propos des livres de tremblement", bes. pp. 149 f.

[111] Eine Fundgrube aufblitzender Erkenntnisse über das Wesen der Dinge in und jenseits der Sprache von Zeichen und Bildern sind die von André Blavier herausgegebenen *Sämtlichen Schriften* René Magrittes (Berlin/Wien 1985).

[112] Vgl. Zaehner, R.C.: „Ein Universum der Farce", in: Reavis, pp. 110–120.

[113] Sharma (1975), p. 171.

[114] Vgl. hierzu auch Kuhn, pp. 130/131.

[115] Aus dem Protokoll vom 18. April 1931. In: Benjamin, Walter: *Über Haschisch*, p. 125.

[116] Gelpke, pp. 215/216.

[117] In dem Essay „Love and Work" (1962) schreibt Huxleys zweite Frau Laura: „Bei psychedelischen Sitzungen gibt es oft Phasen, die manchmal Stunden dauern, während derer kein einziges Wort gesprochen wird. Musik, oder manchmal das Schweigen, ist das am wenigsten unvollkommene Medium, um das Unaussprechliche auszudrücken, die beste Methode, um das Unnennbare zu benennen." [M 268]

[118] So schreibt er sarkastisch in demselben Brief: „Jedermann ist ein verhinderter Dichter. Aber vielleicht ist es in Anbetracht der Umstände das beste, wenigstens so zu tun, als arbeitete man weiter an seinem großen Werk über die ‚Geheimwissenschaft', dann kann man, wenn es nie erscheinen sollte, immer sagen, das erkläre sich aus dem Titel." [UV 39; 47]

[119] Kolakowski, p. 44.

[120] In Gesellschaften, in denen Glas einen Seltenheitswert hatte oder auch noch hat, wird auch diesem dieselbe Wertschätzung entgegengebracht, wobei das Kriterium der Seltenheit offenbar nicht nur im Hinblick auf den hohen Marktpreis bedeutsam ist. Über die religiös motivierte Wertschätzung des Glases vgl. Huxleys Ausführungen in M 251/252.

[121] Taylor, p. 56.

[122] Jaffé (1950), p. 294.

[123] Swedenborg, Emanuel: *Himmel und Hölle*, p. 123. [§ 185]

[124] Vgl. „Rêve parisien" sowie das Bild der imaginären Idealstadt Lissabon in „Any where out of the world", die beschrieben wird als „eine Landschaft, gemacht aus Licht und Mineralen und aus Flüssigkeit, um sie zu spiegeln!" [SP 303/304]

[125] Deshalb wird Elis bei seinem Beschluß, ein Bergmann zu werden, auch vom Grubenbesitzer ermahnt: „Es ist ein alter Glaube bei uns, daß die mächtigen Elemente, in denen der Bergmann kühn waltet, ihn vernichten, strengt er nicht sein ganzes Wesen an, die Herrschaft über sie zu behaupten, gibt er noch andern Gedanken Raum, die die Kraft schwächen, welche er ungeteilt der Arbeit in Erd' und Feuer zuwenden soll. Habt Ihr aber Euern innern Beruf genugsam geprüft und ihn bewährt gefunden, so seid Ihr zur guten Stunde gekommen." [HW, V, 211]

[126] Ochsner (1936), p. 105.

[127] Op. cit., pp. 107/108.

[128] Vgl. Borges (1986), pp. 47–57.

[129] Benn, Gottfried: *Gehirne*, p. 8. – Über Rönnes Problematik und die bildliche Tradition des „Lebens im Kristall" vgl. Fackert, Jürgen: „Nachwort", pp. 64/65.

[130] Die gleiche Erfahrung wird auch zu Beginn von *L'infini turbulent* geschildert: „Mit geschlossenen Augen hat man innere Visionen. / Tausende und Abertausende mikroskopischer Flammenpunkte, blendende Diamanten, Blitze für Mikroben. / Paläste mit unzähligen Türmchen, unter einem unbekannten Druck in der Luft hinfahrend. Arabesken, Girlanden, Jahrmarkt. Ein Extremismus im Licht, das mit ausbrechendem Glanz die Nerven anbohrt; Extremismus in den Farben, die dich beißen, die dich anspringen – und brutal, verletzend, ihre Zusammenstellungen." [IT 9; 7]

[131] Die nachfolgenden Zitate aus „Kubla Khan" entstammen PW 297/298.

[132] Vgl. etwa Breuer, Rolf :„Coleridge's Concept of Imagination ...", p. 47.

[133] Die Vorstellung der öffentlichen Denunziation als Drogenkonsument ist keine seltene Rauscherfahrung und verweist auf Gewissensbisse, die sich im visionären Moment in erschreckender Form materialisieren. Dies zeigt auch eine Haschischvision, in der sich Ludlow vor einem großen Publikum als Schauspieler auf einer Bühne sieht: „Als ich mich immer stärker ereiferte, sah ich, wie ein seltsamer und schrecklicher Ausdruck des Verdachtes das Antlitz jedes einzelnen aus meinem Publikum überschattete. Ich wollte den fragenden Blicken aus dem Parkett entkommen und wandte mein Gesicht den Logen zu. Wieder traf mich der eisige Blick unter gerunzelten Brauen, und als ich mein Antlitz verzweifelt zu den oberen Rängen emporhob, wurde ich auch von dort derselben erbarmungslosen Prüfung unterzogen. ‚Kann es denn sein?' fragte ich mich. ‚Oh! Sie wissen um mein Geheimnis!' und in diesem Augenblick schrie das ganze Theater wie irr im Chor: ‚Haschisch! Haschisch! Er hat Haschisch gegessen!' " [HE 128; 94]

[134] Das Motiv spielt übrigens auch in der romantischen Malerei eine gewisse Rolle; vgl. etwa Karl Friedrich Schinkels „Gotischer Dom am Wasser" (1823).

[135] Horst Breuer schreibt über das Gedicht: „Es ist ein Ultima Thule der Versteinerung, ein ‚enfer artificiel,' ein ‚Byzanz' des Wahnsinns; das Anorganische, Metallisch-Mineralische herrscht unumschränkt, in der phosphoreszierenden Dämmerung glänzen kalt die diamantenen Augen heidnischer Götzenbilder, schimmern Totenschreine, klaffen offene Gräber. *Genius loci* der Traumwelt ist der Tod, Death, der sich die Geisterstadt als seinen Sitz errichtet hat; ihm entspricht der projektive Ebene die psychische Triebkraft des nunmehr unumschränkt handlungsbeherrschenden Wahnsinns. Auf der Erlebnisebene des projektiven seelischen Organismus, als dessen ‚Hirnlandschaft' die Stadt im Meer sich konstituiert, ist dieser Tod das letzte darstellbare Stadium der Derealisation und Depersonalisation. ... Kein Symbol und keine dichterische Einbildungskraft vermag den Grund des Strudels, die Glutmitte des Feuers, die Schwärze der letzten und endgültigen Dunkelheit zu beschreiben." ([1976], pp. 42/43.)

[136] Zu Baudelaires Beeinflussung durch „Kubla Khan" vgl. Inoue, p. 64; über die Beeinflussung durch die Kristallbildlichkeit bei Hoffmann vgl. Lloyd, p. 152 f., wo die Erzählung „Die Bergwerke zu Falun" mit dem Gedicht „Rêve parisien" verglichen wird. Vgl. auch Drost (1980), pp. 186 ff.

[137] Kaehler, p. 246. – Ebenso schreibt Inoue über „Rêve parisien": „Mit diesem Traumgedicht befindet sich Baudelaire – weit entfernt von der Natur, wie Gautier gesagt hat – in unmittelbarer Nähe unserer modernen Welt. Gewiß, es wird nicht übersehen, daß die aus Metallen und Edelsteinen erbaute ideale Stadt bereits in der apokalyptischen Vision des Hl. Johannes auftaucht, um häufig

von den romantischen Dichtern wie Novalis, E. A. Poe und T. Gautier beschworen zu werden, doch was in diesem Gedicht wirklich von Bedeutung ist, ist, daß Baudelaire die Vision eines *künstlichen Paradieses* bis zum Äußersten getrieben hat, so daß sie, in einer wahrhaftigen Ironie, der Natur diametral entgegengesetzt ist." (pp. 240/241)

138 Vgl. hierzu den Kommentar in Inoue, p. 242.

139 Im Zusammenhang heißt es in Sartres Essay „Baudelaire": „Georges Blin hat recht, wenn er sagt, daß Baudelaire ‚die Natur als ein Reservoir von Üppigkeit und Fruchtbarkeit verabscheute und an ihre Stelle die Welt seiner Vorstellung setzte: ein metallisches, d.h. kaltes, steriles, und glänzendes Universum.' / Denn das Metall und das Mineral im allgemeinen sind für ihn ein Abbild des Geistes. Die Begrenztheit unserer Vorstellungskraft zwingt alle, die dem Leben und dem Körper den Geist entgegensetzen und sich deshalb von ihm ein nicht-biologisches Bild machen wollen, auf das Reich des Unbelebten zurückzugreifen: Licht, Kälte, Transparenz, Sterilität. Baudelaire, dem die ‚unreinen Tiere' die Verkörperung und Objektivierung seiner schlechten Gedanken zu sein scheinen, sieht auch im Stahl, diesem glänzendsten, glattesten und unveränderlichsten aller Metalle, ein genaues Abbild seines Geistes. Das Meer liebt er nur, weil er es für ein bewegtes Mineral nimmt. Strahlend, unfaßbar und kalt, mit dieser reinen, fast geistigen Bewegung, mit diesen Formen, die einander ablösen, mit diesem ewigen Wechsel, der nichts ändert, und mit jener zeitweiligen Transparenz bietet das Meer das beste Abbild des Geistes: *es ist der Geist.* Und so bringt der Haß, den Baudelaire dem Leben gegenüber empfindet, ihn dazu, in der reinen Materie Symbole für das Geistige zu suchen." (p. 89)

Porträt des Künstlers als Spalanzanische Fledermaus: Rausch und Vision bei E.T.A. Hoffmann

1 *Lexikon des internationalen Films*, Bd. 2, p. 989.

2 Als frühester Typ des Fernrohrs wurde das sog. dioptrische Teleskop erstmals um die Wende zum 17. Jahrhundert entwickelt. Zu dieser Zeit konstruierte auch Galilei ein Teleskop, mit dem er u.a. die Monde des Jupiter und den Ring des Saturn entdeckte und die Milchstraße beobachtete. Kurz darauf entwickelte Kepler sein astronomisches Fernrohr, dessen Wirkung er 1611 in einem theoretischen Traktat erklärte. Das vermutlich erste Spiegelteleskop wurde 1671 von Newton gebaut. Somit ist die bis ins 19. Jahrhundert bewunderte Trias der großen naturwissenschaftlichen Weltbildveränderer (Galilei, Kepler, Newton) direkt mit der bis heute kaum wesentlich verbesserten Technik des Fernrohrs verbunden, woraus sich wiederum ablesen läßt, welche unerhörte Bedeutung dem Fern-Sehen zuerkannt wurde.

3 Heinritz (1992), pp. 341–355. – Heinritz verweist u.a. auf Goethes *Wilhelm Meister*, wo über das Fernrohr der Sternwarte gesagt wird, daß es den jeweils betrachteten Himmelskörper „unverhältnismäßig" hervorhebe, also der organischen Ganzheit des Universums Gewalt antue. „Sehrohre", folgert Heinritz, „sind für Goethe ein ambivalentes Problem, denn man muß über sie ‚schaudern und erschrecken' und sie zugleich als ‚etwas Magisches' bewundern, werden doch die ‚Organe auf eine höhere Stufe gehoben'." (p. 343. – Heinritz zitiert aus der Urfassung von 1821).

4 HW, III, 27/28. – Die folgenden Zitate aus dieser Quelle werden in diesem Kapitel nur durch Band- und Seitenangabe gekennzeichnet.

5 Der Name verweist auf das italienische Wort *coppo* für „Augenhöhle".

6 Vgl. hierzu Todorov (1970), p. 129, und Motekat (1973), p. 21.

7 Es mag sein, daß Hoffmann hier durch eine Erfahrung des Alkoholrausches inspiriert wurde; eine ähnliche Vision findet sich in Lowrys *Under the Volcano*. Dort verwandelt sich die Landschaft vor den Augen des Konsuls in eine babylonische Ansammlung aller Flaschen und Gläser, die er in seinem Trinkerleben geleert hat, und an anderer Stelle erzeugen die Sonnenstrahlen aus jenem Glas- und Scherbenberg einen verwirrenden Tanz von Lichtreflexen (vgl. UV 279). Für den Konsul ist Glas der feste Aggregatzustand des Lichts, so daß es umgekehrt auch heißt: „Die Sonne goß geschmolzenes Glas auf die Felder." [UV 9]

[8] Obwohl die Thematik des unerlaubten Sehens bei Hitchcock in ein Hollywood-Klischee mündet, da dem Voyeur zuletzt in Gestalt von Grace Kelly eine liebevolle Ehefrau und als relativ leicht zu verschmerzendes Übel ein zweites gebrochenes Bein beschert wird, muß sich auch James Stewart zu Beginn des Films von seiner Pflegerin (gespielt von Thelma Ritter) belehren lassen, daß Voyeuren in einer früheren Zeit die Augen mit rotglühenden Feuerhaken ausgestochen wurden. Diese Gewissensstimme hält ihm zunächst vor, daß es nur Ärger bringen könne, aus „dem Fenster zu schauen, um Dinge zu sehen, die Sie nicht sehen sollten". Später läßt sich dieser gute Engel allerdings zur aktiven Teilnahme an der detektivischen Observation verleiten. Mit der Bemerkung: „Wir sind doch ein Volk von Spannern geworden", wird der Voyeurismus als ein durch die modernen Massenmedien wesentlich mitgetragenes gesellschaftliches Phänomen identifiziert.

[9] Obwohl Nathanael das Fernrohr durch den Kauf in seinen Besitz gebracht hat, bleibt es doch „Coppolas Perspektiv", und zwar ebenso wie der verruchte Wein des Medardus das „Elixier des Teufels" bleibt.

[10] Vgl. Conrad, p. 77.

[11] Heine, Heinrich: *Die romantische Schule*, p. 127.

[12] Vgl. hierzu Cramer (1966), pp. 78 ff.

[13] In den *Serapions-Brüdern* klingt dies sehr deutlich in dem Hinweis an, daß das Märchenhafte zu Unrecht „ins Morgenland" verlegt werde: „‚,... Die Sitten des Morgenlandes nur eben berührend, schuf man sich eine Welt, die haltlos in den Lüften schwebte und vor unsern Augen verschwamm. Deshalb aber gerieten jene Märchen meistens frostig, gleichgültig und vermochten nicht den innern Geist zu entzünden und die Phantasie aufzuregen. Ich meine, daß die Basis der Himmelsleiter, auf der man hinaufsteigen will in höhere Regionen, befestigt sein müsse im Leben, so daß jeder nachzusteigen vermag. Befindet er sich dann, immer höher und höher hinaufgeklettert, in einem phantastischen Zauberreich, so wird er glauben, dies Reich gehöre auch noch in sein Leben hinein und sei eigentlich der wunderbar herrlichste Teil desselben. Es ist ihm der schöne prächtige Blumengarten vor dem Tore, in dem er zu seinem Ergötzen lustwandeln kann, hat er sich nur entschlossen, die düstern Mauern der Stadt zu verlassen.' / ‚Vergiß,' sprach Ottmar, ‚vergiß aber nicht, Freund Theodor, daß mancher gar nicht die Leiter besteigen mag, weil das Klettern einem verständigen gesetzten Manne nicht ziemt, mancher schon auf der dritten Sprosse schwindlicht wird, mancher aber auch wohl die auf der breiten Straße des Lebens befestigte Leiter, bei der er täglich, ja stündlich vorübergeht, gar nicht bemerkt! ...'" [VII, 85/86]

[14] Beim wahren Dichter, so wird an anderer Stelle deutlich, müsse der Verstand die Phantasie beherrschen, ohne sie jedoch zu verdrängen (vgl. V 136).

[15] Peters (1973), p. 62.

[16] Vgl. hierzu Pikulik (1975), p. 311, wo das Wunderliche als „ein Symbol des Wunderbaren" erkannt wird. „Unter diesem Aspekt", so heißt es ferner, „erklärt sich die Vermittlungsfunktion des Wunderlichen ... Das Wunderliche mutet auch als Riß in der rational gefügten Welt an, durch den eine andere Welt hindurchschimmert ..."

[17] Während Speyer in der Erzählung vom Einsiedler Serapion als „Doktor S**" erscheint, bezieht Hoffmann sich unter dem Hinweis auf die Irrenanstalt von „B**", in welcher der Einsiedler vorübergehend verwahrt wird, auf die von Marcus gegründete Bamberger Anstalt St. Getreu. An einer anderen Stelle der *Serapions-Brüder* wird Kluge namentlich genannt, während Koreff oft als Vorbild des Serapionsbruders Vinzenz identifiziert wird. Dies dokumentiert einerseits, welche Bedeutung diese Freundschaften für Hoffmann hatten, und zeigt andererseits das Gewicht, das die Wahnsinnsthematik in diesem Erzählwerk erhält.

[18] Vgl. Klinke (1902), p. 9.

[19] Ochsner, p. 35.

[20] Lloyd, p. 98. – Vgl. auch die im Anschluß an die zitierte Stelle folgende Erörterung von Baudelaires Auseinandersetzung mit der psychiatrischen Forschung.

21 Wie für Lowry so erhielt die literarische Arbeit als ein Teil der eigenen Lebenswirklichkeit auch für Hoffmann eine doppelte Bedeutung: Einerseits mochte das geschaffene Werk der ideale Ort sein, wo er seine persönlichen Ängste wie durch einen Bannspruch deponieren und sozusagen in Sicherheitsverwahrung geben konnte; andererseits war das Werk eben deshalb wie ein Behälter, in dessen Innerem eine unheimliche Fracht gärte, die dem Dichter bei jedem Studium der Seiten wie ein Springteufel wieder ins Gesicht fahren konnte. In diesem Sinn schreibt Köhler: „Hoffmann ist niemals wahnsinnig gewesen, ... aber während seiner ganzen letzten Lebenszeit hatte er Angst, es zu werden, und er hat seine Erzählungen sowohl deshalb geschrieben, um sich von dieser Besessenheit zu befreien, als auch, um sich daran mit einem subtilen und heimlichen Grauen zu ergötzen." (p. 160) Aus diesem Grund stellt auch der Nervenarzt Otto Klinke hocherfreut fest: „[F]ür den Mediziner, namentlich für den Nervenarzt und Psychiater bietet [Hoffmann] eine wahre Fundgrube interessanter Krankheitsschilderungen." (p. XIII)

22 Vgl. hierzu etwa Klinke, pp. 90/91 und 174.

23 Vgl. die Schilderung der Höhepunkte der von Medardus erlebten Persönlichkeitsspaltung in ET 190, 206/7 und 229–31. Nicht nur Viktorin, sondern auch der groteske Friseur Belcampo und der alte Maler sind als Personifikationen der geteilten Persönlichkeit des Medardus zu verstehen (vgl. Reber, p. 140), so daß über Hoffmanns Roman zuletzt dasselbe gesagt werden kann, was Lowry über *Under the Volcano* schrieb: „Die Wahrheit ist, daß die Charakterzeichnung nicht nur schwach, sondern so gut wie gar nicht vorhanden ist ..., da die vier Hauptfiguren ... als Aspekte ein und desselben Menschen oder des menschlichen Geistes konzipiert wurden ..." (SL 60)

24 Krauss (1930), p. 111.

25 Ellenberger, p. 234.

26 Vgl. hierzu Peters, pp. 74 f., über die Traumerfahrung, die nur den ersten Schritt des künstlerischen Prozesses darstellt, sowie Ochsner, pp. 89 ff., wo unter dem Hinweis auf Schellings Definition des Kunstschaffens als Zusammenspiel „einer bewußten und einer unbewußten Tätigkeit" u. a. Hoffmanns Bewunderung von Beethoven analysiert wird.

27 Klinke, pp. 13/14.

28 Op. cit., pp. 233/34.

29 Köhler, p. 25.

30 Scott, Sir Walter: „On the Supernatural in Fictitious Composition ...", p. 328.

31 Vgl. die Besprechung dieser Szene in Peters, p. 185 f.

32 So meint Pollak, daß der exzessive Alkoholgenuß Hoffmanns künstlerisches Talent zuletzt ruiniert habe und glaubt einen schlüssigen Beweis für diese These darin zu erkennen, daß die Werke seiner letzten Lebensjahre von minderer Qualität seien. (Vgl. p. 42 f.) Diesem Urteil kann ich mich allerdings nicht anschließen, und selbst wenn diese Werke tatsächlich mißlungen wären, so wäre dies allein durchaus noch kein eindeutiger Beweis für die Verantwortlichkeit des Alkoholkonsums und könnte auch auf anderen Ursachen beruhen, wie überhaupt nicht jedes Werk eines noch so talentierten Autors ein Geniestreich sein kann.

33 Barine, p. 19.

34 Op. cit., p. 35.

35 Hoffmann nennt diesen inneren Sinn, der in der zeitgenössischen Forschung oft als „Traumorgan" bezeichnet wird, mit Schubert auch gern den „versteckten Poeten" (vgl. hierzu etwa Cramer, p. 131 f. und von Matt [1971], pp. 10 f.)

36 Huch, p. 535.

37 Hitzig, Julius Eduard: *Aus Hoffmanns Leben und Nachlaß* (1823), zit. nach Wetzel (1981), p. 93.

Unterwegs ins Nichts:
Die Systematik des Rausches bei Edgar Allan Poe

1 So weist Kerlen darauf hin, daß die Brüder Goncourt Poes „Intellektualisierung romantischer Sujets" bewunderten, und er fährt fort: „Maupassant imitierte seine kühle Methodik, ... Mallarmé nahm sich als Übersetzer der Lyrik Poes an, wie vor ihm Baudelaire der Prosa. Rimbaud und Verlaine lasen in London zusammen das Werk Poes im Original. Debussy übernahm Poes Bildgut für ein Opernkonzept der Angst und der Grausamkeit, ... Valéry begeisterte sich für *Heureka*." (Kerlen [1988], p. 128) Jules Verne hielt sich für fähig, mit dem Roman *La Sphinx des glaces* (1897) eine Fortsetzung des *Arthur Gordon Pym* zu schreiben. Huysmans' Dandy Des Esseintes verehrt die Zwillingsbrüder Baudelaire und Poe und empfindet die Werke des Amerikaners als berauschendes Elixier: „Befand er sich nach diesen fürchterlichen, aus Amerika importierten Zaubertränken in dieser geistigen Verfassung, so erschien ihm jede Literatur abgeschmackt." (*A rebours*, pp. 311/312; 326) Und an anderer Stelle heißt es: „Gerade Poe entsprach vielleicht mehr als jeder andere durch intime Affinitäten den gedanklichen Anforderungen Des Esseintes'." (309; 323)

2 Im August 1845 hatte das *Magasin pittoresque* als erste französische Poe-Übersetzung die Erzählung „The Purloined Letter" unter dem Titel „Une lettre volée" ohne Nennung des Autors abgedruckt. Im November war in der *Revue britannique* eine zweite Übersetzung erschienen, „Le Scarabée d'Or" („The Gold-Bug"), und diesmal wurde Poe als Verfasser genannt. Weitere Übersetzungen waren im nächsten Jahr gefolgt, und am 15. Oktober hatte Émile Daurand-Forgues als erster französischer Kritiker Poe einen langen Artikel in der *Revue des Deux Mondes* gewidmet. Baudelaire wurde vermutlich durch Isabelle Meuniers Übersetzung von „The Black Cat" (1847 in der Zeitschrift *La Démocratie pacifique*) mit Poes Werk bekannt. Vgl. Lemonnier (1947).

3 Patrick F. Quinn gibt uns einen Eindruck von dieser Besessenheit: „Etwa zu jener Zeit [1852] wurde er wohl ein solcher Poe-Fanatiker, daß er die Leute zu langweilen begann. Er war besessen von dem amerikanischen Schriftsteller. Er wollte nur noch über Poe reden, war nur bereit, Gesprächen über ihn zuzuhören. Als er beschlossen hatte, sein Werk zu übersetzen, ... unterzog sich Baudelaire den harten Anforderungen, die eine solche Aufgabe stellt. Er, der geregelte Arbeitszeiten zuvor verächtlich gemacht hatte, konnte nun von zehn Uhr abends bis zehn Uhr am folgenden Tage am Schreibtisch bleiben. Freunde mochten ihn besuchen – er ließ den Schlüssel im Schloß –, doch sie wurden ignoriert. Er fuhr schweigend mit seiner Arbeit fort und achtete nur auf das, was vor ihm lag: den Text von Poe, der an jenem Tage zu beenden war und das unverzichtbare englische Wörterbuch. ... Er hatte eine Mission zu erfüllen. ... Wenn Poes Idiomatik zuweilen rätselhaft war, konsultierte er einen englischen Wirt in einem Café an der Rue de Rivoli. In dieser Angelegenheit war kein Platz für falschen Stolz." (pp. 87/88)

4 Aus einem Brief an Théophile Thoré vom 20. Juni 1864. In: *Correspondance*, Bd. IV, p. 277; *Œuvres complètes de Charles Baudelaire*, hg. v. Jacques Crépet, 19 Bde., Paris 1923–53. – Analog dazu hatte sich Baudelaire schon vier Jahre früher geäußert: „1846 oder 47 lernte ich ein paar Fragmente von Edgar Poe kennen; ich fühlte mich seltsam erschüttert; da seine sämtlichen Werke erst nach dem Tode in einer einzigen Ausgabe gesammelt wurden, habe ich mich geduldig mit Amerikanern angefreundet, die in Paris lebten, um mir bei ihnen Jahrgänge von Zeitungen auszuleihen, die von Poe geleitet worden waren. Und da entdeckte ich, ob Sie es glauben oder nicht, Gedichte und Erzählungen, mit denen ich mich selber in Gedanken beschäftigt hatte, aber auf verschwommene, wirre, zerfahrene Weise, während Poe es verstanden hatte, sie zu verknüpfen und zur Vollkommenheit zu gestalten. Dies war der Ursprung meiner Begeisterung und meiner langen Geduld." (Aus einem Brief an Armand Fraisse vom 18. Februar 1860. *Correspondance*, Bd. III, p. 41; deutsche Fassung: III, 36/37)

5 Baudelaire schrieb drei Essays über Poe: „Edgar Allan Poe, sa vie et ses ouvrages" (1852), „Edgar Poe, sa vie et ses œuvres" (1856) und „Notes nouvelles sur Edgar Poe" (1857). Im ersten dieser Essays schreibt er: „Die verschiedenen Dokumente, die ich kürzlich gelesen habe, haben in mir die Überzeugung geweckt, daß die Vereinigten Staaten für Poe ein riesiger Käfig waren,

ein einziges großes Buchhaltungsunternehmen, und daß er sein Leben lang unselige Anstrengungen unternommen hat, um dem Einfluß dieser widerwärtigen Atmosphäre zu entrinnen." (Poe, Edgar Allan: Œuvres en prose, p. 1002; II 262.)

6 Walter Allen schreibt hierzu: „Poe ist den angelsächsischen Kritikern immer etwas peinlich gewesen; sie haben bislang kaum jemals seine tatsächliche Leistung mit dem Enthusiasmus in Einklang bringen können, den sie bei so großen französischen Dichtern wie Baudelaire und Mallarmé hervorrief. ... [Poe] war ... der erste Amerikaner, ja beinahe der erste Dichter aller Nationen, der sich selbst bewußt als isolierten Menschen betrachtete, als *poéte maudit*, und *maudit* genau deshalb, weil er ein *poéte* war." (Allen [1969], p. 158.) Ebenso äußert sich Hoffman: „Der unnütze Edgar war dazu bestimmt, unter den Menschen niemals eine Leitfigur zu werden. Seine reizbare Natur, seine ausgeprägte Eigenliebe, seine Neigung ..., alle anderen des Plagiarismus zu bezichtigen, seine gelegentlichen Anfälle, nachdem er ein Glas Whiskey oder Wein getrunken hatte ... – keine *dieser* Eigenarten ist der Stoff, aus dem, in diesen Vereinigten Staaten der 1830er und 1840er Jahre, Propheten gemacht waren. ... Nur ein *hypocrite lecteur* konnte die Botschaft verstehen. Eine Verbindung führte von Poe zu Valéry, erst über seinen *frère* Baudelaire, dann hin zu seinem *semblable* Mallarmé. Und dann ... schließlich wieder zurück zu dieser Nation von Hohlköpfen ..., einer Nation, die zweitklassige Dichter wie Bryant und drittklassige Schreiberlinge wie Willis und Drake auf dem Podeste hob, während sie Poe vernachlässigte." (Hoffman, pp. 175/176.) – Andere Kritiker haben den Vorwurf, daß die amerikanische Kritik des 19. Jahrhunderts Poe weitgehend ignoriert habe, zwar zurückgewiesen (vgl. etwa Hough [1965], p. xxv f.), doch auch sie räumen in der Regel ein, daß der französische Poe-Enthusiasmus mit Befremden zur Kenntnis genommen wurde und daß der Autor und sein Werk für viele Landsleute eine Quelle des Unbehagens waren.

7 Vgl. Kerlen, p. 77.

8 In diesem Kapitel verweisen die Seitenangaben ohne Sigle auf die sonst als „CTP" zitierte Ausgabe der *Complete Tales and Poems of Edgar Allan Poe*. Zitate aus der Virginia-Edition von Poes gesammelten Schriften werden in diesem Kapitel durch Angabe der Bandnummer in römischen Ziffern + Seitenzahl in eckigen Klammern gekennzeichnet.

9 Vgl. auch die groteske Erzählung „The Man that was Used Up" (1839) und Zumbach, p. 377.

10 Aus einem Brief an James R. Lowell vom 2. Juli 1844. (*Letters*, Bd. I, p. 256)

11 Symons bezeichnet ihn daher als den ersten amerikanischen Vertreter dieser Kunstauffassung (Vgl. Symons [1978], p. 174), und Zumbach meint, daß die Jackson-Ära „für Poes ‚l'art pour l'art'-Mission der denkbar schlechteste Boden" gewesen sei. (p. 193)

12 Rezension von Fouqués *Undine* [X, 30]. – Zu den verabscheuten Äußerungsformen dieser materialistischen Haltung gehört natürlich auch der stupide Kult des Dollars, auf den sich Poe in einem Wortspiel um die Zehn-Dollar-Münze, den sogenannten *Eagle* bezieht: „Die Römer verehrten ihre Standards [= Standarten], und der römische Standard war ein Adler. Unser Standard ist nur ein Zehntel von einem Adler – ein Dollar –, doch wir machen alles wett, indem wir ihn mit zehnfacher Hingabe verehren." (*Marginalia*, XVI, 161)

13 Auch Deutschland, wo die ersten Poe-Übersetzungen Friedrich Spielhagens rund fünfzig Jahre lang kaum beachtet worden waren, wurde zu Beginn des 20. Jahrhunderts von einer Welle der Poe-Begeisterung heimgesucht, 1903 erschien die erste deutsche Ausgabe seiner gesammelten Werke. „Einen Höhepunkt", schreibt Kühnelt, „fand die deutsche Poe-Verehrung etwa zur Zeit seines 100. Geburtstages – im Jahre 1909 brachte nach einem Bericht im Literarischen Echo jedes „größere deutsche Blatt von Memel bis Bern, von Kiel bis Graz" seinen Poe-Gedächtnisartikel ..." (Kühnelt, p. 198)

14 Über die „unamerikanischen" Landschaften Poes ist oft geschrieben worden. Vgl. etwa Walter Allen, p. 161, und Ljungquist, pp. 210/ 211.

15 „Einen amerikanischen Dichter schlecht zu machen, erforderte Mut", schreibt Hoffman mit Bezug auf Poes „Drake/Halleck"-Rezension von 1836, „über dem Tempel der Muse die britische Flagge an einer höheren Stange zu hissen als die amerikanische, erforderte noch mehr." (p. 44)

[16] Damit soll nicht gesagt sein, daß Poe sich besonders nachlässig gekleidet habe; das Gegenteil war der Fall. Zeugenaussagen und die erhaltenen Porträts belegen, daß Poe zwar stets bemüht war, den Dandy und Bohémien nach außen zu kehren, doch legte er zu allen Zeiten größten Wert auf eine modisch gepflegte und elegante Erscheinung. Hier soll daher vielmehr auf die ärmlichen Verhältnisse hingewiesen werden, in denen der Dichter meistens lebte und die es ihm oft unmöglich machten, sich nach seinem Geschmack zu kleiden. So sah sich Poe etwa genötigt, eine für ihn nicht unwichtige Einladung „aufgrund des überaus demütigenden Zustandes meiner persönlichen Erscheinung" abzulehnen. (*The Letters of Edgar Allan Poe*, Bd. I, p. 56)

[17] Hoffman, p. vii.

[18] Tatsächlich schreibt Poe selbst (in den *Marginalia*): „Das Motto der Vereinigten Staaten, *E pluribus unum*, enthält vielleicht eine listige Anspielung auf die Definition des Schönen bei Pythagoras – die Reduktion des Vielen in das Eine." [XVI 71]

[19] Vgl. Symons, p. 86.

[20] „Literarische Mißgunst, Schauder der Unendlichkeit, häuslicher Kummer, Erniedrigungen des Elends, Poe entfloh dem allen in die Schwärze der Trunkenheit, wie in ein vorweggenommenes Grab. Doch so einleuchtend diese Erklärung auch scheinen mag, sie will mir doch zu eng vorkommen, und ich mißtraue ihr, eben ihrer kläglichen Einfachheit wegen. / Ich erfahre, daß er nicht wie ein Genießer trank, sondern wie ein Barbar, mit durchaus amerikanischer Geschäftigkeit und Zeitersparnis, als vollzöge er eine menschenmörderische Funktion, als gälte es in ihm zu töten, *etwas in ihm zu töten, a worm that would not die*." („Edgar Poe …", pp. 1043/1044; II 335)

[21] Vgl. hierzu etwa die Schilderung der Trinkgewohnheiten des amerikanischen Südens in Upton Sinclairs Roman *The Wet Parade*, New York 1931, p. 11; 13/14.

[22] Für den Studenten dürfte es ebenso wie für den Rekruten beinahe unmöglich gewesen sein, sich dem Ritual des Trinkens zu entziehen, und Poe legte großen Wert darauf, „dazu" zu gehören (vgl. Zumbach, pp. 215/216).

[23] Tucker, Thomas G.: *Edgar Allan Poe while a Student at the University of Virginia*, New York 1880. – Zit. nach Harrison, James: *Life of Edgar Allan Poe*, [Virginia-Edition, Bd. 1], 1902, New York 1965; p. 40. – Vgl. auch die Aussage des Kommilitonen Miles George in einem Brief vom 18. Mai 1880 (zit. in Quinn, A. H., p. 108).

[24] Vgl. Woodberry, Bd. II, p. 432.

[25] Vgl. op. cit., Bd. I, pp. 72/73.

[26] Brief vom 11. September 1835 an John P. Kennedy. – [XVII, 17]

[27] Brief vom 4. Januar 1848. – *The Letters of Edgar Allan Poe*, Bd. II, p. 356.

[28] Es mag sein, daß Poe den Alkohol in solchen Phasen der Abstinenz durch moderate Opiumdosen ersetzte (vgl. Woodberry, Bd. II, p. 430), was wenigstens insofern plausibel erscheint, als die kombinierte Wirkung der beiden Drogen in der Regel sehr unerfreulich ist, so daß die Einnahme des Einen den Verzicht auf das Andere fordert. Daß Poe wenigstens zu Beginn dieser Zeit Opium genommen hat, wird zudem dadurch nahegelegt, daß er im Winter 1837 an „Ligeia" arbeitete, jener Erzählung, die wegen ihrer nachdrücklichen Erwähnung von Opium wie keine zweite in der Poe-Kritik zum Gegenstand der Drogenfrage gemacht wurde.

[29] *The Letters of Edgar Allan Poe*, Bd. I, pp. 156/157.

[30] Op. cit., Bd. I, p. 252.

[31] Bonaparte, p. 116.

[32] Vgl. Bonaparte, p. 131.

[33] Zit. nach Quinn, A. H., p. 568.

[34] *The Letters of Edgar Allan Poe*, Bd. II, p. 452.

[35] Op. cit., Bd. II, p. 455.

[36] Zumbach, p. 637.

[37] Vgl. hierzu etwa Zumbach, pp. 664/665.

[38] Brief Williams vom 15. Juni 1843 an Edgar Allan. [XVII, 145]

[39] Vgl. Bonaparte, p. 87.

[40] Baudelaire, Charles: „Edgar Poe, sa vie et ses œuvres", p. 1044.

41 Hayter, p. 133.
42 Quinn, A.H., pp. 693/694.
43 Mabbott, Bd. II, p. 667.
44 Zit. nach Woodberry, Bd. II, p. 429. – Aus derselben Quelle stammen auch die Informationen über die folgenden Aussagen von Miss Herring, Rosalie Poe und John Sartain.
45 Vgl. Woodberry, Bd. II, pp. 333 und 429. – A.H. Quinn behauptet demgegenüber, daß eine solche Bemerkung in der Aussage Sartains nicht enthalten sei. (Vgl. p. 618)
46 Zit. nach Miller (1977), p. 23.
47 Die Stellungnahme erschien in der Zeitschrift *The Independent*, XLVIII (15. Oktober 1896). – Zit. n. Quinn, A.H., p. 350.
48 Aus einem Brief vom 16. Juni 1884 an Woodberry. – Zit. n. Woodberry, Bd. II, p. 430.
49 Zumbach, p. 296.
50 So berichtet auch Baudelaire in einem Brief von 1865, daß einem behandelnden Arzt die Tatsache seines langen Opiumkonsums nicht aufgefallen sei (vgl. *Correspondance*, V 192).
51 Vgl. Hayter, p. 134.
52 Vgl. auch Hayter, pp. 135/136.
53 Das Zitat stammt aus dem frühen Gedicht „Sonnet – To Science".
54 Im 20. Jahrhundert wurde diese Synthese u.a. in Robert Musils Konzept einer „taghellen Mystik" erneut in Angriff genommen.
55 Die anonym erschienene erste Auflage der *Lyrical Ballads* (1798) enthält größtenteils Dichtungen von Coleridge und Wordsworth und wird heute oft als ein Markstein für den Beginn der englischen Romantik angesehen. Die zweite Auflage mit dem „Preface" erschien unter dem Namen von Wordsworth.
56 Wordsworth, William: *The Prose Works*, Bd. I, p. 126.
57 Abrams (1976), p. 47.
58 In einem Brief vom Januar oder Februar 1808 an Sir George Beaumont. Zit. nach Abrams, *The Mirror and the Lamp*, p. 329.
59 Hier zeigt sich, daß er guten Grund hatte, über Coleridge nichts allzu Schlechtes zu sagen, denn der große Schluß dieser kleinen Schrift ist beinahe wörtlich aus dem 14. Kapitel von dessen *Biographia Literaria* übernommen. „Ein Gedicht", heißt es dort, „ist jene Art von Komposition, die den Werken der Wissenschaft gegenübersteht, indem sie sich als ihr *unmittelbares* Ziel Vergnügen, nicht Wahrheit, vornimmt …" (*Biographia Literaria* [1817], Bd. II, p. 13.)
60 Gautier, Théophile: *Mademoiselle de Maupin*, „Préface", Paris 1973, p. 54.
61 Vgl. XIV 197/198; V 200/201.
62 *Biographia Literaria*, Bd. I, p. 304.
63 „Gewöhnlicher Hilfsquellen beraubt, versetzt sich der Analytiker in den Geist seines Gegners, identifiziert sich mit ihm und wird so nicht selten, gar auf einen Blick, der einzigen Methode gewahr (zuweilen einer wahrhaft absurd einfachen), mit welcher er irreführen oder zu Fehleinschätzungen verleiten kann." [142; II 243/244]
64 Hoffman, pp. 107/108.
65 Poes *ratiocination* ist mehr als bloßer Scharfsinn: „Zwischen Verstandesbegabung und analytischer Fähigkeit besteht ein Unterschied, weit größer in der Tat als der zwischen bloßer Phantasie und der eigentlichen Imaginationskraft; zugleich aber liegt eine strikte Entsprechung dabei vor. Man wird tatsächlich finden, daß der Verstandesmensch wohl immer auch Phantasie hat, der *wahrhaft* imaginativ Begabte aber in jedem Fall über analytische Fähigkeit verfügt." [143; II 246]
66 So heißt es zu Beginn der „Murders in the Rue Morgue": „Die Geisteszüge, welche landläufig für analytische gelten, sind, an und für sich, der Analyse selbst nur wenig zugänglich. Wir schätzen sie einzig nach ihren Wirkungen. Unter anderem wissen wir von ihnen, daß sie ihrem Besitzer, wofern sie ihm nur ungewöhnlich eignen, eine stete Quelle des lebhaftesten Vergnügens bilden. Wie sich der starke Mensch begeistert seiner körperlichen Fähigkeiten freut, indem er an allen solchen Übungen Gefallen hat, die seine Muskeln zum Einsatz bringen, so entzückt den

Analytiker jene geistige Wirkungskraft, welche *entwirrt*. Er zieht Genuß noch aus den banalsten Verrichtungen, bringen sie nur seine Gaben recht ins Spiel. Er findet Gefallen an Denkaufgaben, an Rätseln, an Hieroglyphen, und bei ihrer aller Lösung legt er einen Grad von *Scharfsinn* an den Tag, welcher dem gemeinen Begreifen außernatürlich erscheint. Seine Ergebnisse, erbracht wohl ganz im Wesen und Geiste der Methode, haben in Wahrheit durchaus den Hauch von Intuition an sich." [141; II 242] – Auch der Fischer, der sich in „A Descent into the Maelström" durch rigide *ratiocination* rettet, läßt trotz seiner lebensbedrohlichen Lage ein befremdliches Vergnügen an seinen intellektuellen Operationen erkennen, wie Hoffman feststellt: „Was mich an diesem Fischer erstaunt, der soviel intuitiver und mathematischer und glücklicher ist als ich, ist, was für ein Vergnügen, welch eine Freude ihm sowohl seine flinken Berechnungen als auch das Erzählen seiner Geschichte bereiten. Er ist in der Tat die Verkörperung des rationalen Prinzips, und diese Eigenschaft ist es, der er sein Weiterleben verdankt und aus welcher er die Freude an der Übung seines Wesens empfängt." (Hoffman, p. 139.)

[67] Op. cit., p. 284.
[68] Vgl. 607; III 518/519.
[69] Vgl. 609; III 522.
[70] Vgl. Friedl, „Die Bedeutung der Perspektive …", pp. 89/90.
[71] Vgl. 610/611; III 525/526.
[72] Hoffman, p. 37.
[73] Als ein Schlüssel zu diesen Pforten der Wahrnehmung spielt auch hier das Opium eine gewisse Rolle. So erinnern Verse wie die folgenden an die Transparenz der entrückten Welten des Opiumrausches: „Rich clouds, for canopies, about her curled – / Fit emblems of the model of her world – / Seen but in beauty – not impeding sight / Of other beauty glittering thro' the light – / A wreath that twined each starry form around, / And all the opal'd air in color bound." [993] [„Aus Wolkenschleiern schirmt' sie sanft ein Zelt – / geziemendes Emblem für ihre Welt – / in Schönheit sichtbar – doch behindernd nicht / die Sicht auf andrer Schönheit glitzernd Licht – / ein Blühgewinde, das die Formen band / und farbig mit der Luft Opal umwand."] Mehrfach finden sich zudem Synästhesien, etwa, wenn vom Gesang der Göttin die Rede ist, der „in odors" [995] zum Himmel aufsteige. An anderer Stelle wird ein phantastischer Dom mit rundem Diamantfenster beschrieben, der auf Coleridges „Kubla Khan" verweisen könnte, und in einer Fußnote heißt es: „Schmerz ist ,Al Aaraaf' nicht fremd, doch ist jener Schmerz, den sich die Lebendigen mit Wonne für die Toten aufbewahren und der, in manchen Köpfen, dem Opiumwahne gleicht. Die leidenschaftliche Erregung der Liebe und das Überschäumen des Geistes, die der Rausch bewirkt, sind seine minder heiligen Vergnügungen – deren Preis, für jene, die sich für ,Al Aaraaf' als Residenz nach ihrem Leben entscheiden, endgültiger Tod und Vernichtung ist." [1002]
[74] In späteren Schriften wie z.B. „The Power of Words" wird diese Ansicht revidiert und statt dessen die Überzeugung vertreten, daß nichts, was durch Gedanken und Taten hervorgebracht wurde, jemals wieder vergehen könne.
[75] Der zusammengesetzte Affekt des Erhabenen zeigt sich etwa in den Versen: „The terrible and fair / In beauty vie!" [995] – Über die Begrifflichkeit des Schönen und Erhabenen bei Poe vgl. Ljungquist, bes. pp. 204 ff.
[76] Denkt man das Bild von Al Aaraaf, diesem rasch erstrahlenden und gleich darauf schon wieder verlöschenden Stern, konsequent zu Ende, so gelangt man zu der später von Poe sehr wortreich vertretenen Auffassung, daß es zum Wesen eines Gedichts gehöre, nur ein schnelles Aufleuchten, einen einzigen raschen Affekt zu bewirken, weshalb ein langes Gedicht, das die bloß flüchtige Erfahrbarkeit der „supernal Beauty" nicht berücksichtige, eine prosaische Schwere erhalte und dadurch seine eigentliche Bestimmung verfehle.
[77] Hoffman, p. 170.
[78] „Von dem, was sie wußten, ließ sich deduzieren, daß es für ein Wesen von unbegrenztem Verstande – also eines, vor dem die algebraische Analysis *in ganzer Vollkommenheit* ausgebreitet lag – keine Schwierigkeit geben konnte, jedem Impuls, welcher der Luft erteilt ward …, bis

hin zu seinen fernsten Konsequenzen zu jedem sei's unendlich weit entlegnen Zeitpunkte zu verfolgen. Tatsächlich läßt sich nachweisen, daß jeder derartige Impuls, *der Luft mitgeteilt, am Ende* ein jegliches Ding, welches *innerhalb des Universums* existiert, beeinflussen muß; – und das Wesen von unbegrenztem Verstande – das Wesen, das wir uns vorgestellt haben – könnte die fernen Schwingungswellen des Impulses verfolgen – könnte ihnen aufwärts und vorwärts folgen bei ihrem Einfluß auf alle Teilchen der gesamten Materie – aufwärts und vorwärts und ewig weiter bei ihrer Modifikation der alten Formen – oder in anderen Worten, *bei ihrer Erschaffung von Neuem* – bis es, das Wesen, sie – *zuletzt nun einflußlos* – zurück vom Throne der Gottheit reflektiert fände. Und nicht nur könnte ein solches Wesen dies tun, sondern zu jeder Zeit, wo man ihm ein gegebenes Resultat vorlegte …, würde es ihm ein Leichtes sein, mit Hilfe der rückläufigen Analyse zu bestimmen, durch welchen ursprünglichen Impuls dies Ergebnis zustande kam. Diese analytische Kraft in ihrer absoluten Vollkommenheit und Fülle – diese Fähigkeit, zu *allen* Zeiten *alle* Wirkungen auf *alle* Ursachen zurückzuführen – ist natürlich das Vorrecht der Gottheit allein – doch in jeder Gradstufung, ausgenommen nur die absolute Vollkommenheit, wird die Kraft selbst vom ganzen großen Heere der Engelischen Intelligenzen ausgeübt." [442; III 469/470]

[79] Hoffman, p. 174.
[80] Op. cit., p. 167.
[81] „Liegt aber nicht in all diesem – in dieser Identifikation der bloßen Materie mit Gott – eine große Unehrerbietigkeit?" [92; III 323], läßt Poe auch seinen Magnetiseur fragen. Vankirk weist diesen Gedanken der Blasphemie zurück: „Vermögen Sie mir zu sagen, *warum* der Materie weniger Achtung zukommen sollte denn dem Geiste? Aber Sie vergessen ganz, daß die Materie, von welcher ich rede, in jeder Hinsicht doch genau dem ‚Geist' der Schulen entspricht (in welchem Sinn Sie das Wort auch nehmen), jedenfalls was ihre/seine hohen Kapazitäten angeht, *und* überdem zugleich der ‚Materie' eben dieser Schulen. Gott ist, mit all den Kräften, welche dem Geiste zugeschrieben werden, nichts als der höchste, vollkommene Grad der Materie."
[82] „Der Mensch, solcherart entkleidet, *würde* Gott sein", sagt Vankirk und fährt fort: „– würde ent-individualisiert sein. Doch das kann er niemals sein – das *wird* er zum mindesten niemals sein – denn sonst müßten wir uns ein Handeln Gottes vorstellen, welches sich selbst wieder aufhebt – ein zweckloses und unnützes Handeln. Der Mensch ist Geschöpf. Geschöpfe aber sind Gedanken Gottes. Es ist die Natur des Gedankens, irrevozierbar zu sein." [93; III 324]
[83] Vgl. XVI 204/205. – Nicht über Gott, sondern über die Welt heißt es in Fragment 185 von Pascals *Pensées*: „Sie ist eine unendliche Kugel, deren Zentrum überall, die Peripherie nirgends ist." (I, p. 154)
[84] Hoffman, pp. 274/275.
[85] Wilbur (1967), p. 101.
[86] „Sie ist in der Tat viel zu schön, um *nicht* als wesentliches Merkmal WAHRHEIT zu besitzen – und wenn ich dies hier ausspreche, rede ich im vollsten Ernst." [XVI 252; V 289]
[87] Hoffman, p. 286, vgl. auch p. 291. – Ebenso erläutert Wilbur die Bedeutung des Verfalls bei Poe: „Poes Auseinandersetzung mit dem Verfall ist nicht, wie manche Kritiker meinen, das Anzeichen einer Nekrophilie; bei Poe ist der Verfall ein Symbol der visionären Entfernung vom Körperlichen, ein Hinweis darauf, daß sich das geschilderte Bewußtsein im Zustand einer fast reinen Spiritualität befindet. Wenn das House of Usher am Schluß der Erzählung zerfällt oder dematerialisiert wird, so deshalb, weil Roderick Usher ganz in seiner Seele aufgegangen ist. ‚The Fall of the House of Usher' ist also nicht wirklich eine Schauergeschichte, sondern der triumphale Report des Erzählers, daß es der poetischen Seele doch möglich ist, ihre zeitliche, rationale und körperliche Welt abzuschütteln und, wenn auch nur für einen Moment, in ein Reich der unbeschränkten Vision zu entkommen." (Wilbur, p. 110.)
[88] Vgl. hierzu Hayter, pp. 145/146.
[89] Diese im Kern typisch romantische Überzeugung stimmt übrigens wieder einmal mit derjenigen Emersons überein, der in „Nature" schreibt: „Wenn die Vernunft zu einer ernsthafteren Vision veranlaßt wird, werden Umrisse und Oberflächen durchlässig und sind nicht länger sichtbar;

durch sie hindurch werden Ursachen und Wesensinhalte erblickt. Die besten Momente im Leben sind solche herrliche Zeiten des Erwachens der höheren Kräfte ..." [SE 64]

90 Diese Idee formuliert Poe auch in den *Marginalia*. (Vgl. XVI 84/85)
91 Hoffman, pp. 160/161.
92 Op. cit., p. 309.
93 Op. cit., p. 313.
94 „Es mag einem auffallen", schreibt z. B. Jules Zanger, „... daß Poes Protagonist in ‚Ligeia' über ihre Augen in Metaphern spricht, die an die Sprache erinnern, mit der die Protagonisten in ‚A Descent into the Maelström' und in ‚Manuscript Found in a Bottle' ihren Wunsch beschreiben, die Tiefen des Strudels zu ergründen: ‚Wie sehr habe ich, eine ganze Mittsommernacht hindurch, versucht, [den Blick] zu ergründen. Was war es – dieses Etwas, noch tiefer als der Brunnen des Demokrit –, das in der Tiefe der Pupillen meiner Liebsten lag.' Um diese Vermutung zu bekräftigen, muß man sich nur dem Motto von Joseph Glanville zuwenden, in dem die Rede ist von ‚der Weite, Tiefe und Unergründlichkeit Seiner Werke', die in sich eine größere Tiefe bergen als der Brunnen des Demokrit.' Was Demokrit tatsächlich sagte, war: ‚Von einer Wahrheit wissen wir nichts, denn die Wahrheit liegt im tiefsten Grunde.'" (Zanger [1978], p. 538.)
95 Basler (1967), p. 148.
96 Hoffman, p. 245.
97 Op. cit., p. 172.
98 Ishmael berichtet in dem Kapitel „The Mast-Head" von der Trance, in die manche träumerische Jünglinge verfielen, wenn sie im Mastkorb nach Walen Ausschau halten sollten. Hoch über dem Lärm des Decksbetriebes, den Blick auf die fast unbeweglich scheinende blaue Wasserfläche gerichtet, gerate man leicht in einen entrückten Zustand, der dem Opiumrausch ähnlich sei, so daß man zuletzt seine Identität verliere und „den mystischen Ozean zu Füßen für das sichtbare Bild jener tiefen, blauen, abgrundtiefen Seele" halte, „die Mensch und Natur durchwebt". (Melville, Herman: *Moby-Dick*, pp. 256/257)
99 Eine solche Episode sollte De Quincey in seiner sieben Jahre nach *Pym* veröffentlichten Traumprosa mit dem Titel *The English Mail-Coach* beschreiben. Die Opiumvision, die diesem Band seinen Titel verlieh, bezieht sich auf eine alptraumartige Situation, in der De Quincey sich bemüht, eine führerlos durch die Nacht rasende Postkutsche zum Stillstand zu bringen.
100 Wilbur, pp. 102/103.
101 Über die Geburtsmetaphorik in der Erzählung vgl. Hoffman, p. 146.
102 Hoffman, p. 146.
103 Op. cit., p. 55.
104 Vgl. den Brief vom 23. Januar 1875 an John Ingram (zit. in Miller, John Carl, p. 99).
105 Unter dem Hinweis auf Poes überspannte Verfassung an jenem Tag, „seine Apathie und die Hypersensibilität seines Gehörs", vertritt auch Bonaparte diese Ansicht (vgl. p. 158).
106 Abrams, pp. 123/124.
107 Vgl. *Biographia Literaria*, Bd. I, p. 9.
108 Hoffman, p. 288.
109 So meint auch Poenicke: „Aber *reason* im Sinne Poes ist, wie seine *tales of ratiocination* ... zeigen, die Fähigkeit des Menschen, das Chaos dieser Welt kraft des praktischen, ganz diesseitig gerichteten Verstandes zu bewältigen." (p. 137) Doch diese Überlegung blieb für ihn utopisch. Daher schreibt auch Allen: „Alle Realitäten des Lebens befanden sich, für Poe, im Reich der Phantasie. Nur dort konnte er nach Belieben die Welt integrieren. Er sehnte sich nach einer logischen und vollkommenen Stringenz, die in der physischen Welt nie zu finden ist, und die Welt, die er sich errichtete, war ein Fluchtort, der den Eigenheiten seines Wesens entsprach." (*Israfel*, p. 631)

Moderne Blasphemien eines Moralisten:
Charles Baudelaire und die künstlichen Paradiese

[1] Vgl. Pichois/Ziegler (1987), p. 342.

[2] Pichois/Ziegler, p. 367.

[3] So berichtet Baudelaires Freund und erster Biograph Charles Asselineau: „Dieser Prozeß bewirkte bei Baudelaire ein naives Erstaunen. Er konnte nicht begreifen, so wie er es später geschrieben hat, daß ein so hochgeistiges Werk zum Gegenstand einer Strafverfolgung werden konnte. Er fühlte sich in seiner Würde als Dichter verletzt, als ein Schriftsteller, der seine Kunst und sich selbst achtete, durch diese Anklage, deren Wortlaut ihn mit wem gleichsetzte, großer Gott!, mit den elenden Handlangern des Lasters und der Ausschweifung, mit Abschaum, Zynikern, mit Lästerern; denn das Gesetz hat nur ein Wort, das ebenso die Freiheiten der Kunst, die aufrechten Zornesergüsse des Dichters bezeichnet, wie die Übeltaten der scham- und zügellosen Liederlichkeit. All das nennt sich schwammig: *Verstoß gegen die guten Sitten!* Ja, wenn Juvenal und Dante selbst auf die Welt zurückkehrten, und Michelangelo und Tizian, so müßten sie auf den gleichen Bänken Platz nehmen, auf denen die Schänder der Jugend und die Verbreiter unzüchtiger Druckerzeugnisse sitzen. / Als wir diese Verhandlung verließen, fragte ich Baudelaire: ‚Hatten Sie erwartet, freigesprochen zu werden?' / – ‚Freigesprochen?' sagte er. ‚Ich hatte erwartet, man würde meinen Ehrverlust entschädigen.' / Für ihn war dieser Prozeß stets nichts als ein Mißverständnis." (Asselineau [1869], pp. 107–109)

[4] Brief vom 6. November 1857, in: *Œuvres complètes*, 1961, p. 183. – Baudelaires Schreiben war erfolgreich; die Geldstrafe wurde von 300 auf 50 Francs herabgesetzt.

[5] Ibid.; IV 214.

[6] Vgl. Pichois/Ziegler, p. 414.

[7] Aus einem anderen Bericht vom 27. Februar. – Zit. nach Pichois/Ziegler, p. 414.

[8] In seinen Notizen erinnert sich Charles Asselineau: „‚Das Buch hatte damals noch keinen Titel – ein großes Problem! und Gott weiß, wie oft darüber diskutiert wurde. Es war Hippolyte Babou, der den endgültigen Titel – *Fleurs du Mal* – eines Abends im Café Lemblin – ich erinnere mich sehr gut – nach einem langen Vortrag über dieses Thema ersann.'" – (Zit. nach Pichois/Ziegler, p. 647.)

[9] Vgl. Mickel, *The Artificial Paradises ...*, p. 138.

[10] *A rebours*, p. 191; 182/183.

[11] „Baudelaires Ziel war das Schöne", schreibt daher auch Asselineau in seiner Biographie des Dichters. (p. 75)

[12] Vgl. PA 390 und 460/461.

[13] Vgl. hierzu auch Kaehler, p. 23.

[14] Baudelaire, *Œuvres complètes*, 1961, p. 1155.

[15] Op. cit., p. 695; V 105.

[16] Op. cit. p. 690.

[17] In diesem Zusammenhang schreibt Hess: „Daß eine Kunst mit so hohen Zielen sich nicht dem Zufall dessen aussetzt, was man gemeinhin Inspiration nennt, ist verständlich. ... ‚Private' Gefühle für die Grundlage der Dichtung zu halten, die nicht viel mehr zu tun hätte, als darüber den Neugierigen zu berichten, widerstrebt der anspruchsvollen Natur Baudelaires, seinem ‚horreur de raconter'. Daraus entspringt des Dichters Abneigung gegen Musset und George Sand, die er in mehreren Tagebuchnotizen mit sarkastischem Ingrimm verhöhnt; die Bemerkung, der feminine Musset sei ‚sans doctrine', ist ein Verdammungsurteil. Auf die Dichter, die sich nur vom Instinkt leiten lassen, sieht Baudelaire bedauernd herab und bestreitet der Leidenschaft die echte Ausdrucksfähigkeit. ... / Besonders deutlich tritt die Bewußtheit, die Rationalität des Entwurfs, die Lenkung des Traums bei der Erfindung von Landschaften hervor. Wie jedes Gemälde, nach Baudelaires Forderung, ‚eine Welt' darzustellen hat, so ist auch die dichterische Landschaft eine Welt nach dem Willen ihres Schöpfers. Dieses demiurgische Geschäft ist kein Akt der Willkür, denn was der Künstler, im Verzicht auf nachahmende Natürlichkeit, schafft, ist die Essenz der

Welt als Schönheit des Furchtbaren oder als geahnte Harmonie. Indem sie schön sind, sind diese künstlichen Welten ‚wirklicher' als die natürlichen." (pp. 91/92.)

[18] Brincourt (1946), p. 124.

[19] Op. cit., p. 167.

[20] „[F]ür Baudelaire, der in der christlichen Tradition aufgewachsen ist", schreibt daher auch Kaehler, „[galt] der Drogengenuß als ‚débauche', als ‚péché', aus der ihm zusätzliche ‚remords' erwuchsen." (p. 96) Die christlich-katholische Prägung Baudelaires und das Gewicht, das der Gedanke der Sünde in seinem Werk erhält, unterscheidet seine Haltung, wie Köhler feststellt, von derjenigen Poes, während sich im Werk E. T. A. Hoffmanns eine vergleichbare Position findet: „Es springt geradezu in die Augen, daß diese Haltung von Baudelaire, die von derjenigen Poes so verschieden ist, sich bald derjenigen Hoffmanns annäherte: der Dualismus, die Zerrissenheit zwischen Gott und Satan, die Besessenheit von der Ursünde, sind Neigungen, die sie in gleichem Maße gemeinsam haben." (p. 175)

[21] Vgl. hierzu Baudelaires Ausführungen in „Le Peintre de la vie moderne", *Œuvres complètes*, 1961, bes. p. 1180.

[22] Vgl. Praz, *Liebe, Tod und Teufel*, pp. 103 f.

[23] In diesem Sinn ist Samuel Cramer, der Protagonist in Baudelaires Erzählung „La Fanfarlo" (1847), als ein ideales *alter ego* des Dichters zu deuten, denn er verfügt über Eigenschaften, die durch ihr jeweiliges Gegenteil gleichsam aufgehoben werden. Diese Figur, in deren Zügen Asselineau eine frappierende Ähnlichkeit mit denen seines Freundes Baudelaire zu entdecken glaubte (vgl. Asselineau, pp. 45 f.), ist ein Hermaphrodit und führt neben seinem männlichen auch den weiblichen Namen Manuela de Monteverde; er ist „das widersprüchliche Erzeugnis eines blassen Deutschen und einer braunen Chilenin" (*Œuvres complètes*, 1961, p. 485; II 85); als Rezipient eines Kunstwerks hält er sich bald selbst für dessen Autor, und wenn er am Fenster steht und die Morgenluft einatmet, so strömt diese durch das eine Nasenloch in sein Gehirn, wo sie Träume erweckt, und durch das andere in den Bauch (ob Baudelaire sich hier auf jenen „hypochondrischen Wind" bezieht, von dem unter Bezug auf Butlers *Hudibras* in Kants „Träumen eines Geistersehers" die Rede ist? Vgl. Seite 94). Er liest gleichzeitig Swedenborg und eines jener „schändlichen Bücher", das nur Lesern mit einem maßlosen Wahrheitsdrang nützlich sei („un de ces livres honteux dont la lecture n'est profitable qu'aux esprits possédés d'un goût immodéré de la vérité", Op. cit., p. 487).

[24] In diesem Gedicht läßt der Sprecher, um sich einen kurzen diabolischen Glücksrausch zu verschaffen, einen Glaser mit seiner zerbrechlichen Ware die engen Treppen zu seiner Wohnung heraufsteigen und schickt ihn, sobald er den mühsamen Aufstieg bewältigt hat, barsch wieder fort, nachdem er sich zuvor beschwert hat, daß in dem Sortiment des Glasers keine farbigen Scheiben enthalten seien. Damit noch nicht zufrieden, wartet er, bis das Opfer seiner Bosheit wieder unten auf der Straße steht und wirft dann einen Blumentopf herab, so daß dessen ganze ärmliche Habe zerbricht.

[25] Vgl. hierzu Köhler, p. 172.

[26] Vogt-Göknil (1958), p. 37.

[27] Vgl. Drost, pp. 184/185. – Über die Bedeutung des Sonnenuntergangs bei Baudelaire und Lowry vgl. auch Seite 140 ff.

[28] Umgekehrt verhält es sich anscheinend mit dem Meskalin- und LSD-Rausch, dessen rasante Geschwindigkeit, die alles Gegenständliche in abstrakte Strukturen auflöst, von Michaux so eindrucksvoll beschrieben wird: Hier handelt es sich demnach um eine erhebliche Beschleunigung des Denkens.

[29] Zit. nach Liedekerke, *La belle époque de l'opium*, p. 77.

[30] Crépet „Préface" (1939), p. 9.

[31] Baudelaire, Charles: „Salon de 1859", in: *Œuvres complètes*, 1961, p. 1044.

[32] *Œuvres complètes*, 1961, p. 1543; III 405. – Baudelaires Zitat stammt aus einem Gedicht von Victor de Laprade.

[33] Leakey, p. 311.

[34] *Œuvres complètes*, 1961, pp. 842/843.
[35] Op. cit., p. 857; I 174.
[36] Op. cit., pp. 878/879; I 197–199.
[37] Op. cit., p. 914; I 239.
[38] „Diese Landschaft", schreibt Hess, „hat aufgehört, als etwas in der Außenwelt real Vorstellbares der Seelenstimmung zu ‚korrespondieren'. Sie ist zur Seelen-Innenlandschaft ‚entwirklicht'." (p. 20)
[39] *Œuvres complètes*, p. 1044; V 148.
[40] Leakey, p. 314.
[41] Op. cit., p. 182. – Vgl. auch op. cit., p. 226.
[42] *Œuvres complètes*, 1961, pp. 1037/1038; V 141/142.
[43] Op. cit., pp. 1040/1041; V 144/145.
[44] Op. cit., p. 827; I 144.
[45] Blin (1939), p. 96.
[46] Möglicherweise hat Baudelaire bereits zwischen 1843 und 1856 vom englischen Opiumesser reden hören und vielleicht auch einmal in einem Exemplar seiner *Confessions* geblättert. Eine gründliche Lektüre der Schrift erfolgte aber, wie aus seinen Briefen hervorgeht, erst kurz vor seiner Überarbeitung von „Du Vin et du Hachish", vermutlich im Winter 1856/57 (in einem Brief vom 18. März 1857 ist zum ersten Mal die Rede von einem geplanten Werk mit dem Titel *Opium*, das sich auf De Quinceys *Confessions* stützen solle). Erst nach dem Abschluß seines ersten Textes auf der Grundlage der *Confessions* scheint Baudelaire auch von dem Nachfolgeband *Suspiria de Profundis* erfahren zu haben; jedenfalls kann seine Lektüre der *Suspiria* wohl nur zwischen dem November 1858 und dem Januar 1859 erfolgt sein, woraufhin Zitate aus diesem Werk in den bereits geschriebenen Text nachträglich eingefügt wurden und die Konzeption der zweiteiligen Übersetzung entstand. (Vgl. Stäuble, pp. 46 f. und p. 54)
[47] Schon in „Du Vin et du Hachish" spielt die Frage der Moral eine Rolle, wenn es etwa über den Wein heißt: „Alle Tage erneuert er seine Wohltaten. Das ist zweifellos der Grund dafür, daß die Moralisten so hartnäckig gegen ihn zu Felde ziehen. Wenn ich Moralisten sage, so meine ich pseudomoralistische Pharisäer." [PA 327]
[48] Zit. nach Blin, p. 192.
[49] Vgl. hierzu auch Inoue, p. 51.
[50] Op. cit., p. 260.
[51] „Anders gesagt", schreibt daher auch Ruff, „handelt es sich um ein *Gnaden*geschenk im religiösen Sinn oder gar im jansenistischen Sinn des Wortes." (p. 144)
[52] Vgl. hierzu auch die Ausführungen über die Rauschprosa bei Michaux auf Seite 316.
[53] Ebenso schreibt Benevelli über das Idol in Baudelaires „Chambre double", das sowohl für den Dämon der Droge als auch für die auf das „Idéal artificiel" gerichtete *imagination* steht: „Die schreckliche Bosheit des Idols besteht wieder einmal darauf, zu profanierender Handlung (der Neugierde) und einer weihevollen Passivität (der Bewunderung) zu veranlassen. Die Neugierde ist bei Baudelaire etwas Positives, da sie die Erreichung des Neuen verheißt, die Beendigung des Ennui des Immergleichen, doch sie wird beunruhigend, sobald wir, einmal aufgebrochen, auf unserem Weg nur uns selbst finden, sobald das unergründliche Idol uns auf unser Ich zurückverweist. Sobald man der Neugierde folgt, ist ‚die Verdammung ... erfolgt', ist die Ursünde begangen, steht die Austreibung aus dem paradiesischen Zimmer unmittelbar bevor." (p. 76)

„Something New about Hell Fire":
Rausch und Erkenntnis im Werk Malcolm Lowrys

[1] So meint David Falk: „Die Erkenntnis, daß Malcolm Lowrys *Under the Volcano* ein zutiefst autobiographisches Werk ist, ist nicht gerade neu, doch es lohnt sich, darauf hinzuweisen, in welchem Ausmaß der Roman auf ein Verlangen, nicht nach Selbsterkenntnis, sondern nach Selbstkontrolle zurückgeht. Die Niederschrift des Romans sollte Lowry die nötige psychische Distanz von demjenigen einräumen, was er bezeichnet hat als ‚die Kräfte im Menschen, die ihn vor sich selbst grausen lassen', damit er ihnen nicht erliege. Indem er diese Kräfte aus seinem inneren Selbst in den Roman verlegte, hoffte Lowry, sie dauerhaft in Fiktion verwandeln zu können: sie zwischen den Buchdeckeln einzusperren, damit sie nicht länger als eine reale Macht in seinem Leben wirken konnten. / Der Vorgang ist besonders deutlich bei Geoffrey Firmin, den Lowry als eine Zusammensetzung aus ‚Ich + böse, schuldhafte Vorstellung' beschrieb. Der Konsul ist der Nexus all dessen, was in Lowry an größter Selbstverzweiflung und Selbstzerstörungskraft vorhanden war." (Falk [1987], p. 72.) – Falk zitiert aus Lowrys Brief an den Verleger Jonathan Cape. – Die Absicht der Verlagerung eigener Ängste in die Fiktion findet sich übrigens auch bei Hoffmann und Dostojewski, vgl. Reber, p. 210.

[2] Dies ist auch der Gegenstand eines Gesprächs, das in dem unveröffentlichten Manuskript von *La Mordida* zwischen dem Protagonisten und seiner Frau stattfindet: „‚Aber was soll's, du wirst es vergessen, wenn du es nicht aufschreibst.' / ‚Habe ich es nicht aufgeschrieben?' sagte Sigbjørn, der am ganzen Körper bebte und nun die Habaneroflasche fand. / ‚Sigbjørn, hör mir zu. Wir leben dies. Du schreibst es nicht.' / ‚Aber mein Gott, wozu um alles in der Welt wäre es nütze, es zu leben, wenn ich es nicht aufschriebe?'" (Zit. nach Vice [1989], p. 2.)

[3] Vgl. Day, p. 222. – Als Lowry sich 1933 mit Freunden zu einem Bade-Urlaub in der Bucht von Torbay aufhielt, behauptete er, von einem Pfleger beschattet zu werden, der immer wieder auftauche und ebenso plötzlich wieder verschwinde. Einmal sei er ihm gar gefolgt, als er weit ins Meer hinaus geschwommen sei. (Vgl. op. cit., p. 181.) Solche Anekdoten zeigen, daß die Verbindung paranoider Elemente mit einer deterministischen Weltsicht im Bewußtsein des Konsuls kein bloßer Kunstgriff einer lebhaften Phantasie, sondern eine direkte Übertragung aus der erlebten Realität des Autors ist.

[4] In diesem Kapitel werden Zitate aus *Under the Volcano* lediglich durch Seitenangaben in eckigen Klammern bezeichnet.

[5] Day, Douglas: „Preface" (1967), pp. 6/7.

[6] Aus einem Brief an David Markson vom 17. September 1955. Zit. nach Day, p. 20. – Daß auch Lowry dieser Überzeugung war, zeigt eine ähnliche Äußerung Yvonnes über den Konsul: „‚Irgendwie *ist* es gar nicht das Trinken', sagte Yvonne plötzlich. ‚Aber warum tut er es?'" [117; 125]

[7] Day, pp. 29/30.

[8] Vgl. Day, p. 165.

[9] Hill (1974), p. 35.

[10] Lowry verarbeitete seine Erfahrungen auf See literarisch in dem Roman *Ultramarine* (1933) und später, aus ironischer Distanz, im 6. Kapitel von *Under the Volcano*.

[11] Day, p. 152.

[12] Op. cit., p. 175.

[13] Vgl. op. cit., p. 180.

[14] Dieser Aufenthalt lieferte ihm das Material für *Lunar Caustic*. Der Titel der Novelle, die ursprünglich „The Last Address" heißen sollte, bezieht sich auf das zur Behandlung des Alkoholismus eingesetzte Silbernitrat (engl. „Lunar Caustic").

[15] Zit. nach Day, p. 289.

[16] Der Titel dieses Romanfragments war *In Ballast to the White Sea*.

[17] Anlaß der Ausweisung war eine von Lowry nicht bezahlte Geldstrafe aus dem Jahr 1938, eine triviale Angelegenheit, die er, wie er zu spät erkannte, mit einem kleinen Bestechungsgeld mühelos hätte regeln können. Das Erlebnis dieser Konfrontation mit den mexikanischen Behörden nahm Lowry zum Anlaß, einen Roman mit dem Titel *La Mordida* (span. für „die Bestechung") zu beginnen, der jedoch bis heute nicht veröffentlicht wurde. – Neben diesen Schwierigkeiten mit den Behörden brachte der Aufenthalt in Mexiko die bittere Erkenntnis, daß Juan Fernando Márquez, den die Lowrys besuchen wollten, drei Jahre zuvor bei einem Streit erschossen worden war. Außerdem begegnete er in Oaxaca einem alten Bekannten, der unliebsame Erinnerungen an dunkle Eskapaden während des ersten Mexiko-Aufenthaltes heraufbeschwor. All diese widrigen Umstände gaben immer neue Nahrung für kränkende Vorwürfe und bittere Zerwürfnisse.

[18] *Selected Poems of Malcolm Lowry*, p. 78.

[19] Aus einem Brief vom 16. Februar 1949 an Clarisse Francillon. Zit. nach Day, p. 413.

[20] Lowry bezieht sich auf eine Textstelle aus den *Varieties of Religious Experience*, die auf Seite 375 zitiert ist.

[21] „Alle Alkoholiker lügen", schreibt Art Hill. „Das gehört zu ihrem Wesen. Sie belügen ihre Freunde, sie belügen sich selbst, sie belügen sogar andere Alkoholiker." (p. 36)

[22] Vgl. HU 29.

[23] Vgl. UV 257. – Die Anrede „Papa", ein klarer Verweis auf Hemingway, erhält im Roman durch die leitmotivische Verwendung von Zeitungsschlagzeilen über den bevorstehenden Tod des Papstes (span.: „el papa") jedoch auch eine weitere Bedeutung.

[24] Auf ähnliche Art wurde auch Lowry selbst zum Vorbild eines anderen Alkoholikers: „Malcolm Lowry: Unter dem Vulkan", so notiert Ernst Herhaus im Tagebuch seines Alkoholentzuges, das die Jahre 1973–1977 umfaßt, „... Ein solches Buch je selber machen zu können, davon kann ich einstweilen nur träumen." (*Der zerbrochene Schlaf*, p. 232.)

[25] Zit. nach Day, p. 360. – Day meint hierzu: „Obwohl Lowry selbst erkannte, sogar während er diese kuriose therapeutische Idee in seinem Tagebuch notierte, wie sehr dies danach aussah, täusche er sich nur selbst, hielt er dennoch während des größten Teils seines restlichen Lebens an der Erklärung fest, daß er nicht auf einen Nervenzusammenbruch hin, sondern durch ihn *hindurch* trinke."

[26] Vgl. Hill, p. 43.

[27] Hill, p. 42.

[28] Op. cit., p. 40.

[29] Ein Beispiel gibt der Satz: „Trotzdem war die Stadt um sie und unter ihnen schon von fernen, scharfen Geräuschen erfüllt wie von Explosionen üppiger Farben." [52; 60]

[30] Als „Familiars" werden im Englischen die Vertrauten von Magiern und Hexen bezeichnet – dienstbare Geister oder Kreaturen, die oft in Tiergestalt dargestellt werden. Geoffrey nennt die „familiars" einmal sogar mit Namen, die Lowry, wie Perle Epstein nachgewiesen hat, aus MacGregor-Mathers' *Book of the Sacred Magic of Abra-Melin the Mage* (London, 1898) abgeschrieben hat (vgl. UV 185/186 und den auf diese Stelle bezogenen Kommentar in Ackerley/Clipper, pp. 262/263). Der Begriff erhält in *Under the Volcano* eine zusätzliche Bedeutung durch seine Zugehörigkeit zum Wortfeld „Familie" und ironisiert die Isolation des Konsuls, der nicht einmal zu seiner Frau eine echte Beziehung findet, geschweige denn in der Lage war, eine Familie mit Kindern zu gründen. Geoffrey leidet unter dem Bewußtsein, die Gelegenheit zur Schaffung einer solchen Gemeinschaft versäumt zu haben und zieht sich in Ermangelung eines Besseren in die „Familie" jener Wesen aus seiner Vorstellung zurück.

[31] Vgl. UV 145, 187 und 219.

[32] Im Brief an Cape erklärt Lowry: „Das Buch sollte im wesentlichen als *radförmig* angesehen werden, ich wiederhole: seine Form wie die eines Rades, so daß man, wenn man zum Ende gelangt ist und aufmerksam gelesen hat, wieder zum Anfang zurückgehen möchte ..." [SL 88].

[33] „Wer immer strebend sich bemüht, den können wir erlösen" – dieses Zitat aus Goethes *Faust. Der Tragödie zweiter Teil* (5. Akt, letzte Szene) ist dem Roman als eines von drei Motti vorangestellt.

[34] Grace (1974), p. 5.
[35] Op. cit., p. 3.
[36] Dies veranlaßt Grace zu der Feststellung: „... die einzigen ‚Enden' in Lowrys Werk sind Sackgassen, Abgründe, Höllen der Verzweiflung, Haß und verzerrte Wahrnehmung." (Op. cit., p. 4.)
[37] Es gibt kaum eine Seite in *Under the Volcano*, wo das Kreismotiv nicht auftaucht. Unter den vielen Manifestationen dieses Bildes sind z. B. das buddhistische „Rad des Gesetzes" [218], das „leuchtende Rad der Galaxie" [322], das Riesenrad, das in der Nacht leuchtet wie Ixions Feuerreifen [15, 219], das „rotierende Schwungrad der Druckmaschine" in der Druckerei [54] oder Geoffreys als „Räder in Rädern" [174] beschriebenes *Delirium tremens*. In Analogie zu den Höllenkreisen in Dantes *Inferno* sind die meisten Wege „kreisförmig".
[38] Eine Ausnahme macht das 11. Kapitel, das Yvonnes Tod und Erlösung beinhaltet. Hier erhält das Motiv des Kreises dieselbe positive Bedeutung wie in „Forest Path". Das Kapitel beginnt mit den Worten: „Sonnenuntergang. Über ihnen zogen Strudel von grün-orangenen Vögeln immer weitere Kreise wie Ringe auf dem Wasser" [316; 331], und endet fast gleichlautend: „Und plötzlich fühlte Yvonne sich aus dem brennenden Traum emporgehoben, hinauf zu den Sternen, durch Strudel von Sternen, die hoch oben immer weitere Kreise zogen wie Ringe auf dem Wasser und unter denen jetzt, sanft und stetig wie ein diamantener Vogelschwarm dem Orion zufliegend, die Plejaden erschienen ..." [336; 352] Durch die Wiederholung dieser Worte wird das Kapitel selbst zu einem geschlossenen Kreis, der durch den Bezug auf Yvonne ein Symbol der Erneuerung ist: Mit ihrem Tod beginnt ein neues, spirituelles Dasein als leuchtender Stern am Firmament.
[39] Vgl. etwa Grace (1977), p. 64.
[40] Vgl. meine Ausführungen in: *Piranesis Carceri*, pp. 120 ff. – Obwohl Lowry Piranesi nirgends namentlich erwähnt, scheint er sich doch auf die berühmte Passage aus De Quinceys *Confessions* zu beziehen, in welcher der Opiumesser die *Carceri* schildert, die er selbst nie gesehen hat, was die geniale Vorstellung ermöglichte, daß Piranesi selbst auf den endlosen Spiraltreppen seiner imaginären Kerker wie ein zweiter Sisyphus unaufhörlich aufwärts strebe. Über den Konsul heißt es, als er die Calle Nicaragua emporsteigt: „Es war, als müßte er mühselig eine endlose Treppe zwischen Häusern ersteigen ...". [76; 85] Es scheint daher auch kein Zufall zu sein, daß die Spiraltreppen in den Türmen von Laruelles Haus mit besonderem Nachdruck erwähnt werden, wobei der Konsul wiederholt auf halber Höhe der Treppe steht und überlegt, ob er hinauf- oder hinuntersteigen soll: „Schlotternd, halb wahnsinnig lief er halbwegs die Treppe hinauf, dann wieder ein Stück hinunter ..." [208; 219]
[41] Dieser Ansicht ist auch Stephen Tifft: „In der Tat dient dieser Teufelskreis – eine Spirale wäre vielleicht eine adäquatere Figur – als ein Muster für die tragische Handlung allgemein. Durch seinen Fatalismus vorwärtsgetrieben, durchläuft der Konsul, während er sich der Katastrophe annähert, wiederholte Runden von Schuld-Sturheit-Rückzug-Schuld." (p. 49)
[42] „Unter dem Vulkan, über einem Abgrund hängend, ist das Farolito der letzte Kreis der Mescalhölle des Konsuls." (Pagnoulle [1974], p. 172.)
[43] Hill, p. 34.
[44] Im Buch Genesis heißt es, daß Adam und Eva sich nach dem Sündenfall vor dem Herrn verstecken wollten. Wie sinnlos dieses Bemühen ist und daß man dem Gesichtsfeld Gottes niemals entrinnen kann, wird in Jeremias 23:24 deutlich: „Meinst du, daß sich jemand so heimlich verbergen könne, daß ich ihn nicht sehe? spricht der Herr. Bin ich es nicht, der Himmel und Erde füllt? spricht der Herr." – Im Lauf des 10. Kapitels erklingt dieser mahnende Ruf immer wieder: „... du kannst mir nicht entrinnen, ich sehe dich" [292; 305], ruft eine innere Stimme, während Geoffrey, Hugh und Yvonne die Speisekarte des Salón Ofélia studieren. Yvonnes Bemühen, die Vision vom kanadischen Paradieses vom Verdacht einer bloß eskapistischen Leugnung der tatsächlichen Situation zu befreien („das soll keine Flucht sein ..."), wird durch den Ruf übertönt: „‚Ich sehe dich ... Du entkommst mir nicht'" [300; 315] Wenig später dringen die mahnenden Worte wie Fragmente eines Dialogs an das Ohr des Konsuls, der in der Toilette des Salón Ofélia dem chaotischen Geplapper des Universums lauscht. „Na, komm", heißt es

schließlich, bevor der Konsul vor Hugh und Yvonne sein deterministisches Weltbild entfaltet, „du kannst mir nichts vormachen, ich durchschaue dich ..." [306; 321]

45 So wie der Roman nicht nur die Tragödie eines einzelnen Menschen, sondern auch die der ganzen Welt beschreibt (was durch die globale Vogelperspektive zu Beginn des 1. Kapitels angedeutet wird, die sich bis nach Hawaii im Westen und dem indischen Juggernaut im Osten erstreckt und mit einer komplementären Nord-Süd-Ausdehnung ein Fadenkreuz schafft, in dessen Zielpunkt sich die Stadt Quauhnahuac als repräsentatives Zentrum der Welt befindet), so erfassen auch die nach Ost und West gerichteten Ferngläser der Polizisten auf dem Wachtturm gleichsam den ganzen Globus (vgl. p. 13 und p. 99).

46 Vgl. die Äußerungen des Kinobesitzers Sr. Bustamente [28/29].

47 An anderer Stelle sieht der Konsul Dr. Vigil und Laruelle im Gespräch und faßt sogleich den Argwohn, daß sie über ihn reden (vgl. 230; 242). Dieser Argwohn beinhaltet zwar, daß das Gespräch von einem fürsorglichen Interesse geleitet wird, doch in den Augen von Suchtkranken erscheint oft jeder hilfreiche Akt, sofern er auf eine Heilung und damit auch auf den Entzug des Suchtmittels ausgerichtet ist, als ein bösartiger Angriff verschworener Widersacher, die seine Vernichtung bezwecken.

48 „,Sieh mal, alter Junge', hörte der Konsul sich sagen, ,Franco oder Hitler gegen sich haben, ist eine Sache, aber Aktinium, Argon, Beryllium, Dysprosium, Niobium, Palladium, Praseodym gegen sich haben ... Ruthenium, Samarium, Silikon, Tantal, Tellurium, Terbium, Thorium ... Thulium, Titan, Uran, Vanadium, Virginium, Xenon, Ytterbium, Zirkonium, ganz zu schweigen von Europium, Germanium ... und Columbium! – und all die anderen gegen sich haben, ist etwas anderes.'" [304; 319]

49 Hier stand unverkennbar Poes „House of Usher" Pate, das auf den Erzähler wie ein menschlicher Schädel wirkt und darauf hindeutet, daß die Handlung ihren eigentlichen Ort im Bewußtsein hat. Das Motiv des schrecklichen Blicks legt aber auch die Assoziation mit „The Tell-Tale Heart" nahe, wo der Erzähler durch das „Evil Eye" eines alten Mannes in den Wahnsinn getrieben wird und einen Mord begeht, um dem verhaßten Anblick des Auges zu entgehen. Ein weiteres Vorbild könnte Coleridges Gedicht „The Rime of the Ancient Mariner" sein, in dem ein Seemann durch eine Freveltat den Tod der ganzen Mannschaft heraufbeschwört und als einziger Überlebender von einem schrecklichen Schuldbewußtsein gepeinigt wird, wobei ihm die Geister der Toten erscheinen: „Each turned his face with a ghastly pang, / And cursed me with his eye." [PW 196] [„Ein jeder wandte mir sein grausig schmerzliches Gesicht / Und fluchte mir mit seinem Blick."]

50 Der Name läßt sich als „fruchtbare Gesundheit" übersetzen. Vgl. Ackerley/Clipper, p. 435.

51 So heißt es bei Ackerley und Clipper: „Der Chef der Gärtner hebt sich jedoch von den anderen ab: eine Gottfigur, ... zu der Lowry in einer Randnotiz schrieb: ,Der Chef der Gärten – der hellhäutige Mann – steht einfach da, er ist der *deus ex machina*.'" (p. 434)

52 Vgl. UV 179.

53 Vgl. UV 196.

54 Vgl. UV 308 ff.

55 Im Unterschied zum Konsul besinnt Scrooge sich zuletzt jedoch eines Besseren und wird ein anderer Mensch. Vgl. hierzu UV 223/224.

56 So schreibt Friedl: „Der Kosmos als Ganzes ist ... der ungebundenen Vision ausgeliefert, der Vision, die durch den Alkohol geformt und entformt wird ..." (1986, p. 190.)

57 Vgl. auch die Ausführungen über die Ansicht Hildegard von Bingens (Seite 393 f.), daß es dem Menschen in seiner Freiheit überlassen sei, aktiv nach der eigenen Vervollkommnung zu streben und damit auch die Vollkommenheit des ganzen Universums in Angriff zu nehmen. Die Entscheidung gegen die Inangriffnahme dieser Aufgabe begründet, wie hier beim Konsul, die individuelle Schuld. Geoffreys Alkoholabhängigkeit kann durchaus auch in diesem Kontext gesehen werden, wie die folgende Bemerkung von Kleber zeigt: „Es liegt aber in der subjektiven Verantwortung des Menschen, dem dritten Auge die Sehkraft zu erhalten. Gesundheit ereignet sich im Bereich jenseits des vergesellschafteten Körpers am Leib. In der kosmischen Eingebundenheit ist das dritte Auge heute wie vor 2000 Jahren Ausdruck der Freiheit des Menschen und

seiner Unabhängigkeit von den Strukturen der Welt, in denen er lebt. Erst die Preisgabe dieser Freiheit bewirkt die innere Abhängigkeit von der Endlichkeit der Gesellschaft und der Religion. Um die Dimension des Leibes beraubt, sucht sich der Körper den Ausdruck seiner Abhängigkeit in der Sucht." (p. 144)

[58] New erläutert dies so: „Kurz gesagt, geht das jährliche Fest im November zur Ehrung der Seelen der Toten auf eine heidnische Sicht der Toten als Fruchtbarkeitsgötter zurück. Wenn man sie nicht versöhnlich stimmte, so würde der Winter andauern, das Getreide würde nicht wachsen, das Land würde veröden und die Menschen würden hungern. Diesem Schema aufgesetzt ist eine archetypische Situation, die den Herrscher des Landes betrifft, den Fischerkönig. Sollte er krank werden, so würde das Land seine Verfassung widerspiegeln und öde bleiben, bis er verjüngt, wiedergeboren or geheilt wäre. Auf jeden Fall wird die Auferstehung, eher als ein endgültiger Tod, das wichtige Motiv, und es ist die Aufgabe des Suchenden, diesen Wandel herbeizuführen, der den König genesen läßt und dem Land wieder Wasser bringt. / In *Under the Volcano* wird der Konsul der Gestalt des Fischerkönigs, und alle anderen Hauptpersonen werden als Suchende aufgeführt." (New [1971], p. 40.)

[59] Das Bild des Lichtstrahls, der wie eine Lanze in einen Eisblock fährt, ist natürlich auch ein ironischer Hinweis auf den nicht stattfindenden Geschlechtsakt und reflektiert gleichzeitig Geoffreys sexuelle und spirituelle Impotenz.

[60] Vgl. etwa das Telefonat mit „Tom" im 3. Kapitel (p. 76).

[61] Vgl. UV 133; 142.

[62] Vgl. 374/375; 391/392.

[63] Als Mysterien bezeichnet man kultische Rituale, bei denen einem ausgewählten Personenkreis bestimmte Einsichten vermittelt werden, die geheimzuhalten sind. In den altgriechischen Mysterien, wie z. B. den Eleusinischen oder den orphisch-dionysischen, sollten die Initianden sich für ein besseres Leben im Jenseits qualifizieren. Nach einer rituellen Reinigung und Weihezeremonien, durch welche die göttliche Kraft auf sie übergehen sollte, wurde ihnen von einem Hohepriester, dem *Hierophanten*, Einblick in ein Allerheiligstes gewährt. Die orientalischen Mysterien verbanden sich häufig mit Auferstehungsmythen, wobei der Eingeweihte danach strebte, wie ein auferstandener Gott nach seinem Tod ein neues Leben zu beginnen. – Dorosz schreibt über die Idee des Mißbrauchs der Mysterien in *Under the Volcano*: „... der Mensch verrät die Mysterien nicht unbedingt, indem er verborgenes Wissen preisgibt, sondern indem er sich von Gott abwendet und die Gaben des Himmels mißbraucht. Die göttlichen Eigenschaften des Menschen werden so zu Zwecken benutzt, die Gottes Plan zuwider und folglich böse sind. Wenn der legitime Gebrauch dieser Eigenschaften weiße Magie genannt werden kann, so bedeutet ihr Mißbrauch Geisterbeschwörung oder schwarze Magie." (1976, p. 76)

[64] Im Brief an Cape notiert Lowry: „In der Kabbala wird der Mißbrauch magischer Kräfte mit Trunkenheit oder Weinmißbrauch verglichen und, wenn ich mich recht entsinne, auf Hebräisch *sôd* genannt, woraus uns unsere Parallele erwächst. Das Wort *sôd* hat eine Art von Attribut, die auch soviel wie ‚Garten' oder ‚vernachlässigter Garten' bedeutet, wie ich mich auch zu erinnern glaube, und manchmal wird die Kabbala selbst als der Garten verstanden, in den der Lebensbaum hineingepflanzt ist, der natürlich einen Bezug zu jenem Baum aufweist, dessen Frucht die Erkenntnis von Gut und Böse hervorbrachte und uns selbst die Geschichte von Adam und Eva. Wie dies auch immer sei – ... die Qualen des Trinkers finden ihre überaus präzise poetische Analogie in den Qualen des Mystikers, der seine magischen Kräfte mißbraucht hat." [SL 71]

[65] So erinnert sich Geoffrey etwa an ein versäumtes Rendezvous mit Yvonne: „Und die kummervolle Stimme des Windes schien dir klagend den Namen der Straße zuzurufen: Via Dolorosa, Via Dolorosa!" [88; 97], und es gibt viele weitere indirekte Anspielungen auf den Leidensweg Christi. Die Calle Nicaragua, in der Geoffrey wohnt, wird als ein „beinahe unschiffbares Chaos von losem Geröll und Schlaglöchern" [98] beschrieben, und an anderer Stelle heißt es: „Die von Steinbrocken bedeckte Straße dehnte sich ins Unendliche wie ein Leben der Qual." [77; 85]

66 Die deutsche Fassung kann das wohl unübersetzbare Wortspiel „You poxboxes. You coxcoxes" des Originals nicht vermitteln. In lautlicher Nachahmung des ersten Schimpfwortes „poxboxes" wird „coxcoxes" zwar auch wie ein Schimpfwort gebraucht, doch es bezieht sich überdies auf einen indianischen Mythos, der in etwa dem biblischen Stoff von der Sintflut entspricht. Ähnlich wie Noah überlebt Coxcox die verheerende Flut und begegnet Kikequetzl, der einzigen überlebenden Frau, mit der er ein neues Geschlecht begründet. Die indianische Legende inspirierte Christoph Martin Wieland zu der Erzählung „Koxkox und Kikequetzel. Eine mexikanische Geschichte", die 1770 als „Ein Beytrag zur Naturgeschichte des sittlichen Menschen" erschien.

67 Ähnlich verhält es sich mit der Symbolik des kabbalistischen Lebensbaumes, in dem sich nach Lowrys Lesart der Aufstieg zur höchsten göttlichen Emanation (*Kether*) bei regelwidrigem Verhalten unversehens in einen Abstieg verkehren könne, der den Delinquenten in das Reich der Dämonen (*Qlipoth*), also in die Hölle führe.

68 Vgl. UV 21.

69 Auch Day weist Geoffreys Manie, in allen Dingen nach symbolischer Tiefe zu suchen, daher eine wesentlich eskapistische Bedeutung zu: „Es ist wichtig, daß man erkennt, daß diese Symbolbesessenheit des Konsuls ihrem Wesen nach eskapistisch ist: solange er sich auf solche Abstraktionen konzentriert, kann er seine wahren Probleme vermeiden; solange er das Gefühl haben kann, bereits verdammt zu sein (sich sogar bereits in der Hölle zu befinden), braucht er die Erlösung nicht zu fürchten." (Day, pp. 347/348.)

70 Hill, pp. 43/44.

71 Diese Überlegung wird besonders deutlich in der Erzählung „The Forest Path to the Spring", die Lowry als komplementäres Gegenstück zu *Under the Volcano* konzipiert hatte: sie sollte der infernalischen Vision seines großen Romans eine paradiesische entgegensetzen. Der namenlose Protagonist, ein Jazzmusiker, der erst an einer Symphonie, dann an einer Oper arbeitet, bewohnt mit seiner Frau wie die Lowrys selbst eine Hütte in der Wildnis und geht täglich von dort zu einer Quelle, um frisches Wasser zu holen. Dieser Weg wird ihm zum Ort einer mystischen Erfahrung, denn er scheint sich, nach zwei Schlüsselerlebnissen des Protagonisten, von Tag zu Tag zu verkürzen und wird damit zum Sinnbild eines spirituellen Werdens, das nach der Überwindung eines gefährlichen Hindernisses seiner Vollendung entgegenstrebt, und zwar einer Vollendung, die, wie das Kreismotiv am Schluß der Erzählung zeigt, innerhalb einer ewigen zyklischen Bewegung der Ausgangspunkt eines neuen Werdens sein wird. Der Weg, den Lowrys Protagonist beschreitet, ist also wie das Tao ein Weg der Erkenntnis, der niemals ein Ende erreicht. In dieser Bedeutung ist er ein positives Gegenbild zur zeitlichen Stagnation und Erstarrung im solipsistischen Bewußtsein. Die beiden Erlebnisse, die diese fruchtbare Bewegung ermöglichen, sind der Brand der Hütte, in dem die Symphonie vernichtet wird und die bedeutsame Begegnung mit einem Puma, den der Protagonist in einem gefaßten Moment wie den Leibhaftigen von sich weist (die Anspielung auf die drei allegorischen Raubtiere, die Dantes Erkenntnisreise zu Beginn der *Divina Commedia* gefährden, ist unübersehbar). Während mit dem Verlust der Symphonie auch das Problem ihrer ausweglos verfahrenen künstlerischen Konzeption beseitigt ist, die den Komponisten zuletzt an der Vollendung des Werkes gehindert hatte, bedeutet die Abweisung des Pumas eine Absage an die alten Laster (der Protagonist war ein Trinker); beides hat also eine ähnliche Funktion wie die selbstreinigenden Übungen der Mystiker, weshalb die spirituelle Erfahrung des Protagonisten auch mit der mystischen verglichen wird: „Kein Wunder, daß es Mystikern schwerfällt, ihre Erleuchtungen zu beschreiben …" [HU 272] Hier wird eine *tabula rasa* geschaffen, die einen hoffnungsvollen Neubeginn ermöglicht. So heißt es über den Wiederaufbau der Hütte: „Wir bauten sie an derselben Stelle wie das alte Haus, wobei wir die verbrannten Pfosten als Teil unseres Fundaments benutzten, da sie in ihrem verkohlten Zustand nicht verfaulen würden. Und die Musik ließ sich auch irgendwie erneut aufschreiben, in einer Weise, die noch zufriedenstellender war, denn ich mußte nur zu dem Pfad zurückkehren, um Teile davon zu erinnern. Es war, als sei die Musik während einiger dieser Augenblicke geschrieben worden. Der Rest war, wie jeder kreative Künstler verstehen wird, nur noch Arbeit." [HU

274] Doch dieser Neubeginn ist nur eine Momentaufnahme im Zyklus des ewigen Werdens; ein neuer Kreis ist begonnen, andere neue Kreise werden folgen.

72 Vgl. UV 51, 72, 87 und 362.
73 Vgl. HU 41.
74 Considine (1972), p. 68.
75 Silverman (1972), p. 108.
76 In *Under the Volcano* sagt Hugh dementsprechend: „'Lieber Gott, wenn unsere Zivilisation zwei Tage nüchtern wäre, würde sie am dritten an Gewissensbissen sterben ...'" [117; 125] Auch Yvonne erkennt im Rausch die Betrunkenheit der Welt: „Yvonne war nüchtern. Das Unterholz hingegen, das ihnen mit plötzlichen flinken Bewegungen den Weg versperrte, war nicht nüchtern; die beweglichen Bäume waren nicht nüchtern; und schließlich war auch Hugh nicht nüchtern ..." [332; 347]
77 Hill, p. 44.
78 Vgl. Dorosz (1976), p. 83.
79 Op. cit., p. 53. – An anderer Stelle schreibt Dorosz: „Und selbst wenn wir uns nicht immer sicher sind, ob der Alkohol in der Tat Geoffreys ‚metaphysisches Bewußtsein' erhöht, so ist es doch gewiß nicht Vergessen, was er in ihm sucht, sondern ein erweitertes Bewußtsein." (p. 52)
80 Day schreibt über Lowrys Beeinflussung durch Rimbaud: „Wie Rimbauds Seher sollten seine diversen Charaktere sich in sich selbst versenken und, gewöhnlich mit Hilfe von Alkohol, ihre äußere Identität auslöschen und dann regeneriert aus ihren inneren Höllen wieder auftauchen, da sie nun mit ihrer unter Gefahren erworbenen Einsicht in der Lage sind, sich der Menschheit anzuschließen und ihr zu dienen. / Lowry scheint sein Leben tatsächlich aus dieser Rimbaud'schen Perspektive gesehen zu haben, und es ist auffällig, wie konsequent er in seinem ganzen Werk auf die entgeistigte innere Reise der Symbolisten als eine künstlerische Notwendigkeit verweist ..." (p. 203) Und Max-Pol Fouchet schreibt über Geoffreys alkoholberauschtes Sehertum: „Der Alkohol ist für ihn kein Laster, sondern eine Leidenschaft der Seele, ein Mittel der Erkenntnis. Geoffreys Trunksucht erzeugt jene Entregelung der Sinne, durch die man sich, Rimbaud zufolge, sehend macht." (1984, p. 70)
81 Vgl. Day, p. 168 und Meyers (1974), p. 374.
82 Vgl. Ackerley/Clipper, pp. 341/342.
83 Analog dazu heißt es an anderer Stelle: „‚... Laß uns um Jesu Christi willen fortgehen. Tausend, Millionen Meilen weit fort, Yvonne, irgendwohin, nur fort. Einfach fort. Fort von all diesem. Lieber Gott, von diesem hier.'" [277; 290]
84 Vgl. Day, pp. 273/274.
85 Die Bezüge auf Coleridge in *Under the Volcano* konzentrieren sich vor allem auf die Gedichte „The Rime of the Ancient Mariner" und „Kubla Khan", wobei anzunehmen ist, daß Lowry Coleridges Schilderung kannte, in der „Kubla Khan" auf eine Opiumvision zurückgeführt wird (vgl. Moon, Kenneth: „Lowry's *Under the Volcano* and Coleridge's ‚Kubla Khan'", *Explicator*, 44, ii [Winter 1986] 44–47). Lowrys Auseinandersetzung mit Poe erfolgt in *Under the Volcano* vor allem durch Anspielungen auf die Erzählungen „The Fall of the House of Usher", „William Wilson" und „A Descent into the Maelström", auf das Gedicht „The Bells" und durch einzelne Hinweise auf den Roman *The Narrative of Arthur Gordon Pym* (vgl. hierzu die Anmerkungen in Ackerley/Clipper). Es bleibt unklar, ob Lowry in Poe einen Angehörigen jener „Great Brotherhood of Alcohol" sah. In der Erzählung „Strange Comfort Afforded by the Profession", wo Sigbjørn Wilderness Poes Haus in Richmond besichtigt, schreibt Lowry: „Ja, ja, und er erinnerte sich an noch etwas, in Poes Haus, ... wo die alte Dame, die es verwaltete, ... ihm zugeflüstert hatte: ‚Sehen Sie also, ich glaube, daß die Geschichten über sein Trinken nicht *alle* wahr sein können.'" [HU 105]
86 Bock nennt diese Arbeitsweise, nach der übrigens auch De Quinceys Schriften entstanden, in Anlehnung an einen Begriff aus den Theaterwissenschaften *rifacimento*. Der Begriff bezeichnet die aus kommerziellen Gründen erstellte Neufassung besonders erfolgreicher Bühnenstücke (vor allem von Opern). Vgl. Bock (1987).

[87] Bock nennt u.a. einige exemplarische Passagen aus *October Ferry to Gabriola*, die eindeutig auf De Quinceys *Confessions* basieren, vgl. pp. 236 und 238/239.

[88] Op. cit., p. 242.

[89] In eine anderen Aufsatz verweist Bock ferner auf De Quinceys „Dark Interpreter", eine Instanz, durch die verdrängte Inhalte und triebhafte Elemente dem Wachbewußtsein mitgeteilt werden, und argumentiert recht plausibel, daß Lowry sich in der Erzählung „The Forest Path to the Spring" auf dieses Bild beziehe (vgl. Bock [1990]), während Falk eine Stelle in *Under the Volcano* als Anspielung auf De Quinceys Essay „The Knocking at the Gate in *Macbeth*" erkennt (vgl. Falk [1985], pp. 216 f. – Falk bezieht sich auf das 4. Kapitel, explizit genannt wird der Essay aber im 5.: „Mr. Quinceys Worte klopften an sein Bewußtsein … der alte De Quincey; das Klopfen an das Tor in Macbeth." [136]) Die Erkenntnis, daß Hughs politischer Aktionismus kaum mehr als eine Pose ist, wird durch den ironischen Hinweis vorbereitet, daß er als Barrikadenkämpfer während der Gefechte um das Universitätsgebäude in Madrid De Quincey gelesen habe, also ausgerechnet einen Autor, der sich in die Realität seiner Opiumträume zurückzog und sicher wenig Sinn für revolutionäres Kämpfertum hatte. (Vgl. 101) Ein wichtiges Beispiel für Lowrys Übernahme von Ideen De Quinceys ist der Begriff des *Pariah*, der die unterste soziale Schicht im indischen Kastensystem, die der „Unberührbaren", bezeichnet und von De Quincey auf den aus der Gesellschaft ausgestoßenen Einzelgänger übertragen wurde; vgl. De Quinceys *Autobiography from 1785 to 1803*, wo der Begriff so eingeführt wird: „Du hast schon, Leser, von Pariahs gehört. Vielleicht hat dich das Pathos dieser großen Idee nie berührt. Ist dir je aufgefallen, wie weitläufig diese Idee ist? Halte sie nicht für eine Eigenart von Hindustan. Bevor Delhi war, vor Agra oder Lahore, so könnte der Pariah sagen, war ich. … Aber in Zeitaltern, die den unseren weitaus näher sind, ja in unserer eigenen Generation und in unserem eigenen Land gibt es viele Pariahs, die mitten unter uns sind …" (*The Collected Writings of Thomas De Quincey*, hg. v. David Masson, Edinburgh 1889–1890, Nachdruck New York 1968, Vol. I, pp. 100/101.) Auch der Konsul ist als Solipsist ein solcher Ausgestoßener, was u.a. durch sein *alter ego* in der erbärmlichen Gestalt der ihm stets folgenden „pariah dogs" deutlich wird.

[90] Gemeint ist der Roman *The Lost Weekend* von Charles Jackson.

[91] Hill, p. 48.

[92] „Der Abgrund", meint Day, „ist immer mit uns – selbst noch mitten im Paradies …" (p. 204) Die Überlegung hat eine lange Tradition; so ist sie u.a. in Pascals *Pensées* bedeutsam.

[93] Vgl. hierzu Laruelles Überlegung: „Erstaunlich, wie die Landschaft sich ununterbrochen veränderte! … (man) konnte … gleichzeitig die verschiedensten Landschaften sehen …" [9/10; 16] Die Landschaft in *Under the Volcano* ist eine Seelenlandschaft und Abbild des Bewußtseins: So ist sie einmal (im Einklang mit Laruelles Abschiedsstimmung) melancholisch (vgl. p. 13) oder fieberhaft (vgl. pp. 23/24), im Brief des Konsuls ist dagegen vom „Fiebertraum der endlosen, öden Kaktusebene" [39; 46] die Rede, während die Landschaft an anderem Ort als obszön empfunden wird (vgl. etwa p. 65). Beim Ausritt von Hugh und Yvonne, die von einem neuen, besseren Leben träumen, erscheint sie friedvoll und idyllisch und nimmt, sobald Hugh die Hoffnung als eine Illusion erkannt hat, sogleich wieder bedrohliche Züge an. Ebenso schlägt der Charakter des Jahrmarkts mit Geoffreys Stimmungswechsel im 7. Kapitel abrupt um: „Gleichzeitig hatte das Bild des Festes, als wäre die Sonne hinter einer Wolke verschwunden, sich für ihn völlig verändert. Das lustige Schnurren der Rollschuhe, die ironisch-fröhliche Musik … – all das war plötzlich voll von Schrecken und hintergründiger Tragik …" [215; 226] Im 9. Kapitel verändert sich die Atmosphäre der Arena im Einklang mit Yvonnes wechselnder Gefühlslage. „Wie großartig sie sich amüsierten, wie glücklich sie waren, wie glücklich alle waren! Das fröhliche Mexiko, das seine tragische Geschichte, die Vergangenheit, den unter allem lauernden Tod verlachte!" [254; 266], ist ihr erster Eindruck, der bald einem ganz anderen weicht: „Mexiko verlachte seine tragische Geschichte nicht, Mexiko langweilte sich." [257; 269] Die Erklärung für diesen Stimmungswechsel: „Es war lediglich der Habanero gewesen, den Yvonne im Autobus getrunken hatte und dessen Wirkung jetzt nachließ."

Ansichten eines modernen Heiligen:
Aldous Huxley und die Droge

[1] Huxley nennt das Zitat in einem Brief an Albert Hofmann; vgl. Seite 636.
[2] Das hinderte ihn jedoch keineswegs daran, sich bei Bedarf auf solche einschlägigen Autoritäten zu berufen. In dem Essay „A Treatise on Drugs" werden Poe und Baudelaire zwar nicht namentlich genannt, aber durch die Verwendung bekannter Zitate unmißverständlich ins Spiel gebracht: „Die Geschichte der Anwendung von Drogen stellt eines der merkwürdigsten und, wie ich finde, eines der bedeutsamsten Kapitel in der Naturgeschichte des Menschen dar. Überall und zu allen Zeiten haben Männer und Frauen Mittel gesucht und gefunden, um einen Urlaub von der Realität ihres allgemein dumpfen und oft erheblich unangenehmen Daseins zu nehmen. Ein Urlaub außerhalb des Raumes, außerhalb der Zeit, in der Ewigkeit des Schlafes oder der Ekstase, im Himmel oder in der Vorhölle der visionären Phantasie. ‚Anywhere, anywhere out of the world'." [M 26. – Die Zitate aus *Moksha* werden hier lediglich durch Seitenangabe in eckigen Klammern bezeichnet]. – „Außerhalb des Raumes, außerhalb der Zeit" („Out of space, out of time") ist ein Zitat aus Poes Gedicht „Dream-Land", „Any where out of the world" ist der Titel des Prosagedichts XLVIII aus Baudelaires *Le Spleen de Paris*.
[3] Die bemerkenswerteste dieser kritischen Reaktionen ist die des Oxforder Professors für Asiatische Religion und Philosophie R.C. Zaehner, dessen Unmut über Huxleys Äußerungen den Anlaß zu einem Selbstversuch mit Meskalin und zur Verfassung eines Buches gab, das eine Gegendarstellung versuchte: *Mysticism, Sacred and Profane. An Enquiry into Some Varieties of Religious Experience*, Oxford 1957.
[4] Dennis Gabor in dem von Julian Huxley 1965 herausgegebenen Band *Aldous Huxley: A Memorial Volume*, p. 72; zit. nach Bowering (1970), p.233.
[5] Bowering charakterisiert Huxleys *Island* als einen Ideenroman, der durchaus verdienstvoll sei, „doch es ist der eine große Roman, auf den der kritische Vorwurf, es handele sich um ‚einen langatmigen Essay mit beigefügten Unterhaltungseinlagen' einigermaßen zutrifft." (p.15)
[6] Diese im wesentlichen pragmatistische Auffassung vertritt auch William James bereits in seinen *Varieties of Religious Experience*; vgl. die XVIII. Vorlesung, pp.444 ff.
[7] Bowering, p.236. – Mit Bezug auf Krishnamurti und Meister Eckhart schreibt Huxley in „The Education of an Amphibian": „Wiederholte Wahrheit ist keine Wahrheit mehr; sie wird nur dann wieder Wahrheit, wenn sie vom Sprecher als unmittelbare Erfahrung realisiert wird. Die organisierte Religion hat viel Gutes getan, sie hat aber auch viel Schaden angerichtet." (p.36; *Adonis and the Alphabet, and Other Essays*, London 1956, pp.9–38.)
[8] Op. cit., p.235.
[9] Das Zitat stammt aus dem Essay „Downward Transcendence", der 1952 im Anhang zu Huxleys Roman *The Devils of Loudon* veröffentlicht wurde.
[10] Vgl. „Downward Transcendence" [48].
[11] „Schizophrenia: A New Approach" wurde zuerst im *Journal of Mental Science* (Bd. XCVIII, April 1952) veröffentlicht und erschien unter demselben Titel, jedoch gekürzt, im Januar-Heft des *Hibbert Journal*. Huxley las zunächst diese letztere Fassung, zitiert aber in „The Doors of Perception" den ursprünglichen Text. Der Ko-Autor des Aufsatzes ist Dr. John Smythies.
[12] Osmond erinnert sich elf Jahre später: „Ich hatte nichts über die Bestimmung bezüglich der Einführung von Meskalin in die Vereinigten Staaten in Erfahrung bringen können. Als ich sie einige Jahre später entdeckte, erkannte ich, daß ich Grund gehabt hatte, mir Sorgen zu machen." („May Morning in Hollywood" [57])
[13] Interessanterweise kommt Huxley hier auch schon auf „die erst kürzlich isolierte Droge Lysergsäure" zu sprechen, die genauso wirke wie das Meskalin. Beide Drogen, so schließt er voller Enthusiasmus, seien möglicherweise in der Lage, die Schizophrenie, „diese große Pest unserer Zeit", auf einfache Weise heilbar zu machen.
[14] Mann, Thomas: *Briefe* [Bd.3:] *1948–1955 und Nachlese*, [Frankfurt] 1965; p.332.
[15] Aus einem Brief vom 22. Juli 1956 an Dr. Humphry Osmond. [144]

¹⁶ Huxley, Aldous: *Island* [I], London 1962; p. 175. – In künstlerischer Hinsicht sind die späteren literarischen Schriften Aldous Huxleys den kreativen Erzeugnissen der palanesischen Künstler in *Island* sicher sehr ähnlich, über die es in einer Art „Encyclopaedia Palanica" mit dem schlichten Titel „Notes on What's What" heißt: „Ein Jahrhundert der Forschung über die *Moksha*-Medizin hat deutlich erwiesen, daß ganz gewöhnliche Leute durchaus in der Lage sind, visionäre oder sogar völlig befreiende Erfahrungen zu haben. In dieser Hinsicht haben die Männer und Frauen, die eine hohe Kultur betreiben und genießen, gegenüber den Ungebildeten keinen Vorteil. Eine weitgehende Erfahrung ist mit einer niedrigen Abstraktionsfähigkeit ohne weiteres vereinbar. Die Ausdruckssymbole, die von palanesischen Künstlern hervorgebracht wurden, sind nicht besser als die Ausdruckssymbole, die Künstler anderswo hervorbringen. Als Erzeugnisse von Glückseligkeit und einem Gefühl der Erfüllung sind sie wahrscheinlich weniger bewegend, vielleicht in ästhetischer Hinsicht weniger befriedigend als die tragischen oder ersatzschaffenden Symbole, die von Opfern der Frustration und Unwissenheit, der Tyrannei, des Krieges und schulderzeugenden, zu Verbrechen anhaltenden Aberglaubens geschaffen werden. Die palanesische Überlegenheit liegt nicht im symbolischen Ausdruck, sondern in der Kunst, die obwohl höherstehend und weitaus wertvoller als der ganze Rest, doch von jedem ausgeübt werden kann – die Kunst der angemessenen Erfahrung, die Kunst, alle Welten, die wir als Menschen bewohnen, näher kennenzulernen. Die palanesische Kultur ist nicht so zu beurteilen wie wir (mangels besserer Kriterien) andere Kulturen beurteilen. Sie ist nicht anhand ihrer Leistungen von einigen begabten Manipulatoren künstlerischer oder philosophischer Symbole zu beurteilen. Nein, sie ist anhand dessen zu beurteilen, was alle Mitglieder der Gemeinschaft, die gewöhnlichen ebenso wie die außergewöhnlichen, in jeder Eventualität und in jeder folgenden Überschneidung von Zeit und Ewigkeit erfahren und erfahren können." [I 172]

¹⁷ Das als Tibetisches Totenbuch bekannte *Bardo Thödol* (d.i. „Befreiung durch Hören im Zwischenzustand") wurde im 8. Jahrhundert von dem Magier Padmasambhava, einem der Begründer des tibetischen Buddhismus, erstellt. Sterben und Wiedergeburt werden hier in drei Zwischenzustände unterteilt, die verschiedenen Erleuchtungsgraden entsprechen. Das Vorlesen des Textes soll dem Sterbenden die Möglichkeit bieten, seine Todesvisionen zu durchschauen und durch die Erkenntnis des eigenen Geistes den Weg ins Nirvana zu finden.

¹⁸ „Wie jedermann sonst haben auch Erzieher einen verkorksten Bewegungssinn, und, wie jedermann, so wissen auch sie nicht, daß ihre Standards von dem, was dem Körper gut tut und was ihm schadet, pervertiert sind. Althergebrachte Gewohnheiten eines unangemessenen Körpergebrauchs lassen sie glauben, daß, was sie als gut und natürlich empfinden, auch wirklich gut und natürlich sei. Tatsächlich ist es natürlich falsch und unnatürlich und wird nur als richtig empfunden, weil sie daran gewöhnt sind. Sie kommen nicht selbst zu der Einsicht, daß etwas in ihrem eigenen psychisch-physischen Apparat oder demjenigen ihrer Schüler von Grund auf verkehrt ist. Die enttäuschenden Ergebnisse der Erziehung werden von ihnen auf verschiedene Kombinationen nebensächlicher und oberflächlicher Ursachen zurückgeführt, niemals auf die entscheidende Ursache aller Ursachen – den unangemessenen Einsatz (des Körpers) und den Verlust des natürlichen Standards psychisch-physischer Gesundheit." [EA 21/22]

¹⁹ Auch in *Island* wird dieser Gedanke aufgegriffen. So heißt es im Zusammenhang mit der von Dr. Andrew und dem Radscha von Pala angestrebten interkulturellen Verständigung: „Wenn der König und der Arzt einander nun beibrachten, aus beiden Welten das Beste zu machen – aus der orientalischen und der europäischen, der alten und der modernen –, so geschah dies, um der ganzen Nation dazu zu verhelfen, dasselbe zu tun. Das Beste aus beiden Welten machen – was sage ich? Das Beste aus *allen* Welten machen – den Welten, die in den verschiedenen Kulturen bereits realisiert wurden und den Welten der noch unrealisierten Möglichkeiten. Es war ein enormes Unterfangen, ein Unterfangen, das unmöglich abgeschlossen werden konnte, aber wenigstens war es so verdienstvoll, sie anzuspornen, sie dort eindringen zu lassen, wo Engel sich einzutreten fürchten – mit Ergebnissen, die manchmal zu jedermanns Erstaunen bewiesen, daß sie nicht solche Dummköpfe waren, wie sie erschienen. Es gelang ihnen natürlich nie, das Beste aus allen Welten zu machen; doch da sie sich nur kühn darum bemühten, machten sie

das Beste aus viel mehr Welten als jeder bloß umsichtige oder feinfühlige Mensch sich je zu versöhnen und zu kombinieren hätte träumen lassen können." [I 129]

20 Hofmann, Albert: „Preface", p. 15; in: *Moksha*, pp. 13–15.
21 Den Begriff der „gratuitous grace", definiert er in „Visionary Experience" (1961) folgendermaßen: „Die theologische Definition einer Vision oder gar einer spontanen mystischen Erfahrung ist ‚Gnadengeschenk'. Diese Dinge sind Gnaden, die uns erwiesen werden; wir erarbeiten sie nicht. Sie kommen zu uns und sind gratis, was bedeutet, daß sie für die Erlösung oder Erleuchtung, wie immer man es nennen mag, weder nötig noch bedeutsam sind. Aber wenn man sie sinnvoll nutzt, wenn man mit ihnen kooperiert, wenn die Erinnerung an sie für wichtig gehalten wird und die Menschen entsprechend den durch die Vision vorgegebenen Linien arbeiten, dann können sie für uns von enormem Wert und von großer Wichtigkeit im Hinblick auf die Veränderung unseres Lebens sein. Diese Konzeption des Gnadengeschenks, das eine Wichtigkeit erhält, wenn wir es unterstützen, ist in der ganzen Bandbreite der visionären Erfahrung, der spontanen wie auch der herbeigeführten, sehr bedeutsam." [254]
22 Eine Besprechung solcher Methoden enthält etwa der Essay „Visionary Experience" [238–243].
23 Wenn wir diese Gesellschaft als eine utopische verstehen, so ist doch anzumerken, daß sie nicht *per se* unmöglich ist, zumal es ähnliche Kulturen zweifellos gegeben hat, bis sie von den fragwürdigen Missionaren des abendländischen Kulturkreises zerstört wurden. Die Gesellschaft von Pala zeigt gewissermaßen eine postkapitalistische Naturgesellschaft: Es ist diese Verbindung, welche die Utopie von Huxleys Weltentwurf begründet, denn es scheint, als ob der Mensch ebensowenig hinter den Kapitalismus zurückgehen kann, wie er imstande ist, aus seinem Stand der Erkenntnis heraus die verlorene Unschuld wiederzuerlangen.
24 Vgl. DP 18.
25 Vgl. DP 17 sowie Seite 716 f. und 249.
26 Kermode, Frank: [Unbetitelte Rezension], *Partisan Review*, xxix (Summer 1962), pp. 472–473; in: Watt, Donald: *Aldous Huxley: The Critical Heritage*, London/Boston 1975; p. 454.
27 Allerdings weist Huxley in dem Essay „Chemical Persuasion" (1958) darauf hin, daß seine Version des Soma keinen der erheblichen Nachteile der indischen Droge aufweise (vgl. 171).
28 Huxley schildert den unerbittlichen Vergnügungszwang, dem die Bewohner des totalitären Staates in *Brave New World* unterworfen sind und der jede Form der Unlust als mögliche Keimzelle der Kritik oder gar von Widerstand verhindern soll. Vor allem die alten Menschen, die als Pensionäre zuviel Zeit zum Nachdenken haben könnten, werden durch eine pausenlose Folge von Freizeitangeboten in Atem gehalten: „Das ist der Fortschritt – die alten Männer arbeiten, die alten Männer kopulieren, die alten Männer haben keine Zeit, keine Muße zum Vergnügen, nicht einen Moment, um sich hinzusetzen und nachzudenken – oder falls sich durch einen unglücklichen Umstand in der soliden Substanz ihrer Zerstreuungen jemals ein solcher Abgrund der Zeit auftun sollte, so gibt es immer noch *Soma*, das köstliche *Soma*, ein halbes Gramm für einen freien Nachmittag, ein Gramm für ein Wochenende, zwei Gramm für einen Ausflug in den herrlichen Osten, drei für eine dunkle Ewigkeit auf dem Mond; und von dort zurückgekehrt, werden sie sich auf der anderen Seite des Abgrunds finden, sicher auf dem festen Boden der täglichen Arbeit und Zerstreuung, von Feelie zu Feelie trippelnd …" (*Brave New World*, p. 54.)
29 In diesem Sinn schreibt auch Bowering: „Will ist immer noch im ‚Reich der Gegensätze' gefangen, so daß er nach seinem anfänglichen Vorgeschmack des Klaren Lichtes in die Schreckenswelt seines eigenen Selbst zurücksinkt." (p. 212).
30 „Mahayana-Buddhismus ist, wie Huxley insistiert, eine Art der Lebensbetrachtung, welche die Gegensätze versöhnt: ‚die glückselige Erfahrung des Ungeteilten'." (p. 232).

Verzeichnis der Abkürzungen

A	Jünger, Ernst: *Annäherungen. Drogen und Rausch* (1978).
AGP	Poe, Edgar Allan: *The Narrative of Arthur Gordon Pym* (1979).
AO	Artaud, Antonin: *Œuvres complètes* (1956–1974).
BD	Rimbaud, Arthur: *Briefe. Dokumente* (1964).
C&O	De Quincey, Thomas: „Coleridge and Opium-Eating" (1890).
CEO	De Quincey, Thomas: *Confessions of an English Opium-Eater* (1956).
CPG	Michaux, Henri: *Connaissance par les gouffres* (1967).
CTP	Poe, Edgar Allan: *The Complete Tales and Poems* (1965).
D	Huxley, Aldous: „Drugs That Shape Men's Minds" (1960).
DAG	Lowry, Malcolm: *Dark As the Grave Wherein My Friend Is Laid* (1979).
DP	Huxley, Aldous: „The Doors of Perception" (1984).
EA	Huxley, Aldous: „The Education of an Amphibian" (1956).
EK	Wolfe, Tom: *The Electric Kool-Aid Acid Test* (1989).
ET	Hoffmann, E. T. A.: *Die Elixiere des Teufels* (1977).
FdM	Baudelaire, Charles: *Les Fleurs du Mal*, in: *Œuvres complètes* (1961).
GE	Michaux, Henri: *Les grandes épreuves de l'esprit* (1966).
H	Jünger, Ernst: *Heliopolis* (1978).
HE	Ludlow, Fitz Hugh: *The Hasheesh Eater* (1970).
HH	Huxley, Aldous: „Heaven and Hell" (1984).
HU	Lowry, Malcolm: *Hear Us O Lord From Heaven Thy Dwelling-Place* (1969).
HW	Hoffmann, E. T. A.: *Werke* (1912).
I	Huxley, Aldous: *Island* (1962).
IT	Michaux, Henri: *L'infini turbulent* (1971).
J	Burroughs, William: *Junkie* (1973).
JB	London, Jack: *John Barleycorn or Alcoholic Memoirs* (1964).
JI	Baudelaire, Charles: *Journaux intimes*, in: *Œuvres complètes* (1961).
K	Hoffmann, E. T. A.: *Kreisleriana* (1924).
LC	Lowry, Malcolm: *Lunar Caustic* (1971).
M	Huxley, Aldous: *Moksha* (1983).
MM	Michaux, Henri: *Misérable miracle* (1972).
N	Novalis: *Schriften*, 3 Bde., Stuttgart ²1960–1968, Bd. 4 (1975), Bd. 5 (1988).
NL	Burroughs, William S.: *The Naked Lunch* (1966).
O	Cocteau, Jean: *Opium* (1956).
P	Carus, Carl Gustav: *Psyche* (1851).
PA	Baudelaire, Charles: *Les Paradis artificiels*, in: *Œuvres complètes* (1961).
PP	James, William: *The Principles of Psychology* (1950), 2 Bde.
PW	Coleridge, Samuel Taylor: *Poetical Works* (1967).
RLP	De Quincey, Thomas: *Reminiscences of the English Lake Poets* (1961).
S	De Quincey, Thomas: *Suspiria De Profundis* (1956).
SD	Rimbaud, Arthur: *Sämtliche Dichtungen* (1965).
SE	Emerson, Ralph Waldo: *Selected Essays* (1984).
SL	Lowry, Malcolm: *Selected Letters* (1967).
SP	Baudelaire, Charles: *Le Spleen de Paris*, in: *Œuvres complètes* (1961).
ST	Schubert, Gotthilf Heinrich: *Symbolik des Traumes* (1968).
UV	Lowry, Malcolm: *Under the Volcano* (1971).
V	James, William: *The Varieties of Religious Experience* (1984).
VE	Poe, Edgar Allan: *The Complete Works* [Virginia-Edition] (1965), 16 Bde.
WW	Schopenhauer, Arthur: *Die Welt als Wille und Vorstellung* (1972), 2 Bde.
Y	Burroughs, William und Allen Ginsberg: *The Yage Letters* (1969).

Verzeichnis der benutzten Literatur

ABRAMS, M. H.: *The Milk of Paradise. The Effect of Opium Visions on the Works of De Quincey, Crabbe, Francis Thompson and Coleridge*, Cambridge 1934, New York 1962, 1970.
ABRAMS, M. H.: *The Mirror and the Lamp. Romantic Theory and the Critical Tradition*, London/Oxford/New York 1953, 1976.
ACKERLEY, Chris und Lawrence J. Clipper (Hg.): *A Companion to „Under the Volcano"*, Vancouver 1984.
ACKERLEY, Chris J.: „*Under The Volcano*: A Checklist of Unknown Details", *Malcolm Lowry Review 17–18* (Fall-Spring 1985/1986), 121–133.
ALEWYN, Richard: „Die Lust an der Angst", „Zweimal Gespenster"; in: R. A.: *Probleme und Gestalten*, Frankfurt 1974, pp. 307–330 und 331–340.
ALLEN, Hervey: *Israfel: The Life and Times of Edgar Allan Poe*, New York 1949.
ALLEN, Walter: *The Urgent West: The American Dream and Modern Man*, New York 1969.
ALTHAUS, Horst: *Friedrich Nietzsche. Eine bürgerliche Tragödie*, München 1985.
AMENDT, Günter: *Sucht Profit Sucht*, Frankfurt 1984, Reinbek 1990.
AMMON, Günter (Hg.): „*Bewußtseinserweiternde*" *Drogen in psychoanalytischer Sicht*, [Dynamische Psychiatrie, Sonderheft 1], Berlin 1971.
ANDLER, Charles: „L'œuvre lyrique de Heine: Le ‚Buch der Lieder'. 3* – Le Romancero", *Études Germaniques*, 2 (1947) 152–172.
ANON.: „Ambient House. The Ecstasy Fantasy", *Melody Maker* (March 10, 1990) 48–49.
ANON.: „Krimi mit Koks" [Über M. Agejews *Roman mit Kokain* und Vladimir Nabokov], *Der Spiegel*, 20 (12. Mai 1986) 241–244.
ANON.: „Von LSD in Flugzeugen: Julian Cope", *Spex*, 12 (December 1986) 22–25.
ANTOINE, Gérald: „Pour une nouvelle exploration ‚stylistique' du gouffre baudelairien", in: Noyer-Weidner, Alfred (Hg.): *Baudelaire*, Darmstadt 1976, pp. 161–179.
APPELL, Johann Wilhelm: *Die Ritter-, Räuber- und Schauerromantik. Zur Geschichte der deutschen Unterhaltungsliteratur*, Leipzig 1859, Neudruck 1967.
APTER, T. E.: *Fantasy Literature: An Approach to Reality*, London/Basingstoke 1982.
AREND, Angelika: „Der Dichter braucht die Droge nicht. Eine Marginalie zu Gottfried Benns Dichtungstheorie", *Neophilologus*, 71 (1987) 102–113.
ARNOLD, Paul: „Les Paradis artificiels de Charles Baudelaire", *Les Cahiers de la Tour Saint-Jacques*, 1 (1960) 92–104.
ARNOLD, Wilfred Niels: „Absinthe", *Scientific American*, Vol. 260, No. 6 (June 1989) 86–91.
ARNOLD, Wilfred Niels: „Vincent van Gogh and the Thujone Connection", *Journal of the American Medical Association*, Vol. 260, No. 20 (Nov. 25, 1988) 3042–3044.
ARTAUD, Antonin: *Œuvres complètes*, 25 Bde., Paris 1956–1974.
ASSELINEAU, Charles: *Charles Baudelaire, sa vie et son œuvre* (1869), Paris o. J. [um 1940].
AUDEN, W. H.: *The Enchaféd Flood or the Romantic Iconography of the Sea*, New York 1950.
AUERBACH, Erich: „Baudelaires ‚Fleurs du Mal' und das Erhabene", in: Noyer-Weidner, Alfred (Hg.), *Baudelaire*, Darmstadt 1976; pp. 137–160.
AUGUSTINUS: *Bekenntnisse/Confessiones*, hg. v. Joseph Bernhart u. Ernst Ludwig Grasmück, Frankfurt a. M. 1987.
BACHMANN, Ingeborg: *Malina*, Frankfurt a. M. [3]1981.
BALAKIAN, Anna: „Breton and Drugs", *Yale French Studies*, [Sonderheft „Intoxication and Literature", hg. v. Enid Rhodes Peschel] 50 (1974) 96–107.
BALTRUŠAITIS, Jurgis: *Imaginäre Realitäten. Fiktion und Illusion als produktive Kraft: Tierphysiognomik · Bilder im Stein · Waldarchitektur · Illusionsgärten*, Köln 1984.
BALZAC, Honoré de: *Louis Lambert*, in: *Œuvres complètes*, Bd. 20, Paris 1961.
BALZAC, Honoré de: „Traité des excitants modernes" (Postface à „La Physiologie du goût", 1839), in: *Œuvres complètes*, Paris 1962; Bd. 27, pp. 633–651.

BANDY, W.T.: „Huysmans and Poe", *Romance Notes* (Univ. of N.C.), 17 (1977) 270/271.
BARINE, Arvède: *Névrosés. Hoffmann – Quincey – Edgar Poe – G. de Nerval*, Paris 1898.
BASIL, Otto: *Georg Trakl in Selbstzeugnissen und Bilddokumenten*, Reinbek ^{9}1978.
BASLER, Roy Prentice: „Poe's Ligeia", in: R.P.B.: *Sex, Symbolism, and Psychology in Literature*, New York 1948, Nachdruck 1967; pp. 143–159.
BÄTSCHMANN, Oskar: *Entfernung der Natur – Landschaftsmalerei 1750–1920*, Köln 1989.
BAUDELAIRE, Charles: *Correspondance générale*, hg. v. Jacques Crépet, Paris 1947.
BAUDELAIRE, Charles: „Edgar Poe, sa vie et ses œuvres" (1856), in: Poe, Edgar Allan: *Œuvres en Prose. Traduction par Ch. Baudelaire incl. Notes de Ch. Baudelaire*, Paris 1951.
BAUDELAIRE, Charles: „Edgar Allan Poe, sa vie et ses ouvrages" (1852), in: Poe, Edgar Allan: *Œuvres en Prose. Traduction par Ch.Baudelaire incl. Notes de Ch.Baudelaire*, Paris 1951.
BAUDELAIRE, Charles: „Notes nouvelles sur Edgar Poe" (1857), in: Poe, Edgar Allan: *Œuvres en Prose, Traduction par Ch.Baudelaire incl. Notes de Ch.Baudelaire*, Paris 1951.
BAUDELAIRE, Charles: *Œuvres complètes*, hg. v. Y.-G. Le Dantec u. Claude Pichois, Paris 1961.
BAUDELAIRE, Charles: *Sämtliche Werke / Briefe*, hg. v. Friedhelm Kemp u. Claude Pichois, übers. v. Friedhelm Kemp, Bruno Streiff, Guido Meister, Dolf Oehler, Ulrike Sebastian u. Wolfgang Drost, München/Wien 1989, Frankfurt a.M. [o.J.].
BEER, John: „De Quincey and the Dark Sublime: The Wordsworth-Coleridge Ethos", in: Snyder, Robert Lance (Hg.): *Thomas de Quincey: Bicentenary Studies*, Norman/London 1985.
BEGLEY, Sharon: „The Stuff that Dreams are made of", *Newsweek*, 33 (Aug. 14, 1989) 37–40.
BÉGUIN, Albert: *Traumwelt und Romantik. Versuch über die romantische Seele in Deutschland und in der Dichtung Frankreichs*, hg. v. Peter Grotzer, Bern/München 1972.
BÉGUIN, Albert: *Blaise Pascal in Selbstzeugnissen und Bilddokumenten*, Reinbek 1973.
BÉGUIN, Albert: „Les Romantiques et l'inconscient", in: *Création et destinée*, Paris 1973; pp.54–61.
BEHR, Hans-Georg: *Von Hanf ist die Rede. Kultur und Politik einer Droge*, Reinbek 1985.
BEHRENDS, Margot: „Umgang mit kulturfremden Rauschmitteln besonders gefährlich", *Frankfurter Allgemeine Zeitung*, 211 (10. September 1992), p. 12.
BENEVELLI, Elio: „‚La Chambre Double' de Baudelaire", *Cahiers d'Études Romanes*, 1 (1974) 65–91.
BENJAMIN, Walter: „Der Sürrealismus" (1929), in: *Gesammelte Schriften*, hg. v. Rolf Tiedemann und Hermann Schweppenhäuser, Frankfurt a.M. 1977; Bd. II·1, pp. 295–310.
BENJAMIN, Walter: „Über einige Motive bei Baudelaire", in: Noyer-Weidner, Alfred (Hg.): *Baudelaire*, Darmstadt 1976; pp.88–136.
BENJAMIN, Walter: *Über Haschisch. Novellistisches – Berichte – Materialien*, hg. v. Tillman Rexrodt, Frankfurt ^{3}1979.
BENN, Gottfried: *Gehirne*, Stuttgart 1983.
BENN, Gottfried: *Gesammelte Werke in vier Bänden*, hg. v. Dieter Wellershoff, Wiesbaden ^{3}1965–1966.
BENNETT, J.H.R. und F.W. Leakey: „L'ivresse du haschisch", *Bulletin Baudelairien*, 9, i (1973) 6–8.
BENZ, Richard: *Die deutsche Romantik. Geschichte einer geistigen Bewegung*, Stuttgart 1956.
BERLIOZ, Hector: *Épisode de la vie d'un artiste. Symphonie fantastique, op. 14*, Paris 1953.
BERRIDGE, Virginia: „Victorian Opium-Eating: Responses to Opiate Use in Nineteenth-Century England", in: *Victorian Studies* (Bloomington, In.), 21 (1978) 437–461.
BERRYMAN, John: *Collected Poems 1937–1971*, hg. v. Charles Thornbury, London/Boston 1989.
BERRYMAN, John: *His Toy, His Dream, His Rest: 308 Dream Songs*, 1968, London 1969.
BETT, W.R.: „Poppies, Dawamesk and the Green Goddess: An Exotic Study of Literary Genius", *The British Journal of Addiction*, XLIV (1947) 5–12.

BIEKER, Sibylle: *Die künstlichen Paradiese in der französischen Literatur des 19. Jahrhunderts*, [Abhandlungen zur Sprache und Literatur, 52], Bonn 1992.
BIERCE, Ambrose: *The Devil's Dictionary*, hg. v. Philip Smith, New York 1993.
BILSLAND, John: „De Quincey's Opium Experiences", *Dalhousie Review*, 55 (1975) 419–430.
BITTMANN, Claus: *Lexikon der Rausch- und Genußgifte*, Wien 1987.
BLANCHOT, Maurice: „Sade", Préface de *La Nouvelle Justine ...*, in: *Œuvres complètes du Marquis de Sade*, Bd. 6, Paris 1966; pp. 11–43.
BLIN, Georges: *Baudelaire*, Paris ²1939.
BLOOM, Harold: *The Visionary Company*, Ithaca 1971.
BLOOM, Harold und Lionel Trilling (Hg.): *Victorian Prose and Poetry*, New York/London ⁶1979.
BLOOM, Steven F.: „The Role of Drinking and Alcoholism in O'Neill's Late Plays", *Eugene O'Neill Newsletter*, 8,i (Spring 1984) 22–27.
BLOTNER, Joseph: *Faulkner. A Biography*, 2 Bde., New York 1974.
BLUM, Wolfgang: „High am Steuer", *Die Zeit*, Nr. 43 (21. Oktober 1994), p. 54.
BOCK, Martin: „De Quincey, Rifacimento, and the Fictionalizing of Malcolm Lowry", *Modern Fiction Studies*, 33 (1987) 233–243.
BOCK, Martin: „De Quincey's Retrospective Optics: Analogues of Intoxication in the Opium-Eater's ‚Nursery Experiences'", in: Snyder, Robert Lance (Hg.): *Thomas de Quincey: Bicentenary Studies*, Norman/London 1985; pp. 72–87.
BOHRER, Karl Heinz: *Die Ästhetik des Schreckens. Die pessimistische Romantik und Ernst Jüngers Frühwerk*, München 1978.
BOIME, Albert: *Vincent van Gogh: Die Sternennacht. Die Geschichte des Stoffes und der Stoff der Geschichte*, Frankfurt a.M. 1989, 1992.
BOLLE, Jacques: *La poésie du cauchemar (La vie hallucinante d'Edgar Poe)*, Neuchâtel 1946.
BONAPARTE, Marie: *The Life and Works of Edgar Allan Poe: A Psycho-Analytic Interpretation. Foreword by Sigmund Freud, Transl. by John Rodker*, New York 1971.
BOREN, Lynda S.: „William James, Theodore Dreiser, and the ‚Anaesthetic Revelation'", *American Studies*, XXIV, i (Spring 1983) 5–17.
BORGES, Jorge Luis: *Die Bibliothek von Babel. Erzählungen*, Stuttgart 1974, 1986.
BOTTRALL, Margaret (Hg.): *Gerard Manley Hopkins: Poems. A Casebook*, London/Basingstoke 1975.
BOULTON, J.T.: „Editor's Introduction", in: Burke, Edmund: *A Philosophical Enquiry into the Origin of our Ideas of the Sublime and Beautiful*, London 1958; pp. xv–cxxvii.
BOUSQUET, Jacques: *Les thèmes du rêve dans la littérature romantique (France, Angleterre, Allemagne). Essai sur la naissance et l'évolution des images*, Paris 1964.
BOWERING, Peter: *Aldous Huxley: A Study of the Major Novels*, London 1968, 1970.
BRADDY, Haldeen: *Glorious Incense: The Fulfillment of Edgar Allan Poe*, London 1953.
BRAUCHLI, Jacob: *Der englische Schauerroman um 1800 unter Berücksichtigung der unbekannten Bücher. Ein Beitrag zur Geschichte der Volksliteratur*, Weida 1928.
BREIT, Harvey und Margerie Bonner (Hg.): *The Selected Letters of Malcolm Lowry*, London 1967.
BRETON, André: *Manifestes du surréalisme*, Paris [1962].
BREUER, Horst: „Wahnsinn im Werk Edgar Allan Poes: Literarkritisch-psychoanalytischer Versuch", *Deutsche Vierteljahresschrift für Literaturwissenschaft und Geistesgeschichte* 50 (1976) 14–43.
BREUER, Rolf: „Coleridge's Concept of Imagination – With a Consideration of ‚Kubla Khan'", in: Hagenbüchle, Roland und Joseph T. Swann (Hg.): *Poetic Knowledge: Circumference and Centre. Papers from the Wuppertal Symposium 1978*, Bonn 1980; pp. 42–50.
BRIE, Friedrich: *Exotismus der Sinne. Eine Studie zur Psychologie der Romantik*, Heidelberg 1920.
BRINCOURT, A.: *Satan et poésie*, Paris 1946.

BUDICK, E. Miller: „Poe's Gothic Idea: The Cosmic Geniture of Horror", *Essays in Literature* (Ill. Univ.), 3 (1976) 73–85.

BURCH, Francis F.: „Paul Verlaine's *Les Poètes maudits*: The Dating of the Essays and Origin of the Title", *Modern Language Notes*, LXXVI (December 1961) 752–754.

BURKE, Edmund: *A Philosophical Enquiry into the Origin of Our Ideas of the Sublime and Beautiful*, hg. v. J.T.B. Boulton, London 1958.

BURROUGHS, William S.: *Junkie. Confessions of an Unredeemed Drug Addict*, New York ³1973.

BURROUGHS, William S.: *Junkie / Auf der Suche nach Yage / Naked Lunch / Nova Express*, hg. und übers. v. Carl Weissner, Frankfurt a.M. 1978.

BURROUGHS, William S.: *Junky, with an introduction by Allen Ginsberg*, Harmondsworth ¹¹1987.

BURROUGHS, William S.: *Naked Lunch*, New York ⁴1959.

BURROUGHS, William S.: *The Naked Lunch*, London ⁵1966.

BURROUGHS, William S.: „Points of Distinction Between Sedative and Consciousness-Expanding Drugs", in: Solomon, David (Hg.): *The Marihuana Papers*, New York 1968; pp.440–446.

BURROUGHS, William S. und Allen Ginsberg: *The Yage Letters*, San Francisco ⁵1969.

BUSCH, Ernst: „Die Stellung Gotthilf Heinrich Schuberts in der deutschen Naturmystik und in der Romantik", *Deutsche Vierteljahresschrift für Literaturwissenschaft und Geistesgeschichte*, 20 (1942) 305–339.

BUTOR, Michel: „Les Paradis artificiels" (1959), in: *Essays sur les modernes*, Paris 1960, 1964.

BUTOR, Michel: „A propos des livres de tremblement", *Corps écrit*, 13 [„L'ivresse"] (1985) 141–155.

BYERS, John jr.: „The Opium Chronology of Poe's ‚Ligeia'", *South Atlantic Bulletin*, 45, i (1980) 40–46.

BYRON, [George Gordon], Lord: *The Complete Poetical Works*, hg. von Jerome McGann, Oxford 1986.

CALDER-MARSHALL, Arthur: „Introduction ", *The Bodleyhead Jack London*, London 1964, Bd. II, pp.7–27.

CANDELARIA, Cornelia: „On the Whiteness at Tsalal: A Note on ‚Arthur Gordon Pym'", *Poe Studies*, 6, i (1973) 26.

CARROY, Jean-Roger: *Trans-Lowry. Ode à plusieurs voix pour Malcolm Lowry, l'auteur de Au-dessous du Volcan*, Paris 1984.

CARTER, Boyd: „Poe's Debt to Charles Brockden Brown", *Prairie Schooner* XXVII (1953) 190–196.

CARUS, Carl Gustav: *Psyche. Zur Entwicklungsgeschichte der Seele*, zweite verbesserte und vermehrte Auflage, Stuttgart 1851.

CASTEX, Pierre-Georges: *Le conte fantastique en France de Nodier à Maupassant*, Paris 1951.

CECIL, L. Moffit: „Poe's Wine List", *Poe Studies*, 5, ii (1972) 41–42.

CEVASCO, G.A.: „*A rebours* and Poe's Reputation in France", *Romance Notes*, 13 (1971) 255–261.

CHARTERS, Ann: *Kerouac. A Biography*, 1973, London 1980.

CHAUCER, Geoffrey: *The Works of Geoffrey Chaucer*, hg. v. F.N. Robinson, Oxford ³1978.

CHAUSSIVERT, J.S.: „Le sens haschischin de l'invitation au voyage", *Journal of the Australasian Universities Language and Literature Association*, 45 (1976) 27–35.

CHAYES, Irene H.: „A Coleridgean Reading of ‚The Ancient Mariner'", *Studies in Romanticism*, IV (1966) 81–103.

CLAPTON, G.T.: *Baudelaire et De Quincey*, [Études Françaises, Heft 26], Paris 1931.

CLARK, David Lee: *Brockden Brown: Pioneer Voice of America*, Durham 1952.

CLARK, Kenneth: *The Romantic Rebellion*, London 1973.

CLAUDEL, Alice M.: „Mystic Symbols in Poe's ‚The City in the Sea'", in: Veler, Richard P. (Hg.): *Papers on Poe: Essays in Honor of John Ward Ostrom*, Springfield/Ohio 1972; pp. 54–61.
COBB, Palmer: *The Influence of Hoffmann on the Tales of E.A. Poe*, Chapel Hill 1908.
COCKERHAM, Harry: „Gautier: From Hallucination to Supernatural Vision", *Yale French Studies* [Sonderheft „Intoxication and Literature", hg. v. Enid Rhodes Peschel], 50 (1974) 42–53.
COCTEAU, Jean: „Lettre à Jacques Maritain", in: *Œuvres Complètes de Jean Cocteau*, Bd. IX, Genf 1950; pp. 265–306.
COCTEAU, Jean: *Opium. Journal d'une désintoxication*, Paris 1930, 1948.
COHEN, Sidney: „Medizinischer Stand der Marihuana-Forschung", in: Völger /von Welck, Bd. 3, pp. 1390–1396.
COLERIDGE, Samuel Taylor: *Biographia Literaria, or Biographical Sketches of My Literary Life and Opinions*, hg. v. James Engell und W. Jackson Bate, Princeton 1983; Bde. I und II [Bde. 7:I–II der *Collected Works*].
COLERIDGE, Samuel Taylor: *Poetical Works*, hg. v. Ernest Hartley Coleridge, London [19]1967.
CONRAD, Horst: *Die literarische Angst. Das Schreckliche in Schauerroman und Detektivgeschichte*, Düsseldorf 1974.
CONSIDINE, Raymond Howard: *Malcolm Lowry's Major Prose Fiction*, Diss. Univ. of Tennessee, 1972.
COOKE, Michael G.: „De Quincey, Coleridge, and the Formal Uses of Intoxication", *Yale French Studies* [Sonderheft „Intoxication and Literature", hg. v. Enid Rhodes Peschel], 50 (1974) 26–40.
CORBIN, Carole Lynn: *Lennon*, New York/London 1982, 1984.
COSTA, Richard Hauer: „Pietà, Pelado and ‚The Ratification of Death': The Ten-Year-Evolvement of Malcolm Lowry's Volcano", *Journal of Modern Literature*, 2 (1971) 3–18.
COTTER, James Finn: *Inscape: The Christology and Poetry of Gerard Manley Hopkins*, London 1972.
CRAMER, Thomas: *Das Groteske bei E.T.A. Hoffmann*, München 1966.
CRÉPET, Eugène und Jacques: *Baudelaire. Étude biographique* (1907), Paris o.J.
CRÉPET, Jacques: „Préface"; in: Blin, Georges: *Baudelaire*, Paris [2]1939; pp. 7–10.
CROWE, Catherine: *The Night Side of Nature, or Ghosts and Ghost Seers*, [ohne Ort] 1852.
CUNEN, F.: „Le Gouffre et l'abime de Baudelaire", *Travaux de Linguistique et de Littérature ... de Strasbourg*, 15, ii (1977) 109–141.
DAHMEN, Hans: „E.Th.A. Hoffmann und G.H. Schubert", *Literaturwissenschaftliches Jahrbuch der Görres-Gesellschaft*, 1. Bd. (1926) 62–111.
DARDIS, Tom: *The Thirsty Muse: Alcohol and the American Writer*, New York 1989.
DAY, Douglas: *Malcolm Lowry: A Biography*, New York/Oxford 1973, 1984.
DAY, Douglas: „Malcolm Lowry and the New World: Down and Out in Vancouver and Oaxaca", *Review: Latin American Literature and Arts*, 38 (1987) 5–11.
DAY, Douglas: „Preface" (1967), in: Lowry, Malcolm: *Dark as the Grave Wherein My Friend is Laid*, London 1969, Harmondsworth, [3]1979, pp. 5–18.
DE QUINCEY, Thomas: *Bekenntnisse eines englischen Opiumessers*, übers. v. Peter Meier, Leipzig/Weimar 1992.
DE QUINCEY, Thomas: „Coleridge and Opium-Eating", in: *The Collected Writings of Thomas De Quincey*, hg. v. David Masson, Bd. 5: „Biographies and Biographic Sketches", Edinburgh 1890; pp. 179–214.
DE QUINCEY, Thomas: *Confessions of an English Opium-Eater in both the Revised and the Original Texts with its Sequels Suspiria de Profundis and The English Mail-Coach*, ed. with an Introduction and a Life of De Quincey by Malcolm Elwin, London 1956.
DE QUINCEY, Thomas: *The Posthumous Works*, hg. v. Alexander H. Japp, Hildesheim/New York 1975.

DE QUINCEY, Thomas: *Reminiscences of the English Lake Poets*, hg. v. John E. Jordan, London/New York 1961.
DIECKHOFF, Reiner: „Rausch und Realität – Literarische Avantgarde und Drogenkonsum von der Romantik bis zum Surrealismus", in: Völger/von Welck, Bd. 2, pp. 692–736.
DOBKIN DE RIOS, Marlene: „Religion und Pflanzenhalluzinogene im präkolumbianischen Peru – Moche und Nazca", in: Völger/von Welck, Bd. 2, pp. 584–595.
DONALDSON, Scott: „Writers and Drinking in America", *Sewanee Review*, 98 (1990) 312–324.
DOPPLER, Alfred: *Der Abgrund. Studien zur Bedeutungsgeschichte eines Motivs*, Graz/Wien/Köln 1968.
DÖRNER, Klaus: *Bürger und Irre. Zur Sozialgeschichte und Wissenschaftssoziologie der Psychiatrie*, Frankfurt a. M. ²1984.
DOROSZ, Kristofer: *Malcolm Lowry's Infernal Paradise*, Diss. Uppsala 1976.
DRIESCHNER, Frank: „Drei Kilo sind o. k.", *Die Zeit*, Nr. 43 (21. Oktober 1994), p. 90.
DROST, Wolfgang: „‚Die Logik des Absurden': Zur Phantastik in Baudelaires Dichtung und Kunsttheorie", in: Thomsen, Christian W. und Jens Malte Fischer (Hg.): *Phantastik in Literatur und Kunst*, Darmstadt 1980, pp. 182–200.
DUDLEY, Simon: „The 3rd Summer of Love", *The Face*, 22 (July 1990) 66–71.
DUPOUY, Roger: *Les opiomanes. Mangeurs, buveurs et fumeurs d'opium. Etude clinique et médico-littéraire*, Paris 1912.
ECKERMANN, Johann Peter: *Gespräche mit Goethe in den letzten Jahren seines Lebens*, [Gütersloh] 1960.
EDDINGS, Dennis W.: „Poe's ‚Dream-Land': Nightmare or Sublime Vision?", *Poe Studies*, 8 (1975) 5–8.
EDEL, Leon: *The Modern Psychological Novel*, New York 1964.
EDMONDS, Dale: „Mescallusions or The Drinking Man's Under the Volcano", *Journal of Modern Literature*, 6 (1977) 277–288.
EGAN, Kenneth V. jr.: „Descent to an Ascent: Poe's Use of Perspective in ‚A Descent into the Maelstrom'", *Studies in Short Fiction* (Newberry, N.C.), 19,ii (Spring 1982) 157–162.
EIMER, Gerhard: *Caspar David Friedrich: Auge und Landschaft*, Frankfurt 1974.
EINSIEDEL, Wolfgang von: „Der Böse und das Böse. Zur Morphologie des Teufels", *Merkur*, 5 (1951) 428–444.
ELKINS, William R.: „The Dream World and the Dream Vision: Meaning and Structure in Poe's Art", *Emporia Research Studies*, XVII, i (Sept. 1968) 5–17.
ELLENBERGER, Henry F.: *Die Entdeckung des Unbewußten. Geschichte und Entwicklung der dynamischen Psychiatrie von den Anfängen bis zu Janet, Freud, Adler und Jung*, Zürich 1985.
ELLIS, Havelock: „Mescal: A new artificial paradise", *Annual Report of the Smithsonian Institution*, Washington 1898, pp. 537–548.
ELWIN, Malcolm: „The Life of Thomas De Quincey", in: *Confessions of an English Opium-Eater in both the Revised and the Original Texts with its Sequels Suspiria de Profundis and The English Mail-Coach*, ed. with an Introduction and the Life of De Quincey by Malcolm Elwin, London 1956.
EMBODEN, William A.: „Cannabis in Ostasien – Herkunft, Wanderung und Gebrauch", in: Völger/von Welck, Bd. 2, pp. 557–566.
EMERSON, Ralph Waldo: *Selected Essays*, hg. v. Larzer Ziff, Harmondsworth, ⁴1984.
ENGEL, Leonard W.: „The Journey from Reason to Madness: Edgar Allan Poe's ‚The Fall of the House of Usher'", *Essays in Arts & Sciences*, 14 (May 1985) 23–31.
ERZGRÄBER, Willi: „‚The Moment of Vision' im modernen englischen Roman", in: Thomsen, Christian W. und Hans Holländer (Hg.): *Augenblick und Zeitpunkt. Studien zur Zeitstruktur und Zeitmetaphorik in Kunst und Wissenschaften*, Darmstadt 1984.
FACKERT, Jürgen: „Nachwort", in: Benn, Gottfried: *Gehirne. Novellen*, Stuttgart 1983; pp. 55–84.

FAIRLIE, Alison: „Some Remarks on Baudelaire's Poème du Haschisch" (1952), in: A. F.: *Imagination and Language. Collected Essays on Constant, Baudelaire, Nerval and Flaubert*, Cambridge UP 1981.
FALK, David: „The Descent into Hell of Jacques Laruelle: Chapter I of ‚Under the Volcano'", *Canadian Literature*, 112 (Spring 1987) 72–83.
FALK, David: „Self and Shadow: The Brothers Firmin in ‚Under the Volcano'", *Texas Studies in Literature and Language*, 27, ii (1985) 209–223.
FALLADA, Hans: *Der Trinker*, Hamburg 1985.
FELZMANN, Fritz: „Der Wein in E.T.A. Hoffmanns dichterischem Werk", *Mitteilungen der E.Th.A. Hoffmann-Gesellschaft*, 24 (1978) 1–13.
FEUERLEIN, Wilhelm: „Stand der Alkoholismusforschung", in: Völger/von Welck, Bd. 3, pp. 1375–1381.
FIEDLER, Leslie A.: *Love and Death in the American Novel*, London 1970.
FINHOLT, Richard D.: „The Vision at the Brink of the Abyss: ‚A Descent into the Maelstrom' in the Light of Poe's Cosmology", *Georgia Review*, 27 (1973) 356–366.
FITZGERALD, F. Scott: „The Crack-Up" (1936), in: *The Bodley Head Scott Fitzgerald*, London/Sydney/Toronto 1960, 1971, Bd. III, pp. 388–404.
FITZGERALD, F. Scott: „An Alcoholic Case" (1937), in: *The Bodley Head Scott Fitzgerald*, London/Sydney/Toronto 1960, 1971, Bd. VI, pp. 314–322.
FORSETH, Roger: „Alcoholite at the Altar: Sinclair Lewis, Drink and the Literary Imagination", *Modern Fiction Studies*, 31, iii (Autumn 1985) 581–607.
FOUCHET, Max-Pol: „No se puede...", in: Francillon, Clarisse et al.: *Malcolm Lowry. Études – Poèmes et lettres de Malcolm Lowry*, Paris 1984, pp. 69–72.
FRANK, Joseph: „Spatial Form in Modern Literature. An Essay in Two Parts", *Sewanee Review*, LIII (1945) 221–240, 433–456, 643–653.
FRANKLIN, Rosemary F.: „The Cabin by the Lake: Pastoral Landscapes of Poe, Cooper, Hawthorne, and Thoreau", *ESQ*, 22, ii (1976) 59–70.
FRENEAU, Philip: „The Blessings of the Poppy", in: *The Poems of Philip Freneau, Poet of the American Revolution*, hg. v. Fred Lewis Pattee, Bd. III, New York 1963; pp. 114/115.
FREUD, Sigmund: *Der Realitätsverlust bei Neurose und Psychose*, in: *Gesammelte Werke*, Bd. XIII, London 1947, pp. 361–368.
FREUD, Sigmund: *Die Traumdeutung*, in: *Gesammelte Werke*, Bd. II–III, London 1948.
FREUD, Sigmund: „Das Unheimliche", in: *Psychoanalytische Studien an Werken der Dichtung und Kunst*, Leipzig/Wien/Zürich 1924.
FRIEDL, Herwig: „Die Bedeutung der Perspektive in den Landschaftsskizzen von Edgar Allan Poe", *Archiv für das Studium der Neueren Sprachen und Literaturen*, 210, i (Juni 1973), 86–93.
FRIEDL, Herwig: „Malcolm Lowry and the American Imagination", in: Diedrich, Maria u. Christoph Schöneich (Hg.): *Studien zur englischen und amerikanischen Prosa nach dem Ersten Weltkrieg*, Darmstadt 1986; pp. 186–199.
FROIDEVAUX, Gérald: „L'ivresse come ‚chose moderne' chez Baudelaire", *Neophilologus*, 71 (1987) 335–342.
FURROW, Sharon: „Psyche and Setting: Poe's Picturesque Landscapes", *Criticism*, 15 (1973) 16–27.
FURROW, Sharon: „The Terrible Made Visible: Melville, Salvator Rosa, and Piranesi", *ESQ*, 19, iv (1973) 237–253.
GÄDE, Ernst-Georg: *Eros und Identität. Zur Grundstruktur der Dichtungen Friedrich von Hardenbergs (Novalis)*, Marburg 1974.
GARBER, Frederick: *The Autonomy of the Self from Richardson to Huysmans*, Princeton, N.J. 1982.
GARBER, Frederick: „Thoreau, Wilderness and the European Romantic Self", *Actes du VIIe Congrès de l'Association Internationale de Littérature Comparée/Proceedings of the 7th*

Congress of the International Comparative Literature Association, Bd. 1, Stuttgart 1979, pp. 89–92.
GASIGLIA, Danièle: *Victor Hugo – sa vie, son œuvre,* Paris 1984.
GAUTIER, Théophile: „Charles Baudelaire", in: T.G.: *Écrivains et artistes romantiques,* Paris 1933; pp. 168–215.
GAUTIER, Théophile: *Mademoiselle de Maupin,* Paris 1973.
GAUTIER, Théophile: *Œuvres complètes,* Paris 1877 ff., Neudruck Genf 1978.
GAUTIER, Théophile: *Récits fantastiques,* hg. v. Marc Eigeldinger, Paris 1981.
GEBSATTEL, Victor-Emil von: *Prolegomena einer medizinischen Anthropologie. Ausgewählte Aufsätze,* Göttingen/Heidelberg 1954.
GELPKE, Rudolf: *Vom Rausch im Orient und Okzident,* 1966, Frankfurt 1982.
GILMAN, Margaret: „Imagination enthroned: Baudelaire", in: Noyer-Weidner, Alfred (Hg.): *Baudelaire,* Darmstadt 1976, pp. 445–480.
GILMORE, Thomas B.: *Equivocal Spirits: Alcoholism and Drinking in Twentieth-Century Literature,* Chapel Hill/London 1987.
GILMORE, Thomas B.: „‚The Iceman Cometh' and the Anatomy of Alcoholism", *Comparative Drama,* 18, iv (Winter 1984–1985) 335–347.
GILMORE, Thomas B.: „The Place of Hallucinations in ‚Under the Volcano'", *Contemporary Literature,* 23, iii (1982) 285–305.
GINSBERG, Allen: *Collected Poems 1947 – 1980,* New York 1984, pp. 66, 126–133, 134.
GIRGUS, Sam B.: „Poe and R.D. Laing: The Transcendental Self", *Studies in Short Fiction,* (Newberry, N.C.) 13 (1976) 299–309.
GOETHE, Johann Wolfgang von: *Faust. Der Tragödie erster Teil,* hg. v. Lothar J. Scheithauer, Stuttgart 1978.
GOETHE, Johann Wolfgang von: *Faust. Der Tragödie zweiter Teil,* hg. v. Lothar J. Scheithauer, Stuttgart 1978.
GOETHE, Johann Wolfgang von: *Die Leiden des jungen Werthers,* mit einem Nachwort von Ernst Beutler, Stuttgart 1976.
GOETHE, Johann Wolfgang von: *Sämtliche Werke nach Epochen seines Schaffens* (Münchner Ausgabe), hg. v. Karl Richter, München 1985.
GOGH, Vincent van: *Ausgewählte Briefe,* Frankfurt 1977.
GOLEMAN, Daniel: „From Brain Imbalances to Addiction", *International Herald Tribune,* (June 28, 1990) 8.
GOODWIN, Donald W.: *Alcohol and the Writer,* 1988, Harmondsworth 1990.
GOTTSCHLING, Claudia, Robert Vernier und Axel Wolfsgruber: „Ecstasy: Wie gefährlich ist die ‚Glückspille'?", *Focus,* 24 (10. Juni 1996) 68–76.
GRACE, Sherrill E.: „The Creative Process: An Introduction to Time and Space in Malcolm Lowry's Fiction", *Studies in Canadian Literature,* 2 (1977) 61–68.
GRACE, Sherrill E.: *The Voyage that Never Ends: Time and Space in the Fiction of Malcolm Lowry,* Diss. McGill Univ. 1974.
GRIFFITH, Clark: „Poe's ‚Ligeia' and the English Romantics", in: Howarth, William L. (Hg.): *Twentieth Century Interpretations of Poe's Tales: A Collection of Critical Essays,* Englewood Cliffs, N.J., 1971.
GRIGGS, Earl Leslie: „Samuel Taylor Coleridge and Opium", *Huntington Library Quarterly,* XII (Aug. 1954) 357–378.
GUILLY, Paul: *Découverte de l'Ile St. Louis,* Paris 1955.
HAHN, Otto: „La littérature et la drogue", *Les Temps modernes,* 223 (Dezember 1964) 1000–1016.
HARRISON, Keith: „Allusions in ‚Under the Volcano': Function and Pattern", *Studies in Canadian Literature,* 9, ii (1984) 224–232.
HASENFELDER, Ulf Christian: „Kleist in Trance", *Frankfurter Allgemeine Zeitung,* 148 (30. Juni 1993), p. N 5.

HAYTER, Alethea: *Opium and the Romantic Imagination*, Berkeley 1968.
HEIGL, Peter: *Mystik und Drogenmystik. Ein kritischer Vergleich*, Düsseldorf 1980.
HEINE, Heinrich: *Die romantische Schule*, Frankfurt a. M. 1987.
HEINE, Heinrich: *Werke in fünf Bänden*, Berlin/Weimar 1986.
HEINE, Maurice: „Le Marquis de Sade et le roman noir", *Nouvelle Revue Française*, XLI (1933) 190–206.
HEINRITZ, Reinhard: „Teleskop und Erzählperspektive", *Poetica*, 24 (1992) 341–355.
HEISE, Jens: *Traumdiskurse. Die Träume der Philosophie und die Psychologie des Traums*, Frankfurt a. M. 1989.
HENNELLY, Mark M. jr.: „The Poe Palimpsest", *Poe Studies*, 12 (1979) 39–42.
HERHAUS, Ernst: *Kapitulation. Aufgang einer Krankheit*, 1977, Zürich 1986.
HERHAUS, Ernst: *Der zerbrochene Schlaf*, 1978, München 1981.
HESS, Gerhard: *Die Landschaft in Baudelaires „Fleurs du Mal"*, Heidelberg 1954.
HESSE, Hermann: *Der Steppenwolf*, in: *Gesammelte Dichtungen*, Berlin 1952–57, Bd. 4 (1952).
HEUSER, Alan: *The Shaping Visions of Gerard Manley Hopkins*, London 1958.
HEYM, Georg: *Der Dieb. Novellen*, Leipzig 1913.
HILL, Art: „The Alcoholic on Alcoholism", *Canadian Literature*, 62 (1974) 33–48.
HILL, Desmond K.: „The Legacy of LSD", *i-D. The Sound Issue*, 115 (April 1993) 61–62.
HINZ, Ditmar: „Reinhardt O. Hahn: Das letzte erste Glas. Ein Bericht?", *Weimarer Beiträge*, 35, vi (1989) 967–975.
HIPPLE, Walter John: *The Beautiful, the Sublime and the Picturesque in Eighteenth-Century British Aesthetic Theory*, Carbondale, Ill. 1957.
HÖFELE, Andreas: *Malcolm Lowry. Aber der Name dieses Landes ist Hölle*, München/Zürich 1988.
HÖLDERLIN, Friedrich: *Hyperion, oder Der Eremit von Griechenland*, mit einer Einführung von Adolf Grolmann, Hamburg 1947.
HOFFMAN, Daniel: *Poe Poe Poe Poe Poe Poe Poe*, 1972, New York 1985.
HOFFMANN, E. T. A.: *Die Elixiere des Teufels. Nachgelassene Papiere des Bruders Medardus, eines Kapuziners*, hg. v. Wolfgang Nehring, Stuttgart 1977.
HOFFMANN, E. T. A.: *Kreisleriana*, in: *Dichtungen und Schriften sowie Briefe und Tagebücher. Gesamtausgabe in 15 Bänden*, hg. und mit einem Nachwort versehen v. Walther Harich, Bd. 1: Die Musikdichtungen, Weimar 1924.
HOFFMANN, E. T. A.: *Werke*, hg. v. Georg Ellinger, Berlin [1912].
HOFFMANN, Gerhard: „Raum und Symbol in den Kurzgeschichten Edgar Allan Poes", *Jahrbuch für Amerikastudien*, 16 (1971) 102–127.
HOFFMANN, Gerhard: „Edgar Allan Poe and German Literature", in: Wecker, Christoph (Hg.): *American-German Interrelations in the 19th century*, [*American Studies*, 55], München 1983; pp. 52–104.
HOFFMANN, Michael J.: „The House of Usher and Negative Romanticism", *Studies in Romanticism*, IV (1966) 158–168.
HOFMANN, Albert: „LSD – Seine Erfindung und Stellung innerhalb der Psychodrogen", in: Völger /von Welck, Bd. 3, pp. 1118–1127.
HOFMANN, Albert: „Preface", in: Huxley, Aldous: *Moksha. Writings on Psychedelics and the Visionary Experience 1931–63*, hg. v. Michael Horowitz und Cynthia Palmer, 1977, Harmondsworth 1983; pp. 13–15.
HOGREBE, Wolfram: *Deutsche Philosophen im XIX. Jahrhundert. Kritik der idealistischen Vernunft*, München 1987.
HOROWITZ, Michael: Einführung zu Ludlow, Fitz Hugh: *Der Haschischesser*, hg. v. Michael Horowitz, Basel 1981, pp. 7–11.
HOUGH, Robert L.: „Introduction", in: R. L. H. (Hg.): *Literary Criticism of Edgar Allan Poe*, Lincoln, Nebraska 1965, pp. ix–xxvii.
HOUSE, Humphrey (Hg.): *The Journals and Papers of Gerard Manley Hopkins*, London 1959.

HOVEN, Heribert: *Malcolm Lowry in Selbstzeugnissen und Bilddokumenten*, Hamburg 1988.
HUCH, Ricarda: *Die Romantik. Blütezeit, Ausbreitung, Verfall*, Tübingen 1951.
HUXLEY, Aldous: *Brave New World* (1932), Harmondsworth [29]1979.
HUXLEY, Aldous: *The Complete Etchings of Goya,* 1943, Repr. London [1959].
HUXLEY, Aldous: *The Doors of Perception. Heaven and Hell*, 1954, London [7]1984.
HUXLEY, Aldous: *Die Pforten der Wahrnehmung. Himmel und Hölle*, übers. v. Herberth E. Herlitschka, München [18]1996.
HUXLEY, Aldous: „Drugs that Shape Men's Minds" (1958), in: *Collected Essays*, London 1960.
HUXLEY, Aldous: „The Education of an Amphibian", in: *Adonis and the Alphabet, and Other Essays*, London 1956, pp. 9–38.
HUXLEY, Aldous: *Island*, London 1962.
HUXLEY, Aldous: *Moksha. Writings on Psychedelics and the Visionary Experience 1931–63*, hg. v. Michael Horowitz und Cynthia Palmer, 1977, Harmondsworth 1983.
HUXLEY, Aldous: *Prisons. With the „Carceri" Etchings by G.B. Piranesi*, London 1949.
HUXLEY, Laura: „Love and Work" (1962), in: Huxley, Aldous: *Moksha. Writings on Psychedelics and the Visionary Experience 1931–63*, hg. v. Michael Horowitz und Cynthia Palmer, 1977, Harmondsworth 1983.
HUYSMANS, Joris-Karl: *A Rebours*, hg. v. Marc Fumaroli, Paris 1977.
HUYSMANS, Joris-Karl: *Gegen den Strich*, übers. v. Hans Jacob, Zürich 1981.
INHÜLSEN, Harald: „Klangzustände – Brian Eno", *Musik Express*, 6 (Juni 1982) 38–40.
INOUE, Teruo: *Une poétique de l'ivresse chez Charles Baudelaire. Essai d' analyse d'après Les Paradis Artificiels et Les Fleurs du Mal*, Tokio 1977.
IRLE, Gerhard: „Rausch und Wahnsinn bei Gottfried Benn und Georg Heym", in: Kudszus, Winfried, (Hg.): *Literatur und Schizophrenie. Theorie und Interpretation eines Grenzgebietes*, München/Tübingen 1977, pp. 104–112.
JACKSON, Charles: *The Lost Weekend*, New York 1944.
JACKSON, Rosemary: *Fantasy: The Literature of Subversion*, London/New York 1981.
JACOB, Georg: *Märchen und Traum. Mit besonderer Berücksichtigung des Orients*, Hannover 1923.
JAECKLE, Erwin: *Dichter und Droge. Versuch einer Rauschgiftpoetik des Unbewußten*, Zürich/Köln 1973.
JAFFÉ, Aniela: „Bilder und Symbole aus E.T.A. Hoffmanns Märchen ‚Der Goldene Topf'", in: Jung, C.G.: *Gestaltungen des Unbewußten. Mit einem Beitrag von Aniela Jaffé*, Zürich 1950, pp. 239–593.
JAFFÉ, Aniela: *Der Mythus vom Sinn im Werk von C.G. Jung*, Zürich [3]1983.
JAMES, Henry: „Preface", in: *The Portrait of a Lady*, 1881, Harmondsworth [19]1981, pp. v–xviii.
JAMES, William: „Does Consciousness Exist?", in: McDermott, John J. (Hg.): *The Writings of William James: A Comprehensive Edition*, New York 1967.
JAMES, William: *The Letters of William James*, hg. v. seinem Sohn Henry James, Boston 1926.
JAMES, William: „On Some Hegelisms" (1882), in: *The Works of William James*, hg. v. Frederick Burkhardt et al., Cambridge, Mass./London 1979, pp. 196–221.
JAMES, William: *The Principles of Psychology*, 2 Bde., New York 1890, Neudruck 1950.
JAMES, William: *The Varieties of Religious Experience. A Study in Human Nature*, hg. v. Martin E. Marty, 1902, Harmondsworth [3]1984.
JASPERS, Karl: *Kant. Leben, Werk, Wirkung*, München 1975.
JAY, Gregory S.: „Poe: Writing and the Unconscious", *Bucknell Review*, 28, i (1983) 144–169.
JEANNERET, Michel: „La folie est un rêve: Nerval et le docteur Moreau de Tours", *Romantisme*, 27 (1980) 59–75.
JENNINGS, Lee: „The Role of Alcohol in Hoffmann's Mythic Tales", in: Metzger, Michael u. Mommsen, Katharina (Hg.): *Fairy Tales as Ways of Knowing*, Bern 1981; pp. 182–194.

JONES, G.P.: „Malcolm Lowry: Time and the Artist", *University of Toronto Quarterly*, 51, ii (Winter 1981/82) 192–209.
JOST, Walter: *Von Ludwig Tieck zu E.T.A. Hoffmann. Studien zur Entwicklungsgeschichte des romantischen Subjektivismus*, Frankfurt 1921.
JOYCE, James: *A Portrait of the Artist as a Young Man*, London [4]1980.
JOYCE, James: *Ein Porträt des Künstlers als junger Mann*, übers. v. Klaus Reichert, Frankfurt a.M. 1972, 1988.
JÜNGER, Ernst: *Annäherungen. Drogen und Rausch*, in: *Sämtliche Werke, Zweite Abteilung, Essays V*, Stuttgart 1978.
JÜNGER, Ernst: *Heliopolis* (1949), in: *Sämtliche Werke*, Bd. X, Stuttgart 1978.
JUNG, Carl Gustav: „Psychologie und Dichtung", in: *Gestaltungen des Unbewußten. Psychologische Abhandlungen*, Bd. 7, Zürich 1950.
KAEHLER, Anny: *Untersuchungen über Baudelaires Drogenerfahrung. Beitrag zu einer Deutung seines dichterischen Werkes*, Diss. Berlin 1976.
KANT, Immanuel: *Anthropologie in pragmatischer Hinsicht*, hg. v. Wolfgang Becker, Stuttgart 1983.
KANT, Immanuel: *Kritik der praktischen Vernunft*, hg. v. Joachim Kopper, Stuttgart 1984.
KANT, Immanuel: *Kritik der reinen Vernunft*, hg. v. Karl Vorländer, Halle 1899.
KANT, Immanuel: *Kritik der Urteilskraft*, hg. v. Gerhard Lehmann, Stuttgart 1981.
KANT, Immanuel: „Träume eines Geistersehers, erläutert durch Träume der Metaphysik" (1766), in: *Werke in zwölf Bänden*, hg. v. Wilhelm Weischedel, Frankfurt a.M. 1968, Bd. 2, pp. 921–989.
KANT, Immanuel: *Versuch über die Krankheiten des Kopfes*, in: *Gesammelte Schriften* [Akademie-Ausgabe], Berlin 1968; Bd. II, pp. 259–271.
KAPLAN, Sidney: „Introduction", in: Poe, Edgar Allan: *The Narrative of Arthur Gordon Pym*, New York [18]1979; pp. vii–xxv.
KAPRALIK, Elena: *Antonin Artaud. Leben und Werk des Schauspielers, Dichters und Regisseurs*, München 1977.
KAZIN, Alfred: „‚The Giant Killer': Drink & the American Writer", *Commentary*, 61 (1976) 44–50.
KELLER, Luzius Georg: *Piranèse et les romantiques français: Le mythe des escaliers en spirale*, Paris 1966.
KERLEN, Dietrich: *Edgar Allan Poe. Elixiere der Moderne*, München/Zürich 1988.
KESTING, Marianne: *Der Dichter und die Droge. Zur Ästhetik und Soziologie des Rausches*, Köln 1973.
KILLEN, Alice: *Le roman terrifiant ou Roman Noir: De Walpole à Anne Radcliffe et son Influence sur la Littérature Française jusqu'en 1840*, Paris 1913.
KLAGES, Ludwig: *Vom kosmogonischen Eros* (1921), Bonn [8]1981.
KLEBER, Jutta Anna: „Ver/Blendung. Das dritte Auge, die Gesellschaft und die Sucht", in: Schuller/Kleber, pp. 131–157.
KLEIN, Jürgen: *Der gotische Roman und die Ästhetik des Bösen*, Darmstadt 1975.
KLIBANSKY, Raymond, Erwin Panofsky u. Fritz Saxl: *Saturn und Melancholie. Studien zur Geschichte der Naturphilosophie und Medizin, der Religion und der Kunst*, Frankfurt a.M. 1990.
KLINKE, Otto: *E.T.A. Hoffmanns Leben und Werk vom Standpunkt eines Irrenarztes*, Braunschweig 1903.
KLOSSOWSKI, Pierre: *Sade, mon prochain*, Paris 1947, 1967.
KLOSSOWSKI, Pierre: „Sous le masque de l'athéisme", in: *Œuvres complètes du Marquis de Sade*, Paris 1967; Bd. X, pp. xxxvii–lvii.
KNAPP, Bettina L.: *Jean Cocteau. Die Lebensgeschichte eines Universalgenies*, München 1989.
KOCH, Thilo: *Gottfried Benn. Ein biographischer Essay*, Frankfurt a.M. 1986.

KÖHLER, Ingeborg: *Baudelaire et Hoffmann*, Stockholm 1984.
KÖHN, Lothar: *Vieldeutige Welt. Studien zur Struktur der Erzählungen E.T.A. Hoffmanns und zur Entwicklung seines Werkes*, Tübingen 1966.
KOLAKOWSKI, Leszek: *Henri Bergson. Ein Dichterphilosoph*, München 1985.
KOOPMANN, Helmut: *Friedrich Schiller*, [Realien zur Literatur, Sammlung Metzler, Bd. 50], I: 1759–1794, Stuttgart ²1977.
KOPLEY, Richard: „The Hidden Journey of Arthur Gordon Pym", *Studies in the American Renaissance* (1982) 29–51.
KOTSCHENREUTHER, Hellmut: *Das Reich der Drogen und Gifte*, Frankfurt 1978.
KRAUSS, Wilhelmine: *Das Doppelgängermotiv in der Romantik. Studien zum romantischen Idealismus*, Berlin 1930, Neudruck Nendeln 1967.
KRIPPNER, Stanley: „Der psychedelische Künstler", in: Masters, Robert E.L. und Jean Houston: *Psychedelische Kunst*, München/Zürich 1969; pp. 183–206.
KÜHNELT, Harro H.: „Die Aufnahme und Verbreitung von E.A. Poes Werken im Deutschen", in: Oppel, Horst (Hg.), *Festschrift für Walther Fischer*, Heidelberg 1959; pp. 195–224.
KUHN, Reinhard Clifford: *The Demon of Noontide: Ennui in Western Literature*, Princeton, N.J. 1976.
KUHN, Reinhard Clifford: „The Hermeneutics of Silence: Michaux and Mescaline", *Yale French Studies*, 50 [Sonderheft „Intoxication and Literature", hg. v. Enid Rhodes Peschel] (1974) 130–141.
KUPFER, Alexander: *Göttliche Gifte. Kleine Kulturgeschichte des Rausches seit dem Garten Eden*, Stuttgart 1996.
KUPFER, Alexander: „Kinematische Kerker: Zur Rezeption von Piranesis *Carceri* im Film und Comic Strip", in: *Piranesi. Faszination und Ausstrahlung*, hg. v. Grassimuseum Leipzig, Leipzig 1994; Bd. II, pp. 66–89.
KUPFER, Alexander: *Piranesis Carceri. Enge und Unendlichkeit in den Gefängnissen der Phantasie*, Stuttgart 1992.
LA BARRE, Weston: „Peyotegebrauch bei nordamerikanischen Indianern", in: Völger/von Welck, Bd. 2, pp. 816–820.
LAEMMLE, Peter: Nachwort zu Mann, Klaus: *Tagebücher 1931 bis 1933*, hg. v. Joachim Heimannsberg, Peter Laemmle u. Wilfried F. Schoeller, München 1989; pp. 189–207.
LAEMMLE, Peter: Nachwort zu Mann, Klaus: *Tagebücher 1936 bis 1937*, hg. v. Joachim Heimannsberg, Peter Laemmle und Wilfried F. Schoeller, München 1990; pp. 181–190.
LAING, Ronald D.: *Das geteilte Selbst. Eine existentielle Studie über geistige Gesundheit und Wahnsinn*, Köln 1972.
LANG, Hans-Joachim u. Benjamin Lease (Hg.): *The Genius of John Neal: Selections from his Writings*, [Studien und Texte zur Amerikanistik, Bd. I], Frankfurt/Bern/Las Vegas 1978.
LASSAIGNE, Jacques: *Vincent van Gogh*, München 1973.
LEAKEY, F.W.: *Baudelaire and Nature*, Manchester 1969.
LEASE, Benjamin: „John Neal and Edgar Allan Poe", *Poe Studies*, 7 (1974) 38–41.
LECHNER, Wilhelm: *Gotthilf Heinrich von Schuberts Einfluß auf Kleist, Justinus Kerner und E.T.A. Hoffmann. Beiträge zur deutschen Romantik*, Diss. Münster/Leipzig 1911.
LEFEBURE, Molly: *Samuel Taylor Coleridge: A Bondage of Opium*, London 1974.
LEGNARO, Aldo: „Ansätze zu einer Soziologie des Rausches – zur Sozialgeschichte von Rausch und Ekstase in Europa", in: Völger/von Welck, Bd. 1, pp. 93–114.
LELY, Gilbert: *Vie du marquis de Sade*, Nouvelle edition revue et très augmentée, Paris 1982.
LEMONNIER, Léon: *Edgar Poe et les conteurs français*, Paris 1947.
LENNIG, Walter: *Marquis de Sade. Mit Selbstzeugnissen und Bilddokumenten*, Reinbek 1984.
LENZ, Siegfried: „Kaltes Fieber. Zwei Bücher E.T.A. Hoffmanns in Neuausgaben", *Frankfurter Allgemeine Zeitung*, 72 (24. März 1984).
LEONHARDT, Rudolf Walter: „Haschisch – Rückblick auf ein sogenanntes Rauschgift", in: Völger/von Welck, Bd. 3, pp. 1317–1326.

LERSCH, Philipp: *Der Traum in der deutschen Romantik*, München 1923.
LEUNER, Hanscarl: *Die experimentelle Psychose. Ihre Psychopharmakologie, Phänomenologie und Dynamik in Beziehung zur Person. Versuch einer konditionalgenetischen und funktionalen Psychopathologie der Psychose*, Berlin/Göttingen/Heidelberg 1962.
LEUNER, Hanscarl: „Tiefenpsychologische Aspekte der Drogenerfahrung", in: Völger/von Welck, Bd. 3, pp. 1128–1142.
LEVIN, Harry: *The Power of Blackness: Hawthorne – Poe – Melville*, New York 1960.
LEVINE, Harry Gene: „Die Entdeckung der Sucht – Wandel der Vorstellungen über Trunkenheit in Nordamerika", in: Völger/von Welck, Bd. 1, pp. 212–224.
LEXIKON DES INTERNATIONALEN FILMS , hg. v. Klaus Brüne, Reinbek 1987 –.
LIEDEKERKE, Arnould de: *La belle époque de l'opium*, Paris 1984.
LIEDEKERKE, Arnould de: „Esprit décadent et toxicomanie", in: *Colloque de Nantes* (21–24 avril 1976, Institut des Lettres de l'Université de Nantes, Bd. 1: „L'Esprit de décadence"), Nantes 1980; pp. 53–62.
LINDOP, Grevel: *The Opium-Eater: A Life of Thomas De Quincey*, London 1981.
LINK, Franz: „Poe's ‚Ligeia'", *Deutsche Vierteljahresschrift für Literaturwissenschaft und Geistesgeschichte*, XXXVII (1963) 363–376.
LINK, Franz H.: *Edgar Allan Poe. Ein Dichter zwischen Romantik und Moderne*, Bonn 1968.
LIPPE, George von der: „The Figure of E. T. A. Hoffmann as Doppelgänger to Poe's Roderick Usher", *Modern Language Notes*, 92 (1977) 525–534.
LITTLEFIELD, Walter: „Alfred de Musset and ‚The English Opium Eater'", *The Bookman*, XV (New York 1902) 437–440.
LJUNGQUIST, Kent: *The Grand and the Fair: Poe's Landscape Aesthetics and Pictorial Techniques*, Potomac/Maryland 1984.
LLOYD, Rosemary: *Baudelaire et Hoffmann. Affinités et Influences*, Cambridge UP 1979.
LLOYD, Rosemary: „Sur Hoffmann, Poe et Baudelaire", *Bulletin Baudelairien*, 11, ii (1976), 11–12.
LOBSIEN, Eckhard: *Landschaft in Texten: Zur Geschichte und Phänomenologie der literarischen Beschreibung*, Stuttgart 1981.
LOGAN, John Frederick: „The Age of Intoxication", *Yale French Studies*, 50 [Sonderheft „Intoxication and Literature", hg. v. Enid Rhodes Peschel] (1974) 81–94.
LONDON, Jack: *John Barleycorn, or Alcoholic Memoirs* (1913), in: *The Bodleyhead Jack London*, Bd. II, London 1964.
LOREAU, Max: „Henri Michaux. La poésie à l'épreuve de la mescaline", *Po&sie*, 38 (1986), 117–126.
LOVECRAFT, Howard Phillips: *Supernatural Horror in Literature*, with a new introduction by E. F. Bleiler, New York 1973.
LOVECRAFT, Howard Phillips: *Unheimlicher Horror. Das übernatürliche Grauen in der Literatur. Ein Essay*, übers. v. Bernd Samland, Frankfurt/Berlin 1987.
LOWES, John Livingston: *The Road to Xanadu: A Study in Ways of the Imagination*, New York 1959.
LOWRY, Malcolm: *Dark as the Grave Wherein My Friend is Laid*, 1969, Harmondsworth ³1979.
LOWRY, Malcolm: *Hear us O Lord from Heaven Thy Dwelling Place*, 1961, Harmondsworth 1969.
LOWRY, Malcolm: *Lunar Caustic*, hg. v. Earle Birney u. Margerie Lowry, 1963, London ³1971.
LOWRY, Malcolm: *Under the Volcano* (1947), mit einer Einleitung von Stephen Spender, New York 1971.
LOWRY, Malcolm: *Unter dem Vulkan*, übers. v. Susanna Radermacher, Reinbek 1983.
LOWRY, Malcolm: „Garden of Etla", *United Nations World*, IV (June 1950) 45–47.
LOWRY, Malcolm: „To Jonathan Cape", in: Breit, Harvey und Margerie Bonner Lowry (Hg.): *The Selected Letters of Malcolm Lowry*, London 1967; pp. 57–88.

LOWRY, Malcolm: „Preface to a Novel" (1948), in: Woodcock, George (Hg.): *Malcolm Lowry: The Man and his Work*, [Canadian Literature Series, 3], Vancouver 1971, pp. 9–15.

LUCKOW, Marion: Nachwort zu Sade, D. A. F.: *Die Hundertzwanzig Tage von Sodom oder Die Schule der Ausschweifung*, Dortmund ⁴1983.

LUDLOW, Fitz Hugh: *Der Haschisch Esser*, hg. v. Michael Horowitz, 1975, Basel 1981.

LUDLOW, Fitz Hugh: *The Hasheesh Eater: Being Passages from the Life of a Pythagorean*, 1857, Upper Saddle River, N.J. 1970.

LÜTKEHAUS, Ludger (Hg.): *„Dieses wahre innere Afrika". Texte zur Entdeckung des Unbewußten vor Freud*, Frankfurt a. M. 1989.

LYONS, John D.: „Artaud: Intoxication and its Double", *Yale French Studies*, 50 [Sonderheft „Intoxication and Literature", hg. v. Enid Rhodes Peschel] (1974) 120–129.

MABBOTT, Thomas Ollive (Hg.): *Collected Works of Edgar Allan Poe*, 3 Bde., Cambridge, Mass./London 1978.

MAINVILLE, Stephen: „Language and the Void: Gothic Landscapes in the Frontiers of Edgar Allan Poe", *Genre*, XIV (Fall 1981) 347–362.

MANIQUIS, Robert M.: „The Dark Interpreter and the Palimpsest of Violence: De Quincey and the Unconscious", in: Snyder, Robert Lance (Hg.): *Thomas De Quincey: Bicentenary Studies*, Norman/London 1985; pp. 109–139.

MANKOWITZ, Wolf: *The Extraordinary Mr. Poe: A Biography of Edgar Allan Poe*, London 1978.

MANN, Klaus: *Tagebücher 1931 bis 1933*, hg. von Joachim Heimannsberg, Peter Laemmle u. Wilfried F. Schoeller, München 1989.

MANN, Klaus: *Tagebücher 1934 bis 1935*, hg. von Joachim Heimannsberg, Peter Laemmle u. Wilfried F. Schoeller, München 1989.

MANN, Klaus: *Tagebücher 1936 bis 1937*, hg. von Joachim Heimannsberg, Peter Laemmle u. Wilfried F. Schoeller, München 1990.

MANN, Klaus: „Thomas De Quincey", *Die Sammlung*, I, 9 (Mai 1934). Auch abgedruckt in: Gregor-Dellin, Martin: *Prüfungen. Schriften zur Literatur*, München 1968; pp. 9–22.

MANN, Klaus: *Treffpunkt im Unendlichen*, Reinbek 1981.

MANN, Klaus: *Der Wendepunkt. Ein Lebensbericht*, [Frankfurt] 1952.

MANN, Thomas: *Briefe* [Bd. 3] *1948–1955 und Nachlese*, [Frankfurt] 1965.

MANTHEY, Jürgen: *Hans Fallada, mit Selbstzeugnissen und Bilddokumenten*, Reinbek 1963, 1989.

MARCADÉ, Bernard: „Pour une psychogéographie de l'espace fantastique: les architectures arabesques et grotesques chez E. A. Poe", *La Revue d'esthétique*, 27 (1974) 41–56.

MARCOVITZ, Eli: „Bemoaning the Lost Dream: Coleridge's ‚Kubla Khan' and Addiction", *The International Journal of Psycho-Analysis*, 45 (1964) 411–425.

MARCUS, Tony: „Acid's Back" in: *I-D. The Sound Issue*, 115 (April 1993) 58/59.

MARKS, Jeanette: *Genius and Disaster. Studies in Drugs and Genius*, Hamilton 1926, 1968.

MARKSON, David: „Myth in Under the Volcano", *Prairie Schooner*, XXXVII (1963) 339–346.

MARTENS, Kurt: „Einleitung" zu Hoffmann, E. T. A.: *Die Elixiere des Teufels*, Berlin [1912]; pp. v–xxii.

MARTENS, Wolfgang: *Bild und Motiv im Weltschmerz. Studien zur Dichtung Lenaus*, Köln/Wien ²1976.

MASTERS, Robert E.L., u. Jean Houston: *Psychedelische Kunst*, München/Zürich 1969.

MATHESON, T.J.: „Poe's ‚The Black Cat' as a Critique of Temperance Literature", *Mosaic: A Journal for the Interdisciplinary Study of Literature*, XIX, 3 (Sommer 1986: Sondernummer „Literature and Altered States of Consciousness", Part 1) 69–81.

MATT, Peter von: *E.T.A. Hoffmanns Imaginationslehre als Prinzip seiner Erzählkunst*, Tübingen 1971.

MATTHES, Ansgar: „Sich und anderen fremd. Woran litt der Maler Vincent van Gogh wirklich? Ein Spezialist für Epilepsie gibt Antwort", *Zeit Magazin*, 25 (15. Juni 1990) 32–42.

MAYER, Hans: „Die Wirklichkeit E.T.A. Hoffmanns", in: H.M.: *Von Lessing bis Thomas Mann*, Pfullingen 1959.
MCCHESNEY, Donald: *A Hopkins Commentary: An Explanatory Commentary on the Main Poems, 1876–89*, London 1968.
MCCHESNEY, Donald: „The Meaning of ‚Inscape'" (1968), in: Bottrall, Margaret (Hg.): *Gerard Manley Hopkins: Poems. A Casebook*, London/Basingstoke 1975.
MCDERMOTT, John J. (Hg.): *The Writings of William James. A Comprehensive Edition*, New York 1967.
MELVILLE, Herman: *Moby-Dick; or, The Whale*, hg. v. Harold Beaver, Harmondsworth [10] 1982.
MELVILLE, Herman: *Moby-Dick*, übers. v. Thesi Mutzenbecher unter Mitwirkung v. Ernst Schnabel, Hamburg 1955, 1984.
METZNER, Joachim: *Persönlichkeitszerstörung und Weltuntergang. Das Verhältnis von Wahnbildung und literarischer Imagination*, Tübingen 1976.
MEYERS, Jeffrey: „Angst and Art", *Critical Quarterly*, 16 (1974) 370–378.
MICHAUX, Henri: *Connaissance par les gouffres, Nouvelle édition revue et corrigée*, Paris 1967.
MICHAUX, Henri: *Les grandes épreuves de l'esprit et les innombrables petites*, Paris 1966.
MICHAUX, Henri: *L'infini turbulent. Edition revue et augmentée*, Paris 1957, 1971.
MICHAUX, Henri: *Misérable miracle.La mescaline, avec quarante-huit dessins et documents manuscrits originaux de l'auteur*, Paris 1972.
MICHAUX, Henri: *Turbulenz im Unendlichen*, übers. v. Kurt Leonhard, Frankfurt a.M. 1961.
MICHAUX, Henri: *Unseliges Wunder. Das Meskalin*, übers. v. Gerd Henniger, München 1986.
MICKEL, Emanuel J., jr.: *The Artificial Paradises in French Literature: I. The Influence of Opium and Hashish on the Literature of French Romanticism and ‚Les Fleurs du Mal'* [Univ. of N.C. Studies in the Romance Languages and Literatures No. 84], Chapel Hill 1969.
MICKEL, Emanuel J., jr.: „Baudelaire's Changing View of the Artificial Paradises", *Romance Notes*, 12 (1971) 318–325.
MILES, Barry: *Ginsberg. A Biography*, New York 1989.
MILLER, John Carl (Hg.): *Building Poe Biography*, Baton Rouge/London 1977.
MILORAD: „Role occulte de l'opium dans ‚Les Chevaliers de la Table ronde' et ‚Renaud et Armide'", *Cahiers Jean Cocteau*, 10 (1985) 267–280.
MILWARD, Peter: *Landscape and Inscape: Visions and Inspiration in Hopkins's Poetry*, London 1975.
MOLDENHAUER, Joseph: „Imagination and Perversity in ‚The Narrative of Arthur Gordon Pym'", *Texas Studies*, 13 (1971) 268–280.
MOORE, Richard S.: *That Cunning Alphabet: Melville's Aesthetics of Nature*, Amsterdam 1982.
MOREAU, Jaques Joseph: *Du haschisch et de l'aliénation mentale. Études psychologiques*, Paris 1845.
MORGAN, Ted: *Literary Outlaw.The Life and Times of William S.Burroughs*, New York 1988, 1990.
MORITZ, Karl Philipp: *Anton Reiser. Ein psychologischer Roman*, mit einem Nachwort von Max von Brück, Frankfurt a.M. 1979.
MOSER-SCHMITT, Erika: „Sozioritueller Gebrauch von Cannabis in Indien", in: Völger/von Welck, Bd. 2, pp.933–940.
MOTEKAT, Helmut: „Vom Sehen und Erkennen bei E.T.A. Hoffmann", *Mitteilungen der E.Th.A. Hoffmann-Gesellschaft*, 19 (1973) 17–27.
MÜLLENBROCK, Heinz-Joachim: *Der englische Landschaftsgarten des 18. Jahrhunderts und sein literarischer Kontext*, Göttingen 1986.
MURPHY, Christina J.: „The Philosophical Pattern of ‚A Descent into the Maelström'", *Poe Studies*, 6, i (1973) 25/26.

MUSCHG, Adolf: *Besuch in der Schweiz. Erzählungen*, mit einem Nachwort v. Heinz F. Schafroth, Stuttgart 1978.
MUSIL, Robert: *Der Mann ohne Eigenschaften*, hg. v. Adolf Frisé, 2 Bde., Reinbek ²1981.
MUSSET, Alfred de: *L'Anglais mangeur d'opium*, in: *Œuvres complémentaires*, hg. v. Maurice Allem, Paris 1910.
MUSSET, Alfred de: *Œuvres complètes*, hg. v. Edmond de Biré, Nendeln 1975.
NASMYTH, Peter: „The Agony and the Ecstasy: Flaws in the New Designer Drugs", *The Face*, 78 (October 1986) 52–55.
NELIBA, Armin H. (Hg.): *Rauschgiftsituation. Eine Dokumentation über ein weltweites Problem, Exclusivbericht Nr. 324: „Drogen"*, Wiesbaden 1990.
NEW, William H.: *Malcolm Lowry*, [Canadian Writers, 11], Toronto/Montreal 1971.
NEWLOVE, Donald: *Those Drinking Days: Myself and Other Writers*, New York 1981.
NIETZSCHE, Friedrich: *Die Geburt der Tragödie aus dem Geiste der Musik*, in: *Nietzsches Werke*, Taschen-Ausgabe, 11 Bde., Leipzig [1912], Bd. 1.
NODIER, Charles: „Piranèse, à propos de la monomanie réflective", *Europe Littéraire*, 26 (Juin 1833), erweiterte Fassung in: *Œuvres complètes*, Bd. XI, Paris 1837: pp. 167–204.
NOVALIS: *Schriften. Die Werke Friedrich von Hardenbergs*, hg. von Paul Kluckhohn und Richard Samuel, 3 Bde., Stuttgart ²1960–1968, Bd. 4 (1975), Bd. 5 (1988).
NOYER-WEIDNER, Alfred (Hg.): *Baudelaire*, Darmstadt 1976.
OBST, Andreas: „Klang der Wolken. Ein Tag mit Brian Eno im Studio", *Frankfurter Allgemeine Zeitung*, 69 (23. März 1993), Beilage „Schallplatten und Phono".
OCHSNER, Karl: *E.T.A. Hoffmann als Dichter des Unbewußten. Ein Beitrag zur Geistesgeschichte der Romantik*, Frauenfeld 1936.
OSTROM, John Ward (Hg.): *The Letters of Edgar Allan Poe*, 2 Bde., Cambridge 1948, New York 1966.
PACHE, Walter: „Symbolism vs. Allegory: Whiteness in Poe's *Narrative of Arthur Gordon Pym*, Melville's *Moby-Dick*, and Thomas Mann's *Der Zauberberg*", in: *Actes du VIIe Congrès de l'Association Internationale de Littérature Comparée / Proceedings of the 7th Congress of the International Comparative Literature Association*, Stuttgart 1979; Bd. 1, pp. 493–499.
PASCAL, Blaise: *Pensées*, 2 Bde., hg. v. Michel Le Guern, Paris 1977.
PASSAGE, Charles: *The Russian Hoffmannists*, Den Haag 1963.
PERRY, Charles: „The Sound of San Francisco", in: Miller, Jim (Hg.): *The Rolling Stone Illustrated History of Rock & Roll*, New York 1976; pp. 246–253.
PESCHEL, Enid Rhodes: „Arthur Rimbaud: The Aesthetics of Intoxication", *Yale French Studies*, 50 [Sonderheft „Intoxication and Literature", hg. v. E.R.P.] (1974) 65–80.
PESCHEL, Enid Rhodes (Hg.): *Intoxication and Literature*, [Yale French Studies, 50], New Haven 1974.
PETERS, Diana Stone: „The Dream as Bridge in the Works of E.T.A. Hoffmann", *Oxford German Studies*, 8 (1973) 60–85.
PETERS, W.A.M.: *Gerard Manley Hopkins: A Critical Essay towards the Understanding of his Poetry*, London/New York/Toronto, ²1948.
PIA, Pascal: *Charles Baudelaire*, Hamburg 1958, 1985.
PICCHI, Fernando: *La droga in due esperienze parallele: Baudelaire e De Quincey*, Bologna 1974.
PICHOIS, Claude u. Robert Kopp: „Baudelaire et l'opium. Une enquête à reprendre", *Europe*, 456/457 (April/Mai 1967) 61–79.
PICHOIS, Claude und Jean Ziegler: *Baudelaire*, Paris 1987.
PICHOIS, Claude: *Baudelaire. Études et témoignages*, Neuchâtel 1967.
PIEPER, Jan: „Hintergründe – Bedeutung der Architektur in der Malerei des Exotismus", in: *Der Traum vom Raum. Gemalte Architektur aus 7 Jahrhunderten*, hg. v. Kurt Löcher, Marburg 1986; pp. 137–149.
PIKULIK, Lothar: *Romantik als Ungenügen an der Normalität*, Frankfurt 1979.

PIKULIK, Lothar: „Das Wunderliche bei E.T.A. Hoffmann. Zum romantischen Ungenügen an der Normalität", *Euphorion*, 69 (1974) 294–319.
PINEL, Philippe: *Traité médico-philosophique sur l'aliénation mentale, ou la manie*, Paris 1801.
POE, Edgar Allan: *Collected Works*, hg. v. Thomas Ollive Mabbott, Cambridge, Mass./London 1978.
POE, Edgar Allan: *The Complete Tales and Poems of Edgar Allan Poe*, hg. v. Hervey Allen, New York 1938, 1965.
POE, Edgar Allan: *The Complete Works* [Virginia-Edition], hg. v. James A. Harrison, 17 Bde., New York 1902, Nachdruck 1965.
POE, Edgar Allan: *Gesammelte Werke in 5 Bänden*, übers. v. Arno Schmidt, Hans Wollschläger, Kuno Schuhmann, Friedrich Polakovics u. Ursula Wernicke, Zürich 1994.
POE, Edgar Allan: *The Narrative of Arthur Gordon Pym*, hg. v. Sidney Kaplan, New York 1960, [18]1979.
POENICKE, Klaus: *Dark Sublime. Raum und Selbst in der amerikanischen Romantik*, [Beihefte zum Jahrbuch für Amerikastudien, 36], Heidelberg 1972.
POENICKE, Klaus: „Schönheit im Schoße des Schreckens. Raumgefüge und Menschenbild im englischen Schauerroman", *Archiv für das Studium der neueren Sprachen und Literaturen*, 207 (1970) 1–19.
POLLAK, Simon: *Edgar Poe – un génie toxicomane*, Paris 1928.
POPE, Alexander: *The Poetical Works*, hg. v. Adolphus William Ward, London 1908.
POULET, Georges: *Metamorphosen des Kreises in der Dichtung*, Frankfurt 1985.
POULET, Georges: „Piranèse et les poètes romantiques français", *La Nouvelle Revue Française*, XIII, no. 160 (Avril 1966) 660–671 und XIV, no. 161 (Mai 1966) 849–862.
PRAZ, Mario: *The Hero in Eclipse in Victorian Fiction*, übersetzt v. Angus Davidson, London/Oxford/New York 1969.
PRAZ, Mario: „Introductory Essay", in: Fairclough, Peter (Hg.): *Three Gothic Novels*, Harmondsworth 1968; pp. 7–34.
PRAZ, Mario: *Liebe, Tod und Teufel. Die Schwarze Romantik*, München [2]1981.
PREVEL, Jacques: *En compagnie d'Antonin Artaud*, Paris 1974.
PROUDFIT, Charles L.: „Thomas De Quincey and Sigmund Freud: Sons, Fathers, Dreamers – Precursors of Psychoanalytic Developmental Psychology", in: Snyder, Robert Lance (Hg.): *Thomas de Quincey: Bicentenary Studies*, Norman/London 1985; pp. 88–108.
QUENNELL, Peter: *Baudelaire and the Symbolists*, London 1929, [2]1954.
QUINN, A.H.: *Edgar Allan Poe: A Critical Biography*, New York 1941.
QUINN, Patrick F.: *The French Face of Edgar Allan Poe*, Carbondale 1957.
RANERI, Marietta R.: *The Self behind the Self: The Americanization of the Gothic*, Diss. Penn. State 1974.
REAVIS, Edward (Hg.): *Rauschgiftesser erzählen*, Frankfurt 1986.
REBER, Natalie: *Studien zum Motiv des Doppelgängers bei Dostojevski und E.T.A. Hoffmann*, Gießen 1964.
REECE, James B.: „Poe's ,Dream-Land' and the Imagery of Opium Dreams", *Poe Studies*, 8 (1975) 24.
REES, Linford: „The Influence of Drugs on Literary Imagination", *British Journal of Addiction*, LVII (January 1961) 3–9.
REGAN, Robert (Hg.): *Poe: A Collection of Critical Essays*, Englewood Cliffs, N.J. 1967.
REICHERT, Klaus: *Weltalltag des Jahrhunderts. Zum 100. Geburtstag von James Joyce* [Koproduktion des Westdeutschen und des Bayrischen Rundfunks; WDR 3 (Sendung vom 2. März 1981)].
RESSMEYER, Karl-Heinz: „Interieur und Symbol: Zum Phantastischen im Werk E.A. Poes", in: Thomsen, Christian W. und Jens Malte Fischer (Hg.): *Phantastik in Literatur und Kunst*, Darmstadt 1980.

RICHTER, Mario: „Le Goût du néant de Baudelaire", *Zeitschrift für französische Sprache und Literatur*, 92 (1982) 97–123.
RIMBAUD, Arthur: *Briefe. Dokumente*, hg. v. Curd Ochwadt, [Reinbek] 1964.
RIMBAUD, Arthur: *Sämtliche Dichtungen*, Französisch mit deutscher Übertragung v. Walther Küchler, Heidelberg [4]1965.
RINGE, Donald A.: *American Gothic: Imagination and Reason in Nineteenth-Century Fiction*, Lexington 1982.
RINGE, Donald: *Charles Brockden Brown*, New York 1966.
ROCKWELL, John: „Art Rock", in: Miller, Jim (Hg.): *The Rolling Stone Illustrated History of Rock & Roll*, New York 1976, pp. 322–327.
ROPP, Robert de: *Bewußtsein und Rausch. Drogen und ihre Wirkung* [*Drugs and the Mind*, (1958)], München [1964].
ROUSSEAU, Jean-Jacques: *Les confessions*, hg. v. Bernard Gagnebin, Paris 1986, 2 Bde.
RUBENSTEIN, Jill: „The Curse of Subjectivity: De Quincey's *Confessions* and Baudelaire's *Paradis artificiels*", *Romance Notes*, 15 (1973) 68–73.
RÜBE, Werner: *Provoziertes Leben. Gottfried Benn*, Stuttgart 1993.
RUFF, Marcel: *Baudelaire. L'Homme et l'œuvre*, Paris 1955.
SADE, Donatien Alphonse François, Marquis de: *Œuvres complètes*, hg. v. Maurice Blanchot et al., Paris 1973.
SADE, Donatien Alphonse François, Marquis de: *Œuvres complètes. Edition établie sur les originaux imprimés ou manuscrits, accompagnés d'études de plusieurs écrivains et précédée de la vie de l'auteur, avec un examen de ses ouvrages*, par Gilbert Lely, 15 Bde., Paris 1962–64.
SALEH, Ahmed: „Alkohol und Haschisch im heutigen Orient", in: Völger/von Welck, Bd. 2, pp. 834–841.
SARTRE, Jean-Paul: *Baudelaire*, Paris 1948, dt.: *Baudelaire, Ein Essay*, Hamburg 1953.
SAUDER, Gerhard: „Nachwort", in: Schubert, Gotthilf Heinrich: *Die Symbolik des Traumes*, Neudruck Heidelberg 1968, pp. III–XXXI.
SCHARNHORST, Gary: „Another Night-Sea Journey: Poe's ,MS. Found in a Bottle'", *Studies in Short Fiction* (Newberry: N.C.), 22 (Spring 1985) 203–208.
SCHEIDT, Jürgen vom: „Kokain", in: Völger/von Welck, Bd. 2, pp. 682–691.
SCHELLING, Friedrich Wilhelm Joseph: *System des transcendentalen Idealismus*, in: *Schellings Werke*, nach der Originalausgabe in neuer Anordnung hg. v. Manfred Schröter, Bd. II, München 1958.
SCHELLING, Friedrich Wilhelm Joseph: *Zur Geschichte der neueren Philosophie. Münchener Vorlesungen*, in: *Schellings Werke*, nach der Originalausgabe in neuer Anordnung hg. v. Manfred Schröter, Bd. V, München 1959.
SCHENK, Hans Georg: *The Mind of the European Romantics*, Oxford u.a. 1979.
SCHIVELBUSCH, Wolfgang: *Das Paradies, der Geschmack und die Vernunft*, München 1980.
SCHLEGEL, Leonhard: *Grundriß der Tiefenpsychologie 4: Die Polarität der Psyche und ihre Integration. Eine kritische Darstellung der Psychologie von C.G. Jung*, München 1973.
SCHMALENBACH, Werner: *Amedeo Modigliani. Malerei Skulpturen Zeichnungen*, München [2]1991.
SCHMIDBAUER, Wolfgang u. Jürgen vom Scheidt: *Handbuch der Rauschdrogen*, Köln [6]1981.
SCHMIDT-JOOS, Siegfried und Barry Graves: *Rock-Lexikon*, Reinbek [7]1975.
SCHNEIDER, Elisabeth: *Coleridge, Opium and ,Kubla Khan'*, Chicago 1953.
SCHNEIDER, Hubertus: „Götze – Priester – Opfer: Thomas De Quincey: der Opium-Esser", *Frankfurter Allgemeine Magazin*, 280 (12. Juli 1985) 16–19.
SCHNEIDER, Marcel: *La littérature fantastique en France*, Paris 1964.
SCHOELLER, Wilfried F.: *Nachwort* zu Mann, Klaus: *Tagebücher 1934 bis 1935*, hg. von Joachim Heimannsberg, Peter Laemmle und Wilfried F. Schoeller, München 1989.
SCHOPENHAUER, Arthur: *Sämtliche Werke*, hg. v. Arthur Hübscher, Wiesbaden [3]1972.

SCHUBERT, Gotthilf Heinrich: *Ansichten von der Nachtseite der Naturwissenschaft*, Dresden 1808, [2]1818.
SCHUBERT, Gotthilf Heinrich: *Die Krankheiten und Störungen der menschlichen Seele*, Stuttgart/Tübingen 1845.
SCHUBERT, Gotthilf Heinrich: *Symbolik des Traumes*, Bamberg 1814, Heidelberg 1968.
SCHULLER, Alexander und Jutta Anna Kleber (Hg.): *Gier. Zur Anthropologie der Sucht*, Göttingen 1993.
SCHULTES, Richard Evans: „Einführung in die Botanik der wichtigsten pflanzlichen Drogen", in: Völger/von Welck, Bd. 1, pp. 46–73.
SCHULTES, Richard Evans und Albert Hofmann: *Pflanzen der Götter. Die magischen Kräfte der Rausch- und Giftgewächse*, 1979, Aarau 1995.
SCHULTZ, Uwe: *Immanuel Kant, mit Selbstzeugnissen und Bilddokumenten*, Reinbek [20]1992.
SCHULZ, Dieter: „Epiphanie als Abgrund bei Edgar Allan Poe", in: Thomsen, Christian W. und Hans Holländer (Hg.): *Augenblick und Zeitpunkt. Studien zur Zeitstruktur und Zeitmetaphorik in Kunst und Wissenschaften*, Darmstadt 1984.
SCHWARTZ, Barry N.: „Kontext, Wert und Richtung", in: Masters, Robert E. L. und Jean Houston: *Psychedelische Kunst*, München/Zürich 1969; pp. 125–182.
SCHWEPPENHÄUSER, Hermann: „Die Vorschule der profanen Erleuchtung", in: Benjamin, Walter: *Über Haschisch. Novellistisches – Berichte – Materialien*, hg. v. Tillman Rexrodt, Frankfurt[3]1979; pp. 9–30.
SCHWOB, Marcel: „Les Portes de l'opium", in: *Œuvres complètes*, Bd. III, Genf/Paris 1985.
SCOTT, Sir Walter: „On the Supernatural in Fictional Composition, and particularly on the works of Ernest Theodore Hoffmann", *Foreign Quarterly Review*, I,i (July 1827) 60–98.
SCOURAS, Photis: „Baudelaire Toxicomane", *L'Hygiène Mentale*, XXV (1930) 231–241.
SEEFELDER, Matthias: *Opium. Eine Kulturgeschichte*, München 1990.
SHAKESPEARE, William: *The Complete Works*, hg. v. Peter Alexander, London/Glasgow [20]1979.
SHAPIRO, Harry: *Drugs & Rock'n Roll. Rauschgift und Popmusik*, Wien 1989.
SHARMA, Arvind: „Mescaline and Hindu Mystical Experience", *Studies in Religion / Sciences Religieuses*, 5 (1975) 171-176.
SHAW, Sheila: „The Female Alcoholic in Victorian Fiction: George Eliot's Unpoetic Heroine", in: Nathan, Rhoda B. (Hg.): *Nineteenth-Century Women Writers of the English-Speaking World*, Westport, Conn. 1986; pp. 171-179.
SHULGIN, Alexander T.: „Introduction" in: Huxley, Aldous: *Moksha. Writings on Psychedelics and the Visionary Experience 1931–63*, hg. v. Michael Horowitz und Cynthia Palmer, 1977, Harmondsworth 1983; pp. 17–20.
SHULMAN, Robert: „Poe and the Powers of the Mind", *Journal of English Literary History*, 37 (1970) 245–262.
SILVERMAN, Carl Mark: *A Reader's Guide to ‚Under the Volcano'*, Diss. State Univ. of New York at Buffalo, 1972.
SINCLAIR, Upton: *Alkohol*, übers. v. Elias Canetti, Reinbek 1992.
SINCLAIR, Upton: *The Wet Parade*, New York 1931.
SMITH, Anne (Hg.): *The Art of Malcolm Lowry*, Plymouth/London 1978.
SNYDER, Robert Lance: „Introduction", in: R.L.S. (Hg.): *Thomas de Quincey: Bicentenary Studies*, Norman/London 1985; pp. xvii–xxiv.
SNYDER, Solomon H.: *Chemie der Psyche. Drogenwirkungen im Gehirn*, Heidelberg 1988.
SNYDER, Solomon H. u. Malcolm H. Lader (Hg.): *The Encyclopedia of Psychoactive Drugs*, 25 Einzelbände, 1986, London 1988.
SOLOMON, David (Hg.): *The Marihuana Papers*, New York 1968.
SPODE, Hasso: „Der Anspruch auf die Begierde. Die Revolution des medizinischen Wissens über die Trunkenheit", in: Schuller/Kleber, pp. 158–186.

SPOTTS, James V. u. Franklin Shontz: „Forschungsergebnisse zum Kokaingebrauch", in: Völger/von Welck, Bd. 3, pp. 1402–1409.
SPRINGER, Alfred (Hg.): *Kokain: Mythos und Realität. Eine kritisch dokumentierte Anthologie*, Wien 1989.
STAROBINSKI, Jean: *Die Erfindung der Freiheit 1700–1789*, Frankfurt a. M. 1988.
STÄUBLE, Michèle und Wolf Lippmann: „De Quincey: Baudelaire e i Paradisi artificiali", *Nuova Antologia*, 514 (1972) 245–254.
STÄUBLE, Michèle (Hg.): *Études baudelairiennes VI–VII: Charles Baudelaire: Un Mangeur d'opium*, Boudry: Baconnière 1976.
STINGELIN, Martin: „Allotria mit Kokain. Neue Dokumente zur Frühgeschichte von Freuds Psychoanalyse", *Frankfurter Allgemeine Zeitung*, 148 (30. Juni 1993), p. N 5.
SUTHER, Marshall: *The Dark Night of Samuel Taylor Coleridge*, New York 1960.
SUTHER, Marshall: *Visions of Xanadu*, New York/London 1965.
SWEDENBORG, Emanuel: *Himmel und Hölle*, Zürich 1977.
SWEENEY, Gerhard M.: „Beauty and Truth: Pattern of ‚A Descent into the Maelström'", *Poe Studies*, 6 (1973) 25/26.
SYMONS, Julian: *The Tell-Tale Heart: The Life and Works of Edgar Allan Poe*, London 1978.
TÄSCHNER, Karl-Ludwig: „Drogenkonsum – Stand der Forschung aus medizinischer Sicht", in: Völger/von Welck, Bd. 3, pp. 1426–1436.
TÄSCHNER, Karl-Ludwig: *Drogen, Rausch und Sucht. Ein Aufklärungsbuch*, Stuttgart 1994.
TATE, Allen: „Our Cousin, Mr. Poe", in: Regan, Robert (Hg.): *Poe: A Collection of Critical Essays*, Englewood Cliffs, N.J. 1967; pp. 38–50.
TAYLOR, Bayard: „Haschisch-Visionen", in: Reavis, Edward (Hg.): *Rauschgiftesser erzählen*, Frankfurt 1986; pp. 51–65.
TEGTMEIER, Ralph: *Aleister Crowley. Die tausend Masken des Meisters*, München 1989.
TENNYSON, Alfred Lord: *The Poems of Tennyson in Three Volumes*, hg. v. Christopher Ricks, Burnt Mill, Harlow [2]1987.
THALMANN, Marianne: *Die Romantik des Trivialen. Von Grosses ‚Genius' bis Tiecks ‚William Lovell'*, München 1970.
THALMANN, Marianne: *Zeichensprache der Romantik*, Heidelberg 1967.
THIEL, Marlies: „Mythos, Mystik, Sprache: Spielregeln des Rausches", in: Schuller/Kleber, pp. 108–130.
THOMPSON, Francis: „Finis Coronat Opus", in: Abrams, M. H.: *The Milk of Paradise. The Effect of Opium Visions on the Works of De Quincey, Crabbe, Francis Thompson and Coleridge*, Cambridge 1934, New York 1962, 1970.
THOMPSON, Francis: *The Poems of Francis Thompson*, London 1946.
THOMPSON, G. A. (Hg.): *The Gothic Imagination. Essays in Dark Romanticism*, Washington 1974.
THOMPSON, G. R.: „‚Proper Evidence of Madness': American Gothic and the Interpretation of ‚Ligeia'", *ESQ*, 18, i (1972) 30–49.
THOMSEN, Christian W. u. Jens Malte Fischer (Hg.): *Phantastik in Literatur und Kunst*, Darmstadt 1980.
THOREAU, Henry David: *Walden; or, Life in the Woods and On the Duty of Civil Disobedience*, hg. v. Norman Holmes Pearson, New York 1948, Neuauflage o. J.
THOREAU, Henry David: *Walden oder Leben in den Wäldern*, übers. v. Emma Emmerich u. Tatjana Fischer, Zürich 1971.
THOREAU, Henry David: *The Works of Thoreau*, hg. v. Henry Seidel Canby, Cambridge, Mass. [7]1937.
THORNBURY, Charles „Introduction", in: Berryman, John: *Collected Poems 1931–1971*, London/Boston 1989; pp. xvii–lix.
THRON, E. Michael: „Thomas De Quincey and the Fall of Literature", in: Snyder, Robert Lance (Hg.): *Thomas de Quincey: Bicentenary Studies*, Norman/London 1985; pp. 3–19.

TIECK, Ludwig: *Der blonde Eckbert – Der Runenberg – Die Elfen. Märchen*, mit einem Nachwort v. Konrad Nussbächer, Stuttgart 1978.
TIECK, Ludwig: *Franz Sternbalds Wanderungen. Eine altdeutsche Geschichte*, mit einem Nachwort v. Marianne Thalmann; München 1964.
TIFFT, Stephen: „Tragedy as a Meditation on Itself: Reflexiveness in Under the Volcano", in: Smith, Anne (Hg.): *The Art of Malcolm Lowry*, Plymouth/London 1978; pp. 46–71.
TINDALL, William York: *The Literary Symbol*, Bloomington/London [6]1974.
TODOROV, Tzvetan: *Introduction à la littérature fantastique*, Paris 1970. – Deutsche Ausgabe: *Einführung in die fantastische Literatur*, München 1972.
TRAKL, Georg: *Dichtungen und Briefe*, hg. von Walther Killy und Hans Szklenar, Salzburg 1969.
TRILLING, Lionel u. Harold Bloom (Hg.): *Victorian Prose and Poetry*, New York/London/Toronto 1973.
UCHTENHAGEN, Ambros: „Gegenwärtiger Stand der Haschischforschung", in: Völger/von Welck, Bd. 3, pp. 1397–1401.
UEBERWEG, Friedrich: *Die deutsche Philosophie des XIX. Jahrhunderts*, hg. v. Traugott Konstantin Oesterreich, Basel [12]1951.
UEDING, Gert: „Ein Autor auf freier Wildbahn. Der Essayband aus Ernst Jüngers ‚Sämtlichen Werken' ", *Frankfurter Allgemeine Zeitung*, 174 (31. Juli 1982).
ULRICH, Hans E.: *Von Meister Eckardt bis Carlos Castaneda*, Frankfurt 1987.
URBAN, Peter: *Rollende Worte – Die Poesie des Rock. Von der Straßenballade zum Pop-Song. Eine wissenschaftliche Analyse der Pop-Song-Texte*, Frankfurt 1979.
VARMA, Devendra P.: *The Gothic Flame. Being a History of the Gothic Novel in England: Its Origins, Efflorescence, Disintegration and Residuary Influences*, New York [2]1966.
VERNE, Jules: *Le Sphinx des glaces*, Paris 1897.
VIATTE, Auguste: *Les sources occultes du Romantisme. Illuminisme – Théosophie 1770 – 1820*, Paris [2]1969.
VICE, Sue: „Introduction", in: Vice, Sue (Hg.): *Malcolm Lowry: Eighty Years On*, New York 1989.
VICE, Sue: „The Mystique of Mezcal", *Canadian Literature*, 12 (Spring 1987) 197–202.
VIRTANEN, Reino: „Poe's *Eureka* in France from Baudelaire to Valéry", *Kentucky Romance Quarterly*, 29, iii (1982) 223–234.
VLEUTEN, Karl Ferdinand van: „Edgar Allan Poe", *Die Zukunft*, XI. Jg., Nr. 44 (1. August 1903) 181–190.
VÖLGER, Gisela und Karin von Welck (Hg.): *Rausch und Realität. Drogen im Kulturvergleich*, 3 Bde., Köln 1981, Hamburg 1982.
VOGT-GÖKNIL, Ulya: *Giovanni Battista Piranesi: „Carceri"*, Zürich 1958.
WALTER, Alexandre: *Des excitants artificiels dans le travail intellectuel*, Diss. Paris 1925.
WARNER, Nicholas O.: „God's Wine and Devil's Wine: The Idea of Intoxication in Emerson", *Mosaic*, XIX, 3 (Summer 1986: „Literature and altered states of consciousness") 55–68.
WATTS, Alan W.: *Does it Matter?*, New York 1971.
WATTS, Alan W.: „The New Alchemy", in: A. W.: *This is it. Essays on Zen and Spiritual Experience*, London 1961.
WEHR, Gerhard: *Die deutsche Mystik. Mystische Erfahrung und theosophische Weltsicht*, München 1988, 1991.
WETZEL, Christoph: *Ernst Theodor Amadeus Hoffmann*, Salzburg 1981.
WILBUR, Richard: „The House of Poe", in: Regan, Robert (Hg.): *Poe: A Collection of Critical Essays*, Englewood Cliffs, N.J. 1967; pp. 98–120.
WILPERT, Gero von: *Sachwörterbuch der Literatur*, Stuttgart [6]1979.
WITSCHEL, Günter: *Rausch und Rauschgift bei Baudelaire, Huxley, Benn und Burroughs*, Bonn 1968.
WITTGENSTEIN, Ludwig: *Tractatus logico-philosophicus*, in: *Schriften*, Bd. 1, Frankfurt 1963.

WODTKE, Friedrich Wilhelm: *Gottfried Benn*, Stuttgart 1962.
WOLFE, Tom: *The Electric Kool-Aid Acid Test*, New York ³1989.
WOLFE, Tom: *Unter Strom*, übers. v. Vito v. Eichborn, Frankfurt a.M. 1987, 1991.
WOLFF, Rudolf (Hg.): *Hans Fallada. Werk und Wirkung*, Bonn 1983.
WOODBERRY, George Edward: *The Life of Edgar Allan Poe. Personal and Literary, with his Chief Correspondence with Men of Letters*, 2 Bde., Boston/New York 1909, 1965.
WOODCOCK, George: „Art as the Writer's Mirror: Literary Solipsism in ‚Dark as the Grave'", in: G. W. (Hg.): *Malcolm Lowry: The Man and His Work*, Vancouver 1971; pp. 66–70.
WOODCOCK, George: „Four Facets of Malcolm Lowry", in: G.W.: *Odysseus Ever Returning: Essays on Canadian Writers and Writings*, [New Canadian Library, 71], Toronto 1970, 1982.
WORDSWORTH, William: *The Prose Works*, hg. v. W.J.B. Owen und Jane Worthington Smyser, 3 Bde., Oxford 1974.
YONCE, Margaret J.: „The Spiritual Descent into the Maelström: A Debt to ‚The Rhyme of the Ancient Mariner'", *Poe Newsletter*, 2 (1969) 26–29.
YOURCENAR, Marguérite: „Le cerveau noir de Piranèse", in: M.Y.: *Sous bénéfice d'inventaire*, Paris 1962. Gekürzter Abdruck unter dem Titel „Les prisons imaginaires de Piranèse" in *La Nouvelle Revue Française*, IX, 67 (Janvier 1961) 63–78.
YUASA, Hiroo: „Le projet rimbaldien du poème du haschisch", in: Guyaux, André (Hg.): *Lectures de Rimbaud*, [Revue de l'Université de Bruxelles, 1/2], Brüssel 1982; 239–258.
ZACHARIAS-LANGHANS, Garleff: *Der unheimliche Roman um 1800*, Diss. Bonn 1968.
ZACKON, Fred: *Heroin.The Street Narcotic*, [*The Encyclopedia of Psychoactive Drugs*, hg. v. Solomon H. Snyder und Malcolm H. Lader], London 1988.
ZANGER, Jules: „Poe and the Theme of Forbidden Knowledge", *American Literature*, 49 (1978) 533–543.
ZEHENTBAUER, Josef: *Körpereigene Drogen. Die ungenutzten Fähigkeiten unseres Gehirns*, München ²1993.
ZIMMERMAN, Melvin: „Baudelaire's Early Conception of Poe's Fate", *Revue de Littérature Comparée*, 44 (1970) 117–120.
ZUMBACH, Frank T.: *Edgar Allan Poe.Eine Biographie*, 1986, München 1989.
ZURCHER, Bernard: *Vincent van Gogh: Leben und Werk*, München 1985.

Register 767

Burton, Robert 688
Burton, William 511–513
Butler, Samuel 671, 729
Byrds 81
Byron, Lord 31, 89, 135, 190, 215, 696

Caesar, Caius Iulius 15
Cage, John 82
Cagliostro, Graf 95, 669, 671
Cahagnet, Alphonse 662
Calder-Marshall, Arthur 321
Cale, John 83
Callot, Jacques 50, 487, 488
Calloway, Cab 670
Camus, Albert 189
Cape, Jonathan 620, 623, 624, 708, 731, 732, 735
Capote, Truman 55
Cárdenas, Lázaro 612
Carlyle, Thomas 664
Carroll of Carrollton, Charles 506
Carroll, Lewis 418
Carter, Angela 189
Carter, Gibbon 515, 520
Carus, Carl Gustav 124–129, 145–147, 152, 186, 402–406, 676, 677, 711, 712
Carver, Raymond 55, 331
Casanova, Giacomo Girolamo 95
Cassady, Neal 75, 79
Cassen, Jackie 79
Cassirer, Ernst 676
Cato, Marcus Porcius 16
Cézanne, Paul 56
Champollion, Jean François 162, 163, 171
Charcot, Jean Martin 672
Charlatans 80
Chateaubriand, Alphonse de 89, 135
Cheever, John 55, 331
Cheyne, George 206
Chiarugi, V. 679
Chirico, Giorgio de 66, 716
Chivers, Thomas H. 520
Chloralhydrat 52
Chloroform 57, 68, 231, 586
Chodowiecki, Daniel 97
Cicero, Marcus Tullius 16
Clairvaux, Bernhard von 395
Clemm, Maria 298, 344, 509, 510, 514–516, 520, 545
Coca 225, 227, 692

Cocteau, Jean 55, 66–67, 261, 262, 288, 295, 305, 306, 310, 311, 313, 314, 337, 364, 410, 429, 435, 436, 564, 572, 606, 698, 706
Coleridge, Samuel Taylor 6, 28, 30–31, 34, 76, 89, 131, 135, 158, 207, 215, 259, 272, 277, 305, 336, 344, 363, 415, 418, 428, 434, 435, 456, 472–476, 492, 522, 524, 525, 527, 544, 558, 561, 566, 568, 578, 583, 622, 655, 657, 659, 660, 666, 674, 698, 706, 717, 724, 725, 734, 737
Colet, Louise 204
Collins, Wilkie 32, 271, 272, 699
Comte, Auguste 128
Conrad, Joseph 594
Cooper, James Fenimore 148
Corot, Camille 192
Correspondances *siehe* Hieroglyphen
Corso, Gregory 76
Cortez, Hernando 601
Crabbe, George 32, 271
Crack 226, 691, 692
Crane, Hart 703
Crowe, Catherine 32, 578, 674
Crowley, Aleister 78, 231, 660, 669
Crumpe, Samuel 21
Cullen, William 144, 679

Daguerre, Jacques Louis 623
Dalai Lama 78, 461
Dante Alighieri 92, 299, 419, 420, 565, 604, 733, 736
Darwin, Charles 128, 161
Daumal, René 6
Daumier, Honoré 39–41
Daurand-Forgues, Émile 721
Davy, Humphrey 136
De Broise, Eugène 563
De Quincey, Elizabeth 714
De Quincey, Thomas 4, 6, 27–31, 33–35, 39, 40, 51, 65, 69, 70, 90, 107, 223, 262, 263, 272, 274, 280, 281, 303, 336, 342, 346, 381, 404, 426, 432, 482, 519, 550, 555, 584, 619, 622, 623, 649, 650, 654, 658, 660, 661, 667, 701, 705, 706, 714, 737, 738
Autobiography from 1785 to 1803 738
„Coleridge & Opium-Eating" 305, 336, 432
Confessions of an English Opium-Eater 6, 28–30, 32, 34, 35, 39, 46, 51, 65, 70, 185, 245, 250, 256, 258, 261, 262, 271, 280, 290, 303, 304, 312, 343, 351, 352, 361, 363–366, 369, 442, 464, 474, 495, 551,

552, 567, 579, 622, 632, 659–661, 674, 677, 691, 700, 701, 707, 715, 730, 733, 738
De emendatione humani intellectus 304, 649, 674
The English Mail-Coach 727
„The Knocking at the Gate ..." 738
Suspiria de Profundis 29, 159, 160, 281, 303, 312, 442, 567, 579, 730
Debussy, Claude 721
Defoe, Daniel 144
Delacroix, Eugène 587, 665
Delahaye, Ernest 45
Demokrit 727
Denon, Dominique-Vivant 162
Descartes, René 101, 102, 397, 402, 715
Designerdrogen 229–230
Desnos, Robert 55
Desnoyers, Fernand 573, 574
Devrient, Ludwig 496
Dewey, John 634, 635
Diagoras von Melos 14
Dickens, Charles 32, 610
Diderot, Denis 93, 188, 298, 400, 681, 685
Digitalis 259
Dionysius Areopagita 395
Dobell, Byron 332
Donovan 81
Doors, The 82
Dostojewski, Fjodor M. 731
Doyle, Sir Arthur Conan 665
Drake, Joseph R. 722
Dreiser, Theodore 55
Drogen *siehe* Sucht
  Entzug 30, 55, 60, 64, 66, 67, 225, 227, 236, 239, 252, 283, 310, 330, 419, 594, 596, 654, 659, 666, 692, 707, 732, 734
  Körpereigene Drogen 130, 229, 237–239, 678, 693, 694
  Prohibition *siehe* Betäubungsmittelgesetze
  Überdosierung 16, 17, 39, 55, 57, 63, 65, 223, 226, 230, 237, 238, 263, 518, 519
Dubus, Edouard 46
Duchamp, Marcel v, 335
Dürer, Albrecht 207, 216, 688
Dürr, Hans Peter 7
Dumas, Alexandre (gen. Dumas père) 41
Dunsany, Lord 705
Dylan, Bob 81

Eckermann, Johann Peter 324
Eckhart, Meister 289, 390, 392–394, 396, 431, 432, 436, 625, 636, 710, 739

Ecstasy *siehe* Designerdrogen
Edison, Thomas 225
Eichendorff, Joseph von 88, 185, 200
Eight-O-Eight (808) State 84
Eisenhut 16, 59, 679
Electric Light Orchestra 83
Eliade, Mircea 7
Eliot, Thomas Stearns 213, 419, 420, 507, 611, 627, 635, 708
Ellis, Havelock 226, 249, 264, 700, 709
Emerson, Ralph Waldo 32–34, 410, 482, 503, 523, 527, 551, 552, 605, 660, 676, 726
Empedokles 204
English, Thomas Dunn 514, 520
Ennui 53, 54, 57, 65, 141, 191, 203–217, 241, 261, 266, 320, 334–336, 357, 377, 393, 398, 414, 430, 477, 565, 592, 625, 670, 676, 688–690, 704, 730
Eno, Brian 83, 84, 86
Eschenmayer, Carl August 124
Esquiros, Alphonse 662
Euklid 457
Euripides 15
Eveleth, George 510
Exotismus 17, 42, 53, 91, 148, 162, 270, 345, 356, 359, 361, 420–438, 495, 555, 664–665, 713

Fabing, Howard 377
Fallada, Hans (eig. Rudolf Ditzen) 55, 63–65, 260, 318–320, 416
Fancy *siehe* Imagination
Farben 30, 42, 57, 58, 136, 138, 141, 142, 153, 154, 157, 165, 172, 173, 175, 177, 243, 247–250, 255, 283, 316, 323, 345, 356, 357, 365, 369, 371, 407, 452–456, 460, 466, 469, 472, 475, 498, 552, 577, 583, 654, 661, 703, 705, 707, 709, 715, 716, 732
Faulkner, William 55, 323, 326, 332, 703
Fechner, Gustav Theodor 124, 676
Felixmüller, Conrad 55
Ferlinghetti, Lawrence 473, 661, 668
Feuchtersleben, Ernst von 49
Fichte, Immanuel Hermann 112, 128
Fichte, Johann Gottlieb 100, 112, 115, 395, 409, 434, 674, 676
Ficker, Ludwig von 665
Fielding, Henry 24
Finch, Anne 207
Fitzgerald, F. Scott 55, 318, 323, 331, 336, 703

Journaux intimes 43, 191, 211, 212, 573
„Lettre à Jules Janin" 211
„Morale du Joujou" 159
„Notes nouvelles sur Edgar Poe" 721
Les Paradis artificiels 43, 44, 46, 70, 159, 167, 242, 244, 251, 252, 254, 256, 257, 262, 280, 285, 288, 293, 294, 308–310, 384, 443, 569, 570, 572–573, 577, 579–588, 590–592, 621, 662, 663, 694, 705, 708, 730
Pauvre Belgique 208, 259, 688
„Le Peintre de la vie moderne" 191, 568, 729
„Plans et Projets" 191
Salon de 1845 574, 578
Salon de 1846 574, 575
Salon de 1859 192, 576–578, 689
Le Spleen de Paris 43, 47, 51, 140, 141, 208, 209, 247, 248, 252, 259, 261, 308, 326, 334, 335, 358, 377, 444, 445, 447, 477, 478, 550, 566, 567, 570, 571, 591–592, 622, 696, 698, 716, 729, 730, 739
Beach Boys 80
Beatles 78, 80, 81, 670
Beaumont, Sir George 724
Beauvoir, Simone de 189
Becher, Johannes R. 55
Beckett, Samuel 307, 328
Beckford, William 190, 198, 696
Beethoven, Ludwig van 720
Behan, Brendan 55
Belladonna 259
Belly, Léon 665
Beloved, The 84
Bengel, Johann Albrecht 93
Benjamin, Walter 3, 62–63, 71, 243, 248, 252, 286, 343, 430, 436, 446, 461, 666
Benn, Gottfried 55, 58–59, 65, 248, 273–277, 377, 472, 699
Benzedrin 72, 75, 668
Berber, Anita 55
Bergson, Henri 439–443, 466, 636, 637, 714, 715
Beringer, Kurt 226
Berlioz, Hector 39
Bernhardt, Sarah 225
Berryman, John 55, 326–330, 704
Betäubungsmittelgesetze 1, 3, 22–24, 26–27, 54, 61, 79, 85, 222, 230, 235, 651, 653, 655, 658–659, 679, 680, 691, 699
Bewußtsein 60, 68, 110–162, 164, 168–170, 233–235, 240–268, 273–277, 282–284,
370–372, 375–382, 387, 403–406, 418–420, 423–427, 439, 474, 493–495, 499, 522, 523, 545–558, 572, 577, 590, 599–606, 615–620, 622–624, 628–631, 636–641, 643–645, 675–677, 680, 681, 683, 693, 696, 699, 711, 712, 714, 726, 737, 738
Bier 14, 22, 24, 41, 228, 231, 265, 337, 600, 665, 708
Bierce, Ambrose 1, 4, 202, 350
Bierstadt, Albert 35
Bilsenkraut 16, 20, 59, 228, 233, 656
Birney, Earle 383
Blackmore, Sir Richard 206
Blair, Robert 197
Blake, William 268, 278, 408, 631, 634
Blaue Blume 48, 53, 153, 221, 274, 326, 395, 485, 565, 616
Bloch, Ernst 63
Bloch, Ivan 188
Blood, Benjamin Paul 36, 661
Böhme, Jakob 96, 124, 165, 390, 395, 396, 398, 401, 402, 426, 432, 671
Böll, Heinrich 324
Boileau-Despréaux, Nicolas 180, 192
Boissard, Fernand 40, 41
Boissière, Jules 46
Borges, Jorge Luis 472
Bosch, Hieronymus 437
Boswell, James 689
Bowles, Paul 656
Braque, Georges 642
Brentano, Clemens 88, 200
Breton, André 56, 60, 68, 86, 135, 188
Brierre de Boismont, Alexandre 662
Bright, Timothy 688
Brillat-Savarin, Anthelme 580
Broad, C.D. 637
Brod, Max 55
Brown, Charles Brockden 99, 201, 202, 212, 687
Bryant, William Cullen 99, 722
Buchhorn, Ludwig 501
Buddhismus 77, 119, 390, 406, 433, 457, 460, 634, 641, 643, 648, 668, 710, 733, 740, 741
Buffon, Comte de 179, 684
Bunyan, John 615
Burke, Edmund 180, 193–198, 201, 685, 686
Burns, Robert 697
Burroughs, William 6, 72–76, 78, 79, 82, 83, 228, 240, 248, 263, 271, 282, 283, 292, 348, 482, 668

Register

Abrams, Isaac 292
Absinth 45, 46, 323, 362, 513, 557
Adam Kadmon 92, 478, 480, 580, 589
Addison, Joseph 192, 193, 685
Adler, Alfred 129
Adorno, Theodor W. 189
Äther 38, 46, 57, 68, 230, 231, 233, 315, 586, 667, 669
Agejew, M. 55
Aiken, Clarissa 330
Aiken, Conrad 330, 332, 595
Aischylos 351
Albertus Magnus 19
Alembert, J. (gen. d'Alembert) 93
Alexander II. (Zar) 225
Alexander, F. M. 634
Alkaios 15
Alkohol 14–17, 21–25, 34, 46, 47, 54, 55, 64, 76, 230–233, 236, 245, 252, 260, 262, 263, 265, 283, 301, 309, 317–333, 336, 337, 367–371, 375, 376, 379, 438, 454, 455, 494–502, 508–519, 556, 557, 559, 593–624, 655, 658, 660, 665, 692, 697, 702–704, 706–709, 723, 732, 737, *siehe* Bier, Wein
Alkoholismus 15, 24, 25, 54, 64, 65, 76, 142, 152, 221, 232, 239, 281, 317–333, 376, 382–384, 437, 438, 495–497, 508–517, 521, 593–624, 630, 649, 650, 664, 665, 702–704, 706, 731–734, *siehe* Sucht
Allan, John 509
Alpert, Richard 76
Alter vom Berge *siehe* Assassinen
Amphetamine 59, 72, 81, 83, 85, 229, 237, 277, 427, 669, 691, 692
Anakreon 15
Analogien *siehe* Hieroglyphen
Anderson, Laurie 83
Angelou, Maya 506
Antoniusfeuer 692
Apollinaire, Guillaume 60, 66, 135, 188
Aquin, Thomas von 205, 449
Aragon, Louis 573
Archimedes 539
Arderne, John 19
Argelander, Friedrich Wilhelm August 539
Aristophanes 15, 351
Aristoteles 15, 177, 211, 403, 540, 702, 715

Armstrong, Louis 670
Arnauld, Antoine 397
Arnim, Achim von 88
Arnold, T. F. C. 200
Arsen 16
Artaud, Antonin 60–62, 68, 76, 340, 666
Assassinen 18–19, 41, 43, 45, 85, 351, 582, 621, 656, 657, 662, 668
Asselineau, Charles 728, 729
Athanasiou, Génica 60
Aubert-Roche, Louis 662
Augustinus 250, 395, 412, 440, 441, 713, 715
Avicenna (Abu Sina) 17, 19, 21

Baader, Franz Xaver von 99, 124, 161, 410
Babou, Hippolyte 565, 728
Bachmann, Ingeborg 654
Balzac, Honoré de 39, 40, 43, 199, 293, 426, 661, 663
Banville, Théodore de 215
Barbereau, Auguste 309, 581
Barbiturate 72, 236, 337, 665, 667, 668
Barine, Arvède 65, 342
Barnes, Djuna 55
Barrett, Syd 82
Barrett-Browning, Elizabeth 32
Barthes, Roland 189
Bataille, Georges 189
Battie, William 144
Baudelaire, Charles 3, 4, 30, 39–47, 56, 61, 65, 70, 89, 135, 147, 159, 166, 167, 190, 199, 213, 218, 224, 231, 243, 247, 253, 263, 266, 267, 281, 293, 305–307, 310–312, 314, 320, 326, 339–341, 343, 407, 410, 414, 422, 426, 428–430, 444, 446, 460, 469, 492, 503, 504, 508, 517, 562–592, 619, 650, 654, 663, 672, 674, 686, 689–691, 696, 705, 708, 718, 719, 721, 722, 724, 728–730
„Edgar Allan Poe ..." 721
„Edgar Poe ..." 281–282, 521, 721, 723
„La Fanfarlo" 729
Les Fleurs du Mal 43, 53, 57, 141, 190, 208, 209, 216, 248, 306, 308, 408, 415, 416, 443, 462, 476–478, 563–571, 575, 576, 578, 582, 584–586, 588, 590–592, 606, 621, 678, 690, 716, 717, 728

Flake, Otto 188
Flaubert, Gustave 40, 42, 190, 204, 563, 662, 714
Fonda, Peter 667
Fortlage, Karl 128
Foucault, Michel 7, 382, 665, 679
Fouqué, Friedrich Baron de la Motte 89, 200, 506, 672, 722
Fourier, Charles 167, 577
Fränkel, Fritz 63, 461, 667
Fraisse, Armand 721
Francillon, Clarisse 732
Franklin, Benjamin 503
Frederking, Walter 69, 632
Freud, Sigmund 36, 60, 111, 112, 114, 123, 129, 225, 233, 337, 353, 507, 672, 676, 682, 692
Friedrich, Caspar David 124, 127, 163, 186, 187, 408–412, 417, 712
Fromentin, Eugène 665
Frost, Robert 506
Füßli, Johann Heinrich 136

Gabrial, Jan 596
Galen von Pergamon 16
Galilei, Galileo 718
Gall, Franz Joseph 502, 672
Galland, Jean-Antoine 656
Galvani, Luigi 450
Gautier, Théophile 39–42, 51, 89, 199, 224, 247, 252, 270, 310, 313, 410, 422, 424–426, 428, 445, 524, 568, 587, 662, 709, 717, 718
Genet, Jean 76
George, Miles 723
Gerard, Alexander 193
Gérôme, Jean-Léon 665
Gilbert-Lecomte, Roger 6
Gillman, James 659
Gilpin, William 183
Ginsberg, Allen 72–78, 80, 228, 231, 461, 668, 669
Giraud, Jules 46
Glanvill, Joseph 549, 727
Godwin, William 201
Görres, Johann Joseph 99
Goethe, Johann Wolfgang von 47–49, 97, 124, 170, 208, 215, 274, 324, 428, 474, 496, 529, 605, 664, 671, 688, 718, 732
Gogh, Vincent van 56, 247, 278, 323, 458, 702, 703

Goldenes Zeitalter 50, 92, 109, 110, 134, 153, 157–162, 203, 213, 218, 307, 682, *siehe* Paradies
Goncourt, Edmond und Jules 192, 721
Goya (y Lucientes), Francisco José de 678
Grabbe, Christian Dietrich 664
Graham, George Rex 513, 514
Grateful Dead 80
Gray, Thomas 197
Green, Matthew 207
Gregor I. (Papst) 205
Grieg, Nordahl 300
Grimm, Jacob und Wilhelm 469
Gris, Juan 642
Griswold, Rufus W. 508, 514
Grosse, Karl 200, 664
Gryphius, Andreas 212
Guaita, Stanislas de 46
Guillaumet, Gustave 665
Guthrie, Arlo 80
Guyon, Jeanne Marie 426

Hadrian 16
Hakuin 436
Hamann, Johann Georg 107
Hammer-Purgstall, Joseph von 582, 656
Hammett, Dashiell 55
Happy Mondays 84
Hardenberg, Friedrich von *siehe* Novalis
Harte, Bret 35
Hartmann, Eduard von 128
Haschisch 3, 13, 14, 17–19, 35, 39–49, 52, 63, 69, 140, 152, 159, 223–225, 233, 236, 242–247, 251–254, 262, 263, 270, 271, 280, 282–285, 288, 292, 293, 343, 351, 366, 371, 403, 404, 424–427, 433–435, 442, 443, 446, 461, 465, 468, 579–585, 589, 654–657, 661–664, 691, 693–695, 700, 709, 714, 717, *siehe* Marihuana
Hauff, Friedericke 99
Hawthorne, Nathanael 89, 184, 202, 672
Heffter, Arthur 226
Hegel, G.W.F. 37, 97, 100, 115, 402, 434
Heim, Roger 227, 695
Heine, Heinrich 49, 50, 135, 486, 517
Heinroth, J.C.A. 124
Hemingway, Ernest 55, 287, 331, 338, 599, 703, 732
Hemingway, Mary 338
Hendrix, Jimi 669
Henrio, Pierre 55
Heraklit 8, 15

Herbart, Johann Friedrich 124, 402, 676
Herder, Johann Gottfried 107, 111, 194, 674
Herhaus, Ernst 55, 732
Hernandez, Francisco 695
Herodot 14, 162, 582
Heroin *siehe* Opium
Herring, Elizabeth 519, 724
Herz, Ida 632
Hesekiel 680
Hesiod 15
Hesse, Hermann 55, 78, 257, 260, 336, 472, 695, 701
Hickok 434
Hieroglyphen 52, 71, 97, 108, 110, 118, 131, 134, 138, 156, 162–177, 182, 186, 217, 218, 346, 395, 397, 408, 422, 470, 560, 575–577, 583, 671, 675, 682, 683, 725
Hildegard von Bingen 393, 394, 432, 734
Hinduismus 460
Hippel, Theodor Gottlieb 491
Hippokrates 655
Hirst, Henry Beck 513
Hitchcock, Alfred 461, 479, 719
Hitzig, Julius Eduard 501
Hobson 709
Hölderlin, Friedrich 107, 115, 215, 404, 690, 713
Hoffmann, Abbie 80
Hoffmann, E.T.A. 4, 34, 41, 49–51, 53, 61, 65, 70, 88, 89, 108, 135, 137, 138, 147–149, 159, 186, 190, 199, 252, 308, 411, 476, 479–502, 507, 517, 564, 571, 572, 578, 580, 623, 649, 650, 660, 664, 674, 681, 682, 719, 720, 729, 731
„Die Bergwerke zu Falun" 469–470, 717
Die Elixiere des Teufels 137, 148, 149, 200, 201, 367, 376, 412–414, 491, 496, 499–500, 678, 681, 687, 696, 719, 720
Fantasiestücke in Callots Manier 487, 678
Das Fräulein von Scuderi 687
Der goldene Topf 50, 166, 325, 470–472, 497–499
„Kreisleriana" 138, 325, 326, 363, 580, 678
Lebens-Ansichten des Katers Murr 687
„Der Magnetiseur" 137, 186
Nußknacker und Mausekönig 500
Prinzessin Brambilla 487
„Der Sandmann" 479–486, 501, 502, 687, 696, 719
Schwester Monika 685

Die Serapions-Brüder 484, 488–494, 497, 500, 719
Hofmann, Albert 69, 227, 228, 636, 692, 695, 739
Hogarth, William 24, 193
Holiday, Billie 670
Homer 14, 15, 200, 407
Hopkins, Gerard Manley 446–447, 451, 715
Hopper, Dennis 667
Horaz 16
Horkheimer, Max 188
Horn, Ernst 680
Howe, Elias 709
Hugo, Victor 39, 89, 167, 199, 216, 247, 702
Hui-neng 436
Humboldt, Alexander von 124, 539
Hume, David 101, 434
Hutcheson, Francis 193
Huxley, Aldous 4, 54, 58, 68, 71–72, 77, 79, 222, 226, 233, 277, 287, 289, 306, 370, 425, 433, 435, 456–461, 507, 591, 625–648, 650, 668, 669, 678, 692, 739, 741
Brave New World 625, 626, 645, 646, 691, 741
Crome Yellow 625
The Devils of Loudon 739
„The Doors of Perception" 71, 249, 253, 254, 289, 337, 368, 397, 398, 436, 437, 451, 457, 458, 631–634, 636–637, 642, 643, 670, 739
„Drugs That Shape Men's Minds" 638–640, 646
„The Education of an Amphibian" 628–629, 634–636, 739, 740
Eyeless in Ghaza 625
„Heaven and Hell" 452, 634, 647, 648
Island 626, 634, 638, 640–648, 651, 739–741
Moksha 2, 249, 250, 278–279, 377, 436–438, 452, 461, 467, 468, 626–631, 634–636, 694, 696, 697, 701, 716, 739, 741
Point Counter Point 625
Huxley, Laura 716
Huxley, Maria 634
Huysmans, Joris-Karl 6, 47, 89, 135, 183, 190, 192, 566, 654, 721

Ibsen, Hendrik 225
Ice *siehe* Amphetamine
Imagination 31, 158, 167, 193, 277, 408, 428, 479, 524, 525, 527, 543, 544, 549,

561, 566, 576–579, 583, 585, 586, 588–590, 592, 724, 730
Ingram, John 727
Ingres, Jean Auguste Dominique 665
Innocence 84
Intellekt 4, 167, 195, 391, 401, 402, 428, 432, 450, 466, 474, 475, 492, 521, 523–528, 532–535, 543–550, 558, 560, 561, 566–568, 579, 660, 725, 726
Intuition 139, 158, 164–167, 186, 268, 276, 307, 380, 399–403, 428, 432, 436, 440, 441, 466, 468, 474, 486, 489, 492, 521–528, 540, 543–548, 561, 567, 568, 578, 590, 675, 725, 728
Irving, Washington 184, 202
Izambard, Georges 44

Jackson, Charles 313, 320, 623, 738
Jacobi, Friedrich Heinrich 107
James, Henry 12, 202, 507, 661, 710
James, William 36–38, 124, 127–129, 226, 231, 233, 274, 282, 375–377, 382, 383, 387, 427, 433, 438, 459, 572, 599, 624, 630, 636, 661, 677, 710, 711, 714, 739
Janet, Pierre 129
Janin, Jules 190, 211
Jansen, Cornelius 397
Jarre, Jean-Michel 82
Jarrell, Randall 329
Jarry, Alfred 46
Jaspers, Karl 102–104, 680
Jean Paul (eig. Ludwig Richter) 53, 88, 135, 136, 148, 204, 215, 414, 492, 546
Jefferson, Thomas 503
Joël, Ernst 63, 461, 667
Johannes vom Kreuz 436, 438
Jones, John 21
Jonson, Ben 621
Joyce, James 446–451, 715
Jünger, Ernst 2, 59, 68–71, 166, 231, 248, 257, 263, 384, 463, 464, 472, 653, 693, 715
Jung, Carl Gustav 115, 129, 233, 267, 629, 676
Justified Ancients of Mu Mu 84
Juvenal 16

Kaffee 33, 136, 224, 233, 660, 661
Kafka, Franz 221
Kant, Immanuel 8, 93–95, 99–107, 112, 115, 118–120, 130, 150, 151, 158, 193–197, 200, 207, 217, 218, 265, 268, 298, 311, 317, 397, 399–403, 409, 434, 439, 441, 657, 671–675, 679, 681, 682, 715, 729
Keats, John 5, 32, 215
Kelly, Grace 719
Kennedy, John P. 723
Kepler, Johannes 539, 544, 718
Kerner, Justinus 99, 148
Kerouac, Jack 6, 72, 75, 77, 78, 80, 668
Kesey, Ken 78, 697
Keun, Irmgard 55
Kierkegaard, Sören 216, 414, 415
Kieser, D. G. 124
Kieve, Rudolf 65
Kircher, Athanasius 682
Klages, Ludwig 2, 702
Kleist, Heinrich von 107, 157, 320, 675, 702
KLF 84
Klopstock, Friedrich Gottlieb 670
Klüver, Heinrich 226, 694
Kluge, Carl Alexander 490, 719
Knight, Richard Payne 183
Kokain 36, 46, 55, 57, 59, 63, 64, 69, 73, 225–226, 233, 236, 245, 257, 273, 274, 337, 472, 659, 665, 667, 669, 670, 691–693
Kopernikus, Nikolaus 103
Koreff, David Ferdinand 148, 490, 719
Kosegarten, Gotthard Ludwig 409
Kraepelin, E. 677
Kratinos 15
Krishnamurti 739
Krupa, Gene 670
Kühn, Sophie von 152, 155
Kunst 117–119, 149–151, 165, 176, 177, 210–217, 265–340, 400, 406–411, 420, 422–424, 426, 428, 429, 431, 437, 463, 470, 473–476, 478, 484–489, 494, 502, 505, 522, 523, 544, 561, 565, 568–578, 585–588, 590–592, 615, 619, 680, 682, 690, 698, 701, 704, 714, 720, 722, 728, 740

La Roche, Sophie 207
Lacan, Jacques 7
Lachgas 36, 38, 76, 136, 231, 233, 427, 630, 669
Laing, Ronald D. 653, 680, 713
Laloy, Louis 67
Lamartine, Alphonse de 89, 135
Lamb, Charles 32
Laplace, Pierre Simon 539, 542, 544
Laprade, Victor de 729
Laudanum 20, 21, 25, 28–30, 32, 35, 47, 60, 68, 223, 231, 252, 271, 272, 280, 312, 336,

344, 363, 432, 517–520, 649, 660, 664, 666, 674, 681, 699, 700, 705, 706, *siehe* Opium
Lautréamont, Isidore-Lucien Ducasse 67, 135, 579
Lavater, Johann Kaspar 96, 97, 502, 672
Law, William 398, 436
Lawrence, D.H. 327, 627
Le Brun, Charles 502
Leary, Timothy 76, 80, 82, 668, 669
Lecomte-du-Nouÿ, Jules 665
Leibniz, Gottfried Wilhelm 101, 102, 111, 403, 715
Leiden 3, 4, 44, 59, 62, 119, 211, 215–217, 242, 266, 292, 311–313, 329, 336, 339, 392, 398, 413, 415, 417, 421, 430, 431, 441, 447, 538, 565, 568, 581, 584, 586, 632–633, 645, 651, 689, 702, 704
Leimschnüffeln *siehe* Lösungsmittel
Lenau, Nikolaus 215
Lennon, John 80, 81
Leo XIII. (Papst) 225
Lessing, Gotthold Ephraim 88, 194
Leuner, Hanscarl 233, 235, 244, 256, 679, 700
Levi, Mark 665
Lévi-Strauss, Claude 7
Lewin, Louis 226, 233, 626
Lewis, Matthew Gregory 198–201, 686
Lewis, Sinclair 55
Liebig, Justus von 231
Lieh-tse 247
Ligeti, György 82
Lippard, George 513
Lipps, Theodor 677
Locke, John 101, 434
Lösungsmittel 230, 231
London, Jack 54, 221, 260, 318, 322, 376, 377, 454–455, 465, 594, 623, 697, 703, 716
Long, Crawford 230
Longfellow, Henry Wadsworth 504
Longinus 180
Lorrain, Claude 182, 184
Lorrain, Jean 46, 231
Lotus 14, 28
Lovecraft, Howard Phillips 705
Lowell, James R. 505
Lowell, Truman 55
Lowry, Malcolm 4, 55, 296, 298, 303, 318–322, 327, 328, 330, 332, 339, 382–384, 491, 496, 593–624, 650, 654, 670, 703, 708, 720, 729, 731, 732, 736–738

Dark as the Grave ... 299, 337, 367, 416–418, 593, 597–599, 615–617, 623
Eridanus 299
Hear Us O Lord ... 221, 296, 299, 300, 599, 605, 619, 701, 733, 736–738
In Ballast to the White Sea 731
The Lighthouse Invites the Storm 300, 597
Lunar Caustic 259, 299, 418–420, 731
La Mordida 299, 300, 600, 731, 732
October Ferry to Gabriola 598, 738
The Ordeal of Sigbjørn Wilderness 299
Ultramarine 299, 731
Under the Volcano 141, 142, 211, 221, 252, 259, 261, 299, 300, 306, 308, 318–321, 339, 341, 364–372, 382, 383, 416–419, 446, 463, 512, 517, 579, 593, 594, 596, 597, 599–624, 678, 689, 706–709, 716, 718, 720, 731–738
Lowry, Margerie Bonner 300, 594, 596, 617
LSD 76, 79, 81–83, 85, 227, 233, 235, 237, 245, 256, 263, 278, 279, 283, 428, 639, 659, 668–670, 692, 693, 696, 729, 739
Ludlow, Fitz Hugh 17, 19, 35–36, 57, 246, 253, 254, 262, 270, 280, 281, 433–435, 442–443, 460, 465, 475, 521, 660, 717
Lullus, Raymundus 230
Luther, Martin 22, 391, 658, 710
Lyotard, Jean-François 672

MacPherson, James 88, 208
Mädler, Heinrich 539
Märchen aus 1001 Nacht 17, 35, 53, 61, 69, 356, 656, 719
Magnetismus 91, 97–99, 108, 115, 137, 151, 152, 354, 355, 490–494, 501, 536–539, 672
Magritte, René 458, 716
Mallarmé, Stéphane 3, 721, 722
Mandragora 13, 19, 20, 228, 233
Mann, Erika 66, 667
Mann, Klaus 55, 64–66, 231, 260, 342, 667
Mann, Thomas 339, 632, 633, 676, 716
Mantegazza, Paolo 225
Marc Aurel 16
Marcus Antonius 16
Marcus, Adalbert Friedrich 490, 719
Marcuse, Herbert 653
Mariani, Angelo 225
Marihuana 3, 27, 73, 75, 77–79, 82, 85, 224, 271, 366, 654, 657, 670, 691, 693, 695, 708, *siehe* Haschisch
Maritain, Jacques 67
Markson, David 731

Marlowe, Christopher 321
Márquez, Juan Fernando 597, 732
Marryat, Captain 594
Martin, John 365, 665, 707
Mather, Increase 23, 33
Matisse, Henri 56
Matson, Harold 299
Maturin, Charles Robert 199, 696
Maupassant, Guy de 46, 68, 231, 690, 721
McCarley 709
McCartney, Paul 80, 81
McCullers, Carson 55
Medici, Katharina de 20
Melville, Herman 89, 184, 202, 221, 453–455, 554, 683, 716, 727
Mencken, H. L. 55
Mendelssohn, Moses 194
Merry Pranksters 78–80, 82, 411, 668–670
Mescal 227, 337, 366–368, 370–372, 600, 601, 603, 620, 708, 709
Meskalin 68, 69, 226–227, 233–235, 237, 245, 248, 249, 256, 257, 263, 283–285, 289, 295, 315, 316, 366–372, 459, 460, 472, 631–634, 639, 661, 692–697, 700, 708, 709, 729, 739
Mesmer, Franz Anton 97–100, 110, 114, 124
Meunier, Isabelle 721
Meynell, Everard 272, 273
Mezzrow, Mezz 670
Michaux, Henri 67–68, 76, 231, 245, 249, 256, 257, 259–261, 263, 281, 284, 286, 288–291, 294, 295, 301, 306, 314–317, 371, 438, 439, 456, 459, 472, 475, 618, 661, 666, 695, 697, 700, 701, 717, 729, 730
Mikro-, Makrokosmos 92, 97, 396, 428, 447, 487, 671
Mill, John Stuart 128
Milton, John 212, 249, 432, 529, 708
Mishima, Yukio 189
Mitchell, S. Weir 226, 661
Moore, Thomas 31
Moran, J.J. 516, 520
Moreau (de Tours), Jacques Joseph 40–42, 139, 140, 145–147, 243, 252, 656, 662, 679, 694
Moreau, Gustave 665
Moreau, Stéphane 46
Moritz, Karl Philipp 113–115, 129, 181
Morphin *siehe* Opium
Morton, W.T.G. 230
Mothers of Invention 83
Mott, Valentine 520

Mrabet, Mohammed 656
Mucha, Alphonse 225
Müntzer, Thomas 391
Munro, Sean 693
Muschg, Adolf 287
Musil, Robert 298, 526, 570, 654, 724
Muskatnuß 233
Musset, Alfred de 39, 40, 89, 190, 216, 728
Myrrhe 13
Mystik 19, 56, 77, 90, 98, 109, 146, 160, 235, 247–250, 259, 260, 266–268, 282, 287, 288, 334, 348, 375–378, 380, 382, 387–478, 489, 492, 494, 498, 552, 553, 558, 570, 576, 577, 580, 581, 583, 588, 589, 613–621, 627–629, 632–634, 636, 638, 640, 643, 647, 648, 654, 655, 657, 674, 683, 700, 702, 710, 712, 724, 735, 736

Nabokov, Vladimir 665
Nadar, Félix 696
Natur 47, 91, 96, 108–111, 115, 118, 120, 131, 133–135, 138, 151–154, 156, 157, 161–192, 196, 211, 214, 217, 407, 408, 414, 446, 447, 471, 476, 477, 490, 493, 502, 528, 533, 546, 547, 551, 553, 573–579, 583, 587, 589–591, 605, 608–611, 622, 675, 682, 684, 685, 690, 717, 718, *siehe* Wildnis
Neal, John 202, 519
Nero 16
Nerval, Gérard de 39–41, 65, 135
Nettesheim, H.C.A. von 20
Newlove, Donald 332, 333
Newton, Sir Isaac 539, 541, 544, 718
Nicholson, Jack 667
Nicole, Pierre 190
Niemann, Albert 225
Nietzsche, Friedrich 33, 52, 56, 78, 129, 265–268, 329, 404, 439, 698
Nikandros 656
Nodier, Charles 39, 199
Novalis 48–49, 88, 107, 124, 133, 147, 152–155, 157, 158, 161, 165, 166, 177, 207, 395, 404, 428, 429, 441, 469, 476, 486, 579, 674, 678, 679, 681, 715, 718

O'Neill, Eugene 55, 300, 301, 326, 331, 599, 703
Ocampo, Victoria 700
Oetinger, Friedrich Christoph 93
Oldfield, Mike 82
Ololiuqui 72, 227–228, 634, 647, 692

Opium 1, 5–6, 13, 14, 16, 17, 19–21, 25–36, 39–53, 55–69, 72, 146, 152, 160, 223, 225, 233, 236–238, 245, 247, 250, 252, 255–263, 265, 271–273, 280, 283, 288–290, 295, 297, 302, 304–307, 310–312, 314, 337, 341–364, 371, 379–381, 403, 404, 426, 434–436, 442, 451, 508, 514, 516–521, 532, 549–552, 554, 555, 557, 559–561, 572, 582, 584, 655–660, 662, 664, 666–668, 677, 679, 691–694, 696, 698–700, 705–708, 723–725, 727, *siehe* Laudanum
Orb, The 84
Orientalismus *siehe* Exotismus
Osmond, Humphry 436, 631, 668, 691, 739
Ostini, Fritz von 665
Owsley, Augustus 669

Padmasambhava 740
Paracelsus 20, 21, 97, 230, 236, 394, 671
Paradies 12, 13, 96, 107, 157–161, 205, 266, 308, 320, 444, 467, 469, 470, 481, 534, 569, 572, 573, 582, 585, 587, 590, 608, 612–614, 627, 682, 701, 702, 713, 716, 738, *siehe* Goldenes Zeitalter
Parker, Charlie 670
Parker, Dorothy 55
Parnell, Thomas 197
Pascal, Blaise 166, 190, 205, 208, 241, 311, 397–399, 425, 541, 682, 726, 738
Passavant 161, 713
Pater, Walter 89
Paulding, James Kirk 99
Paulhan, Jean 666
Pawlow, Iwan P. 677
Pemberton, John S. 225
Petrarca, Francesco 179
Peyote 60, 226, 227, 233, 263, 264, 372, 666, 669, 692, 694, 695, 700
Picasso, Pablo 66, 314, 332
Pindar 15
Pinel, Philippe 144–146, 490, 672, 679
Pink Floyd 82–84
Piranesi, Giovanni Battista 40, 182, 185, 571, 606, 653, 683, 733
Pitaval, François Gayot de 671
Pitigrilli (eig. Dino Segre) 55
Plato 15, 118, 125–127, 150, 404, 467, 635, 671, 715
Plivier, Theodor 55
Plotinos 16, 467
Plutarch 162

Poe, Amelia 519
Poe, Edgar Allan 4, 34, 49, 51, 53, 61, 65, 70, 89, 99, 147, 185, 199, 202, 208, 212, 214, 221, 257, 281, 282, 320, 327, 341–364, 394, 412, 426, 477, 484, 490, 492, 496, 503–562, 564, 566, 568, 571, 572, 585, 592, 599, 616, 619, 622, 623, 649, 650, 660, 672, 687, 705, 706, 718, 721–723, 726, 727, 729, 737
„Al Aaraaf" 347, 529–530, 725
„Annabel Lee" 545
„The Assignation"(„The Visionary") 510
„The Bells" 343, 545, 559–561, 737
„Berenice" 133, 214, 343, 348–350, 357, 441, 509, 510, 549, 584
„The Black Cat" 260, 308, 516, 721
„Bon-Bon" 363
„The Case of M. Valdemar" 99
„The City in the Sea" 343, 359, 360, 475, 558, 707, 717
„The Colloquy of Monos and Una" 214, 445, 505, 532–534, 550–554, 588
„The Conversation of Eiros ..." 531–532, 546, 725
„A Descent into the Maelström" 346, 409, 415, 725, 727, 737
„The Domain of Arnheim" 184, 185, 528, 553, 588, 684
„A Dream Within a Dream" 133
„Dream-Land" 131, 343, 360, 442, 558, 616, 739
„Eleonora" 149
Eureka 174, 298, 393, 507, 514, 515, 522, 533, 534, 539–545, 561, 591, 592, 675, 721
„The Fall of the House of Usher" 343, 357–360, 362, 418, 548, 549, 554, 555, 696, 707, 726, 734, 737
„The Gold-Bug" 163–164, 721
„Hop-Frog" 545
„How to Write a Blackwood Article" 34, 363
„The Imp of the Perverse" 415, 545
„The Island of the Fay" 343, 360–362, 684
„Landor's Cottage" 684
„Letter to B–" 522, 523, 526, 534, 724
„Ligeia" 214, 257, 343, 347–349, 357, 359, 514, 549, 550, 696, 705, 706, 723, 727
„Lionizing" 510
„Loss of Breath" 343, 350–355, 357
„The Man that was Used Up" 722
Marginalia 138, 139, 506, 546, 723, 727
„The Masque of the Red Death" 707

„Mesmeric Revelation" 99, 533, 534, 536–539, 726
„Morella" 510
„MS. Found in a Bottle" 343, 346, 463, 509, 557–558, 619, 715, 727
„The Murders in the Rue Morgue" 526–527, 549, 724, 725
The Narrative of Arthur Gordon Pym 171–177, 343, 346, 361, 418, 455, 463, 553–558, 561, 562, 618, 683, 716, 721, 737
„The Oval Portrait" 214, 343, 519, 545, 707
„The Philosophy of Composition" 213, 524–525, 562
„The Philosophy of Furniture" 706
„The Pit and the Pendulum" 343, 346, 509, 707
„The Poetic Principle" 213, 515, 523, 524, 530, 535
„The Power of Words" 534–536, 538, 541, 562, 725, 726
„The Premature Burial" 696
„The Purloined Letter" 721
„The Rationale of Verse" 547
„The Raven" 213, 506, 524, 525, 528, 562
„Romance" 214
„Silence – A Fable" 176, 343, 363
„The Sleeper" 343
„Some Words With a Mummy" 176
„Sonnet – To Science" 724
„A Tale of the Ragged Mountains" 343, 352, 354–357, 360, 547, 584, 706, 707
Tales of the Grotesque and Arabesque 184, 200
„The Tell-Tale Heart" 343, 734
„Ulalume" 559
„The Unparalleled Adventures ..." 510
„William Wilson" 737
Poe, Rosalie 516, 519, 724
Poe, Virginia 344, 510, 511, 513–515, 519, 520
Poe, William 516, 723
Poète maudit 3–4, 211, 217, 306, 308, 326, 421, 447, 503, 564, 565, 573, 621, 625, 633, 654, 722
Polo, Marco 18, 582, 657
Pope, Alexander 206
Poulet-Malassis, Auguste 563
Pound, Ezra 287
Poussin, Nicolas 181
Prevel, Jacques 61
Price, Uvedale 183

Priestley, J. 231
Proust, Marcel 298, 715
Psilocybin 72, 76, 227–228, 233, 237, 263, 286, 426, 427, 459, 642, 679
Purchas, Samuel 657
Puycoussin, Edouard 661
Puységur, Marquis de 98–100
Pythagoras 433, 723

Qat 16, 237, 693
Queen 83

Rabbe, Alphonse 39
Radcliffe, Ann 136, 198, 199, 201
Raffael 159
Ramakrishna 460
Realität 1, 4, 6, 19, 39, 44, 50, 54, 56–60, 71, 93, 101, 105, 107, 130–156, 210, 235, 248, 257, 264, 267, 295, 306, 337, 342–346, 349, 375–384, 396, 398, 410, 420, 422, 424, 428, 429, 434, 439–445, 447–452, 462–465, 477, 479, 484–489, 492, 495, 502, 521, 531, 532, 539, 545, 569–571, 575, 576, 579, 583–586, 600–606, 615–619, 624, 637, 642, 650, 653–655, 665, 687, 689, 699, 701, 711, 713, 714, 720, 727, 729, 730
Reed, Lou 83
Reeve, Clara 198
Reil, Johann Christian 124, 148, 490
Rembrandt 327, 571
Repton, Humphry 183
Retté, Adolphe 6
Rheiner, Walter 55
Richardson, Samuel 200, 670
Richmond, Annie 517, 518
Richter, Ludwig *siehe* Jean Paul
Rimbaud, Arthur 3, 44–46, 53, 56, 57, 59–62, 73, 89, 133, 135, 247, 410, 556, 557, 620, 621, 650, 654, 663, 713, 721, 737
Ringseis, Johann Nepomuk von 148
Ritter, Johann Wilhelm 124
Ritter, Thelma 719
Rivera, Diego 607
Robinson, Jill 704
Ronsard, Pierre de 39
Rosa, Salvator 182
Roth, Joseph 55
Rouhier 226
Rousseau, Jean-Jacques 39, 93, 101, 113, 143–145, 180, 188, 189, 208, 214, 574, 575, 688

Roxy Music 83
Royster-Shelton, Sarah Elmira 515
Rubens, Peter Paul 182
Rung, Otto 55
Runge, Philipp Otto 158
Rush, Benjamin 25, 679
Ruusbroec, Jan van 394

Sacy, Sylvestre de 582, 656
Sade, Marquis de 62, 188–190, 199, 430, 653, 680, 685, 689
Sahagún, Bernardino de 226
Saint-Germain, Graf von 95
Saint-Martin, Marquis de 96, 97, 166, 671, 682
Saint-Saëns, Camille 55
Sand, George 728
Santayana, George 467
Sartain, John 513, 515, 519, 520, 724
Sartre, Jean-Paul 191, 204, 477, 718
Schauerliteratur 34, 52, 88, 197–202, 210, 408, 660, 672, 686, 687
Scheler, Max 676
Schelling, F.W.J. 99, 100, 106, 112, 115–118, 124, 129, 158, 161, 164, 165, 177, 395, 400, 401, 434, 674–676, 720
Schierling 16
Schiller, Friedrich 47, 48, 94, 95, 99, 164, 174, 196, 197, 200, 324, 441, 664, 683
Schinkel, Karl Friedrich 717
Schlegel, August Wilhelm 88, 124
Schlegel, Friedrich 49, 88, 165, 414, 674, 681
Schleiermacher, Friedrich Daniel 99, 124
Schnabel, Johann Gottfried 670
Scholem, Gershom 63
Schopenhauer, Arthur 100, 112, 118–124, 128, 129, 149–152, 177, 210, 216, 217, 381, 401, 402, 439, 674, 676, 680, 681, 711
Schubert, Gotthilf Heinrich 100, 108–111, 124, 133–135, 137, 146, 147, 152, 165, 186, 469, 471, 490, 502, 672, 674, 675, 678, 681, 682, 720
Schulze, Klaus 82
Schwindt, Moritz von 49
Schwob, Marcel 46
Scott, Sir Walter 32, 49, 50, 272, 497, 664
Séchehaye, Dr. 249
Selbstmord 2, 36, 39, 43, 47, 55, 191, 208, 211, 224, 309, 311, 314, 327, 336, 496, 517, 581, 588, 630, 670, 688, 689, *siehe* Tod

Selz, Jean 248
Seneca, Lucius Annaeus 16
Sertürner, Friedrich Wilhelm 223
Sévigné, Marquise de 39
Shell, Ray 692
Shelley, Mary 198, 484, 696
Shelley, Percy Bysshe 32, 89, 135, 215, 707, 708
Shew Houghton, Marie Louise 520, 559
Simenon, Georges 55, 333
Simms, William Gilmore 99
Simpson, Eileen 704
Simpson, J. Young 231
Sinclair, Upton 54, 73, 723
Skinner, B.F. 677
Smythies, John 739
Snodgrass, James E. 511–513, 516, 520
Snyder, Gary 77
Snyder, Solomon H. 238
Soft Machine, The 82
Sokrates 467
Solger, Karl Ferdinand 124
Solomon, Carl 76
Soma 263, 366, 626, 645, 646, 691, 708, 709, 741
Somnambulismus 97–100, 108, 109, 111, 115, 124, 134, 145, 147–152, 410, 491–495, 536–539, 649, 675, 681
Sophokles 15
Sorel, Pierre 55
Soupault, Philippe 60
Southey, Robert 32, 136, 657
Spallanzani, Lazzaro 501
Spath 226
Speed *siehe* Amphetamine
Spencer, Herbert 128
Speyer, Friedrich 490, 719
Spielhagen, Friedrich 722
Spieß, Christian Heinrich 200, 664
Spinoza, Baruch de 304, 674, 715
Spleen *siehe* Ennui
Sprache 8, 57, 58, 60, 69, 93, 97, 99, 110, 111, 133, 134, 138, 139, 147, 162–177, 182, 186, 243, 264, 275, 276, 279, 286–288, 296, 305, 307, 316, 328, 338, 342, 343, 377, 383, 389, 391, 395, 396, 405, 406, 408, 414, 415, 422, 426, 444, 450, 451, 453, 456–458, 461–466, 468, 471, 474, 487, 488, 538, 547, 554, 558, 560, 562, 590, 591, 616, 619, 635, 637, 654, 655, 701, 716
Stafford, Jean 55

Stechapfel 16, 20, 40, 228, 229, 233
Steinbeck, John 55
Stendhal (eig. Henri Beyle) 89, 568, 575
Sterne, Laurence 207, 670
Stevenson, Robert Louis 273, 594
Stewart, James 479, 483, 719
Stockhausen, Karlheinz 82
Stoddard, Charles Warren 35
Stoker, Bram 199
Strauß, Richard 273
Strawinsky, Igor 66
Sucht 14, 16, 21, 31, 36, 60, 65, 72, 211, 222–224, 226, 229–231, 235–242, 250, 264, 293, 296, 308, 326, 334, 348, 374, 494, 496, 520, 521, 584, 612, 650, 666, 668, 693, 694, 704, 705, 734, *siehe* Alkoholismus
Sue, Eugène 39, 199
Sulzer, Johann Georg 181
Suzuki, D.T. 77
Swedenborg, Emanuel 90–94, 100, 109, 126, 166, 167, 214, 298, 397, 400, 401, 408, 426, 469, 536, 575, 577, 583, 584, 671, 729
Swinburne, Charles Algernon 89, 211, 326, 330, 599
Sydenham, Thomas 21
Synästhesie 42, 45, 138, 155, 218, 242, 246, 247, 345, 423, 551, 602, 694, 725, 732

Tabak 17, 42, 224, 225, 233, 313, 337, 425, 497, 519, 660, 661
Tacitus, Publius Cornelius 23
Tailhade, Laurent 46
Taine, Hippolyte 671
Talking Heads 83
Tangerine Dream 82
Taoismus 390, 392, 605, 644, 736
Tarquinius (Superbus u. Sextus) 706
Tauler, Johannes 392, 394, 412, 459
Taylor, Bayard 17, 35, 176, 247, 251, 254, 255, 282, 292, 468
Tee 224, 233, 660, 661
Teiresias 407
Temperenzbewegung 21, 23, 25, 33–34, 54, 515, 516, 658
Tennyson, Alfred Lord 32, 136
Teresa von Avila 432, 438
Theriak 16, 17, 19, 20, 656
Thomas, Dylan 55, 322, 595
Thompson, Francis 32, 259, 272, 343, 705
Thomson, James 342
Thoré, Théophile 721

Thoreau, Henry David 164, 168–171, 184, 185, 214, 327, 446, 683, 689
Thorild, Thomas 409
Tieck, Ludwig 53, 88, 124, 135, 148, 159, 165, 176, 179, 200, 469, 677, 681
Titus 16
Tod 1, 65, 132, 161, 177, 208, 209, 214, 215, 351, 353, 354, 361, 381, 410, 413, 453–455, 491, 505, 525, 530, 532–534, 536, 538, 543, 545, 549, 550, 552, 559, 565, 567, 588, 592, 605, 610, 612, 617, 642, 672, 676, 678, 689, 695, 697, 706, 717, 726, 733, 735, 740
Tollkirsche 13, 20, 228, 233
Toussenel, Alphonse 682
Traherne, Thomas 642
Trakl, Georg 55, 57–58, 231, 472, 665
Traum 67, 108, 109, 111, 114, 115, 121, 129–142, 145–148, 151, 157, 159, 160, 163, 166, 170, 172, 186, 248, 267, 281, 337, 346, 349, 354, 355, 377, 428, 432, 441, 468, 470, 476, 478, 490, 493, 495, 522, 539, 541, 546, 555–558, 571, 579, 582, 583, 649, 674, 677–679, 681, 682, 687, 689, 699, 709, 728
Troxler, I.P.V. 124
Trungpa 78
Tucker, Thomas G. 723
Twain, Mark 35
Tyler, John 514

Valéry, Paul Ambroise 721, 722
Valle-Inclán, R.M. del 6
Velvet Underground 83
Verlaine, Paul 3, 45, 89, 326, 556, 654, 721
Verne, Jules 225, 721
Vicious, Sid 236
Victoria I. 231
Vidocq, François 526
Vigny, Alfred de 44, 187, 199, 215
Vischer, Friedrich Theodor 187
Voltaire (eig. François-Marie Arouet) 39, 208, 688
Vulpius, Christian August 200

Wackenroder, Wilhelm Heinrich 88
Wagner, Richard 708
Wahnsinn 50, 111, 114, 132, 134, 142–149, 151, 152, 259, 263, 323, 358, 369, 377, 382, 402–404, 472, 485–491, 548, 624, 649, 678–680, 695, 699, 711, 719, 720
Wahshiyah, Ali ben 17

Wallace, William 519
Walpole, Horace 182, 198, 199, 201, 686
Warburton, William 163
Ward, Artemus 35
Warhol, Andy 79, 83, 507, 669
Wasson, R. Gordon 227
Watson, John B. 677
Watts, Alan 235, 236, 427, 693
Watts-Dunton, Theodore 330
Wein 13–17, 22, 23, 41, 42, 141, 154, 225, 231, 232, 262, 265, 309, 313, 325, 337, 367, 425, 427, 438, 495–501, 516, 519, 566, 580, 581, 589, 597, 655–657, 665, 675, 719, 722, 730, 735, *siehe* Alkohol
Weiss, Peter 189
Weltschmerz *siehe* Ennui
Weston, Jessie L. 611
White, Thomas 510, 511, 660
Whitman, Walt 56, 503, 669
Who, The 670
Wieland, Christoph Martin 736
Wiene, Robert 57
Wilde, Oscar 89, 190, 705
Wildnis 129, 168–171, 180, 184, 197, 356, 359, 378, 474, 476, 684, *siehe* Natur
Williams, Tennessee 55
Willis, Nathaniel P. 722
Wilmer, Lambert 341

Winckelmann, Johann Joachim 200
Wittgenstein, Ludwig 8, 307, 461, 654, 655
Wolfe, Tom 411, 697
Wolff, Christian 101, 102
Woolf, Virginia 715
Wordsworth, William 31, 89, 312, 457, 522, 523, 724
Worringer, Wilhelm 665
Wundt, Wilhelm 124, 127

Xenakis, Yannis 82
Xenophon 15

Yage 72, 73, 76, 227–228, 248, 263, 654, 668
Yalkut, Jud 79
Yeats, William Butler 6, 329, 558
Yes 83
Young, Edward 197, 208

Zaehner, R.C. 459, 739
Zappa, Frank 83
Zeit 13, 102, 107, 111, 185, 241, 242, 250, 251, 263, 279, 318, 334, 335, 345, 360, 366, 370, 387, 399, 407, 439–446, 460, 533, 548, 553, 584, 604–606, 645, 663, 694, 704, 714–716
Zola, Émile 47, 225
Zschokke, Heinrich Daniel 664

Alexander Kupfer
Göttliche Gifte
Kleine Kulturgeschichte des Rausches
seit dem Garten Eden
1996. XII, 386 Seiten, 37 Abb., gebunden
ISBN 3-476-01409-6

Der Autor erzählt die Kulturgeschichte der Rauschdrogen vom Altertum bis zur Gegenwart, auch im islamischen Orient, in China und in Indien. Die Rauscherfahrung der Künstler und Schriftsteller, die mit den »künstlichen Paradiesen« umgingen und nicht selten in ihnen untergingen, steht im Vordergrund. Sie hofften auf die Kreativität durch den Rausch, und sie beschreiben die Schattenseite, nämlich die Sucht und die zerstörerische Wirkung des Drogengebrauchs. Der Alkohol als »writer`s disease« im 20. Jahrhundert, sowohl in Amerika als auch in Europa, hat ein eigenes Kapitel.
Der Leser erfährt außerdem alles über Herkunft, Art und Wirkung der wichtigsten Rauschmittel.